COMPENDIO MANUAL PORTAVOZ

HAROLD L. WILLMINGTON

COMPENDIO MANUAL PORTAVOZ

EDITORIAL
PORTAVOZ

La misión de *Editorial Portavoz* consiste en proporcionar productos de calidad —con integridad y excelencia—, desde una perspectiva bíblica y confiable, que animen a las personas a conocer y servir a Jesucristo.

Título del original: *Willmington's Bible Handbook,* © 1997 por Harold L. Willmington y publicado por Tyndale House Publishers, Inc., 351 Executive Dr., Carol Stream, Illinois 60188.

Traducción: Santiago Escuain

EDITORIAL PORTAVOZ
2450 Oak Industrial Dr. NE
Grand Rapids, Michigan 49505 USA

Visítenos en: www.portavoz.com

ISBN 978-0-8254-1877-8

8 9 10 11 edición /año 28 27 26 25 24

Impreso en China
Printed in China

Por razones que solo Dios conoce, la palabra ***abuelo*** *¡no aparece ni una vez en la Biblia! Pero feliz y distinguido es el hombre que responde a este glorioso nombre. Este Compendio manual es afectuosamente dedicado a mis tres nietos:*

Nathanael Paul Willmington, nacido el 28 de octubre de 1989
Carissa Nicole Willmington, nacida el 4 de abril de 1991
Abigail Christine Willmington, nacida el 9 de abril de 1997

❖ ÍNDICE

❖ INTRODUCCIÓN

Este *Manual de la Biblia* fue escrito con dos grupos de lectores en mente:

- Pastores, maestros, y otros diligentes estudiantes de la Biblia que desean un eficaz curso de repaso de conocimiento de la Biblia.
- No cristianos así como cristianos que comienzan el estudio de la Biblia y que desean una introducción básica a la Palabra de Dios.

Es el sincero deseo del autor que los que pertenecen al segundo grupo descubran, con la ayuda de este libro, lo que el primer grupo ya sabe: ¡que la Biblia es el libro más emocionante, práctico e inspirador que jamás se haya escrito! Con este objetivo a la vista, este manual, a diferencia de muchos otros manuales, se centra en recapitular la Biblia de una manera integral. En cierto modo, se le podría considerar un "minicomentario". Los capítulos se subdividen en unidades conceptuales, con abundantes referencias cruzadas para mostrar como cada componente de la revelación divina se relaciona con el todo.

Las listas y el material de trasfondo hacia el final del libro están dispuestos para dar una perspectiva global de las Escrituras, mostrando de nuevo su notable unidad. Es de observar la cantidad de material en esta sección que se dedica a la persona y a la obra de Jesucristo, que es verdaderamente el centro de atención de todas las Escrituras (véase Ef. 1:10).

La unidad de la Biblia la pone aparte de todos los otros escritos religiosos. En tanto que muchos de los llamados libros sagrados son divagaciones y están llenos de incoherencias, aunque quizá pretendan solo un autor, la Biblia proclama el mismo mensaje de principio a fin y ello a pesar de que fue redactada por al menos 40 autores a lo largo de unos 2.000 años. La sección titulada "Cómo recibimos la Biblia" ofrece claves acerca de cómo esto sucedió, pero quizá la mejor explicación sea 2 Pedro 1:21: "Los santos hombres de Dios hablaron siendo inspirados por el Espíritu Santo".

Además de su unidad, otra característica clave de la Biblia es su exactitud histórica. Esto se destaca a través de ambas secciones de este *Manual de la Biblia,* pero quizá de la manera más notable en la sección sobre arqueología. Más emocionante que cualquier película de acción lo son los miles de descubrimientos arqueológicos que verifican y avivan los personajes y los acontecimientos acerca de los que leemos en las Escrituras.

El autor ha intentado dar vida a algunos de estos personajes en 138 historias de "Personajes para recordar" esparcidas a lo largo de esta obra. Esperamos que disfrutará al pasar a conocer estos personajes bíblicos tan humanos, y que podrá aplicar y dar a conocer lo que aprenda de sus ejemplos (buenos y malos).

De vuelta a los dos grupos: Si usted es un recién llegado a la Biblia, que Romanos 10:17 llegue a ser verdad para usted: "La fe es por el oír, y el oír, por la palabra de Dios". Que el estudio de la Palabra de Dios lo pueda llevar a la fe en las Buenas Noticias acerca de Cristo, o a una renovación de su entrega a la fe. Si usted ya está siguiendo a Cristo, que el Salmo 119:105 siga siendo su maravillosa realidad: "Lámpara es a mis pies tu palabra [oh Dios], y lumbrera a mi camino".

❖NOTAS AL LECTOR

REFERENCIAS CRUZADAS

Las referencias cruzadas se usan en este libro de manera abundante. Se dan referencias a las Escrituras por toda la obra, así como referencias a otras secciones de este libro. Estas últimas se dan como "véase exposición sobre Gn. 1:1" o algo similar. Las referencias sin abreviatura de libro, como "15:1-6", se refieren a un pasaje dentro del libro que se está tratando en esa sección.

ABREVIATURAS DE LOS LIBROS DE LA BIBLIA

AT	Antiguo Testamento	Job	Job
NT	Nuevo Testamento	Jon.	Jonás
Abd.	Abdías	Jos.	Josué
Am.	Amós	Jud.	Judas
Ap.	Apocalipsis	Jue.	Jueces
Cnt.	Cantar de los cantares	Lc.	Lucas
1 Cr.	1 Crónicas	Lm.	Lamentaciones
2 Cr.	2 Crónicas	Lv.	Levítico
Col.	Colosenses	Mal.	Malaquías
1 Co.	1 Corintios	Mi.	Miqueas
2 Co.	2 Corintios	Mr.	Marcos
Dn.	Daniel	Mt.	Mateo
Dt.	Deuteronomio	Nah.	Nahum
Ec.	Eclesiastés	Neh.	Nehemías
Ef.	Efesios	Nm.	Números
Esd.	Esdras	Os.	Oseas
Est.	Ester	1 P.	1 Pedro
Éx.	Éxodo	2 P.	2 Pedro
Ez.	Ezequiel	Pr.	Proverbios
Fil.	Filipenses	1 R.	1 Reyes
Flm.	Filemón	2 R.	2 Reyes
Gá.	Gálatas	Ro.	Romanos
Gn.	Génesis	Rt.	Rut
Hab.	Habacuc	1 S.	1 Samuel
Hag.	Hageo	2 S.	2 Samuel
Hch.	Hechos	Sal.	Salmos
He.	Hebreos	Sof.	Sofonías
Is.	Isaías	Stg.	Santiago
Jer.	Jeremías	1 Ti.	1 Timoteo
Jl.	Joel	2 Ti.	2 Timoteo
Jn.	Juan	Tit.	Tito
1 Jn.	1 Juan	1 Ts.	1 Tesalonicenses
2 Jn.	2 Juan	2 Ts.	2 Tesalonicenses
3 Jn.	3 Juan	Zac.	Zacarías

PARTE I:

EXAMEN DE LA BIBLIA

—?
Creación
—?
El diluvio

GÉNESIS

—*2090 a.C.*
Llamamiento de Abraham

TRASFONDO

El libro de Génesis narra la historia de la tierra desde la creación hasta la muerte de José hacia el año 1805 a.C. Génesis tiene dos secciones principales, siendo las dos el fundamento de todo lo demás en la Biblia. Su registro de la creación y de la temprana historia de la humanidad (1-11) establece la existencia, el poder y la bondad de Dios. Su registro de los tratos especiales de Dios con la nación de Israel (12-50) muestra su intención de establecer y desarrollar una relación con la humanidad.

—*2006*
Nacimiento de Jacob

AUTOR

Moisés. Algunos creen que Génesis fue obra de varios autores a lo largo de muchos años. Incluso algunos que creen que Moisés escribió de Éxodo hasta Deuteronomio dudan que escribiese Génesis, por cuanto los acontecimientos que narra tuvieron lugar mucho antes de su nacimiento. Pero la evidencia indica que Moisés mismo escribió Génesis.

- Durante sus años en la familia real egipcia, Moisés pudo haber llegado a ser un diestro escritor e historiador; el autor de Génesis muestra poseer un conocimiento de los términos y de las costumbres de los egipcios (Éx. 2:1-11; Hch. 7:22).
- La Biblia se refiere a Moisés como escritor (Éx. 17:14; 24:4; Dt. 31:9, 24; Lc. 20:28; Jn. 1:45). Deuteronomio 31:24-32:47 muestra que era diestro tanto en la faceta de escritor como en la de historiador.
- La unidad del tema y del estilo por todo el Pentateuco indica un autor único.
- Los escritores del NT y los antiguos escritores judíos consideraban a Moisés como el autor de todo el Pentateuco ("la ley", véase Jn. 1:45).

—*1898*
José en Egipto

—*1876*
Jacob y su familia descienden a Egipto

—*1805*
Muerte de José

FECHA Y LUGAR

Aunque se desconocen el tiempo y lugar exactos en que Moisés escribió Génesis, fue probablemente cerca del final de sus primeros cuarenta años, mientras estaba todavía en la corte de Egipto y tenía acceso a documentos históricos. La cronología de 1 Reyes 6:1 indica el 1446 a.C., cuando Moisés tenía 80 años, como la fecha aproximada del Éxodo, de modo que es probable que escribiera Génesis alrededor del 1486 a.C.

PROPÓSITO

- Revelar el origen y propósito del universo, de la vida y de la humanidad.
- Exponer la naturaleza personal, relacional y concertadora de los pactos de Dios.
- Registrar la historia antigua del pueblo hebreo.
- Comenzar a revelar a Jesús el Mesías.

RASGOS SINGULARES

- Génesis introduce la cuestión por sí sola más importante de la vida, el problema del pecado y del mal, y comienza a mostrar la solución a este problema.
- Introduce tres de las cuatro instituciones dadas por Dios y que son fundamentales para la historia humana: el matrimonio (2), el gobierno humano (véase exposición sobre 9:1-17) y la nación escogida de Israel (12). La cuarta institución, la iglesia, es presentada en Mateo 16.
- Página por página, Génesis probablemente ofrece más personajes e historias inolvidables que cualquier otro libro de la historia humana. Gentes de todas las religiones se han beneficiado de esas historias.
- Registra el pacto abrahámico (12:1-3), el primero de los tres pactos incondicionales más importantes en el AT. Los otros dos son:
  - ► el pacto davídico (2 S. 7:9-16)
  - ► el Nuevo Pacto (Jer. 31:31)

Véase *Pactos bíblicos,* p. 886.

COMPARACIÓN CON OTROS LIBROS DE LA BIBLIA

Apocalipsis:

- Génesis registra la primera rebelión de la humanidad contra Dios (3:1-6); Apocalipsis registra la rebelión final (Ap. 20:7-10).
- Génesis registra la entrada del pecado (3:1-6); Apocalipsis registra su eliminación (Ap. 20:10; 21:4-8).
- Génesis registra la imposición de la maldición (3:9-19); Apocalipsis registra el levantamiento de la maldición (Ap. 22:3).
- Génesis registra el comienzo de la muerte (3:19); Apocalipsis registra el final de la muerte (Ap. 21:4).
- Génesis registra la creación de los presentes cielos y tierra (1:1); Apocalipsis registra la creación de los nuevos cielos y de la nueva tierra (Ap. 21:1).

Romanos:

- En Génesis, Abraham es el patriarca de Israel; en Romanos, es el patriarca de todos los que creen (Ro. 4:16).

Juan, 1 Juan:

- Todos comienzan "en el principio", pero sus principios son diferentes: Génesis comienza con la creación; Juan y 1 Juan comienzan *antes de* la creación, con el Verbo preexistente.

Gálatas:

- Ambos exponen que la salvación es por la fe (15:6; Gá. 3:6).
- Ambos exponen el deseo de Dios de redimir a toda la humanidad (12:2-3; Gá. 3:8).

BOSQUEJO

DIOS Y LA HUMANIDAD PRIMITIVA (1-11)
- La creación (1:1-2:3)
- El huerto de Edén (2:4-25)
- La caída (3)
- Caín y Abel (4)
- De Adán a Noé (5)
- El diluvio (6-9)
- Los descendientes de Noé (10)
- La Torre de Babel (11:1-9)
- De Sem a Abraham (11:10-32)

DIOS Y LOS PATRIARCAS (12-50)
- Abraham (12:1-25:10)
  - El llamamiento de Abram (12:1-9)
  - Abram visita Egipto (12:10-20)
  - Separación de Abram y Lot (13)
  - Abram rescata a Lot (14:1-16)
  - Melquisedec (14:17-24)
  - El pacto de Dios con Abram (15)
  - Agar e Ismael (16)
  - Abram pasa a llamarse Abraham (17:1-8)
  - El pacto de la circuncisión (17:9-14)
  - Dios promete un hijo a Abraham (17:15-18:15)
  - Sodoma y Gomorra (18:16-19:29)
  - Lot y sus hijas (19:30-38)
  - Abraham engaña a Abimelec (20)
  - Nacimiento de Isaac (21:1-7)
  - Agar e Ismael son despedidos (21:8-21)
  - Tratado de Abraham con Abimelec (21:22-34)
  - Se manda a Abraham que ofrezca a Isaac (22)
  - Sara muere y es sepultada en Macpela (23)
  - Isaac y Rebeca (24)
  - Muerte de Abraham (25:1-10)
- Isaac (25:11-27:46)
  - Muerte y genealogía de Ismael (25:12-18)
  - Jacob y Esaú (25:19-34)
  - Promesa de Dios a Isaac (26:1-5)
  - Isaac y los filisteos (26:6-35)
  - Jacob recibe la bendición de Esaú (27)
- Jacob (28-36)
  - La escalera al cielo (28)

Lea y Raquel (29:1-30)
Jacob y sus hijos (29:31-30:24)
Jacob y Labán (30:25-31:55)
Jacob lucha con Dios (32)
Reunión de Jacob y Esaú (33)
Dina y los siquemitas (34)
Jacob vuelve a Bet-el (35)
Genealogía de Esaú (36)
José (37-50)
Los sueños de José (37:1-11)
José vendido como esclavo (37:12-36)
Judá y Tamar (38)
José y la mujer de Potifar (39:1-19)
José en la cárcel (39:20-40:23)
Los sueños de Faraón (41:1-36)
José, primer ministro de Egipto (41:37-57)
José ayuda y perdona a sus hermanos (42-45)
Jacob y su familia se instalan en Egipto (46-47)
Los últimos días de Jacob (48-49)
Los últimos días de José (50)

DIOS Y LA HUMANIDAD PRIMITIVA (1-11)

1:1 *¿Cuándo, quién y qué?* El primer versículo de la Biblia nos dice que un ser sobrenatural dio la existencia al universo:

- ¿Cuándo? "En el principio . . ."
- ¿Quién? ". . . Dios . . ."
- ¿Qué? ". . . creó los cielos y la tierra".

Es una sencilla declaración de un hecho. Mientras que los versículos que siguen dan muchos detalles acerca de la actividad creadora de Dios, no la explican con terminología científica. Los creyentes lo aceptan "por fe" (He. 11:3). Los científicos han ofrecido diversas teorías acerca de cómo el universo llegó a la existencia. Una de las más conocidas es la teoría del "*Big Bang*" o "Gran Estallido", que propone que hace miles de millones de años el universo estalló de repente desde un estado de una densidad casi infinita y que los resultados de aquella explosión sigue sintiéndose en la actualidad con la continuada expansión del universo. En tanto que la teoría del "Gran Estallido" no demuestra el relato de la creación bíblica, sí que indica que nuestro universo tuvo un comienzo específico y espectacular, como lo afirma 1:1.

GÉNESIS 1:1 Y OTRAS COSMOVISIONES

¿Qué dice 1:1 a aquellos que interpretan la realidad aparte de un Dios personal e infinito?

- Al ateo le dice que la creación fue la obra de Dios.
- Al politeísta le dice que hay solo un Dios.
- Al panteísta le dice que Dios es aparte e independiente de su creación.
- Al evolucionista le dice que el universo fue creado, y que no evolucionó.
- Al materialista le dice que la materia no es eterna, sino que fue creada.
- Al existencialista le dice que la creación tiene un propósito.

LAS MARAVILLAS DE GÉNESIS 1:1

1:1 Nos dice qué hizo Dios
1:2—2:25 Nos dice cómo lo hizo

ES UN RESUMEN

▼

"En el principio creó
Dios los cielos y la tierra".

▲

ES UNA REFUTACIÓN

FILOSOFÍA REFUTADA:	CÓMO LA REFUTA:
Ateismo	Hay Dios
Politeismo	Es un solo Dios
Panteismo	Distinto de su creación
Evolucionismo	Creador de todas las cosas
Materialismo	La materia fue creada
Existencialismo	La creación tiene un propósito

1:2 *Cuando empezó era informe, vacía y oscura.* Al comienzo de la semana de la creación, la tierra estaba "desordenada [o, *sin ordenar*] y vacía". Había suelo y agua, pero no había luz. El Espíritu Santo estaba "revoloteando sobre" este mundo acabado de crear.

Puede que el Espíritu Santo, la tercera persona de la Trinidad, sea mejor conocido por su manifestación en Pentecostés (Hch. 2), pero hizo su gran entrada aquí, en el mismo comienzo de la creación. En otros lugares leemos que Jesús, el Hijo de Dios y segunda persona de la Trinidad, también tomó parte en la creación (Jn. 1:1-3; Col. 1:16; He. 1:2).

1:3-5 *Día Uno: Luz y tiempo.* Aunque Dios ya había traído algo a la existencia (1:1-2), 1:3 señala la primera aparición de una frase que servirá para introducir cada día de la creación: "Y dijo Dios..." Las palabras dichas por Dios dieron la existencia a todo (Sal. 33:6; He. 11:3).

Lo primero que se registra que Dios

mandó por su palabra que existiera fue la luz -al parecer una fuente temporal de luz, dispuesta para operar solo hasta el día cuatro, cuando serían creados el sol, la luz y las estrellas. Sin embargo, en este primer día se estableció una separación entre la luz y las tinieblas-, que Dios designó como día y noche.

"Era buena" muestra a la vez la perfección de la creación y la satisfacción de Dios con la misma. Dios repitió esta frase después de cada uno de los seis "días laborables" de la creación.

1:6-8 *Día Dos: Agua y cielo.* Dios creó una "expansión" o espacio "en medio de las aguas", el cielo, para dividir el agua que estaba en la tierra de una capa atmosférica de vapor de agua.

1:9-13 *Día Tres: La tierra seca y los mares, la hierba y los árboles.* Dios recogió toda el agua terrestre "en un lugar", y emergió la tierra seca. Este "un lugar" ha de ser comprendido a la luz del plural "Mares" (1:10). Tan pronto como emergió la tierra seca, Dios la adornó con vegetación y flores. En tanto que las teorías evolucionistas contemplan la vida comenzando en una sustancia disuelta en el agua, Moisés nos dice que la materia orgánica comenzó en la tierra seca.

Los árboles dieron fruto "según su género". Esta palabra, empleada también en 1:12 (traducida "según su naturaleza"), 21, 24, 25, indica una clara diferenciación de las especies.

1:14-19 *Día cuatro: El sol, la luna y las estrellas.* Dios creó ahora unas lumbreras especiales, todas las cuales sirven para tres propósitos: "señales" que recuerdan a los hombres la obra creadora de Dios (Sal. 8:3; Ro. 1:19-20); "estaciones" que definen períodos de tiempo para que los hombres puedan planificar sus actividades; y como "lumbreras".

1:20-23 *Día cinco: Aves y peces.* Luego Dios creó las aves de los cielos y las criaturas del mar, desde el diminuto colibrí hasta la enorme ballena azul.

1:24-25 *Día seis (1): Animales.* El día seis comenzó con la creación de los animales terrestres: *ganado, animales pequeños y animales silvestres.*

1:26-31 *Día seis (2): ¡Una criatura semejante a su Creador!* El día seis culminó con la creación de la humanidad, hecha "a imagen" de Dios (1:26). Al primer hombre se le mandó que se enseñorease de toda la tierra y que la llenara de su propia especie. (Es mencionado como "hombre" o "el hombre" hasta 2:19, donde es llamado Adán.)

Los seres humanos tienen la "imagen" de Dios en que solo ellos, entre todos los seres animados, tienen las características similares a las de Dios respecto a la conciencia de sí mismos, la capacidad de escoger entre el bien y el mal, y la capacidad de relacionarse con su Creador. Pero para crear un ser capaz de relacionarse con Él, Dios tuvo que dar a este ser la libertad de rechazarle. Sin tal libertad, este ser habría sido un simple robot. En 3:6 se registra la primera ocasión en que los humanos escogieron ejercitar su libertad para rechazar a Dios.

Dios se refiere a sí mismo en forma plural: "a nuestra imagen" (1:26). Esta es la primera evidencia bíblica en apoyo de la doctrina de la Trinidad: que Dios subsiste en tres personas: Padre, Hijo y Espíritu Santo. En tanto que el término *Trinidad* no aparece en la Biblia, hay varios pasajes que mencionan a los tres miembros de la deidad en diversas combinaciones (11:7; Is. 48:12-16; Mt. 28:19; Jn. 14:26; 2 Co 13:13; véase exposición sobre Ef. 1:1-14; 1 P. 1:2).

2:1-3 *Día siete: Finalización de la creación, Dios reposa.* Habiendo puesto fin a su obra de la creación, Dios reposó en el séptimo día, estableciendo una pauta semanal de trabajo y reposo sobre la que se basaría el Sábado de Israel (Éx. 20:8-11). Sean creyentes o no, la gente se beneficia de un día semanal de reposo (véase Mr. 2:27). El domingo, como día de la resurrección de Cristo, ha tomado el puesto del sábado como sábado cristiano. Las Escrituras emplean también el sábado como símbolo de la vida eterna (He. 4:1-10).

¿DÍAS LITERALES? ¿Fueron días literales de 24 horas los días de Génesis? La gente tiende a responder a esta pregunta en una de cuatro formas:

- Rechazan el relato de la creación en favor del evolucionismo.
- Ven valor espiritual en el relato bíblico, pero lo rechazan en cuanto a ciencia.
- Contemplan los días en sentido figurado, creyendo que Dios puede haber usado métodos evolutivos para crear.
- Consideran los días como días literales de 24 horas.

Tomado en su sentido directo, el registro bíblico indica días de 24 horas:

- El uso de adjetivos numéricos ("primero", "segundo", etc.).
- El hecho de que cada día tuvo "tarde" y "mañana" (los términos hebreos empleados en 1:5, 8, 13, 19, 23, 31).
- Cuando Moisés habló de la creación en otros lugares, dio por supuesto que se trataba de días normales de 24 horas (Éx. 20:11; 31:17).
- Algunos han sugerido que los primeros tres días de la creación pudieron haber sido más largos que el resto, por cuanto el sol y la luna no fueron creados hasta el día cuarto. Sin embargo, incluso los tres primeros días tuvieron tarde y mañana.

2:4-14 *Un hogar perfecto para la pareja perfecta.* Dios preparó un huerto llamado Edén, situado entre muchos árboles hermosos e irrigado con agua que "subía de la tierra" (2:6) y un río con cuatro brazos. Los nombres de dos de esos brazos, el Hidekel (en griego "Tigris") y el Éufrates indican el actual Irak como emplazamiento del Edén.

2:4 da comienzo a un segundo relato de la creación, y a la primera de las "genealogías" que constituyen el resto de Génesis. 2:4-4:26 es introducido como "los orígenes de los cielos y de la tierra" (2:4), y las secciones sucesivas son introducidas de manera similar: "las generaciones de Adán", o historia de los descendientes de Adán (4:1-6:8); de Noé (6:9-9:29); de los hijos de Noé (10:1-11:9); de Sem (11:10-26); de Taré (11:27-25:11); de Ismael (25:12-18); de Isaac (25:19-35:29); de Esaú (36:1-37:1); y de Jacob (37:2-50:26). Esta división sistemática indica una preocupación por la precisión histórica.

2:15-17 *Dios da al hombre una ocupación y una advertencia.* Dios mandó al hombre que cuidara del huerto. Le invitó a que comiera libremente de todos los árboles en el huerto, excepto del árbol del conocimiento del bien y del mal. Si el hombre comía de aquel árbol, le advirtió, "ciertamente morirás".

2:18-25 *Una esposa de su costado mientras dormía.* Dios mandó al hombre que nombrase a todos los animales y le impuso a su vez un nombre a él, Adán (2:19). Dios creó luego del costado de Adán a una mujer para que fuera su compañera. Adán y la mujer vinieron a ser marido y mujer, en una boda que celebró el mismo Dios.

El matrimonio es la primera de las cuatro instituciones establecidas por Dios y que son fundamentales para la historia humana (véase *Rasgos singulares*):

- El decreto de Dios de que un marido y una mujer son "una sola carne" (2:24) es el *fundamento* del matrimonio. Cristo citó 2:24 palabra por palabra para explicar

LA GEOGRAFÍA DE GÉNESIS 1—11

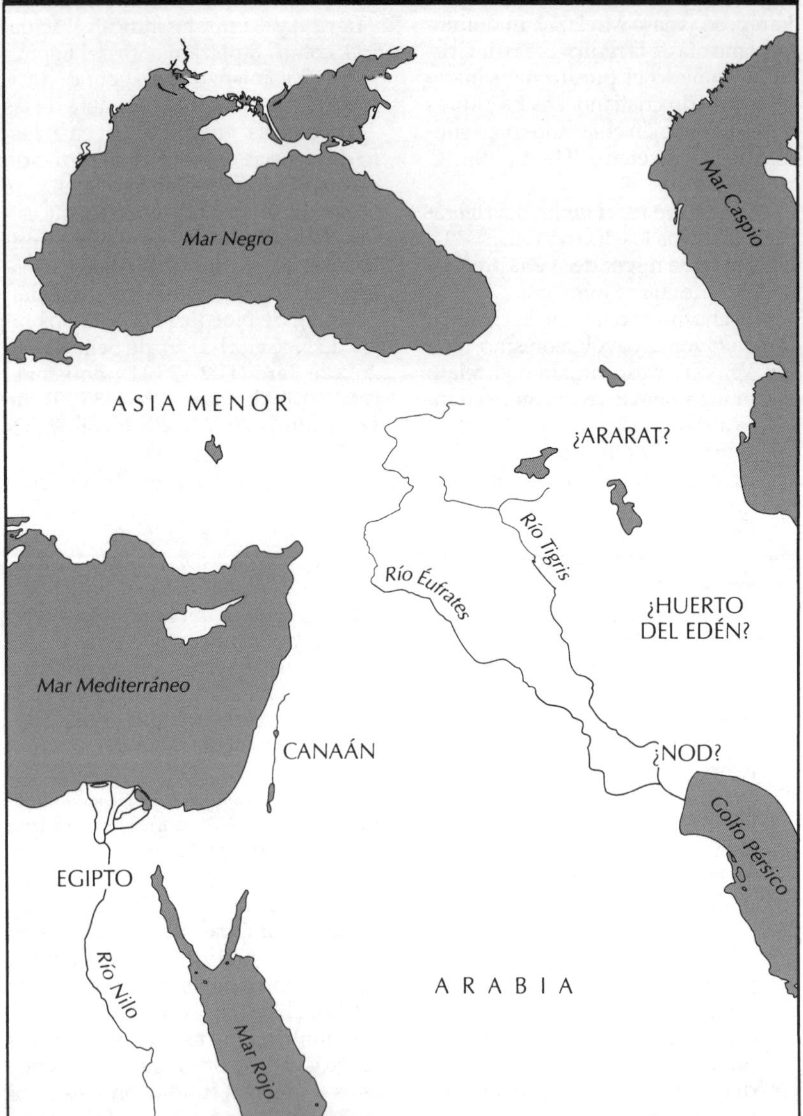

por qué el divorcio constituye una violación de la voluntad de Dios (Mt. 19:5).

- Una razón para el matrimonio es la *propagación* (1:28).
- Pero el matrimonio debería también involucrar amor; una *ilustración* del amor de Cristo por su iglesia (Ef. 5:25-29).

3:1-5 *La criatura más astuta.* En la perfección de Edén se introdujo Satanás, hablando por medio de una serpiente (véase Ap. 12:9; 20:2). Esta "la más astuta" de todas las criaturas tentó a Eva a desobedecer a Dios con la promesa de que si comía del árbol prohibido, llegaría a ser como Dios.

3:6 *El primer y fatal pecado.* La mujer comió del fruto prohibido y dio algo del mismo a Adán, que también comió. Ejercitando su capacidad recibida de Dios de escoger, escogieron desobedecer a Dios. Pablo explica las consecuencias de esta primera acción de desobediencia humana: "El pecado entró en el mundo por un hombre, y por el pecado la muerte, así la muerte pasó a todos los hombres, por cuanto todos pecaron" (Ro. 5:12). Acerca de esta explicación, obsérvese:

- Por este solo acto de desobediencia de Adán, el pecado entró en un mundo anteriormente perfecto.
- El pecado trajo consigo corrupción y muerte; para la vida vegetal y animal así como para las personas (3:17, 18; Ro. 8:20-22).
- Debido a este primer pecado, todas las personas son pecadoras.
- Con independencia de lo que nadie piense acerca del relato bíblico del origen del pecado, el simple hecho es que "todos pecaron" (Ro. 3:23).

Este acontecimiento es a menudo designado como la caída del hombre, y la acción de Adán fue el "pecado original". Cronológicamente, Eva comió primero, pero teológicamente Adán es designado como el pecador original (Ro. 5:12; 1 Ti. 2:14). Como cabeza de la raza humana, Adán es considerado responsable de sus acciones.

Juan advierte a los creyentes acerca de tres tentaciones: "los deseos de la carne, los deseos de los ojos, y la vanagloria de la vida" (1 Jn. 2:16). Satanás sujetó a Eva a todas tres:

- Eva vio que el fruto parecía delicioso (deseo de placer físico);
- Eva vio que el fruto era agradable a los ojos (deseo por todo lo que vemos);
- y que era codiciable para alcanzar la sabiduría (orgullo).

Satanás tentó a Jesús de una manera similar (véase exposición sobre Mt. 4:1-11).

3:7-13 *El amargo fruto: Vergüenza, temor y excusas.* Adán y Eva habían disfrutado de amistad con un Dios que se paseaba por el huerto (3:8). Ahora, al son de su voz, experimentaron vergüenza y temor e intentaron ocultarse. Pero Él los halló y les preguntó qué habían hecho. Adán inculpó a Eva, y Eva inculpó a la serpiente, pero Dios los consideró responsables a los tres (3:14-24).

3:14 *La sentencia sobre la astuta serpiente.* Dios no se molestó en preguntar a la serpiente lo que había hecho; meramente anunció su castigo. Por haber prestado su cuerpo a Satanás, fue maldecida a arrastrarse por el polvo. Es evidente que antes de la caída las serpientes no se arrastraban. Algunos eruditos piensan que incluso tenían alas y que andaban erguidas. Isaías 65:25 indica que el juicio sobre la serpiente durará a lo largo del milenio cuando el resto del reino animal estará en paz. A lo largo de la Biblia, la serpiente es símbolo de traición y de pecado (Sal. 58:3-4; Mt. 23:33).

3:15 *La sentencia para la "serpiente antigua".* Satanás, "la serpiente antigua" (Ap. 20:2), que usó el cuerpo de la serpiente para acercarse a Adán y a Eva, fue sentenciada a ser derrotada por Jesucristo, la "simiente" o descendencia de la mujer. Satanás iba a herir a Cristo en el calcañar, una herida no fatal; pero Cristo infligiría a Satanás una herida de muerte, en la cabeza. Isaías se hace eco de esta primera proclamación evangélica: Jesús fue "herido por nuestras rebeliones, molido por nuestros pecados" (Is. 53:5). Pablo, que escribe después de la cruz, se hace eco de la segunda parte (Ro. 16:20). A pesar de que la humanidad tiene libre albedrío, Dios sabía que caeríamos y ya había dispuesto el plan de nuestra redención (Ef. 1:4-5).

3:16-21 *Perdonados, pero sentenciados al dolor y a la muerte.* Dios perdonó la desobediencia de Adán y Eva y los revistió de pieles de animales (3:21). La muerte de esos animales simboliza la muerte de Cristo, que ofrecería a todos los pecadores la vestidura de la justicia de Dios. (para más acerca de la justicia como "vestidura correcta", véase la exposición sobre 15:1-11). Aunque perdonados, Adán y Eva iban a sufrir las consecuencias de su pecado. La mujer sufriría dolor en el parto, en tanto que el hombre se debatiría en sus intentos de cultivar alimentos. Ni el parto ni el trabajo físico eran resultado del pecado; eran parte del plan de Dios (2:15). Pero ambas cosas se volvieron dificultosas y más penosas después de la caída.

Dios culminó el castigo de Adán y Eva con una sentencia de muerte física (3:19), cumpliendo su anterior advertencia (2:17). Las Escrituras describen dos clases de muerte: la física y la espiritual. La una y la otra involucran *separación*. La muerte física es la separación del espíritu del cuerpo; la muerte espiritual es la separación entre el pecador y el Salvador (Mt. 25:41).

La Biblia describe asimismo dos nacimientos: "Lo que es nacido de la carne, carne es; y lo que es nacido del Espíritu, espíritu es", esto es, los humanos caídos pueden solo reproducir vida humana caída, pero el Espíritu Santo da nueva vida de lo alto (Jn. 3:6).

- Tener un solo nacimiento significa morir dos veces: El incrédulo sufrirá muerte física y también la muerte espiritual (He. 9:27).
- Tener dos nacimientos (Jn. 3:3) significa morir solo una vez: El creyente nunca morirá espiritualmente (Jn. 3:16).

3:22-24 *Desterrados del Edén y excluidos del árbol de la vida.* La sentencia de muerte (3:19) se transformó en certidumbre al ser expulsados Adán y Eva del huerto y de su árbol de la vida. Este destierro involucraba misericordia así como juicio. Si hubieran comido del árbol de la vida, habrían vivido para siempre en estado de pecado y de miseria espiritual.

Los poderosos seres angélicos de que se habla aquí (En hebreo: *cherubim* = querubines) son al parecer una clase especial de seres angélicos guardianes de la santidad de Dios (Éx. 25:18-22; véase exposición sobre Ez. 10:1-22).

4:1-15 *Primera familia, primer homicidio.* Eva dio a luz a Caín y a Abel. Abel era pastor; Caín era labrador. Dios rehusó la ofrenda de Caín de productos de la labranza, pero aceptó el sacrificio animal de Abel. El sacrificio de Abel fue ofrecido "por la fe", pero no así el de Caín (He. 11:4). Al parecer, Caín sabía lo que Dios deseaba, y le fue ofrecida una segunda oportunidad para que hiciera el sacrificio correcto (4:7). Con todo, prefirió no hacerlo, y lleno de amargura dio muerte a Abel.

Dios decretó que Caín fuese un vagabundo sin reposo. Dándose cuenta de que sus padres tendrían más hijos (5:4) y que alguno de ellos podría un día tratar de darle muerte en venganza, Caín buscó la protección de Dios. Dios dio a Caín una "marca" protectora. Esto sería un freno a una actuación al margen de la ley en un tiempo anterior a una forma de gobierno humano sancionada por Dios (9:1-7). Con ello, Dios también afirmaba su derecho a mostrar misericordia o a efectuar venganza como lo considerase oportuno (Dt. 32:35; Ro. 9:15; He. 10:30).

4:16-24 *Los hijos de Caín: Dotados pero impíos.* Los descendientes de Caín fueron pioneros en la música, en la ganadería y en metalurgia. Pero la jactancia de Lamec acerca de matar para vengarse (4:23-24) indica que los cainitas no eran pioneros cuando se trataba de moralidad. Es probable que Caín se casara con una de sus propias hermanas (5:4); la longevidad y la integridad genética de la antigua humanidad habría hecho esto más aconsejable que en nuestros propios días.

4:25-26 *Set: "Otro Abel".* Eva llamó Set a su tercer hijo, nombre que significa "concedido" o "designado", porque lo vio como un sustituto de Abel. Que Set cumplió las expectativas de Eva se indica por el despertar religioso que aquí se menciona. Algunos creen que nuestros más antiguos antecesores fueron politeístas, pero 4:3-5, 26 indica que fueron monoteístas.

5:1-20 *La primera lista genealógica.* Después de engendrar una cantidad de hijos e hijas, Adán murió a los 930 años de edad. Las genealogías como la que aparece en estos versículos eran importantes para los pueblos antiguos a fin de establecer las relaciones familiares, los privilegios y las responsabilidades. Las genealogías en las Escrituras establecen la realidad histórica de Jesús y hacen evidente que su nacimiento fue conocido anticipadamente y planeado por Dios.

Observemos que las personas en esta generación vivieron vidas muy dilatadas. Esto podría deberse a los efectos beneficiosos que permanecían de cuando la humanidad y la naturaleza estaban en su estado no caído. Si la capa de vapor de agua sobre la tierra (1:7) permaneció intacta hasta el diluvio (7:11-24), puede haber frenado el proceso de envejecimiento al filtrar los rayos ultravioletas del sol.

5:21-28 *La primera persona en abandonar viva esta vida.* Matusalén, hijo de Enoc, vivió hasta los 969 años, el ser humano más longevo que se registra. Pero Enoc mismo fue uno de los dos hombres que se registran que nunca murió físicamente. El otro fue Elías (2 R. 2:11). La Biblia indica que los creyentes que estén vivos cuando Cristo regrese escaparán también a la muerte (1 Co. 15:51, 52; 1 Ts. 4:16, 17).

Enoc fue un hombre de gran fe (He. 11:5). Él "caminó con Dios", lo mismo que su bisnieto Noé (5:24; 6:9), esto es, gozaron de una estrecha relación con Él. Enoc es el primer predicador que se menciona (véase Jud. 14, 15).

5:29-6:7 *Noé, los "hijos de Dios", y "las hijas de los hombres".* La humanidad se había vuelto tan malvada para los tiempos de Noé que Dios decidió destruirlos a todos. La maldad, al parecer, tenía algo que ver con que "los hijos de Dios" se habían casado con mujeres humanas. "Hijos de Dios" podría referirse a la línea piadosa de Set, mientras que "las hijas de los hombres" que "eran hermosas" representarían a la impía línea de Caín. Algunos interpretan que los hijos de Dios eran ángeles caídos.

6:8-13 *La familia que halló gracia delante de Dios.* Noé y su familia eran piadosos en un mundo plenamente impío. Dios les advirtió de su plan de destruir la humanidad. Mucho antes de la promesa a Abraham, de la promulgación de la ley por medio de Moisés o de la venida de Cristo, Noé y su familia experimentaron la gracia. Parece natural conectar la *ley* con el AT y la *gracia* con el NT. Un contraste

¿QUÉ TAMAÑO TENÍA EL ARCA?

- 137 metros de longitud, 23 metros de anchura, 14 metros de altura
- Tenía un área total de cubiertas de 9.400 metros cuadrados (lo que equivale a más de 21 pistas universitarias de baloncesto)
- La nave más grande construida hasta el 1884 d.C.
- Casi la mitad de la longitud del *Queen Mary*

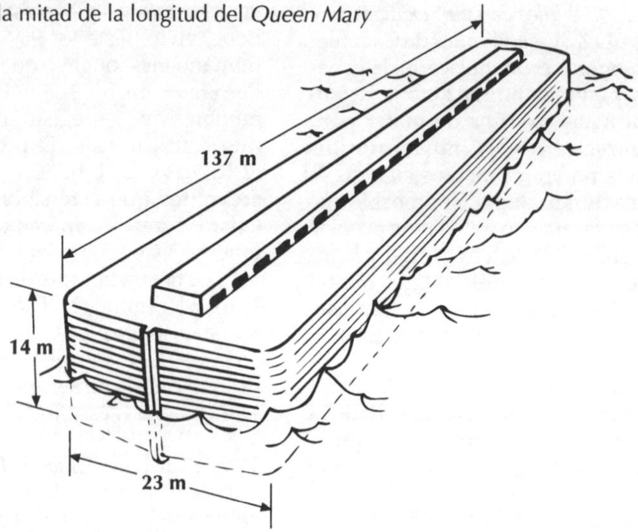

¿CÓMO ENCONTRÓ NOÉ LUGAR PARA TODOS LOS ANIMALES?

- La población total animal no habría excedido a 35.000 vertebrados
- El tamaño medio habría sido el de una oveja
- Un tren moderno de 150 vagones cubiertos lo podría transportar.
- ¡El arca tenía una capacidad de carga de más de 520 vagones cubiertos!

más correcto es que en el AT se muestra cómo Dios actuó en gracia con Israel y con los pecadores, mientras que el NT muestra cómo Dios en gracia trata con la iglesia y con los pecadores.

6:14-22 *¡Noé edifica un zoológico flotante!* Dios ordenó a Noé que construyera una gran nave para salvar a su familia del diluvio. También le dijo que tomase un macho y una hembra de cada especie "de los animales que no son limpios" y siete pares de cada especie "de todo animal limpio" (7:2-3). Para una explicación de los animales "limpios" y "no limpios" o *inmundos,* véase exposición en Deuteronomio 14:3-21.

7:1-10 *Entran en el arca y esperan una semana.* Terminada la construcción, Noé llevó a su familia y a los animales al arca, y esperó durante siete días.

"Entra [que también se traduce *ven*] en el arca" (7:1) es la primera invitación bíblica. Jesús renovó la invitación: "Venid a mí todos los que estáis trabajados y cargados, y yo os haré descansar" (Mt. 11:28). Se repite de nuevo en Apocalipsis 22:17 y volverá a ser hecha de nuevo a todos los creyentes en el Juicio Final (Mt. 25:34).

7:11-24 *El diluvio.* El diluvio comenzó con cuarenta días de lluvia. El agua subió más de seis metros por encima de los picos más elevados, destruyendo toda la vida humana y animal. El diluvio ha sido objeto de un debate interminable:

- *¿Qué fue lo que desencadenó el diluvio?* Se ha sugerido que existía una fuente secundaria de agua en vastos depósitos subterráneos a presión. El verdadero desencadenante que liberó esas aguas puede haber sido un terremoto, que a su vez habría lanzado inmensas nubes de polvo hacia el cielo, condensando y precipitando la capa de vapor de agua (1.7, 7.11), que en la actualidad ya no existe en su capacidad antediluviana.
- *¿Cuánto tiempo duró el diluvio?* Según las fechas dadas en las Escrituras, pasaron 371 días desde que Noé entró en el arca (7:7) hasta el día en que salió (8:18).
- *¿Fue el diluvio realmente universal?* Tanto la evidencia bíblica como la secular indican que sí lo fue:
  - *La necesidad del arca:* No quedó tierra seca en ninguna parte donde hallar refugio.
  - *La extendida distribución de la humanidad:* Incluso la interpretación más literal de las Escrituras -en la que el diluvio tuvo lugar solo diez generaciones después de Adán-, la población mundial habría sido al menos de diez millones de personas, y sus hábitos de nomadismo los habrían llevado bien lejos del Oriente Medio. Algunos estiman una población antediluviana de más de dos mil millones de personas.
  - *La comparación que se hace en las Escrituras del juicio del diluvio con el venidero juicio mediante fuego (2 P. 3:3-7, 10):* Por cuanto el fuego será de alcance universal, es lógico concluir que el diluvio fue también universal.
  - *La promesa de Dios de no volver a enviar otro diluvio semejante (9:11).* Si el diluvio fue meramente un fenómeno local, entonces Dios habría mentido, porque desde aquel entonces ha habido muchos extensos diluvios.
  - *Tradiciones del diluvio muy extendidas:* Los primitivos aborígenes de casi cada parte del mundo han preservado registros de un gran diluvio, lo que indica que toda la tierra fue repoblada por los descendientes de Noé.
  - *Descubrimientos de fósiles marinos en cumbres de montañas:* ¿Cómo llegaron allí, excepto por una inundación que cubrió dichas montañas?
- *¿Cómo habrían podido caber todos los animales en el arca?* El arca tenía una longitud aproximada de 137 metros de longitud, 23 metros de anchura y 14 metros de altura. Con sus tres cubiertas (6:16), habría tenido un área total de 9.400 metros cuadrados, lo que equivale a 21 pistas de baloncesto. (Véase ilustración en la página anterior.)

8:1-14 *El arca arriba a Ararat.* Casi seis meses después del inicio del diluvio, las aguas comenzaron a retirarse, y el arca reposó sobre un monte en la región de Ararat, en la actual Turquía (véase *Monte Ararat*, p. 963). Después de otros seis meses, una rama de olivo traída por una paloma en el pico señaló que los pasajeros del arca podían desembarcar con seguridad.

8:15-22 *Noé entra en un mundo nuevo y adora.* Noé dejó el arca, edificó un altar y sacrificó a Dios, y Dios le prometió no volver a destruir otra vez el mundo con agua (9:8-17). La tierra, sin embargo, volverá a ser destruida, pero mediante fuego (2 P. 3:10).

9:1-17 *Nuevas reglas y un arco iris.* Con un mundo que volver a poblar, Dios repitió el mandamiento de 1:28: "Fructificad y multiplicaos, y llenad la tierra". Decretó que la humanidad pudiera comer la carne de los animales. "Así como las legumbres y plantas verdes" (9:3) indica que esto no era así antes del diluvio. Pero a los hombres no se les permitiría consumir la sangre de los animales, porque es la fuente de la vida.

La muerte sería la pena por derramar sangre humana, porque los seres humanos están hechos "a imagen de Dios" (9:6). Esta ley contra el asesinato representa el comienzo del gobierno humano divinamente ratificado (véase Ro. 13:1-4).

La atmósfera postdiluviana produjo un arco iris, que, dijo Dios, era la señal de su promesa de nunca más destruir el mundo con aguas de diluvio.

9:18-29 *"Maldito sea Canaán"*. Embriagado con el vino de su propia viña, Noé yacía desnudo en su tienda. Cam "vio la desnudez de su padre, y lo dijo a sus dos hermanos que estaban afuera" (9:22). Sem y Jafet cubrieron discretamente a Noé con una ropa. Noé reaccionó pronunciando una maldición contra el hijo de Cam, Canaán, a la vez que bendecía a los descendientes de Sem y Jafet.

¿Cuál fue el terrible pecado que suscitó la maldición de Noé? Algunos creen que fue la homosexualidad: el lenguaje hebreo parece sugerirlo; la palabra usada para *desnudez* (9:22) está relacionada con inmoralidad sexual en Levítico 18; 20; los descendientes de Canaán fueron notorios por su perversión sexual (Lv. 18; véase *Los cananeos*, p. 932; *Ugarit*, p. 977).

10:1-32 *Los descendientes de Noé.* Se da la relación de los descendientes de los tres hijos de Noé. Sem es descrito como el "padre de todos los hijos de Heber" (10:21). Esos fueron los "heberitas", mejor conocidos por nosotros como los hebreos o israelitas.

11:1-9 *El problema de Babel.* Los descendientes de Noé edificaron la Torre de Babel por dos razones: para hacerse un nombre y para asegurar su unidad y seguridad. Es probable que no tuvieran la intención de que la torre alcanzase el espacio exterior. La Biblia describe "una torre, cuya cúspide llegue al cielo" (11:4). Muchos eruditos creen que el texto debería leerse "cuya cúspide es el cielo". Entre las ruinas de Babilonia hay un edificio elevado construido con ladrillos de barro seco y con un plan de siete pisos que se corresponde con los siete planetas, y que culmina en una elevada torre que exhibe los signos del zodíaco.

Dios puso fin a esta ambiciosa empresa de construcción al confundir el lenguaje de los constructores y al esparcirlos por toda la tierra, de modo que la unidad de la humanidad no degenerase al nivel prediluviano de depravación espiritual.

11:10-32 *Presentación del padre de los fieles.* Esta genealogía posbabélica sigue a "los hijos de Heber" (10:21) hasta Abram (11:27), cuyo nombre fue cambiado por Abraham en 17:5. Abram pertenecía a la décima generación desde Noé.

Abram nació a. 2165 a.C. Nada sabemos de la primera parte de su vida

LA GEOGRAFÍA DE GÉNESIS 12—50

ni de cómo aprendió de Dios, excepto por la información que se nos da en 12:1, Josué 24:2 y Hechos 7:2. Antes de su conversión, Abram debió haber sido idólatra (Jos. 24:2). En tiempos de Abram, Ur era un rico centro comercial y puerto marítimo en el Golfo Pérsico en la desembocadura del río Éufrates. Su silueta estaba dominada por un zigurat similar a la Torre de Babel y por templos a las deidades paganas.

DIOS Y LOS PATRIARCAS (12-50)

12:1-3 *Siete promesas proféticas.* Alrededor del año 2090 a.C., Dios llamó a Abram para que abandonase las comodidades de su patria y llevase su familia "a la tierra que te mostraré". La rápida respuesta de Abram al mandamiento de Dios fue la primera de varias acciones de su parte que le ganarían el título de "padre espiritual de todos los creyentes" (Ro. 4:11, 16).

Dios hizo varias promesas a Abram: promesas de simiente, tierra y un Salvador:

- Abram sería el progenitor de una gran nación (*simiente*);
- Dios prepararía una tierra para aquella nación (*tierra*);
- todo el mundo recibiría bendición de parte de un *Salvador* que procedería de la simiente de Abram (Mt. 1:1; Gá. 3:8).

En tanto que todos los descendientes de Abraham -la nación de Israel- fueron comisionados para que fuesen bendición para el mundo, debido a sus repetidos fracasos en cumplir esta misión, la promesa se cumpliría por medio de Cristo (véase exposición sobre Is. 41:1-20; 43:8-13).

12:4-9 *Abram emprende el camino a los 75 años.* Abram, que tenía ahora 75 años, emprendió el camino junto con su mujer Sarai y su sobrino Lot, cruzando el desierto y dirigiéndose hacia Canaán. Al llegar allí, Abram erigió un altar, y Dios se le apareció y le prometió darle la tierra. Luego se dirigió a Bet-el, que significa "casa de Dios", un lugar que iba a tener un papel significativo en la historia de Israel.

12:10-20 *Hambre en Canaán, fracaso en Egipto.* Abram había obedecido a Dios y estaba viviendo en la Tierra Prometida. Pero sobrevino un hambre, de modo que partió de Canaán y descendió a Egipto. Temiendo que Faraón le fuese a dar muerte para tomar como mujer a Sarai, Abram dijo que Sarai era su hermana. Esto era verdad en parte: era su medio hermana (20:12). Faraón hizo planes para casarse con Sarai, pero Dios envió una plaga sobre su casa. Faraón reprendió a Abram por su engaño, pero parece que Abram no aprendió la lección, porque más tarde volvió a usar esta misma añagaza (20:1-18).

13:1-4 *De vuelta a Bet-el, el lugar de bendición.* Abram volvió de Egipto a Canaán y adoró a Dios en el altar que había erigido en Bet-el.

13:5-13 *"Tú puedes escoger primero".* Para evitar los conflictos entre sus pastores, Abram dejó que Lot tuviera la opción de escoger el primero su tierra de pastos. Lot escogió para sí el fértil Valle del Jordán cerca de Sodoma.

13:14-18 *"Descendientes como el polvo de la tierra".* Al disponerse Abram a dirigirse a Hebrón, Dios reafirmó su promesa: los descendientes de Abram serían tan numerosos como el polvo de la tierra.

14:1-16 *"¡Se han llevado a Lot!"* Sodoma y otras cinco ciudades perdieron una batalla contra Quedorlaomer y sus aliados. Lot fue tomado cautivo, pero Abram derrotó a Quedorlaomer y rescató a Lot.

Difícilmente se habría cuidado Dios de hacer registrar esta pelea entre paganos, excepto por cuatro pequeñas palabras: "Tomaron también a Lot". A pesar de su conducta, Lot seguía perteneciendo a Dios, y Dios conoce a los suyos (2 Ti. 2:19).

14:17-24 *Melquisedec y Bera: Una historia de dos reyes.* De regreso a Hebrón después de su victoria, Abram se encontró con dos reyes: con Melquisedec, rey de Salem, y con Bera, rey de Sodoma. Abram rechazó el ofrecimiento de riquezas de parte de Bera, diciendo que no quería que Bera pudiera atribuirse haber enriquecido a Abram. Pero sí que aceptó un don de Melquisedec, y a su vez le dio a este el diezmo del botín de la campaña.

MELQUISEDEC Y CRISTO
Melquisedec, sacerdote (14:18) así como rey, es vuelto a mencionar en el Salmo 110:4 y en Hebreos 5:6-10; 7:1-22.

- *Hay tres teorías principales acerca de Melquisedec:*
  - ► Que era en realidad Sem, el hijo de Noé.
  - ► Que fue una aparición del mismo Cristo preencarnado.
  - ► Que era sencillamente un rey de Jerusalén: *Melquisedec* significa literalmente "Rey de justicia", y Salem puede ser un nombre anterior de Jerusalén.
- *Melquisedec dio a Abram pan y vino, y bendijo a Abram. Esta es la primera mención que aparece en la Biblia de pan y vino, prefigurando la muerte de Cristo.*
- *14:18 es la primera mención bíblica de la palabra sacerdote. Los tres grandes oficios del AT eran profeta, sacerdote y rey:*
  - ► El profeta representaba a Dios ante los hombres (1 R. 18:15).
  - ► El sacerdote representaba a los hombres ante Dios (Lv. 8:1-9:24).
  - ► El rey, bajo Dios, gobernaba a los hombres (1 S. 10:1).
- *Melquisedec ejerció dos de estos oficios; Cristo cumple los tres:*
  - ► Fue profeta (ministerio pasado, Mt. 21:11; Lc. 7:16; Jn. 1:18; 4:19; He. 1:1-2).
  - ► Es sacerdote (ministerio presente, Ro. 8:34; He. 4:14-16; 7:24-27).
  - ► Será rey (ministerio futuro, Ap. 19:11-16).

Véase exposición sobre Hebreos 7:1-28.

15:1-11 *Creer viene a ser justicia.* Abram preguntó a Dios si su criado Eliezer iba a ser su heredero, por cuanto el prometido hijo no había nacido. Dios le dijo que no, porque en verdad Sarai tendría un hijo. Abram "creyó a Jehová, y le fue contado por justicia". Dios declaró justo a Abram a causa de su fe, y validó su promesa a Abram, renovándola mediante un pacto de sangre.

El pacto de sangre es una de las tres clases de pactos legales en la Biblia. Los otros son el pacto de sal (Lv. 2:11-16; 2 Cr. 13:5) y el pacto de una sandalia (Rt. 4:7, 8).

Un versículo clave para todos los creyentes, 15:6 señala la primera mención de tres importantes palabras bíblicas:

Creyó.

- Abram no fue la primera persona en creer en Dios, pero su fe es un modelo para todos los creyentes (Ro. 4; Gá. 3:6-9; He. 11:8-10, 17-19).
- La Biblia no dice que Abram agradase a Dios o que lo aplacase, como lo demandan la mayoría de las religiones, sino sencillamente que creyó en Él.

Le fue contado. Esta palabra sugiere una imputación o atribución de parte de Dios. Hay tres imputaciones o atribuciones principales en la Biblia:

- La imputación del pecado de Adán a toda la humanidad (Ro. 3:23; 5:12).
- La imputación de los pecados de toda la humanidad a Cristo

(Is. 53:5-6; 2 Co. 5:14-21; He. 2:9; 1 P. 2:24).

- La imputación de la justicia de Dios a cada pecador que cree (Ro. 4:6-25; Fil. 3:9; Stg. 2:23).

Justicia. La Biblia enseña que todos los pecadores están desnudos ante Dios (3:7-10; He. 4:13; Ap. 3:17). Algunos se dan cuenta de esto e intentan hacerse sus propias vestiduras, pero Dios contempla esas vestiduras como "trapos de inmundicia" (Is. 64:6). Siempre que los pecadores llegan a hacerse conscientes de su desnudez y se vuelven a Dios, Él los reviste con su propia justicia (Is. 61:10; Zac. 3:4; Lc. 15:22).

15:12-21 *"Cuatro siglos de esclavitud, y luego Canaán".* Dios anunció a Abram siete profecías, todas las cuales se cumplieron. La referencia que sigue a cada profecía muestra su cumplimiento:

- Los descendientes de Abram serían extranjeros en una tierra extraña (46:2-4).
- Serían esclavos en aquella tierra (Éx. 1:7-14).
- La servidumbre duraría 430 años (Éx. 12:40).
- Dios juzgaría a la nación que los esclavizaría (Éx. 7-12).
- Abram mismo sería eximido de todo esto (25:7-8).
- Después de cuatro generaciones en Egipto, Israel regresaría a Canaán (Éx. 6:16-20; Moisés fue la cuarta generación).
- Israel saldría de Egipto con grandes riquezas (Éx. 12:35, 36; Sal. 105:37).

16:1-16 *Una boda desde luego no hecha en el cielo.* Todavía no acabando de creer la promesa de Dios, Sarai, que era estéril, dio su criada Agar a Abram para que le diera hijos. Pero cuando Agar quedó embarazada, la actitud de Sarai cambio, y la echo.

El "ángel de Jehová" encontró a Agar junto a una fuente, dio nombre a su hijo aun por nacer, y la envió de vuelta a Sarai. Muchos estudiosos creen que las apariciones en el AT del "ángel de Jehová" son en realidad apariciones de Cristo antes de su encarnación, aunque en algunos casos puede haberse tratado de Dios Padre (véase exposición sobre 17:1-8).

Agar volvió a casa y dio a luz a Ismael. Abram tenía entonces 86 años.

17:1-8 *Cambio de nombre a los 99 años.* Abram, que significa "Padre enaltecido", pasa a ser ahora Abraham, "Padre de una multitud". Por cuarta vez, Dios afirmó su pacto con Abraham (12:2, 3, 7; 13:14-17; 15:5).

La aparición de Dios a Abram es un ejemplo de una "teofanía", una manifestación visible del Dios invisible. Aunque Dios dijo a Moisés que "no me verá hombre, y vivirá" (Éx. 33:20), ha permitido ocasionalmente que los creyentes tengan un atisbo de Él en varias formas (18:2; Éx. 24:9-18; 33:18-23; Jue. 13:17-23; Ez. 1:26-28). Algunas veces, esas teofanías son designadas con el nombre de "el ángel de Jehová" (véase exposición sobre 16:1-16). La revelación última y definitiva de Dios tendría lugar en la persona de Jesucristo (véase exposición sobre Juan 1:14).

17:9-14 *La circuncisión, el sello del pacto.* Dios mandó a Abraham que él y todos los varones de su casa habían de ser circuncidados. Tocante a la circuncisión:

- Abraham fue el primer hombre en ser circuncidado. Esto, en sí mismo, era una demostración de su fe, porque la circuncisión hace a uno temporalmente indefenso.
- La circuncisión es la señal y el sello, pero no la fuente, de la promesa de Dios: la fuente es la fe en la palabra de Dios (15:6; Ro. 4:1-12).
- La circuncisión de la carne sin la purificación del corazón de pecado no vale para nada (Dt. 10:16).

- La circuncisión no es demandada bajo el Nuevo Pacto de la gracia (Hch. 15:1, 2, 28, 29; Ro. 4:1-12; Gá. 5:2-6).
- Sin embargo, Pablo compara la circuncisión con el bautismo (Col. 2:11, 12).
- La circuncisión siempre ha sido recomendada por razones higiénicas.

17:15-22 *Un cambio de nombre a los 90 años; la promesa de un hijo.* Dios cambió el nombre de Sarai a Sara, y le dijo que tendría un hijo (que sería llamado Isaac) y que llegaría a ser la madre de naciones.

17:23-27 *Abraham sella el pacto.* Abraham, que ahora tenía 99 años, cumplió el mandamiento de Dios en 17:9-14; él y todos los varones en su campamento fueron circuncidados.

18:1-15 *Isaac: las buenas nuevas.* Una vez más Dios se apareció a Abraham, que preparó alimento para su divino visitante y para los dos ángeles que le acompañaban. Dios dijo que Sara daría a luz al cabo de un año. Sara, que escuchaba dentro de la tienda, rió, y Dios la reprendió. Sara negó haber reído.

18:16-33 *Sodoma: las malas nuevas.* Dios anunció a Abraham que iba a destruir Sodoma y Gomorra. Ante la petición de Abraham, Dios accedió a perdonar Sodoma, la ciudad donde residía Lot, si tan solo se podía encontrar a diez justos viviendo allí.

19:1-11 *Un creyente extraviado y los pecadores de Sodoma.* Cuando los dos ángeles llegaron a Sodoma, Lot los invitó a su propia casa para protegerlos de los perversos habitantes de Sodoma. Pronto, sin embargo, el hogar de Lot quedó rodeado por sodomitas que exigían que los dos ángeles les fuesen entregados para fines sexuales. Lot intentó en vano razonar con ellos, incluso ofreciéndoles sus dos hijas vírgenes. Intentó convencer a sus hijas casadas y a los maridos de ellas de que Sodoma estaba sentenciada, pero no se lo tomaron en serio.

Los ángeles habían encontrado a Lot en la puerta de Sodoma, lo que significa que puede haber sido un funcionario público. Observemos la progresión en la trágica caída de Lot:

- Primero, Lot miró con deseo a Sodoma (13:10).
- Luego escogió la región cercana a Sodoma (13:11).
- Luego fue plantando sus tiendas hacia Sodoma (13:12).
- Luego se instaló en la ciudad misma (14:12).
- Finalmente, dio sus energías (19:1-11) e incluso ofreció sus propias hijas (19:8, 12-14, 30-38) a Sodoma.

19:12-29 *El fuego cae al salir el sol.* Al amanecer, Lot y su familia huyeron de la sentenciada Sodoma. Al caer fuego y azufre, la mujer de Lot miró atrás y se convirtió en estatua de sal en el acto. Desde una tierra alta distante, Abraham pudo ver el humo de la ciudad que ardía (véase *Sodoma y Gomorra,* p. 964).

Jesús usó Sodoma junto con el diluvio como ilustraciones de juicio (Lc. 17:26-30; véase también Dt. 29:23; Ez. 16:49, 50)

19:30-38 *Dos hijos con sus dos propias hijas.* Al no tener maridos, pero queriendo preservar el nombre de su padre, las dos hijas de Lot emborracharon a su padre, tuvieron relaciones sexuales con él, y quedaron embarazadas. Sus descendientes vendrían a ser los moabitas y los amonitas, enemigos de Israel.

20:1-18 *"Es mi hermana", vuelve a decir.* Dirigiéndose hacia territorio filisteo, Abraham presentó falsamente a Sara al rey Abimelec como hermana suya, pero Dios advirtió a Abimelec

LUGARES IMPORTANTES EN LA HISTORIA DE ABRAHAM

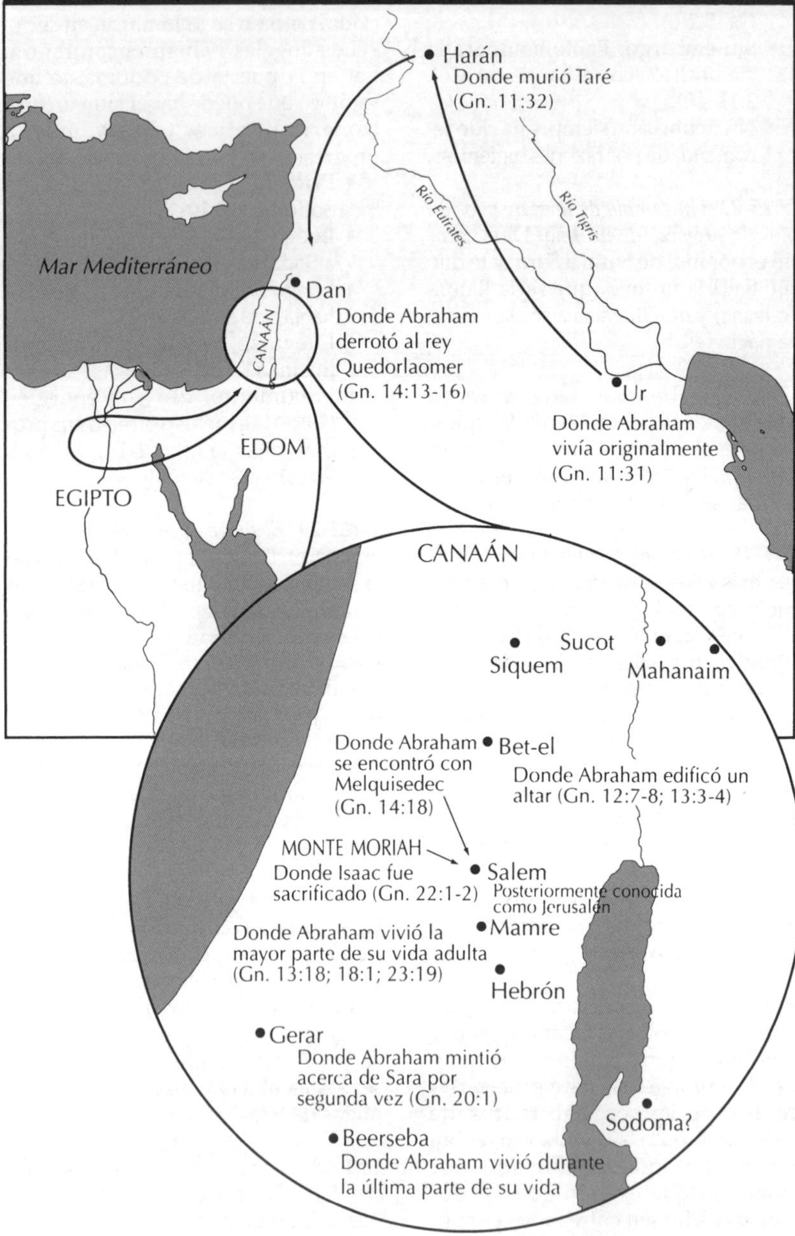

que no tuviera relaciones sexuales con ella. Esta era la segunda vez que Abraham mentía acerca de Sara (12:10-20), y de nuevo ello fue porque temía por su propia seguridad, en caso que sus anfitriones supieran que la hermosa Sara era su esposa. Debido a este incidente, Dios "había cerrado completamente toda matriz de la casa de Abimelec, a causa de Sara mujer de Abraham" (20:18). Pero cuando Abraham se dio cuenta de que Abimelec estaba actuando de manera honrada, oró en favor de Abimelec, y Dios rescindió su juicio sobre el rey y sobre su tierra.

21:1-7 *El nacimiento de "Risa".* Sara dio a luz a Isaac, nombre que significa "él ríe". Ambos padre y madre se regocijaron por el nacimiento sobrenatural del bebé, y Sara deseaba que "cualquiera que lo oyere, se reirá conmigo" (21:6).

Hay al menos once nacimientos en las Escrituras en los que Dios mismo intervino: Jacob y Esaú (25:21); Rubén (29:31); Isacar (30.17, 18); José (30:22-24); Sansón (Jue. 13:2-5). Obed (Rt. 4:13); Samuel (1 S. 1:19, 20); el hijo de una mujer de Sunem (2 R. 4:14-17); Juan el Bautista (Lc. 1:5-13); Jesús (Lc. 1:26-38; 2:7).

21:8-21 *Sara y Agar: Más problemas en la tienda.* Durante la ceremonia del destete de Isaac, una encolerizada Sara vio a Ismael burlándose de su hijo. Exigió entonces que Abraham despidiera a Ismael y a Agar al desierto. Por medio de un ángel, Dios tranquilizó a Agar respecto a su protección. Pablo empleó el conflicto entre Agar y Sara para comparar la ley con la gracia (véase la exposición sobre Gálatas 4:21-31).

21:22-34 *Un tratado sellado con siete corderos.* Al ver que Dios estaba con Abraham, Abimelec ofreció hacer un tratado con él. Abraham aceptó, quedando el tratado sellado con siete corderos. (Obsérvese la similitud con 26:17-33, donde Isaac concertó un tratado con los filisteos.)

22:1-24 *Isaac sobre el altar: Un enfoque del Calvario.* Dios mandó a Abraham que ofreciera a Isaac como sacrificio. Obediente, Abraham ató a Isaac al altar, pero en el último momento Dios mandó que Isaac fuese desatado, y Dios proveyó milagrosamente un carnero en lugar de Isaac. Por cuanto Abraham estaba dispuesto a ofrecer a Isaac, Dios de nuevo prometió bendecirle (22:15-19).

Cuando llegó el momento de ofrecer el sacrificio, Isaac preguntó inocentemente: "¿Dónde está el cordero?", y Abraham contestó: "Dios se proveerá de cordero para el holocausto, hijo mío" (22:8). Esta sola frase recapitula el mensaje central de la Biblia: Que Dios daría a su propio Hijo como expiación por el pecado:

- "¿Dónde está el cordero?" (22:7)
- "¡He aquí el Cordero de Dios!" (Jn. 1:29)
- "Digno es el Cordero" (Ap. 5:12)

23:1-20 *Muerte de Sara; Abraham compra un lugar de sepultura.* Sara murió con 127 años, y Abraham hizo duelo por ella. Efrón se ofreció a dar a Abraham la cueva de Macpela, cerca de Hebrón, como lugar de sepultura para la familia, pero Abraham insistió en pagar por ello. Sara (23:19), Abraham (25:9), Isaac, Rebeca y Lea (49:31) y Jacob (50:13) serían todos sepultados en aquella cueva. 23:2 es la primera mención bíblica de llanto. La última mención de lo mismo está en Apocalipsis 5:4. Pero un día las lágrimas cesarán para siempre (Ap. 21:4).

24:1-56 *"¡Trae una novia!"* Abraham envió a un criado de confianza (posiblemente Eliezer, véase 15:2) a su hogar original al noroeste de Mesopotamia para que buscase una esposa para Isaac. En Mesopotamia, el siervo pidió a Dios que le mostrase una señal acerca de a quién debería seleccionar. En aquel preciso momento, Rebeca entró en escena. El siervo explicó a Rebeca y a su familia por qué estaba allí, y por qué sabía que Dios la había seleccionado como novia de Isaac.

24:57-67 *La futura esposa acepta ir.* Rebeca aceptó la propuesta del siervo, se despidió de su familia, partió con el siervo a Canaán y se casó con Isaac.

TIPOLOGÍA DE CRISTO EN UN NOVIAZGO

Observemos la tipología en la historia de Isaac y Rebeca:

- *Abraham* es un tipo del Padre celestial que planea una boda para su Hijo amado (Mt. 22:2).
- *Isaac* es tipo de Cristo, que fue ofrecido como sacrificio (22; Mt. 27) y busca a su esposa. Lo mismo que Isaac, Cristo ama entrañablemente a su novia (24:67; Ef. 5:25).
- El *siervo* es tipo del Espíritu Santo.
  - El siervo llegó a Mesopotamia con una sola razón: llevar una novia a Isaac. El Espíritu Santo llegó en Pentecostés (Hch. 2) con un propósito: reunir una novia para el Hijo.
  - El siervo de Abraham honró al padre y al hijo. En la actualidad, el Espíritu Santo honra al Padre y al Hijo (Jn. 15:26).
- *Rebeca* es un tipo de la iglesia. Antes que alguien pueda formar parte de la novia de Cristo, él o ella han de responder a la pregunta a la que respondió Rebeca: "¿Irás tú con este varón?" (24:58).

25:1-6 *Seis hijos de su tercera mujer.* Después de la muerte de Sara, Abraham se casó con Cetura, con quien tuvo seis hijos. El cuarto fue Madián, padre de los madianitas. Siglos después, Moisés se casaría con una mujer madianita (Éx. 2:16-21). Más adelante, los madianitas oprimirían a Israel y Gedeón los derrotaría (Jue. 6-8).

25:7-11 *Despedida al padre de los fieles.* Abraham murió a los 175 años. Isaac e Ismael lo sepultaron con Sara en Macpela.

25:12-18 *La muerte de Ismael, padre de Arabia.* Ismael tuvo doce hijos, que fueron fundadores de doce tribus. Murió a los 137 años. Los actuales árabes afirman a Ismael como su antecesor.

25:19-26 *Jacob y Esaú: Un cumpleaños, dos naciones.* Isaac y Rebeca permanecieron sin hijos durante 20 años. Isaac oró por Rebeca, y le dio mellizos. Dios había dicho a Rebeca que sus dos hijos llegarían a ser naciones rivales. Esaú nació primero, pero cuando siguió el segundo mellizo, su mano se asió del talón de Esaú, de modo que lo llamaron Jacob, que significa "engaña", o "agarra el talón".

25:23 introduce un tema que irá reiterándose a lo largo de la historia de Israel: El mayor servirá al menor. Otro ejemplo lo tenemos en Efraín y Manasés (48:1-22). Entre los hijos menores en el linaje de Cristo se incluyen Judá, Fares y David. Pablo contempló esto como la elección soberana de Dios (Ro. 9:6-13).

25:27-34 *Una primogenitura venida por un guiso.* Esaú se hizo cazador, mientras que Jacob se mantenía cerca del hogar. Un día Esaú volvió hambriento del campo, y vendió su primogenitura a Jacob por un plato de guisado. Tradicionalmente, la primogenitura pertenecía al hijo mayor, lo que le daba una doble porción de la herencia. Su venta equivalía a perder la posición de dominio en la familia.

26:1-35 *Isaac y los filisteos: A tal padre, tal hijo.* Durante un tiempo de hambre, Dios prometió a Isaac que proveería para él como lo había hecho para Abraham. El hambre impulsó a Isaac a buscar alivio en los dominios del rey filisteo Abimelec. Isaac mintió a

Abimelec acerca de Rebeca, pretendiendo que era su hermana. Posteriormente salió la verdad. Este Abimelec era probablemente el hijo del Abimelec al que Abraham le había dicho una mentira similar (20:1-18).

Isaac volvió a excavar algunos pozos que habían pertenecido a Abraham pero que habían sido cegados por los filisteos (26:17-33). Los filisteos, al darse cuenta de que Dios estaba con Isaac, lo convencieron para que hiciese un tratado con ellos. (Obsérvese la similitud con 21:22-34, donde Abraham concertó un tratado con los filisteos.)

Mientras tanto, Esaú se casó con dos mujeres cananeas, lo que fue causa de gran disgusto para Isaac y Rebeca.

27:1-29 *Jacob y la bendición: Un objetivo correcto, un mal método.* Ya con 137 años, y suponiendo que no le quedaba mucho tiempo de vida, Isaac pidió a Esaú que le preparase una comida, indicando que emplearía la ocasión para dar su bendición a Esaú. Habiendo oído esta conversación, Rebeca dispuso que Jacob se disfrazase para hacerse pasar por Esaú, para que así él recibiera la bendición. El engaño funcionó, y Jacob recibió la bendición. (Cosa irónica, Isaac vivió otros 43 años; véase 35:28.)

Rebeca estaba en lo cierto al pensar que Dios quería que Jacob recibiera la bendición (25:23), pero erró en tomar la cuestión en sus manos. El fin nunca justifica los medios (Ro. 3:7-8).

27:30-46 *Esaú afirma su intención de vengarse: "¡Muerte al engañador!"* Apenas si Jacob había salido con la bendición de Esaú que Esaú estaba de regreso. El engaño fue descubierto, pero ya era demasiado tarde. Incapaz de rescindir la bendición, Isaac solo pudo dar a Esaú "las sobras espirituales". Esaú afirmó que daría muerte a Jacob. Al oír esto, Rebeca dispuso que Jacob buscase refugio en casa de Labán, el hermano que ella tenía en Mesopotamia.

28:1-5 *Jacob el engañador, bendecido y desterrado.* Para proteger a Jacob de la ira de Esaú, Isaac lo despidió, dándole la seguridad de que el Dios que había bendecido a su abuelo y a su padre también le daría bendición a él.

En este punto, Isaac desaparece del relato bíblico, aunque vivió otros 43 años. Isaac no era un hombre que soñó sueños ni que conquistase continentes. Ha sido descrito como el hijo mediocre de un gran padre (Abraham) y como el padre mediocre de un gran hijo (Jacob):

- Isaac fue un hijo obediente, previsiblemente incluso dispuesto a ser sacrificado (22:7-10) y a dejar que alguna otra persona escogiese su novia (24).
- Fue un marido afectuoso y solícito (24:67; 25:21).
- Fue además indulgente, como marido y también como padre:
  - Mostró poco control sobre Esaú, que se casó con dos mujeres no hebreas (26:34).
  - Mostró poco control sobre Rebeca, que se sintió libre de engañarle (27:5-13).
  - Mostró poco control sobre Jacob, que buscaba su autoridad en Rebeca antes que en Isaac (27:13).
- Fue, sin embargo, un hombre de fe (22:7-10; 24:63; 25:21; 26:25; 28:1-4; He. 11:20).

28:6-9 *"Quizá esto los haga felices".* Con la esperanza de aplacar la desilusión de sus padres por sus matrimonios con mujeres paganas, Esaú se casó con su prima Mahalat, hija de Ismael.

28:10-22 *Jacob y la escalera al cielo.* En Bet-el, durante su huida a Harán, Jacob soñó y vio ángeles que subían y descendían por una escalera que llegaba al cielo. Dios usó esta visión para

Lugares importantes en la historia de Isaac, Jacob y José

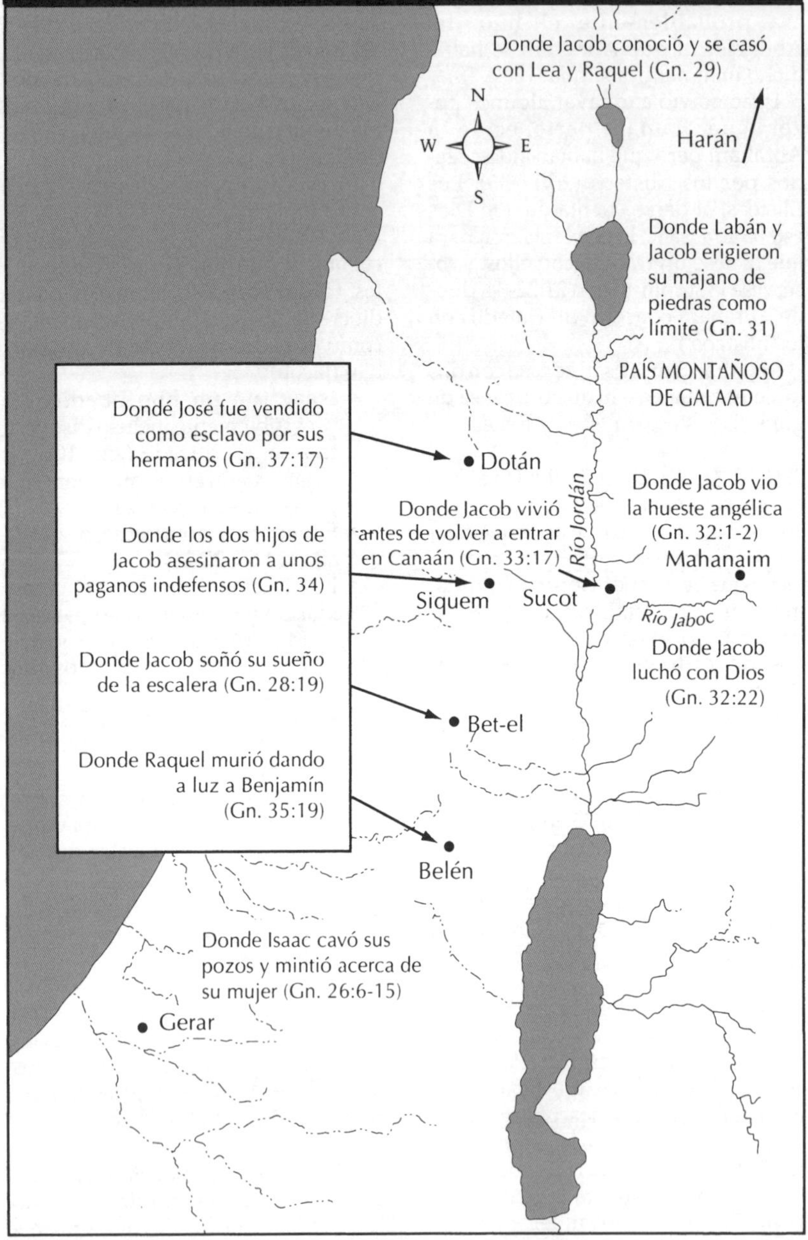

reafirmar a Jacob las promesas del pacto abrahámico. Al despertar, Jacob derramó aceite sobre la piedra que había usado de cabezal, y prometió que serviría al Señor, si el Señor proveía para todas sus necesidades: ¡una oración egoísta, por no decir más!

La promesa de Dios a Jacob (28:15) resume uno de los grandes temas de Génesis: la fidelidad de Dios a su pueblo escogido a pesar de la infidelidad de ellos.

29:1-14 *La mujer junto al pozo será su esposa.* Al llegar a Harán, Jacob echó a un lado una pesada piedra que cubría un pozo, para que algunas ovejas abrevasen. Pronto supo que la hermosa pastora de aquellas ovejas era su prima Raquel. Luego conoció a Labán, su tío y futuro suegro.

Otras dos bodas en el AT comenzaron con un encuentro junto a un pozo (24:10-28; Éx. 2:15-21).

29:15-30 *Trabaja por una esposa, y consigue dos.* Jacob acordó trabajar siete años para Labán para poderse casar con Raquel. Después de la noche de bodas, un enfurecido Jacob descubrió que su taimado tío le había dado la hermana mayor y menos atractiva que Raquel, ¡Lea! Labán de nuevo le prometió Raquel a Jacob, con la condición de que observase la semana nupcial con Lea y prometiese trabajar otros siete años por Raquel.

29:31-30:8 *Los primeros seis hijos de Jacob.* Lea dio a luz los primeros cuatro hijos de Jacob: Rubén, Simeón, Leví y Judá. La estéril y desesperada Raquel dio su criada Bilha a Jacob con objeto de tener hijos mediante ella, lo que resultó en los nacimientos de Dan y Neftalí.

30:9-13 *"Dos pueden jugar a este mismo juego": Hijos séptimo y octavo.* Lea, temporalmente estéril ella misma, ofreció a Jacob su propia criada Zilpa, para que le diera hijos a luz. Ella le dio a luz otros dos hijos: Gad y Aser.

30:14-21 *Los hijos noveno y décimo, y una hija.* Rubén, hijo de Lea, encontró unas mandrágoras que se creía que aumentaban la fertilidad. Cuando Raquel las vio, regateó con Lea, ofreciéndole a Jacob por aquella noche si le daba las mandrágoras. Lea accedió, y como resultado dio a luz a Isacar. Luego dio a luz a Zabulón, y una hija, Dina.

30:22-24 *Raquel es finalmente recompensada: El hijo undécimo.* Por fin, Raquel tuvo un hijo, José, que junto a su último hijo, Benjamín (35:18), serían los favoritos de Jacob.

La mitad de los hijos de Jacob le nacieron de Lea, con quien no había tenido jamás intención de casarse. Esos incluyeron a Leví, el padre del sacerdocio de Israel, y Judá, antecesor de los reyes de Israel y de Cristo.

30:25-43 *El ruego de Labán: "Señálame tu salario, y yo lo daré".* Después del nacimiento de José, Jacob decidió que era ya el momento de volver a Canaán. Labán le rogó a Jacob que se quedase y trabajase para él, consciente de cuánta de su riqueza procedía de la bendición de Dios sobre su yerno. Jacob accedió a quedarse, con una condición que parecía extraña: que pudiera quedarse con todos los animales manchados y salpicados. Aunque el montaje se basaba en una pura superstición, Dios bendijo a Jacob, y prosperó a expensas de Labán.

31:1-55 *"Vuestro padre no deja de engañarme. ¡Nos vamos!"* Es comprensible que el éxito de Jacob suscitara la envidia de Labán, que comenzó a cambiar las condiciones de su contrato. Jacob decidió que era ya hora de irse de Harán y de regresar a Canaán. Sin advertir a Labán, él y su familia partieron bajo la sombra de la noche.

Al enterarse de su partida, Labán

LA VIDA DE JACOB

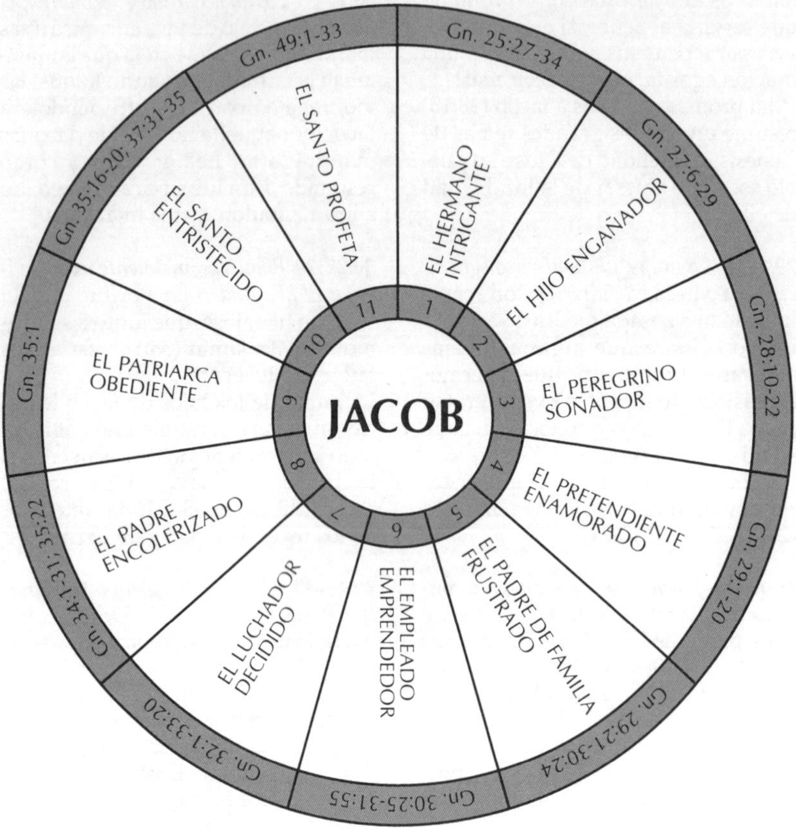

emprendió la persecución, pero Dios le advirtió en un sueño que no hiciera mal alguno a Jacob. Tras alcanzar la caravana, Labán acusó a Jacob de hurtar sus ídolos domésticos. Raquel había tomado los ídolos sin informar de ello a Jacob. Haciendo por fin las paces, Jacob y Labán erigieron un montón de piedras para significar que ninguno de los dos cruzaría aquel límite para perjudicar al otro.

El acto de Raquel de tomar los ídolos, lo mismo que la confianza de Jacob en supersticiones, expone que incluso la "primera familia" de Israel estaba afectada por el paganismo que los rodeaba.

32:1-21 *"¿Querrá Esaú matarme aún?"* Mientras Jacob conducía a su familia de vuelta a Canaán, supo que su hermano, Esaú, acudía a encontrarse con él al frente de una pequeña fuerza.

Jacob rogó a Dios que le salvase de la ira de Esaú. Luego, con la esperanza de aplacar a Esaú, envió adelante algunas reses como regalos.

32:22-32 *Una lucha durante toda la noche.* Pasando aquella noche Jacob con temor a Esaú, estuvo luchando con Dios, pidiéndole que lo bendijese. Dios descoyuntó el muslo de Jacob y cambió su nombre por el de Israel ("uno que lucha con Dios"). Jacob nombró aquel lugar Peniel ("rostro de Dios"). Aunque seguiría siendo conocido todavía de manera primordial como Jacob, "el engañador", sus descendientes serían conocidos por su nuevo nombre.

Obsérvense esos contrastes entre los encuentros de Jacob con Dios en Bet-el (28:10-22) y en Peniel:

- Dios tocó el corazón de Jacob en Bet-el; en Peniel reclamó su vida.
- Bet-el fue el lugar de la conversión y salvación de Jacob; Peniel fue el lugar de su consagración y santificación.
- Bet-el introdujo a Jacob a la paz de Dios; Peniel le dio plenamente aquella paz. Ahora poseía no solo la vida, sino una vida abundante (Jn. 10:10; Ro. 5:1; Fil. 4:7).

33:1-16 *Jacob y Esaú: Reunión y alivio.* Para alivio de Jacob, su reunión con Esaú fue pacífica. Presentó sus mujeres e hijos a Esaú, y los hermanos se separaron como amigos.

33:17-34:31 *Dina y Siquem: Violación y venganza.* Jacob compró tierra cerca de la ciudad de Siquem, plantó su tienda y edificó un altar. Poco tiempo después, Dina, la única hija de Jacob, fue violada por el hijo de Hamor, Siquem. Hamor se reunió con Jacob y trató de concertar un casamiento. Al saber de la violación, los hermanos de Dina se encolerizaron. Exigieron que Hamor y sus hijos se circuncidasen antes que tuviera lugar ninguna boda. Mientras los hombres se recobraban de sus circuncisiones, Simeón y Leví los asesinaron a todos. Jacob reprendió a sus hijos, diciéndoles que sus acciones lo habían hecho "abominable" para los cananeos.

35:1-15 *De vuelta una vez más a Bet-el y a la bendición.* Dios mandó a Jacob que volviera a Bet-el, aquel lugar especial de reunión (12:6-9; 13:3, 4; 28:11-19), y que hiciera un altar. Jacob ordenó a su familia que destruyeran sus ídolos, que se lavaran y que se mudaran de ropa en preparación del acontecimiento. En Bet-el apareció Dios, recordando a Jacob su nombre nuevo y el pacto abrahámico. Jacob hizo una ofrenda y una vez más ungió el pilar de piedra donde había visto la escalera al cielo (28:18).

35:16-20 *Benjamín: Hijo de su dolor; hijo de su fortaleza.* Raquel murió al dar a luz a Benjamín y fue sepultada "en el camino de" Belén (35:19). Ella había llamado Benoni a su hijo, "hijo de mi dolor", pero Jacob lo llamó Benjamín, "hijo de mi diestra". Siglos más tarde, una joven virgen daría a luz a otro bebé en Belén. Sería conocido como "varón de dolores" (Is. 53:3) y sería exaltado a la diestra de Dios (He. 1:3).

35:21-26 *La fornicación de Rubén.* Rubén, el hijo mayor de Jacob, cometió fornicación con Bilha, la concubina de su padre.

35:27-29 *Juntos otra vez para el funeral de su padre.* Isaac murió de 180 años. Jacob y Esaú volvieron a encontrarse para enterrarlo en Macpela.

36:1-43 *Descendientes de Esaú.* La genealogía de Esaú muestra que él es el antecesor de los edomitas, destinados a ser enemigos de Israel (véase exposición sobre Abdías).

37:1-17 *José menospreciado por sus sueños.* Había discordia en la familia de

Jacob. Los hermanos de José le odiaban porque era el hijo favorito de Jacob y por sus sueños, en los que había visto a toda su familia inclinándose ante él.

37:18-36 *José vendido, Jacob engañado.* Los hermanos de José le atacaron, tomaron su apreciada túnica, y lo vendieron a unos ismaelitas que se dirigían a Egipto. Mancharon la túnica con sangre de un cabrito, dejando que Jacob concluyera que José había sido muerto por una fiera.

En cierto sentido, Jacob segaba lo que había sembrado (Gá. 6:7-8): Jacob había engañado a su padre usando la piel de un cabrito; ahora sus propios hijos lo engañaron usando la sangre de un cabrito (27:16).

38:1-10 *Er y Onán: Ambos hermanos mueren bajo el juicio divino.* Judá "se apartó de sus hermanos", posiblemente debido a la discordia familiar, y se casó con una cananea. Este casamiento, contrario a las tradiciones israelitas (24:3; 28:1) y posteriormente prohibido por la ley (Dt. 7:3, 4), llevó al desastre. Dios juzgó y dio muerte a dos de los hijos de Judá, Er y Onán. Er murió primero, por razones no especificadas. Luego Onán murió por rehusar ser padre de un hijo que diera continuidad al nombre de Er.

Tener hijo para un hermano fallecido era una costumbre práctica en los tiempos antiguos. Conocido como matrimonio de levirato, vendría a formar parte de la ley (Dt. 25:5-10).

38:11-26 *Tamar y Judá: Prostitución e hipocresía.* La viuda de Er, Tamar, defraudada de un heredero por Onán, se sintió frustrada cuando Judá rehusó darle su tercer hijo en matrimonio. Todavía anhelando un hijo, se disfrazó de prostituta y sedujo a Judá. Al enterarse de que Tamar estaba embarazada, Judá, pretendiendo rectitud, ordenó que la mataran; hasta que supo que el niño que ella llevaba era el suyo propio (38:24-26), y confesó humildemente su pecado.

38:27-30 *Otro caso de mayor frente a menor.* Tamar tuvo mellizos. La comadrona ató un hilo de grana alrededor de la muñeca de Zara, la mano del cual salió primero, pero retiró la manto y fue el otro bebé, Fares, el que nació primero. Observemos que el linaje de Cristo incluye a este hijo ilegítimo, así como la ramera Rahab y otras personas de una condición poco noble.

39:1-18 *José la rechaza, y ella lo calumnia.* Los captores ismaelitas de José lo vendieron a Potifar, un soldado en la corte de Faraón. La mujer de Potifar intentó seducir a José, pero él rechazó sus proposiciones y huyó de la casa. Furiosa por el rechazo de José, la mujer de Potifar le dijo a su marido que José había intentado violarla.

39:19-23 *José prospera en la cárcel.* Creyendo las falsas acusaciones de su esposa, Potifar hizo encarcelar a José. Pero Dios estaba con José, y poco después el jefe de los carceleros lo puso al cuidado de toda la prisión.

40:1-23 *Una historia de dos sueños.* Dos de los compañeros de prisión de José, siervos del rey, tuvieron unos extraños sueños, y José interpretó los dos con acierto.

41:1-36 *La predicción de José de los catorce años.* Cuando Faraón tuvo dos extraños sueños, José fue llamado a interpretarlos. Los sueños, dijo José, significaban que Egipto iba a padecer en breve una grave hambruna.

41:37-57 *Ascendido de prisionero a primer ministro.* Faraón designó a José como su primer ministro, para preparar a Egipto para el tiempo de hambre que se avecinaba. José se casó con Asenat, una mujer egipcia (41:45), y tuvo dos hijos (41:50-52). Al primero lo llamó Manasés, significando que Dios le había capacitado para olvidar su amargo pasado. Al segundo lo llamó Efraín, que significaba su fructífero presente y futuro.

En un día, José, que tenía treinta años, fue elevado de la cárcel al palacio, pero este alto honor le vino solo después de muchos y largos años de cárcel, lo que muestra el valor de la humildad (Sal. 75:6, 7; 1 P. 5:6).

42:1-38 *Los hermanos de José se inclinan ante él.* Había hambre también en Canaán. Jacob envió a sus hijos a Egipto para que adquiriesen alimentos. Ellos se inclinaron en presencia del principal administrador de Egipto, no sabiendo que era José, pero José los reconoció. Les dio comida y los envió de vuelta a su casa, pero retuvo como rehén a Simeón hasta que volvieran con Benjamín. Sin embargo, Jacob rehusó considerar siquiera enviar a Benjamín a Egipto.

43:1-34 *Benjamín es llevado a Egipto.* Cuando escaseaba la comida que habían traído de su primer viaje, Jacob se vio obligado a enviar a sus hijos, y a Benjamín con ellos, de vuelta a Egipto. Envió con ellos muchos dones para "aquel varón" encargado de la administración de los alimentos. Cuando hubieron llegado a Egipto, José dispuso un banquete para sus hermanos. Se sintieron atónitos cuando este funcionario egipcio los hizo sentar según el orden de sus edades. Y Benjamín recibió cinco veces más que los demás.

44:1-34 *¡Una copa de plata en su costal!* Al irse de nuevo los hermanos hacia Canaán, José hizo que su copa de plata fuera puesta secretamente en el costal de Benjamín. El mayordomo de José detuvo a los hermanos, y, naturalmente, descubrió la copa. José exigió que Benjamín le fuera entregado como esclavo personal por haber robado la copa. Un desesperado Judá se ofreció para tomar el puesto de Benjamín.

45:1-28 *"Yo soy José vuestro hermano".* Incapaz de contener su secreto ya más, José se manifestó a sus hermanos. Los tranquilizó de que no estaba encolerizado contra ellos por venderlo como esclavo: Dios había tenido un propósito en esta esclavitud: salvar muchas vidas durante el hambre. José les dijo que volvieran a casa y que regresaran a Egipto con Jacob. Faraón envió varios carros y asnos con dones para Jacob. Al principio, Jacob no podía creer que José vivía todavía, pero cuando vio los carros cargados con riquezas egipcias, se quedó convencido.

46:1-27 *"Desciende a Egipto, pero yo te devolveré a Canaán".* Dios dijo a Jacob que debía dirigirse a Egipto para escapar al hambre, pero que sus descendientes volverían algún día a la Tierra Prometida. 46:8-27 da una relación de los 66 miembros de la familia de Jacob que descendieron con él a Egipto, pero contando a José, su mujer y sus dos hijos, eran 70 los que vivían ahora en Egipto. Esto era alrededor del 1876 a.C., unos 430 años antes del Éxodo (cp. 15:13 y Éx. 12:40).

46:28-47:10 *Reunión en Gosén, presentación en el palacio.* Jacob y José se encontraron en Gosén. Por consejo de José, todo el clan se estableció allí, porque era la única parte de Egipto donde los pastores no eran rechazados. José luego presentó a su padre y a cinco de sus hermanos a Faraón, y ellos le informaron de su decisión de vivir en Gosén.

47:11-26 *El generoso impuesto de José: Solo el 20 por ciento para Faraón.* Al ir empeorando el hambre, la población se vio obligada a emplear todo su dinero, ganados y campos para comprar grano. José dispuso con generosidad que dieran solo un quinto de su cosecha al Faraón, y que guardasen el resto para alimento y semilla.

47:27-31 *La petición final de Jacob: "Sepúltame en Canaán".* Sintiendo cercana su muerte a los 147 años, Jacob pidió que le enterrase en la cueva de Macpela en Hebrón. José prometió cumplir esta petición (véase 50:13).

48:1-22 *¿La derecha en la cabeza que no corresponde?* Cuando Jacob bendijo a los hijos de José, puso su diestra sobre la cabeza de Efraín, el menor, en lugar de sobre la de Manasés, y dijo que Efraín sería más grande que Manasés. Cuatrocientos cincuenta años después, Moisés estuvo de acuerdo (Dt. 33:17). La historia de Israel iba a confirmar ambas profecías; otro caso más en el que el mayor serviría al menor (véase 2 Cr. 25:7, donde el nombre de Efraín sirve para designar a todas las diez tribus septentrionales de Israel).

La adopción por parte de Jacob de los hijos de José (48:5; 1 Cr. 5:1) les dio una posición igual a la de los otros hijos de Jacob. Los descendientes de José por medio de ellos vendrían a ser dos tribus distintas que llevarían sus nombres, confirmando de nuevo los sueños de José de ser elevado por encima de sus hermanos (37:1-11).

49:1-33 *Un padre predice el futuro de su familia.* Luego Jacob hizo reunir a sus hijos a su alrededor, y profetizó acerca de sus descendientes. De la tribu de Judá, dijo, saldría el mismo Mesías. Las predicciones de Jacob reflejaban la manera en que cada hijo había vivido, sugiriendo que el carácter y las acciones de una persona pueden afectar a sus hijos y nietos. Moisés bendijo a las 12 tribus de manera similar (Dt. 33).

50:1-13 *Egipto honra al patriarca hebreo.* Todo Egipto observó la muerte de Jacob. Después de 70 días de duelo, una escolta de oficiales egipcios actuaron como guardia de honor para acompañar el cuerpo de Jacob de vuelta a Canaán.

50:14-21 *"¡Ahora que nuestro padre ha muerto, somos muertos!"* Los hermanos de José, que se sentían culpables, dieron por supuesto que serían muertos ahora que su padre había muerto. Pero José los tranquilizó, asegurándoles que no abrigaba tales intenciones, especialmente en consideración a cómo Dios había sacado bien de aquella situación.

50:22-26 *La petición final de José: "Sepúltenme en Canaán".* José murió a los 110 años. Su petición de ser sepultado en Canaán sería cumplida, pero no hasta que hubieron pasado varios siglos (Éx. 13:19).

❖ ❖ ❖

PERSONAS A RECORDAR DE GÉNESIS

ABRAHAM

Hechos clave: Padre de la nación hebrea, ejemplo a imitar de la fe (12:1-3; Ro. 4:11)
Nacimiento: Se registra en 11:26
Padre: Taré (11:26)
Hermanos: Nacor, Harán (11:26)
Hermana: Media hermana, Sara (20:12)
Esposas: Sara, Agar, Cetura (11:29; 16:3; 25:1)
Hijos: Con Agar: Ismael (16:15, 16); con Sara: Isaac (21:2, 3); con Cetura: Zimram, Jocsán, Medán, Madián, Isbac, Súa (25:1, 2)
Ocupación: Ganadero, terrateniente (13:2)

Acontecimientos clave en su vida:
- Llamado por Dios (12:1-8)
- Reafirmación de la promesa de Dios (13:14-18)
- Su encuentro con Melquisedec (14:17-24)
- Su nuevo nombre (17:5)
- Nacimiento de Isaac (21:1-3)
- Recibe la orden de ofrecer a Isaac (22:1-14)

Edad al morir: 175 (25:7-10)
Total de referencias bíblicas: 307
Referencias clave: 11-25; Éx. 2:24; 2 R. 13:23; Is. 41:8; 51:1, 2; Jn. 8:39; Hch. 7:1-8; Ro. 4; Gá. 3:1-18; He. 11:8-10, 17-19; Stg. 2:21-23.

Habla Abraham

Todavía echo de menos a Sara. Hace casi 40 años que murió; es mucho tiempo para estar sin alguien a quien quieres. Recuerdo cuando ella y yo hicimos el equipaje y nos fuimos de Ur. ¡Qué buena pareja que hacíamos! Naturalmente, nuestros amigos y parientes pensaban que nos habíamos vuelto locos. "Ya es cosa mala dejar las comodidades y la seguridad de la vida en la ciudad," nos decían. "Pero salir a una tierra desconocida por orden de algún Dios invisible, bueno, ¡esto es estar locos de remate!" (11:31; 12:1; He. 11:8).

Claro, también llegó el día en que Sara nos vio a Isaac y a mí preparando el equipaje y salir hacia el Monte Moriah. Ninguno de nosotros podría jamás olvidar aquel día terrible. Aunque ella nunca dijo nada sobre ello, sé que sabía lo que estaba pasando. Lo que más me angustiaba era el pensamiento de realmente tener que matar a Isaac. Yo sabía que de una manera u otra Dios me devolvería este hijo de la promesa. Pero el pensamiento del acto de ponerlo sobre el altar era insoportable mientras juntos subíamos aquel monte (18:1-15; 22:1-14; He. 11:17-19).

Me pregunto qué estará haciendo Ismael estos días. Lo último que sé es que se casó con una muchacha egipcia y que tuvieron doce hijos. Deseo lo mejor para ellos. Mi corazón todavía se duele cuando recuerdo aquellos acontecimientos que nos obligaron a separarnos (21:8-21; 25:12-18).

Cetura ha sido una buena esposa para mí. Me ha dado seis hijos sanos. Pero naturalmente es Isaac, el heredero del pacto, mi hijo milagroso, el que es mi gozo y consuelo (17:17-21; 18:14).

De nuevo mis pensamientos se vuelven a Sara. Tanto ha sucedido desde que los dos nos fuimos de Ur. Los dos encontramos la justicia de Dios que buscábamos. Nos volvimos más y más seguros de que "todas las familias de la tierra" serán bendecidas mediante el amado hijo que Dios nos devolvió aquel día (12:3; 15:6).

No, Sara, los equivocados fueron nuestros amigos, y no nosotros. Sé que a veces echaste de menos la comodidad y la seguridad de la vida en la gran ciudad, y yo tengo esta sensación a veces. Pero Dios nos aseguró a lo largo de todo el camino que tendríamos un hogar mucho más sólido que todo lo que este mundo pueda ofrecer, ¡más incluso que Ur! (He. 11:8-10).

Lecciones espirituales de Abraham

- La fe significa obedecer a Dios incluso cuando no comprendemos su voluntad revelada (12:1-9; 22:1-18; He. 11:17-19).

- Seguir a Dios debería implicar un radical cambio de nuestra relación con el mundo; ello puede incluso significar romper lazos con amigos y familia (12:1; Ro. 12:2).
- Intentar resolver las cosas a nuestra propia manera puede causarnos problemas a nosotros mismos, y a otros (16:1-16; 21:8-21).
- Mentir siempre aumenta nuestros problemas, nunca los disminuye (12:10-20).
- La justicia viene por la fe, no por obras (15:6).
- El centrar nuestros pensamientos en la eternidad nos será de ayuda para soportar los tiempos difíciles en esta vida (He. 11:8-10).

Versículo clave
"Creyó Abraham a Dios, y le fue contado por justicia" (Ro. 4:3; véase Gn. 15:6).

ADÁN

Hecho clave: El primer ser humano del mundo (1:27; 2:7)
Esposa: Eva (2:20-25; 3:20)
Hijos: Caín, Abel, Set, otros cuyos nombres no se registran (4:1-2, 25; 5:4)
Hijas: El nombre de las mismas no se registra (5:4)
Ocupación: Labrador (2:15; 3:17-19, 23)
Edad al morir: 930 (5:5)
Total de referencias bíblicas: 30
Referencias clave: 1:26-5:5; 1 Cr. 1:1; Job 31:33; Lc. 3:38; Ro. 5:12-15; 1 Co. 15:22, 45; 1 Ti. 2:12-14.

Habla Adán
¡Míralos, de pie, altos y majestuosos, con alas extendidas y espadas flamígeras! ¡Criaturas gloriosas! Pero no me atrevo a acercarme más; su misión es mantenernos a Eva y a mí fuera del huerto. ¿Habríamos llegado a ser amigos en Edén si no hubiera tenido lugar aquel escándalo de la serpiente? Probablemente, nunca lo sabré (3:1-24).

¡No parece posible que hayan transcurrido más de nueve siglos! Me gusta contar a mis descendientes que Eva y yo tuvimos nuestro primer hijo para el tiempo en que celebramos nuestro primer cumpleaños y nuestro primer aniversario de boda; ¡esto siempre provoca expresiones de asombro!

¡Cuántas veces me he preguntado cómo sería la vida hoy si sencillamente hubiéramos obedecido a Dios! Abel estaría aun vivo. Caín no estaría por ahí alejado, huyendo de Dios. Y la vida habría sido mucho más fácil para todos nosotros. Pienso en todos mis esfuerzos a lo largo de estos años por cultivar un huerto tan hermoso *como* el de Edén. Desde luego, Dios tenía razón al advertirnos de lo difícil que iba a ser (3:1-24; 4:16).

Es solemne pensar que en tanto que Eva y yo vivimos en inocencia en aquel hermoso Paraíso, pronto moriremos como pecadores aquí fuera. Él nos dijo que habíamos sido hechos a su imagen, ¡pero míranos ahora! (1:26-31; 2:8-14; 3:1-24).

Sin embargo, todavía hay esperanza. Set y sus hijos parecen ir bien. Desde luego, ha sido una buena influencia sobre nuestros otros hijos (4:25, 26; 5:4).

Y sé que el mismo Dios de gracia que nos perdonó y nos vistió con pieles de animales en Edén nos vestirá con la justicia de la simiente de aquella mujer futura de la que habló. Y algún día nos acogerá en su Edén eterno. ¡Qué más podría pedir un pecador redimido de 930 años! (3:21; Ap. 21:9-22:5).

Lecciones espirituales de Adán

- Nunca deberíamos olvidar que, por mucho que estemos afectados por el pecado, somos creados a imagen de Dios (1:26, 27).
- Dios nos dio la capacidad de escoger entre el bien y el mal; cada elección que hacemos es importante (3:6, 11, 12, 16-19).
- Es imposible esconderse de Dios (3:8).
- El pecado siempre conlleva culpa (3:7), temor (3:10) y dolor (3:16-19).
- Nuestro pecado puede afectar a muchas vidas; podría incluso afectar al mundo entero (Ro. 5:12).

Versículo clave

"Porque así como en Adán todos mueren, también en Cristo todos serán vivificados" (1 Co. 15:22).

CAÍN

Hechos clave: El primer hijo nacido en la tierra, y el primer asesino (4:1, 8)
Nacimiento: Registrado en 4:1
Hermanos: Abel, Set, otros cuyos nombres no están registrados (4:2, 25; 5:4)
Hermanas: Sus nombres no se registran (5:4)
Hijo: Enoc (4:17; no el mismo que en 5:21-24)
Ocupación: Labrador, constructor (4:2, 3, 17)
Total de referencias bíblicas: 19
Referencias clave: 4:1-17; He. 11:4; 1 Jn. 3:11, 12; Jud. 1:11

Habla Caín

¡No cabe duda alguna: he llegado a ser el hombre más rico y poderoso en toda la tierra de Nod! Y lo he hecho todo por mí mismo, sin ayuda de nadie. Abel se contentaba con malgastar su vida criando aquellas miserables ovejas. Pero no yo. Abandoné los campos y he edificado la primera ciudad del mundo. A mis descendientes también les ha ido bastante bien, si lo puedo decir yo mismo. El joven Jubal es el más famoso músico vivo en la actualidad. Y Tubal-caín es conocido en todas partes como un gran artesano (4:6-22).

Sí, he prosperado mucho desde que cultivaba verduras. Pero, ¿por qué me siento tan frustrado y vacío? ¿Por qué no puedo escapar de esta amargura de alma y disfrutar? ¿Dejaré alguna vez de tener esas terribles pesadillas acerca de la ofrenda rechazada? Y las palabras de Dios siguen acosando: "Serás aceptado si respondes como debes. Pero si te niegas a actuar como debes, ¡vigila entonces! El pecado está acechando para atacarte y destruirte, y debes someterlo". ¿Por qué no puedo sacarme esas palabras de mi mente? ¿No me ha ido bastante bien en la vida? Mil maldiciones sobre la memoria de mi hermano y sobre la religión de mi padre. Estoy satisfecho de haber matado a Abel. ¡Qué insensato, dejar que Dios gobernase su vida! ¿De qué le sirvió? (4:3-7; He. 11:4).

Tengo que admitir que durante algunas de esas noches de insomnio me he preguntado en secreto si, en realidad, la ofrenda de un cordero lo habría cambiado todo. ¡Pero fuera con esas tonterías emocionales! He tomado mi decisión, y no tiene nada que ver con Dios ni con sacrificios. He tomado mi decisión, y me ha ido bastante bien.

Lecciones espirituales de Caín

- La obediencia es importante en nuestra relación con Dios (4:3-7; He. 11:4).
- La envidia puede llevar a pecados más externos, incluso al asesinato (4:1-8; 1 Jn. 3:12).
- Debemos ejercitar nuestra fuerza de voluntad en nuestra lucha contra el pecado (4:7).
- El pecado puede tener consecuencias de por vida (4:9-12).
- La vida sin Dios es una existencia solitaria (4:10-14).
- Dios cuida y protege incluso a los que pecan contra Él (4:13-15).

Versículo clave

"Si bien hicieres, ¿no serás enaltecido? y si no hicieres bien, el pecado está a la puerta; con todo esto, a ti será su deseo, y tú te enseñorearás de él" (4:7).

ESAÚ

Hechos clave: Hermano de Jacob y padre de los edomitas (25:26; 36:43)
Nacimiento: Registrado en 25:22-28
Padre: Isaac (25:21-25)
Madre: Rebeca (25:21-25)
Hermano: Jacob (25:26)
Esposas: Judit, Basemat, Mahalat (26:34; 28:8, 9; 36:1-3)
Hijos: Elifaz, Reuel, Jeús, Jaalam, Coré (36:4, 5; 1 Cr. 1:35)
Ocupación: Pastor, cazador (25:27)
Acontecimientos clave de su vida:

- Venta de su primogenitura (25:27-34)
- Pérdida de la bendición de su padre (27)

Total de referencias bíblicas: 76
Referencias clave: 25-28; 32-36; Mal. 1:2, 3; Ro. 9:13; He. 12:15-17

Habla Esaú

¡Míralo, cabalgando con su familia y siervos, alejándose tan rápidamente como puede! Quizá tiene miedo que vaya a cambiar de actitud. Desde luego, le he hecho temblar como a un gusano del desierto. ¡Y mira los dones que me ha traído! Casi parecen un soborno. Claro, Jacob pensó que iba a matar a toda su familia. Después de todo, me defraudó privándome de mi primogenitura y de mi bendición (25:27-34; 27:1-41; 32:6-20).

¡Pero qué extraño! Hasta hace poco hubiera hecho lo indecible por matarlo. Perder la primogenitura ya fue cosa mala. Pero que se me negase la bendición, esto me costó de digerir. Y bien sé que estaba de acuerdo con mi padre en desaprobar mi elección de mis dos primeras mujeres. (¿Sería por esto que mi madre conspiró con él? Siempre fue su favorito.) (27:1-17.)

Pero cuando por fin nos encontramos, no sentí ningún deseo de dañarle. Quizá me estoy reblandeciendo en mi ancianidad. Uno casi pensaría que este Dios invisible al que Jacob afirma servir ha tenido algo que ver con esto (33:4-16).

Lecciones espirituales de Esaú

- Nunca deberíamos cambiar tesoros espirituales por tesoros terrenales (25:29-34; He. 12:16, 17).
- Muchas de las bendiciones de Dios, una vez perdidas, nunca se pueden recuperar (27:34-38; He. 12:17).
- Las acciones irreflexivas de los hijos pueden causar tristeza a sus padres (26:34, 35).
- A veces los no creyentes demuestran más capacidad de perdón que los creyentes (33:4).

Versículos clave

"Mirad bien, no sea que alguno deje de alcanzar la gracia de Dios;... como Esaú, que por una sola comida vendió su primogenitura. Porque ya sabéis que aun después, deseando heredar la bendición, fue desechado, y no hubo oportunidad para el arrepentimiento, aunque la procuró con lágrimas" (He. 12:15-17).

EVA

Hecho clave: La primera mujer del mundo (2:21-22)
Marido: Adán
Hijos: Caín, Abel, Set, otros cuyo nombre no se registra (4:1, 2, 25; 5:4)
Hijas: El nombre de las mismas no se registra (5:4)
Total de referencias bíblicas: 7
Referencias clave: 2:19-4:25; 2 Co. 11:3; 1 Ti. 2:12-14

Habla Eva

La verdad es que debo guardar un registro exacto de toda mi descendencia, ¡debe haber miles ahora! El nombre que me dio Adán fue desde luego bien escogido: Eva, "la madre de todos los hombres en todo lugar". Pero al menos todas las madres de mis descendientes sabían lo que debían esperar cuando nacieron. Nadie más experimentará la incertidumbre de dar a luz al primer niño en la tierra. ¡Fue realmente impresionante cuando Adán y yo nos dimos cuenta de que este niño procedía de mí y no del costado de Adán como yo! Pero cualquier gozo y maravilla que sentimos acerca del inminente nacimiento se acabó con aquellas terribles últimas horas. Y luego, la agonía de ver a mi primogénito matar a su propio hermano. Y ahora también él se ha ido (3:20-4:16).

Por lo que toca a mi propio sufrimiento, todavía me siento culpable al pensar que si no hubiera sido por mi desobediencia, ninguna de mis hijas y nietas tendría que haber sufrido para tener sus propios hijos. Estos pensamientos me roen el alma cada vez que paso al lado de Edén y veo aquellos seres angélicos. ¡Qué vergüenza siento, haber escuchado al astuto en lugar de al Santo! ¡Cuando pienso que creí de verdad que podría ganar en astucia a la serpiente! Bien pronto me manipuló. Pero no, no voy a disculparme de nuevo, fue culpa mía y solo mía. Y sin embargo, yo, lo mismo que Adán, he encontrado el perdón y la promesa de un Redentor (3:1-4:8; He. 3:1-5).

Lecciones espirituales de Eva

- Satanás puede tentarnos de las maneras más inesperadas (3:1-5).

- Cada uno de nosotros ha de soportar la responsabilidad por su propio pecado; y ha de sobrellevar la consecuencia de aquel pecado (3:6, 13, 16).
- El hijo de Dios debería resistir al diablo (Ef. 6:13, 14; Stg. 4:7; 1 P. 5:9), pero nunca debatir con él (3:2, 3).
- Cada uno de nosotros tiene un gran poder para influir en los que le rodean, para bien o para mal (3:6).

Versículo clave
"Y dijo Jehová Dios: No es bueno que el hombre esté solo; le haré ayuda idónea para él" (2:18).

ISAAC

Hechos clave: El hijo prometido a Abraham, y padre de Jacob (17:19; 25:21-26)
Nacimiento: Registrado en 21:1-7
Madre: Sara (21:2-3)
Hermanos: (medio hermanos) Ismael, Zimram, Jocsán, Medán, Madián, Isbac, Súa (16:15; 25:1-2)
Esposa: Rebeca (24:67)
Hijos: Esaú, Jacob (25:24-26)
Ocupación: Terrateniente (25:5)
Acontecimientos clave en su vida:

- En el altar en Moriah (22:1-14)
- Casamiento con Rebeca (24:1-67)
- Nacimiento de Jacob y Esaú (25:19-26)
- Da la bendición de Esaú a Jacob (27:1-40)

Edad al morir: 180 (35:27-29)
Total de referencias bíblicas: 128
Referencias clave: 17:5-35:29; Éx. 2:24; 2 R. 13:23; Lc. 3:34; Ro. 9:7-8; Gá. 4:28; He. 11:17-20

Habla Isaac
¡Qué pena que Jacob se vaya así! Sé lo culpable que se siente su madre. Pero, querida esposa, no seas demasiado dura contigo misma. Yo tengo la mayor parte de la culpa. Dios me había dicho que el mayor de los mellizos serviría al menor, pero no presté atención (25:23; 28:1-5).

Luego los dos comenzamos a mostrar favoritismos. Esaú vino a ser mi favorito, y Jacob el tuyo. Una cosa queda dolorosamente clara: Nunca tuve la relación con mis hijos que mi padre tuvo conmigo. ¡Tengo serias dudas de que ninguno de los dos se habría echado sobre el altar por obedecerme! (22:1-9; 25:28).

¿Cómo pudimos equivocarnos tanto! Empezamos tan bien. Todavía estoy agradecido de que dejé que el siervo de mi padre te escogiera para mí. ¡Qué delicia fue conocerte, y cuán buena has sido conmigo! ¿No fue maravilloso el modo en que Dios respondió a mi oración pidiendo hijos? ¡Si tan solo hubiera orado antes! (24:1-4, 67; 25:21).

Mirando atrás, probablemente pasé mucho tiempo abriendo pozos y cosas así, en lugar de cuidarme de mis hijos. Todo esto no es culpa tuya. No, es culpa mía. Ahora tengo que enviar lejos a Jacob para que Esaú no lo mate (26:18-33; 27:41).

¡Mira! Jacob se ha vuelto para agitarnos la mano otra vez. Tengo solo una esperanza en esta hora de desesperanza: Jehová-jireh: "Jehová proveerá". Este es el nombre que mi padre dio a aquel lugar especial en el Monte Moriah. Dios siempre proveyó para Abraham. Quizá hará lo mismo por el desolado hijo de Abraham (22:14).

Lecciones espirituales de Isaac

- La sumisión puede llevar a gran bendición, incluso cuando parece ilógica o poco prudente desde una perspectiva humana (22:9-18).
- A veces es más sabio someternos a las decisiones de nuestros padres piadosos o de otras figuras de autoridad, que intentar actuar por nuestra propia cuenta (24:1-4, 67).
- Deberíamos orar fielmente por nuestros cónyuges y por otras personas y situaciones significativas en nuestras vidas (24:63; 25:21; 26:25).
- Los hijos aprenden a menudo de sus padres y repiten sus pecados y errores (12:13; 20:2; 26:6-7; Nm. 14:18).
- El favoritismo paterno puede ser causa de división en el hogar (27:1-38).

Versículo clave

"Toma ahora tu hijo, tu único, Isaac, a quien amas, y vete a tierra de Moriah, y ofrécelo allí en holocausto sobre uno de los montes que yo te diré" (22:2).

JACOB (ISRAEL)

Hecho clave: Sus 12 hijos fundaron las 12 tribus de Israel (29:31-30:24; 1 Cr. 2-8)
Nacimiento: Registrado en 25:22-26
Padre: Isaac (25:21-26)
Madre: Rebeca (25:21-26)
Hermano: Esaú (25:25)
Esposas: Lea, Raquel, Bilha, Zilpa (29:23, 28, 30:4, 9)
Hijos: Con Lea: Rubén, Simeón, Leví, Judá, Isacar, Zabulón (29:32-35; 30:18-20); con Raquel: José, Benjamín (30:22-24; 35:16-18); con Bilha: Dan, Neftalí (30:5-8); con Zilpa: Gad, Aser (30:10-13).
Hija: Dina (30:21)
Ocupación: Pastor, ganadero (29-31; 37:2)
Acontecimientos clave en su vida:

- Compra la primogenitura de Esaú (25:27-34)
- Recibe la bendición de Esaú (27:1-29)
- Visión en Bet-el (28:10-22)
- Matrimonio: comienza una familia (29:1-30:24)
- Lucha con Dios; recibe un nombre nuevo (32:24-32)
- Su hijo José es vendido a Egipto (37:1-36)
- Lleva a su familia a Egipto (46:1-47:12)
- Bendice a sus hijos (48:1-49:28)

Edad al morir: 147 (47:28)
Total de referencias bíblicas: 252
Referencias clave: 25-37; 42; 45-50; Éx. 2:24; 2 R. 13:23; Os. 12:2-5; Mt. 22:32; Lc. 3:34; Hch. 3:13; 7:8-16; He. 11:9, 20-21

Habla Jacob

En muchas maneras, la vida es más fácil aquí en Egipto de lo que era en casa. Más ajetreada, quizá, pero más fácil. Naturalmente, ¡no hace daño que el primer ministro sea tu propio hijo! Pero el ancho y caudaloso Nilo nunca podrá compararse con las tranquilas y frescas aguas del Jordán. Los peregrinos vienen de lejos a mirar las altas pirámides, pero son montones de piedras en comparación con la majestad del Monte Hermón (41:38-41).

Claro, a mi edad importa poco donde uno viva. Los recuerdos del hombre lo acompañan allá adonde va. ¡Y qué recuerdos tengo yo! ¡Qué orgulloso estoy de José! Mimé a este chico, pero poco se me puede atribuir a mí acerca de su capacidad política o de su madurez espiritual (37:3, 4; 39:7-9; 41:38-41).

Espero que él llegue a tener menos de que lamentarse en su ancianidad que yo en la mía. Pero no todo ha ido mal. Tanto mi padre y mi hermano me han perdonado hace ya mucho tiempo por engañarlos. Y yo he perdonado a mis hijos por haberme engañado. Desde luego, ¡demostraron ser hijos de su padre! (25:29-34; 27:1-29; 33:4).

A veces siento deseos de volver a visitar Bet-el, donde por primera vez vi a Dios arriba de la escalera con sus ángeles, y donde prometí seguirle; ¡con ciertas condiciones, claro! Luego me gustaría volver a pisar el suelo de Peniel, donde luchamos juntos. Fue allí que cambió mi nombre, como ya sabéis (28:12-22; 32:1-33:17).

Pero basta ya con el pasado. El presente demanda mi atención. Pronto llegarán mis doce hijos para recibir mi bendición. Luego subiré de veras aquella escalera celestial y estaré para siempre en presencia de Dios (48:8-49:28).

Lecciones espirituales de Jacob

- Es posible seguir el objetivo recto (25:23; Ro. 9:10-13) de un modo erróneo (25:29-34; 27:1-29).
- Nunca deberíamos poner condiciones a nuestras promesas a Dios (28:20-22).
- Deberíamos mostrar un apropiado respeto a todos los que entran en nuestra vida, incluso a aquellos por los que no sentimos unos intensos sentimientos emocionales (29:30-32).
- No deberíamos temer poner toda nuestra confianza en Dios, ni en aquellos tiempos de dificultad en los que nos sentimos tentados a tomar nuestras propias iniciativas (32:13-20; 33:1-4).
- La intensa lucha espiritual produce a menudo una gran bendición espiritual (32:24-31).
- Nuestros propios fracasos espirituales se reflejarán en las vidas de nuestros hijos y de otros dentro de nuestra esfera de influencia (cp. 27:1-29 con 34:1-29; 35:22; 37:31-35 y 38:12-23). Lo que sembremos en nuestras acciones hacia otros lo recogeremos en las acciones de ellos hacia nosotros.

Versículo clave

"He aquí, yo estoy contigo, y te guardaré por dondequiera que fueres, y volveré a traerte a esta tierra; porque no te dejaré hasta que haya hecho lo que te he dicho" (28:15).

JOSÉ

Hechos clave: Hijo favorito de Jacob, usó su poder en Egipto para rescatar a su familia del hambre (37:3; 45:7-11)
Nacimiento: Registrado en 30:22-24
Padre: Jacob (30:25)
Madre: Raquel (30:22-24)
Hermanos: Benjamín (35:24). Medio hermanos: Rubén, Simeón, Leví, Judá, Isacar, Zabulón, Dan, Neftalí, Gad, Aser (35:23-26)
Hermana: Medio hermana, Dina (30:21)
Esposa: Asenat (41:45)
Hijos: Manasés, Efraín (41:51, 52)
Ocupación: Primer ministro de Egipto (41:37-41)
Acontecimientos clave en su vida:

- Sus sueños (37:5-10)
- Vendido por sus celosos hermanos (37:12-28)
- Encarcelado en Egipto (39-40)
- Interpreta los sueños de Faraón (41:1-36)
- Llega a primer ministro (41:37-57)
- Ayuda y perdona a sus hermanos (42-45)
- Se asienta con su familia en Egipto (46:1-47:12)

Edad al morir: 110 (50:22-26)
Total de referencias bíblicas: 214
Referencias clave: 37-50; Sal. 105:16-22; Hch. 7:9-14; He. 11:22

Habla José

Quizá algún día escribiré mi autobiografía. ¡La podría titular: *De preso político a Primer Ministro!* En realidad, un mejor título sería L*a fidelidad de Dios en tierra extraña,* No parece posible que haya pasado ya 93 años en Egipto. Desde luego, las cosas han cambiado desde que llegué cargado de cadenas cuando era un muchacho de 17 años. Claro, no habría acabado aquí si no hubiera llevado tan a menudo aquella hermosa túnica y si no hubiera hablado de manera tan ingenua acerca de aquellos sueños. Pero supongo que incluso aquellos errores de la infancia pueden formar parte de los planes de Dios (37:3-19; 50:20).

El momento en el que entré en tierra egipcia, pareció que la fidelidad de Dios se manifestaba de una manera real. Pudiera haberme sentido desesperado y amargado. A fin de cuentas había sido vendido a la esclavitud, traído a una tierra extraña, me habían acusado de intento de violación, y me habían echado en la cárcel. Sin embargo, incluso así mi espíritu estaba en pie. Quizá las palabras de mi padre al morir lo expresan de la mejor manera. Veamos, ¿qué dijo? "Mas su arco se mantuvo poderoso, y los brazos de sus manos se fortalecieron por las manos del Fuerte de Jacob" (37:27, 28; 39:19-23; 49:24).

Fue bueno visitar Canaán otra vez, incluso en una ocasión tan triste. La última voluntad de mi padre fue ser sepultado en Macpela, junto con mi abuelo Isaac y bisabuelo Abraham. Ahora que estoy de vuelta en Egipto parece que mis diez hermanos, llenos de culpa, necesitan que los tranquilice acerca de mi perdón. Espero que esta mañana les pueda decir algo que de reposo a sus mentes de una vez por todas (49:29-31; 50:15-21).

Lecciones espirituales de José

- Las circunstancias de nuestra vida no son tan importantes como la forma en que reaccionemos a las mismas (39).
- Mostrar a otros lo que hemos aprendido de Dios exige sensibilidad así como valor (37:5-11).
- El pecado es siempre un mal, incluso en una tierra extraña donde nadie nos conozca ni se preocupe de nosotros (39:7-9).
- Los que quieran vivir piadosamente padecerán persecución (39:10-20; 2 Ti. 3:12).
- A su debido tiempo, Dios exaltará y recompensará a aquel que le honre (41:38-44; Stg. 4:10; 1 P. 5:5-6).
- Dios puede usar el pecado de los hombres para su gloria (50:20; Sal. 76:10).

Versículo clave

"Y dijo Faraón a sus siervos: ¿Acaso hallaremos a otro hombre como éste, en quien esté el espíritu de Dios?" (41:38).

LOT

Hechos clave: Sobrino de Abraham, escapó a la destrucción de Sodoma (12:4, 5; 19:1-29)
Padre: Harán (11:27)
Hijos: Moab, Ben-ammi (19:36-38)
Hijas: No se registra el nombre de las mismas (19:14, 31-38).
Ocupación: Pastor, terrateniente, funcionario municipal (13:5; 19:1)
Acontecimientos clave de su vida:

- Acompaña a Abraham a Canaán (11:31-12:5)
- Escoge la mejor tierra, cerca de Sodoma (13:7-12)
- Rescatado de la cautividad por Abram (14:1-16)
- Rescatado de Sodoma (19:1-29)
- Comete incesto (19:30-38)

Total de referencias bíblicas: 34
Referencias clave: 11-14; 19; Lc. 17:28, 29, 32; 2 P. 2:7, 8

Habla Lot

¡Gracias a Dios que tío Abraham no está aquí! ¿Qué diría de todo esto? ¿Qué podría decir a un sobrino cuya pecaminosidad ha dado como resultado la muerte de su mujer y ahora el pecado de incesto! ¡Cuánto mejor si me hubiera contentado con ser un ganadero junto a mi tío, ese peregrino de la fe! (13:1-5; 19:12-38).

Las riquezas y la excitación fueron las cosas que me atrajeron a la vida de la ciudad. Y no se trataba de cualquier ciudad, desde luego. No, ¡sino que fui lo suficientemente insensato para escoger el lugar más depravado que podía encontrarse! ¿Por qué, o, por qué me instalé allí? (13:12, 13; 18:20).

Aun más perturbador, ¿por qué me quedé? No pasaba un día que no me sintiera atormentado por la depravación de Sodoma. En cierto sentido, me sentí aliviado cuando me encontré entre los que eran llevados al cautiverio tras aquella guerra calamitosa. Pero una vez más, ahí estaba el fiel Abraham, cuidando de mí. ¡Me mostró que podía dirigir soldados, además de ovejas! ¡Y cómo canté yo sus alabanzas! Pero, para vergüenza mía, al día siguiente ya estaba dirigiéndome a toda prisa de vuelta a Sodoma (14:12-16; 2 P. 2:7, 8).

Y ahora la ciudad ya no existe. Es indudable que el horrendo calor mantendrá a distancia a los curiosos durante mucho tiempo. Pero dejemos ya este sórdido pasado. ¿Y qué ahora? ¿Adónde iré? ¿Qué haré? ¡Oh, Dios misericordioso! Abraham levantó un altar en Bet-el y recibió tu perdón. Te ruego este mismo dulce perdón para su avergonzado sobrino (13:1-4).

Lecciones espirituales de Lot

- Nunca "pongas tus tiendas hasta Sodoma" (13:12, 13). Es decir, no busques la compañía de los impíos (Sal. 1).
- Cuando seas liberado de Sodoma (14:16), *¡no vuelvas!*
- La contemporización espiritual puede hacer daño a tu propia alma (2 P. 2:8), atraerte el menosprecio de los incrédulos (19:9) e incluso introducir la inmoralidad (19:30-38) y la muerte a tu propia familia y amigos (19:14, 26).

Versículos clave

"Y alzó Lot sus ojos, y vio toda la llanura del Jordán, que toda ella era de riego... Entonces Lot escogió para sí toda la llanura del Jordán... Lot habitó en las ciudades de la llanura, y fue poniendo sus tiendas hasta Sodoma" (13:10-12).

NOÉ

Hecho clave: Ayudó a su familia a sobrevivir el diluvio (6-8)
Padre: Lamec (5:28, 29)
Hermanos: No se registran sus nombres (5:30)
Hermanas: No se registran sus nombres (5:30)
Hijos: Sem, Cam y Jafet (5:32)
Ocupación: Labrador, constructor de naves (6:14-22; 9:20)
Edad al morir: 950 (9:28, 29)
Total de referencias bíblicas: 50
Referencias clave: 5:28-10:32; Is. 54:9; Ez. 14:12-14, 19, 20; Lc. 3:36; 17:26, 27; He. 11:7; 1 P. 3:19, 20; 2 P. 2:5

Habla Noé

¡Todavía me siento algo incómodo cuando oigo tronar! Pero luego aparece el arco iris y todo vuelve a estar bien. Realmente, no debería necesitar nada para tranquilizarme. Una mirada a aquel enorme barco vacío allí sobre el monte debería recordarme la fidelidad de Dios (8:4; 9:13-15).

Desde luego, necesité mantener la mirada puesta en Dios a lo largo de aquellos largos años de construir esa arca. El trabajo era ya de por sí bien duro. Pero era también difícil soportar el hostigamiento constante de mis vecinos. ¡Estoy seguro de que esta enorme arca era un buen espectáculo! Pero todavía no puedo creer que ni uno de ellos prestase atención a mis advertencias en todos aquellos 120 años que Dios les dio para arrepentirse. Supongo que las cosas estaban en todo tan mal como Dios había dicho. ¡Qué agradecido me siento de que toda mi familia hallase gracia delante de Él, y que se mantuvieran fieles todos aquellos años! (6:9-22; He. 11:7; 1 P. 3:19, 20; 2 P. 2:5).

Desde luego, las cosas me han ido mal recientemente. ¡Qué irónico que después de sobrevivir a toda aquella agua, sucumbiera bajo una jarra de vino! Todavía no sé por qué lo hice. Quizá sencillamente supuse que nada así podría sucederle nunca a un hombre que Dios había usado tan poderosamente (9:20-21).

Ya tengo casi 950 años, y probablemente estoy para el final de mi vida. Dios me ha bendecido con tres hijos sanos. Al parecer, Sem continuará la fe de nuestros padres. La muerte no me da temor. Hallé gracia delante de Dios en la víspera del diluvio, y su gracia ciertamente me fortalecerá a lo largo de mis últimas horas. Aquel que se acordó de mí entonces no me olvidará ahora (6:8; 8:1; 9:23-26).

Lecciones espirituales de Noé

- Podemos andar con Dios (6:9) incluso en medio de una generación que corre con el diablo (6:5; 2 P. 2:4-9).
- La fe de una persona puede llevar a la salvación de muchos (6:8-9; 7:7).
- La verdadera fe se expresa en obediencia (6:22).
- Nuestra obediencia puede hacer que los desobedientes se sientan culpables (He. 11:7).
- Considerando la impiedad de los tiempos de Noé, la impiedad de nuestra época no debería sorprendernos (6:1-8; Lc. 17:27; 1 P. 4:12).
- Incluso los creyentes maduros pueden caer en graves pecados cuando bajan la guardia (9:20-29; 1 Co. 9:27).

Versículo clave
"Pero Noé halló gracia ante los ojos de Jehová" (6:8).

RAQUEL

Hechos clave: Amada esposa de Jacob, madre de José y de Benjamín (29:30; 30:22-24; 35:17-18)
Padre: Labán (29:16)
Hermana: Lea (29:16)
Muerte: Registrada en 35:16-20
Total de referencias bíblicas: 47
Referencias clave: 29:6-35:20; Rt. 4:11; Jer. 31:15; Mt. 2:18

Habla Raquel
En realidad, soy una mujer hermosa. Yo siempre fui más espectacular que Lea, y Jacob se enamoró de mí en el acto. Hasta trabajó catorce años por mí, ¿cuántas esposas podrían decirlo? Pero creo que empieza a darse cuenta de que Lea tiene una belleza serena propia, especialmente desde que le ha dado esos hijos tan buenos mozos (29:17-28).

Nunca he podido dejar de envidiarle sus hijos. Aunque Jacob siempre pasaba más tiempo conmigo, yo anhelaba tener una familia feliz y en aumento como la de Lea. Entonces vino el tiempo en que casi perdí hasta el amor de Jacob. Él pensó que le estaba echando la culpa de que yo fuese estéril, y supongo que así era, pero es que estaba casi fuera de mí por mis celos (30:1-6).

Luego, incluso después que naciese José, tomé los dioses familiares de mis padres, creyendo que ellos me asegurarían el nacimiento de aquel segundo hijo que tanto deseaba. ¡Imagínate! Estábamos de camino a la tierra del Dios verdadero al que servía mi marido, pero yo estaba aferrándome a esos ídolos sin valor alguno (30:14; 31:34).

Intento llenar mi mente con esos pensamientos del pasado, pero apenas si pueden desplazar mi presente angustia. Estoy a punto de dar a luz, pero mi cuerpo me dice que hay algo que va terriblemente mal. Al menos el niño nacerá en Belén. Siempre me ha gustado este nombre: "Casa del pan". Suena tranquilizador. Este largo viaje ha sido difícil para mí, pero deberíamos llegar pronto (30:24; 35:16-20).

Lecciones espirituales de Raquel

- Es demasiado fácil volverse a otros (30:1-4) o incluso a la superstición o a la idolatría (30:14; 31:34) para satisfacer nuestras necesidades en lugar de depender de Dios mismo.
- La envidia y los celos pueden perjudicar incluso a las mejores de las relaciones humanas (30:1-5).
- La envidia y los celos pueden incluso hacer que los que parecen tenerlo todo quieran tener más (30:1-5).

Versículo clave

"Así sirvió Jacob por Raquel siete años; y le parecieron como pocos días, porque la amaba" (29:20).

REBECA

Hechos clave: Esposa de Isaac, madre de Jacob (24:67; 25:26)
Padre: Betuel (22:23)
Hermano: Labán (24:29)
Hijos: Esaú, Jacob (25:21-26)
Total de referencias bíblicas: 29
Referencias clave: 24-27; Ro. 9:10

Habla Rebeca

Siempre he disfrutado conociendo a personas y ayudándolas en todo lo que me es posible. ¿Cómo podía haber sabido que mostrar hospitalidad a aquel extraño significaría una emocionante vida nueva en una tierra lejana? Claro, esto no habría sucedido si Dios no me hubiera dado valor para responder afirmativamente a su asombroso ofrecimiento: ¡el matrimonio con el hijo de su amo, a quién no conocía de nada! (24:10-67).

Supongo que mi amor por las cosas domésticas era precisamente lo que Isaac necesitaba tras la muerte de su madre. Desde luego, me mostró una hondura de amor que yo no había nunca antes conocido. Y no es que nuestro matrimonio estuviera exento de problemas. Esperamos veinte años para tener esos hijos nuestros. ¡Y qué extraño embarazo el mío! Realmente, sentía como si estuvieran luchando entre sí, ¡igual que lo harían después de nacer! Luego hubo la profecía de que el mayor serviría al menor. Me pregunto si esto realmente sucederá (24:67; 25:21-23; Ro. 9:10-13).

Aunque eran mellizos, era bien poco lo que tenían en común aquellos chicos. Esaú, el mellizo robusto, gustaba de cazar y de la vida al aire libre, mientras que Jacob, mi hijo tranquilo y apacible, se contentaba con cocer. Sentí que surgirían problemas cuando Isaac anunció la transferencia de la primogenitura. ¡Luego la cosa se desbocó! ¿En qué estaría yo pensando cuando urdí aquella vergonzosa añagaza? (25:20-34; 27:1-35).

Veo lágrimas brotando en los ojos de Isaac ahora mientras decimos adiós a Jacob. Los míos están secos, pero dentro hay un océano de tristeza. Gracias a Dios que Esaú no está aquí; podría de veras tratar de matar a Jacob. Estoy constantemente preocupada por él. Nos ha mostrado mucha indiferencia, a nosotros y a Dios, especialmente después de haberse casado con aquellas muchachas heteas (26:34; 27:41).

Este dolor no es nada comparado con la desesperanza que siento al ver alejarse a Jacob, que quizá no volverá más. Me aferro a una esperanza: Enviamos a Jacob a mi patria, donde oigo que quedan algunas personas que aman y honran al Dios de Abraham. Ya sé como te sientes, querido hijo. Hace décadas que abandoné mi propio hogar para casarme con tu padre aquí en Canaán. Ahora, al viajar tú en dirección opuesta, que el mismo Dios que me guió a mí, te guíe a ti (28:1-5).

Lecciones espirituales de Rebeca

- Un simple acto de bondad puede cambiar toda tu vida (24:10-67).
- Cuando vemos con claridad la voluntad de Dios, deberíamos estar dispuestos para actuar con presteza y de manera decisiva (24:57-58).
- El favoritismo, en el hogar o donde sea, siempre engendra dificultades (27:1-42).

Versículo clave

"Y llamaron a Rebeca, y le dijeron: ¿Irás tú con este varón? Y ella respondió: Sí, iré" (24:58).

SARA

Hechos clave: Esposa de Abraham, madre de Isaac (11:29; 17:19)
Lugar de nacimiento: Ur de los caldeos (11:31)
Padre: Taré (11:26; 20:12)
Hermano: Medio hermano: Abraham (20:12)
Hijo: Isaac (21:1-7)
Edad al morir: 127 (23:1-2)
Total de referencias bíblicas: 56
Referencias clave: 11-25; Is. 51:1-2; Ro. 4:19; 9:9; Gá. 4:21-31; He. 11:11; 1 P. 3:4-6

Habla Sara

Veamos, hará 37 años en su próximo cumpleaños, de modo que yo haré 127 en el mío. Dios nos dijo que lo llamásemos Isaac, que significa "se ríe". ¿Puedes creerlo? Claro que hubo ocasiones en las que los dos nos reímos incrédulamente acerca de la promesa de su nacimiento. A fin de cuentas, ¡yo tenía 90 años entonces, y Abraham tenía 100! Quizá por eso tenía que ser llamado Risa, ¡para recordarnos nuestra falta de fe y la fidelidad del Todopoderoso! (17:17; 18:12).

¿Es posible llorar por la risa? Bueno, una vez me pasó, cuando se le ordenó a Abraham que llevase a Isaac al Monte Moriah y lo ofreciera en holocausto. Pero, ¡qué gozo cuando ambos padre e hijo descendieron de aquel monte! Jehová-jireh mismo había proveído un sustituto para mi Isaac, mi Risa (22:1-2, 13-14).

¡Qué fiel ha sido Dios para nosotros tres a pesar de nuestros fracasos! Todavía me sonrojo cuando recuerdo cómo obligué a Abraham a casarse con Agar, esperando dirigir el plan de Dios y adoptar su hijo como mío. Bueno, no te inquietes más, Sara. Esto ya pertenece al pasado perdonado y olvidado. El Señor no solo te ha dado un hijo en tu ancianidad, sino también un nuevo nombre: "Princesa", ¡me llamó princesa! (16:1-3; 17:15).

A menudo me pregunto con quién se casará Isaac. ¿Viviré para ver a mis nietos? Porque *de cierto* él tendrá hijos, sabéis. Dios ha prometido que nuestros descendientes serán como el polvo de la tierra y como las estrellas de los cielos. Y con franqueza, ¿qué más podría desear cualquier princesa? (13:16; 15:5).

Lecciones espirituales de Sara

- Solo nos esperan tristezas si intentamos forzar la providencia de Dios mediante nuestros propios esfuerzos (16:1-6).
- Es inútil mentir al Dios que todo lo ve, oye y conoce (18:9-15)
- Un espíritu sumiso es "de grande estima delante de Dios" (1 P. 3:4-6).
- Incluso las personas de gran fe no siempre actúan en fe (cp. He. 11:11 con Gn. 16:1-6; 18:9-15).

Versículo clave

"Y Sara concibió y dio a Abraham un hijo en su vejez, en el tiempo que Dios le había dicho" (21:2).

ÉXODO

—1805 a.C.
Muerte de José

—1730
Servidumbre de Israel en Egipto

TRASFONDO

Después de llegar a Egipto huyendo del hambre en Canaán (Gn. 46), los israelitas sufrieron 400 años de amarga servidumbre (1:1-14). Dios había anunciado a Abraham que esto iba a suceder (Gn. 15:13-21) pero que después de los 400 años Israel volvería a Canaán como su instrumento de juicio contra los cananeos ("amorreos", Gn. 15:16). El Éxodo registra la historia de cómo Dios liberó sobrenaturalmente a los israelitas de la esclavitud en Egipto, los forjó en una nación gobernada por su ley, y comenzó a conducirlos de vuelta a su patria en Canaán.

—1526
Nacimiento de Moisés

AUTOR

Moisés.

- 1:1 indica que Éxodo es una continuación de Génesis, escrito por Moisés (véase *Génesis: Autor*).
- Hay indicaciones dentro del libro mismo de que Moisés guardaba registros escritos (17:14; 24:4; 34:27).
- Moisés es el único testigo ocular que se registra de todos los acontecimientos del Éxodo.
- La educación que recibió en la casa real de Egipto (2:1-11; Hch. 7:22) le habría preparado como escritor e historiador.
- Otros autores bíblicos creían que Moisés escribió Éxodo y el resto del Pentateuco (Jos. 8:31; Lc. 20:28; Jn. 1:45).

—1446
El éxodo, Promulgación de la Ley

FECHA Y LUGAR

La cronología de 1 Reyes sugiere el año 1446 a.C. como la fecha aproximada en la que los israelitas partieron de Egipto (12:40-41). Moisés puede haber comenzado a registrar los acontecimientos del Éxodo en aquel entonces, mientras conducía al pueblo a través del desierto del Sinaí.

PROPÓSITO

- Continuar la historia de Israel iniciada en Génesis.
- Continuar revelando la naturaleza personal, relacional, concertadora de pactos, de Dios.

- Mostrar el interés de Dios por su pueblo y su poder para rescatarlo.
- Dar leyes morales, sociales y espirituales a Israel.

RASGOS SINGULARES

- Los acontecimientos del Éxodo marcan el nacimiento de Israel como nación:
  - Aunque su tierra había de ser aun reivindicada, el Éxodo marca el primer capítulo en su guerra de independencia.
  - La promulgación de la ley podría ser designada como su "convención constitucional".
- El éxodo marca también los comienzos del tabernáculo de Israel y de sus fiestas anuales.
- El paso milagroso del Mar Rojo ha sido designado como la Resurrección del Antiguo Testamento, por cuanto muchos autores del AT lo contemplan retrospectivamente como el ejemplo primordial del poder de Dios en la historia de Israel.

COMPARACIÓN CON OTROS LIBROS DE LA BIBLIA

Levítico:

- Éxodo muestra cómo Dios sacó a su pueblo de Egipto. Levítico muestra cómo buscaba sacar Egipto de su pueblo.
- Éxodo se relaciona con Levítico como los Evangelios con las Epístolas en el NT:
  - *Éxodo, Evangelios:* manifestación del Cordero de la Pascua; *Levítico, Epístolas:* explicación del Cordero de la Pascua.
  - *Éxodo, Evangelios:* El acercamiento de Dios a nosotros; *Levítico, Epístolas:* nuestro acercamiento a Dios.
- En Éxodo Dios es el Salvador; en Levítico Él es el Santificador.
- En Éxodo Él habló desde el Sinaí; en Levítico Él habló desde el santuario.
- Éxodo introduce la levadura como uno de los dos grandes símbolos del AT para el pecado (12:15-20). Levítico introduce el segundo de esos símbolos: la lepra (Lv. 13-14).

BOSQUEJO

ISRAEL EN NECESIDAD DE LIBERACIÓN (1)
  Cómo Israel llegó a Egipto (1:1-7)
  Egipto oprime a los israelitas (1:8-22)
PREPARATIVOS PARA LA LIBERACIÓN (2:1-7:13)
  Nacimiento e infancia de Moisés (2:1-10)
  Moisés en Madián (2:11-25)
  Dios llama a Moisés desde la zarza ardiendo (3:1-4:12)
  Aarón designado para ayudar a Moisés (4:13-17)
  Moisés regresa a Egipto (4:18-31)
  Moisés y Aarón ante Faraón (5:1-5)
  La opresión se endurece (5:6-6:13)
  Genealogía de Moisés y Aarón (6:14-27)
  La vara de Aarón se transforma en serpiente (6:28-7:13)

COMIENZO DE LA LIBERACIÓN: LAS DIEZ PLAGAS (7:14-11:10)
- Plaga 1: Las aguas se transforman en sangre (7:14-25)
- Plaga 2: Ranas (8:1-15)
- Plaga 3: Piojos (8:16-19)
- Plaga 4: Moscas (8:20-32)
- Plaga 5: Peste en los ganados (9:1-7)
- Plaga 6: Úlceras (9:8-12)
- Plaga 7: Granizo mezclado con fuego (9:13-35)
- Plaga 8: Langostas (10:1-20)
- Plaga 9: Tinieblas (10:21-29)
- Predicción de la Plaga 10: La muerte del primogénito (11)

LLEGA LA LIBERACIÓN: EL ÉXODO (12:1-15:21)
- La Pascua (12:1-28)
- Plaga 10: Muerte del primogénito (12:29-30)
- El éxodo (12:31-51)
- Consagración del primogénito (13:1-16)
- El paso del Mar Rojo (13:17-14:31)
- Cánticos de victoria (15:1-21)

OLVIDO DE LA LIBERACIÓN (15:22-18:27)
- Cunde el descontento entre el pueblo (15:22-27)
- Dios envía maná y codornices (16)
- Dios hace manar el agua de la roca (17:1-7)
- Israel derrota a los amalecitas (17:8-16)
- Jetro ayuda a Moisés (18)

EL PACTO EN EL SINAÍ (19-31)
- El pacto ofrecido y aceptado (19:1-8)
- Israel se dispone a escuchar a Dios (19:9-25)
- Los Diez Mandamientos (20)
- Leyes sociales (21-23)
- Israel de nuevo acepta el pacto (24)
- Leyes acerca del culto (25-31)

EL PACTO QUEBRANTADO Y RENOVADO (32-34)
- El becerro de oro (32)
- Moisés y la gloria de Dios (33)
- Renovación del pacto (34)
- EL TABERNÁCULO (35-40)
- Materiales (35)
- Artesanos y equipos (36-38)
- Vestiduras sacerdotales (39)
- Dedicación (40)

ISRAEL EN NECESIDAD DE LIBERACIÓN (1)

1:1-7 *Repaso de la historia: Cómo Israel llegó a Egipto.* Los setenta israelitas que habían llegado de Canaán a Egipto habían ahora vivido allí más de 400 años (12:40-41; Gn. 15:13) y habían crecido en número y riqueza. Cp. 1:1-5 con Génesis 46:8-27.

1:8-22 *No conocía a José, de modo que los oprime.* Después de la muerte de José, vino al poder un nuevo faraón "que no conocía a José" y que por ello no le interesaban los israelitas. Además, los temía por su número y poder. Los egipcios probaron de usar los trabajos forzados y el infanticidio -construcción y destrucción- como un medio para controlar los israelitas, pero Dios protegió a los israelitas, que siguieron prosperando.

PREPARATIVOS PARA LA LIBERACIÓN (2:1-7:13)

2:1-10 *Enviado por su madre, rescatado y criado por una princesa.* Moisés nació en el seno de la tribu de Leví. El intento por parte de sus padres de salvarlo del infanticidio llevó a que fuese criado en la casa de Faraón.

La vida de Moisés se divide en tres partes, de cuarenta años cada una:

- Moisés, el príncipe de Egipto (2:1-10)
- Moisés, el pastor de Madián (2:11-4:17)
- Moisés, el legislador de Israel (4:18-Dt. 34:5)

2:11-22 *La hostilidad de los hebreos hace que Moisés vaya a Madián.* Moisés dio muerte a un egipcio que estaba maltratando a un esclavo hebreo. Cuando los israelitas reaccionaron de manera hostil contra Moisés, temió por su vida y huyó a la tierra de los madianitas en el desierto del Sinaí. Allí se casó con Séfora, hija de Jetro, y se hizo pastor. Los madianitas eran descendientes de Abraham a través de Madián, uno de sus seis hijos con Cetura (Gn. 25:1-2).

2:23-25 *Israel clama, y Dios "se acuerda" de ellos.* La muerte de Faraón abrió el camino para que Moisés volviera a Egipto (4:19), donde su pueblo seguía estando bajo opresión. Cuando los israelitas clamaron en su angustia, Dios "se acordó" de su promesa a Abraham y a sus descendientes (2:24). "Recordó" no significa que Dios se hubiera olvidado de los israelitas. El término hebreo significa más bien "concentrarse en", o "actuar sobre".

3:1-10 *Arde sin consumirse.* Mientras apacentaba las ovejas, Moisés vio una zarza ardiendo pero que no se consumía. Dios le habló desde la zarza, diciendo a Moisés que debía ser su instrumento para sacar a los israelitas de Egipto y llevarlos de vuelta a Canaán. ¡Aquella singular experiencia de adoración de Moisés iba a llevarle a una experiencia de cuarenta años de labores!

3:11-12 *Llamado por Dios, Moisés presenta una excusa: "No soy digno".* Al pedírsele que liberase a Israel, Moisés protestó de inmediato que no valía para aquella tarea. Dios trató de tranquilizarlo. Moisés presentó otras tres excusas, y Dios le respondió a cada una de ellas, dándole recursos más que suficientes para guiar al pueblo y enfrentarse a Faraón.

3:13-22 *Excusa 2: "Ya no te conocen".* Moisés protestó que los israelitas se habían apartado demasiado de Dios para tomarse en serio el ofrecimiento de Dios de liberarlos. Dios aseguró a Moisés cuál era su identidad: "YO SOY EL QUE [SIEMPRE] SOY" (3:14; véase también Jn. 8:58); también le aseguró acerca de su capacidad para sacar a Israel de Egipto. Le dijo a Moisés con detalle acerca de las cosas que le sucederían cuando guiase a Israel.

La promesa de que Israel saldría de Egipto más rico que cuando entró (3:19-22) está en paralelo con la experiencia de Abraham (Gn. 12).

4:1-9 *Excusa 3: "¿Y si no me creen?"* Moisés volvió a protestar: Los israelitas no creerían que venía de parte de Dios. Dios respondió a esta objeción enseñando a Moisés como llevar a cabo algunos milagros, para mostrar que estaba con él.

4:10-17 *Excusa 4: "No puedo hablar muy bien".* Moisés volvió a protestar, diciendo que no era lo suficientemente elocuente para guiar a una nación. Dios se airó ante la renuencia de Moisés, pero prometió ayudarle. Comisionó al hermano de Moisés, Aarón, para que fuese su portavoz: Tanto Dios desde arriba como Aarón a su lado ayudarían a Moisés. Hechos 7:22 es interesante a la luz de la pretensión de Moisés de falta de elocuencia.

4:18-26 *Moisés acepta el llamamiento y regresa a Egipto.* Accediendo finalmente a la misión que Dios le encomendaba, Moisés se despidió de Jetro y volvió a Egipto.

Dios advirtió a Moisés que "endurecería el corazón" de Faraón de modo que no dejaría ir al pueblo. Esta frase se repite en distintas formas después de cada una de las Diez Plagas, a veces diciendo que Dios endureció el corazón de Faraón, otras veces que Faraón endureció su corazón. Moisés explicó a Faraón que Dios endurecía su corazón para que Faraón pudiera ver el poder de Dios (9:16). Pablo consideró esto como un ejemplo de la soberanía de Dios (Ro. 9:14-18).

Moisés había olvidado o rehusado circuncidar a su hijo Gersón (Gn. 17:14), y como resultado, Dios "salió al encuentro" de Moisés "y quiso matarlo" (4:24). Dándose cuenta del peligro en que estaba Moisés, Séfora se apresuró a circuncidar a Gersón (4:25).

Dios contemplaba a la nación entera de Israel como su "hijo" (4:22-23; véase Os. 11:1).

4:27-31 *Dan la bienvenida a los hermanos, y adoran juntos.* Tras llegar a Egipto, Moisés se encontró con Aarón y le refirió todo lo que Dios le había dicho. Los dos informaron a los ancianos de los israelitas, que, como había dicho Dios, respondieron favorablemente a la esperanza de liberación, y se inclinaron en humilde adoración.

5:1-5 *"Deja ir a mi pueblo".* Moisés pidió a Faraón que dejara ir a los israelitas al desierto a adorar. En esencia, Faraón contestó: "No reconozco a este Dios, de modo que, ¿por qué habría de liberar a su pueblo?"

La arrogante pregunta de Faraón: "¿Quién es Jehová?" (5:2) tendría eco en otro rey unos 850 años después (Dn. 3:15). El primero de esos soberbios monarcas aprendió que "Jehová" era el Dios del agua (14:1-31); el segundo aprendió que era el Dios del fuego (Dn. 3:16-30).

5:6-21 *"¡Hacedlos sudar! ¡No más paja!"* Para mostrar su desagrado con la petición de Moisés y Aarón, Faraón aumentó la carga de trabajo de los israelitas. Los israelitas achacaron a Moisés el aumento de sus cargas. Aunque el pueblo sabía que el tiempo profetizado de su esclavitud iba a tocar pronto a su fin (Gn. 15:13), y aunque Moisés había demostrado poderes milagrosos ante ellos (4:30), no creyeron. Lo mismo que el moderno naturalista, necesitaban constantemente ver pruebas.

5:22-6:13 *"Yo soy el Dios de Abraham, y os llevaré de vuelta a la tierra de Canaán".* Desalentado, Moisés preguntó a Dios por qué no había llegado aun la prometida liberación. Dios lo tranquilizó asegurándole que vendría en su momento.

6:14-27 *La genealogía de Moisés y Aarón.* Moisés interrumpe su relato de los hechos en Egipto para dar una relación de su historia familiar y de Aarón. Sobre la importancia de las genealogías en el mundo antiguo, véase exposición sobre Gn. 5:1-20.

6:28-7:7 *"Vuelve a hablar a Faraón".* Dios mandó a Moisés y a Aarón que volvieran a dirigirse a Faraón, advirtiéndoles de nuevo: "endureceré el corazón de Faraón" (4:21). Moisés tenía ahora 80 años, listo para comenzar el último tercio de su vida (véase exposición sobre 2:1-10).

7:8-13 *Imitan el primer milagro, pero no el segundo.* Al presentarse Moisés y Aarón a Faraón, respaldaron su misión divina con una señal milagrosa. Los magos de Faraón pudieron imitar parte del milagro de Moisés, pero Dios tuvo la última palabra. Pablo da el nombre de dos de esos magos (2 Ti. 3:8).

COMIENZO DE LA LIBERACIÓN: LAS DIEZ PLAGAS (7:14-11:10)

7:14-24 *Plaga 1: Las aguas se transforman en sangre.* En tanto que Moisés seguía conminando a Faraón para que dejase ir al pueblo, Dios validó sus peticiones con 10 devastadoras plagas. Las plagas tenían un doble propósito:

- mostrar a Israel el poder de su Dios
- mostrar a Egipto la inexistencia de *sus* dioses. Cada plaga iba dirigida contra una deidad egipcia concreta.

Siete de las 10 plagas fueron precedidas de advertencias a Faraón. Seis de esas advertencias incluían una petición: "Deja ir a mi pueblo" (7:16; 8:1, 20; 9:1, 13; 10:3).

La primera plaga implicó las aguas del Nilo, que se tornaron en sangre. Aunque esto causó una grave dificultad para su país, el Faraón no se sintió impresionado, y su corazón "se endureció, y no los escuchó" después que sus magos aparentemente imitaran el milagro.

En tanto que la décima plaga (la muerte de los primogénitos) difícilmente podría explicarse en términos naturales, algunos académicos descartan las primeras nueve como incidencias estacionales comunes en el valle del Nilo. Dios puede haber usado esos medios naturales, pero las plagas fueron innegablemente milagrosas:

- Es dudoso que acontecimientos meramente naturales hubieran causado tal impresión a los magos de Faraón (8:19).
- Las plagas afectaron a los egipcios, pero no a los israelitas que vivían en medio de ellos (8:22-23; 9:4-7, 26; 11:7); los fenómenos naturales no exhiben unos límites tan precisos.
- Moisés pudo acabar con la plaga de las ranas con una orden (8:8-14). Si su predicción de cuándo iban a morir (8:10) fue solo una conjetura afortunada, fue doblemente afortunada en tanto que fue Faraón quien inició la petición de que Moisés librara el país de las ranas (8:8) y que luego estableció la fecha en que debería hacerlo (8:10).

7:25-8:15 *Plaga 2: Las ranas llenan Egipto, desde el Nilo hasta la artesa de amasar.* Una vez más Moisés pidió a Faraón que dejara partir a su pueblo, amenazando con una plaga de ranas si rehusaba. Faraón rehusó, y llegaron las ranas. Los magos de nuevo parecieron imitar la plaga. Pero cuando Faraón quiso hacer desaparecer las ranas, se volvió a Moisés, prometiendo dejar ir a los israelitas si Moisés levantaba la plaga. Moisés lo hizo, y Faraón quebrantó su promesa.

8:16-19 *Plaga 3: El polvo se torna en piojos.* La tercera plaga vino sin advertencia. Aarón golpeó el polvo con su vara, y se transformó en piojos. Esta vez los magos de Faraón se vieron incapaces de imitar la plaga. Se sintieron lo suficientemente impresionados como para atribuirlo a Dios, ¡incluso en presencia de Faraón!

8:20-32 *Plaga 4: ¡Moscas! ¡Densos enjambres en todas las casas!* La cuarta plaga, densas masas de moscas -quizá de variedades grandes, aguijoneadoras- impulsaron a Faraón a ofrecer dos compromisos: que el pueblo podría adorar a su Dios siempre y cuando se quedasen en Egipto; y (cuando fue rehusado este primer ofrecimiento) que podrían irse, pero no demasiado lejos. Cuando la plaga terminó, revocó este segundo ofrecimiento. Faraón ofrecería compromisos semejantes en otras dos ocasiones (10:10-11; 10:24-29).

Al advertir a Faraón acerca de la plaga de las moscas, Moisés le anunció que no habría moscas en la región donde habitaban los israelitas. Dejó claro que Dios daría esta protección milagrosa "a fin de que sepas que yo soy Jehová".

9:1-7 *Plaga 5: Los campos llenos de animales muertos.* Luego Moisés predijo una pestilencia en el ganado de Egipto, prediciendo de nuevo que la plaga no afectaría a los israelitas. Esta vez Faraón envió a sus hombres a investigar, y descubrió que era cierto que los animales de los israelitas habían quedado exentos. A pesar de todo, "el corazón de Faraón se endureció, y no dejó ir al pueblo".

Esta plaga debe haber tenido graves consecuencias económicas y religiosas para los egipcios. Los bueyes se usaban para las labores de los campos; los camellos, asnos y caballos se usaban para el transporte; y el toro era objeto de culto.

9:8-12 *Plaga 6: Esta vez, el polvo se transforma en úlceras.* La sexta plaga, como la tercera, sobrevino sin advertencia. Y lo mismo que la tercera, implicaba una transformación de la materia inorgánica en orgánica: las cenizas se tornaron en polvo, que se tornaron en úlceras. Incluso los magos se vieron cubiertos de úlceras, y fueron incapaces de imitar la plaga.

9:13-35 *Plaga 7: La peor tormenta de granizo de su historia.* La advertencia de Dios acerca de la séptima plaga incluía una explicación de por qué estaba endureciendo el corazón de Faraón (véase exposición sobre 4:18-26). Aparentemente, esta vez algunos egipcios hicieron caso de la advertencia (9:20). El granizo y el fuego hicieron de esta plaga la peor tormenta en toda la historia de Egipto (9:24). Los detalles de 9:31-32 muestran la precisión histórica de este relato.

10:1-20 *Plaga 8: ¡Langostas! ¡Vienen con el viento, y cubren el sol!* La octava plaga, las langostas, destruyeron todo lo que el granizo había respetado. Una langosta es capaz de comer a diario su propio peso en alimento, y un kilómetro cuadrado de un enjambre puede contener hasta 75 millones de langostas. "No quedó cosa verde en árboles ni en hierba del campo, en toda la tierra de Egipto" (10:15). 10:10-11 señala el tercer compromiso sugerido por Faraón: Los israelitas podrían irse, pero debían dejar a sus hijos en el país.

10:21-29 *Plaga 9: "La oscuridad era tan densa que podías palparla".* La plaga nueve, como las plagas tres y seis, vino sin advertencia-un oscurecimiento de 72 horas. Esto ponía a Ra en cuestión, el dios-sol y principal deidad egipcia, especialmente por cuanto los hogares israelitas sí tenían luz. Faraón sugirió un último compromiso: "Id," pero "dejad vuestros rebaños y manadas aquí" (10:24). Moisés rehusó el compromiso, y Faraón le ordenó salir de delante de él y que no volviera a comparecer ante su presencia.

11:1-10 *Predicción de la Plaga 10: "Tu primogénito morirá".* Moisés anunció la horrible plaga final: Todos los primogénitos de Egipto morirían. Esta era la única plaga que Dios dijo que afectaría a los israelitas así como a los egipcios, si dejaban de tomar las medidas preventivas prescritas (12:1-28).

LLEGA LA LIBERACIÓN: EL ÉXODO (12:1-15:21)

12:1-20 *La Pascua: "Rocien la sangre para salvar la vida".* Dios dio instrucciones específicas acerca de cómo el primogénito de Israel podría escapar a la plaga final. Cada familia debía inmolar un cordero sin tacha de un año y rociar su sangre en los postes y el dintel de la casa. Las instrucciones eran muy personales. El ángel de la muerte solo pasaría de aquellas casas con sangre en los postes y dintel de las puertas.

La carne del cordero debía ser asada y comida junto con hierbas amargas y pan sin levadura. El pueblo debía "comer apresuradamente", vestidos para viajar (12:11), aparentemente para dar evidencia de que estaban listos para la liberación. El pan sin levadura era símbolo de su apresuramiento, que no dejaba tiempo a que el pan se leudase (12:39). En la actualidad esta comida recibe el nombre de *seder* y tiene lugar en la Pascua.

La Pascua debía ser guardada "por estatuto perpetuo" como "fiesta solemne" de su liberación de Egipto (12:14). Debía ir seguida por la "Fiesta de los panes sin levadura" con una duración de siete días (12:15-20). El término *Pascua* se aplica frecuentemente a todos los ocho días.

La Pascua debía comenzar en el día catorce del mes de Abib ("este mes", 12:2). Dios decretó que Abib sería desde entonces el primer mes del calendario de Israel, para conmemorar su liberación de Egipto. Los judíos en la actualidad siguen guardando la Pascua en el día prescrito, pero el mes de Abib recibe ahora el nombre de Nisán y es el séptimo mes del año judío, cayendo entre marzo y abril. El año judío comienza actualmente en Rosh Hashanah, el primer día del mes de Tisri, que es la fecha tradicional de la Creación.

12:21-28 *Instrucciones finales para sus horas finales en Egipto.* Al aproximarse la noche de la liberación de Israel, Moisés convocó a los ancianos y les mandó que comenzasen los preparativos para la comida de la Pascua, lo que hicieron de inmediato (12:28). Durante esas instrucciones finales, de nuevo les recordó que el rito de la Pascua debía transmitirse de generación en generación como memorial de la liberación milagrosa de parte de Dios (12:24-27).

12:29-30 *Plaga 10: Al morir el primogénito, comienza el clamor a medianoche.* Sin advertencia a los egipcios, el ángel de la muerte golpeó a medianoche. Murió el primogénito de cada familia, desde la casa de Faraón hasta la casa del más humilde siervo. Los israelitas siguieron las instrucciones de la Pascua (12:28) y escaparon a esta plaga.

12:31-42 *El éxodo: Salen con grandes riquezas.* Después de la muerte de los primogénitos de los egipcios, Faraón llamó a Moisés y le dijo que reuniera a los israelitas y se fueran inmediatamente. Partieron de Gosén en el delta del Nilo, y se dirigieron a Sucot, a unos 50 kilómetros al sudeste.

Como lo había prometido Dios (3:19-22), abandonaron Egipto con grandes riquezas, aparentemente porque Dios "dio gracia al pueblo delante de los egipcios" (12:36). Moisés era respetado de manera especial por los egipcios (11:3). Las palabras de Faraón: "bendecidme también a mí" (12:32) sugieren que incluso él respetaba en secreto a Moisés.

Después de 430 años en Egipto, los 70 israelitas que habían ido allí para huir del hambre habían aumentado hasta ser 600.000 hombres, aparte de mujeres y niños. Fueron acompañados en su Éxodo por "grande multitud de toda clase de gentes" que no eran israelitas (12:38).

12:43-51 *Normas para la Pascua.* Dios dio instrucciones adicionales acerca de la comida de la Pascua. Debía ser solo para los israelitas. Los no israelitas que se unieran a ellos podrían participar, pero solo después de circuncidarse.

13:1-16 *La fiesta y el primogénito: Recordatorios.* Moisés dio instrucciones adicionales acerca de la Fiesta de los Panes sin levadura y de la dedicación del primogénito. Ambas cosas debían ser memoriales de su liberación por la "mano fuerte" de Dios (13:3, 9, 14, 16).

La estipulación de que esta ceremonia debería ser "como una señal sobre tu mano, y por un memorial delante de tus ojos" condujo en siglos posteriores a la práctica por parte de los israelitas varones de llevar filacterias, cajitas conteniendo pasajes de las Escrituras, llevados en la frente y en el antebrazo superior izquierdo. Las cajitas contenían cuatro pasajes:

- Éxodo 13:1-10
- Éxodo 13:11-16
- Deuteronomio 6:4-9
- Deuteronomio 11:13-21

Dios había salvado a todo Israel de la esclavitud (13:14) y por ello la nación entera le pertenecía por derecho, pero Él reclamaba solo el primogénito como sustituto de toda la nación (13:1-2). En tanto que los animales primogénitos debían ser ofrecidos a Dios como sacrificio, los hijos primogénitos debían ser redimidos con dinero (13:13, 15; véase Nm. 3:46-47). Dios demandaría posteriormente a los levitas como sustitutos de los primogénitos de Israel (Nm. 3:12-13; 40-47).

13:17-20 *El camino más seguro, pero no el más corto.* El camino más corto a Canaán era siguiendo la costa, pero conducía a través de la tierra de los filisteos, un pueblo pagano para enfrentarse al cual Israel no estaba suficientemente maduro espiritualmente. De modo que Israel emprendió el camino largo hacia el Sinaí.

13:21-22 *La nube de día, el fuego de noche.* Dios iba a guiar a su pueblo a través del desierto mediante una "columna de nube" de día, y una "columna de fuego" durante la noche. (Véase 1 R. 8:10-11 para una manifestación similar de la presencia de Dios.)

14:1-14 *Dios endurece el corazón de Faraón para glorificarse.* Al acercarse los israelitas al Mar Rojo, Faraón comenzó a lamentar haber perdido sus servicios como trabajadores esclavos. Dios endureció el corazón de Faraón aun otra vez, y éste se lanzó en persecución de los israelitas. Esta última persecución por parte del endurecido Faraón cumpliría el propósito expreso de Dios al endurecer el corazón del mismo: "que mi nombre sea anunciado en toda la tierra" (9:16).

Al acercarse el ejército de Faraón a ellos, el pueblo de nuevo desesperó y se quejó a Moisés.

14:15-18 *"¡Extiende tu vara! ¡El mar se separará!"* Dios le dijo a Moisés que si tan solo extendía su vara sobre el Mar Rojo, él y toda la nación pasarían a través del mismo en seco.

14:19-20 *La columna de nube: Luz para Israel, oscuridad para Egipto.* Al acercarse los egipcios, la columna de nube ocultó a Israel de ellos, viniendo a ser "tinieblas para aquellos" pero "alumbraba a Israel de noche" (14:20).

Esta luz marca la primera manifestación de lo que llegaría a conocerse como la *Shekiná,* la indicación visible de la presencia de Dios. Esto es generalmente designado como "la gloria de Jehová" (véase 16:7, 10; 24:16; 2 Cr. 5:14; 7:1; exposición sobre Ez. 11:22-25; 43:1-5; Ap. 15:8). La raíz hebrea de la palabra *Shekiná* significa realmente "morada" y describe la decisión de Dios de habitar entre su pueblo, como lo hizo en el tabernáculo (29:43-46).

14:21-31 *El Mar Rojo: Esclavos liberados, soldados ahogados.* El Mar Rojo se dividió, e Israel pasó a través de él, pero después las aguas se juntaron y el ejército egipcio pereció. Dios usó medios naturales, un "recio viento oriental" que sopló "toda aquella noche" (14:21) para realizar un milagro: El viento "volvió el mar en seco, y las aguas quedaron divididas" (14:21). "Entonces los hijos de Israel entraron por en medio del mar, en seco, teniendo las aguas como muro a su derecha y a su izquierda" (14:22). Si el Mar Rojo fue en realidad el Mar de las Cañas, una marisma de juncos, como algunos han sugerido, era al menos lo suficientemente hondo para cubrir el ejército de Faraón, de modo que todos ellos se ahogasen (14:28).

15:1-21 *Cánticos de victoria a la orilla del mar.* Moisés y los israelitas cantaron cánticos de victoria, relatando el milagro en el Mar Rojo y prediciendo éxitos similares al proceder a posesionarse de la Tierra Prometida.

María, hermana de Moisés, que dirigió a las mujeres en la celebración, recibe el nombre de "profetisa" (15:20). Véase *Profetisas,* p. 918, acerca de otras mujeres que sirvieron como tales.

OLVIDO DE LA LIBERACIÓN (15:22-18:27)

15:22-27 *Purificación de las aguas amargas, promesa de cuerpos sanos.* Cuando los israelitas llegaron a un lugar donde el agua era amarga, se quejaron en voz alta, y Dios mostró a Moisés cómo hacer potable el agua. También prometió que si estaban dispuestos a obedecerle, los protegería de toda enfermedad. Todo a lo largo de sus jornadas, en todo lugar que los israelitas encontrasen obstáculos, Dios estaba dispuesto a ayudarlos, si tan solo confiaban en Él. A menudo, como aquí, les ayudó aunque no confiaban en Él.

16:1-36 *Murmuración, maná y carne.* Incluso después de su milagroso Éxodo, los israelitas temían que Dios fuese a dejarlos morir de hambre. Se quejaron, y Dios les envió maná y codornices. Esas provisiones divinas ayudarían a sostenerlos durante sus 40 años en el desierto. Comerían otros alimentos, como animales de sus manadas, pero aquella provisión milagrosa era necesaria para ayudar a sustentar un grupo tan grande de gente. En 16:31 se describe el maná.

El pueblo tenía que recoger dos veces la cantidad normal de maná en el día sexto de cada semana, porque no caería nada en Sábado (16:5, 22-30). Incluso siendo que el alimento les era proveído con tan pocas restricciones, desobedecieron (16:20).

17:1-7 *"Primero sin comida, ahora sin agua".* El pueblo volvió a quejarse, esta vez acerca de la falta de agua. Moisés golpeó una roca, y salió una corriente sobrenatural de agua. El agua es frecuentemente símbolo de vida y salvación en la Biblia. Pablo vio este acontecimiento como simbólico de Cristo (1 Co. 10:1-4).

17:8-16 *Moisés levanta las manos, y ellos ganan la batalla.* Israel fue súbitamente atacado por un feroz pueblo del desierto llamados amalecitas, descendientes de Esaú (Gn. 36:12). Moisés escogió a un joven llamado Josué -que más adelante guiaría a Israel a Canaán-para que dirigiese el ejército. Israel venció (17:9-12) gracias a la intervención divina.

17:14 muestra que Moisés fue un escritor e historiador.

18:1-12 *En Sinaí, una cálida acogida para Moisés.* En junio del 1446 a.C. (véase *Fecha y lugar*), Israel llegó al Monte Sinaí, donde iban a quedarse durante 11 meses y 5 días. Moisés fue saludado por su suegro Jetro y por su esposa Séfora, que había vuelto de Egipto a su patria en el Sinaí. Se regocijaron juntos cuando les contó cómo Dios había liberado a Israel de Egipto.

18:13-27 *Un sabio suegro.* Por consejo de Jetro, Moisés seleccionó hombres capaces que le ayudasen a resolver disputas legales.

EL PACTO EN EL SINAÍ (19-31)

19:1-8 *La nación del pacto con Dios: "Os tomé sobre alas de águilas"*. Moisés recordó al pueblo la liberación que habían tenido de parte de Dios y el cuidado que les había mostrado, y les pidió que guardasen el pacto de Dios-de modo que pudieran ser su "especial tesoro" y "reino de sacerdotes". Ellos accedieron a ello. Para este tiempo, debería haber sido evidente para el pueblo que el Dios que los había rescatado de Egipto "sobre alas de águilas" (19:4) guardaría su parte del pacto.

19:9-15 *"Prepárense para escuchar a Dios"*. Moisés ayudó al pueblo a santificarse en preparación para la aparición de Dios en el Monte Sinaí. Dios mandó a Moisés que pusiera límites para que nadie tocase el monte y muriera.

19:16-25 *Dios se aparece en el Monte Sinaí.* Moisés y todo Israel contemplaron la gloria de Dios manifestada en el Monte Sinaí, con terremoto, fuego, humo y el toque de trompeta. De nuevo Dios advirtió a Moisés que no permitiera al pueblo acercarse demasiado al monte. Incluso los creyentes están pocas veces preparados para acercarse a un Dios santo.

20:1-17 *Los Diez Mandamientos.* Las primeras palabras de Dios desde el Sinaí se conocen como los Diez Mandamientos. Los primeros cuatro tienen que ver con honrar a Dios mismo: su singular naturaleza y exigencias, su nombre y su día. Los últimos seis tienen que ver con un trato honroso de nuestros semejantes:

1. "No tendrás dioses ajenos delante de mí". Dios no acepta rivales, sea de falsas religiones, sea de cosas por otra parte buenas, como familia, dinero o fama, que puedan usurpar su puesto preeminente en nuestra devoción.
2. "No te harás imagen, ni ninguna semejanza de lo que esté arriba en el cielo, ni abajo en la tierra, ni en las aguas debajo de la tierra". Hacerse un ídolo o imagen de Dios es intentar poner a Dios bajo nuestro control. En lugar de ello, Dios quiere que nos sometamos a Él y que le sirvamos. Véase Jn. 4:24.
3. "No tomarás el nombre de Jehová tu Dios en vano". No deberíamos usar el nombre de Dios de una manera vacía o insincera, como pronunciar un juramento que no podamos cumplir (Lv. 19:12).
4. "Acuérdate del día de reposo para santificarlo". Al imitar el ciclo creacional de Dios de actividad y reposo y separar un día solo para Dios, Israel le mostraba su fidelidad.
   Bajo el Nuevo Pacto, los creyentes no tienen obligación de guardar el Sábado. En Cristo han experimentado el cumplimiento del principio de reposo sabático al confiar en la gracia de Dios, y no en esfuerzos humanos, para la salvación (He. 4:3-10).
5. "Honra a tu padre y a tu madre". Los hijos deben respetar a sus padres. Bajo la ley, maldecir a los padres era un delito capital (Lv. 20:9). En cambio, honrarlos conllevaba gran bendición (Éx. 20:12).
6. "No matarás". Significa "No asesinarás". El asesinato es quitar la vida a alguien de manera arbitraria y premeditada. Pero la ley permitía matar como acto defensivo o punitivo (Dt. 20:10-18) y ordenaba la pena de muerte por varios pecados (Lv. 20:9-16; 24:17, 23; Dt. 13:6-11; 17:2-7).
7. "No cometerás adulterio". Lo mismo que quitar la vida o la propiedad, el adulterio viola una relación exclusiva mediante pacto. El matrimonio es tan crucial para el orden social que el adulterio se encontraba entre los pecados

LA TRIPLE DIVISIÓN DE LA LEY

Código moral

1. No adores otros dioses aparte de mí.
2. No te hagas ídolos de ninguna clase, ni en forma de aves, de animales ni de peces.
3. No hagas mal uso del nombre de Jehová tu Dios.
4. Recuerda observar el día de Sábado santificándolo.
5. Honra a tu padre y a tu madre.
6. No asesines.
7. No cometas adulterio.
8. No hurtes.
9. No testifiques en falso contra tu prójimo.
10. No codicies.

(Éxodo 20)

La revelación de Cristo
(1 Corintios 10:4)

Código espiritual

Esta sección trataba con aquellas ordenanzas espirituales que prefiguraban a Cristo y su plena redención.

Incluía:

1. Las siete fiestas del Levítico
2. Las cinco ofrendas del Levítico

(Éxodo 35-40; Levítico)

El cumplimiento en Cristo
(Mateo 5:17-18; Romanos 10:4; 1 Corintios 5:7)

Código social

Esta sección incluía reglas que prescribían a Israel su dieta, sanidad, cuarentena, conservación del suelo, tributos, servicio militar, reglas para los nacimientos, divorcios, etc.

(Éxodo 21-34; Levítico)

El ayo hasta Cristo
(Gálatas 3:24)

para los que la ley prescribía la muerte (Lv. 20:10).
8. "No hurtarás". Se debía respetar la propiedad privada. Hurtar a otro ser humano es esencialmente hurtar a Dios, por cuanto en último término todo le pertenece a Él (Lv. 25:23).
9. "No hablarás contra tu prójimo falso testimonio". Decir una mentira, y especialmente como testigo en un tribunal cuando está en juego la vida de alguien, es despreciar a Dios, el autor de la verdad. En lugar de imitar a Dios, el mentiroso imita a Satanás, el "padre de mentira" (Jn. 8:44) y "acusador" de los creyentes (Ap. 12:10).
10. "No codiciarás". Codiciar es desear para uno mismo cualquier persona o cosa que pertenezca a algún otro.

20:18-21 *"Le tenemos miedo"*. Los acontecimientos del Sinaí llenaron de pavor a Moisés y a los israelitas (véase He. 12:18-21). Moisés les aseguró que Dios solo quería inspirar en ellos un sano temor, para guardarlos de pecar.

20:22-26 *"Nada de ídolos, y solo un altar"*. Dios prohibió los ídolos, pero dio instrucciones para edificar un sencillo altar para sacrificios de animales. En lugar de una idolatría pagana, el pueblo tendría una manera concreta de expresar su fe en el Dios único y verdadero.

21:1-11 *Leyes de justicia laboral.* Dios dio unas detalladas leyes para regir las relaciones sociales (21-23). La mayoría de ellas son leyes "eventuales" que comienzan con "si . . .", seguidas de un ejemplo específico. (En contraste, las leyes "categóricas" son más generales y se basan a menudo en un mandamiento de "hacer" o "no hacer".) Aunque algunas de esas leyes pueden parecer injustas a los oídos modernos, fueron una gran mejora en relación con las costumbres de las culturas paganas de aquella época.

Primero vinieron leyes protegiendo los derechos de amos y siervos (21:1-11; véase exposición sobre Lv. 25:35-55). Los siervos hebreos debían ser liberados cada séptimo año (sabático).

21:12-27 *Leyes tocantes a la violencia.* La ley de Dios distinguía entre el asesinato premeditado y el homicidio involuntario, siendo solo lo primero un delito capital. Los lugares a los que podía "huir" (21:13) el homicida involuntario eran las "ciudades de refugio" (Dt. 19:1-13). El secuestro y la agresión a los padres eran también delitos capitales.

También se prescribían castigos por daños personales menores. "Ojo por ojo, diente por diente" (véase 21:23-25) constituía un freno para las represalias desmesuradas.

21:28-36 *"Controlen sus animales"*. Los propietarios serían considerados responsables por las acciones destructivas de sus animales. Los propietarios serían responsables por daños a animales que resultasen de su negligencia.

22:1-15 *Delitos contra la propiedad.* La ley también contemplaba el hurto, la falta de honradez, y la destrucción negligente de propiedad. En ciertos casos, la pena era la restitución por un montante equivalente al doble de la pérdida.

22:16-23:9 *Lo que se debe y no se debe hacer, alimento y devoción.* La ley contemplaba cuestiones como las relaciones sexuales, la brujería, la idolatría, los préstamos, los sobornos, la calumnia y la dieta. Véase Levítico 11 para detalles adicionales sobre las leyes alimentarias. Los israelitas eran exhortados a no oprimir a los extranjeros, por cuanto ellos mismos habían sido "extranjeros en la tierra de Egipto" (22:21).

23:10-13 *"Seis años sembrarás tu tierra . . . mas el séptimo año la dejarás"*. La ley del Sábado (20:8-11) fue reiterada y expandida para incluir la tierra: "Que la tierra repose y esté en barbecho durante el séptimo año. Entonces, que los pobres entre vosotros recojan lo que crezca de suyo".

23:14-19 *"No olvides las tres fiestas"*. Tres veces por año, todos los varones israelitas debían comparecer ante el Señor en Jerusalén. Esas tres fiestas formaban parte del ciclo anual de siete fiestas (Lv. 23).

23:20-33 *"Enviaré mi Ángel delante de ti"*. El "Ángel" de Dios protegería a los israelitas y les mostraría el camino a través del desierto, en tanto que el terror y "la avispa" (quizá una pestilencia o enfermedad) expulsaría a los cananeos (23:27-28). Dios recuerda otra vez a Israel que no debe hacer tratados con los cananeos.

Respecto a "mi Ángel" (23:23), véase la exposición acerca de Génesis 16:1-16. Dios dijo que Él echaría a los cananeos "poco a poco" (23:30), para que la tierra no quedase desolada e infestada de fieras (23:29).

24:1-8 *Otra vez acceden a guardar el pacto*. Moisés descendió del Monte Sinaí, proclamó la ley a oídos de Israel, la puso por escrito, y confirmó el pacto erigiendo un altar y ofreciendo sacrificios sobre el mismo. Tal como habían hecho antes que Moisés subiera al Sinaí, el pueblo de nuevo accedió a obedecer la ley (19:8).

24:9-18 *La gloria de Dios y el Dios de gloria*. Moisés, Aarón, Nadab y Abiú (hijos de Aarón) y setenta ancianos subieron al monte y les fue permitido ver la gloria de Dios. Pero solo le fue dado a Moisés entrar en la nube de la gloria de Dios. Moisés se quedó en la nube durante cuarenta días.

25:1-9 *"Toma una ofrenda y construye un tabernáculo"*. Dios mandó a Moisés que construyera un "tabernáculo", una gran tienda, como lugar en el que Dios habitase en medio de Israel. Todo el material necesario para el proyecto debería ser proporcionado por el pueblo.

25:10-22 *El arca del pacto: "Aquí es donde nos encontraremos"*. El arca del pacto debía construirse de madera de acacia recubierta de oro. Se parecía a un cofre de cedro, de unos 120 centímetros de longitud y 60 centímetros de altura. Debía contener las tablas de piedra sobre las que estaban escritos (34:28) los Diez Mandamientos ("el testimonio", 25:16), así como un vaso con maná, y la vara de Aarón. Su cubierta, llamada el propiciatorio, estaba hecha de oro macizo, y exhibía dos querubines de oro frente a frente.

El arca era el artículo más importante del tabernáculo, porque era donde Dios manifestaba su presencia (25:22).

25:23-30 *El pan santo: "Dios les da el alimento espiritual"*. A continuación venían las instrucciones para una mesa para "el pan de la presencia". Había doce hogazas de este pan (Lv. 24:5-9), que representaban a las doce tribus, y que exponían que Dios era la fuente de su alimento espiritual.

25:31-40 *El candelero de oro: "Dios muestra el camino"*. Debía haber un candelero hecho de oro puro. Las lámparas, alimentadas con aceite, se limpiaban cada mañana y tarde, y debían arder continuamente (Lv. 24:2-4), como recordatorio de que Dios era la fuente de la dirección espiritual. Acerca de "modelo" (25:40), véase la exposición sobre Apocalipsis 11:15-19.

26:1-37 *El tabernáculo: Dos estancias separadas por una cortina*. El tabernáculo debía ser construido de tableros y barras, todo ello recubierto de oro y rodeado de cortinas. Un velo debía separar el "lugar santo" del "lugar santísimo" (26:33), donde se guardaba un enser: el arca del pacto. El velo representa la humanidad sin pecado de Cristo (He. 10:20; véase Mt. 27:51).

Dios dio instrucciones específicas no solo para la construcción sino también para el emplazamiento de cada constituyente y enser en el tabernáculo, lo que indica cuánta importancia tenía para Él.

27:1-8 *Cuernos para sostener el sacrificio.* El altar de bronce era el primer enser que uno encontraba al entrar en el tabernáculo desde el este. Los cuernos en sus cuatro esquinas sostenían los sacrificios de animales.

27:9-21 *Un patio de cortinas.* El patio que rodeaba el tabernáculo tenía 22,5 metros de anchura y 45 metros de longitud, y estaba cerrado por cortinas de lino.

28:1 *"Aarón y sus hijos serán vuestros sacerdotes".* Aarón y sus hijos debían ser los sacerdotes de Israel, siendo Aarón el primer Sumo Sacerdote. Toda la tribu de Leví sería posteriormente designada para ayudar a los sacerdotes (Nm. 18:1-2).

28:2-43 *Vestiduras para los sacerdotes.* Aarón debía llevar una vestidura especial para distinguirlo del pueblo. El efod multicolor, un vestido sin costura, tenía en los hombros dos piedras, en cada una de las cuales estaban inscritos los nombres de seis de las tribus de Israel. El pectoral, atado al efod con cadenas de oro, exhibía doce piedras preciosas, una para cada tribu. El sumo sacerdote debía poner el Urim y Tumim (que significa "luces" y "perfecciones") sobre su corazón, para poder siempre determinar la voluntad de Dios. Había campanillas de oro colgando de su túnica. Un sello especial en su mitra decía: "SANTIDAD A JEHOVÁ" (28:36).

29:1-28 *Consagración de los sacerdotes: Agua, aceite, sangre y pan.* Dios dio instrucciones detalladas para consagrar a Aarón y a sus hijos para su ministerio: La ceremonia debía incluir el lavamiento con agua, unción con aceite, rociamiento con sangre animal y una ofrenda de pan para mecerlo "como ofrenda mecida delante de Jehová" (29:23-25).

Levítico 8 registra la ceremonia en la que efectivamente fueron consagrados Aarón y sus hijos. El olor de las ofrendas son a menudo llamados gratos al Señor (29:18, 25, 41; véase Gn. 8:21; 2 Co. 2:15-16; Ef. 5:2; Fil. 4:18).

29:29-42 *Detalles de vestiduras y deberes de los sacerdotes.* Luego Dios dio instrucciones específicas acerca de las vestimentas de los sacerdotes y de los sacrificios que debían efectuar. Mientras Dios estaba dando instrucciones acerca de la consagración y de los deberes de Aarón como sumo sacerdote, Aarón estaba haciendo un ídolo para los israelitas en forma de un becerro de oro (32:1-5).

29:43-46 *"Haz esto por mí, y yo habitaré contigo".* Dios recordó a Moisés que el tabernáculo y todas las ceremonias relacionadas con el mismo eran un símbolo de su deseo de habitar en medio de su pueblo. Cuando Juan describió más adelante la venida de Cristo, que "habitó entre nosotros" (Jn. 1:14), usó un término griego que sugería que Cristo literalmente "plantó su tienda" en la tierra.

30:1-10 *Un altar de incienso para las oraciones de su pueblo.* El altar de incienso iba a estar justo a la salida del lugar santísimo. Sobre él se iba a quemar incienso a diario, lo que simbolizaba las oraciones del pueblo de Dios. El altar sería también empleado en la ofrenda anual de la expiación (30:10; Lv. 16:12-13).

30:11-16 *"Medio siclo por vuestra vida".* Todos los varones israelitas de veinte años y mayores debían dar medio siclo para el mantenimiento del tabernáculo. Era una cantidad simbólica, porque su verdadero propósito era "hacer expiación por vuestras personas". Era la misma cantidad para ricos y para pobres, lo que mostraba que todos necesitaban la expiación.

30:17-21 *La fuente de bronce: "Lávense antes de adorar".* Una fuente de bronce contendría el agua para que los sacerdotes se lavaran las manos y los pies antes de llevar a cabo sus funciones. La pena por no lavarse era la muerte. La limpieza y la purificación se recalcan por todos los libros de Éxodo a Deuteronomio.

30:22-38 *Aceite e incienso solo para el culto.* Dios dio instrucciones detalladas para elaborar una combinación especial de aceite e incienso que nunca debía usarse para nada más que el culto del tabernáculo.

31:1-11 *Arquitectos designados y ungidos.* Dios designó que Bezaleel y Aholiab dirigieran la construcción del tabernáculo (35:30-36:2). Los llenó "del Espíritu de Dios en sabiduría y en inteligencia, en ciencia y en todo arte" (véase exposición sobre 1 S. 9:27-10:8).

31:12-17 *Muerte a los que profanan su día.* Dios concluyó sus instrucciones a Moisés en el Monte Sinaí recordándole que guardara el Sábado. El castigo por profanarlo era la muerte.

31:18 *Las tablas de piedra.* Tras haber promulgado su ley, Dios dio a Moisés dos tablas de piedra en las que estaban escritos los Diez Mandamientos (24:12).

EL PACTO QUEBRANTADO Y RENOVADO (32-34)

32:1-14 *El becerro de oro: Idolatría e inmoralidad.* Pensando que Moisés nunca iba a volver a descender del monte, el pueblo pidió a Aarón otro dios que los guiara. Aarón les hizo un becerro de oro, y los israelitas lo adoraron. "Y se levantó el pueblo a comer y a beber, y se levantó a regocijarse", lo que se puede parafrasear como: Celebraron con festejos y borrachera, y se dieron a una orgía pagana" (32:6).

Por esta adoración del becerro de oro, Dios estaba dispuesto a destruir a la nación y a comenzar solamente con Moisés. Pero él rogó a Dios que perdonara al pueblo, no fuera que otras naciones le acusaran de injusticia y para que no se quebrantasen las promesas hechas a Abraham, a Isaac y a Jacob. Dios prometió entonces no destruirlos.

32:15-20 *Moisés rompe las tablas y quema el becerro de oro.* Cuando Moisés hubo descendido del monte y vio directamente la idolatría e inmoralidad, se encolerizó y tiró las tablas de piedra, que se rompieron. Luego fundió el becerro de oro, lo molió en polvo, mezcló el polvo con agua, e hizo que la gente lo bebiera.

32:21-24 *La miserable excusa del sacerdote.* Interpelado por Moisés, Aarón rehusó aceptar responsabilidades por haber hecho el becerro de oro. En el mismo momento en que Dios lo había estado designando como líder espiritual de Israel (28:1), Aarón había cedido a la presión de los demás y había conducido a la nación al pecado.

32:25-29 *¿Quién está por Jehová? ¡Los levitas!* Dándose cuenta de lo malvado que se había vuelto el pueblo, Moisés convocó a todo aquel que "está por Jehová" para que acudiese a su lado. Los hijos de Leví respondieron, y Moisés les ordenó que limpiasen el campamento de aquellos que hubieran tomado parte en la idolatría.

32:30-33:23 *"¡Perdónalos, o ráeme a mí también"*. Una vez más Moisés pidió a Dios que perdonase a Israel, o "ráeme ahora de tu libro que has escrito" (32:32). Dios dijo que Él mismo no podría ir más con el pueblo, porque en tal caso tendría que castigarlos. En lugar de ellos, enviaría a su ángel para guiarlos (23:20). Moisés plantó su tienda lejos del campamento y se encontró con Dios. Dios prometió que seguiría guiando a Israel. Para tranquilizar a Moisés, Dios le permitió ver otro atisbo de su gloria (33:20-23; véase Is. 6:1-5).

Josué siguió sirviendo como segundo de Moisés y estaba presente con él en la tienda (33:11).

34:1-9 *Tablas nuevas para los Diez Mandamientos.* Moisés ascendió al Monte Sinaí de nuevo, con nuevas tablas de piedra para reemplazar las que había roto. Dios se le apareció y él se inclinó y adoró, rogándole otra vez que siguiera guiando a Israel.

Tal como se manifiesta en todas las Escrituras, los atributos de Dios descritos en 34:6-7 incluyen un equilibrio de compasión y de justicia. Acerca de que "visita la iniquidad de los padres sobre los hijos" (20:5; 34:7), véase exposición sobre Ezequiel 18:1-18.

34:10-17 *Renovación del pacto.* Dios dijo a Moisés que renovaría su pacto con Israel. Pero Israel tendría que cumplir por su parte evitando las prácticas de los cananeos y guardando la ley.

34:18-26 *Otra vez: "No os olvidéis de las fiestas"*. Dios recuerda una vez más a Moisés la importancia de los días regulares de fiestas que había instituido para Israel.

34:27-28 *Dos nuevas piedras para los Diez Mandamientos.* Moisés registró todo lo que Dios había dicho, y Dios escribió los Diez Mandamientos sobre las nuevas tablas de piedra. Esos versículos dan evidencia de que Moisés escribió Éxodo (véase *Autor*).

34:29-35 *El resplandor de Dios sobre el rostro de Moisés.* Al descender Moisés del monte, su rostro resplandecía por haber hablado con Dios, y el pueblo sentía temor ante él. Cubriendo su rostro con un velo, Moisés informó de todo lo que Dios le había dicho en el monte (véase exposición sobre 2 Co. 3:7-18).

EL TABERNÁCULO (35-40)

35:1-3 *Se vuelve a destacar la importancia del Sábado.* Moisés volvió a destacar otra vez la importancia del Sábado. Cualquiera que fuese descubierto trabajando en sábado sería muerto.

35:4-36:7 *Ayuda generosa de corazones agradecidos.* Para edificar el tabernáculo, Moisés pidió ofrendas voluntarias de dinero, materiales y capacidades personales, y el pueblo respondió bien dispuesto (35:20-29). Tal como se había instruido (31:1-11), Moisés designó a Bezaleel y a Aholiab para que dirigiera el proyecto.

El pueblo dio de manera tan generosa que Moisés tuvo que promulgar un decreto de que no se diera más (36:5-7). La magnitud de su generosidad se puede ver en el peso total de los metales preciosos que se mencionan en 36:8-39:31. Algo de esto habría procedido de su saqueo de Egipto (12:35-36).

36:8-38:31 *El tabernáculo y sus enseres: Financiación, conformación y acabado.* Con abundante financiación y trabajo voluntario, el trabajo del tabernáculo y sus enseres se llevó a cabo con celeridad.

CONSTRUCCIÓN DEL TABERNÁCULO

La casa de culto de Israel

Desde el desierto del Sinaí hasta la edificación del Templo de Salomón en el 960 a.C.

Descripción y tamaño

- Se componía de tres secciones: (1) atrio exterior, (2) atrio interior, (3) lugar santísimo.
- Atrio exterior: 45 metros de longitud, 22,5 metros de anchura, 2,25 metros de altura
- Tiend a dentro del atrio exterior: 13,5 metros de longitud, 4,5 metros de anchura, 4,5 metros de altura
- La tienda tenía dos estancias, que estaban separadas por un grueso velo
- La estancia oriental de la tienda era el patio interior o lugar santo
- La estancia occidental de la tienda era el lugar santísimo

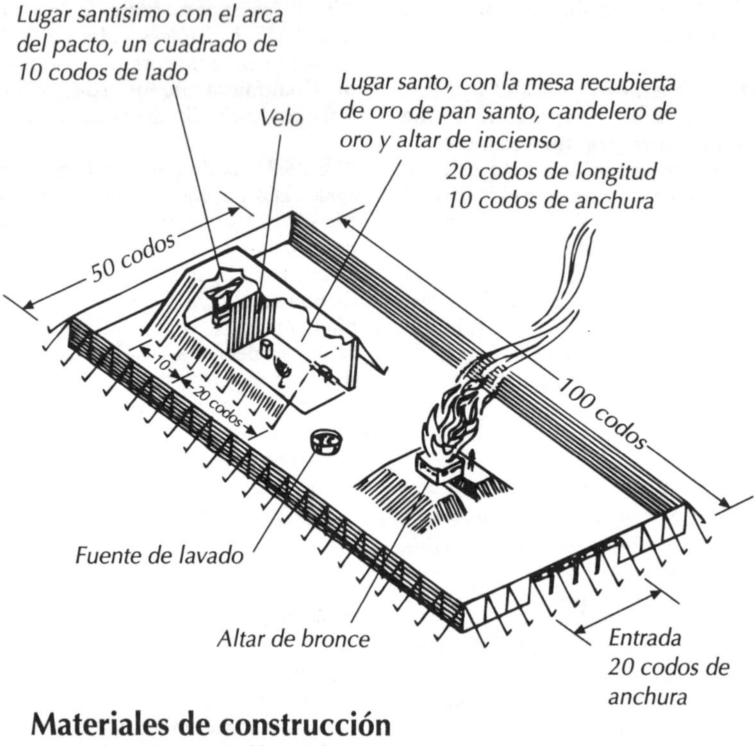

Materiales de construcción

Oro, plata, bronce, fibras de animales, madera de acacia, ónice

LOS ENSERES DEL TABERNÁCULO

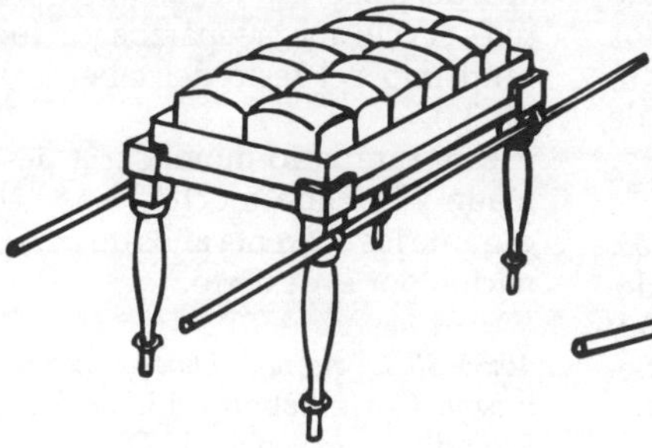

MESA DEL PAN DE LA PRESENCIA

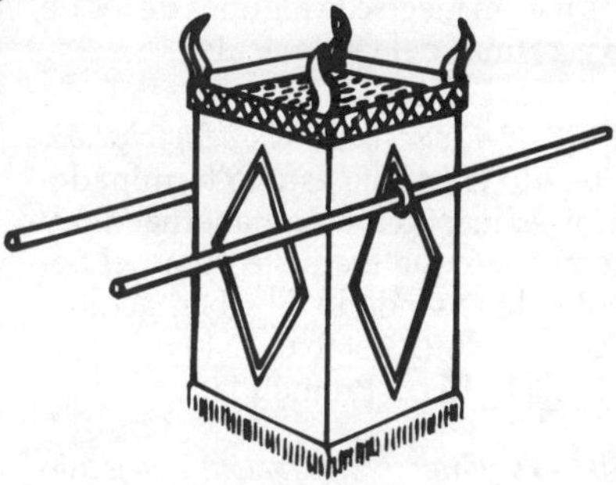

ALTAR DE INCIENSO

ARCA DEL PACTO

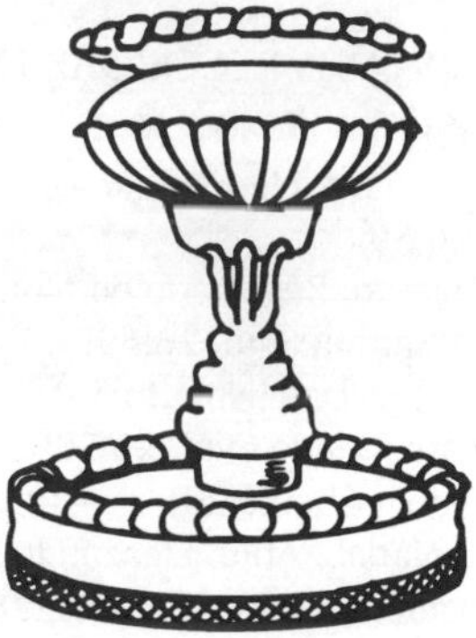

FUENTE DE LAVADO

ALTAR DE BRONCE

CANDELERO DE ORO

39:1-31 *Vestiduras sacerdotales: Hechas según instrucciones.* Se hicieron las vestiduras para los sacerdotes, siguiendo fielmente los diseños especificados (28:1-42). Los colores de esas vestiduras hacían juego con algunos de los de las cortinas del tabernáculo.

39:32-42 *Moisés da su sello de aprobación.* Cuando el trabajo estuvo terminado, Moisés inspeccionó el tabernáculo y comprobó que era justo como el Señor había mandado. El tabernáculo y los sacerdotes estaban listos para el viaje a la Tierra Prometida.

40:1-33 *¡Gran inauguración!* Los israelitas arman ahora el tabernáculo por primera vez. Se debía seguir un orden preciso para ello, yendo primero el arca del pacto, e inmediatamente después el velo que la separaba y al lugar santísimo del resto del tabernáculo (26:33).

Este santuario móvil sería desarmado y armado muchas más veces durante los cuarenta años de peregrinación por el desierto.

40:34-38 *La gloria de Dios lo rodea e impregna.* Con el tabernáculo acabado y armado, la presencia de Dios la llenó hasta el punto que Moisés no podía entrar. El ángel (23:20-33; 33:1-3; la nube y el fuego (40:36-38) conducirían a Israel hasta la Tierra Prometida.

❖ ❖ ❖

PERSONAS A RECORDAR DE ÉXODO

AARÓN

Hechos clave: Hermano mayor de Moisés, primer sumo sacerdote de Israel (28:1; Nm. 26:59)
Nacimiento: Registrado en Nm. 26:59
Padre: Amram (Nm. 26:59)
Madre: Jocabed (Nm. 26:59)
Hermana: María (Nm. 26:59)
Esposa: Elisabet (6:23)
Hijos: Nadab, Abiú, Eleazar, Itamar (6:23)
Ocupación: Sumo sacerdote (28:1)
Acontecimientos clave en su vida:

- Designado como portavoz de Moisés (7:1)
- Su vara se torna en serpiente (7:8-13)
- Designado sumo sacerdote (28:1)
- Hace el becerro de oro (32:2-4)
- Habla contra Moisés (Nm. 12)
- Su vara florece (Nm. 17)
- Excluido de la Tierra Prometida (Nm. 20:12)

Edad al morir: 123 (Nm. 20:27-28; N. 33:39)
Total de referencias bíblicas: 339
Referencias clave: 4:14–Dt. 10:6; Sal. 77:20; 105:26-45; 133; Mi. 6:4; Hch. 7:40; He. 5:4; 7:11

Habla Aarón

Supongo que la historia me recordará sencillamente como el hermano mayor de Moisés. Ya está bien así. ¡Quizá María será recordada como la hermana mayor de

Aarón! (En realidad, no creo que se moleste por ello.) ¡Qué responsabilidades más abrumadoras nos encomendó Dios a Moisés, a María y a mí! Ella era profetisa, yo el primer sumo sacerdote de Israel, y Moisés; bueno, todo el mundo sabe acerca de Moisés. No es un mal registro para tres hermanos hebreos nacidos fuera de la Tierra Prometida. Si tan solo nuestros padres hubieran sabido esto cuando depositaron a Moisés a flote en el Nilo (2:3; 15:20; 28:1-2).

Moisés me dio la noticia esta mañana: el oficio de sumo sacerdote ha de ser transferido inmediatamente a Eleazar, mi tercer hijo. En realidad, lo había estado esperando ya desde hace un cierto tiempo. Es una buena y sabia decisión. Tanto Eleazar como Itamar han demostrado ser fiables. ¡Qué diferentes de mis dos hijos mayores, Nadab y Abiú! ¿Dónde, dónde les fallé? ¿Cómo sucedió? ¿Qué les impulso a tentar a Dios de manera deliberada? Como siempre cuando pienso en la horrible muerte que sufrieron, me saltan a la mente imágenes de aquel becerro de oro. ¿Acaso mis deshonrosas acciones contribuyeron en algo a su muerte? (32; Lv. 10:1-2; Nm. 20:25-26).

Pero no debería atormentarme con esos pensamientos. Gracias doy a Dios por todas mis memorias de servicio en el tabernáculo. El arca del pacto es mi esperanza y consuelo. Siempre que rocío la sangre sobre el altar en el tabernáculo, quedan cubiertos los pecados de Israel, los míos incluidos (25:9-10, 22; Lv. 4).

Veo que hemos llegado a la cumbre del Monte Hor. Solo el tiempo de despedirme de Eleazar y Moisés antes de encontrarme personalmente con aquel que habita en la nube resplandeciente sobre el propiciatorio (25:22; Lv. 16:2; Nm. 20:25-29).

Lecciones espirituales de Aarón

- Como creyentes, somos llamados a apoyar y honrar a nuestros guías, y a orar por ellos (17:12-13; 1 Ti. 2:1-2; Tit. 3:1-2; He. 13:7, 17; 1 P. 2:13-17).
- Deberíamos siempre tener mucho cuidado acerca de criticar a nuestros guías espirituales (Nm. 12:1-2; 1 Ti. 5:19; Stg. 1:19).
- Deberíamos estar siempre en guardia frente al poder de la presión de los que nos rodean (32:1-5).
- Debemos asumir la responsabilidad por nuestros pecados y no achacarlo a otros (32:4, 22-24).
- Deberíamos tomarnos en serio las leyes de Dios y ayudar a aquellos dentro de nuestra esfera de influencia a tomárselas también en serio (30:9; 32:1-5; Lv. 10:1-7).

Versículo clave

"Harás llegar delante de ti a Aarón tu hermano, y a sus hijos consigo, de entre los hijos de Israel, para que sean mis sacerdotes; a Aarón y a Nadab, Abiú, Eleazar e Itamar hijos de Aarón" (28:1).

MOISÉS

Hechos clave: El gran legislador de Israel, autor del Pentateuco (19-31; Lc. 24:44; Jn. 1:17; 5:46)
Nacimiento: Registrado en 2:2
Padre: Amram (6:20)
Madre: Jocabed (6:20)

Hermano: Aarón (6:20)
Hermana: María (Nm. 26:59)
Esposa: Séfora (2:21)
Hijos: Gersón, Eliezer (18:2-4)
Acontecimientos clave en su vida:

- Rescatado del río; criado como príncipe (2:3-10)
- Huye a Madián (2:11-15)
- Llamado a conducir Israel (3-4)
- El éxodo; paso del Mar Rojo (12:31-42; 13:17-14:31)
- Saca agua de la roca (17:17)
- Recibe la ley en el Sinaí (19-31)
- Supervisa la construcción del tabernáculo (36-40)
- Envía espías a Canaán (Nm. 13)
- Anuncia 40 años de peregrinación (Nm. 14:26-39)
- Se le prohibe entrar en Canaán (Nm. 20:1-13)
- La serpiente de bronce (Nm. 21:4-9)
- Discurso de despedida (Dt. 1-33)

Edad al morir: 120 (Dt. 34:1-5, 7)
Total de referencias bíblicas: 804
Referencias clave: Éx.–Dt.; Sal. 90; 105:26-45; Is. 63:11-13; Jn. 1:17; Hch. 7:17-44; He. 3:1-5; 11:23-29; Ap. 15:2-4

Habla Moisés

Realmente, ¡no me siento con 120 años! Mi vista y mi oído son tan agudos como siempre. Las inclinadas pendientes del Monte Nebo no presentan dificultad alguna para mis piernas y pulmones. ¡Qué asombroso volver a leer aquellas palabras que Dios me mandó escribir recientemente: "Nuestros días son de setenta años"! ¡Por su gracia ya he excedido el tiempo que me tocaba por medio siglo más! (Dt. 34:1, 7; Sal. 90:10).

En realidad, he vivido tres vidas: Primero fue Moisés el estudiante de política, aprendiendo toda la sabiduría de Egipto, preparándome para una carrera de servicio público. Luego vino aquel terrible momento en que esas manos dieron muerte a un hombre. Esto dio inicio a mi segunda vida como pastor, menos emocionante y más reflexiva. Y seguramente todavía estaría en ello si aquella zarza no hubiera comenzado a arder (3:1-3, 12; Hch. 7:22).

Desde aquel momento en adelante viví "la vida número tres": Moisés el libertador y el legislador. Mi sencilla existencia nómada dio paso de repente a una acción excitante y vertiginosa casi de continuo: varas que se transformaban en serpientes; ríos que se tornaban en sangre; ranas, piojos, moscas y langostas que llenaban el aire; y todas aquellas otras horribles plagas. Y lo más horrendo de todo: la muerte del primogénito de Egipto (4:2-3; 7:14-11:10; 12:29-42).

Luego, el camino seco en medio del mar; una señal de fuego en el cielo; pan que caía del cielo. Y luego, el acontecimiento culminante: la promulgación de la ley de Dios y un breve atisbo de Él en persona (13:21-22; 14; 16:14-15; 19-31; 33:18-23).

E incluso ahora, cuatro décadas después, parece más una ficción que una realidad. Ahora, de pie aquí en las secas laderas del Nebo, mirando hacia el poniente, a la tierra de leche y miel, de nuevo lamento aquel pecado inexcusable por el que Dios me ha prohibido entrar en Canaán. ¡Qué precio tan alto he pagado por mi cólera descontrolada! (Nm. 20:10-12; Dt. 31:20).

Pero pasando a pensamientos más gratos, las victorias presentes de mi pueblo echan afuera las derrotas del pasado. Hoy acabo de poner fin a una sección de los santos registros de Dios, que espero que leerán nuestras futuras generaciones. Conduje a la generación pasada fuera de Egipto. Ahora he llevado a sus hijos al umbral mismo de la libertad en la Tierra Prometida. La fidelidad de Dios ha excedido de lejos a todos mis fracasos.

Amado Señor, mi tarea ha llegado a su fin. Permíteme ahora ver de manera plena aquello que ya he visto en parte: tu persona llena de gracia y de gloria (3:10; Dt. 31:24-26).

Lecciones espirituales de Moisés

- El camino de Dios es la buena elección, aunque a menudo signifique negarnos a nosotros mismos los placeres de esta vida (He. 11:25-26).
- De nada sirve que nos excusemos del servicio de Dios. Él puede dar respuesta a todas nuestras excusas (3:11-15; 4:1-17).
- No deberíamos intentar hacerlo todo por nosotros mismos. Deberíamos estar dispuestos a dejar que otros nos ayuden (18:13-26).
- La comunión con Dios traerá un resplandor a nuestras vidas que otros detectarán (33:18-23; 34:29-35).
- El efectivo liderazgo de Moisés se debió en parte a su amor por aquellos que guiaba (32:32; véase Ro. 9:1-3; 10:1).
- Moisés, la persona más humilde del mundo (Nm. 12:3) le falló a Dios y perdió su puesto en la Tierra Prometida debido a su ira (Nm. 20:2-13). En palabras de Pablo: "Así que, el que piensa estar firme, mire que no caiga" (1 Co. 10:12).
- Nuestra meta en la vida debería ser el éxito espiritual, no el mundano (Dt. 34:10-12; 2 Ti. 4:7).

Versículo clave

"Pues la ley por medio de Moisés fue dada, pero la gracia y la verdad vinieron por medio de Jesucristo" (Jn. 1:17).

LEVÍTICO

TRASFONDO

Los acontecimientos en Levítico cubren alrededor de un mes en 1446 a.C., y siguen a la promulgación de la ley en el Monte Sinaí (Éx. 20). En la historia anterior de Israel, el culto había sido asunto de familia, y el cabeza de cada familia actuaba como "sacerdote" para su familia. Pero después que Dios diera a Israel la ley y el tabernáculo, designó a Aarón y a sus descendientes como sacerdotes (Éx. 28:1), y al resto de la tribu de Leví para que fueran sus ayudantes (Nm. 18:1-2). Levítico contiene principalmente las instrucciones acerca de los deberes de los sacerdotes y de los levitas.

AUTOR

Moisés (véase *Génesis, Éxodo: Autor*). Unas cincuenta veces en Levítico leemos palabras en el sentido de que "habló Jehová a Moisés". Si Moisés mismo no registró esas palabras de Dios, debió dictarlas a un escriba, en cuyo caso también debería ser de derecho considerado el autor. El trasfondo y la instrucción de Moisés como príncipe egipcio, sin embargo, lo habrían hecho más idóneo que cualquiera de sus coetáneos para registrar las palabras de Dios. El NT afirma que Moisés es el autor de Levítico.

- La "Ley" en la que Juan dice que Moisés escribió (Jn. 1:45) se refiere a los primeros cinco libros del AT.
- Se atribuyen citas de Levítico a Moisés (Ro. 10:5).

FECHA Y LUGAR

Probablemente, Moisés registró los acontecimientos y las instrucciones de Dios poco después de tener lugar, en el 1446 a.C. Hay claras indicaciones en el texto de que Levítico fue escrito en el Sinaí (25:1; 26:46; 27:34).

PROPÓSITO

- Mostrar a los israelitas, liberados ya de la esclavitud en Egipto, cómo debían vivir como pueblo de Dios.

—1805 a.C. Muerte de José

—1446 El éxodo, Promulgación de la Ley, acontecimientos del Levítico

—1406 Israel entra en Canaán

—1377 Otoniel Primer juez

—1051 Saúl, Primer rey

Así es para todos los creyentes: Primero viene la redención, luego la santificación.

- Inculcar conciencia de pecado y describir lo que es la santidad en las relaciones de uno con Dios. Bajo la ley eso se hizo en gran parte mediante ilustraciones concretas, visuales (p. ej., tachas o defectos en humanos o animales).
- Prefigurar el sacrificio completo y perfecto de Cristo mediante un repetido énfasis en los sacrificios completos y perfectos de animales.
- Añadir a la revelación de la naturaleza de Dios dada en Génesis y Éxodo, poniendo énfasis en su santidad.

RASGOS SINGULARES

- La frase *Habló Jehová* aparece más de 50 veces en Levítico: más veces que en ningún otro libro de la Biblia.
- Ningún otro libro de la Biblia hace tanta referencia a la santidad. Varias formas del término *santo* aparecen más de 100 veces. *Sacrificio* aparece 42 veces, *sacerdote* 189 veces, y *sangre* 86 veces.

COMPARACIÓN CON OTROS LIBROS DE LA BIBLIA

(Véase Éxodo: *Comparación con otros libros de la Biblia.*)

BOSQUEJO

OFRENDAS (1-7)
- Para mantener la comunión (1-3)
  - El holocausto (1)
  - La ofrenda (2)
  - La ofrenda de paz (3)
- Para la restauración de la comunión (4:1-6:7)
  - La ofrenda por el pecado (4:1-5:13)
  - La ofrenda por la culpa (5:14-6:7)
- Estipulaciones adicionales para las ofrendas (6:8-7:38)

ORDENACIONES (8-10)
- Moisés consagra a Aarón y a sus hijos (8)
- Aarón y sus hijos inician su sacerdocio (9)
- Nadab y Abiú (10)

VIDA ORDENADA (11-15)
- Inmundicia en los alimentos (11)
- Inmundicia por el nacimiento (12)
- Inmundicia por enfermedades (13-15)

OFRENDAS (16-17)
- El día de la expiación (16)
- Reglas para los sacrificios y comer carne (17)

VIDA ORDENADA (18-20)
- Leyes acerca de la moralidad sexual (18)
- Diversas leyes y penas (19-20)

ORDENACIONES (21-22)
- Reglas para los sacerdotes (21:1-22:16)
- Reglas para los sacrificios (22:17-33)

OFRENDAS (23-25)
- El sábado semanal (23:1-3)
- La Pascua, fiesta de los panes sin levadura (23:4-8)
- Fiesta de las primicias (23:9-14)
- Fiesta de la cosecha (también llamada Pentecostés) (23:15-22)
- Fiesta de las trompetas (23:23-25)
- Día de la expiación (23:26-32)
- Fiesta de las cabañas (23:33-44)
- Ofrenda de aceite (24:1-9)
- La blasfemia (24:10-23)
- Año séptimo sabático (25:1-7, 18-22)
- Año quincuagésimo sabático (Jubileo) (25:8-17, 23-55)

OBEDIENCIA Y DESOBEDIENCIA (26)

REDENCIÓN DE LOS DIEZMOS Y DE LAS OFRENDAS (27)

OFRENDAS (1-7)

1:1-17 *El holocausto.* Con un solo versículo de introducción, Moisés comienza contando a los hijos de Israel que Jehová "llamó a Moisés, y habló con él desde el tabernáculo de reunión" acerca del culto. Primero, el holocausto: El animal ofrecido no tiene defectos físicos; la persona que lo ofrece debe poner su mano sobre la cabeza del mismo para simbolizar que en su muerte servirá como su sustituto.

2:1-16 *La oblación.* Esta ofrenda era de carácter vegetal, y era una expresión de gratitud por la provisión diaria de alimento que Dios daba. El adorador debía tomar algo de flor de harina, derramar sobre ella aceite de oliva y darla al sacerdote, que la quemaría. No se admitía levadura ni miel, pero siempre debía añadirse sal. La sal, como preservante, era un recordatorio de la fidelidad de Dios en el pacto. Toda parte de la ofrenda que no fuese quemada en el altar quedaba como presente para los sacerdotes.

3:1-17 *La ofrenda de paz.* La ofrenda de paz era una ofrenda voluntaria para producir paz o comunión con Dios. Podía ser un toro o una vaca, un cordero o una cabra. En cada caso, sin embargo, el animal había de ser sin tacha, y su sangre debía ser rociada sobre el altar alrededor.

4:1-35 *La ofrenda por el pecado.* La ofrenda por el pecado era de aplicación a cuatro categorías de personas, todas ellas que hubieran pecado sin intención. El sacrificio difería ligeramente dependiendo de si el que hubiera pecado era un sacerdote, otro dirigente, un miembro de la comunidad, o toda la nación, pero en cada caso el sacrificio haría "expiación" por el pecado (4:20, 26, 31, 35).

5:1-13 *Más ofrendas por el pecado.* Había otras ofrendas por el pecado que se prescribían para tres clases de personas: los que hubieran rehusado decir lo que sabían acerca de un crimen; los que hubieran tocado alguna cosa inmunda; y los que hubieran pronunciado votos irreflexivos.

5:14–6:7 *La ofrenda por la culpa.* La ofrenda por la culpa difería de la ofrenda por el pecado en que debía ir precedida de restitución por el mal que hubiera sido hecho. Tanto si el pecado era intencionado o no, la pena era la misma: una restitución plena más una penalización del 20 por ciento más el sacrificio de un carnero.

6:8–7:38 *Reglas adicionales para las ofrendas.* Se dieron reglas adicionales para cada ofrenda, y la sección de cada una comienza con la frase "Esta es la ley de":

- el holocausto (6:9-13)
- la ofrenda (6:14-23)
- el sacrificio expiatorio (6:24-30)
- el sacrificio por la culpa (7:1-10)
- el sacrificio de la paz (7:11-21)

Había también reglas acerca de lo que debía hacerse con la porción de los sacrificios que no se había ofrecido. En 7:22-25 se especifica que las porciones de grasa del sacrificio se reservaban para el Señor y no eran para consumo humano. En 7:28-36 se destaca la porción que debía darse a los sacerdotes.

ORDENACIONES (8-10)

8:1-36 *Aarón y sus hijos: Ungidos junto con el altar.* Moisés interrumpe su recitación de leyes para referir la ordenación de Aarón y sus hijos como sacerdotes. Después de ser revestidos con vestiduras sacerdotales, Aarón y sus hijos -junto con el tabernáculo y el altar-, fueron ungidos con aceite. Se sacrificaron un becerro y un carnero como ofrenda por el pecado y de holocausto por Aarón y sus hijos. Se puso sangre del carnero sobre los lóbulos de los oídos derechos de los sacerdotes, sobre los pulgares derechos de las manos y de los pies. Luego se presentó una "ofrenda mecida" (véase exposición sobre Éx. 29:1-28). Como acto final de con-sagración, Moisés roció sangre y aceite sobre Aarón y sus hijos.

Las ceremonias de consagración debían durar siete días, durante las cuales Aarón y sus hijos debían permanecer dentro del tabernáculo.

9:1-24 *En el primer sacrificio: Moisés levanta las manos, y desciende el fuego.* Al comenzar los sacerdotes su ministerio, Moisés mandó al pueblo que trajesen sus diversas ofrendas al altar, para que se viera la gloria de Dios. Aarón dio ejemplo presentando un becerro por su propio pecado. Luego bendijo al pueblo, apareció la gloria de Dios, y descendió fuego del cielo, que consumió la ofrenda (véase 1 R. 18:38).

10:1-7 *Su fuego apóstata suscita el airado fuego de Dios.* Dos de los hijos de Aarón, Nadab y Abiú, ofrecieron fuego no autorizado ante el altar. De inmediato fueron consumidos por fuego de Dios. Dios permitió que Israel lamentase la muerte de esos dos apóstatas, pero prohibió esto a Aarón y a sus dos restantes hijos, Eleazar e Itamar. Como representantes de Dios, debían identificarse con su ira.

10:8-11 *"Nada de bebida mientras se está en funciones".* Después de la muerte de Nadab y Abiú, Dios mandó a Aarón que bajo pena de muerte ningún sacerdote debía beber vino ni bebidas embriagantes cuando debieran servir en el tabernáculo. Esto debía serles de ayuda para "poder discernir entre lo santo y lo profano".

10:12-20 *Su tío se enoja, hasta que su padre lo explica.* Después de revisar algunos de los deberes sacerdotales con Aarón y sus dos hijos restantes, Eleazar e Itamar, Moisés se enojó acerca de cómo sus sobrinos habían llevado a cabo la ofrenda por el pecado. Aarón explicó que no habían desobedecido a Dios de forma deliberada, sino que tenían temor debido a lo que acababa de suceder a sus hermanos.

Moisés pareció quedar satisfecho con esa explicación.

VIDA ORDENADA (11-15)

11:1-47 *Una dieta especial para un pueblo especial.* Después de los acontecimientos de 8-10, prosigue la enunciación de las leyes con una lista de alimentos permitidos y prohibidos; designados aquí y en otros lugares de la Escritura como animales "limpios" e "inmundos". Los israelitas podían comer cualquier animal con pezuña hendida y rumiante, o cualquier ser acuático con aletas y escamas. Se da una lista de veinte aves que no se podían comer. Si alguien tocaba un cadáver de un animal inmundo, debía lavarse las vestiduras y ponerse en cuarentena durante 24 horas (véase exposición sobre Dt. 14:3-21).

Esas reglas fueron dadas para mantener limpios a los israelitas. Dios era santo, y quería que su pueblo fuese santo. En tanto que las leyes dietéticas ya no están en vigor (Hch. 10:9-16; Mr. 7:19), Dios sigue queriendo que su pueblo sea santo (véase 1 P. 1:16, que cita a 11:44).

12:1-8 *Impureza por dar a luz.* Aunque la Escritura presenta el acto de dar a luz como una cosa gozosa, debido a la Caída también señala el nacimiento de un pecador (Sal. 51:5). Por tanto, la nueva madre era considerada ceremonialmente impura. Si el niño era varón, la impureza duraba siete días, el recién nacido era circuncidado al octavo día, y el tiempo de purificación de la madre duraba otros 33 días. Si el recién nacido era hembra, el tiempo de impureza y de purificación se doblaba.

13:1-46 *Impureza debido a la lepra.* Todo el que fuese sospechoso de padecer lepra debía ser llevado ante el sacerdote para una diagnosis (véase Mt. 8:1-4). Se enuncian procedimientos para determinar si una llaga era leprosa o no. Un leproso tenía que vivir fuera del campamento y dar a conocer su condición siempre que salía en público. Si el diagnóstico no era seguro, la persona era puesta en cuarentena para un examen más riguroso.

13:47-59 *Mildiu en vestidos.* También eran estrictas las reglas acerca de la "plaga de lepra" de mildiu infeccioso en los vestidos (13:47). Si el mildiu no se debilitaba o desaparecía tras un lavado, los vestidos debían ser quemados.

14:1-32 *Purificación ceremonial de leprosos sanados.* Si el leproso se sanaba, el sacerdote debía sacrificar un ave limpia y mojar un ave viva en su sangre, y rociar con esta sangre siete veces al leproso sanado. El leproso debía luego lavar sus vestidos, bañarse y cumplir otros ritos que se prescribían.

14:33-57 *Mildiu en casas.* La "lepra" o mildiu en las casas (14:34), o corrupción seca, se consideraba también como muy preocupante. La casa debía ser primero vaciada. Si se veía evidencia de mildiu en una pared, aquella pared debía ser quitada y se debían rascar las otras paredes. Si el mildiu desaparecía, se llevaba a cabo una ceremonia de purificación, lo mismo que para un leproso sanado. Pero si los signos persistían, toda la casa debía ser destruida.

15:1-33 *Impureza sexual.* Cualquier descarga genital hacía que un hombre fuese ceremonialmente impuro, junto con cualquier objeto o persona que tocase. La purificación ceremonial duraba siete días, comenzando con que el hombre debía lavar sus ropas y bañarse en agua corriente, y acabando con una ofrenda.

En el caso de las mujeres, la purificación prescrita dependía de si la descarga se debía o no a su período menstrual (15:19).

OFRENDAS (16-17)

16:1-34 *El día de la expiación.* Mientras que se prescribían diversos sacrificios para diversos pecados individuales, el décimo día del séptimo mes era un día especial para Israel: En aquel día el sumo sacerdote debía entrar en el lugar santísimo y hacer expiación por los pecados de toda la nación.

Aarón no debía entrar en el lugar santísimo más que en el día de la expiación. Antes de entrar, debía presentar una ofrenda por el pecado y un holocausto por sí mismo, luego bañarse y vestirse apropiadamente (¡los predicadores también necesitan ser salvos y purificados!).

Se seleccionaban dos machos cabríos por suerte, el uno para ser sacrificado como ofrenda por el pecado, y el otro que debía servir como "macho cabrío enviado". Aarón debía rociar la sangre de un becerro y de un macho cabrío siete veces sobre el propiciatorio, luego poner las manos sobre el macho cabrío enviado y confesar todos los pecados de Israel. El macho cabrío enviado era luego llevado fuera del campamento y era soltado en el desierto, simbólicamente llevando lejos los pecados del pueblo.

Mientras los sacerdotes llevaban a cabo las ceremonias de la expiación, el pueblo debía pasar el día en sosegado examen propio y humillación, conmemorando la purificación que Dios hacía del pecado.

El día de la expiación (heb. *Yom Kippurim*) purificaba a Israel de todos sus pecados; la palabra todos aparece nueve veces en el capítulo 16 a este respecto. Pero el perdón duraba solo hasta el siguiente día de la expiación (He. 10:3-4). Sin embargo, anticipaba el sacrificio único y de una vez por todas que ofreció Cristo de sí mismo (He. 7:20-28; 10:11-14). Isaías 53:6 exhibe a Jesús como el macho cabrío enviado que quita los pecados de todos los que creen en Él.

17:1-16 *Reglas para el sacrificio y el consumo de comida.* La ofrenda de sacrificios de animales en ningún otro lugar excepto el tabernáculo era considerada como asesinato, y tenía como resultado la excomunión del culpable (17:1-9). También era de excomunión la pena por comer sangre, porque la vida de la carne está en la sangre, y es la sangre la que hace expiación por el pecado (17:10-14). La pena era menos severa si la persona consumía en ignorancia la sangre de un animal que hubiera muerto de manera natural o que hubiera sido muerto por otro animal (17:15-16).

VIDA ORDENADA (18-20)

18:1-30 *Leyes de moralidad sexual.* Quedaban prohibidas las relaciones sexuales con parientes cercanos, con el mismo sexo y con animales. Los cananeos practicaban esas cosas, y esta era una razón por la que Dios iba a emplear a los israelitas para echarlos de la tierra (18:24-25; véase *Los cananeos,* p. 932). La recompensa por la observancia de esas prohibiciones sería continuar en la vida (18:5; véase Lc. 10:28; Ro. 10:5). El castigo por la desobediencia sería la expulsión de la tierra, así como los cananeos iban a ser expulsados (18:28).

19:1-37 *Leyes y penas diversas.* Se dieron leyes acerca de la obediencia a los padres, guardar el Sábado, la ofrenda de sacrificios de una forma adecuada, la provisión para los pobres, la prohibición de defraudar a los trabajadores, la orden de no buscar la venganza, y no seguir las costumbres y los ritos religiosos de los paganos.

Los israelitas debían ser santos "porque santo soy yo Jehová vuestro Dios" (19:2; 11:44; véase 1 P. 1:15-16). También se les ordenó: "Amarás a tu prójimo como a ti mismo" (19:18; véase Mr. 12:31).

20:1-27 *La pena por las perversiones paganas.* La pena por pecados sexuales graves era la excomunión. La muerte por lapidación era la pena por el culto a los demonios, sacrificios de niños, brujería y diversos pecados sexuales. Dios llamó a su pueblo a ser separado de las otras naciones, y, otra vez más, "Habéis, pues, de serme santos, porque yo Jehová soy santo" (20:23, 26).

ORDENACIONES (21-22)

21:1—22:16 *Reglas para los sacerdotes.* Se dieron reglas y requisitos para los sacerdotes, incluyendo reglas especiales para los sumos sacerdotes. Lo mismo que en el caso de los animales que se sacrificaban, los sacerdotes tenían que estar libres de defectos físicos. Un miembro deforme de la familia sacerdotal podía participar de los alimentos del tabernáculo (21:22), pero no podía ejercer actividades sacerdotales.

22:17-33 *Reglas para el sacrificio.* Los animales que se presentaban como sacrificios tenían que ser limpios (11:1-47) y en condición prístina, sin defectos visibles. El animal no podía ser sacrificado hasta que tuviera ocho días. La madre y su progenie no podían ser muertos el mismo día.

OFRENDAS (23-25)

23:1-44 *Días divinamente señalados.* Este capítulo da un bosquejo de procedimientos para el Sábado de Israel y para las fiestas anuales.

- El Sábado, el séptimo día de cada semana, debía ser el día de reposo de Israel (23:1-3).
- La Pascua comenzaba con el crepúsculo del 14 del primer mes; la fiesta de los panes sin levadura comenzaba al siguiente día y proseguía durante siete días (23:4-8). La Pascua conmemoraba la liberación de Israel de Egipto; la fiesta de los panes sin levadura recordaba las prisas con que habían partido de Egipto (véase exposición acerca de Éx. 12:1-20).
- En la fiesta de las primicias se presentaba una gavilla del primer grano de la cosecha como presente al Señor (23:9-14). Esta fiesta tenía lugar el día después del Sábado siguiente a la Pascua.
- La fiesta de la cosecha (gr. *Pentecostés*) tenía lugar cincuenta días después de la fiesta de las primicias; marcaba el fin de la estación de la cosecha y debía incluir una segunda ofrenda de grano (23:15-22).
- La fiesta de las trompetas se observaba en el primer día del séptimo mes y se anunciaba con el fuerte toque de trompetas (23:23-25). Originalmente contemplado como un llamamiento para la asamblea de la nación, vino a ser considerado como un llamamiento al arrepentimiento nacional.
- El día de la expiación, el día 10 del mes séptimo, era un día de ayuno y de dolida consideración del pecado propio (23:26-32; véase exposición sobre 16:1-34).
- La fiesta de las cabañas debía celebrarse por catorce días, comenzando con el día 15 del mes séptimo. Durante esta fiesta de alegría el pueblo tenía que vivir en cabañas hechas de ramas cargadas de hojas para hacer memoria de su liberación sobrenatural de Egipto (23:33-44).

Esta era la misma que la fiesta de la cosecha final (Éx. 23:16). Mientras que

Pentecostés señalaba el fin de la cosecha de la primavera, la fiesta de las cabañas marcaba el fin de la cosecha del otoño.

24:1-9 *Encendido de las lámparas y horneado del pan.* Cada mañana y cada tarde Aarón había de llenar el candelero de oro de aceite nuevo y arreglar sus mechas. Cada Sábado tenía que poner los 12 panes de la proposición en dos hileras sobre la mesa recubierta de oro (véase exposición sobre Éx. 25:23-30), mezclar los panes con incienso y quemarlos.

Varias religiones paganas a lo largo de los siglos han incluido la ofrenda de alimentos a los dioses. Pero por cuanto Dios no precisa de alimento (Sal. 50:12-13), el pan santo tenía un sentido principalmente espiritual. Pero aunque era espiritual en principio, el pan santo también podía ser usado para suplir a las necesidades físicas de los sacerdotes (24:9). Más adelante, David y sus hombres lo emplearían para satisfacer sus propias necesidades físicas (1 S. 21:2-6), y aun más adelante Cristo citaría la acción de David como un ejemplo de la apropiada relación entre la ley y la compasión (Mt. 12:1-4).

24:10-16, 23 *Cuando maldijo a Dios, lo mataron.* Durante una pelea, un joven blasfemó el nombre de Dios. Por orden de Dios, los testigos lo apedrearon (24:23).

24:17-22 *Ojo por ojo: duro, pero necesario.* El principio de restitución de "ojo por ojo, diente por diente" era necesario para mantener el orden en la sociedad. Era también un freno ante los castigos excesivos típicos del antiguo Medio Oriente. Véase exposición sobre Mt. 5:21-48.

25:1-34 *Respeto a la tierra: "Dadle un reposo con regularidad".* Los israelitas debían trabajar su tierra durante seis años, y luego dejarla en barbecho durante el séptimo. Dios les aseguró que si obedecían este mandamiento, Él les daría una cosecha abundante durante el año sexto.

Cada quincuagésimo año tenía que ser el Año del Jubileo, un tiempo de regocijo. La tierra debía quedar inactiva y debía ser devuelta a sus propietarios originales. Cualquier tierra vendida podía ser redimida por el propietario original hasta el año del jubileo, cuando le sería devuelta automáticamente. Esto debía servir para recordar a Israel que la tierra en realidad pertenecía a Dios, y que ellos eran solo "forasteros y extranjeros", no poseedores a perpetuidad (25:23).

25:25-28 introduce la ley del "pariente rescatador" (o "redentor familiar", véase Rt. 2:20), que protegía la propiedad de los pobres (véase exposición sobre Dt. 25:5-10).

25:35-55 *Los pobres: siervos, pero no esclavos.* Israel debía tener cuidado de sus pobres, prestándoles dinero sin interés. Cuando tomaran a jornal a compatriotas israelitas, debían tratarlos como siervos trabajadores y no como esclavos. Si un pobre israelita se vendía a un rico extranjero que viviera entre ellos, tenía los mismos derechos que si estaba trabajando para un compatriota israelita.

En los tiempos bíblicos, la esclavitud era una institución social y económica no disimilar a los tiempos posteriores a la Biblia. Los israelitas podían llegar a ser esclavos voluntariamente, para obtener seguridad financiera o para reintegrar una deuda a un compatriota israelita (25:39); o involuntariamente, como la forma de Dios de castigar su desobediencia (Jer. 5:19; 17:4). Los esclavos voluntarios podían en su momento recuperar su libertad. La esclavización de extranjeros por parte de israelitas era siempre forzosa, bien por captura (1 S. 17:9), por compra en un mercado de esclavos (22:11; 25:44; cp. Ez. 27:13), o por nacimiento dentro de la esclavitud (Gn. 17:23; Lv. 22:11).

La Biblia nunca dio aprobación a la esclavitud, pero reconoció la esclavitud como una realidad económica y trató de regular su práctica. Los siervos israelitas debían ser puestos en libertad después de seis años de servicio (Éx. 21:2-4; Dt. 15:12-18), y en el Año del Jubileo incluso si no habían servido seis años (25:40). Si un hombre moría sin hijos, un esclavo designado, israelita o extranjero, podía heredar su propiedad.

A pesar de tales salvaguardas, ser esclavo generalmente significaba pobreza y ausencia de control sobre el propio destino. Sin embargo, ser esclavo de un gran personaje era considerado como un honor; así, Moisés y los profetas se consideraban "siervos de Dios", y en los tiempos del NT, Pablo se enorgullecía de designarse a sí mismo como esclavo de Cristo (véase Ro. 6:16-22; 1 Co. 6:20; 7:22; Fil. 1:1).

LAS NUEVE FIESTAS. En total, Dios dispuso nueve fiestas especiales y tiempos de reposo para Israel, que conmemoraban su obra de creación y redención:

Las tres clases de Sábado hablan de la obra *creadora* de Dios, que viene en ciclos sin fin de siete tal como Dios reposó en el día séptimo:

- El Sábado semanal (23:1-3; Éx. 20:8-11)
- El Sábado del año séptimo (25:1-7; Éx. 23:10-11)
- El Sábado del año quincuagésimo (el Jubileo) (25:8-17)

Aunque su pleno significado solo se reconocería después de la muerte y resurrección del Mesías, las otras seis fiestas anuales hablan de la obra *redentora* de Dios:

- La Pascua (23:4-8) habla del Calvario (1 Co. 5:7).
- La fiesta de las primicias (23:9-14) prefigura la resurrección (1 Co. 15:23).
- La fiesta de la cosecha (Pentecostés) (23:15-22) señalaría la venida del Espíritu Santo (Hch. 2).
- La fiesta de las trompetas (23:23-25) habla del arrebatamiento y de la segunda venida de Cristo (1 Ts. 4:13-18).
- El día de la expiación (23:26-32) habla a la vez del Calvario y de la restauración nacional de Israel al final de la tribulación (Ap. 6-19).
- La fiesta de las cabañas 23:33-44) habla de Dios habitando con su pueblo durante el milenio (Ap. 20:1-6; 21:3).

OBEDIENCIA Y DESOBEDIENCIA (26)

26:1-13 *El glorioso resultado de la obediencia.* A cambio de la obediencia a su ley, Dios prometía lluvias regulares, cosechas abundantes, y árboles frutales cargados de fruto. Él eliminaría las fieras, y haría que el pueblo habitase con seguridad en la tierra. Cinco de ellos perseguirían a cien de sus enemigos, y cien de ellos derrotarían a diez mil.

El profeta Amós, escribiendo cuando Israel había venido a ser una nación desobediente, profetizó una restauración de esas promesas si Israel se arrepentía (cp. 26:5 y Am. 9:13).

26:14-46 *Los duros resultados de la desobediencia.* La desobediencia daría como resultado peste, terror, sequía, fieras que matarían a niños y al ganado, terrible hambre, derrota y dispersión entre las naciones. Pero si después de su desobediencia, Israel volvía a Dios, Él cumpliría sus promesas a Abraham, Isaac y Jacob, y restauraría a la nación. (Véase exposición sobre 2 Cr. 36:15-21.)

REDENCIÓN DE LOS DIEZMOS Y DE LAS OFRENDAS (27)

27:1-29 *"¿Y qué si doy, y luego lo vuelvo a necesitar?"* Finalmente, se dan instrucciones para la persona que daba un diezmo u ofrenda especial y que luego necesitaba redimirla. Por cuanto todos los israelitas y sus posesiones pertenecían de derecho a Dios (25:23; véase exposición sobre Éx. 13:1-16), no debían tomarse a la ligera sus diezmos y ofrendas (27:10, 33). Se asignan cantidades monetarias para diversos casos, adecuándose las cantidades a la edad, género y capacidad del ofrendante para pagar.

27:30-34 *"Pero recuerden que el diezmo pertenece a Dios".* Los últimos versículos de Levítico tratan de manera específica acerca de la redención de los diezmos. Moisés recuerda al pueblo que un diezmo de todo —incluso dinero, cosechas y ganado—, pertenece a Dios.

—1446 a.C.
El éxodo, Promulgación de la Ley

—1443
Cades-barnea comienza la peregrinación en el desierto

—1406
Israel entra en Canaán

NÚMEROS

TRASFONDO

Tras haber recibido la ley en el Sinaí (Éxodo—Levítico), Israel se dispuso para su vuelta a Canaán (1—10). Pero después de recorrer el corto trayecto hasta los límites de Canaán, se rebelaron contra el Señor (13—14) y fueron condenados a cuarenta años de andar errantes por el desierto. Los capítulos 15—36 registran diversos acontecimientos de aquellos años de peregrinación, en los que la nación vaciló entre el éxito espiritual y la apostasía. El libro termina con Israel acampado de nuevo a la vista de la Tierra Prometida.

AUTOR

Moisés (véase *Génesis, Éxodo: Autor*). Hay indicaciones dentro del libro mismo de que Moisés fue su autor (1:1; 33:2). El detallado relato presencial solo podría haber sido escrito por Moisés.

FECHA Y LUGAR

Por cuanto el Éxodo tuvo lugar en el 1446 a.C. (véase *Éxodo: Fecha y lugar*), este libro no pudo haber sido escrito hasta alrededor del 1406. Es probable que Moisés guardara un diario de las peregrinaciones, de modo que Números habría sido escrito realmente a lo largo de los cuarenta años, y redactado en su forma definitiva en 1406.

PROPÓSITO

- Mostrar que Dios disciplina a su pueblo cuando desobedecen.
- Prefigurar el sacrificio de Cristo mediante simbolismo como la vaca alazana y la serpiente de bronce (19; 21).
- Proseguir la revelación de los atributos de Dios (Génesis—Levítico) mostrando:
  - ► su perseverancia en mantener el pacto
  - ► el equilibrio entre su gracia y su disciplina en indignación.

BOSQUEJO

ISRAEL EN EL SINAÍ: PREPARATIVOS (1:1—10:10)
- Un censo del pueblo (1)
- Asignación de puestos alrededor del tabernáculo (2)
- Censo de los levitas, asignación de sus deberes (3—4)
- Normas de pureza (5)
- Nazareos (6)
- Ofrendas para el tabernáculo de los príncipes de Israel (7)
- Dedicación de los levitas (8)
- Nube de fuego, trompetas de plata (9:1—10:10)

DEL SINAÍ A CADES: FRUSTRACIÓN (10:11—20:13)
- Partida de Sinaí (10:11-36)
- Quejas y soluciones (11)
- María y Aarón critican a Moisés (12)
- Rebelión en Cades-barnea (13—14)
- Leyes adicionales (15)
- Rebelión de Coré, Datán y Abiram (16)
- Florece la vara de Aarón (17)
- Deberes de los levitas (18)
- Purificación con las cenizas de una vaca alazana (19)
- Moisés golpea la roca (20:1-13)

DE CADES A MOAB: EXPECTACIÓN (20:14—36:13)
- Edom niega el paso a Israel (20:14-21)
- Muerte de Aarón (20:22-29)
- La serpiente de bronce (21:1-9)
- Israel derrota a Sehón y a Og (21:10-35)
- Balac y Balaam (22—24)
- Seducción de los israelitas por mujeres moabitas (25)
- Segundo censo del pueblo (26)
- Josué sucede a Moisés (27)
- Reglas para los votos (30)
- Israel derrota a los madianitas (31)
- Asentamiento de las tribus de transjordania (32)
- Repaso a las jornadas en el desierto (33)
- Descripción del asentamiento de Canaán (34—36)

ISRAEL EN EL SINAÍ: PREPARATIVOS (1:1—10:10)

1:1-46 *El primer censo: Todos los hombres capaces mayores de veinte años.* Con Israel todavía en el Sinaí, Moisés recibió la orden de hacer un censo de todos los hombres de veinte años y mayores que pudieran luchar por Israel cuando entrasen en Canaán. Para ello, seleccionó a un hombre de cada tribu para que le ayudase. El número total de hombres en edad militar en las doce tribus fue de 603.550, sugiriendo una población total por encima de dos millones. (Acerca de las tribus de Efraín y Manasés, véase exposición sobre Gn. 48:1-22.)

1:47-54 *"Pero excluyan a los levitas".*

Los levitas quedaron excluidos del censo porque, como encargados del tabernáculo, no debían ser soldados.

2:1-34 *Emplazamientos para las tiendas de dos millones de personas.* Dios quería que los israelitas tuvieran un campamento organizado. Se asignó a cada tribu un lugar alrededor del tabernáculo, que recibía la situación central. Cada tribu tenía "su bandera" para identificarla. Los hombres designados para ayudar a llevar a cabo el censo fueron designados para conducir cada tribu. Las tribus a cada lado recibieron órdenes específicas de marcha que debían seguir siempre que los israelitas levantaban el campamento (2:9, 16, 24, 31).

3:1-4 *Sus dos hijos sobrevivientes.* Con Nadab y Abiú muertos debido a su desobediencia (Lv. 10:1-7), Aarón tenía ahora solo dos hijos, Eleazar e Itamar, que le ayudasen como sacerdotes.

3:5-13 *"Los levitas son míos, para tu servicio".* Por cuanto había liberado a los israelitas de Egipto, sus primogénitos varones pertenecían al Señor (Éx. 13:1-2, 11-16; 22:29). Dios demandaba ahora a todos los varones levitas en lugar de los primogénitos de todas las tribus, y los dio a Aarón como ayudantes.

3:14-39 *"Ahora puedes censar a los levitas".* Dios mandó a Moisés que tomara un censo de los levitas, dividiéndolos en tres familias según los tres hijos de Leví: Gersón, Coat y Merari (véase Éx. 6:16-20; Moisés y Aarón eran descendientes de Coat). Este censo difería del de el resto de la nación en que se contaron todos los levitas varones de un mes en adelante.

Las familias de Gersón debían acampar junto al tabernáculo, en el lado occidental. Debían cuidarse de sus cortinas y cubiertas.

Las familias de Coat debían acampar al sur, y cuidarse del mobiliario del tabernáculo: el arca del pacto, la mesa, el candelero, los altares y los utensilios.

Las familias de Merari debían acampar al norte y debían cuidar de la estructura del tabernáculo y del atrio.

Moisés, Aarón, Eleazar e Itamar debían plantar sus tiendas al este del tabernáculo, junto a la entrada.

El número total de varones levitas de un mes y mayores fue de 22.000.

3:40-51 *Redención de los no redimidos por los levitas.* Moisés hizo ahora el censo de todos los varones *primogénitos* de Israel *de un mes y más.* El total fue de 273 más que el número total de varones levitas, que debían haber sido su redención (3:5-13). Cada uno de esos 273 varones "supernumerarios" tuvo que ser redimido con cinco siclos de plata.

4:1-49 *Segundo censo de los levitas: Todos los varones de 30 a 50 años de edad.* Luego se llevó a cabo un censo de levitas varones de las edades comprendidas entre los 30 y los 50 años, que aparentemente iba a ser el lapso de edades para su servicio oficial en el tabernáculo. El total fue de 8.580.

Los coatitas recibieron instrucciones más detalladas tocante al cuidado del mobiliario del tabernáculo, especialmente acerca de su transporte de un lugar al siguiente. Aparentemente, Eleazar debía supervisar esos deberes (4:16).

Se reiteran los deberes de los gersonitas y de los meraritas. Itamar fue designado para supervisar sus trabajos.

5:1-4 *"Los contaminados han de irse".* Debido a que la presencia de Dios estaba con Israel, todos los que estuvieran ritualmente contaminados debían ser excluidos del campamento hasta que estuvieran puros.

5:5-10 *Confesión y restitución más un 20 por ciento.* Este mandamiento parece complementar el de Levítico 6:1-7. El robo debía ser confesado y los bienes robados debían ser restituidos, más el equivalente monetario del 20 por ciento de su valor. Si aquel que había sido robado había muerto, los bienes eran dados al sacerdote.

5:11-31 *"¿Es ella inocente, o inmoral? La prueba lo dirá.* Si alguien sospechaba que su mujer era adúltera, el sacerdote hacía que la mujer bebiera una mezcla especial de agua sagrada y polvo. Su culpa o inocencia se determinarían por su reacción física a la bebida. Este insólito "juicio de Dios" ponía la justicia en manos de Dios y protegía a las mujeres inocentes de las falsas acusaciones de maridos celosos.

6:1-21 *El camino del nazareo.* Un nazareo era alguien que hacía voluntariamente voto de separarse para el Señor durante un tiempo determinado. Durante los días de su voto no debía beber ninguna bebida fuerte, ni podía cortarse el cabello ni tocar cadáver alguno. Cuando hubiera culminado su período de separación, debía comparecer ante el sacerdote con unas ofrendas específicas. Después de haberse afeitado la cabeza y de haber quemado el cabello, podía reintegrarse a su vida normal.

6:22-27 *Una bendición especial del sacerdote al pueblo.* Dios dio a Moisés las palabras para una bendición especial, que hablaba de seguridad, gracia y paz, mediante la que los sacerdotes debían bendecir al pueblo.

7:1-88 *Dones para el tabernáculo. El legado de los príncipes.* El día en que Moisés terminó el montaje del tabernáculo, los 12 príncipes tribales que habían ayudado en el primer censo (1:5-15) trajeron una ofrenda. (Se trata probablemente del mismo día mencionado en Éx. 40:17; los acontecimientos del capítulo 7 probablemente precedieron los del capítulo 1.) Cada líder trajo un buey, con un total de doce; y cada dos príncipes trajo un carro, con un total de seis. Dos de los vagones y cuatro bueyes fueron dados a los gersonitas para ayudarles a transportar las cortinas y cubiertas del tabernáculo. Los coatitas, que debían transportar los muebles del tabernáculo sobre sus hombros (4:15; 7:9), no recibieron bueyes ni carro.

El altar del holocausto fue dedicado a lo largo de un período de 12 días (7:10-83). La descripción de esos días es repetitiva, porque cada día un príncipe de una tribu presentó dones y ofrendas idénticos. En tanto que la repetición puede parecer monótona, pone de manifiesto que Dios daba valor a cada don.

En 7:84-86 se recapitulan los dones de plata y de oro. La plata pesó un total de 2.400 siclos, y el oro totalizó 120 siclos. En 7:87-88 se recapitulan las ofrendas sacrificiales de los príncipes.

7:89—8:4 *Oye una voz por encima del arca.* Cuando Moisés entraba en el tabernáculo, el Señor le hablaba desde entre los dos querubines encima del propiciatorio del Arca del Pacto. En esta ocasión, Dios le dio instrucciones acerca del candelero de oro. Este ornamentado candelero de siete brazos se hizo de un solo bloque de oro. Sus siete lámparas debían iluminar el lugar santísimo en el tabernáculo.

8:5-19 *Dedicación de los levitas.* Para purificarse para el servicio, los levitas pasaron por un ritual de rociado y afeitado. Luego el pueblo puso sus manos sobre ellos, y ellos fueron ofrecidos "en ofrenda" (8:11), lo que indicaba que eran dados como sustitutos de los primogénitos de las demás tribus (3:5-13). A su vez, los levitas pusieron las manos sobre dos becerros e hicieron expiación por sí mismos.

Los levitas eran un don a los sacerdotes para que les ayudaran en el servicio del tabernáculo. Eran también un don para todo Israel, para hacer expiación por las demás tribus. Al acampar cerca del tabernáculo, prevenían a las otras tribus de violar negligentemente el tabernáculo y que incurriesen en la ira de Dios.

8:20-26 *Deberes de los levitas.* Habiendo sido purificados y dedicados al Señor, los levitas asumieron sus responsabilidades. En 4:3 se indica que los levitas comenzaban a servir a los 30 años de edad, mientras que 8:24 indica que podían comenzar a los 25. Puede que hubiera un aprendizaje de cinco años. La jubilación del servicio activo era a los 50 años.

9:1-14 *La Pascua: Instrucciones, extensiones pero no exenciones.* Había transcurrido un año desde que Israel partió de Egipto. Era el primer mes del año (aproximadamente equivalente a marzo-abril) y debían observar la Pascua en el día 14, para conmemorar su liberación.

Al ir a comenzar la Pascua, había algunos hombres en el campamento que estaban ceremonialmente impuros debido al contacto con cadáver, y que por tanto no podían participar. Se sintieron lo suficientemente interesados para preguntar a Moisés qué podrían hacer tocante a aquello. Dios le dijo a Moisés que cuando había alguna razón legítima para no participar, la persona podría observar la Pascua exactamente un mes después. No obstante, si alguien dejaba de celebrar la Pascua de manera voluntaria, debía ser excomulgada.

Los extraños podían participar en la Pascua si estaban dispuestos a cumplir los mismos requisitos que los israelitas (Éx. 12:48-49).

9:15-23 *La nube: Si se mueve, se mueven; si se detiene, se detienen.* Los israelitas atravesaron el desierto según los guiaba la columna de nube o de fuego (véase Éx. 13:21-22; 40:34-38). Cuando la nube se mantenía fija sobre el tabernáculo, Israel permanecía acampado. Cuando la nube comenzaba a moverse, levantaban el campamento y la seguían.

10:1-10 *Los diversos toques de las trompetas de plata.* Se debían hacer dos trompetas de plata para que los dirigentes se comunicasen con el pueblo. El toque de ambas trompetas convocaba a la nación entera ante el tabernáculo. El toque de una trompeta llamaba solo a los jefes. El toque de "alarma" (10:6) señalaba el levantamiento del campamento y la reanudación de sus jornadas.

DEL SINAÍ A CADES: FRUSTRACIÓN (10:11—20:13)

10:11-36 *Salida del Sinaí: La nube se mueve, y ellos la siguen.* En el día 20 del mes segundo del año segundo desde Egipto, la nube comenzó a moverse, por lo que Israel levantó el campamento y partieron del Sinaí.

La marcha de Israel estaba tan organizada como su campamento. Encabezando la marcha estaban Judá, Isacar y Zabulón, las tribus acampadas al este del tabernáculo. Los gersonitas y meraritas seguían, llevando la estructura del tabernáculo. Luego seguían Rubén, Simeón y Gad, desde el sur. Luego seguían los coatitas, que llevaban los muebles del tabernáculo. Luego venían Efraín, Manasés y Benjamín desde el oeste, y Dan, Aser y Neftalí desde el norte.

Moisés invitó a Hobab, su cuñado madianita, que acompañase a los israelitas.

Siempre que la nube se movía (se supone que por la mañana) indicando con ello que Israel debía levantar el campamento, el Arca se ponía de camino, y Moisés hacía memoria de las promesas de Dios con una oración: "Levántate, oh Jehová, y sean dispersados tus enemigos, y huyan de tu presencia los que te aborrecen". Y cuando el Arca reposaba (se supone que al atardecer), Moisés oraba: "Vuelve, oh Jehová, a los millares de millares de Israel".

11:1-3 *Cae desde el cielo el fuego de la ira.* Apenas había comenzado el pueblo su jornada y por alguna razón no especificada comenzaron a quejarse. Dios se indignó y envió un fuego que consumió a algunos que estaban en los bordes del campamento. Moisés oró por ellos y el fuego se apagó.

11:4-23 *"¡Oh, si volvieran los buenos días de la esclavitud!"* Cansados del diario maná, los israelitas se olvidaron pronto de sus duros días de esclavitud en Egipto, y se acordaban solo de las golosinas que ya no tenían. Moisés se sintió abrumado por las quejas. Le dijo a Dios que la carga de proveer para aquella gente era demasiado grande, y pidió a Dios que le quitase la vida y le aliviase de sus responsabilidades. En lugar de ello, Dios mandó a Moisés que seleccionase a setenta hombres que le ayudasen. (Para un incidente similar, véase Éx. 18:13-27.)

Dios prometió enviar la carne que los israelitas anhelaban. Pero advirtió a Moisés que la carne se les volvería abominable.

11:24-30 *!Ojalá que todos fueran así llenos del Espíritu!* El Espíritu de Dios vino sobre los setenta hombres seleccionados, conforme a la promesa, y comenzaron a profetizar. Cuando dos de ellos, Eldad y Medad, se pusieron a profetizar en el campamento, siendo que no habían acudido al tabernáculo, Josué sugirió a Moisés que los hiciera parar. Moisés rehusó, diciendo que en lugar de quejarse, preferiría que todo el pueblo estuviera así lleno del Espíritu.

11:31-35 *Muerte en la mesa.* Dios envió carne como había prometido: una gran bandada de codornices. Mientras el pueblo estaba disfrutando de esta comida, Dios envió una plaga (¡como también había anunciado!), y muchos de ellos murieron.

12:1-16 *Encontrando faltas en el hombre más humilde del mundo.* La propia hermana y el hermano de Moisés, María y Aarón, lo criticaron por haberse casado con una etíope. Estaban también celosos del papel de dirigente de Moisés; ¡a pesar de que se trataba del hombre más humilde de la tierra (12:3)! Dios los reprendió severamente por hablar contra Moisés. María, aparentemente la instigadora, fue azotada con lepra. Moisés oró por María, y fue sanada, pero con todo se le impuso una cuarentena, siendo apartada de la comunidad durante siete días. Israel no prosiguió sus jornadas hasta que hubo concluido la cuarentena de María.

13:1-20 *En Cades-barnea: "¿Vale la pena tomar Canaán?"* Mientras estaban acampados en Cades-barnea (véase 32:8), Moisés escogió a doce hombres, uno de cada tribu, para que fuesen a Canaán y la investigasen, y recogiesen información acerca de sus pobladores, de sus fortificaciones, de la tierra y de su fertilidad y vegetación.

13:21-25 *La evidencia: ¡Dos hombres para llevar un racimo de uvas!* Como muestra de la abundancia de Canaán, los espías trajeron de vuelta muestras de higos y granadas, junto con un racimo de uvas tan enorme que tuvieron que llevarlo entre dos hombres.

13:26—14:9 *La respuesta: Dos dicen, vayamos; el resto dicen que no.* Después de una exploración de cuarenta días por la tierra, los hombres volvieron con su informe a Israel. Todos concordaban en que la tierra era buena. Sin embargo, diez de ellos pensaban que los cananeos eran tan fuertes que Israel no podría derrotarlos de ninguna manera. Caleb y Josué disintieron, y apremiaron al pueblo a que fuesen a tomar la tierra en el acto. El pueblo se puso del lado de los diez que habían traído el informe negativo.

14:10-38 *Su merecido por desconfiados: 40 años por 40 días.* Dios se enojó con Israel por tal desconfianza. Amenazó con destruirlos a todos y hacer una nación más grande con Moisés y sus descendientes. Moisés intercedió por Israel, argumentando que sufriría la reputación de Dios ante los egipcios si algo le sucedía a Israel (cp. Éx. 32:1-14), y apeló a la misericordia de Dios.

Dios prometió perdonar a Israel. Sin embargo, aseguró a Moisés que aquella generación que había sido testigo de su poder y que sin embargo había desconfiado de Él, moriría antes que Israel llegase a la Tierra Prometida. Solo Caleb y Josué (14:29-30) entrarían en Canaán. Dios especificó que la sentencia de muerte se aplicaría solo a los de 20 años en adelante (14:29-31).

Israel había rechazado una buena tierra debido a que dudaban de la capacidad de Dios de dársela. Por cada día que habían tenido los espías para ver Canaán y sin embargo rechazarla, Israel pasaría un año en el desierto, mientras Dios esperaba que la generación presente de adultos incrédulos se extinguiera. Pero los diez hombres que habían dado un informe negativo murieron de inmediato víctimas de una plaga.

Acerca de "castigar a los hijos por los pecados de sus padres" (14:18), véase exposición sobre Ezequiel 18:1-18.

14:39-45 *Se arrepienten, pero es demasiado tarde.* Cuando los israelitas oyeron la sentencia de Dios sobre ellos, confesaron que habían pecado y comenzaron a prepararse para entrar en Canaán. Lo hicieron a pesar de la advertencia de Moisés de que Dios no iba a estar con ellos, y fueron terriblemente humillados por el enemigo.

15:1-21 *Ofrendas para agradar al Señor.* El Señor dio instrucciones acerca de cómo presentar ofrendas de grano y libaciones con los holocaustos o con las ofrendas de comunión (15:1-16). Esos holocaustos debían ser ofrecidos por votos especiales, por ofrendas voluntarias o por ofrendas festivas, como olor grato al Señor. Luego les dio instrucciones acerca de las primicias que debían ofrecerse cuando Israel estuviera en la Tierra Prometida (15:17-21).

Aunque se dan pocos detalles históricos, 15:1—20:1 cubre en realidad unos 38 o 39 años, la mayor parte de la peregrinación de 40 años de los israelitas a Canaán.

15:22-29 *Ofrendas para aplacar al Señor.* Luego venían instrucciones acerca de holocaustos por los que habían pecado involuntariamente.

15:30-36 *Cuando no había posible aplacamiento.* No se proveía sacrificio para quien pecase deliberadamente. Aquella persona había de ser excluida. "Con soberbia" (15:30) significa literalmente "con mano alzada". En 15:32-36 se registra un ejemplo de la vida real de un pecado deliberado así. Un hombre violó deliberadamente el Sábado recogiendo leña; en este caso el Señor prescribió la muerte por apedreamiento.

15:37-41 *Las franjas son silenciosos recordatorios.* Los israelitas debían hacerse franjas a sus vestidos, que les recordasen los mandamientos de Dios y que fomentasen la meditación sobre dichos mandamientos.

16:1-11 *Coré, Datán y Abiram se rebelan.* Moisés y Aarón fueron desafiados por 250 de los líderes de Israel que se sentían envidiosos de sus posiciones de honor. La rebelión estaba dirigida por Coré, un miembro de la misma familia de los coatitas, junto con Datán y Abiram. Moisés propuso que todos ellos compareciesen ante el Señor y

DE EGIPTO A CANAÁN

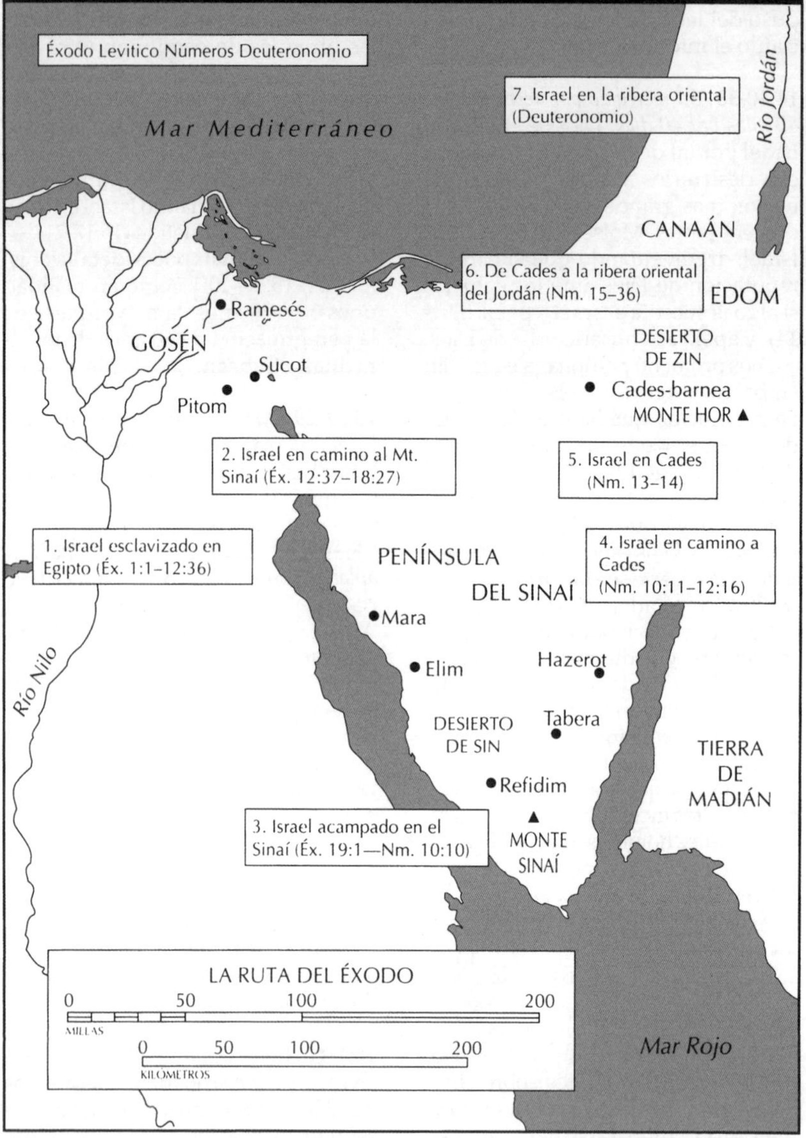

que dejasen que *Él* decidiera quién había de dirigir la nación.

16:12-19 *La acusación de los rebeldes: "Nos destruirás en este desierto"*. Datán y Abiram rehusaron presentarse ante el Señor y acusaron a Moisés de fracaso al no introducirlos en la Tierra Prometida. La reunión siguió sin ellos; el Señor exhibió su gloria ante toda la congregación de Israel, y amenazó con destruirlos a todos.

16:20-35 *La suerte de los rebeldes: Destruidos por el desierto.* Cuando Moisés intercedió, Dios instruyó a la congregación que se retirasen de alrededor de las tiendas de Coré, Datán y Abiram, para no morir junto a aquellos rebeldes. Después que la congregación se apartó, la tierra se abrió milagrosamente y se tragó a Coré, a Datán y Abiram. Los otros 250 rebeldes fueron destruidos por fuego.

16:36-40 *Reciclados como recordatorio.* Dios mandó a Moisés que tomase los incensarios de los rebeldes muertos y que fueran batidos en láminas para cubrir el altar. Esta cubierta serviría de recordatorio a todo Israel de que cualquiera que no fuera descendiente de Aarón tenía prohibido ofrecer incienso al Señor.

16:41-50 *Se pone entre los muertos y los vivos.* El pueblo acusó a Moisés y a Aarón de la muerte de los rebeldes, de modo que Dios lanzó una plaga sobre el pueblo. Moisés mandó rápidamente a Aarón que hiciese expiación por la congregación. Mientras Aarón estaba literalmente "entre los vivos y los muertos" (16:48), cesó la mortandad, pero no antes que hubieran muerto otros 14.700.

17:1-13 *Una vara que echa renuevos.* Por cuanto la autoridad de Aarón había sido desafiada por la rebelión de Coré, Dios dio una prueba milagrosa de la preeminencia de Aarón. Se mandó que un príncipe de cada tribu pusiera su nombre en su vara y lo pusiera delante del Señor, junto con la vara de Aarón. Al siguiente día la vara de Aarón había brotado flores y almendras. Esta era una clara indicación de que él era el escogido por Dios como sacerdote, y que su posición no debía ser desafiada. Moisés recibió la orden de guardar la vara de Aarón delante del arca del pacto (17:4, 10) como recuerdo de esta calamitosa rebelión.

18:1-7 *"Ellos, y solo ellos, pueden ayudarte"*. Después de volver a declarar su elección de Aarón y de sus hijos como sacerdotes, Dios decretó que el resto de la tribu de Leví le podrían ayudar en su tarea. Nadie más podría acercarse al tabernáculo para servir en ninguna situación, y ni siquiera los levitas debían tocar "los utensilios santos" (18:3).

18:8-20 *"Esta parte es para los sacerdotes"*. Por cuanto los sacerdotes no iban a recibir tierra en Canaán, la remuneración de sus servicios sería a través de las ofrendas. Las porciones de las ofrendas que no fueran quemadas en el altar debían ser dones para los sacerdotes. Esto, dijo el Señor, era para significar que "Yo soy tu parte y tu heredad en medio de los hijos de Israel" (18:20).

18:21-32 *"Ellos te darán sus diezmos a ti; luego tu me darás tus diezmos a mí"*. Por cuanto los levitas no tendrían tierra en Canaán, ellos recibirían todos los diezmos de Israel. De esos diezmos, ellos darían a su vez el diezmo al Señor.

19:1-22 *Las cenizas de la vaca alazana.* Para la purificación ceremonial se debía seleccionar una vaca alazana y debía ser quemada fuera del campamento, y se debían guardar las cenizas. Todo aquel que necesitase purificación sería rociado con las cenizas mezcladas en agua. Todo el que tocase un cadáver, o entrase en la morada de alguien que hubiera muerto, o tocase un sepulcro, quedaba ceremonialmente impuro y tenía que ser purificado con las cenizas. Todo el que rehusara ser purificado de esta manera debía ser excomulgado. El color rojo de la vaca alazana puede haber representado la sangre.

20:1 *La muerte de María (y de toda su generación).* María, hermana de Moisés, murió en el primer mes del año cuarenta de la peregrinación en el desierto, lo que la situó entre los últimos de su generación incrédula en morir antes que Israel llegase a Canaán.

20:2-13 *Él les manda: "Hablen", pero ellos golpean.* Una vez más Israel se quejó por su falta de agua. Se sentían llenos de autocompasión, diciendo que mejor les hubiera ido muriendo en la rebelión de Coré o quedándose en Egipto. Una vez antes se le había mandado a Moisés que golpease una roca, y la roca había dado agua (Éx. 17:3-6). Esta vez Moisés y Aarón recibieron la orden de *hablar* a la roca. En lugar de ello, encolerizados, la golpearon. Su desobediencia los descalificó para conducir a Israel a Canaán.

DE CADES A MOAB: EXPECTACIÓN (20:14—36:13)

20:14-21 *Una petición razonable es rechazada desabridamente.* Al viajar Israel rodeando el extremo meridional del Mar Muerto antes de volverse hacia el norte, Moisés pidió al rey de Edom (los descendientes de Esaú) que dejase pasar a los israelitas por su tierra. Aseguró al rey que Israel no se apartaría de la ruta comercial y que pagaría por toda el agua que usasen por el camino. El rey rechazó la propuesta. Para las consecuencias históricas de esta negativa, véase en Jeremías 49:7-22 y Abdías.

20:22-29 *Aarón muere, la antorcha del sacerdocio cambia de mano.* Advertido de la inminencia de su muerte, Aarón, su hijo Eleazar y Moisés subieron al Monte Hor. Allí Moisés quitó a Aarón sus vestiduras sacerdotales y las puso sobre Eleazar, significando la transferencia del sacerdocio de padre a hijo. Aarón murió, y Moisés y Eleazar volvieron al campamento.

21:1-3 *Israel derrota a Arad.* El rey Arad atacó a Israel y tomó algunos prisioneros. Israel se desquitó y lo derrotó.

21:4-9 *¡Un problema con serpientes resuelto con una serpiente!* Una vez más se quejaron los israelitas, y Dios envió una plaga de serpientes, de la que muchos murieron. Moisés recibió la orden de levantar una serpiente de bronce sobre un asta, y todos los que miraban con fe a la serpiente eran sanados. Jesús vio en esto una prefiguración de su muerte en la cruz (Jn. 3:14).

21:10-20 *En marcha hasta Moab.* El relato del viaje de Israel hasta la frontera de Moab es a muy grandes trazos. El escritor dice que se dan más detalles en el "Libro de las batallas de Jehová", que se ha perdido. Cuando Israel llegó a Beer (heb.: "pozo"), el Señor les dio agua. Ellos respondieron en un cántico: "Sube, oh pozo . . ."

21:21-30 *Israel derrota a Sehón.* Israel pidió permiso a Sehón, rey de los amorreos, para pasar por su tierra, pero él se negó. Israel luchó entonces contra los amorreos y los derrotó. La guerra se cuenta en un verso poético (21:27-30; véase una poesía similar en Éx. 15:1-21; Jue. 5:1-31).

21:31-35 *Og y sus hombres se resisten; Og y sus hombres mueren.* Og rey de Basán y su pueblo intentaron conseguir lo que no habían conseguido Sehón y los amorreos: detener a Israel. Animados por Dios, los israelitas consiguieron un rápido y total éxito sobre Og. Aunque el relato de Moisés es breve, la victoria sería recordada durante los siglos venideros (Sal. 135:10-11; 136:18-20).

22:1-20 *El trato de Balac con Balaam: Dinero por maldiciones.* "Partieron los hijos de Israel, y acamparon en los campos de Moab junto al Jordán, frente a Jericó". Allí iban a permanecer durante el resto de los acontecimientos que se registran en Números (26:3; 33:50; 35:1; 36:13). Balac, rey de Moab, sabía del éxito de Israel contra los amorreos y temía lo que Israel le pudiera hacer. Junto con los "ancianos de Madián" (22:4, 7), se ofreció a pagar a Balaam, un adivino, para que maldijera a Israel. Dios permitió que Balaam fuese hasta Israel, pero le advirtió que solo hablase las palabras que Dios le diera.

22:21-35 *¿Cuál es el verdadero asno?* Mientras Balaam se dirigía hacia Israel, Dios hizo que su ángel se interpusiera en el camino de Balaam. Balaam no vio al ángel, pero su asna si lo vio. Dos veces intentó evitar el ángel, pero cada vez Balaam la golpeó. A la segunda vez, el asna habló a Balaam, y entonces vio al ángel, quien estaba dispuesto para matarlo. Una vez más Dios advirtió a Balaam que hablase solo las palabras que Él le daría.

22:36—24:25 *No puede maldecir lo que Dios ha bendecido.* Llegando a Israel, Balaam intentó satisfacer a Balac y maldecir a Israel . . . pero en lugar de ello ¡bendijo a Israel! Su segundo y tercer intento de maldecir resultaron en más bendiciones. Las últimas palabras de Balaam acerca de Israel (24:10-25) incluyeron referencias a una "estrella" y a un "cetro": profecías finalmente cumplidas por el Mesías. Véase exposición sobre Esdras 6:1-12 y Judas 1:11.

25:1-18 *Los israelitas, seducidos por los moabitas.* En tanto que Israel estaba acampado en la arboleda de las acacias (Sittim) cerca de Moab, el pueblo se enredó en inmoralidad con las mujeres moabitas y adoraron a sus dioses, incluyendo el Baal de Peor. Dios mandó a Moisés que hiciera ejecutar a los participantes en esta apostasía. (Para el papel clave de Balaam en esta apostasía, véase exposición sobre 31:1-54).

A pesar de esta amenaza de ejecución, un israelita introdujo desvergonzadamente a una mujer madianita en su tienda. Finees, hijo de Eleazar, se enfureció ante este ultraje, y alanceó a ambos. Como recompensa por su celo, se prometió a Finees un sacerdocio perpetuo (véase Jos. 24:33; Sal. 106:30-31).

Dios acusó a los madianitas por esos dos incidentes, y mandó a los israelitas que tomasen venganza contra ellos (25:16-18; 31:1-3).

26:1-65 *El segundo censo del pueblo.* Dios ordenó un nuevo censo. Como el anterior (1:1-54), éste debía incluir a los varones de veinte años y más que pudieran luchar. Esta vez, el total ascendió a 601.730. Desde el primer censo, cinco tribus habían menguado, y siete habían crecido. En total, Israel había menguado por casi 2.000 hombres.

Dios dio órdenes a Moisés acerca de la distribución de la tierra en Canaán. Las tribus más grandes debían recibir porciones más grandes de tierra, y las tribus más pequeñas debían recibir porciones más pequeñas.

Los varones levitas fueron contados de nuevo; su total fue de 23.000: un aumento de 1.000.

Como se indica en 26:64-65, con la excepción de Josué y Caleb, todos los varones adultos numerados en el primer censo habían muerto en el desierto, tal como Dios había predicho (14:20-23, 29-32).

27:1-11 *Cinco hijas decididas.* Zelofehad, un hombre de la tribu de Manasés, murió sin heredero varón. Sus hijas apelaron a Moisés para que les diera la heredad de su padre en la tierra a fin de que su nombre no desapareciera del clan. Esta era una situación singular. Moisés presentó la apelación de ellas al Señor para conocer su decisión. El Señor concedió la petición de ellas y dio instrucciones a Moisés para situaciones similares que pudieran surgir en el futuro.

27:12-14 *Se le permite mirar, pero no morar.* Dios mandó a Moisés que subiera "a este monte Abarim", al este del río, desde donde podría ver la Tierra Prometida antes de morir. Como le había dicho Dios, se vería privado de entrar en la tierra a causa de su desobediencia (20:7-13). (La contemplación efectiva de la tierra por parte de Moisés y su muerte no se registran hasta Deuteronomio 34, después de su final exposición de la ley. Allí, el lugar de su muerte recibe el nombre de Monte Nebo [Dt. 32:49] y cumbre del Pisga [Dt. 3:24; 34:1].)

27:15-23 *"Josué tiene mi Espíritu, de modo que él te sucederá".* Dios informó a Moisés que Josué sería su sucesor como caudillo de Israel, porque él era quien tenía "espíritu" (27:18). Moisés presentó a Josué ante Eleazar y a toda la congregación. Luego Moisés puso las manos sobre él, simbolizando la transferencia del cargo, y le encomendó públicamente su posición.

28:1—29:40 *Fiestas y ofrendas: Por qué, qué y cuando.* 28—29 da detalles acerca de las ofrendas y fiestas, como complemento a las instrucciones en Levítico 1—7; 16—17; 23—25. Las ofrendas son tratadas según su frecuencia de observancia, comenzando con las ofrendas diarias y acabando con las anuales.

30:1-16 *Reglas para los votos, para él y para ella.* Todos los votos pronunciados por hombres habían de ser cumplidos. Si una mujer era soltera y vivía bajo la potestad de su padre, él podía aprobar o anular sus votos. Una mujer casada estaba bajo la potestad de su marido. Él podía aprobar o anular sus votos, incluso si habían sido hechos antes del casamiento.

31:1-54 *Castigados a causa de Peor: Cinco reyes y un falso profeta.* Dios había mandado a Moisés que castigase a los madianitas por lo sucedido en Peor (25:16-18). Él debía seleccionar a 1.000 guerreros de cada tribu. Los israelitas derrotaron a los madianitas y dieron muerte a sus cinco reyes.

También dieron muerte al falso profeta Balaam; aunque 24:25 dice que Balaam se volvió a su casa después de fracasar en su intento de maldecir a Israel, aparentemente había vuelto a unirse a los madianitas. Según 31:16 y Apocalipsis 2:14, Balaam el culpable principal de la apostasía de Israel en Peor.

Moisés se encolerizó cuando supo que los jefes del ejército habían perdonado a las mujeres y a los niños madianitas. Ordenó que se matase a todos los niños varones y a todas las mujeres que no fueran vírgenes y que por ello hubieran podido estar entre las que habían inducido a Israel al pecado.

Moisés recibió orden de que dividiera los despojos por partes iguales entre los israelitas, con la mitad para los que habían luchado por Israel y una mitad para el resto del pueblo. Israel no perdió un solo hombre en la batalla contra los madianitas. Por ello expresaron su gratitud llevando todo el oro del botín al Señor.

32:1-42 *"Pueden quedarse con el este, si nos ayudan a conquistar el oeste".* Los hombres de Rubén y de Gad vieron que la tierra que Israel ya había conquistado al este del río Jordán era adecuada para sus ganados. Pidieron que les fuera dada como su heredad en lugar de tierra al lado occidental.

Moisés se encolerizó con esas tribus,

suponiendo que querían evitar tener que ayudar a las otras tribus en la conquista de Canaán. Los rubenitas y los gaditas protestaron en el sentido de que estaban desde luego dispuestos a ayudar. Moisés finalmente accedió a su petición, pero solo después de advertirles que no podrían volver a su tierra hasta que la conquista hubiera finalizado.

"La mitad de la tribu de Manasés" escogió su parte con Rubén y Gad al este del Jordán (32:33).

33:1-49 *Su diario de las jornadas.* Moisés hizo un repaso de los viajes y campamentos de Israel, desde el tiempo en que dejaron Ramesés en Egipto hasta su actual campamento en los campos de Moab.

33:50-56 *El fondo de la cuestión: Destruir o ser destruidos.* Dios mandó a Moisés que advirtiera a Israel que debía expulsar a todos los habitantes de Canaán y que debía destruir todos sus santuarios paganos y otros símbolos de culto. Si no era así, los moradores de la tierra se les tornarían en irritantes y el castigo designado para los cananeos caería sobre Israel.

Los santuarios paganos, también conocidos como "lugares altos", eran un rasgo común de la religión pagana en los tiempos antiguos, cuando los adoradores buscaban literalmente aproximarse a sus dioses acercándose a los cielos. Esos santuarios permanecerían como un rasgo común en el paisaje de la Tierra Prometida, porque los israelitas o bien dejaron de destruir los construidos por los paganos o bien los edificaron para su propio culto (1 R. 14:23). Incluso algunos de los mejores reyes de Israel dejaron de eliminar esos vestigios de paganismo (véase exposición sobre 1 R. 3:2-4; 15:14; 2 R. 12:3).

34:1—35:8 *La división de Canaán descrita para cada tribu.* Dios especificó los límites de la tierra de las nueve y media tribus occidentales. Moisés recordó a Israel que Rubén, Gad y la mitad de Manasés ya habían recibido tierras al este del Jordán. Josué y Eleazar iban a supervisar la distribución de tierra a las Doce Tribus, con un hombre de cada tribu para ayudarles. Los levitas debían recibir 48 ciudades y las tierras de pastos alrededor de las mismas (35:1-8).

35:9-34 *Ciudades de refugio.* Israel debía apartar seis "ciudades de refugio", a las que podrían huir los culpables de homicidio accidental para ponerse a salvo del vengador de la sangre. Si alguien que hubiera dado muerte a alguien intencionadamente huía a una de esas ciudades, debía ser muerto. Si el homicidio había resultado de un estallido de ira, sin premeditación, la congregación decidiría si se trataba de homicidio o de asesinato. Una convicción por asesinato demandaba el testimonio de dos testigos (35:30). La persona a la que se le concedía asilo tenía que permanecer en la ciudad de refugio hasta la muerte del sumo sacerdote. Si salía antes de aquel tiempo, el vengador de la sangre podría darle muerte sin ser acusado de asesinato.

36:1-12 *Aquellas cinco decididas hijas, ¡otra vez!* Moisés había concedido la petición de las hijas de Zelofehad de que recibieran la herencia de su padre en Canaán (27:1-11). Ahora, algunos ancianos de su tribu preguntaron a Moisés qué sucedería si aquellas hijas se casaban fuera de su tribu: ¿No se transferiría algo de la herencia de su tribu a la otra tribu? Moisés estuvo de acuerdo y mandó a las cinco que o bien tendrían que casarse dentro de su propia tribu, o perder la herencia. Las cinco se casaron dentro de su tribu.

36:13 *"Junto al Jordán, frente a Jericó".* Al concluir Números, Moisés observa una vez más que Israel estaba acampado en los campos de Moab, junto al Jordán, frente a Jericó (22:1; 26:3; 33:50; 35:1).

❖ ❖ ❖

PERSONAS A RECORDAR DE NÚMEROS

BALAAM

Hecho clave: Intentó maldecir a Israel (22—24)
Padre: Beor (22:5)
Ocupación: Adivino (22:7)
Muerte: Registrada en 31:8
Total de referencias bíblicas: 61
Referencias clave: 22—24; 31:16; Dt. 23:3-5; Jos. 24:9-10; Neh. 13:1-2; Mi. 6:5; 2 P. 2:15; Jud. 11; Ap. 2:14

Habla Balaam

Ya sé lo que la gente va diciendo a mis espaldas: "¡Ahí va Balaam, el mejor profeta que se pueda comprar con dinero!" Pero podría ser peor. ¡Podrían estar hablando de cómo un cuadrúpedo demostró que el bípedo que cabalgaba sobre él era un verdadero asno! (22:7, 22-31).

Acerca de mi reciente misión tocante a Israel, desde luego no me pagaron ni un cuarto. ¡Eso si que fue una total frustración! Allí estaba yo, en los montes del Jordán, mirando al campamento israelita. Mi misión parecía bien sencilla: Pronunciar una maldición sobre Israel. ¡Pero esto era más fácil de decir que hacer! Cuando abrí la boca para maldecir a la "nación escogida", ¡en lugar de maldiciones oí salir de mi boca bendiciones! Y puede que yo me sintiese frustrado, ¡pero los que me habían contratado estaban absolutamente furiosos! (22—24).

Pero no todo está perdido. Pude inducir tratos sexuales entre algunos hombres israelitas y mujeres moabitas. Aunque no podía maldecirlos, ¡conseguí corromperlos! De hecho, según algunos rumores más de 20.000 israelitas fueron muertos por su Dios por esta pequeña frivolidad. ¡No es un mal día de trabajo para un profeta que nunca recibió ni cinco! (25:1, 9; 31:16; Ap. 2:14).

Pero debo admitir que estoy un poco inquieto; todo parece demasiado tranquilo por aquí. ¿Y si Israel sobrevive a todo esto? ¿Qué pasará si destruyen a Moab, como de mala gana predije que harían? Peor todavía, ¿y qué me va a pasar si vienen a por mí? (31:8).

Lecciones espirituales de Balaam

- Dios tiene muchas maneras de humillarnos cuando tercamente rehusamos hacer Su voluntad (23:22-30).
- No deberíamos permitir que el amor al dinero nos lleve a un mal uso de las capacidades que hemos recibido de Dios (2 P. 2:15; Jud. 11).
- Cuando Satanás y sus siervos no logran derrotarnos de una manera, pueden atacarnos por otro frente (24:10; 25:1-3; 31:16; Ap. 2:14).

Versículos clave

"Han dejado el camino recto, y se han extraviado siguiendo el camino de Balaam hijo de Beor, el cual amó el premio de la maldad, y fue reprendido por su iniquidad; pues una muda bestia de carga, hablando con voz de hombre, refrenó la locura del profeta" (2 P. 2:15-16).

MARÍA

Hechos clave: Hermana de Moisés, profetisa (26:59; Éx. 15:20).
Nacimiento: Registrado en 26:59
Padre: Amram (26:59)
Madre: Jocabed (26:59)
Hermanos: Moisés y Aarón (1 Cr. 6:3)
Muerte: Registrada en 20:1
Total de referencias bíblicas: 14
Referencias clave: 12:1-16; Éx. 2:1-10; 15:20-21; Dt. 24:9; Mi. 6:4

Habla María

Por fin ha llegado la primavera, y el desierto está llenándose de flores silvestres. Pero para mí es el final del otoño. Sé que se acerca mi muerte. Aarón y Moisés me vinieron a ver esta mañana. Me sentí impulsada otra vez a expresar mi profundo sentimiento a Moisés por aquella vergonzosa ocasión en la que critiqué su elección de esposa y en que de veras traté de minar su ministerio. Como de costumbre, me volvió a asegurar que me había perdonado ya desde hace mucho tiempo. Y me recordó el terrible precio que pagué por mi crítica. ¡Cómo podría olvidarme de esto! (12:1-16; 20:1).

¡También me recordó que si yo no hubiera persuadido a una princesa egipcia para que nuestra propia madre lo criase, nuestra nación podría estar todavía en Egipto en lugar de estar en marcha hacia la Tierra Prometida! Es verdaderamente asombroso cómo Dios nos usa en nuestra fragilidad humana, solo escondí a Moisés porque era mi hermanito. ¡Mira ahora todo lo que ha salido de aquello! (Éx. 2:1-9).

Debo acordarme de dar a Aarón mi pandero que lo guarde a salvo. No quiero que nadie lo tire después que yo haya desaparecido. Quizá acabe algún día en algún museo. Probablemente harán un cartel que diga: "Pandero tañido por María, la primera profetisa de Israel". Esto me hace sonreír y sentirme un poco mejor. ¡Qué historias no podría contar este viejo instrumento acerca de nuestra celebración después de nuestra huida sobrenatural de los egipcios! A ver, ¿cuáles eran las palabras de aquel cántico? "Cantaré yo a Jehová, porque se ha magnificado grandemente . . ". Espero que este viejo y fiel pandero sea atesorado durante generaciones venideras y que siempre recuerde a nuestro pueblo cómo Dios milagrosamente dio origen a nuestra nación (Éx. 15:1-21).

Lecciones espirituales de María la hermana de Moisés

- ¡Caín estaba equivocado! *Debemos* ser los guardas de nuestros hermanos (Gn. 4:9). El fiel cuidado que María tuvo de su hermano recién nacido aseguró que Israel tuviera un libertador y legislador (Éx. 2:1-10). Un acto aparentemente insignificante de solicitud puede tener unos resultados de gran alcance.
- Deberíamos tener cuidado acerca de criticar a nuestros dirigentes—especialmente a aquellos que se cuidan de nuestras necesidades espirituales. Puede que no paguemos por nuestra rebelión como lo hizo María, pero los

resultados pueden ser igualmente desastrosos (12:1-16; Sal. 105:15; 1 Ti. 5:17, 19; He. 13:7, 17).

Versículos clave

"Y María la profetisa, hermana de Aarón, tomó un pandero en su mano, y todas las mujeres salieron en pos de ella con panderos y danzas. Y María les respondía: Cantad a Jehová, porque en extremo se ha engrandecido; ha echado en el mar al caballo y al jinete" (Éx. 15:20-21).

DEUTERONOMIO

—1446 a.C. *El éxodo, Promulgación de la Ley*

—1443 *Cades-barnea comienza la peregrinación en el desierto*

—1406 *Israel ante el Jordán, acontecimientos del Deuteronomio, Israel entra en Canaán*

TRASFONDO

Alrededor del 1406 a.C., ya habiendo casi completado su "sentencia" de 40 años de peregrinaciones por el desierto (Nm. 15—36) debido a su rebelión en Cades-barnea (Nm. 13—14), los israelitas estaban acampados "de este lado [al este] del Jordán, en tierra de Moab" (cp. 1:5 con Nm. 36:13). Deuteronomio, que significa "la segunda ley", es una colección de lecciones históricas y de enseñanzas de Moisés, dirigidas en especial a aquellos israelitas que habrían tenido menos de veinte años en el tiempo del Éxodo (Nm. 14:29-31) y que por ello puede que nunca hubieran oído una presentación formal de la ley.

AUTOR

Moisés (véase *Génesis, Éxodo: Autor*). Hay indicaciones dentro del libro mismo de que Moisés fue su autor (1:1; 4:44). El detallado relato presencial y los discursos atribuidos a Moisés solo podrían haber sido registrados por el mismo Moisés o por alguien trabajando en estrecha colaboración con él, como Josué. El NT se refiere de manera específica a Moisés como autor de pasajes de Deuteronomio (Mt. 19:7 se refiere a 24:1-4; Lc. 20:28 se refiere a 25:5-6).

FECHA Y LUGAR

Por cuanto el Éxodo tuvo lugar en el 1446 a.C. (véase *Éxodo: Fecha y lugar*), este libro no pudo haber sido escrito hasta alrededor del 1406. Es probable que Moisés guardara un diario de las peregrinaciones, de modo que Deuteronomio, lo mismo que Números, habría sido escrito a lo largo de los cuarenta años, y redactado en su forma definitiva cuando Israel se preparaba para entrar en Canaán.

PROPÓSITO

- Dar una detallada instrucción acerca de la ley de Dios y de su pacto con Israel.
    - Génesis refiere la *elección* de Israel.

- Éxodo habla de su *redención.*
- Levítico habla de su *santificación.*
- Números habla de su *dirección.*
- Deuteronomio habla de su *instrucción.*

- Exhortar a Israel a prestar atención a la instrucción de Dios; las palabras *hacer, guardar* y *observar* aparecen 177 veces en Deuteronomio.
- Mostrar que Dios recompensa la obediencia y castiga la desobediencia.

RASGOS SINGULARES

- Lo mismo que Levítico, Deuteronomio pone un gran énfasis en la palabra de Dios (4:1-2, 9; 11:18-20; 12:32; 30:11-14).
- Jesús comenzó su ministerio citando tres veces de Deuteronomio en respuesta a tres tentaciones del diablo:
  - Mateo 4:4 cita 8:3.
  - Mateo 4:7 cita 6:16.
  - Mateo 4:10 cita 6:13.
- Unas profecías clave en Deuteronomio proveen un bosquejo básico para toda la historia de Israel:

Profecía	*Cumplimiento registrado en*
Entrada victoriosa en Canaán (7:2; 9:1-3; 31:3)	Josué
Pecado estando en Canaán (31:16-29)	Jueces—2 Reyes 16; 18—24
Exilio (4:26-28)	2 Reyes 17; 25; Ezequiel—Daniel
Regreso del exilio (30:1-3)	Esdras—Nehemías

BOSQUEJO

SERMÓN PRIMERO (1:1—4:43)
- Recordando el desierto (1—3)
- Recordando el Sinaí: Llamamiento a la obediencia (4:1-43)

SERMÓN SEGUNDO (4:44—26:19)
- Repaso de los Diez Mandamientos (4:44—5:33)
- Un llamamiento a una consagración de todo corazón (6)
- Bendiciones del pueblo escogido (7)
- Bendiciones de la tierra escogida (8)
- Recuerdo de las rebeliones (9)
- Se vuelven a dar los Diez Mandamientos (10:1-11)
- Nuevo llamamiento a una consagración verdadera (10:12-22)
- Llamamiento al amor y a la obediencia, y sus recompensas (11)
- Religiones falsas, culto verdadero (12)
- Falsos profetas (13)
- Diversas regulaciones (14—15)
- Repaso de tres fiestas principales (16:1-17)
- Reglas diversas (16:18—25:19)
- Obligaciones de la mayordomía (26)

SERMÓN TERCERO (27—30)
- Bendiciones y maldiciones (27—28)
- Un llamamiento a la consagración (29—30)

ÚLTIMOS DÍAS DE MOISÉS (31—34)
- Deposición de la ley; comisión de Josué (31)
- Cántico de Moisés (32)
- Bendiciones finales de Moisés (33)
- Muerte de Moisés (34)

SERMÓN PRIMERO (1:1—4:43)

1:1-8 *Recuerdo del desierto: Introducción.* Al empezar Deuteronomio, lo que debiera haber sido una andadura de 11 días (1:2) se había extendido trágicamente a una peregrinación de 40 años. Ahora, estando los israelitas acampados junto al Jordán, listos para entrar en la Tierra Prometida, Moisés pronunció una serie de dinámicos sermones para recordarles y enseñarles acerca de su especial relación con Dios. En 1—4 repasa su viaje del Sinaí al Jordán.

1:9-18 *Ayudantes llenos del Espíritu.* Antes de partir del Monte Sinaí, Moisés había contemplado las multitudes aparentemente innumerables de israelitas, y se dio cuenta de que no podría guiarlas por sí solo. Siguiendo el consejo de su suegro, designó a setenta ancianos que fueron llenados del Espíritu Santo para que le ayudasen (Éx. 18:13-27). Sobre manifestaciones del Espíritu Santo en el AT, véase exposición sobre 1 Samuel 9:27—10:8.

1:19-46 *Cades-barnea: "Le rechazasteis, de modo que os rechazó".* Luego Moisés recordó la desastrosa rebelión de Cades-barnea (Nm. 13—14), cuando Israel rehusó entrar en Canaán. La desobediencia inicial de Israel (1:26) llevó de un pecado a otro, pero todo procedía de su incredulidad en las promesas de Dios (1:32).

Por cuando Israel había rechazado a Dios, Él los rechazó; prohibió a todos los varones adultos que entrasen en Canaán (1:35, 39) y los condenó a vagar por el desierto (1:40; Nm. 14:26-37).

El antiguo dicho, "Segamos lo que sembramos", se ajusta desde luego a esas personas desobedientes. Lo que sembraron al rehusar entrar en la tierra lo segaron al morir en el desierto. Dios fue ofendido por la incredulidad de Israel, de modo que los juzgó con dureza.

Cuando fue pronunciada la sentencia de muerte, los israelitas cambiaron de parecer, pero ya era demasiado tarde (1:41-46; Nm. 14:39-45). Muchas personas solo sienten sus pecados contra Dios después que son atrapados en ellos.

2:1-3 *Los 38 años perdidos vagando.* Moisés no exageraba al decir: "Rodeamos el monte de Seir por mucho tiempo". ¡Este "mucho tiempo" fueron 38 años! En Números, Moisés trata esos 38 años en los capítulos 15—19, donde casi no se da ningún detalle histórico. ¡En Deuteronomio los trata en un solo versículo!

Después de los 38 años, Dios decretó que ya habían estado vagando "bastante", y les mandó que se volvieran "al norte", hacia Canaán.

2:4-23 *"No os peleéis con vuestros parientes".* Al dirigirse los israelitas hacia el norte, Dios les mandó que no molestasen a aquellos por cuya tierra tenían que pasar y que eran "vuestros hermanos" (esto es, parientes); esto incluía a los edomitas, descendientes de Esaú, y a los moabitas y amonitas, descendientes de Lot.

2:24-37 *"Pero si ellos atacan primero, puedes defenderte".* Sin embargo, si cualquiera de aquellas naciones iniciaba una confrontación, Israel podía defenderse. Cuando el rey amonita Sehón los atacó, Israel tomo "todas sus ciudades" y destruyó "todas las ciudades, hombres, mujeres y niños", sin dejar ni uno (2:34).

¿Por qué permitió Dios la matanza de niños en ésta y otras ocasiones similares? Esos niños estaban siendo criados en inmoralidad y odio contra Dios (véase *Los cananeos*, p. 932); su muerte antes de la edad de la responsabilidad no solo los libró de una vida similar de impiedad, sino que probablemente les aseguró un lugar en el cielo.

3:1-11 *El hombre con el lecho enorme.* Continuando al norte por la ribera oriental del Jordán, Israel derrotó a Og, el rey amorreo de Basán (3:1-11; véase exposición sobre Nm. 21:31-35). Og no era un hombrecito. Su cama de hierro tenía una longitud de unos cuatro metros y una anchura de 1,8 metros.

3:12-20 *El territorio de las dos y media tribus.* Las tribus de Rubén, Gad y de la mitad de Manasés se asentaron al este del Jordán, desde el Mar Muerto en el sur hasta el Mar de Galilea en el norte (Nm. 32:1-42).

3:21-22 *Moisés tranquiliza a su sucesor.* Moisés recuerda cómo dio seguridades a Josué de que igual que Dios había dado la victoria sobre Sehón (2:30-33) y Og (3:1-3), estaría con Israel cuando entrasen en la Tierra Prometida (Jos. 1:1-9).

3:23-29 *Pero para Moisés la respuesta seguía siendo No.* Dios ya le había dicho a Moisés que no podría entrar en la Tierra Prometida (Nm. 20:12; 27:12-14). Cuando Moisés le volvió a preguntar, la respuesta volvió a ser No, pero Dios le prometió en gracia que podría subir a la cumbre del Pisga para una maravillosa vista de la tierra (34:1).

4:1-8 *Recuerdo del Sinaí: "Si quieren vivir, guarden sus leyes".* Después de haber pasado revista a los 38 años de vagar por el desierto, Moisés volvió a sus oyentes a la promulgación de la ley en el Sinaí. Los llamó a que obedeciesen la ley "para que viváis" (4:1). Hay una gran diferencia entre la ley que fue dada por medio de Moisés y la gracia que vino por Jesucristo (Jn. 1:17). La ley decía: "Obedece y vivirás; desobedece y morirás". La gracia dice: "Cree y vive".

4:9-14 *"Y enseña a tus hijos el mensaje milagroso".* Israel debía enseñar a sus hijos y nietos acerca de los milagros en el Sinaí y enseñar la ley revelada allí.

4:15-31 *Es necesario evitar los ídolos. . . .* Moisés advirtió en contra del culto a los ídolos, observando que el Señor es celoso (4:24) y misericordioso (4:31). Israel era su posesión peculiar, y Él era celoso para con los suyos como fuego consumidor. Si los hijos de Dios se apartaban de Él para adorar imágenes o a la naturaleza, los esparciría entre las naciones.

4:32-40 *". . . porque le hemos conocido".* Solo Israel de entre todos los pueblos desde la Creación había sido escogido por Dios, le había oído hablar, y había sido testimonio de su gran poder al librarlos de Egipto. Un amor tan lleno de gracia exigía obediencia a la Palabra de Dios.

4:41-32 *Las ciudades de salvación al este del Jordán.* La venganza era un concepto popular entre los gentiles, pero no debía permitirse entre el pueblo de Dios. Para ayudar a refrenar esta tendencia humana, Dios estableció seis ciudades de refugio, tres al este del Jordán y tres al oeste, donde cualquiera que hubiera cometido homicidio involuntario podría refugiarse hasta que se solucionara la cuestión. Las tres ciudades orientales se nombran aquí; las ciudades occidentales fueron designadas después que Israel entrase en Canaán (19:1-13; Jos. 20:7).

SERMÓN SEGUNDO (4:44—26:19)

4:44-49 *Otra mirada a la ley.* Tras haber repasado las estériles peregrinaciones de Israel por el desierto, Moisés pasó a dar una nueva exposición de la ley. Esta nueva sección comienza con esta declaración: "Esta, pues, es la ley" (4:44), y continúa hasta 26:19.

5:1-27 *"Primero, considera los mandamientos".* Moisés comenzó con una nueva declaración de los Diez Mandamientos (Éx. 20) para la nueva generación de israelitas. Les recordó que esos nuevos mandamientos fueron escritos en tablas de piedra por el mismo Dios (5:22) y que Israel había prometido oír y obedecer todo lo que Dios había mandado (5:27).

5:28-33 *El resto de las reglas: "Entonces vivirás".* Dios le tomó al pueblo su palabra de oír y obedecer, mandándoles que oyeran el resto de la ley y que anduvieran en todos sus caminos. "Entonces viviréis vidas largas y prósperas" (cp. 5:33).

En 5:31 se nombran tres partes de la ley, que pueden identificarse con tres secciones de Éxodo:

- mandamientos (Éx. 20:1-17)
- leyes que reglamentan la vida en comunidad (Éx. 21—23)
- reglas para dirigir el culto (Éx. 25—31)

6:1-5 *La esencia de la ley.* Tras haber exhortado al pueblo a guardar la ley, Moisés les recordó la suprema majestad de Dios y los exhortó así: "Amarás a Jehová tu Dios de todo tu corazón, y de toda tu alma, y con todas tus fuerzas" (6:5). Cuando un escriba preguntó a Jesús qué consideraba Él como la esencia de la ley, le citó 6:5 (Mt. 22:34-40). Era la esencia para el antiguo Israel, y es la esencia para los cristianos hoy.

"Oye, Israel: Jehová nuestro Dios, Jehová uno es" (6:4), es conocido en el judaísmo como el "Shema" (heb.: "escucha"). Es uno de los cuatro pasajes de las Escrituras que se llevan en las filacterias todavía usadas por los judíos ortodoxos (6:8; 11:18; véase exposición sobre Éx. 13:1-16).

6:6-25 *Enseñanza, escritura y "llevar" de la ley.* La Palabra de Dios debía ser llevada en el corazón así como en la cabeza. Siempre que fuera posible, de noche o de día, los padres debían enseñar las Escrituras a sus hijos. Si el pueblo realmente hubiera hecho esto, los fracasos registrados en el libro de los Jueces se habrían evitado.

Acerca de "llevar" la ley (6:8), véase 11:18 y exposición sobre Éxodo 13:1-16.

7:1-5 *Ninguna avenencia con los condenados.* Las siete naciones mencionadas en 7:1 representaban a todos los gentiles que vivían en aquel entonces en la Tierra Prometida. Todos debían ser destruidos: hombres, mujeres y niños. Que Israel hiciera menos que esto sería comprometer su devoción para con Dios.

7:6-11 *". . . porque escogió amarnos".* Los israelitas eran una nación santa debido a que Dios los había escogido por encima de todos los demás. El amor y favor de Dios para con ellos no se basaba en su dignidad sino en el amor incondicional que les había mostrado.

7:12-26 *La obediencia significa bendición y exención del temor.* Si el pueblo estaba dispuesto a obedecer fielmente a Dios, serían bendecidos en la Tierra Prometida. No tendrían motivo para temer a sus enemigos, porque el mismo poderoso Dios que los había librado de Egipto eliminaría a las naciones gentiles una por una. Acerca de 7:22, véase exposición sobre Josué 13:1-7.

8:1-6 *40 años de alojamiento, comida y vestido.* A lo largo de sus cuarenta años de vagar por el desierto, los israelitas siempre habían tenido una provisión adecuada para sus necesidades físicas. Uno podría pensar que los constantes refrigerios del cuidado milagroso de Dios y sus promesas sobre "la buena tierra" (8:10) habrían suscitado la obediencia de parte del pueblo de Dios. Israel nunca tuvo problemas para creer la Palabra de Dios; el problema lo tuvieron para vivir en conformidad a ella.

8:7-9 *¡Casi como el huerto de Edén!* Eran gloriosas las perspectivas reservadas para los israelitas si tan solo estaban dispuestos a andar en los caminos de Dios. Canaán era hermosa y fértil, y Dios proveería a todas sus necesidades (véase Ro. 8:28; Fil. 4:19).

8:10-20 *"¡Recuerden! ¡No se olviden!"* Cuando finalmente entrasen en la tierra y gozasen de su abundancia, Israel no debía olvidar al Dios que se la había dado. Nueve veces en Deuteronomio se advierte a Israel que no olvide la fidelidad de Dios (4:9, 23, 31; 6:12; 8:11, 14, 19; 9:7; 25:19). El olvido ha sido un problema entre los hijos de Dios a lo largo de la historia.

9:1-3 *Los enemigos de Israel: "Ellos son grandes, pero él es más grande".* Recordando a los espías en Canaán (Nm. 13), Moisés recordó a Israel que cuando entrasen en la tierra tendrían que hacer frente a ejércitos que humanamente hablando eran imposibles de derrotar. Pero el poder humano de nada vale ante las promesas de Dios (Fil. 4:13). Con Dios delante de su pueblo, el enemigo pronto caería.

9:4-29 *"No es porque nosotros seamos tan buenos, sino porque ellos son tan malos".* Moisés puso énfasis en que Dios expulsaría a los cananeos debido a sus maldades, no debido a que Israel fuese digno (véase Lv. 18:24-30; *Los cananeos*, p. 932; *Ugarit*, p. 977). Desde el momento en que habían salido de Egipto, los israelitas habían estado constantemente provocando al Señor a ira (9:8). Dios se había sentido especialmente ofendido ante la adoración del becerro de oro (Éx. 32). Los pecados de su propio pueblo son una afrenta a Dios. Moisés recordó la propia indignada ira que había sentido ante la idolatría de ellos (9:13-24).

10:1-5, 10-11 *Las nuevas tablas de piedra: Inscritas y guardadas para la posteridad.* Después que Moisés hubo roto las tablas de piedra, Dios le mandó que preparase otras dos tablas, en las que volvió a inscribir los Diez Mandamientos (Éx. 34:1). Luego Moisés puso las nuevas tablas dentro del arca del pacto.

10:6-9 *La muerte de Aarón, y un honor para Leví.* En esta nota parentética, Moisés recordó la muerte de Aarón, la entrada de Eleazar al sumo sacerdocio, y la designación de la tribu de Leví para llevar el arca del pacto (18:1; Nm. 18:1-6).

10:12-22 *Lo que Dios más quiere.* En una apasionada exhortación, Moisés destacó que la ley no era meramente un ritual externo de sacrificios y fiestas; era principalmente una actitud del corazón, una vida de respeto, amor y servicio a Dios (Sal. 51:16-19).

11:1-7 *Primer llamamiento a la obediencia: Solo para padres.* El llamamiento al amor y a la obediencia se dirigía con toda energía a los israelitas mayores, que habían sido testigos de sus poderosos hechos por el camino de Egipto a Canaán. Sus hijos, que no habían compartido de una manera plena aquellas experiencias, serían considerados como menos responsables (11:2; cp. Lc. 12:48).

11:8-17 *Segundo llamamiento a la obediencia: A todos.* Dios amaba la *tierra* de Israel así como amaba al pueblo (11:12). Pero su promesa de bendecir la tierra dependía de la obediencia del pueblo. Dejar de amar, obedecer y servir a Dios traería su maldición sobre el pueblo y su tierra (11:16-17).

11:18-21 *"Guárdelo en su corazón, dígaselo a sus hijos".* Los israelitas debían enseñar la Palabra de Dios a sus hijos, pero ellos serían capaces de ello solo en tanto que atesorasen su Palabra en sus propios corazones (11:18-21). En 11:18 se describe el uso de las filacterias (véase exposición sobre Éx. 13:1-6).

11:22-32 *¿Bendición o juicio? "A ustedes les toca decidir".* Las bendiciones de Dios sobre los israelitas dependían de la diligencia con que guardasen la ley (11:22-32). La ley y la gracia son opuestos exactos. La ley decía: "Haz esto, y vivirás". La gracia dice: "Te ha sido dada la vida: por tanto, haz".

12:1-28 *"Destruyan esos altares, y luego construyan uno solo para mí".* Cuando entrasen en la tierra, Israel debía destruir todos los altares e imágenes de los dioses falsos (12:2-4). Dios iba a escoger su lugar de culto (12:8-11). Sabiendo que muchos de ellos vivirían lejos del lugar que escogería, Dios proveyó para que pudieran matar animales como alimento en aquellas áreas lejanas (12:20-28). Sin embargo, todos los animales para sacrificio deberían ser llevados al lugar designado. (La cuestión de matar animales en zonas alejadas se habría suscitado, porque muchos israelitas comían carne solo cuando ofrecían sacrificios.)

12:29-32 *No se admite adición ni sustracción.* El pueblo de Dios no debía dejarse atrapar por los caminos de las naciones paganas ni ir en pos de sus dioses (12:29-32). No debían añadir ni quitar a la ley (12:32; 4:2; véase Ap. 22:18-19).

13:1-18 *Evitar la apostasía y el castigo por ella.* Tres versículos revelan tres cosas que a menudo atraen al pueblo de Dios a la apostasía: falsos profetas con señales milagrosas; malas influencias dentro de las familias; y hombres de gran poder de persuasión. La muerte por apedreamiento estaba decretada para los que sirvieran a otros dioses (13:6-11; véase 17:2-5). Dios mostraba tanta insistencia en que su pueblo le adorase y sirviera solamente a Él que exigía la destrucción de ciudades enteras si sus dirigentes las persuadían a servir a otros dioses (13:12-18).

14:1—15:23 *Diversas normativas:*

El luto: ¿pagano o apropiado? (14:1-2). El pueblo de Dios era su "pueblo único" y no debía involucrarse en prácticas paganas como sajarse o raparse a causa de un muerto.

El alimento para los fieles (14:3-21). La mayor parte de los animales prohibidos tenía alguna relación con religiones paganas o eran simplemente inadecuados para el consumo humano (Lv. 11).

Guías para dar a Dios (14:22-29). La ley daba unas reglas específicas para dar, y especificaba el propósito: "para que aprendas a temer a Jehová tu Dios todos los días". Dar al Señor conllevaba bendición (14:24) y regocijo (14:26).

Las deudas y los pobres (15:1-11). Durante el séptimo año sabático (Lv. 25:1-7) debía haber un "reposo" o cancelación de las deudas. Esto tenía el propósito de fomentar el interés en los pobres. Idealmente, el pueblo debía prestar a los pobres aunque estuviera aproximándose el año sabático (15:9) y pudieran encontrarse con que su deuda no les era pagada.

"Al séptimo [año] le despedirás libre" (15:12-18). Recordando su esclavitud en Egipto, Israel debía liberar a los esclavos hebreos cada seis años (véase exposición sobre Lv. 25:35-55). En el momento de la liberación, debían proveer a sus esclavos con provisiones suficientes para comenzar una

nueva vida. Los esclavos que prefiriesen quedarse con su amo eran marcados con un orificio en una oreja. El Señor prometía una especial bendición a los que fuesen bondadosos con sus esclavos.

El primogénito de los animales (15:19-23). Para reconocer la provisión de Dios y que Israel era su primogénito, el primogénito de los ganados debía ser puesto aparte de su uso normal (véase exposición sobre Éx. 13:1-16).

16:1-17 *Repaso de las tres fiestas principales.* Una vez al año, Israel debía celebrar su milagrosa huida de Egipto. La celebración era llamada Pascua en recuerdo del ángel de la muerte que pasó de largo de las casas protegidas por la sangre del cordero (16:1-8; véase exposición sobre Éx. 12:1-28).

Siete semanas después de la Pascua y de la fiesta de los panes sin levadura, Israel celebraba lo que se llama de diverso modo como Pentecostés, la fiesta de la cosecha, la fiesta de las semanas o el día de las primicias (16:9-12; Nm. 28:26).

La fiesta de las cabañas (16:13-15), conocida también como la fiesta de los tabernáculos, la fiesta de la cosecha o de la recolección final (Éx. 23:16; 34:22), o la fiesta a Jehová (Lv. 23:39), era un recordatorio de la liberación de Israel de Egipto y de las enramadas en las que habitaban antes de entrar en el desierto del Sinaí.

Todos los varones israelitas debían comparecer ante el Señor (16:16-17) durante esas tres fiestas.

16:18—18:14 *Diversas reglas:*

Los jueces y la justicia (16:18-20). El pueblo debía señalar jueces imparciales e íntegros.

Árboles y pilares sagrados (16:21-22). Quedaba prohibido el culto a los ídolos en forma de árboles o pilares sagrados.

"Asegúrate de que ofreces lo mejor". (17:1). Los sacrificios debían ser sin defecto. El Dios de santidad y perfección se niega a aceptar menos que lo mejor.

Se buscan: Al menos dos testigos (17:2-7). En tanto que la idolatría era una abominación para Dios y punible por apedreamiento, se debía garantizar la justicia exigiendo dos o más testigos para un veredicto de culpabilidad.

Resolución de disputas graves (17:8-13). Las disputas que fuesen demasiado difíciles para que se resolvieran entre las dos partes debían ser traídas ante los líderes espirituales y los jueces (Mt. 18:15-17).

Reglas para los reyes (17:14-20). Anticipando el día en que Israel pediría tener un rey (1 S. 8:5-22), Moisés enunció unos principios para guiar su selección y conducta. La estipulación básica era que el rey debía ser un israelita (17:15).

Sustento de los sacerdotes y de los levitas (18:1-8). Los sacerdotes y levitas tenían prohibidos ciertos privilegios, como heredar tierra, a cambio del más alto honor de ser los guías espirituales. El pueblo debía proveer a sus necesidades físicas.

La abominación del ocultismo (18:9-14). Israel debía evitar las "abominaciones" cananeas como el sacrificio de niños, la brujería, "la evocación de los muertos", y la astrología.

18:15-19 *Un profeta como Moisés.* Moisés interrumpió su recitación de las leyes para predecir un "profeta como yo" que un día sería levantado de entre Israel y que hablaría con autoridad en nombre de Dios. Pedro comprendió esto como una referencia a Cristo (Hch. 3:22).

18:20—25:16 *Varias reglas:*

"Si la profecía falla, el profeta ha de morir" (18:20-22). Uno que profesase ser profeta y que hablase en nombre de cualquier dios excepto el Dios único y verdadero, o cuya profecía dejase de cumplirse, había de ser muerto.

Ciudades de refugio (19:1-13). Las seis ciudades de refugio vuelven a ser mencionadas (4:41-43; véase exposición sobre Nm. 35:9-34; Jos. 20:1-9).

"Dejen los límites en paz" (19:14). Al parecer el desplazamiento a escondidas de la piedra de linde de un vecino era práctica común en aquellos tiempos. En un momento en que los israelitas se disponían a ser propietarios de la tierra, Moisés les prohibió esta práctica fraudulenta.

La pena por perjurio (19:15-21). El falso testimonio era un asunto grave; los culpables de tal cosa debían ser muertos.

"Si tu nombre está en esta lista, vete a casa" (20:1-9). Los hombres recién casados o en otros puntos de transición en la vida quedaban exentos de servicio militar. El que fuera "medroso" y "pusilánime" quedaba también exento, no fuera que su falta de valor desmoralizase a los otros soldados.

Otras naciones: Hagan pacto o destrúyanlas (20:10-20). Las naciones fuera de Canaán pero dentro del territorio mayor prometido a Abraham debían recibir un ofrecimiento de vasallaje si declaraban la paz con Israel. Si no, todos los varones adultos de las mismas debían ser muertos. De las naciones que vivían dentro de Canaán, no se debía eximir de destrucción ni a las mujeres ni a los niños (20:16-17). Dios sabía, y la historia lo demostraría, que el incumplimiento de "destruir completamente" a aquellas malvadas naciones daría como resultado que su pueblo cayera en las mismas abominaciones de ellos (20:18).

Expiación por asesinatos no resueltos (21:1-9). Cuando un asesinato quedara sin resolver, la población más cercana a donde la víctima era encontrada debía sacrificar una becerra como expiación por el asesinato.

Casamiento con cautivas (21:10-14). Un soldado israelita podía tomar a una cautiva como mujer, pero debía seguir ciertas reglas para proteger la dignidad de la mujer. Esas reglas eran una gran mejora con respecto al trato que dispensaban la mayoría de las naciones antiguas a las cautivas.

Este permiso para casarse con no israelitas se aplicaba solo a cautivas no cananeas y no contradecía la prohibición acerca de casarse con mujeres cananeas (7:1-3); las mujeres cananeas debían ser muertas junto con sus maridos e hijos (20:16-17).

El hijo de una esposa no amada (21:15-17). Un hombre con más de una esposa no podía negar los derechos de su primogénito solo porque fuese el hijo de una esposa no amada. Esas instrucciones muestran que la poligamia nunca fue el ideal matrimonial de Dios.

Muerte al hijo desobediente (21:18-23). Un hijo que no honrase a su padre y a su madre, y que de continuo se rebelase contra su disciplina, debía ser apedreado.

Buenos vecinos en el departamento de objetos perdidos (22:1-44). Todo el que encontrase un objeto perdido o un animal herido debía hacer todo esfuerzo razonable para restaurarlo a su dueño.

Vestimenta adecuada para varones y mujeres (22:5). Vestirse como el sexo opuesto es declarado como algo que el Señor detesta.

Pájaros en su nido (22:6-7). Las reglas que protegen a los pájaros anidados muestran el interés de Dios en toda la vida, tanto la animal como la humana.

Seguridad primero en los planos de construcciones (22:8). Se debía considerar la seguridad de los vecinos y de los visitantes cuando se edificase una casa nueva.

Separación de semillas, de animales y de fibras textiles (22:9-12). Los principios de santidad y de separación se aplicaban a las semillas, a los animales y a los vestidos. Los flecos (franjas) eran un recordatorio de los mandamientos de Dios (Nm. 15:37-41).

Acusaciones de falta de castidad (22:13-21). Un hombre que acusase falsamente a su esposa de no ser virgen cuando se casaron debía ser castigado y multado. Si se demostraba que la esposa acusada no era virgen al casarse, debía ser muerta.

La gravedad de los pecados sexuales (22:22-30). Si un hombre y una mujer cometían adulterio, debían ser apedreados. Si un hombre violaba a una mujer desposada, solo él debía ser apedreado. Si violaba a una virgen no desposada, debía pagar una multa y casarse con ella. La severidad de esas penas muestra la intolerancia de Dios ante el pecado sexual.

Excluidos del santuario, pero no de la gracia (23:1-8). Fuese por razones ceremoniales o simbólicas, ciertos israelitas y prosélitos de naciones vecinas no les era permitido entrar en el santuario para adorar. Pero esta prohibición no los excluía de la gracia y del perdón de Dios.

Medidas sanitarias en el campo de batalla (23:9-14). Incluso en condiciones de campo de batalla, las medidas sanitarias eran prioritarias.

Esclavos fugados (23:15-16). A los esclavos que hubieran escapado (es de suponer que debido a malos tratos) se les debía permitir vivir en paz y no se les debía forzar a volver a sus amos.

Prostitución ritual (23:17-18). Tanto la prostitución masculina como la femenina, comunes en la religión cananea, estaban prohibidas.

Para todos los israelitas: Préstamos sin interés (23:19-20). El interés podía cargarse a los extranjeros, pero no a los compatriotas israelitas.

"Paga pronto tus votos" (23:21-23). Los votos al Señor se tenían que tomar en serio y pagar prontamente.

El fruto del campo de tu vecino (23:24-25). Se podía comer del producto de la viña o campo de un vecino, pero solo lo que la persona pudiera comer estando allí; no se podía guardar nada para más tarde.

Restricciones sobre el divorcio y el nuevo matrimonio (24:1-4). Dios permitió el divorcio en algunos casos, pero solo como medio para restringir y regular la práctica. Malaquías 2:16 expresa su general desaprobación del divorcio (véase exposición sobre Mt. 19:1-12).

Después de la boda, libre por un año (24:5). Un recién casado debía quedar exento de deberes militares y de cargas fiscales durante un año entero, para animar y fortalecer a la nueva pareja en su mutua entrega. La exención militar se aplicaba también a los desposados (20:7).

Diversas reglas humanitarias (24:6-18). Había reglas específicas acerca de garantías para préstamos (24:6); secuestros (24:7); lepra (24:8-9); cobro de préstamos (24:10-13); pago de servicios (24:14-15); administración de justicia (24:16); los derechos de las viudas y de los huérfanos (24:17-18).

Producto de la tierra dejado para el rebusco (24:19-22). Los israelitas debían dejar una parte de su cosecha para que los extranjeros, los huérfanos y las viudas pudieran tomar el rebusco. Debían hacer esto recordando "que fuiste siervo en tierra de Egipto".

El límite de 40 azotes (25:1-3). La justicia criminal tenía que ser equitativa, con un máximo de cuarenta azotes para la parte culpable.

"Los bueyes que trillan también deben participar" (cp. 25:4). No se debía poner bozal a los bueyes empleados en pisar el grano, sino que se les debía permitir que participasen del mismo. Pablo aplicó esto al sustento de los evangelistas (1 Co. 9:9-10).

Cómo un cuñado pierde el calzado (25:5-10). El cuñado de una viuda debía casarse con ella y proveer a sus necesidades. Si rehusaba hacerlo, la viuda rechazada podía quitarle las sandalias en público y escupirle en el rostro: ¡una presión social movida divinamente para alentar a la obediencia! Designada como matrimonio de levirato (*levir* = "cuñado"), era una práctica común en las culturas antiguas. Aunque vivió siglos antes de la ley de Moisés, Onán fue muerto por Dios por rehusar honrar esta costumbre (Gn. 38:1-10). En contraste, Booz honró esta ley (véase exposición sobre Rut).

Decoro en las peleas (25:11-12). Ciertas acciones indecorosas quedaron prohibidas aunque hubieran sido eficaces en defensa propia.

Honradez en los negocios (25:13-16). La honradez y el juego limpio debían gobernar las transacciones de negocios.

25:17-19 *Las acciones de Amalec: Imperdonables, inolvidables.* Cuando los israelitas salieron de Egipto, los amalecitas, descendientes de Esaú, los atacaron (Éx. 17:8-16). Durante la batalla, atacaron a los israelitas débiles e inermes de la retaguardia (25:18). Moisés recordó al pueblo que Dios quería a los amalecitas totalmente destruidos debido a esto (Éx. 17:14-16). Tiempo más tarde, el rey Saúl perdió el trono por no cumplir este decreto (1 S. 15).

26:1-15 *"Mis primicias por su fidelidad".* En gratitud por la liberación recibida, el pueblo debía dar el primer producto de cada cosecha al sacerdote. Cuando lo hicieran, debería recitar los detalles de su liberación. Sus diezmos debían ser para ayuda de los levitas, extranjeros, huérfanos y viudas (26:12-15).

26:16-19 *La mutua entrega de Dios y su pueblo.* Moisés declaró la entrega de Israel al Señor y sus mandamientos, y la entrega de Dios a exaltar a Israel como su pueblo santo.

SERMÓN TERCERO (27—30)

27:1-26 *Bendiciones y maldiciones.* Después de cruzar el Jordán, los israelitas debían levantar un monumento que contuviera las palabras de la ley, y luego un altar (27:1-8). La adoración de Dios y la obediencia a su Palabra eran absolutos para la vida de Israel en la Tierra Prometida.

Moisés prescribió de manera detallada una ceremonia de bendición y maldición que había de tener lugar en Canaán (27:9-26). Con los sacerdotes y el Arca en el valle en medio, la mitad de las tribus habían de estar en el Monte Gerizim, y la otra mitad en el Monte Ebal. Los del Monte Gerizim pronunciarían bendiciones por la obediencia. Los del Monte Ebal pronunciarían un gran coro de maldiciones sobre los que desobedecieran la ley.

Josué, el fiel sucesor de Moisés, llevó a cabo lo mandado con gran exactitud (Jos. 8:30-35).

28:1-14 *Bendiciones abundantes por la obediencia.* La superioridad militar (28:1-2), prosperidad (28:3), bienestar físico (28:4-5), bienestar espiritual (28:9) y respeto internacional (28:10) eran cosas aseguradas a Israel si iban a obedecer a Dios (28:1, 12).

28:15-68 *"Pero la desobediencia traerá calamidades".* La desobediencia, en cambio, atraería maldiciones (28:15-68), incluyendo enfermedades, graves sequías, y derrotas militares. Junto con la derrota vendría la desesperanza. Todo aquello que la gente emprendiera, incluyendo el matrimonio, fracasaría (18:30). Esos fracasos serían una clara señal de su desobediencia (28:46). ¡Qué trágica espiral en descenso tendría lugar: de enfermedad a sequía a derrota a desesperanza a la final deportación por los poderes gentiles (28:48, 64), si Israel rehusaba dar oído a la Palabra de Dios! Y esto es precisamente lo que sucedió (véase 2 Reyes).

29:1-8 *La fidelidad de Dios, la veleidad de ellos: Un repaso.* Una vez más les recuerda Dios, por medio de Moisés, los triunfos y las pruebas que habían experimentado en su liberación de Egipto. En tanto que Dios había sido fiel, Israel había sido ingrato.

29:9-29 *Un llamamiento a la consagración.* Con el pasado a sus espaldas, Dios llamaba a su pueblo a una renovación de la obediencia del pacto, prometiendo establecerlos y ser el Dios de ellos. Si ellos quebrantaban su pacto, les alcanzarían todas las anteriores maldiciones. La maldición última sería la pérdida de la Tierra Prometida.

30:1-10 *"Si nos arrepentimos, él nos restaurará".* Habiendo perdido su tierra, si Israel se arrepentía luego, Dios quitaría todas las maldiciones y restauraría su tierra.

30:11-20 *"¿Vida o muerte? A ustedes les toca decidir".* La ley sería la prueba de Israel, y estaba bien clara: Estaba tan cerca como sus propias bocas y corazones. Aunque Dios es infinito en su sabiduría y poder, es muy directo y simple con su pueblo: les vendría vida y bendición si amaban y obedecían al Señor; les vendría muerte y maldición si se apartaban a falsos dioses. A ellos les correspondía decidir.

LOS ÚLTIMOS DÍAS DE MOISÉS (31—34)

31:1-8 *Josué es comisionado como caudillo.* Moisés recordó al pueblo su avanzada edad y que Dios había ungido a Josué para sucederle como su caudillo (Nm. 27:18-23). La promesa de la presencia constante de Dios con Moisés (31:6) se extendió a Josué (31:7-8, 23) y en la actualidad pertenece a la iglesia (He. 13:5).

31:9-13 *"Léela cada siete años".* Tras haber puesto toda la ley en forma escrita, Moisés la entregó a los sacerdotes, y especificó que debía ser leída públicamente cada año sabático en la fiesta de las cabañas. Posteriormente (31:24-27), Moisés mandó a los sacerdotes que guardasen el libro de la Ley junto al arca del pacto.

31:14-30 *"Cántales un cántico de advertencia".* Dios habló a Moisés acerca de la futura apostasía de Israel y le mandó que escribiese un cántico de advertencia para ellos. El cántico debía celebrar la persona y la obra de Dios, las exigencias de la ley y las penas por quebrantarla. Sería "por testigo contra los hijos de Israel" después que la apostasía de ellos los hubiera llevado al desastre (31:21). En el libro de los Jueces se puede leer cómo se hicieron realidad las advertencias de Dios.

32:1-47 *El cántico de Moisés.* El capítulo 32 registra el cántico que Moisés recibió la orden de escribir. El preludio (32:1-3) llamaba a todos a escuchar y a asimilar la doctrina que se enseñaría en el cántico.

La primera parte del cántico (32:4-14) destacaba la persona de Dios en toda su perfección y justicia para con Israel. Él los había adquirido, había puesto sus límites, los protegía y proveía para sus necesidades.

La segunda parte (32:15-27) observaba que a pesar de su gracia y provisión, Israel no daba importancia a Dios, y lo había dejado y olvidado. Su respuesta, en dolidos celos y justa indignación, era romper sus promesas y decidir echarlos de su tierra (32:26).

La tercera parte (32:28-33) trataba acerca de la incapacidad de Israel de comprender los tratos de Dios con ellos.

La cuarta parte (32:34-47) es el gran final, donde Dios declara su soberanía sobre todos, su definitiva venganza sobre sus adversarios, y su futura misericordia para con su pueblo.

32:48-52 *Se le permite ver la Tierra Prometida.* Dios le dijo a Moisés que le sería permitido ver la Tierra Prometida desde el Monte Nebo antes que muriera (3:23-29; Nm. 27:12-14). Pero debido a su desobediencia (Nm. 20:7-13), no le sería permitido entrar en la tierra.

33:1-25 *Las últimas bendiciones de Moisés.* Mientras se preparaba para su muerte, Moisés preparó a su pueblo para la victoria en Canaán pronunciando sus bendiciones sobre las Doce Tribus. Expuso las dos cosas que serían la fuente definitiva de bendición en Israel: la continuada presencia y protección de Dios (33:2) y el consejo de su Palabra (33:3). Las bendiciones son proféticas: Moisés el estadista devino Moisés el profeta al predecir las diversas actividades de las doce tribus.

33:26-29 *"Y acá abajo los brazos eternos".* En un *crescendo* final de alabanza, Moisés declaró a Israel un pueblo feliz debido a su incomparable Dios, cuyos brazos eternos les rodearían y protegerían.

34:1-12 *"... y desde las elevadas cumbres del Pisga..."* Evidentemente, el Señor preparó un día excepcionalmente claro para mostrar a Moisés la Tierra Prometida desde el Monte Pisga, que es el punto más elevado del Monte Nebo. Sin cubierta de nubes, se puede ver desde Pisga el Monte Hermón, en el límite norte de Israel.

Tan especial era este piadoso hombre que el Señor mismo lo enterró secretamente en un sepulcro anónimo (34:6). Aunque tenía 120 años, la fuerza y la vista de Moisés eran como las de un joven (34:7). Moisés recibió una de las más grandes eulogías jamás escritas (34:10-12).

EL RETRATO DE DIOS EN DEUTERONOMIO

LA PERSONA DE DIOS

"Oye, Israel; Jehová nuestro Dios, Jehová uno es" (6:4).
"Ved ahora que yo, yo soy, y no hay dioses conmigo" (32:39).

LA GRANDEZA DE DIOS

"Porque Jehová vuestro Dios es Dios de dioses, y Señor de señores, Dios grande, poderoso y temible, que no hace acepción de personas, ni toma cohecho" (10:17).

EL AMOR DE DIOS

Él amó a los antecesores de Israel

"Y por cuanto él amó a tus padres, escogió a su descendencia después de ellos, y te sacó de Egipto con su presencia y con su gran poder" (4:37).

Él amó a Israel

"Porque tú eres pueblo santo para Jehová tu Dios; Jehová tu Dios te ha escogido para serle un pueblo especial, más que todos los pueblos que están sobre la tierra. No por ser vosotros más que todos los pueblos os ha querido Jehová y os ha escogido, pues vosotros erais el más insignificante de todos los pueblos; sino por cuanto Jehová os amó y quiso guardar el juramento que juró a vuestros padres, os ha sacado Jehová con mano poderosa, y os ha rescatado de servidumbre, de la mano de Faraón rey de Egipto" (7:6-8).

"Porque la porción de Jehová es su pueblo; Jacob la heredad que le tocó. Le halló en tierra de desierto, y en yermo de horrible soledad; lo trajo alrededor, lo instruyó, lo guardó como a la niña de su ojo. Como águila que excita su nidada, revolotea sobre sus pollos, extiende sus alas, los toma, los lleva sobre sus plumas, Jehová solo le guió, y con él no hubo Dios extraño" (32:9-12).

Seguirá amando a Israel

"Y te amará, te bendecirá y te multiplicará, y bendecirá el fruto de tu vientre y el fruto de tu tierra, tu grano, tu mosto, tu aceite, la cría de tus vacas, y los rebaños de tus ovejas, en la tierra que juró a tus padres que te daría" (7:13).

LA FIDELIDAD DE DIOS

Él proveyó para Israel en el desierto

"Pues Jehová tu Dios te ha bendecido en toda obra de tus manos; él sabe que andas por este gran desierto; estos cuarenta años Jehová tu Dios ha estado contigo, y nada te ha faltado" (2:7).

"Y yo os he traído cuarenta años en el desierto; vuestros vestidos no se han envejecido sobre vosotros, ni vuestro calzado se ha envejecido sobre vuestro pie. No habéis comido pan, ni bebisteis vino ni sidra; para que supierais que yo soy Jehová vuestro Dios" (29:5-6).

Y lo hizo a pesar de sus continuos pecados

"Acuérdate, no olvides que has provocado la ira de Jehová tu Dios en el desierto; desde el día que saliste de la tierra de Egipto, hasta que entrasteis en este lugar, habéis sido rebeldes a Jehová" (9:7).

LA VOLUNTAD DE DIOS

"Ahora, pues, Israel, ¿qué pide Jehová tu Dios de ti, sino que temas a Jehová tu Dios, que andes en todos sus caminos, y que lo ames, y sirvas a Jehová tu Dios con todo tu corazón y con toda tu alma; que guardes los mandamientos de Jehová y sus estatutos, que yo te prescribo hoy, para que tengas prosperidad?" (10:12-13).

LA PALABRA DE DIOS

Su Palabra es clara y está cercana

"Porque este mandamiento que yo te ordeno hoy no es demasiado difícil para ti, ni está lejos. No está en el cielo, para que digas: ¿Quién subirá por nosotros al cielo, y nos lo traerá y nos lo hará oír para que lo cumplamos? Ni está al otro lado del mar, para que digas: ¿Quién pasará por nosotros el mar, para que nos lo traiga y nos lo haga oír, a fin de que lo cumplamos? Porque muy cerca de ti está la palabra, en tu boca y en tu corazón, para que la cumplas" (30:11-14).

No le añadas ni le quites

"Ahora, pues, oh Israel, oye los estatutos y decretos que yo os enseño, para que los ejecutéis, y viváis, y entréis y poseáis la tierra que Jehová el Dios de vuestros padres os da. No añadiréis a la palabra que yo os mando, ni disminuiréis de ella, para que guardéis los mandamientos de Jehová vuestro Dios que yo os ordeno" (4:1-2).

Medita personalmente en ella

"Por tanto, pondréis estas mis palabras en vuestro corazón y en vuestra alma, y las ataréis como señal en vuestra mano, y serán por frontales entre vuestros ojos" (11:18).

Enséñala a tus hijos
"Y las enseñaréis a vuestros hijos, hablando de ellas cuando te sientes en tu casa, cuando andes por el camino, cuando te acuestes, y cuando te levantes, y las escribirás en los postes de tu casa, y en tus puertas" (11:19-20).

Ponla en práctica
" Porque muy cerca de ti está la palabra, en tu boca y en tu corazón, para que la cumplas" (30:14).

JOSUÉ

—1406 a.C.
Israel entra en Canaán

—1399
Josué finaliza la conquista de Canaán

—1377
Israel cae en la apostasía, Otoniel, el primer juez

TRASFONDO

Después de 400 años en Egipto y 40 años de peregrinación en el desierto, el pueblo de Israel estaba por fin listo para tomar posesión de una tierra que les había sido prometida desde la época de Abraham. Josué, uno de los dos líderes que había permanecido fiel durante la rebelión de Cades-barnea (véase Nm. 13—14), había sido escogido para guiarlos a Canaán (Nm. 27:15-23). El libro que lleva el nombre de Josué registra su conquista de Canaán (1—12), su división de la tierra entre las tribus (13—21) y sus exhortaciones finales a Israel (22—24).

AUTOR

A la luz de muchos testimonios de testigos oculares y de largos discursos que se registran en el libro de Josué, es probable que el mismo Josué escribiera o dirigiera la redacción de la mayor parte del libro. El texto mismo demuestra la preocupación de Josué por los registros escritos: Escribió una copia de la ley de Moisés (8:32), hizo recopilar registros geográficos (18:8-9) y puso por escrito las palabras de un pacto (24:25-26).

Algunos han puesto en duda la paternidad de Josué debido a la declaración del libro acerca de "los ancianos que sobrevivieron a Josué" (24:31), y el frecuente uso de la frase "hasta hoy", sugiriendo un tiempo posterior a la muerte de Josué. La mejor explicación es que Josué o sus escribas escribieron realmente la mayor parte del libro, pero que escribas posteriores, también bajo inspiración divina, reunieron los discursos, relatos históricos y notas geográficas para dar la forma final al libro. (En algunos casos "hasta hoy" está bien cerca al tiempo de Josué, como en 6:25, que afirma que Rahab vivía "hasta hoy".)

FECHA Y LUGAR

Josué murió alrededor del 1390 a.C. (véase 24:29), 15 años después del comienzo de la conquista. Suponiendo que Josué fuese el autor, la mayor parte del libro habría sido escrito para entonces, lo más probable en la ciudad donde residía Josué,

Timnat-sera, o en uno de los centros espirituales donde vivieran los sacerdotes, como Siquem (24:1) o Bet-el, donde el arca residiría más adelante (Jue. 20:26-27).

PROPÓSITO

Josué enseña que Dios cumple sus promesas sin importar lo poco probable que pueda parecer su cumplimiento. Esto se ve en la promesa *general* de Dios de dar la tierra de Canaán a Israel y en sus promesas *específicas* de conceder el éxito en determinadas batallas (6:2; 10:8). Las promesas de Dios no fallaron (21:45). Los israelitas tenían simplemente que obedecer y salir en fe.

DESTINATARIOS

Josué fue escrito primariamente para todos los israelitas por cuanto trata acerca de cuestiones como la purificación, la obediencia a los mandamientos de Dios y la fidelidad de Dios. Pero tenía una especial importancia para los dirigentes de Israel, al recordarles las consecuencias de no seguir de manera plena el mandamiento dado por Dios de conquistar totalmente la tierra.

RASGOS SINGULARES

- Josué registra tres memorables milagros (3:14-17; 6; 10).
- Josué revela que los gentiles no quedaban necesariamente excluidos del plan de Dios bajo la dispensación de la ley mosaica. Rahab, la prostituta cananea que se unió a los israelitas, es mencionada en tres pasajes del NT:
  - Mateo 1:5 (su puesto en la genealogía de Cristo).
  - Hebreos 11:31 (su fe)
  - Santiago 2:25 (sus buenas obras)
- Josué registra una importante Cristofanía, o manifestación preencarnada de Cristo, como "Príncipe del ejército de Jehová" (5:13-15). Cristo se aparece en forma corporal varias veces en el AT (véase exposición sobre Gn. 16:1-16; exposición sobre Zac. 1:7-11; comparar exposición sobre Gn. 17:1-8).

COMPARACIÓN CON OTROS LIBROS DE LA BIBLIA

Éxodo:

- Éxodo registra cómo Dios condujo a su pueblo fuera de la tierra de servidumbre, mientras que Josué refiere cómo Dios introdujo a su pueblo en la tierra de bendición (véase Dt. 6:23).
- Tanto la salida del Éxodo como la entrada de Josué involucraron una milagrosa partición de las aguas: en el Éxodo, el Mar Rojo; en Josué el río Jordán.
- Ambos libros son no solo literales en su exposición de una salida y de una entrada, sino también simbólicos. Los creyentes son sacados espiritualmente de "Egipto" (de la muerte espiritual) e introducidos en "Israel" (salvación, vida abundante).

BOSQUEJO

INVASIÓN: ISRAEL RECLAMA CANAÁN (1:1—5:12)

Mensaje de Dios a Josué (1:1-9)

Mensaje de Josué al pueblo (1:10-18)

Envío de espías a Jericó, ocultados por Rahab (2)
Paso del Jordán (3:1—4:18)
Campamento en Gilgal (4:19—5:12)
SUJECIÓN: ISRAEL CONQUISTA CANAÁN (5:13—12:24)
El Príncipe del ejército de Jehová (5:13-15)
La campaña central (6:1—8:29)
Jericó (6)
Hai (7:1—8:29)
Renovación del pacto en Ebal y Gerizim (8:30-35)
La campaña meridional (9—10)
El engaño de los gabaonitas (9)
El sol se detiene (10:1-27)
Sometimiento definitivo de las ciudades meridionales (10:28-43)
La campaña septentrional (11)
Lista de reyes cananeos derrotados (12)
REPARTICIÓN: ISRAEL COLONIZA CANAÁN (13—21)
Tierra todavía por conquistar (13:1-7)
Tierra al este del Jordán para dos tribus y media (13:8-33)
Asignación de tierra al oeste del Jordán: Introducción (14:1-5)
Testimonio de Caleb, su parte (14:6-15)
Tierra para Judá (15)
Tierra para los descendientes de José (16—17)
Tierra para las siete tribus restantes (18—19)
Ciudades de refugio (20)
Ciudades para los levitas (21)
DECISIÓN: JOSUÉ LLAMA A ISRAEL A LA FE (22—24)
Exhortaciones de Josué (22:1—24:28)
A las tribus orientales (22)
A los dirigentes de Israel (23)
A toda la nación (24:1-28)
La muerte de Josué (24:29-33)

INVASIÓN: ISRAEL RECLAMA CANAÁN (1:1—5:12)

1:1-9 *Mensaje de Dios a Josué: "Obedece el Libro"*. Moisés, el gran dirigente de Israel, había muerto, pero Josué, su asistente durante 40 años, estaba listo para tomar el mando y conducir a Israel a la Tierra Prometida. Para Dios no hay ningún líder humano indispensable.

Dios renovó la promesa dada por medio de Moisés: que toda la tierra de Canaán que pisare la planta del pie de Israel les pertenecería (1:3; Dt. 11:24). Recordó a Josué que el éxito de Israel en la conquista de Canaán no procedería de ninguna ventaja militar, sino de la meditación sobre la ley y de la obediencia a la misma. Solo con ello podría Josué y su pueblo "Esforzarse y ser muy valiente" (1:6, 7, 9, 18) al hacer frente al reto de Canaán.

La obediencia trae la victoria. Aunque muchos intérpretes de Josué contemplan Canaán como símbolo del cielo, es más beneficioso verlo como el reto de Dios a nosotros a caminar en su perfecta voluntad.

1:10-11 *Mensaje de Josué al pueblo: "Dispónganse a partir"*. Josué designó oficiales que notificasen al pueblo que debían disponerse para pasar el río Jordán para entrar en Canaán en solo tres días.

1:12-18 *Mensaje de Josué a las tribus orientales: "También es vuestra batalla".* Moisés había permitido a las tribus de Rubén y Gad y a la mitad de Manasés que se asentasen al este del río Jordán, en el entendido de que sus soldados pasarían primero el Jordán con las otras tribus y las ayudarían a vencer a los cananeos (Nm. 32:1-32). Josué recordó a esas tribus su compromiso acerca de ello. Y dichas tribus accedieron a obedecer a Josué como habían obedecido a Moisés.

Tanto las tribus orientales (1:13) como las occidentales (1:15) consideraban su nueva patria como un lugar de "reposo" de su larga jornada por el desierto. La promesa de reposo en Canaán se registra por primera vez en Deuteronomio (Dt. 3:20; 12:10; 25:19). El cumplimiento de esta promesa viene posteriormente en el relato de Josué (21:44; 23:1).

2:1-24 *Rahab, los espías y el cordón de grana.* Se enviaron dos espías que pasaron el Jordán y entraron en Jericó. Consiguieron refugio e información en casa de la prostituta Rahab, que los escondió de las autoridades locales y los ayudó a escapar. Admitiendo que toda su ciudad estaba aterrada ante los israelitas (2:9-11; véase Dt. 2:25; 11:25), Rahab pidió que hiciesen misericordia con ella y con su familia cuando destruyesen Jericó. Los espías accedieron a ello, con la condición de que atase un cordón de grana de su ventana para identificar su casa.

3:1-13 *Preparativos para pasar el Jordán.* Los sacerdotes que llevaban el Arca del Pacto recibieron la orden de encabezar la marcha del pueblo para pasar el Jordán, con el pueblo siguiendo a los sacerdotes a una distancia de unos 900 metros (Heb.: "Dos mil codos"). Dios prometió que Josué sería exaltado aquel día a los ojos de Israel (3:7-9), cuando ellos vieran por sí mismos que Dios estaba con él como había estado con Moisés.

3:14-17 *Caminando por donde había estado el agua.* Como se les había prometido, tan pronto como los pies de los sacerdotes tocaron el agua, el Jordán comenzó a secarse (3:14-17). Aunque estaba en el tiempo de la crecida, sus aguas "de arriba se detuvieron como en un montón" entre unos 24 y 32 kilómetros al norte mientras Israel pasaba a pie enjuto. Los escépticos han afirmado que en realidad las aguas quedaron bloqueadas por un terremoto. Pero un terremoto no explicaría el repentino retorno de las aguas (4:18). E incluso si un terremoto fue la causa de su detención, su sincronización fue ciertamente milagrosa.

El Salmo 114:3, 5 recuerda el milagroso paso del Jordán por parte de Israel. El Señor permitiría más adelante unos pasos milagrosos del Jordán para Elías y Eliseo (2 R. 2:8, 14).

4:1-18 *Piedras para servir como señales.* Doce hombres escogidos (3:12) recogieron piedras del Jordán como memorial del paso milagroso. Josué también puso piedras señalando el lugar en el río donde los sacerdotes habían estado en pie con el Arca (4:9).

Los israelitas se dieron cuenta ahora de que Dios estaba obrando por medio de Josué igual como había estado obrando por medio de Moisés, y lo reverenciaron como su nuevo conductor (4:14).

Cuando todos los israelitas hubieron cruzado el cauce del río, Josué mandó a los sacerdotes que llevaban el Arca que también lo pasaran. Tras haberlo hecho ellos, "las aguas del Jordán se volvieron a su lugar, corriendo como antes sobre todos sus bordes".

4:19-24 *Narraciones alrededor de los fuegos del campamento en Gilgal.* Los israelitas acamparon en Gilgal y Josué edificó un memorial con las doce piedras que los doce hombres habían sacado del lecho del río. Mandó al pueblo que enseñasen a sus hijos el significado de aquel monumento: que el Señor los había hecho pasar el Jordán igual que los había hecho pasar por el Mar Rojo hacía cuarenta años. Su testimonio del milagro posibilitaría "que todos los pueblos de la tierra conozcan que la mano de Jehová es poderosa" (4:24).

5:1 *Los paganos paralizados por el temor.* Con Israel ahora al oeste del río, los peores temores de los paganos se convertían en realidad; eran bien conocedores de lo que Israel había hecho con otras naciones en días recientes (2:9-11).

5:2-9 *La circuncisión: La remoción del oprobio de Egipto.* Durante sus 39 años en el desierto, Israel no había observado la Pascua ni había circuncidado a sus hijos. Ahora, ya en la tierra, observaron la señal del pacto (véase Gn. 17:9-14); con ello "echaron rodando el oprobio de Egipto" ("Gilgal" significa "rodar").

5:10-12 *La primera Pascua en la Tierra Prometida.* Ahora que había llegado el tiempo apropiado del año (4:19; véase Éx. 12:2-6) y que el pueblo había sido preparado mediante la circuncisión (véase Éx. 12:48), Israel observó su primera Pascua en la Tierra Prometida. Estar en la Tierra Prometida involucraba una abundancia de alimento, de modo que el maná que Dios había suministrado en el desierto cesó ahora (véase Éx. 16:4-31).

SUJECIÓN: ISRAEL CONQUISTA CANAÁN (5:13—12:24)

5:13-15 *Un hombre con una espada dice: "Quítate las sandalias".* Cerca de Jericó, Josué se encontró con "el Príncipe del ejército de Jehová", indudablemente una aparición preencarnada de Cristo. Sus instrucciones a Josué fueron similares a las instrucciones a Moisés en Éxodo 3:1-5, y Josué obedeció de igual manera.

6:1-19 *LA CAMPAÑA CENTRAL: Preparativos para Jericó.* Al comenzar la campaña de Canaán, el primer objetivo militar de los israelitas era Jericó, cerca de Gilgal. Las órdenes del Señor para esta primera batalla serían una prueba de la obediencia de Josué, porque desde luego no eran nada convencionales según las normas militares: marchas alrededor de la ciudad durante siete días, culminadas por un toque de trompeta y un gran clamor en el séptimo; momento en el cual, según dijo Dios, se derrumbarían las murallas de Jericó.

Los despojos de Jericó debían ser enteramente consagrados al Señor (6:17-19). La ciudad y sus habitantes debían ser destruidos. Las únicas excepciones debían ser Rahab y todos los miembros de su familia que acudieran a su casa en pos de protección (2:17).

6:20-27 *Gritan, y las murallas se derrumban.* Israel siguió diligentemente las instrucciones, y Dios milagrosamente aplastó las murallas de Jericó. Los únicos supervivientes fueron Rahab y su familia. Al alejarse Josué de las ruinas de Jericó, maldijo a cualquiera que en el futuro fuera a intentar reconstruir la ciudad. Su maldición fue literalmente cumplida en los días de Acab (cp. 6:26 con 1 R. 16:34).

7:1-15 *El pecado de Acán causa la derrota ante Hai.* En 7:1 se expone que Acán, en directa oposición con 6:18-19, había tomado algo del despojo de Jericó. Debido a su pecado, "la ira de Jehová se encendió contra los hijos de Israel". Cuando un pequeño número de confiados israelitas se dirigió a Hai, Dios retuvo su bendición y fueron vencidos. Ignorante de pecado de Acán, Josué pensó que Dios había sido infiel a su promesa. Protestó que tales derrotas arrojarían descrédito sobre Dios entre los cananeos. El Señor reveló entonces que la derrota se debía a que había pecado en el campamento (7:11) y mandó a Josué que encontrase al ofensor y lo castigase (7:13-15).

7:16-26 *Fueron apedreados y quemados por su pecado.* Mediante el método de echar suertes, Acán fue descubierto como culpable. Cuando fue confrontado con su pecado, admitió que había codiciado algo de los despojos, y que los había robado y ocultado. Los bienes robados fueron encontrados en su tienda. Luego, Acán, su familia y su ganado fueron llevados al valle de Acor (que significa "turbación", 7:24-26), donde fueron apedreados y quemados. El Señor luego apartó su ira de contra Israel (7:26).

8:1-29 *Victoria en Hai.* Al disponerse Israel para una visita de regreso a Hai, el Señor prometió la victoria esta vez, y dio permiso para tomar los despojos. Mediante el inteligente uso de una emboscada, los israelitas vencieron a Hai.

8:30-35 *Gerizim y Ebal: Bendiciones y maldiciones.* Recordando las instrucciones de Moisés (Dt. 27:2-8), Josué llevó a Israel a los montes de Gerizim y Ebal, donde levantó un altar e inscribió en él las palabras de la ley. También, conforme al mandamiento de Moisés (Dt. 11:29; 27:12-13), dirigió a Israel en la recitación de las prescritas bendiciones y maldiciones desde los dos montes.

9:1-27 *LA CAMPAÑA MERIDIONAL: Alianza mediante engaño.* Cuando varios reyes amorreos se aliaron para luchar contra Israel, los gabaonitas decidieron separarse de ellos y buscar la paz. Se dirigieron a Israel, pretendiendo haber viajado una larga distancia —con la "prueba" de sus ropas viejas y pan mohoso— y pidieron a Israel que fuera su aliada. Israel tenía permitido hacer tales alianzas con naciones fuera de Canaán, pero no con naciones como Gabaón, que habitaban en Canaán (Dt. 20:10-18).

Josué e Israel cayeron en el engaño de los gabaonitas. En lugar de consultar con el Señor, accedieron precipitadamente a la alianza propuesta. Tres días después, los israelitas supieron que los habían engañado: que bien al contrario de proceder de una tierra lejana, los gabaonitas vivían a solo 32 kilómetros. Los israelitas se sintieron comprensiblemente burlados y enfurecidos, pero debido a que habían hecho una alianza bajo juramento, permanecieron comprometidos a ella. Sin embargo, estipularon que debido al engaño, los gabaonitas tendrían que ser esclavos de Israel (9:22-27).

10:1-11 *Alarmados por la alianza, declaran la guerra.* Cuando los reyes amorreos se enteraron de la alianza gabaonita-israelita, se sintieron alarmados y lanzaron una campaña de castigo contra Gabaón, con la esperanza de hacer de ella un escarmiento contra otras ciudades que pudieran estar considerando hacer la paz con Israel. Amenazados por los amorreos, Gabaón recordó a Josué la alianza concertada, y él vino a defenderlos. El Señor confundió y desbandó a los amorreos, azotándolos con pedrisco mientras huían.

10:12-15 *"Ningún día como aquel, ni antes ni después".* En lo más encarnizado de la batalla, Josué se dirigió al sol y le mandó que se detuviera. Y así lo hizo. "No se puso como en un día normal". Después de citar el "Libro de Jaser" como corroborando la historicidad de este singular acontecimiento, Josué observa: "Y no hubo día como aquel, ni antes ni después de él". Los escépticos han querido presentar este acontecimiento como un eclipse o algún otro fenómeno natural.

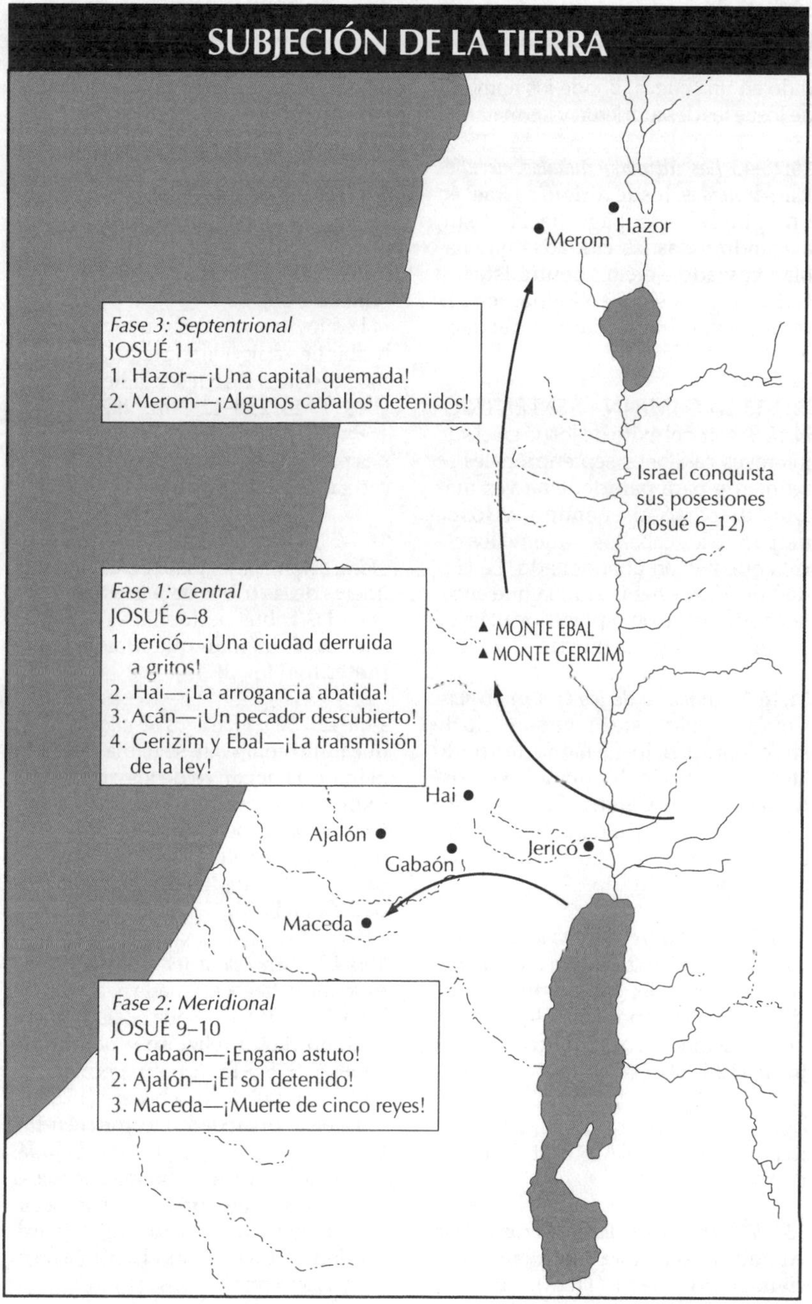
SUBJECIÓN DE LA TIERRA
Hazor
Merom
Fase 3: Septentrional
JOSUÉ 11
1. Hazor—¡Una capital quemada!
2. Merom—¡Algunos caballos detenidos!
Israel conquista
sus posesiones
(Josué 6–12)
Fase 1: Central
JOSUÉ 6–8
1. Jericó—¡Una ciudad derruida
a gritos!
2. Hai—¡La arrogancia abatida!
3. Acán—¡Un pecador descubierto!
4. Gerizim y Ebal—¡La transmisión
de la ley!
MONTE EBAL
MONTE GERIZIM
Hai
Ajalón
Gabaón
Jericó
Maceda
Fase 2: Meridional
JOSUÉ 9–10
1. Gabaón—¡Engaño astuto!
2. Ajalón—¡El sol detenido!
3. Maceda—¡Muerte de cinco reyes!

10:16-27 *Reyes cobardes capturados en una cueva.* Los reyes amorreos habían abandonado sus ejércitos y se habían escondido en una cueva, donde los hombres de Josué los descubrieron y los mataron.

10:28-43 *Las últimas ciudades meridionales vencidas.* Josué dirigió a Israel en una guerra relámpago hacia el sur, atacando todas las ciudades que habían enviado ejércitos contra Israel y Gabaón, y consiguió eliminar toda la resistencia organizada que quedaba en el sur de Canaán.

11:1-15 *LA CAMPAÑA SEPTENTRIONAL.* Al oír del éxito de Josué en el sur, los reyes cananeos septentrionales se reunieron para pararlo. Una vez más Dios dispersó al enemigo, y Josué desjarretó los caballos y quemó los carros que habían abandonado. La ciudad de Hazor había sido la que encabezó esta coalición septentrional. Josué quemó Hazor y dio muerte a su rey.

11:16-23 *Sumario de las tres campañas.* Como lo indica este breve sumario de sus conquistas, Josué había destruido ahora los principales puntos de resistencia por toda Canaán. Se puede calcular, sobre la base de la breve autobiografía de Caleb (14:6-12) que la conquista tomó siete años.

12:1-24 *Lista de reyes cananeos derrotados.* El capítulo 12 da una lista de naciones al este del Jordán que habían sido derrotadas por Moisés (12:1-6) y de las naciones al oeste derrotadas por Josué (12:7-24).

REPARTICIÓN: ISRAEL COLONIZA CANAÁN (13—21)

13:1-7 *Territorios todavía por conquistar.* Aunque Israel ahora controlaba esencialmente Canaán (11:23), quedaba todavía "mucha tierra" por poseer. Pero aunque la conquista había quedado incompleta, Dios mandó a Josué que comenzara dividiendo la tierra entre las tribus. Aparentemente, había dejado alguna tierra no conquistada para un propósito específico (Dt. 7:22).

13:8-33 *La tierra al este del Jordán para dos tribus y media.* A las dos tribus y media que ya habían recibido tierra al este del Jordán se les comunicó los límites de su heredad (13:8-13; véase Nm. 32:1-33).

Los levitas ya sabían que no iban a recibir tierra alguna; el Señor y los diezmos de Israel iban a ser la heredad de ellos (13:14; 21:1-42; Nm. 18:20-24).

En 13:15-33 se describen las porciones precisas de Transjordania dadas a cada una de las dos tribus y media.

14:1-5 *La tierra al oeste del Jordán: "Divídela por suertes".* Josué, Eleazar y los líderes de las tribus debían asignar tierra a las tribus occidentales echando suertes, el método que Moisés había prescrito (Nm. 26:55).

14:6-15 *¡Bien vivo a los 85 años!* Caleb, que junto con Josué se había resistido al informe negativo de los diez espías (Nm. 14), recordó a Josué aquel acontecimiento y las especiales promesas de Dios para ellos. Todavía fuerte y sano con 85 años, Caleb recibió la ciudad de Hebrón.

15:1-63 *Tierra para Judá.* 15:-12, 20-63 describe la tierra asignada a la tribu de Judá. Jerusalén, escogida posteriormente como centro religioso y político de Israel (2 S. 5:6-12; 6:1-19), permanecía bajo el control de los jebuseos (15:63).

Habiendo heredado Hebrón (14:6-15), Caleb, que pertenecía a la tribu de Judá, ofreció a su hija Acsa en matrimonio a quienquiera que pudiera tomar Debir, una ciudad cercana a Hebrón. Otoniel, sobrino de Caleb, tomó Debir y consiguió a Acsa como esposa (15:13-19).

16:1—17:13 *Tierra para los descendien-*

REPARTICIÓN DE LA TIERRA

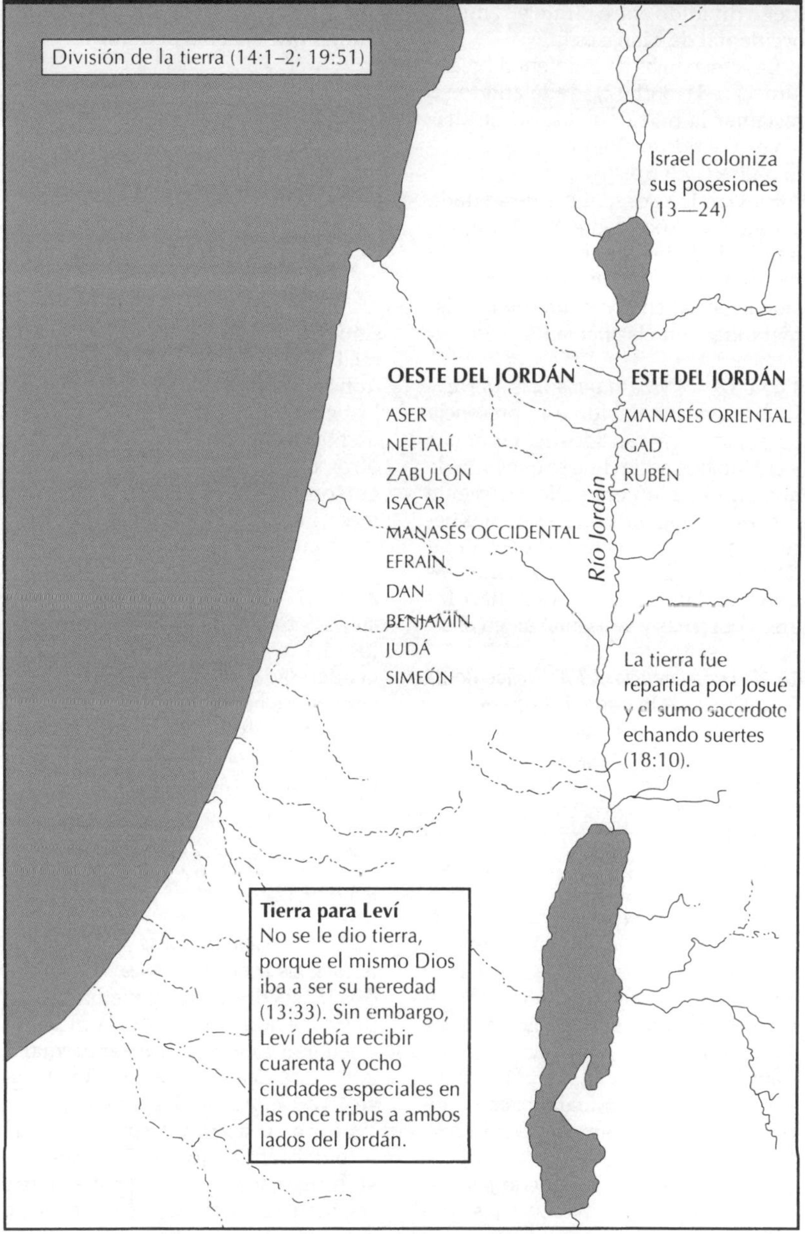

tes de José. El territorio para los descendientes de José fue evidentemente delimitado como una heredad, y fue luego dividido entre Efraín y la mitad occidental de Manasés.

Las cinco hijas de Zelofehad (véase Nm. 27:1-11; 36:1-12) se adelantaron a reclamar la tierra que Moisés les había prometido en nombre de su difunto padre (17:3-6).

En 17:7-13 se describe la tierra dada a Manasés en occidente. Varias importantes ciudades cananeas cerca de la Llanura de Esdraelón recibieron mención especial en el sentido de que Israel todavía no las había tomado.

17:14-18 *"!Necesitamos más tierra!"* Probablemente debido a la presencia de cananeos no vencidos, los efrainitas y el Manasés occidental se quejaron de que su tierra no era suficientemente grande. En lugar de ofrecerles más tierra, Josué les presentó dos posibilidades: O bien eliminaban a los cananeos que quedaban, o desmontaban las áreas boscosas y se asentaban en ellas.

18:1 *Transferencia del Tabernáculo de Gilgal a Silo.* A lo largo de la conquista, la base de operaciones de Israel había estado en Gilgal. Ahora Josué escogió un emplazamiento más central, Silo, y levantó allí el Tabernáculo (18:1). Silo sería el centro religioso y político de Israel durante el período de los jueces.

18:2—19:48 *Tierra para las restantes siete tribus.* Treinta y seis hombres exploraron la tierra restante para las siete tribus que aun no habían recibido su tierra. Se echaron suertes para asignar las heredades de Benjamín, Simeón, Zabulón, Isacar, Aser, Neftalí y Dan.

Judá había recibido demasiada tierra, de modo que Simeón recibió parte de la misma (19:9).

La tribu de Dan no quedó satisfecha con la parte recibida, y más adelante se trasladó a un emplazamiento al norte (Jue. 18).

19:49-51 *Una parte especial para el dirigente.* Después que todas las tribus hubieron recibido su heredad, honraron a Josué dándole Timnat-sera, la ciudad que él había pedido.

20:1-9 *Las seis ciudades de refugio.* Josué designó tres ciudades de refugio al oeste del Jordán y confirmó las tres que Moisés había ya designado al este (véase Nm. 35:6-34; Dt. 4:41-43).

21:1-42 *Los levitas reclaman sus ciudades.* Los levitas sabían que no iban a recibir un territorio con las otras tribus, sino que Moisés había prometido que recibirían unas ciudades especiales donde habitar (13:14; Nm. 35:2-5). Josué asignó 13 ciudades a los descendientes de Aarón (21:4, 9-19), 10 a los otros coatitas (21:5, 20-26), 13 a los gersonitas (21:6, 27-33), y 12 a los meraritas (21:7, 34-41), para un total de 48 ciudades levíticas.

21:43-45 *"¡Él ha guardado todas sus promesas!"* Con toda la tierra asignada, Josué ofreció un testimonio acerca de la fidelidad de Dios. Él había introducido el pueblo en la tierra y les había dado paz. "Todas las buenas promesas que Jehová había hecho a la casa de Israel; todo se cumplió".

DECISIÓN: JOSUÉ LLAMA A ISRAEL A LA FE (22—24)

22:1-9 *Llamamiento a la fe de parte de Josué a las tribus orientales.* Los soldados de las dos tribus y media habían permanecido fieles a su promesa de quedarse con las tribus occidentales hasta que Canaán fuese tomada (véase 4:12-13). Al prepararse ahora para volver a su tierra y a sus familias al este del Jordán, Josué los elogió por su lealtad, los invitó a tomar su parte del botín conseguido, y los amonestó a guardar la ley.

22:10-34 *Un altar junto al río provoca una polémica.* Tras haber pasado los guerreros orientales el Jordán de camino a sus hogares, se detuvieron para edificar un gran altar, que evidentemente se podía ver desde una gran distancia. Cuando las tribus occidentales lo vieron, sospecharon que los orientales estaban cometiendo un acto de rebelión contra el Señor, estableciendo un lugar rival de culto. Entonces se prepararon para una guerra santa.

Pero antes de emprender la guerra, y en cumplimiento de la ley (Dt. 13:12-15), Finees, hijo del sacerdote Eleazar, acudió encabezando una delegación para determinar si este nuevo altar era en realidad un acto de rebelión. Con pasión, recordó a las tribus orientales las pasadas rebeliones de Israel y los castigos que les habían venido de parte de Dios.

Las tribus orientales insistieron en el sentido de que el altar no era para ningún culto idolátrico, sino para recordar a sus hijos que adoraban al mismo Dios que las tribus al oeste del Jordán (22:24-27). Esta explicación satisfizo a Finees y a los delegados. Éstos informaron a las tribus occidentales, y todos se alegraron de que no hubiera implicación en la idolatría, y que se hubiera evitado una guerra civil.

23:1-16 *Llamamiento a la fe de parte de Josué a los dirigentes.* Josué recordó a los dirigentes de Israel todo lo que habían visto que Dios había hecho por ellos. Los amonestó a que obedecieran la ley y se separasen de las naciones que estaban a su alrededor. Los advirtió de que la mezcla con sus vecinos paganos serían un lazo para ellos. Les advirtió de que el Dios que los había bendecido fielmente por su obediencia (23:14) los castigaría con la misma fidelidad si le desobedecían (23:15-16).

"Esforzaos, pues, mucho en guardar y hacer todo lo que está escrito en el libro de la ley de Moisés" (23:6) es el eco de las palabras de Dios a Josué antes de la conquista (1:6-9; véase también 1:18; 10:25).

24:1-13 *Llamamiento a la fe de parte de Josué a toda la nación.* Llamando a Israel a Siquem para darles su último discurso registrado, Josué les recordó la bondad de Dios al llamar a Abraham para que saliera de su ambiente pagano y viniera a la tierra de Canaán. Dios había sido fiel en proteger y proveer para Isaac, Jacob y Esaú. Él había enviado a Moisés y Aarón para liberar a Israel de Egipto. Él los había liberado haciéndoles pasar el Mar Rojo. Él había luchado por ellos contra los amorreos en Transjordania y había impedido que Balaam los maldijera.

Dios los había equipado para que conquistasen toda Canaán, centro, sur y norte, dándoles "ciudades que no edificasteis" y "viñas y olivares que no plantasteis" (24:11-13).

24:14-15 *"Pero yo y mi casa..."* ¿Cómo iba a responder Israel a la fidelidad de Dios? Josué no podía responder a esta pregunta por toda la nación, "pero yo y mi casa —dijo él—, serviremos a Jehová".

24:16-28 *La respuesta de ellos: "También nosotros le serviremos".* Retados por la consagración personal de Josué, el pueblo respondió que también ellos servirían a Dios y lo obedecerían. Josué hizo un pacto con el pueblo y levantó una piedra como memorial.

24:29-32 *La muerte de Josué.* Josué murió a los 110 años de edad, y fue sepultado cerca de su posesión en Timnat-sera. Un héroe de otra generación también recibió honra en aquel tiempo, al ser sepultados en Canaán los huesos de José, tal como él lo había pedido (véase Gn. 50:25).

24:33 *La muerte de Eleazar.* El sumo sacerdote Eleazar, el compañero espiritual de Josué, también murió, y fue sepultado.

❖ ❖ ❖

PERSONAS A RECORDAR DE JOSUÉ

CALEB

Hecho clave: Con Josué, resistió el informe negativo de los otros diez espías (Nm. 14:6-9)
Padre: Jefone (Nm. 13:6)
Hijos: Iru, Ela y Naam (1 Cr. 4:15)
Hija: Acsa (15:16)
Ocupación: Militar (14:6-14)
Total de referencias bíblicas: 28
Referencias clave: 14—15; 21:12; Nm. 13—14; Jue. 1; 1 Cr. 6:56

Habla Caleb

Por fin, el lugar de sepultura de Abraham y Sara ha quedado limpio de sus ocupantes paganos. Poderosos guerreros, esos hijos de Anac; ¡pero sus feroces luchadores no pudieron nada contra mis "luchadores de la fe"! No es un mal logro para un viejo militar retirado de 85 años. Si solo nuestro pueblo hubiera ejercitado su fe en Dios en Cades-barnea aquel tenebroso día hace 45 años. ¡Qué triste e irónico que nuestra solitaria tribu de Judá haya justo derrotado a esos "gigantes" que tanto aterrorizaron a toda nuestra nación en Cades-barnea (14:6-15; Nm. 13:31—14:4).

Tengo la esperanza de que Otoniel imite *mi* ejemplo, y no el de ellos. Espero que se cuide bien de nuestra herencia aquí en Hebrón. Y espero que se cuide bien de Acsa. ¡Ella ha sido siempre muy tenaz, como lo ha demostrado otra vez pidiendo todo este territorio extra! ¡Siempre me imaginé que se precisaría de un buen soldado para un buen marido para ella! (15:13-19).

Lecciones espirituales de Caleb

- La opinión de la mayoría no siempre es la opinión correcta (Nm. 13:26-31).
- Con el paso de los años, un creyente lleno del Espíritu es cada vez mejor y más valiente. (14:6-12).

Versículo clave

"Pero mi siervo Caleb, por cuanto hubo en él otro espíritu, y decidió ir en pos de mí, yo le meteré en la tierra donde entró, y su descendencia la tendrá en posesión" (Nm. 14:24).

JOSUÉ

Hechos clave: Sucesor de Moisés, introdujo a Israel en la Tierra Prometida (1:1-3)
Padre: Nun (Éx. 33:11)
Ocupación: Soldado, caudillo nacional (Éx. 17:9; Dt. 34:9)
Hechos clave en su vida:

- Resiste el informe negativo de los otros espías (Nm. 14)
- Escogido para suceder a Moisés (Nm. 27:16-23)
- Introduce a Israel en Canaán (3—4)
- Conquista Jericó (6)
- Renueva el pacto en el Monte Ebal (8:30-35)
- Manda al sol que se detenga (10:12-14)

- Termina la conquista de Canaán (11)
- Ayuda a distribuir la tierra a las doce tribus (13—21)
- Últimas exhortaciones a Israel (22—24)

Edad al morir: 110 (24:29-30)
Total de referencias bíblicas: 201
Referencias clave: 1—24; Éx. 17; 24:13; 32—33; Nm. 11:26-30; 13—14; 26:65; 27:12-23; 32:11-12; Dt. 3:21-28; 31; 34:9; Jue. 2; He. 4:8

Habla Josué

"Escogeos hoy a quien sirváis". Eso es lo que dije a Israel, Señor. Y entonces Israel te dijo: "Nosotros también serviremos a Jehová, porque solo él es nuestro Dios" (24:15-18).

Te ruego que así lo hagan, como lo han prometido.

Estos tres últimos años han sido bastante sosegados. El único incidente grave fue el del altar junto al Jordán, pero Finees se cuidó de aquello sin necesidad de recurrir a mí. ¡Cómo he disfrutado este tiempo de paz y tranquilidad! Parece que la mayor parte de mi vida haya sido febril y llena de actividad. Los primeros 54 años fueron lo peor, criado en Egipto como esclavo (11:23; 22:10-34).

Entonces fue cuando irrumpió en nuestro pueblo aquel hombre con su mensaje de la zarza ardiendo, y que cambió nuestra vida para siempre. "¡Deja ir a mi pueblo!" Este fue su mensaje de Dios. Bien poco consciente era yo de que en el espacio de seis meses no solo sería un hombre libre, sino que también iba a ser designado el jefe del ejército de Israel. ¡Qué victoria la que tuvimos allí al pie de Sinaí! Todavía me abruma pensarlo: De esclavo a soldado, y luego a sucesor del mismo Moisés (Éx. 5:1; 17:9; 13—16; Nm. 27:18-23).

Caleb paso a verme hace poco. Fue bueno oír su testimonio. Los dos estuvimos recordando nuestra trascendental misión desde Cades-barnea. De hecho, incluso recordamos nuestro reto a aquella atemorizada muchedumbre: "No os rebeléis contra el Señor, y no tengáis temor de la gente de la tierra. ¡Son solo una presa inerme en nuestras manos! ¡Carecen de protección, y el Señor está con nosotros! ¡No les temáis!" Si tan solo nos hubieran creído entonces, la mayoría de los que murieron en el desierto estarían ahora en Canaán, ¡y Caleb y yo habríamos llegado aquí hace ya cuarenta años! Pero no nos creyeron, de modo que, ¡aquí estoy, comenzando una nueva vida a mis 110 años! (Nm. 13—14).

"Has de conducir a mi pueblo a través del río Jordán y a la tierra que les doy". Esto es lo que me mandaste hacer hace 10 años, Señor. Y con la ayuda del Príncipe de tu ejército, esto es lo que he hecho (1:2; 5:13-15).

Lecciones espirituales de Josué

- Los buenos dirigentes han de ser primero buenos ayudantes (Éx. 17:8-10; 24:13; 33:11; Nm. 27:16-23).
- Las situaciones imposibles dan gloriosas oportunidades para confiar en Dios (Nm. 14:6-9).
- Incluso los más fieles pueden dejar que el temor suplante a la fe (7:1-9).
- Las decisiones precipitadas tomadas sin oración pueden ser causa de lamentaciones (9:1-27, especialmente 9:14).
- Deberíamos mantenernos por nuestra fe, tanto si otros están a nuestro lado como si vamos solos; nuestra fe puede dar ejemplo a otros, especialmente a aquellos en nuestra propia familia (24:14-15).

Versículo clave
"Y si mal os parece servir a Jehová, escogeos hoy a quién sirváis; si a los dioses a quienes sirvieron vuestros padres, cuando estuvieron al otro lado del río, o a los dioses de los amorreos en cuya tierra habitáis; pero yo y mi casa serviremos a Jehová" (24:15).

RAHAB

Hechos clave: Ex prostituta, salvó las vidas de los espías israelitas en Jericó, y fue antepasada de Cristo (2; 6; Mt. 1:5).
Marido: Salmón (Mt. 1:5)
Hijo: Booz (Mt. 1:5)
Total de referencias bíblicas: 8
Referencias clave: 2; 6; Mt. 1:5; He. 11:31; Stg. 2:25

Habla Rahab
Sabía, por la razón que fuere, que esos espías hebreos cumplirían su palabra y me salvarían con mi familia en aquel día increíble. ¿Cómo podré jamás olvidar la ansiedad de mis vecinos al marchar aquella multitud de israelitas, que ya se habían hecho tan famosos, alrededor de nuestra ciudad durante siete días? Para mi familia, fue de hecho un alivio cuando las trompetas tocaron y las murallas se desplomaron a todo nuestro alrededor. Nuestra ciudad y todos nuestros amigos fueron destruidos, pero cuando recuerdo la depravada vida que llevábamos, sé que aquello tenía que venir (2:6; Dt. 9:4; He. 11:31; Stg. 2:25).

Yo misma estaba bien sumergida en aquello, y todavía llevó las cicatrices de mi vergonzoso pasado. Ninguna mujer puede venderse como lo hice durante tantos años y quedar sin consecuencias. Pero las cosas cambiaron para siempre desde el momento en que ayudé a aquellos dos hebreos y me casé y pasé a formar parte de una tribu hebrea. La vida ha sido buena aquí en Belén. Los campos de cebada de mi marido han producido en abundancia. Pero la mayor bendición ha sido el nacimiento de Booz. Ha resultado no solo un hijo maravilloso, sino también un sabio negociante y ha cuidado bien de nuestros campos (Rt. 2:3; Mt. 1:5).

Solo querría que Booz se casase y sentase la cabeza. Por alguna razón ninguna de las muchachas de Belén le ha atraído. Claro, cuando llegue el momento se casará con alguien de Judá, ¡no con una extraña! Pero, por otra parte, ¡quién sabe! Si la gracia de Dios no hubiera dirigido a su padre a escoger una muchacha cananea, ni la madre ni el hijo estaríamos hoy aquí (Rt. 4:13-22).

Lecciones espirituales de Rahab

- Incluso alguien aparentemente lejos del Señor puede responder con fe cuando se le da la oportunidad (2:1-22; He. 11:31).
- La realidad de la fe se demuestra con buenas obras (2:1-22; Stg. 2:24-25).
- Dios recuerda y recompensa nuestras buenas obras (He. 6:10). El ministerio de Rahab a los dos espías israelitas le dio un puesto en la genealogía del rey David y del mismo Mesías (Mt. 1:5-6, 16).

Versículo clave
"Por la fe Rahab la ramera no pereció juntamente con los desobedientes, habiendo recibido a los espías en paz" (He. 11:31).

JUECES

—1446 a.C.
El éxodo

—1406
Israel entra en Canaán

—1377
Otoniel, primer juez

TRASFONDO

Ahora que los israelitas estaban asentados en la Tierra Prometida, comenzaron a experimentar los problemas correlativos de la transigencia y de la apostasía. Al comprometer su encargo de erradicar totalmente a los depravados cananeos, cayeron una y otra vez en la idolatría e inmoralidad de aquellas naciones. Eso los iba a llevar a una serie de derrotas militares, seguidas de liberación por una serie de "jueces". Esos jueces no eran administradores legales sino enérgicos dirigentes que ayudaron a la nación a hacer frente a cada sucesiva crisis.

Jueces da el registro de un ciclo que se va repitiendo:

- pecado (Israel hizo "lo malo ante los ojos de Jehová": 2:11; 3:7, 12; 4:1; 6:1; 10:6; 13:1)
- servidumbre bajo naciones paganas
- súplica a Dios
- salvación (liberación)

—1093
Llamamiento de Samuel

—1075
Sansón, el último juez

La condición moral de Israel fue empeorando progresivamente al ir repitiéndose el ciclo descendente. Cada vez que un juez moría, "ellos volvían atrás, y se corrompían más que sus padres" (2:19).

—1051
Saúl, primer rey

La palabra hebrea traducida "juez" procede de una palabra que significa "ejercer autoridad". Los jueces fueron personas que usaron su autoridad para salvar o "librar" a Israel de la opresión. Varias formas de la palabra *juez* aparecen 20 veces en el libro de Jueces; y varias formas de *librar* aparecen 48 veces.

AUTOR

Desconocido. Algunos han sugerido que Samuel, que algunos consideran como el último juez de Israel (véase 1 S. 7:6, 15-17; Hch. 13:20), puede haber recopilado los registros de sus predecesores.

FECHA

Los acontecimientos que se describen en Jueces, desde la muerte de Josué hasta el comienzo de la monarquía, cubren 335 años (1380-1045 a.C.). La repetida observación de que "en aquellos días no había rey en Israel" (17:6; 18:1; 19:1;

21:25) sugiere que Jueces fue escrito durante la monarquía, quizá a. 1020. Esto significa que Samuel, que vivió unos 30 a 40 años dentro del reinado de Saúl, pudo haber sido su autor. Acerca de la sugerencia del NT de que el período de los jueces duró unos 450 años (Hch. 13:20), véase las versiones NLT o NVI para dicho versículo.

PROPÓSITO

- Mostrar que la amenaza externa de derrota en manos de otras naciones no es tan grave como la amenaza interna de la depravación moral e idolatría; la verdad es que las amenazas externas siempre proceden de problemas internos.
- Mostrar a Israel por qué llegaron a necesitar una monarquía de cuño humano para su nación: El Señor había de ser el rey de ellos, como Gedeón reconoció (8:23), pero eran tan malvados que llegó a ser necesaria una monarquía humana. El escritor ve una relación de causa y efecto entre el hecho de que no había rey en Israel y el hecho de que "cada uno hacía lo que bien le parecía" (17:6; 21:25).

COMPARACIÓN CON OTROS LIBROS DE LA BIBLIA

Josué:

- En Josué hay un liderazgo enérgico y continuado, y unidad entre las tribus; en Jueces no hay un dirigente continuo, y hay división entre las tribus.
- En Josué, Israel arrebata tierras a los cananeos; en Jueces, los cananeos arrebatan tierra a Israel.
- Josué pone énfasis en la obediencia, la victoria y la libertad; Jueces muestra desobediencia, derrota y esclavitud.

BOSQUEJO

LA SUJECIÓN DE ISRAEL (1:1—3:8)
- Prosigue la conquista de Canaán (1:1-26)
- Seis tribus fracasan y no conquistan sus tierras (1:27-36)
- La desobediencia y sus consecuencias (2:1—3:7)

LOS SOLDADOS DE ISRAEL (3:8—16:31)
- Otoniel (3:8-11)
- Aod y Samgar (3:12-31)
- Débora y Barac (4—5)
    - Gedeón (6—8)
    - Gedeón, preparación de un dirigente (6:11—7:15)
    - Primera victoria de Gedeón sobre los madianitas (7:16-25)
    - Victoria definitiva de Gedeón sobre los madianitas (8:1-21)
    - Gedeón gobierna sobre Israel (8:22-35)
- El reinado asesino de Abimelec (9)
- Tola y Jair (10:1-5)
- Los amonitas oprimen a Israel (10:6-18)
- El triunfo y la tragedia de Jefté (11:1—12:7)
- Ibzán, Elón y Abdón (12:8-15)
- Sansón (13—16)
    - Nacimiento de Sansón (13)

Sansón se casa con una filistea (14)
Hazañas de Sansón contra los filisteos (15)
Sansón y Dalila (16:1-22)
Muerte de Sansón (16:23-31)
LA VERGÜENZA DE ISRAEL
Idolatría de Micaía (17)
Idolatría y reasentamiento de los danitas (18)
El abominable crimen de los benjamitas (19)
La guerra civil contra Benjamín (20)
Reconciliación; esposas para Benjamín (21)

LA SUJECIÓN DE ISRAEL (1:1—3:8)

1:1-26 *Prosigue la conquista de Canaán.* El libro de Jueces reanuda la historia de la conquista de Canaán por parte de Israel. Varios incidentes que se registran en 1—2 repiten el relato de Josué.

Después de la muerte de Josué, quedaba aún tierra que arrebatar a los cananeos. Judá y Simeón derrotaron la ciudad de Bezec y capturaron a su rey, Adoni-bezec, al que aplicaron el mismo tormento que él había hecho padecer a otros: la pérdida de los pulgares de las manos y de los pies.

1:12-15 repite Josué 15:13-19, acerca de cómo Otoniel consiguió como esposa la hija de su tío Caleb (3:8-11).

Judá pudo conquistar las principales ciudades y la región montañosa de Filistea, pero los pobladores de los valles les resultaron demasiado formidables debido a sus carros herrados (1:16-19).

Aunque inicialmente Judá tomó Jerusalén (1:8), es evidente que ésta recuperó su libertad (1:21) y que se mantuvo bajo control jebuseo hasta los tiempos de David (2 S. 5:6-9).

Efraín y Manasés pudieron tomar Bet-el (1:22-26), una importante ciudad en la historia de los patriarcas (Gn. 28:10-19).

1:27-36 *Seis tribus fracasan y no conquistan sus tierras.* Manasés, Efraín, Zabulón, Aser y Neftalí se vieron incapaces de conquistar unas importantes ciudades cananeas. Incluso cuando se fortalecieron, no echaron a los cananeos, sino que los sometieron a servidumbre. Más adelante, Dan decidiría reasentarse en otra tierra antes que luchar para conseguir su tierra (18:1-31).

2:1-6 *Advertencias y llanto en Boquim.* El ángel de Jehová (véase exposición sobre Gn. 16:1-16) anunció que la incapacidad de Israel para echar a todos los cananeos era resultado de su desobediencia y contemporización con aquellas naciones paganas. El pueblo respondió con una exhibición pública de tristeza, y llamó el lugar Boquim ("llanto") para conmemorar el suceso.

2:7-19 *Una anticipación de la apostasía.* El autor da un sumario "por vía de anticipo" de la apostasía de Israel durante el tiempo de los jueces. Aunque Israel obedeció al Señor mientras vivió Josué, después de su muerte la nueva generación serviría a las deidades de Canaán, y como resultado caerían bajo el dominio cananeo. Incluso cuando Dios les enviase jueces para librar a Israel de la opresión, no le servirían. En lugar de ello, cada generación iría volviéndose crecientemente más pecaminosa (2:19).

2:20—3:7 *Matrimonios mixtos e idolatría.* Dios había permitido que los cananeos permanecieran en medio de

Israel como prueba de la lealtad de su pueblo para con Él. La asociación de Israel con los cananeos que quedaban llevó a matrimonios mixtos, y esos matrimonios mixtos condujeron a la idolatría (3:6), precisamente aquello contra lo que Moisés y Josué les habían advertido (Dt. 7:3-4; Jos. 23:6-13).

LOS SOLDADOS DE ISRAEL (3:8—16:31)

3:8-11 *Otoniel.* Debido al pecado de Israel, Dios permitió que fuesen oprimidos por un rey de Mesopotamia durante ocho años. Luego suscitó a Otoniel, sobrino y yerno de Caleb (1:12-15), que liberó a Israel. La tierra gozó luego de 40 años de paz.

"Y el Espíritu de Jehová vino sobre" Otoniel (3:10). Esto se dice también de Gedeón (6:34), Jefté (11:29) y cuatro veces acerca de Sansón (13:25; 14:6, 19; 15:14; véase exposición sobre 1 S. 9:27—10:8).

3:12-30 *Aod dirige con la izquierda.* Cuando Israel volvió "a hacer lo malo", Dios permitió que fuesen oprimidos durante 18 años por Eglón, rey de Moab. Después, Dios "les levantó un libertador", un benjamita llamado Aod. Había recibido el encargo de llevar tributo a Eglón, y usó su condición de zurdo para ocultar una daga con la que dio muerte al rey. Luego encabezó a los israelitas en una batalla victoriosa contra Moab, lo que dio paso a 80 años de paz (3:30).

3:31 *Samgar.* Samgar, otro libertador de Israel, dio muerte a 600 filisteos con una aguijada de bueyes.

4:1-3 *Jabín y sus 900 "tanques".* El Señor "vendió" a Israel en manos del rey cananeo Jabín, que con sus 900 carros dirigidos por Sísara tenía una decidida ventaja.

4:4-16 *Débora y Barac.* Débora, ya reconocida en Israel como profetisa, pasó ahora a ser juez. Evidentemente, Barac había ignorado la orden de Dios de que dirigiese un ejército contra los opresores cananeos. Cuando Débora se lo recordó, él accedió a ir solo si ella lo acompañaba. Débora aconsejó a Barac acerca de cuándo luchar (4:14), y el Señor causó la desbandada del ejército cananeo.

A pesar de que Barac quedó algo en la sombra de Débora, en otros pasajes es designado como libertador de Israel (1 S. 12:11) y como hombre de fe (He. 11:32).

4:17-24 *Sísara busca refugio en la tienda equivocada.* Consciente de la derrota, Sísara huyó a pie y buscó refugio en la tienda de Jael, suponiendo que era amiga. Jael, sin embargo, era leal a Israel, y mientras Sísara dormía le atravesó la cabeza con una estaca de la tienda y lo mató, con lo que se cumplió la predicción de Débora (4:9).

5:1-31 *Débora y Barac cantan un cántico de victoria.* Después de su victoria, Débora y Barac cantaron un cántico de alabanza al Señor por aquellos que se habían presentado voluntarios a la batalla. El cántico llamaba a los reyes vecinos a que observasen las proezas de Dios. Reconocía las dificultades de Israel bajo la opresión cananea, y daba a Dios todo el crédito por la victoria.

A la vez que elogiaba específicamente a las tribus de Zabulón y Neftalí por su abnegada participación (5:18), el cántico denunciaba de manera específica a otras tribus —Rubén, Dan, Aser y "Galaad"— por no participar (5:15-17). "Galaad" se refiere probablemente a las tribus orientales de Gad y la mitad de Manasés.

El cántico reconocía la intervención de Dios en favor de Israel, probablemente con el envío de una lluvia torrencial que hizo que el campo de batalla se embarrase demasiado y se

LAS TRIBUS Y SUS ENEMIGOS

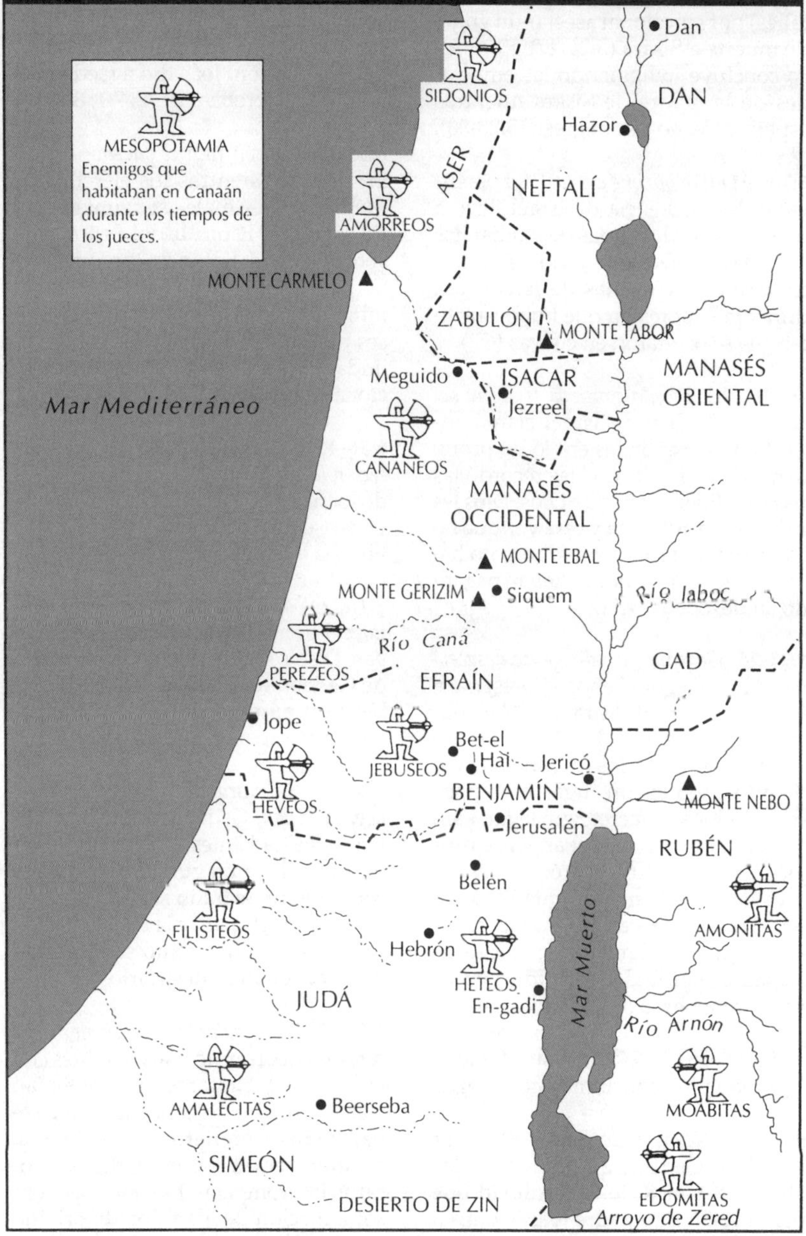

volviese imposible para los carros del enemigo (5:20-22; véase 4:7, 15).

Jael recibe elogios (con gráficos detalles) por su valor al asestar un golpe de muerte a Sísara (5:24-27). El cántico concluye imaginando las emociones de la madre de Sísara mientras espera en vano a su regreso (5:28-30).

6:1-6 *Madián oprime a Israel.* La persistente desobediencia de Israel llevó a una invasión de hordas de madianitas y amalecitas. Durante varios años destruyeron las cosechas de Israel. Tan dura era la opresión que hubo israelitas que se ocultaron en cuevas (6:2).

6:7-10 *"El pecado conlleva tristeza: así de simple".* Cuando Israel clamó angustiado al Señor, les envió un profeta no identificado, que les recordó las pasadas liberaciones de Dios. Dios les había advertido una y otra vez que no adorasen a dioses ajenos, pero no habían obedecido. Ahora estaban pagando su desobediencia.

6:11-24 *Gedeón: ¿un dirigente desacertado?* El ángel del Señor se presentó a Gedeón, que era de la tribu de Manasés, mientras éste trataba de salvar un poco de grano de los invasores, sacudiendo trigo en un lugar bien poco convencional y secreto: un lagar. Para sorpresa de Gedeón, el ángel se dirigió a él llamándolo "varón esforzado y valiente" y le mandó que librase a Israel de los madianitas. A esto, repuso que él era "el menor en la casa de su padre" (6:15). Gedeón pidió una señal para tener la seguridad de su llamamiento. Cuando trajo una ofrenda al ángel, éste la tocó con su báculo, y la ofrenda fue consumida con fuego.

6:25-32 *"Contienda Baal".* El Señor mandó a Gedeón que derribara los altares paganos de la fertilidad que pertenecían a su padre Joás, y que en su lugar edificase un altar al Señor. Cuando Gedeón lo hizo así, sus vecinos se encolerizaron y pidieron a Joás que entregara a su hijo para ser ejecutado. Joás respondió que si Baal era verdaderamente un dios, que le dejaran defenderse a sí mismo. En honor de esta ocasión, Joás dio a Gedeón el nombre de Jerobaal (6:32; 7:1; 8:29).

6:33-35 *Gedeón toca el cuerno y reúne un ejército.* Mientras los ejércitos de Madián y de Amalec se reunían contra Israel, el Espíritu del Señor vino sobre Gedeón. Entonces tocó un cuerno para convocar un ejército, y la familia de su padre respondió. Entonces fueron mensajeros a las tribus colindantes para reunir a hombres adicionales (6:33-35).

6:36-40 *La señal: Húmedo una mañana, seco a la siguiente.* Por medio de otras dos señales que implicaban un vellón, Dios aseguró de nuevo a Gedeón que libraría a Israel por medio de él.

7:1-8 *Dios ordena algunos recortes militares.* Por medio de una serie de pruebas, Dios redujo el ejército voluntario de Gedeón de 32.000 a solo 300 hombres: un número ridículo en comparación con los 135.000 madianitas.

7:9-15 *¡Su moral se refuerza con una hogaza de pan!* Gedeón recibió una última seguridad antes de la batalla al oír de incógnito a un guerrero madianita contando un extraño sueño acerca de una hogaza de pan, y la interpretación que le hacía otro, como significando que Gedeón iba a destruirlos.

7:16-25 *Teas ardientes, toques de trompetas.* Gedeón armó a sus hombres con trompetas y cántaros que contenían teas. En medio de la noche, a una señal, todos rompieron sus cántaros, dejando ver las teas encendidas, y tocaron las trompetas. La sobrecogedora combinación de luz y sonido originó una confusión en masa en medio de los madianitas, muchos de los cuales se atacaron entre sí, mientras otros trataban de huir.

8:1-3 *Gedeón el diplomático.* Los hombres de Efraín se sintieron evidentemente celosos por la victoria inicial de Gedeón, y lo criticaron encolerizados por no haberlos llamado antes para ayudarle. La diplomacia de Gedeón sirvió para aplacar sus ánimos (véase exposición sobre 12:1-7).

8:4-9 *"¡Volveré!"* Mientras Gedeón perseguía a los madianitas más allá del Jordán, trató de conseguir alimentos para sus exhaustos hombres en dos ciudades israelitas de Transjordania. Temiendo represalias de los madianitas en caso de que Gedeón no los derrotase del todo, esas ciudades rehusaron ayudar a Gedeón. Entonces Gedeón amenazó con volver y castigarlos cuando su misión quedase cumplida.

8:10-21 *Victoria y venganza.* La mayoría de los madianitas ya habían sido muertos; solo quedaban 15.000 para Gedeón en el desierto oriental. Tras haberlos derrotado, volvió y se cobró venganza sobre las ciudades que habían rehusado ayudarle.

8:22-35 *Rechaza la corona, pero no puede resistirse al oro.* Los israelitas querían hacer de Gedeón su rey. Sabiamente, rechazó el ofrecimiento, declarando que solo Dios debía reinar sobre Israel. Pero sí que pidió, por la victoria, los zarcillos de oro tomados como botín. Con el oro hizo una especie de imagen, que el pueblo tornó en un objeto de culto. A pesar de esta idolatría, Israel gozó de paz durante 40 años. Gedeón tuvo muchas esposas y 70 hijos.

Después de la muerte de Gedeón (8:32-35), Israel olvidó pronto la liberación del Señor y se volvió al culto de Baal.

9:1-57 El reinado asesino del hijo de Gedeón. Abimelec, hijo de Gedeón con su concubina siquemita, aspiraba a ser rey. Tras persuadir a los parientes de su madre para que le apoyasen, alquiló a unos asesinos para dar muerte a sus 70 medio hermanos, eliminando así toda posible competencia. El plan asesino tuvo éxito; solo escapó uno de los 70. El pueblo de Siquem proclamó a Abimelec como su rey.

Jotam, el medio hermano superviviente, contó una parábola que presentaba a Abimelec como indigno de ser rey (9:7-15) y pronunció una maldición sobre Siquem, prediciendo que Abimelec y los siquemitas acabarían matándose entre ellos.

Después que Abimelec hubo reinado tres años hubo un conflicto entre él y el pueblo de Siquem. En 9:24 se declara que la mano de Dios estuvo en la generación de este conflicto, para que tanto Abimelec como el pueblo de Siquem pagasen su crimen contra los 70 hijos de Gedeón. En 9:25-57 se muestra la providencia de Dios obrando en tanto que, cumpliéndose la predicción de Jotam, Abimelec y los siquemitas acabaron matándose entre sí.

10:1-5 *Tola y Jair.* Tola, de la tribu de Isacar, juzgó a Israel por 23 años en base de unos hechos no especificados. Jair, un galaadita con 30 hijos, juzgó durante 22 años.

10:6-9 *¿Es que nunca aprenderán? ¡El pecado trae sufrimiento!* A pesar de todas sus dificultades pasadas, Israel siguió sirviendo más y más a las deidades extranjeras, y el Señor comenzó a someterlos a opresión bajo dos frentes: los filisteos al oeste y los amonitas al este.

10:10-18 *"Esta vez se quedan solos".* Por primera vez durante el período de los jueces, Israel admitió que habían pecado. Pero al parecer Dios sabía que su arrepentimiento no era genuino, porque declaró que ya no los libraría más (10:13). Se angustiaría a causa de

EL TIEMPO DE LOS JUECES

La acción durante este período se centra alrededor de doce protagonistas o grupos de personas

EL ÁNGEL DE JEHOVÁ	(Jue. 2:1; 6:11; 13:3)
EL ESPÍRITU DE DIOS	(Jue. 3:10; 13:25; 14:6; 15:14)
UN ESPÍRITU PERTURBADOR	(Jue. 9:23)
DOCE REFORMADORES MILITARES	(Jue. 3—8; 10—16)
UN CARNICERO SANGUINARIO	(Jue. 9)
UN HIJO IDÓLATRA	(Jue. 17—18)
UN LEVITA COBARDE	(Jue. 19—20)
UNA MUCHACHA MOABITA	(Rt. 1—4)
UN SACERDOTE INDISCIPLINADO	(1 S. 1—4)
UNA MADRE DEDICADA	(1 S. 1—2)
ALGUNOS FILISTEOS FRUSTRADOS	(1 S. 5—6)
UN PREDICADOR ITINERANTE	(1 S. 7)

sus aflicciones (10:16), pero no les suscitaría un nuevo juez. Esta vez, Israel tendría que buscarse su propio libertador.

11:1-11 *La prueba de Jefté.* Jefté, un manaseíta, había sido rechazado por sus medio hermanos porque su madre era una prostituta. Pero tras haber sido echado de su hogar y de su comunidad, Jefté demostró que era un dirigente capaz. Cuando los amonitas estaban preparándose para atacar, el pueblo de Jefté le rogó que volviera para dirigirlos.

11:12-33 *El triunfo de Jefté.* Después de tratar de negociar con los amonitas, Jefté se preparó para la batalla. Antes de salir a luchar, hizo un voto precipitado de que si el Señor le daba la victoria sobre los amonitas, le ofrecería en holocausto "cualquiera que saliere de las puertas de mi casa a recibirme" (11:30-31). Poco se cuenta de la batalla, excepto que Jefté fue victorioso.

11:34-40 *La tragedia de Jefté.* Para horror de Jefté, cuando volvió al hogar su única hija fue la primera en salir para recibirlo. Tanto él como su hija estuvieron de acuerdo en que estaba obligado a cumplir su voto. Después de pasar dos meses con sus amigas, volvió a su padre, y él cumplió el voto dándole muerte. Las acciones de Jefté estaban basadas en tradiciones paganas y no habrían tenido la aprobación de Dios.

12:1-7 *Shibboleth: ¡Pronúncialo mal, y eres hombre muerto!* Igual que había sucedido con el manaseíta Gedeón, los efrainitas sintieron celos del éxito del manaseíta Jefté. Lo acusaron de no llamarlos para ayudarle cuando fue a la lucha contra los amonitas (12:1). Jefté no era un diplomático como Gedeón, sino que reprendió ásperamente a los efrainitas por no haber acudido cuando *sí* los había llamado (12:2-3). Los hombres de Jefté se volvieron contra los efrainitas, que intentaron escapar pasando el Jordán. Los que eran atrapados intentando cruzar el río eran obligados a decir "shibboleth" (que probablemente significa "corriente que fluye"). Todos los que lo pronunciaban como "sibboleth", usando el sonido *s* en lugar del *sh*, eran considerados como escapados de los efrainitas y se les daba muerte. *Shibboleth* ha sido preservado hasta nuestros tiempos como sinónimo de "contraseña" o "prueba de fe".

12:8-15 *Ibzán, Elón y Abdón.* Ibzán, un betlemita con 30 hijos y 30 hijas, juzgó Israel durante siete años. Elón, de la tribu de Zabulón, juzgó Israel durante 10 años. Abdón, de la tribu de Efraín, juzgó Israel durante ocho años. Éste tuvo también una familia grande: 40 hijos y 30 nietos.

13:1-25 *El nacimiento de Sansón.* El ángel de Jehová se apareció a la estéril esposa de Manoa y le anunció que iba a tener un hijo. Ella debería evitar las bebidas fuertes, porque su hijo sería nazareo de nacimiento (véase exposición sobre Nm. 6:1-21), con la especial misión de "comenzar" a liberar a Israel de los filisteos (13:5). Israel no derrotaría a los filisteos de manera decisiva hasta la época de David.

Una posterior visita angélica aseguró a Manoa y a su mujer la implicación sobrenatural de Dios en el nacimiento de su hijo. El niño Sansón nació, y mientras crecía, "Jehová lo bendijo" y "el Espíritu de Jehová comenzó a manifestarse en él" (13:24-35).

14:1-4 *Su mujer pagana forma parte del plan de Dios.* Sansón vio una muchacha filistea y quiso casarse con ella. Sus preocupados padres se preguntaban por qué no buscaba una muchacha israelita para casarse. La respuesta de Sansón expuso la actitud espiritual de su época: "Tómame ésta por mujer, porque ella me agrada" (14:3). Pero ninguno de ellos sabía que este matrimonio formaba parte del plan de Dios para usar a Sansón para luchar contra los filisteos (14:4; véase 13:5).

14:5-18 *La miel, el enigma y la traición.* De camino a la casa de la muchacha filistea para hacer los preparativos de la boda, Sansón se encontró con un león. El Espíritu de Jehová le dio fuerza para matarlo. Más tarde, cuando volvía por aquel camino para su boda, descubrió que las abejas habían hecho un panal en el cadáver del león. En su fiesta de boda, Sansón propuso un enigma que tenía que ver con el panal, y apostó a que ninguno de sus invitados podría resolverlo. (Solo alguien que le hubiera visto encontrar la miel podría resolver el enigma.)

Los frustrados filisteos amenazaron con quemar la casa del padre de la novia si ella no se enteraba de la respuesta al enigma. Después de varios días de llorosos ruegos a Sansón, se enteró del secreto e informó a los invitados filisteos, que luego dieron la respuesta a Sansón.

14:19-20 *Mueren 30 para pagar su deuda.* Enfurecido por la traición, Sansón se dirigió a otra ciudad filistea, mató a 30 hombres, despojó sus cadáveres, tomando sus vestidos para pagar la apuesta por su enigma. Aunque las acciones de Sansón puedan parecer motivadas por cualquier cosa menos nada espiritual, "el Espíritu de Jehová" (14:19) lo estaba usando porque "buscaba ocasión contra los filisteos" (14:4).

15:1-8 *¡Mientras, su maestro de ceremonias le roba su esposa!* Cuando Sansón volvió para recoger a su mujer, le prohibieron verla. Suponiendo que Sansón la había abandonado, ¡su padre la había dado en matrimonio al maestro de ceremonias de la boda de Sansón (14:20; 15:2)! Sansón, enfurecido, empleó un método muy insólito para quemar los campos y las viñas de los filisteos. Cuando los filisteos tomaron represalias quemando a la esposa de Sansón y al padre de ella, un Sansón aun más enfurecido volvió a vengarse, matando más filisteos.

15:9-20 *Atado por 3.000, mata a 1.000.* Algunos de los hombres de Judá, temiendo las posibles represalias, persuadieron a Sansón para que les dejasen atarlo y entregarlo a los filisteos. Pero tan pronto como le hubieron entregado, el Espíritu de Jehová le dio fuerzas para liberarse, y mató a otros 1.000 filisteos.

16:1-3 *Las puertas de Gaza de nada sirven contra él.* Un envalentonado pero irreflexivo Sansón entró en Gaza para visitar a una prostituta. Los de Gaza intentaron entonces capturarlo cerrando las puertas de la ciudad, pero Sansón arrancó toda la estructura de las puertas y llevó pilares, puertas y cerrojos a un monte a más de 60 kilómetros de distancia.

16:4-22 *Pero la determinación de Dalila lo vence.* Los príncipes de las cinco principales ciudades filisteas prometieron cada uno pagar 1.100 siclos de plata a la amante de Sansón, Dalila, si podía descubrir el secreto de su enorme fuerza. Dalila pidió a Sansón que le revelase cuál era su secreto. Él la fue engañando con falsas respuestas, y luego, fatigado por su persistencia (16:16), le dijo la verdad: era un nazareo y su cabello, el símbolo de su separación, nunca había sido cortado.

Dalila usó la información, hizo que cortasen su cabello, y entregó un débil Sansón a los filisteos. Éstos le sacaron los ojos, lo encerraron y lo pusieron a trabajos forzados. Pero había una nota de esperanza. Mientras estaba encarcelado, comenzó a crecerle de nuevo el cabello.

16:23-31 *Sansón ora y derriba la casa.* Cuando los filisteos se reunieron para honrar a su dios, Dagón, sacaron al ciego Sansón para que les divirtiera. Situándose entre dos columnas de soporte, oró pidiendo una última demostración de fuerza, y derribó todo el edificio sobre sí mismo y sobre los que estaban presentes. Con su muerte, Sansón mató a aún más filisteos que en todas sus otras asombrosas hazañas juntas. Aunque Salomón no derrotó totalmente a los filisteos (véase exposición sobre 13:1-25), había cumplido el destino de Dios para su vida (14:4).

LA VERGÜENZA DE ISRAEL (17—21)

17:1-13 *Un ídolo de plata, un sacerdote personal.* Un hombre llamado Micaía robó algo de plata de su propia madre. Cuando devolvió la plata robada, ella le dijo que la había dedicado al Señor y que quería hacer una imagen. Micaía hizo entonces la imagen y la puso en su santuario personal, donde su propio hijo servía como su sacerdote personal.

El autor de Jueces interrumpe este grotesco episodio para observar que "en aquellos días no había rey en Israel; cada uno hacía lo que bien le parecía" (17:6). Y repite más adelante esta declaración de manera idéntica como sumario de todo el libro (21:25).

Un levita desempleado entró en la localidad de Micaía, y este último lo contrató entonces como sacerdote personal en lugar de su hijo (17:7-13).

18:1-31 *"¿Y qué hace un buen sacerdote como tú en un lugar como éste?"* Mientras, la tribu de Dan, que todavía no había sido capaz de conseguir el territorio que le había sido asignado, decidió encontrar un nuevo emplazamiento. En tanto que buscaban un nuevo lugar, coincidió que se encontraron con Micaía y con su sacerdote personal. Cuando los danitas decidieron desplazarse a la región septentrional de Israel, invitaron al sacerdote de Micaía a que los acompañase (18:7-26). Los danitas conquistaron la pacífica ciudad de Lais y la renombraron como Dan, en honor de su antecesor. La ciudad se volvió infame por su idolatría (18:27, 30-31).

19:1-30 *La atrocidad de los benjamitas: "El peor crimen desde Egipto".* Un levita que viajaba con su concubina se detuvo en la ciudad benjamita de Gabaa para pasar la noche. Cuando los hombres de la ciudad trataron de asaltar sexualmente al levita, él les dio en su lugar a su concubina. Después de toda una noche de brutales violaciones, ella volvió a la casa donde se alojaba el levita, y murió en el umbral. Para hacer saber a los israelitas acerca de este horrendo crimen, el levita cortó el cadáver en 12 piezas y las envió a cada una de las 12 tribus. Todos los que oyeron acerca del crimen estuvieron de acuerdo en que era lo peor que habían oído desde sus días en Egipto (19:30).

20:1-48 *La guerra civil contra Benjamín.* 400.000 hombres de todas las tribus se reunieron para conocer los detalles de lo que los benjamitas habían hecho a la mujer. Al oír el relato del levita (que omitió su propio papel al entregarla al populacho), se unificaron en su resolución de castigar a los criminales. Exigieron que Benjamín les entregase a los culpables de Gabaa (20:8-13). Al rehusar hacerlo los benjamitas, las otras 11 tribus les declararon la guerra.

Al parecer, las otras 11 tribus no eran más justas que Benjamín, porque Benjamín ganó las primeras dos batallas (20:19-25). Las 11 tribus se reunieron entonces en Bet-el delante del Arca del Pacto. Dirigidos por el sumo sacerdote Finees, lloraron, ayunaron y ofrecieron sacrificios, y Dios les prometió la victoria. En el tercer día de la batalla, los benjamitas fueron derrotados, muriendo 25.100 de ellos. En su celo por ganar y castigar, las 11 tribus se volvieron también contra las mujeres y los niños. Cuando terminó la lucha, los únicos benjamitas vivos eran 600 guerreros que habían escapado de la batalla.

21:1-24 *Reconciliación, esposas para los benjamitas.* Las once tribus se encontraban ahora en una triste situación. Casi habían aniquilado a una tribu hermana entera; y como habían jurado nunca dar a sus hijas en matrimonio a un benjamita, no veían ninguna manera de salvar a la tribu de la extinción.

Cuando se descubrió que la ciudad de Jabes de Galaad no había acudido a la guerra contra Benjamín, las 11 tribus exterminaron a todos en aquella ciudad, excepto 400 muchachas vírgenes, que fueron dadas como esposas a 400 de los 600 guerreros benjamitas supervivientes.

A los 200 benjamitas aun sin mujer se les concedió aun otro medio para encontrar esposa: En tanto que los hombres de las otras tribus no iban a darles directamente sus hijas, se les permitió que secuestrasen y reclamasen como esposas a las muchachas que fuesen de camino a una cierta fiesta en Silo (21:16-24).

21:25 *Una triste pero adecuada recapitulación.* Las sórdidas historias de Jueces, que parecen ir empeorando según el libro avanza (2:19), hacen que el último versículo sea una declaración enormemente moderada: "En estos días no había rey en Israel; cada uno hacía lo que bien le parecía".

❖ ❖ ❖

PERSONAS A RECORDAR DE JUECES

DÉBORA

Hecho clave: Juez, ayudó a Barac a derrotar a los cananeos (4—5)
Marido: Lapidot (4:4)
Ocupación: Profetisa (4:4)
Total de referencias bíblicas: 9
Referencias clave: 4—5

Habla Débora

A menudo pienso en ella, aquella otra Débora, cuyo nombre fue dado a esa misma palmera bajo la que celebro juicio. Quizá me pusieron el nombre por ella. Ella era una nodriza; yo soy una profetisa. Ella servía a Rebeca y a Isaac; yo he sido llamada a ayudar a Barac (4:4, 6; Gn. 24:59; 35:8).

¡Qué espectáculo, viendo a Barac lanzándose ladera abajo por el Monte Tabor con sus 10.000 soldados, aplastando del todo al enemigo! Me descubrí preguntándome: *¿Es éste aquel mismo hombre tímido que solo ayer o anteayer me dijo llanamente que no iba a encabezar un ejército si yo no iba con él?* De hecho, le pregunté: "¿Qué es lo que te ha transformado de esta manera?" Él sonrió y dijo: "Suponía que lo sabrías. No tiene nada que ver con este mundo. ¡Se llama fe!" (4:8, 14-15; He. 11:32).

Creo que los dos nos sentimos mal acerca de mi profecía al principio, pero esto fue antes de conocer a Jael. ¡Qué mujer! Probablemente las palabras en nuestro cántico de celebración lo decían mejor: "Bendita sea entre las mujeres Jael" (4:9; 5:24).

Lecciones espirituales de Débora

- No valores indebidamente tu ocupación o posición en la vida. Dios llamó a una esposa y madre en Israel para que sirviera como profetisa y para que encabezase uno de los grandes ataques militares de Israel (4:4-15).
- Aunque Débora actuó correctamente al ayudar a Barac, no deberíamos necesitar que otra persona nos ayude a obedecer la voluntad claramente revelada de Dios. La obediencia parcial de Barac tuvo como resultado unas recompensas parciales (4:4-9).

Versículos clave

"Gobernaba en aquel tiempo a Israel una mujer, Débora, profetisa, mujer de Lapidot; y acostumbraba sentarse bajo la palmera de Débora, entre Ramá y Bet-el, en el monte de Efraín; y los hijos de Israel subían a ella en juicio. Y ella envió a llamar a

Barac hijo de Abinoam, de Cedes de Neftalí, y le dijo: ¿No te ha mandado Jehová Dios de Israel, diciendo: Vé, junta a tu gente en el monte de Tabor...?" (4:4-6)

AOD

Hechos clave: Juez, dio muerte a Eglón, y dio paz a Israel (3:21-30)
Padre: Gera (3:15)
Total de referencias bíblicas: 8
Referencias clave: 3:15—4:1

Habla Aod

¿Recuerdan lo que dijo Moisés acerca de la diestra de Dios salvando nuestra nación en el Mar Rojo: "Tu diestra, oh Jehová, ha sido magnificada en poder; tu diestra, oh Jehová, ha quebrantado al enemigo" (Éx. 15:6)?

Bien, gracias a Dios por su diestra, pero quiero que se me preste atención, ¡porque en nuestros tiempos habéis visto a un zurdo salvando a Israel! Piensen en esto: ¡Durante 18 años aquel gordo y codicioso Eglón nos rigió con mano dura! ¡La desfachatez que tienen algunos! Pero ya no más. Por la gracia de Dios y con un poco de ayuda de un puñal y de un cuerno, ni Eglón ni sus 10.000 guerreros nunca volverán a amenazar a Israel. ¡Debían haber visto su mirada de sorpresa cuando saqué mi puñal con la mano izquierda! Y me gustaría haber visto la mirada de sus guardas cuando encontraron muerto a su rey. Pensaban que me habían prendido en su juego. ¡Naturalmente, para cuando le encontraron, ya hacía tiempo que me había ido! Me gustaría que me viesen ahora aquellos muchachos que se burlaban de mí: ¡Aun tengo mis rápidas piernas y mi fuerte brazo izquierdo! (3:12-30).

Lecciones espirituales de Aod

- Aod creyó necesario dar muerte a Eglón para liberar a Israel. Los cristianos no vivimos en una teocracia como los israelitas, y la solución extrema de Aod pocas veces se hace necesaria, pero algunos males en la sociedad exigen una respuesta radical de parte de los piadosos (3:21).
- Dios se deleita en escoger y emplear a toda clase de personas: varones, mujeres, negros, blancos, jóvenes, viejos; a pesar de un prejuicio extendido en las culturas primitivas, Dios empleó a este hombre zurdo para una gran causa (3:15).

Versículo clave

"Y clamaron los hijos de Israel a Jehová; y Jehová les levantó un libertador, a Aod hijo de Gera, benjamita, el cual era zurdo" (3:15).

GEDEÓN

Hechos clave: Juez, derrotó a los madianitas (7:22; 8:10-12)
Padre: Joás (6:11)
Hijos: Abimelec, Jotam y 68 innominados (8:30; 9:1, 5)
Total de referencias bíblicas: 40
Referencias clave: 6—8; He. 11:32

Habla Gedeón

Siete amargos años de opresión debido a nuestro pecado, seguidos de 40 benditos años de paz debido a su fidelidad: ¡Cuán maravilloso es el Dios a quien servimos! ¡Qué poco sabía entonces acerca de Jehová-shalom! Pero por orden suya *le* edifiqué un altar y derribé otro *por* Él (6:1, 24-25; 8:28).

Trescientos hombres mal armados enfrentados a 135.000 hombres bien armados, ¡una proporción de uno a 450! ¡Qué lucha más desequilibrada y sin esperanzas parecía ser; y desde luego así resultó ser . . . para los 135.000! El valor, la obediencia y la fe, acompañada de trompetas, cántaros, antorchas y gritos, nos dieron la victoria! (7:6-7, 16-22; 8:10, 28; He. 11:32).

Amado Dios, te ruego que no permitas que los problemas del presente arrojen sombras sobre esas glorias del pasado. ¡Qué bien estaba actuando yo, proclamándote a ti como nuestro rey, y rehusando la corona! Y luego comencé a recordar todo aquel oro, y la naturaleza humana se impuso sobre mí. Aquella imagen de oro al parecer inofensiva ha venido a ser un lazo y un ídolo para toda nuestra nación. Misericordioso Señor, así como una vez nos salvaste de nuestros enemigos, ¡te ruego que nos salves ahora de nosotros mismos! (8:22-27).

Lecciones espirituales de Gedeón

- Con frecuencia, Dios llama a la persona menos probable para que lleve a cabo poderosos hechos para Él (6:11-15).
- Nunca es sabio intentar asegurarse de la voluntad de Dios una vez que ha sido claramente revelada (6:14-23, 36-40).
- El resultado de nuestras batallas espirituales depende a menudo de que derribemos los "baales" (falsos dioses) en nuestra vida (6:25-27).
- ¡Incluso si estamos en una inferioridad de 450 a uno, Dios puede darnos la victoria (7:7; 8:10)!
- Deberíamos tener cuidado acerca de lo que permitimos en nuestras vidas, no sea que vengamos a ser un lazo para nosotros mismos y para otros (8:24-27; 1 Co. 8:9; 10:23-24, 31-33).

Versículos clave

"Entonces le respondió: Ah, señor mío, ¿con qué salvaré yo a Israel? He aquí que mi familia es pobre en Manasés, y yo el menor en la casa de mi padre. Jehová le dijo: Ciertamente yo estaré contigo, y derrotarás a los madianitas como a un solo hombre" (6:15-16).

JEFTÉ

Hechos clave: Juez, derrotó a los amonitas, hizo un voto precipitado que posteriormente lamentó (11:30-40; 12:7)
Madre: Una prostituta innominada (11:1)
Hija: Innominada (11:34, 37)
Total de referencias bíblicas: 28
Referencias clave: 11:1—12:7; He. 11:32

Habla Jefté

¿En qué estaría pensando yo? Pronunciar aquellas palabras atolondradas en cualquier ocasión sería asunto grave, ¡pero pronunciarlas en la víspera de una batalla fue una locura total! Como si el Santo de Israel pudiera ser sobornado con un mero sacrificio. Incluso mi desgraciado pasado no es excusa por esta lastimosa acción. ¡Qué hermoso espectáculo fue verla corriendo a encontrarme, bailando gozosa al son de las panderetas! Y luego me golpeó como la rueda de un carro enemigo: Ésta es mi hija única, mi hija, y ahora tendré que ofrecerla. Los dos meses siguientes fueron los más deprimentes y difíciles de toda mi vida. Luego ella volvió a mí, y yo le hice según mi voto. ¡Oh Dios misericordioso! Busqué lleno de lágrimas el perdón de ella. Ahora busco el tuyo (11:1-3, 29-39).

Lecciones espirituales de Jefté

- La extracción de una persona no impide en absoluto que Dios obre grandemente en su vida (11:1-3, 32-33; 1 Co. 1:26-29).
- Tenga cuidado con las promesas que haga; dispóngase a cumplir sus promesas (11:30-40; Sal. 76:11; Ec. 5:4-5).

Versículos clave

"Y Jefté hizo voto a Jehová, diciendo: Si entregares a los amonitas en mis manos, cualquiera que saliere de las puertas de mi casa a recibirme, cuando regrese victorioso de los amonitas, será de Jehová, y lo ofreceré en holocausto" (11:30-31).

FINEES

Hecho clave: Tercer sumo sacerdote de Israel (Éx. 28:1; Nm. 20:25-26; Jos. 22:30-32)
Padre: Eleazar (Éx. 6:25)
Hijo: Abisúa (1 Cr. 6:4)
Total de referencias bíblicas: 14
Referencias clave: 20:28; Éx. 6:25; Nm. 25:6-13; 31:6; Jos. 22:13-32; 24:33; Sal. 106:30

Habla Finees

Aún puedo verlos: Zimri, un hijo del pacto, acompañando a su amiga pagana Cozbi hacia la tienda con propósitos sexuales, los dos con una desvergüenza absoluta y con actitud desafiante. Me quedé fuera por un momento, recogiendo mis pensamientos acerca de este increíble espectáculo. Luego estallé de justa indignación. ¡Quiénes se creían ellos que eran, menospreciando de esta manera tanto a Dios como a Moisés! Naturalmente, yo sabía lo que se debía hacer. Se debía obedecer la orden de Dios: Muerte a todos los fornicarios en nuestro campamento, israelitas y paganos por igual. En un momento estuvieron muertos, y la peste cedió (Nm. 26:6-15).

También pude impedir una guerra civil en los días de Josué, pero no en esta triste ocasión. ¡Qué baño de sangre! Once tribus contra Benjamín; miles y miles muertos por ambos lados. ¡De hecho, me han dicho que la tribu de Benjamín ha quedado reducida a solo 600 soldados! El pecado ha puesto trágicamente al revés la promesa divina de que uno de nosotros derrotaría a 1.000 del enemigo. En lugar de ello, nos matamos entre nosotros a miles. Perdónanos, oh Dios, por matar a los nuestros. Danos poder para conquistar a nuestros enemigos (20:18-48; Jos. 22:30-34; 23:10).

Lecciones espirituales de Finees

- Las situaciones drásticas precisan a menudo de acciones drásticas. Con su rápido y severo juicio sobre una pareja que desafiaba a Dios, Finees detuvo una plaga divina de la que ya habían muerto 24.000 personas (Nm. 25:6-9).
- "Dios bendice a los pacificadores", enseñaba Cristo (Mt. 5:9). Finees fue posteriormente un pacificador, por cuanto su consejo evitó una terrible guerra intertribal (Jos. 22:10-34).
- Pero hay ocasiones en que ni los dirigentes más capaces y respetados pueden salvar a sus seguidores de la calamidad (20).

Versículos clave

"Entonces Jehová habló a Moisés, diciendo: Finees hijo de Eleazar, hijo del sacerdote Aarón, ha hecho apartar mi furor de los hijos de Israel; por lo cual yo no he consumido en mi celo a los hijos de Israel. Por tanto diles: He aquí yo establezco mi pacto de paz con él; y tendrá él, y su descendencia después de él, el pacto del sacerdocio perpetuo, por cuanto tuvo celo por su Dios e hizo expiación por los hijos de Israel" (Nm. 25:10-13).

SANSÓN

Hechos clave: Juez, conocido por una enorme fuerza y memorables hazañas en batalla (14:6, 19; 15:14, 20).
Nacimiento: Registrado en 13:2-24
Padre: Manoa (13:2)
Esposa: Innominada (14:10-18)
Muerte: Registrada en 16:21-30
Total de referencias bíblicas: 36
Referencias clave: 13—16; He. 11:32

Habla Sansón

Me pregunto cuánta gente habrá ahí. Por el volumen de las risotadas debe haber miles. ¡Qué espectáculo más patético debo dar, un soldado enemigo medio desnudo, sucio, ciego y haciendo de bufón de la corte! (16:21-25).

Evidentemente, no era mi intención que todo acabase así. Pero, claro, una vida de pecado no produce precisamente un arco iris al final del camino. Estoy seguro de que todo comenzó con una concupiscencia irreprimida. Ni siquiera mi voto de nazareo ni su gran poder sobre mí me han podido salvar de mí mismo. Ni Dalila ni todo el ejército de los filisteos me hubieran podido vencer si el enemigo de adentro no les hubiera abierto las puertas. ¿Es esto todo lo que tengo en mi haber después de veinte años de trabajar por Israel? (13:7, 25; 14:3, 6, 19; 15:14; 16:1).

Pero ahora no es momento para remordimientos. Mi plan final está ya en su sitio, gracias a la ayuda de este jovencito. Señor Dios, fortaléceme solo esta vez, para que de un golpe pueda vengarme de los filisteos por mis dos ojos. ¡Muera yo con ellos! . . . Sí, funciona, puedo sentir cómo las columnas centrales ceden. Y ahora oigo chillidos en lugar de risotadas (15:20; 16:26-30).

Lecciones espirituales de Sansón

- ¿Cuándo deberían los padres comenzar a orar por sus hijos? ¡Bien antes de que nazcan!
- El Espíritu de Dios puede usarnos poderosamente a pesar de nuestros fracasos humanos (14:1-4; 16:1-3). Pero esto no significa que vayamos a escapar a las consecuencias de nuestras malas decisiones (16:30).
- Echar las perlas de nuestra fe delante de los impíos puede llevar a nuestra propia ceguera y esclavitud espirituales (16:4-21; véase Mt. 7:6).
- El escritor de Hebreos mencionó la fe de Sansón (He. 11:32) pero no hizo mención de sus muchos pecados; un clásico ejemplo de la maravilla de la gracia (Sal. 103:10-14).

Versículo clave

"He aquí que concebirás y darás a luz un hijo; y navaja no pasará sobre su cabeza, porque el niño será nazareo a Dios desde su nacimiento, y él comenzará a salvar a Israel de mano de los filisteos" (13:5).

RUT

—a. 1100 a.C.? *Acontecimientos en Rut*

—1093 *Llamamiento de Samuel*

—1075 *Sansón, el último juez*

—1051 *Saúl, primer rey*

—1004 *David, descendiente de Rut, llega a ser rey*

TRASFONDO

En algún tiempo poco antes del 1100 a.C., durante los últimos tiempos de los jueces de Israel, una familia israelita se desplazó a la tierra de Moab para escapar del hambre en Israel. Cuando murieron el padre y dos de sus hijos, su esposa volvió a Israel con su nuera moabita llamada Rut. Esto preparó la escena para una hermosa historia de fidelidad, amor y matrimonio. Se incluye en la Biblia porque de Rut la moabita y su segundo marido israelita, Booz, iba a proceder Jesús el Mesías.

AUTOR

Desconocido.

FECHA Y LUGAR

Aunque no se conoce de manera precisa cuándo se registró la historia, tuvo que ser al menos algunas generaciones después de los acontecimientos que relata, por tres razones:

- Al final del libro se menciona a David, el bisnieto de Booz y Rut.
- La expresión inicial: "En los días que gobernaban los jueces", implica que el autor vivió después de aquellos tiempos.
- En 4:7 se menciona una costumbre de "antiguo tiempo" (V.M.) que al parecer había caído en desuso.

Es probable que Rut fuese escrito en Jerusalén por un historiador de la corte en tiempos de David o de Salomón, entre el 100-920 a.C.

PROPÓSITO

El comienzo y final de Rut revelan mucho acerca de su propósito.

- El libro termina con una genealogía, y la última palabra del libro es *David.* El propósito principal del libro era documentar el linaje piadoso de David.
- Un segundo propósito se puede ver en los versículos iniciales del libro. Después que los hechos preliminares pre-

paran el escenario, el drama comienza con la esperanza que expresa Noemí de que sus nueras encuentren "descanso" o "seguridad" después de la muerte de sus maridos. La misma palabra hebrea aparece en 3:1, donde Noemí desea "un hogar permanente" para Rut, esta vez con un plan específico para conseguir su propósito. Y ciertamente Rut encontró un hogar en el Dios y el pueblo de Israel, como debieran todos los incrédulos. Rut puede ser considerada como representante de la extensión de la gracia de Dios a los gentiles.

- Un propósito final debía mostrar los maravillosos aunque a veces ocultos caminos mediante los que Dios suple a las necesidades. Noemí estaba "vacía" en 1:21 pero en 4:16 tenía una falda llena (un hijo). Observemos la prefiguración de la "llenura" espiritual de Noemí cuando quedó físicamente llena con alimento (3:17), cuando Booz le dice a Rut que no se vuelva a su suegra "con las manos vacías", la misma palabra hebrea que en 1:21.

RASGOS SINGULARES

Rut da una maravillosa ilustración de la redención. La ley daba provisión para las mujeres que por la muerte del marido se quedasen sin herederos y tuviesen que hacer frente a la pérdida de sus propiedades. Tanto los herederos (Dt. 25:5-10) como la propiedad (Lv. 25:25-28) debían ser asegurados mediante un "pariente próximo" o "pariente redentor" (heb., *goel*, 2:20; 3:9, 12-13; 4:1, 3, 6, 8, 14). Esta ley sancionaba la antigua costumbre del matrimonio *de levirato* o "con el cuñado". Génesis 38:1-10 registra un incidente en el que esta costumbre fue descuidada; la historia de Rut ilustra su apropiada aplicación.

El pariente redentor debía cumplir tres requisitos:

- tenía que ser pariente de sangre.
- debía estar dispuesto a redimir.
- debía ser capaz de pagar el precio de la redención.

El pariente redentor es una hermosa imagen de Cristo, que cumplió todos esos requisitos (Gá. 4:4-5; Ef. 1:7; He. 2:14-15; 1 P. 1:18-19).

COMPARACIÓN CON OTROS LIBROS DE LA BIBLIA

Génesis:

- Génesis, lo mismo que Rut, contiene ejemplos de la providencia de Dios. Lo que al principio parece ser una coincidencia resulta a menudo formar parte del plan de Dios. Sucedió que José estaba en el lugar y en el momento oportunos en Egipto, lo mismo que sucedió en circunstancias distintas con el siervo de Abraham en Génesis 24.

Ester:

- Rut fue una gentil que vivió entre los judíos; Ester fue una judía que vivió entre gentiles.
- Rut se casó con un judío; Ester se casó con un gentil
- Tanto Rut como Ester tenían parientes a los que debían obediencia (para Rut, su suegra Noemí; para Ester, su tío Mardoqueo), y ambas fueron recompensadas por su obediencia.
- Ambos libros contienen evidencia de la providencia de Dios dirigiendo las "coincidencias" de la vida.

BOSQUEJO

LA RENUNCIA DE RUT (1)
- La preparación del escenario (1:1-5)
- Las tres órdenes de Noemí de volver (1:6-15)
- La renuncia de Rut a su pueblo y a sus dioses (1:16-18)
- La indigencia de Noemí (1:19-22)

RUT ESPIGANDO (2)
- Introducción a Booz (2:1-3)
- Booz se fija especialmente en Rut (2:4-17)
- Noemí se alegra al oír de Booz (2:18-23)

LA PETICIÓN DE RUT (3)
- El plan de Noemí (3:1-5)'
- La propuesta de Rut (3:6-9)
- La promesa de Booz (3:10-13)
- Rut se vuelve a Noemí (3:14-18)

LA REDENCIÓN DE RUT (4)
- Booz se encuentra con el pariente redentor más cercano (4:1-8)
- Los testigos afirman a Booz como pariente redentor (4:9-12)
- La boda de Booz y Rut; bendición de Noemí (4:13-17)
- Genealogía: De Rut al Rey David (4:18-22)

LA RENUNCIA DE RUT (1)

1:1-5 *Una familia judía se desplaza a Moab.* Elimelec y Noemí emigraron con su familia a Moab debido al hambre en Israel. Al parecer, en esta época Moab no se mostraba hostil contra Judá. Pero la familia padeció dificultades aun mayores encontrándose en Moab. Primero murió Elimelec. Luego sus dos hijos se casaron con mujeres moabitas y murieron al cabo de poco tiempo. La familia quedó reducida a Noemí y sus dos nueras gentiles.

1:6-18 *"Tu pueblo será mi pueblo".* Al oír que había terminado el hambre en Israel, Noemí decidió volver, pero rogó a sus nueras que se quedasen con su gente y encontrasen nuevos maridos. Mientras que Orfa lo hizo de mala gana, Rut no podía abandonar a su querida suegra. Declaró su devoción no solo por Noemí, sino también por el pueblo de Noemí y por el Dios de ella.

Es apropiado que Noemí, que buscaba "descanso" para los demás (1:9; 3:1, 18) mientras que ella solo experimentaba amargura (1:20), llegase por fin a hallar descanso para sí misma (4:13-16).

1:19-22 *De vuelta en Belén.* El regreso de Noemí y Rut a Israel causó una cierta conmoción. Sintiendo que la vida ya no le era "placentera" (el significado de su nombre), Noemí pidió ser llamada Mara, que significa "amarga" (véase Éx. 15:23).

RUT ESPIGANDO (2)

2:1-17 *Entra el soltero Booz.* Booz, un rico pariente soltero de Elimelec, vio a Rut espigando en su campo, y, como había oído de su lealtad para con Noemí, la trató bondadosamente. Le dio permiso para que espigase indefinidamente, y la protegió de sus trabajadores varones, mandándoles que echasen a propósito espigas para que ella las recogiese.

2:18-23 *"¿Booz, dices? ¡Gloria a Dios!"*

Cuando Noemí supo donde había estado trabajando Rut, se regocijó, sabiendo que Booz era un "pariente cercano" o "pariente redentor" (véase *Rasgos Singulares*). Ella era bien consciente de las posibilidades que tal cosa presentaba para su nuera.

LA PETICIÓN DE RUT (3)

3:1-5 *Su misión: Preparar una boda.* Noemí preparó los planes para que Rut pidiese a Booz que la redimiese. Cuando Booz se retirase para la noche, Rut debía echarse, "descubrirle los pies" y esperar una oportunidad para hablar con él. Esto era al parecer una costumbre local; aunque como extranjera Rut pudiera encontrarlo extraño, prometió seguir obedientemente las instrucciones de Noemí.

3:6-13 *"Bien quisiera hacerlo, pero hay este problema . . ".* Rut descubrió los pies del dormido Booz, y hacia medianoche él despertó, y se estremeció al encontrar allí a una mujer. Al saber su identidad y oír su petición, Booz accedió de buena gana a ser su pariente redentor. Sin embargo, le hizo observar que había un pariente más cercano que debía tener primero la oportunidad de cumplir aquel papel para Rut.

"Extiende el borde de tu capa sobre tu sierva" (3:9) es una figura de lenguaje denotando matrimonio, representando el refugio que el matrimonio provee. En su primer encuentro (2:4-13), Booz había elogiado a Rut por haberse "refugiado" bajo "las alas" del Dios de Israel (2:12). La misma palabra hebrea se emplea en ambos versículos; se puede traducir *ala* o *esquina (de un vestido)*. Poco sabía Booz que él mismo iba a ser el medio por el que Dios iba a proteger a Rut. Ezequiel 16:8 usa la misma figura para mostrar el cuidado de Dios por Israel.

3:14-18 *Se vuelve antes que pueda ser reconocida.* Rut no durmió *con* Booz, sino a sus pies; y se levantó a la mañana siguiente lo suficientemente temprano para irse sin suscitar murmuraciones. Cuando volvió a casa y contó a Noemí cómo había ido todo y sobre la generosidad de Booz, Noemí supo que Booz actuaría pronto en favor de Rut.

LA REDENCIÓN DE RUT (4)

4:1-6 *Booz se encuentra con el hombre que tiene el derecho previo.* Mientras Noemí estaba expresando su confianza en él, Booz se dirigía a la puerta de la ciudad y se dirigió al pariente más cercano acerca de Rut y Noemí. Aquel hombre accedió inicialmente a redimir la tierra de ellas. Pero cuando Booz mencionó que junto con la tierra iba una viuda, éste declinó el ofrecimiento, temiendo un efecto adverso sobre sus propios asuntos económicos.

La puerta de la ciudad era el centro de la vida social y económica en el antiguo Israel. Ahí era donde se oían las noticias recientes, donde mercaderes locales e itinerantes vendían sus artículos a la fresca sombra de las murallas de la ciudad, donde se situaban los soldados, y donde se resolvían los pleitos legales.

4:7-12 *Hace una declaración con su sandalia.* Para afirmar su mala disposición a redimir a Noemí y a Rut y la tierra de ellas, el pariente más cercano se quitó la sandalia. Booz anunció entonces, en presencia de los ancianos reunidos, que él asumiría los deberes de pariente redentor. Ellos afirmaron su derecho a hacerlo, y pronunciaron una bendición sobre el.

Como se explica en 4:7, el paso de una sandalia era uno de muchos gestos simbólicos o "actos de señal" que los israelitas practicaban. Observemos que al quitarse él mismo la sandalia, el pariente más cercano puede haber evitado la humillación pública de que le sacasen dicha sandalia a la fuerza por declinar su responsabilidad para con Noemí y quienes dependían de ella (véase Dt. 25:5-10).

El calzado simbolizaba frecuentemente posesión en los tiempos bíblicos. Obsérvese el Salmo 60:8, donde el Señor echa su calzado sobre Edom, afirmando su derecho de posesión sobre aquella tierra. Obsérvese también la orden de Dios a Abraham, Moisés y Josué de que afirmasen su posesión de Canaán caminando en ella (Gn. 13:17; Dt. 11:24; Jos. 1:3).

4:13-17 *Se casaron; ella recibe bendición.* Rut y Booz se casaron y tuvieron un hijo. Las amigas de Noemí vieron este nieto como una especial bendición para Noemí en su duelo.

4:18-22 *Su hijo: el abuelo del Rey David.* Los últimos versículos de Rut remontan el linaje de Booz, que llegaría a su tiempo a dar al Mesías de Israel. Dios no obraba solo por medio de israelitas, sino también por medio de moabitas e incluso de cananeos (como Rahab) que creían en Él. Rut fue la bisabuela del Rey David, y Booz era hijo de Rahab, una prostituta cananea (Jos. 2).

❖ ❖ ❖

PERSONAS A RECORDAR DE RUT

BOOZ

Hechos clave: Se casó con Rut, y vino a ser antecesor de Cristo (4-13, 21-22; Mt. 1:5-16)
Padre: Salmón (4:21)
Madre: Rahab (Mt. 1:5)
Hijo: Obed (4:13, 17)
Ocupación: Granjero (2:3)
Total de referencias bíblicas: 33
Referencias clave: 2—4

Habla Booz

¡Gracias a Dios por la rápida decisión del pariente redentor de Rut y Noemí! ¡Casi le arrebaté la sandalia de la mano, no fuese a cambiar de idea! No cabe duda alguna, ha valido la pena esperar por Rut. Todos mis amigos estarían de acuerdo en que no me he precipitado en el asunto del matrimonio. De hecho, algunos probablemente se estarían preguntando si nunca iba a sentar la cabeza (4:6, 9).

Pero mi madre me había insistido en que escogiera una mujer piadosa. Al parecer, seguía sufriendo de penosas memorias de su pasado inmoral, a pesar de la maravillosa gracia transformadora de Dios. Naturalmente, hasta aquel primer encuentro en el campo, ni mi madre ni yo podríamos habernos imaginado que Dios iba a seleccionar a una viuda moabita para responder a nuestras oraciones (2:8; Jos. 2:1; Mt. 1:5; He. 11:31).

Lecciones espirituales de Booz

- Deberíamos tratar bien a todos —incluso a las personas desconocidas—, porque nunca sabemos el bien que pueda surgir de tales encuentros (He. 13:1). Booz mostró bondad (2:5-16) y encontró una buena esposa (4:13).

- Por mucho que deseaba a Rut, Booz reconoció que había ciertas responsabilidades legales que se debían cumplir antes de reclamarla (3:12-13). Las emociones no deberían llevarnos a tomar atajos para evitar las leyes divinas o humanas.
- ¡Dios da lo mejor a los que permiten que Él escoja! Al esperar en el Señor, Booz encontró una buena esposa y llegó a ser antecesor de Cristo (1:15-18; 2:11-12; 4:13-22).

Versículo clave
"También [con esta tierra] tomo por mi mujer a Rut la moabita, mujer de Mahlón, para restaurar el nombre del difunto sobre su heredad, para que el nombre del muerto no se borre de entre sus hermanos y de la puerta de su lugar. Vosotros sois testigos hoy"(4:10).

NOEMÍ

Hecho clave: Suegra de Rut (1:3-6)
Marido: Elimelec (1:2)
Hijos: Mahlón y Quelión (1:2)
Total de referencias bíblicas: 21
Referencias clave: 1—4

Habla Noemí
Probablemente tengo la dudosa distinción de ser la única persona de entre mi pueblo en cambiar un buen nombre por un nombre malo. Probablemente ya saben que mi nombre, Noemí, significa "placentera". Pero durante una terrible tormenta emocional, lo cambié por Mara, que significa "amarga". Es cierto que en aquel momento no estaba confiando en Dios, o hubiera recordado que con frecuencia Él hace lo contrario, que con frecuencia cambia un mal nombre por uno bueno. Recuerdo a Elimelec que me lo contaba, y a los muchachos, cómo Dios cambió el nombre de Sarai, que significaba "contenciosa", por el de Sara, que significa "princesa". También cambió el nombre de Jacob, "suplantador", por el de Israel, "uno que lucha con Dios" (1:20; Gn. 17:15; 32:28).

Pero hoy soy de todo menos amarga; por esto he vuelto a mi nombre original. Un Dios de misericordia me ha otorgado de veras muchas y placenteras bendiciones, incluso una maravillosa nuera y un precioso nieto. El pequeño Obed ha venido a ser la luz de mi vida (1:16-17; 4:16-17).

Lecciones espirituales de Noemí

- Nunca deberíamos llegar a la conclusión en la hora de dolor, como Noemí, de que "el Todopoderoso me ha afligido" (1:13). A pesar de la desesperanza, Noemí vio posteriormente esta misma mano divina bajo una luz mucho más favorable y actuó prestamente en base de su nueva comprensión (2:20; 3:1-4).

Versículo clave
"Después le dijo su suegra Noemí: Hija mía, ¿no te he de buscar hogar para ti, para que te vaya bien?" (3:1).

RUT

Hechos clave: Bisabuela de David, antecesora de Cristo (4:13, 21-22; Mt. 1:5)
Maridos: Mahlón y Booz (4:10-13)
Hijo: Obed (4:13, 17)
Total de referencias bíblicas: 13
Referencias clave: 1—4

Habla Rut

Mientras estoy aquí sentada y veo jugar a Obed, mis pensamientos regresan a aquellos años entre dulces y amargos en Moab. Francamente, pensé que mi vida había acabado cuando Mahlón murió. ¡Qué errada estaba! Mi maravillosa vida en Israel como esposa de mi amado Booz ha borrado prácticamente todos esos recuerdos. Desde el mismo momento en que conocí a Booz supe que era un hombre muy especial de Dios. Y mi vida con él desde luego ha confirmado esas primeras impresiones (1:5; 2:4-23; 4:13-17).

Me pregunto qué habrá pasado con Orfa. ¿Se habrá casado otra vez? ¿Se habrá vuelto a sus dioses? Espero que no. Cuántas veces he anhelado compartir con ella mi fe en Jehová Dios (1:6-14).

Obed se está haciendo más fuerte y listo cada día. Pero aun más importante, es de la tribu de Judá. Booz me dice que su antepasado Jacob predijo que Israel tendría reyes un día, y que procederían de nuestra tribu. ¿Sería posible que yo pudiera llegar a ser la madre, o la abuela, o quizá la bisabuela, de un rey? De esos pensamientos se hacen los sueños (4:6-17; Mt. 15).

Lecciones espirituales de Rut

- Rut devino creyente en una hora de gran dolor (1:4-5, 16-17).
- Nuestras buenas acciones no son pasadas por alto ante Dios. La maravillosa bondad de Rut para con Noemí (2:11-12; 4:15) fue sobrepasada por la maravillosa bondad de Dios para con Rut. Ella se casó con el piadoso Booz (4:13), llegó a ser la bisabuela del Rey David (4:18-22) y fue incluida en la genealogía del mismo Cristo (Mt. 1:5-6, 16).

Versículos clave

"Respondió Rut: No me ruegues que te deje, y me aparte de ti; porque a dondequiera que tú fueres, iré yo, y dondequiera que vivieres, viviré. Tu pueblo será mi pueblo, y tu Dios mi Dios. Donde tú murieres, moriré yo, y allí seré sepultada; así me haga Jehová, y aun me añada, que solo la muerte hará separación entre nosotras dos" (1:16-17).

1 SAMUEL

—1093 a.C.
Llamamiento de Samuel

—1051
Saúl, primer rey

—1024
Primera unción de David, Goliat

—1011
Muerte de Saúl, Segunda unción de David

TRASFONDO

El libro Primero de Samuel registra la transición de Israel desde su gobierno por jueces hasta su gobierno por reyes. En tanto que Sansón fue el último juez mencionado en el libro de Jueces, Samuel también "juzgó" a Israel (7:6, 15-17; Hch. 13:20); por ello, se puede decir que el período de los jueces duró hasta la coronación de Saúl como primer rey de Israel (10). El punto bajo de la vida religiosa que se aprecia en 1—10 ciertamente prolonga la triste nota que suena al final del relato de Jueces (Jue. 21:25).

El siguiente verdadero "libertador" o "juez" de Israel sería su segundo rey, David (16—31), que sería también el antecesor del último gran libertador de Israel, el Mesías (véase 2 S. 7:12-17).

AUTOR

Aunque Samuel estuvo involucrado en la redacción de registros escritos (10:25), no pudo escribir la totalidad de 1 y 2 Samuel, por cuanto murió (25:1) antes que sucediesen muchos de los acontecimientos de estos libros. Es probable que un autor ignorado recopilara relatos de los profetas Samuel, Natán y Gad (véase 1 Cr. 29:29).

FECHA

Los libros Primero y Segundo de Samuel eran originalmente un libro, que fue posteriormente dividido sencillamente porque era demasiado voluminoso. Los acontecimientos cubiertos en ambos libros —desde el nacimiento de Samuel hasta el final del reinado de David— tuvieron lugar entre el 1100 y el 971 a.C. Por cuanto el recopilador hizo esta obra durante el tiempo de "los reyes de Judá" (27:6), los libros deben datar de la época del reino dividido y posiblemente fueron completados no mucho después de la muerte de Salomón.

LUGAR

Al parecer, Samuel tenía una escuela para profetas en Ramá (19:20) en la parte central de Israel. Los registros iniciales acerca de Saúl y David se habrían guardado allí. Cuando Jerusalén fue establecida por David como capital, se comenzaron a guardar allí los registros de la corte, y es allí probablemente que los dos libros fueron recopilados.

PROPÓSITO

- Junto con Números, Deuteronomio y Jueces, los libros de Samuel trataban de promover el "punto de vista profético": la obediencia a Dios conlleva recompensas; la desobediencia conlleva el castigo.
- El libro Primero de Samuel muestra los peligros de hacer demandas a Dios, específicamente el de Israel de tener un rey igual que sus vecinos paganos (8:4, 20).
- Por otra parte, 1 Samuel registra el cumplimiento de la antigua profecía de que los reyes de Israel procederían de la tribu de Judá (Gn. 49:8-12).

RASGOS SINGULARES

- Primero de Samuel presenta a Samuel, a quien podríamos designar como el primer "profeta profesional" de Israel. Samuel era un profeta itinerante (7:15-17) y fundador de varias escuelas para profetas (10:10; 1 R. 18:13; 2 R. 2:3, 5; 6:1-2).
- Otros puntos clave (y algunos deprimentes) de 1 Samuel incluyen:
  - Una de las enseñanzas más memorables de las Escrituras acerca de la obediencia (15:22) y acerca de las apariencias externas en contraste a la verdadera valía (16:7)
  - La más grande amistad de las Escrituras (18:1)
  - El hombre más alto de la historia (17:4)
  - Un desesperado rey de Israel consultando a una hechicera (28:3-25)

COMPARACIÓN CON OTROS LIBROS DE LA BIBLIA

El Saúl de 1 Samuel y el Saulo (Pablo) del NT:

- Ambos eran de la tribu de Benjamín (9:1-2; Fil. 3:5); el primero era alto e impresionante en su apariencia (9:2), mientras que el segundo era probablemente de lo más común (2 Co. 10:10).
- El primero comenzó como amigo de Dios y acabó como enemigo de Dios (10:6-7; 28:6); el segundo comenzó como enemigo de Dios y acabó como amigo de Dios (Hch. 9:1, 2 Ti. 4:18).
- La vida del primero estuvo caracterizada por la desobediencia (13:13; 15:22-23); la vida del segundo estuvo caracterizada por la obediencia (Hch. 26:13-19).

BOSQUEJO

LA HISTORIA DE ANA (1:1—2:11)

Su tristeza (1:1-8)
Su súplica (1:9-18)
Su hijo (1:19-28)
Su cántico (2:1-11)

LA HISTORIA DE ELÍ (2:12—3:21)

Elí y sus hijos (2:12-36)
Elí y Samuel (3)

LA HISTORIA DEL ARCA DE DIOS (4:1—7:2)
- El arca, tomada en batalla (4:1-11)
- Muerte de Elí (4:12-22)
- El arca llevada a Filistea (5)
- El arca devuelta a Israel (6:1—7:2)

LA HISTORIA DE SAMUEL (7:3-10:27)
- Su liderato: El pacto en Mizpa (7:3-17)
- El fracaso de sus hijos; Israel pide un rey (8)
- Su unción de Saúl (9—10)

LA HISTORIA DE SAÚL (11—15)
- Saúl el soberano (11—12)
- Saúl el pecador (13—15)
  - Desobediencia en lo tocante a un sacrificio (13)
  - Mando deficiente de sus tropas (14)
  - Desobediencia en lo tocante a los amalecitas (15)

LA HISTORIA DE DAVID (16—31)
- David el escogido (16:1-13)
- David el cantor (16:14-23)
- David el soldado (Goliat) (17)
- David el perseguido (18—26)
  - Saúl abriga la esperanza de que los filisteos maten a David (18)
  - Saúl trata de capturar a David (19)
  - Jonatán advierte a David (20)
  - Saúl castiga a los que ayudan a David (21—22)
  - Saúl intenta capturar a David en Keila (23:1-13)
  - Saúl trata de capturar a David en el desierto (23:14-29)
  - David toma parte del manto de Saúl en En-gadi (24)
  - David y Abigail (25)
  - David toma la lanza y el cántaro de Saúl (26)
- David el descaminado (27—31)
  - David vive entre los filisteos (27)
  - Saúl y la adivina de Endor (28)
  - Los filisteos se preparan a atacar a Israel (29)
  - David venga la incursión contra Siclag (30)
  - Muerte de Saúl, derrota de Israel (31)

LA HISTORIA DE ANA (1:1—2:11)

1:1-8 *Problemas en una familia con dos esposas.* El libro Primero de Samuel comienza con la historia de un hombre de Efraín llamado Elcana y sus dos esposas, Penina y Ana. Elcana favorecía a Ana, lo que daba celos a Penina aunque ésta había dado a luz a muchos hijos, mientras que Ana era estéril. Tan intensa era la rivalidad entre ellas que Ana a veces era incapaz de comer. Elcana intentaba en vano recordar a Ana cuán especial era la relación entre ambos, preguntándole: "¿No te soy yo mejor que diez hijos?" (1:8).

Lo mismo que el número siete, el número diez es símbolo de lo que es completo, o de un énfasis especial. Job, por ejemplo, dijo que había sido injuriado "diez veces" (Job 19:3), cuando el número real era menor que éste.

1:9-11 *"Dame un hijo, y yo te daré a mi hijo"*. Ana oró acerca de su esterilidad, prometiendo que si Dios le daba un hijo, ella lo devolvería a Dios para un servicio de por vida. La promesa de "Yo lo dedicaré a Jehová todos los días de su vida, y no pasará navaja sobre su cabeza" (1:11) indica que ella lo iba a dedicar como nazareo (véase exposición sobre Nm. 6:1-21; Jue. 13:1-25).

Lo mismo que en Génesis 8:1 y Éxodo 2:24, la palabra hebrea a veces traducida "acordarse" (1:11) no significa "venir a la memoria", sino más bien "prestar especial atención". Pablo usó el verbo griego correspondiente de una manera similar cuando habló acerca de acordarse de los pobres (Gá. 2:10).

1:12-18 *"En este caso, ¡sea concedida tu respuesta!"* Mientras Ana oraba por un hijo en el tabernáculo en Silo, el sacerdote Elí pensó al principio que estaba borracha. Finalmente, convencido de su sinceridad, aseguró a Ana que sus oraciones recibirían respuesta. Con esta certidumbre, Ana volvió a comer.

Reina-Valera traduce "tabernáculo" (1:9; 3:3) como "templo", y muchos eruditos creen que probablemente los israelitas habían levantado una casa permanente para el arca hacia esta época.

1:19-28 *Un bebé varón para la esposa estéril.* Tal como había prometido Elí, Ana tuvo un hijo, a quien llamó Samuel. Y como *ella* a su vez había prometido, tan pronto como estuvo destetado lo devolvió a Dios. Humanamente hablando, debe haber sido la tarea más difícil en toda la vida de Ana, dar un hijo tan anhelado en una edad tan tierna.

2:1-10 *Una oración de alabanza de una madre de muchos.* Ya largamente olvidada su esterilidad, Ana ofreció alabanza al Dios que le había concedido un hijo. Aunque Elcana había afirmado que él era mejor para ella que diez hijos, Ana se consideraba ahora como madre de "siete" (2:5), lo que es evidentemente una expresión figurada de su gran gozo.

Dios recibe el nombre de "Roca" (2:2) en muchas ocasiones a lo largo de las Escrituras. Esta imagen se refiere a las enhiestas escarpaduras y peñas en el desierto de Judea. Esos lugares iban a ser posteriormente lugares de refugio para David cuando huía de Saúl, y de ahí el predominio de esa imagen en los salmos que escribió.

2:11 *El ayudante del sumo sacerdote.* Samuel "ministraba a Jehová delante del sacerdote Elí". Aunque no pertenecía a la familia del sumo sacerdote, Samuel resultaría ser mucho más piadoso que los propios hijos de Elí (2:12-17).

LA HISTORIA DE ELÍ (2:12—3:21)

2:12-17 *Los codiciosos e impíos hijos de Elí.* Los dos hijos de Elí, Ofni y Finees (1:3), eran codiciosos e irreverentes en su manejo de los sacrificios y en el trato que daban a los ofrendantes. Amenazaban a los adoradores que se resistían a su irreverencia (2:16). Incluso cometían inmoralidad con mujeres que habían acudido a servir en el tabernáculo (2:22; véase Éx. 38:8).

2:18-21 *Efods de lino para su hijito.* A diferencia de los malvados hijos de Elí, el joven Samuel estaba consagrado a su tarea en el tabernáculo. Aunque Ana había devuelto de veras a Samuel al Señor, se le permitía asistirle en su ministerio haciéndole un efod nuevo cada año. Elí bendecía a Ana cada vez que ella visitaba, y ella tuvo otros cinco hijos, lo que hizo de ella madre de al menos seis hijos (véase 2:5).

Samuel era levita (1 Cr. 6:26, 33) y servía como sacerdote (2:18-21; 7:5-14; 13:11). "Del monte de Efraín" identifica el origen geográfico de su padre.

2:22-26 *Trata de advertirlos, ¡pero es demasiado tarde!* Los hijos de Elí llegaron a hacerse tan notorios que todos comenzaron a informar de ellos a Elí. Ellos ignoraron las reprimendas de su padre, al parecer porque había sido crónicamente ineficaz como padre (véase 3:13). Mientras, Samuel "era acepto delante de Dios y delante de los hombres" (2:26).

2:27-29 *"Tú los honras a ellos y deshonras a Dios".* Un profeta declaró a Elí directamente responsable de la conducta de sus hijos.

2:30-36 *Ambos morirán antes de su tiempo; ambos morirán el mismo día.* El profeta continuó diciendo a Elí que la maldad que había permitido en su casa sería severamente castigada. Todos sus descendientes varones morirían jóvenes, y el sacerdocio les sería finalmente quitado del todo (véase 1 R. 2:27). Como señal de que todo aquello iba a suceder, Ofni y Finees morirían el mismo día.

3:1-9 *Un llamamiento de Dios confirmado por Elí.* Cuando Samuel era aun muy joven, y la condición espiritual de Israel era tenebrosa, oyó la voz de Dios, y Elí confirmó su llamamiento como profeta. Los tres llamamientos (3:4, 6, 8) indican la firme intención de Dios de llamar a Samuel; el número tres, como siete y diez, significa algo completo (1:1-8; 2:1-10).

3:10-21 *"¿Qué te ha dicho Dios?" Y con un corazón embargado de dolor, se lo dice.* El primer encargo de Samuel como profeta fue reafirmar la decisión de Dios de traer juicio sobre la casa de Elí. El sacerdote obligó a un reacio Samuel a decirle toda la verdad, y la aceptó como voluntad de Dios.

La pregunta de Elí (3:17) muestra que ya había comenzado el juicio de Dios sobre él: Dios ya no hablaba por medio de Elí, sino por medio de Samuel. Toda la nación reconoció este hecho (3:20).

"Desde Dan hasta Beerseba" (3:20) era la manera tradicional de definir los límites de Israel, aunque bajo Salomón iba a extenderse más allá de esos lugares.

LA HISTORIA DEL ARCA DE DIOS (4:1—7:2)

4:1-11 *"¡El arca nos salvará!" (según creían ellos).* Israel luchó contra los filisteos y sufrieron una dura derrota. Pensando que la presencia del arca del pacto mejoraría sus posibilidades, la trajeron de Silo al campo de batalla. Cuando la gente vio el arca, "todo Israel gritó con tan gran júbilo que la tierra tembló" (4:1-5). Cuando los filisteos oyeron el clamor y supieron que el arca había llegado al campamento israelita, se sintieron llenos de terror, porque habían oído acerca de las plagas en Egipto y del milagroso paso del Mar Rojo. Pero su temor se convirtió en un llamamiento a la lucha, y derrotaron a Israel, y tomaron el arca (4.6-11). Los dos hijos de Elí fueron muertos en batalla, ambos el mismo día, precisamente como había sido profetizado (2:34).

Israel no había llegado a conquistar completamente Canaán en tiempos de Josué (Jos. 13:1), y los filisteos y otras naciones constituían una amenaza. Los filisteos retenían la mayor parte de la llanura costera. Cuando Israel era débil, lanzaban incursiones al interior; cuando Israel era fuerte, quedaban confinados a la costa.

Al parecer, el arca nunca volvió a Silo. Algunos historiadores creen que Silo fue destruido por los filisteos en cierta ocasión después de la muerte de Elí. Nob, la "ciudad de los sacerdotes" (22:19), al parecer reemplazó a Silo como centro de culto de Israel.

4:12-18 *Él muere de un cuello roto.*

Cuando Elí supo acerca de la gran derrota de Israel, de la muerte de sus hijos y de la toma del arca, cayó de su silla, se quebró el cuello, y murió de manera ignominiosa.

4:19-22 *Ella muere de un corazón roto.* Cuando la mujer de Finees supo la noticia, murió de parto, pero no antes de llamar a su hijo Icabod, significando, "¿Dónde está la gloria?", porque, dijo ella, la toma del arca significaba que "la gloria se ha apartado de Israel" (4:22).

5:1-12 *"¡Hemos tomado un tigre por la cola!"* Cuando los filisteos se llevaron con ellos el arca, sucedieron dos acontecimientos notables: El ídolo de Dagón, su principal deidad, cayó como si adorando el arca; y el pueblo fue azotado por una enfermedad, y muchos murieron. El traslado del arca a otras ciudades solo servía para llevar el azote también a aquellos lugares. La conclusión era obvia: ¡El arca debía volver a Israel! (5:11).

6:1-12 *Enviada de vuelta, con superstición y ciencia.* Cuando se les preguntó qué debían hacer respecto al arca, los sacerdotes filisteos propusieron una solución que era medio superstición y medio experimento científico:

- Con el arca debían ir dones de oro en formas que representasen la plaga, como "ofrenda por la culpa" (6:3, 8) al Dios de Israel. Esta ofrenda era probablemente más por superstición que con fe.
- El arca y los dones debían ser enviados en un carro tirado por dos vacas que nunca hubieran sido uncidas, y que hubieran sido recientemente separadas de sus becerros. La inclinación natural de las vacas sería volver a sus becerros. Incluso si sus becerros hubieran estado con ellas, la probabilidad de que esas vacas nunca uncidas hubieran tirado del carro hacia Israel era desde luego bien pequeña. Si las vacas llevaban el arca a Israel, eso constituiría prueba de que la plaga les había venido de parte del Dios de Israel (6:9).

El que las vacas llevasen desde luego el arca a Israel (6:10-12) fue claramente una acción de Dios, porque, sin ser conducidas por manos humanas, "se encaminaron por el camino de Bet-semes, y seguían camino recto".

6:13—7:2 *Recibida con regocijo y lamentación.* Mientras los filisteos observaban desde una cierta distancia (6:16), la gente de Bet-semes recibió el arca con regocijo. Pero muchos de ellos, temerariamente, miraron dentro del arca, y murieron (6:19; véase Nm. 4:20). Dios no tolera actos de impiedad, tanto si los cometen paganos como si es por parte de creyentes. Aunque se habían regocijado por su regreso, los hombres de Bet-semes estaban ahora deseosos de librarse del arca. Fue llevada a Quiriat-jearim, donde permaneció durante veinte años. La brevedad del relato de esos veinte años (7:2) deja la impresión de que los israelitas solo querían el arca guardada en un rincón apartado donde no hiciera más daños.

LA HISTORIA DE SAMUEL (7:3-10:27)

7:3-6 *"¡Destruyan sus ídolos y vengan a Mizpa!"* tras haber ya demostrado una capacidad espiritual rectora (véase 4:1), Samuel dirigió ahora un gran avivamiento en Mizpa.

7:7-14 *El enemigo lo oye y ataca.* Probablemente, los filisteos contemplaron la reunión en Mizpa no como un avivamiento sino como una reunión política y militar que podía constituir una amenaza a sus intereses, por lo que movilizaron sus fuerzas contra Israel. Aterrorizados, los israelitas apremiaron a Samuel a que orara por ellos. Samuel oró y ofreció sacrificios, y el Señor los libró milagrosamente, introduciendo una era de paz entre Israel y Filistea que duraría durante toda la vida de Samuel. "Eben-ezer" (7:12) significa "piedra de ayuda".

7:15-17 *El primer predicador itinerante de Israel.* Desde su base en Ramá, Samuel viajaba con regularidad a ciudades principales de Israel. "Y juzgó Samuel a Israel todo el tiempo que vivió" (7:15). Es evidente que Samuel tuvo un sólido ministerio que tuvo un impacto permanente sobre Israel.

8:1-9 *"Danos un rey", clamaron.* Samuel constituyó en jueces a sus dos hijos, pero ellos fueron corruptos y deshonestos. El pueblo pidió un rey, alegando como razón para ello su desconfianza hacia los hijos de Samuel. No obstante, por sus propias palabras expusieron su motivo real: querían un rey "como tienen todas las naciones" (8:5); este fue el cumplimiento literal de la predicción de Moisés 300 años atrás (Dt. 17:14). El Señor mostró luego a Samuel la razón real tras el deseo que Israel tenía de un rey: "no te han desechado a ti, sino a mí me han desechado, para que no reine sobre ellos" (8:7).

8:10-18 *"Esto es lo que les costará tener un rey".* Samuel advirtió al pueblo que la institución de la monarquía en un momento dado llegaría a ser opresiva y un factor de pérdidas económicas para la nación.

8:19-22 *"Constitúyenos ahora un rey", vuelven a insistir.* A pesar de las advertencias de Samuel, el pueblo pidió de nuevo un rey. Finalmente, el Señor mandó a Samuel que les concediera su deseo.

9:1-2 *Entra Saúl: ¿La respuesta a las oraciones de ellos?* Por la descripción que se da en 9:2, Saúl era precisamente la clase de rey que buscaban los israelitas: el hombre más alto y apuesto de Israel. El padre de Saúl, Cis, era "esforzado y valeroso" (V.M.).

9:3-26 *Busca unas asnas pero encuentra una nueva vida.* Mientras buscaba las asnas perdidas de su padre, le dijeron a Saúl que un profeta en cierto lugar le podría ayudar a encontrarlas. Aquel profeta resultó ser Samuel, que había recibido instrucciones de ungir a Saúl como primer rey de Israel. Cuando Samuel expuso su intención a Saúl, llamándole "el centro de todas las esperanzas de Israel", Saúl quedó comprensiblemente sorprendido (9:20-21).

9:27—10:8 *Para Saúl: la unción, tres señales, y el Espíritu.* En el 1051 a.C., sin que estuvieran siquiera presentes los criados de Saúl, Samuel lo ungió y lo proclamó rey. Luego predijo tres señales que confirmarían a Saúl que Dios lo había escogido. Luego, Saúl experimentaría una especial visitación del Espíritu de Dios. Después que sucediese todo ello, Saúl debía ir a Gilgal y esperar a la llegada de Samuel.

Aunque el Espíritu Santo no habitaba en los creyentes en los tiempos del AT, pasajes como 10:6 indican que Dios sí concedía visitaciones especiales de su Espíritu a los creyentes del AT (véase 16:13; Éx. 31:3; Nm. 11:17, 25; Jue. 6:34; 14:6; Neh. 9:20; Is. 61:1; Ez. 2:2; Mi. 3:8).

10:9-16 *Un nuevo corazón para el nuevo rey.* Todas las señales confirmando la realeza de Saúl se cumplieron aquel mismo día, como Samuel había predicho. Además, Dios "le mudó su corazón" para dotarlo para sus nuevas responsabilidades como rey.

El pueblo se quedó sorprendido al descubrir a Saúl entre los profetas (10:10-13), pero Dios puede llamar a cualquiera a su servicio. Observemos el similar llamamiento de Amós, que no tenía antecedentes proféticos antes de su llamamiento (Am. 7:14-15).

10:17-27 *"Aquí está su rey. . . ¿pero dónde está él?"* Habiendo recordado al pueblo una vez más que un voto por un rey era un voto contra Dios, Samuel se preparó a presentarles a Saúl . . . pero él no podía ser hallado en ninguna parte, hasta que el Señor mismo expuso su escondite (10:22). La aparente renuencia de Saúl fue la primera indicación de que no haría honor a los especiales dones y capacidades que Dios le había concedido.

En tanto que Saúl hizo una fuerte impresión sobre la mayoría de los presentes (10:23-24), no todos estaban dispuestos a aceptar su liderato (10:27).

LA HISTORIA DE SAÚL (11—15)

11:1-11 *Saúl "se lanza al rescate" en Jabes de Galaad.* Cuando los amonitas amenazaron Jabes de Galaad, sus habitantes no tenían la certeza de que Israel podría movilizar un ejército para defenderlos. Quizá debido a la oposición señalada en 10:27, Saúl todavía no había afirmado su autoridad como rey: cuando llegaron las nuevas de la amenaza de los amonitas, él estaba en el campo con su ganado (11:5). Pero tan pronto como supo acerca del problema, movilizó un ejército de todo Israel y derrotó a los amonitas.

Los amonitas eran uno de los enemigos de Israel al este, en la actual Jordania; los filisteos eran el enemigo al oeste, esto es, en la costa; y los arameos (o sirios) eran el enemigo en el norte.

Hechos simbólicos como enviar piezas de un buey (11:3-8) eran cosa común en el antiguo Oriente Medio (Jue. 19:29-30). Varios profetas israelitas llevaron a cabo similares "acciones simbólicas":

- rasgándose las vestiduras como señal de duelo (2 S. 1:11; 2 R. 5:7-8; Mt. 26:65)
- echándose cenizas sobre la cabeza para mostrar arrepentimiento (Dn. 9:3; Mt. 11:21)
- llevando un yugo para advertir de un inminente cautiverio (Jer. 27:2; 28:10).

11:12-15 *Vuelto a coronar, pero no va a dar muerte a sus adversarios.* Tras haberlo probado en batalla, toda la nación se une para proclamar rey a Saúl. Y en la victoria se mostró magnánimo, rechazando la sugerencia de eliminar a sus adversarios (10:27).

12:1-5 *Las últimas palabras de un hombre fiel.* La coronación de Saúl fue también la ocasión del "discurso de despedida" de Samuel a Israel. Comenzó recordando al pueblo que tener un rey era la elección de ellos, no la suya. Luego les recordó que como juez de ellos, nunca los había oprimido; aunque no lo dijo de manera explícita en esta ocasión, les había advertido con anterioridad que los reyes *sí* los oprimirían (8:10-22).

12:6-13 *No han aprendido las lecciones de la historia.* Luego Samuel les hizo un breve repaso de la historia, destacando que la desobediencia de Israel siempre les había llevado al desastre, que su arrepentimiento siempre había traído liberación, y que Dios era el verdadero rey de ellos (véase 10:19).

12:14-15 *¡Pero hoy tienen una nueva oportunidad para pasar la prueba!* La triste historia de Israel no tenía por qué seguir repitiéndose. Si el pueblo y su nuevo rey seguían al Señor, tendrían paz y prosperidad; si no, volverían a atraer el desastre sobre sus cabezas.

12:16-25 *Un milagro para respaldar su mensaje.* Para añadir énfasis a sus advertencias, Samuel pidió al Señor que enviara una tempestad, aunque interferiría con la cosecha en curso. El Señor accedió, y la tempestad infundió temor en los corazones del pueblo.

Tras haber conseguido que le prestasen atención, Samuel volvió a advertirlos de que su futura prosperidad dependería de la obediencia a su verdadero rey. Pero incluso en sus tiempos de desobediencia, Dios sería misericordioso para con ellos; y Samuel, por su parte, oraría fielmente por ellos.

13:1-7 *Los filisteos se preparan para la guerra.* El hijo de Saúl, Jonatán, atacó una guarnición de los filisteos, haciendo que toda la nación de Filistea se preparase para la guerra contra Israel. El pueblo de Israel se sintió tan despavorido que se ocultaron el cuevas y en peñascos (cp. Jue. 6:2).

13:8-15 *Un rey con un corazón insensato; un hombre según el corazón de Dios.* Anhelante de conseguir la bendición de Dios contra los filisteos, e impaciente al ver que Samuel no llegaba para ofrecer un sacrificio, Saúl asumió el papel de sacerdote. Samuel lo reprendió por haber actuado de tal forma, y declaró que debido a sus acciones precipitadas e impías, su reino quedaba en entredicho. Dios buscaría a un hombre "conforme a su corazón" para sustituir a Saúl.

Este fue el primero de dos fracasos críticos de Saúl; el segundo se registra en el capítulo 15. Poco después de aquel segundo fracaso, Dios encontró en David al hombre según su corazón (véase Hch. 13:22).

13:16-23 *Un ejército bien equipado.* Mientras Israel y los filisteos se preparaban para la batalla, se hacía evidente un desequilibrio de "David contra Goliat" entre ambos, ¡con los filisteos representando a Goliat! Es evidente que los filisteos controlaban los suministros de hierro de la región (13:19), y que el ejército de Israel carecía de espadas (13:22). (Sobre 13:21, véase *Pim*, p. 966.)

14:1-15 *La fe y valentía de Jonatán.* Convencido de que Dios estaba con él, Jonatán pasó al campamento filisteo sin más compañía que la de su escudero. Con un poco de ayuda de un terremoto, mataron a veinte soldados enemigos. La actitud de Jonatán de que "no es difícil para Jehová salvar con muchos o con pocos" (14:6) recuerda la historia de Gedeón (Jue. 7; véase también 17:46-47; Zac. 4:6; Mt. 19:26).

14:16-23 *Los filisteos, invadidos por el pánico; Israel prevalece.* La hazaña de Jonatán y el terremoto abocaron a los filisteos a la confusión. Bajo el caudillaje de Saúl, Israel aprovechó la oportunidad y los persiguió más hacia el oeste.

El deseo de Saúl de tener el arca del pacto con sus tropas (14:18) es la primera mención del arca desde 7:2, donde comprensiblemente, después de los acontecimientos de 4:1—7:2, el pueblo no había querido tener mucho que ver con ella.

14:24-30 *Jonatán critica la maldición de su padre.* Antes de ir a la batalla, Saúl había pronunciado una maldición sobre cualquiera que comiera cosa alguna antes de lograrse la victoria. Después de violar involuntariamente el decreto de su padre (14:27), Jonatán lo criticó duramente, diciendo que se habría conseguido una mayor victoria si el pueblo hubiera sido bien alimentado y tenido la moral alta. El autor al parecer está de acuerdo con la crítica de Jonatán, observando que el pueblo que luchaba con Saúl "desfallecía" y "estaba muy cansado" (14:24, 28, 31).

14:31-35 *¡La ley de Saúl lleva a sus soldados a quebrantar la ley de Dios!* Cuando finalmente tuvieron la oportunidad de comer, los soldados de Saúl estaban tan hambrientos que ignoraron el estatuto de la ley acerca de sangrar los animales antes de comer su carne.

14:36-46 *Salvado de su propio padre.* Saúl indagó del Señor si debería perseguir más a los filisteos o no. Al no recibir respuesta, supuso que había pecado entre sus soldados, y prometió dar muerte al ofensor. Cuando el ofensor resultó ser Jonatán, intentó darle muerte, pero sus soldados protegieron a Jonatán. Este episodio muestra que Saúl había tomado decisiones atolondradas, y que estaba perdiendo autoridad a los ojos de su pueblo.

14:47-52 *La familia y el ejército de Saúl.* Aunque Saúl no fue siempre fiel, sí que obtuvo algunos destacados éxitos militares. Pero un precio de este éxito era que debía mantener un ejército en pie, y que para este ejército demandaba a "todo hombre esforzado y apto para combatir" de los israelitas; así se cumplía la advertencia de Samuel acerca de lo que un rey les haría (8:11).

Señalada entre los hijos de Saúl está Mical (14:49), que llegaría a ser esposa de David (18:27) y que sería un factor en el conflicto entre David y Saúl (18:20-25; 19:11-17; 25:44). Abner (14:50), primo de Saúl y general de su ejército, sería humillado por David (26:13-16) y, tras la muerte de Saúl, dirigiría la lucha para mantener a la descendencia de Saúl en el trono (2 S. 2—3).

15:1-5 *Samuel manda: "¡Destrúyanlos a todos!"* Samuel mandó a Saúl que destruyese "del todo" a los amalecitas, sin perdonar a ninguno de ellos, ni siquiera a sus animales. Samuel estaba repitiendo lo que Moisés había mandado hacía unos 300 años: los amalecitas debían ser castigados por su traicionero ataque sobre inermes israelitas durante el Éxodo (véase exposición sobre Éx. 17:8-16; Dt. 25:17-19).

15:6-9 *Saúl dice: "Guardemos sus animales".* Saúl dio muerte a todos los amalecitas . . . excepto a su rey y a los mejores de sus animales. En tanto que los amalecitas fueron destruidos por su oposición a Israel durante el éxodo, los ceneos fueron perdonados por su bondad para con Israel durante aquel mismo tiempo.

15:10-23 *"Tu pecado te ha costado la corona".* Tanto el Señor como Samuel se sintieron profundamente entristecidos por la desobediencia de Saúl. Por su parte, Saúl añadió a su desobediencia la soberbia (15:12), la mentira (15:15) y el pasar la culpa a otros (15:21). Calificando a Saúl de rebelde contra Dios (15:23), Samuel declaró otra vez que Dios lo había rechazado como rey (véase 13:13-14).

En 15:11 se menciona el "arrepentimiento" de Dios (heb.; RV: "me pesa"). Sin embargo, Samuel dice más adelante en este capítulo que Dios no se arrepiente porque no es hombre para arrepentirse (15:29). Los hombres viven a menudo para lamentar decisiones hechas con precipitación o con muy poca información. Es evidente que Dios no padece ninguno de esos problemas. Pero lo que sí hace a veces es cambiar de dirección, sencillamente porque las personas cambian y no siempre siguen el camino que Dios les ha trazado.

En 15:22 tenemos una de las grandes descripciones que da el AT de la verdadera adoración (Is. 1:11-17; Mi. 6:6-8).

15:24-35 *"Ora por mí", pide él. "Demasiado tarde", le responde el profeta.* Saúl ruega ser perdonado y mantenido en el poder, pero Samuel rechaza su ruego. Samuel luego termina el encargo hecho a Saúl dando muerte personalmente al rey amalecita Agag.

Aunque el perdón de Dios es ilimitado, generalmente permite que nos encontremos con las consecuencias de nuestros pecados, como también sucedió en el caso de los pecados de David de adulterio y asesinato (2 S. 11).

LA HISTORIA DE DAVID (16—31)

16:1-13 *El más joven, ungido con aceite y con el Espíritu.* Alrededor del 1024 a.C., Dios mandó a Samuel que visitase a Isaí y que proclamase como siguiente rey de Israel a uno de sus hijos. Dios rechazó al candidato más probable, declarando que estaba más interesado en el corazón del nuevo rey que en su apariencia externa (16:7); ¡no quería otro Saúl (9:2)!

Dios pasó de lado a siete de los hijos de Isaí y escogió al más joven, David, para que fuese su rey; otro ejemplo adicional de el mayor sirviendo al menor (véase exposición sobre Gn. 25:19-26). David habría tenido 17 años en aquel entonces.

Samuel ungió a David con aceite (16:13). *Mesías,* el nombre hebreo para Cristo (Jn. 1:41), significa literalmente "ungido". David fue designado como el ungido de Jehová (2 S. 19:21), pero también lo fue Saúl (1 S. 24:10) e incluso en rey persa Ciro (Is. 45:1), a quien Dios usó para cumplir su propósito.

David fue también ungido con el Espíritu Santo (16:13), igual que Saúl lo había sido (10:10).

16:14-23 *Cánticos para aplacar la fiera.* El Espíritu Santo, que Dios había dado a Saúl cuando fue hecho rey (véase exposición sobre 9:27—10:8), ahora se apartó de él y en su lugar le atormentaba un espíritu malo. Por recomendación de sus siervos, Saúl envió a buscar a David, que era músico. La música de David aplacaba a Saúl; fue hecho paje de armas de Saúl y llegó a ser su amigo de confianza (16:21). David llegó a su tiempo a ser compositor y autor de cánticos además de músico, y fue el autor de la mitad de los salmos.

17:1-11 *"Tenemos un problema: ¡Tiene tres metros de estatura!"* Mientras los filisteos e israelitas estaban frente a frente en colinas opuestas, los filisteos presentaron su "campeón" Goliat (17:4) con una propuesta en el sentido de que el ganador se lo llevase todo: Envíen al mejor de sus hombres a luchar con él; el lado perdedor será esclavos del otro lado. Los israelitas, incluso el rey Saúl, se sentían aterrados ante esta perspectiva.

Las detalladas medidas y pesos que se dan para Goliat y su armadura en el hebreo original son evidencia de la exactitud histórica de este relato. Goliat no medía solo seis o siete codos: tenía una estatura de "seis codos y un palmo" (17:4). Alguien realmente lo había medido.

17:12-22 *Un muchacho de recados con un paquete de comida.* Mientras la batalla proseguía y Goliat seguía escarneciendo a Israel (17:16), David repartía su tiempo entre sus deberes en el palacio de Saúl y sus deberes como pastor. Isaí lo envió con algo de comida para sus hermanos mayores que estaban en el ejército de Saúl.

17:23-30 *David: "¡Quién se ha creído este que es!" Eliab: "¡Quién te has creído que eres!"* Después de haber visto a Goliat y de haber oído como se jactaba, David expresó su indignación de que un "filisteo incircunciso" se atreviera a decir tales cosas acerca del pueblo de Dios. Pero Eliab, el hermano mayor de David, se sintió igualmente ofendido de que el joven David hiciera siquiera la más simple sugerencia de que él fuese a enfrentarse con Goliat. Mientras tanto, y a pesar del ofrecimiento de una fabulosa recompensa (17:25), ninguno de los hombres de Saúl se atrevía a enfrentarse a Goliat (17:24).

17:31-37 *¡Caerá, como lo hicieron el león y el oso!"* Cuando David se ofreció para enfrentarse con Goliat, Saúl se mostró escéptico, pero el entusiasmo de David y las historias de sus hazañas juveniles convencieron por fin a Saúl, que envió a David a esta misión con sus bendiciones. David había sido fiel en lo poco; ahora se abría la oportunidad para cosas mayores.

17:38-47 *Cinco piedras lisas y la ayuda de Dios.* Saúl dio a David su armadura, pero David la rechazó en favor de sus más familiares honda y piedras. Cuando se encontró con Goliat, el gigante mostró desdén por David y su honda. Pero David proclamó que él se alzaría con la victoria debido a que iba a luchar en nombre de Dios y con su ayuda.

En sus tratos con Goliat, David iba guiado no por un deseo de gloria personal, sino por su celo por el Señor (17:26, 36, 45, 47).

17:48-54 *Golpeado por una piedra, cortado con una espada.* La primera piedra de la honda de David hizo blanco, pero David tomó entonces la espada de Goliat y lo remató, y le cortó la cabeza con ella. Caído su campeón, los filisteos se dieron a la fuga. La espada de Goliat iba a estar pronto de nuevo en manos de David (21:9).

17:55-58 *"Abner, ¿de quién es hijo ese joven?"* Impresionado por la victoria de David, Saúl preguntó acerca de su procedencia familiar. Esto parece extraño a la luz de su anterior relación (16:19-23), y algunos eruditos han sugerido que algunos de esos acontecimientos pueden haber sido registrados fuera de su secuencia histórica. También podría ser que Saúl estuviera preparándose para cumplir su anterior promesa de exención de tributos para el padre del hombre que matase a Goliat (17:25).

18:1-5 *David encuentra nueva fama y amistad.* David pasó ahora a formar parte de manera permanente de la corte de Saúl, "sobre gente de guerra", y amado por todos los siervos de Saúl. Especialmente digna de mención era su nueva amistad con Jonatán, hijo de Saúl, una amistad que sería severamente puesta a prueba en los meses que iban a seguir.

18:6-9 *Mordido por la serpiente de la envidia.* Saúl oyó a algunas mujeres de la localidad alabando a David —a costa de Saúl— y se sintió mordido por la envidia. Desde aquel día le consumiría la hostilidad hacia David.

18:10-16 *David se hace más famoso; Saúl le teme más y más.* La siguiente vez que David tocaba su música para Saúl, el rey intentó matarlo. Al darse cuenta de que Dios se había apartado de él y de que estaba protegiendo a David, Saúl echó a David de su presencia. Y mientras Saúl temía más y más a David, este se hacía más y más popular entre la gente.

18:17-30 *"¡Los filisteos lo matarán, con la ayuda de mis hijas!"* Saúl siguió conspirando contra David, incluso usando a sus hijas como peones en su mortífero juego. Primero ofreció Merab y luego Mical a David, por el precio de matar a mil filisteos. Cuando David mató a dos mil filisteos y reclamó a Mical, Saúl le temió aun más (18:29). A lo largo de esta crisis, David permaneció humilde (18:18) mientras que Saúl permanecía envidioso (18:25). Pero mientras la influencia de Saúl disminuía (18:17, 19), David se hacía más y más destacado (18:30).

19:1-10 *Una advertencia de Jonatán, otra lanza de Saúl.* Jonatán advirtió a David que Saúl estaba otra vez tras él. Luego recordó a Saúl el heroísmo de David y le extrajo una promesa de no dar muerte a David. Pero Saúl intentó otra vez alancear a David mientras él estaba tocando su música.

19:11-17 *La esposa de David le salva la vida.* Todavía con la esperanza de que otros le ayudarían a matar a David, Saúl envió mensajeros a acechar la casa de David. Mical descubrió la trama y ayudó a David a escapar.

19:18-24 *Saúl busca a David, y en su lugar encuentra el Espíritu.* David huyó a Ramá, donde Samuel estaba todavía cumpliendo su ministerio profético. Cuando Saúl lo supo, envió a tres compañías distintas de soldados para que apresasen a David. Todos los tres grupos, al llegar a Ramá, experimentaron avivamientos religiosos. Finalmente, el mismo Saúl fue a Ramá, donde él también experimentó "el Espíritu de Dios" (19:23) y abandonó temporalmente su persecución de David.

20:1-11 *"Confía en mí: Papá no quiere matarte"*. David sabía que Saúl quería matarlo, pero Jonatán pensaba que sus temores carecían de fundamento. David propuso una prueba: Estaría ausente en el banquete que se iba a celebrar al día siguiente; si Saúl se enfurecía por su ausencia, él y Jonatán sabrían que Saúl estaba tratando de matarlo. Desde luego, la ausencia de David se habría notado en el banquete: La mesa presidencial era solo para cuatro comensales: Saúl, Jonatán, Abner y David.

20:12-17 *El pacto de amistad.* Antes de finalizar sus planes para el día del banquete, Jonatán, hijo del rey, y David, destinado a ser el siguiente rey, hicieron un pacto de lealtad entre ellos mismos y con sus descendientes. Una vez más el escritor hace observar el gran amor de Jonatán hacia David (20:17; véase 18:1, 3; 19:1).

20:18-23 *Las flechas darán la respuesta.* El plan quedó ultimado: El día del banquete, David se ocultaría en un campo cercano. Cuando Jonatán hubiera suscitado la cuestión de la ausencia de David y visto la reacción de Saúl, señalaría esta respuesta a David con tres flechas. Si las flechas señalaban que Saúl estaba furioso, David huiría. Jonatán recordó a David que incluso si huía, su pacto se mantendría aún en vigor (20:22-23).

20:24-34 *Un roce con la muerte lo convence.* Saúl se encolerizó desde luego por la ausencia de David al banquete. En un acceso de ira intentó matar a Jonatán; esto convenció a Jonatán de que los temores de David estaban bien fundados. Saúl afirmó que su ira era por el bien de Jonatán, porque en tanto que David viviera Jonatán no heredaría el trono (20:30-31). Pero el peso de la evidencia sugiere que lo que alimentaba su ira asesina era su envidia de David, no su preocupación por Jonatán.

20:35-42 *Con dolor, emprenden sus distintos caminos.* Tal como David debía estar esperando, las flechas señalaron el furor de Saúl. Él y Jonatán se abrazaron, reafirmaron su pacto, y David emprendió la vida de un fugitivo.

21:1-7 *El fugitivo cuenta una mentira.* Tras haber huido a Nob, David pidió comida a un sacerdote, para sí mismo y para sus hombres. Mintió acerca de su situación, evidentemente temiendo ser rechazado si admitía que era un fugitivo. Al parecer, no acababa de confiar en la revelación de Dios de que él sería rey.

El único alimento disponible era el pan santo, pero David convenció a los sacerdotes para que se lo dejasen comer. Jesús dio más tarde una implícita aprobación a la acción de David, usando este incidente para ilustrar la apropiada relación entre la ley y la compasión (Mt. 12:1-4; véase Lv. 24:1-9).

Doeg, siervo de Saúl, vio a David en Nob (21:7), y más tarde reveló a Saúl donde se encontraba David (22:9).

21:8-15 *David el loco.* No queriendo estar demasiado tiempo en Nob, David pidió al sacerdote una espada, y se preparó para la marcha. Recibió la más fuerte y afilada espada en todo el país, la espada de Goliat, que había sido guardada allí.

La siguiente parada de David fue en territorio filisteo, donde buscó la ayuda de Aquis, rey de Gat. Allí, temiendo haber sido reconocido, pretendió estar loco y fue al parecer echado de la ciudad.

Durante su huida de Saúl, David fue pasando una y otra vez del territorio filisteo al territorio montañoso del desierto de Judea.

22:1-5 *Los frustrados 400.* Tras volver a territorio israelita, David se atrajo la atención de su familia, y de unos cuatrocientos marginados y descontentos. Llevó a sus padres a Moab, la tierra de su antecesora Rut, para poder dedicar su atención a su propia crisis sin tener preocupaciones acerca de su seguridad.

David luego organizó a los cuatrocientos hombres como un ejército propio, y, bajo las instrucciones de un profeta, se dirigió con ellos a Judá, que le proveía de la protección de montes y bosques.

22:6-10 *"Lo he visto en Nob".* Saúl reprendió duramente a sus siervos por no hacer más por ayudarle a capturar a David. Bajo esta presión, Doeg reveló que había visto a David en Nob y que el sacerdote Ahimelec le había ayudado.

22:11-19 *El espía se convierte en verdugo.* Saúl envió a buscar a Ahimelec y le acusó de traición por ayudar a David. Ahimelec recordó a Saúl la fidelidad de David (22:14) y alegó ignorancia acerca de la situación de fugitivo de David, pero Saúl ordenó la ejecución de Ahimelec y de otros 85 sacerdotes de Nob. Cuando los siervos de Saúl rehusaron dar muerte a esos hombres santos, asignó la tarea a Doeg.

22:20-23 *"Debería haber sabido que era un espía".* Un sacerdote, Abiatar hijo de Ahimelec, escapó de la matanza y llevó las tristes nuevas a David. Recordando que había visto a Doeg en Nob y que había sabido que Doeg informaría acerca de él a Saúl, David se culpó de la matanza y prometió proteger a Abiatar de Saúl.

Abiatar pasó a ser el sacerdote de David (23:9) y daría más tarde a su hijo el nombre de su padre muerto. Este segundo Ahimelec fue más tarde un consejero clave de David (2 S. 8:17).

23:1-13 *David se lanza al rescate.* Tras saber que los filisteos estaban atacando Keila, David reunió su ejército y salvó la ciudad. Cuando Saúl supo que David estaba en Keila, hizo planes para capturarlo, pero David escapó, llevándose a su ejército fugitivo y desharrapado y "anduvieron de un lugar a otro" (23:13). La liberación de Keila por parte de David aumentó no solo su fama sino también su ejército. Los cuatrocientos eran ahora seiscientos.

23:14-29 *Los 600 se dirigen a los árboles y a las cuevas.* David y sus hombres hallaron refugio en bosques y cuevas en el desierto de Zif. Allí Jonatán lo visitó en secreto, y renovaron su pacto (23:16-18). Éste iba a ser su último encuentro.

Jonatán expresó lo que probablemente había sabido todo el tiempo: que David era la elección de Dios como rey. Y añadió: "y aun Saúl mi padre así lo sabe" (23:17; véase exposición sobre 24:8-22).

En 23:26 se indica lo cerca que estuvo Saúl de capturar a David. más adelante, naturalmente, David estuvo mucho más próximo que esto a Saúl, y por propia decisión.

Irónicamente, David escapó de Saúl esta vez cuando los filisteos invadieron inesperadamente el país (23:27), invasión que había sido posibilitada por la propia insensata obsesión de Saúl con David.

24:1-7 *Pasó algo divertido en la cueva.* Tras haber rechazado la última invasión filistea, Saúl supo que David estaba ocultándose en el desierto de En-gadi. Persiguiéndole allí, coincidió que se detuvo para reposar en la misma cueva en la que David se escondía. Los hombres de David le apremiaron a que aprovechase la oportunidad para dar muerte a Saúl, pero se limitó a cortar el borde del manto de Saúl. Luego lamentó haber tomado una acción incluso tan inofensiva contra Saúl, "el ungido de Jehová".

El borde de un manto era un símbolo de posición muy importante en aquellos días. Cortar esta parte del vestido era muy simbólico, lo que explica el remordimiento de David.

Esta fue la primera de dos ocasiones que David pasó de lado la oportunidad de dar muerte a Saúl (véase 26).

24:8-22 *"Acabo de perdonarte la vida; de modo que, ¿por qué buscas tú la mía?"* David mostró a Saúl el borde cortado de su manto como evidencia de que no tenía intención de matarlo. Saúl reconoció que David era mejor hombre que él, y más digno de ser rey. En 24:20 aparece la primera admisión oficial de Saúl de que David iba a ser rey, aunque él había sabido todo el tiempo que ésta era la voluntad de Dios (13:13-14; 15:28; 23:17).

Tras haber obtenido el juramento de David de no agresión (24:21-22), Saúl abandonó su persecución y se volvió. Desde este momento, Saúl vacilaría entre el odio contra David y el dolor por aquel odio. David, que evidentemente preveía esos cambios, se mantuvo oculto (24:22).

25:1 *La muerte de Samuel.* Aunque es dudoso que Saúl le prestase mucha atención en sus últimos años, toda la nación lamentó la muerte de Samuel.

25:2-35 *Abigail salva a su tonto marido de una muerte cierta.* Los hombres de David se habían mostrado bondadosos con los pastores de Nabal, un rico negociante (25:7, 21). Cuando David buscó un favor de Nabal a cambio, éste rehusó y humilló a David (25:10-11), ante lo cual David planeó una venganza. Cuando Abigail, la esposa de Nabal, supo lo que estaba sucediendo, llevó secretamente una ofrenda de paz a David y le rogó que no se vengase de su marido.

Incluso la mujer de Nabal reconoció que éste hacía honor a su nombre, que significa "necio" (25:25). Abigail, en cambio, era muy razonable (25:3), hecho que se hace evidente en su reconocimiento de que David estaba destinado a ser rey (25:28) y por el sabio consejo que le dio (25:29-31).

David se dio cuenta de lo justo del consejo de Abigail y abandonó su empresa de venganza contra Nabal (25:32-35).

25:36-44 *Muerte para Nabal, una nueva esposa para David.* Cuando Abigail fue a contarle a Nabal por cuán poco había escapado de David, Nabal estaba en medio de una borrachera. Cuando Abigail finalmente le dio las nuevas, quedó paralizado por el temor. Al cabo de diez días, el Señor mismo le quitó la vida a Nabal.

David vio la muerte de Nabal como su vindicación y como su oportunidad para pedir como su esposa a la hermosa y razonable viuda de Nabal. Mientras tanto, Saúl había llamado de vuelta a su hija Mical, la primera esposa de David, y la había dado a otro hombre.

26:1-25 *Perdonado otra vez, mientras dormía.* Una vez más, Saúl se lanzó en persecución de David, y una vez más David pasó de lado una oportunidad de matarlo.

- Esta vez, como antes, David fue retenido por su aversión a matar al "ungido de Jehová" (26:9; véase 24:6).

- Esta vez, como antes, tomó evidencia para mostrar que podría haber matado a Saúl (26:11-12, 16; véase 24:4, 11).
- Esta vez, como antes, David negó cualquier deseo de usurpar el trono de Saúl (26:18-20; véase 24:9-15).
- Y esta vez, como antes, el hecho de haber escapado tras haber estado a merced de David hizo que Saúl se arrepintiese de sus esfuerzos por matarlo (26:21-25; véase 24:16-22).

La humillación sufrida por Abner de parte de David (26:13-16) podría ayudar a explicar la posterior oposición de Abner a David.

27:1-12 *El hombre de fe tiene un lapso de fe.* Aunque Saúl se había vuelto a arrepentir de perseguirle, David siguió sin confiar en Saúl. Y al parecer tampoco confió en Dios para que le protegiese, porque se fue una vez más a la ciudad filistea de Gat para buscar la ayuda del rey Aquis (véase 21:10-15). Aquis dio a David y a sus hombres la ciudad de Siclag como lugar de refugio.

Durante el año y medio que vivió en Siclag, David y sus seiscientos hombres hicieron frecuentes incursiones contra mutuos enemigos de Filistea e Israel. Pero David se vio obligado a decir a los filisteos que las incursiones eran contra Israel, para que los filisteos no creyesen que él era leal a Saúl.

28:1-2 *¿David? ¿En el ejército filisteo?* Los filisteos se dispusieron de nuevo a luchar contra Israel. Suponiendo que David era realmente desleal a Saúl, los filisteos lo integraron en su ejército —y David pensó que no tenía otra opción sino pretender que estaba del lado de ellos.

28:3-25 *Saúl y el espíritu de Samuel.* Despavorido ante el tamaño del ejército filisteo, Saúl buscó ayuda del Señor, pero no recibió respuesta. Desesperado, visitó a una adivina y le pidió que contactase con el recientemente fallecido Samuel. Samuel se apareció y predijo que al día siguiente los filisteos derrotarían a Israel y que Saúl moriría en batalla.

Samuel vinculó directamente la inminente muerte de Saúl y su desobediencia a Dios (28:18).

Todas las indicaciones son que el espíritu era ciertamente Samuel. Esto no significa que la Biblia enseñe que los muertos puedan ser contactados, sino solo que en este caso Dios quiso volver a Samuel para que hablase con Saúl. El evidente espanto de la adivina al ver a Samuel (28:12) sugiere que incluso ella reconoció que era la mano de Dios, no sus propios poderes, lo que le había traído.

29:1-11 *Los filisteos sospechan y rechazan a David.* Mientras los filisteos se preparaban para luchar contra Israel, algunos de sus jefes militares se volvieron suspicaces acerca de David. Aunque Aquis seguía apoyando a David, la mayoría no se fiaban de él, de modo que David y sus hombres fueron enviados de vuelta a Siclag.

30:1-20 *Siclag: Incursión y rescate.* Cuando David y sus hombres llegaron a Siclag, hallaron que los amalecitas habían destruido la ciudad y capturado a sus habitantes. David persiguió a los amalecitas, los localizó y derrotó, y recobró a toda su gente y todas sus posesiones. La providencia de Dios se hizo evidente en que "no les faltó cosa alguna, chica ni grande, así de hijos como de hijas, del robo, y de todas las cosas que les habían tomado" de lo que se habían llevado los amalecitas (30:19).

Los que se habían quedado en Siclag habían hablado de apedrear a David, pero incluso en esas terribles circunstancias David encontró fuerza espiritual en su relación con Dios (30:6).

30:21-31 *Generoso en la victoria.* Cuando David se había lanzado en persecución de los amalecitas, 200 de sus 600 hombres habían estado demasiado exhaustos y se habían quedado atrás (30:10). A pesar de las protestas de algunos de sus hombres, insistió en que los que se habían quedado atrás compartiesen en el botín en igualdad con los que habían luchado.

En otra exhibición de gratitud, David envió una parte del botín a todas las ciudades que le habían ayudado, a él y a sus hombres, durante su prolongada huida de Saúl (30:26-31).

31:1-13 *Muerto, como lo había dicho Samuel.* En conformidad a la predicción de Samuel (28:19), los filisteos derrotaron a Israel, y Saúl y sus tres hijos —incluso Jonatán— fueron muertos. Saúl pidió a su escudero que lo matase para que ningún filisteo pretendiese aquel honor. Cuando el escudero rehusó hacerlo, Saúl se suicidó.

Los filisteos hicieron una pública exhibición del cuerpo de Saúl. Cuando los hombres de Jabes de Galaad lo supieron, rescataron el cuerpo y lo sepultaron decentemente (31:11-13). Era el año 1011 a.C., unos trece años después que David hubiera sido ungido para suceder a Saúl.

❖ ❖ ❖

PERSONAS A RECORDAR DE 1 SAMUEL

ELÍ

Hecho clave: Sumo sacerdote servido por el joven Samuel (1—4)
Hijos: Ofni y Finees (1:3)
Edad al morir: 98 (4:12-18)
Total de referencias bíblicas: 33
Referencias clave: 1—4

Habla Elí

¿Por qué tuvieron que llevar el arca al campo de batalla? ¿Es que acaso la consideraban como una especie de celestial pata de conejo que les daría la buena suerte? ¡Oh, Ofni y Finees, mis malvados hijos! ¿No se dan cuenta de la inutilidad de depender del arca de Dios cuando le han dado la espalda al Dios del arca? (2:22; 4:3-4).

Probablemente, Israel perderá esta batalla y yo tengo la mayor parte de la culpa. Puse a mis chicos antes que al Señor y nunca realmente intenté refrenarlos. ¡Qué diferentes se han vuelto de aquel poderoso profeta que instruí de niño en el tabernáculo! (2:29; 3:1-9, 13).

¡Este clamor procede de la ciudad! Debe significar que ha llegado el mensajero del campo de batalla. Sí, ahí está. ¿Qué noticias trae? ¡Dios misericordioso! ¡La batalla se ha perdido, mis hijos han muerto, y el arca ha sido tomada! Esto es demasiado para mí. Mi vida se acaba (4:14-18).

Lecciones espirituales de Elí

- Cuando juzgamos a otros demasiado precipitadamente, generalmente los juzgamos injustamente (1:9-16; Mt. 7:1).
- Los dirigentes espirituales han de ser cuidadosos en no dejar de lado la educación espiritual de sus propios hijos. Al reescribir Marcos 8:36 diríamos: "Qué aprovechará a un padre si ganare una gran estatura espiritual y perdiere a sus propios hijos" (2:12-17; 3:13).

Versículos clave
"Y Jehová dijo a Samuel: He aquí haré yo una cosa en Israel, que a quien la oyere, le retiñirán ambos oídos. Aquel día yo cumpliré contra Elí todas las cosas que he dicho sobre su casa, desde el principio hasta el fin. Y le mostraré que yo juzgaré su casa para siempre, por la iniquidad que él sabe; porque sus hijos han blasfemado a Dios, y él no los ha estorbado" (3:11-13).

ANA

Hecho clave: Madre de Samuel (1:19-20)
Marido: Elcana (1:2)
Total de referencias bíblicas: 13
Referencias clave: 1—2

Habla Ana
Es cierto: Sencillamente, ¡no se puede ser más generoso que Dios! Había dedicado a Samuel, mi primogénito, para servir a Dios en el tabernáculo. Luego me dio otros tres hijos y dos hijas. ¡Un total de seis hijos sanos! ¡Qué diferencia de la mujer estéril y deprimida que una vez estuvo en el tabernáculo con amargura de alma, orando por un hijo! Elcana no podría estar más orgulloso, ¡y la antes orgullosa Penina no podría estar más humilde! (1:1-11, 27-28; 2:18-21).

Espero que mi Samuel haya sido una verdadera ayuda para Elí. Las fuerzas combinadas de una edad avanzada, un peso excesivo y dos hijos malvados han ejercido un terrible efecto. Es un gran contraste ver el triste semblante de Elí durante nuestra visita anual al tabernáculo, y luego ver el rostro lleno de gozo de mi hijo (1:12-18, 25-26; 2:18-26; 4:18).

¿Le he enseñado alguna vez las palabras de aquel cántico que me inspiró su milagroso nacimiento? "Mi corazón se regocija en Jehová, mi poder se exalta en Jehová; mi boca se ensanchó sobre mis enemigos, por cuanto me alegré en tu salvación" (2:1).

Estoy segura de que Samuel conoce esta misma clase de gozo.

Lecciones espirituales de Ana

- A menudo, Dios derrama sus más ricas bendiciones sobre los más menospreciados por el mundo. Ana, menospreciada por Penina porque era estéril (1:2, 6), dio a luz a seis hijos, incluyendo uno de los más grandes profetas de Israel (1:20; 2:21; 3:19-20; véase Sal. 113:9).
- Ana se dio cuenta de lo que todos los padres deberían conocer: Dios nos da nuestros hijos para que se los devolvamos (1:11, 27-28).

Versículos clave
"Por este niño oraba, y Jehová me dio lo que le pedí. Yo, pues, lo dedico también a Jehová; todos los días que viva, será de Jehová" (1:27-28).

JONATÁN

Hechos clave: Hijo de Saúl, el mejor amigo de David (14:1; 18:1-4)
Madre: Ahinoam (14:49-50)
Hermanos: Es-baal, Malquisúa, Abinadab (14:49; 1 Cr. 8:33)
Hermanas: Merab, Mical (14:49)

Hijo: Mefi-boset (2 S. 4:4)
Muerte: Registrada en 31:1-2
Total de referencias bíblicas: 91
Referencias clave: 13—20; 23:16-18; 31:1-2

Habla Jonatán

Moriré en el campo de batalla mañana, junto con mi padre y mis hermanos. Creo que ya lo sé en mi corazón, incluso antes de aquel estrambótico acontecimiento con la adivina de Endor, que provocó la devastadora profecía de Samuel. Bien, podría ser peor. Antes preferiría morir *con* mi padre que *por* él, cosa que ha intentado realmente hacer dos veces. ¡Increíble! ¡Que tu propio padre quiera hacerte morir por comer un poco de miel y por dar apoyo al hombre ungido por Dios! (14:26-30; 20:33; 28:19; 31:2).

¡Qué trágico que llegase a considerar a David, mi mejor amigo, como su peor enemigo! Pero este "notorio proscrito" perdonó dos veces la vida a mi padre. Es demasiado para que yo pueda encajar todas las piezas (18:1-42; 24:4; 26:12; 2 S. 1:25-27).

No importa. Mañana llegará el fin. Mi única verdadera preocupación es Mefiboset. ¿Qué pasará con este hijo mío de cinco años? Me consuelo recordando el pacto que David y yo celebramos en el bosque hace cinco años. Sé que él guardará su promesa (20:12-16; 23:16-18; 2 S. 4:4; 9:1-13).

Lecciones espirituales de Jonatán

- La verdadera amistad a menudo demanda sacrificio. El firme apoyo de Jonatán a David suscitó el odio de su padre, Saúl (20:30), eliminó toda posibilidad de que él llegase a ser rey (20:31), y casi le costó la vida (20:33).
- Los beneficios de la verdadera amistad a menudo continúan más allá de la muerte. Posteriormente, David honraría y cuidaría a Mefi-boset, el hijo lisiado de Jonatán (2 S. 9:1-13; 21:7).

Versículo clave

"Aconteció que cuando él hubo acabado de hablar con Saúl, el alma de Jonatán quedó ligada con la de David, y lo amó Jonatán como a sí mismo" (18:1).

SAMUEL

Hechos clave: Profeta y sacerdote, ungió a Saúl y a David como reyes (3:1, 20; 9:27—10:1; 16:13).
Lugar de nacimiento: Cerca del Monte Efraín (1:1, 19-20)
Padre: Elcana (1:19-20)
Madre: Ana (1:19-20)
Hermanos: 3, innominados (2:21)
Hermanas: 2, innominadas (8:1-3)
Acontecimientos clave en su vida:

- Ayuda a Elí en el ministerio (2:18-21)
- Llamado por Dios, profetiza contra Elí (3)
- Dirige un avivamiento nacional (7:2-17)
- Unge a Saúl como rey (9—10)
- Condena a Saúl por actuar como sacerdote (13:1-14)

- Condena a Saúl por perdonar la vida a Agag (15:10-35)
- Unge a David como rey (16:4-13)
- Se aparece póstumamente a Saúl (28)

Muerte: Registrada en 25:1
Total de referencias bíblicas: 134
Referencias clave: 1—16; 19:18-24; 15:1; 28; Jer. 15:1; He. 11:32

Habla Samuel

Probablemente, debería considerar esto como un gran honor: ¡soy la única persona a la que nunca se le haya permitido volver a este mundo después de haberlo dejado! Pero la naturaleza de mi misión y de mi mensaje en algo oscurece su gloria. "Jehová es tu enemigo", le digo. "En unas veinticuatro horas, tú y tus hijos moriréis en el campo de batalla. ¡David heredará tu reino!" ¡Por un momento, parece como si Saúl fuese a morir aquí mismo, en la sala de esa bruja! (25:1; 28:14-20).

Elí, Saúl y David: tres hombres que han afectado mi vida más que ningunos otros. El primero fue bueno pero débil; el segundo fue huraño y malvado; me pregunto sobre el tercero: espero que demostrará ser fiel y fructífero (3:13; 13:14; 16:14).

Mis pensamientos se vuelven a Saúl. ¿Habría llegado a esto si su madre hubiera dedicado su hijo a Dios como lo hizo la mía? Todavía puedo verlo de pie aquí, en la puerta de mi casa en Ramá, preguntando por las asnas extraviadas de su padre. Se quedó abrumado y atónito cuando le dije que no se preocupase acerca de los animales perdidos, porque había "encontrado" el trono de Israel (9:1—10:1).

¡Oh, Saúl! ¿Qué es lo que fue mal? Cuánto deseaba yo tu éxito. Desobediencia. Supongo que es la explicación más acertada (15:22, 35—16:1).

El viejo rey pronto habrá muerto. ¡Viva el nuevo rey! *Icabod* es una descripción de Saúl. Por la gracia de Dios, que *Ebenezer* describa el reino de David (4:21; 7:12).

Lecciones espirituales de Samuel

- Incluso los niños pequeños pueden saber cuando Dios les está hablando (3:1-10).
- Una persona espiritualmente madura será aprobada por Dios y respetada por los demás, como se ve en las vidas tanto de Samuel como de Jesús (2:26; Lc. 2:40, 52).
- Una vida obediente es una vida productiva, por cuanto Dios no deja que "caiga en tierra" ninguna de nuestras obras o palabras (3:19).
- Deberíamos encontrar formas de recordar las cosas buenas que Dios hace por nosotros, así como Samuel estableció la piedra llamada Ebenezer para recordar a Israel la ayuda de Dios (7:12).
- Es trágicamente posible para padres piadosos criar hijos impíos, como sucedió con Elí (2:12-17) y Samuel (8:1-5). Véase Proverbios 22:6 para la respuesta para esta tragedia.
- Es fácil pero peligroso juzgar a las personas por las apariencias externas y no por el contenido de su carácter (9:2; 13:13-14; 16:7).

Versículos clave

"Y Samuel creció, y Jehová estaba con él, y no dejó caer a tierra ninguna de sus palabras. Y todo Israel, desde Dan hasta Beerseba, conoció que Samuel era fiel profeta de Jehová" (3:19-20).

SAÚL

Hecho clave: Primer rey de Israel (9:27—10:1)
Padre: Cis (9:1-2)
Esposa: Ahinoam (14:50)
Hijos: Jonatán, Es-baal, Malquisúa y Abinadab (14:49; 1 Cr. 8:33)
Hijas: Merab, Mical (14:49)

Acontecimientos clave en su vida:

- Escogido como rey (9—10)
- Salva Jabes de Galaad (11)
- Condenado por actuar como sacerdote (13:1-15)
- Condenado por perdonar a Agag (15)
- Comienza las hostilidades contra David (18:1-16)
- Asesina a 85 sacerdotes por haber prestado ayuda a David (22:6-19)
- Persiste en su persecución contra David (23:7—24:22; 26)
- Consulta una adivina en Endor (28)
- Muere en batalla (31)

Muerte: Registrada en 31:1-6
Total de referencias bíblicas: 388
Referencias clave: 9—31

Habla Saúl

¡Miserable mujer! ¿Cómo escaparía ella cuando limpié la tierra de las de su clase? Pero aun más miserable soy yo. Aquí estoy: el rey de Israel, reducido a llevar unos ropajes ajenos y entrando a hurtadillas y de noche a la casa de una bruja. ¡Deshonroso! Y todo es culpa de Dios, naturalmente. Él se niega a darme consejo o consolarme. Pero aquí no hay misterio. David fue siempre su favorito (13:14; 28:3, 6, 8).

He sido rechazado sencillamente por hacer mi voluntad. ¿No es esto lo que se espera de los gobernantes? ¡Increíble! ¡Y elegir a un pastorcillo por encima de mí! Aquel chico ya ha demostrado dos veces su debilidad al perdonarme dos veces la vida, a mí, su mortal enemigo. ¿Cómo se puede esperar de nadie que sea un rey eficaz cuando no puede tratar con dureza a sus propios enemigos? (13:11-12; 15:12-24; 24:4-7; 26:12).

Debo admitir que es inteligente, habiendo podido persuadir a Samuel y a mi propio hijo que se unan a sus filas. Realmente, mirando atrás, mejor me habría ido si hubiera limpiado la tierra de esos insensatos en lugar de haberme preocupado de todos esos brujos y brujas. Bueno, al menos hay 85 dirigentes religiosos que ya no lo podrán ayudar nunca más (16:12-13; 22:17-18; 23:16-17).

¡Maldición! ¡La adivina me ha reconocido! Debo tranquilizarla en el acto o todo se ha perdido.

Bien, acepta mis seguridades. ¿Y ahora qué? Me dice que ve a un anciano que lleva un manto, ascendiendo de la tierra. ¡Sí, ha de ser Samuel! ¡Por fin¡ Ahora sabré el resultado de la batalla de mañana. Espero que sea un mensaje positivo. Pero ¿cómo explico este temor espantoso que desciende sobre mí? (28:14).

Lecciones espirituales de Saúl

- La vida cristiana es una maratón, no una carrera de 100 metros. Saúl comenzó bien, exhibiendo obediencia (9:3-5), respeto (9:7), humildad (9:21), valor

(11:1-11), y un espíritu perdonador (11:12-13). Pero en último término faltó miserablemente a Dios en todas estas áreas y muchas más.

- No intentes asumir una responsabilidad que Dios no te ha dado (13:9-14).
- Dios valora la obediencia más que la meticulosa observancia de tradiciones religiosas (15:22).
- El enemigo interior de la envidia es muchísimo más peligroso que cualquier enemigo externo (18:9-12; 19:1; 20:30-31; 23:7).
- Rechazar el ministerio del Espíritu Santo significa invitar la presencia de un espíritu malo (16:14).
- Una vida de desobediencia siempre conlleva lamentaciones (26:21).
- Si rechazamos a Dios, Él nos rechazará (15:23; 2 Ti. 2:12-13).

Versículos clave

Entonces Samuel dijo a Saúl: Locamente has hecho; no guardaste el mandamiento de Jehová tu Dios que él te había ordenado; pues ahora Jehová hubiera confirmado tu reino sobre Israel para siempre. Mas ahora tu reino no será duradero. Jehová se ha buscado un varón conforme a su corazón, al cual Jehová ha designado para que sea príncipe sobre su pueblo, por cuanto tú no has guardado lo que Jehová te mandó" (13:13-14).

2 SAMUEL

—1051 a.C. *Saúl, primer rey*

—1011 *Muerte de Saúl, Segunda unción de David*

—1004 *Tercera unción de David, rey sobre todo Israel*

—1002 *David y Betsabé*

—971 *Muerte de David, Salomón, rey*

—931 *Muerte de Salomón, división del reino*

TRASFONDO

El libro Primero de Samuel registra la accesión de David al poder, al caer Saúl del favor de Dios. El Segundo de Samuel narra la historia de David como rey y el establecimiento de su linaje regio (3:10), a través del que procedería Jesús el Mesías, el último y más grande rey davídico (7:12-13; véase Is. 9:7; Lc. 1:32). El libro comienza justo antes de la segunda unción de David como rey, el año 1011 a.C. (véase 2:4), y termina poco antes de su muerte en el 971 (véase 1 R. 2:10).

AUTOR

(Véase *1 Samuel: Autor.*)

FECHA Y LUGAR

(Véase *1 Samuel: Fecha, Lugar.*)

PROPÓSITO

- Mientras que Jueces muestra la necesidad que Israel tenía de un rey y 1 Samuel muestra que David era la elección divina para rey, 2 Samuel muestra la bendición de Dios sobre su rey escogido. El pueblo necesitaba saber esto a fin de respetar y obedecer al rey.
- A los sucesores de David se les tenía que recordar el "punto de vista profético": La obediencia a Dios trae recompensa; la desobediencia trae castigo. Esto se ilustra claramente en las bendiciones de Dios por la obediencia de David, y en el castigo por su pecado.

RASGOS SINGULARES

- En 2 Samuel se registra el establecimiento de Jerusalén como Ciudad Santa de Dios.
- La ley de la siembra y de la siega no queda ilustrada en ningún lugar mejor que en los trágicos resultados del pecado de David con Betsabé.
- Mientras que 1 Samuel registra la unción de David como rey por parte de Samuel en presencia de su familia (1 S.

16:13), 2 Samuel registra las dos unciones públicas de David como rey, por parte del pueblo de Judá (2:1-7) y por parte de todas las 12 tribus (5:1-5).

- En 2 Samuel se introduce el segundo de los tres más importantes pactos incondicionales del AT: el pacto davídico (7:10-16; véase *Pactos bíblicos*, p. 820). Los otros dos son:
  - el pacto abrahámico (Gn. 12:1-3)
  - el nuevo pacto (Jer 31:31)

COMPARACIÓN CON OTROS LIBROS DE LA BIBLIA

Ezequiel:

- En tanto que David tuvo que luchar para mantener unidas las 12 tribus, el Mesías predicho en Ezequiel no encontrará desunión entre las tribus (Ez. 37:15-22).
- Ambos libros tratan acerca de los preparativos para un templo: David, para el templo de Salomón; Ezequiel, para el templo milenario.

(Véase *1 Crónicas: Comparación con otros libros de la Biblia.*)

BOSQUEJO

DAVID EL SOBERANO (1—10)
- Lamentación de David por Saúl y Jonatán (1)
- Unción de David como rey sobre una tribu (2:1-7)
- Guerra entre David e Is-boset (2:8—4:12)
- Unción de David como rey sobre todas las 12 tribus (5:1-5)
- David se apodera de Jerusalén (5:6-16)
- David derrota a los filisteos (5:17-25)
- David lleva el arca a Jerusalén (6)
- El pacto de Dios y la respuesta de David (7)
- Relación de las victorias de David (8)
- Bondad de David para con Mefi-boset (9)
- David derrota a los amonitas y a los sirios (10)

DAVID EL PECADOR (11)
- Su pecado de adulterio (11:1-5)
- Su pecado de engaño (11:6-13)
- Su pecado de asesinato (11:14-27)

DAVID EL SUFRIENTE (12—20)
- Primera retribución por el pecado de David: Muerte (12)
- Segunda retribución por el pecado de David: Incesto (13:1-22)
- Tercera retribución por el pecado de David: Asesinato (13:23-29)
- Cuarta retribución por el pecado de David: Rebelión de Absalón (14—18)
- Secuelas de la rebelión de Absalón (19)
- La sublevación de Seba (20)

DAVID EL ESTADISTA (21)

DAVID EL CANTOR (22—23)
- Su cántico (22)
- Sus últimas palabras (23:1-7)
- Sus valientes (23:8-39)

DAVID Y EL CENSO (24)

DAVID EL SOBERANO (1—10)

1:1-16 *Su informe acerca de una muerte causa su propia muerte.* Un joven amalecita llevó a David las nuevas de la muerte de Saúl, que estaba en Siclag después de haber derrotado a los amalecitas. El joven pretendía haber asestado el golpe de gracia al moribundo Saúl, a petición de Saúl. Después de un tiempo de duelo por Saúl y Jonatán (1:11-12), David reprendió al joven por haber dado muerte al ungido de Jehová, y ordenó que fuese ejecutado.

Según 4:10, David dio por supuesto que el joven esperaba una recompensa por haber matado a Saúl.

1:17-27 *Un cántico de lamento nacional.* David compuso y cantó un cántico en honor de Saúl y Jonatán. Expresaba en el mismo la esperanza de que los filisteos no hallasen consuelo en la muerte de Saúl, y luego pasó a elogiar a ambos hombres por su destreza y valor en la batalla (1:21-23, 25, 27), por su calidad de carácter (1:23) y por su destreza como dirigentes nacionales (1:24).

David reserva unos lamentos y elogios especiales para Jonatán, de cuya amistad profunda había gozado (1:26). Su descripción de Saúl como "querido" es generosa, considerando los esfuerzos implacables de Saúl para matarle (1 S. 18—26).

2:1-7 *David ungido por Judá.* Por orden de Dios, David y sus hombres, con sus familias, se trasladaron de Siclag a Hebrón. Allí fue proclamado rey de Judá, la tribu a la que pertenecía. David sería más tarde declarado rey sobre todas las 12 tribus (5:1-5). Cuando le dijeron cómo los hombres de Jabes de Galaad habían rescatado el cuerpo de Saúl, David les envió un mensaje de gratitud.

2:8-11 *Abner corona a un antirrey.* Abner, que había sido general del ejército de Saúl, proclamó a Is-boset, hijo de Saúl, como rey de todas las tribus excepto Judá. Esta división entre Judá y las tribus del norte se haría permanente después de la muerte de Salomón. (Para los anteriores tratos de Abner con David, véase 1 S. 17:55-58; 26:5-16.)

2:12—3:1 *Un juego mortífero y la lucha que sigue.* Los generales de Judá y de las tribus del norte dispusieron que 24 de sus jóvenes soldados se enfrentasen en lo que era bien un encuentro atlético o bien un combate serio. Fuese cual fuese su propósito, el acontecimiento resultó mortífero e indeterminante, muriendo en el mismo todos los contendientes.

La lucha que comenzó con aquellos 24 hombres pronto se extendió a los espectadores. La más amplia lucha llevó a 360 muertos entre las filas de los hombres de Is-boset, pero a solo 20 de los hombres de David. Esta desigualdad caracterizó la guerra más amplia entre David e Is-boset, mientras Judá "se iba fortaleciendo", y el ejército septentrional de Is-boset "se iba debilitando" (3:1). Era evidente que el favor de Dios estaba con David.

En 2:13 se introduce a Joab, sobrino de David y general de su ejército. Asael, hermano de Joab, fue muerto por Abner en la secuela de aquella fatídica competición (2:18-23).

3:2-5 *Hijos y esposas en la primera familia.* Mientras David gobernaba en Hebrón, tuvo seis hijos con seis esposas diferentes. Entre esos hijos, Absalón y Adonías vendrían a ser participantes clave en los posteriores conflictos familiares. (Para una lista completa de las esposas e hijos de David, véase *Personas a recordar: David.*)

3:6-21 *Un enfurecido Abner se pasa a David.* Cuando Is-boset acusó a Abner de dormir con una de las concubinas de Saúl, Abner se encolerizó, considerándolo un asunto de poca monta a la luz de lo que había hecho en favor de Is-boset. Como represalia, se ofreció a unirse a las fuerzas de David contra Is-boset, volviendo con ello a "todo Israel" al lado de David (3:12).

David accedió a este ofrecimiento, con una condición: que su esposa Mical, que Saúl había dado a otro hombre, le fuese devuelta. Tras haber cumplido esta condición, Abner comenzó a alentar a las tribus del norte a prestar apoyo a David, y David hizo un banquete para Abner y sus hombres.

3:22-27 *Asesinado con un falso motivo.* Tan pronto como Abner partió de vuelta tras la fiesta, Joab volvió de una batalla. Tras oír acerca del amistoso encuentro de Abner con David, Joab trató de convencer a David de que Abner estaba tramando una maquinación contra él. Joab luego dio muerte a Abner. Pero sus motivos para ello no eran los de proteger a David, sino de vengar la muerte de su hermano Asael (3:30; véase 2:18-23).

3:28-39 *David reacciona con cólera y resignación.* David se sintió entristecido y encolerizado por el asesinato de Abner. Pronunció luego una maldición sobre Joab y sus descendientes, y transformó el funeral de Abner en una humillación pública de Joab. David rechazó las acciones de aquellos hombres "duros" como Joab y sus hombres, pero admitió que esas acciones le habían hecho sentirse impotente (3:39). Era evidente que el pueblo favorecía el método más conciliatorio de David para con los anteriores rebeldes (3:36-37).

4:1-12 *Unos hermanos benjamitas, muertos por matar a su rey.* Ausente Abner, Is-boset se sintió impotente en su guerra con David; incluso a mediodía en un día caluroso estaba en cama (4:5). Baana y Recab, que debieran haber sido especialmente leales a Is-boset como miembros de la misma tribu de Benjamín, aprovecharon la oportunidad para pasarse al lado vencedor: Dieron muerte a Is-boset y de inmediato informaron de su acción a David.

En lugar de recompensarlos, David los hizo ejecutar, comparando la acción de ellos con la del joven amalecita que había esperado una recompensa por dar muerte a Saúl (1:1-16).

La condición de lisiado de Mefiboset, hijo de Jonatán (4:4) daría a David una oportunidad para honrar la memoria de Jonatán (9).

5:1-5 *Coronado por todas las 12 tribus.* Acabada la rebelión, todas las 12 tribus acudieron a Hebrón y proclamaron a David como rey. Años antes, Samuel había ungido a David en una ceremonia privada (1 S. 16:6-13). El pueblo sabía que Dios había escogido a David como rey de ellos, y ya habían aprendido a confiar en él como dirigente (5:2). David llegó a ser rey de todo Israel a los 30 años; Jesús comenzó su ministerio público a la misma edad (Lc. 3:23).

5:6-16 *Jerusalén: la elección de David; también la elección de Dios.* Jerusalén, que Israel no había llegado a conquistar en tiempos de Josué (Jue. 1:21), ahora cayó en manos de David y de sus hombres. David hizo de ella su capital, quizá debido a su situación estratégica entre Judá y las tribus del norte. Evidentemente, era también el lugar escogido por Dios (véase Dt. 12:10-11).

Los hombres de David, conducidos por Joab (1 Cr. 11:6), tomaron Jerusalén entrando por un túnel de suministro de agua (5:8). Ezequías construyó posteriormente un nuevo túnel, quizá en parte porque el antiguo era evidentemente difícil de defender (véase *Pozo de Warren*, p. 891; *Túnel de Ezequías*, p. 893). David fortificó una parte de Jerusalén, la llamó la Ciudad de David, y "edificó [fortificaciones adicionales] alrededor [de la ciudad] desde Milo hacia adentro" (véase *Milo*, p. 890).

Con una generosa ayuda de Hiram, rey de Tiro, David edificó una casa para sí y para su familia que iba en aumento (5:11, 13-16). Hiram ayudaría más adelante a Salomón a edificar el Templo (1 R. 5).

El poder de David fue en aumento (5:10; comparar 3:1), y supo que Dios estaba dando bendición a su reinado (5:12).

5:17-25 *¡Éxito! ¡Como aguas impetuosas y como árboles en marcha!* Cuando los filisteos oyeron que David había sido hecho rey, movilizaron sus fuerzas contra él. David los venció dos veces. Al parecer, vio la mano de Dios en la primera victoria, y la comparó con la rotura de un dique; la segunda victoria fue evidentemente milagrosa, al ir avanzando los hombres de David "como de marcha por las copas de las balsameras".

Que los soldados filisteos abandonasen sus ídolos en la batalla (5:21) sugiere que incluso ellos pusieron en duda la veracidad de su religión.

6:1-15 *El arca vuelve, después de un retraso de 90 días.* Con su trono y capital establecidos, David hizo planes para llevar el Arca del Pacto a Jerusalén. El Arca había estado durante veinte años en casa de Abinadab (1 S. 7:1-2). Mientras los hijos de Abinadab, Uza y Ahío, transportaban el arca en un carro, el pueblo iba siguiendo celebrando y adorando. La variedad de instrumentos que se tocaban, y la observación de que lo hacían "con todas sus fuerzas" (1 Cr. 13:8), muestra la trascendencia de este acontecimiento.

Cuando los bueyes tropezaron, Uza tocó el arca para impedir que cayese; de inmediato cayó allí muerto por aquella "temeridad" ("acto irreverente", NVI). Incluso en una ocasión de gozo, Dios no rebaja sus normas de santidad.

La transgresión de Uza no habría sucedido si David hubiera insistido en transportar el arca tal como estaba ordenado (véase Nm. 4:1-15).

El castigo de Dios sobre Uza dejó a David a la vez enojado y atemorizado. Entonces guardó el arca fuera de Jerusalén durante tres meses, pero finalmente la introdujo en la ciudad, tras ver las bendiciones otorgadas abundantemente a los que la guardaban (6:11-12).

6:16-23 *Ella no aprecia la adoración de él, por decir poco.* En el momento cumbre de la celebración por el arca, David fue visto "que saltaba y danzaba delante de Jehová". Mical lo despreció por esto, y lo acusó de descubrirse "delante de las criadas como un cualquiera carente de decoro". David replicó que la danza, aunque quizá no muy dignificada, había sido danzada "delante de Jehová" en toda humildad. Dios mostró su desagrado por la crítica de Mical haciéndola estéril (6:23).

La falta de aprecio de Mical por la adoración espontánea de David recuerda la errónea creencia de Elí de que Ana, al orar, estaba borracha (1 S. 1:13).

En 6:17 encontramos la primera referencia al tabernáculo desde 1 Samuel 3:3. El tabernáculo (o "templo", véase exposición sobre 1 S. 1:12-18) fue probablemente destruido junto con Silo (véase exposición sobre 1 S. 4:1-11). Al parecer, David había construido un nuevo tabernáculo en preparación del regreso del arca.

7:1-17 *"Yo no necesito una casa más grande, pero David sí".* Mientras Israel gozaba de un tiempo de paz, David comenzó a pensar acerca de edificar un hogar permanente para el arca. El profeta Natán dio su bendición al plan.

David usó este tiempo de reposo no para una propia gratificación en placeres, sino para meditaciones y planes para un futuro ministerio. Más tarde, David se tomó unas vacaciones cuando hubiera debido estar en la guerra, y ello tuvo unos desastrosos resultados (11).

El Señor recordó a Natán (7:4-7) que nunca había tenido una morada permanente, y que todavía no necesitaba una. Pero prometió volver el reinado de David en una "casa" permanente, en la que sus hijos le sucederían "para siempre" (7:13), promesa que encontraría su cumplimiento definitivo en Cristo (Is. 9:7; Lc. 1:32).

El Señor dijo también que el hijo de David *sí* le edificaría una morada permanente. En 1 Crónicas 22:7-10 se da la razón del Señor para permitir a Salomón construir el templo, en lugar de a David.

Las promesas de Dios a David (7:10-16) reciben a menudo el nombre de pacto davídico (Véase *Rasgos singulares*).

7:18-29 *La respuesta de David: "¡Gloria a Dios, de quién procede toda bendición!"* David respondió a las promesas de Dios con una oración de humildad y adoración. La elocuencia de la oración revela a David el poeta, que para este tiempo había ya compuesto varios de los salmos que aparecen en el libro de Salmos.

8:1-18 *Triunfo sobre todas las naciones alrededor.* El capítulo 8 es "la galería de trofeos" de David, en la que aparecen las muchas naciones que conquistó, así como los grandes tesoros que esas y otras naciones le trajeron como tributo. Israel alcanzaría su mayor extensión en los días de David y Salomón. La mayor parte de este territorio fue ganado bajo David, el hombre de guerra, y luego fue fortificado y defendido bajo Salomón. En 8:15-18 se menciona a los principales dirigentes militares y religiosos de David. En 23:8-39 se da una lista más completa de sus hombres de guerra.

9:1-13 *"¡Solo lo mejor para el hijo de mi mejor amigo!"* David buscó una oportunidad para mostrar bondad a la casa de Saúl, para honrar la memoria de Jonatán y el pacto que habían hecho (21:7; 1 S. 20:14-23). Informado acerca del hijo lisiado de Jonatán, Mefi-boset (véase 4:4), David envió a buscarlo y le restauró todas las propiedades que habían pertenecido a Saúl. Asignó a Siba y su familia para que fuesen siervos de Mefi-boset y dio a Mefi-boset un lugar de honor en la corte real.

David siempre había mostrado bondad a la casa de Saúl, considerándolo "el ungido de Jehová" (1:14-16; 1 S. 24:6; 26:11). Ahora puso de manifiesto la misma bondad por amor a Jonatán. De la misma manera, Dios muestra su bondad a los pecadores por amor a Jesús (Ef. 1:6).

10:1-19 *Ridiculizados sus respetos, Israel recurre a la guerra.* Cuando el rey de Amón murió, David envió una delegación para presentar sus condolencias al nuevo rey. Los delegados fueron rechazados y humillados en público. Cuando se dieron cuenta de que los israelitas se habían encolerizado por lo que habían hecho, los amonitas contrataron mercenarios de Siria y se prepararon para la guerra. Cuando estalló la guerra, Israel ganó de manera decisiva. Los vecinos de Israel tuvieron miedo de hacer nuevas alianzas (10:19), lo que consolidó las victorias que Israel había conseguido (8:1-14).

Acerca de "acciones simbólicas" como el afeitado de la barba (10:4), véase exposición sobre 1 Samuel 11:1-11.

DAVID EL PECADOR (11)

11:1-5 *De vacaciones David se enfrenta a la tentación.* Mientras los ejércitos de Israel estaban luchando en dos frentes, David se quedó en casa en Jerusalén. Durante una tarde de ocio, vio a Betsabé en su terraza, y dispuso un contacto sexual con ella. Poco después, Betsabé hizo dar noticia a David de que estaba embarazada.

11:6-13 *Primero, intenta engañarlo.* El marido de Betsabé, Urías, estaba en la guerra. David mandó rápidamente que lo hicieran volver, y lo alentó a que durmiese con su mujer, para que fuese el presunto padre de su hijo no nacido. Pero a diferencia de David, Urías rehusó gozar de la compañía de su mujer mientras sus camaradas estaban en la batalla.

11:14-27 *Dispone la muerte de Urías y se casa con su viuda.* Cuando fracasó la "añagaza de la paternidad", David dispuso que Urías muriese en batalla. Con Urías muerto, David se casó con Betsabé.

Un pecado a menudo lleva a otro. La concupiscencia de David lo llevó al adulterio y al asesinato, luego hundió a su familia y finalmente a toda la nación a generaciones de conflicto. El relato del pecado de David acaba con una evidente declaración: "Mas esto que David había hecho, fue desagradable ante los ojos de Jehová" (11:27).

DAVID EL SUFRIENTE (12—20)

12:1-6 *"¡Ese hombre merece morir!"* Poco después del casamiento de David con Betsabé, el profeta Natán le contó una parábola acerca de un hombre rico que había robado la única oveja de un pobre. Comprensiblemente, David se enfureció ante la codicia del rico, diciendo que cualquiera que hiciera eso debía morir.

12:7-12 *"¡Tú eres aquel hombre!"* Natán aplicó la parábola directamente a David, que, aunque tenía muchas esposas, había tomado la única esposa de Urías. Natán pronunció una maldición sobre la casa de David: David iba a padecer grandes tragedias personales, y su reino nunca más conocería la paz.

12:13-23 *El arrepentimiento no anula la retribución.* David, el varón conforme al corazón de Dios (Hch. 13:22), se arrepintió de su pecado, y su arrepentimiento fue evidentemente sincero (12:16-17). Sin embargo, los castigos predichos por Natán comenzaron a cumplirse de inmediato, con la muerte del hijo de David y Betsabé como la primera de muchas tragedias. Cuando Dios perdona nuestros pecados, ello no necesariamente significa que vayamos a rehuir las consecuencias de dichos pecados.

12:24-25 *Un bebé llamado "Amado".* Betsabé dio otro hijo a David, Salomón. Por medio de Natán, el Señor mandó que el niño fuese llamado también Jedidías, que significa "amado de Jehová". Este nombre resultaría profético, porque Salomón gozó de tantas y especiales bendiciones de Dios (1 R. 2—11).

12:26-31 *Mientras tanto, de vuelta al campo de batalla.* La historia vuelve ahora a la guerra contra los amonitas (11:1), contra los que estaban luchando los hombres de David mientras éste estaba corriendo en pos de Betsabé. Ante la insistencia de Joab, David se involucró en la guerra y ayudó a consolidar el éxito de Joab, de modo que "todas las ciudades de los hijos de Amón" quedaron bajo control israelita.

13:1-22 *Amnón y Tamar: De deseo a aborrecimiento.* Amnón, un hijo de David, se sentía consumido de deseo por Tamar: su medio hermana, y hermana de Absalón. Fingiendo una enfermedad para poder quedarse a solas con Tamar, Amnón intentó seducirla. Ella se resistió, apremiándole a que se casase legalmente con ella (13:13), pero Amnón rehusó y la violó, tras lo cual su deseo se volvió en aborrecimiento, y la echó. Tamar protestó amargamente por el trato que Amnón le había dispensado, declarando que su rechazo era mucho peor que la violación (13:16). Luego se sumió en el desconsuelo (13:19-20).

Cuando David supo esto, se encolerizó, pero no hizo nada, quizá por su amor hacia Amnón, que era su primogénito (3:2; 13:37), o por su sentimiento de culpa acerca de Betsabé. Absalón dedujo acertadamente lo que había sucedido y odió a Amnón por aquello, pero pretendió no sentirse afectado (13:20, 22).

13:23-33 *La venganza por la violación.* Absalón esperó dos años para vengar a Tamar, suponiendo que tras un tiempo tan largo Amnón habría bajado la guardia. La dilación evidentemente funcionó: Amnón aceptó una invitación para visitar a Absalón lejos de la protección del rey, y Absalón lo hizo matar.

13:34-39 *Absalón se refugia con su abuelo en Gesur.* Absalón huyó al hogar de su abuelo materno, Talmai (3:3), y permaneció allí durante tres años. Mientras tanto, David dejó de afligirse por Amnón y comenzó a echar de menos a Absalón.

14:1-20 *"Convenceremos al rey mediante parábolas y elogios".* Dándose cuenta de que David anhelaba en su fuero interno el regreso de Absalón, Joab usó medios engañosos para alentarlo a perdonar a su hijo. Consiguió la ayuda de una "mujer sabia", y le enseñó a la mujer una parábola acerca del perdón para que ella se la refiriese a David, esperando que esta historia le hiciera cambiar de actitud. Cuando la mujer aplicó la parábola directamente a David (14:13) y elogió su sabiduría (14:17), David se dio cuenta de que Joab estaba conspirando con ella para hacer volver a Absalón.

14:21-24 *"Que vuelva, ¡pero que no venga a casa!"* A pesar de la osadía de este intento de hacer cambiarlo de actitud, David accedió a que Absalón volviera a Jerusalén, con la condición de que se quedase en su casa y no se presentase ante David. Joab se apresuró a hacer volver a Absalón a Jerusalén.

14:25-33 *La cebada ardiendo lo hace receptivo.* Dos años después de haber regresado a Jerusalén, Absalón no había conseguido ver aún a su padre el rey. Cuando intentó que Joab actuase de mediador y éste rehusó, Absalón incendió el campo de cebada de Joab. Esto hizo que Joab se mostrase receptivo, y pronto pudo conseguir que Absalón fuese recibido en el palacio del rey, donde Absalón se reunió con el rey David tras cinco años de separación.

15:1-6 *Absalón se inicia en política.* Absalón comenzó a reunir un ejército personal. También comenzó a sembrar semillas de descontento contra David. Al igual que había hecho con Amnón, Absalón demostró una gran astucia mientras maquinaba su propio engrandecimiento. La buena apostura de Absalón (14:25) debió ayudarle a "robar el corazón" de los de Israel (15:6).

15:7-12 *"Cumplir un voto" es lo que más lejos está de él.* Después de cuatro años de edificar una base de apoyo entre sus paisanos, Absalón puso en movimiento un plan para arrebatar el reino a su padre. (Los "cuatro años" que aparecen en las traducciones de la RVR y RVR77 de 15:7 se ajustan mucho mejor a la cronología bíblica que los "cuarenta años" de la RV.) A fin de reunir un mayor seguimiento, Absalón abandonó Jerusalén con el pretexto de que quería cumplir un voto en Hebrón. Luego dio instrucciones a sus potenciales seguidores acerca de cómo comenzaría la rebelión.

Absalón consiguió también el apoyo de Ahitofel, abuelo de Betsabé (11:3; 23:34) y "consejero" de David (15:12). Con sus planes comenzando a tomar forma, la conspiración de Absalón contra David fue fortaleciéndose.

15:13-17 *Comienza la revuelta; David se dispone para la huida.* Advertido por un mensajero de que muchos estaban uniéndose a la rebelión de Absalón,

David hizo preparativos para sacar de Jerusalén a su familia, a su guardia personal y a sus siervos, dejando a diez de sus concubinas para el cuidado de su casa.

15:18-22 *Itai, un verdadero amigo.* Cuando David vio que Itai, un no judío recién llegado a Jerusalén, se disponía para irse con él, le apremió a que se quedase en la seguridad de Jerusalén en lugar de arrostrar un futuro incierto con David. Pero Itai respondió con protestas de lealtad a David, demostrando ser más fiel al rey que muchos israelitas. Que David se refiriera a Absalón como "el rey [Absalón]" (15:19) sugiere que daba por supuesto que la rebelión triunfaría.

15:23-29 *Con dolor, la devuelve.* Mientras David huía hacia el este desde Jerusalén hacia el desierto, mandó al sacerdote Sadoc que devolviera el arca a Jerusalén. Sabía que era Jerusalén, y no el campo de batalla, el lugar para el arca; y confiaba en que si Dios le quería restaurar al trono, de nuevo vería Jerusalén y el arca.

15:30-37 *La defensa de David: Una oración y un plan.* David y su gente lloraban mientras partían de Jerusalén. Cuando David supo que Ahitofel se había unido a la revuelta de Absalón, oró que Ahitofel diese un mal consejo a Absalón. Luego envió a Husai a Jerusalén para que actuase como espía en la corte de Absalón; su misión era trabajar contra Ahitofel y enviar informes a David.

16:1-4 *¿Calumniando a su amo?* Mientras David huía, se encontró con Siba, a quien había designado para cuidar de las necesidades de Mefi-boset (véase exposición sobre 9:1-13). Siba trajo suministros a David y le contó que Mefi-boset se había quedado en Jerusalén, esperando proclamarse rey él mismo. Mefi-boset negaría más adelante haber tenido tal intención (19:24-30).

16:5-14 *Injuriado, se niega a tomar represalias.* Mientras David y su gente seguían huyendo, se encontraron con Simei, un miembro de la familia de Saúl. Simei comenzó a maldecir y a lanzar piedras al séquito de David, declarando que Dios estaba castigando a David por haber quitado el trono a la familia de Saúl. Los hombres de David le apremiaron a que le ajustase las cuentas, pero rehusó hacerlo. Aunque era verdaderamente un hombre de guerra contra las naciones paganas, David era más bien indulgente con sus hermanos israelitas que desafiaban su autoridad.

16:15-19 *Entra el espía procedente del bando de David.* Mientras David huía, Absalón y su pueblo llegó a Jerusalén. Poco después, Husai llegó y prometió lealtad a Salomón.

16:20-23 *Un consejo impío de un consejero impío.* Por consejo de Ahitofel, Absalón cometió adulterio en público con las diez concubinas que David había dejado en su casa. Ahitofel, que tenía reputación de dar consejos acertados (16:23), argumentó que una acción tan ofensiva ensancharía la quiebra entre David y Absalón, y que haría que los seguidores de Absalón quedasen tanto más comprometidos con él.

17:1-14 *Un consejo desastroso de parte del espía de David.* Ahitofel siguió aconsejando a Absalón acerca de tácticas bélicas. El consejo de Ahitofel era bueno, en el sentido de emplear la rapidez y la sorpresa contra David y sus fatigados hombres. Absalón quiso luego escuchar una segunda opinión de Husai, el espía de David. Husai recomendó una actuación más cautelosa, lo que naturalmente le daría tiempo para advertir a David. Absalón aceptó el consejo de Husai (17:14), quizá porque apelaba a su vanidad (17:11).

LA VIDA DE DAVID

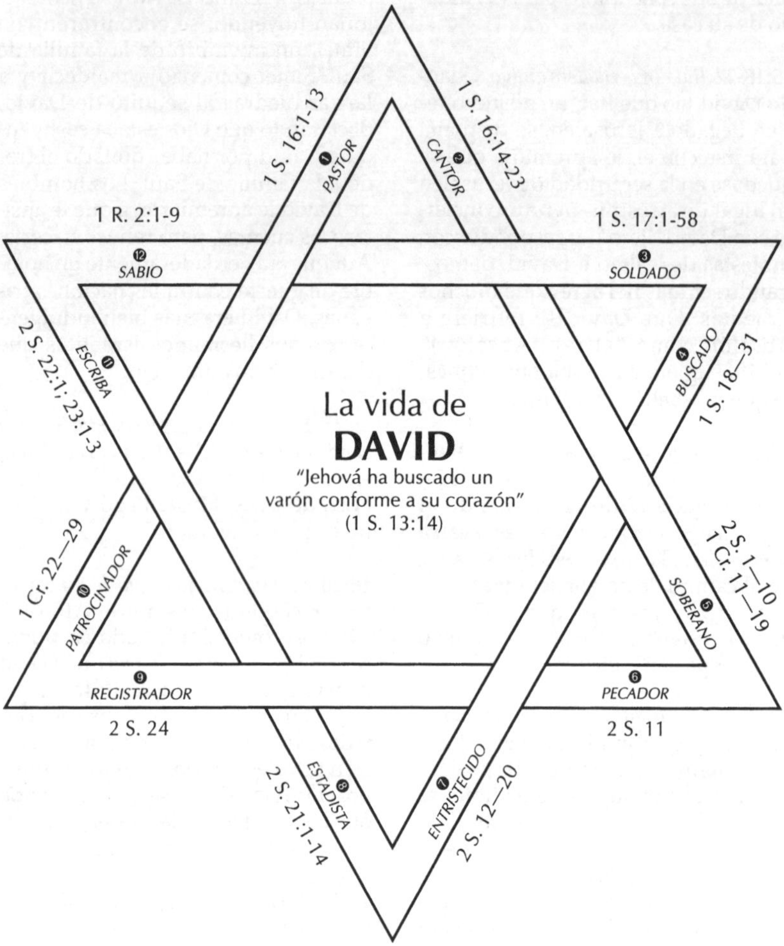

17:15-22 *Prevenido y preparado.* En conformidad al plan original de David (véase exposición sobre 15:30-37), Husai envió mensajeros para advertirle de la persecución emprendida por Absalón. De inmediato, David dirigió a su gente más hacia el este, pasando el Jordán.

17:23 *El consejero desatendido se suicida.* Cuando Ahitofel vio que Absalón había rechazado su plan de batalla, se fue a su casa y se colgó. Sabía que su futuro estaba acabado, fuese cual fuese el resultado de la batalla. Si Absalón era derrotado, la carrera de Ahitofel había acabado, por cuanto había dado apoyo a Absalón; si Absalón se alzaba con la victoria, la carrera de Ahitofel también había llegado a su fin, por cuanto el consejo de Husai habría ganado la batalla.

17:24-29 *Esperando la lucha al este del Jordán.* Al pasar Absalón el Jordán en persecución de David, David y su gente recibieron ayuda de tres hombres de aquella región: Sobi, Maquir y Barzilai. Dios siguió cuidando de David por medios no usuales. Maquir había sido anteriormente un aliado de la casa de Saúl (9:4-5). Su buena disposición a ayudar a David sugiere que la rebelión no tenía un amplio apoyo al este del Jordán.

Absalón hizo de Amasa el general de su ejército en lugar de Joab, que estaba del lado de David (18:2). Amasa era sobrino de David y por tanto primo tanto de Joab como de Absalón (véase 19:13).

18:1-4 *"Mejor que mueran 10.000 que tú".* Sabiendo que el ejército de Absalón quería darle muerte, la gente de David rehusó permitir que entrase en batalla.

18:5-18 *Mueren 20.000, entre ellos Absalón.* El ejército de David derrotó a la fuerza rebelde de Absalón. Murieron veinte mil israelitas en esta guerra civil, lo que hace de ella la más sangrienta de las guerras civiles de Israel para las que se dan totales de bajas. La batalla se libró en un terreno escabroso, que por sí mismo se cobró muchas vidas (18:8). El mismo Absalón fue muerto después que su cabello se le hubiera enredado en las ramas de un árbol. David había pedido a sus tropas que mostrasen clemencia a su rebelde hijo (18:5). No queda claro si Joab obedeció esta petición o no: Aunque él "tomando tres dardos en su mano, los clavó en el corazón de Absalón" (18:14), se atribuye a los escuderos de Joab la muerte definitiva de Absalón (18:15). En todo caso, los tres dardos sugieren el odio de Joab contra Absalón.

18:19-32 *David recibe las noticias de unos corredores desganados.* Las noticias de la victoria de las fuerzas de David y de la muerte de Absalón llegaron a David por medio de dos mensajeros, ninguno de los cuales tenía demasiados deseos de informar acerca de la muerte de Absalón (18:29, 32). Ahimaas quería dar las buenas nuevas de la victoria, pero no las nuevas acerca de Absalón (18:19-23).

18:33 *Réquiem por un rebelde.* David se dolió enormemente por Absalón, pero la rebelión de Absalón no iba a ser la última (véase 20:1-22).

19:1-8 *¡Deja de llorar, y felicita a tus tropas!"* Cuando Joab vio cuánto se lamentaba David por Absalón, aconsejó prudentemente al pueblo que no celebrasen la victoria. Pero al darse cuenta de que el resentimiento por la aflicción del rey podría llevar a otra revuelta (19:5-7), apremió prudentemente a David a dejar a un lado su aflicción y a aparecer en público; y así lo hizo David.

19:9-17 *"¿Por qué no puedo volver a casa?"* Con la victoria de David sobre Absalón, la mayoría de las tribus estaban dispuestas a devolverlo al trono en Jerusalén. La única en resistirse era Judá, en cuyo territorio estaba situado Jerusalén. David se ganó el apoyo de Judá en parte prometiendo hacer a su sobrino Amasa general de su ejército en lugar de su otro sobrino, el competente pero voluntarioso Joab. Cuando David y su gente se disponían a cruzar el Jordán de vuelta a casa, se encontraron con Simei, que antes le había lanzado maldiciones (16:5-14), y con Siba, que había acusado de deslealtad a Mefi-boset (16:1-4).

David fue escoltado en su paso del Jordán (19:18) por gente de Judá y de Benjamín, las dos tribus que un día vendrían a constituir el reino del sur.

19:18-23 *"Soy el rey, no tengo necesidad de darle muerte".* Simei se postró a los pies de David y rogó su perdón. Abisai apremió a David a que le diese muerte, igual que lo había hecho cuando Simei había maldecido a David (16:9). Pero David fue clemente hacia Simei, como lo había sido cuando le había estado maldiciendo (16:10-12). David se sentía lo bastante seguro como rey como para mostrar compasión hacia sus enemigos (19:22).

19:24-30 *"Muy bien, Siba puede quedarse con mi mitad".* Siba había acusado a Mefi-boset de deslealtad a David (16:1-4), que había mostrado tanta bondad a Mefi-boset (9). David confrontó a Mefi-boset acerca de esas acusaciones, y Mefi-boset proclamó su inocencia y su lealtad para con David. Cuando Siba acusó a Mefi-boset, David le dio a Siba los derechos a las propiedades de Mefi-boset. Ahora, al no saber a quién creer de los dos, David sentenció que los dos hombres se repartiesen la propiedad a partes iguales. Pero Mefi-boset declinó recoger su mitad, declarando que él ya tenía suficiente con ver al rey de nuevo de vuelta y seguro en su trono.

19:31-39 *Demasiado viejo para recompensas.* David ofreció recompensar a Barzilai por su ayuda durante la revuelta (17:27-29) llevándolo consigo a Jerusalén y proveyendo para él allí, pero Barzilai declinó el ofrecimiento debido a su ancianidad.

19:40-43 *Diez tribus tienen celos de Judá.* Una delegación de las diez tribus del norte se quejó de que la tribu de Judá estaba recibiendo demasiado de las atenciones de David. El pueblo de Judá respondió que tenían derecho a tales atenciones porque tenían relación de sangre con David. Los del norte respondieron que ellos tenían un mayor derecho por ser muchos más en número y porque habían sido los primeros en buscar la restauración de David después de la guerra civil. Ya se estaban sembrando las semillas de la posterior división del reino tras la muerte de Salomón. A pesar de las protestas de lealtad, en 19:40 se sugiere que solo la mitad de las tribus del norte daban pleno apoyo a David. Debido a que había ayudado a Judá a devolver a David a Jerusalén (véase exposición sobre 19:9-12), la tribu de Benjamín, que posteriormente se uniría a Judá en el reino del sur, puede ya haber estado asociada con Judá aunque no se menciona por nombre en este incidente. Sin embargo, Benjamín no era todavía unánime en su apoyo de David (véase exposición sobre 20:1-3).

20:1-3 *Otro rebelde, otra rebelión.* Aprovechando la agitación entre las tribus del norte y la aparente incertidumbre acerca de David entre los benjamitas, Seba declaró una rebelión y consiguió un amplio apoyo.

20:4-13 *Designado por David, asesinado por Joab.* David mandó a Amasa que reuniera el ejército y que saliera en persecución de Seba. Cuando Amasa, que no se había mostrado muy eficiente en el servicio de Absalón, se tomó demasiado tiempo en llevar a cabo esas órdenes, David designó a Abisai para la misma tarea. Joab, aunque no encargado de ello, persiguió también a Seba. Al encontrarse con Amasa en el campo de batalla, Joab le dio muerte, a partir de lo cual todos los hombres de Amasa siguieron a Joab. Siempre lleno de celo por la causa de David, Joab estaba no obstante siempre dispuesto a ver la muerte como la solución a los problemas.

20:14-22 *"Hagamos un trato: ¡su cabeza por nuestra ciudad!"* Joab unió a todas las tribus detrás de sí, arrinconó a Seba en la ciudad de Abel, y sometió la ciudad a un asedio. No queriendo ver su ciudad destruida, los habitantes de Abel ejecutaron a Seba y entregaron su cabeza a Joab. La guerra de sitios era casi siempre una situación perdida para las ciudades antiguas, porque era solo cuestión de tiempo hasta que los atacantes se alzaran con la victoria.

20:23-26 *El gobierno de su majestad.* Se da aquí una relación de los principales dirigentes militares, políticos y religiosos de David (comparar 8:15-18). Ambas listas debieron ser recopiladas en tiempos de paz, cuando David podía concentrarse en la dirección de su pueblo. Destaca en esta lista Joab, cuyas hazañas llevaron a que fuese restaurado en la jefatura del ejército de David.

DAVID EL ESTADISTA (21)

21:1-14 *Aunque muerto, causa una calamidad.* Cuando hubo un hambre en Israel, el Señor le dijo a David que había venido como castigo por la matanza que había hecho Saúl de los gabaonitas. Aunque esta matanza no se registra en ningún otro lugar de la Escritura, habría constituido una violación del pacto de Josué con los gabaonitas (21:2; Jos. 9:1-15). A petición de ellos, David permitió que los gabaonitas ejecutasen a siete de los hijos de Saúl como expiación por la matanza. Mefi-boset, hijo de Jonatán, fue perdonado por el pacto de David con Jonatán (21:7; véase exposición sobre 9:1-13; 1 S. 20:12-23). Un enterramiento apropiado puso fin a todo este episodio, y Dios comenzó a dar bendición a Israel otra vez.

21:15-22 *Cuatro intimidadores gigantes de Gat.* En una serie de cuatro guerras, Israel derrotó a los filisteos cuatro veces, y dieron muerte a cuatro gigantes, uno de los cuales era pariente de Goliat. Aunque era ahora demasiado avanzado en años para luchar con eficacia (21:15, 17), David participó en la primera batalla. Así, su carrera militar comenzó (1 S. 17) y acabó con una batalla contra un gigante filisteo.

DAVID EL CANTOR (22—23)

22:1-51 *El cantor y su cántico.* David compuso un cántico para conmemorar sus victorias sobre la casa de Saúl y sobre las muchas naciones paganas que rodeaban a Israel. El cántico se repite en el Salmo 18. El cántico de David comienza y termina con referencias a Dios como una "roca" (22:3, 47). Ana había hecho una comparación similar (1 S. 2:2).

23:1-7 *Las últimas palabras del cantor-guerrero.* En sus últimas palabras a su pueblo, David describe el rey ideal de Dios (23:3-4), observa la fidelidad de Dios hacia él a pesar de sus pecados (23:5), y, quizá como consejo a futuros reyes, destaca la importancia de hacer frente a las rebeliones (23:6-7). David fue "el dulce cantor de Israel" (23:1), pero cuando la ocasión lo demandaba, era un hombre de guerra (23:6-7).

23:8-12 *Los principales tres soldados de David.* El escritor señala a tres de los dirigentes militares de David y recuerda sus heroicas acciones. Su heroísmo también es un prestigio para el mismo David: Los dirigentes pueden ser a menudo valorados por el carácter de los seguidores que se atraen.

23:13-17 *Tres héroes y su heroico dirigente.* El escritor recuerda a continuación un incidente de los días en que David huía de Saúl: Tres soldados arriesgaron sus vidas para llevar agua a David de su pozo favorito; pero David, para mostrar su aprecio por el enorme riesgo que habían arrostrado, rehusó beber el agua.

23:18-19 *Uno contra trescientos.* A Abisai, conocido como guerrero lleno de celo (16:9; 19:21-22; 20:6; 1 S. 26:5-12), se le recuerda especialmente por haber dado muerte a trescientos hombres él solo.

23:20-23 *Mató a un león y a hombres que parecían leones.* Luego viene la historia de Benaía, célebre por haber matado un león, a dos hombres leoninos de Moab (cp. V.M.), y "a un egipcio, hombre de gran estatura".

23:24-39 *Esos también sirvieron.* Los relatos de 23:8-23 contienen unas referencias crípticas a grupos de élite de tres así como a un grupo de treinta principales (23:9, 13, 16-19, 23-23). Los 37 relacionados en 23:24-39 comprenden probablemente el grupo de élite de David, su galería de honores militares (1 Cr. 11—12). Uno puede imaginar interminables historias acerca de esos hombres contadas y vueltas a contar a lo largo de los siglos al mirar retrospectivamente los israelitas a los días de gloria de su nación. Esos verídicos relatos servían también como una medicina preventiva: ¡Que nadie se atreva a levantar una mano contra el rey de Israel!

DAVID Y EL CENSO (24)

24:1-9 *Incitado a hacer un censo.* Por alguna razón sin especificar, el Señor volvió a airarse contra Israel. La ocasión anterior implicada por el "Volvió a encenderse la ira de Jehová" debe ser, con toda probabilidad, el hambre de 21:1. En su ira, el Señor incitó a David a que hiciese un censo de Israel, un acto destinado a desagradar a Dios porque mostraba una falta de fe en la capacidad de Dios para multiplicar a la nación (véase Gn. 15:5; 1 Cr. 27:23). También podría ser que el deseo específico de David de contar el número de hombres en edad militar (24:9) se debiera a una incredulidad en la capacidad de Dios de ganar las guerras de Israel. En tanto que Dios había ordenado un censo en los primeros tiempos de Israel (Nm. 1:2), con todas las victorias que había conseguido David debiera haber aprendido ya a confiar en Dios. Por otro pasaje sabemos que Dios usó a Satanás para incitar a David a hacer el censo (1 Cr. 21:1).

Joab advirtió a David contra el censo, pero David desechó la advertencia y asignó la tarea al mismo Joab.

Las cantidades separadas para Israel y Judá (24:9) son una indicación adicional de la grieta que iba en aumento (véase exposición sobre 19:40-43) y que llegaría a su tiempo a dar como resultado la división del reino.

24:10-16 *David prescribe la plaga.* Al darse cuenta de que había pecado al hacer el censo, David se arrepintió. El Señor decidió castigar a Israel de todos modos y ofreció a David que escogiera uno entre tres castigos. David escogió la opción que le pareció menos destructora, y 70.000 personas murieron en el espacio de 72 horas.

24:17-25 *Erige un altar y detiene la plaga.* David se arrepintió una vez más y rogó al Señor que detuviera la plaga. Dios le mandó que erigiese un altar en la era de Arauna. Cuando Arauna se ofreció a dar la era a David, éste insistió en comprársela para que su sacrificio a Dios no fuese sin coste personal. La actitud de David nos recuerda la de Abraham siglos antes cuando compró la cueva de Macpela (Gn. 23:1-16). A la luz de las costumbres del Oriente Medio, el ofrecimiento como regalo en ambos casos debe haber sido solo una formalidad, en la que el vendedor espera absolutamente que el comprador insista en pagar. Comprada la tierra, David edificó un altar, y cesó la plaga.

❖ ❖ ❖

PERSONAS A RECORDAR DE 2 SAMUEL

ABNER

Hecho clave: General de las fuerzas de Saúl (1 S. 14:50)
Padre: Ner (1 S. 14:50)
Muerte: Registrada en 3:27
Total de referencias bíblicas: 61
Referencias clave: 2—3; 1 S. 14:50-51; 17:55-57; 26:5-16

Habla Abner

¿Quién sabe? Yo podría haber sido mejor estadista que soldado. Al menos, parece que le he convencido. Mis compañeros están de acuerdo: la reunión en la cumbre en Hebrón ha sido un éxito. ¡Claro, ninguno de los dos hemos mencionado aquel embarazoso incidente de hace varios años, cuando él se apoderó de la lanza y del cántaro de Saúl mientras ambos dormíamos! Ya podéis bien creerme, ¡el rey nunca me dejó olvidar aquello! (3:20-21; 1 S. 26:5-16).

Bien, Saúl está muerto, y este tonto de su hijo ha demostrado ser un fracaso total, a pesar de todos mis esfuerzos por hacerle rey. ¡Supongo que la gota que hizo desbordar el vaso fue cuando me acusó de dormir con la concubina de su padre! ¡Increíble! Su control sobre las once tribus se está debilitando de día en día, ¡pero se interesa más por mi vida sexual privada! ¡Abajo Is-boset! ¡Viva David! Por lo que a mí respecta, él es ahora el rey sobre *todo* Israel. Claro, supongo que me recompensará por mi apoyo. Al menos, pareció complacido cuando me comprometí a pasarme a él con las tropas de Is-boset (2:8-10; 3:1, 6-11, 20-21).

¿Qué es esto? Se acerca un corredor con un mensaje. ¿Que Joab quiere que vuelva a Hebrón para hablar conmigo? Bueno, pues supongo que iré, aunque desde luego siento una cierta aprensión. ¿Qué querrá el general de David, mi ayuda, o mi cabeza? (3:26-27).

Lecciones espirituales de Abner

- Dios exige fidelidad en nuestro lugar en la vida. Abner había sido designado para dirigir el ejército de Saúl, pero al menos en dos ocasiones faltó al no proteger al mismo rey (1 S. 24:1-7; 26:5-16).
- Segamos lo que sembramos (Gá. 6:7). Abner ayudó a disponer un mortífero concurso en el que 24 jóvenes guerreros judíos acabaron apuñalándose entre sí y muriendo (2:12-16). Más tarde, él mismo fue muerto por el puñal (3:27).

Versículos clave

"Y todo el pueblo y todo Israel entendió aquel día, que no había procedido del rey el matar a Abner hijo de Ner. También dijo el rey a sus siervos: ¿No sabéis que un príncipe y grande ha caído hoy en Israel?" (3:37-38).

ABSALÓN

Hecho clave: Dirigió una rebelión contra su padre David (15-18)
Nacimiento: Registrado en 3:3

Padre: David (3:2-3)
Madre: Maaca (3:3)
Hermanos: 18 medio hermanos (1 Cr. 3:1-8), incluyendo Amnón, Adonías y Salomón (3:2-4; 12:24)
Hermana: Tamar (13:1)
Hijos: 3 innominados (14:27)
Hija: Tamar (14:27)
Muerte: Registrada en 18:9-15
Total de referencias bíblicas: 108
Referencias clave: 13—19

Habla Absalón

¡Qué insensatez ha sido seguir el consejo de Husai en lugar del buen consejo de Ahitofel! No hay duda alguna, la batalla está perdida. Sencillamente, nuestros rebeldes no pueden con las experimentadas tropas de mi padre (17:1-13; 18:6-8). ¡Qué injusticia! Porque a mi parecer la mayor parte de la culpa es de mi padre. Me vi obligado a matar a Amnón porque mi padre no lo quería hacer, y luego tuve que sufrir como exiliado durante tres años en tierra extranjera. Esto ya fue malo, pero luego, tras volver, pasaron dos años antes que quisiera hablar conmigo. ¡Si solo me hubiera escogido para la sucesión, en lugar de a Salomón! (13:28-29, 37-38; 14:28).

Bien, maldito sea el pasado. El apuro en que me encuentro pide una decisión rápida; ¡si consigo desenredarme voy a matar este miserable mulo! ¿Qué le haría meterse bajo esta enorme encina con sus espesas ramas? Y aun peor, ¡seguir su camino dejándome aquí colgado! (18:9).

¡Alguien viene! ¿Serán amigos o enemigos? ¡Mi peor pesadilla se ha cumplido: es Joab! (18:10-14).

Lecciones espirituales de Absalón

- La soberbia conduce generalmente a la caída. Absalón estaba especialmente orgulloso de su cabello, pero al final jugó un papel crucial en su muerte (14:25-26; 15:1; 18:9-15; véase Pr. 16:18).
- Deberíamos mostrar un apropiado respeto por los que están en autoridad. Al no hacerlo Absalón, ello contribuyó a su destrucción (15:2-12; véase Sal. 105:15).

Versículos clave

"Y se levantaba Absalón de mañana, y se ponía a un lado del camino junto a la puerta; y a cualquiera que tenía pleito y venía al rey a juicio, Absalón le llamaba y le decía: ¿De qué ciudad eres? Y él respondía: Tu siervo es de una de las tribus de Israel. Entonces Absalón le decía: Mira, tus palabras son buenas y justas; mas no tienes quien te oiga de parte del rey. Y decía Absalón: ¡Quién me pusiera por juez en la tierra, para que viniesen a mí todos los que tienen pleito o negocio, que yo les haría justicia! . . . y así robaba Absalón el corazón de los de Israel" (15:2-4, 6).

DAVID

Hechos clave: El más grande de los reyes de Israel, autor de la mitad del libro de los Salmos.
Padre: Isaí (Rt. 4:17; 1 S. 16:1)

Hermanos: Eliab, Abinadab, Sama, Natanael, Radai, Ozem (1 S. 17:12-13; 1 Cr. 2:13-15); 1 innominado (el séptimo de 1 S. 16:10)
Hermanas: Sarvia, Abigail (1 Cr. 2:16)
Esposas: Mical, Ahinoam, Abigail, Maaca, Haguit, Abital, Egla y Betsabé (3:2-5; 11:26-27; 1 S. 18:27; 1 Cr. 3:1-8)
Hijos: Amnón, Quileab (también llamado Daniel), Absalón, Adonías, Sefatías, Itream, Samúa, Sobab, Natán, Salomón, Ibhar, Elisúa, Nefeg, Jafía, Elisama, Elipelet, Eliada, Elifelet (3:2-5; 5:13-16; 1 Cr. 3:1-8; 14:3-5); 1 innominado (12:15-23)
Ocupación: Pastor, músico, poeta, soldado, rey de Judá, rey de todo Israel (2:1-7; 5:1-5; 23:1; 1 S. 16:11, 23; 18:5)
Acontecimientos clave en su vida:

- Ungido como rey por Samuel (1 S. 16:12-13)
- Da muerte a Goliat (1 S. 17:17-54)
- Huye de Saúl (1 S. 19)
- Llega a ser rey de Judá (2:1-7)
- Llega a ser de todo Israel (5:1-5)
- Establece Jerusalén como capital (5:6-16)
- Lleva el arca a Jerusalén (6:1-15)
- Dios establece su pacto con él (7:9-16)
- Gana muchas victorias militares (8; 10)
- Comete adulterio con Betsabé (11—12)
- Rebelión de Absalón (15—18)
- Designa a Salomón como su sucesor (1 R. 1:28-39)

Edad al morir: 70 (5:4-5; 1 R. 2:10-11)
Total de referencias bíblicas: 1.118
Referencias clave: 1 S. 16—1 R. 3; Salmos; Is. 9:7; Jer. 30:8-9; Ez. 37:24-25; Zac. 12:7-10; Mt. 1:1; He. 11:32

Habla David
Desde Belén, mi cuna, hasta Jerusalén, mi capital: dos localidades separadas por diez kilómetros y 70 años. ¡Qué experiencias las mías a lo largo de esta distancia y de este tiempo! Desde la terraza más alta en el palacio puedo ver los montes de Judea donde en el pasado cuidaba de las ovejas de mi padre. Pero un día el profeta Samuel visitó nuestra pequeña población y cambió mi vida para siempre (1 S. 16:1-13).

Recuerdos, recuerdos, recuerdos, maravillosos y desgraciados. La victoria sobre Goliat; la amistad de Jonatán; las coronaciones en Hebrón; la toma de Jerusalén; la entrada del arca en la ciudad; experimentar la gratitud de Mefi-boset. Ésos son unos recuerdos maravillosos (2:1-7; 5:1-7; 6:12-15; 9:7-8; 1 S. 17; 18:1).

¡También hubo el asesinato de un fiel soldado después de haber cometido adulterio con su mujer; la muerte de mi hijo recién nacido; la violación de mi hija por su propio medio hermano; el asesinato de aquel medio hermano por *su* medio hermano; la rebelión de otro hijo; el terrible revés de aquel censo! (11; 12:18; 13:1-14, 28-29; 15:1-12; 24).

Rogué y recibí el perdón de Dios por todo ello. ¡Cuánto me gusta leer y releer las palabras que una vez me dio: "No ha hecho con nosotros conforme a nuestras iniquidades, ni nos ha pagado conforme a nuestros pecados. Porque como la altura de los cielos sobre la tierra, engrandeció su misericordia sobre los que le temen.

Cuanto está lejos el oriente del occidente, hizo alejar de nosotros nuestras rebeliones" (Sal. 51; 103:10-12).

Pero ahora, pasemos inventario: Los materiales para el templo ya están reunidos y dedicados, la nación está a salvo de sus enemigos, mis salmos de alabanza están acabados, y Salomón ha sido ungido como sucesor mío. Espero que ponga en su corazón los pensamientos finales que he dejado para él y para su pueblo: "El que gobierna entre los hombres debe ser justo, gobernando en el temor de Dios. Así será como la luz de la mañana cuando se levanta el sol; de una mañana sin nubes" (22:1; 23:3-4; 1 Cr. 29:10-27).

Lecciones espirituales de David

- Si somos fieles en lo poco, se nos confiarán mayores responsabilidades. David demostró ser fiel en el cuidado de las ovejas de su padre antes de ser llamado a pastorear el rebaño de Dios (1 S. 16:11; 17:34-35; Sal. 78:70-72).
- El crecimiento espiritual precisa de tiempo. David fue ungido rey por Samuel cuando tenía unos 17 años (1 S. 16:12-13). Pero no llegó a reinar efectivamente sobre Israel hasta muchos años después (5:4-5). Una seta puede crecer de la noche a la mañana, pero los árboles fuertes no crecen a esta velocidad.
- Dios nos ha dado a cada uno de nosotros el equipo necesario para luchar nuestras batallas espirituales; no deberíamos tratar de usar la armadura de otra persona (1 S. 17:38-40).
- La mentira es siempre perjudicial. La mentira de David a Ahimelec condujo indirectamente a la muerte de 85 personas (1 S. 21:1-9; 22:6-19).
- Siempre es demasiado pronto para abandonar. Cuando Saúl le estaba persiguiendo, David llegó a la conclusión de que estaba sentenciado (1 S. 27:1). Pero la historia demostraría lo contrario.
- El dolor será la consecuencia segura de casarnos con alguien que no comparte nuestro amor por Dios (6:14-23).
- El pecado lleva al sufrimiento y a la vergüenza, por muy piadoso que sea quien cometa el pecado (12:13-23).
- Dios está a menudo más interesado en cómo respondemos cuando quedamos convencidos de pecado, que acerca del pecado mismo (véase 11:1-17, que describe el pecado de David, y el Salmo 51, que describe su dolor por aquel pecado).
- David comenzó y concluyó su ministerio reconociendo la absoluta soberanía de Dios en las vidas de su pueblo (1 S. 17:46-47; 1 Cr. 29:10-15).

Versículo clave

"Y cuando hubo quitado a [Saúl], levantó a David para ser rey de ellos; a quien también dio testimonio, diciendo: He hallado a David hijo de Isaí, hombre según mi corazón, el cual cumplirá todos mis designios" (Hch. 13:22, V.M.).

1 REYES

TRASFONDO

En 1 Reyes se cuenta la historia de Israel desde el 971 hasta el 852 a.C. Comenzando con los últimos días del reinado de David, registra los días de gloria de Israel durante el reinado de Salomón, luego la trágica contienda civil que resultó en la separación entre las diez tribus del norte y las dos tribus del sur en el 931 (cap. 12). Acaba con el reinado del rey del norte Ocozías, donde 2 Reyes reanuda la historia.

Los libros 1 y 2 de los Reyes, originalmente un solo documento, *interpretan* la historia que narran, mostrando cómo el declive espiritual de Israel condujo a un declive en su bienestar político (véase *Propósito*).

—971 a.C.
Muerte de David, Salomón, rey

—931
División del reino Israel, Judá

—874
Acab rey de Israel, Elías comienza su ministerio

AUTOR

Desconocido, quizá Jeremías (véase *2 Reyes: Autor*). Probablemente, el autor hizo uso de registros de la corte como *El Libro de los Hechos de Salomón* (11:41), *El Libro de las Historias de los Reyes de Israel* (14:19) y *Las Crónicas de los Reyes de Judá* (14:29).

FECHA

La declaración en ambos 1 y 2 Reyes de que había habido una falta general de justicia a nivel nacional "hasta hoy" (12:19; 2 R. 17:23, 34, 41) sugiere que la mayoría de los acontecimientos de este libro se registraron en los años finales del reino del sur, alrededor de 630-600 a.C.

LUGAR

Probablemente Jerusalén, considerando el uso que hace el autor de registros de la corte. El libro *Crónicas de los Reyes de Israel* debió ser llevado a Jerusalén tras la caída del norte.

PROPÓSITO

- Los reyes de Israel necesitaban que se les recordase la interpretación "profética" de la historia de su nación: La obediencia a Dios trae recompensa; la desobediencia acarrea castigo (véase *1 Samuel: Propósito*). Esto se ilustra en repetidas ocasiones a lo largo de las vidas de Salomón y de sus sucesores en el trono.

- El principio profético era también de aplicación a todos los israelitas, y las vidas de los reyes servían como ejemplos.
- Con sus muchas narraciones del cumplimiento de profecías específicas, 1 y 2 Reyes ha servido para recordar a los creyentes a lo largo de los siglos el poder y la veracidad de la Palabra de Dios (véase exposición acerca de los siguientes pasajes: 2:26-27; 13:1-10; 15:25-32; 16:8-14, 29-34).

RASGOS SINGULARES

- En 1 Reyes se registra una gran tragedia, cuando Salomón, que fue "más sabio que todos los hombres" (4:31), se entregó a las tentaciones de las riquezas y de las mujeres (10:14—11:13).
- Registra la construcción y dedicación del primer Templo de Israel, que permaneció por casi cuatro siglos (968-586 a.C.). Comparar 5—8 con 2 Crónicas 2—7.
- Durante el reinado de Salomón, Israel alcanzó su mayor extensión —mucho mayor que la del actual Israel. Salomón no solo consolidó sino que también expandió las adquisiciones hechas por David (4:24; véase exposición sobre 2 S. 8:1-18).
- En 17:22 se registra la primera de ocho resurrecciones corporales (aparte de la de Cristo) que se registran en la Biblia (véase exposición sobre Hch. 20:7-12).

COMPARACIÓN CON OTROS LIBROS DE LA BIBLIA

(Véase *2 Crónicas: Comparación con otros libros de la Biblia.*)

BOSQUEJO

LOS AÑOS TRANQUILOS: EL BIENESTAR ESPIRITUAL DE ISRAEL (1:1—11:25)
- La coronación de Salomón y sus primeros éxitos (1—2)
  - El triunfo de Salomón sobre su hermano Adonías (1; 2:13-25)
  - El encargo de David a Salomón; muerte de David (2:1-12)
  - El triunfo de Salomón sobre el sacerdote Abiatar (2:26-27)
  - El triunfo de Salomón sobre el general Joab (2:28-35)
  - El triunfo de Salomón sobre el perturbador Simei (2:36-46)
- Salomón: su talento, su tesoro, su territorio y su equipo de gobierno (3—4)
- El templo de Salomón (5—8)
  - Preparativos (5)
  - Construcción (6—7)
  - Dedicación (8)
- Los adicionales triunfos y tesoros (9—10)
  - Descripción de los triunfos y tesoros (9)
  - Tesoros admirados por la reina de Saba (10:1-13)
  - Descripción de los tesoros (10:14-29)
- Las transgresiones y la decadencia de Salomón (11:1-25)

LOS AÑOS TURBULENTOS: LA GUERRA CIVIL DE ISRAEL (11:26—22:53)
- Jeroboam, el primer rey del norte (11:26—14:20)
  - Jeroboam se rebela contra Salomón (11:26-40)

Muerte de Salomón (11:41-43)
Jeroboam se rebela contra Roboam (12:1-15)
Jeroboam reina sobre las diez tribus del norte (12:16—14:20)
Roboam, primer rey del sur (14:21-31)
Abiam (Abías), segundo rey del sur (15:1-8)
Asa, tercer rey del sur (15:9-24)
Nadab, Baasa, segundo y tercer reyes del norte (15:25—16:7)
Ela, Zimri, cuarto y quinto reyes del norte (16:8-20)
Omri, sexto rey del norte (16:21-28)
Acab, séptimo rey del norte (16:29—22:40)
Apostasía (16:29-34)
Relaciones con Elías (17—19)
Relaciones con Ben-adad (20)
Relaciones con Nabot (21)
Relaciones con Josafat (22:1-40)
Josafat, cuarto rey del sur (22:31-50)
Ocozías, octavo rey del norte (22:51-53)

LOS AÑOS TRANQUILOS: EL BIENESTAR ESPIRITUAL DE ISRAEL (1:1—11:25)

1:1-4 *Dando bienestar al rey.* Conforme el rey David iba acercándose a su muerte, sus siervos encontraron a una joven que lo cuidase y que lo calentase por la noche. Sin embargo, él no tuvo relaciones sexuales con ella (1:4).

1:5-10 *Intervención de Adonías dispuesto a la rebelión.* El mayor de los hijos supervivientes de David, Adonías, se proclamó a sí mismo rey. Consiguió el apoyo del general Joab y del sacerdote Abiatar, pero no buscó el apoyo del profeta Natán ni de Salomón.

Lo mismo que su medio hermano Absalón, que también había encabezado una rebelión (2 S. 16—18), Adonías era "de muy hermoso parecer" (1:6).

1:11-27 *Informan de la rebelión al moribundo David.* Betsabé y Natán informaron a David de la rebelión de Adonías, recordándole que él había escogido a Salomón como su sucesor.

1:28-40 *"¡Salomón me sucederá!"* David aseguró a Betsabé y a Natán que Salomón era desde luego su sucesor escogido, y ordenó de inmediato que fuese coronado. La coronación tuvo lugar en medio de una gran celebración (1:38-40). Salomón cabalgó a su coronación en la propia mula de David (1:33, 38), lo que simbolizaba su derecho al trono de su padre (véase 1:44). En contraste a la cultura occidental, cabalgar una mula era considerado un honor y era una costumbre en la inauguración de los reyes.

1:41-49 *La otra celebración se transforma en pánico.* Mientras Adonías y sus partidarios celebraban su coronación, oyeron el estruendo de la coronación de Salomón. Por miedo a Salomón, todos abandonaron a Adonías y se fueron cada cual por su camino. Si David hubiera muerto antes de proclamar rey a Salomón, la rebelión de Adonías quizá hubiera podido tener éxito.

1:50-53 *El rebelde arrepentido es puesto a prueba.* Desamparado de sus secuaces, Adonías temió a Salomón, y huyó al tabernáculo para protegerse. Salomón prometió no darle muerte, siempre y cuando no causase más perturbaciones. Salomón no castigó a Adonías, pero tampoco le dio un perdón pleno: una anticipación de la sabiduría que Dios le concedería más tarde.

2:1-12 *Las últimas palabras de David y su muerte.* Consciente de que se avecinaba su muerte, David dio a Salomón unas últimas palabras de consejo. Le apremió a que guardase la ley, observando que las promesas de Dios a la casa de David dependían de ello. También le encargó que castigase a Joab y a Simei, pero que mostrase bondad a la familia de Barzilai (véase 2 S. 17:27-29; 19:31-39).

Luego murió David, a la edad de 70 años (véase 2 S. 5:4-5). Cuarenta años (2:11) eran un reinado muy prolongado; Salomón también reinaría cuarenta años (971-931 a.C.); pero pocos otros reyes israelitas durarían tanto tiempo.

Cuando Salomón accedió al reino, éste estaba "firme en gran manera" (2:12).

2:13-25 *Muerto a espada por su intento no demasiado sutil.* Adonías pidió a Betsabé que hablase en su favor a Salomón, pidiendo que se le permitiese casarse con Abisag (véase 1:1-4). Considerando esto como una conspiración de Adonías para recobrar el trono, Salomón mandó que fuese ejecutado.

2:26-27 *Perdonado por amor a David.* Aunque había apoyado la rebelión de Adonías, Salomón perdonó al sacerdote Abiatar por su constante lealtad a David. Sin embargo, lo excluyó del sacerdocio, cumpliéndose así la maldición sobre la casa de Elí (véase exposición sobre 1 S. 2:30-36).

2:28-35 *Busca en vano asilo junto al altar.* Joab, que también había tomado parte en la rebelión, buscó asilo en el tabernáculo como lo había hecho Adonías (1:50). Salomón, no obstante, siguiendo el consejo de su padre (2:5-6), lo hizo ejecutar. Benaía reemplazó a Joab como general del ejército, y Sadoc, de quien los saduceos tomarían su nombre, ocupó el lugar de Abiatar como sacerdote (véase 2 S. 15:23-29). El Señor había predicho que el sacerdote que reemplazase al último descendiente de Elí sería el primero de un linaje de sacerdotes que permanecería "para siempre" (1 S. 2:35). Las referencias de Ezequiel a los descendientes de Sadoc (Ez. 40:6) lo confirman.

2:36-46 *Desobedece, parte y muere.* Aunque Simei no tuvo parte en la rebelión de Adonías, David advirtió a Salomón acerca de él (2:8-9) debido a su maldición contra David (2 S. 16). Salomón confinó entonces a Simei a una área restringida. Cuando Simei traspasó el límite, fue condenado a morir.

3:1 *La primera de muchas esposas.* Salomón concertó un tratado con el rey de Egipto y se casó con su hija, la primera de sus muchas mujeres extranjeras. Los profetas prohibían el matrimonio con mujeres extranjeras, no por su raza sino por su idolatría. Con toda probabilidad, esas mujeres nunca llegaron a ser verdaderas creyentes en Dios; esos casamientos tenían solo el fin de establecer alianzas comerciales y militares.

3:2-4 *Ama al Señor, pero . . .* En 3:1 se indica que Salomón estaba ya planeando edificar un templo para el Señor. Mientras, los israelitas, incluyendo Salomón, ofrecían sacrificios en "lugares altos". Aunque 3:2 parece excusar esta práctica debido a la ausencia de un lugar más apropiado de culto, el término "solamente" sugiere que esto desagradaba a Dios, y en 1:39 se sugiere que el tabernáculo seguía a disposición de los verdaderos creyentes (véase exposición sobre Nm. 33:50-56).

3:5-15 *"¡Pídelo, y es tuyo!"* El Señor ofreció a Salomón cualquier cosa que quisiera, y Salomón pidió sabiduría para gobernar bien a Israel. Más adelante afirmaría que la sabiduría es preferible a la riqueza (Ec. 7:11). Por cuanto había pedido sabiduría y no riqueza, Dios dio también a Salomón buena salud y gran riqueza (3:13-14). Como también iba a escribir Salomón más adelante, con frecuencia la sabiduría va seguida de bendiciones tangibles como salud y riqueza (Ec. 7:11).

3:16-28 *La sabiduría triunfa y salva a un bebé.* Cuando comparecieron dos mujeres ante Salomón pretendiendo ser madres del mismo bebé, Salomón propuso ajustar la disputa partiendo el bebé por la mitad, con lo que la identidad de la madre se hizo inmediatamente evidente. Aunque la proposición de Salomón puede parecer cruel, la eficaz resolución de esta causa le atrajo el respeto de todo Israel, ¡y un puesto permanente en la historia de la jurisprudencia!

4:1-19 *Su equipo de gobierno y su gabinete de confianza.* En 4:1-6 se da la relación de los funcionarios civiles, militares y religiosos de Salomón. Como en tiempos de David (2 S. 8:15-18), la presencia de esta lista indica solidez y orden en el reino. En 4:7-19 se da la lista de los doce gobernadores de Salomón que, en tanto que seguramente tenían otras responsabilidades, surtían a su casa de alimentos. Mientras David estableció la capital de Israel y expandió su territorio, Salomón organizó su infraestructura.

4:20-28 *Con paz y prosperidad para todos.* Durante su reinado, tanto la casa de Salomón como la nación en general gozaron de paz y gran prosperidad. Esta fue verdaderamente la edad de oro de Israel, como se indica con la edificación del templo y de muchos otros edificios públicos (5—7). Véase *Rasgos singulares.*

4:29-34 *La profundidad, amplitud y fama de su sabiduría.* Salomón fue "más sabio que todos los hombres". Se hizo famoso en "todas las naciones de alrededor", no solo por su sabiduría sino también por su conocimiento de la naturaleza. En 4:32 se da apoyo a la declaración de la Biblia de que Salomón fue autor de la mayor parte de los proverbios en el libro de Proverbios. También fue autor de otros dos libros bíblicos: Eclesiastés y Cantar de los cantares.

5:1-12 *"Necesito que me ayudes". "¡Cuenta con ello!"* Salomón pidió a Hiram, rey de Tiro en el Líbano, que le proveyera de troncos de cedro para la edificación del templo. Hiram, que respetaba a Salomón considerándolo como un sabio gobernante (5:7), estuvo bien dispuesto, y pidió a cambio recibir alimentos. Salomón comenzó a enviarle cargamentos anuales de cereales, y hubo paz entre las dos naciones. A lo largo del AT, la expresión "cedros del Líbano" es sinónimo de fuerza y grandeza (Sal. 29:5; Is. 2:13). Pero en la actualidad quedan pocos cedros en el Líbano.

5:13-18 *180.000 obreros, 3.300 jefes.* Salomón recurrió a la movilización de unos 180.000 obreros y 3.300 supervisores, para recoger la piedra y la madera para la edificación del templo. Este enorme uso de trabajadores forzosos recuerda la advertencia de Samuel acerca de la naturaleza de los reyes (véase exposición sobre 1 S. 8:10-18 y 14:47-52), y el resentimiento por esta servidumbre sería uno de los factores en la división de Israel tras la muerte de Salomón (12:4). Obsérvese, sin embargo, que según 2 Crónicas 2:17-18; 8:9, los 150.000 trabajadores mencionados en 5:15 eran residentes no israelitas en el país (véase exposición sobre 9:15-25).

6:1-13 *Puntos básicos del edificio. Parte primera.* El escritor da las dimensiones del templo de Salomón y describe su planta. El templo tenía alrededor de 30 x 10, y 15 metros de altura: doblaba las dimensiones lineales del tabernáculo.

Al edificar Salomón el templo, Dios renovó su pacto con Israel: Él estaba dispuesto a cumplir todas sus promesas si tan solo el pueblo se mantenía fiel a su parte del pacto (6:11-13).

Los académicos discrepan acerca de las fechas exactas, pero si se acepta el año 967 a.C. como la fecha en que comenzó la construcción del templo, entonces los 480 años mencionados en 6:1 sugieren el año 1446 a.C. como la fecha aproximada del éxodo de Israel de Egipto.

6:14-38 *Puntos básicos del edificio. Parte segunda.* El escritor se concentra ahora en los materiales y ornamentos empleados para el interior del templo. El interior estaba recubierto de cedro y cubierto de oro.

Se da una especial atención al lugar santísimo, que era donde se alojaba el Arca del Pacto. Los grandes querubines descritos en 6:23-28 serían en adición a los querubines en el arca misma.

El templo quedó finalizado siete años después, en el 960 a.C. (6:37-38). Estaría en pie durante 374 años antes de ser destruido por los babilonios en el 586.

7:1-12 *Sus palacios públicos y privados.* Salomón también edificó varias casas para sí mismo, incluyendo una o dos residencias (7:1-2), una casa distinta para su primera esposa (7:8), un edificio más público para sus deberes regios (7:7) y un "Pórtico de Columnas" (7:6).

7:13-51 *El artesano y su arte.* El trabajo en el templo y otros edificios fue supervisado por Hiram, un artesano de Tiro cuya madre era israelita (7:13-14, 40, 45). El trabajo de Hiram se describe de manera detallada (7:15-50).
Además del mobiliario construido por Hiram, Salomón incluyó en el templo "lo que David su padre había dedicado, plata, oro y utensilios" (7:51). David, naturalmente, había querido construir él mismo el templo (2 S. 7:1-17) y evidentemente había comenzado a reunir varios materiales con este propósito (2 S. 8:11). La inclusión por parte de Salomón de esos artículos en el templo serviría para recordar al pueblo la legitimidad de su accesión al trono de David.

8:1-11 *Transferencia del tabernáculo al templo.* El Arca del Pacto fue transferida del tabernáculo al templo en una ceremonia de culto dirigida por Salomón. Esta transferencia tuvo lugar de un monte de Jerusalén a otro: de la Ciudad de David hacia el norte, a lo que en la actualidad se conoce como el área "del monte del templo".

Instalada el arca en su nuevo hogar, la nube de la presencia de Dios llenó de tal manera el lugar que los sacerdotes se vieron incapaces de seguir con sus deberes (8:10-11), un acontecimiento reminiscente del día en que el tabernáculo fue dedicado (Éx. 40:34-35).

8:12-21 *Comienza bendiciéndolos.* Salomón presentó el templo al Señor (8:12-13), y luego bendijo al pueblo reunido. Les recordó las promesas de Dios a Israel, simbolizadas por el arca y el templo donde ahora reposaba.

8:22-53 *"¡Escucha nuestras oraciones desde este lugar!"* Salomón luego se dirigió a Dios en oración. Afirmó que Dios no está limitado a morar en el templo: sigue morando en los cielos (8:30). Ni siquiera los cielos de los cielos le pueden contener (8:27).

Entonces oró por que la nación permaneciera fiel a Dios, pero que Dios los perdonase cuando pecasen (8:31-32) y que no permitiera que fuesen totalmente destruidos por desastres naturales ni por guerras que viniesen a causa de sus pecados (8:35-36, 46-52).

La oración de Salomón incluía un

EL TEMPLO DE SALOMÓN

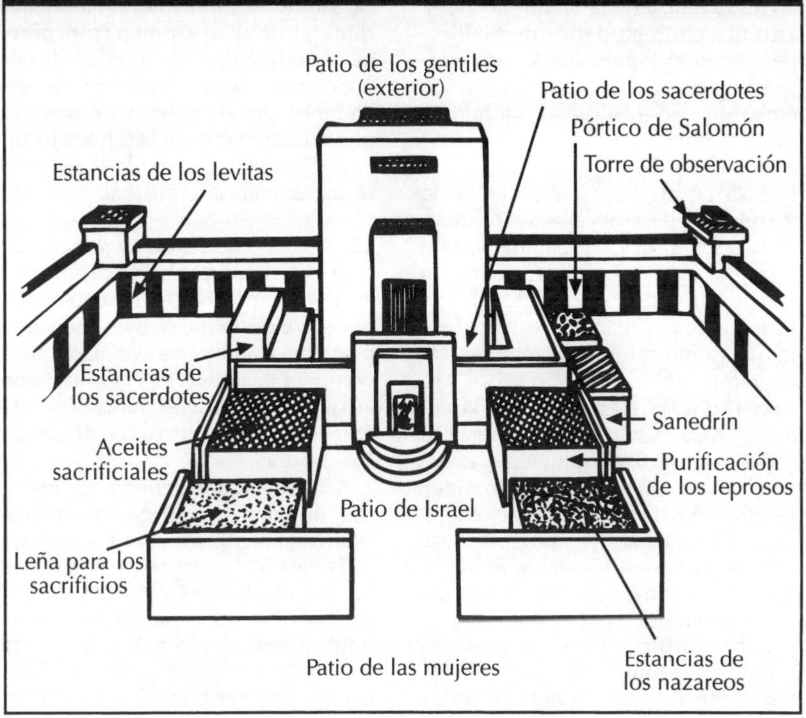

ruego porque la gracia de Dios se extendiera a los extranjeros que expresasen fe en Él (8:41-43).

Concluía esta oración recordando al Señor la especial relación que Israel tiene con Él (8:53; véase Éx. 19:5-6).

8:54-61 *"Él es fiel, por tanto sean fieles".* Salomón se dirigió luego al pueblo, apremiándoles a recordar la fidelidad de Dios y a serle fieles en correspondencia. En 8:56 recuerda las palabras de Josué (Jos. 21:45; 23:14). En 8:22 y 8:54, junto con diversas descripciones en los Profetas, se sugiere que los creyentes del AT oraban con los brazos extendidos al cielo, probablemente mirando arriba con ojos abiertos (Éx. 9:29-33; Esd. 9:5; Is. 1:15).

8:62-66 *Catorce días de dedicación.* El templo fue luego oficialmente dedicado, con una ceremonia que incluía miles de holocaustos, seguida de una fiesta que duró catorce días. Predominó una atmósfera de gran gozo. Los límites de Israel que se mencionan en 8:65 son mayores que los límites tradicionales de norte a sur de "Dan a Beerseba" (5:25; véase *Rasgos singulares*).

9:1-9 *"¿Durará este templo? A ustedes les toca decidirlo".* Dios se apareció por segunda vez a Salomón (véase 3:5-14), prometiendo bendecir a Israel si le obedecían, pero advirtiéndole que si comenzaban a seguir a otros dioses, su hermoso templo nuevo sería destruido. Dios volvería a aparecerse a Salomón otra vez en 11:9-13.

9:10-14 *No le gustan sus veinte ciudades.* Veinte años después del comienzo de su amistad, Salomón dio al rey Hiram veinte ciudades de Galilea, pero cuando Hiram fue a verlas, no se sintió demasiado complacido. Sin embargo, dio a Salomón abundante oro a cambio.

9:15-25 *Logros . . . ¿a qué precio?* Se da un relato de los proyectos de construcción de los edificios de Salomón como introducción para explicar su amplio uso de trabajadores reclutados obligatoriamente (9:15), lo que sugiere hasta qué punto esto había venido a ser un tema contencioso. En 9:20-22 se sugiere que solo se reclutaba a extranjeros (véase 2 Cr. 2:17-18), pero en 5:13 y 11:28 se indica que también se esclavizaba a israelitas. Fuese como fuese, las prácticas de reclutamiento obligatoria de trabajadores por parte de Salomón fueron lo bastante impopulares como para contribuir a dividir el reino (12:4).

Sobre "Milo", véase exposición acerca de 2 Samuel 15:6-16 y *Milo,* p. 867. Acerca de las ciudades mencionadas en 9:15-19, véase *Fortalezas edificadas por Salomón,* p. 968. Las naciones mencionadas en 9:20 son un doloroso recordatorio del fracaso de Israel al no erradicar a los cananeos.

9:26-28 *Salomón el marino.* Salomón extendió su imperio hasta el Mar Rojo, donde construyó una flota de barcos que navegaban a África y a Arabia, y que traían grandes riquezas a Israel. Con Jope ya establecida como puerto sobre el Mediterráneo (2 Cr. 2:16), Israel tenía ahora dos costas desde las cuales comerciar.

10:1-13 *"¡No se me había dicho ni la mitad!"* Habiendo oído acerca de la gran sabiduría de Salomón, la reina de Saba acudió a visitarlo y se sintió atónita ante lo que veía.

10:14-29 *El más sabio y rico del mundo.* Se dan más detalles acerca de la riqueza, sabiduría y fama de Salomón. Sus riquezas netas se estiman entre decenas de millones a varios miles de millones de dólares. Desdichadamente, en tanto que el capítulo 10 marca el punto culminante de la fama y fortuna de Salomón, el capítulo 11 registrará su decadencia espiritual.

11:1-8 *Apartan el corazón de Salomón de Dios.* Salomón se había casado con cientos de mujeres, en muchos casos por razones políticas. Esos matrimonios eran una directa violación de la voluntad de Dios (11:2) y condujeron a Salomón a apartar su corazón de Dios y a rendir culto a los dioses de sus esposas.

Así como los matrimonios "políticos" de Salomón lo afectaron también espiritualmente, los grandes profetas de Israel proclamarían que no existían las meras alianzas políticas a nivel nacional; tales alianzas tenían siempre implicaciones espirituales. Confiar en los carros de Egipto significaba desconfiar del Señor (Is. 30:1-3; 31:1).

11:9-13 *El precio del paganismo.* El Señor se apareció por tercera vez a Salomón, expresando su ira por su apostasía y declarando que el reino sería arrebatado a su familia. Solo permanecería una tribu, "por amor a David tu padre". Volver el corazón hacia otros dioses (11:4) es apartar el corazón del Señor (11:9).

11:14-25 *Comienzan a llegar los adversarios.* Poco después de condenar a Salomón, el Señor comenzó a suscitar dirigentes que se le opusieran. Hadad (11:14-22), un edomita que había escapado a una matanza llevada a cabo por los israelitas, volvió y causó problemas a Salomón (11:25).

En tanto que Hadad atacaba desde el sudeste, Rezón, un sirio, atacó desde el norte (11:23-25). Éste iba a causar problemas a lo largo del resto del reinado de Salomón.

Salomón sabía que Dios empleaba naciones extranjeras para juzgar a Israel (8:46), pero probablemente no esperaba que sería él la causa de la llegada de un juicio así.

LOS AÑOS TURBULENTOS: LA GUERRA CIVIL DE ISRAEL (11:26—22:53)

11:26-40 *Un manto roto trae rebelión.* Jeroboam, un "esforzado" joven (11:28) había sido designado por Salomón como supervisor de algunos de sus trabajadores forzados. Un día, un profeta habló a Jeroboam acerca de la denuncia de Dios contra Salomón. Desgarrando un manto en doce trozos, y dándole diez a Jeroboam, predijo que un día Jeroboam gobernaría sobre diez de las tribus de Israel. No queriendo esperar el momento dispuesto por Dios, Jeroboam se rebeló (11:26) y tuvo que huir a Egipto cuando Salomón intentó darle muerte (11:40).

11:41-43 *La muerte de Salomón.* Salomón murió tras un reinado de cuarenta años, y fue rey su hijo Roboam. Él reinaría del 931 al 913 a.C.

12:1-15 *Una tonta réplica a una petición sincera.* Cuando Jeroboam supo que Salomón había muerto y que era rey Roboam, volvió del exilio, reunió a sus seguidores y presentó una petición a Roboam para que renunciara a las opresoras prácticas de Salomón. Los consejeros ancianos de Roboam le apremiaron a que hiciera tal como le había pedido Jeroboam. Pero sus amigos jóvenes le recomendaron que amenazara con una opresión aun mayor. Tratando de separarse de la sombra de su padre y de establecer su propia identidad, Roboam aceptó el consejo de los jóvenes, precipitando así la división de la nación.

12:16-20 *"¡Abajo David! ¡Arriba Israel!"* Cuando la gente oyó la ensoberbecida respuesta de Roboam a la petición que habían presentado, declararon su independencia, y proclamaron a Jeroboam como su rey. Judá, la tribu de Roboam y de sus regios antecesores, permanecieron leales a él. Esta era la "una tribu" que Dios había prometido al linaje davídico (11:13).

La tribu de Benjamín también se mantuvo leal a los reyes davídicos (12:21), pero el reino del sur sería siempre conocido como simplemente "Judá" debido a la fuerza e importancia religiosa de esta tribu. (Acerca de la asociación de Benjamín con Judá, véase exposición acerca de 2 S. 19:40-43; Esd. 1:5).

Tras haber entrado en Canaán en el 1406 a.C., Israel había pervivido sin rey durante unos 350 años. Ahora, en el 931, solo 120 años después de haber recibido su primer rey en 1051, Israel era una nación dividida.

12:21-24 *"No luches: Esto lo he hecho yo".* Roboam reunió a sus hombres de guerra y se preparó para la guerra contra las diez tribus rebeldes, pero el Señor detuvo esos planes, diciendo que la división del reino era su voluntad. Dios tenía sus razones para permitir la división, y no quería más innecesarios derramamientos de sangre.

12:25-33 *Una nueva religión para la nueva nación.* Jeroboam estableció Siquem como su capital. Temiendo que el pueblo se pasara a Roboam si descendía a Jerusalén para adorar, Jeroboam estableció Dan y Bet-el como centros religiosos alternativos, completos con sus propios templos, sacerdotes no levitas y día de fiesta. Jeroboam reinó del 931 al 909 a.C.

13:1-10 *Su brazo se seca al quebrarse el altar.* Un "varón de Dios" acudió a Betel, donde Jeroboam estaba adorando ante su nuevo altar. Este hombre profetizó que sobrevendría un desastre al altar. Cuando la profecía quedó de inmediato confirmada por una señal sobrenatural, Jeroboam intentó entablar amistad con este hombre, pero él, obedeciendo las instrucciones de Dios (13:9), rehusó la hospitalidad y se fue.

La profecía de este hombre (13:2) se cumpliría a la letra más de 200 años después por un hombre llamado Josías (2 R. 23:15-16). Josías fue uno de las únicas dos personas en la Biblia cuyos nombres exactos fueron predichos por un profeta. El otro fue Ciro, nombrado unos 100 años antes de su nacimiento (Is. 44:28).

Lo mismo que en el caso de todos los verdaderos profetas, este hombre de Judá no estaba interesado en ninguna recompensa terrenal por su ministerio (véase 2 R. 5:15-27; Hch. 8:14-24).

13:11-34 *Un viejo profeta, un profeta joven y un rey complaciente.* Mientras el hombre de Dios volvía al hogar, un viejo profeta de Bet-el supo de su profecía, lo interceptó en el camino y lo invitó a volver con él a Bet-el. Cuando el varón de Dios rehusó, el viejo profeta mintió diciendo que Dios estaba detrás de la invitación. El varón de Dios aceptó luego la invitación, y fue después muerto por un león por haber aceptado. Cuando el varón de Dios fue sepultado, el viejo profeta mandó a sus hijos que cuando él muriese, lo sepultasen con el varón de Dios.

Aunque no se declara de manera específica, al parecer el viejo profeta se resintió de la profecía del varón de Dios contra Bet-el. Sin embargo, cuando Dios realmente habló por medio del viejo profeta (13:20-24), llegó a creer la profecía contra Bet-el (13:32) y por ello quiso ser sepultado con el varón de Dios, para escapar al juicio de Dios sobre la falsa religión de Jeroboam.

Lo milagroso de la naturaleza de esos acontecimientos se destaca por la insólita conducta del león (13:28).

Incluso después de esos notables acontecimientos, Jeroboam se mantuvo obstinado. El escritor observa (13:33-34) que la caída de Jeroboam (14) fue consecuencia directa de sus prácticas religiosas rebeldes. La suerte política de Israel, tanto si estaba unida como si estaba dividida, estaba siempre vinculada con su obediencia a Dios.

14:1-18 *Muere por los pecados de su padre.* Cuando enfermó Abías, el hijo de Jeroboam, envió a su mujer a ver a Ahías, el profeta que había predicho su accesión al poder (11:29-31). Ahías predijo que Abías moriría y que el resto de los herederos varones de Jeroboam morirían muertes no naturales y que el reino sería quitado a su familia, todo ello como juicio por la apostasía religiosa de Jeroboam. El niño murió como había sido predicho, y fue lamentado por todo el país.

Aunque su pueblo estaba dividido, Dios seguía esperando que todas las doce tribus le obedecieran. Aunque el templo y los reyes davídicos estaban en Judá, Dios había querido obrar también por medio de Jeroboam en el norte.

14:19-20 *El registro acerca de Jeroboam: 22 años de transgresión.* Jeroboam murió tras reinar veintidós años, y fue sucedido por su hijo Nadab. Aunque el reinado de Jeroboam fue prolongado, poco se registra acerca del mismo aparte de su apostasía religiosa. Durante al menos los siguientes 200 años, los israelitas hablarían acerca de "todos los pecados de Jeroboam" (2 R. 17:22).

14:21-31 *Mientras tanto, en Judá hay idolatría, inmoralidad e invasión.* Mientras las diez tribus del norte se hundían en la idolatría, el reino del sur no iba mucho mejor. Incluso con Jerusalén y el templo en su territorio, Roboam permitió la construcción de otros santuarios y las inmorales prácticas que se promovían en ellos. Durante su reinado, Jerusalén fue invadida y fueron tomados muchos de los tesoros de

Salomón (14:25-28). Roboam murió y fue sucedido por su hijo Abiam (llamado Abías en 2 Crónicas).

15:1-8 *Abiam reina (913-911), pero solo a causa de David.* Abiam reinó durante tres años y fue tan malvado como su padre, pero Dios le permitió reinar y permitió que su hijo lo sucediera "por amor a David" (15:4). El reinado de Abiam, como el de Roboam antes de él, vio una guerra continua entre Israel y Judá (14:30; 15:6-7).

15:9-15 *¡Depone a su propia madre!* El siguiente rey de Judá, Asa (911-870) emprendió una gran reforma. Eliminó mucha de la idolatría e inmoralidad, e incluso depuso a su propia madre a causa de su idolatría.

15:16-24 *Pero hace un mal negocio con Ben-adad.* Asa pudo poner fin a la guerra civil con Israel, pero solo entablando una alianza espiritualmente degradante con Ben-adad, rey de Siria. El don que le hizo Asa, tomándolo de los tesoros del templo, tuvo que ser desde luego una afrenta a Dios (véase 2 R. 16:7-9).

Asa murió tras un largo reinado de 41 años (15:10), y le sucedió su hijo Josafat (873-848). Aunque el reinado de Asa tuvo momentos buenos y malos, había echado los cimientos de un avivamiento espiritual, si Josafat quería emprenderlo (véase 22.41-50).

15:25-32 *Nadab (Israel, 911-909): Tan malo como su padre.* (La atención gira ahora de nuevo al reino del norte, hasta 22:41.) Nadab resultó ser tan malvado como Jeroboam. También iba a ser el primero y el último de los herederos reales de Jeroboam. Después de solo dos años, él y todos sus hermanos fueron muertos por Baasa, que luego se hizo rey. La matanza hecha por Baasa cumplió la profecía de 14:7-16.

15:33—16:7 *Baasa (Israel, 909-886): Devorado por perros.* Baasa reinó durante veinticuatro años. Aunque había sido instrumento de Dios para juzgar la casa de Jeroboam, Baasa cometió los mismos pecados e incurrió en el mismo juicio. La maldición contra Baasa (16:2-4) es casi idéntica a la pronunciada contra Jeroboam (14:7-11).

16:8-14 *Ela (Israel, 886-885): Muerto por su conductor de carro.* Ela sucedió a Baasa como rey, y reinó dos años antes de ser muerto por Zimri, uno de sus conductores de carro, mientras estaba borracho. Zimri mató también a todo el resto de los descendientes varones de Baasa, cumpliendo la profecía de 16:3. Mientras que la dinastía davídica sobrevivía en el sur, el reino del norte se caracterizaba por esos golpes.

16:15-20 *Zimri (Israel, 885): La maravilla de los siete días.* Cuando el pueblo supo que Zimri había dado muerte a Ela, proclamaron rey a Omri, el general del ejército, y asediaron el palacio de Zimri. Al darse cuenta de que estaba sentenciado, Zimri se suicidó. La muerte de Zimri, lo mismo que las muertes de cinco de sus predecesores, fue el juicio de Dios por su pecado (16:18-19).

16:21-28 *Omri (Israel, 885-873): Buen edificador, mal rey.* Tras una breve lucha por el poder, Omri vino a ser rey. Omri trajo una cierta medida de estabilidad y prosperidad a Israel. Estableció una dinastía que permanecería durante tres generaciones. Y edificó Samaria, que duraría todavía más tiempo como la capital del reino del norte. Pero Omri fue más malvado que cualquiera de sus predecesores (16:25), preparando el camino para su tristemente célebre hijo Acab.

16:29-34 *Acab (Israel, 874-853): Caminos de impiedad, esposa impía.* Acab vino a ser rey, y reinó veintidós años. Más malvado que Omri, abrió la puerta a una total rebelión religiosa cuando se casó con Jezabel y comenzó a fomentar el culto del dios de ella, Baal. Otros reyes del norte habían adorado reyes extraños mientras pretendían dar el más alto honor a Jehová. Pero Acab dejó claro que Baal iba a ser el centro de su culto.

En 16:34 se registra el cumplimiento literal de la maldición de Josué sobre Jericó (Jos. 6:26).

17:1-7 *Elías: "¡No habrá lluvia hasta que yo lo diga!"* Dios envió Elías a Acab, profetizando una larga sequía que podría ser acabada solo por el mismo Elías. Dios luego mandó a Elías que se refugiase junto a un pequeño arroyo, donde tendría agua y comida. Al empeorar la sequía, hasta este arroyo se secó.
La capacidad de Elías de impedir la lluvia es compartida por los dos testigos de Apocalipsis (Ap. 11:6).

17:8-16 *Su aceite y harina duran más allá del tiempo de hambre.* Desaparecido su suministro de agua, Elías recibió la orden de ir a Sarepta, donde una viuda proveería para él. Cuando Elías llegó al hogar de la mujer, la provisión de alimentos de la viuda se había ya casi terminado, pero fue milagrosamente suficiente para ella y para su familia así como para Elías hasta que terminó la sequía (comparar Mt. 14:14-21; 15:32-38).

17:17-24 *Un hijo sin vida llevado arriba; un hijo vivo traído abajo.* El hijo de la viuda murió, pero después que Elías hubo orado, Dios lo restauró, confirmando a la viuda que Elías era un profeta de Dios.

18:1-16 *"¡Dile al rey que va a llover!"* Elías fue a donde Acab y anunció el fin de la sequía. De camino se encontró con Abdías, un piadoso siervo de Acab. Cuando Elías pidió a Abdías que anunciase su llegada a Acab, Abdías se resistió, diciendo que Acab había estado buscando a Elías por todas partes, y que su vida estaría en peligro si anunciaba la llegada de Elías y luego éste no aparecía. Elías le aseguró que se presentaría, de modo que Abdías informó acerca de su llegada, y Acab acudió a encontrarse con él. En 18:4 se da una mención previa de la maldad de Jezabel.

18:17-19 *"¡Yo no soy el problema, pero estoy mirando el problema!"* Acab saludó a Elías como "el que turbas a Israel", un saludo irónico, por decir poco, como Elías se apresuró a señalar. Elías dijo a Acab que convocase a los profetas de Baal y de Asera, junto con "todo Israel", en el Monte Carmelo. En 18:19 se presenta a Jezabel como la principal influencia en la apostasía religiosa de Acab. Para "Asera", véase 2 Reyes 13:1-9.

18:20-30 *¿Vendrá el dios de ustedes?* Al reunirse el pueblo en el Monte Carmelo, Elías los retó a escoger de una vez por todas entre Jehová y Baal. Cuando se quedaron callados, propuso un certamen para ver cuál dios daría fuego para un sacrificio. El pueblo estuvo de acuerdo en que esto sería una buena prueba de verdadera deidad. Elías invitó a los profetas de Baal a pasar los primeros. Ellos oraron e hicieron diversos encantamientos durante todo el día, pero no descendió fuego de Baal. Elías se estuvo burlando de sus esfuerzos (18:27), haciendo que el fracaso de Baal fuese tanto más evidente ante la multitud congregada.

18:31-40 *Arregla el altar, ora, ¡y cae el fuego!* Entonces Elías reparó un altar israelita que estaba arruinado, lo llenó de agua, oró, y descendió el fuego de Jehová, consumiendo el agua así como el sacrificio. Elías oró que esta demostración del poder de Dios volviera el corazón de la gente del pueblo de vuelta a Él (18:37), y esto fue lo que sucedió (18:39). A la orden de Elías, el pueblo apresó a los profetas de Baal, y Elías los ejecutó.

18:41-46 *Una pequeña nube, luego una tromba de agua.* Elías dijo a Acab que la sequía iba a terminar. Apareció una diminuta nube, y pronto se precipitó una intensa lluvia. Acab y Elías descendieron ambos del Carmelo y se dirigieron a Jezreel, Acab en su carro y Elías a pie. Elías, con la ayuda de Dios, se adelantó al carro de Acab.

19:1-8 *"¡Conseguiré tu cabeza!"* Acab informó a Jezabel acerca de la derrota en el Carmelo y la matanza a manos de Elías de los profetas de Baal. Jezabel envió un mensaje a Elías de que pensaba matarlo, y Elías huyó. Después de ser servido por un ángel en el desierto, se dirigió al Monte Horeb, que era o bien lo mismo que el Monte Sinaí, o cercano al mismo (Éx. 3:1; 33:6).

Lo mismo que en el caso de Abdías (18:3-16), Elías dejó que le venciera el miedo. Lo mismo que en el caso de Jonás (Jon. 4:3), rogó a Dios que pusiera fin a su vida.

19:9-18 *Un silbo suave y apacible, y siete mil santos.* Confrontado por Dios, Elías se quejó de que él era el único que quedaba en Israel que no lo había abandonado para adorar a Baal. Dios acudió a él con "un susurro suave y apacible" (19:12), tradicionalmente traducido como "un silbo suave y apacible", asegurándole que estaba lejos de ser el único israelita piadoso (19:18). Dios mandó también a Elías que ungiera a Hazael como rey de Siria y a Jehú como rey de Israel, y que ungiera a Eliseo como su propio sucesor como profeta (19:15-17). Los nuevos reyes, junto con Eliseo, iban a ser instrumentos del juicio de Dios (19:17).

Aunque ninguno de ellos fue literalmente ungido por Elías, Hazael llegó a ser rey de Siria después de asesinar a Ben-adad (2 R. 8:15), y Jehú (no el mismo que el profeta mencionado en el cap. 16) llegaría a ser rey de Israel después de Joram, hijo de Acab (2 R. 9:1-10).

Los versículos de 19:11-12 han sido preciosos para los creyentes a lo largo de los siglos que han oído a Dios hablar apaciblemente más que en grandes y atronadores tonos.

19:19-21 *De labrador del suelo a profeta de Dios.* Elías encontró a Eliseo trabajando en su granja y lo comisionó como profeta. Tras despedirse de su familia, Eliseo siguió a Elías. La historia de su ministerio se contará en 2 Reyes 1—13.

20:1-12 *"¡No vendas la piel del oso antes de cazarlo!"* Ben-adad, junto con otros treinta y dos reyes, puso sitio a Samaria. Cuando Acab respondió con sarcasmo a sus amenazas verbales, ellos se prepararon a asaltar la ciudad. Los intercambios de maldiciones y de jactancias (20:10-12) eran cosa común en las batallas de la antigüedad.

20:13-22 *La derrota de los borrachos.* El ejército de Acab, aunque muy pequeño en comparación con el de los sirios, los derrotó de manera cumplida, quizá en parte porque los dirigentes sirios estaban borrachos y por eso mismo excesivamente confiados (20:16-18). Pero la victoria fue también sobrenatural: Dios envió a su profeta con instrucciones y aliento (20:13-14, 22), dando a Acab otra oportunidad para el arrepentimiento y para que reconociera a Jehová como el verdadero Dios. Ben-adad escapó (20:20), pero volvería más tarde.

20:23-30 *"¡Sus dioses son dioses montañeses!"* Convencidos de que la causa de su derrota había sido su elección de lugar para la batalla, porque el terreno montañoso favorecía a los "dioses" de Israel, los sirios prepararon una revancha. Pero esta vez, lo mismo que la anterior, Israel se alzó con la victoria.

Era cosa común en el politeísmo del antiguo Oriente Medio considerar que cada dios o diosa tenía una especial esfera de poder. Baal, por ejemplo, era un dios del clima y de la fertilidad. Era muy radical en este contexto no solo creer solamente en un Dios sino también creer que era todopoderoso en todas las áreas de influencia.

20:31-34 *De manera insensata hace amistad con su más acerbo enemigo.* Al ver que estaban derrotados, los dirigentes sirios se vistieron de cilicio y rogaron misericordia para su rey. Acab concedió su petición e hizo una alianza con Ben-adad. Ese tratado era totalmente innecesario, porque Dios ya había revelado que Israel derrotaría a Siria (20:28).

20:35-43 *"¡Le has perdonado la vida, de modo que tú morirás en su lugar!"* Después de una presentación muy realista de la situación entre sus propios iguales (20:35-36), un profeta condenó a Acab por no haber tratado a Ben-adad como Dios había mandado. La parábola del profeta y la indignada respuesta de Acab (20:39-40) recuerdan la parábola de Natán y la reacción de David (2 S. 12:1-7; véase también la exposición sobre 2 S. 14:1-20).

21:1-4 *¡No está a la venta, a ningún precio!* Acab se ofreció a comprar la viña de su vecino contiguo, Nabot, pero éste rechazó el ofrecimiento, diciendo que no podía en buena conciencia vender la heredad de su familia. Acab se quedó "triste y enojado" por la negativa de Nabot. En la cultura israelita era de gran importancia guardar la tierra dentro de la familia. Si la tierra caía en manos extrañas, se esperaba que los descendientes la reclamasen (véase Lv. 25:25-28; Rt. 4:1-4).

21:5-16 *Las envenenadas cartas de Jezabel.* Cuando Jezabel supo por qué Acab estaba tan enfurruñado, escribió cartas para inducir a la muerte de Nabot. La maquinación fue llevada a cabo, Jezabel anunció la muerte de Nabot a Acab, y Acab se preparó para tomar posesión de la viña de Nabot. La malvada naturaleza de Jezabel y su influencia sobre Acab, a la que se hace alusión en 16:31; 18:4, 19, se ven aquí con toda claridad.

21:17-26 *Los perros los acompañarán en su muerte.* Mientras Acab descendía a la viña, un profeta de Dios se dirigía también hacia allá. Elías se enfrentó con Acab por la viña de Nabot, y profetizó que tanto Acab como Jezabel morirían de una manera ignominiosa (véase 22:37-40; 2 R. 9:30-37). La salutación de Acab a Elías en esta ocasión (21:20) recuerda su anterior salutación en 18:17.

21:27-29 *¿Una conversión por las circunstancias?* Ante las aciagas predicciones de Elías, Acab se arrepintió y se sumió en la aflicción, y el Señor prometió retardar el cumplimiento de la sentencia de muerte contra su familia. La sentencia sería ejecutada por Jehú (2 R. 10:1-11). La injusticia que Acab cometió posteriormente contra Micaías (22:26-27), su perfidia para con Josafat (22:29-33) y su voluntarioso rechazo de la advertencia de Dios por medio de Micaías (véase exposición sobre 22:13-28) dejan evidente que su arrepentimiento, si era verdaderamente sincero, fue muy efímero.

22:1-12 *"No te gustaría este otro profeta".* Acab invitó a Josafat, rey de Judá, a que le ayudase a liberar Ramot de Galaad del control de los sirios. Josafat accedió, pero quería estar seguro de que era la voluntad de Dios. Acab convocó a 400 de sus profetas, todos los cuales estaban de acuerdo en que debía luchar. Pero Josafat dudaba de la palabra de ellos, y pidió a Acab que enviase a buscar un "profeta de Jehová" (22:7), en quien se pudiese confiar para saber la verdad. Acab admitió que había un profeta así —llamado Micaías— pero expresó su odio contra Micaías, que siempre profetizaba contra él. Acab no parecía preocuparse de *por qué* las profecías de Micaías eran siempre negativas.

22:13-28 *Ovejas sin pastor.* Negándose a dejarse llevar por la corriente, Micaías profetizó calamidades si Acab salía a la guerra. Al llamar mentirosos a los otros 400 profetas (22:19-23), Micaías mostraba la confianza que procede de hacer exactamente lo que Dios le había mandado hacer.

El reconocimiento por parte de Acab de que la predicción positiva inicial de Micaías era falsa (22:15-16) sugiere que Acab puede también haber detectado la falsedad de los otros cuatrocientos. Su anterior arrepentimiento (21:27-29) desde luego dejaba evidente que podía reconocer la verdadera profecía cuando quería hacerlo.

22:29-40 *Un rey cobarde, una flecha mal dirigida.* Ignorando a Micaía, Acab y Josafat emprendieron la guerra contra Siria. Tratando de evitar el cumplimiento de la profecía de Micaías, Acab se disfrazó y conspiró para que Josafat fuese el objetivo de la atención del enemigo, con el resultado de que Josafat casi murió. Finalmente, no obstante, una flecha perdida encontró al disfrazado Acab, y lo mató.

22:41-50 *El rey de Judá es bastante bueno.* El escritor sumariza ahora el resto del reinado de Josafat, observando que fue un buen rey, aunque no continuó las reformas de su padre Asa tanto como pudiera haberlo hecho (véase exposición sobre 15:16-24).

22:51-53 *Pero el siguiente rey de Israel es malo.* Ocozías sucedió a su padre Acab y reinó durante dos años (853-852). Sus malos caminos fueron comparados con los de Acab, de Jezabel y de Jeroboam. Sería sucedido por su hermano Joram, que sería el último de los descendientes de Acab en reinar. (La historia de Ocozías prosigue en 2 Reyes.)

❖ ❖ ❖

PERSONAS A RECORDAR DE 1 REYES

ABIATAR

Hechos clave: Sumo sacerdote juntamente con Sadoc, escapó de la matanza en Nob (1 S. 22:20-23; 1 Cr. 15:11)
Padre: Ahimelec (1 S. 22:20)
Hijo: Jonatán (2 S. 15:27)
Total de referencias bíblicas: 31
Referencias clave: 1:5-7; 2:26-35; 1 S. 22:11-23; 23:6-13; 2 S. 15:24-29; 19:11-13

Habla Abiatar

Salomón me podría haber ejecutado, claro, pero no lo hizo. Si lo hubiera hecho, habría sido cosa irónica, ¡porque mi padre fue ejecutado por ser amigo de su padre! Mi padre no merecía morir. Yo quizá sí. Todavía no sé qué me llevó a ponerme del lado de los enemigos del rey (1:7; 2:26; 1 S. 21:1-6; 22:11-20).

Al menos fui leal cuando serví como sumo sacerdote bajo David. Me tocó el privilegio de ayudarle cuando Saúl y luego su propio hijo estaban intentando matarlo. De hecho, fui yo quien convencí a los ancianos de Judá para que restaurasen a

David como rey después de la rebelión de Absalón. Dios de Israel, ¡que sea yo recordado como un fiel siervo bajo David, y no como un insensato rebelde bajo Salomón! (1 S. 23:6; 2 15:24; 19:11).

Lecciones espirituales de Abiatar

- Incluso los amigos al parecer más fieles nos pueden fallar: Abiatar exhibió una gran lealtad a David (1 S. 23:6-13; 30:7; 2 S. 15:24-29; 19:11-13) pero se puso en contra de Salomón, el hijo de David (1:7, 19, 25).
- No importa cuanto tiempo pase, lo que Dios ha dicho que sucederá, de cierto tendrá lugar. La exclusión de Abiatar del sacerdocio (2:26-27) fue el cumplimiento de la promesa de Dios dada cien años antes de excluir a la casa de Elí del sacerdocio (1 S. 2:30-36).

Versículo clave

"Y el rey dijo al sacerdote Abiatar: Vete a Anatot, a tus heredades, pues eres digno de muerte; pero no te mataré hoy, por cuanto has llevado el arca de Jehová el Señor delante de David mi padre, y además has sido afligido en todas las cosas en que fue afligido mi padre" (2:26).

ACAB

Hecho clave: Permitió que su esposa Jezabel lo transformase en uno de los peores reyes de Israel (16:29-33; 21:7-15)
Padre: Omri (16:28)
Esposa: Jezabel (16:31)
Hijos: Ocozías, Joram (Hebreo *Jehoram*) (22:51; 2 R. 3:1)
Hija: Atalía (2 R. 8:18, 26)
Muerte: Registrada en 22:34-35
Total de referencias bíblicas: 90
Referencias clave: 16—22; 2 R. 10:1-11

Habla Acab

Al menos, el dolor se está haciendo más llevadero. Pero es mala señal, ¡probablemente se debe a que he perdido tanta sangre! Pero claro, esto ¡forma parte de la profecía! Elías y Micaías tenían razón. La batalla está perdida, y yo pronto moriré. Sin duda alguna, fue un terrible error permitir que mi mujer adoradora de Baal me volviera en contra de Jehová Dios. ¿Dónde está *su* dios cuando lo necesito? (16:30-33; 21:19; 22:17).

¡Los sacerdotes en el Monte Carmelo debieron hacerse la misma pregunta! El silencio de Baal era ensordecedor, pero el Dios de Elías respondió con fuego del cielo. Debiera haber sabido que Él era el Dios verdadero cuando me fue permitido derrotar dos veces a los sirios. ¡Pero no esta vez! Maldita sea mi codicia, y por haber alentado a Jezabel a satisfacerla con el asesinato de un hombre inocente (18:26-29, 36-38; 20:13-20, 28-29; 21:1-16).

Durante veintidós años he reinado sobre Israel, y nunca he dejado a Dios un lugar en mi corazón. Ahora, en la hora de la muerte, ni pido ni deseo un cambio en esta situación. Le he rechazado, y ahora Él me devuelve el favor.

Lecciones espirituales de Acab

- Un cónyuge incrédulo puede ayudar a asegurar una vida infeliz e impía (16:31-33; 21:1-16).
- A veces los incrédulos achacan sus problemas a los creyentes; Acab acusó a Elías (18:17); Nerón acusó a los cristianos; Hitler acusó a los judíos.
- Los falsos dioses que adoremos, tanto si se trata de ídolos literales o cosas como la fama o la fortuna, nunca pueden responder a nuestras oraciones ni suplir a nuestras verdaderas necesidades (18:26, 29).

Versículos clave

"Y Acab hijo de Omri hizo lo malo ante los ojos de Jehová, más que todos los que reinaron antes de él. Porque le fue ligera cosa andar en los pecados de Jeroboam hijo de Nabat, y tomó por mujer a Jezabel, hija de Et-baal, rey de los sidonios, y fue y sirvió a Baal, y lo adoró. . . . haciendo así Acab más que todos los reyes de Israel que reinaron antes que él, para provocar la ira de Jehová Dios de Israel" (1 R. 16:30-31, 33).

ASA

Hecho clave: Uno de los mejores reyes de Judá (15:9-15)
Padre: Abiam (15:8)
Hijo: Josafat (22:41)
Muerte: Registrada en 2 Cr. 16:12-13
Total de referencias bíblicas: 58
Referencias clave: 15:8-24; 2 Cr. 14—16

Habla Asa

Mis pies me causan una gran desazón. Durante dos años he estado sufriendo. Temo que pronto me sea negado el sencillo acto de andar. Supongo que el profeta Hanani debe estar riéndose de mí desde su celda en la cárcel. Bueno, ¡que se ría mientras se pudre allí! No tengo intención de dejarlo en libertad. ¿Cómo se atrevió a reprenderme por mis políticas guerreras y tratados de paz? (2 Cr. 16:7-12).

Pero también al pensar en esas cosas, mi alma me duele más que mis pies. ¿Dónde está aquel amor y celo que una vez sentí por Dios? Después de todo, ¡fue por su poder que fortifiqué las ciudades de Judá, que organicé su ejército y que dirigí al pueblo en un poderoso avivamiento! Naturalmente, ¿quién podría olvidar el más magno de los momentos, cuando él golpeó de manera sobrenatural el enorme ejército etíope que se preparaba para invadirnos? Sigo recordando mi oración a él cuando hicimos frente a nuestro enemigo: "¡Oh Jehová, para ti no hay diferencia alguna en dar ayuda al poderoso o al que no tiene fuerzas! Ayúdanos, oh Jehová Dios nuestro, porque en ti nos apoyamos, y en tu nombre venimos contra este ejército. Oh Jehová, tú eres nuestro Dios; no prevalezca contra ti el hombre" (15:11-13; 2 Cr. 14:6-15).

Pero todo esto fue entonces. Hoy, aquí estoy, con mis pies enfermos y con amargura de alma.

Lecciones espirituales de Asa

- Dios, y solo Dios, puede ayudar a los impotentes contra los poderosos (2 Cr. 14:11).
- Dios está deseoso de ayudarnos, si solo buscamos su voluntad (2 Cr. 16:9).

- Los que nos señalan con razón nuestro pecado no pueden ser silenciados, por mucho que los ignoremos o los persigamos (1 Cr. 16:7-10).

Versículo clave
"Los ojos de Jehová contemplan toda la tierra, para mostrar su poder a favor de los que tienen corazón perfecto para con él" (2 Cr. 16:9).

BETSABÉ

Hechos clave: Esposa de Urías, luego de David, y madre de Salomón (2 S. 11:3, 27; 12:24)
Padre: Eliam (2 S. 11:3)
Hijos: Salomón, Natán, Simea, Sobab y uno innominado (2 S. 11:27; 12:18, 24; 1 Cr. 3:5)
Total de referencias bíblicas: 12
Referencias clave: 1—2; 2 S. 11—12

Habla Betsabé
Creo que mi hijo se sintió algo enojado conmigo por un poco. Pero, de todos modos, ¿cómo podía saber que su medio hermano mayor me estaba usando para enfrentarse a él? Pero todo esto ya está olvidado, estoy segura. Desde luego, ha llegado a ser un rey bueno y sabio. David hubiera estado orgulloso de él (2:1-2, 13-25; 4:29-34).

Pero me preocupa su creciente interés en las riquezas y en las muchas mujeres paganas con las que se ha casado. De seguro que debe saber lo que piensa Dios de todo esto (2 S. 9:1-9; 10:14-29; 11:1-8).

Me acompañaron a hacer una visita especial por el nuevo templo el otro día. ¡Qué edificio más espléndido! ¡Si solo David, que tanto quería edificarlo, hubiera podido estar conmigo! (2 S. 7:1-2).

Pienso en él constantemente. ¡Qué manera más horrible de comenzar un matrimonio, con adulterio y asesinato! Pero esto sucedió hace unos cuarenta años. El misericordioso Dios de Israel nos ha perdonado a ambos ya hace mucho tiempo. Di cinco hijos a David, cuatro de los cuales siguen viviendo. A menudo me pregunto qué estaría haciendo nuestro primer pequeñito si hubiera vivido. Perdónanos, pequeño, porque nuestro pecado causó tu muerte (2 S. 11; 12:13-18; 1 Cr. 3:5; Sal. 51).

Natán y Sadoc pasan a visitarme con regularidad. Estoy convencida de que mucho del éxito de David se debió a este piadoso equipo de sacerdote y profeta (1; 2 S. 7:1-17; 12; 15:24-37).

La muerte no me atemoriza. Un pasaje de los escritos de mi marido ha sido mi fuente diaria de consolación y de certidumbre: "Ciertamente el bien y la misericordia me seguirán todos los días de mi vida, y en la casa de Jehová moraré por largos días" (Sal. 23:6).

Lecciones espirituales de Betsabé

- Nadie debería permitir con su descuido físico seducir a un miembro del otro sexo (2 S. 11:2-3).
- El adulterio es pecado, sean cuales sean las circunstancias o por muy moralmente rectos que por otra parte puedan ser las personas involucradas (2 S. 11:26-27; Hch. 13:22).

Versículos clave:
"Oyendo la mujer de Urías que su marido Urías era muerto, hizo duelo por su marido. Y pasado el luto, envió David y la trajo a su casa; y fue ella su mujer, y le dio a luz un hijo. Mas esto que David había hecho, fue desagradable ante los ojos de Jehová" (2 S. 11:26-27).

JEROBOAM

Hecho clave: Primer rey norteño del Israel dividido (12:19-20)
Padre: Nabat (11:26)
Madre: Zerúa (11:26)
Hijos: Abías, Nadab (14:1; 15:25)
Muerte: Registrada en 2 Cr. 13:20
Total de referencias bíblicas: 84
Referencias clave: 11:26—14:20; 2 Cr. 10—13

Habla Jeroboam
¡En cierta manera he tenido éxito al retar a Jehová Dios durante todos los veintidós años de mi reinado! Según Jacob, los reyes de Israel debían proceder de la tribu de Judá. Más adelante, Moisés escribió que los sacerdotes procederían de Leví. Finalmente, Salomón afirmó que el centro religioso de la nación debía ser la ciudad de Jerusalén. ¡Pero yo he echado a un lado todos esos tontos requisitos! (Gn. 49:10; Nm. 3:11-13).

En primer lugar, yo soy de la tribu de Efraín, y no de Judá. Luego, he reemplazado a los sacerdotes levíticos con hombres indignos e ignorantes de otras tribus. En tercer lugar, he edificado dos nuevos centros religiosos, Bet-el y Dan, para sustituir a Jerusalén. Finalmente, añadiendo insulto al daño, ¡he introducido el culto al becerro de oro en esas dos ciudades! (8:29; 11:26; 12:25-31).

Odio al Dios de David y Salomón. Por su causa, mi hermoso altar en Bet-el ha sido destruido, y mi ejército ha sido puesto en fuga. Pero peor aún, ¿qué librepensador podría adorar a una deidad que ha rehusado una vez sanar a su hijo enfermo! (13:1-5; 14:1-18; 2 Cr. 13:13-19).

Sí, estas dos últimas décadas he hecho las cosas a mi manera. Pero aunque lo he desafiado, ¡no estoy bajo ninguna ilusión de que le haya derrotado! De hecho, bien al contrario, esta extraña enfermedad que me ha sobrevenido de repente podría bien ser su mano en juicio (2 Cr. 13:20).

Lecciones espirituales de Jeroboam

- Incluso los que más bendiciones reciben de parte de Dios pueden decidir rebelarse contra Él y llegar a ser los mayores de los pecadores (11:37-38; 14:14-16). Los pecados de Jeroboam se mencionan veintidós veces en 1 y 2 Reyes, más que los pecados de ninguna otra persona en las Escrituras.

Versículos clave
"Jehová sacudirá a Israel al modo que la caña se agita en las aguas; y él arrancará a Israel de esta buena tierra que había dado a sus padres, y los esparcirá más allá del Éufrates, por cuanto han hecho sus imágenes de Asera, enojando a Jehová. Y él entregará a Israel por los pecados de Jeroboam, el cual pecó, y ha hecho pecar a Israel" (14:15-16).

JOAB

Hechos clave: General del ejército de David, mató a Abner, Absalón y Amasa (2 S. 3:27; 8:16; 18:14; 20:10)
Madre: Sarvia (2 S. 2:13)
Hermanos: Abisai, Asael (2 S. 2:18)
Muerte: Registrada en 2:28-34
Total de referencias bíblicas: 138
Referencias clave: 1—2; 2 S. 2—3; 10—14; 18—20; 23—24

Habla Joab

Es un poco extraño, por decir poco, que yo entre en el tabernáculo por primera vez, y no para ofrecer sacrificio, ¡sino para buscar protección de mis enemigos! En realidad, nunca antes he sentido necesidad alguna de Dios ni de su sagrado edificio. "¡Mejor una espada que un sacrificio!" Esta ha sido mi filosofía. Pero ahora que la muerte está cercana, me doy cuenta de lo vacío que es este estilo impío de vida (2:28).

Pero mi corazón es demasiado viejo y amoldado en sus caminos para cambiar ahora. ¡Todo esto es culpa del idiota de Adonías! Debiera haber visto desde el principio que era un perdedor: mucha labia y nada de acción. Pero lo he apoyado, y esto me costará la vida ahora (1:5-7).

¡Si solo hubiera podido controlar a Salomón de la manera que una vez controlé a su padre David! Me resiento mucho de todos los elogios que ha recibido, mientras que a mí se me ha relegado del todo. Guste o no guste, nunca habría conseguido lo que ha conseguido sin mi fiel espada. Claro, nunca me perdonó que matase a Abner y a Absalón. ¡Insensatos! Todos ellos merecían la muerte. Pero ahora me toca a mí (2 S. 3:27; 18:14).

"Joab" significa "Jehová es juez". Este es el nombre que me dio mi madre. ¡Aquí estoy en el tabernáculo, aferrado de los cuernos del altar con el creciente temor de que desde luego pronto me va a juzgar!

Alguien está gritando fuera, pidiendo que me entregue. Reconozco la voz: es Benaía, el que mató al león. ¡Ni hablar! ¡Tendrá que venir él mismo y llevarme! (2:34; 2 S. 23:20-23).

Lecciones espirituales de Joab

- Los que viven mediante la violencia con frecuencia mueren violentamente (2:5, 28-34).
- Aquellos a los que se les ha confiado la observancia de la ley (2 S. 8:16) nunca deben estar por encima de la ley (1:5-7).

Versículos clave

"Y Jehová hará volver su sangre sobre su cabeza; porque él ha dado muerte a dos varones más justos y mejores que él, a los cuales mató a espada sin que mi padre David supiese nada: a Abner hijo de Ner, general del ejército de Israel, y a Amasa hijo de Jeter, general del ejército de Judá. La sangre, pues, de ellos recaerá sobre la cabeza de Joab, y sobre la cabeza de su descendencia para siempre; mas sobre David y sobre su descendencia, y sobre su casa y sobre su trono, habrá perpetuamente paz de parte de Jehová" (2:32-33).

NATÁN

Hechos clave: Profeta, condenó a David por adulterio y asesinato (2 S. 7:2; 12:1-15)
Total de referencias bíblicas: 28
Referencias clave: 1; 2 S. 7:1-17; 12:1-15

Habla Natán

Bien, ya he terminado el segundo libro. Nunca escribiré tanto como Moisés. Pero espero que mis biografías de David y Salomón sean útiles para las generaciones futuras. En cierto modo, es mejor que los dos ya hayan desaparecido. El uno y el otro se sentirían destrozados ante esta trágica guerra civil. Me quebranta solo pensar en ello: 80 años de unidad tribal arruinada en otras tantas horas por un joven inmaduro y arrogante (12:1-9; 1 Cr. 29:29; 2 Cr. 9:29).

Naturalmente, me sentía más cercano a David. Dudo que él hubiera aceptado aquella severa reprensión de otro que de mi parte. Pero sus notorios pecados de adulterio y asesinato tenían que ser condenados. Puse el dedo en la llaga (2 S. 11—12).

Pero hubo una ocasión en que lo aconsejé mal. Claro, ¿cómo iba yo a saber que Dios ya había decidido que Salomón iba a construir el templo? Desde luego, yo tenía menos en común con el hijo de David. Pero yo le di el nombre, ya sabéis. Su padre lo llamó Salomón, significando "paz", pero yo lo llamé Jedidías, que quiere decir "amado de Jehová" (2 S. 12:24-25; 1 Cr. 28:2-6).

También hice todo lo que estuvo en mi mano para asegurar que Salomón sucediese a David como rey, tal como él había querido. De todos modos, Dios ha decretado que los descendientes de David han de reinar sobre Israel (1:11-27; 2 S. 7:12-17).

¡Pero ahora tenemos esto! ¡Oh, insensato, insensato Roboam! ¿Qué has hecho? ¿Por qué lo has hecho? ¿A dónde llevará? (12:1-19).

Lecciones espirituales de Natán

- A veces, hasta el más piadoso consejero puede sin querer dar un mal consejo (2 S. 7:1-5).
- Un verdadero amigo dará reprensión además de afirmación, según lo exija la situación (2 S. 12:1-12; Pr. 27:6).

Versículos clave

"Entonces dijo Natán a David: Tú eres aquel hombre. . . . ¿Por qué, pues, tuviste en poco la palabra de Jehová, haciendo lo malo delante de sus ojos?" (2 S. 12:7, 9).

LA REINA DE SABÁ

Hecho clave: Reina extranjera que acudió a Israel para verificar los informes acerca de la grandeza de Salomón (10:1-13)
Total de referencias bíblicas: 9
Referencias clave: 10:1-13; Mt. 12:42

Habla la reina de Saba

¡Como si alguno de los dos necesitáramos de los regalos que nos intercambiamos! Pero dejo Jerusalén habiendo recibido más de lo que le traje. Su riqueza es desde luego impresionante, pero la sabiduría que exhibió es absolutamente increíble. De hecho, ¡me sorprendí diciéndole las cargas y los secretos de mi corazón! (3:28; 4:29-31; 10:2-3, 10-13; 2 Cr. 9:13-14).

¡Por decir poco, su poder y personalidad me han abrumado! Los rumores acerca de la grandeza de los reyes son por lo general siempre exagerados, ¡pero en este caso ni comienzan a describir su gloria! (10:5-7).

Lecciones espirituales de la reina de Saba

- Así como el escepticismo de la reina de Saba se convirtió en creencia tras su experiencia de primera mano de la sabiduría y riqueza de Salomón, los escépticos a lo largo de los siglos han quedado convencidos al responder a la invitación: "Gustad, y ved que es bueno Jehová" (Sal. 34:8).
- Si la reina de Saba estuvo dispuesta a hacer unos esfuerzos tan grandes para verificar los informes de la riqueza de Salomón, nosotros deberíamos estar tanto más dispuestos a explorar la riqueza espiritual que la Biblia afirma ofrecer (Mt. 12:42).

Versículo clave
"La reina del Sur se levantará en el juicio con esta generación, y la condenará; porque ella vino de los fines de la tierra para oír la sabiduría de Salomón, y he aquí más que Salomón en este lugar" (Mt. 12:42).

ROBOAM

Hechos clave: Hijo de Salomón, primer rey sureño del Israel dividido (11:43—12:24)
Madre: Naama (14:21)
Esposas: 18, incluyendo Mahalat y Maaca (2 Cr. 11:18-21)
Hijos: se menciona a Abiam, Jeús, Semarías, Zaham, Atai, Ziza y Selomit entre 28 hijos e hijas (2 Cr. 11:19-21)
Muerte: Se registra en 14:31
Total de referencias bíblicas: 50
Referencias clave: 11:43—12:27; 14:21-31

Habla Roboam
¡Es que no hay derecho! Tanto mi padre como mi abuelo llegaron a los 70, y gobernaron a todas las doce tribus, cada uno durante 40 años. Pero mírenme a mí, solo 58, al parecer a punto de acabar mi vida después de gobernar solo sobre dos de las tribus. Y la mayor parte de la culpa es de aquellos políticos idiotas que me aconsejaron en Siquem. Si no hubiera sido por su estúpido consejo, es indudable que todo habría sido muy distinto. Si solo mi padre hubiera matado a Jeroboam cuando tuvo la ocasión. Si no hubiera estado él para encabezar la revuelta de las 10 tribus, probablemente aquello no hubiera sucedido (11:40; 12:1-20; 14:21).

Pero sobre todo la culpa la tiene Jehová Dios. Fue su profeta quien alentó a Jeroboam. Y él dejó que el rey de Egipto me pusiera en un apuro al atacar Jerusalén y llevarse muchos de nuestros mayores tesoros (11:29-40; 14:25-28).

En fin, para bien o para mal, he hecho las cosas a mi manera. Sí, debo admitir que ya al principio de mi vida abandoné al Dios de Salomón y de David. Ahora es tristemente evidente que en estos últimos días de mi vida, Él me ha abandonado! (2 Cr. 12:1, 13-16).

Lecciones espirituales de Roboam

- "El hombre iracundo promueve contiendas; mas el que tarda en airarse apacigua la rencilla" (Pr. 15:18). El más trágico ejemplo que da la Escritura de esto mismo es la insensata respuesta de Roboam a los dirigentes norteños de Israel, lo que desencadenó la guerra civil (12:1-16).

- Al buscar consejo, deberíamos valorar la voz de la experiencia (12:1-16).

Versículo clave

"Cuando Roboam había consolidado el reino, dejó la ley de Jehová, y todo Israel con él" (2 Cr. 12:1).

SADOC

Hechos clave: Sumo sacerdote junto con Abiatar en tiempos de David, y sumo sacerdote en tiempos de Salomón (2:35; 2 S. 8:17)
Padre: Ahitob (1 Cr. 6:8)
Hijo: Ahimaas (2 S. 15:27)
Total de referencias bíblicas: 40
Referencias clave: 1:8, 38-39; 2:35; 2 S. 8:17; 15:24-37; Ez. 44:15

Habla Sadoc

¡Qué rey más rico, famoso y sabio ha sido durante esas últimas tres décadas! Sigue siendo rico y célebre, pero me temo que la concupiscencia carnal y la codicia han apagado esta sabiduría. Sí, hay razón ahora para la preocupación, especialmente cuando se considera cómo es su heredero. No tengo confianza alguna en el joven Roboam (10:6-8, 23; 11:1-11; 12:1-15).

¡Oh, si volvieran los días de gloria de David! La vida no era tan fácil entonces, pero había muchas más compensaciones. ¿Cómo podré olvidar la ocasión que llevé el arca del pacto a Jerusalén, y cuando la llevé a David al desierto durante la rebelión de Absalón? Claro, naturalmente hubo alguna ocasión en que el hijo de Isaí se apartó del camino de justicia, pero luego aceptó con lágrimas la reprensión de Natán. Sin embargo, parece que mis palabras de advertencia a Salomón caen en oídos sordos. Dios amado, oré por el rey cuando su medio hermano trató de impedir que accediera al trono. Ahora, permite que intensifique mis esfuerzos, no sea que un enemigo mucho más mortífero, su propia naturaleza carnal, lleve a su exclusión del mismo (1:8; 2 S. 6:15; 11—12; 15:24-29).

Lecciones espirituales de Sadoc

- Dios recompensa la fidelidad de sus siervos. Como recompensa por su fidelidad, Dios promete que los descendientes de Sadoc servirán como sacerdotes en el templo milenario (Ez. 44:15; 48:11).

Versículo clave

"Mas los sacerdotes levitas hijos de Sadoc, que guardaron el ordenamiento del santuario cuando los hijos de Israel se apartaron de mí, ellos se acercarán para ministrar ante mí, y delante de mí estarán para ofrecerme la grosura y la sangre, dice Jehová el Señor" (Ez. 44:15).

SALOMÓN

Hechos clave: El rey más rico de Israel, el hombre más sabio del mundo (3:11-13)
Nacimiento: Registrado en 2 S. 5:14

Padre: David (2 S. 12:24)
Madre: Betsabé (2 S. 12:24)
Hermanos: Hermanos plenos: Simea, Sobab y Natán (1 Cr. 3:5). Medios hermanos: Amnón, Quileab (también llamado Daniel), Absalón, Adonías, Sefatías, Itream, Ibhar, Elisúa, Elipelet, Nefeg, Jafía, Elisama, Eliada, Elifelet (2 S. 3:2-5; 5:13-16; 1 Cr. 3:1-8; 14:3-5)
Hermana: Medio hermana, Tamar (2 S. 13:1)
Esposas: Muchas, incluso Naama (3:1; 11:3; 14:21)
Hijo: Roboam (14:21)
Hechos clave en su vida:

- Proclamado rey de Israel (1:28-40)
- Derrota a los principales opositores (2:13-46)
- Pide sabiduría, y recibe también riquezas (3:1-15)
- Edifica el templo (5—7)
- Visitado por la reina de Saba (10:1-13)
- Permite que las esposas aparten su corazón de Dios (11:1-13)
- Hace frente a varias rebeliones (11:14-40)

Muerte: Registrada en 11:43
Total de referencias bíblicas: 297
Referencias clave: 1—11; Neh. 13:26; Sal. 72; 127; Proverbios, Cantar de los cantares; Eclesiastés; Mt. 6:28-29

Habla Salomón

"Dichoso es quien encuentra sabiduría y adquiere entendimiento". ¡Si tan solo hubiera siempre observado esas palabras que escribí con mi propia mano! Yo no nací con sabiduría, ni la estudié ni investigué. Dios me la dio de su gracia. ¡Qué pacíficos y productivos fueron tanto el rey como el reino mientras estuve utilizando mi sabiduría! ¡Qué de tensiones y perturbaciones cuando la ignoré! (3:12; 4:24-25; 11:1-25; Pr. 3:13).

¡Cuántos privilegios fueron los míos: poder, fortuna, fama y honor! Cuántas oportunidades me ha dado Dios: la construcción del templo, presidir la más grande celebración de la Pascua en la historia, y el establecimiento de Israel como gran nación. Pero, ¡oh!, ¡cuánta codicia, cuánto deseo carnal, cuánta soberbia y desobediencia he exhibido! He dejado que mi vida fuese controlada por la inmoralidad y la idolatría, por la influencia de mis mujeres paganas. Desde luego, ¡qué habría pensado Moisés si hubiera sabido que uno de los reyes de Israel iba a descuidar de una manera tan vergonzosa los tres más simples mandamientos que él dio acerca de cómo deberíamos gobernar! (4:21, 25; 5—6; 8:62-66; 10:1, 6-8; 23; 11:1, 9; Dt. 17:14-17).

Por invitación suya, una vez pedí sabiduría a Dios. La petición le agradó, y me la concedió. Mirando retrospectivamente, quizá debiera haber pedido algo mucho mejor, esto es, un corazón conforme al corazón mismo de Dios, como el de mi padre David (3:4-13; 1 S. 13:14).

Lecciones espirituales de Salomón

- Deberíamos orar pidiendo una sabiduría piadosa (3:5-9; Pr. 4:7; Stg. 1:5).
- ¡Dios da lo mejor de su parte a los que le dejan que Él escoja! Salomón

recibió la sabiduría que había pedido, y además las riquezas, la honra y la larga vida que no había pedido (3:12-14).

- "¡Mejor es adquirir sabiduría que oro preciado!" (Pr. 16:16). En tanto que Salomón lo predicó, no siempre lo practicó (10:14, 22).
- Debido a que somos seres humanos caídos, hasta los más sabios entre nosotros podemos echar a un lado el mejor consejo. La adquisición de caballos por parte de Salomón (4:26), y de oro (10:14) y esposas (11:1-3) fue una violación expresa de un buen consejo que tenía cuatro siglos de antigüedad (Dt. 17:14-17).
- La elección del cónyuge puede tener un efecto decisivo en la vida de uno, para bien o para mal (11:3-11).

Versículo clave

"Bien que en muchas naciones no hubo rey como él, que era amado de su Dios, y Dios lo había puesto por rey sobre todo Israel, aun a él le hicieron pecar las mujeres extranjeras" (Neh. 13:26).

SIMEI

Hecho clave: Maldijo a David durante la retirada del rey ante la revuelta de Absalón (2 S. 16:5-13)
Padre: Gera (2 S. 16:5)
Muerte: Registrada en 2:41-46
Total de referencias bíblicas: 18
Referencias clave: 1:8; 2:8-9, 26-46; 2 S. 16:5-13

Habla Simei

¡Mil maldiciones sobre aquellos dos miserables criados! Debería haber dejado que se pudrieran en Gat. ¡Su intento de huida me ha costado la vida! Bueno, supongo que Salomón habría encontrado alguna excusa para matarme. Es de común conocimiento que David quería que me castigase (2:8-9, 36-39).

Mirando atrás, no sé por qué David no me mató cuando pudo hacerlo aquellas dos veces en el desierto. Probablemente alguna debilidad de su parte. ¡Si solo mi difunto pariente Saúl siguiera en el trono! Pero ya hace mucho tiempo que murió. Dígase lo que se diga de Saúl, él sabía como tratar a sus enemigos, ¡incluso a David! De hecho, si hubiera matado al hijo de Isaí, hoy no estaria yo delante de este pomposo monarca hijo suyo, oyendo mi sentencia de muerte. ¡Caiga la peste sobre esos dos criados, y sobre Salomón! Ya oigo las pisadas de Benaías, el verdugo real, que viene hacia mí (2:46; 1 S. 18:11; 22:18-19; 24:5-6; 26:11; 2 S. 16:5-13; 19:16-23).

Lecciones espirituales de Simei

- "El hombre que reprendido endurece la cerviz, de repente será quebrantado, y no habrá para él medicina" (Pr. 29:1). Simei tuvo que aprender de la peor manera: Pecó contra David (2 S. 16:5-8) y fue perdonado dos veces (2 S. 16:9-13; 19:16-23). Pecó más tarde contra Salomón (2:36-40) y fue ejecutado (2:41-46).

Versículos clave

"También tienes contigo a Simei hijo de Gera, hijo de Benjamín, de Bahurim, el cual me maldijo con una maldición fuerte el día que yo iba a Mahanaim. Mas él mismo descendió a recibirme al Jordán, y yo le juré por Jehová, diciendo: Yo no te matará a espada. Pero ahora no lo absolverás; pues hombre sabio eres, y sabes cómo debes hacer con él; y harás descender sus canas con sangre al Seol" (2:8-9).

2 REYES

—931 a.C.
División del reino Israel, Judá

—852
Eliseo hereda el ministerio de Elías

TRASFONDO

En 2 Reyes se detallan los años finales del reino dividido de Israel, desde el 852 hasta alrededor del 560 a.C. A pesar de avivamientos periódicos, las condiciones espirituales en ambos reinos fueron empeorando progresivamente hasta que por fin ambos cayeron: el norte en el 722 (17), seguido 136 años después por el sur, en el 586 a.C. (25). (Véase *1 Reyes: Trasfondo.*).

El período de tiempo cubierto por 2 Reyes (y 2 Cr. 22—36) vio el surgimiento de los primeros "profetas escritores" de Israel (véase *Introducción a los profetas,* p. 353).

—740
Isaías comienza su ministerio

—722
Caída de Israel

AUTOR

Desconocido (véase *1 Reyes: Autor*). Es posible que Jeremías tuviera mucho que ver con el registro de las últimas décadas del reino del sur, especialmente por el hecho de que tuvo una buena relación con Josías. Algunos eruditos creen que Jeremías escribió todo 1 y 2 Reyes, aunque no podría haber escrito el último capítulo de 2 Reyes, por cuanto no estuvo en el exilio en Babilonia.

—627
Jeremías comienza su ministerio

FECHA Y LUGAR

Véase *1 Reyes: Fecha y lugar.* El capítulo 25 fue probablemente registrado en Babilonia, dentro del período de 30 años después de la caída de Jerusalén en el 586. A los judíos se les permitió mantener actividades escribales mientras estaban en la cautividad.

—586
Caída de Judá

PROPÓSITO

- Véase *1 Reyes: Propósito.*

RASGOS SINGULARES

- 2 Reyes registra las últimas dos de las tres resurrecciones en el AT (4:32-37; 13:20-21; para la primera, véase 1 R. 17:17-24).
- Registra el segundo de dos hombres en la Biblia que partieron de esta tierra sin morir (Elías, 2:1-18; Enoc fue el primero, Gn. 5:21-24).

- Registra la segunda y la tercera de tres ocasiones en que Dios detuvo las aguas del río Jordán (2:8, 14; véase Jos. 3).

COMPARACIÓN CON OTROS LIBROS DE LA BIBLIA

Isaías:

- Ambos registran el ataque de Senaquerib y la enfermedad de Ezequías (18:13—20:21; Is. 36—39).

Jeremías

- Ambos registran los últimos días del reino del sur, su caída, y la suerte de Joaquín en Babilonia (24:18—25:30; Jer. 52).

(Véase *2 Crónicas: Comparación con otros libros de la Biblia.*)

BOSQUEJO

2 Reyes reanuda la historia de los "Años turbulentos" de Israel (1 R. 11:26—22:53; véase *1 Reyes: Bosquejo*), subdividiendo esos años entre el "Reino dividido" (tribus norteñas frente a sureñas) y el "Reino superviviente" (Judá, que sobrevivió a la caída de las diez tribus norteñas).

EL REINO DIVIDIDO (ISRAEL Y JUDÁ) (1—17)
- Elías (y Ocozías, el octavo rey del norte) (1)
- Comienza el ministerio de Eliseo (2)
  - Transmisión de la autoridad: Elías es arrebatado (2:1-18)
  - Prueba de la autoridad (2:19-25)
- Eliseo y Joram, noveno rey del norte (3:1—8:15)
  - Eliseo provee agua (3)
  - Eliseo provee resurrección (el hijo de la mujer de Sunem) (4)
  - Eliseo provee sanidad (Naamán) (5)
  - Eliseo provee liberación (carros de fuego) (6:1-23)
  - Eliseo vuelve a proveer liberación (6:24—7:20)
  - Eliseo provee una predicción (8:1-15)
- Joram, quinto rey del sur (8:16-24)
- Ocozías, sexto rey del sur (8:25-29)
- Jehú, décimo rey del norte (9—10)
- Atalía, séptima gobernante del sur (reina) (11)
- Joás, octavo rey del sur (12)
- Joacaz, undécimo rey del norte (13:10-13, 22-25)
- *Muerte de Eliseo* (13:14-21)
- Amasías, noveno rey del sur (14:1-22)
- Jeroboam II, decimotercero rey del norte (14:23-29)
- Uzías (Azarías), décimo rey del sur (15:1-7)
- Zacarías y Salum, decimocuarto y decimoquinto reyes del norte (15:8-16)
- Manahem, decimosexto rey del norte (15:17-22)
- Pekaía y Peka, decimoséptimo y decimoctavo reyes del norte (15:23-31)
- Jotam, undécimo rey del sur (15:32-38)
- Acaz, decimosegundo rey del sur (16)
- Oseas, decimonoveno rey del norte; caída del reino del norte (17)

EL REINO SUPERVIVIENTE DE JUDÁ (18—25)
- Ezequías, decimotercero rey del sur (18—20)
  - Su impotencia ante Senaquerib (18)
  - Su ayudador contra Senaquerib (19)
  - Su curación (20)
- Manasés, decimocuarto rey del sur (21:1-18)
- Amón, decimoquinto rey del sur (21:19-26)
- Josías, decimosexto rey del sur (22:1—23:30)
  - Descubre la Palabra de Dios (22)
  - Hace la obra de Dios (23:1-30)
- Joacaz, decimoséptimo del sur (23:31-34)
- Joacím, decimoctavo rey del sur (23:35—24:5)
- Joaquín, decimonoveno rey del sur (24:6-16)
- Sedequías, vigésimo rey del sur, comienza su reinado (24:17-20)
- Caída del reino del sur (25)

EL REINO DIVIDIDO (ISRAEL Y JUDÁ) (1—17)

1:1-8 *Ocozías (Israel, 853-852 a.C.).* Sufre una gran caída, tanto en lo físico como en lo espiritual. Después de mencionar brevemente la rebelión de Moab contra Israel (1:1; véase 3:4-27), el escritor reanuda la historia de Ocozías (véase 1 R. 22:51-53). Cuando Ocozías sufrió una grave herida, envió a sus siervos a consultar al dios cananeo Baal-zebub acerca de sus perspectivas de recuperación. Elías se encontró con los siervos de Ocozías y le envió un mensaje diciéndole que por haber buscado ayuda de Baalzebub, moriría de su herida. Aunque no le fue dicho el nombre del profeta, Ocozías supo quién era por el contenido de su profecía.

Baal es el término cananeo que significa "señor". Uno de los nombres de Baal era "Baal-zebul", que significa "señor de la altura", que denotaba su supremacía. Los israelitas buscaron escarnecer a Baal cambiando esto por el nombre de sonido similar "Baalzebub" (1:2), que significa "señor de las moscas", y que sugiere que en realidad Baal es señor de nada. Este despreciativo nombre se emplearía más tarde para describir a Satanás (véase exposición sobre Mt. 10:16-42). Pervive en nuestros tiempos en el título de la novela de William Golding (1954).

1:9-12 *Cae fuego sobre las dos primeras delegaciones.* Cuando Ocozías envió a cincuenta hombres a llamar a Elías a su palacio, Elías hizo caer fuego del cielo sobre ellos. La misma suerte sufrió una segunda delegación. Elías es a veces designado como "el profeta del fuego" (véase 2:11-12; 1 R. 18:30-38).

1:13-18 *Dice que morirá, y así sucede.* Ocozías envió una tercera delegación, y esta vez Elías volvió con ellos y se presentó ante Ocozías. Entonces repitió ante Ocozías la profecía de su muerte, la cual se cumplió como había sido predicha.

2:1-8 *Lo sigue como su sombra.* Al aproximarse a su fin el ministerio de Elías, alrededor del 850 a.C., Eliseo, su heredero designado (1 R. 19:16-21) volvió a aparecer como su leal discípulo. Eliseo expresó tres veces su intención de seguir a Elías (2:2, 4, 6), mostrando su total devoción a esta tarea. Elías partió milagrosamente el río Jordán (2:8) de modo que él y Eliseo pudieran cruzarlo (véase 2:14;

Jos. 3). En 2:1 se sugiere que no solo Elías, sino que también Eliseo y "los hijos de los profetas" (2:3) sabían que Dios tenía la intención de llevarse a Elías de una manera milagrosa (2:11).

2:9-11 *Un carro de fuego, un torbellino y desaparece.* Elías concedió la petición de Eliseo de llegar a ser su "sucesor de derecho" (heb.: "Te ruego que una doble porción de tu espíritu sea sobre mí"), siempre y cuando Eliseo lo "viera" cuando fuese arrebatado al cielo. Luego, en un instante, apareció "un carro de fuego", y Elías fue llevado al cielo en un torbellino.

2:12-18 *"¿Dónde está Jehová, el Dios de Elías?"* Tras haber expresado su dolor por la partida de Elías, Eliseo recibió una confirmación de la recepción del don de profecía de Elías al partir las aguas del Jordán tal como lo había hecho Elías (2:8).

Aunque los otros profetas reconocieron que Eliseo había recibido el don de Elías, al parecer no creyeron que Elías había sido realmente llevado al cielo, e insistieron en buscarlo. Pero tal como lo había predicho Eliseo, no lo encontraron.

Eliseo gritó: "¿Dónde está Jehová, el Dios de Elías?" (2:14). Pero en la actualidad, como alguien ha dicho, el grito apremiante sería: "¿Dónde están los Elías de Jehová Dios?"

2:19-22 *Endulza el agua con sal.* Eliseo recibió la confirmación pública de su don profético al purificar milagrosamente unos manantiales locales.

2:23-25 *¡Nunca te burles de un profeta calvo!* Al comenzar Eliseo su ministerio, un grupo de jóvenes se burlaron de su calva. Eliseo pronunció una maldición sobre ellos, y fueron destrozados por unos osos. La falta de respeto al profeta del Señor es lo mismo que falta de respeto al Señor.

3:1-12 *Joram (Israel, 852-841): una marcha contra Moab.* Joram, hijo de Acab, vino a ser rey de Israel cuando su hermano Ocozías murió sin varón heredero (1:17). Joram era malvado, pero no tanto como su padre y su madre (Jezabel).

Cuando los moabitas, a los que David había conquistado y hecho sus siervos (2 S. 8:2), se rebelaron contra Israel, Joram constituyó una alianza con Judá y Edom para reprimir la rebelión. Cuando sus tropas tuvieron falta de agua, Josafat, el rey de Judá (véase 1 R. 22:41-50), envió a buscar a Eliseo.

A través de la mayor parte de 3:1—8:15, Joram es designado como sencillamente "el rey".

3:13-27 *Engañados por agua que parecía sangre.* Eliseo accedió a orar por agua, especificando que lo iba a hacer por causa del buen rey Josafat, no por Joram. Cuando el campamento de los aliados quedó cubierto de abundante agua, el sol de la mañana le dio una apariencia de sangre. Suponiendo que los aliados ya se habían matado entre sí, los moabitas atacaron con un exceso de confianza, y fueron estrepitosamente derrotados (véase *La Piedra Moabita,* p. 969).

Lo mismo que con las diez plagas en Egipto (Éx. 7—12), Dios a menudo empleó fenómenos naturales en los milagros, pero esto no hizo los acontecimientos menos milagrosos. El agua llenó el valle a la orden de Eliseo, aparte de cualquier causa natural evidente (3:15-20).

4:1-7 *Todas las vasijas disponibles están llenas de aceite.* Cuando la viuda de un colega profeta contó a Eliseo acerca de su desesperada condición económica, Dios capacitó a Eliseo para proveer para ella mediante la multiplicación milagrosa del aceite, recordando un milagro similar de Elías (1 R. 17:8-16).

4:8-17 *Un hijo para la servicial sunamita.* Una mujer de Sunem comenzó a mostrar hospitalidad a Eliseo siempre que éste pasaba por su población. Finalmente, incluso dispuso una habitación para él. (Esta hospitalidad para los verdaderos profetas debiera haber sido cosa común en Israel, pero desafortunadamente no era así.) En correspondencia a su hospitalidad, Eliseo prometió a la mujer que ella tendría un hijo de manera milagrosa: "Al año siguiente, en el tiempo" predicho (4:17), nació el hijo. El humilde servicio de la mujer y su genuino interés por el profeta de Dios recibió debida recompensa.

En 4:12 se introduce a Giezi, el siervo de Eliseo.

4:18-31 *Pero luego el niño muere.* Sin embargo, varios años después, el niño murió de repente. Tras depositar a su hijo en la cama de Eliseo, la mujer fue buscando al profeta, lo encontró en el Monte Carmelo, y le informó de la muerte de su hijo. Aunque debiera haber sabido que Eliseo sentía preocupación por la mujer, Giezi se mostró brusco con ella hasta que Eliseo lo reprendió (4:25-27). Enviado por Eliseo para resucitar a su hijo, Giezi volvió a fracasar (4:29-31).

4:32-37 *El cadáver que estornuda.* Tras llegar a la casa de la mujer, Eliseo entró en su estancia y oró por el niño. Después de haber estornudado siete veces, el chico volvió a la vida (véase *Rasgos singulares*).

4:38-41 *Purifica la olla mortífera.* Durante un tiempo de hambre, algunos profetas hicieron un cocido con unos ingredientes que resultaron venenosos. Cuando se descubrió el problema, Eliseo purificó el cocido de manera milagrosa.

4:42-44 *Cien hombres hambrientos.* Cuando alguien trajo a Eliseo un don de pan, él mandó que se usase para alimentar a una hambrienta concurrencia. Para asombro de todos, el pan fue suficiente para alimentar a todos. Las sobras de esta fiesta (4:4) están en paralelo con la alimentación de los cinco mil y de los cuatro mil por parte de Cristo (Mt. 14:20; 15:37).

5:1-5 *Un jefe militar con una enfermedad mortal.* Cuando Naamán, que era general en el ejército sirio, contrajo lepra, la joven sierva israelita de su esposa recomendó que acudiese a Eliseo. Así lo hizo él, con la bendición de su rey. La sierva tuvo un eficaz ministerio, aunque era joven y estaba en Siria como cautiva de guerra (5:2).

5:6-8 *"Envíame a este soldado enfermo".* El rey arameo envió a Naamán al rey de Israel (Joram) con una carta pidiendo sanidad. Pensando que la insólita petición era un pretexto para una pendencia, Joram reaccionó enfurecido. Tristemente, ni tan solo pensó en consultar con un profeta, pero Eliseo, al saber del incidente, le ofreció confiado sus servicios.

5:9-14 *Furioso al principio, obedece y es sanado.* Cuando Elíseo dijo a Naamán que sería sanado después de lavarse siete veces en el río Jordán, Naamán se encolerizó, creyendo innecesaria esta acción. Sus siervos le sugirieron que era la misma simplicidad de la acción prescrita lo que tanto le enfurecía, y que se habría sometido bien dispuesto a obedecer si Eliseo hubiera prescrito "alguna gran cosa". Dándose cuenta de que tenían razón, Naamán se lavó siete veces en el Jordán, y quedó sanado.

5:15-19 *Purificado, convertido y caritativo.* Purificado ya de su lepra, Naamán, que probablemente había sido politeísta, expresó su fe en el Dios de Israel y ofreció a Eliseo un don por sus servicios (véase 5:5). Eliseo rehusó el don, deseando solo que Dios recibiera la gloria (véase exposición sobre 1 R. 13:1-10).

5:20-27 *El duro precio de la codicia.* En

cambio, Giezi vio la curación como una oportunidad para enriquecerse. Dijo a Naamán que algunos compañeros profetas tenían una necesidad económica, y Naamán le dio algo de los dones que había traído. Sabiendo lo que Giezi había hecho, Eliseo decretó que Giezi y todos sus descendientes heredarían la lepra de Naamán. La codicia de Giezi lo indujo a dos mentiras (5:22, 25) así como a un acto engañoso (5:24). Un pecado siempre conduce a otro.

6:1-7 *Se hunde como una piedra, pero luego flota como un corcho.* Eliseo había reunido a tantos "estudiantes profetas" que tuvieron que edificar un lugar más grande donde vivir. Durante la edificación, una cabeza de hacha cayó al agua, pero Eliseo la hizo flotar a la superficie, y fue recuperada.

6:8-12 *"Bien, ¿quién es el espía?"* Mientras el rey de Siria hacía planes para atacar Israel, se sintió confuso al ver que los israelitas ponían vigilancia en los mismos lugares donde planeaba atacar. Sospechó entonces que había un traidor en sus filas, pero sus siervos reconocieron que el conocimiento que tenían los israelitas de sus planes era la obra sobrenatural de Dios por medio de Eliseo.

6:13-17 *Carros de Siria contra carros de fuego.* El rey de Siria envió "gente de a caballo, y carros, y un gran ejército" para rodear Dotán, donde habitaba Eliseo. Cuando el siervo de Eliseo se sintió aterrado por los sirios, Eliseo oró en favor de él, y el Señor le mostró una visión sobrenatural de "caballos y carros de fuego", confirmándose la certidumbre de Eliseo de que Israel alcanzaría la victoria contra los sirios (6:16). La visión de los carros de fuego enlaza el ministerio de Eliseo con el de Elías, el profeta de fuego (véase 1:9-12).

6:18-23 *Conduce a los soldados cegados hasta Samaria.* Al establecer los sirios su cerco alrededor de Eliseo, Dios los cegó. Eliseo condujo a los soldados ciegos a Samaria, donde su vista quedó restaurada y fueron liberados. Eliseo no quería darles muerte, sino solo demostrarles que el Dios de Israel era el Dios único y verdadero. Y los sirios debieron darse cuenta de ello, porque dejaron tranquilo a Israel durante un tiempo (6:23).

6:24-33 *Asedio y hambre: una mortífera combinación.* Tiempo después, el rey sirio Ben-adad asedió Samaria durante una intensa hambre. Las cosas empeoraron hasta el punto de que hubo al menos un caso conocido de canibalismo. Cuando el rey Joram supo acerca del canibalismo, comenzó a achacar el hambre a Eliseo y expresó su intención de matarlo.

Este incidente repetía una tendencia familiar en el antiguo Israel: Cuando las cosas iban bien no se daba las gracias a los profetas, pero cuando las cosas iban mal, se echaba culpa de esto a ellos.

7:1-11 *El escéptico y los leprosos.* Eliseo predijo que el hambre acabaría en el espacio de un día. Cuando el principal siervo del rey expresó su escepticismo acerca de su profecía, Eliseo predijo que no viviría para ver el fin del hambre. Aquella noche, algunos de los leprosos israelitas se aventuraron al campamento sirio, y lo encontraron desierto. Después de haber guardado en secreto su descubrimiento para poder quedarse con todo lo que los sirios habían dejado, cambiaron de postura y lo informaron al rey.

El escritor nos dice que los sirios habían huido después que el Señor les hiciera oír sobrenaturalmente el sonido de un ejército atacante y llegasen a la errónea conclusión de que Israel había contratado a mercenarios heteos y egipcios. Aunque era natural que los sirios supusieran esto, los profetas estaban muy en contra de dichas alianzas, porque significaban una falta de confianza en Jehová y porque a menudo conducían a contemporizaciones en lo religioso (véase Is. 30:1-2; 31:1).

7:12-20 *Mientras la ciudad come, el escéptico muere.* Joram supuso que los sirios solo habrían pretendido huir, esperando poner una emboscada a los israelitas cuando ellos hicieran una incursión en su campamento. Pero, desesperados, decidieron ir a investigar. Al encontrar que los sirios habían ciertamente huido, saquearon el campamento, y la ciudad tuvo alimentos en abundancia, tal como había predicho Eliseo (7:1). Pero el siervo escéptico murió (7:17-20), como también había predicho Eliseo. El fatalismo de los dos leprosos (7:3-4) y del siervo del rey (7:13) pone de manifiesto cuán desesperada se había hecho la situación en Samaria.

8:1-6 *Una reunión providencial en el palacio.* La mujer sunamita (4:8-37) había escapado al hambre cuando Eliseo la advirtió que huyese (8:1-2). Tras volver a Israel después del hambre, y tratando de reclamar sus tierras, coincidió que compareció ante el rey al mismo tiempo que Giezi, y este último pudo intervenir en favor de ella: uno de los numerosos ejemplos en las Escrituras donde una aparente coincidencia no es casual, sino la providencia de Dios (véase Gn. 22:13; 24:13-15; Éx. 2:3-5; Rt. 2:3; Est. 6:1-3).

La aparición de Giezi en este momento sugiere que el hambre y los otros acontecimientos de 6—7 tuvieron lugar antes de la curación de Naamán y de la maldición de Eliseo sobre Giezi (5).

8:7-10 *"Dile que vivirá . . . aunque realmente morirá".* Cuando el rey Ben-adad enfermó, supo que Eliseo estaba en la ciudad, y envió a su siervo Hazael a verlo. Eliseo dijo a Hazael que Ben-adad moriría, pero que Hazael debía decirle que viviría.

8:11-15 *Y muere, ¡a manos de Hazael!* Eliseo luego predijo que Hazael mismo llegaría a ser rey de Siria, y que causaría grandes sufrimientos a Israel. Hazael volvió luego a Siria, dijo a Ben-adad que se recuperaría, y luego lo mató y vino a ser rey en su lugar, cumpliendo así la profecía de Eliseo.

8:16-24 *Joram (Judá, 853-841): Un hombre malvado con una esposa malvada.* Joram sucedió a su padre Josafat como rey de Judá. Joram se había casado con Atalía, hija de Acab y Jezabel, y se había vuelto como Acab.

Durante el reinado de Joram, Judá perdió el territorio de Edom, una de varias pérdidas en el reino dividido que redujo las tierras conquistadas por David.

Joram de Judá y Joram de Israel reinaron aproximadamente al mismo tiempo.

8:25-29 *Ocozías (Judá, 841): Impío hijo de una madre impía.* Ocozías, hijo de Joram, sucedió a éste, y fue también malvado. Unió fuerzas con Joram de Israel para luchar contra el rey Hazael de Siria. Joram fue herido en la batalla, y Ocozías fue a Jezreel a visitarlo.

A lo largo de los turbulentos años del reino dividido, Israel y Judá estaban constantemente cambiando entre la guerra y la alianza entre sí.

9:1-13 *Jehú (Israel, 841-814): Ungido para vengar las víctimas de Acab.* Por instrucciones de Eliseo, un profeta ungió a Jehú, un general, para que sucediese a Joram como rey. El profeta le dijo que estaba siendo constituido rey para vengar a todos los muertos por Acab y Jezabel (9:7-10). Sus compañeros de milicia lo aceptaron entusiasmados como su rey.

9:14-20 *"¿Quién es este enloquecido con-*

EL REINO DIVIDIDO

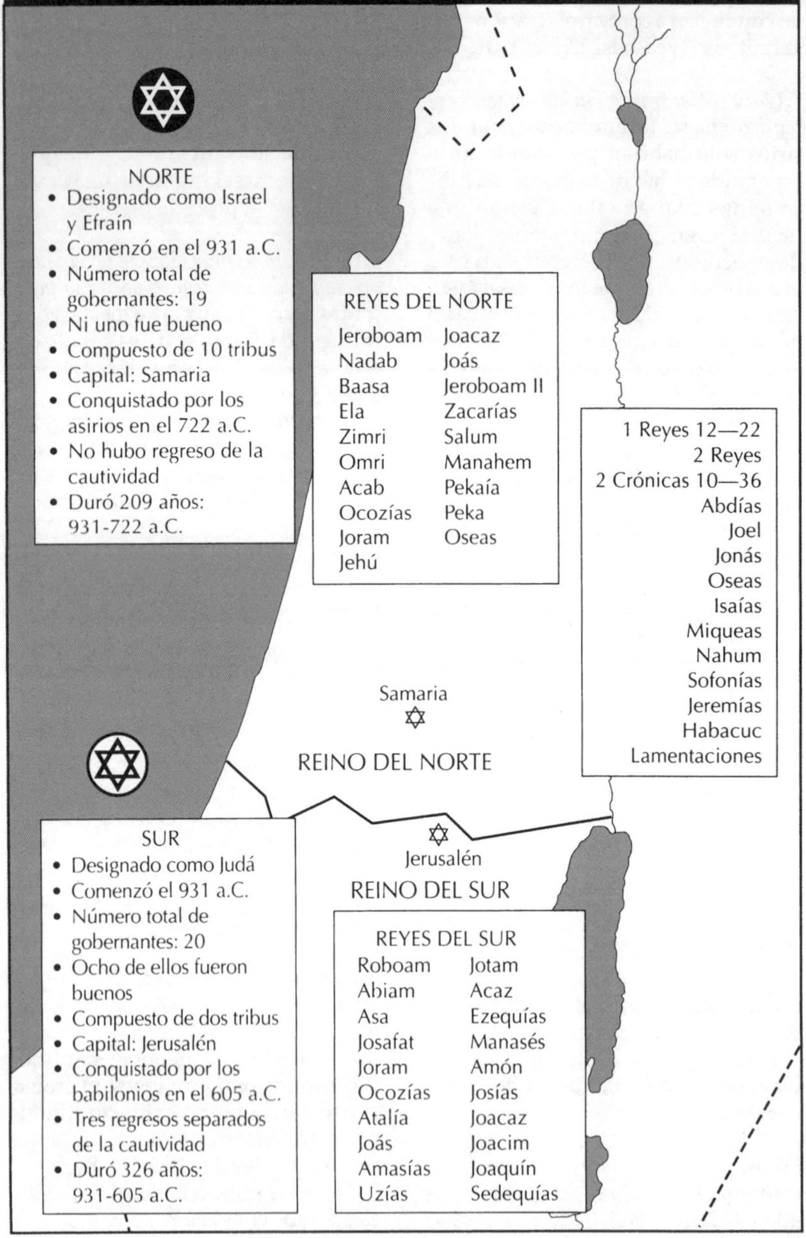

ductor de carro?" Jehú comenzó de inmediato a conspirar contra Joram, que seguía en Jezreel con Ocozías, convaleciendo de sus heridas. Al llegar Jehú y sus hombres a Jezreel, Joram envió a dos mensajeros para preguntar por su identidad y la naturaleza de su visita. Los dos mensajeros se pasaron a Jehú; ¡mientras tanto, el vigía de la torre, al observar que quien conducía el carro lo llevaba "como un loco" (V.M), dedujo que debía ser Jehú!

9:21-29 *Mata dos reyes de golpe.* Joram y Ocozías subieron a sus carros y fueron a encontrarse con Jehú. Se encontraron con él junto a la viña de Nabot, donde Jehú dio muerte a ambos.

9:30-37 *Como había estado predicho, los perros se la comen.* Al entrar Jehú en el palacio de Jezreel, Jezabel lo llamó desde una ventana. Era evidente que esperaba morir, porque comparó a Jehú con Zimri, el soldado que había dado muerte a la casa de Baasa (1 R. 16:8-20). Tres de los siervos de Jezabel la echaron por la ventana. Cuando los siervos fueron luego a enterrarla, encontraron que había sido ya devorada por los perros, cumpliéndose la profecía de Elías (véase 1 R. 21:23).

10:1-11 *Setenta cabezas en dos montones.* Jehú invitó al pueblo de Israel a que escogieran a uno de los restantes setenta hijos de Acab para que fuese rey sobre ellos. Cuando decidieron más bien tener a Jehú, les mandó que ejecutasen a los setenta hijos. Las ejecuciones se llevaron a cabo con prontitud.

En 10:10 tenemos uno de los muchos ejemplos de las Escrituras afirmando su propia fiabilidad como Palabra inspirada de Dios (véase 2 Ti. 3:16; 2 P. 1:21).

Los setenta hijos probablemente incluían nietos. La palabra hebrea "hijo" servía para denotar cualquier descendiente varón.

10:12-17 *"Vengan y vean lo que he hecho por el Señor!"* Jehú y sus hombres ejecutaron a cuarenta y dos de los parientes varones de Ocozías, y luego fueron a Samaria y mataron "a todos los que habían quedado de Acab en Samaria", culminando el juicio de Dios sobre Acab y su familia (1 R. 21:17-24). Es evidente que Jehú consideró esta purga como un acto de obediencia al Señor (10:15-16).

10:18-28 *Engañado y destruido.* Destruida la *familia* de Acab, Jehú dirigió su atención ahora a la *religión* de Acab. Pretendiendo hacer una fiesta para Baal, atrajo a adoradores de Baal de todo Israel al templo de Baal, y luego hizo una matanza con ellos y destruyó el templo.

10:29-36 *Su ira pone fin al baalismo.* Desafortunadamente, el celo de Jehú por el Señor se desvaneció tan pronto como hubo erradicado el culto de Acab a Baal. No emprendió acción alguna con todas las otras malas influencias que procedían del tiempo de Jeroboam. Sin embargo, como reconocimiento de su destrucción del baalismo, Dios prometió que los hijos de Jehú le sucederían. Esta promesa, sin embargo, solo se dio hasta la cuarta generación (10:30; véase 15:8-12; Os. 1:4).

Debido a la persistente desobediencia de Israel, Dios siguió permitiendo que las naciones paganas recuperasen territorios que David había conquistado (10:32-33). Judá también estaba perdiendo tierras (véase exposición sobre 8:16-24).

Al tomar tierras transjordanas de Israel, el rey sirio Hazael (10:32) estaba comenzando a cumplir la profecía que Eliseo había dicho acerca de él (8:12; véase exposición sobre 13:1-9).

Jehú murió, y su hijo Joacaz le sucedió.

11:1-3 *Atalía (Judá, 841-835): Destruc-*

tora del linaje de David. La atención se vuelve ahora otra vez a Judá. El rey Ocozías había sido muerto por Jehú junto con Joram, el rey del norte. Cuando Atalía, hija de Acab, esposa de Joram rey del sur, y madre de Ocozías, supo que su único hijo que le quedaba había muerto, intentó destruir a todos sus nietos. Suponiendo que había conseguido sus fines, se proclamó como reina.

Un heredero real, el pequeño de un año Joás, fue salvado de la matanza y fue escondido durante el reino de seis años de Atalía.

Atalía fue la única mujer que gobernó ella sola sobre los dos reinos. Había sido una mala influencia sobre Ocozías (2 Cr. 22:2) y sobre sus otros hijos, a los que había permitido saquear el templo y ofrecer sus sagrados objetos a Baal (2 Cr. 24:7).

11:4-12 *En el año séptimo emprendieron la acción.* Joás había sido escondido por su tía Josaba (11:2), esposa del sumo sacerdote Joiada (2 Cr. 22:11). Después que Atalía hubo reinado seis años, Joiada, junto con otros sacerdotes y los guardas de palacio, proclamó rey a Joás.

11:13-16 *"¡Viva el rey . . . muerte a la reina!"* Cuando Atalía oyó el estruendo de la coronación que tan secretamente se había planeado (11:12), fue a investigar qué sucedía, por lo cual fue apresada y ejecutada.

11:17-21 *Un avivamiento sigue a la eliminación de Atalía.* Joiada inició luego un gran avivamiento religioso por todo Judá, y supervisó la destrucción del templo de Baal, lo mismo que había hecho Jehú en el norte (10:25-28).

12:1-3 *Joás (Judá, 835-796): El sobreviviente de siete años.* Joás comenzó a reinar a los siete años de edad. Fue un buen rey mientras estuvo bajo la piadosa influencia de Joiada, pero tras la muerte de este último permitió un resurgimiento del paganismo (2 Cr. 24:15-19), hecho al que se alude en 12:3.

12:4-16 *Agujeros en sus bolsillos, un agujero en la cubierta.* Joás designó a los sacerdotes para que recogieran dinero y supervisaran su empleo en hacer unas reparaciones muy necesarias en el templo. Cuando tras 23 años hubo pocos progresos, Joás destituyó a los sacerdotes de sus papeles de supervisión (12:6-8). Al parecer, habían estado apropiándose indebidamente del dinero.

El trabajo fue reanudado, recogiéndose el dinero en una sola caja en el templo, con un solo agujero en su cubierta para las donaciones. El trabajo entonces progresó rápidamente; ¡los obreros, que estaban ahora encargados de los gastos, demostraron ser más dignos de confianza que los sacerdotes (12:14-15)!

Los artículos mencionados en 12:13 estaban probablemente entre las cosas robadas por los hijos de Atalía (2 Cr. 24:7). Serían reemplazados después que acabasen de hacerse las reparaciones pendientes del templo (2 Cr. 24:14).

12:17-18 *Un vergonzoso soborno: ¡Debería haber confiado en Dios!* Amenazado por Hazael de Siria, Joás trató de sobornarlo con tesoros del palacio y del templo; luego, huyó de Jerusalén.

12:19-21 *Apostasía y asesinato.* Durante la apostasía de Joás que siguió a la muerte de Joiada, su mentor espiritual, Zacarías, el hijo de Joiada, había intentado dirigir un avivamiento, y Joás ordenó su muerte. Los mismos siervos de Joás lo mataron luego para vengar la muerte de Zacarías (véase 2 Cr. 24:20-25).

13:1-9 *Joacaz (Israel, 814-798): El malvado rey que ruega por su pueblo.* Mientras tanto, en el reino del norte Joacaz había sucedido a su padre Jehú como rey. Joacaz dirigió a la nación de nuevo a la apostasía religiosa, por lo que el Señor permitió que Siria los oprimiese. Después que Joacaz rogó a Dios en favor de Israel, Él los liberó. Pero incluso después de la liberación, el pueblo siguió pecando.

"El rey de Siria los había destruido, y los había puesto como el polvo para hollar" (13:7). Esas palabras describen la crueldad que Eliseo había visto anticipadamente (8:12). El profeta Amós, escribiendo unos cincuenta años más tarde, predijo el castigo de Dios sobre Siria por su crueldad hacia Israel (véase Am. 1:3-5).

En 13:22-23 tenemos una mirada retrospectiva que explica por qué Dios libró a Israel de los sirios durante el reinado de Joacaz.

13:10-19 *Joás (Israel, 798-782): El rey malvado que hace amistad con Eliseo.* Joás sucedió a su padre Joacaz y fue un rey malvado. En 13:10-13 se sumariza su reinado; en 13:14—14:16 se dan algunos de los detalles. Al avecinarse la muerte de Eliseo, Joás lo visitó y le expresó su tristeza por su mala salud. El lamento de Joás por Eliseo (13:14) es un eco del lamento del propio Eliseo por Elías (2:12).

Eliseo usó entonces un "acto simbólico" (véase exposición sobre 1 S. 11:1-11) para predecir el resultado del conflicto que estaba entablado entre Israel y Siria. Cuando, como respuesta a las instrucciones de Eliseo, Joás golpeó el suelo solo tres veces, Eliseo predijo que Israel derrotaría a Siria solo tres veces y que no conseguiría una victoria definitiva sobre dicha nación.

13:20-25 *Después de su muerte: Un milagro y una profecía cumplida.* Eliseo murió y fue sepultado. Poco después, durante una batalla, un soldado fue precipitadamente sepultado junto a Eliseo. Cuando los dos cadáveres entraron en contacto, el soldado revivió.

En 13:22-25 se da una recapitulación y se añade a la historia del conflicto de Israel con Siria (13:3-7). Tal como lo había predicho Eliseo, Joás consiguió tres victorias sobre Ben-adad, hijo de Hazael. Esas victorias señalaron el comienzo de una tendencia a la prosperidad del reino del norte que duraría hasta el reinado de Jeroboam II (14:23-29). Dios fue misericordioso con Israel a pesar de sus pecados, "a causa de su pacto con Abraham, Isaac y Jacob" (13:23).

14:1-7 *Amasías (Judá, 796-767): No lo mejor, pero un buen rey.* Amasías sucedió a su padre Joás como rey en el sur. Comenzó como un buen rey, tratando de seguir la ley (14:6), pero no mostró todo el celo que hubiera podido mostrar (14:3-4). Aunque Amasías gobernó bien, no alcanzó la estatura de David (14:3). La comparación con David quedó reservada a los mejores reyes de Judá: Asa (1 R. 15:11), Ezequías (18:3) y Josías (22:2).

14:8-22 *El precio que paga por su orgullo.* Amasías retó a Joás, el rey del norte, a la guerra. Joás respondió con una insultante parábola, y los dos fueron a la guerra. Joás venció y procedió a destruir una parte de la muralla de Jerusalén y a llevarse algo de los tesoros del templo y algunos rehenes de vuelta a Samaria. La guerra había sido totalmente innecesaria, resultado del orgullo de Amasías (14:10; véase 14:7). En 14:15-22 se registra las muertes de esos reyes.

14:23-29 *Jeroboam II (Israel, 794-753): el rey de los tiempos de Jonás.* Jeroboam II reinó 41 años, tiempo en el que el reino del norte adquirió muchos territorios y experimentó prosperidad económica. Pero espiritualmente tanto el rey como su tierra estaban corrompidos. Jonás comenzó su ministerio profético durante este tiempo. En 14:25 se muestra que Jonás fue una persona real y que el libro de Jonás no es una ficción.

15:1-7 *Uzías (Judá, 790-740): La triste historia de un rey bueno.* Uzías (Azarías), lo mismo que tantos otros reyes, gobernó bien, pero falló al no erradicar las prácticas religiosas paganas. Después de haber reinado alrededor de unos 40 años, Uzías ofreció incienso en el templo, en violación de la ley (véase 2 Cr. 26:16-21), y fue azotado con lepra. Pasó el resto de su vida en retiro, mientras su hijo Jotam supervisaba los asuntos de estado.

Durante su reinado de 50 años, Uzías reparó las fortificaciones de Jerusalén, reorganizó el ejército, reconquistó la ciudad portuaria del Mar Rojo de Ezión-geber, y adquirió territorio tanto en la frontera oriental de Israel (Edom) como en la occidental (Filistea) (véase 2 Cr. 26:1-15). Para este tiempo, tanto el sur como el norte habían extendido sus fronteras casi hasta las del tiempo del Salomón (véase exposición sobre 14:23-29). Sin embargo, por el horizonte asomaba una nación que iba a poner fin a la prosperidad: ¡Asiria!

15:8-12 *Zacarías (Israel, 753-752): El último del linaje de Jehú.* Zacarías sucedió a su padre, Jeroboam, y reinó justo seis meses antes de ser muerto por Salum, que luego fue rey. Zacarías fue el cuarto y último descendiente de Jehú en reinar, cumpliendo de manera precisa la predicción de 10:30.

Aunque tanto Zacarías como su padre, Jeroboam II, fueron malvados, los pecados de Zacarías no fueron comparados con los de su padre, sino con los de "Jeroboam hijo de Nabat". Los pecados de este primer Jeroboam todavía eran recordados, casi 200 años después de su muerte (17:21-23, véase 1 R. 14:19-20).

15:13-15 *Salum (Israel, 752): El matador es muerto.* Tras haber muerto a Zacarías y haberlo sucedido, Salum reinó solo un mes antes de ser muerto a su vez por Manahem. Después del resurgimiento económico y político bajo Jeroboam II, las cosas comenzaban a desmoronarse en el reino del norte.

15:16-22 *Manahem (Israel, 752-742): Soborna al rey Pul.* Manahem reinó diez años. A fin de asegurar su trono, atacó una ciudad rebelde y cometió atrocidades contra sus mujeres embarazadas. Manahem pagó tributo al rey Pul de Asiria, conocido también como Tiglat-pileser, convirtiéndolo en el primer rey en tener relaciones con esta nación que pronto pondría fin al reino del norte.

15:23-26 *Pekaía (Israel, 742-740): Otro breve y malvado reinado.* No se registra nada acerca del hijo de Manahem, Pekaía, excepto que era malvado y que fue muerto dos años después por Peka.

15:27-31 *Peka (Israel, 740-732): El comienzo del fin.* Durante el reinado de veinte años de Peka, Tiglat-pileser de Asiria conquistó grandes extensiones de la tierra de Israel y se llevó cautivos a muchos israelitas, a pesar de haber recibido una gran suma antes de parte del rey Manahem (15:19-20). Se dice más sobre el reinado de Peka en 16:5-9.

15:32-38 *Jotam (Judá, 750-731): En general, un buen rey.* Jotam reinó 19 años, aproximadamente al mismo tiempo que Peka al norte. Fue un buen rey, pero lo mismo que muchos no hizo frente a una extendida apostasía religiosa. Isaías, Oseas y Miqueas comenzaron en este tiempo sus ministerios proféticos alrededor de este tiempo. En 15:37 se da un anticipo de los acontecimientos de 16:5-9.

16:1-4 *Acaz (Judá, 735-715): Sacrifica a su propio hijo.* Acaz, hijo de Jotam, rivalizó con los reyes del norte en cuanto a maldad (véase 2 Cr. 28:24), hasta el punto de sacrificar a su propio hijo como ofrenda a un dios pagano.

16:5-9 *Una breve guerra civil.* Peka, el rey del norte (véase 15:27-31), había unido sus fuerzas con Siria, en un intento de impedir a Asiria que se apoderase de Palestina (véase 15:29). Cuando el rey Acaz de Judá rehusó ayudarlos, y prefirió pagar a Asiria por no atacarle (16:7-9), Israel y Siria atacaron a Jerusalén, pero no pudieron derrotarla (16:5-6; véase Is. 7:1-2). Mientras, Asiria conquistó Damasco, la capital de Siria.

16:10-20 *Un altar pagano en la casa de Dios.* Mientras el rey Acaz estaba en Damasco, entrevistándose con Tiglat-pileser, un altar pagano capturó su imaginación. Hizo construir una reproducción del altar en Jerusalén, y decretó que este nuevo altar debía venir a ser el centro de culto. Una vez más, una alianza "política" había demostrado ser mucho más que algo meramente político. La propia casa de Dios había dejado de ser suya: ¡tenía que compartirla con un dios pagano!

17:1-4 *Oseas(Israel, 732-722): El insensato último gobernante.* Después que fuese aplastada la coalición Israel-Siria (16:5) por Asiria, el nuevo rey del reino del norte, Oseas, comenzó a pagar tributo a Asiria. Cuando Tiglat-pileser fue sucedido por su hijo Salmanasar (17:3), Oseas se negó a pagar el tributo y apeló a Egipto por ayuda. Pero los egipcios no estaban en situación de poder ayudar, y Oseas pronto fue encarcelado por los asirios.

17:5-23 *La caída del norte, comunicada y explicada.* En el 722 a.C., Asiria tomó Samaria y se llevó al exilio a la población del reino del norte. En 17:7-23 se explica con detalle la razón de este suceso: Aconteció porque la nación de Israel, que había recibido la tierra de Canaán como un juicio contra los cananeos (Dt. 9:4-5), se había vuelto tan malvada como aquellos paganos. Además, esto había sucedido a pesar de las repetidas advertencias de los profetas (17:12-14). Mas tarde, Dios llegaría a la misma conclusión con respecto a Judá (véase exposición acerca de 2 Cr. 36:15-21).

Algunos israelitas permanecieron en la tierra (2 Cr. 30:6). Aunque su número es desconocido, según las reglas de la guerra antigua habrían sido las clases no instruidas, los considerados incapaces de reavivar la nación.

La tribu de Judá (y de Benjamín, véase exposición sobre 2 S. 19:40-43) escapó a este juicio (17:18), pero 17:19 resuena como una aciaga advertencia también acerca de la eventual caída del reino del sur (véase 25). La mayor advertencia de Dios a Judá fue la derrota del reino del norte, pero Judá no iba a prestar atención ni siquiera a ésta.

En 17:21-23 se acredita a Jeroboam como el iniciador de la decadencia de Israel (véase exposición acerca de 1 R. 14:19-20).

17:24-41 *Los samaritanos: una nueva raza, una nueva religión.* Asiria trajo gente de otras naciones para ayudar a repoblar el conquistado reino del norte. Cuando esos nuevos habitantes se vieron acosados por leones, dieron por supuesto que era porque no sabían como adorar al "Dios de la tierra" (17:26). Asiria envió un sacerdote israelita para enseñarles acerca del Señor, y con el tiempo creció una mezcla de paganismo y de fe en el Dios verdadero. Este fue el comienzo de la raza y religión samaritanas.

EL REINO SUPERVIVIENTE DE JUDÁ (18—25)

18:1-8 *Ezequías (728-686): El gobernante del avivamiento.* Seis años antes de la caída del reino del norte, Ezequías vino a ser corregente con el rey Acaz de Judá. Luego, en el 715, cuando Ezequías tenía 25 años, Acaz murió, y Ezequías pasó a ser monarca único, y gobernó otros 29 años (18:1-2). Fue un gran rey, y recibe un elogio comparable solo al que recibe Josías (comparar 18:5 y 23:25). Ezequías rehusó pagar tributo a Asiria.

Las reformas de Ezequías incluyeron la destrucción de la serpiente de bronce hecha por Moisés hacía siglos (véase Nm. 21:4-9), y que había llegado a ser un objeto de idolatría.

18:9-12 *Ve como sus vecinos son llevados a la cautividad.* En el 722 a.C., en el sexto año de corregencia de Ezequías, cayó el reino del norte. Aunque Ezequías tomó aquello de manera apropiada como una advertencia, la apostasía estaba en Judá a solo una generación de distancia.

18:13-25 *Un intento pecaminoso y sin éxito de aplacamiento.* En el 701, catorce años después que el norte cayera en manos del rey asirio Salmanasar, su sobrino Senaquerib tomó "todas las ciudades fortificadas de Judá" y puso sitio a Jerusalén. Ezequías intentó sobornarlo con tesoros del templo (18:14-16), pero los hombres de Senaquerib volvieron al cabo de poco tiempo, escarneciendo a Ezequías y conminándolo a que se comprometiera a una alianza con Asiria (18:17-25). Sus escarnios incluían burlas contra el Dios de Judá (18:22).

Aunque se elogia la rectitud de Ezequías (18:3-7), su pronta disposición a entregar los tesoros del templo hace evidente que estaba lejos de estar sin pecado.

18:26-37 *"Afronta la realidad: ¡No tienes ninguna posibilidad!"* Los hombres de Ezequías pidieron a los asirios que hablasen en arameo, el idioma diplomático de la época, esperando con esto que los habitantes de Jerusalén quedasen excesivamente intimidados por las amenazas. Naturalmente, los asirios rehusaron hacerlo, y comenzaron a lanzar sus amenazas directamente a la gente del pueblo que miraba desde la muralla de la ciudad. Les recordaron cuántas otras naciones habían caído en manos de Asiria y los apremiaron a que se rindiesen. Una vez más, los escarnios incluyeron blasfemias contra el Señor (18:30-35).

19:1-7 *Ezequías desespera: Isaías lo tranquiliza.* Desesperado debido al asedio, Ezequías mandó mensajeros a Isaías, apremiándole que buscara a Dios en favor de Judá. Isaías contestó que Dios le había dicho que el asedio asirio fracasaría y que Senaquerib moriría. Con las circunstancias tan a favor de los asirios, solo un milagro podría producir un resultado así.

19:8-19 *Una desesperada oración pidiendo liberación.* El mismo Senaquerib envió una carta a Ezequías, de nuevo burlándose de Judá y de su Dios, y recordándole cuántas otras naciones habían caído ante su ejército asirio. Ezequías extendió la carta delante del Señor y en una contrita oración reconoció la grandeza y unicidad del Señor.

19:20-34 *Una nota del rey del cielo al rey de Asiria.* El Señor honró la humilde oración de Ezequías y por medio de Isaías envió una advertencia a Senaquerib: Por causa de su "arrogancia" contra el Señor (19:28), Senaquerib y sus hombres serían derrotados, y Jerusalén sería salvada.

19:35-37 *Un ángel mata a sus soldados; sus hijos lo matan a él.* Poco después, el "ángel de Jehová" (comúnmente llamado el "ángel de la muerte") dio muerte a 185.000 soldados asirios, y Senaquerib volvió derrotado a Nínive, donde él mismo fue posteriormente muerto por sus propios hijos.

20:1-11 *La señal en el reloj de sol significa el retardo de la muerte.* Cuando Isaías dijo a Ezequías que moriría pronto,

Ezequías rogó al Señor que lo preservase. El Señor prometió extender su vida durante 15 años y seguir guardando a Jerusalén de los asirios. Cuando Ezequías pidió una señal de que sería preservado, el Señor hizo que el sol retrocediera diez grados en el reloj de sol (véase *Rasgos singulares;* Is. 38—39). Fue debido al arrepentimiento de Ezequías que el Señor lo preservó a él, y a la ciudad (2 Cr. 32:26).

20:12-21 *"¿Lo has mostrado todo?" ¡Algún día lo robarán todo!"* Cuando el rey de Babilonia envió mensajeros a Ezequías, actuó fatuamente y les mostró todos los metales preciosos y especias en sus casas de tesoros. Isaías predijo que a causa de la insensata soberbia de Ezequías, Judá sería un día llevada cautiva a Babilonia. A pesar de las innegables buenas cualidades de Ezequías (18:3-7), su respuesta a Isaías muestra un enorme egoísmo (20:19). (Acerca del túnel que Ezequías horadó [20:20], véase *El túnel de Ezequías, Siloé,* p. 969.)

21:1-9 *Manasés (695-642): El peor de los malvados.* Manasés, hijo de Ezequías, vino a ser corregente con su padre y lo sucedió como rey en el 686. Manasés fue el rey de Judá que más tiempo reinó, y el más malvado de todos, del norte o del sur. Fue más malvado incluso que los cananeos (21:9).

21:10-18 *Limpiada como se limpia un plato.* Dios envió profetas para advertirles que a causa de los pecados de Manasés y de los pecados que el pueblo cometió por influencia del malvado rey, Él iba a destruir Judá "como se limpia un plato, que se friega y se vuelve boca abajo".

Esta limpieza del plato y la medición para destrucción (21:13) son típicos de las numerosas imágenes verbales que usaban los profetas (véase Am. 7:7-9; 8:1-3). Dios se comunica con su pueblo de unas maneras que puedan comprender, usando ilustraciones de la vida cotidiana.

En 2 Crónicas 33:10-17 se registra que Manasés fue durante un tiempo cautivo de los asirios en Babilonia, y que en este tiempo se volvió a Dios, arrepentido, y que como resultado fue restaurado a su trono. (Asiria seguía siendo muy fuerte, a pesar de sus terribles pérdidas en Jerusalén en el 701.)

21:19-26 *Amón (642-640): Veintidós años de transgresión.* El hijo de Manasés, Amón, le sucedió y gobernó durante veintidós años. Tan malvado como su padre, fue finalmente asesinado por sus propios siervos.

22:1-2 *Josías (640-609): El más piadoso de los piadosos.* El joven hijo de Amón, Josías, lo sucedió en el 640 y reinó treinta y un años. Las reformas de Josías, desencadenadas por su propia vuelta al Señor alrededor del 632 (véase 2 Cr. 34:3), fueron las más grandes que había visto la nación. En la providencia de Dios, Asiria se había debilitado para este tiempo y no podía ejercer su influencia sobre Palestina como lo había hecho durante el siglo anterior.

Jeremías, Nahum, Habacuc y Sofonías comenzaron todos sus ministerios proféticos durante el reinado de Josías.

22:3-13 *Encontrada: La ley olvidada.* Josías, al igual que su antecesor Joás hacía casi 200 años (véase exposición sobre 12:4-16), recaudó dinero para reparar el templo. Durante las reparaciones, alrededor del 621, el sumo sacerdote Hilcías encontró una copia de la ley. Al leer la ley, Josías se quedó abrumado ante lo mucho que la nación se había apartado de sus enseñanzas. Pidió a Hilcías: "Id y preguntad a Jehová por mí, y por el pueblo" acerca de la ley y de la desobediencia de la nación. En 23:22 se destaca la extensión del descuido de la ley por parte de Israel.

22:14-20 *"¡La nación no morirá hasta que tú mueras!"* Hilcías pidió a la profetiza Hulda que les diera palabra de parte del Señor acerca de la ley redescubierta. Hulda profetizó que la nación padecería todas las calamidades prescritas en la ley por su desobediencia, pero que por cuanto Josías se había arrepentido tan profundamente, las calamidades no tendrían lugar durante su vida.

23:1-20 *La ley se lee; se pone en marcha el avivamiento.* Josías leyó públicamente la ley y dirigió a la nación en arrepentimiento y renovación del pacto. Supervisó la destrucción de los santuarios idolátricos y de los objetos de culto, y la ejecución de sacerdotes paganos por todo el país.

En 23:15 tenemos la última mención en 1 y 2 Reyes de la malvada influencia de Jeroboam. En 23:16-18 se menciona otro vínculo con la época de Jeroboam, al proteger Josías el sepulcro del "varón de Dios" que había profetizado contra Jeroboam, y del viejo profeta que había reconocido la veracidad de sus palabras y que pidió ser sepultado con él (véase 1 R. 13).

23:21-23 *Renovación de una fiesta descuidada.* Josías mandó al pueblo que guardara la Pascua, y el escritor observa que "No había sido hecha tal pascua desde los tiempos en que los jueces gobernaban a Israel". En 2 Crónicas 35:1-19 se dan más detalles acerca de la Pascua de Josías. En 2 Crónicas 30 se registra una Pascua en tiempos de Ezequías, que no se menciona en 2 Reyes. La última aparición bíblica de la palabra *pascua*, antes de la época de Ezequías y Josías, es Josué 5:10-11.

23:24-27 *Fue el mejor.* El escritor da a Josías un elogio incondicional compartida solo por Ezequías (18:5). Sin embargo, Josías sobrepasó incluso a Ezequías en la extensión de sus reformas. Con todo, Dios seguía con la intención de castigar a Judá por sus pecados.

Tres de los hijos de Josías llegarían a ser reyes, y, trágicamente, los tres fueron malvados (véase *Personas a recordar de 2 Reyes: Josías*). Aunque Jeremías habló enérgicamente contra los tres hijos de Josías, dio a Josías una alta calificación (Jer. 22:15-16).

23:28-30 *Muerto en Meguido.* En el 612, el ascendiente imperio de Babilonia había destruido a Nínive, la capital de Asiria, durante tanto tiempo enemiga de Israel. En el 609, el Faraón Necao marchó a través de Palestina hasta Carquemis, en el río Éufrates, para ayudar a lo que quedaba de los asirios en su último esfuerzo por detener a Babilonia (véase 2 Cr. 35:20). Josías intentó detener a Necao, porque si los egipcios tenían éxito en la formación de esta alianza, Judá quedaría entonces a merced de Egipto. Josías murió en la batalla, y Judá comenzó a pagar tributo a Egipto (23:33, 35).

La expedición de Necao acabó en un desastre. La batalla de Carquemis duró hasta el 605, terminando con la derrota de Asiria y Egipto a manos de Babilonia. A su vez, Babilonia pasó la atención a otras conquistas, incluyendo Judá (véase exposición sobre 24:1-7).

Meguido (23:29) es una ciudad en la llanura de Meguido, que también se llama valle de Jezreel y, en el NT, Armagedón, el emplazamiento de la futura última gran batalla de la historia (véase Ap. 14:14-20; 16:13-16; 19:17-19). Esta gran área es una planicie en forma de cabeza de flecha en la parte septentrional de Palestina, rodeada de montes (la mayor parte de Israel es montes o tierras altas). La llanura de Meguido era una bendición para mercaderes y viajeros, y por eso las rutas comerciales pasaban por Jezreel. La planicie y las rutas comerciales la convertían también en un punto natural de encuentro para los ejércitos.

23:31-34 *Joacaz (609): Rey durante 90 días.* Joacaz, hijo de Josías, sucedió a éste, pero no fue un buen rey como su padre. Reinó solo tres meses antes de ser encarcelado por el Faraón. El Faraón puso por rey a Eliaquim, otro hijo de Josías, y le cambió el nombre por el de Joacim.

23:35-37 *Joacim (609-597): Vasallo de Faraón.* Al comienzo de su reinado, Joacim estuvo sometido a Egipto, que puso la tierra bajo pesados tributos para levantar fondos para Faraón. Los veinte años de independencia bajo Josías habían llegado a su fin. La idolatría volvió bajo Joacim, y Joacim, así como su hijo Joaquín (24:8-20) fueron condenados por Dios por medio del profeta Jeremías. Joacim sería notorio por su quema del rollo de Jeremías (véase Jer. 36:23, 32).

24:1-7 *Pero luego se rebela.* Bajo Joacim, Judá llegó a su tiempo a ser tributaria de dos potencias: Egipto y Babilonia. Los egipcios, que habían muerto a Josías de camino a enfrentarse en batalla con los babilonios, fueron ellos mismos derrotados cuando llegaron al río Éufrates (véase exposición sobre 23:28-30). Esto dejó la vía abierta para que Babilonia emprendiese la marcha hacia Palestina en el 605 a.C. Entonces tomaron un número de dirigentes clave (que incluía a Daniel) de vuelta con ellos a Babilonia (véase Dn. 1:1-6) y se aseguraron de que Joacim quedaría sometido a ellos (véase exposición sobre 2 Cr. 36:5-8).

Probablemente alentados por una nueva batalla entre Egipto y Babilonia en el 601 a.C., en la que ambos contendientes sufrieron grandes pérdidas, Joacim se rebeló contra Babilonia (24:1); pero para el tiempo de la muerte de Joacim, Babilonia controlaba firmemente todo el territorio al este de Judá (24:7).

24:8-16 *Joaquín (597): Noventa días hasta la caída.* Joaquín, hijo de Joacim, lo sucedió como rey. Después de haber reinado solo noventa días, Babilonia invadió por segunda vez (en el 597), y se llevaron al rey y a su familia y a todas las personas más instruidas (incluyendo a Ezequiel) al cautiverio (véase Ez. 1:2; 40:1). Jeremías había predicho esta calamidad (Jer. 22:24-30).

Para este tiempo, Babilonia, bajo Nabucodonosor, se había afirmado como la superpotencia del antiguo Oriente Medio. Egipto no tenía esperanza de recuperar su antiguo poder (24:7).

Los babilonios son designados como los "caldeos", lo que recuerda el trasfondo de Abraham de "Ur de los caldeos" (Gn. 11:28). Caldea era la parte meridional de Babilonia, pero su nombre se usaba a veces para designar toda la región.

24:17-20 *Sedequías (597-586): El último rey de Judá.* Nabucodonosor designó rey a Matanías, otro hijo de Josías, y cambió su nombre por el de Sedequías. Sería el último rey de Judá. Después de reinar varios años como marioneta de Nabucodonosor, Sedequías se rebeló.

25:1-7 *El cautivo ciego es el rey.* Babilonia respondió poniendo sitio a Jerusalén en el 588. Después de soportar el asedio durante dos años, y luego viéndose abandonado por su propio ejército, Sedequías huyó de una ciudad que estaba muriendo de hambre en el 586, y fue alcanzado y apresado en Jericó, fue presentado ante el rey Nabucodonosor en Ribla, y fue luego cegado y llevado cautivo a Babilonia.

El profeta Jeremías tuvo un importante papel en los últimos días de Sedequías y su reino (véase Jer. 21; 24; 32; 34; 37-39; 52).

Juntos, Jeremías y Ezequiel hicieron una asombrosa predicción acerca de la suerte de Sedequías: Jeremías predijo que vería al rey de Babilonia (Jer. 34:2-5), pero Ezequiel predijo que no vería la ciudad misma de Babilonia (Ez. 12:13). Los acontecimientos de 25:6-7 cumplieron ambas profecías.

25:8-21 *Se aplica la antorcha al templo y se saquean sus tesoros.* Los babilonios se lanzaron por tercera vez contra Jerusalén, destruyendo el templo y las casas más hermosas, junto con las murallas de la ciudad, y se llevaron cautivo a la mayor parte de la gente que quedaba. A algunos de los pobres se les permitió quedarse y recibieron tierras (25:12; véase Jer. 39:10; comparar exposición sobre 17:5-23). También se llevaron muchos de los vasos sagrados del templo. Esos vasos volverían a aparecer en Daniel 5:2-4, donde Belsasar los empleó para burlarse del Dios de Israel.

El templo había sido el centro de Jerusalén, la casa propia de Dios y el foco del culto israelita. El templo que destruyeron los babilonios fue el que había sido edificado por Salomón. Unos setenta años después, los que regresaron a Jerusalén después del exilio construirían un segundo templo, con el aliento de los profetas Hageo y Zacarías. Este segundo templo, agrandado y rehecho en gran manera, era el que estaba en pie en tiempos de Jesús, pero fue destruido por los romanos en el 70 d.C. El tercer templo, que ha de ser edificado durante el milenio, es considerado con detalle en Ezequiel.

25:22-26 *Gedalías designado gobernador, asesinado después.* Nabucodonosor designó a Gedalías como gobernador sobre los judíos que quedaron en Jerusalén. Después de gobernar menos de tres meses, fue asesinado. Entonces, "todo el pueblo, desde el menor hasta el mayor", huyeron a Egipto (véase Jer. 40—43).

25:27-30 *De la cárcel al palacio, después de 37 años.* Mientras, en Babilonia, el cautivo ex rey Joaquín, que había encontrado favor con el nuevo rey de Babilonia, fue liberado de la cárcel y recibió un puesto de honor.

❖ ❖ ❖

PERSONAS A RECORDAR DE 2 REYES

ACAZ

Hechos clave: Duodécimo rey de Judá, la primera persona en oír la profecía del nacimiento virginal (16:1; Is. 7:11-14)
Padre: Jotam (15:38)
Hijo: Ezequías (16:20)
Edad al morir: 36 (16:2, 20)
Total de referencias bíblicas: 41
Referencias clave: 16; Is. 7:11-14

Habla Acaz

¡Qué manera de comenzar un reinado! Desde luego, me sentía aterrorizado. Dos naciones enemigas rodeando tu ciudad: esto asustaría a cualquiera. Pero luego vinieron a encontrarme Isaías y su hijo junto al acueducto, tratando de tranquilizarme. Naturalmente, rehusé el ofrecimiento. Isaías podría haber intentado vender su sistema de religión a mi padre Jotam y a mi abuelo Azarías, ¡pero no a *mí*, un rey librepensador! (15:3; 16:1-2).

Francamente, me ha parecido mucho más importante dar una buena impresión a Tiglat-pileser que a una deidad invisible que se hace llamar el Santo de Israel (2 Cr. 28:16-20; Is. 7:1-14).

No soy un ateo, claro, sino sencillamente una persona práctica. Si se ha de adorar, que sea ante los altares que más ayudan. Por eso ofrecí holocaustos a los dioses de Damasco. Pero no me detuve con meros animales. En el acto supremo de adoración, ¡ofrecí a mi propio hijo en holocausto! ¡Cuántos adoradores de Jehová muestran *tanto* celo! (16:3; 2 Cr. 28:22-23).

Mi abuelo reinó 52 años. Al parecer, mi parte será haberlo hecho unos breves 16 años. Sea la voluntad de los dioses. Pero me sigue preocupando la declaración del profeta junto a aquel acueducto hace tantos años. Todavía la recuerdo bien: "Por tanto, el Señor mismo os dará señal: He aquí que la virgen concebirá, y dará a luz un hijo, y llamará su nombre Emanuel" (Is. 7:14).

La palabra que me inquieta es el nombre del hijo, Emanuel, que quiere decir "Dios con nosotros". ¿Es que algún día el Dios de Israel habitará de verdad en la carne con su pueblo? ¿Es Él el verdadero Dios? ¿Habré condenado mi alma al adorar falsos dioses?

Lecciones espirituales

- "Gustad, y ved que es bueno Jehová; dichoso el hombre que confía en él" (Sal. 34:8). ¡Qué trágico que el malvado rey Acaz rehusara hacer esto, y ni aun permitiera a Dios que le mostrase una señal! (Is. 7:10-12).
- ¡Podemos dejar que la adversidad nos mejore o nos amargue! Comparemos la mejor reacción (2 Co. 12:8-10; 1 P. 1:7) con la amarga respuesta de Acaz (2 Cr. 28:22-23).

Versículos clave

"Además el rey Acaz en el tiempo que aquél le apuraba, añadió mayor pecado contra Jehová; porque ofreció sacrificios a los dioses de Damasco que le habían derrotado, y dijo: Pues que los dioses de los reyes de Siria les ayudan, yo también ofreceré sacrificios a ellos para que me ayuden; bien que fueron éstos su ruina, y la de todo Israel" (2 Cr. 28:22-23).

ATALÍA

Hechos clave: La única reina de Judá, intentó dar muerte a todos los herederos reales de David (11:1-3)
Padre: Acab (8:16-18, 24-26; 11:1)
Marido: Joram (8:16-18, 24-26; 11:1)
Hijo: Ocozías (11:1)
Muerte: Registrada en 11:13-16
Total de referencias bíblicas: 15
Referencias clave: 8:18, 26; 11:1-20

Habla Atalía

¡Este insensato de Josafat permitió que su hijo Joram se casase conmigo! Ahora yo, una devota de Baal como mi madre, Jezabel, soy reina sobre Judá. Mi madre habría aplaudido mi profanación del templo judío y mi sanguinaria purga de la línea real de David. ¡Maldito seas, Jehú, por haberla matado! (8:18; 9:30-37; 11:1; 1 R. 16:31).

Pero debo vigilar estrechamente a mis propios parientes: Josaba y su marido el sumo sacerdote Joiada. Me llegan rumores de que pueden formar parte de un complot contra mí (11:2-4; 2 Cr. 22:11).

¡Un momento! ¡Qué es esto que veo! Una gran multitud se ha reunido justo fuera del templo. ¿A quién estarán aplaudiendo! (11:4-12).

¡Traición, traición! ¡Caerán cabezas por este hecho infame! Joiada, ¿qué es todo esto? ¿Qué quieres decir, que moriré por la espada de David? ¡Y exijo saber por qué has puesto la corona en la cabeza de este niño de seis años! (11:4-16).

Lecciones espirituales de Atalía

- Dios nunca permitirá que unos meros mortales deshagan sus planes. Atalía creyó erradamente que había conseguido destruir todos los herederos reales de David (los antecesores de Cristo), pero sobrevivió Joás (11:1-3; véase 1 R. 19:18; Ro. 11:1-5).
- Segamos lo que sembramos (Gá. 6:7). Atalía, que intentó asesinar a todos los herederos reales de David, fue a su vez ejecutada (11:1-16).

Versículo clave

"Cuando Atalía madre de Ocozías vio que su hijo era muerto, se levantó y destruyó toda la descendencia real" (11:1).

ELÍAS

Hechos clave: Profeta, llevado al cielo sin morir (2 R. 2:1-11)

Acontecimientos clave en su vida:

- Predice una sequía; es alimentado por cuervos (1 R. 17:1-7)
- Ayuda a una viuda; resucita a su hijo (1 R. 17:8-24)
- Derrota a los profetas de Baal (1 R. 18:17-40)
- Es servido en medio de su desesperanza (1 R. 19:1-18)
- Designa a Eliseo como su sucesor (1 R. 19:19-21)
- Condena a Acab y a Jezabel (1 R. 21:17-24)
- Es llevado al cielo (2:1-11)
- Aparece en la transfiguración (Mt. 17:1-13)

Total de referencias bíblicas: 95

Referencias clave: 1 Reyes 17—2 Reyes 2; Mal. 4:5-6; Mt. 16:13-14; 17:1-13; Stg. 5:17-18

Habla Elías

A menudo me he preguntado cómo Enoc se habría sentido. ¡Ahora lo sé! ¿Se lo llevó Dios de una manera tan espectacular como la que yo estoy experimentando? ¡Asombroso! ¿Quién podría haber esperado, en sus sueños más descabellados, dejar esta tierra en un carro de fuego tirado por caballos de fuego! (2:11; Gn. 5:24).

En cierta manera, es algo justo, porque el fuego parece haber acompañado mi ministerio. Fue el fuego de Dios lo que cayó del cielo para consumir el sacrificio en el Monte Carmelo. Luego, ¿quién podría olvidar la contemplación de aquel poderoso torbellino, aquel terrible terremoto y aquel fuego rugiente en el Monte

Horeb? Naturalmente, Dios me habló con su voz suave y apacible. Finalmente, oré para que grandes exhalaciones de fuego consumieran a mis enemigos que querían arrestarme. Y ahora, ¡ésta es mi llameante subida a la gloria! (1:10-12; 1 R. 18:38; 19:12-13).

Veo a Eliseo abajo, de pie y boquiabierto, intentando asimilar todo esto. ¡Bien! Esto le hará apto para la doble unción de parte de Dios que había pedido (2:9-12).

¡Qué irónico recordar que una vez llegué a envidiar a aquel joven hijo de la viuda a quien Dios me permitió levantar de los muertos, preguntándome si alguien haría esto por mí cuando yo muriese! Ya saben: él fue el primero en la historia en resucitar. Pero ahora, milagro de milagros, ¡yo soy solo la segunda persona en toda la historia que deja esta vida sin morir! ¡No está mal para un profeta que una vez se sentó junto a un arroyo seco, dependiendo de los cuervos para que le trajesen alimento! (1 R. 17:1-7, 17-24).

Lecciones espirituales de Elías

- Elías aprendió, como nosotros debemos aprender, que la humilde "experiencia del arroyo que se seca" (1 R. 17:1-7) es a menudo necesaria para prepararnos para el elevado "acontecimiento del Monte Carmelo" (1 R. 18:20-40).
- La provisión de Dios nunca faltará para los que todo lo dan a Él (1 R. 17:8-16; Mt. 6:33).
- Dios espera que construyamos el altar, recojamos la leña y preparemos el sacrificio (como lo hizo literalmente Elías en 1 Reyes 18:30-37). Entonces, y solo entonces, enviará Él el fuego de sus bendiciones (1 R. 18:38).
- Nunca estamos más cerca de la derrota que a continuación de nuestros momentos de mayor victoria. En el Monte Carmelo, Elías estuvo solo contra 450 sacerdotes de Baal (1 Reyes 18:22). Pero inmediatamente a continuación de esto, experimentó una profunda desesperanza (1 R. 19:1-10).
- Dios espera que tengamos cuidado de nuestras necesidades físicas. Un estómago vacío puede a veces desalentar el alma (1 R. 19:4-7).
- Dios nos habla más a menudo en persistentes susurros que en fuertes gritos (1 R. 19:11-12).

Versículos clave

"Cuando llegó la hora de ofrecerse el holocausto, se acercó el profeta Elías y dijo: Jehová Dios de Abraham, de Isaac y de Israel, sea hoy manifiesto que tú eres Dios en Israel, y que yo soy tu siervo, y que por mandato tuyo he hecho todas estas cosas. . . . Entonces cayó fuego de Jehová, y consumió el holocausto, la leña, las piedras y el polvo, y aun lamió el agua que estaba en la zanja" (1 R. 18:36, 38).

ELISEO

Hechos clave: Profeta, sucesor de Elías, efectuó varios milagros (3—8; 1 R. 19:16)
Padre: Safat (1 R. 19:16)
Total de referencias bíblicas: 58
Referencias clave: 3—8; 1 R. 19:16-21

Habla Eliseo

Solo puedo esperar que estén ahora preparados para ministrar sin mí. He hecho todo lo que estaba de mi parte para darles una instrucción apropiada a esos jóvenes profetas. ¡También he purificado su agua y comida, he alimentado a sus hambrientos, he recuperado sus perdidas herramientas, y he proveído de aceite a sus viudas! (2:3-5, 19-22; 4:1-7, 38-44; 6:1-7).

Bien, al menos no estarán yendo por ahí a buscar a este viejo calvo como lo hicieron una vez cuando querían encontrar a Elías (2:15-16, 23-24).

Solo espero que haya sido la mitad de buen maestro para ellos de lo que Elías lo fue para mí. Ahí estaba yo, arando con los bueyes, cuando él vino ¡y de repente echó su capa sobre mis hombros y anunció que yo sería su sucesor! Francamente, creo que tuvo sus dudas acerca de mí, considerando cómo yo estuve dudando. ¿Pero qué podía hacer él? ¡Dios mismo lo había mandado! (1 R. 19:16-21).

Curioso, el último milagro de Elías fue idéntico a mi primer milagro: el secado del Jordán. También los dos resucitamos a unos jóvenes de los muertos (2:7-8, 13-14; 4:8-37; 1 R. 17:17-24).

Pero en otras formas nuestro ministerio ha sido diferente. Él podía orar y hacer bajar fuego del cielo, mientras que Dios me permitió alimentar una ciudad que desfallecía de hambre y sanar a un leproso (5:10-14; 7:1, 18; 1 R. 18:38).

Se acerca la muerte, pero no siento ningún temor. Dios envió una vez sus ángeles para protegerme. ¡Sé que ahora los mandará para que me consuelen y reafirmen! (6:8-18).

Lecciones espirituales de Eliseo

- La búsqueda del propósito de Dios para nuestras vidas y la obediencia al mismo deberían tener precedencia a los vínculos familiares y de amistad (comparar 1 Reyes 19:19-21 con Mt. 6:33; 8:21-22).
- Deberíamos vivir nuestras vidas de tal manera que otros sepan que creemos en Dios y que nos mantenemos por la verdad. Eliseo sabía que si Naamán acudía a él para ser sanado, se quedaría convencido de que "hay profeta en Israel" (5:8, 15).
- Las personas de fe no tienen por qué temer, incluso cuando están rodeados de sus enemigos físicos, espirituales o financieros, sabiendo que "más son los que están con nosotros que los que están con ellos" (6:16; véase Sal. 27:3; 34:7; He. 1:14).
- La influencia de una persona piadosa persiste después de su muerte, impartiendo vida a otros (13:20-21).

Versículo clave

"Cuando habían pasado, Elías dijo a Eliseo: Pide lo que quieras que haga por ti, antes que yo sea quitado de ti. Y dijo Eliseo: Te ruego que una doble porción de tu espíritu sea sobre mí" (2:9).

EZEQUÍAS

Hechos clave: Decimotercer rey de Judá, vio la salvación de Jerusalén por el ángel de la muerte (2 R. 18—19)
Padre: Acaz (16:20)
Madre: Abi (18:2)
Esposa: Hepsiba (21:1)
Hijo: Manasés (20:21)

Edad al morir: 54 (20:21; 18:1-2)
Total de referencias bíblicas: 124
Referencias clave: 18—20; Is. 36—39

Habla Ezequías
Tendré 54 años en mi próximo cumpleaños. Naturalmente, si Dios no hubiera intervenido, habría muerto a los 39 años, ¡pero Él me prometió quince años más! ¡Asombroso! Estoy seguro de que ninguna otra persona que haya vivido podía retirarse a dormir con la certidumbre absoluta de volver a ver el sol a la mañana siguiente. Pero esta ha sido mi experiencia (18:1-2; 20:6).

Sin duda, el orgullo jugó un papel en mi problema original. Nunca olvidaré la amargura y desesperación que se abatieron sobre mí cuando oí el anuncio de Isaías tocante a mi muerte. Pero, ¡oh, el gozo que sentí cuando el mismo Dios me preservó la vida! ¡Cada vez que veo un reloj de sol, mi corazón se eleva en alabanza a Él! (20:11; 2 Cr. 32:24-26; Is. 38:9-14).

¡Cuántas veces he repetido esas palabras!: "A ti agradó librar mi vida del hoyo de corrupción; porque echaste tras tus espaldas todos mis pecados". Espero que los salmos que escribí durante aquel tiempo sigan siendo usados en el templo junto con los de David, incluso después que yo haya muerto (Is. 38:17-20).

¡Qué Dios tan glorioso tenemos, que salva a su rey de la muerte y su Santa Ciudad de destrucción! Sí, aprendí acerca de su misericordia mientras Senaquerib aprendía acerca de su terrible juicio! (19:32-37).

Lecciones espirituales de Ezequías

- Hay mucho en la vida que es bueno, pero nunca debemos adorarlo. Más bien, debemos adorar al Dios que lo ha hecho. Debido a que los israelitas estaban adorando la serpiente de bronce, Ezequías hizo bien en destruirla (18:4; véase Nm. 21:9).
- Durante 15 años, Ezequías tuvo la certidumbre de que cuando se retiraba a dormir, vería la luz del siguiente día (20:6). Ninguno de nosotros tenemos esta promesa, por lo que deberíamos prestar atención al consejo de Santiago 4:13-15.
- Ezequías intentó de manera insensata y sin éxito sobornar a su enemigo Senaquerib (18:14-25). Al contrario, debemos resistir a las fuerzas de las tinieblas (Ef. 6:13-14; 1 P. 5:8-9).

Versículos clave
"En Jehová Dios de Israel puso su esperanza; ni después ni antes de él hubo otro como él entre todos los reyes de Judá. Porque siguió a Jehová, y no se apartó de él, sino que guardó los mandamientos que Jehová prescribió a Moisés" (18:5-6).

JOACIM
Hechos clave: Decimoctavo rey de Judá, quemó el rollo de Jeremías (23:34-36; Jer. 36:23, 32)
Padre: Josías (23:34)
Madre: Zebuda (23:36)
Hermanos: Johanán, Sedequías y Joacaz (Salum) (1 Cr. 3:15)
Hijo: Joaquín (24:6)

Edad al morir: 36 (23:36; Jer. 22:18-19)
Total de referencias bíblicas: 41
Referencias clave: 23:34—24:6; 2 Cr. 36:5-8; Jer. 22:13-23; 36

Habla Joacim
¡Mira esas llamas! ¿Cuánto tiempo le llevó a ese fanático religioso escribir este manuscrito! ¡Bueno, en el fuego solo ha durado unos minutos! ¡Cómo ha osado reprenderme por mi forma de vivir! Si yo decido edificar un palacio cómodo, esto es cosa mía. Vaya, ¿qué espera que haga, que viva en una tienda? (Jer. 22:13-17; 36:4, 20-23).

Hace tiempo que debería haber eliminado a ese perturbador, como lo hice con Urías y otros que rehusaron inclinarse en obediencia a su rey. Ya era bastante con las presiones de los egipcios y babilonios, para que encima tuviera que aguantar las monsergas religiosas de Jeremías (23:34—24:6; Jer. 26:20-24).

Bien, todo esto se acabará cuando lo atrape. Un mensajero real me da un informe. ¡Bien! Quizá lo hayan localizado. ¿Qué es esto? ¿Dices que ha vuelto a escribir y que ha aumentado su miserable libro, prediciendo que tendré una sepultura de asno, y que mi cuerpo, sin condolencia alguna, será echado fuera de las puertas de Jerusalén? (Jer. 22:18-19; 36:26-32).

Lecciones espirituales de Joacim

- La Palabra de Dios "para siempre permanece en los cielos" (Sal. 119:89). Fue una insensatez de parte de Joacim querer destruirla (Jer. 36:20-23) y sería una insensatez también para nosotros (Is. 40:7-8; Mt. 24:35; Lc. 16:17).
- Joacim vivió como un perro salvaje, de modo que es justo que muriese como un asno (Jer. 22:18-19).

Versículos clave
"Por tanto, así ha dicho Jehová acerca de Joacim hijo de Josías, rey de Judá: No lo llorarán, diciendo: ¡Ay, hermano mío! y ¡Ay, hermana! ni lo lamentarán, diciendo: ¡Ay, señor! ¡Ay, su grandeza! En sepultura de asno será enterrado, arrastrándole y echándole fuera de las puertas de Jerusalén" (Jer. 22:18-19).

JOSAFAT

Hechos clave: Uno de los mejores reyes de Judá, instituyó un programa a nivel nacional para enseñar la ley (2 Cr. 17:1-9)
Padre: Asa (1 R. 15:24)
Madre: Azuba (1 R. 22:42)
Hijos: Joram, Azarías, Jehiel, Zacarías, Azarías, Micael y Sefatías (2 Cr. 21:1-2)
Edad al morir: 60 (1 R. 22:42, 50)
Total de referencias bíblicas: 77
Referencias clave: 3; 1 R. 22:41-50; 2 Cr. 17—21

Habla Josafat
"Josafat: Cuarto rey de Judá. Reinó 25 años. A menudo contemporizó acerca de sus convicciones".

Me pregunto: ¿Escribirán esas cosas de mí los cronistas reales? Para mi gran vergüenza y lamentación, comprometí mis creencias varias veces. Una vez casi me costó mi ejército, otra vez casi me costó mi flota, y una tercera vez casi perdí la vida. Sin duda, mi compromiso más inexcusable fue disponer el casamiento de mi hijo Joram con Atalía, la malvada hija de Acab y Jezabel (8:16-18; 1 R. 22:1-40; 2 Cr. 20:35-37).

Pero gracias a Dios que hay otro aspecto, más favorable, de esos 25 años. Por su gracia pude ayudar a traer una medida de avivamiento religioso en Israel. Incluso ayudé a comenzar un programa a nivel nacional para enseñar la ley a nuestro pueblo. (1 R. 22:43-46; 2 Cr. 17:7-9).

¡Luego hubo aquella increíble batalla donde los héroes fueron cantores y no soldados! ¡Qué aterrorizados estuvimos al principio, al darnos cuenta de que Jerusalén estaba rodeada de una vasta alianza enemiga. Pero entonces, en respuesta a mi oración, Dios respondió por boca del levita Jahaziel: "No temáis ni os amedrentéis delante de esta multitud tan grande, porque no es vuestra la guerra, sino de Dios. . . . paraos, estad quietos, y ved la salvación de Jehová con vosotros". Y allí estuve yo, en el campo de batalla, despejado y madrugador a la mañana siguiente, designando a los cantores y el cántico: "Glorificad a Jehová, porque su misericordia es para siempre". ¡Qué victoria la nuestra, y qué servicio de alabanza que tuvimos en el valle de Beraca! (2 Cr. 20:1-26).

Beraca. Significa bendición. Amado Señor, esta palabra por sí misma sumariza de manera adecuada tu relación en gracia con tu siervo. A pesar de su fracaso e insensatez, tú le has dado . . . ¡Beraca!!

Lecciones espirituales de Josafat

- Hay lugar para una gran creatividad en el ministerio cristiano. Cuando Josafat se dio cuenta de que algunos israelitas tenían difícil acudir al templo para oír la lectura de la ley, organizó un programa para que la ley les fuese llevada. ¡Ellos no podían acudir al monte, entonces el monte acudió a ellos (2 Cr. 17:7-9)!
- Incluso cuando estemos totalmente rodeados por nuestros enemigos espirituales, podemos con todo "estar quietos, y ver la salvación de Jehová con nosotros" (2 Cr. 20:15-17). Dios es igual de poderoso hoy que lo era en los tiempos de Josafat (He. 13:8).
- Si no somos cuidadosos, las buenas cosas que consigamos para el Señor pueden quedar ensombrecidas por las componendas espirituales que entablemos. Josafat hizo unas insensatas alianzas con tres reyes malvados: Acab (1 R. 22:1-40); Ocozías (1 R. 22:44) y Joram (3).

Versículos clave

"Y [Josafat] anduvo en el camino de Asa su padre, sin apartarse de él, haciendo lo recto ante los ojos de Jehová. Con todo eso, los lugares altos no fueron quitados; pues el pueblo aún no había enderezado su corazón al Dios de sus padres" (2 Cr. 20:32-33).

JEHÚ

Hechos clave: Décimo rey del reino del norte, hizo matar a Jezabel y a los sacerdotes de Baal (9—10)
Padre: Josafat (9:2)
Hijo: Joacaz (10:35)
Muerte: Registrada en 10:35

Total de referencias bíblicas: 48
Referencias clave: 9—10; 1 R. 19:16; Os. 1:4

Habla Jehú
He matado a tanta gente en mi tiempo que la muerte parece tan normal como el nacimiento o la boda. Dos reyes muertos en un solo día, ¡y ello por un antiguo conductor de carros! Estés donde estés, Eliseo, ¡tu profecía se ha cumplido! (9:1-10, 20-29).

Claro que añadí algunas muescas a mi espada solo para divertirme. ¡Todavía puedo oír los chillidos de aquellos miserables sacerdotes de Baal! Pero supongo que la muerte de aquella vieja bruja Jezabel fue el punto culminante (9:30-37; 10:18-28).

Pero es algo extraño: Tanto como me he acostumbrado a la muerte, y tengo que admitir que me siento algo amedrentado al acercarme al final de mi propia vida. Pero una cosa es cierta: No necesitaré viajar a Jerusalén para adorar al Dios de Eliseo; nuestros becerros de oro en Bet-el y Dan me darán toda la ayuda y consolación que necesito (10:29-31).

Lecciones espirituales de Jehú

- Es posible aparecer externamente como un seguidor de Dios sin serlo de verdad. Externamente, Jehú cumplió fielmente la *voluntad* revelada de Dios (10:30); pero internamente era hostil hacia la *persona* de Dios (10:31; Mt. 15:7-8).

Versículos clave
"Y Jehová dijo a Jehú: Por cuanto has hecho bien ejecutando lo recto delante de mis ojos, e hiciste a la casa de Acab conforme a todo lo que estaba en mi corazón, tus hijos se sentarán sobre el trono de Israel hasta la cuarta generación. Más Jehú no cuidó de andar en la ley de Jehová Dios de Israel con todo su corazón, ni se apartó de los pecados de Jeroboam, el que había hecho pecar a Israel" (10:30-31).

JEZABEL

Hechos clave: Esposa del rey Acab, fomentó el culto a Baal, intentó dar muerte a Elías (1 R. 16:31; 19:1-2)
Padre: Etbaal (1 R. 16:31)
Hijo: Joram (9:22)
Hija: Atalía (se supone que es hija de Jezabel, por cuanto sabemos que Acab fue su padre)
Muerte: Registrada en 9:30-37
Total de referencias bíblicas: 20
Referencias clave: 9:7-10, 21-23, 30-37; 1 r. 16:31; 18:1-19; 19:1-3; 21:5-25

Habla Jezabel
¡Míralo ahí, lleno de arrogancia, sentado en su elegante carro! Esto demuestra cómo se ha hundido Israel, al dejar que este loco retrógrado sea su rey. Puedo ver que mi sarcasmo al llamarlo Zimri ha enfurecido a Jehú. ¡Muy bien! ¡Que Baal lo castigue con la suerte de Zimri! (9:20, 30-31; 1 R. 16:18).

Sé que la muerte está cercana. ¡Si solo hubiera podido tener éxito en dar muerte a Elías! Bien, al menos una de sus miserables profecías fallará. No me comerán los perros salvajes. Sin duda, Jehú me matará a espada. ¡Qué dice! ¿Qué ha mandado hacer a sus oficiales? ¿Que me echen por la ventana para matarme? Y ahora, ¿qué es este espantoso ruido? ¡Los feroces gruñidos de hambrientos perros callejeros aquí abajo! (9:32-37; 1 R. 19:1-2; 21:23).

Lecciones espirituales de Jezabel

- No hay nada mejor que una esposa piadosa (Pr. 31:10-12) que pueda atraer fama (Pr. 31:23) y deleite (Pr. 31:28). Y no hay nada peor que una esposa impía (1 R. 16:31), que atrae el oprobio (1 R. 21:25) y la muerte (1 R. 22:37-38).

Versículo clave

"A la verdad, ninguno fue como Acab, que se vendió para hacer lo malo ante los ojos de Jehová; porque Jezabel su mujer lo incitaba" (1 R. 21:25).

JOSÍAS

Hecho clave: El mejor (y último de los buenos) de los reyes de Judá (23:25)
Padre: Amón (21:24)
Madre: Jedida (22:1)
Esposas: Hamutal (23:31; 24:18), Zebuda (23:36)
Hijos: Johanán, Joacim, Sedequías, Joacaz (Salum) (1 Cr. 3:15)
Edad al morir: 39 (22:1; 23:28-30)
Total de referencias bíblicas: 20
Referencias clave: 21:24—23:30; 1 R. 13:1-3; 2 Cr. 34—35; Jer. 22:15-16

Habla Josías

¡Qué terrible precio que debo pagar por un solo acto de desobediencia! Dios mandó que no fuese a Meguido, pero fui. No sé por qué lo hice. Quizá fue por mi insensato orgullo. En todo caso, ¡aquí estoy, muriendo de una herida de batalla cuando debería estar reinando sobre el pueblo de Judá en Jerusalén! (2 Cr. 35:20-24).

Mi único consuelo en esas últimas horas llenas de dolor es éste: ¡Desde que era joven mi corazón ha estado totalmente entregado al culto y servicio de Jehová! Ahora llenan mi mente los pensamientos de aquellos días más dichosos. Recuerdo aquel maravilloso avivamiento que Él me permitió presidir. Entonces hubo aquella gloriosa pascua, la más grande desde los tiempos del profeta Samuel (23:1-22; 2 Cr. 34:3; 35:1-19).

¿Y quién podría jamás olvidar el entusiasmo y la maravilla al tener en mis manos aquella preciosa copia de la Palabra de Dios, descubierta accidentalmente en el templo (¡precisamente ahí!), y luego al leerla a mi pueblo? Dios misericordioso, recíbeme ahora en tu presencia con aquella paz bienaventurada que me prometiste por medio de tu sierva Hulda (22:8-10, 22; 23:1-3).

Lecciones espirituales de Josías

- El nacimiento, nombre y ministerio de Josías fueron predichos casi tres siglos antes (comparar 23:15-16 con 1 R. 13:1-3). ¡Pero esto también es cierto de todos los creyentes (véase Ef. 2:10)!
- Josías comprendió correctamente que cualquier avivamiento espiritual debe ir precedido por la lectura y atención a la Palabra de Dios (23:1-22).
- ¡Cerciórate de que la causa por la que estés dispuesto a morir vale la pena!

Josías sacrificó su vida en una batalla que no tenía que luchar y que no debiera haber librado (2 Cr. 35:20-24).

- Los padres piadosos no siempre tienen hijos piadosos. Todos los tres hijos de Josías que llegaron a rey (véase 1 Cr. 3:15) fueron malvados: Joacaz (Salum), 23:31-32; Joacim, 23:36-37; y Sedequías, 24:18-19.

Versículos clave
"¿Reinarás, porque te rodeas de cedro? ¿No comió y bebió tu padre, e hizo juicio y justicia, y entonces le fue bien? Él juzgó la causa del afligido y del menesteroso, y entonces estuvo bien. ¿No es esto conocerme a mí? Dice Jehová" (Jer. 22:15-16).

MANASÉS

Hechos clave: El más malvado rey de Judá, posteriormente se arrepintió (21:1-17; 2 Cr. 33:10-17)
Padre: Ezequías (20:21)
Madre: Hepsiba (21:1)
Esposa: Mesulemet (21:19)
Hijo: Amón (21:18)
Edad al morir: 67 (21:1, 18)
Total de referencias bíblicas: 26
Referencias clave: 21:1-18; 2 Cr. 33:10-20

Habla Manasés
"¡El hombre más malvado que jamás haya vivido!" Así es como mi generación me consideró. De hecho, ¡*varias* generaciones sufrieron durante mi reinado de terror de más de cincuenta años! (21:1-18).

Pero naturalmente, ¡esto fue antes de mi encarcelamiento! Mirando atrás, me estremezco cuando recuerdo mis malvadas acciones. ¡Qué increíblemente triste pensar que el hijo de un padre tan piadoso ha sacrificado realmente a sus propios hijos a un ídolo impío. Los horrendos chillidos de esos pobres inocentes que maté nunca se callarán en mi memoria. Isaías desde luego murió creyendo que no había ninguna esperanza para este sanguinario y blasfemo rey (20:21; 21:6, 16; 2 Cr. 33:2-11).

Pero mi oración en la cárcel lo cambió todo. ¡Bendito Dios, permite que tu siervo en sus últimos años sirvan al Santo de Israel con el celo que una vez tuvo por Lucifer, el hijo de la mañana! (2 Cr. 33:12-16).

Manasés: Este es mi nombre. "Del más malvado hombre viviente a un pecador salvo por la gracia": ¡Éste es mi testimonio!

Lecciones espirituales de Manasés

- Manasés, el peor rey de Judá (2 Cr. 33:1-9), fue el hijo de Ezequías, uno de los mejores reyes de Judá (18:3-5). Los padres han de cuidar cuidadosamente a sus hijos como preciosas flores y no descuidarlos para que crezcan como malas hierbas ponzoñosas (véase Pr. 22:6; Ef. 6:4; 2 Ti. 1:5).
- "Mas cuando el pecado abundó, sobreabundó la gracia" (Ro. 5:20). Bien podría ser que Pablo tuviera a Manasés en mente cuando escribió esas palabras. Durante su breve encarcelamiento, este cruel e impío rey se arrepintió y fue gloriosamente salvado (2 Cr. 33:11-13).

Versículos clave

"Mas luego que fue puesto en angustias, oró a Jehová su Dios, humillado grandemente en la presencia del Dios de sus padres. Y habiendo orado a él, fue atendido; pues Dios oyó su oración y lo restauró a Jerusalén, a su reino. Entonces reconoció Manasés que Jehová era Dios" (2 Cr. 33:12-13).

NAAMÁN

Hecho clave: Curado de la lepra mediante el ministerio de Eliseo (5)
Ocupación: General (5:1)
Total de referencias bíblicas: 11
Referencias clave: 5; Lc. 4:27

Habla Naamán

Gracias a Dios por el testimonio de esta pequeña fiel sierva israelita. Si no hubiera sido por ella, yo sería simplemente otro desafortunado pagano, muriendo de lepra. Pero aquí estoy yo, con una carne sanada y un corazón purificado, ante el profeta de Dios en la tierra de Israel (5:1, 3, 14, 15, 17).

"Ve, y lávate siete veces en el Jordán". Esto es lo que me mandó que hiciese. ¡Qué furioso que estaba entonces, y qué equivocado! Algo del mérito de mi curación debe ir a aquellos fieles siervos que me persuadieron a obedecer el sencillo pero extraño mandamiento de Eliseo (5:10-13).

Ahora me voy a mi hogar en Siria, ¡no como Naamán el guerrero moribundo, sino como Naamán el testigo viviente! (5:15).

Lecciones espirituales de Naamán

- La mera bondad moral no dará la salvación. Naamán era un soldado bueno y valiente, usado por Dios para dar victoria a los sirios, pero era también un leproso y un pecador no redimido (5:1, véase Jn. 3:1-10).
- Los que buscan buen consejo han de ser humildes (Stg. 1:2; 3:13). Naamán fue sabio al aceptar el buen consejo de los que le rodeaban, incluyendo una joven sierva (5:2-4) y algunos de sus asociados militares (5:13).
- La salvación no depende del propio trasfondo religioso, sino de una respuesta personal de fe (Lc. 4:27).
- Dios no quiere una gran demostración de nuestro intelecto o de nuestro poder, sino más bien la sencilla obediencia que procede de la fe (5:10-14).

Versículos clave

"Entonces Eliseo le envió un mensajero, diciendo: Ve y lávate siete veces en el Jordán, y tu carne se te restaurará, y serás limpio. Y Naamán se fue enojado, diciendo: He aquí yo decía para mí: Saldrá él luego, y estando en pie invocará el nombre de Jehová su Dios, y alzará su mano y tocará el lugar, y sanará la lepra. Abana y Farfar, ríos de Damasco, ¿no son mejores que todas las aguas de Israel? Si me lavare en ellos, ¿no seré también limpio? Y se volvió, y se fue enojado. Mas sus criados se le acercaron y le hablaron, diciendo: Padre mío, si el profeta te mandara alguna gran cosa, ¿no lo harías? ¿Cuánto más, diciéndote: Lávate, y serás limpio? Él entonces descendió, y se zambulló siete veces en el Jordán, conforme a la palabra del varón de Dios; y su carne se volvió como la carne de un niño, y quedó limpio" (5:10-14).

SEDEQUÍAS

Hecho clave: Último rey de Judá (24:18; 25:1-7)
Padre: Josías (1 Cr. 3:15)
Madre: Hamutal (24:18)
Hermanos: Johanán, Joacim y Joacaz (Salum) (1 Cr. 3:15)
Muerte: Recordada en Jer. 52:11
Total de referencias bíblicas: 55
Referencias clave: 24:17—25:7; Jer. 21; 24; 32; 34; 37—39; 52

Habla Sedequías

¡Por fin! Nos detenemos para reposar. Puedo oír el rumor del agua. Deben ser los ríos de Babilonia. ¿Qué es lo que piden los soldados enemigos? "Cantadnos una de esas canciones de Jerusalén?" Nos dicen que nuestros músicos se han negado, y que están colgando sus arpas en los sauces junto al río. ¡Esto está bien! Estoy de acuerdo con la lógica de su rechazo. ¿Cómo podemos cantar el cántico del Señor en tierra extraña? (Sal. 137).

¡Qué llena tengo el alma de amargura! Aquí estoy, a los 31 años de edad, un rey destronado y cegado, conducido a Babilonia, donde sin duda viviré como un esclavo común. Mejor me hubiera ido si Nabucodonosor me hubiera matado en Jerusalén, como hizo con mis hijos (24:18; 25:7).

¿Qué hubieran pensado David y Salomón si hubieran sabido que su amada ciudad y templo iban a ser saqueados, quemados y totalmente arrasados? Bien, al menos ellos habrían podido recibir algo de consolación de Jehová, pero yo le he rechazado, y probablemente Él me ha rechazado a su vez. Mi futuro es tan negro y penoso como esos ojos que no pueden ver (24:19; 25:8-17).

Lecciones espirituales de Sedequías

- "En la multitud de consejeros hay seguridad" (Pr. 11:14). Tanto Jeremías (Jer. 27:12-15; 38:17-18) como Ezequiel (Ez. 12:12-13) intentaron aconsejar a Sedequías, pero el malvado rey no estaba dispuesto a aceptar ninguno de sus consejos, y por ello no halló seguridad.
- "El que duda es semejante a la onda del mar, que es arrastrada por el viento y echada de una parte a otra. . . . El hombre de doble ánimo es inconstante en todos sus caminos" (Stg. 1:6-8). Sedequías es un clásico ejemplo de esas vacilaciones. Intentó presionar a Jeremías para que suavizara su mensaje (Jer. 21:1-2), luego le encarceló (Jer. 32:2-3), luego le liberó (Jer. 37:16-17), luego volvió a encarcelarlo (Jer. 38:1-6).

Versículos clave

"Ve y habla a Sedequías rey de Judá, y dile: Así ha dicho Jehová: He aquí yo entregaré esta ciudad al rey de Babilonia, y la quemará con fuego; y no escaparás tú de su mano, sino que ciertamente serás apresado, y en su mano serás entregado; y tus ojos verán los ojos del rey de Babilonia, y te hablará boca a boca, y en Babilonia entrarás. Con todo eso, oye palabra de Jehová, Sedequías rey de Judá: Así ha dicho Jehová acerca de ti: No morirás a espada. En paz morirás, y así como quemaron especias por tus padres, los reyes primeros que fueron antes de ti, las quemarán por ti, y te endecharán, diciendo: ¡Ay, señor! Porque yo he hablado la palabra, dice Jehová" (Jer. 34:2-5).

UZÍAS (AZARÍAS)

Hechos clave: Décimo rey de Judá, violó el sacerdocio y fue azotado con la lepra (15:1-7; 2 Cr. 26).
Padre: Amasías (14:21)
Madre: Jecolías (15:2)
Esposa: Jerusa (15:33)
Hijo: Jotam (15:32)
Edad al morir: 68 (15:2, 7)
Total de referencias bíblicas: 34
Referencias clave: 15:1-7; 2 Cr. 26

Habla Uzías

Espero que Isaías predique en mi funeral. Supongo que podría referirse a mí como el ex rey de Judá así como un famoso constructor, general, ganadero y granjero. ¡Qué difícil ha sido para mí, después de haber estado rodeado de cientos de funcionarios de la corte durante más de cincuenta años, estar ahora totalmente solo, como un proscrito! (15:1-7; 2 Cr. 26:9-15; Is. 6:1).

Pero todo es exclusivamente por mi culpa. Debiera haber aprendido de la vida de Saúl. Los dos sabíamos que Dios había prohibido a los reyes de Israel que asumieran los deberes del sacerdocio. Pero ambos desobedecimos, lo que llevó al Señor a quitarlo a él del oficio de rey, y a castigarme a mí con la lepra (1 S. 13:8-14; 2 Cr. 26:16-19).

Respeto al sumo sacerdote Azarías por reprenderme en el templo. A menudo me he preguntado si aquel terrible terremoto no tendría algo que ver con mi transgresión. En todo caso, aquí estoy, con sesenta y ocho años, listo para morir. Zacarías me ha sido de gran consolación. El Señor sigue dando revelaciones especiales a este piadoso hombre (2 Cr. 26:5, 17-18; Am. 1:1).

Lecciones espirituales de Uzías

- Pablo dijo a Timoteo: "Cumple tu ministerio" (2 Ti. 4:5). Quizá ninguna persona del AT hizo esto de manera más plena que Uzías. Además de gobernar a su pueblo, este rey fue un gran constructor, general, ganadero y granjero (2 Cr. 26:9-14). ¡Solo la eternidad revelará cuán lejos hemos quedado de usar los dones de que Dios nos ha dotado! (Véase también 1 Ti. 4:14; 2 Ti. 1:6).
- Trágicamente, sin embargo, Uzías intentó ejercitar un ministerio que le estaba prohibido: el sacerdocio. Nuestros dones deben ser usados solo en obediencia a Dios, no para alimentar nuestra pecaminosa soberbia (2 Cr. 26:16).
- La soberbia que llevó a la caída de Uzías fue también la que hizo caer a Satanás (véase Is. 14:12-15; Ez. 28:11-17) y puede hacer que cualquiera de nosotros caiga también (1 Co. 10:12).

Versículos clave

"E hizo [Uzías] en Jerusalén máquinas inventadas por ingenieros, para que estuviesen en las torres y en los baluartes, para arrojar saetas y grandes piedras. Y su fama se extendió lejos, porque fue ayudado maravillosamente, hasta hacerse poderoso. Mas cuando ya era fuerte, su corazón se enalteció para su ruina; porque se rebeló contra Jehová su Dios, entrando en el templo de Jehová para quemar incienso en el altar del incienso" (2 Cr. 26:15-16).

UNA COMPARACIÓN DE CRÓNICAS Y SAMUEL—REYES

Excepto por las genealogías de 1 Crónicas 1—9, los libros de 1 y 2 Crónicas registran muchos de los mismos acontecimientos registrados en los libros de 2 Samuel y 1 y 2 Reyes:

LOS AÑOS TRIUNFANTES
(El Salmista/Guerrero de Israel)

El gobernante:		*El registro:*
(Muerte de Saúl)	1 S. 31	1 Cr. 10
El gobernante:		*El registro*
David	2 S.	1 Cr. 11—29
El gobernante		*El registro:*
(Salomón viene a ser rey)	1 R. 1:1—2:12	1 Cr. 28—29

LOS AÑOS TRANQUILOS
(El bienestar espiritual de Israel)

El gobernante:		*El registro:*
Salomón	1 R. 2:10—11:43	2 Cr. 1—9

LOS AÑOS TURBULENTOS
(La guerra civil de Israel)

El reino dividido

Los gobernantes:		*El registro:*
19 (norte), 12 (sur)	1 R. 12—2 R. 17	2 Cr. 10—28

El reino superviviente (Judá)

Los gobernantes:		*El registro:*
8 (sur)	2 R. 18—25	2 Cr. 29—36

1 CRÓNICAS

—1406 a.C.
Israel entra en Canaán

—1377
Apostasía, Primer juez

—1051
Saúl rey Israel unido

—931
Muerte de Salomón, división de Israel

—722
Caída de Israel

—586
Caída de Judá

TRASFONDO

Véase *Una comparación de Crónicas y Samuel—Reyes,* p. 264.

AUTOR

Desconocido, aunque la tradición adscribe la paternidad a Esdras. El libro está escrito desde una perspectiva sacerdotal; Esdras fue sacerdote además de un importante dirigente, y el libro fue completado en tiempos de Esdras. La mayoría de los eruditos conservadores creen que un cronista desconocido puede haber sido el editor final de 1 y 2 Crónicas así como de los libros de Esdras y Nehemías.

Los libros 1 y 2 Crónicas fueron originalmente un documento. El autor o los autores usaron registros de la corte como *El libro de los reyes de Israel* (9:1; véase 2 Cr. 20:34), "Las crónicas del rey David" (27:24) y *El libro de los reyes de Judá y de Israel* (o "Israel y Judá"), que se cita varias veces en 2 Crónicas.

FECHA Y LUGAR

Aparte de la genealogía inicial (1—9), los acontecimientos de 1 y 2 Crónicas —desde la muerte de Saúl hasta el decreto de Ciro— tuvieron lugar entre los años 1010 y 538 a.C. Sin embargo, la genealogía de Zorobabel (3:17-21) nos lleva más allá del 538 a.C. Los libros acabados fueron probablemente recopilados en el período postexílico, alrededor del 450-430 a.C., probablemente en Jerusalén, donde se guardaban los registros de la corte.

DESTINATARIOS

Los libros 1 y 2 Crónicas fueron escritos para los grupos segundo y tercero de judíos que regresaron del exilio en el 457 y 445 a.C., durante la época de Esdras, Nehemías y Malaquías. Esos judíos necesitaban aliento en la tarea de reconstruir su nación. Por cuanto procedían principalmente de la tribu de Judá, 1 Crónicas se centra en David, y 2 Crónicas se centra en sus descendientes, los reyes de Judá.

PROPÓSITO

- Dar una historia *religiosa* de Israel desde la época de Saúl hasta el regreso de Babilonia (1 y 2 Samuel y 1 y 2 Reyes registran la historia *política* de este mismo período).
- Demostrar a los judíos postexílicos, que vacilaban en su fe, que Dios seguía siendo activo y que mantendría sus promesas.
- Mostrar a un pueblo que había perdido a sus reyes davídicos y que estaban ahora bajo el gobierno de Persia que Dios sería siempre fiel al trono davídico (17:13-14, 24, 27) y que entre tanto el corazón del rey persa estaba en manos de Dios (2 Cr. 36:22-23).
- Mostrar, además, que mientras Israel esperaba que el reinado davídico fuese restaurado, poseía el legado de David —el templo— como señal de la bendición de Dios que permanecía.

RASGOS SINGULARES

El siguiente material se encuentra solo en 1 Crónicas y no en el relato paralelo de 2 Samuel:

- la genealogía de las tribus (1—9)
- extensos preparativos para el regreso del arca (15—16)
- extensos preparativos para la edificación del templo (22—29)
- un salmo de David (16)
- el hecho de que Satanás alentó al censo de Israel por parte de David (21:1)

COMPARACIÓN CON OTROS LIBROS DE LA BIBLIA

2 Samuel:

- En 1 Crónicas se dan detalles acerca de David y de sus asociados que no se dan en 2 Samuel.

BOSQUEJO

GENEALOGÍA: DE LA CREACIÓN HASTA EL FIN DEL EXILIO (1—9)

- Los patriarcas
- Las tribus de Israel (2—7)
- La tribu de Benjamín (la tribu de Saúl) (8)
- Los exiliados que regresaron (9:1-34)
- Repetición de la genealogía de Saúl (9:35-44)

HISTORIA DE DAVID (10—29)

- Condena y muerte de Saúl (10)
- David y sus valientes (11—12)
- El arca traída a Jerusalén (13—16)
- El pacto de Dios con David (17)
- Las conquistas de David (18—20)
- El censo de David (21)
- Preparativos para el templo (22)
- Organización y deberes de los sacerdotes y levitas (23—26)
- Organización del ejército y del gobierno (27)

Más preparativos para el templo (28:1—29:20)
Salomón viene a ser rey (29:21-25)
Muerte de David (29:26-30)

GENEALOGÍA: DE LA CREACIÓN HASTA EL FIN DEL EXILIO (1—9)

1:1-27 *Genealogía de Adán a Abraham.* Los primeros nueve capítulos de 1 Crónicas dan registros genealógicos, comenzando con Adán y terminando con los judíos que volvieron del exilio babilónico. En esta sección, que da las genealogías de Adán a Abraham, se dan los siguientes registros específicos:

- De Adán a los hijos de Noé (1:1-4)
- Descendientes de Jafet (1:5-7; véase Gn. 10:2-5)
- Descendientes de Cam (1:8-16; véase Gn. 10:6-20)
- Descendientes de Sem (1:17-27; véase Gn. 10:21-31; 11:10-26)

Esas genealogías muestran que el autor tenía acceso al registro de Génesis y que lo siguió estrechamente. Hay algunas desviaciones respecto a las genealogías del Génesis, por cuanto el énfasis aquí recae sobre David. Sem viene en último término, por cuanto Israel procede de él.

1:28-54 *Genealogía desde Abraham hasta Jacob.* Esta sección incluye esas genealogías:

- Descendientes de Abraham a través de Agar y Cetura (1:28-33; véase Gn. 25)
- Hijos de Isaac (1:34)
- Hijos y descendientes de Esaú (1:35-54; véase Gn. 36)

Isaac es el último de los hijos de Abraham que se menciona, para demostrar su importancia para Israel. Los hijos de Isaac, se identifican Esaú e Israel (Jacob), y se da la lista de los descendientes de Esaú.

2:1-2 *Hijos de Jacob.* 2:1-55 da los registros históricos desde Jacob hasta David. En 2:1-2 se da la lista de todos los doce hijos de Jacob (véase Gn. 35:22-26). Esto destaca a la vez a la nación de Israel como un todo e introduce el linaje de David por medio de Judá, uno de los doce hijos de Jacob.

2:3-55 *Genealogía de Judá.* El cronista escoge selectivamente a los descendientes de Fares y Zera (2:5-8), Hezrón (2:9-41), y Caleb (2:42-55) para sus registros históricos que descienden hasta David (2:15; véase Rt. 4:18-22). La mención de Belén (2:51, 54) no dejaría de ser observada por un israelita interesado en la historia del rey David. Belén fue el bisnieto de Caleb (el nombre de cuya esposa era Efrata, 2:50). Al parecer, el lugar y la región donde nació David (y posteriormente Cristo) fue nombrada por estos antecesores (véase Mi. 5:2).

3:1-24 *Genealogía de David.* El escritor interrumpe la genealogía de Judá para remontar el linaje de David hasta Sedequías, el último rey de Judá (3:1-16), y luego a través del exilio babilónico y más allá (3:17-24). Comparar Mateo 1:1-17.

4:1—8:40 *Genealogía de los hijos de Jacob.* El escritor da ahora los registros históricos de todas las doce tribus de Israel, comenzando con una reanudación de la genealogía de Judá: *Judá (4:1-23).* Aunque no era el primogénito Judá viene primero, debido a que David procedía de esta tribu.

Simeón (4:24-43). La genealogía de Simeón incluye una nota acerca del éxito de los ganados de la tribu a ambos lados del valle del Jordán (4:39-43). Simeón es mencionado justo después de Judá debido a su asimilación en el territorio de Judá durante la época de Josué (véase Jos. 19:1-9).

Rubén (5:1-10). La genealogía de Rubén se da dentro del contexto de su indiscreción que le excluyó a él y a sus descendientes del privilegio de la primogenitura en Jacob (Gn. 35:22). "Príncipe" (5:2) se refiere a David.

Gad (5:11-22). La genealogía de Gad destaca el establecimiento de la tribu en el territorio al este del río Jordán y al norte hacia el Mar de Galilea.

Manasés oriental (5:23-26). Se trata de la mitad de la tribu de Manasés que se estableció al este del Jordán, al norte del territorio de Gad (Basán; véase exposición sobre Nm. 32:1-42). El cronista destaca la idolatría de esta tribu (5:25) y su final derrota y deportación por los asirios. Aparte de la breve nota en 2 Crónicas 30:6, esta es la única referencia del cronista a la caída del reino del norte.

Leví (6:1-30). La genealogía de la tribu sacerdotal de Leví se basa en los tres hijos de Leví: Coat (6:2-15), Gersón (6:17-28) y Merari (6:29-30).

El gremio de los músicos (6:31-48). El escritor destaca los levitas a los que David designó para que dirigiesen el ministerio musical (véase 25; Neh. 12:45-47).

Aarón (6:49-53). El linaje de Leví se sigue hasta Sadoc, un importante sacerdote durante el reinado de David. Como el escritor observa, solo los levitas que descendían de Aarón podían ofrecer sacrificios para expiar los pecados de Israel. En 6:50-53 tenemos una repetición de 6:4-8.

Ciudades de los sacerdotes y de los levitas (6:54-81). Se da una relación de las ciudades donde vivían los sacerdotes y otros levitas, en base de los linajes de Coat, Gersón y Merari.

Isacar (7:1-5). En 7:1-40 se da una lista de seis tribus septentrionales. En 7:1-5 se da una breve mención de la tribu de Isacar, en la que se destaca su población (véase Gn. 46:13; Nm. 26:23-25).

Benjamín (7:6-12). Se da la genealogía de Benjamín en base de tres de sus hijos: Bela (7:7), Bequer (7:8-9) y Jediael (7:10-12).

Neftalí (7:13). Solo se dedica un versículo a la tribu de Neftalí (véase Gn. 46:24).

Manasés occidental (7:14-19). Aquí aparece la media tribu de Manasés que se estableció en Canaán, al oeste del Jordán (véase Jos. 17).

Efraín (7:20-29). Véase Números 26:35-37 y Josué 16. (Acerca de las tribus de Efraín y Manasés, véase exposición sobre Génesis 48:1-22.)

Aser (7:30-40). Véase Génesis 46:17. La tribu de Dan no se menciona por su nombre en las genealogías de 1–9, aunque sí se menciona en 12:35.

Benjamín de nuevo, con una presentación del rey Saúl (8:1-40). El cronista vuelve a Benjamín para dar los antecedentes de su más famoso representante, el rey Saúl. Los versículos de 8:1-33 llevan el registro hasta Saúl, y 8:33-40 da la lista de los descendientes de Saúl.

9:1-9 *Genealogía de los exiliados que regresaron.* En 9:1-34 se dan los registros de los que volvieron a Palestina después de la cautividad en Babilonia, completando las genealogías introductorias. En 9:1-9 tenemos una relación general de exiliados que regresaron (véase Neh. 11:1-9).

Junto con Judá y Benjamín (las tribus del sur), el escritor da una lista de componentes de las tribus septentrionales de Efraín y Manasés como estando entre los que volvieron (véase exposición sobre Esd. 1:5-6).

Los "sirvientes del templo" ("nethineos", RV) en 9:2 eran aquellos a los que David había designado para esta tarea (véase exposición sobre Esd. 8:1-20).

9:10-34 *Genealogía de los sacerdotes y levitas que regresaron.* En 9:10-13 la atención se centra en seis familias sacerdotales que volvieron del exilio, y que se corresponden con las mencionadas por Nehemías (véase Neh. 11:10-14). En 9:14-16 aparece la lista de otros levitas que regresaron. En 9:17-27 la atención se centra en los porteros entre ellos. También se mencionan otras funciones de los levitas (véase Neh. 11:15-24).

9:35-44 *Repetición de la genealogía de Saúl.* Se repite la genealogía de Saúl (véase 8:29-40) para introducir el relato de su muerte (véase 10).

HISTORIA DE DAVID (10—29)

10:1-7 *La muerte de Saúl: Por flechas del enemigo y por su propia espada.* Saúl cometió suicidio en el 1011 a.C. echándose sobre su propia espada, pero la principal causa de su muerte fue la derrota ante sus enemigos filisteos, cuyos arqueros le habían herido (véase 1 S. 31:1-7). Su escudero y sus tres hijos, incluyendo el amigo de David, Jonatán, murieron también, cumpliéndose la profecía del juicio sobre Saúl (véase 1 S. 28:19).

10:8-10 *Su cabeza exhibida en el templo de Dagón.* En un acto de enorme crueldad y soberbia, los filisteos mutilaron el cuerpo de Saúl y exhibieron su cabeza en el templo de su dios Dagón (véase 1 S. 31:8-10).

10:11-12 *Entierros decentes para los cuatro.* La gente de Jabes de Galaad, quizá recordando cómo Saúl había salvado la ciudad de ellos (véase 1 S. 11:1-11), fueron valientemente y tomaron los cuerpos de Saúl y de sus hijos para sepultarlos respetuosamente (véase 1 S. 31:11-13).

10:13-14 *"Por eso es que murió".* El cronista atribuye la muerte violenta de Saúl al mismo Dios, citando dos razones:

- su desobediencia (véase 1 S. 13:8-14; 15).
- el hecho de haber buscado dirección a través de una adivina (véase 1 S. 28:3-25)

11:1-3 *David: ¡Rey sobre todas las doce tribus!* El escritor pasa ahora a su principal tema, el reinado de David. Los dirigentes de todas las doce tribus ungieron a David como rey en el 1011 a.C. en Hebrón, que sería la primera capital de David (véase 2 S. 5:1-5).

11:4-9 *La ciudad pagana pasa a ser la Ciudad Santa.* David arrebató Jerusalén a los jebuseos e hizo de ella su capital (2 S. 5:6-10). El cronista destaca el liderazgo de Joab en este esfuerzo, lo que le ganó el cargo de general del ejército de David.

11:10-47 *Hazañas de los Tres y de los Treinta.* El escritor narra las hazañas de algunos de los grandes guerreros que sirvieron a David. El círculo interno de dirigentes asociados a Joab, el general en jefe de David, era conocido como "los Tres". El cronista designa a Jasobeam, que mató a trescientos hombres en una ocasión (11:11), y a Eleazar, que ayudó a David a derrotar a los filisteos en Padamim (11:12-14). El tercero de los tres, Sama, es mencionado en 2 Samuel 23:11-12.

También se hace mención de tres guerreros que procuraron agua para David de un pozo en Belén cuando los filisteos controlaban aquella ciudad (11:15-19). Abisai, hermano de Joab, es también señalado como un guerrero particularmente famoso (11:20-21). Luego se da una lista de los nombres de muchos otros de los valientes de David, designados como "los Treinta" (11:22-47). Esos fueron los capitanes que quedaron en el ejército de David (véase 2 S. 23:8-39).

12:1-22 *Dejan a Saúl para seguir a David.* La mayor parte de los guerreros relacionados en el capítulo 11 procedían de Judá. El capítulo 12 da una lista de un número de otras tribus que acudieron en ayuda de David antes que llegase a ser rey. Los benjamitas que ayudaron a David en Siclag (véase

1 S. 27) se relacionan en primer lugar (12:1-7), probablemente para mostrar que incluso había parientes de Saúl que se estaban pasando a David ya en vida de Saúl.

Algunos fieros guerreros de la tribu de Gad se pasaron a David. Son descritos como teniendo "rostros de leones, y . . . ligeros como las gacelas sobre las montañas" (12:8-15).

Otros valientes guerreros de las tribus de Benjamín, Judá y Manasés se pasaron también al lado de David antes que llegase a ser rey (12:16-22).

12:23-40 *Todos acuden a Hebrón para coronarlo rey.* Se vuelve a narrar la historia de la unción de David en Hebrón (véase 11:1-3), destacando la presencia de fuerzas de todas las doce tribus.

13:1-7 *Su primer acto es traer el arca de vuelta.* David pidió que el Arca del Pacto fuese traída a Jerusalén de Quiriat-jearim, donde había estado guardada después de su regreso de la cautividad filistea (véase 1 S. 6:1—7:2). A diferencia de Saúl, David tenía su corazón en las cosas de Dios (véase 2 S. 6:1-5).

13:8-11 *Pero la celebración es efímera.* Mientras el arca era llevada a Jerusalén en un carro de bueyes, fue sacudida en un lugar accidentado del camino. Uza extendió la mano para sostenerla y fue muerto de manera fulminante por el Señor. Aunque el deseo de David de devolver el arca a Jerusalén era correcto, llevarla en un carro de bueyes violaba la ley (véase Éx. 25:13-14).

13:12-14 *Se queda un tiempo con Obed-edom.* Atemorizado ante el juicio de Dios sobre Uza, David dejó el arca en casa de Obed-edom durante tres meses en lugar de traerla a Jerusalén como había planeado originalmente. Dios bendijo entonces el hogar de Obed-edom debido a la presencia del arca.

14:1-2 *Elegido por amor de su pueblo.* David se dio cuenta de que Dios lo había elegido como rey y que había un propósito divino para su prominencia, "por amor de su pueblo Israel" (véase 2 S. 5:11-12).

14:3-7 *Los hijos del rey.* El escritor enumera las esposas de David y los hijos que tuvo hasta este tiempo (véase 2 S. 5:13-16). Aunque era un hombre piadoso, David fue asimismo polígamo. La poligamia de David introduciría discordia en el seno de su familia y sería imitada con trágicas consecuencias por su hijo Salomón (véase 1 R. 11:1-4).

14:8-17 *Dos veces suben, dos veces bajan.* Los ejércitos de David derrotaron dos veces a los filisteos en el valle de Refaim. Esto marca el comienzo de la defensa por parte de David de su reino contra poderes extranjeros (véase 2 S. 5:17-25).

15:1-13 *"¡Asegurémonos de que esta misión tiene éxito!"* Ahora el cronista vuelve al intento de David de llevar el Arca del Pacto a Jerusalén. Esta vez, David mandó a su pueblo que empleara los medios prescritos de transporte. El arca debía ser alojada en una tienda, probablemente similar al Tabernáculo (15:1).

15:14-24 *Practicar para el gran acontecimiento.* David preparó el pueblo para la celebración que acompañaría al regreso del arca. No iba a ser un acontecimiento ordinario, sino una celebración de culto.

15:25-28 *Entran en la ciudad, sacrificando y cantando.* Al ser introducida el arca en Jerusalén, hubo una celebración gozosa, incluyendo sacrificios y cánticos. Mientras los levitas estaban llevando el arca de la manera correcta, Dios los estuvo "ayudando" de manera manifiesta (15:26; véase 2 S. 6:12-15).

15:29 *Pero alguien se niega alegrarse.* Viendo a David danzando al entrar el arca en Jerusalén, Mical, esposa de David e hija de Saúl, lo menospreció (véase 2 S. 6:16). Puede que considerase esto como un emocionalismo innecesario. Puede que también le trajese a la memoria el fallo de su padre en dar al arca su lugar apropiado en la nación.

16:1-36 *Su disposición: Alabar y orar.* Mientras continuaba la celebración por el regreso del arca (véase 2 S. 6:17-19), David designó a Asaf para que dirigiese a los que estaban encargados del culto. David dio a Asaf y a sus hombres un cántico de acción de gracias que cantar para esta ocasión. El cántico tiene paralelos en el libro de los Salmos:

- 16:8-22 = Salmo 105:1-15
- 16:23-33 = Salmo 96
- 16:34-36 = Salmo 106:1, 47-48.

Aunque los pasajes en Salmos no atribuyen el cántico a David, es probable que lo compusiera él. Aunque en esta ocasión Asaf cantó el cántico de David, se atribuye al mismo Asaf la composición de varios de los salmos en el libro de Salmos.

16:37-43 *Más asignaciones de culto.* Este escritor da un sumario de los que sirvieron al Señor ante el arca. Asaf y sus hermanos son mencionados de nuevo (16:37) lo mismo que 68 varones de la familia de Obed-edom, de los que dos debían servir como porteros. Sadoc fue designado como sumo sacerdote encargado del tabernáculo, que estaba situado en Gabaón, a diez kilómetros al noroeste de Jerusalén (16:39-42). Más tarde, otros sacerdotes serían designados para el servicio en Jerusalén, donde estaba puesta el arca, y donde sería construido el templo (véase exposición sobre 24:1-19).

17:1-6 *Lo que David se propone hacer para Dios.* David quería edificar un lugar especial para el Arca del Pacto, en lugar de alojarla en una tienda. Por medio del profeta Natán, Dios dijo a David que no se le permitiría hacer tal cosa (véase 2 S. 7:1-7).

17:7-15 *Lo que Dios promete hacer por David.* Aunque Dios no iba a permitir a David que le edificase una casa, invirtió la cuestión, y prometió una "casa" o dinastía a David. El pacto davídico involucraba el establecimiento permanente del trono de David (véase 2 S. 7:8-17).

17:16-27 *"¡Cuán grande eres tú!"* David respondió al pacto de Dios con el reconociendo de la grandeza de Dios y rogándole su bendición continuada (véase 2 S. 7:18-29).

18:1-17 *Una victoria tras otra.* El cronista bosqueja las conquistas de David sobre los filisteos en el sudoeste (18:1); sobre Moab, al este del Mar Muerto (18:2); y sobre Siria, al noreste de Israel (18:3-11). Esas victorias ayudaron a solidificar el reino de David.

Se atribuye a Abisai, sobrino de David, la victoria sobre los edomitas, que vivían al sur del Mar Muerto (18:12-13). En 18:14-17 se da una relación de los dirigentes militares y religiosos de David, y de sus ayudantes personales (véase 2 S. 8).

19:1-7 *Objetos de sospecha, rechazados, ridiculizados.* Hasta este punto, David había dejado en paz a Amón, el territorio justo al este del río Jordán. Después de la muerte de su rey Nahas, David envió una delegación para presentar las condolencias al nuevo rey, Hanún, hijo de Nahas. Temeroso del poder de David y suspicaz acerca de sus verdaderas intenciones, los hombres de Hanún le convencieron que maltratase a la delegación de David. Dándose cuenta de que había cometido un terrible error y que la guerra con Israel era inevitable, Hanún contrató mercenarios, incluyendo los sirios, y se preparó para la batalla (véase 2 S. 10:1-6).

19:8-19 *Aliados sin provecho alguno.* Con la ayuda de sus generales Joab y Abisai, David derrotó la alianza amonita-siria, y los amonitas se retiraron a Rabá, su capital (véase 2 S. 10:7-19).

20:1-3 *Toma la ciudad y reclama la corona.* La victoria definitiva sobre los amonitas llegó a la siguiente primavera, con la toma de Rabá por parte de David, y ciñéndose la corona de Amón (véase 2 S. 11:1; 12:26-31). El cronista omite la historia del pecado de David con Betsabé, que debió tener lugar entre los acontecimientos de 20:1 y los de 20:2-3 (véase 2 S. 11:1—12:25).

20:4-8 *Cuanto más grandes vienen.* El conflicto con los filisteos continuó, luchando los ejércitos de David tres batallas, en cada una de las cuales se dio muerte a un destacado gigante (véase 2 S. 21:15-22).

21:1-6 *Un censo inspirado por Satanás.* David mandó a Joab y a los otros dirigentes que hicieran un censo de los hombres en edad militar en toda la nación. Joab se resistió, al entender que una acción así implicaba una pecaminosa incredulidad en la capacidad de Dios para preservar a la nación. Pero David no quiso ceder, y el censo tuvo lugar (véase 2 S. 24:1-9).

La causa humana de la acción de David fue muy posiblemente la soberbia de sus logros. En 21:1 se indica que Satanás tentó a David a hacerlo, mientras que el pasaje paralelo (véase 2 S. 24:1) dice que Dios influyó en la acción. La aparente discrepancia desaparece cuando se recuerda que Satanás es sencillamente el desganado siervo de Dios y que no puede hacer nada sin su autorización.

21:7-13 *"¡Prefiero tu ira!"* Dios se encolerizó ante el censo de David. David se arrepintió de su pecado, y Dios le dio una elección de tres castigos para la nación: tres años de hambre, tres meses de derrota ante el enemigo, o tres días de castigo directo a manos de Dios. David o bien escogió la tercera opción, o bien se arrojó en la misericordia de Dios (que resultaría ser la tercera opción). David sabía que el juicio de Dios, por severo que fuese, sería más misericordioso que la crueldad humana (21:13; véase 2 S. 24:10-14).

21:14-16 *Su ira y su aplacamiento.* El ángel de Dios trajo una plaga a Jerusalén, y 70.000 personas murieron antes que Dios detuviera el juicio. El "arrepentimiento" de Dios (21:15) muestra que David estaba en lo cierto al confiar en su misericordia, en lugar de caer "en manos de hombres" (21:13). Este relato muestra como el pecado de una persona puede afectar las vidas de muchos inocentes (véase 2 S. 24:15-16).

21:17-30 *"Edifica un altar", dice el ángel.* David, contrito, pidió a Dios que le juzgase a él en lugar de a la gente, por cuanto suya era la culpa por haber ordenado el censo. Sin embargo, en lugar de juzgarlo a él, Dios sencillamente le pidió que hiciera un sacrificio en un lugar específico, la era de Ornán. Cuando David ofreció comprar la era de Ornán, éste ofreció regalársela, pero David rehusó, diciendo que no podría ofrecer un sacrificio a Dios "que nada me cueste" (21:24). David compró la tierra, ofreció el sacrificio, y Dios quedó satisfecho (21:26-27; véase 2 S. 24:17-25).

22:1-5 *David reúne materiales para la construcción.* David comenzó a recoger materiales para edificar "la casa de Dios". Aunque Dios no quería que fuese David quien lo construyera (17:4), le fue permitido que hiciera preparativos.

22:6-16 *No el soldado, sino el hijo.* David refirió a Salomón el deseo de Dios de un lugar de culto permanente y explicó por qué Dios no le había permitido edificarlo: Dios quería que su casa fuese edificada por un hombre de "paz y reposo" (22:9) y no por un soldado como David, que había vertido tanta sangre.

David recordó a Salomón todos los preparativos que había hecho ya para el templo (22:14-16) y expresó su esperanza de que Dios daría a Salomón sabiduría, valor y pureza de corazón al dar comienzo a un proyecto de tal importancia (22:12-13).

22:17-19 *"Estamos en paz, de modo que busquen al Señor y edifiquen su casa".* David alentó a los otros dirigentes de Israel a que ayudasen a Salomón a edificar el templo. Les aseguró la presencia y ayuda de Dios, y les hizo observar que la paz que Dios les había dado hacía posible que Israel se centrase en buscar al Señor en lugar de hacer preparativos militares.

23:1—27:34 *Organización del reino.* Tras haber dejado las riendas del gobierno en manos de Salomón, el último acto principal de David como rey fue organizar la vida religiosa, militar y política de Israel.

Los levitas y sus deberes (23). David comenzó organizando a los 38.000 levitas de 30 y más años en tres divisiones, basándose en los tres hijos de Leví, Gersón, Coat y Merari. En 23:24-27 se indica que David disminuyó la edad de servicio de los levitas a los 20 años (véase exposición sobre Nm. 8:20-26). Esta edad inferior era evidentemente necesaria por el aumento que se esperaba de las responsabilidades de los levitas cuando el templo quedase finalizado.

Suficientes varones piadosos para 24 grupos (24:1-19). Luego David organizó a los sacerdotes (los levitas que descendían directamente de Aarón). En tanto que evidentemente había pocos levitas en conjunto, había demasiados sacerdotes, de modo que David los organizó en 24 divisiones, y asignó a cada división que sirviera dos semanas cada año. Lo hizo basándose en su linaje (24:3) bien a través de Sadoc, de la casa de Eleazar (hijo de Aarón), o de Ahimelec de la casa de Itamar (hijo de Aarón).

Es posible que las dos líneas quedasen distribuidas entre deberes sacerdotales en Gabaón, donde estaba emplazado el Tabernáculo del desierto, y en Jerusalén, donde iba a ser construido el templo (véase exposición sobre 16:37-43).

Es evidente que este sistema davídico de organización persistió en alguna forma hasta el primer siglo, por cuanto el padre de Juan el Bautista era "de la clase de Abías" (comparar 24:10 y Lucas 1:5).

Los restantes levitas (24:20-31). Se da una relación de los levitas que no pertenecían al grupo sacerdotal formal.

Los músicos (25). David trató de organizar la música del culto en el templo. Se relacionan tres grupos por familias: los hijos de Asaf (véase exposición sobre 16:1-36), los hijos de Hemán, y los hijos de Jedutún. Se asignó un total de 288 hombres a los deberes musicales. Lo mismo que con los sacerdotes, David estableció un sistema de rotación basado en selección por suertes.

Porteros (26:1-19). David asignó porteros para el templo. Lo mismo que en el caso de los sacerdotes y músicos, debían hacer rotación por suertes. Todos tendrían la misma oportunidad para servir.

Los tesoreros (26:20-28). Ahías debía ser el principal tesorero del templo. Los hijos de Gersón debían ayudar a gestionar el dinero. Selomit era el responsable de gestionar el botín de guerra.

Supervisores regionales (26:29-32). Algunos de los levitas fueron designados para gestionar "todas las cosas de Dios y los negocios del rey" en las regiones remotas y periféricas de Israel.

Servicio militar mensual (27:1-15). Al igual que con los sacerdotes, músicos y otros funcionarios públicos, David organizó su ejército en servicio rotatorio. Había un jefe y 24.000 hombres para cada mes del año.

Los doce jefes tribales (27:16-24). David designó a una persona apropiada como jefe de cada tribu. En 27:23-24 se recuerda el censo de 21:1-7 y su desastroso resultado.

El gabinete del rey (27:25-34). Finalmente, David designó dirigentes para diferentes partes de su gobierno, como la tesorería en Jerusalén (no la tesorería del templo, véase 26:20) y varias operaciones regionales.

28:1-10 *Unas breves instrucciones acerca de un edificio especial.* El discurso de despedida de David se registra en 28:1—29:20. Comenzó revisando los planes para el templo y la historia de su propio deseo de edificarlo y el nuevo rumbo que Dios había imprimido a esos planes. Luego retó públicamente a Salomón a que buscase a Dios con todo su corazón al emprender la edificación del templo.

28:11-19 *"¡Aquí tienes los planos, de parte del mismo Dios!"* David dio públicamente los planos del templo a Salomón, afirmando que procedían directamente del Espíritu de Dios (28:12, 19). También designó las cantidades de oro a emplear para varios artículos del templo (28:14-18).

28:20-21 *"Y aquí están los obreros: ¡están a tus órdenes!"* David retó a Salomón una vez más para que asumiera el proyecto de edificación y encomendó al uso de Salomón a los artesanos que había reunido así como los dirigentes religiosos y políticos que había organizado (véase 23—27).

29:1-9 *"Sírvanse ayudar a mi hijo".* Después de haber presentado este reto a Salomón, David retó al pueblo a ayudarle y a seguir el ejemplo de David en dar generosamente para la edificación del templo. El pueblo respondió con una generosa ofrenda.

29:10-20 *Una oración de alabanza de parte del rey y de su pueblo.* David pronunció una oración pública de alabanza y de acción de gracias. Reconoció que los dones para el templo procedían del mismo Dios. También oró por el desarrollo espiritual de Salomón. El pueblo se unió enteramente a David en su espíritu de alabanza y de ruego (29:20).

29:21-25 *Una gran bienvenida para el nuevo rey.* Después de sacrificar y festejar, Salomón fue coronado rey en el 971 a.C. Al comenzar su reinado, gozaba de la cordial aprobación de todo el pueblo. "Y dieron por segunda vez la investidura del reino a Salomón hijo de David" (29:22) se refiere a la primera unción durante la rebelión de Adonías (véase 1 R. 1:39), acontecimiento que omite el cronista.

29:26-30 *El fallecimiento del más grande de Israel.* Después de reinar 40 años, el rey David murió "en buena vejez, lleno de días, de riquezas y de gloria". El sumario que hace el cronista, y su mención de los varios libros que hablan de David muestran el propósito de esta primera parte de su libro: honrar a David, el más grande de los reyes de Israel, y mantener vivo su recuerdo.

2 CRÓNICAS

TRASFONDO
Véase *Una comparación de Crónicas y Samuel—Reyes*, p. 264.

AUTOR
Véase *1 Crónicas: Autor.*

FECHA Y LUGAR
Véase *1 Crónicas: Fecha y lugar.*

DESTINATARIOS
Véase *1 Crónicas: Destinatarios.*

PROPÓSITO
Véase *1 Crónicas: Propósito.* 2 Crónicas muestra la continua fidelidad de Dios a la casa de David (7:17-18).

RASGOS SINGULARES
El siguiente material se encuentra solo en 2 Crónicas y no en el relato paralelo de 1—2 Reyes:

- el milagro al final de la oración de Salomón (7:1-3)
- la defección de levitas y otros israelitas norteños piadosos a Judá después de la guerra civil (11:13-17)
- la temporal humillación de Roboam (12:2-8, 12)
- la lapidación de Zacarías (24:20-22)
- la conversión de Manasés (33:10-17)
- diversos detalles adicionales acerca de Josafat, Uzías (Azarías), Ezequías y Josías

COMPARACIÓN CON OTROS LIBROS DE LA BIBLIA
1 y 2 Reyes:

- Véase *Rasgos singulares.*

Éxodo:

- Entre los numerosos paralelismos entre la construcción del tabernáculo y la construcción del templo:
- Así como Bezaleel fue designado por nombre para cons-

—971 a.C.
Salomón inaugura su reinado

—931
División del reino, Israel, Judá

—841
Joás, el último del linaje de David, sobrevive a una matanza

—722
Caída de Israel

—621
El descubrimiento de la Ley desencadena el avivamiento de Josías

—586
Caída de Judá, exilio en Babilonia

—538
Decreto de Ciro, los exiliados regresan

truir mucho del tabernáculo (Éx. 31:2), así Salomón fue designado por nombre para construir el templo (1 Cr. 28:6).

- Tanto Bezaleel como Salomón eran de la tribu de Judá.
- Tanto Bezaleel como Salomón fueron guiados por el Espíritu en su obra (1:1-12; Éx. 31:3).
- La gloria de Dios apareció en la dedicación tanto del tabernáculo como del templo (7:1; Éx. 40:34).

BOSQUEJO

EL REINADO DE SALOMÓN (1—9)
- Salomón pide sabiduría (1)
- Salomón recluta constructores para el templo (2)
- Finalización del templo por parte de Salomón (3—4)
- Salomón recibe el arca en el templo (5)
- Salomón rememora la construcción del templo (6:1-11)
- Salomón pide la bendición de Dios sobre el templo (6:12—7:11)
- Dios responde: "¿Será bendito o maldito?" (7:12-22)
- Revisión del reinado de Salomón (8)
- Salomón recibe a la reina de Saba (9:1-12)
- Revisión adicional del reinado de Salomón (9:13-31)

LOS REYES DE JUDÁ (10—36)
- Roboam (10—12)
  - Provoca a las tribus del norte (10:1-15)
  - Hace frente a la revuelta de las tribus del norte (10:16—11:23)
  - Su caída, arrepentimiento y restauración (12)
- Abías (13)
- Asa (14—16)
- Josafat (17—20)
  - Su defensa de la ley (17)
  - Su alianza con Acab (18)
  - Su renovada defensa de la ley (19)
  - Su ejército de cantores (20)
- Joram (21)
- Ocozías (22:1-9)
- Atalía y Joás (22:10—24:27)
  - Joás sobrevive a la matanza de Atalía (22:10—24:3)
  - Joás supervisa las reparaciones del templo (24:4-14)
  - Joás sucumbe bajo malos consejeros (24:15-27)
- Amasías (25)
- Uzías (26)
- Jotam (27)
- Acaz (28)
- Ezequías (29—32)
  - Su consagración del templo (29)
  - Su celebración de la Pascua (30)
  - Sus contribuciones al culto (31)

Su conflicto con Asiria (32)
Manasés (33:1-20)
Amón (33:21-25)
Josías (34—35)
Su devoción a la reforma (34:1-13)
Su descubrimiento de la ley (34:14-33)
Su devoción a la Pascua (35:1-19)
Su muerte (35:20-27)
Joacaz (36:1-4)
Joacim (36:5-8)
Joaquín (36:9-10)
Sedequías (36:11-14)
Caída de Jerusalén; decreto de Ciro (36:15-23)

EL REINADO DE SALOMÓN (1—9)

1:1-6 *Don de Salomón a Dios en Gabaón.* Tras haber registrado la muerte del rey David en el 971 a.C. (véase 1 Cr. 29:26-30), el cronista observa una vez más que Dios "estaba con él [Salomón], y lo engrandeció sobremanera" (comparar 1:1 con 1 Cr. 29:25). Luego refiere el sacrificio de Salomón de mil ofrendas en Gabaón. Aunque David había llevado el arca a Jerusalén y había hecho un alojamiento especial para ella (véase 1 Cr. 15:1), el tabernáculo permaneció en Gabaón.

1:7-12 *Recibe lo que pide, y también lo que no ha pedido.* Después de los sacrificios de Salomón, Dios se ofreció a darle cualquier cosa que desease. Salomón le pidió solo sabiduría para gobernar su nación. A causa de la sabia petición de Salomón, Dios prometió también darle grandes riquezas (véase Pr. 4:7; 8:11; 9:10; 1 R. 3:5-13).

1:13-17 *Dios guarda su promesa de oro.* Las asombrosas adquisiciones de oro, plata, caballos y carros se citan como prueba de que Dios guardó su promesa de enriquecer a Salomón.

2:1-2 *Se buscan: 150.000 obreros y 3.600 encargados.* Los capítulos 2—4 refieren la edificación del templo por Salomón. En 2:1-2 se muestra la magnífica extensión del proyecto: Se precisaría de 150.000 obreros y 3.600 supervisores.

2:3-10 *Mobiliario y tejidos a cambio de alimentos.* Salomón buscó suministros para la construcción y trabajadores cualificados de Hiram, rey de Tiro, a cambio de trigo, cebada, vino y aceite de oliva. En sus tratos con sus amigos tirios, Salomón exaltó abiertamente al Señor (2:5-6; véase 1 R. 5:1-7).

2:11-16 *"¡Te envío lo mejor que tengo!"* Hiram respondió favorablemente a la solicitud de Salomón. Le envió a Hiram-abi, "un hombre hábil y entendido", para que supervisara los trabajos (véase 1 R. 5:8-10; 7:13-14).

2:17-18 *Trabajadores extranjeros.* Salomón hizo un censo de los extranjeros que trabajaban en el proyecto del templo. Su número total, 150.000, concuerda con 2:2. Según parece, Salomón usó a no israelitas para la mayor parte de los trabajos manuales (véase 1 R. 5:11-18; véase exposición sobre 1 R. 9:15-25).

3:1-7 *Solo lo mejor para la casa de Dios.* El templo fue edificado sobre el monte Moriah, donde Abraham había ofrecido a Isaac (véase Gn. 22:2). Media alrededor de 27 x 9 x 13,5 metros de altura, y tenía adjunta un área porticada delante. El santuario exterior (el lugar santo) estaba decorado con oro y piedras preciosas (véase 1 R. 6:1-3). La obra comenzó en el 967 y quedaría finalizada en el 960 a.C.

3:8-14 *Aun más oro para el lugar santísimo.* El santuario interior del templo, el lugar santísimo, estaba ornamentado con oro de una manera aun más elaborada. Tenía la mitad del tamaño del santuario externo, la misma proporción que en el tabernáculo. Este nuevo hogar para el Arca del Pacto presentaba dos querubines de madera recubiertos de oro con alas de una envergadura de 5 metros cada una. El lugar santísimo estaba separado del santuario exterior por una cortina de lino con un colorido bordado.

3:15-17 *Jaquín y Boaz: Se mantienen por Dios.* Había dos columnas fuera, delante del templo, que miraba hacia el este. La columna meridional se llamaba Jaquín, lo que significa "él establece"; la columna septentrional se llamaba Boaz, que significa "en él hay fortaleza". Simbolizaban a Dios, que había establecido y fortalecido a Israel.

4:1-10 *Un altar, una mar y diez candeleros.* El enorme altar del templo (9 por 9 por 4,5 metros) estaba probablemente situado fuera del templo, cerca de su entrada oriental. Cerca del altar había un depósito de agua, llamado mar, de 4,5 metros de diámetro, y se usaba para las ceremonias de lavamiento de los sacerdotes. Las diez fuentes de 4:6 eran para lavar los holocaustos (véase 1 R. 7:23-26).

4:11-22 *¡Un trabajo bien hecho!* El cronista da ahora un breve sumario de artículos fabricados para el templo, recordando al lector acerca del principal artesano (Hiram-abi, 4:11, 16) y acerca de aquel que lo había comisionado (Salomón, 4:16, 18; véase 1 r. 7:40-50).

5:1-14 *La más santa posesión de Israel acude al lugar más santo de Israel.* Los levitas y sacerdotes llevaron el Arca del Pacto de su temporal alojamiento en una tienda al lugar santísimo. Adoraron a Dios, y Dios honró su adoración llenando el templo con su nube de gloria; ¡una aplicación literal del Salmo 22:3! (Véase exposición sobre Éx. 14:19-20 y la exposición sobre Ez. 11:22-25; 1 R. 8:1-11.)

6:1-11 *Su rey predica.* Salomón se dirigió luego al pueblo reunido, hablando de las acciones y promesas de Dios en el pasado (6:5-9) y de su acción al hacer del templo su hogar especial sobre la tierra (6:1-2; véase 1 R. 8:12-21).

6:12-42 *. . . luego ora . . .* Salomón oró luego, arrodillándose sobre una plataforma especialmente construida delante del altar. Comenzó alabando a Dios y reconociéndolo. En tanto que hizo varias detalladas peticiones en favor del pueblo, el énfasis global de su oración fue la centralidad del templo en la relación entre Dios y su pueblo (véase 1 R. 8:22-53).

7:1-3 *. . . ¡y entonces cae el fuego!* Después de la oración de Salomón, fuego del cielo consumió los sacrificios, con lo que se significaba la aceptación del templo por parte de Dios. El pueblo respondió con adoración y una sensación de maravilla. Para una similar exhibición de fuego del cielo, véase 1 Reyes 18:36-38.

7:4-11 *Una celebración de siete días.* Luego vino una celebración de siete días, con sacrificios y cánticos continuos. Esta celebración se extendió por toda la nación, no limitándose solo a Jerusalén (7:8; véase 1 R. 8:62-66).

7:12-22 *"Cuando se humillen, oiré y sa-*

naré". Dios se apareció por segunda vez a Salomón (véase 1:7-12), y prometió oír y sanar al pueblo cuando ellos se volvieran a Él humildemente. Reafirmó también la herencia por parte de Salomón del pacto davídico, con la condición de que él y sus descendientes siguieran al Señor (7:17-18; véase 1 R. 9:1-9). Esta cláusula provisional no significaba que el pacto davídico como un todo fuese condicional, solo que la inclusión en el pacto de reyes individuales dependía de su obediencia individual (véase Sal. 89:3-4, 30-37).

En 7:14 se dan cuatro condiciones para el avivamiento: humildad, oración, buscar fervientemente a Dios, y arrepentimiento.

8:1-10 *Las obras públicas del hombre más sabio del mundo.* El cronista destaca la finalización de los proyectos de construcción de Salomón, el comienzo de sus conquistas en el extranjero, y el uso de trabajo no israelita para sus proyectos (véase 1 R. 9:10-23). (Véase, sin embargo, la exposición en 1 R. 9:15-25.)

8:11 *Reubicada por razones religiosas.* Sintiendo que no estaba bien habitar en una casa donde hubiera sido guardada el arca, Salomón edificó una nueva casa para su esposa (véase 1 R. 9:24).

8:12-16 *Estricto acerca de los sacrificios.* Salomón siguió de manera estricta las prescripciones de Moisés para los sacrificios y el plan de organización de David para el servicio del templo (véase 1 R. 9:25).

8:17-18 *A la vez rey y almirante.* Mucha parte del éxito económico de Salomón parece haberse debido a la construcción de una flota de barcos mercantes para el comercio internacional (véase 1 R. 9:26-28).

9:1-12 *Ella viene y ve, y él vence.* La escéptica reina pagana de Saba vino a Jerusalén para ver por sí misma si Salomón podía respaldar su reputación. Poniendo a prueba la sabiduría de Salomón, descubrió que era mayor de lo que había esperado. Al ver los grandes edificios que había edificado y las riquezas que poseía, honró al Dios que tan ricamente le había bendecido. Salomón y la reina de Saba intercambiaron muchos dones antes que ésta se volviera a su país. ¡Solamente el oro pesaba algo más de 4.000 kilogramos (véase 1 R. 10:1-13)!

9:13-31 *El más sabio y rico de todos.* Antes de registrar su muerte, el cronista habla una vez más de la sabiduría que Salomón había recibido de Dios y cómo permitió su acumulación de tanta riqueza (9:22-24; véase 1 R. 10:14-29; 11:41-43).

LOS REYES DE JUDÁ (10—36)

10:1-5 *"¡Él fue malo; por favor, sé mejor!"* Salomón fue sucedido por su hijo Roboam como rey, y éste reinó desde el 931 hasta el 913 a.C. Una delegación encabezada por Jeroboam le pidió que rebajase las cargas de los trabajos obligatorios (véase exposición sobre 1 R. 9:15-25) y, es de suponer, de los elevados tributos, que Salomón había impuesto sobre la nación (véase 1 R. 12:1-4).

Como se observa en 10:2, Jeroboam había acabado de volver de Egipto, habiendo huido de allí "a causa del rey Salomón". Jeroboam era uno de varios dirigentes que se habían opuesto a Salomón tras su apostasía (véase 1 R. 11:14-40).

10:6-15 *"Al contrario, seré mucho peor".* Roboam buscó consejo acerca de cómo debía responder a la delegación de Jeroboam. Rehusando el consejo de los hombres más ancianos y sabios, siguió el consejo de sus amigos y neciamente anunció a la delegación que sería más duro que su padre (véase 1 R. 12:6-14). El cronista observa que la imprudente respuesta de Roboam, que llevaría a la división del reino, estaba dentro de la providencia de Dios (10:15; véase exposición sobre 1 R. 11:26-40).

10:16-19 *"Entonces seremos independientes".* La decisión y actitud de Roboam encolerizaron a la delegación y al pueblo al que representaban. Jeroboam se puso al frente de las diez tribus septentrionales para declarar su independencia de la dinastía davídica (véase 1 R. 12:15-19).

11:1-4 *Se les prohibe luchar.* De manera muy natural, Roboam comenzó a movilizar un ejército para recuperar su territorio y súbditos que había perdido, pero el Señor le detuvo por medio de las palabras de un profeta, confirmando una vez más que la división de los reinos del norte y del sur había tenido lugar según el plan de Dios (véase 1 R. 12:20-24).

11:5-23 *En conjunto, un buen comienzo.* Roboam abandonó las esperanzas de recuperar las tribus del norte, pero tomó pasos para preservar lo que quedaba de su reino: Judá y Benjamín. Mientras tanto, Jeroboam estaba moviéndose rápidamente para establecer nuevas prácticas religiosas para sus diez tribus, y esto hizo que muchos sacerdotes y levitas y otros fieles israelitas del norte se pasaran a Roboam (11:13-17).

Aunque no rivalizó con la de su padre Salomón, la familia de Roboam llegó a ser bastante numerosa (11:18-23).

12:1-13 *El pecado trae sufrimiento; el arrepentimiento trae restauración.* Habiendo llegado a establecerse firmemente como rey sobre Judá y Benjamín, Roboam abandonó al Señor y sufrió la invasión de Egipto como resultado. Pero cuando un profeta les habló de su pecado (12:5), Roboam y otros dirigentes se arrepintieron, y Dios libró a la nación (véase 1 R. 14:25-28).

12:14-16 *En conjunto: Un mal rey.* La valoración de conjunto que hace el cronista de Roboam como rey es negativa. Roboam no había seguido a Dios como su abuelo David (véase 1 R. 14:29-31).

13:1-12 *Abías (913-911): Un sermón para el enemigo.* Abías (llamado Abíam en 1 Reyes) sucedió a su padre Roboam como rey. El conflicto norte-sur que se había enquistado a lo largo del reinado de Roboam (véase 12:15) persistió durante el suyo, y en una batalla Abías se vio en desventaja numérica de dos a uno ante los hombres de Jeroboam. Antes de la batalla, Abías "dijo" (indudablemente gritando a través de la distancia) las siguientes palabras a las tropas del norte de Israel, acusándolos de los siguientes tres pecados:

- habían desoído el pacto davídico (13:5-7)
- estaban dados a la idolatría (13:8)
- habían echado a los sacerdotes legítimos (13:9)

Abías predijo entonces que Judá, que había permanecido fiel a Dios, ganaría la batalla (13:10-12; véase 1 R. 15:1-2).

13:13-19 *Rodeados, pero salvados por el Señor.* Las tropas de Jeroboam pusieron una emboscada detrás de Judá. Los hombres de Judá invocaron al Señor, y por eso mismo Dios los ayudó a ganar la batalla, al costo de medio millón de tropas norteñas (13:17).

13:20-22 *Muerte para un rey, prosperidad para el otro.* Jeroboam nunca se recuperó de aquella enorme pérdida y murió a manos de Dios. En cambio, Abías "se hizo más poderoso", y vivió lo suficiente para casarse con catorce esposas y ser padre de 38 hijos.

14:1-8 *Asa (911-870): Avivador, constructor, soldado.* Los capítulos 14—16 registran el reinado de Asa, que siguió a su padre Abías como rey de Judá.

En 14:1-8 se recapitulan los logros positivos de Asa:

- Siguió a Dios, alentó el avivamiento, y destruyó los lugares paganos de culto.
- Edificó ciudades fortificadas para proteger a Judá.
- Reunió un ejército y lo mantuvo intacto.

(Véase 1 Reyes 15:8-12)

14:9-15 *Grita atemorizado, marchan adelante en fe.* Un ejército enorme de etíopes hizo que Asa clamase a Dios pidiendo ayuda; Dios capacitó a Israel para que los derrotase rotundamente.

15:1-7 *"No hagas como ellos han hecho".* El profeta Azarías retó a Asa a seguir al Señor plenamente y que no permitiera a la nación experimentar el trauma de un tiempo pasado —quizás en la época de los jueces— cuando Israel estuvo "sin verdadero Dios" y sufriendo "toda clase de calamidades" (véase Jue. 21:25).

15:8-15 *El avivamiento resulta en recompensas.* Asa respondió a la exhortación de Azarías continuando sus reformas, eliminando lugares de falso culto de la tierra, y alentando a la renovación del pacto mosaico. Incluso impuso la pena de muerte a los que rehusaran cooperar (15:13). Dios recompensó sus esfuerzos con varios años de paz (15:15, 19).

15:16-19 *¡Hasta su madre es echada de su dignidad!* Asa se tomaba su reforma tan en serio que excluyó a su madre de su dignidad oficial como reina madre por su relación con la religión pagana (véase 1 R. 15:13-15). Acerca de los "santuarios paganos" (o "lugares altos", 15:17), véase exposición sobre Números 33:50-56.

16:1-10 *El enemigo equivocado, el amigo equivocado.* Baasa, rey del reino del norte, Israel (909-886 a.C.), comenzó a construir una fortaleza cerca de Jerusalén, al parecer para impedir a sus súbditos que huyeran al reino del sur. Asa respondió pagando a los sirios para que rompieran su tratado con el norte, y provocar la retirada de Baasa. El plan tuvo éxito, y Baasa se retiró (véase 1 R. 15:17-22).

El profeta Hanani sentenció juicio contra la acción de Asa, diciendo que el largo período de paz de la nación llegaría ahora a su fin. Asa se enfureció y encarceló a Hanani.

16:11-14 *El trágico fin de un gran rey.* Asa contrajo una enfermedad de los pies y buscó la ayuda de los médicos pero no buscó la ayuda del Señor. Como resultado, murió (véase 1 R. 15:32). Que Asa no consultase al Señor puede haberse debido a su amargura después de la reprensión de Hanani. Aunque Asa comenzó bien, no acabó bien.

17:1-19 *Josafat (873-848): Llevando la palabra de Dios al pueblo de Dios.* Josafat prosiguió el avivamiento comenzado por su padre Asa. Lo más notable es que envió maestros y sacerdotes por toda la tierra para que enseñasen la ley. El pueblo de Judá dio muchas riquezas a su buen rey (17:5), y todas las naciones colindantes le pagaban tributo (17:10-11). Durante este tiempo de paz y prosperidad, Josafat amasó muchos bienes y un fuerte ejército (17:12-19).

18:1-3 *Una boda y una guerra: Dos alianzas nada sabias.* Después de sus primeros éxitos y liderazgo espiritual, Josafat cometió dos desafortunados errores: dispuso la boda de su hijo Joram con la hija de Acab, el malvado rey de Israel (18:1; véase 21:6), y accedió a aliarse con Acab en una batalla para reconquistar Ramot de Galaad de manos de Siria (véase 1 R. 22:1-4).

18:4-5 *Cuatrocientos dicen: "¡Volverás*

vencedor!" Josafat pidió a Acab (874-853 a.C.) que buscara instrucciones de los profetas acerca de sus planes de batalla. Todos los profetas los animaron a seguir sus planes (véase 1 R. 22:5-6).

18:6-22 *Pero uno dice: "¡Volverás cadáver!"* Josafat, sin embargo, se dio cuenta de que los profetas a los que había consultado Acab eran falsos profetas, por lo que le pidió que buscase "un profeta de Jehová". Acab llamó a Micaías, aunque lo odiaba debido a sus profecías negativas. Micaías profetizó que si trataban de tomar Ramot de Galaad, serían derrotados, y Acab moriría. A pesar de adicionales advertencias de Micaías (18:18-22), Acab rehusó prestar atención (véase 1 R. 22:7-23).

18:23-27 *"Recuerda", le dice: "¡No volverás!"* Micaías profetizó también contra uno de los profetas, Sedequías, que había sido muy dramático en sus predicciones de victoria (18:10). Acab encarceló a Micaías por sus predicciones negativas, pero éste siguió con sus advertencias incluso desde la cárcel (véase 1 R. 22:24-28).

18:28-32 *¡Qué insensato puede llegar a ser un hombre bueno!* Acab convenció a Josafat para que llevase sus ropajes regios a la batalla, mientras que Acab mismo iba disfrazado. Cuando los sirios vieron a Josafat, dieron por supuesto que era Acab y se lanzaron contra él. Pero Josafat clamó a Dios pidiendo ayuda, y Dios le protegió (véase 1 R. 22:29-33).

18:33-34 *Una flecha al azar, una profecía cumplida.* El traicionero disfraz de Acab no impidió que fuera herido al azar de manera mortal en la batalla, tal como lo había predicho Micaías (véase 1 R. 22:34-37).

19:1-11 *El otro rey regresa y reanuda sus reformas.* Josafat sobrevivió a la derrota y volvió a Judá, donde el profeta Jehú le reprendió acerca de su alianza con "los que aborrecen a Jehová". Evidentemente afectado por la reprensión, Josafat renovó sus esfuerzos de reforma (véase 17:1-9). Estableció un sistema legal basado en la ley y viajó por toda la tierra para alentar el avivamiento.

20:1-13 *Una oración oportuna en el templo.* El movimiento de tropas enemigas contra Judá indujo a Josafat a convocar a un ayuno y oración nacionales. Recordando al Señor su pasada fidelidad, describió el actual apuro de la nación y le pidió que les ayudase una vez más.

20:14-17 *"¡Párense, estén quietos, y vean cómo yo obro!"* ¡El Señor respondió que Él lucharía por su pueblo, y que ellos no tendrían que luchar en absoluto! Pero ellos debían reunirse para la batalla para ver lo que Dios iba a hacer.

20:18-24 *Éxito mediante cantores en lugar de soldados.* Josafat condujo a sus ejércitos, mientras que los cantores alababan al Señor al entrar ellos en batalla. Dios envió confusión a los ejércitos enemigos; éstos se volvieron los unos contra los otros, y todos fueron muertos.

20:25-30 *Una celebración de victoria en el valle.* Los hombres de Judá necesitaron tres días para llevarse el botín de guerra. En el cuarto día tuvieron celebración y llamaron el valle "Beraca", que significa "alabanza", por lo que había hecho el Señor.

20:31-37 *En conjunto, un "excelente" en su cartilla de calificaciones.* El sumario del cronista acerca del reinado de Josafat destaca el hecho de que siguió al Señor, aunque observando que no había llegado a destruir los lugares altos paganos. También intentó una vez más aliarse con un rey malvado del norte, pero el Señor también frustró aquel intentó (20:35-37; véase 1 R. 22:41-50).

21:1-11 *Joram (853-841): Muerte a la competencia.* Joram, hijo de Josafat, le sucedió como rey de Judá. Comenzó su reinado dando muerte a sus hermanos para eliminar cualquier competencia para el trono. El escritor hace la observación que Joram, aunque un rey de Judá, "siguió el ejemplo de los reyes de Israel". Hace la adicional observación que ello se debía en parte a la malvada influencia de su esposa (21:6), Atalía (22:2), hija del rey del norte Acab.

A pesar de la maldad de Joram, el Señor permaneció fiel a su promesa de que los descendientes de David gobernarían sobre al menos una parte de las doce tribus de Israel (21:7; véase 7:17-18; 2 S. 7:8-17). Debido a la apostasía de Joram, Judá perdió el control de Edom y Libna (21:8-11; véase 2 R. 8:16-22).

21:12-15 *Palabras devastadoras de un profeta muerto . . .* El profeta Elías había enviado un mensaje a Joram prediciendo que una gran plaga caería sobre su pueblo, y que él mismo moriría de una dolorosa enfermedad. Esos juicios sobrevendrían por haber matado a sus hermanos y por haber conducido a la nación a la idolatría. No está claro cómo recibió esta profecía de parte de Elías, por cuanto se supone que fue llevado al cielo durante el reinado del padre de Joram, Josafat (véase 2 R. 2:9-11). Algunos eruditos suponen que la carta era profética. Otros creen que Elías no fue arrebatado hasta el comienzo del reinado de Joram.

21:16-20 *. . . y un devastador cumplimiento.* Poco después se cumplió la profecía de Elías, al llevarse unos invasores a todos los hijos de Joram menos uno, y morir él mismo, sin ser lamentado por nadie. La preservación del hijo menor de Joram (21:17) muestra la continuada fidelidad de Dios a su promesa de mantener a descendientes de David en el trono.

22:1-9 *Ocozías (841): A tal madre, tal hijo.* Como único hijo superviviente, Ocozías sucedió a su padre Joram y continuó su malvada política, en gran parte debido a la influencia de su madre, Atalía. Así, Judá siguió afectada por el paganismo que caracterizaba a las tribus del norte en esta época.

Ocozías se unió al rey del norte Joram en otro intento de recuperar Ramot de Galaad. Más tarde, visitando a Joram, Ocozías fue muerto por Jehú, el jefe militar que había sido ungido de parte de Dios para llegar a ser el rey del reino del norte en lugar de los descendientes de Acab (véase 2 R. 8:25-29).

En algunas versiones, Ocozías es también llamado Joacaz (21:17) y Azarías (22:6, RV).

22:10-12 *Atalía (841-835): La única y sanguinaria reina de Judá.* Tras oír que su hijo Ocozías había muerto, Atalía intentó exterminar a todos los hijos de Ocozías (¡sus propios nietos!). Si hubiera tenido éxito, la promesa de Dios a David (véase 2 S. 7:10-16) habría fallado. Sin embargo, Joás sobrevivió a la matanza y fue escondido en el templo (véase 2 R. 11:1-3).

23:1-15 *Joás (835-896): Coronado en un bien planeado golpe.* Mientras Atalías reinaba, el sumo sacerdote Joiada dirigió una conspiración para llevar al joven Joás al trono y de este modo restaurar la dinastía davídica. Ya preparados los planes, los conspiradores proclamaron públicamente rey a Joás (23:11). Cuando Atalía oyó el ruido de la ceremonia de coronación, acudió a investigar, tras lo cual fue ejecutada (véase 2 R. 11:4-16).

23:16—24:3 *Un modelo de conducta para el joven monarca.* Al comenzar el joven Joás su reinado con siete años, Joiada dirigió un avivamiento por toda la nación. Su buena influencia sobre Joás se sugiere en su arreglo de casamientos para él (24:3) y por el hecho de que aunque Joás hizo el bien mientras vivió Joiada (24:2), cayó bajo malas influencias después de su muerte (24:17-22; véase 2 R. 11:1712:3).

24:4-14 *Su caja de colecta causa una expansión en la construcción.* Probablemente bajo la influencia de Joiada, el joven Joás ordenó reparar el templo, que al parecer se había deteriorado bajo los anteriores tres monarcas, especialmente bajo Atalía, que había permitido a sus hijos entrar y robar (24:7). Para cuando Joás llegó a adulto, era evidente que el dinero designado para las reparaciones no llegaba a Jerusalén (24:6), de modo que Joás puso en el templo una caja especial para recibir las ofrendas. Este sistema funcionó mucho mejor, y el proyecto llegó a su buen fin (véase 2 R. 12:1-16).

24:15-22 *Cuando los piadosos desaparecen, aparecen los impíos.* Joiada, dirigente del golpe y consejero del rey, murió a los 130 años de edad, y recibió elogios del escritor por su fiel servicio. Desaparecida la buena influencia de Joiada, Joás comenzó a dar oídos a consejeros impíos. A pesar de las advertencias de los profetas, permitió la restauración de la idolatría. Cuando Zacarías, bien el hijo o el nieto de Joiada, profetizó contra Joás, Joás lo hizo matar (24:20-22). Al morir, Zacarías invocó al Señor pidiendo que su muerte fuese vengada.

24:23-27 *Herido por sus enemigos, rematado por sus amigos.* Dios permitió que Siria atacase Judá como juicio por la apostasía de Joás; éste fue herido en el campo de batalla; luego, mientras se reponía de sus heridas, fue muerto por sus propios hombres en represalia por su asesinato de Zacarías (véase 2 R. 12:17-21).

25:1-4 *Amasías (796-767): Acciones correctas, actitudes erróneas.* Amasías, hijo de Joás, llegó a rey tras la muerte de su padre. Su primera acción como rey fue ejecutar a los que habían dado muerte a su padre. El autor observa acerca de Amasías que dejó a los hijos de esos hombres, como mandaba la ley. Observa el escritor que en general Amasías "hizo lo recto ante los ojos de Jehová, aunque no de perfecto corazón" (25:2; véase 2 R. 14:1-6).

25:5-13 *"Dios no está con el norte".* Amasías movilizó un ejército de 300.000 hombres de su propia tierra de Judá y contrató a 100.000 mercenarios del reino del norte. Un profeta le confrontó acerca de la contratación de mercenarios, declarando que Dios "no estaba con" el reino del norte, de modo que debían ser enviados de inmediato de vuelta a sus lugares. Amasías obedeció y envió a los mercenarios de vuelta. Poco después fue a la batalla contra los edomitas (el pueblo de Seir al que se hace referencia en 25:11, 14) y fue victorioso. Mientras, los mercenarios, enfurecidos por ser enviados de vuelta, conquistaron algo del territorio de Judá (véase 2 R. 14:7).

25:14-28 *De apostasía a arrogancia y asesinato.* Cosa asombrosa, después de haber derrotado a los edomitas, ¡Amasías comenzó a adorar sus dioses! Un profeta le reprendió por ello, y, cuando Amasías lo rechazó, aquel predijo la muerte de Amasías. Poco después, Amasías, confiado tras derrotar a los edomitas, retó a Joás, el rey del norte, a la batalla. Joás respondió con una insultante parábola (25:18), y entablaron la lucha. Los norteños derrotaron a Amasías y saquearon Jerusalén y el templo (25:22-24). Varios años después, Amasías fue asesinado por su propia gente (25:25-28; véase 2 R. 14:8-20).

El rey Joás implicaba en su parábola que era insensato por parte de

Amasías atacar Israel. En 25:20 se revela que Dios indujo a Amasías a tomar esta insensata decisión por su anterior insensata decisión de adorar a los dioses de Edom.

26:1-15 *Uzías (790-740): Un glorioso comienzo.* Uzías sucedió a su padre Amasías como rey de Judá, y prosperó en la guerra y en las empresas civiles. El cronista destaca los éxitos de Uzías en sus muchos proyectos de construcción y agricultura (26:9-10) y como dirigente militar e inventor (26:11-15). Subraya la relación entre los éxitos del rey y su obediencia a Dios (26:5; véase 2 R. 14:21-22; 15:1-4); en algunas versiones, 2 Reyes se refiere a Uzías como Azarías, que no debe confundirse con el sumo sacerdote Azarías (26:17).

En 26:5 se introduce otro profeta llamado Zacarías (véase 24:20). ¡La Biblia menciona a 34 hombres que se llamaron Zacarías!

26:16-23 *El precio que paga por el orgullo.* Uzías quemó incienso en el altar: una acción que la ley reservaba a los sacerdotes. Cuando el sumo sacerdote Azarías lo reprendió por este pecado, Uzías reaccionó encolerizado, y Dios le azotó con lepra. Fue leproso el resto de su vida, viviendo en aislamiento mientras Jotam se encargaba del gobierno (véase 2 R. 15:5-7).

27:1-9 *Jotam (750-731): Un buen rey, una mala nación.* Jotam recibe más altas calificaciones que su padre porque respetó la santidad del templo. Jotam edificó muchas fortalezas alrededor de la nación y derrotó a los amonitas. Pero en tanto que él se ganaba la aprobación de Dios (27:6), el pueblo de Judá como un todo "continuaba corrompiéndose" (27:2; véase 2 Reyes 15:32-38).

28:1-4 *Acaz (735-715): Uno de los peores de entre los peores en Judá.* Acaz, hijo de Jotam, no aprendió del ejemplo de su padre. En su lugar, fue influido por la religión pagana del norte y la fomentó de manera activa en Judá. Incluso sacrificó sus propios hijos a falsos dioses (véase 2 Reyes 16:1-4).

28:5-8 *El precio de la perversión: Derrota, muerte y deportación.* En respuesta a esos terribles crímenes contra la humanidad, Dios permitió a Siria y al reino del norte de Israel, que derrotasen a Judá. Muchos del pueblo de Judá fueron llevados cautivos al reino del norte (véase 2 R. 16:5-6).

28:9-15 *"¡No empujes demasiado tu victoria!"* El profeta Obed reprendió a los hombres de Israel que se llevaban cautivos a los de Judá. Les advirtió que no esclavizasen a sus "propios parientes", especialmente considerando su propia culpabilidad ante Dios. Los norteños se sintieron redargüidos, y tras alimentar y vestir a los cautivos, los liberaron.

28:16-21 *Los intentos de sobornar a Asiria no dan resultado.* Debido a sus terribles pecados, Acaz y su reino permanecieron débiles (28:19), y debido a esta debilidad tanto los filisteos como los edomitas los atacaron. Acaz buscó la ayuda del rey de Asiria, Tiglat-pileser, que acababa de derrotar a Siria en favor de Acaz (véase 2 R. 16:5-9). Aunque Acaz pagó tributo a Tiglat-pileser, éste, sin embargo, rehusó ayudarlo esta vez, y en lugar de ello le atacó (28:20).

28:22-27 *Antes de morir, cierra las puertas del templo clavándolas.* Desesperado ante sus derrotas militares, Acaz comenzó a adorar a los dioses de Siria y a destruir los objetos del verdadero culto en el templo. (Véase también 2 R. 16:10-18). Finalmente, cerró las puertas del templo y edificó altares paganos por todo el país. Lo mismo que sucedió con muchos reyes malvados antes que él, Acaz fue sepultado en Jerusalén, pero no en los sepulcros reales.

29:1-19 *Ezequías (728-686): Deshaciendo lo que su padre había hecho.* Acaz, uno de los peores reyes de Judá, fue sucedido por su hijo Ezequías, que iba a ser uno de los mejores entre ellos (véase 2 R. 18:1-3). Ezequías reparó las puertas del templo, y luego escogió a 14 levitas que le ayudasen a restaurar el culto en el templo y a eliminar las perversiones de su padre. Echaron fuera los enseres paganos que Acaz había introducido en el templo, seguramente quemándolos en el Valle del Cedrón, y reemplazaron los enseres del verdadero culto que Acaz había descartado. Consagraron el atrio exterior del templo, y luego el templo mismo.

29:20-30 *La gran reinauguración.* La reinauguración del templo quedó señalada por un tiempo de sacrificios y de cánticos, dirigido por Ezequías. Aunque más pequeño en extensión, el espíritu de esta rededicación recuerda la original dedicación del templo por Salomón (6—7).

29:31-36 *Abundancia de ayudantes, pero, ¿dónde están los sacerdotes?* Después de los sacrificios oficiales bajo la dirección de Ezequías, se permitió al pueblo mismo que llevase los sacrificios y las ofrendas a los sacerdotes. Sin embargo, no había suficientes sacerdotes para poder atender a todos los que acudían, por lo que los levitas tuvieron que llevar a cabo más deberes de los que les correspondían como asistentes. Al observar que los levitas fueron "más rectos de corazón para santificarse que los sacerdotes" (29:34), el autor insinúa que los sacerdotes pueden haber estado más involucrados que los levitas en el falso culto bajo Acaz.

30:1-9 *Una regia invitación a un culto especial.* Ezequías invitó a todo Israel a que acudiera a Jerusalén y celebrase la Pascua. Quizá contemplaba esto como una oportunidad para la reunificación de la nación, e invitó a los de las tribus del norte que habían escapado de la caída del norte a Asiria (30:6; véase exposición sobre 2 R. 17:5-23; exposición sobre 1 Cr. 5:23-26). Ezequías tuvo que retrasar la pascua un mes para dar más tiempo a los sacerdotes para que se santificasen (véase exposición sobre 29:31-36). Esta demora estaba permitida por la ley (véase Nm. 9:10-11). (Véase también exposición sobre 2 R. 23:21-23.)

30:10-12 *Algunos ridiculizan, otros responden.* Aunque la mayoría de las tribus del norte rechazaron la invitación del rey Ezequías e incluso se burlaron, algunos de las tribus de Aser, Manasés y Zabulón "se humillaron" y accedieron a asistir. En 30:12 se indica que la ocasión dio gran unidad a Judá, la tribu anfitriona.

30:13-20 *Remisión especial para los no preparados.* Al reunirse para la pascua, la gente comenzó a purificar Jerusalén de enseres religiosos paganos, así como los sacerdotes habían purificado el templo (véase 29:16). Durante la pascua, los dirigentes se dieron cuenta de que muchos del pueblo eran ceremonialmente incapaces para participar. Ezequías oró en favor de ellos, y Dios "sanó al pueblo", permitiéndoles participar. Incluso bajo la ley, Dios estaba más interesado en el corazón que en rituales externos.

30:21-27 *Siete días de celebración no son suficientes.* El gozo de la Pascua renovada era tan grande que todos accedieron a extenderla de los acostumbrados siete días a dos semanas. El escritor observa que fue el acontecimiento más destacado que tuvo lugar en Jerusalén desde los días de Salomón.

31:1 *El regocijo lleva al avivamiento.* La Pascua condujo a un avivamiento genuino, en cuanto los adoradores fueron por toda la tierra destruyendo todos los símbolos de paganismo.

31:2-10 *¡Diezmos, diezmos y más diezmos!* Ezequías organizó a los sacerdotes y recordó al pueblo su obligación de diezmar para el sustento de los sacerdotes. La respuesta fue abrumadoramente positiva, otra señal de que el avivamiento era verdadero.

31:11-21 *Contadores levitas.* Ezequías designó a levitas para que recibieran y distribuyeran el dinero de los diezmos y otras ofrendas.

32:1-8 *"¡Cegaremos los pozos y detendremos a Senaquerib!"* Cuando Senaquerib, rey de Asiria, invadió Judá y amenazó a Jerusalén, Ezequías ayudó al pueblo a prepararse para la batalla que se avecinaba: Organizaron el ejército, hicieron más armas, mejoraron las fortificaciones de Jerusalén, y cegaron las fuentes de agua fuera de la ciudad, para que los soldados enemigos no encontrasen qué beber. Aun más importante, Ezequías alentó al pueblo en su fe (32:6-8).

32:9-19 *Escarnece al Dios de Judá en la lengua de Judá.* Una delegación de Senaquerib lanzó amenazas al pueblo de Jerusalén, jactándose de todas las otras naciones que habían caído en manos de Asiria y desafiando al Dios de Judá para que se demostrase más poderoso que los dioses de aquellas naciones. A pesar de una petición de que hablasen en arameo (véase 2 R. 18:26), los asirios gritaron sus amenazas en hebreo para que su mensaje tuviera su pleno efecto sobre toda la población general, que no habría comprendido el arameo (véase 2 R. 18:17-37; Is. 36:2-12).

32:20-21 *Muerte al ejército, y luego al rey.* Alentado por el profeta Isaías, Ezequías respondió a las amenazas de Senaquerib con una ferviente oración. Como respuesta, el ángel de Dios dio muerte a todo el ejército de Asiria. Más adelante, Senaquerib fue muerto por sus propios hijos (véase 2 R. 19; Is. 37).

32:22-26 *El orgullo trae dolor, la humildad trae sanidad.* Israel gozó luego de un tiempo de paz y prosperidad. Pero la prosperidad hizo que Ezequías se enorgulleciera, y Dios lo juzgó con una enfermedad terminal mientras que al mismo tiempo la nación quedaba amenazada. Entonces, "después de haberse enaltecido su corazón, se humilló", y Dios lo perdonó a él y a la nación (véase 2 R. 20:1-11; Is. 38).

32:27-33 *Un buen rey suspende sus exámenes finales.* Después de recobrarse de su enfermedad, Ezequías se volvió aun más próspero. Cuando Babilonia envió embajadores a Ezequías, Dios usó la ocasión "para probarle [a Ezequías], para hacer conocer todo lo que estaba en su corazón" (32:31). El relato de 2 Reyes informa del triste resultado del examen espiritual final de Ezequías: demostró ser orgulloso e insensato (véase 2 R. 20:12-13) y además egoísta (véase 2 R. 20:14-19; Is. 39).

Sin embargo, el pueblo de Ezequías actuó "honrándole en su muerte". A diferencia de reyes menos admirables de Israel, como Acaz (véase 28:27), Ezequías fue sepultado en los sepulcros reales.

33:1-9 *Manasés (695-642): Por criterio unánime: el más impío de todos.* Manasés, hijo de Ezequías, restauró el culto pagano que su padre había erradicado. Permitió prácticas satánicas, sacrificios de niños y la profanación del templo. Su mala influencia sobre Judá fue incluso peor que la de los cananeos (33:9; véase 2 R. 21:1-9).

33:10-13 *¡Pero Dios consigue su atención!* Como juicio contra Manasés, Dios permitió a los asirios atacar Judá y llevarse a Manasés cautivo a Babilonia.

Mientras estaba en la cautividad, Manasés se arrepintió y Dios lo perdonó y lo restauró al trono.

33:14-20 *¡Qué cambio conlleva la conversión!* Manasés demostró la sinceridad de su conversión reconstruyendo las defensas de la nación, quitando los ídolos que había erigido, y alentando el culto verdadero (véase 2 R. 21:17).

33:21-25 *Amón (642-640): Como su padre, corrompido; pero a diferencia de su padre, impenitente.* Amón, hijo de Manasés, repitió las maldades de su padre, pero a diferencia de su padre, jamás se arrepintió. Finalmente, sus propios siervos lo asesinaron (véase 2 R. 21:18-24). Evidentemente, los ídolos que Manasés había quitado de los lugares públicos no habían sido destruidos, porque Amón los encontró y los adoró (33:22).

34:1-7 *Josías (640-609): A juicio de todos: el más piadoso de todos.* Josías, hijo de Amón, comenzó su reinado siendo niño. A los 16 años se volvió a Dios y comenzó a purificar la tierra de falsos cultos (véase 2 R. 22:1-2).

34:8-13 *Decide reparar el templo.* A los 26 años, Josías inició un esfuerzo para reparar el templo. Después de las reparaciones bajo Joás hacía unos 180 años, y los trabajos más recientes (y quizá menos importantes) bajo Ezequías, el templo había estado al parecer en desuso durante varios años, y necesitaba de nuevo reparaciones (véase 2 R. 22:3-7). En 34:6, 9 se muestra que muchos que habían escapado a la caída del reino del norte estaban esperando en el sur por liderazgo (véase 30:6).

34:14-18 *Hallado: ¡El manuscrito de Moisés!* Durante los trabajos en el templo, el sacerdote Hilcías descubrió una copia de la ley de Moisés (todo el Pentateuco), y lo hizo entregar al rey y que fuese leído en su presencia (véase 2 R. 22:8-14). Ésta podría haber sido la única copia superviviente de la Ley, quizá escondida para protegerla durante la casi total abolición del culto israelita bajo Manasés y Amón.

34:19-28 *"Caerá el juicio después de tu partida".* Después de oír la lectura de la ley, Josías se lamentó por los pecados de Israel, dándose cuenta de que Dios estaba ciertamente airado con la nación. Por mandato de Josías, Hilcías consultó a la profetisa Hulda acerca del destino de Israel. Ella contestó que Israel sería de cierto juzgado, pero que, debido a que él se había lamentado y humillado, el juicio no caería durante la vida de Josías (véase 2 R. 22:15-20).

34:29-33 *Su lectura y la respuesta de ellos trae avivamiento.* Josías leyó la ley al pueblo, y luego hizo públicamente un pacto de seguir a Dios, y retó al pueblo a que lo hiciera también. El pueblo respondió de manera positiva, y el avivamiento se extendió por la nación (véase 2 R. 23:1-3).

35:1-19 *¡La más grande Pascua desde Samuel!* Josías dirigió a la nación en la restauración de la Pascua. Se trajeron más de 41.000 animales como sacrificio, y el arca fue restaurada al lugar que le correspondía en el templo, seguramente tras haber sido desplazada durante las reparaciones. El cronista describe esto como la mayor Pascua desde los tiempos de Samuel (35:18), al parecer sobrepasando incluso la celebración de 14 días dirigida por Ezequías (véase 30; exposición sobre 2 R. 23:21-23).

35:20-27 *Una lucha insensata, una herida mortal.* En el 609 a.C., el ejército egipcio estaba marchando a través de Judá de camino a Carquemis, junto al río Éufrates, para ayudar a Asiria en su lucha contra Nabucodonosor y los babilonios. A pesar de la afirmación del Faraón Necao de que su pelea no era con Judá y que no quería luchar con ellos, Josías atacó a los egipcios y cayó mortalmente herido. Fue sepultado en medio de grandes lamentaciones (véase 2 R. 23:28-30). La marcha del Faraón mismo estaba condenada: Nabucodonosor lo derrotaría en Carquemis en el 605 y poco después vencería también a Judá.

36:1-4 *Joacaz (609): rey de Judá, depuesto por el rey de Egipto.* Joacaz, hijo de Josías, le sucedió pero reinó solo 90 días antes que Faraón Necao lo depusiera, obligando a Judá a pagar tributo, e instalando a Eliaquim, hermano de Joacaz como siguiente rey de Judá. Necao cambió el nombre de Eliaquim por Joacim, una adicional indicación del poder de Egipto sobre Judá en aquel tiempo (véase 2 R. 23:31-34).

36:5-8 *Joacim (609-597): Instalado por Egipto, encadenado por Babilonia.* Durante el reinado de Joacim, en el 605 a.C., Nabucodonosor tomó a algunos israelitas, incluyendo a Daniel, así como una parte de los tesoros del templo, y se llevó los unos y lo otro a Babilonia (véase Dn. 1:1-6). El versículo 6 se puede traducir: "lo encadenó . . . para llevárselo a Babilonia" (véase V.M.), lo que puede indicar que a Joacim se le permitió finalmente quedarse en Judá tras prometer lealtad a Nabucodonosor. Esto explicaría su continuación en el poder hasta el 597 a.C. (véase 2 R. 23:36—24:6).

36:9-10 *Joaquín (597): Sus primeros y últimos 100 días.* Joaquín, hijo de Joacim, lo sucedió como rey, y gobernó solo 100 días (90 días según 2 R. 24:8) antes que Nabucodonosor lo llevase cautivo, junto con muchos otros israelitas, incluyendo Ezequiel (véase 2 R. 24:8-17; Ez. 1:2; 40:1). La V.M., siguiendo a muchos manuscritos del AT, da la edad de Joaquín como de dieciocho años en el margen, lo que se ajusta mejor al contexto que otras versiones que dan su edad como 21 años.

36:11-14 *Sedequías (597-586): El insensato último rey de Judá.* Sedequías, el último rey de Judá antes de la cautividad babilónica, fue malo como lo habían sido la mayoría de sus predecesores y no se arrepintió cuando fue advertido por Jeremías (véase Jer. 21:3-7). También desoyó las advertencias de Nabucodonosor y se rebeló contra Babilonia (véase 2 R. 24:18-20). Mientras que el relato del cronista se centra en los reyes de Judá, observa que todos los dirigentes civiles y religiosos de la nación se estaban volviendo más y más impíos.

36:15-21 *Juicio de Judá: Jerusalén cae.* Concluyendo que su pueblo estaba más allá de todo arrepentimiento (36:15-16), Dios permitió a los babilonios que volviesen a invadir. Esta vez se lanzaron a una brutal matanza de mucha gente, saquearon el templo, quemaron la ciudad y se llevaron a los sobrevivientes a la cautividad en Babilonia. Dios había llegado ya antes a la misma conclusión acerca del reino del norte (2 R. 17).

Una razón que se da para este terrible juicio es la necesidad de dejar que la tierra reposase, por cuanto Judá no había observado la exigencia de la ley de que la tierra estuviera en barbecho cada séptimo año (36:21). Dios decretó setenta años de cautividad, implicando que el año sabático no había sido observado durante 490 años (véase Lv. 25:1-7; 26:27-43; 2 R. 25; Jer. 29:10; exposición sobre Dn. 9:20-27).

36:22-23 *Pero después de 70 años, ¡una nueva era!* El cronista concluye su libro con un toque de optimismo, observando que el decreto del rey persa Ciro que permitía a los judíos regresar a Jerusalén desde su cautividad en Babilonia (véase exposición sobre Esd. 1:1-4).

ESDRAS

❖

TRASFONDO

En el 539 a.C., sesenta y seis años después que el primer grupo de judíos fuese llevado a Babilonia en el 605 (véase exposición sobre 2 R. 24:1-7), el Imperio Babilónico fue a su vez derribado por el rey Ciro de Persia. Uno de los primeros actos de Ciro como nuevo gobernante de Babilonia fue permitir a sus muchos cautivos, incluyendo los judíos, que volvieran a sus tierras (véase *El Cilindro de Ciro,* p. 894). El libro de Esdras registra el primer regreso de los exiliados judíos de Babilonia en el 538 y el segundo regreso en el 457, cuando Esdras mismo estuvo entre los que volvieron. El libro de Nehemías, originalmente combinado con Esdras, registra el regreso de Nehemías y de sus compañeros en el 445.

Véase *El regreso del exilio,* p. 292.

AUTOR

Esdras y Nehemías fueron ambos escritos por Esdras, aunque las memorias de Nehemías dan mucho del material para el libro que lleva su nombre.

- Esdras es evidentemente el sujeto de los pronombres en primera persona que se refieren al autor del libro de Esdras (7:28; y repetidamente en 8—9). Aunque Nehemías 1—7 tiene un uso similarmente repetido del pronombre en primera persona, Esdras podría haber fácilmente recopilado este libro de los diarios de Nehemías.
- Esdras tendría un conocimiento de primera mano de muchos de los acontecimientos en ambos libros.
- Esdras—Nehemías tiene marcadas similitudes con 1 y 2 Crónicas (véase *Comparación con otros libros de la biblia*), y hay un intenso apoyo tradicional para la paternidad por parte de Esdras de Crónicas (véase *1 Crónicas: Autor*).

La mayoría de los eruditos conservadores creen que un "cronista" desconocido puede haber sido el editor final de Esdras y Nehemías, así como de 1 y 2 Crónicas.

—538 a.C.
Los exiliados regresan con Zorobabel

—536
Comienza la reconstrucción del templo

—535
Se detiene la reconstrucción del templo

—520
Se reanudan las obras mediante los ministerios de Hageo y Zacarías

—516
Finalización del templo

—473
Ester salva a los judíos aun en Persia

—457
Vuelven más exiliados con Esdras

—445
Nehemías reconstruye el muro

EL REGRESO DEL EXILIO

"Cuando en Babilonia se cumplan los setenta años, yo os visitaré, y despertaré sobre vosotros mi buena palabra, para haceros volver a este lugar". (Jer. 29:10)

UNA CRONOLOGÍA DE LA ETAPA DEL REGRESO

REY EXTRANJERO	FECHA	SUCESO	PASAJE	LIBRO DEL ANTIGUO TESTAMENTO	LUGAR
Ciro el Grande	539-530	Conquista Babilonia Promulga decreto del retorno	Dn. 5 Esd. 1–3	Esdras 1–6	
Cambises	530-522	No mencionado en el Antiguo Testamento		Hageo	Jerusalén
Smerdis	522-520	Detiene los trabajos del templo	Esd. 4:1-23	Zacarías	
Darío el Grande	520-486	Manda que prosigan las obras	Esd. 4:24; 6:1-22	(Véase Esd. 5:1; 6:1-4)	
Asuero (Jerjes)	486-465	Hace de Ester su reina	Est. 1–10	Ester	Persia
Artajerjes	465-424	Permite volver a Esdras Permite volver a Nehemías	Esd. 7–12; Nehemías 1–13	Esdras 7–12 Nehemías	Jerusalén

FECHA Y LUGAR

Los acontecimientos de Esdras—Nehemías cubren 93 años; su recopilación quedó probablemente finalizada alrededor del 430 a.C. en Jerusalén.

DESTINATARIOS

Los judíos que volvieron de Babilonia, incluyendo no solo las dos tribus del sur (Judá y Benjamín) sino representantes de todas las doce tribus (véase exposición sobre 1:5-6).

PROPÓSITO

(Esdras—Nehemías)

- Dar seguridades a los exiliados que habían regresado que Dios guardaría su pacto con ellos (Neh. 9:32) y que había por tanto "esperanza para Israel" (10:2).

- Demostrar el poder de la oración (Esd. 9—10; Neh. 9) y la importancia de la Palabra de Dios en tiempos de crisis (Nehemías hace frecuentes referencias a la lectura de la ley).
- Mostrar lo que puede suceder cuando simplemente una persona (Esdras y Nehemías, respectivamente) toma postura por el Señor.

RASGOS SINGULARES

- La Biblia cuenta las historias de varios compañerismos de ministerio, como el de Moisés y Aarón, y Elías y Eliseo. Esdras—Nehemías cuenta acerca de tres de estos equipos: Zorobabel y Josué; Hageo y Zacarías y, naturalmente, Esdras y Nehemías.
- Esdras fue uno de los últimos autores del AT y uno de los primeros de los escribas judíos que iba a preservar el canon del AT.
- Esdras es uno de dos libros en la Biblia que tiene un contenido significativo en lengua aramea, una lengua cognada del hebreo (el otro es Daniel).

COMPARACIÓN CON OTROS LIBROS DE LA BIBLIA

Esdras—Nehemías y 1 y 2 Crónicas:

- La relación de Esdras con los cuatro libros queda sugerida por esas similitudes:
    - ► Ambos contienen muchas listas.
    - ► Los dos últimos versículos de 2 Crónicas (36:22-23) son idénticos a los primeros tres versículos de Esdras.
    - ► Ambos emplean similares expresiones, como "la casa de Dios".
    - ► En ambos destacan los levitas y los ayudantes del templo.

Esdras—Nehemías y Hageo:

- Ambos comparan el nuevo templo con el anterior templo de Salomón (3:12; Hag. 2:3).
- Ambos se refieren a la dirección del Espíritu de Dios (Neh. 9:20; Hag. 2:5).
- Ambos se refieren a Dios infundiendo entusiasmo en los exiliados que regresaban (1:5; Hag. 1:14).

BOSQUEJO

EL PRIMER REGRESO, BAJO ZOROBABEL: UN RELATO HISTÓRICO (1—6)
- El regreso de los exiliados (1—2)
- Avivamiento de los sacrificios (3:1-6)
- Comienzo de la reconstrucción del templo (3:7-13)
- Impedimentos a la reconstrucción (4)
- Finalización de la reconstrucción del templo (5—6)

EL SEGUNDO REGRESO BAJO ESDRAS: UN RELATO BIOGRÁFICO (7—10)
- Autorización regia a Esdras (7)
- El remanente que acompañó a Esdras (8)
- Reformas promulgadas por Esdras (9—10)

EL PRIMER REGRESO, BAJO ZOROBABEL: UN RELATO HISTÓRICO (1—6)

1:1-4 *Ciro proclama lo que Jeremías había predicho.* (Véase *Trasfondo.*) Esdras comienza donde 2 Crónicas había terminado, con la promulgación del decreto de Ciro permitiendo a los judíos regresar a la patria (véase *Comparación con otros libros bíblicos.*) El decreto de Ciro cumplió la profecía de Jeremías de que los judíos volverían tras 70 años de cautividad (Jer. 29:10; véase exposición sobre Jer. 25:8-14). Isaías, que había profetizado con anterioridad, se había referido antes a Ciro por su nombre (Is. 44:28—45:1).

1:5-6 *Les da el deseo de ir.* Esdras observa que Dios había dado a muchos exiliados un deseo de regresar a la patria. Bajo la sugerencia de Ciro, muchos judíos y no judíos que decidieron permanecer en Babilonia dieron generosos regalos a los que volvían, lo que recuerda similares dones en los tiempos del Éxodo (Éx. 12:35-36). Aunque solo se hace mención de tres tribus (Judá, Benjamín y Leví), está claro que hubo representantes de las doce tribus entre los que volvieron:

- Para el tiempo de la guerra civil de Israel, un número de todas las 12 tribus se desplazaron a Jerusalén y se aliaron con el reino del sur (2 Cr. 11:13-17).
- Pablo se refirió a "las doce tribus de Israel" (Hch. 26:7) como si los componentes de estas tribus fuesen identificables en su época.
- El NT menciona las tribus de Zabulón y Neftalí (Mt. 4:13-15), y Aser (Lc. 2:36).
- Jesús consideraba su ministerio como para toda la casa de Israel, no solo para una o dos tribus (Mt. 10:5-6).

Esos versículos refutan las pretensiones del movimiento israelo-británico, que enseñan que los pueblos de descendencia británica comprenden las "diez tribus perdidas" de Israel.

1:7-11 *Devuelve los tesoros del templo.* Ciro restauró a los judíos unos 5.400 enseres de oro y plata que Nabucodonosor había tomado del templo (véase 2 R. 24:13; véase exposición sobre 2 R. 25:8-21) y que Belsasar había empleado para burlarse del Dios de Israel (Dn. 5:2-4).

2:1-70 *Los dirigentes y aquellos a los que dirigen.* Esdras da una relación de las familias que volvieron del exilio e introduce a Zorobabel, el nieto de Joaquín (3:2; 1 Cr. 3:17-19), como su dirigente político (véase Hag. 1:1). Zorobabel iba a encontrarse con dificultades en la tarea de reedificar el templo, y fue a menudo alentado por el mismo Dios (Hag. 1:14; 2:4, 21, 23; Zac. 4:6-7, 9-10).

Se da una lista de otros diez dirigentes, incluyendo a Josué (2:2), que sería el primer sumo sacerdote de Israel después del exilio. Nehemías (2:2) no es el mismo que el Nehemías que volvería a Judea 93 años después y que da el nombre al libro.

La gente se relaciona en diversos grupos: sacerdotes (2:36-42); descendientes de los siervos del templo (también traducido "nethineos", 2:43-54, RV; véase exposición sobre 8:1-20); descendientes de los oficiales de Salomón (2:55-58); y varia gente cuya identidad israelita no podía ser verificada (2:59-63). Acerca de "Urim y Tumim", 2:63, véase Éxodo 28:30. En total, 50.000 personas y 8.000 animales hicieron el viaje de Babilonia a Judea.

3:1-6 *El altar es erigido a pesar de la oposición.* Lo primero que hizo Josué al llegar a Jerusalén fue erigir el altar en el sitio prescrito. Lo hizo a pesar de la oposición inmediata de los no judíos que ahora vivían en aquel lugar (3:3). A continuación de ello, el pueblo celebró la fiesta de las cabañas y comenzó la observancia regular de los diversos sacrificios.

3:7-13 *Regocijo y recuerdo agradecido.* Dos años después de la llegada a Jerusalén, y después de recoger suministros, el pueblo comenzó a reconstruir el templo. Tan pronto como echaron los cimientos, se celebró un memorable servicio de dedicación: Mientras la generación joven se regocijaba, los judíos más ancianos lloraban, al recordar el hermoso templo de Salomón, que había sido mucho más grande que el nuevo.

4:1-5 *"Gracias, pero no, gracias".* Al ver como el templo iba adquiriendo forma, la gente local que había estado oponiéndose a los judíos comenzaron a ofrecerse a ayudarlos, pero sabiamente Zorobabel y Josué rechazaron su ofrecimiento. Los pretendidos ayudantes reanudaron entonces sus esfuerzos para estorbar la reconstrucción.

4:6-16 *La venenosa pluma de los paganos.* En un momento determinado, los que se oponían a los israelitas comenzaron a escribir cartas de acusación a las autoridades gubernamentales, una enojosa práctica que persistió durante varios años. Una de esas cartas (4:11-16) sugería que el rey Artajerjes leyese sobre el pasado rebelde de Jerusalén y predecía que los judíos que vivieran en la ciudad reconstruida rehusarían pagar tributos.

4:17-24 *"¡Acusación confirmada! ¡Dejad inmediatamente de construir!"* Después de revisar la historia de Jerusalén, Artajerjes llegó a la conclusión de que dicha ciudad era verdaderamente una amenaza para la estabilidad del reino. Con ello, mandó a los judíos que abandonasen la reconstrucción.

5:1-5 *Hageo y Zacarías: "¡No dejéis de trabajar ahora!"* Unos quince años más tarde, dos resueltos y fieles profetas, Hageo y Zacarías, comenzaron a alentar al pueblo para que no hicieran caso de la orden del rey y siguieran reconstruyendo (véase Hag. 1:1, 8; Zac. 1:1). Al ver que se reanudaba el trabajo, una delegación local dirigida por Tatnai preguntó a los judíos quién les había dado autoridad para construir. Le contaron acerca del decreto de Ciro, y él escribió una carta al rey Darío acerca de este asunto.

Quizá recordando el anterior desaliento, especialmente de los judíos más viejos (véase 3:12), Dios inspiró a Hageo en este tiempo para ayudarlos a ponerlo todo en su perspectiva adecuada, comparando el nuevo templo tanto con el templo de Salomón como con el futuro templo milenario:

- *El templo de Salomón:* "¿Quién ha quedado entre vosotros que haya visto esta casa en su gloria primera, y cómo la veis ahora? ¿No es ella como nada delante de vuestros ojos?" (Hag. 2:3).
- *El templo milenario:* "La gloria postrera de esta casa será mayor que la primera, ha dicho Jehová de los ejércitos; y daré paz en este lugar, dice Jehová de los ejércitos" (Hag. 2:9).

5:6-17 *La carta de Tatnai: "¿Dijo esto Ciro de verdad?"* Esdras registra el texto de la carta de Tatnai a Darío: Tatnai informó acerca de la declaración de los judíos de que el predecesor de Darío, el rey Ciro, había firmado un decreto que permitía la reconstrucción del templo. Tatnai pedía un informe de si Ciro realmente había firmado un decreto así.

6:1-12 *Respuesta de Darío: "¡Sí, así se hizo! ¡Déjenlos trabajar!"* Una búsqueda en los archivos reales puso rápidamente de manifiesto que Ciro había verdaderamente ordenado la reconstrucción del templo, tal como los judíos habían declarado. En 6:3-5 se registra la confirmación de aquel decreto por parte de Darío. Él mandó a

Tatnai y a sus hombres que ayudasen a los judíos en todas las maneras que pudieran.

Éste es solo uno de los muchos ejemplos bíblicos del empleo que Dios hace de la oposición de sus enemigos para que sirva a sus propósitos. La carta de Tatnai, que tenía la intención de detener la reconstrucción del templo, sirvió en realidad para asegurar su definitiva reconstrucción. Como proclamó el salmista: "Ciertamente la ira del hombre te alabará" (Sal. 76:10). Hay muchos ejemplos bíblicos de esto:

- La ira de Esaú hizo que Jacob huyera a Harán, donde conoció a Raquel (Gn. 27:41-45; 29:10-11).
- La ira de sus once hermanos llevó a que Jacob fuese enviado a Egipto como esclavo; allí llegó a primer ministro y rescató a su familia del hambre (Gn. 37:23-28; 41:38-44; 50:20).
- Cuando un rey moabita alquiló a Balaam para que maldijera a Israel, el resultado fue una hermosa profecía acerca de Cristo (Nm. 22:1-6; 24:17).
- Cuando Amán levantó una horca para colgar en ella a Mardoqueo, él mismo fue ahorcado en ella (Est. 5:12-14; 7:10).
- Cuando un rey israelita quemó un libro de Dios, el libro volvió a ser escrito con una adición que profetizaba el fin aciago de aquel mismo rey (Jer. 36:20-23, 27-32).
- La crucifixión de Cristo resultó en la salvación para todos los pecadores que se arrepienten (Hch. 2:36).
- Un emperador romano desterró al apóstol Juan a una isla solitaria para impedirle que predicase el evangelio. Mientras estaba allí, Juan escribió Apocalipsis (Ap. 1:9).

6:13-15 *Proyecto finalizado mediante oraciones, profetas y el pueblo.* Tatnai obedeció el decreto de Darío y dio su apoyo a la reconstrucción. Con un aliento adicional de Hageo y Zacarías, el nuevo templo quedó completado en el 516 a.C., unos 20 años después del inicio de la construcción (compare 3:8 y 6:15).

6:16-22 *Dedicación y celebración.* La finalización de la reconstrucción del templo quedó señalada con una ceremonia de adoración; se asignaron sacerdotes para su servicio, y se celebró la pascua. Los exiliados que habían regresado invitaron a los judíos que habían permanecido en Palestina en los tiempos del exilio (véase exposición sobre 2 Cr. 30:1-9) pero que ahora "se habían apartado de las inmundicias de las gentes de la tierra" (6:21) para que observasen la pascua con ellos.

EL SEGUNDO REGRESO BAJO ESDRAS: UN RELATO BIOGRÁFICO (7—10)

7:1-10 *¡A Israel, para enseñar!* En el 457 a.C., unos 80 años después que Zorobabel y Josué hubieran encabezado el primer grupo de exiliados de regreso a Jerusalén, el rey Artajerjes dio permiso a Esdras para que fuese también allá. El propósito de Esdras al emprender el viaje de cinco meses era este: "para inquirir la ley de Jehová y para cumplirla, y para enseñar en Israel sus estatutos y decretos" (7:9-10). La genealogía de Esdras (7:1-5) muestra que era sacerdote; en 7:6 se dice que era también un prestigioso escriba.

7:11-26 *El favor y las subvenciones del rey.* Artajerjes promulgó un decreto en el que se invitaba a otros israelitas, especialmente a los sacerdotes, a que fuesen con Esdras a Israel. Dio generosas provisiones para el viaje, y alentó a otros a hacer lo mismo. Decretó que las autoridades no judías en la región alrededor de Judea hicieran todos los esfuerzos por ayudar a los judíos. Lo más asombroso de todo es que mandó a Esdras que hiciera de la ley de Moisés la ley de la tierra, y que

A BABILONIA DESDE JUDÁ

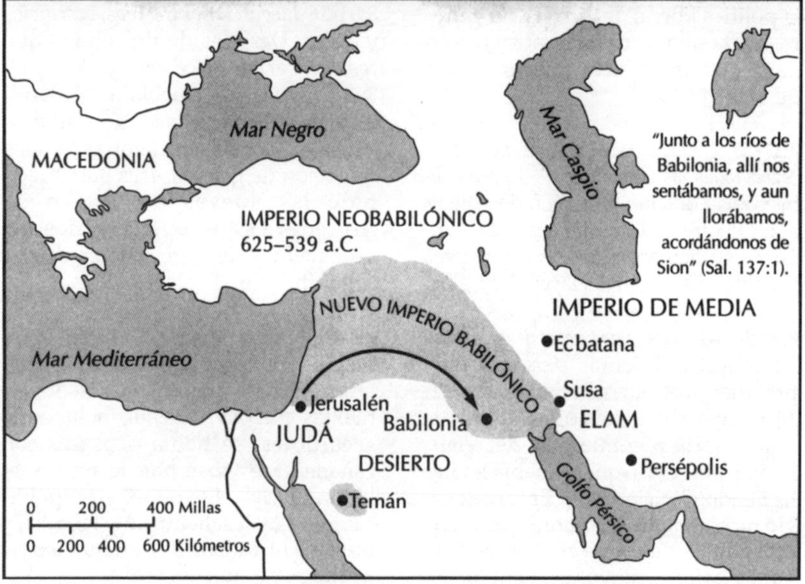

A JUDÁ DESDE BABILONIA

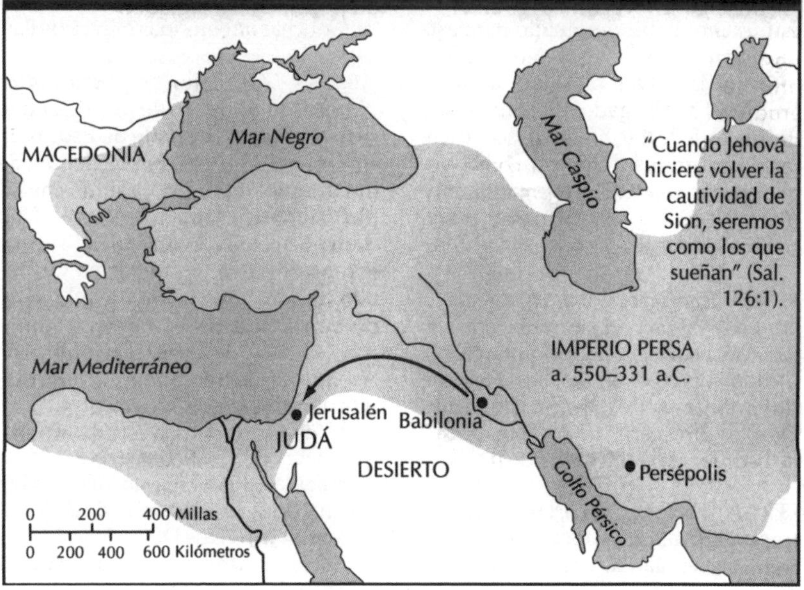

la aplicase con todo rigor (7:25-26). Evidentemente, Artajerjes estaba o bien renovando o bien manteniendo la política liberal de Ciro (1). Su generosidad estaba motivada, al menos en parte, por un deseo de aplacar al Dios de Israel (7:23).

7:27-28 *"¡Alabado sea Dios, de quien proceden todas las bendiciones!"* Esdras recuerda su oración de acción de gracias al oír el ofrecimiento del rey para ayudar, y su llamamiento a compatriotas israelitas dispuestos a viajar a Jerusalén.

8:1-20 *¡Muchos laicos, pero ni un levita!* Unas mil quinientas personas emprendieron el viaje con Esdras. En 8:1-14 se dan sus genealogías. Durante una parada a comienzos del viaje, Esdras descubrió que no había levitas haciendo el viaje (8:15). Entonces envió rápidamente a hombres de vuelta a Babilonia para que encontrasen algunos levitas y siervos del templo. Los hombres volvieron pronto, con 41 sacerdotes y 220 siervos del templo.

Como se explica en 8:20, los siervos del templo (también traducido "nethineos") eran gente cuyos antepasados Dios había designado para esta posición. Debido a que tenían nombres no israelitas (2:43-54), algunos eruditos han llegado a la conclusión de que puede que fuesen descendientes de cautivos de guerra como los gabaonitas (Jos. 9:27) o los madianitas (Nm. 31:1-30), que habían pasado a ser siervos de Israel.

8:21-23 *Tendrá que bastar con el ayuno y la oración.* Al prepararse para reanudar su viaje, Esdras y el pueblo oraron pidiendo la protección de Dios. Habiendo ya declarado a Artajerjes su fe en que Dios los protegería, tuvo "vergüenza" de pedirle una escolta armada (8:22).

8:24-30 *Se confía a doce el transporte del tesoro.* Esdras dio a doce sacerdotes la responsabilidad de custodiar los tesoros que Artajerjes había dado para el templo.

8:31-36 *Llegan sanos y salvos, sacrificios y apoyo.* Después de un retraso que resultó ser de once días (véase 7:9; 8:31), Esdras y el pueblo reanudaron su viaje y llegaron sanos y salvos a Jerusalén, donde ofrecieron sacrificios de acción de gracias. Tras haber recibido las nuevas del apoyo de Artajerjes a estos recién llegados, los no israelitas de la región les dieron también su total apoyo (8:36).

9:1-4 *Lo que oye le parte el corazón.* Poco después de llegar a Jerusalén, le contaron a Esdras que muchos de los israelitas que ya vivían allí, incluyendo sacerdotes, se habían casado con cananeas y estaban practicando la religión de ellas. Esdras expresó públicamente su desaliento ante tal cosa, y muchos otros israelitas, inquietos, se pusieron de su lado.

9:5-15 *"¿Es que nunca vamos a aprender?"* Esdras oró, reconociendo la larga historia de pecado de Israel a pesar del juicio divino, y agradeciendo a Dios sus muchas inmerecidas misericordias.

10:1-4 *"Aún hay esperanza", dice Secanías.* El número de personas que se había puesto del lado de Esdras en su lamentación (9:4) fue creciendo, de modo que "una muy grande multitud" se puso a lamentar con él. Uno de los dirigentes, Secanías, sugirió que Esdras dirigiese una reforma de ámbito nacional que incluyese el despido de las mujeres extranjeras, junto con los hijos de estos matrimonios. Aseguró a Esdras que esta reforma encontraría amplio apoyo.

El "divorcio" de una esposa extranjera habría sido realmente considerado una anulación, por cuanto, según la ley, un matrimonio así habría sido de todos modos ilegal (véase Dt. 7:1-3; Mal. 2:16).

Tal como Moisés había advertido a

los israelitas (véase Dt. 7:4), las esposas extranjeras habían apartado los corazones de ellos de Dios. Lo cierto era que esos matrimonios mixtos habían ya tenido como consecuencia la cautividad. Probablemente contribuyó también a la lenta progresión en la reconstrucción del templo (véase exposición sobre 6:13-15).

10:5-9 *Un llamamiento a la reforma, bajo la lluvia.* Habiendo convocado a los dirigentes de Israel a que comparecieran ante él, Esdras llamó a todos los que tuvieran intención de mantenerse por Dios que se reuniesen en Jerusalén en el día veinte del noveno mes. A pesar de una lluvia torrencial, muchos acudieron y comparecieron ante Esdras.

10:10-44 *"¡Arrepiéntanse y renuncien a esas relaciones!"* Esdras retó a los hombres de Israel a que se arrepintieran de sus pecados y a que repudiasen a sus mujeres extranjeras. Excepto por unos pocos disidentes (10:15), el pueblo entero accedió a ello. Debido a la inclemencia del tiempo y a los procedimientos legales de un proceso así, Esdras accedió a la petición del pueblo para darles un plazo adecuado para concluir las anulaciones. Unos noventa días después de comenzado el proceso, se habían llevado a cabo todas las anulaciones necesarias. En 10:18-44 se da una lista de los hombres que tuvieron parte en las anulaciones.

PERSONAS A RECORDAR DE ESDRAS

ESDRAS

Hecho clave: Dirigió el segundo de tres regresos a Jerusalén después de la cautividad babilónica (7—8)
Ocupación: Sacerdote, escriba, maestro de la ley, dirigente político (7:1-6, 10, 21-26)
Total de referencias bíblicas: 24
Referencias clave: 7—10; Neh. 8—12

Habla Esdras

¡Qué ocho días más gloriosos! Una vez creí que mi primera visión de Jerusalén era la culminación de toda mi vida, ¡pero no! ¿Qué mayor gozo podría tener un maestro de la Biblia que estar en una tarima en la ciudad de Dios, enseñando públicamente la Palabra de Dios desde el amanecer hasta el mediodía durante una semana entera? ¡Qué bueno es Dios, moviendo el corazón de un rey pagano para permitirme llegar aquí en primer lugar! Y trabajar junto a Nehemías esos muchos años ha sido una gran bendición (7:11-26; Neh. 8:1-4, 9, 18).

Señor Dios de nuestros padres, me has permitido conducir a tu pueblo de Persia a tu Santa Ciudad, y llevar a cabo un gran avivamiento entre ellos aquí. El nuevo templo está ya construido, y nuestras murallas alrededor de la ciudad están ya acabadas. ¡Es suficiente! ¡Deja ya que tu profeta, sacerdote, escriba y maestro bíblico parta de esta vida para la vida eterna! (6:15; 7:6, 10; 8:32; 10:7-17; Neh. 6:5).

Lecciones espirituales de Esdras

- Toda empresa de éxito debe ir precedida de unos cuidadosos preparativos. "Esdras había preparado su corazón para inquirir la ley de Jehová y para cumplirla" (7:10).

- Cuanto más comprendamos la santidad de Dios, tanto más comprenderemos la gravedad del pecado. Esdras comprendió y se lamentó profundamente (9).

Versículo clave
"Esdras había preparado su corazón para inquirir la ley de Jehová y para cumplirla, y para enseñar en Israel sus estatutos y decretos" (Esd. 7:10).

ZOROBABEL

Hecho clave: Dirigió el primero de tres regresos a Jerusalén después de la cautividad babilónica (2:2)
Padre: Bien Salatiel (3:2) o Pedaías (1 Cr. 3:19)
Hermano: Simei (1 Cr. 3:19)
Hijos: Mesulam, Hananías, Hasuba, Ohel, Berequías, Hasadías, Jusab-hesed (1 Cr. 3:19-20)
Hija: Selomit (1 Cr. 3:19)
Ocupación: Dirigente político (Hag. 1:1)
Total de referencias bíblicas: 26
Referencias clave: 2:2; 3:2—5:2; Hag. 1:12—2:23; Zac. 4

Habla Zorobabel
Todo comenzó con aquella increíble proclamación: "Así ha dicho Ciro rey de Persia: Jehová el Dios de los cielos me ha dado todos los reinos de la tierra, y me ha mandado que le edifique casa en Jerusalén . . ".

¡Apenas podía creer lo que estaba oyendo! ¡Aquí teníamos un decreto real promulgado por el rey Ciro mismo! Con todo, no debiera haberme sentido asombrado, porque Jeremías había predicho esta misma cosa hacía muchos años. ¡Pero lo que el profeta no predijo fue que el emperador persa iba a designarme *a mí* para conducirlos de vuelta! ¡Bien poco conscientes éramos yo o ninguno de los 50.000 que me acompañaron de las pruebas y triunfos que nos esperaban a lo largo de los siguientes veintidós años!

Dudo que hubiera nunca un servicio de dedicación más extraño que el nuestro cuando terminamos los cimientos del nuevo templo. ¡Era asombroso: la mitad de la gente riendo de gozo y la otra mitad llorando de tristeza! Me pregunto qué deberían estar pensando nuestros vecinos paganos (3:8-13).

Pero esto era solo el comienzo. Nunca hubiera podido pensar que una carta calumniosa podía hacer tanto daño. Dios juzgará un día a Bislam y a sus malvados compañeros por su parte en esta iniquidad. Pero Dios controló la mano del gobernador en favor nuestro cuando escribió aquella segunda carta. ¡Qué gran fuente de fortaleza fueron para mí los profetas Hageo y Zacarías, y el sumo sacerdote Josué, durante aquellos días de pruebas (4:7; 5:1-17; Hag. 2:1-9).

De modo que aquí estamos, veintidós años después de haber partido de Persia, ¡gozando de nuestro templo acabado en la Ciudad Santa! No hay duda alguna acerca de ello: el mensaje que me dio Zacarías en aquel entonces lo resume cabalmente: "No con ejército, ni con fuerza, sino con mi Espíritu, ha dicho Jehová de los ejércitos" (6:14-15; Zac. 4:6).

Lecciones espirituales de Zorobabel

- "¿Qué compañerismo tiene la justicia con la injusticia? ¿Y qué comunión la luz con las tinieblas?" (2 Co. 6:14). Las relaciones estrechas como la matrimonial no pueden existir entre creyentes e incrédulos. Para Zorobabel, la edificación del templo era una tarea demasiado sagrada para compartirla con paganos (4:1-3).
- Dios recompensa la fidelidad. Debido a su celo, Zorobabel recibió dos promesas:
  - Le sería permitido terminar la reconstrucción del nuevo templo (Zac. 4:8-10).
  - Recibiría un ministerio especial en el milenio (Hag. 2:23).

Versículos clave

"Entonces respondió y me habló diciendo: Esta es palabra de Jehová a Zorobabel, que dice: No con ejército, ni con fuerza, sino con mi Espíritu, ha dicho Jehová de los ejércitos. ¿Quién eres tú, oh gran monte? Delante de Zorobabel serás reducido a llanura; él sacará la primera piedra con aclamaciones de: Gracia, gracia a ella" (Zac. 4:6-7).

—*473 a.C.*
Ester salva a los judíos aun en Persia

—*457*
Vuelven exiliados con Esdras

—*445*
Nehemías reconstruye el muro

—*433*
Nehemías va a Babilonia para asuntos de estado

—*432*
Nehemías regresa a Jerusalén, encuentra problemas

—*430*
Malaquías ministra a los exiliados

NEHEMÍAS

TRASFONDO

Véase *Esdras: Trasfondo.* El libro de Nehemías registra el regreso de Nehemías a Jerusalén desde el exilio en Babilonia (445 a.C.), su reconstrucción de las murallas de Jerusalén, su carrera como dirigente político, y su regreso temporal a Babilonia doce años después (13:6). En tanto que Esdras era un sacerdote y maestro bíblico que centró su atención en la purificación del pueblo de Jerusalén, Nehemías fue un estadista y constructor (véase exposición sobre 13:28-31) que centró su atención en su *protección.*

AUTOR

Véase *Esdras: Autor.* En tanto que Esdras probablemente recopiló el libro basándose en las memorias de Nehemías, es evidente que Nehemías fue autor de las secciones que se le atribuyen directamente, que incluyen 1—7 y 13, donde los pronombres en primera persona se atribuyen a él.

FECHA Y LUGAR

Véase *Esdras: Fecha y lugar.*

DESTINATARIOS

Véase *Esdras: Destinatarios.*

PROPÓSITO

Véase *Esdras: Propósito.*

RASGOS SINGULARES

- Aunque Ester le sigue en el canon, Nehemías es cronológicamente el último libro histórico del AT.
- Aunque mucho de su material fue realmente recopilado por Esdras, Nehemías es el más autobiográfico de los libros históricos de la Biblia.
- Nehemías es uno de los mejores ejemplos en las Escrituras de un hombre consagrado a una visión y a alentar a otros a unirse a él en la realización de esta visión.

- El decreto de Artajerjes (2:8) marca el inicio oficial de las Setenta Semanas profetizadas en Daniel 9:25-27.

COMPARACIÓN CON OTROS LIBROS DE LA BIBLIA

Véase *Esdras: Comparación con otros libros de la Biblia.*

BOSQUEJO

NEHEMÍAS RECONSTRUYE LAS MURALLAS DE JERUSALÉN (1:1—7:3)
- Reacción de Nehemías ante la ruina del muro (1)
- Petición de Nehemías de reconstruir el muro (2:1-10)
- Reconocimiento de Nehemías del muro arruinado (2:11-20)
- Nehemías comienza a reconstruir el muro (3)
- Los enemigos ridiculizan y amenazan a los constructores (5)
- Los enemigos reanudan la oposición (6:1-14)
- Se finaliza la reconstrucción; se refuerza la seguridad (6:15—7:3)

ESDRAS Y NEHEMÍAS REAVIVAN LA SEGURIDAD (7:4—13:31)
- Registro de los que volvieron antes de Nehemías (7:4-73)
- Esdras lee la ley (8)
- La lectura lleva a un avivamiento (9—10)
- Lista de los residentes de la tierra (11:1—12:26)
- Dedicación del muro reconstruido (12:27-47)
- Reformas de Nehemías (13)

NEHEMÍAS RECONSTRUYE LAS MURALLAS DE JERUSALÉN (1:1—7:3)

1:1-4 *Oye y se llena de tristeza.* Nehemías, un exiliado judío que había alcanzado una alta posición en el Imperio Persa (1:11), estaba entre los que se habían quedado en Babilonia durante los regresos primero y segundo de los exiliados a Judea. Hanani, uno de los hermanos de Nehemías que había regresado, volvió a Babilonia, y le informó acerca de los judíos en Judea, que estaban "en gran mal y afrenta" y que las murallas de Jerusalén estaban en estado de total ruina. Nehemías se sintió profundamente angustiado ante las noticias, y pasó varios días en ayuno y oración.

1:5-11 *Su petición: El perdón de Dios y el favor del rey.* Nehemías confesó tanto sus propios pecados como los de su pueblo. Pidió a Dios que reconociese a aquellos entre los judíos que verdaderamente le estaban buscando y que cumpliera su promesa de restaurarlos plenamente a la tierra si se arrepentían. También pidió a Dios que concediera una respuesta favorable a una petición que evidentemente quería hacer al rey Artajerjes (1:11).

2:1-3 *Le cuenta el problema al rey.* Observando un día que Nehemías parecía triste, el rey Artajerjes le preguntó qué le sucedía, y Nehemías le habló entonces de la ruina de Jerusalén. La conversación de Nehemías con Artajerjes tuvo lugar en Nisán, el primer mes del año judío, cuatro meses después que hubiera oído acerca de la desolación de Jerusalén en el mes de Quisleu, el noveno mes del anterior año judío (1:1). Pero ambos acontecimientos son datados como pertenecientes al noveno año del reinado de Artajerjes. Los años de reinado del rey babilónico al parecer no coincidían con los del calendario hebreo.

2:4-8 *La respuesta del rey: Permiso para emprender la tarea.* Nehemías pidió permiso para reconstruir el muro de Jerusalén, y Artajerjes se lo concedió. También pidió cartas de salvoconducto y que le fuera concedida madera para la reparación de las puertas de la ciudad. El rey concedió también estas peticiones. Artajerjes era hijo de Jerjes, el rey persa que se había casado con Ester (Est. 2:16-18). Doce años antes de patrocinar a Nehemías, Artajerjes había posibilitado el regreso de Esdras (Esd. 7).

2:9-10 *Pero los poderes provinciales no se sienten complacidos.* Acompañado por una escolta militar, Nehemías viajó a Judea y presentó sus credenciales a los dirigentes locales. A dos de estos dirigentes, Sanbalat y Tobías, "les disgustó en extremo" la intención de Nehemías de ayudar a los judíos. Los dos serían unos constantes y acérrimos enemigos del esfuerzo de reconstrucción. En 4:2 se sugiere que el poder político de Sanbalat podía estar centrado en Samaria, que había sido la capital del reino del norte de Israel. Puede que temiese el avivamiento de la rivalidad entre Samaria y Jerusalén.

2:11-16 *La misión de medianoche de Nehemías.* Al amparo de la oscuridad, Nehemías inspeccionó las murallas de la ciudad, no revelando sus planes ni siquiera a sus compatriotas judíos que le acompañaban.

2:17-18 *La recomendación: "Venid, y edifiquemos".* Al día siguiente, Nehemías se encontró con los dirigentes judíos, les habló de su misión, de la bendición de Dios, y del permiso que habían recibido del rey para reconstruir. Cuando los invitó a que le ayudasen, los dirigentes le respondieron de manera favorable, y comenzaron la obra sin más dilaciones.

2:19-20 *Entra el trío de perturbadores.* Sanbalat, Tobías y Gesem comenzaron a ridiculizar el proyecto de reconstrucción. Nehemías respondió proclamando su confianza en que Dios les ayudaría, y su convicción de que Jerusalén pertenecía al pueblo judío.

3:1-32 *Los edificadores y sus distritos.* Nehemías hizo una metódica relación de las personas que trabajarían en el muro, junto con la sección de muro en que cada uno trabajaría. La imagen que se da es la de personas de muy diferentes clases que se involucran en el proyecto de muchas maneras diferentes. Varias de las personas simplemente repararon la sección de muralla adyacente a sus propios hogares. Un grupo fue señalado como menos interesados en la obra (3:5), aunque la veloz finalización del proyecto (6:15) frente a grandes dificultades indica que la mayoría de la gente trabajó con entusiasmo. Al describir la obra, Nehemías da los nombres de las diez puertas de Jerusalén, la única lista de las mismas en la Escritura.

4:1-6 *"¡Hasta una zorra lo podría derribar!"* Observando el rápido progreso de los constructores (4.2), Sanbalat y Tobías volvieron a ridiculizar sus esfuerzos. Nehemías respondió con oración. Pronto, gracias al entusiasmo de los obreros (4:6), el muro quedó medio terminado.

4:7-20 *Medio obreros, medio guerreros.* Al ir fortaleciéndose la conspiración contra sus obreros, Nehemías siguió orando por ellos (4:9). Finalmente, tuvo que empezar a armarlos (4:9). La mitad de ellos se mantenía en guardia mientras que la otra mitad trabajaba. Incluso los que edificaban iban armados (4:18). Asegurar la protección se hizo especialmente difícil a causa de que los obreros estaban muy diseminados a lo largo de la muralla (4:19-20).

4:21-23 *Trabajando y vigilando desde el alba hasta el anochecer.* El programa de trabajo desde el amanecer hasta la puesta del sol y el hecho de prescindir de las comodidades habituales muestran la consagración y el apremio con que la gente llevaba a cabo la tarea. La guardia constante muestra el grado de peligro al que hacían frente.

5:1-13 *Entre la lucha, un conflicto de familia.* Como si la oposición armada a su proyecto de edificación no fuera suficiente, Nehemías se enteró de que algunos de los israelitas más ricos se estaban aprovechando de sus compatriotas más pobres. Reprendió severamente a los codiciosos ricos en una reunión pública, exigiendo que comenzasen a ayudar a los pobres. Se sintieron redargüidos por sus palabras y acordaron hacerlo así.

5:14-19 *Un político que trabaja gratuitamente.* Nehemías hizo observar que siempre se había aplicado a sí mismo la misma elevada norma que exigía de los ricos.

- Durante los doce años de su primer período como gobernador, no aceptó salario e incluso pagó los alimentos de 150 de sus ayudantes (5:14, 17-18).
- No sólo había supervisado la reconstrucción del muro, sino que también había hecho personalmente algo del trabajo efectivo (5:16).
- Prestó dinero a judíos necesitados (5:10).

Nehemías pidió al Señor que recordase el bien que había hecho por Israel (5:19; véase 13:14, 22, 31).

6:1-4 *Cuatro invitaciones, y rechaza las cuatro.* Cuatro veces, los opositores de Nehemías lo invitaron a encontrarse con ellos en un lugar alejado de Jerusalén. Dándose cuenta de que se trataba en realidad de añagazas para atraerlo a una trampa, Nehemías rehusó a todas las cuatro invitaciones, diciendo, en esencia: "Estoy haciendo una gran obra, de modo que, ¿por qué voy a perder el tiempo reuniéndome con vosotros?"

6:5-9 *Luego, una acusación: "¡Estás tratando de hacerte rey!"* La siguiente táctica de Sanbalat fue enviar a Nehemías una carta acusándolo de que en cuanto el muro estuviese construido planeaba proclamarse rey de Judá y rebelarse contra Artajerjes. Amenazaba con enviar la carta al mismo Artajerjes a no ser que Nehemías acudiese a reunirse con él. Una vez más, Nehemías rehusó.

6:10-14 *Entonces, la "tentación del templo".* Semaías, un falso profeta, dijo a Nehemías que sus enemigos amenazaban con matarlo, y le sugirió que buscase refugio en el templo. Pero Nehemías se dio cuenta de que Semaías estaba a sueldo de Sanbalat y de Tobías, y que el ofrecimiento de refugio era un inteligente intento para desacreditarle a los ojos de sus seguidores induciéndolo a violar la santidad del templo.

6:15—7:3 *Frustrados sus enemigos, el muro queda acabado.* El muro de Jerusalén quedó totalmente reconstruido, y se edificaron 10 nuevas puertas, en sólo 52 días. Los enemigos de Judá se sintieron a la vez atemorizados y humillados, dándose cuenta de que esto sólo podía haberse llevado a cabo por el poder de Dios. Pero Tobías, mediante relaciones en el interior con judíos desleales (6:17-18; véase 13:4-9), siguió provocando perturbaciones. Dándose cuenta de que seguía teniendo enemigos dentro y fuera de la ciudad, Nehemías mantuvo a sus guardas en permanente vigilancia las veinticuatro horas del día (7:1-3).

ESDRAS Y NEHEMÍAS REAVIVAN LA SEGURIDAD (7:4—13:31)

7:4-73 *Un registro de los que ya estaban allá.* Mientras efectuaba un censo,

Nehemías encontró una lista de los casi 50.000 exiliados que habían vuelto a Jerusalén en el primer regreso (Esd. 1—6). Pero pocos de ellos se habían establecido en Jerusalén (7:4), posiblemente debido a su ruina y a los peligros que envolvía vivir allí. Nehemías iba pronto a emprender un esfuerzo para repoblar la capital (11:1-2).

8:1-12 *Escuela pública en la Puerta de las aguas.* Esdras iba a una plaza pública cerca de la Puerta de las aguas, y leía de la Ley cada día desde la mañana hasta el mediodía. Mientras leía, trece eruditos levitas se movían entre el pueblo explicando lo que se estaba leyendo (8:7-8). El pueblo mantenía una actitud humilde y reverente durante la lectura (8:5-6). Cuando los dirigentes vieron que la gente lloraba, la alentaron a considerar aquella ocasión como una ocasión de regocijo, y no de dolor (8:9).

8:13-18 *Hogar, dulce hogar, por siete días.* Leyendo Esdras la ley, llegó al pasaje que tenía que ver con la fiesta de las cabañas. Dándose cuenta de que era el tiempo del año para esta fiesta, el pueblo comenzó de inmediato a observarla. El escritor observa que esta fiesta no había sido observada desde los días de Josué, un período de casi mil años.

La Pascua también había sufrido descuido a lo largo de la historia de Israel (véase exposición sobre 2 R. 23:21-23). En tanto que Esdras registra su observancia por parte del primer grupo de exiliados que regresaron (Esd. 6:16-22), no hay mención específica de ello en el relato de Nehemías. Esta fiesta y la mayor parte de las otras fiestas israelitas deberían haberse celebrado cada año (véase *Las fiestas de Israel*, p. 982).

9:1-38 *El pueblo, y luego Esdras, confiesan sus pecados.* Mientras Esdras proseguía con la lectura de la ley, se dio tiempo para que el pueblo respondiera confesando sus pecados y adorando. Esdras luego los dirigió en oración de confesión. Su oración progresa históricamente:

Desde la Creación hasta Canaán (9:6-21). Reconoció a Dios como Creador y como aquel que había fundado a Israel y lo había preservado a pesar de sus muchos pecados.

Desde Canaán hasta el Regreso (9:22-31). Luego pasó revista a la fidelidad y misericordia de Dios en los días de Josué, los jueces y los reyes.

La actual situación de Israel (9:32-38). Esdras pasó luego revista a las circunstancias en que se encontraban entonces, que no eran buenas: El pueblo era, en esencia, esclavo en su propia tierra. Acabó con un llamamiento al pueblo a que hiciese pacto con Dios (9:38).

10:1-39 *Y acordaron por escrito actuar de mejor manera.* El pueblo accedió a hacer un pacto. En 10:1-27 se da una relación de los dirigentes que "firmaron" el pacto escrito. En 10:28-29 se menciona a aquellos que dieron su consentimiento oral; y en 10:30-39 se da el texto del pacto. Hicieron un voto en cuatro partes: evitar los matrimonios mixtos con no israelitas; evitar la profanación del sábado, sostener el templo, y diezmar fielmente.

11:1-2 *Uno de cada diez se instala en Jerusalén.* Con Jerusalén firmemente establecida como la capital política y religiosa de Israel, los dirigentes afrontaron ahora el problema de su poca población (véase 7:4). Decretaron que una décima parte de la población rural se mudase a Jerusalén. Aunque se echaron suertes para determinar quién debía trasladarse allá, algunos lo escogieron libremente.

11:3-24 *Quién es quién en Jerusalén.* Nehemías hizo una lista de los diversos grupos de habitantes de Jerusalén, incluyendo a los dirigentes políticos

(11:3-9), sacerdotes (11:10-14), levitas (11:15-18), y porteros (11:19). En algunos casos, especificó los trabajos que llevaban a cabo esas personas. Petaías (11:24) era el representante de Judá ante la corte persa.

11:25-36 *El otro noventa por ciento.* Nehemías da luego una lista de las ciudades fuera de Jerusalén donde estaban viviendo los exiliados que habían regresado. Todas esas ciudades se hallaban en las regiones históricamente ocupadas por Judá y Benjamín.

12:1-26 *Más registros de sacerdotes y levitas.* Nehemías registró luego varias listas de sacerdotes y levitas que habían servido o estaban sirviendo en Jerusalén, especificando en algunos casos sus deberes.

12:27-43 *Una dedicación en dos direcciones.* Los levitas de toda la tierra acudieron a Jerusalén para la dedicación del nuevo muro. Nehemías distribuyó a los dirigentes en dos grupos y les mandó que anduvieran en direcciones opuestas a lo largo del muro, dando gracias, cantando y tocando las trompetas mientras iban. La celebración se pudo oír varias millas a la redonda (12:43).

12:44-47 *Músicos y tesoreros.* Se designaron levitas para que gestionasen la ofrenda y la distribución de los diezmos, y para que dirigiesen el ministerio musical. El escritor recuerda nostálgicamente los grandes cantores del templo de los tiempos de David.

13:1-3 *"Sepárense de los amonitas y de los moabitas".* Mientras leían la ley, los judíos descubrieron la antigua maldición contra los amonitas y moabitas, que les prohibía tomar parte en el culto israelita debido a sus perfidias contra Israel (Dt. 23:3-4). Cuando el pueblo supo de esta maldición, "separaron de Israel a todos los mezclados con extranjeros".

13:4-9 *"¡Especialmente de aquel amonita!"* Algún tiempo antes, el sumo sacerdote Eliasib había dado hospitalidad a Tobías, uno de los más acérrimos opositores de Nehemías, que era amonita (4:3). ¡Le dio a este enemigo de Israel una cámara en el templo! Nehemías había estado ausente, en Babilonia, cuando esto sucedió. Al volver a Jerusalén y saber de este alojamiento de Tobías, lo echó fuera del templo con todas sus pertenencias y "limpio" la estancia donde Tobías había estado alojado.

La visita de Nehemías a Babilonia (13:6) habría cumplido su promesa implícita a Artajerjes (2:6) de volver a sus deberes allí después de su misión a Jerusalén. Tras su regreso a Babilonia, al parecer Nehemías volvió a recibir permiso para volver a Jerusalén. Este viaje tuvo lugar 12 años después de la primera llegada de Nehemías a Jerusalén (comparar 5:14 y 13:6). La necesidad de Nehemías de volver a Babilonia para informar y las observaciones de Esdras acerca del vasallaje de Israel (9:36-37) muestran el continuado control de Persia sobre los exiliados que habían regresado.

13:10-14 *Sin sueldo, los cantores no pueden cantar.* Tras su regreso a Jerusalén, Nehemías descubrió también que los levitas no estaban recibiendo los estipendios que les tocaban, y que por ello se habían visto obligados a abandonar sus deberes en el templo y a dedicarse a la labranza para alimentar a sus familias. Nehemías tomó medidas para asegurar que los diezmos se recogían como correspondía y que se daban a los sacerdotes y a los levitas.

13:15-22 *"No vendan en sábado".* Nehemías observó también que muchos se dedicaban a negociar en sábado. Los reprendió y ordenó que las puertas de la ciudad se cerrasen desde la puesta del sol del viernes hasta la puesta del sol del sábado.

13:23-27 *¡Hablando de justa indignación!* Nehemías también encontró a varios judíos que se habían casado con extranjeras, a pesar de su promesa de no hacerlo (10:30). Los reprendió severamente, pronunció maldiciones sobre ellos, ¡y en algunos casos los azotó y les mesó el cabello!

13:28-31 *Reconstructor y reformador.* Nehemías echó del templo al nieto del sumo sacerdote Eliasib, que se había casado con la hija de Sanbalat. Luego pasó a limpiar de influencias extranjeras la vida religiosa de Israel y tomó pasos adicionales para organizar los deberes de los sacerdotes y los levitas.

Los logros de Nehemías fueron destacables:

- Fue responsable de la reconstrucción de las murallas de Jerusalén (1:1—7:3).
- Con la ayuda de Esdras, reconstruyó también la vida social y religiosa de Israel (7:4—13:31).

Sus logros son tanto más notables considerando que Eliasib, su sumo sacerdote, estaba estrechamente relacionado con dos de los peores enemigos de Israel (13:4, 28).

❖ ❖ ❖

PERSONAS A RECORDAR DE NEHEMÍAS

ARTAJERJES

Hechos clave: Rey de Persia, permitió a Esdras y Nehemías regresar a Jerusalén (2:1-8; Esd. 7)

Padre: Jerjes (Asuero)

Total de referencias bíblicas: 9

Referencias clave: 2:1-8; 13:6; Esd. 4:7-23; 7

Habla Artajerjes

Bien, ya se han ido los dos. ¡Debo estar reblandeciéndome en mi vejez, dejando que dos de los mejores funcionarios que pudiera tener un rey se vayan y emprendan viaje a una tierra lejana! Primero fue el escriba Esdras, un hombre totalmente leal y devoto. Ésta es probablemente una de las razones por las que emplee mi autoridad y mis recursos financieros para ayudarle en su viaje a Jerusalén. Pero supongo que una razón aún más importante fue honrar la memoria de mi difunto padre, Jerjes. Creo que lo habría aprobado. ¡Sé que su esposa y reina, Ester, que era también judía, habría apoyado mis acciones de manera enérgica! (Esd. 7:6, 10-11, 13-26; Est. 1:1; 2:16-18).

Pero nunca lo diríais: Menos de doce años después de la partida de Esdras, me vino Nehemías con una petición similar, de modo que también le ayudé. Mis fuentes me dicen que acaba de culminar su misión original, la reconstrucción de los muros de su amada ciudad. ¡Es maravilloso! Deseo lo mejor para Nehemías y Esdras. Su Dios desde luego les ha bendecido. ¿Podría ser que Jehová de Israel sea el verdadero Dios, tal como ellos siempre han afirmado? (2:1-8; 6:15).

Lección espiritual de Artajerjes

- Como Artajerjes, muchos incrédulos sienten simpatía por muchos aspectos de la causa de Dios. Deberían ser objeto especial de nuestras oraciones y testimonio (2:1-9; Esd. 78; véase Mr. 12:28-34). ¡Obsérvese especialmente Esdras 7:25, donde Artajerjes efectivamente ordena la enseñanza de la ley!

Versículos clave
"Bendito Jehová Dios de nuestros padres, que puso tal cosa en el corazón del rey, para honrar la casa de Jehová que está en Jerusalén, e inclinó hacia mí su misericordia delante del rey y de sus consejeros, y de todos los príncipes poderosos del rey. Y yo, fortalecido por la mano de mi Dios sobre mí, reuní a los principales de Israel para que subiesen conmigo" (Esd. 7:27-28).

NEHEMÍAS

Hecho clave: Volvió de la cautividad babilónica para reconstruir el muro de Jerusalén (7:1)
Padre: Hacalías (1:1)
Hermano: Hanani (1:2)
Total de referencias bíblicas: 5
Referencias clave: 1—7, 13

Habla Nehemías
¿Puede ser que hayan transcurrido doce años ya desde aquel terrible día de invierno en que supe por primera vez del terrible mal estado de Jerusalén? ¡Qué fiel fue Dios, que unos cuatro meses después —¡en primavera!— ablandara el corazón del rey de modo que me enviase a mi primera peregrinación a la Ciudad Santa. ¡Nunca me olvidaré del espectáculo de aquellos muros quemados y derruidos! (1:1-3; 2:1-16; 13:6).

Tampoco me olvidaré de las palabras de bienvenida de mis hermanos judíos en Jerusalén cuando les animé a que me ayudasen a reconstruir las murallas: "¡Maravilloso! ¡Reconstruyamos el muro!" ¡Esto es lo que respondieron! Y de inmediato emprendieron la obra. ¡Y Dios fue tan fiel, capacitándonos para hacer en sólo 52 días lo que de ordinario habría precisado de muchos años para llevar a cabo! (2:17-18; 6:15).

Luego vinieron la ridiculización y los escarnios de Sanbalat y Tobías: "¡Lo que ellos edifican del muro de piedra, si subiere una zorra lo derribará!" Esto es lo que esos paganos dijeron de nuestro muro. ¡Pero no es así! ¡Qué fuerte es esta muralla que rodea a Jerusalén! ¡Qué hermosas sus diez puertas! No es de extrañar el total abatimiento de nuestros enemigos cuando dimos fin a nuestra tarea (3:1-31; 4:3; 6:16).

Fue desde luego fantástico ver a Esdras, aquel poderoso escriba, de pie en una tarima junto a la Puerta de las Aguas, leyendo e interpretando la Palabra de Dios. ¿Quién podría *no* haber firmado aquel pacto después de oírle! (8:1-8; 10:1-27).

Finalmente, hubo aquella gloriosa música el día de la dedicación. Mis oídos todavía resuenan con el son de aquellos dos coros andando en direcciones opuestas encima del muro, acompañados por címbalos, arpas, lira y trompetas. "El gozo de Jehová es vuestra fuerza". Esto es lo que dije entonces. Esto es lo que sigo creyendo hoy (8:10; 12:27-40).

Lecciones especiales de Nehemías

- La oración es el primero y más importante de los pasos en cualquier proyecto para Dios (1:4-11).
- La justicia conlleva arrojo (Pr. 28:1). ¡Nehemías se atrevió a pedir al rey un cese temporal que duraría 12 años (2:5-8; 5:14)!

- Cualquier esfuerzo colectivo tendrá éxito o fracasará según la fuerza de su liderazgo (2:11-18). Entre las principales cualidades de liderazgo de Nehemías había
  - una total confianza en Dios (4:14);
  - fidelidad en la oración (4:4-5, 9, 6:9);
  - rechazo a la contemporización (2:19-20);
  - buena disposición a compartir en el trabajo manual (5:16).
- Es asombroso lo que se puede conseguir cuando nuestro trabajo está inspirado por la devoción al Señor. Nehemías dirigió el esfuerzo de reconstrucción hasta su buen fin en sólo 52 días (6:15; véase Fil. 4:13).
- Nehemías aprendió que la guerra espiritual demanda ambas clases de armas, ofensivas y defensivas (4:13-23). Véase Efesios 6:12-16 (armas defensivas) y Efesios 6:17 (armas ofensivas).

Versículo clave

"Entonces les declaré cómo la mano de mi Dios había sido buena sobre mí, y asimismo las palabras que el rey me había dicho. Y dijeron: Levantémonos y edifiquemos. Así esforzaron sus manos para bien" (2:18).

—538 a.C.
Los exiliados regresan con Zorobabel

ESTER

—473
Ester salva a los judíos aun en Persia

TRASFONDO

—457
Vuelven exiliados con Esdras

—445
Nehemías reconstruye el muro

En el año 486 a.C., 52 años después que Ciro permitiese a Zorobabel dirigir el primer grupo de exiliados judíos de Babilonia de vuelta a Judea (Esd. 1—2), Jerjes (también llamado Asuero) vino a ser rey del Imperio Persa. Alrededor del 478, Jerjes contrajo matrimonio con una exiliada judía llamada Ester. El libro que lleva su nombre cuenta la historia de cómo Ester, por su matrimonio con Jerjes, pudo anular un plan para exterminar a todos los judíos en el Imperio Persa (que habría incluido a todos los que habían vuelto a Judea). Durante el reinado de Artajerjes, hijo de Jerjes, volvieron más judíos a Judea (Esd. 6—7; Neh. 2). Muchos, sin embargo, decidieron quedarse en Babilonia y en otras partes del Imperio Persa.

AUTOR

Desconocido. La familiaridad del autor con detalles nimios de la historia y con las costumbres persas, además de su evidente simpatía para con los judíos exiliados, sugiere que fue probablemente un judío que vivía en Persia para el tiempo en que tuvieron lugar los acontecimientos del libro. El diario de Mardoqueo (9:20) puede haber sido una de sus fuentes.

FECHA Y LUGAR

La familiaridad con los detalles (véase *Autor*) sugiere que Ester fue escrito poco después de los acontecimientos que registra, probablemente a. 450 a.C., y probablemente en Persia.

PROPÓSITO

- Alentar a los judíos que permanecieron en Babilonia y el resto de Persia a permanecer firmes en su fe.
- Mostrar a aquellos judíos que habían vuelto a Judá que Dios también estaba obrando entre su pueblo fuera de Judá.
- Demostrar, ante todos los creyentes, el cuidado providencial de Dios para con su pueblo.

RASGOS SINGULARES

- Ester y el Cantar de los Cantares son los dos únicos libros bíblicos que no mencionan el nombre de Dios.
- Ester registra el origen de la fiesta de Purim (9:16-19), y es el único libro de la Biblia que menciona dicha fiesta.

COMPARACIÓN CON OTROS LIBROS DE LA BIBLIA

Véase *Rut: Comparación con otros libros de la Biblia.*

BOSQUEJO

LA ASCENSIÓN DE ESTER (1—2)
- El rechazamiento de Vasti (1)
- La selección de Ester (2:1-18)
- La denuncia de Mardoqueo salva al rey (2:19-23)

LAS MENTIRAS DE AMÁN (3—5)
- Petición de Amán de exterminio de los judíos (3)
- Petición de Mardoqueo a Ester para que interviniera (4)
- Petición de Ester de que el rey salvase a los judíos (5)

EL PREMIO DE LA FE (6—10)
- Mardoqueo honrado por su lealtad (6)
- Amán ahorcado por su perfidia (7)
- Mardoqueo elevado; su pueblo es preservado (8:1—9:17)
- Purim: Celebración de la preservación (9:18-32)
- Mardoqueo es recordado (10)

LA ASCENSIÓN DE ESTER (1—2)

1:1-8 *Una exhibición de su oro y gloria durante seis meses.* Durante ciento ochenta días, el rey Jerjes de Persia fue anfitrión de los varios funcionarios de las 127 provincias de Persia en Susa, la capital, evidentemente tratando de impresionarlos con su riqueza y poder. Al final de los seis meses les festejó con un rico banquete de toda una semana (1:5-8).

Aunque el relato bíblico no lo dice, es posible que Jerjes estuviera intentando levantar la moral del imperio para otro asalto contra Grecia. Su padre, Darío el Grande, había sido rotundamente derrotado por Grecia en la batalla de Maratón en el 490 a.C. Esta fiesta de toda una semana tuvo lugar en el 482. Jerjes mismo sería derrotado por Grecia en el 480 y el 479. A pesar de esas derrotas, Jerjes controlaba un vasto imperio que se extendía desde la India hasta Etiopía (1:1).

1:9-22 *La reina Vasti rechazada por su rechazo.* En el séptimo día de la fiesta, el rey, medio borracho, pidió a la reina Vasti que compareciera y se mostrase ante sus embriagados invitados. Al rehusar obedecer, el encolerizado pero desorientado rey consultó con sus abogados, que inmediatamente le sugirieron que la repudiase, para que su rebelde actitud no fuese imitada por las mujeres por toda Persia. Jerjes estuvo de acuerdo, y en el acto se divorció de ella.

En 1:19 tenemos la primera referencia del libro al hecho de que en Persia "un decreto real" no podía ser "quebrantado". Esta característica de la ley de Persia tendría un papel clave en la historia que se desarrolla (véase exposición sobre 2:1-14 y sobre 8:1-8). Algunos eruditos ven esta condición permanente de las leyes como un ejemplo del orgullo de la civilización Medopersa: ¡No podían hacer frente al hecho de que ninguna de sus leyes pudiera estar equivocada!

2:1-14 *Un concurso para designar a una nueva reina.* Después que su ira se aplacó, y es de suponer que estando ya sobrio, Jerjes al parecer lamentó haberse divorciado de Vasti (2:1). Sin embargo, hasta el rey estaba atado por la naturaleza definitiva de la ley persa (véase 1:19). Dándose cuenta del pesar del rey, sus consejeros le sugirieron que se hiciera una búsqueda para encontrar a la joven más hermosa del imperio, que pasaría a ser la nueva reina. Una de las concursantes fue una joven judía llamada Ester. Por consejo de su primo Mardoqueo, Ester mantuvo en secreto su nacionalidad.

2:15-18 *La mujer judía gana el concurso y la corona.* Después de un curso de seis meses en el arte de la hermosura y de la seducción, Ester y las otras concursantes fueron llevadas al palacio. Para el rey, se trató de amor a primera vista, e inmediatamente hizo de Ester su nueva reina.

2:19-23 *Mardoqueo salvó la vida del rey: ¡Ha quedado registrado en las crónicas oficiales!* Mardoqueo, que había pasado a ser funcionario oficial, oyó casualmente y denunció un plan para matar al rey. Los implicados fueron ejecutados, y el incidente quedó debidamente registrado en los registros de palacio.

LAS MENTIRAS DE AMÁN (3—5)

3:1-11 *"Mátalos a todos, y yo cubriré los gastos".* Al cabo de unos cuatro años, Jerjes designó como primer ministro a un hombre cruel y arrogante llamado Amán. El rey ordenó que todos los otros funcionarios se inclinasen ante Amán, pero Mardoqueo declaró que como judío no podía hacerlo. Cuando Amán observó que Mardoqueo rehusaba inclinarse ante él, y supo de su extracción racial, se enfureció y pidió al rey que exterminase a todos los judíos en el reino, prometiendo cubrir personalmente todos los costes en que se incurriera. Jerjes accedió, diciendo que el banco real costearía el exterminio. Amán decidió, echando suertes (3:7), que la matanza tuviera lugar en el mes duodécimo del año (echó las suertes durante el primer mes). Al parecer, ¡Jerjes firmó el decreto sin siquiera darse cuenta de manera concreta de cuál era el grupo racial que había accedido a exterminar (3:8-11)!

Amán afirmó que su deseo de matar a los judíos venía de su preocupación por la amenaza que podría constituir a la seguridad del imperio su insubordinación (3:8). Pero el hecho de que Amán era "agagueo" (3:1) puede ayudar a explicar su profundo odio. Muchos eruditos creen que esto significa que era amalecita, descendiente del rey Agag, a quien Saúl había perdonado la vida, pero que había sido luego muerto por Samuel (véase 1 S. 15). Los amalecitas habían sido durante largo tiempo acerbos enemigos de Israel, y ya los habían atacado mientras peregrinaban hacia Canaán (véase Éx. 17:8-16; Dt. 25:17-19).

Aunque Amán había proclamado que estaba dispuesto a correr con los gastos del exterminio, su orden de que se saqueasen los bienes de los judíos (3:13) sugiere que en parte su motivo era la codicia.

3:12-15 *Un salvaje decreto y una bebida social.* Jerjes firmó y envió a todas las provincias un decreto que mandaba que en el día trece del mes duodécimo se diese muerte a todos los judíos del imperio. Tras haber promulgado este horrendo decreto, el rey y Amán "se sentaron a beber". Mientras tanto, la población de Susa "estaba conmovida" ante este bárbaro plan.

4:1-9 *"¡Ruega por tu pueblo!"* Al conocer este decreto, Mardoqueo se rasgó las vestiduras y se quedó junto a la puerta del palacio vestido de cilicio, lamentándose a voz en grito. Al enterarse del decreto los judíos por todo el imperio, también ellos alzaron lamentación. Al oír que su primo estaba lamentándose, la reina Ester envió un mensajero para saber la causa de su dolor. Mardoqueo explicó el contenido del edicto y le dijo al mensajero que apremiase a Ester a que presentase una petición al rey en favor de su pueblo.

4:10-17 *"Podría significar la muerte, ¡pero el deber lo demanda!"* Mediante su mensajero, Ester recordó a Mardoqueo que aparecer sin invitación ante el rey, por la razón que fuere, podría significar la muerte en el acto. Mardoqueo, a su vez, le recordó que incluso como reina del imperio, no podía esperar escapar al exterminio que se avecinaba. La apremió a que contemplase su posición regia como la provisión de Dios para salvar a su pueblo. Convencida por las palabras de Mardoqueo, Ester accedió a comparecer ante el rey, solicitando las oraciones de su pueblo para ello.

Aunque Dios no es mencionado de manera específica en Ester, la creencia de Mardoqueo de que Ester había llegado a reina "para esta hora" y de que "liberación vendrá de alguna otra parte para los judíos" si ella no actuaba (4:14), pone en evidencia su firme confianza en la providencia de Dios.

5:1-8 *¡Recibida gentilmente, para su gran alivio!* Para gran alivio de Ester, Jerjes no se sintió ofendido por su inesperada visita. Al contrario, la acogió cálidamente: le preguntó qué deseaba, prometiéndole: "Hasta la mitad del reino se te dará". La única respuesta de Ester fue invitar al rey, junto con Amán, a un banquete más tarde aquel día. En aquel banquete, rehusó revelar su petición, hasta que los dos hombres asistieran a un segundo banquete.

5:9-14 *Solo una nube ensombrece la dicha de Amán.* Al oír que Ester lo había invitado a un segundo banquete, Amán se sintió entusiasmado. Pero de vuelta a su casa, de nuevo se encontró con Mardoqueo, que de nuevo rehusó inclinarse ante él. En casa, Amán se jactó de sus dos invitaciones a banquete, pero también se quejó de Mardoqueo. Por sugerencia de su mujer y de sus amigos, Amán levantó una horca de más de 22 metros de altura, proponiéndose pedir al día siguiente colgar de ella a Mardoqueo.

EL PREMIO DE LA FE (6—10)

6:1-3 *Una gran sorpresa para un rey insomne.* Incapaz de dormir, Jerjes mandó que le leyesen las crónicas históricas. Por ellas, le fue recordado cómo Mardoqueo le había salvado la vida en una ocasión (véase 2:19-23). También supo, para su desazón, que Mardoqueo nunca había sido recompensado por su valor.

6:4-14 *Una mayor sorpresa para un humillado Amán.* En aquel momento, Amán llegó a palacio, queriendo pedir permiso para ahorcar a Mardoqueo. No sabiendo nada de las intenciones de Amán, el rey le pidió inocentemente su consejo acerca de cómo dar un honor especial a alguien que lo hubiera merecido. Suponiendo que el rey se refería a él mismo, Amán recomendó un espléndido desfile en público.

Para gran desolación de Amán, el rey le encargó que se encargase de aquel desfile ¡informándole de que el hombre a honrar era Mardoqueo! Amán cumplió obedientemente encabezando el desfile para Mardoqueo, y volvió humillado a su casa. Al saber de su humillación, los amigos de Amán le aconsejaron que abandonase su venganza contra Mardoqueo. En aquel momento, Amán fue llamado a asistir el segundo banquete de Ester.

Evidentemente, hasta los amigos paganos de Amán reconocían una especial bendición divina sobre el pueblo judío (6:13).

7:1-10 *La petición de Ester y el ahorcamiento de Amán.* Finalmente, en su segundo banquete para Jerjes y Amán, Ester refirió al rey la maquinación contra su pueblo y pidió al rey que hiciera algo para salvarlos. Cuando reveló que Amán era el instigador del complot, Jerjes se enfureció. La ira del rey fue reforzada por una acción mal interpretada (7:7-8) y por la noticia de que Amán había levantado una horca para colgar de ella a Mardoqueo. Inmediatamente, ordenó que Amán fuese ahorcado en ella.

La ira de Jerjes al saber que Amán había instigado el complot contra los judíos (7:6-7) contrasta de manera elocuente con su anterior desinterés acerca de los planes de Amán (3:8-15). El rey puede haber dado erróneamente por supuesto que Amán sabía que Ester era judía y que el exterminio propuesto era una maquinación contra ella.

8:1-8 *"Escribe otro decreto, y yo lo firmaré".* Cuando Jerjes supo la relación de Mardoqueo con Ester, lo designó para el cargo dejado vacante por Amán. Ester pidió luego al rey que escribiera un segundo decreto para anular el decreto de exterminio. El rey mandó a Ester y Mardoqueo que escribieran el decreto ellos mismos, indicando que autorizaría cualquier cosa que escribieran.

En 8:8 se vuelve a mencionar el hecho de que las leyes de Persia no podían ser cambiadas (véase 1:9; exposición sobre 2:1-14). Ester y Mardoqueo tenían ante sí el reto de escribir un segundo decreto que anulase los efectos del primero. El exterminio iba a ser llevado a cabo de todos modos; ¡a este decreto correspondería minimizar su eficacia!

8:9-17 *Su nuevo decreto: "¡Defiéndanse!"* Bajo la dirección de Mardoqueo, los escribas del rey redactaron un nuevo decreto que permitía a los judíos defenderse contra la matanza planeada. Comprensiblemente, este nuevo decreto fue causa de gran gozo entre las comunidades judías por todo el imperio. El gozo en la capital aumentó cuando Mardoqueo apareció en público "con vestido real" como correspondía a su nuevo cargo (8:15).

El decreto condujo también a muchos no judíos a adoptar la fe judía (8:17). Algunos de ellos podían ser sinceros prosélitos, convencidos por esta nueva señal de la providencia divina (6:13). Otros pueden haber sido movidos por el miedo a estar en el bando perdedor (8:17).

9:1-17 *En lugar de un genocidio, "sucedió lo contrario".* Cuando llegó el día de la prevista matanza, en lugar de quedar los judíos a merced de sus enemigos, "sucedió lo contrario" (9:1), y los judíos derrotaron a sus enemigos. La causa de los judíos fue ayudada por la decisión de funcionarios gubernamentales por todo el imperio de ponerse del lado de ellos (9:3). Este apoyo oficial se debía al ascenso de Mardoqueo en el imperio (9:4). En total, los judíos dieron muerte a 75.000 de sus enemigos, incluyendo a los diez hijos de Amán.

Mientras los judíos en Susa extendían la batalla contra sus enemigos a un segundo día (9:11-15), los judíos a lo largo del resto del imperio celebraban su victoria (9:16-17).

El relato de la matanza muestra que los judíos tenían muchos enemigos en el imperio además de Amán (véase especialmente 9:1, 16). El prejuicio de Amán (3:8), evidentemente, era ampliamente compartido.

9:18-32 *Una fiesta especial, para no olvidar jamás.* Tras haber completado sus dos días de lucha, los judíos en Susa, la capital, hicieron su propia celebración. Mardoqueo decretó entonces que su pueblo guardase los días catorce y quince del mes de Adar como fiesta anual para celebrar su victoria. Llamaron la fiesta Purim (9:26), para conmemorar el hecho de que Amán había intentado decidir su suerte echando suertes ("purim", véase 3:7). Ester escribió una carta confirmando el decreto de Mardoqueo (9:29-32). Purim sigue siendo una importante celebración entre los judíos, que sigue incluyendo festejos e intercambio de regalos (9:18-19).

Además de salvar a los judíos de su exterminio bajo Jerjes, es indudable que Ester ejerció una gran influencia sobre su hijastro Artajerjes, que más adelante permitió que más judíos volvieran a Judea dirigidos por Esdras y Nehemías.

10:1-3 *Elogiado por su pueblo y por los persas.* Mardoqueo fue el segundo del rey Jerjes, y su sabio liderazgo le atrajo el gran respeto tanto de su propio pueblo como de los persas no judíos.

❖ ❖ ❖

PERSONAS A RECORDAR DE ESTER

AMÁN

Hechos clave: Primer ministro bajo Jerjes, intentó exterminar a los judíos (3:1-9)
Padre: Hamedata (3:1)
Esposa: Zeres (5:14)
Hijos: Parsadanta, Dalfón, Aspata, Porata, Adalía, Aridata, Parmasta, Arisai, Aridai, Vaizata (9:7-10)
Muerte: Registrada en 7:10
Total de referencias bíblicas: 52
Referencias clave: 3—7

Habla Amán

¡Tonta mujer la mía! ¡En qué situación más terrible me encuentro por su mal consejo! Luego, cuando es demasiado tarde para que sirva de nada, ¡llega a la conclusión acertada! ¡Mil maldiciones al Dios de Abraham! Qué apuro. ¡Cómo iba yo a saber que la miserable mujer del rey era judía o que él tenía a Mardoqueo en mente cuando me pidió consejo acerca de cómo dar honor a alguien! (2:10; 5:14; 6:6-7, 13).

Quizá fue el modo en que me eché sobre el lecho donde estaba recostada Ester. Claro, mis intenciones fueron interpretadas totalmente al revés. Estaba sencillamente suplicando por mi vida, como hubiera hecho cualquier persona racional (7:7-8).

Bueno, sea como sea, mi suerte está sellada. Los guardas se han detenido. Hemos llegado. Y, desde luego, ¿quién podría no ver una horca de 22 metros de altura? (5:14; 7:10).

Lecciones espirituales de Amán

- Dios protege a su pueblo (véase Gn. 12:3; Is. 54:17):
  - Faraón aprendió que el pueblo de Dios no podía ser ahogado (Éx. 14).
  - Nabucodonosor aprendió que no podían ser quemados (Dn. 3).
  - Darío aprendió que no podían ser devorados por leones (Dn. 6).
  - Amán aprendió que no podían ser ahorcados (5:14; 7:10).
- "Ciertamente la ira del hombre te alabará, [oh Dios]" (Sal. 76:10). Amán fue uno de diversos personajes bíblicos que demostró cuánta razón tenía el salmista (véase exposición sobre Esd. 6:1-12). Dios puede emplear hasta la oposición de sus enemigos para su propia gloria (3:1-11; 9:16).
- La envidia es como un cáncer que devora a su víctima (5:9-13).
- Siempre segamos lo que sembramos (5:14; 7:10; véase Pr. 26:27; Os. 8:7; Gá. 6:7).

Versículos clave

"Y vio Amán que Mardoqueo ni se arrodillaba ni se humillaba delante de él; y se llenó de ira. Pero tuvo en poco poner mano en Mardoqueo solamente, pues ya le habían declarado cuál era el pueblo de Mardoqueo; y procuró Amán destruir a todos los judíos que había en el reino de Asuero, al pueblo de Mardoqueo" (3:5-6).

ESTER

Hechos clave: Exiliada israelita, llegó a ser reina del Imperio Persa, salvó a su pueblo de un intento de exterminio (2:17; 7:3-6; 8:3-8)
Padre: Abihail (2:15)
Marido: Jerjes (2:16-17)
Total de referencias bíblicas: 55
Referencias clave: 2; 4—9

Habla Ester

"¿Quién puede saber si has sido elevada a este palacio precisamente para un tiempo como éste?" Éste es el mensaje secreto que me mandó Mardoqueo en aquellas horas negras. Mirando atrás, ¡puedo ver cuánta razón tenía! Dios había permitido que un rey pagano me escogiera como su reina para poder ser usada para salvar a mi pueblo de sus enemigos (4:14; 8:3-8).

¡Aquel malvado y cruel Amán! Puedo entender cómo se debía sentir Moisés cuando resistió los embates de aquel malvado rey egipcio. Probablemente el punto de inflexión en todo esto vino después de aquel ayuno de tres días cuando me arriesgué a morir al entrar no invitada en la estancia del rey. ¡Qué indescriptible alivio cuando él extendió hacia mí su cetro de oro! Nunca olvidaré el asombro que se reflejó en su rostro cuando se enteró de que había puesto mi vida en peligro solo para invitarlo a un banquete! Probablemente, no creía que yo sabía cocinar (Éx. 5—12; 4:16—5:4).

¡Qué maravillosa sucesión de acontecimientos ocurrieron a partir de entonces! ¿Quién podría haberse imaginado que un caso de insomnio regio podría ayudar a salvar una vida, y finalmente a toda una nación? Mardoqueo y yo nos unimos ahora a esta gozosa celebración en Susa. Es el 14 de Adar y a esta fiesta la llamamos la fiesta de Purim. ¡Que este día de gozo sea siempre recordado por las generaciones futuras! (6:1-6; 9:18-19, 26).

Lecciones espirituales de Ester

- Dios había traído a Ester a su lugar de influencia en el reino de Persia "para esta hora" (4:14). Del mismo modo, los creyentes, en la actualidad, han sido puestos en sus "palacios" —sus esferas de influencia— a fin de hacer las "buenas obras, las cuales Dios preparó de antemano" (Ef. 2:10).
- En verdad, servir a otros de parte de Dios puede significar poner en riesgo nuestra propia paz y seguridad (4:10-16).

Versículo clave

"Ve y reúne a todos los judíos que se hallan en Susa, y ayunad por mí, y no comáis ni bebáis en tres días, noche y día; yo también con mis doncellas ayunaré igualmente, y entonces entraré a ver al rey, aunque no sea conforme a la ley; y si perezco, que perezca" (4:16).

JERJES

Hechos clave: Rey del Imperio Persa, se casó con Ester (1:1-3; 2:15-18)
Esposas: Vasti, Ester (1:9; 2:15-18)
Total de referencias bíblicas: 28
Referencias clave: 1—10; Esdras 4:6

Habla Jerjes

¡Qué giro más increíble de acontecimientos! Mi anterior primer ministro, ahorcado en la misma horca de veintidós metros de altura que él había preparado para mi actual primer ministro. ¿Fue esto una mera coincidencia, o podría ser este invisible Dios hebreo, obrando quietamente detrás de las escenas? (4:14; 5:14; 7:10).

Bien, sea como sea, ¡Amán recibió su merecido! Sus prejuicios, codicia y soberbia ya eran cosa mala, ¡pero cruzó la línea con sus maquinaciones contra mi esposa! ¡La osadía de este astuto agagueo! (3:1, 8-13; 6:6, 13; 7:6).

Por lo que parece, los judíos han sobrevivido a la pretendida purga. Me alegro que haya salido así. A fin de cuentas, fue por un engaño que firmé aquella orden de matanza (3:8; 9:16).

El valor de Ester sigue impresionándome. Ella es desde luego lo que su nombre sugiere: ¡una brillante estrella! Mostraré el respeto que siento por ella dando apoyo a la nueva fiesta de Purim que ella ha ayudado a instituir (2:7; 4:15—5:5; 9:26).

Mardoqueo ha demostrado una verdadera capacidad de dirigente. Ha sido un gran primer ministro. Claro, si no hubiera sido por él, probablemente ahora ya estaría muerto. Será un honor que su nombre sea mencionado con el mío en el libro que están escribiendo acerca de mi familia (2:21-23; 3:8; 10:2).

Lecciones espirituales de Jerjes

- Las acciones descuidadas pueden tener consecuencias de gran alcance. Las repentinas e irreflexivas acciones de Jerjes le costaron una esposa (1:10-22) y casi resultaron en la muerte de su amada segunda esposa (2:10; 3:8-15). ¡Actúa precipitadamente y tendrás toda una vida para arrepentirte!
- El amor es el fundamento del matrimonio. En tanto que Jerjes evidentemente no era creyente, sin embargo amaba y honraba a Ester (2:17; 5:1-3; véase Ef. 5:25; 1 P. 3:7).

Versículo clave
"Dijo el rey [Jerjes]: ¿Qué tienes, reina Ester, y cuál es tu petición? Hasta la mitad del reino se te dará" (5:3).

MARDOQUEO

Hechos clave: Exiliado israelita, primo de Ester, ayudó a salvar a los judíos del exterminio, y llegó a ser primer ministro de Persia (2:7; 4:1-14; 10:3).
Padre: Jair (2:5)
Total de referencias bíblicas: 56
Referencias clave: 2—10

Habla Mardoqueo
¡Qué cosas! De niño me trajeron de Jerusalén en cautiverio bajo un cruel imperio. ¡Ahora, de viejo, sirvo como primer ministro del imperio que derrotó a aquel primer imperio! (2:5-6; 8:2; 10:2; Dn. 5:30-31).

Y luego vino aquel otro y asombroso giro de acontecimientos: Mi más acerbo enemigo, que había querido ahorcarme, acabó honrándome, ¡y luego fue ahorcado en la horca que había construido para mí! (5:14; 6:6-11; 7:10).

Mi ascensión a la cumbre comenzó cuando el rey —con un poco de ayuda de Amán— me honró por mi valor. Pero fue la valentía de Ester lo que nos inspiró a todos y nos espoleó a derrotar a nuestros muchos enemigos por todo el imperio (2:19-23; 4:16—5:8; 6:1-11; 7:1-4).

Con todo, el rey parece pensar que he hecho una buena tarea para mi propio pueblo y para el resto de sus súbditos. Dice que tendré un puesto en las crónicas de su familia. Aunque lo dice acerca de ella, quizá los dos, Ester y yo, llegamos a palacio "para esta hora" (4:14; 10:1-3).

Lecciones espirituales de Mardoqueo

- Las acciones rectas serán recompensadas, aunque la recompensa pueda venir con demora (2:21-23; 6:1-11).
- No deberíamos vacilar en hablar en favor de una causa digna. Mardoqueo expresó públicamente el peligro en que estaba su pueblo (4:1-3), solicitó la ayuda de Ester (4:7-8) y, al ver que no emprendía acción de manera inmediata, la exhortó a que lo hiciera (4:13-14). Su buena disposición a decir una "palabra a su tiempo" (Pr. 15:23) ayudó a salvar la nación.

Versículos clave
"Entonces dijo Mardoqueo que respondiesen a Ester: No pienses que escaparás en la casa del rey más que cualquier otro judío. Porque si callas absolutamente en este tiempo, respiro y liberación vendrá de alguna otra parte para los judíos; mas tú y la casa de tu padre pereceréis. ¿Y quién sabe si para esta hora has llegado al reino?" (4:13-14)

—2090 a.C.
Llamamiento de Abraham

JOB

—a. 2007?
Job

TRASFONDO

Job es el primero de cinco libros de poesía del AT; el primero tanto en orden canónico como histórico. Con una fecha tan temprana como el 2000 a.C. (el tiempo de Abraham), Job pudiera ser el más antiguo de los libros de la Biblia. Cuenta la historia de Job, un hombre recto y rico que Dios permitió que fuera tentado por Satanás mediante unos grandes sufrimientos. Aunque poético en forma, Job, lo mismo que los demás libros bíblicos poéticos, está firmemente arraigado en la historia. Tanto Ezequiel (14:14, 20) como Santiago (5:10-11) consideraron Job como un personaje histórico.

—1805
Muerte de José, final de Génesis

AUTOR

Desconocido. Algunos creen que Moisés fue el autor, debido a su fecha temprana y a un vocabulario similar al del Pentateuco (véase *Comparación con otros libros bíblicos*). Pero no hay una evidencia sólida de tal cosa.

FECHA

La fecha temprana (2000 a.C.) queda sugerida por indicaciones como

- el estilo de vida patriarcal que se ve en el libro;
- el uso del antiguo nombre patriarcal para Dios (*El Shaddai,* "el Omnipotente", que se usa 31 veces);
- la ausencia de cualquier mención de historia israelita.

LUGAR

Aunque la "tierra de Uz" (1:1) está evidentemente fuera de Israel (quizá en el norte de Arabia), el estilo y vocabulario de la redacción hebrea, así como la mención del río Jordán (40:23) sugieren que el libro fue escrito en Israel para unos lectores israelitas.

PROPÓSITO

- Considerar la cuestión del sufrimiento de las personas inocentes.

- Fomentar la fe y la confianza en Dios, cuyos caminos son más altos que los caminos de los hombres (42:1-5; véase Is. 55:9).

RASGOS SINGULARES

- Debido a su enfoque del sufrimiento humano, Job tiene un singular poder de atracción sobre las personas de todas las religiones.
- Job, lo mismo que Zacarías, da un breve atisbo de las confrontaciones entre seres celestiales.
- Job es el único libro bíblico que se refiere a lo que puede haber sido dinosaurios (hebreo "behemot" y "leviatán", 40:15; 41:1).

COMPARACIÓN CON OTROS LIBROS DE LA BIBLIA

Génesis:

- La descripción que hace Job de la historia primitiva de la tierra (38:4-11) da un paralelo complementario a Génesis 1.
- Ambos usan la expresión hebrea para "hijos de Dios" (2; Gn. 6).
- El antiguo nombre patriarcal para Dios, *El Shaddai* ("el Omnipotente"), aparece en Génesis y Job más que en otros libros bíblicos.

Eclesiastés:

- Job explora el significado del sufrimiento; Eclesiastés explora el significado de la vida.

BOSQUEJO

CRÍTICA DE SATANÁS (1—2)
- Presentación de Job (1:1-5)
- Acusaciones de Satanás (1:6-12)
- Tragedia de Job; su reacción (1:13-22)
- Más acusaciones de Satanás (2:1-6)
- Más tragedia para Job: su esposa y amigos reaccionan (2:7-13)

CONVERSACIONES CON LOS AMIGOS: CICLO 1 (3—14)
- El lamento de Job (3)
- Habla Elifaz (4—5)
- Respuesta de Job (6—7)
- Habla Bildad (8)
- Respuesta de Job (9—10)
- Habla Zofar (11)
- Respuesta de Job (12—14)

CONVERSACIONES CON LOS AMIGOS: CICLO 2 (15—21)
- Habla Elifaz (15)
- Respuesta de Job (16—17)
- Habla Bildad (18)
- Respuesta de Job (19)
- Habla Zofar (20)
- Respuesta de Job (21)

CONVERSACIONES CON LOS AMIGOS: CICLO 3 (22—31)
- Habla Elifaz (22)

Respuesta de Job (23—24)
Habla Bildad (25)
Respuesta de Job (26—31)
DISERTACIÓN DE ELIÚ (32—37)
Eliú acusa a Job y a sus amigos (32—33)
Eliú refuta las quejas de Job (34—35)
Eliú defiende a Dios (36—37)
CONFRONTACIÓN CON DIOS (38:1—42:6)
Preguntas de Dios a Job (38:1—40:2)
Respuesta de Job (40:3-5)
Más preguntas para Job (40:6—41:34)
Respuesta de Job (42:1-6)
CONSIDERACIÓN DE DIOS (42:7-17)
Restauración espiritual (42:7-9)
Restauración material (42:10-17)

CRÍTICA DE SATANÁS (1—2)

1:1-5 *La fe, familia y fortuna de Job.* Job era un hombre rico, bendito con una familia grande y feliz. Tenía siete hijos, lo que en la Biblia significa plenitud (véase 2:13; 42:8, 13). El escritor destaca el carácter "irreprensible" de Job (1:1, 5), dejando claro desde el comienzo que el sufrimiento que pronto iba a padecer no era resultado de su propio pecado.

1:6-12 *El infierno reta al cielo.* Satanás compareció ante el Señor y acusó a Job de servir a Dios solo debido a los beneficios terrenales de actuar así (1:9-11). Dios dio permiso a Satanás para que introdujese sufrimiento en la vida de Job, con la única limitación de que no podía causar daños físicos al mismo Job (1:12).

Satanás aparece en otros pasajes de la Escritura como acusador de los creyentes (véase Zac. 3:1-4; Ap. 12:10). Aunque se había rebelado contra Dios y había sido echado del cielo (véase Is. 14:12-15; Ez. 28:12-19), Satanás evidentemente sigue teniendo acceso al cielo como uno de los ángeles (o "hijos de Dios", 1:6), que en este contexto probablemente incluye a los ángeles buenos y a los malos.

1:13-19 *¡Desastre total en un día!* Por medio de enemigos humanos y de calamidades naturales, Job perdió toda su riqueza y sus hijos.

1:20-22 *"Sea el nombre de Jehová bendito".* Job respondió a su terrible tragedia con gran dolor, pero también con una actitud de adoración y con una fe inalterable en Dios.

2:1-8 *¿Puede su fe sobrevivir al sufrimiento físico?* Frustrado al ver que Job permanecía fiel a Dios, y convencido de que solo con un poco más de sufrimiento lo derrotaría, Satanás pidió permiso para causar sufrimiento físico al mismo Job. Dios le permitió que lo hiciera, siempre y cuando el sufrimiento no resultase en muerte. Poco después, Job contrajo una enfermedad de la piel.

2:9-10 *Su cónyuge no le sirve de ayuda.* La esposa de Job, colmada ella misma de dolor, se vio incapaz de dar ningún apoyo moral a Job. Al contrario, lo invitó a que compartiera la amargura que sentía hacia Dios.

2:11-13 *Los tres amigos de Job: Acuden a consolarlo; se quedan para condenarlo.* Tres de los amigos de Job, Elifaz,

Bildad y Zofar, acudieron a visitarlo, esperando darle algo de consuelo en su aflicción. Tan grande fue la aflicción que ellos mismos sintieron al ver directamente su sufrimiento que se sentaron con él toda una semana sin decir palabra. Aunque su callada condolencia fue admirable, su actitud iba pronto a cambiar.

CONVERSACIONES CON LOS AMIGOS: CICLO 1 (3—14)

3:1-26 *JOB: "¿Por qué nací? ¿Por qué no morí?"* Con unas palabras en vigorosa poesía, Job deseó explícitamente no haber nacido, o haber nacido muerto, o haber muerto en la infancia. Considerando su dolorosa e inútil vida, Job se preguntaba: ¿por qué Dios sencillamente no lo dejaba morir (3:20-26)?

4:1-11 *ELIFAZ: "Los inocentes no sufren, por tanto..."* Tras haber escuchado la angustia de Job, Elifaz ofreció una respuesta. Reconociendo la estatura de Job como dirigente espiritual (4:3-4), expresó su convicción de que las personas verdaderamente inocentes simplemente no sufren como Job estaba sufriendo (4:7), mientras que los malvados sí sufren (4:8-11), de esta manera implicaba que Job estaba sufriendo debido al pecado.

4:12-21 *"Y, de todos modos, ¿cómo ibas a ser inocente?"* Elifaz prosiguió exponiendo una "verdad" que había aprendido durante un sueño: Si incluso los ángeles del cielo no son totalmente inocentes, ¿cómo podría esperar ningún humano ser inocente? De nuevo, la implicación era que Job estaba sufriendo debido a algún pecado.

5:1-16 *"Esto es lo que yo haría?"* Tras haber observado la futilidad de quejarse del sufrimiento (5:1-5), y tras haber expresado nuevamente su creencia de que el sufrimiento se debe al pecado (5:6-7), Elifaz apremió a Job a que se arrepintiera y se volviera a Dios (5:8-16).

5:17-27 *"No menosprecies su disciplina".* Elifaz prometió a Job que si sencillamente aceptaba su sufrimiento como disciplina de parte de Dios, sería finalmente restaurado a la salud y a la prosperidad. Aunque este es un principio válido (véase He. 12:5-11), Elifaz estaba en un error al aplicarlo a la situación de Job.

6:1-13 *LA RESPUESTA DE JOB: "¿Cómo puedes conocer mi dolor?"* Job respondió observando que incluso su amarga queja (3) no hacía justicia a la profundidad de su sufrimiento personal. Tenía tanto derecho a quejarse como un animal privado de su alimento (6:5-7). La muerte era la única esperanza que le quedaba (6:8-13).

6:14-21 *Amigos tan fiables como ríos secos.* Job había esperado consolación de parte de sus amigos. En lugar de ello recibió reproches. Eran como corrientes secas, de las que un fatigado viajero espera agua pero recibe solo decepción.

6:22-30 *"¡Muéstrenme dónde estoy errado!"* Job no había pedido a sus amigos ninguna ayuda física o financiera, solo su simpatía. Ahora les pedía sencillamente que fuesen específicos en sus acusaciones: ¿Qué pecado específico había sido causa de su sufrimiento?

7:1-21 *Su dolor y su protesta.* Job no veía ningún fin en perspectiva a su dolor. No había un momento en que pudiera sentir alivio del mismo. Toda esperanza se había desvanecido como las nubes. Por ello, él presentaría su protesta ante Dios (7:11): "¿Por qué estaba Dios acosándolo? ¿Por qué le espantaba con pesadillas? ¿Por qué estaba constantemente poniéndolo a prueba? Si Job había pecado, ¿por qué sencillamente Dios no lo perdonaba y lo dejaba en paz?

8:1-7 *BILDAD: "Palabras como el soplo del viento"*. Bildad, el segundo amigo en hablar, acusó a Job de hablar irresponsablemente. ¿Cómo podía él hacer tales protestas acerca de su propia rectitud a la luz de la perfección de Dios? En tanto que las observaciones iniciales de Bildad tenían verdad en sí, estaba actuando sobre la base de las mismas falsas premisas que Elifaz: que Job había causado su sufrimiento por su propio pecado.

8:8-22 *Cadenas para el pecador, recompensas para el justo.* Bildad presentó su argumento sobre la base de la historia (8:8-10) y de la naturaleza (8:11-19) que el pecado siempre conlleva castigo. La única conclusión posible fue que Dios ayuda a los justos, pero no a los malvados (8:20-22). Una vez más, la implicación era que Job debía ser culpable de algún pecado y que debía pensar en arrepentirse.

9:1-13 *LA RESPUESTA DE JOB: "Tienes razón: el mero hombre no puede discutir con el Omnipotente"*. Job reconoció la verdad de la afirmación de Bildad de que los pecaminosos humanos no debían discutir con Dios. Y ofreció una prueba elocuente de la sabiduría y del poder de Dios.

9:14-31 *"Ni quien está sin pecado puede mantenerse de pie ante él"*. Aunque afirmaba ser inocente (9:21), Job admitió que Dios podía juzgarle y le juzgaría de todos modos. Sin embargo, la miseria de su condición presente le hacía abandonar toda esperanza, y comenzó a afirmar de manera directa que Dios actuaba injustamente (9:22-24).

9:32-35 *Se busca ayuda: Alguien que haga de mediador.* Job anhelaba un mediador que intercediera ante Dios en su favor (véase 19:25). El NT muestra que Cristo fue este mediador (véase 1 Ti. 2:5).

10:1-22 *¿Creado para condenación?* Job anhelaba conocer una razón de su sufrimiento, pensando quizá que este conocimiento le ayudaría a hacerlo más llevadero. Recordó a Dios que su actual sufrimiento era incongruente con el gran cuidado que Dios había mostrado al crearlo (10:8-17). Se preguntaba por qué Dios le había permitido nacer si sabía que un día iba a sufrir de esta manera (10:18-22).

11:1-12 *ZOFAR: "¿Cómo te atreves a dirigirte a Dios de esta manera?"* El tercer amigo de Job, Zofar, se sintió sobrecogido por la manera en que Job había estado hablando a Dios. Deseó que Dios se apareciera para responder a las insensateces de Job y para mostrarle a Job ¡que merecía *más* juicio que el que ya estaba recibiendo (11:5-6)!

11:13-20 *Mi consejo: "¡Confiesa tus pecados!"* El consejo de Zofar a Job fue similar al de Elifaz y Bildad: Arrepiéntete de tu pecado y busca el perdón de Dios. Aunque los tres consoladores apremiaron a Job a que admitiera sus pecados y se arrepintiese, ninguno de ellos había llegado a identificar cuál pudiera ser su pecado.

12:1-12 *LA RESPUESTA DE JOB: "¡Montón de sabelotodos!"* La respuesta de Job a Zofar fue en realidad una respuesta a todos los tres amigos. Con lenguaje satírico, observó el orgullo que manifestaban al creer que poseían un conocimiento tan alto. Se sentía ofendido por la condescendencia que le manifestaban, y se consideraba tan competente como ellos en tales cuestiones (12:3-6). De hecho, decía Job, ¡hasta los animales son capaces de saber tales cosas!

La actitud de condescendencia de los amigos de Job se puede ver a veces en aquellos que intentan consolar a otros basándose en conocimiento doctrinal en lugar de en sentimientos de misericordia.

12:13-25 *"Pero Dios es omnisciente y omnipotente"*. Solo Dios es omnisciente y omnipotente, dijo Job. Por tanto, Él es el único competente para dar respuestas plenas acerca del pecado, del sufrimiento y de la justicia.

13:1-12 *¿La opción más inteligente? ¡Callarse!* Considerando la omnisciencia y omnipotencia de Dios, dijo Job, sus pretendidos consoladores harían bien en callarse. No deberían tratar de hablar de parte de Dios. De hecho, parecía que Job esperaba que Dios los juzgase por actuar de aquella manera (13:10-11), como efectivamente lo hizo al final (42:7-9).

13:13-19 *"Estoy en lo cierto, de modo que me defenderé"*. Job expresó su fe en Dios, incluso si su enfermedad era para muerte (13:15). Con todo, él esperaba que Dios lo vindicaría de manera plena (13:15-16). Esta sección se asemeja a una escena en un tribunal donde Job está presentando su defensa ante el Juez.

13:20-25 *"Solo líbrame de esas dos cosas..."* Job pensaba que podría conseguir una audiencia justa ante Dios si solo Dios le libraba de dos cosas: de la presencia continua de su mano en juicio; y de la abrumadora presencia de su majestad.

13:26-28 *El "amargo" libro de Dios.* Job se preguntaba si quizá Dios le estaba castigando por pecados cometidos hacía largo tiempo en su juventud, se supone que pecados que ya había afrontado y confesado (véase 1:5). Las grandes alturas de 13:5 parecen haber dado lugar a una hondura de depresión y pesimismo.

14:1-6 *Pocos días, llenos de futilidad.* Job reconoció la naturaleza efímera de la vida humana, sus dificultades y su impureza. A la luz de esta fragilidad humana, ¿no podía Dios apartar su mano punitiva y dejarle reposar los pocos días que le quedaban?

14:7-22 *"¿Seré yo jamás como un árbol?"* Si un árbol es cortado, decía Job, sus raíces pueden devolverlo a la vida; pero los humanos no son así: una vez que han muerto, nunca volverán a la vida (14:10-12). Job reconocía la posibilidad de la vida después de la muerte (14:14-15), pero no mantenía mucha esperanza de llegar realmente a verla. Más adelante, en un talante más optimista, Job volvería a la cuestión de 14:14 (véase 19:25-27).

CONVERSACIONES CON LOS AMIGOS: CICLO 2 (15—21)

15:1-6 *ELIFAZ: "Eres una bolsa de aire, no un sabio"*. Elifaz volvió a tomar la palabra, censurando a Job como un orador de palabras vacías. En opinión de Elifaz, un sabio no persistiría en mantener su inocencia ante toda la evidencia de juicio en su vida.

15:17-35 *"¡Los sabios de todos los siglos dicen que los pecadores padecen!"* Elifaz aseveró que los sabios a lo largo de la historia han creído que el pecado comporta sufrimiento. Y cita varios ejemplos de tales sufrimientos. Naturalmente, estaba haciendo mucho más que dar una lección de historia. Su ejemplo de la pérdida de riqueza (15:29), por ejemplo, traiciona su verdadero motivo: volver a sugerir que Job mismo está sufriendo a causa de sus pecados.

En contra de la opinión de Elifaz, la Biblia enseña que la riqueza no es siempre una bendición (véase Lc. 16:19-31; Stg. 5:1-6).

16:1-7 *LA RESPUESTA DE JOB: "¿Y vosotros os llamáis consoladores?"* La réplica de Job a Elifaz reveló su intenso disgusto: sus pretendidos amigos no eran consoladores para nada. Igual de fácil le sería a él criticar como ellos lo hacían. Pero si las tornas cambiasen, él consolaría en lugar de criticar (16:5). Aunque siguió quejándose acerca del extraviado consejo de sus amigos, Job estaba evidentemente más enojado con el mismo Dios (16:11-14).

16:18-22 *¿Un abogado en el cielo?* Por segunda vez, y al parecer con mayor convicción, Job deseó un mediador que le representase ante Dios (véase exposición sobre 9:32-35 y 19:23-29).

17:1-9 *"¡El mal caerá, el derecho prevalecerá!"* Esperando morir joven, Job continuó proclamando su inocencia. Sus tres amigos, por su parte, habían mostrado que eran injustos al no sentirse adecuadamente conmovidos ante el apuro en que él se hallaba (17:8).

17:10-16 *"La muerte es mi única esperanza"*. Los amigos de Job habían dicho que había esperanza para Job si se arrepentía del pecado que suponían era la causa de su sufrimiento. Job, sabiendo que no existía tal pecado, seguía viendo la muerte como su única liberación.

18:1-21 *BILDAD: "Seamos lógicos: Solo los pecadores sufren"*. Bildad comenzó su segundo discurso preguntándose en voz alta si Job no iba a dejar nunca de hablar. Descontó como ilógica la opinión egocéntrica que tenía Job de su sufrimiento, y sus observaciones de que los animales irracionales sabían tanto como sus tres amigos (12:3-12). Haciéndose eco del segundo discurso de Elifaz, Bildad citó una serie de infortunios que caen sobre los malvados, insinuando una vez más que Job había pecado.

19:1-12 *LA RESPUESTA DE JOB: "¡Ustedes son injustos, y también lo es Él!"* Job acusó a sus amigos de una crueldad e injusticia continuadas. Prosiguió luego acusando a Dios de injusticia, dando su propia lista de infortunios basada en sus propios sufrimientos (19:6-12).

19:13-22 *Abandonado por familia y amigos.* Job se quejó en su soledad, observando que su familia, sus más íntimos amigos y conocidos, niños y siervos, todos lo habían abandonado. Y además de esto, continuaba su propio sufrimiento físico. Debido a todas esas cosas, rogó a sus amigos que tuvieran compasión de él (19:21-22).

19:23-29 *"¡Yo sé que mi Redentor vive!"* Desde este valle de la desesperanza, Job ascendió a las cumbres de la fe, expresando su confianza en que la redención ciertamente llegaría (véase exposición sobre 16:18-22). Visto en el contexto de la revelación plena de Dios, el Redentor de Job es

- su Redentor personal ("mi", 19:25)
- un Redentor viviente (19:25), prefigurando la resurrección de Cristo
- aquel que pagaría, en conformidad con la ley, el precio de la liberación de Job (19:25; véase Lv. 25:25-55)
- un redentor que estará en la tierra en el fin de los tiempos (19:25), lo que prefigura la segunda venida de Cristo
- la base para la esperanza personal de Job de una vida después del sepulcro (19:26; véase exposición sobre Is. 26:1-19)
- aquel por medio de quien Dios llegaría por fin a vindicar a Job (19:27; véase 42:10-17)

Habiendo proclamado su fe, Job advirtió a sus tres amigos acerca del juicio de Dios (19:28-29; véase 42:7-9). Job expresó la esperanza de que la historia de su sufrimiento, y sus reflexiones acerca del mismo, pudiera quedar registrada para las generaciones futuras (19:23-24). ¡Qué poco debió saber lo plenamente que se cumpliría esta esperanza!

20:1-29 *ZOFAR: Más ejemplos, más insinuaciones.* Zofar comenzó su segundo discurso desafiando el derecho de Job a reprender a sus amigos. Luego siguió en los pasos de Elifaz y Bildad dando una lista de los pecados de los malvados y de los juicios que caen sobre ellos. Y, lo mismo que sus amigos, Zofar volvió a dejar implícito que el sufrimiento de Job era el juicio de Dios por su pecado.

21:1-34 *LA RESPUESTA DE JOB: Una lista propia.* Buscando contradecir el argumento de sus amigos de que los malvados son siempre castigados en esta vida, Job dio ejemplos de cómo los malvados prosperan. Los malvados viven muchas veces vidas muy felices (21:7-16). A menudo reciben honores en esta vida (21:31) y en la muerte (21:32). Sus amigos podrían decir, en tales casos, que los *hijos* de los malvados sufrirían las consecuencias de los pecados de sus padres. Sin embargo, incluso si así era, los padres malvados mismos habrían eludido el castigo directo (21:18-21). A la luz de tales evidencias, el argumento de los amigos de que solo los malvados sufren resulta totalmente falso (21:34).

CONVERSACIONES CON LOS AMIGOS: CICLO 3 (22—31)

22:1-5 *ELIFAZ: "Repito lo mismo: ¡estás sufriendo por tu pecado!"* Hablando por tercera vez, Elifaz se reafirmó en la filosofía que él había estado defendiendo junto con Bildad y Zofar: las personas sufren por su pecado. Si no fuera este el caso, razonaba Elifaz, las buenas acciones de los hombres no tendrían valor delante de Dios. Además, la enormidad del sufrimiento de Job mostraba la enormidad de su pecado.

22:6-20 *Una lista sugerida de pecados de Job.* Aunque Elifaz no conocía ningunos pecados específicos que Job hubiera cometido, sugirió algunas posibilidades, incluyendo un rechazo a ayudar a los necesitados (22:6-11) así como una actitud de desafío hacia Dios (22:12-20).

22:21-30 *Un remedio sugerido: ¡Arrepiéntete!* La solución seguía pareciendo sencilla para Elifaz: Job debía arrepentirse de sus pecados y volverse a Dios; entonces volvería a gozar del favor de Dios. La valoración que hace Elifaz de Job contrasta intensamente con la que hace Dios (1:8; 2:3), la que hace el autor del libro (1:1) y la que hace Job de sí mismo. Aunque Job no respondió inmediatamente a las falsas acusaciones de Elifaz, más adelante presentó una prolongada defensa de sí mismo (29—31).

23:1-17 *LA RESPUESTA DE JOB: "Si le pudiera encontrar, ¡quizá me escucharía!"* Job expresó su deseo de encontrar a Dios y de presentarle personalmente su alegato. Job tenía la confianza de que un encuentro así llevaría a su plena vindicación (23:10-12). Incluso así, reconocía que Dios era soberano (23:13-14) y por ello temía este encuentro (23:15-17).

24:1-17 *El impío parece prosperar...* Job hizo notar otra vez cómo prosperaban los impíos y cómo Dios al parecer ignoraba este injusto estado de cosas.

24:18-25 *... ¡nunca más habrá de ellos memoria!* Sin embargo, Job estaba confiado en que aunque los malvados prosperaban y Dios parecía ignorar sus iniquidades, a su debido tiempo los castigaría. La base para esta confianza de Job parece ser el hecho de que ni los rectos ni los malvados pueden evitar la muerte (24:20-24).

25:1-6 *BILDAD: "Si las estrellas no alcanzan, ¿cómo podemos los pecadores?"* En su tercer discurso, Bildad fue breve y al grano: Dios es todopoderoso, como se hace evidente en sus "ejércitos" (25:3, quizá una referencia a los ángeles) y en su control del mundo natural ("luz", 25:3). Y nada, ni aun la luna ni las estrellas, posee la pureza de Dios. Por tanto, ¿cómo puede Job justificarse a sí mismo, siendo que todos los humanos son solo gusanos o lombrices en comparación con las estrellas?

En tanto que la afirmación que hace Bildad de la pecaminosidad humana es correcta, su aplicación de este argumento a la situación de Job dejaba de lado la cuestión de Job acerca del sufrimiento de los inocentes.

26:1-4 *LA RESPUESTA DE JOB: Un estudio en sarcasmo.* Job comenzó el discurso más largo del libro (26—31) con una serie de preguntas burlonas que exponían a Bildad (junto con Elifaz y Zofar) como consejeros insinceros que en realidad no estaban interesados en los necesitados.

26:5-14 *La majestad de la naturaleza es una mera sombra de su poder.* Job declara que la grandeza de la creación, a la que Bildad había aludido (25:5), revelaba solo una pequeña porción del poder de Dios (26:14). Dios emplearía más adelante la creación como quizá la mejor ilustración de su propio poder (38—41).

27:1-6 *El voto de Job: Servir a pesar del sufrimiento.* En otra alta cumbre de la fe, Job prometió mantener su integridad y declarar su inocencia incluso si su sufrimiento podía ser contemplado como un juicio de Dios.

27:7-23 *Una advertencia a sus amigos.* Job invocó entonces el juicio de Dios sobre sus enemigos (27:7) e ilustró las maneras en que Dios podía juzgarlos (27:8-23). Es indudable que tenía en mente a sus tres pretendidos amigos.

28:1-28 *El temor trae sabiduría a los que padecen.* Job pasó luego a meditar acerca de la incapacidad de los humanos de comprender plenamente los caminos de Dios (véase Is. 55:8-9). Los humanos poseen grandes capacidades técnicas (28:1-11). Pero a pesar de esas capacidades, no pueden encontrar ni adquirir sabiduría, debido a que está oculta (28:20-21). Solo Dios posee perfecta sabiduría. A la luz de este hecho, los humanos que deseen sabiduría deberían tener un sano temor de Dios (28:28; véase Pr. 1:7; 9:10).

Aplicando esta enseñanza a la situación de Job, la persona que sufre ha de seguir a Dios a pesar de sus sufrimientos, por cuanto solo Dios comprende de manera plena lo que está sucediendo.

29:1-25 *Anteriormente respetado por quién era y por lo que hacía . . .* Job comenzó una prolongada autodefensa, recordando los buenos tiempos del pasado en que era respetado por todos los que le conocían. Este respeto era inspirado a la vez por su buen carácter (29:1-11) y por sus muchas buenas obras (29:12-25).

30:1-14 *¡. . . pero ahora menospreciado hasta por los despreciables!* En marcado contraste con el respeto de que antes gozaba, ahora Job era escarnecido hasta por los "más bajos que la misma tierra".

30:15-31 *Dolor sin fin, oraciones sin respuesta.* La aflicción emocional de Job y su dolor físico le llevaron a orar pidiendo alivio. Pero Dios parecía no oírle (30:15-20). Una vez más desafió a Dios, hablando de su supuesta crueldad para con el inocente Job (30:21-31).

31:1-40 *"Si he pecado, ¡castígame!"* Job recitó una larga lista de pecados, invitando a sus enemigos a decidir si había cometido ninguno de ellos, y luego, si lo había hecho, que le aplicasen el castigo apropiado. La propia lista de Job de hipotéticos pecados es más extensa que la anterior lista de Elifaz de falsas acusaciones (véase exposición sobre 22:6-20). Su confianza en su inocencia se ve en su deseo de que sus enemigos hubieran escrito los crímenes de que le acusaban, para poder tratarlos uno por uno (31:35-37).

DISERTACIÓN DE ELIÚ (32—37)

32:1-22 *Entra Eliú, un joven airado.* Eliú, que era más joven que Job y sus tres amigos, había estado evidentemente escuchando el debate. Ahora irrumpió en él, expresando indignación hacia los cuatro más adultos y observando con arrogancia que los mayores no eran siempre sabios, de ahí su decisión de tomar parte en el debate (32:5-9). Eliú se sintió indignado con Job por haber querido vindicarse a sí mismo, pero aún más indignado con los tres amigos de Job por haberlo condenado sin primero haberle demostrado que estaba en un error (32:3, 10-15). Debido a que no habían conseguido demostrar su acusación, Eliú pensaba que debía ahora exponer su propia opinión (32:16-22).

33:1-7 *"Yo seré tu mediador".* Eliú expresó su confianza en su propia sabiduría que había recibido de Dios y aseguró a Job que él le oiría con imparcialidad y que le ayudaría a presentar su causa a Dios.

33:8-13 *¿El pecado de Job? No acciones, sino actitud.* Eliú argumentó que Job había pecado, no por ninguna acción, sino en su actitud hacia Dios, esto es, en sus acusaciones de crueldad de parte de Dios a pesar de su inocencia (véase 13:24-27; 19:11; 27:1-6). Eliú tenía parte de razón en esto. Sin embargo, dejaba totalmente a un lado la cuestión original del debate: ¿Fue el pecado de Job la causa de su sufrimiento? (La *actitud* pecaminosa de Job había surgido *después* de su sufrimiento, no antes de él.)

33:14-30 *"Habla en muchas formas".* Como respuesta a la declaración de Job de que Dios había estado callado en medio de su sufrimiento (13:24), Eliú declaró que Dios ciertamente habla: mediante sueños o visiones (33:14-18), mediante dolor físico (33:19-22), y mediante ángeles (33:23). Si Job respondía a esos mensajes de parte de Dios, recuperaría su salud y dicha (33:24-30).

33:31—34:4 *"¡Habla ahora, o escucha y aprende!"* Eliú invitó a Job a que respondiera a sus comentarios, o, si no tenía respuesta, a que siguiera escuchando. Invitó luego a los tres amigos de Job a que hicieran lo mismo.

34:5-9 *"Esto es lo que dijo:"* Eliú recapituló las dos principales quejas de Job contra Dios: que Dios es injusto (34:5-6) y que la justicia no compensa (34:9). Iba a responder a la primera queja en el resto del capítulo 34 y a la segunda queja en el capítulo 35.

34:10-37 *"¡La criatura no puede condenar a su Creador!"* Como respuesta a la acusación de Job de que Dios es injusto, Eliú, lo mismo que los tres amigos, defendió la justicia de Dios. También, al igual que los tres amigos, supuso que Job había pecado (34:36-37), por cuanto Dios no permitiría que los inocentes sufrieran (véase 36:7). Aseveró confiado que otros sabios estaban de acuerdo con su valoración: Job estaba actuando sin entendimiento, y se estaba rebelando contra Dios (34:34-37).

En tanto que Eliú supuso que Job había pecado, no lo acusó de ningunos pecados específicos, ni se ensimismó en la pecaminosidad de Job como la causa de sus sufrimientos, como habían hecho los tres primeros oradores. Eliú se centró más bien en el valor del sufrimiento para la instrucción moral (véase exposición sobre 36:5-23).

35:1-16 *"Rectitud o rebelión: Él no observa ni lo uno ni lo otro"*. Luego, Eliú considera la segunda parte de la queja de Job: que su presente sufrimiento mostraba que no se sacaba beneficio de vivir con rectitud (35:1-3). Eliú respondió que las acciones humanas, sean buenas o malas, no tienen efecto sobre Dios (35:6-7), y que por ello Job no debía esperar respuestas rápidas de su parte. Su única opción era "esperar" con fe (35:14).

Numerosas Escrituras acerca del amor de Dios y de su ira ponen en cuestión el concepto que tiene Eliú de un Dios no afectado por las acciones humanas (véase Gn. 6:3-6; Mt. 23:37; 2 P. 3:9).

36:1-4 *"Tengo todas las respuestas, ¡así que escuchen!"* Afirmando tener "razones" bien fundamentadas, Eliú exhortó de nuevo a Job y sus amigos a escuchar con cuidado su "defensa de Dios".

36:5-23 *"¡Deja que Él te enseñe en la tribulación!"* Eliú aseveró que Dios usa la tribulación y la aflicción como instrumento pedagógico para conducir a los impíos al arrepentimiento. Sugirió que Job había sido tardo en aprender esta lección (36:16-23) y lo alentó a no permitir que su amargura lo llevase a pecar (36:21).

Aunque es cierto que en algunas ocasiones Dios usa el sufrimiento para conducirnos al arrepentimiento (véase He. 12:5-11), la Biblia enseña de manera clara que el sufrimiento no es siempre el resultado del pecado ni del deseo de Dios de disciplinar (véase *Lecciones espirituales de Job*).

36:24—37:24 *"¿Quién puede conocer al Incognoscible?"* En lugar de amargarse, decía Eliú, Job debía aprender a alabar a Dios por la grandeza de su creación. Eliú procedió a hacer precisamente esto, hablando de la majestad y del misterio de Dios. Desafió luego a Job a que explicase varios fenómenos naturales (37:14-22) y llegó a la conclusión de que Dios es inescrutable (37:23-24).

CONFRONTACIÓN CON DIOS (38:1—42:6)

38:1 *HABLA DIOS: Respuestas desde un torbellino.* Ahora que Job, Elifaz, Bildad, Zofar y Eliú habían acabado sus discusiones, Dios habló. En lugar de hacer frente a la cuestión que se trataba: ¿Por qué sufren los inocentes?, Dios respondió más con su sublime presencia ("desde un torbellino") que con sus palabras. Volvió a observar, una y otra vez, las maravillas de su creación y la incapacidad de los hombres de llegarle a conocer plenamente (véase Is. 55:9).

38:2-11 *"¿Dónde estabas tú cuando yo fundaba la tierra?"* Dios declaró que Job había pronunciado "palabras sin sabiduría". Luego comenzó una serie de preguntas retóricas para mostrar a Job cuán poco sabía acerca del mundo. Para empezar, Job sabía poco acerca de la creación del mundo, por cuanto no había estado allí cuando sucedió (38:4-7).

38:12-38 *"¿Cuánto sabes tú de los cielos y de la tierra?"* ¿Sabía Job cuál era la causa de la luz y de las tinieblas? (38:19-20), qué medidas tenía la tierra (38:18) o cuál era la causa de las pautas climatológicas (38:22-30)? ¿Qué acerca de las estrellas y de las nubes (38:31-38)? La respuesta de Job ante esto tenía que ser el reconocimiento de la autoridad de Dios sobre todas las cosas.

Aunque Job no comprendía las causas detrás de esos fenómenos naturales, Dios le habló como uno que estaba bien familiarizado con los hechos básicos de la creación y de las leyes de la naturaleza.

38:39—39:30 *"¿Y qué de mis animales?"* Ya como cosa más cercana, Dios preguntó a Job acerca de su conocimiento de varios animales.

"¿Acaso te necesitan?" (38:39—39:8). Los primeros en ser mencionados son los leones, las aves, las cabras monteses, los ciervos y los asnos silvestres, todos los cuales paren, crían a sus jóvenes y generalmente viven sus vidas sin ayuda de los hombres. La implicación es que la supremacía de Dios está por encima del dominio del hombre.

"¿Acaso puedes domarlos?" (39:9-12). ¿Cómo podía Job presumir de desafiar a Dios cuando ni siquiera podía domar al indómito búfalo, una de las menores de las criaturas de Dios?

"¿Y cómo me explicas tú a éste?" (39:13-18). Dios pidió a Job que examinase los extraños rasgos del avestruz: un ave que no podía volar, que a menudo destruía a sus propios polluelos, que parecía más bien estúpida, pero que podía correr más veloz que un caballo. ¿Podía jamás Job haber diseñado un animal así?

"¿Puedes acaso controlar el caballo o el gavilán?" (39:19-30). Seres tan diversos como el poderoso caballo y las elevadas aves de presa reflejan la majestad de su Creador y viven sus vidas fuera del control humano.

40:1-2 *"¿Puedes responder a alguna de esas preguntas?"* Igual que al principio de su discurso (38:2-3), Dios presenta un desafío a Job: Si Job quería acusar a Dios de haber hecho mal al permitir sus sufrimientos, debería estar preparado para dar respuesta a las preguntas que Dios le había planteado respecto a las maravillas de su creación.

40:3-5 *LA RESPUESTA DE JOB: "Ya he hablado demasiado".* Job reconoció su insignificancia en comparación con Dios. En un gesto de contrición, puso su mano sobre su boca, y cesó en sus quejas.

40:6-14 *DIOS HABLA OTRA VEZ: ¡Solo Dios puede criticar a Dios!* El Señor prosiguió su desafío a Job, poniendo en tela de juicio su capacidad para juzgar a sus semejantes, y mucho menos a su Hacedor.

40:15-24 *De paso, ¿qué hay acerca de behemot?* Dios describió luego a Behemot, al parecer el animal más grande de su tiempo (40:19). ¿Cómo podía Job cuestionar a Dios, siendo que no podía diseñar una criatura así? Varios eruditos han identificado a behemot como

- un animal real que sigue existiendo en la actualidad, como el hipopótamo (esta teoría se refleja en la traducción que da la revisiones de 1977 y 1995 de Reina-Valera).
- un animal real pero extinto, como un dinosaurio
- un animal mítico, como un dragón

A la luz de su inmenso tamaño (40:17-20), parece que lo más probable es que behemot fuese un ser de la clase de los dinosaurios. El conocimiento que Job tenía al parecer de primera mano del behemot implicaría en tal caso que los humanos y los dinosaurios coexistieron. Por cuanto la teoría evolucionista no acepta tal posibilidad, los eruditos que creen en la evolución generalmente proponen que el behemot era un animal más pequeño, aun existente. Que el behemot era un verdadero animal y no un ser mítico se puede ver por el contexto: Tras haber descrito a animales reales como prueba de su majestad, ¿para qué iba a culminar Dios su argumento describiendo un ser imaginario?

41:1-34 *¿Puedes atrapar y controlar al*

leviatán? Tras haber presentado a su mayor criatura terrestre como prueba de su poder, Dios le presenta luego su mayor criatura marina, el leviatán. Si Job no podía crear un behemot o un leviatán, ¿cómo podría pretender quejarse contra uno que sí podía? Lo mismo que el behemot, el leviatán ha sido diversamente identificado como

- una criatura marina que todavía existe en la actualidad, como el cocodrilo o la ballena
- un dinosaurio marino
- una criatura mítica, como la serpiente o el dragón marino

Por la descripción bíblica, lo más probable es que leviatán fuese un ser marino del tipo de los dinosaurios. Identificar leviatán con un ser aún existente comporta una ignorancia lamentable de los términos de su descripción. Aunque el término "leviatán" puede seguir a tradiciones cananeas acerca de un monstruo marino mítico, y aunque el texto parece describir una malévola criatura semejante a un dragón (41:14-21, 34), la existencia de un nombre mítico no significa que un ser así no fuese real. Al contrario, la ubicuidad de las leyendas de dragones sugiere una base en la realidad. El Salmo 104:25-26 nombra al leviatán como una de muchas criaturas marinas reales. De modo que también aquí el leviatán debería ser tomado de manera literal como todos los demás animales en los capítulos precedentes.

42:1-6 *LA RESPUESTA DE JOB: "¡Había oído, ahora veo!"* Tras haber visto la gloria de Dios como nunca antes, Job se arrepintió humildemente de sus quejas contra Él.

CONSIDERACIÓN DE DIOS (42:7-17)

42:7-9 *Un sacrificio por su falso consejo.* Debido al falso consejo que habían dado, Dios mandó que Elifaz, Bildad y Zofar ofrecieran sacrificios y que dejasen que Job sirviera como sacerdote de ellos e hiciera intercesión por ellos.

42:10-17 *¡Restauración de la salud, el doble de riquezas, y más!* Por cuanto Job se arrepintió, Dios le restauró la salud y le dio el doble de sus riquezas originales. Le dio tantos hijos e hijas como había tenido antes, y le permitió vivir otros 140 años.

Al final, Dios nunca dio una razón por los sufrimientos de Job. Más bien, mostró que era soberano sobre todas las circunstancias de la vida, fuesen buenas o malas. Su restauración de las riquezas y del bienestar de Job fue una maravillosa exhibición de dicha soberanía (véase Sal. 23).

❖ ❖ ❖

PERSONAS A RECORDAR DE JOB

JOB

Hechos clave: Acusado por Satanás ante Dios, se permitió que sufriese mucho, y fue finalmente restaurado (1:9-12; 2:2-8; 42:10)
Esposa: Innominada (2:9)
Hijos: 14 innominados (1:2; 42:13)
Hijas: Jemima, Cesia, Keren-hapuc, y 3 innominadas (1:2; 42:13-14)
Ocupación: Ganadero (1:3)
Total de referencias bíblicas: 56
Referencias clave: 1—42; Ez. 14:14, 20; Stg. 5:11

Habla Job

"¡Jehová me dio todo lo que tenía, y Jehová me lo quitó. Alabado sea el nombre de Jehová!" Este fue mi testimonio al principio de todo. Ahora, a salvo al otro lado de aquel tiempo repleto de dolor y de desesperanza, diría esto: "Jehová dio, Jehová quitó, y Jehová ha dado otra vez: Alabado sea el nombre de Jehová" (1:21).

¡Porque así lo ha hecho! Sufrí la perdida de mi fortuna, de mi familia, de mi salud, y la buena voluntad de mis amigos. Pero ahora mi riqueza ha sido doblada y mi salud está restaurada. Me han sido añadidos diez hijos a mi familia, y aquellos amigos que resultaron ser falsos son ahora otra vez verdaderos amigos (1:13-19; 2:7-8, 11; 42:7, 9, 10-15).

¡Qué trágicamente irónico, sin embargo, fue aquel tiempo de agonía! Busqué desesperadamente ver a Dios, pero Él deseaba que primero yo me viera como el pecador que realmente era. Cuando aquello sucedió al fin, el dolor se volvió en alegría. ¡Qué Dios más glorioso! (23:3; 40:3-4; 42:5-6).

Aunque Él me ha dado 140 años de más, sé que pronto voy a morir. Pero no importa. La seguridad que recibí entonces es mi consolación ahora: "Pues yo sé que mi Redentor vive, y que en lo venidero ha de levantarse sobre la tierra; y después que los gusanos hayan despedazado esta mi piel, aun desde mi carne he de ver a Dios" (19:25-26; 42:16-17, V.M.).

Lecciones espirituales de Job

- Job era un hombre a la vez recto y rico (1:1-3). Es posible ser ambas cosas. Sin embargo, véase Mateo 19:23-26.
- Es reconfortante saber que Satanás ha de obtener permiso de parte del mismo Dios antes que pueda tentar a un creyente (1:6-12; 2:1-6). Además, Dios determinó los límites de cada prueba, porque Él sabe cuánto podemos sobrellevar cada uno de nosotros (véase 1 Co. 10:13).
- Los tres amigos de Job aseveraron que su sufrimiento se debía a su pecado (42:7; véase Jn. 9:1-3). En realidad, el sufrimiento de Job fue permitido para conseguir varias cosas:
  - responder a las acusaciones de Satanás (1:9-11; 2:4-5).
  - enseñar a Job acerca de la soberanía de Dios (4:1-5).
  - hacer más consciente a Job acerca de su propia pecaminosidad (comparar 29; 31 con 40:4; 42:6).

Dios permite el sufrimiento también por otras razones:

- Puede emplearlo para enseñarnos (He. 12:5-11). Incluso Cristo, aunque sin pecado, aprendió mediante su sufrimiento (He. 5:8).
- Puede permitirlo para que nuestras vidas den testimonio ante otros de nuestra fe a pesar del sufrimiento (Jn. 9:1-3).
- A veces atraemos el sufrimiento sobre nosotros mismos.
- A veces el sufrimiento es sencillamente una parte de la vida en un mundo caído, sin que haya culpa de nadie en particular (véase Ro. 8:18-39).

Versículos clave

"Hermanos míos, tomad como ejemplo de aflicción y de paciencia a los profetas que hablaron en nombre del Señor. He aquí, tenemos por bienaventurados a los que sufren. Habéis oído de la paciencia de Job, y habéis visto el fin del Señor, que el Señor es muy misericordioso y compasivo" (Stg. 5:10-11).

SALMOS

TRASFONDO

El libro de los Salmos es una colección de poemas y cánticos escrita por varios israelitas a lo largo de un período de unos 900 años (véase *Fecha*). La mayor parte de los salmos estaban evidentemente enfocados hacia el culto público, mientras que otros parecen más adecuados para el culto o reflexión en privado.

Salmos se divide en cinco "libros" (véase *Bosquejo*), acabando cada uno con una doxología similar. Muchos eruditos piensan que esta división refleja el desarrollo histórico de los Salmos, con los Libros Primero y Segundo recopilados durante o poco después de la época de David, los Libros Tercero y Cuarto añadidos después de la caída de Israel, y el Libro Quinto viniendo después del regreso del exilio. Otros han visto en la división un esfuerzo por ajustar a los cinco libros de la Ley cinco libros de alabanza.

Los Salmos tratan de una gran variedad de temas y de acontecimientos históricos (véase *Propósito,* más abajo, y *Una visión general temática de los Salmos,* p. 361). La mayoría de los salmos incluyen títulos, algunos de los cuales explican su propósito o su contexto histórico.

AUTOR

Muchos de los salmos mencionan a sus autores por nombre:

- David, rey de Israel, fue autor de al menos la mitad de los salmos; 73 se atribuyen a él dentro del salmo, y se le acreditan otros dos en el NT (2, véase Hch. 4:25-26; y 95, véase He. 4:7).
- Bien Asaf, un levita encargado de la música para el culto en el Tabernáculo (1 Cr. 15:16-17), o uno de sus descendientes, fueron autores de al menos 12 salmos (50; 73-83).
- Los "hijos de Coré", el sacerdote que encabezó una rebelión contra Moisés (Nm. 16), fueron autores de al menos 12 salmos. El Salmo 88 da como autor a Hemán ezraíta (véase 1 Cr. 6:33) como un autor junto con ellos.
- Salomón, rey de Israel, escribió los Salmos 72 y 127.
- Moisés, el legislador y libertador de Israel, fue el autor del más antiguo de los salmos, el 90.

—1046 a.C.? Moisés escribe el Salmo 90

—1041 Nacimiento de David, pastor, músico, rey, salmista

—538 Israel regresa del exilio (Sal. 126?)

- Algunos eruditos han sugerido que el rey Ezequías fue el autor de los anónimos "cánticos graduales" o "del ascenso".
- Etán ezraíta escribió al menos un salmo (el 89).
- De los salmos, 34 son anónimos.

FECHA

Los salmos fueron escritos a lo largo de un período de unos 900 años, desde la época de Moisés (el 90, escrito alrededor del 1405 a.C.) hasta la época del regreso de Israel del exilio de Babilonia (el 126, 147-150, escritos a. 500 a.C.).

PROPÓSITO

El propósito de los diversos salmos difiere algo, dependiendo del autor y de la ocasión de su redacción.

- Casi todos los salmos, de una u otra manera, llamaban la atención del creyente a algunos rasgos de Dios y al papel que Él tiene o debería tener en la vida del creyente. Y pueden ser expresiones de culto público o privado.
- Muchos de los salmos enseñaban a Israel acerca de la obra de Dios en la historia de la nación (véase Salmos sobre acontecimientos especiales" en *Una visión general temática de los Salmos,* p. 362). Como se ilustra en la *Exploración,* los salmos enseñan también acerca de muchas otras cuestiones de la fe. (Pablo vio los himnos cristianos así como los salmos del AT como herramientas de instrucción: véase Ef. 5:19.)
- El propósito original de muchos salmos queda bajo la sombra de sus profecías mesiánicas (véase Salmos mesiánicos" en la *Exploración temática*).
- Varios salmos, como el 6, 32 y 51 son oraciones de confesión y arrepentimiento personales.
- Muchos salmos, como el 7, 35, 55 y 109, son "imprecatorios" y llaman a Dios a que castigue a los malvados. En tanto que el lenguaje violento de esos salmos puede a veces parecer fuera de armonía con la gracia y el amor de Dios, se debería tener en mente lo siguiente:
    - El odio que se expresa reflejaba inquietud por la violación de las leyes de Dios, no cuestiones personales.
    - Los salmistas estaban en lo correcto al expresar esas cosas a Dios en oración en lugar de buscar la venganza por sí mismos (véase Dt. 32:35; Ro. 12:19).
    - Los salmistas estaban motivados tanto por su preocupación por las víctimas del pecado como por el odio contra los pecadores mismos (véase 10:8-10).
    - Aunque los salmistas oraban contra sus enemigos, oraban también *por* ellos (véase 9:20 y exposición sobre 35).
    - Incluso los escritores del NT, con su conocimiento más pleno de la gracia, pronunciaron maldiciones sobre personas bajo ciertas circunstancias (véase Gá. 1:8-9; 2 P. 2:12).

RASGOS SINGULARES

- Con su énfasis devocional, Salmos es uno de los libros más personales de la Biblia, por cuanto se centra en las relaciones entre Dios y el creyente.

- Salmos es el más mesiánico de los libros del AT y va en segundo lugar solo tras Isaías en cuanto al número de veces que se cita en el NT. Jesús citó de este libro tanto al principio como al final de su ministerio terrenal (69:9; véase Jn. 2:17; 31:5, véase Lc. 23:46).
- Entre los salmos destacados se pueden citar:
  - el capítulo más amado y ampliamente citado del AT (23),
  - la más vívida descripción de la omnipresencia, omnipotencia y omnisciencia de Dios (139),
  - los capítulos más largo (119) y más corto (117) de la Biblia,
  - la oración de confesión más personal de la Biblia (51).

COMPARACIÓN CON OTROS LIBROS DE LA BIBLIA

1, 2 Samuel:

- Ambos libros narran acontecimientos de la vida de David (véase "Acontecimientos en la vida de David" en *Una visión general temática,* p. 363).

Isaías:

- Ambos libros se refieren a los sufrimientos de Cristo en la cruz (22:6-18; 69:20-21; Is. 52:13—53:12).
- Ambos libros se refieren a la restauración del pueblo de Dios mediante el Mesías (14:7; 53:6; Is. 49:6).
- Ambos libros se refieren al juicio de Cristo sobre las naciones (2:8-9; 72; 96:13; 110:6; Is. 2:4; 11:4; 42:1, 4).
- Ambos libros se refieren al reinado eterno de Cristo (18:50; 45:6; 102:26; Is. 51:6-8; 60:20).

El Pentateuco:

Véase trasfondo.

BOSQUEJO

LIBRO PRIMERO (1—41)

LIBRO SEGUNDO (42—72)

LIBRO TERCERO (73—89)

LIBRO CUARTO (90—106)

LIBRO QUINTO (107—150)

LIBRO PRIMERO (1—41)

Salmo 1 *Árboles feraces, tamo inútil.* La persona que se deleita en la Palabra de Dios y que vive por sus preceptos prosperará (1:1-3); los impíos serán condenados (1:4-6).

Salmo 2 *Los rebeldes se unen, pero el Hijo reinará.* A lo largo de la historia, los dirigentes nacionales se han rebelado contra Dios y han fomentado la impiedad, pero Dios simplemente se ríe de sus débiles intentos por derrotarle (2:1-4). Mientras, Él ha puesto en marcha su plan para dar todos los reinos de la tierra a su Hijo (2:5-9; véase He. 1:5-9, que lo aplica a Cristo). Los reyes que decidan honrar al Hijo serán bendecidos; los que le rechacen, perecerán (2:10-12; véase Jl. 3:9-11; Zac. 14:2; Ap. 6:15-17; 17:14).

Salmo 3 *"¡Y ahora a descansar bien esta noche!"* Cuando su hijo Absalón se rebeló contra él (2 S. 15), los amigos de

David le aconsejaron que no esperase ayuda de parte de Dios (3:1-2). Sin embargo, David expresó su fe en Dios y esperó su ayuda (3:3-4). Con esta certidumbre podía acostarse en paz, aunque diez mil enemigos le rodeasen (3:5-8).

Salmo 4 *Apartado con corazón alegre.* A pesar de alguna ocasional angustia y oposición de los impíos, el creyente recto puede regocijarse, sabiendo que tiene un lugar especial en el corazón de Dios. (Comparar 4:4 y Ef. 4:26.)

Salmo 5 *"¡Destruye a los impíos; libra a los piadosos!"* Mientras oraba por la mañana (5:1-3; véase 55:17), David declaró su lealtad hacia Dios (5:2), expresó su preocupación acerca de todos los impíos que le rodeaban (5:4-6), y oró que Dios le librase del malvado control de ellos (5:8-12).

Salmo 6 *"¡Él me ha escuchado! ¡Que se aparten mis enemigos!"* Cansado de cuerpo y espíritu, David oró fervientemente pidiendo ser liberado (6:1-7). Luego, confiado en que el Señor había escuchado sus ruegos, se dirigió a sus enemigos, diciéndoles que lo dejasen en paz (6:8-10).

Salmo 7 *"Levántate, Señor, y salva a los justos".* Tras describir a sus enemigos como leones feroces, David preguntó retóricamente al Señor si había algún pecado en su vida que hubiera causado estos ataques (7:1-5). Luego él respondió a su propia pregunta, declarando su inocencia y llamando al Señor para que juzgase a sus enemigos y vindicase a los justos (7:6-13). Observó con cuánta frecuencia las maquinaciones de los malvados se revuelven contra ellos mismos (7:14-16). Este tema, que segamos lo que sembramos, aparece con frecuencia en los Salmos y en otros pasajes en las Escrituras (véase 9:16; 35:7-8; 140:5-10; Est. 9:25; Gá. 6:7-8).

Salmo 8 *Los mortales y la Vía Láctea.* Mientras David contemplaba la majestad de la creación de Dios, expresó su asombro ante el hecho de que Dios se acordase siquiera de unas criaturas tan insignificantes como los mortales (8:1-4). Lo que es más, Dios ha dado a los humanos un puesto significativo en el universo como los encargados de su creación (8:5-9; véase Gn. 1:28). Así como la gloria de Dios se ve en el orden creado, también se ve en la alabanza de los niños (8:2), que en su sencillez confunde a los enemigos de Dios (véase Mt. 21:15-16; 1 Co. 1:27-29).

Salmo 9 *El eterno Ayudador de los desolados.* David alabó a Dios por preservar y proteger a los justos y destruir la memoria misma de los impíos (9:3-16). Oró que Dios hiciera que las naciones le temieran a fin de que se arrepintiesen y fuesen salvadas del castigo eterno (9:17-20).

"El Seol" (9:17) es *Seol* en hebreo y en varias versiones castellanas se traduce bien "infierno", bien "Seol", bien "la hoya", bien "el sepulcro". Diversas versiones del NT lo traducen como "infierno" o "hades" (véase exposición sobre Lc. 16:9-31). Es el lugar de los muertos, tanto de los rectos como de los injustos (véase 16:10), donde los fatigados hallan paz y reposo (Job 3:17, 22). Dios rescataría a su debido tiempo a su pueblo del Seol (16:10). El término Seol no tiene relación con las diversas palabras griegas que se traducen "infierno" en el NT (véase exposición sobre Ec. 9:1-8).

Salmo 10 *"¿Por qué permites la injusticia?"* El salmista pregunta aquí sobre una de las cuestiones más desconcertantes de la vida: "¿Por qué permite Dios que los impíos persigan a los piadosos (10:1-10)? Le recuerda al Señor sus pasadas fidelidades en librar a los oprimidos y le apremia a hacerlo una vez más (10:12-18).

Salmo 11 *Los fieles no tienen por qué huir.* Los amigos de David le habían apremiado a huir de sus opresores, pero él no veía ninguna necesidad de hacerlo, por cuanto había encomendado su alma a Dios, que estaba aún "en su santo templo" y que seguiría tratando con justicia tanto a los rectos como a los impíos.

Salmo 12 *Pocos buenos, ¡y cada vez menos!* David se lamenta del número en disminución de los piadosos (12:1-4) pero expresa su confianza en que el Señor, por el poder de su palabra, preservará a los rectos que tienen que vivir en una sociedad tan impía (12:5-8).

Salmo 13 *"¿Hasta cuándo, Señor?"* ¿Hasta cuándo —pregunta David—, permitirá Dios que triunfe el mal sobre él (13:1-4)? Él responde luego a su propia pregunta, expresando fe en que Dios le liberaría (13:5-6).

Salmo 14 *El triunfo definitivo de Dios sobre los impíos insensatos.* David expresa aquí su absoluto menosprecio por aquellos que niegan la existencia de Dios (14:1; véase 53:1). Observa el triste estado espiritual de la humanidad (14:2-3; véase Ro. 3:10-12), expresa su asombro de que no vieran como Dios favorece a los justos (14:4-6), y anhela el día en que Dios traerá la final victoria a su pueblo (14:7; véase Ez. 11:17).

La palabra *salvación* (14:7) aparece con frecuencia en los Salmos. En tanto que los cristianos definen la salvación de manera primaria como liberación del pecado, los salmistas la habrían comprendido de manera primaria en su sentido en el AT de liberación de peligro terrenal.

Salmo 15 *"¿Quién puede morar en tu monte santo?"* ¿Qué clase de persona, pregunta David, puede esperar gozar de comunión con Dios? La persona que sea leal para con Dios y su pueblo (15:4) y que sea recta y generosa en todas sus relaciones humanas.

Salmo 16 *"¡No hay más Dios que tú?"* David expresa su amor hacia Dios y su pueblo (16:1-3) y hace el voto de ni siquiera mencionar los nombres de los dioses paganos (16:4). Expresa su aprecio por la providencia de Dios en su vida (16:5-9) y su confianza en que las bendiciones continuarían (16:10-11). Tanto Pedro como Pablo consideraron 16:10 como una profecía de la resurrección de Cristo (véase Hch. 2:27-28; 13:35).

Salmo 17 *"Guárdame como a la niña de tus ojos".* Recordando a Dios sus sinceros esfuerzos por vivir una vida piadosa, David le pidió que diera oído a su oración (17:1-6). Le pidió protección frente a sus enemigos y triunfo sobre ellos (17:7-14) y expresó su confianza en que Dios respondería a sus oraciones y que le resucitaría tras la muerte (17:15; véase exposición sobre Is. 26:1-19).

Salmo 18 *Una vida de victoria.* Hacia el fin de su vida, David alabó a Dios por haberlo librado de todos sus enemigos, especialmente de Saúl (véase pasaje paralelo, 2 S. 22).

"Tronó en los cielos" (18:1-19). David alabó a Dios por librarlo (18:1-3), y luego describió esta liberación con unas imágenes portentosas; Dios había sacado a David "de las muchas aguas" y lo condujo a un lugar seguro.

"Jehová me ha premiado conforme a mi justicia" (18:20-29). David vio la fidelidad de Dios para con él como la justa recompensa a su propia fidelidad a Dios. Él, y no sus engañosos enemigos (18:26-27), había sido recompensado.

"¡Qué Dios tan glorioso!" 18:30-50). David reanudó su alabanza del Dios que lo había protegido, capacitado y conducido, y que le había dado la victoria sobre todos sus enemigos. Las victorias de David fueron desde luego

trascendentes (véase 2 S. 8:1-14; 10:19), pero serían solo un paladeo de la victoria de Cristo sobre todas las naciones de la tierra (véase 2:8; Is. 52:15; 1 Co. 15:24; Fil. 2:10-11).

Salmo 19 *Testimonio callado, escrito y hablado.* David expresa su maravilla acerca de cómo el sol, la luna y las estrellas testimonian de la majestuosa gloria de Dios (19:1-6). Aún más maravillosa es sin embargo la palabra revelada de Dios, que ha de ser valorada más que el oro o más saboreada que cualquier alimento delicioso (19:7-11). David oró que su estudio de la Ley de Dios le guardase del pecado, para poder ser él también un testigo apropiado de su Señor (19:12-14).

Salmo 20 *"Algunos confían en carros . . ."* Los sacerdotes oraron para que Dios protegiera al rey David, concediéndole todos sus deseos, incluyendo el triunfo sobre sus enemigos (20:1-5). David entonces expresó su propia confianza en que Dios le concedería la victoria por medios sobrenaturales (20:6-9).

Salmo 21 *Una victoria ganada, y más por venir.* David alaba a Dios por una victoria militar y por la paz, prosperidad y honor que siguieron (21:1-7), y expresa su confianza en que Dios seguiría ayudándole a vencer a sus enemigos, que eran también los enemigos de Dios (21:8-13).

Salmo 22 *Desamparado, por ahora . . .* Sintiéndose desamparado por Dios y menospreciado por sus semejantes (22:1-8), David rogó a Dios que le librase (22:9-21) y prometió alabarle públicamente por la liberación (22:22-26). Previó un tiempo en que toda la tierra adoraría a Dios y participaría en su reino (22:27-31). Los escritores del NT e incluso el mismo Cristo vieron en este salmo muchas profecías respecto a Cristo:

- Su encarnación le capacitaría para ministrar a otros humanos y venir a ser el perfecto sacrificio por sus pecados (22:22; He. 2:12, 17).
- En su crucifixión, sus vestidos serían repartidos y se echarían suertes sobre ellos (22:18; Mt. 27:35).
- En la cruz Él
  - se hizo eco del clamor de angustia de David (22:1; Mt. 27:46)
  - sería ridiculizado (22:7-8; Mt. 27:42-43)
  - padecería el traspaso de sus manos y sus pies (22:16; Lc. 24:39-40)
  - sería hecho objeto de público espectáculo (22:13, 17; Mt. 27:39, 47)
- En general, 22:1-26 prefigura la crucifixión y resurrección de Cristo, mientras que 22:27-31 prefigura su reinado milenario (véase exposición sobre Filipenses 2:9-11).

Salmo 23 *Mi pastor en vida, en muerte, y para siempre.* David describe a Dios como su pastor:

- En *la vida*, el Señor había proveído a todas sus necesidades, dándole reposo, dirección y fuerza.
- Al acercarse a *la muerte*, podía contar con la consoladora presencia de Dios.
- Después de la muerte, David iba a vivir *para siempre* con su maravilloso pastor.

Salmo 24 *¿Quién puede subir con el Rey de gloria?* Observando la grandeza de Dios como Rey de la tierra, David describe la clase de persona que podría ser invitada a ascender con este Rey a su ciudad regia para gozar de comunión con Él. Una persona así debía ser piadosa en sus relaciones tanto con Dios como con sus semejantes (24:4). David imaginó luego la triunfante recepción al entrar el Rey en su ciudad real (24:7-10). Uno puede imaginar a las huestes angélicas recitando el magno poema de David al entrar Cristo en el cielo después de su muerte y resurrección (véase Hch. 1:9-11).

Salmo 25 *"Sálvame, guíame, perdóname".* David pidió liberación al Señor, y dirección y perdón. Pidió a Dios que pasara por alto los pecados de su juventud, y que lo mirase más bien con ojos de misericordia y de perdón (25:1-7). David expresó su creencia en que Dios ciertamente libra, guía y perdona a los que le temen (25:8-15). Terminó con otro ruego de liberación tanto de los enemigos externos como de la aflicción interna, y para que Dios protegiera a su pueblo (25:16-22).

Salmo 26 *Separado del pecado y para Dios.* David proclama su inocencia ante el Señor y su deseo de servirle y de dar testimonio de su bondad. Luego le pide al Señor que le ayude a cumplir este deseo.

Salmo 27 *Confianza en medio del conflicto.* David había descubierto que quien vive su vida a diario en presencia de Dios, contemplando su hermosura, no tiene necesidad de temer (27:1-6). Pidió al Señor misericordia y expresó confianza de que esta misericordia estaría siempre presente, incluso si sus propios padres le abandonasen (27:7-10). Pidió también dirección y liberación y se alentó a ser paciente y valeroso, sabiendo que Dios siempre le ayudaría (27:11-14).

Salmo 28 *Su roca en la que podía confiar.* Dirigiéndose al Señor como su "roca", David oró que Dios castigase a los impíos (28:1-5), y le agradeció su protección llena de gracia. Dios había llenado su corazón de cántico y le había dado fuerza y victoria (28:6-9).

Los redactores de las Escrituras, especialmente los salmistas, se refieren a menudo al Señor como "roca" (véase 18:2; 42:9; 61:2; 95:1; Dt. 32:15, 18, 30; 1 S. 2:2; 2 S. 22:47; 1 Co. 10:4).

Salmo 29 *El son soberano de su voz.* David comparó la voz majestuosa y poderosa de Dios a una tormenta que quebranta los cedros del Líbano y que sacude los montes y el desierto (20:1-10). Luego pidió a este poderoso Dios que diera a su pueblo poder y paz.

Salmo 30 *Excesivamente confiado ... abrumado ... lleno de sumo gozo.* En un tiempo de prosperidad, David se había sentido excesivamente confiado (30:6). Cuando llegó la enfermedad, se sintió abrumado (30:1-5, 7-10). Luego vino la sanidad y su lamentación se tornó en gozo.

Salmo 31 *Alabanza por protección y paz.* En un tiempo de gran adversidad, David pidió a Dios que lo librase (31:1-5). Estaba confiado en que Dios le ayudaría (31:6-8, 14-18) pero con todo confesó que estaba atemorizado (31:9-13). Luego fue más allá de sus dudas (31:22), alabando a Dios por su protección y paz y apremiando a otros a que compartieran su sentido renovado de confianza en Dios (31:23-24).

"En tus manos encomiendo mi espíritu" (31:5) puede haber sido una oración acostumbrada de David en situaciones de campo de batalla. Cristo oró una vez esta oración, no como un clamor de desesperación, sino como un grito de victoria (véase Lc. 23:46).

Salmo 32 *"¡Gracias, Dios, estoy perdonado!"* David describe la paz y el gozo que había sentido tras haber confesado sus pecados (32:1-2) y los contrasta con la miseria y frustración que había soportado antes de confesarlos (32:3-5). Apremia a otros a seguir su ejemplo de sinceridad ante Dios; en lugar de ser como una bestia de carga que ha de ser llevada con cabestro a la sumisión, podemos escoger ser conducidos por el gentil toque de la mano de Dios (32:6-11).

Salmo 33 *Victoria mediante la adoración,*

no la guerra. David llama a todos los rectos a alabar a Dios, cuyas palabras son verdad, quién por su palabra dio existencia a todas las cosas, y que controla la historia (33:1-11). La nación que siga a este Dios es bendita, porque Él la protegerá como no podría hacerlo el ejército más bien equipado. La victoria queda asegurada no por los guerreros que tenga una nación, sino por sus adoradores (33:12-22).

Salmo 34 *"Sencillamente, ponlo a prueba".* David reconoce la continuada bendición y protección del Señor (34:1-7), y apremia a otros a probarlo, asegurando que descubrirán que es un Dios bueno que provee para sus hijos y que los protege de todo peligro (34:8-22).

La protección del "ángel de Jehová" (34:7) recuerda la experiencia de Eliseo y de su siervo (2 R. 6:15-17). La promesa de 34:20 se cumplió literalmente en Cristo cuando estaba en la cruz (Jn. 19:32-36).

Salmo 35 *"¡Te confesaré en grande congregación!"* David suplica la ayuda de Dios contra enemigos que lo habían atacado sin causa (35:7), y le promete que cuando alcance la victoria, le alabará en público por ello (35:9-10, 18, 28). Poco antes de su muerte, David ofreció una alabanza pública así por las victorias militares (véase 1 Cr. 29:10-15).

Aunque David oraba ahora *contra* sus enemigos, también había orado *por* ellos en su hora de necesidad (35:12-14). Cristo mandó que orásemos por nuestros enemigos (Mt. 5:43-48) y nos lo enseñó con el ejemplo (Lc. 23:34), lo mismo que Esteban (Hch. 7:60) y Pablo (2 Ti. 4:16).

Salmo 36 *Pecadores insomnes, santos satisfechos.* Dios dio a David una revelación tocante a los impíos: Son tan impíos, tan egoístas y engañosos, que se quedan despiertos por la noche maquinando malvadas intrigas (36:1-4). En cambio, los justos gozan de abundantes bendiciones de parte de Dios (36:5-9), que es a la vez la vida y la luz de la humanidad (36:9). David oró por continuadas bendiciones y protección contra los impíos (36:10-12).

Salmo 37 *Pecadores prósperos, santos pobres.* David alienta a sus oyentes a no impacientarse por causa de todos los pecadores ricos que les rodean, y que a menudo les causan perjuicios.

¿Frustrados o fructíferos? (37:1-8). Aunque parezca que los malvados prosperan (37:7, 16), al final fracasarán definitivamente, mientras que aquellos que confían en Dios, aunque al parecer no prosperen (37:16), encontrarán justicia y los deseos de su corazón.

¿Ridiculizados o ensalzados? Dios se ríe de los impíos, porque sabe que les viene su juicio (37:13). Mientras tanto, Él capacita a "los mansos y humildes" de modo que "heredarán la tierra" (37:11, 22; véase Mt. 5:5), por mucho que los impíos quieran dañarlos (37:12-17). Aunque un justo pueda sufrir una pérdida temporal, no será vencido para siempre (37:23-24).

¿Destruido o liberado? (37:34-40). Una vez más David apremia a sus oyentes a que busquen pacientemente el camino de Dios: Los orgullosos y los malvados serán cortados como árboles, mientras que los justos gozarán de paz y de liberación.

Comparar los Salmos 49 y 73.

Salmo 38 *Pecado, sufrimiento, súplica.* David estaba sufriendo una gran angustia física debido a algún pecado que había cometido (39:1-8). Tanto sus amigos como sus parientes se mantenían distanciados (38:11). En lugar de tratar de excusar su pecado (38:13-14), David lo confesó y clamó a Dios pidiendo liberación (38:9-10, 15-22).

Salmo 39 *"¡Quítame esta enfermedad. Solo soy una sombra!"* Después de haber intentado en vano callar acerca de sus sufrimientos (39:1-3), David pidió a Dios que le hiciera saber la brevedad y la incertidumbre de la vida humana (39:4-9). Sintiendo que ya había sufrido suficiente por su pecado, pidió a Dios que dejase de disciplinarle, porque era solo un peregrino de paso por esta tierra (39:10-13). Moisés, que escribió cinco siglos antes de David, expresó pensamientos similares (90:12).

Salmo 40 *Una doble angustia exige una doble liberación.* David da gracias a Dios por levantarlo del "pozo de la desesperación", y por ponerlo "sobre peña" y darle "cántico nuevo" (40:1-3). Luego se compromete a servirle y a hablar de parte de Dios (40:4-10).

Pero al darse cuenta de que sus pecados son "más que los cabellos de mi cabeza" (40:12), David ora una vez más que Dios acuda presto a ayudarlo (40:13-17).

Cristo compartió el deleite de David en hacer la voluntad de Dios (40:6-8; véase He. 10:4-7).

Salmo 41 *"Él ayuda a los que ayudan a los desvalidos".* David declaró que el Señor bendeciría y honraría a los que ministrasen a los pobres y a los débiles (41:1-3). Luego él refirió al Señor su propia necesidad de sanidad y liberación de sus enemigos (41:4-9) y le pidió que viniera en su socorro (41:10-12).

El íntimo amigo que se había revuelto contra David (41:9) podría haber sido Absalón (véase 2 S. 15:4-12) o Ahitofel (véase 2 S. 16:15, 20-23), pero Cristo vio en el lamento de David una profecía de la traición que sufrió Él mismo de parte de Judas (véase Jn. 13:18).

En 41:13 aparece la doxología de los salmos que componen el Libro Primero.

LIBRO SEGUNDO (42—72)

Salmo 42 *Esperanza en Dios, parte 1.* Mientras él se dolía y mientras sus enemigos se burlaban de él, el salmista, uno de los "hijos de Coré" anhelaba a Dios como un ciervo sediento busca agua (42:1-4). Al ponderar lo desesperado de su situación, se dio cuenta de que la única solución era ésta: "Espera en Dios" (42:5, 11).

Salmo 43 *Esperanza en Dios, parte 2.* En lo que parece ser una continuación del Salmo 42, el salmista expresa su sentimiento de que Dios lo había desechado. Ora luego que la luz y la verdad de Dios le iluminen e instruyan, permitiéndole así esta "Espera en Dios".

Salmo 44 *"¿Por qué no lo vuelves a hacer, Señor?"* El salmista había oído cómo Dios había liberado a Israel de Egipto (44:1-3) y expresa la esperanza de que Dios de nuevo "mandaría salvación" a su pueblo (44:4-8). Pero en realidad parecía como si Dios no solo hubiera rechazado a su pueblo ¡sino que en realidad estuviera luchando contra él! Habían sido esparcidos al viento y eran el escarnio de las naciones (44:9-16). El salmista se sentía aún más perplejo porque no era consciente de ningún gran pecado en medio del pueblo. ¿Por qué Dios impedía la victoria a aquellos que querían honrarle? Luego ruega a Dios que despierte de su aparente sueño y que ayude a su pueblo (44:17-26).

Salmo 45 *Elogio para un novio, consejo para una novia.* El salmista elogia al novio en una boda regia tanto por su destreza militar como por su liderazgo espiritual (45:1-9). Luego apremia a la novia, evidentemente de otra tierra, para que transfiera su lealtad de su propio pueblo al pueblo de su marido (45:10-15). Termina con una bendición de alabanza al rey (45:16-17).

Este salmo puede estar en realidad describiendo dos bodas: La boda de Salomón con la hija de Faraón (1 R. 3:1), y la futura boda de Cristo con su iglesia (2 Co. 11:2; Ef. 5:31-32; Ap. 19:6-9).

¡Ambas demandan una transferencia de lealtades!

El pasaje de 45:6-7 se cita en Hebreos 1:8-9, donde Dios Padre se dirige a Dios Hijo como su divino igual.

Salmo 46 *El divino ciudadano de Jerusalén.* Dios es el refugio del creyente en todas las tempestades de la vida (46:1-3). Él habita entre su pueblo, y por ello están gozosos, seguros y victoriosos (46:4-11).

Salmo 47 *Hermosura de Jacob, Dios de Abraham.* El director de culto llamaba aquí a Israel a adorar a su Dios, que los conduciría a la victoria. Dios había seleccionado personalmente las bendiciones más escogidas para Jacob (Israel) y había recibido la adoración de parte de las naciones como el Dios de Abraham.

Salmo 48 *Celebrando la ciudad de Dios.* Jerusalén era una gran ciudad debido al Dios que moraba dentro de ella (48:1-3). Conscientes del lugar que tenía Dios en la ciudad, unos reyes extranjeros que visitaron Jerusalén quedaron llenos a la vez de admiración y temor (48:4-8). El salmista invitaba al pueblo de Jerusalén a andar por su hermosa ciudad, a contar sus torres y a contemplar sus palacios (48:9-13), y los alentaba a preservar su fe para futuras generaciones (48:9-11, 13-14).

Salmo 49 *¿Cuánta plata para salvar un alma?* El salmista argumenta que los ricos de este mundo están en realidad en peor posición que los pobres: Los ricos confían en sus riquezas pero mueren de todos modos, como los animales (49:12, 20). Ninguna cantidad de dinero puede salvar sus almas (49:7-8; véase Mt. 16:26). Los justos son los verdaderos ganadores, porque ellos "se enseñorearán" de los ricos en la vida futura (49:14). Por tanto, no hay razón alguna para envidiar ni temer a los ricos (49:16-20; véase 37; 73; Stg. 5:1-5).

Salmo 50 *El Juez en su tribunal.* Algún día, dice Asaf, el gran Juez del universo aparecerá en gloria para valorar las obras de su pueblo (50:1-6). Al juzgar Él la adoración de ellos, no se preocupará en primer lugar por lo correcto de sus sacrificios, porque a fin de cuentas todos los animales le pertenecen a Él; más bien, se ocupará de la obediencia de ellos (50:7-23).

Salmo 51 *Un santo que ha pecado suplica misericordia.* David suplicó la misericordia de Dios, reconociendo que había pecado (51:1-6; véase 2 S. 11). Anhelaba purificación (51:7) y la restauración de su gozo (51:12), una renovación de su ministerio (51:13), y una alabanza que brotase de su corazón (51:15), como de seguro seguiría. Comprendía que Dios deseaba el arrepentimiento, no sacrificio (51:16-17). Creía que si Dios le perdonaba y restauraba, esto traería un avivamiento a toda la nación (51:18-19).

Salmo 52 *Una predicción de retribución.* David expresa una justa indignación contra un hombre que el título identifica como Doeg, que traicionó y mató a 85 sacerdotes y a sus familias en Nob (1 S. 22). David predijo que Dios haría de Doeg un público ejemplo de su ira (52:5-7), mientras que él mismo vendría a ser como un feraz olivo (52:8).

Salmo 53 *"Ni aun uno".* Dios había rebuscado en toda la raza humana, y había encontrado que no había ni uno justo (53:1-3). David reconoce que esto indica un problema del corazón, no de la cabeza (53:1; véase 14:1). Y anhela que el reino de Dios sea establecido sobre esta tierra repleta de pecado (53:6).

El salmo 53 es muy similar al Salmo 14 y puede haber sido una revisión de este último salmo. Pablo cita de esos salmos para mostrar la depravación de la raza humana y su desesperada necesidad de salvación (Ro. 3:10-12).

Salmo 54 *"¡Su brutalidad caerá sobre ellos mismos!"* David busca la liberación divina de manos de los "extranjeros" que el título identifica como los zifeos, que le traicionaron ante Saúl cuando se escondía entre ellos (véase 1 S. 23:14-24). Confiado en que Dios estaba de su lado y que retribuiría a sus enemigos (54:4-5), David da alabanza a Dios por la victoria.

Salmo 55 *"¡Oh, si tuviera alas de paloma!"* Angustiado por las constantes maquinaciones y persecución de sus enemigos, David anhelaba escapar a algún lugar desierto y alejado (55:1-8). Llama a Dios para destruir a los conspiradores, uno de los cuales había sido su estrecho amigo (55:9-15). Pero en tanto que expresaba su fe en que Dios le liberaría (55:16-19, 22), no podía olvidar la crueldad de la traición de su amigo (55:20-21, 23).

Salmo 56 *Dios guarda sus lágrimas en una redoma.* David se sentía en peligro todo el día a causa de sus enemigos, que le calumniaban y se ocultaban junto al camino tendiéndole emboscadas (56:1-2, 5-6). Sin embargo, confiaba en Dios, que guardaba un cuidadoso registro de cada tristeza y que siempre había acudido en su rescate.

Salmo 57 *A salvo de los leones, a la sombra de las alas de Dios.* Mientras David se ocultaba de Saúl en una cueva (véase 1 S. 24:3), comenzaba cada día de ansiedad tocando su arpa y cantando cánticos de alabanza (57:7-11), expresando su confianza de que Dios le salvaría (57:3).

Salmo 58 *"¡Convierte esas serpientes en caracoles!"* David reprendió a unos ciertos injustos dirigentes religiosos o políticos, que por su misma forma de vivir eran tan peligrosos como serpientes (58:1-5). Pidió a Dios que los juzgase y los hiciera tan impotentes como "el caracol que se deslíe" (58:6-8). Luego expresa confianza en que Dios castigaría a esos malhechores y recompensaría a los justos (58:9-11).

Salmo 59 *"¡Han vuelto! ¡Por favor, ayúdame!"* David busca la protección de Dios de sus muchos enemigos, que le estaban atacando una y otra vez (59:6, 14). Estaba confiado en que Dios los derrotaría y pidió que en lugar de darles muerte, Dios les dejara vivir bajo la derrota, como ejemplo a otros contrarios (59:11).

Salmo 60 *"Señor, ¡tú nos has quebrantado; sánanos ahora!"* Viendo que su pueblo era derrotado a causa del desagrado de Dios, David ora que Dios los restaure (60:1-3). Estaba confiado en que si Israel marchaba de veras bajo la bandera de Dios (60:4), el mismo que los había desechado (60:10) los conduciría a la victoria (60:12) sobre todos sus enemigos (60:8-9).

Salmo 61 *Una alta roca de refugio.* Sintiéndose abrumado, David busca refugio en la "roca" de la fortaleza de Dios (61:1-2; véase exposición sobre 28). Su pasada experiencia de este refugio (61:3-7) le alentaba a seguir confiando en Dios. A pesar de los constantes peligros a que hacía frente David, Dios ciertamente "añadió muchos años a la vida del rey" (61:6), prolongando su vida hasta los 70 años prometidos por las Escrituras (véase 90:10; 2 S. 5:4).

Salmo 62 *Guerreros sin peso y una roca de refugio.* Mientras los enemigos de David conspiraban para destronarlo (62:4; véase 2 S. 15; 20), él encontró refugio en Dios (62:1-3). Había aprendido que desde la perspectiva de Dios sus enemigos al parecer tan poderosos no eran más que un mero vapor (62:9). Por otra parte, había aprendido a confiar en Dios como "mi roca fuerte, y mi refugio", donde no podía alcanzarle ningún enemigo (62:7); y quería que sus lectores aprendieran también a confiar así en Dios (62:8).

Salmo 63 *Deseando al Señor en una tierra seca.* Mientras se escondía de Saúl en el desierto (1 S. 21—26), David anhelaba pasar tiempo con Dios en su santuario (63:1-2). Las memorias del santuario le llenaban la mente mientras yacía despierto de noche pensando en Dios y en su fidelidad (63:3-8). Recuperó su certidumbre de que Dios sostendría su causa y derrotaría a sus enemigos (63:9-11).

Salmo 64 *"¡Sus flechas me vengarán!"* David ora por la protección de Dios contra un grupo especialmente virulento y astuto de conspiradores, que escupían palabras amargas como flechas y que se felicitaban de sus perfectas maquinaciones (64:1-6). David sabía que Dios dispararía sus poderosas flechas, haciendo que la propia astucia de ellos los hiciera caer (64:8). Su derrota causaría gran temor a otros que pudieran tener intención de rebelarse y un gran regocijo para todos los justos (64:9-10).

Salmo 65 *¡Él oye! ¡Él perdona! ¡Él llena de satisfacción!* Dios oye a los que oran a Él; los perdona y les da abundante provisión (65:1-4). Ellos solo pueden responder alabándolo por su gran poder (65:5-8) y provisión (65:9-13).

Salmo 66 *Agua y fuego: Para purificar, no para castigar.* El salmista alaba a Dios por sus grandes obras (66:1-4), específicamente por su salvación de Israel en el Mar Rojo (66:5-7; véase Éx. 14). Dios había sometido a su pueblo a muchas y dolorosas pruebas —agua y fuego— no para castigarlos, sino para purificarlos (66:8-12). Mientras estaba en grandes dificultades, el salmista había prometido a Dios muchas ofrendas. Ahora guardaba sus votos a la vez que daba testimonio a sus oyentes acerca de la gran misericordia de Dios (66:13-20).

Salmo 67 *"Bendecid al Señor, y Él bendecirá nuestra tierra".* Israel debería alabar a su Dios, por su justo gobierno sobre la tierra (67:1-5). Si ellos lo hacían así, Dios los bendeciría con ricas cosechas (67:6-7), lo que sería para testimonio a todas las naciones (67:2, 7).

Salmo 68 *La marcha del Omnipotente.* David alaba a Dios por su poder y por su bondad. Él "cabalga sobre los cielos", pero es también "padre de huérfanos" (68:1-6). David recuerda luego el gran poder y la provisión milagrosa de Dios a lo largo de la historia de la nación (68:7-27) y pide a Dios que siga derrotando a sus enemigos (68:28-31).

"Basán" (68:15) se refiere probablemente al Monte Hermón, mientras que el "monte que Dios deseó para su morada", Sión, es Jerusalén. La profecía de 68:29 se cumplió durante el tiempo de Salomón (véase 1 R. 10) y se cumplirá de nuevo durante el reinado milenario de Cristo (véase Is. 60:3-6).

Salmo 69 *"¡Sácame de esta ciénaga!"* Tanto los pecados de David como los ataques de sus enemigos le habían causado un dolor terrible y continuado (69:1-5); estaba hundiéndose en "cieno profundo" (69:2, 14). Pero pensaba que estaba sufriendo en primer lugar por su lealtad a Dios (69:6-12). Llama a Dios para que lo rescate y derrote a sus enemigos (69:13-29). Expresa su confianza en que llegará la liberación (69:30-36) y que éste será un poderoso testimonio a toda la nación (69:32-33; sobre 69:31, véase 1 S. 15:22). El Salmo 69 es rico en profecías acerca de Cristo y en comparaciones entre David y Cristo:

- Los dos fueron aborrecidos sin causa (69:4; Jn. 15:25).
- Los dos fueron mal comprendidos por sus familias (69:8; 1 S. 17:28; Jn. 7:5).
- Los dos exhibieron un gran celo por Dios (69:9; 2 S. 6:14-15; Jn. 2:17).

- Aunque fue probablemente metafórico en el caso de David, a Cristo le fue literalmente ofrecido vinagre para su sed (69:21; Mt. 27:48).

Salmo 70 *Alabanza y un SOS.* Rodeado por sus enemigos, David ofreció una apremiante oración pidiendo ser liberado, y tomándose a la vez tiempo para alabar a Dios. Reconocer y adorar a Dios en la hora de la angustia significa ser rescatado y restaurado por Él.

Salmo 71 *Su ayuda en su juventud y en la vejez.* "Seguridad mía desde mi juventud", ora David: "No me deseches en el tiempo de la vejez; cuando mi fuerza se acabare, no me desampares". De este modo, David viene a decir: "¡Cuida de este anciano, para que pueda declarar tu poder a la siguiente generación!" (71:1-18). Aunque siempre en peligro, David sabía que Dios respondería a su oración. Por ello, seguiría alabando a Dios y testificando acerca de su justicia, bondad y perdón (71:19-24).

Salmo 72 *El rey y el Rey.* Salomón pidió sabiduría al Señor para que durante su reinado los pobres recibieran justicia (72:2-7). Él iba a reinar sobre un vasto imperio (72:8-11), que iba a estar caracterizado por la paz, la justicia y la prosperidad, lo que iba a dar una fama universal y eterna a su rey (72:12-17).

Aunque muchas de las cosas que predijo Salomón se harían ciertas en su propio reinado (1 R. 10:23), se refieren en último término al reinado milenario de Cristo (véase Lc. 1:30-33). Muchos de los temas de los salmos encuentran eco en la descripción que hace Isaías del Mesías (Is. 2:4; 9:7; 11:4; 32:1; 49:23).

El 72:18-19 hay evidentemente la doxología para los salmos que componen el Libro Segundo.

El Libro Primero y el Segundo contienen 56 de los 75 salmos atribuidos a David, y pueden haber sido recopilados durante o poco después de la vida de David (véase *Trasfondo.*) Los recopiladores de esos libros no habrían sabido que generaciones futuras incluirían otros salmos de David en los tres libros posteriores, y de ahí la observación de 72:20.

LIBRO TERCERO (73—89)

Salmo 73 *Envidia en la ciudad; respuestas en el santuario.* Asaf se preguntaba por qué Dios dejaba que tantos impíos acumulasen unas fortunas tan considerables, gozasen de buena salud y vivieran vidas dilatadas (73:1-12). Pero éste era solo la mitad del problema, porque demasiadas veces sucedía exactamente lo contrario con las personas piadosas (73:13-15). Un día, mientras estaba adorando, comprendió que a fin de cuentas los impíos no estaban en tan buena situación, porque estaban destinados a la destrucción eterna (73:16-20). Con esta nueva comprensión, adoró entusiasmado, declarando que nada deseaba en la tierra más que esta relación con Dios (73:21-28). "Después me recibirás en gloria" (73:24) sugiere que Asaf esperaba la vida más allá de la muerte (véase exposición sobre Is. 26:1-19; véase 37; 49).

Salmo 74 *"¿Cómo podría esto haber sucedido?"* Un descendiente de Asaf, al parecer tocayo suyo, contempla retrospectivamente la destrucción de Jerusalén y se pregunta cómo Dios pudo haberla permitido (74:1, 10-11). Pide a Dios que recuerde a su pueblo durante este tiempo de calamidad (74:2, 19-21) y que tome medidas para derrotar al enemigo y restaurar el honor de su nombre (74:10-23). ¡De cierto que quien había creado el mundo y había dividido el Mar Rojo podía manejar la presente situación (74:12-17)! La pregunta del salmista (74:1) recibe respuesta en 2 Crónicas 36:14-16.

Salmo 75 *Dios eleva y castiga.* Asaf da gracias a Dios por su juicio soberano: Él eleva a uno y depone a otro según su voluntad. A su propio tiempo y manera, Dios destruirá a los impíos y exaltará a los justos.

Salmo 76 *Más majestuoso que los montes.* Los montes eternos no pueden compararse con la gloria de Dios, ni el ejército más poderoso puede hacerlo con su fuerza (76:1-10). A la luz del carácter de Dios, su pueblo debe cumplir sus votos de honrarle y servirle (76:11-12). Sobre la declaración de "Ciertamente la ira del hombre te alabará" (76:10), véase exposición sobre Esdras 6:1-12.

Salmo 77 *Los buenos tiempos pasados.* En un tiempo de gran angustia, Asaf recuerda "los buenos tiempos pasados" y se pregunta por qué parece que Dios haya olvidado a su pueblo (77:1-9). Pero en lugar de ensimismarse en el deprimente presente, prefiere encontrar consolación en los poderosos actos de Dios en los tiempos pasados, como el paso del Mar Rojo (77:16-20).

Salmo 78 *Una lección de historia.* Recordando quizá la amonestación de Deuteronomio 4:9, Asaf está decidido a transmitir a la siguiente generación de Israel algunas de las lecciones que había aprendido de la historia. No quería ser como algunas anteriores generaciones, que habían olvidado esas lecciones y que por ello habían sido derrotadas (78:1-11).

Cuanto más recibían, ¡tanto más se rebelaban (78:12-33)! Asaf recuerda las asombrosas cosas que Dios había hecho por su pueblo, como las plagas en Egipto (78:12) y su provisión durante sus jornadas a la Tierra Prometida. Pero, tristemente, la provisión de Dios había recibido como respuesta la ingratitud y la rebelión (78:17-20, 30-33). Por ello, Dios los sentenció a "vanidad", vagando en el desierto (78:33; véase Nm. 14:29-30, 35).

Retribución, arrepentimiento, rebelión: Un círculo vicioso (78:34-41). Siempre que Dios disciplinaba a su pueblo, se arrepentían (78:34-35), pero pronto volvían a rebelarse (78:36-37), y Él, que era "misericordioso", los perdonaba otra vez (78:38). Este ciclo se repitió muchas veces (78:38, 40-41; véase Nm. 14:22).

"Se rebelaban porque no recordaban" (78:42-64). Asaf destaca una vez más que Israel persistía en rebelarse porque seguía olvidándose de las obras maravillosas de Dios, como las plagas en Egipto (78:42-51), su guía y provisión en el desierto (78:52-54), y la conquista de Canaán (78:55). Después de todo esto, siguieron poniendo a prueba su paciencia.

Un pastor amante para sus ovejas (78:65-72). Asaf, que vivió en tiempos de David, consideró su reinado como otro ejemplo de la gracia de Dios. Terminó este salmo con elevadas esperanzas de que las errantes ovejas de Israel siguieran a este rey que tenía un corazón de pastor.

Salmo 79 *"¡Perdona nuestros pecados; consume a nuestros enemigos!"* El tocayo de Asaf (véase exposición sobre el salmo 74) se lamenta de la terrible destrucción de la ciudad de Dios, de su templo y de su pueblo (véase 2 Cr. 36:15-19). Ora que Dios perdone y restaure a su pueblo y que destruya a sus enemigos, para honra de su nombre.

Salmo 80 *¿Un pastor y su viña?* Asaf apela al gran pastor de Israel para que salve a su pueblo, al que estaba disciplinando al permitir que fuesen deshonrados por sus vecinos (80:1-7). Cambiando de metáforas, Asaf se refiere a Israel como una viña que Dios había plantado con sumo cuidado, pero que ahora dejaba que fuese cosechada e incluso destruida por los viandantes y por los animales (80:8-16; véase Is. 5:1-10). Una vez más, ruega a Dios que restaure a su pueblo.

Salmo 81 *El pecado estropea la celebración.* Durante una de las fiestas cíclicas de Israel, Asaf exhortaba al pueblo a que alabasen a Dios por sus obras de liberación nacional (81:1-7). Pero se lamentaba por el constante pecado del pueblo, recordándoles las bendiciones que habrían podido ser suyas si tan solo hubiesen obedecido (81:8-16; véase Mt. 23:37; Lc. 19:41-42).

Salmo 82 *Él juzga a los jueces.* Dios, el juez de todo el mundo, llama a los jueces humanos a que dejen de favorecer a los impíos y a los inermes. Dios había ascendido a aquellos jueces a elevadas posiciones, llamándolos "dioses" (véase Jn. 10:34), pero de cierto serían juzgados como la persona de más baja condición.

Salmo 83 *¡Aplasta su conspiración!* Asaf habla al Señor acerca de varias naciones que habían formado una conspiración contra Israel (83:1-8). Lo llama a que haga con esas naciones lo que había hecho con varias otras naciones en tiempos pasados, para que también esas naciones se dieran cuenta de que el Dios de Israel es el verdadero y único Dios (83:16, 18).

Salmo 84 *Desde el valle del dolor hasta el hogar del gorrión.* El salmista anhelaba entrar en el patio del templo y encontrar un dulce refugio junto al altar, como lo tenían los gorriones y las golondrinas (84:1-4). Imaginaba los pensamientos de los peregrinos al ayudarlos el Señor a atravesar el valle de lágrimas y cómo se fortalecían al aproximarse al palacio (84:5-7; véase 23:4). Finalmente, contemplaba de nuevo el gozo de solo veinticuatro horas en la presencia de Dios, incluso como un humilde portero (84:8-12).

Salmo 85 *"¡Avívanos!"* Tras haber agradecido al Señor el perdón de sus pecados (85:1-3), el salmista ora que Dios avive a su pueblo y aparte su ira para que Israel pueda tener otra vez razón para regocijarse (85:4-7). Luego expresa su confianza en que el Señor en verdad bendiga la tierra (véase Hab. 3:2).

Salmo 86 *Se busca: Santidad, fuerza, y una señal.* Tras haber reconocido la grandeza y misericordia de Dios (86:1-7) y que Él solo es Dios (86:8-10), David pide al Señor instrucción moral (86:11-13), fortaleza sobrenatural (86:16) y una señal para darle seguridad en medio de sus enemigos (86:14-16, 17).

Salmo 87 *¡Una bendición simplemente haber nacido allí!* Jerusalén es alabada como la más bendita de las ciudades. Algún día el honor más alto imaginable habrá sido haber nacido en Jerusalén.

Salmo 88 *En la hondura de la más profunda desesperación.* Hemán ezraíta expresa ante Dios una profunda desesperación que le había acosado toda su vida y que le había llevado a gran dolor hasta físico, aunque había orado a menudo acerca de ello (88:1-9). Haciendo acopio de la poca fe que le había quedado, se preguntaba si Dios le rescataría antes que fuese demasiado tarde para siempre (88:10-14). A pesar de este resplandor de esperanza, acaba con una nota de total pesimismo al volver a recitar sus angustias (88:15-18).

Salmo 89 *El pacto de Dios con David.* Etán ezraíta escribió en celebración del pacto eterno de Dios con David y sus descendientes (89:1-4; véase 2 S. 7:10-16; Lc. 1:30-33).

Glorioso por lo que Él es y por lo que hace (89:5-18). Comienza alabando a Dios por su fidelidad, poder y soberanía sobre la creación (89:5-13). Alaba a Dios por su perfecto equilibrio de amor y verdad, que caminan ante él como acompañantes (89:14-19).

El reinado de David permanecerá de todos modos (89:19-37). Dios había prometido a David que sus enemigos serían todos derrotados y que sus descendientes gobernarían para siempre (89:19-29). Dios iba a guardar su promesa por mucho que David o sus descendientes pecasen (89:30-37).

Pero, ¿habrá cambiado de forma de pensar (89:38-52)? Pero observando el actual estado de cosas en Israel, Etán se preguntó si Dios no habría quebrantado su pacto con David (89:38-51).

En 89:52 podríamos ver bien un fin exaltado del salmo de Etán, concordando con su optimismo inicial, o una doxología para todos los salmos del Libro Tercero.

LIBRO CUARTO (90—106)

Salmo 90 *Sabiduría para una vida breve.* El Libro cuarto comienza con un salmo de Moisés, probablemente el más antiguo de todos los salmos. Moisés escribe acerca del marcado contraste entre la eternidad de Dios y el breve lapso de vida de los hombres, que, debido a los efectos del pecado, se gasta a menudo en vaciedad y dolor (90:1-11). Moisés pide a Dios que dé a su pueblo sabiduría para que hagan sus breves vidas felices y productivas (90:12-17).

Salmo 91 *La sombra del Omnipotente.* Dios dará protección, certidumbre y calor a todo aquel que esté dispuesto a confiar en Él (91:1-6). Él protegerá a los creyentes de todo peligro concebible (91:7-13). El salmo termina con las palabras del mismo Dios, que promete liberación y larga vida a todos los que "le invoquen" (91:14-16). Cuando el diablo citó 91:12 a Cristo en el desierto, Cristo corrigió su errónea aplicación de esta promesa citando otra Escritura (véase Mt. 4:6-7; Dt. 6:16).

Salmo 92 *Como búfalos y cedros.* Para el creyente, es un gozo alabar a Dios por

- su bondad en la mañana y fidelidad en la tarde (92:1-4);
- su omnipotencia y omnisciencia (92:5);
- sus victorias sobre los impíos (92:6-9);
- y por las victorias de los justos, a los que da la fuerza de un búfalo y el poder de los cedros del Líbano (92:10-15).

Salmo 93 *El esplendor y los estatutos de Dios.* Toda la creación habla de la grandeza de Dios. Él es el Rey eterno, revestido de majestad y fortaleza, y su creación refleja esos atributos (93:1-4). Sus leyes, asimismo, están firmemente establecidas y son inmutables (93:5).

Salmo 94 *¡Qué firme fundamento!* El salmista llama a Dios para que juzgue a los impíos, que estaban persiguiendo a su pueblo mientras que declaraban con orgullo que Dios no podía ver sus malas acciones (94:1-7). Les señala la insensatez de tal insolencia (94:8-11) y el gozo que espera a los piadosos: Siempre que su pie comenzaba a resbalar (94:18), encontraba paz, misericordia, victoria, consolación y seguridad sobre el firme fundamento de la Palabra de Dios (94:12-22). Mientras, los orgullosos pecadores solo encuentran la ira y el juicio de Dios (94:23).

Salmo 95 *¡Mejor adorar que ir errantes!* Israel es llamado a doblar la rodilla en adoración ante su gran Rey, Creador y Pastor (95:1-7). Se les amonesta a tener corazones blandos y no a ser como los israelitas durante el Éxodo, que se rebelaron contra Dios y fueron condenados a cuarenta años de vagar errantes sin descanso (95:8-11).

Salmo 96 *Ídolos y el Infinito.* El salmista invita a toda la creación a alabar a Dios, que está por encima de todos los dioses (96:1-6). Invita a todas las naciones a reconocer la gloria y la unicidad de Dios, a traerle ofrendas y a dar testimonio de su nombre (96:7-10). Llama a toda la naturaleza a adorarle y a esperar aquel día en que Él vendrá por fin a traer justicia a la tierra (96:11-13).

Salmo 97 *¡Cuando sale su fuego, los montes se funden!* Toda la creación da testimonio de la justicia de Dios (97:1-6). Todos los que aman al Señor deberían regocijarse en su poder y justicia, y deberían mantenerse firmes contra las fuerzas del mal (97:7-12).

Salmo 98 *¡Gócese el mundo!* Como se indica en el título del salmo, el salmista alaba a Dios por dos motivos: su salvación (98:1-6) y su justo juicio (98:7-9). Imagina a toda la creación uniéndose a él en su alabanza. Isaac Watts basó en este salmo su famoso himno "Gócese el mundo".

Salmo 99 *Tres clientes satisfechos.* Dios, supremo sobre todos los gobernantes de la tierra, debe ser adorado por su santidad, justicia y perdón. Cuando Moisés, Aarón y Samuel le invocaron para que les ayudase, les respondió (99:6-7). Él les perdonó, incluso cuando tuvo que disciplinarles (99:8).

Salmo 100 *Creador y Pastor.* El salmista llama al pueblo a que acuda gozosamente a la presencia de Dios, sabiendo que es el Creador de ellos y también su Buen Pastor, y que su bondad, amor y fidelidad perdurarán para siempre.

Salmo 101 *Las compañías de que nos rodeamos.* David se había comprometido a la integridad personal (101:1-2) y prometió mantener esas elevadas normas morales y oponerse a los impíos (101:3-8). Hizo votos de ni siquiera admitir en su casa a los orgullosos, egoístas o calumniadores.

Salmo 102 *El fin de su sufrimiento a la vista.* Con su salud quebrantada, su corazón enfermo y sus enemigos atacándole, el salmista rogó a Dios que interviniera (102:1-11). Expresó esperanza en el Mesías de Jerusalén, que oiría el clamor de su pueblo y de su ciudad (102:12-22) y que quitaría la vestimenta vieja de estos cielos y tierra presentes y crearía todas las cosas nuevas (102:23-28; véase Is. 65:17-18; Ap. 21:1).

Salmo 103 *"¡No te olvides de alabarle!"* Recuerda lo que Dios ha hecho, dice David: Él perdona los pecados, sana las enfermedades, redime las vidas, da satisfacción a los deseos y renueva nuestra juventud (103:1-5). Ejecuta justicia, pero también exhibe gran compasión, porque conoce nuestra fragilidad (103:6-18). Todas las criaturas en todo lugar —sus ángeles y "todas sus obras", incluso los humanos— deberían alabar a este gran Dios (103:19-22; véase 148).

Salmo 104 *"¡Qué mundo más maravilloso ha hecho!"* El poder y la gloria de Dios se ven en los fenómenos naturales (104:1-4), como el Diluvio Universal (104:5-9). La creación muestra también la compasión de Dios al satisfacer el hambre y la sed tanto de hombres como de animales y al dar luz y oscuridad para ordenar sus vidas (103:10-30). La alabanza es la única respuesta adecuada para tal maravilla (103:31-35).

Salmo 105 *Historia 105: La fidelidad de Dios.* El escritor convoca a Israel para que dé gracias y alabanzas a Dios por sus maravillosas obras (105:1-5). Les recuerda su historia nacional, recordando la fidelidad de Dios a su pacto con Abraham (105:6-15). Dios había sido fiel al proveer salvación por medio de José (105:16-24) y por medio de los milagros durante el ministerio de Moisés:

- las diez plagas (105:25-38; Éx. 7—12)
- la columna de nube y de fuego (105:39; Éx. 13:21)
- la liberación de Egipto (105:37; Éx. 14)
- el maná (105:40; Éx. 16)
- el agua de la roca (105:41; Éx. 17)

Finalmente, Dios les había dado la Tierra Prometida (105:43-45), cumpliendo su promesa a Abraham (105:42; véase Gn. 17:1-6).

Salmo 106 *Historia 106: La infidelidad de Israel.* En una aparente continuación del Salmo 105, el escritor llama de nuevo a la nación a dar alabanza a Dios (106:1-5). Luego repasa su historia una vez más, centrándose esta vez en la propia infidelidad de ellos, vista por ejemplo en

- el paso del Mar Rojo (106:6-12; Éx. 14:10-12, 21-30)
- la rebelión de Coré, Datán y Abiram (106:16-18; Nm. 16:31-33)
- el becerro de oro (106:19-23; Éx. 32:1-4)
- el golpear de la roca por parte de Moisés (106:32-33; Nm. 20:2-13)
- su contemporización con los cananeos durante la época de los jueces (106:34-46)

A pesar de esta constante infidelidad, el Señor había salvado a su pueblo una y otra vez (106:43), tanto para defender su propio honor (106:8) como para mostrar su misericordia (106:44-46). El escritor acaba su lección de historia pidiendo a Dios que libere una vez más a su pueblo (106:47).

En 106:48 tenemos al parecer la doxología para los salmos que componen el Libro Cuarto

LIBRO QUINTO (107—150)

Salmo 107 *Reunidos de todas partes del globo.* El salmista llama a los redimidos a reconocer a su Redentor (107:1-3). Les cuenta cuatro historias de pérdida y redención, comenzando con 107:4, 10, 17 y 23, acabando cada una de ellas con el mismo llamamiento: "Alaben la misericordia de Jehová, y sus maravillas para con los hijos de los hombres". Los relatos parecen describir la historia de Israel, con su pecado (107:11, 17) y el castigo de que Dios les hace objeto, pero luego librándolos a causa de su amor.

El salmo acaba con otras dos imágenes de desolación y redención (107:33-38 y 107:39-43).

"Los ha congregado de las tierras, del oriente y del occidente, del norte y del sur" (107:3): esto sugiere que este salmo fue compuesto después que Israel regresara del exilio, haciéndolo un adecuado primer salmo de este último libro, que muchos creen que fue recopilado después del exilio (véase *Trasfondo*). Naturalmente, el recogimiento de Israel fue solo una pálida prefiguración de la gran reunión que el Mesías efectuará en los últimos días (véase Mt. 24:31).

Salmo 108 *Confiado en su ayuda en medio del conflicto.* David podía alabar a Dios con un corazón "confiado" debido a su confianza en Él (108:1-5). Ora pidiendo la ayuda de Dios en la batalla (108:6-9), seguro de que aquel que los había desechado (108:11) los conduciría ahora a la victoria (108:13) sobre sus enemigos (108:8-9). Israel necesitaba la ayuda de Dios, porque sabían que toda ayuda humana carecía de valor (108:12).

Este salmo parece combinar material de dos salmos anteriores (57:7-11 y 60:5-12).

Salmo 109 *"¡Dales a probar su propia medicina!"* David ora que Dios castigue a los que le estaban persiguiendo (109:1-5) y que el castigo que recibieran fuese acorde con el mal que habían causado, a él mismo y a muchos otros (109:6-20). Volviendo a describir su propia condición llena de conflictos,

David apremia a Dios a tratar con sus enemigos de un modo que demuestre inequívocamente su gran poder (109:21-31). Acerca de 109:8, véase Hechos 1:20.

Salmo 110 *Un Mesías como Melquisedec.* David habló de "mi Señor", a quien Dios daría lugar a su diestra, a la vez que le daría la victoria sobre todos sus enemigos y haciendo de Él "sacerdote para siempre según el orden de Melquisedec". El libro de Hebreos revela que este "Señor" es Jesucristo (véase He. 5:6, 10; 6:20; 7:11-19; véase exposición sobre Gn. 14:17-24).

Pedro citó 110:1 en Pentecostés, afirmando que David tenía al Mesías en mente cuando escribió esas palabras (véase Hch. 2:34-35).

Salmo 111 *Alabanza por su poder y por sus preceptos.* El salmista alaba a Dios por sus poderosas y milagrosas obras (111:1-6); Dios alimentó a su pueblo en el desierto y los condujo a la Tierra Prometida (111:5-6). También alaba a Dios por su ley. Todos los 613 mandamientos del AT son fieles, justos y dignos de confianza (111:7-10).

Salmo 112 *La familia que teme a Dios.* Este salmo dice que aquellos que temen al Señor gozarán junto con sus familias de prosperidad económica y espiritual (112:1-9). Los impíos, mientras, lo contemplarán llenos de envidia (112:10).

Salmo 113 *Alabanza desde la salida del sol hasta que se pone.* El creyente debe alabar el nombre de Dios todas las horas en que está despierto (113:1-4). En verdad, ¿quién más es como Dios, entronizado en los cielos, pero que se inclina para ayudar a los pobres y a los menesterosos (113:5-9)?

Salmo 114 *¡Dos partidas para su pueblo peculiar!* Aunque eran ya su pueblo escogido (véase Gn. 12:1-3), cuando Dios condujo a los israelitas sacándolos de Egipto, ellos pasaron a ser su nación de una manera más especial (114:1-2). El Mar Rojo se dividió para dejarlos salir de la esclavitud; el Jordán se abrió para dejarlos entrar en su Tierra Prometida (114:3-8). Dios hará todo lo que sea preciso para llevarnos a donde quiere que estemos.

Salmo 115 *Impotentes dioses, Dios omnipotente.* El salmista compara los ídolos de las gentes con el Dios de Israel y llama a todos los israelitas a adorar solo a su Dios. Los ídolos tienen bocas, ojos, oídos, narices, manos y pies, pero solo el verdadero Dios puede hablar, ver, oír, oler, sentir y andar (115:1-13).

Salmo 116 *¡La muerte lo había rodeado!* La muerte estaba mirando al salmista cara a cara cuando Dios intervino y lo salvó (116:3-12). Luego alaba a Dios por su oportuna protección (116:1-2, 13-19).

Salmo 117 *¿Quién debería alabarle? ¿Y por qué?* Éste capítulo, el más breve de los capítulos de la Biblia, llama al mundo a alabar a Dios por su amor y fidelidad inagotables.

Salmo 118 *"¡Él me ha sido por salvación!"* Incluso si el salmista estaba rodeado por todas las naciones de la tierra, estaba confiado en que el Señor le salvaría y que vería una gran celebración de victoria (118:1-21). Alaba a Dios en palabras que el NT aplica al Mesías:

- "La piedra que desecharon los edificadores ha venido a ser cabeza del ángulo" (118:22; véase Mt. 21:42; 1 P. 2:6-8).
- "Bendito el que viene en el nombre de Jehová" (118:26; véase Mr. 11:9).

Salmo 119 *La Palabra de Dios en la vida del creyente.* El Salmo 119 está totalmente dedicado a la alabanza de la Palabra de Dios y al papel de la misma en la vida del creyente. Este salmo es un asombroso poema acróstico en el que cada uno de los versículos en cada uno de los veintidós segmentos de ocho versículos comienza con la misma letra del alfabeto hebreo, lo que cubre las veintidós letras. Por ejemplo, los versículos 1 a 8 comienzan, cada uno de ellos, con *alef*, los versículos 9 al 16 de cada comienzan con *bet*, y así hasta el fin.

El otro singular rasgo de este salmo es su uso repetido de nueve palabras diferentes para describir la revelación de Dios, y que aparecen en orden aleatorio y con una frecuencia diferente.

Gozo en sus juicios (119:1-8). Los que guardan la ley de Dios "con todo el corazón" reciben la certidumbre de una gran bendición.

Pureza en sus preceptos (119:9-16). "¿Con qué limpiará el joven su camino?" Guardando la Palabra de Dios en su corazón: estudiando, meditando e incluso memorizando las Escrituras.

Seguridad en sus estatutos (119:17-24). En medio de la persecución, el salmista se sentía como un extraño en el mundo, pero encontraba solaz en la Palabra de Dios.

Liberación en sus decretos (119:25-32). Yaciendo "abatido hasta el polvo", el salmista sabía que la liberación de su naturaleza pecaminosa vendría al ayudarle el Señor a comprender sus leyes.

Valía en su palabra (119:33-40). Si el salmista podía verdaderamente aprender la ley de Dios y guardarse de desear "la vanidad" de esta vida, entonces encontraría deleite, avivamiento y certidumbre.

Libertad en su ley (119:41-48). La persona que confía en la Palabra de Dios andará "en libertad", sin temer a nadie e incluso hablando de su fe "delante de los reyes".

Consolación en sus mandamientos (119:49-56). Debido a que el salmista había guardado las leyes de Dios (119:55-56), le eran ahora consolación en la hora del dolor y de la persecución.

Encontrándose con Dios a medianoche (119:57-64). El salmista declara su lealtad a Dios y a su palabra: Dios era su porción; Él era leal al pueblo de Dios (119:63); se apresuraba, "y no se retardaba", en guardar los mandamientos de Dios, incluso levantándose a medianoche para pasar tiempo con el Señor.

"¡Gracias a Dios por mi aflicción!" (119:65-72). La aflicción del salmista había sido un bien (119:65, 68, 71) porque le había devuelto de su extravío a Dios y a su palabra (119:67).

"¡Lo hiciste porque me amabas!" (119:73-80). Una vez más el escritor expresa su creencia de que Dios lo había afligido para su propio bien espiritual, porque lo había devuelto a su Palabra.

Fatigado como un odre de vino (119:81-88). Aunque agotado por la persecución, el salmista estaba también afanándose buscando consolación en la Palabra de Dios (119:81-82).

Para siempre firme en los cielos (119:89-96). Tan de cierto como la tierra misma permanece, asimismo la Palabra de Dios permanecerá firme (119:89-91). El salmista esperaba que la Palabra de Dios daría esta misma permanencia a su propia vida (119:92-96).

Más sabio que sus enemigos, instructores y ancianos (119:97-104). El salmista había rebasado a todos sus asociados en sabiduría (119:98-100) porque estudiaba y practicaba la ley de Dios (119:99-100).

Lámpara y lumbrera (119:105-112). La Palabra de Dios ofrecía al salmista iluminación e inspiración. Aunque sus enemigos siempre amenazaban, la Palabra de Dios era su heredad y gozo (119:111).

¡Apartaos, malignos! (119:113-120). El salmista estaba dispuesto a separarse *de* los impíos para poderse separar *para* la Palabra de Dios (119:113, 115).

¡Tiempo para la acción! (119:121-128).

Mientras rogaba misericordia para sí mismo como amante de la ley de Dios, el salmista implora al Señor que ejerza justicia contra los que menospreciaban la ley de Dios.

"Fácilmente comprendida, hasta por los que carecen de instrucción formal" (119:129-136). Incluso los "simples" pueden llegar a ser sabios mediante la Palabra de Dios. El escritor "suspiraba" por más de esta sabiduría (119:131; véase 42:1) y expresa gran dolor por la extendida desobediencia a la ley de Dios.

Las Escrituras en el tiempo de la aflicción (119:137-144). Aunque consumido por la angustia por la maldad que le rodeaba (119:139), el salmista encuentra deleite en la Palabra de Dios (119:143).

Deleitándose en ellos de día y de noche (119:145-152). Aunque muchos pecadores le rodeaban, el salmista encontró también cercano al Señor (119:150-151) al levantarse antes de la madrugada y quedar despierto de noche contemplando las Escrituras.

Exento de error y eterno (119:153-160). En medio de la persecución, el verdadero creyente puede confiar en un Dios cuyas palabras son totalmente dignas de confianza y que no cambiarán.

"¡Oro siete veces al día!" (119:161-168). A pesar de la persecución, el salmista encontró paz y esperanza (119:165-166) mediante su fiel y frecuente práctica de la oración.

¡"Ven y búscame", dice la oveja errante al Pastor! (119:169-176). Confesando que se había extraviado, el salmista declara que a pesar de todo no había olvidado la Palabra de Dios, y esperaba que Dios lo buscaría (119:176) y que le oiría, ayudaría y salvaría (119:169-170, 173-174).

Salmo 120 *"Yo soy pacífico; ellos buscan la guerra".* Describiéndose a sí mismo como "pacífico", el salmista ora pidiendo ser liberado de sus vecinos, todos los cuales parecían querer la guerra.

Los salmos 120-134 se titulan "Cánticos graduales", o "Cánticos para el ascenso a Jerusalén". Aunque el origen de este término no es conocido, estos salmos pueden haber sido cantados por los peregrinos que "subían" a Jerusalén para adorar en el templo. Si los diez "cánticos" anónimos fueron escritos por Ezequías (véase *Autor*), esos salmos pudieron haber tenido otro propósito.

Salmo 121 *Guardado por el Creador de las estrellas.* El salmista estaba confiado en que estaba protegido las veinticuatro horas del día por el mismo Dios "que hizo los cielos y la tierra".

Salmo 122 *"Que prosperes, si oras por este lugar".* Habiendo llegado a Jerusalén para adorar, el salmista admiró la ciudad, oró por su paz y prosperidad, e invitó a otros a hacerlo también, pidiendo al Señor que bendijera a los que así orasen.

Salmo 123 *Buscando humildemente su mano celestial.* Sintiendo el menosprecio de los ricos y soberbios que le rodeaban, el salmista expresa su humildad ante Dios, buscándolo para ayuda como un siervo o una sierva mirarían a su amo o a su señora.

Salmo 124 *Si Él no hubiera ayudado, ¿qué habría sucedido?* Sin el Señor, Israel habría sido "tragado vivo" por sus enemigos (124:1-5). El salmista alaba a Dios por su protección.

Salmo 125 *Un monte rodeado de montes.* Los que confían en Dios son tan inamovibles como un monte (125:1) y están rodeados por los montes aún más elevados de la presencia del Señor (125:2). Con esta certidumbre, el salmista está seguro de que Dios vencerá a todo mal (125:3-5).

Salmo 126 *Lleno de regocijo por su retorno.* El salmista se regocija con algunas personas liberadas de la cautividad (126:1-3) pero al parecer ora también por los que estaban aun cautivos (126:4-6). Muchos eruditos han visto aquí una descripción del primer regreso del exilio babilónico (Esd. 1—3), después del cual hicieron frente a mucha oposición mientras intentaban reconstruir el templo (Esd. 4—6).

Salmo 127 *Grandes casas, muchos hijos.* La persona que edifica sin el apoyo de Dios trabaja en vano; la persona que edifica con el apoyo de Dios experimenta sus bendiciones incluso cuando reposa de su trabajo. Del mismo modo, puede experimentar la bendición de muchos hijos, que le protegerán de sus enemigos cuando envejezca.

Salmo 128 *Una vid feraz y jóvenes olivos.* El salmista desea una próspera ocupación y un hogar feliz a todos los que obedecen la voluntad de Dios.

Salmo 129 *Angustiados a menudo, ¡pero nunca fuera de juego!* Israel había sido perseguido muchas veces pero nunca había sido totalmente destruido (129:1-4). El escritor pide a Dios que destruya los enemigos de Israel igual que la hierba se seca cuando brota en el somero suelo de una terraza de una vieja casa mediterránea. Algunos eruditos ven en 129:3 una profecía de la flagelación que Cristo sufrió antes de su crucifixión (véase Jn. 19:1).

Salmo 130 *¡Hay esperanza! ¡No mantiene un registro!* Seguro de que Dios no estaba interesado en mantener un registro de pecados, el salmista espera anhelante su perdón y apremia a todo Israel a que comparta su confiado "espera a Jehová".

Salmo 131 *"Calla, alma mía".* David estaba ante Dios en una quieta y humilde contemplación, como un niño ante su madre, haciendo de Dios el centro de su esperanza y confianza, y apremiando a sus oyentes a hacer lo mismo.

Salmo 132 *La promesa de David a Dios; la promesa de Dios a David.* El salmista recuerda la promesa de David de construir una casa para el Señor (132:1-5; véase 2 S. 7:1-3) y el regreso del arca a Jerusalén antes de este tiempo (132:6-7; véase 2 S. 6). Luego recordó la respuesta del Señor a la promesa de David, prometiendo Él a David construirle una casa eterna (132:11-18; véase 2 S. 7:4-16).

Salmo 133 *Fragante como aceite y rocío.* David encuentra en el fragante aceite de la unción y en el rocío de un monte dos ajustadas imágenes de la bienaventuranza de la unidad.

Salmo 134 *¡Adoradle, todos sus siervos!* Los Cánticos Graduales acaban con una exhortación a todos los que sirven al Señor para que le alaben también.

Salmo 135 *En último extremo: Él vive, ellos no.* El salmista convoca al pueblo a alabar al Señor por sus poderosas obras en la historia (135:4, 8-14) y en la creación (135:5-7). El verdadero Dios hizo a su pueblo, mientras que los falsos dioses fueron hechos *por* su pueblo (135:15-18; véase 115:4-8).

Salmo 136 *Dadle gracias por la creación y la redención.* Dios recibe alabanza por su obra en la creación (136:1-9) y en la redención (136:10-26), con cada sucesiva recitación de sus milagrosas obras que demandan la repetida respuesta: "Porque para siempre es su misericordia".

Salmo 137 *Colgando sus silenciosas arpas.* Un exiliado de Israel describe el dolor que él y sus compañeros de exilio sentían al llegar a Babilonia (137:1-6; véase 2 R. 25). Luego ora que Dios castigue con severidad a sus apresadores (137:7-9).

Salmo 138 *"Todos los reyes te alabarían si tan solo . . ."* David declara que de cierto todos los reyes de la tierra alabarán a Dios cuando oigan la verdad acerca de Él (138:4-5). Todos los reyes de la tierra, de hecho todos los hombres, grandes y pequeños, salvos e inconversos, ¡*se inclinarán* un día ante el Rey de reyes (véase Fil. 2:10-11; Ap. 5:13)!

Salmo 139 *Un gran rey, asombrado por un gran Dios.* David alaba a Dios porque Dios es

- *omnisciente:* Él conoce nuestros pensamientos, nuestras palabras y nuestros caminos (139:1-6, 17-18),
- *omnipresente:* Su presencia se siente en el cielo, en la hora de la muerte, en los lugares más remotos, y en la más tenebrosa noche (139:7-12),
- *omnipotente:* Él forma el delicado y complejo cuerpo humano dentro del vientre de la madre (139:13-16).

David luego invoca al Señor para que aplique todas sus cualidades divinas para erradicar de la tierra a los impíos (139:19-22). Al mismo tiempo, pedía el examen divino de su propia vida y pedía al Señor su guía continuada (139:23-24).

Salmo 140 *"¡Libérame, captúralos!"* David ora para ser liberado de los calumniadores enemigos que planeaban atraparlo (140:1-5) y que fuesen atrapados por sus propias maquinaciones (140:6-11). Conociendo la bondad de Dios, estaba seguro de que prevalecería la justicia (140:12-13).

Salmo 141 *"¡Quítame de los rebeldes; repréndeme mediante los justos!"* David ora por la santificación interior (141:3-4) y por la separación externa de los impíos (141:4). Invita la reprensión de los rectos; cuando es necesaria, dice David, esta reprensión es como "un excelente bálsamo" (141:5).

Salmo 142 *Refugio, rescate y liberación.* Abrumado y todo a solas (142:1-4), David estaba seguro de que Dios oiría su clamor por refugio, rescate y liberación (142:5-7).

Salmo 143 *"Líbrame! ¡Guíame! ¡Avívame!* Aplastado por sus enemigos, David anhelaba estar un tiempo a solas con Dios (143:3-6) y una victoria como la que Dios había concedido a Israel en "los días antiguos" (143:5; véase 77:5). Ora luego por liberación y por una guía y avivamiento espirituales (143:7-12).

Salmo 144 *Una "sombra pasajera" ora por el paraíso.* Observando la grandeza de Dios y la insignificancia de los humanos (144:3-4), David pide la poderosa ayuda de Dios contra sus enemigos humanos (144:5-7). Contempla anticipadamente un tiempo de perfecta paz y prosperidad, con hijos sanos y ganados, y reconoce que un paraíso así solo podía proceder de Dios (144:12-15).

Salmo 145 *Su majestad, poder y misericordia.* David alaba a Dios por sus hechos poderosos (145:1-7), su misericordia (145:8-9), su reino eterno (145:10-13), su compasión (145:14-16) y su misericordia, provisión y protección (145:17-21). Quizá la alabanza de David era para beneficio de su hijo Salomón (véase 145:4; comparar Dt. 4:9; 6:7; Is. 38:19).

Salmo 146 *"¡Confía en Él que es todo y lo hace todo!"* No pongas tu fe en los hombres, que pronto morirán (146:3-4). Más bien, confía en el Señor, que creó el universo y que defiende a los oprimidos, alimenta a los hambrientos, restaura la vista a los ciegos, y protege a los desvalidos (146:5-10).

Salmo 147 *Creador y Redentor.* El mismo Dios que sana corazones dolidos también cuenta y da nombre a las estrellas (147:4-6). El mismo Dios que sustenta a toda la naturaleza (147:7-18) se ha revelado también en una manera especial a su pueblo escogido (147:19-20). Dios es a la vez Creador y Redentor, y se deleita en especial en aquellos que esperan para su redención (147:11).

Salmo 148 *Alistamiento de un coro de los cielos y de la tierra.* El Salmista alista a todas las huestes celestiales (148:1-6) y a todo sobre la tierra, tanto animado como inanimado (148:7-12) para que todo alabe al Señor.

Salmo 149 *Con un cántico y una espada.* Israel debía exaltar gozosamente a la persona de Dios al tiempo que debía aplicar el castigo de Dios sobre las naciones que le rechazaban.

Salmo 150 *"¡Que todo le alabe!"* Este último salmo emplaza al pueblo de Dios, junto con "todo lo que respira", para que alabe a Dios, con la voz y todos los instrumentos musicales disponibles. El Salmo 150 es al parecer en su totalidad la doxología para los salmos que componen el Libro Quinto.

UNA VISIÓN GENERAL TEMÁTICA DE LOS SALMOS

SALMOS ACERCA DE LOS ATRIBUTOS DE DIOS

Las siguientes son solo unas pocas de las descripciones de Dios en los Salmos:

Eternidad (90; 102)
Gloria (96; 113)
Bondad (27; 107)
Santidad (99)
Justicia (75; 82; 94)
Majestad (18; 93; 97)
Misericordia (86; 136)
Omnipotencia (18; 33; 76; 146)
Omnipresencia (139)
Omnisciencia (139; 147)
Cuidado providencial (65:104)
Amor inmutable (36)
Unicidad (115; 135)

SALMOS MESIÁNICOS

Los pasajes de los salmos revelan muchas cosas acerca del Mesías venidero, incluyendo su

Poder creador (102:25-27; Jn. 1:3, 10; He. 1:10-12)
Obediencia al Padre (40:6-8; He. 10:5-7)
Celo por el Padre (69:9; Jn. 2:17)
Fidelidad como un pastor (23; Jn. 10)
Rechazo de parte de Israel (118:22-23; Mt. 21:42)
Alabanza de parte de niños (8:2; Mt. 21:16)
Traición de un amigo:
- la perfidia de Judas (41:9; 55:12-14; Mt. 26:47-50; Jn. 13:18)
- la tragedia de Judas (69:25; 109:6-8; Mt. 26:59-61)

Calumnia de parte de falsos testigos (27:12; 109:2-3; Mt. 26:59-61)
Padecimiento y muerte:
- abandonado por Dios (22:6-8; Mt. 27:39-43)

escarnecido (22:6-8; Mt. 27:39-43)
azotado (129:3; Jn. 19:1)
ora por sus enemigos (109:4; Lc. 23:34)
manos y pies traspasados (22:16; Lc. 24:39-40)
recibe vinagre para su bebida (69:21; Mt. 27:34, 48)
sus vestiduras echadas a suerte (22:18; Mt. 27:35)
ninguno de sus huesos roto (34:20; Jn. 19:36)
Resurrección (16:8-11; Mt. 28:1-6; Hch. 2:25-32; 13:35)
Ascensión (68:18; Lc. 24:50-51; Ef. 4:8)
Entrada victoriosa en el cielo (24:7-10; Ap. 7:9-12)
Obra como sumo sacerdote (110:1, 4; Mt. 22:44; He. 5:6; 7:17)
Boda con la Iglesia:
descripción del novio (45:2, 6-8; Lc. 4:22; He. 1:8-9)
descripción de la novia (45:9, 13-15; Ap. 19:7-9)
Destrucción de los paganos (2:1-9; Hch. 4:25-26; Ap. 6:12-17)
Reinado milenario (45:6; 72:17; 98:4-9; He. 1:8; Ap. 11:15).

SALMOS SOBRE RELACIONES

El pastor y su rebaño (22-24)

El Buen Pastor (22) describe el sacrificio de Cristo: su obra pasada (Jn. 10:11)
El Gran Pastor (23) describe la suficiencia de Cristo: su presente obra (He. 13:20-21)
El Jefe de los Pastores (24) describe la soberanía de Cristo: su obra futura (1 P. 5:4)

El Hijo y su Padre (2, 40, 45, 102, 110)

En esos cinco salmos se registran cinco conversaciones entre Dios Padre y Dios Hijo, relacionándose con
su papel en la Creación (102:25-27; He. 1:10-12): palabras del Padre al Hijo
su obediencia terrenal (40:6-8; He. 10:5-9): palabras del Hijo al Padre
su unción (45:6-7; He. 1:8-9): palabras del Padre al Hijo
su sacerdocio eterno (110:1, 4; He. 7:17, 21): palabras del Padre al Hijo
su victoria en Armagedón (2:6-9; Ap. 2:27): palabras del Padre y del Hijo entre sí

SALMOS SOBRE ACONTECIMIENTOS ESPECIALES

Acontecimientos en la historia de Israel

Salida de Israel de Egipto y llegada a Canaán (114; Éx. 12—14; Jos. 1—3)
Pecado en Cades-barnea (90; Nm. 13—14)
Boda del rey Salomón (45; 1 R. 3:1)
Liberación de Jerusalén por el ángel de la muerte (48, 67, 121; 2 R. 19; Is. 37)
Destrucción de Jerusalén por Nabucodonosor (74, 79, 80; 2 R. 25; 2 Cr. 36)
Cautividad en Babilonia (137; 2 R. 25; 2 Cr. 36)

Regreso de la cautividad en Babilonia:
- Alabanza de parte del remanente regresado (126; Esd. 1-2)
- Oración del remanente regresado (85; Esd. 3—5)

Dedicación del segundo templo (92; Esd. 6)

Acontecimientos en la vida de David

La vida en la corte de Saúl (11; 1 S. 18)
Salvado de Saúl por Mical (59; 1 S. 19:11-18)
Huye de Saúl (63, 143; 1 S. 19—31)
Escapa de Aquís (34, 56; 1 S. 21)
Matanza de los sacerdotes en Nob (52; 1 S. 22:17-23)
La vida en la cueva de Adulam (57, 142; 1 S. 22)
Traición de los zifeos (54; 1 S. 23)
Terminan los esfuerzos de Saúl para matarlo (18; 1 S. 26—31; véase 2 S. 22)
Regreso del arca a Jerusalén (15, 24, 68, 132; 2 S. 6)
Victoria de Joab sobre los edomitas (60; 2 S. 8)
Pecado con Betsabé (32, 51; 2 S. 11—12)
Huye de Absalón (3, 4, 35, 41; 2 S. 15—18)
Maldecido por Simei ("Cus") (7; 2 S. 16:5-14)
Dedicación de materiales de construcción para el templo (30; 1 Cr. 29)
Coronación de Salomón (72; 1 Cr. 29:21-25)

Acontecimientos futuros

Tribulación (46; Mt. 24; Ap. 6—19)
Milenio (47, 98; Ap. 20)

PROVERBIOS

—a. 971 a.C.
Se concede sabiduría a Salomón, escribe muchos proverbios

—960
Salomón finaliza el templo

—931
Muerte de Salomón

TRASFONDO

El libro de Proverbios es una colección de poemas y de dichos sabios recogidos con el propósito de impartir sabiduría (véase exposición sobre 1:1-7) Algunos de los proverbios tratan acerca de graves cuestiones morales, mientras que otros son simplemente observaciones y consejos acerca de la vida cotidiana, tal como se podría esperar de un personaje con las amplias miras del rey Salomón (véase 1 R. 4:32-33). Los proverbios tienden a ser breves y memorables, fácilmente aprendidos y aplicados.

Proverbios se centra en la diferencia entre la *sabiduría* que resulta de la fe en Dios y la *necedad* que resulta de la negación de su existencia. Describe la suerte del "necio" (véase exposición sobre 12:1), que, debido a su deliberado rechazo de Dios (véase Sal. 14:1; Ro. 1:18-23), viene a ser uno de "los malos" (véase exposición sobre 4:10-19). Al apartarse más de Dios, el impío necio se aparta más de la sabiduría y del sentido común. Como contraste, la persona sabia se da cuenta de que Dios existe y tiene un sano "temor" ante la autoridad de Dios (véase exposición sobre 1:1-7). Así, el hombre o la mujer prudentes se dan cuenta de que las acciones rectas y las malas tienen consecuencias. Esta conciencia de cómo el mundo funciona lleva a una vida dichosa y llena de satisfacciones.

AUTOR

Proverbios incluye dichos sabios procedentes de diversos autores, siendo su inmensa mayoría de Salomón, que había pedido sabiduría al Señor, en lugar de riquezas (véase 1 R. 3:5-9):

- *Salomón:* Proverbios se divide en siete secciones (véase *Bosquejo*). En 1:1 se sugiere que Salomón puede haber sido el autor de toda la primera sección (1—9), aunque este versículo puede que sea una introducción al libro como un todo (puede que Salomón recopilara el libro entero). La segunda sección principal (10:1—22:16) es atribuida directamente a Salomón, al igual que la cuarta (25—29). Proverbios incluye probablemente al menos 800 de los 3.000 proverbios de Salomón (véase 1 R. 4:32).

- Puede que Salomón haya escrito muchos de los proverbios en la tercera sección, las "Palabras de los sabios" (22:17—24:34), cuyo recopilador y autores son anónimos. Muchos eruditos dan también por supuesto que escribió la sección final, el tributo a la mujer virtuosa (31:10-31).
- A *Agur,* al parecer un no israelita, se le atribuyen los proverbios de la quinta sección (30).
- *Lemuel* fue autor de la sexta sección (31:1-9). Él era un rey (31:1), se supone que un no israelita. Pero algunos eruditos creen que Lemuel era realmente Salomón.

FECHA
Salomón reinó en el período 970-930 a.C. Los "varones del rey Ezequías" (25:1) habrían vivido unos 200 años después de Salomón. Se desconocen las fechas de la colección anónima y de las colecciones de Agur y Lemuel.

PROPÓSITO
Proverbios parece en gran parte dirigido a los "simples", que todavía no se han decidido entre el camino de la sabiduría y el camino de la insensatez (véase exposición sobre 14:15, 18). Quiere impartirles la sabiduría que procede del "temor del Señor" (véase exposición sobre 1:1-7) y mostrarles cómo aplicar esta sabiduría a la vida.

COMPARACIÓN CON OTROS LIBROS DE LA BIBLIA
Génesis—Deuteronomio:
- Mientras que los libros de la ley bosquejan las leyes de Dios y especifican bendiciones para la obediencia y castigos para la desobediencia, Proverbios presenta la conducta recta como estando en el mejor interés de la persona individual por cuanto conduce a la mejor clase de vida.

Job:
- Ambos libros elogian la sabiduría (1:1-9; Job 28:12-28).
- Ambos libros muestran que las personas sabias y rectas no son siempre recompensadas con salud y riqueza (véase exposición sobre 15:6, 16-17; Job 1—2).

Salmos:
- Ambos libros contrastan a los rectos con los malos (numerosos proverbios; Sal. 1; 37).
- Ambos libros destacan el "temor de Jehová" (1:7; 9:10; 16:6; Sal. 111:10; 112:1; 128).

Eclesiastés:
- Ambos libros elogian la sabiduría (1:1-9; Ec. 9:14-18).
- Ambos libros menosprecian al "necio" (numerosos proverbios; Ec. 10).
- Ambos libros recalcan el "temor de Jehová" (1:7; 9:10; 16:6; Ec. 12:13).
- Ambos libros contienen instrucciones prácticas (véase exposición sobre 27:23-27; partes de Ec. 5; 7).
- Ambos libros afirman que todos los hombres son pecadores (20:9; Ec. 7:20).

BOSQUEJO

LLAMAMIENTO A SEGUIR LA SABIDURÍA (1—9)
PROVERBIOS DE SALOMÓN (10:1—22:16)
PALABRAS DE LOS SABIOS (22:17—24:34)
MÁS PROVERBIOS DE SALOMÓN (25—29)
LA SABIDURÍA DE AGUR (30)
LAS PALABRAS DE LEMUEL (31:1-9)
LA MUJER VIRTUOSA (31:10-31)

LLAMAMIENTO A SEGUIR LA SABIDURÍA (1—9)

1:1-7 *"Por esta razón estamos escribiendo este libro".* El primer versículo de Proverbios lo identifica como "Los proverbios de Salomón" (sin embargo, véase *Autor*). En 1:2-7 se declara el propósito del libro: impartir sabiduría. En Proverbios, la sabiduría no es un conocimiento intelectual sino "destreza" (1:5, RVR77) en el manejo de las cuestiones de la vida cotidiana. Esta destreza se basa sobre todo en un sano temor de Dios. Este temor o respeto hacia Dios

- es "el principio de la sabiduría", o "conocimiento" (1:7, véase 9:10; Job 28:28)
- imparte confianza y vida (14:26-27; 19:23)
- produce contentamiento (15:16)
- salva del mal (16:6)
- trae riquezas y honra (22:4)

En 1:2-7 tenemos una apropiada introducción a todo el libro. Con su ofrecimiento de instrucción a "los jóvenes" (1:4), puede también considerarse como una introducción a la primera sección del libro (1—9).

1:8-9 *"Escúchales a ellos, también".* El "temor de Jehová" (1:7) debe ir seguido de un profundo respeto por el consejo de los propios padres. El escritor pone este consejo en boca de un padre que, en 1:8—9:18, llevaría a su hijo de paseo por las calles de la ciudad, mostrándole las escenas de la vida cotidiana y lo exhortaría a que buscase sabiduría en lugar de insensatez. Diez exhortaciones van introducidas con las palabras "hijo mío" y van seguidas de mandamientos como "Oye" o "está atento". El hijo debía atender al consejo de la sabiduría, que es personificada en varias formas:

- como vendedora ambulante o profetisa clamando en las puertas de la ciudad (1:20-33; 8:1-21, 32-36)
- como perito arquitecto que ayuda en la creación de Dios (8:22-31)
- como hermana (7:4)
- como una noble dama que ofrece buena instrucción (3:13-18; 4:6-9; 9:1-6)

El hijo debe rechazar las tentaciones de:

- "la mujer inmoral" (2:16-19; 5:3-14; 7:5-23)
- "la mujer adúltera" (2:16; 6:24-35)
- "la mujer llamada "Insensata" (9:13-18)

Las personificaciones son en su mayor parte mujeres, tradicionalmente designadas como "la Sabiduría" y "la Insensatez".

1:10-19 *"¡Sencillamente, di que no!"* El padre quería impartir su experiencia con su hijo. Esperaba que su hijo escogiera siempre el camino de la rectitud y de la pureza.

1:20-33 *Llamando como una vendedora ambulante.* Personificando la sabiduría como vendedora que ofrece su mercancía, el padre advierte a su hijo que no ignore su consejo. Si la sabiduría llamaba y el hijo rehusaba escuchar (1:24-27), el hijo llamaría un día, solo para que la sabiduría rehusase escucharle (1:28-33; véase 8:1-11).

2:1-9 *Buscad y hallaréis.* Si el hijo buscaba la sabiduría con diligencia (2:1-4), la encontraría —y también la rectitud— porque la verdadera sabiduría procede de Dios (2:5-9).

2:10-22 *Asegurado contra la iniquidad y la inmoralidad.* La sabiduría libraría del mal y guardaría en el buen camino a los que la amasen. De manera específica, guardaría al joven de la mujer inmoral (2:16-22), cuyas seducciones conducen siempre a la muerte (2:18; véase 5:3-14).

3:1-10 *Confía en Él, págale tu diezmo.* El hijo sería recompensado con una vida dilatada y pacífica (3:1-4, 7-8) si confiaba en Dios y le reconocía (3:5-6; 28:26) y le daba "las primicias" de sus bienes, como lo demandaba la ley (3:9-10).

3:11-12 *La corrección comporta satisfacción.* Si el hijo quería gozar de salud, riqueza y una larga vida (3:13-18), debería aceptar la corrección de su padre (3:11-12). Esta corrección puede y debe ser aplicada con amor (3:12; véase 13:1, 24).

3:13-18 *Un tesoro y un árbol de vida.* La sabiduría es contemplada como una noble dama más preciosa que plata, oro o rubíes, y es "árbol de vida". A lo largo de Proverbios, la sabiduría es comparada con piedras y metales de gran precio (véase 8:10-11; 16:16; 20:15). La imagen del "árbol de vida" es también recurrente (véase 11:30; 15:4; comparar Sal. 1:3).

3:19-20 *"Con sabiduría fundó la tierra".* Con sabiduría Dios creó el mundo (3:19) y con sabiduría lo sustenta (3:20; véase 8:22-31; Sal. 104:24).

3:21-26 *Seguridad, confianza y dulce sueño.* La persona sabia encontrará protección del mal de día y un sueño seguro por la noche, ambas cosas como resultado de la confianza que trae la sabiduría (3:26).

3:27-35 *"Haced a otros . . ".* La persona sabia será amable y generosa (3:27-30; véase Stg. 3:17). Él o ella no tendrán envidia de los malvados (3:31-33; véase 23:17-18; 24:1, 19-20; Sal. 37), sino que serán humildes (3:34-35; véase Stg. 4:6).

4:1-9 *"Escuchadme como yo le escuché".* El padre exhorta a su hijo a aprender sabiduría de él, así como él la había aprendido de su propio padre. La sabiduría es personificada como una mujer que debería ser abrazada, exaltada y no abandonada.

4:10-19 *El camino recto, el camino de la luz.* El padre había conducido a su hijo por los caminos de la sabiduría. Ahora le tocaba al hijo escoger aquel camino, que le podría llevar a un gozo y luz crecientes (4:18; véase 15:24), en lugar del camino de los impíos (4:14), que lo llevaría únicamente a más negras tinieblas (4:19).

Proverbios menciona a "los malvados" casi cien veces. Esos son los "necios" que por su rechazo de Dios y por la sabiduría que ofrece, se han vuelto más y más desesperados en su pecaminosa rebelión (véase *Trasfondo.*)

4:20-27 *En último término: Guarda tu corazón.* Todas las instrucciones del padre y sus sabios dichos no servirían para nada a no ser que el hijo guarde su corazón (4:23). Esto significa involucrar el intelecto así como las emociones en la búsqueda de la justicia. El "corazón" no solo produce sentimientos, sino también entendimiento (véase 2:2).

5:1-14 *"Ni siquiera pases junto a su puerta".* No importa lo seductora que pueda parecer la mujer inmoral, el joven sabio debería evitarla a toda costa, no aproximándose siquiera a su puerta (5:8). Si cede a ella, ella destruirá todo aquello por lo que él ha trabajado en su vida (5:9-14; véase 22:14).

5:15-23 *Una esposa para una vida.* El padre afirma, en una hermosa poesía, la santidad y el gozo del matrimonio (véase 18:22).

6:1-5 *"Si eres demasiado generoso, ¡admítelo!"* Si una persona se excede en su generosidad, no debería temer admitir humildemente su error y pedir quedar libre de la obligación. Varios proverbios advierten en contra de actuar imprudentemente de avalistas por las deudas de otros (véase 11:15; 17:18; 22:26-27).

6:6-11 *Gente holgazana, hormigas humildes.* Una diligencia como la de la hormiga asegurará la prosperidad. Solo un poco de pereza, en cambio, puede llegar a hacerse algo habitual y dar como resultado una ruina financiera y una vida malgastada (véase 10:4-5; 12:24, 27; 14:23; 19:15-16; 20:4, 13; 24:30-34). Incluso alguien que desee enormemente las riquezas puede acabar en la pobreza debido a la pereza (21:25-26; véase 13:4). Véase exposición sobre 26:13-16.)

6:12-19 *Los "siete puntos peores" para Dios.* La persona malvada es insincera y engañosa en todo lo que hace (6:12-15). Se señalan siete características de esas personas como particularmente desagradables para Dios (6:16-19). En 6:13 se describe algo del lenguaje corporal que las gentes de los tiempos antiguos pueden haber empleado para comunicar malas intenciones (véase 10:10; 16:30).

6:20-35 *El fruto de la fornicación: Enfermedad, deshonra, muerte.* Volviendo al tema de 5:1-23, el padre apremia de nuevo a su hijo a que preste atención a su consejo, de manera particular acerca de las seducciones de las malas mujeres (6:24-35). El hombre seducido es "falto de entendimiento" (6:32), "toma fuego en su seno" (6:27), sufre "heridas y vergüenza" (6:33), y "corrompe su alma" (6:32).

7:1-27 *¡Como una araña que atrae a una mosca!* Apremiando a su hijo una vez más a "escribir" sus mandamientos "en la tabla de tu corazón" (esto es, a asimilarlos), el padre da más advertencias contra las mujeres inmorales. Describe a un errante joven que fue fácil presa de la adulación y agresividad de la mujer descarriada.

8:1-11 *La llamada de la sabiduría.* Tras haber descrito las seducciones de la adúltera, que atrevida buscaba su presa "unas veces en la calle, otras veces en las plazas" (7:11-12), el padre describe la sabiduría como una profetiza de pie en un lugar destacado cerca de las puertas de la ciudad, proclamando en voz alta su valía. En contraste con los pasajeros placeres ofrecidos por la adúltera, la sabiduría ofrece cosas de valor permanente. Las puertas de la ciudad eran el centro de la vida social y económica en los tiempos de la Biblia, y eran por ello un lugar favorito de los mercaderes, políticos y profetas.

8:12-21 *La valía y disponibilidad de la sabiduría.* La sabiduría da entendimiento y fortaleza (8:14), así como riquezas y honor (8:18-21). Capacita a los reyes a gobernar bien (8:15-16). Lo mejor es que no hay condiciones previas para conseguir la sabiduría excepto desearla fervientemente (8:17; véase Mt. 7:7). Aunque la sabiduría tiende a hacer rico a su poseedor (8:18, 21), produce otro fruto que es "mejor que el oro refinado" (8:19).

8:22-31 *La persona de la sabiduría.* La sabiduría es descrita como un "arquitecto" (V.M.) que asistió a Dios en la creación del mundo. Debido a otros pasajes que describen su importante papel en la Creación, los eruditos suelen considerar esos versículos como una descripción de Cristo (véase Jn. 1:1-3; Col. 1:15-17).

8:32-36 *Las recompensas de la sabiduría.* Hallar la sabiduría es hallar la vida. Menospreciar la sabiduría es defraudar la propia alma y amar la muerte.

9:1-6 *El banquete de la sabiduría.* La sabiduría es de nuevo presentada como una noble dama que ofrece instrucción (véase 3:13-18). Tras haber preparado un banquete, invita a "los faltos de cordura" a festejar con sus enseñanzas dadoras de vida.

9:7-12 *La reacción ante la sabiduría.* Cuando la voz de la sabiduría ofrece consejo, los sabios y los escarnecedores responden de manera muy distinta. Los sabios acogen bien el consejo y se vuelven más sabios (9:9); los escarnecedores menosprecian a la persona que les da el consejo (9:7-8). La diferencia entre esas dos clases de personas es que el sabio teme a Jehová (9:10; véase 1:7; Job 28:28).

9:13-18 *El enemigo de la sabiduría.* Tras haber descrito a la "Dama Sabiduría", el padre acaba su amonestación volviendo a describir a la "Dama Insensatez", que era evidentemente lo contrario a todo lo que significaba la Dama Sabiduría. Por ejemplo, en tanto que la Sabiduría aconsejaba al joven que bebiera de su propio pozo (5:15) —es decir, que fuera fiel a su esposa—, la Insensatez declaraba que "las aguas hurtadas son dulces" (9:17).

PROVERBIOS DE SALOMÓN (10:1—22:16)

Excepto por 1—9, la mayor parte del libro de Proverbios está constituida por breves proverbios aislados, muchos de los cuales tocan temas similares. En tanto que cada proverbio da valiosos consejos para una vida sabia (véase exposición sobre 1:1-7) y merece un cuidadoso estudio, la presente exposición solo puede cubrir secciones representativas y dar referencias a pasajes paralelos.

10:1-7 *Los hijos sabios y los insensatos.* Salomón observa el marcado contraste entre el hijo sabio, que es un gozo para sus padres, y el hijo insensato, que les trae dolor (véase 17:21, 25; 19:13; 23:24-25).

10:19 *¿Están sellados tus labios?* Es imprudente hablar con precipitación o demasiado abiertamente (véase 15:28; 17:27-28; 21:23; 29:20), especialmente cuando uno está encolerizado (véase 12:16; 19:11; 29:11; Stg. 1:19).

10:22-32 *Recompensas para los rectos, ruina para los errados.* Salomón establece varios contrastes entre los rectos, que a su tiempo recibirán los deseos de su corazón, y los malvados, a los que les sobrevendrá destrucción repentina (véase 11:9, 23; 12:7, 21; 13:21; 15:6; 17:20; 28:18; 29:1).

11:1 *¡Calibra esas balanzas!* Dios está interesado en que haya honradez en el mercado. La ley de Moisés exigía medidas honradas en "de longitud, de peso o de capacidad" (Lv. 19:35-36, V.M.) Por ejemplo, un mercader israelita falto de honradez podría tomar un peso que sabía que pesaba una libra, y escribir en él un peso más alto o más bajo, dependiendo de si lo usaba para comprar o para vender (véase 16:11; 20:10, 23). Asimismo, una persona que comprase tierra podría haber movido en secreto un límite a fin de aumentar la superficie de su propiedad (véase 22:28; 23:10-11). La moderna tecnología ha producido muchos avances en esos robos mediante engaño.

11:4-9 *El dinero no te servirá de ayuda en aquel día.* El dinero no puede comprar justicia en la economía divina. Para "día del juicio", véase exposición sobre Is. 2:5—4:1.

11:5-6, 8 *Atrapados en su propio lazo.* Mientras que los justos son liberados, los malvados son a menudo aprehendidos en sus propias malvadas añagazas (véase 28:10). Para otros ejemplos bíblicos de cómo Dios hace volver malas intenciones para su propia gloria, véase exposición sobre Esdras 6:1-12.

11:10-11 *El justo sostiene la ciudad.* Los ciudadanos justos son verdaderamente una bendición, y deberían ser reconocidos como tal (véase 14:34).

11:14 *Busca una segunda opinión, y una tercera también.* Cuando tomes una decisión importante, es prudente buscar consejo de varias fuentes (véase 15:22; 24:6).

11:22 *Un zarcillo de oro en el hocico de un cerdo.* Los rasgos espirituales como la modestia son más importantes que la hermosura física.

11:24-26 *Las ironías de la codicia y de la generosidad.* Los generosos terminan recibiendo más de lo que reciben, mientras que los tacaños pierden lo que tratan de guardar (véase 13:7; 19:17; 21:13; 22:9; 2 Co. 6:10; Stg. 2:5).

11:27-31 *Vuestra heredad: ¿árboles o viento?* "Los justos reverdecerán como ramas", mientras que "el que turba su casa heredará el viento". A través de Proverbios, Salomón y los otros sabios expresaron confianza en que el bien triunfaría finalmente sobre el mal (véase 10:25; 12:3, 7, 12; 14:11; 29:16). El frecuente uso que hace Proverbios de imágenes sacadas de los árboles ("árbol", "follaje", "raíces") para los justos recuerda el Salmo 1.

12:1 *¿No te gusta la escuela?* Una persona sabia gusta de aprender de los demás (véase 10:8; 15:31-33; 19:20), mientras que "el que aborrece la reprensión es ignorante", y por ello no ve necesidad de instrucción ni de corrección (véase 12:15; 13:18; 16:25; Jue. 21:25). La irreal intensa autoestima del necio procede de su rechazo de Dios, que conduce a la maldad y a una falta de comprensión de las cuestiones de sentido común de la vida (véase *Trasfondo* y exposición sobre 26:1-12).

13:20 *Escoge prudentemente a tus amigos.* Las personas tienden a volverse como aquellos con los que se asocian. Uno debería tener especial cuidado en evitar formar estrechas amistades con "necios", o con personas iracundas o malvadas (véase 22:24-25; 24:1; 29:24). Es cosa natural que los buenos y los malvados eviten la mutua compañía (véase 29:27; Sal. 1:1; 1 Co. 15:33).

13:22 *"Tu oro irá para los piadosos".* La riqueza ganada de manera ilegítima acaba beneficiando al pobre piadoso y no al rico impío que la acumuló (véase 28:8; Ec. 2:26).

14:1 *Destruir tu propio hogar.* El necio destruirá incluso aquellas cosas que le son más valiosas.

14:12 *"Pero ¡parecía tan correcto!* Decisiones que parecen correctas desde una perspectiva humana pueden ser totalmente erróneas desde la perspectiva de Dios. La naturaleza humana, ayudada por la obra de Satanás, puede hacer que las tinieblas parezcan luz (véase 2 Co. 11:14). Los creyentes deberían siempre comparar sus propios pensamientos con las Escrituras (véase 16:1-3; 21:2; 24:12).

14:15, 18 *Simple hoy, un necio mañana.* La posición del "simple", del espectador "superficial" (14:15) no es neutral, sino extremadamente precaria, porque está en proceso de volverse una persona necia (14:18; véase *Propósito*).

14:20-21 *"No tienen amigos, de modo que, sé amigo de ellos"*. Salomón había observado que los ricos tienen tendencia a ser mucho más populares que los pobres (14:20); apremia entonces a los creyentes a no practicar esta discriminación (14:21). Muchos proverbios, como 14:20, son sencillamente observaciones acerca de las realidades de la vida, en lugar de declaraciones de verdad moral (véase *Trasfondo*). Por ejemplo, 14:20 no significa que un pobre *nunca* vaya a tener amigos.

En 18:23 y 19:4, 7 tenemos observaciones similares acerca de la discriminación contra los pobres, mientras que 28:27 da una amonestación similar contra una discriminación así.

En 16:14-15, 20:14, 21:14 y 22:7 tenemos otros ejemplos de proverbios de observación.

14:27 *Cuando el temor es fuente de vida.* "La ley del sabio es manantial de vida", lo mismo que "el temor de Jehová" (13:13-14). Los que buscan vida fuera de la ley encontrarán solo muerte. (Véase 10:27; 19:16, 23; 28:14.)

14:31 *Protector de los pobres.* Dios se identifica con los pobres y contempla como una ofensa personal cualquier opresión o burla de que se les haga objeto (véase 17:5; 19:17; 21:13). Él establece sus derechos de propiedad (véase 15:25; 23:10-11) y defiende su causa (22:22-23).

15:1-2, 4, 7 *El poder de tus palabras.* Las palabras tienen un gran poder bien para sanar, bien para dañar (véase 12:18; 16:24). Pueden ser "árbol de vida" (15:4), "manantial de vida" (10:11) o ser "manzana de oro con figura de plata" (25:11). Usadas de mala manera, las palabras pueden resultar en "quebrantamiento de espíritu" (15:4), ser "como golpes de espada" (12:18) y causar la muerte (18:21). (Véase 12:17-19, 22-23; sobre la maledicencia, véase exposición sobre 26:17-28).

Mientras que la proximidad de dos proverbios no implica necesariamente una conexión, la afirmación de la omnipresencia de Dios (15:3) nos recuerda que Él oye cada una de nuestras palabras. No podemos ocultar de Dios la maledicencia ni el habla insensata ocultándonos en un lugar secreto ni bajando la voz (véase Sal. 139:7-12).

15:6, 16-17 *¿Siempre prosperan los justos?* En 15:6 se declara que "en la casa de justo hay gran provisión". Pero en 15:16-17 se pone en claro que no es siempre así. Pero incluso cuando los justos pasan por tiempos difíciles, pueden tener la seguridad de que una vida de pobreza en un ambiente de piedad es mejor que una vida de riqueza en medio de impiedad (véase 16:8; 17:1; 19:1; 28:6).

15:8-9 *Un culto sin corazón.* La mera ofrenda de un sacrificio no significa nada para el Señor, a no ser que el corazón del adorador sea recto. La oración del recto vale mucho más que el caro sacrificio animal de los malvados (véase 21:27).

15:13, 15 *Mejor que la medicina.* Como están descubriendo los profesionales sanitarios en la actualidad, las emociones tienen un papel clave en el bienestar físico (véase 15:30; 17:22).

16:18-19 *Soberbia y prosperidad.* La soberbia conduce a la humillación, mientras que la humildad trae honor (véase 11:2; 18:12; 22:4; 29:23). Es mejor ser humilde y pobre que orgulloso y rico. El AT presenta insistentemente el orgullo y la idolatría como los pecados más peligrosos para los hijos de Dios.

16:31 *Cabello gris: Corona de gloria, sí es que . . ".* Los ancianos se han ganado una "corona de gloria" si han llevado una vida piadosa (V.M., véase 20:29).

17:8 *¡Cuidado, sobornadores!* Salomón observa varias veces en Proverbios las cosas que pueden ser conseguidas mediante un regalo o soborno oportunos (véase 18:16; 21:14). Pero aunque esta es la manera en que los impíos hacen las cosas, Dios condena el soborno (véase 17:23).

17:13, 15, 26 *¡Nada de favoritismos en la justicia!* Lo mismo que otros autores bíblicos, Salomón se enfrenta con los que por favoritismo condenan al inocente o absuelven al culpable (véase 18:5; 24:23-25; 28:21; Éx. 23:7; Is. 5:23).

17:14 *Cualquiera puede comenzar una pelea. . . .* Se precisa de muy poco esfuerzo para comenzar una discusión, pero mucho esfuerzo para impedirla o detenerla (véase 20:3).

17:16 *Siempre un desperdicio.* Un insensato malbaratará oportunidades para ganar sabiduría y riqueza (véase 21:20).

18:8 *"Chismear o no chismear".* Chismear es una tentación universal: es como "bocados suaves". El sabio no irá propagando chismes, sino que esconderá la tentadora información (véase 11:13). Y la ocultará por amor (véase 10:12), sabiendo el gran daño que puede hacer un chisme (véase 16:28; 17:9; 1 P. 4:8).

18:13, 17 *Escucha ambos lados.* No es prudente formarse una opinión antes de escuchar ambos lados de una cuestión.

18:18 *¿Juego o guía divina?* Salomón consideraba echar suertes no un juego sino confianza en la providencia prevalente de Dios (véase 16:33). Cuando los apóstoles escogieron a Matías, oraron antes de echar suertes (véase Hch. 1:24-26; véase también Lv. 16:8; Est. 3:7; Jon. 1:7).

18:24 *¡El mejor de todos los hermanos!* Los vínculos de amistad pueden ser incluso más estrechos que los familiares y pueden dar oportunidades para la mutua edificación y corrección (véase 27:6, 17). Pero Salomón reconoce también la gran valía de las relaciones de sangre (véase 17:17).

20:9 *¿La respuesta? ¡Nadie!* "¿Hay algún justo?" Salomón responde a esta pregunta en sentido negativo (véase 1 R. 8:46; Ec. 7:20), lo mismo que David (Sal. 14:1-3), Pablo (Ro. 3:10) y Juan (1 Jn. 1:8).

20:17, 21 *¡No te enriquezcas demasiado rápidamente!* Las riquezas conseguidas sin honradez, o demasiado rápidamente, traerán miseria (véase 13:11; 21:5-6; 28:20, 22; 1 Ti. 6:9-10). En contraste, "dulce es el sueño del trabajador" (Ec. 5:12).

20:19 *¡No te dejes adular!* El sabio no se dejará llevar por las adulaciones, sabiendo que puede ser a menudo una trampa (29:5). Más bien, valorará la crítica sincera (28:23). (Véase Ro. 16:18.)

20:20 *No hay luz para el rebelde.* Así como se promete gran bendición para los que honran a sus padres (véase 6:2-3), los que los deshonran sufrirán severamente (véase Éx. 21:17). Se describe a los malvados como siendo "apagados" también 13:9 y 24:20.

21:3 *Él contempla al adorador, no la adoración.* Dios valora la pureza del corazón y la justicia en las relaciones sociales más que la corrección en la adoración, incluso bajo el sistema de sacrificios del AT (véase 21:27; 24:11-12; 1 S. 15:22; Sal. 50:7-15; Is. 1:11, 17; 58:1-12).

21:9, 19 *¡A veces es más sencillo ser soltero!* Una vida de soltería y pobreza es preferible a estar casado con una esposa desagradable (véase 19:13; 25:24; 27:15-16).

21:17 *Ama el placer y perderás tu tesoro.* El hedonista, lo mismo que el perezoso (véase exposición sobre 6:6-11), acabará en la pobreza (véase 23:20-21; 28:19).

21:22 *El derecho frente a la fuerza.* La sabiduría prevalecerá un día sobre la fuerza militar (véase 24:5-6; Ec. 7:19).

21:30-31 *¡Señor de todo!* Ninguna cantidad de pensamiento, planificación (21:30) o acción (21:31) de los hombres podrá soslayar la voluntad soberana de Dios. La justicia última procederá de Él (21:31; véase 29:26). Hasta los reyes están sometidos a Dios (21:1).

22:1 *La buena fama.* La buena fama debe ser preferida a todas las riquezas del mundo (véase Ec. 7:1).

22:2 *El vínculo común de ricos y pobres.* Las amonestaciones de Salomón a respetar a los que viven en pobreza (véase 14:31 y exposición sobre 14:20-21) se basa en la conciencia de que todos los hombres tienen el mismo Creador (véase 29:13; Job 31:13-15; Gá. 3:28).

22:6 *Si los amas, instrúyelos.* Si los niños son instruidos con diligencia, recordarán la instrucción y se beneficiarán de la misma. Si son dejados a sí mismos (véase 29:15), su inexperiencia puede conducirlos a insensatos errores con consecuencias de por vida (22:15). Deberían ser instruidos y disciplinados mientras todavía hay esperanza (véase 19:18) de salvarlos (véase 23:13-14; Sal. 9). El niño bien disciplinado será un deleite para sus padres (véase 29:17). (Véase exposición sobre 3:11-12; Dt. 6:6-7; Ef. 6:4; He. 12:7).

PALABRAS DE LOS SABIOS (22:17—24:34)

22:17-21 *"Esto es lo que quiero que sepáis".* El recopilador anónimo de esta tercera colección de Proverbios invita al lector a "aplicar el corazón" a sus dichos, que abundan "en consejos y en ciencia".

22:29 *En pos de la excelencia.* El éxito vendrá a los que buscan la excelencia en su trabajo, mientras que los "perezosos" (10:4) o los que hablan en lugar de trabajar (véase 14:23) no triunfarán.

23:1-5 *Cuando un dirigente te invite a comer.* La comida en la casa de un dirigente demanda evitar la glotonería y ser cauto acerca de los motivos ulteriores del anfitrión (23:1-3). Cuando se está en tales situaciones, se hará bien en prestar atención a la perspectiva que da acerca de las riquezas (23:4-5).

23:6-8 *Cuando un tacaño te invita a comer.* Por lo que respecta a un tacaño, más vale declinar su invitación a comer; tus esfuerzos por entablar amistad con él serán una pérdida de tiempo.

23:15-28 *Cuidado con el vino y con las malas mujeres.* Como en 1:8—9:18, el escritor se dirige a su hijo, y le apremia a buscar la sabiduría de la piedad (23:15-18, 22-25) y a evitar la compañía de borrachos y glotones (23:19-21) y de las mujeres inmorales (23:26-28).

23:29-35 *Burbujea . . . aguijonea.* Las bebidas alcohólicas pueden ser atractivas a los sentidos (23:31), pero como se ve en esas gráficas ilustraciones, son un obstáculo a la sabiduría y pueden ser causa de grandes daños físicos y emocionales (véase 20:1).

24:3-4 *La casa que la sabiduría construyó.* La práctica de la sabiduría da como resultado una vida plena y llena de satisfacciones, que puede incluir o no la prosperidad material (véase exposición sobre 8:12-21 y sobre 15:6, 16-17).

24:11-12 *¡Rescata a los que están a punto de perecer!* La pretendida ignorancia (24:12) no constituye excusa para dejar de hablar en favor de las víctimas de la violencia y de la injusticia (véase exposición sobre 21:3).

24:15-20 *¡Abatido siete veces, pero no descalificado!* No importa cuántas veces una persona justa parezca derrotada, siempre se recuperará. Pero el malvado caerá y no se recuperará (24:15-16).

Pero los justos no deberían regocijarse por las desgracias de los malvados (24:17, véase Job 31:29; 1 Co. 13:6). Este regocijo podría llevar a que Dios aparte su ira del pecador y la dirija contra el justo (24:18; véase 17:5).

Incluso cuando el malvado prospera, no se le debe envidiar, porque, en términos de eternidad, "para el malo no habrá buen fin" (24:19).

24:21-22 *¿Un rebelde sabio?* Aunque las rebeliones políticas puedan aparentar tener una causa legítima (véase 28:2), el sabio tenderá a no involucrarse en ellas, y elegirá más bien confiar en la providencia de Dios en los asuntos humanos (véase exposición sobre 21:30-31; Ro. 13:1-7; 1 P. 2:13-17).

24:29 *¡La regla ha sido siempre dorada!* En lugar de devolver mal por mal, los creyentes del AT debían confiar en que Dios hiciese justicia en favor de ellos (véase 20:22; Dt. 32:35; Ro. 12:17-21). El NT enuncia este principio en forma positiva como la "Regla de oro" (véase Mt. 7:12; 5:39).

MÁS PROVERBIOS DE SALOMÓN (25—29)

25:1 *Copiados por Ezequías.* Una segunda colección de proverbios atribuidos a Salomón comienza con la nota de que fueron recopilados por "los varones de Ezequías, rey de Judá".

25:2-7 *En los pasillos del poder.* Hablando indudablemente por experiencia, Salomón hace observaciones acerca de los que intentan influir sobre los reyes. Aunque sea más fácil conocer la mente de un rey que conocer la mente de Dios (25:2), con todo son algo misteriosos (25:3). Los que buscan audiencia de un rey deberían hacerlo con la mayor humildad (25:6-7; véase 27:2; Lc. 14:7-11). Mientras, el rey mismo debería ser muy cauto acerca de la persona que le da consejo, porque no habrá poca gente indeseable que buscará influir en él (25:4-5; véase 20:26).

25:8-10 *No te apresures a tener pleitos.* Es mejor ajustar las disputas en privado que arriesgarte a una humillación en público (véase Mt. 18:15).

25:16-17 *Moderación en todo.* Tanto si el tema es alimento o amistad, nunca se debería abusar de una cosa buena.

25:18 *Cuando las palabras son armas mortíferas.* Tres similitudes guerreras describen el daño que puede ser causado por falsos testigos; esos mentirosos merecen severo castigo (véase 19:5, 9; 21:28).

25:21-22 *Amabilidad, no combate.* Siempre que sea posible, el enemigo debe ser tratado con bondad. Lo mismo que con la prohibición de la venganza (véase exposición sobre 24:29), el NT no es el único lugar donde se enseña a amar al enemigo (véase Éx. 23:4-5; Mt. 5:43-45; Ro. 12:20-21).

25:28 *¿Qué altura tienen tus paredes?* Una persona sin dominio propio se expone a toda clase de peligro, lo mismo que una ciudad antigua sin murallas (véase 14:29; 16:32; 19:11).

26:1-12 *Hechos acerca del necio.* El necio (véase *Trasfondo*) es descrito desde varias perspectivas. Es indigno de honra pero muy digno de unos buenos azotes (26:1, 3; véase 19:29). Es inútil para toda empresa práctica (26:6-8). Los esfuerzos para reformarle son inútiles (26:11). (Véase 17:10, 12; 23:9).

El pasaje de 26:4-5 no tiene que ser considerado como una contradicción: En tanto que por lo general uno no debería emprender un diálogo inútil con un insensato, a veces puede ser necesario hacerlo, para que no se crea que sus nulos argumentos no pueden ser rebatidos.

26:13-16 *¿Cuál es el más perezoso?* Después de dibujar tres caricaturas de perezosos, Salomón observa despreciativamente que hasta esos gandules son sabios en su propia opinión (véase exposición sobre 6:6-11).

26:17-28 *El mal uso de la boca.* Salomón condena al bromista insensible (26:18-19) y al adulador (26:28), junto con el hipócrita (26:23-26), el mentiroso (26:28), el perturbador (26:17, 21) y el chismoso (26:20, 22) por su mal uso del don del habla.

27:14 *"¡Detente ahí!"* Algunos proverbios de observación (véase exposición sobre 14:20-21) parecen dar una visión más humorística de la vida, o al menos contemplar cuestiones serias desde una perspectiva más filosófica (véase 25:19). Otros tratan acerca de emociones familiares no necesariamente relacionadas con ninguna cuestión moral (véase 13:12; 14:10, 13; 25:20, 25).

27:23-27 *Trabaja ahora, disfruta después.* La persona puntual y diligente en su trabajo gozará a su debido tiempo el fruto de dicho trabajo (comparar 24:27 y 28:19).

28:1 *¿De qué tienen miedo?* En tanto que una conciencia culpable engendra un temor irracional, una conciencia limpia produce confianza propia. Además, las buenas personas tienen mucho menos enemigos que los malvados (véase 16:7).

28:11 *Los vestidos nuevos del emperador.* La riqueza puede dar a una persona una opinión irreal acerca de sí misma. Forma parte del "engaño de las riquezas" (Mt. 13:22). Mientras, una persona pobre y perceptiva "escudriña" y reconoce al rico engañado como tal (28:11).

28:13 *¿Confesión o encubrimiento?* La sincera confesión de pecado es siempre mejor que cualquier intento de ocultar una verdad desagradable (véase Job 31:33; Sal. 32:3-5; 1 Jn. 1:9).

28:15-16 *El uso y el abuso del poder.* Los reyes tienen un gran poder para bien o para mal (véase 28:28; 29:2, 4) y serán recompensados según su uso de este poder (28:16; véase 29:14). Deberían recordar que aunque muchos buscan el favor de ellos, Dios tendrá la última palabra (véase 29:26). (Véase 16:14-15; 19:12; exposición sobre 25:2-7 y sobre 31:1-9).

29:18 *Se necesitan: Líderes de parte del Señor.* Sin un buen liderazgo espiritual, el pueblo tiene la tendencia a hundirse profundamente en el pecado (véase Éx. 32:25; Jue. 21:25; 1 S. 3:1; Am. 8:11-12; Mr. 6:34; He. 13:17).

LA SABIDURÍA DE AGUR (30)

30:1-4 *"¡Sé tan poco acerca del Señor!"* Agur presenta la colección de sus dichos sabios reconociendo su propia falta de conocimiento y sabiduría en lo que respecta a los caminos de Dios. El pasaje de 30:4 recuerda a Job 38—41, donde el Señor convence a Job de la falta de conocimiento de este último.

30:5-6 *¡Absolutamente preciso: No se admiten adiciones!* Agur declaró que las palabras de Dios eran "limpias" y que los humanos no debían añadir a las mismas. Esta es la contrapartida en el AT de Apocalipsis 22:18-19: la afirmación de la Biblia de que su mensaje e incluso sus mismas palabras son absolutamente dignas de confianza.

30:7-10 *Ni demasiado rico, ni demasiado pobre.* Agur buscaba un feliz término medio entre la riqueza y la pobreza, de modo que no fuera a caer víctima de las tentaciones asociadas con ambos extremos.

30:11-31 *"Asombrosos en tres . . . o cuatro maneras".* Tras haber expresado su asombro ante el Dios de la creación (véase 30:4), Agur hace varias observaciones acerca de los humanos y animales que pueblan el mundo de Dios. Por cuanto el número tres expresa lo completo, su repetido listado de cuatro observaciones en lugar de solo tres implica que podría haber relacionado muchas más:

Cuatro clases de pecadores (30:11-14). Agur señaló a cuatro clases de personas para una especial reprensión: Los que faltan el respeto a sus padres, los hipócritas, los soberbios y los codiciosos. (Acerca de "devorar" a los pobres, véase Sal. 14:4; Am. 8:4).

Cuatro cosas insatisfechas (30:15-16). Agur había visto muchas cosas —y personas— tan insatisfechas como sanguijuelas.

Cuatro cosas fantásticas (30:18-19). Agur expresa maravilla ante tres fenómenos naturales y un fenómeno humano. La mezcla de ejemplos humanos y no humanos tanto aquí como en 30:15-16 sugiere que Agur encontró que los ejemplos humanos eran con mucho los más asombrosos.

Cuatro cosas insoportables (30:21-23). Las personas que reciben posiciones u honores que no merecen llegan a ser insoportables para aquellos sobre los que ejercen poder (véase 19:10).

Cuatro cosas pequeñas, listas y fuertes (30:24-28). Incluso los miembros al parecer menos significativos del reino animal nos pueden enseñar sabiduría, por cuanto ellos, como nosotros, fueron creados por Dios.

Cuatro cosas que andan de forma regia (30:29-31). La lista de "regios monarcas", como las dos listas de 30:15-19, contiene tres ejemplos no humanos y un ejemplo humano.

30:32-33 *"¡Guarda la calma y la serenidad!"* Quizá pensando todavía en el "rey, a quien nadie resiste" (30:31), Agur hace un llamamiento final a la paciencia y a la humildad.

LAS PALABRAS DE LEMUEL (31:1-9)

31:1-7 *"Abstente de adulterio y de alcohol".* Lemuel, identificado por algunos como Salomón, aconseja a los reyes a que se abstengan de bebidas alcohólicas y de relaciones sexuales inmorales (véase 23:19-28). Ambas cosas son obstáculos a la sabiduría que necesitan los gobernantes.

31:8-9 *"Defiende a los indefensos".* En lo positivo, los reyes deberían tener una especial preocupación por los pobres y los indefensos —como lo hace el Señor (véase exposición sobre 14:31).

LA MUJER VIRTUOSA (31:10-31)

31:10-31 *La mujer virtuosa.* El escritor, que muchos suponen es Salomón, describe a una mujer que era una buena esposa (31:10-12, 23, 28); una madre solícita (31:15, 21, 27-28); una parte vital de la vida social y económica de su comunidad (31:13, 16-20, 23-24) y, en general, una persona honorable (31:25-31; véase 12:4; 18:22; 19:14).

—a. 971 a.C.
Se concede sabiduría a Salomón

ECLESIASTÉS

—960
Salomón finaliza el templo

TRASFONDO

El sabio rey Salomón (véase *Autor*), que comparte en Proverbios la sabiduría que Dios le dio, se centra en Eclesiastés acerca del sentido de la vida en un mundo imperfecto y caído. Aunque la fe de Salomón en Dios se hace patente en pasajes clave (véase 3:14; 5:7; 8:12; 12:8, 13), parece en su mayor parte dejar a Dios fuera de la escena, declarando una y otra vez que la vida carece de sentido. Una lectura exhaustiva del libro sugiere, sin embargo, que el propósito de Salomón es mostrar cuán carente está la vida de sentido *aparte de Dios*.

—a. 935?
Salomón escribe Eclesiastés (¿después de su apostasía?)

931
Muerte de Salomón

La palabra *vanidad*, traducida "carente de sentido" por la NLT y NIV, aparece 29 veces y da el tono de desesperanza que impregna Eclesiastés. La frase "bajo el sol" aparece 27 veces y sugiere que Salomón estaba argumentando en favor de la desesperanza sobre la base de la única evidencia del mundo natural.

Como lo sugiere el bosquejo, Salomón trata acerca del problema de la aparente carencia de sentido de la vida en cuatro etapas:

- Afirma su "creencia" de que la vida carece de sentido (1:1-11).
- Ofrece evidencias en favor de esta creencia, mostrando como sus esfuerzos y los de otros para encontrar sentido para la vida solo los llevó a la desesperanza (1:12—6:12).
- Ofrece consejo acerca de cómo hacer frente a un mundo sin sentido (7:1—12:8).
- Tras haber insinuado su propia creencia en Dios, llega a la conclusión declarando que *sí* se puede encontrar este sentido por la fe en Dios y la obediencia a Él (12:9-14).

Eclesiastés parece ser la obra de un Salomón envejecido y hecho más sabio por sus imprevisibles desgracias en la vida y por sus propios graves errores a pesar de su gran sabiduría (véase exposición sobre 5:8-12; 1 R. 11:1-13). Eclesiastés, que significa "maestro" o "predicador", es el seudónimo para Salomón para este libro, además de ser el título del libro (1:1).

AUTOR

Salomón:

- Él es el "hijo de David, rey en Jerusalén".
- La descripción de la riqueza del autor y de la diversidad de sus experiencias concuerda con lo que sabemos de Salomón.
- La gran sabiduría del libro concuerda con Salomón, que recibió la sabiduría como un don de Dios (véase 1 R. 3:1-13) y fue autor de numerosos proverbios (véase 1 R. 4:29-34).

FECHA Y LUGAR

Eclesiastés fue probablemente escrito en los últimos años de la vida de Salomón, a. 935 a.C. (véase *Trasfondo*), en Jerusalén (1:1).

PROPÓSITO

Véase *trasfondo.*

RASGOS SINGULARES

- Debido a su enfoque del sentido de la vida, Eclesiastés tiene un atractivo para personas de todas las religiones.
- Las repeticiones de *vanidad* y *debajo del sol* (véase *Trasfondo*) constituyen el énfasis más destacado de una sola palabra o frase en cualquier libro bíblico.

COMPARACIÓN CON OTROS LIBROS DE LA BIBLIA

Véase *Job; Proverbios: Comparación con otros libros bíblicos*

BOSQUEJO

LA VIDA CARECE DE SENTIDO: EL PROBLEMA (1:1-11)
LA VIDA CARECE DE SENTIDO: LA PRUEBA (1:12—6:12)
LA VIDA EN UN MUNDO SIN SENTIDO (7:1—12:8)
EL NACIMIENTO DE UNA VIDA CON SENTIDO (12:9-14)

LA VIDA CARECE DE SENTIDO:
EL PROBLEMA (1:1-11)

1:1-11 *"¡Nada importa! ¡Todo está carente de sentido!"* Salomón comenzó su discurso sobre la vida declarando: "Todo carece de sentido" (1:2; véase 12:8; Sal. 39:5-6). Ilustra esta carencia de sentido desde los ámbitos de la naturaleza (1:1-7) y de la experiencia humana (1:8-11). Las salidas y puestas de sol vienen y se van. Los vientos soplan y los ríos corren, pero sin ningún propósito evidente. La experiencia humana se podría recapitular como: "¡He estado allí, he hecho aquello!"

LA VIDA CARECE DE SENTIDO:
LA PRUEBA (1:12—6:12)

1:12-18 *Decide investigar por sí mismo.* Con su posición privilegiada como rey sabio y rico, Salomón se sintió capacitado —y obligado— a descubrir si la vida era realmente tan carente de sentido como lo sugería su experiencia.

2:1-3 *"¡Hora de hacer fiesta!"* Salomón había buscado significado a través del seguimiento de los placeres, pero llegó rápidamente a la conclusión de que esta búsqueda no valía la pena. El placer nunca daría satisfacción a la mayor necesidad de las personas: la necesidad de paz y de propósito.

2:4-11 *Comodidades a carretadas.* Salomón había intentado tapar el agujero de su alma inaugurando grandes proyectos de obras públicas, amasando una gran fortuna, y buscando también dar satisfacción a todos sus deseos. Concluye: "Pero mientras contemplaba todo aquello que tanto me había esforzado por hacer, ¡todo ello era tan carente de valor! Era como perseguir el viento" (2:11).

2:12-17 *La sabiduría es mejor, pero no durante mucho tiempo.* Salomón meditó acerca de los méritos respectivos de la sabiduría y de la insensatez. Aunque la persona sabia era evidentemente mejor que la insensata, como la luz es superior a las tinieblas, había un fallo fatal: Tanto los sabios como los insensatos morirían pronto y serían olvidados.

2:18-23 *"Los indignos heredarán tus riquezas".* Aunque los sabios y los necios son iguales en la muerte, en cierta manera la suerte del sabio es peor, ¡porque las riquezas que haya acumulado mediante sabiduría podrían acabar, después de su muerte, en manos de un necio!

2:24-26 *"¡De modo que, disfrútalo ahora!"* Ya que no te la puedes llevar contigo y debido a que tu riqueza la puede heredar un necio, Salomón concluye que mejor será que la disfrutes al máximo mientras puedas.

3:1-8 *"Di lo que sea, ¡hay un tiempo para ello!"* Salomón da una lista de unos 28 "tiempos" en el calendario de la humanidad. Con la excepción de los dos primeros —el tiempo de su nacimiento y el tiempo de su muerte— en su mayor parte las personas controlan el tiempo de esos acontecimientos.

3:9-15 *Eternidad en nuestro corazón, pero criaturas del tiempo.* Dios ha dado a los seres humanos algún concepto de eternidad, pero siguen siendo criaturas del tiempo. Solo Dios es eterno, y solo Él controla el pasado y el futuro. El bien último de los humanos, dice Salomón, es temer a Dios (3:14; véase 5:7; 8:12; 12:13), ser felices (3:12), y gozar de los dones de Dios (3:12-13; véase 5:18-19; 8:15).

3:16-22 *¿No mejores que los animales?* Salomón observa el mal y la injusticia en el mundo y expresa su confianza en que Dios, a su tiempo, juzgará todas las cosas. Pero hasta entonces, los humanos parecen no mejores que los animales, unos y otros respirando el mismo aire, comiendo el mismo alimento y muriendo muertes similares.

4:1-3 *¿La mejor suerte? ¡No haber existido nunca!* Considerando todo el sufrimiento en el mundo, Salomón llega a la conclusión de que los muertos son más afortunados que los vivos, ¡y que los que nunca nacieron son los más afortunados de todos!

4:4-8 *Envidia y la economía.* La envidia impulsa a la gente a trabajar de manera indebidamente dura para acumular las cosas que codician. (¡Alguien ha descrito este proceso como comprando las cosas que no necesitamos con dinero que no tenemos para impresionar a personas que no nos gustan!)

4:9-12 *¡Dos son mejores, y tres son lo mejor de todo!* Dios creó a los seres humanos para que funcionasen como criaturas sociales, no solitarias (véase Gn. 2:18).

4:13-16 *El éxito pronto se deteriora.* El

éxito nunca es permanente, como queda patente en el caso del joven pobre que se gana los corazones de la gente, usurpando al viejo monarca, solo para finalmente caer también él en la desgracia.

5:1-7 *"Vigila tus palabras, pero guarda tus votos"*. Salomón advirtió en contra de hacer votos precipitados, pero también afirma que una vez que un voto ha sido hecho, ha de cumplirse (véase Dt. 23:21-23; Jue. 11:29-40).

5:8-12 *La falta de honradez se filtra hacia abajo.* El soborno y la corrupción, observa Salomón con tristeza, comienza a menudo en la cima misma con el rey, y luego afecta a todos los oficiales que le rodean. En marcado contraste con este mundo de alta sociedad pero corrompido está el trabajador sencillo, que es pobre pero que tiene la conciencia en paz.

Hay alguna indicación de que el mismo Salomón pudo haber sido culpable de corrupción en una etapa tardía de su reinado (véase 1 R. 12:1-4).

5:13-17 *Lo que el viento se llevó.* Salomón había visto a su pueblo perjudicado por inversiones arriesgadas que se habían torcido, lo que de natural confirmaba su convicción de la falta de sentido de la vida. ¡Jesús habla de una mejor clase de inversión que da un beneficio garantizado del cien por ciento! (Véase Mt. 6:19-21; 19:29).

5:18-20 *"¡Haz lo mejor de tu parte, y disfruta el resto!"* A la luz de la brevedad de la vida, dice Salomón, la mejor filosofía es trabajar duro, gozar de los frutos de este trabajo y no pensar demasiado acerca de la brevedad de la vida, sino dejar esas cosas a Dios (véase exposición sobre 9:9-12).

6:1-6 *La riqueza sin salud.* Otra de las desafortunadas ironías de la vida es que las personas a menudo se enriquecen solo cuando ya no tienen la capacidad física de gozar de sus riquezas (6:1-2). Asimismo, acerca de la persona rica en hijos pero que no los disfruta, más le habría valido no haber nacido (6:3-6).

6:7-9 *Pájaro en mano. . .* Los humanos trabajan para dar satisfacción a sus deseos, pero esos deseos nunca quedan satisfechos (6:7). Los más felices son los que se contentan con lo que tienen (6:9).

6:10-12 *¿Acaso el pasado determina el presente?* A la luz de la abrumadora soberanía de Dios (6:10; véase Job 9:32), Salomón parece algo fatalista acerca de la capacidad de los meros humanos para dirigir sus propias vidas. Sin embargo, su aparente fatalismo debería ser interpretado a la luz de su posterior aliento a sus lectores a ejercitar su voluntad (12:9-14).

LA VIDA EN UN MUNDO SIN SENTIDO (7:1—12:8)

Incluso si la vida carece de sentido, se debería vivir con sabiduría. Salomón intentaba fomentar esa sabiduría.

7:1-4 *¡Mejor un funeral que un festival!* La muerte de un amigo nos hace tomar inventario de nuestra propia vida y afrontar nuestra propia condición de mortales. Como alguien ha dicho: "Solo una vida, pronto pasará; Solo lo hecho para Cristo perdurará".

7:5-26 *Los frutos del necio y el camino del sabio.* Mucho del consejo de Salomón en 7—11 está en forma de proverbios:

- "Mejor es oír la reprensión del sabio que la canción de los necios" (7:5).
- La sabiduría es mejor que la riqueza (7:11-12).
- El sabio evita los extremos

(7:16-17).

- La sabiduría es mejor que el poder militar (7:19).
- El sabio evita la inmoralidad sexual (7:26).

7:27—8:1 *¿Uno en un millar?* Salomón había encontrado pocos que exhibieran la verdadera sabiduría (véase Pr. 20:9). Su aparente prejuicio contra las mujeres (7:28) debería ser ponderado a la luz de Proverbios 31:10-31 y del Cantar de los cantares. Los pocos sabios pueden ser identificados por la luz de sus rostros (8:1; véase Pr. 3:13-18; 4:18).

8:2-9 *¡Obedece al rey!* El sabio en este mundo imperfecto será obediente a la autoridad civil establecida, confiando en que Dios traerá por fin la justicia última (8:6; véase exposición sobre Pr. 24:21-22 y sobre Ro. 13:1-7). Esta sumisión tiene sentido a la luz de nuestra incapacidad para prever el futuro (8:7-8, véase Stg. 4:13-15).

8:10-17 *¿Qué si comete cien crímenes?* Aunque parece que los malvados quedan a menudo sin castigo en esta vida, su día del juicio vendrá de cierto (véase Hch. 17:31; Ap. 20:11-15). En lugar de intentar desentrañar esos misterios (8:16-17), uno debería sencillamente gozar de la vida y confiar en la providencia de Dios (8:15; véase 2:24; 3:12-13; 5:18; 9:7).

9:1-8 *"¡Mejor perro vivo que león muerto!"* Aunque la vida parezca injusta, y que los justos mueren tan rápidamente como los malvados (9:1-3), en último análisis la vida tiene unas enormes ventajas sobre la muerte. Solo los vivos pueden esperar, aspirar, planificar y gozar de las muchas compensaciones que la vida ofrece.

La declaración de Salomón de que "los muertos nada saben" (9:5) debe ser interpretada a la luz de su posterior declaración de que "el espíritu [vuelve] a Dios" (12:7). Para los cristianos que comprenden la vida a la luz de la resurrección de Cristo, las declaraciones del AT acerca de la vida más allá parecen a menudo inadecuadas. Sin embargo, los santos del AT no carecían de esperanza de vida más allá del sepulcro (véase exposición sobre Is. 26:1-19).

9:9-12 *"¡Disfruten! ¡Es más tarde de lo que piensan!"* Debido a que la vida puede acabar de manera tan inesperada (9:11-12), uno debería disfrutar de los placeres (9:9) y de la plenitud (9:10) que ofrecen (véase exposición sobre 5:18-20; Job 7:6-7; Sal. 102:3; 103:14-16; Stg. 4:13-15).

9:13-18 *La sabiduría, aunque buena, es a menudo olvidada.* Aunque la sabiduría es superior a la insensatez, pocos la aprecian, como se desprende del ejemplo de un sabio que salvó a su ciudad y que fue luego olvidado.

10:1-20 *¡A veces parece que nada funciona como es debido!* Este mundo imperfecto está lleno de peligros: El que hace un hoyo puede caer en él. El que derriba una pared puede ser mordido por una serpiente. Quien corta piedras puede ser aplastado por ellas. Y, como siempre, el insensato habla sin sentido (10:11-15) e incluso los que están en autoridad pueden no ser fiables (10:16-20). En un mundo así, es sabio ser cauto e incluso algo pesimista.

11:1-6 *Riesgos y beneficios.* La vida en un mundo imperfecto implica asumir riesgos e invertir generosamente (véase Lc. 6:38). La persona que espera a que haya condiciones perfectas nunca hace nada (11:4), pero la persona que avanza por fe (11:5) y que trabaja duro (11:6) recibirá gran recompensa.

11:7-10 *Goce ahora, pero juicio más adelante.* Al gozar la persona del fruto de su duro afán, debería recordar que la muerte y el juicio vendrán de cierto (véase He. 9:27).

12:1-8 *"Joven, prepárate para la vejez".* Salomón advierte a los jóvenes entre sus lectores para que se preparen para la vejez, cuando todos los goces de la juventud (véase 11:9) sean solo una memoria. La mejor manera de prepararse para este tiempo de dificultades es amar a Dios y vivir para Él ahora (12:1). Sin esta entrega de fe, la vida acabará como empezó, sin sentido ni propósito (12:8; véase 1:2).

EL NACIMIENTO DE UNA VIDA CON SENTIDO (12:9-14)

12:9-14 *En esencia: Témele y ámalo.* Después de haber afirmado de manera confiada la inspiración de su mensaje y de apremiar a sus lectores a que se las tomasen muy seriamente (12:9-12), Salomón recapitulaba lo que había aprendido de su empresa de búsqueda del significado de la vida. La única manera que se puede obtener el sentido de la vida es "Teme a Dios, y guarda sus mandamientos" (12:13; véase 3:14; 5:7; 8:12; Pr. 1:7; 9:10).

CANTAR DE LOS CANTARES

*—a. 971 a.C.
Salomón se casa con su primera esposa*

*—a. 950?
Salomón escribe el Cantar de los Cantares (¿antes de numerosas esposas?)*

*—931
Muerte de Salomón*

TRASFONDO

El Cantar de los cantares, llamado también el Cántico de Salomón, es una colección de poemas amorosos entre marido y mujer, con unas secciones ocasionales atribuidas a amigos o parientes que comparten en la felicidad de la pareja. Los pronombres personales en el texto original sugieren las identidades de los diversos oradores, y aunque difieren ocasionalmente, varias traducciones modernas dan unos encabezamientos que intentan identificar a los diversos participantes.

Los poemas describen el cortejo y boda de la pareja, aunque no está claro del todo en qué parte tiene lugar el casamiento (véase exposición sobre 4:16—5:1).

En una figura explícita pero también delicada y hermosa, Cantar de los cantares celebra tanto los aspectos emocional como físico del matrimonio.

AUTOR

Salomón (1:1). Aunque Salomón llegó por fin a tener mil esposas y concubinas (véase 1 R. 11:3), pudo haber escrito Cantares en la etapa temprana de su vida, antes de su pecaminosa poligamia.

Algunos eruditos han sugerido que 1:1—3:5 describe el verdadero amor de una muchacha, un pastor campesino, mientras que el resto del libro describe a Salomón que emplea su regia posición para seducir a la mujer apartándola del pastor. Pero la mayor parte de la reciente erudición ve a Salomón como el único protagonista masculino en todo el libro. Algunos han sugerido que quizá se había disfrazado como pastor para ver si la muchacha le iba a amar sin conocer su verdadera identidad como rey.

De los mil cinco cánticos que compuso Salomón (véase 1 R. 4:32), éste fue su "cantar de los cantares" (1:1), el mejor de todos.

FECHA Y LUGAR

Alrededor del 950 a.C., en Jerusalén.

PROPÓSITO

- *La vista retrospectiva:* Cantar de los cantares demuestra el amor que debería existir entre un marido y una mujer.
- *La vista anticipada:* Los cristianos a lo largo de los siglos han considerado el libro como ilustración del amor de Cristo por su esposa, la iglesia.

RASGOS SINGULARES

- El Cantar de los cantares es singular entre los libros de la Biblia por su examen íntimo del amor sexual.
- Es uno de los dos únicos libros de la Biblia que no mencionan el nombre de Dios (el otro es Ester).

COMPARACIÓN CON OTROS LIBROS DE LA BIBLIA

Proverbios:

- Ambos libros usan metáforas acuáticas para describir a mujeres (4:15; Pr. 5:15-18).
- Ambos libros usan el corzo o la cierva como ilustración de donaire (2:7, 9, 17; Pr. 5:19).
- El dinero no puede comprar ni el amor (8:7) ni la sabiduría (Pr. 3:13-15; 8:10-11).
- La voz del amor en Cantar de los cantares es similar a la voz de la profetisa (la Sabiduría) en Proverbios 8:1—9:12. Ambas voces atraen a las personas de manera poderosa.

Eclesiastés:

- En tanto que Eclesiastés describe la vana búsqueda de Salomón en pos de la felicidad, el Cantar de los cantares señala al menos una vez, quizá en la primera etapa de su reinado, cuando sí gozó de ella.

BOSQUEJO

ACTO PRIMERO: LA SERENATA DE UN PASTOR (1:1—3:5)
ACTO SEGUNDO: CASADA CON UN MONARCA (3:6—8:4)
CONCLUSIÓN: LA MARAVILLA DEL AMOR MATRIMONIAL (8:5-14)

ACTO PRIMERO: LA SERENATA DE UN PASTOR (1:1—3:5)

1:1—2:2 *"¡Tú iluminas mi vida!"* La protagonista de la historia, una sulamita (véase 6:13), describe gozosamente a su enamorado y el amor que ella siente por él (1:2-4, 7), y luego se describe a sí misma (1:5-6). Sus amigos, las "doncellas de Jerusalén" (véase 2:7), comparten su alegría (1:4).

La sulamita había sido obligada a trabajar en la viña de sus hermanos, pero había descuidado su propia viña, lo que significa que había sido incapaz de cuidar de sí misma de una manera adecuada (1:6).

La sulamita pregunta al pastor

dónde podría encontrarle (1:7); la invita a acudir a él, alaba su belleza (1:8), y se intercambian más palabras de mutua admiración (1:9—2:2).

La sulamita se describe a sí misma como la "rosa de Sarón" (2:1). Sarón era un páramo costero caracterizado por monte bajo y marismas. Pero en medio de esta fealdad había hermosas rosas. El pastor se muestra de acuerdo con esta metáfora de contrastes, y califica a la sulamita como "lirio entre los espinos" (2:2).

2:3-7 *Expresiones amorosas, públicas y privadas.* La sulamita recuerda las expresiones de amor del pastor tanto en público (2:4-5) como en privado (2:3, 6). Declara a sus amigos lo que vendrá a ser el tema dominante del libro: El amor no se puede comprar ni forzar, y no debería ser excitado de manera prematura (2:7; véase 3:5; 8:4, 6-7).

2:8-17 *"La voz de mi amado".* La sulamita recuerda las tiernas palabras del pastor, quizá una propuesta de matrimonio (2:8-13). El pastor responde con más palabras tiernas (2:14) y la sulamita le corresponde (2:16-17).

Esta interpretación sigue la asignación que hace la NIV (*New International Version*) de encabezamientos de sección; en el original hebreo, el orador en cada caso no está siempre claro. Debido a la referencia a los depredadores en la viña en 2:15, la versión NLT (*New Living Translation*) asigna este versículo a las doncellas de Jerusalén. La versión NKJV (*New King James Version*), en cambio, la asigna a los hermanos de la sulamita.

3:1-5 *Su misión de medianoche.* La sulamita sueña que ha perdido a su enamorado, pero después de buscarlo con diligencia, lo encuentra.

ACTO SEGUNDO: CASADA CON UN MONARCA (3:6—8:4)

3:6-11 *Acudiendo espléndidamente con sesenta soldados.* La esposa describe a Salomón en toda su regia majestad, acompañado de su guardia real personal, y que acude a Jerusalén para la boda de ellos.

4:1-15 *Su elogio: "Como palomas, cabras y ovejas".* Salomón elogia a su desposada, y expresa su amor por ella con símiles extraídos de la naturaleza y de la vida rural (comparar 6:4-10; 7:1-9).

4:16—5:1 *Su respuesta: "¡Ven a tu huerto!"* La esposa responde con similares imágenes verbales, invitando a Salomón a consumar su matrimonio. El matrimonio queda consumado, y sigue una gran celebración. (Algunos comentaristas consideran que la boda tiene lugar más adelante, entre 6:4—8:14.)

5:2-8 *Ella abre la puerta, pero él se ha ido.* La esposa de Salomón sueña que él llama a su puerta de noche y que luego desaparece. Después de intentar encontrarlo, pide a sus amigas que la ayuden en su búsqueda.

5:9—6:3 *"¿Por qué es él mejor que otros? ¡Me alegro de que lo preguntéis!"* Las amigas de la sulamita preguntan qué tenía Salomón de especial que ella quisiera encontrarlo con tanto deseo (5:9). Ella responde con hondos elogios que son la contrapartida del elogio que Salomón hace de ella (5:10-16; véase 4:1-15). Las amigas indagan más acerca del paradero de Salomón, y ella sugiere que lo busquen en su huerto (6:1-3).

6:4—7:9 *Su encuentro suscita más elogios.* Tras haberse reunido con ella, Salomón vuelve de nuevo a elogiar a su esposa (6:4-10); ella corresponde (6:11-12), y él reanuda sus expresiones admirativas (7:1-9).

7:10—8:4 *"Y ahora, ¡a la luna de miel!"* La sulamita le pide a Salomón que la lleve al "campo" y a las "viñas", donde ella le dará su amor. Le expresa su deseo de una más estrecha relación con él (8:1-3) pero reconoce una vez más que el amor no debe ser prematuramente excitado (8:4; véase 2:7; 3:5).

CONCLUSIÓN: LA MARAVILLA DEL AMOR MATRIMONIAL (8:5-14)

8:5-7 *Las muchas aguas no pueden apagarlo.* Al volver ella y Salomón de su luna de miel, la sulamita habla del poder del amor y de los celos que puede suscitar. El amor no puede ser comprado, no puede ser fácilmente apagado, y nunca debería ser tratado de manera trivial.

8:8-9 *"Pero, ¿qué hay de nuestra hermana pequeña?"* Los hermanos de la sulamita expresan preocupación por su hermana pequeña y prometen protegerla de inducciones sexuales prematuras, sea que demostrase ser casta o promiscua (Hebreo: "Si es un muro [esto es, reservada], edificaremos sobre ella almenas de plata; pero si es una puerta [esto es, excesivamente abierta], la guarneceremos con tablas de cedro").

8:10-14 *La viña de él, la viña de ella.* Aludiendo a la viña que Salomón realmente tenía, la sulamita declara que había guardado fielmente la viña de su cuerpo para Salomón solo, y de nuevo lo invita a que disfrute de ella (8:10-12). Salomón le pide que le cante, y ella responde (8:13-14).

INTRODUCCIÓN A LOS PROFETAS

El AT concluye con 17 libros proféticos que comienzan con Isaías. Dichos libros representan el ministerio de dieciséis hombres de Dios que advirtieron, exhortaron y alentaron a un Israel y a un Judá divididos en el problemático período de 400 años de su decadencia, caída, exilio y restauración:

Acontecimiento o persona(s)	*Fecha(s)*	*Registro histórico*
División de Israel y Judá	931 a.C.	1 Reyes 12
Elías y Eliseo (Principales profetas no escritores)	875-800	1 Reyes 17—2 Reyes 13
Los 16 profetas "escritores" (Isaías—Malaquías)	850-450	2 Reyes 8—Nehemías

El canon del AT divide los libros proféticos entre los cuatro profetas más extensos o "mayores" (incluyendo Lamentaciones), que van en orden cronológico, seguidos de los doce profetas "menores", cuya cronología es menos exacta. A continuación aparecen las fechas aproximadas del ministerio de cada profeta:

Abdías (850-840 a.C.)
Joel (835-796)
Jonás (790-760)
Amós (760-750)
Oseas (760-720)
Isaías (740-690)
Miqueas (740-690)
Caída del reino del norte (Israel) (722)
Nahum (630-612)
Sofonías (632-621)
Habacuc (612-605)
Jeremías (627-580)
Caída del reino del sur (Judá), exilio (586)
Lamentaciones (586)
Ezequiel (592-570)
Daniel (580-536)

Primer regreso de exiliados desde Babilonia (538)
Hageo (520)
Zacarías (520-480)
Segundo y tercer regreso desde Babilonia (457 y 445)
Malaquías (430)

La preocupación inmediata de los profetas era el presente y el "futuro cercano", las cuestiones religiosas, morales y políticas a que hacen frente sus coetáneos. Pero fueron inspirados por Dios para predecir también cosas tocantes al "futuro lejano": la venida de Jesús el Cristo, el Mesías, su provisión de salvación, y la instauración del reino eterno de Dios por parte de Él.

El énfasis dual en el futuro cercano y lejano, junto con el estilo a menudo poético de los profetas y su interés en los acontecimientos de sus propios tiempos, son factores que pueden hacer que la interpretación de sus escritos sea algo dificultosa para los lectores de un tiempo y cultura distintos.

ISAÍAS

TRASFONDO

Cuando Isaías comenzó su ministerio alrededor del 740 a.C., Israel estaba en un punto crítico en su historia. Asiria, su amenazador vecino al noreste, estaba bien encaminado para llegar a ser una fuerza dominante en el antiguo Medio Oriente. Tanto el reino del norte como el del sur se sentían tentados a forjar alianzas políticas bien a favor de Asiria, bien en contra. Mientras, tanto Israel como Judá estaban cosechando las devastadoras consecuencias de la contemporización religiosa y moral. Dios encargó a Isaías que llamase a Israel y a Judá a que se arrepintiesen de sus pecados e incredulidad y a confiar solo en Él tanto para la salvación personal como para la liberación nacional. En 12:2 se resume este tema general: "He aquí Dios es salvación mía; me aseguraré y no temeré".

En 1—35 Isaías se dirige a una nación que está madura para el juicio de Dios, juicio que iba a caer en el 722 (durante el ministerio de Isaías) para el reino del norte, y en el 586 (cien años después de la época de Isaías) para el reino del sur. Aseguró a ambos reinos que aunque el juicio vendría con toda certeza, Dios libraría al "remanente" fiel de su pueblo (véase exposición sobre 10:20-23). Luego, al final de la historia, haría de un Israel reunido el centro de un mundo redimido donde todas las naciones vivirían juntas y en paz. En 1—35 se incluyen varias insinuaciones de un Mesías que un día ofrecería salvación a Israel y a todo el mundo.

En 36—39, Isaías cita el ejemplo coetáneo del rey Ezequías, que confió en Dios y que experimentó la milagrosa liberación de su reino del embate de Asiria en el 701.

En 40—66 Isaías cambia la perspectiva a después de la caída, hablando palabras de consolación y de esperanza a los judíos que serían deportados a Babilonia. Predijo su regreso del exilio y reveló más plenamente al venidero Mesías, a quien ahora presentaba como el escogido "Siervo" de Jehová. Este Siervo asumiría la misión fallida del otro "siervo" de Jehová, la nación de Israel (véase exposición sobre 41:1-20).

—931 a.C.
División del reino, Israel, Judá

—874
Acab, Elías

—740
Isaías comienza su ministerio

—722
Caída de Israel

—701
El ángel de la muerte azota a los asirios

—690
Isaías concluye su ministerio

—627
Jeremías comienza su ministerio

—586
Caída de Judá

El término *Mesías* no aparece en Isaías. Mesías significa "ungido" y se refiere a la esperanza de Israel de un sucesor eterno del rey David que libraría a su nación de una vez para siempre. Por ello, aunque el término como tal no aparece en Isaías, el concepto que expresa llena todo el libro (véase exposición sobre los siguientes pasajes: 4:2-6; 9:1-7; 11:1—12:6). *Cristo* Es el término griego equivalente a Mesías.

En sus profecías tocantes a la culminación de la historia humana y a la restauración de Israel, Isaías introduce muchos temas repetidos en posteriores libros de la Biblia, especialmente en Apocalipsis:

- La culminación de la historia comenzará con el "día de Jehová", un tiempo de sufrimiento y juicios a escala mundial sobre todos los enemigos de Dios (véase 13:9-13; exposición sobre 2:5—4:1 y sobre 24:1-23). Comúnmente designado como la tribulación, este período de tiempo se describe de manera detallada en Apocalipsis 6—19. (Véase *La gran tribulación*, p. 417, y la exposición de los siguientes pasajes: Dn. 9:20-27; Jl. 2:28-32; Mt. 24; 1 Ts. 5:1-11; 2 Ts. 1:1—2:12; 2 P. 3:8-13.)
- Al final de la tribulación, Cristo regresará a la tierra y derrotará a sus enemigos en Armagedón (34; 63—64; véase Ap. 14:14-20; 16:13-16; 19:11-21).
- Después de su victoria sobre todos sus enemigos, Cristo recogerá el fiel remanente de Israel, juzgará a todos los israelitas incrédulos e introducirá el "milenio", su reinado de mil años como el último rey davídico, cuando creyentes de todas las naciones acudirán a Jerusalén y vivirán juntos en paz (véase Ap. 20:1-6 y *El milenio*, p. 417). Isaías da varias descripciones del milenio, incluyendo:
  - 11:1-9
  - 29:17-24
  - 30:18-33
  - 32:1-20
  - 35:1-10
  - 54:1-8
  - 60—62
  - 65:17-25
  - 66:5-13
- Isaías da también un atisbo de los "nuevos cielos y nueva tierra" que seguirán al milenio (65:17; 66:22; véase 2 P. 3:13; Ap. 21:1—22:5).

AUTOR

El profeta Isaías. Comúnmente reconocido como el "Príncipe de los Profetas" debido a su exquisito estilo literario, Isaías ha sido llamado también el "San Pablo del Antiguo Testamento" por su metódica presentación del problema del pecado de la humanidad y la respuesta salvadora de Dios. Isaías pudiera haber estado relacionado con la familia real de Judá.

Debido al cambio de talante y de destinatarios entre 1—39 y 40—66, algunos han sugerido distintos autores para ambas secciones. Pero hay fuertes evidencias que señalan a un solo autor:

- La comprensión de sentido común de la declaración de paternidad literaria (1:1) es que se aplica a todos los 66 capítulos.

- En ambas secciones aparece el mismo estilo, vocabulario y figuras de dicción.
- Los escritores del NT atribuyen ambas secciones a Isaías (véase Jn. 12:37-41; Mt. 3:3; 4:14-16; Ro. 9:27-29; 10:16).
- Uno de los Rollos del Mar Muerto incluye el texto íntegro de Isaías, sin interrupción entre los capítulos 39 y 40 (véase *Los rollos del Mar Muerto,* p. 979).

FECHA Y LUGAR

Isaías profetizó desde el 740 a.C., el año de la muerte del rey Uzías (6:1), hasta alrededor del 690, durante el reinado de Ezequías. Las visiones que registró cubren mucho del período de tiempo y no siempre se dan en orden cronológico. Por ejemplo, aunque es de suponer que su llamamiento precedió a todas sus visiones, Isaías no lo registró hasta el capítulo 6. Su ministerio se desarrolló probablemente en su mayor parte en Jerusalén.

PROPÓSITO

- Véase *trasfondo.*
- Advertir acerca del peligro de alianzas con las naciones paganas y contra el culto a sus dioses.
- Advertir de juicio, alentar al arrepentimiento, y prometer perdón y restauración.
- Enseñar acerca de los atributos de Dios (véase *Isaías y los atributos de Dios,* p. 416).
- Predecir la venida del Mesías.

RASGOS SINGULARES

- En 52:13—53:12 tenemos la más clara presentación del evangelio en el AT.
- Isaías es un tesoro de información acerca de los atributos de Dios (Dios (véase *Isaías y los atributos de Dios,* p. 416).
- Isaías es el libro del AT citado con mayor frecuencia en el NT. (Salmos es el segundo más citado. Ambos se citan dos veces más que Génesis y Éxodo, sus más cercanos competidores.) Isaías y Salmos dan la mayor parte de las profecías del AT con detalles de la crucifixión de Cristo. Isaías da la única profecía del AT de su nacimiento virginal (7:14).
- De las 33 veces que aparece en los profetas la palabra *salvación,* 26 veces aparece en Isaías.

COMPARACIÓN CON OTROS LIBROS DE LA BIBLIA

Toda la Biblia:

- Isaías tiene 66 capítulos; la Biblia tiene 66 libros. Las dos principales secciones de Isaías, con 39 capítulos en la primera, y 27 capítulos en la segunda, constituyen un espejo de las dos secciones de la Biblia, con 39 y 27 libros. La primera sección de Isaías cubre la historia de Israel y de su pecaminosidad, como lo hace el AT; la segunda sección de Isaías cubre la persona y el ministerio del Mesías, como lo hace el NT.
- Tanto Isaías como la Biblia terminan con descripciones de los nuevos cielos y de la nueva tierra (véase 65:17; 66:22; Ap. 21:1—22:5).

Todos los otros profetas del AT:

- Prácticamente cada profeta después de Isaías cita de sus profecías o se relaciona con ellas, aunque ninguno de ellos lo mencione expresamente por su nombre (véase especialmente Miqueas, Nahum, Habacuc, Sofonías, Zacarías, Oseas).

BOSQUEJO

JUICIO SOBRE EL INFIEL SIERVO DE DIOS (1—39)
- La queja de Dios contra Judá (1)
- La caída y restauración de Judá (2—4)
- Juicio sobre la viña de Dios (5)
- Llamamiento profético de Isaías (6)
- Destrucción a manos de Asiria; salvación por el Mesías (7:1—9:7)
- Juicio sobre el reino del norte (9:8—10:4)
- Destrucción de Asiria; salvación por el Mesías (10:5—12:6)
- Juicios sobre otras naciones: Ejemplos para Israel (13—23)
  - Babilonia (13:1—14:23)
  - Asiria (14:24-27)
  - Filistea (14:28-32)
  - Moab (15—16)
  - Damasco (17)
  - Etiopía (18)
  - Egipto (19)
  - Egipto y Etiopía (20)
  - Babilonia (21:1-10)
  - Edom y Arabia (21:11-17)
  - Jerusalén (22)
  - Tiro y Sidón (23)
- Juicio universal (24—27)
  - El triunfo final de Dios sobre el mal (24—25)
  - Su exaltación final de Israel (26—27)
- Juicio y restauración de Israel (28—33)
  - Pecado, juicio y restauración (28—29)
  - La elección: Egipto o el Señor (30—31)
  - El reinado de Dios sobre un Israel restaurado (32—33)
- Juicio universal (34—35)
  - Edom como ejemplo de juicio (34)
  - Los redimidos se regocijarán (35)
- Liberación de Ezequías: Un ejemplo para Israel (36—39)
  - Asedio (36)
  - Salvación (37)
  - Enfermedad y sanidad (38)
  - Estupidez (39)

CONSOLACIÓN DE PARTE DEL SIERVO FIEL DE DIOS (40—66)
- Predicciones de paz (40—48)
  - Después de juzgar, Dios consolará a su pueblo (40)
  - Dios liberará a su pueblo (41)

JUICIO SOBRE EL INFIEL SIERVO DE DIOS (1—39)

1:1-20 *Más torpes que asnos, pecadores como Sodoma, pero maduros para el arrepentimiento.* La primera parte de la profecía de Isaías (1—12) se dirigió al reino meridional de Judá. Eran como niños rebeldes, y una disciplina adicional parecía inútil (1:5). Parecían preocuparse menos por su Dios que un buey por su amo (1:3). Creían que la mera observancia de las leyes ceremoniales aplacaría a Dios (1:10-15), cuando deberían haberse dado cuenta de que Dios estaba más interesado en la moralidad y en la justicia (1:16-17; véase 58). Eran tan culpables delante de Dios como Sodoma y Gomorra (1:9-10), pero, si se arrepentían, Dios estaba dispuesto a perdonarlos (1:18-20). Acerca de los pocos que fueron dejados (1:9), también designados como el "remanente" (10:21), véase exposición sobre 10:20-23.

1:21-31 *"La ciudad fiel es una mujer infiel".* Isaías se lamenta por Jerusalén, que había degenerado de ser una capital religiosa a ser una capital de pecado e injusticia (1:21-23). Pero Dios tenía la intención de purificar su ciudad santa y de restaurar su anterior pureza (1:24-31).

2:1-4 *Aprendiendo a adorar en lugar de guerrear.* Isaías anticipa un tiempo en el que todas las personas de la tierra estarán en paz y acudirán a Jerusalén a adorar al Dios de Israel y a guardar su ley; un tiempo comúnmente conocido como el milenio, el reinado de mil años de Cristo (véase *Trasfondo,* más arriba; y *El milenio,* p. 417).

En el milenio, la adoración tendrá lugar en la "casa del Dios de Jacob" (2:3). Ezequiel 40—48 describe este restaurado templo (véase *Datos acerca del templo milenario,* p. 464).

El pasaje de 2:4 está inscrito en el fundamento de la central de las Naciones

Unidas en Nueva York. Pero solo se hará realidad en el milenio (véase 65:25). Hasta aquel día existirá la situación contraria predicha por Joel 3:9-10 (véase Mi. 4:3).

2:5—4:1 *Cuando la gente se arrastra y se agacha en cuevas.* Debido a que los israelitas eran todavía tan corrompidos (2:6-9), el milenio predicho en 2:1-4 se pospondría hasta después del terrible "día de Jehová" (véase 13:9), cuando Dios "sacudirá la tierra" en juicio (2:21; véase exposición sobre 24:1-23 y 64:1-12; Jl. 3:16; Hag. 2:6, 21; He. 12:26-27).

El "día de Jehová" en las Escrituras se refiere a la intervención sobrenatural de Dios en la historia humana, generalmente haciendo referencia a acontecimientos que tendrán lugar al final de los tiempos. Con mayor frecuencia, se relaciona con la "tribulación" que precederá a la segunda venida de Cristo (véase *Trasfondo;* 13:6, 9; exposición sobre Dn. 9:20-27; Jl. 2:1, 11, 31; Am. 5:18; Sof. 1:7-8, 14, 18; 2 P. 3:10; Ap. 6—19). Algunas veces, como en Amós 9:11, tiene a la vista la restauración de Israel que seguirá a la tribulación. En Amós 9:11 y otros pasajes se designa sencillamente como "aquel día". El NT habla de "aquel día cuando Cristo Jesús volverá" (véase exposición sobre Fil. 1:1-6).

En 3:1—4:1 se nos ofrecen más detalles acerca de la venidera tribulación. Es una imagen de caos político y social, donde los hijos toman el lugar de dirigentes (3:4), cuando hay mucha pobreza y sufrimiento (3:6-7) y cuando la guerra destruye a tantos hombres que las mujeres aceptan bien dispuestas la poligamia para conseguir seguridad (4:1).

4:2-6 *Liberados del fuego, defendidos por la nube y el fuego.* Después del juicio devastador en el que Dios "lavará la suciedad moral de Jerusalén" (cp. 4:4), los que sobrevivan a la destrucción de Jerusalén (4:3) gozarán de un tiempo de paz y prosperidad (4:2). Serán protegidos por el Señor de la misma manera en que protegió a Israel durante sus peregrinaciones por el desierto (4:5-6).

El "renuevo" es el Mesías, que surgirá del "tronco" de Isaí (11:1) y que traerá nueva vida a Israel (véase Jer. 23:5; 33:15; Zac. 3:8; 6:12). Él es la prometida "simiente" o "descendiente" de David (el hijo de Isaí), cuyo reino permanecerá "para siempre" (véase 2 S. 7:12-13). (Véase exposición sobre 11:1—12:6.)

5:1-23 *El fruto de su viña: Nada sino maldad.* Judá había llegado a ser como una viña que da fruto defectuoso; por ello, Dios la iba a destruir (5:1-7). Destruiría a los terratenientes ricos pero egoístas (5:8-10), a los impíos hedonistas (5:11-19, 22), a los orgullosos (5:21; véase Pr. 3:7), y a los que fomentan la injusticia (5:20, 23).

El apropiado conocimiento de Dios (5:13) incluye tanto el conocimiento teórico como el experimental. Uno puede "conocer" como llegar a una ciudad cuando recibe instrucciones, o por haber estado allí muchas veces. Es en este último sentido que Judá no conocía a Dios: No tenía una relación personal con Él.

La gente era tan malvada que el Seol, el lugar de los muertos (véase exposición sobre Sal. 9) se estaba ya "relamiendo por anticipado" pensando en ellos (cp. 5:14).

5:24-30 *"Atención, mensaje a todas las naciones: ¡De ustedes son, solo tienen que apoderarse de ellos!"* Debido al mal fruto de esta viña de Judá, Dios iba a permitir que cualquier nación conquistase Judá a voluntad. Y cuando Dios diera esta invitación, los enemigos de Judá serían prestos en responder y rápidos en conquistar (5:26-30).

6:1-7 *Mientras ellos cantan "Santo", Él clama: "¡Inmundo!"* Isaías describe su llamamiento como profeta, lo que tuvo lugar en el último año del rey Uzías de Judá. Su llamamiento tuvo lugar durante una visión en la que vio al Señor (v. 1), una experiencia compartida por pocos otros humanos (ejemplos del AT: Moisés en Éx. 33:18-23; Ezequiel en Ez. 1 y Daniel en Dn. 7:9-14). Mientras contemplaba a los ángeles adorando en el cielo, Isaías se sintió abrumado ante su propia pecaminosidad (véase exposición sobre Gn. 17:1-8 y sobre Jn. 1:15-18).

En hebreo, una triple mención puede indicar un superlativo: lo mejor en el continuo de bueno-mejor-óptimo. Así, "santo, santo, santo" (6:3) significa sencillamente: "el santísimo".

6:8-13 *Oye la voz y se presenta voluntariamente.* Dios expresa su deseo de un mensajero profético, e Isaías se presenta voluntariamente en el acto. Dios le advierte que el pueblo de Judá será insensible a su mensaje y que la mayor parte de ellos morirán en sus pecados, quedando solo un "tocón" para ser como "simiente" para nueva vida (6:13, RVR77; véase exposición sobre 10:20-23).

7:1-9 *"¡Estos dos fracasados van a recibir su merecido!"* Siria y el reino del norte de Israel habían concertado una alianza contra Asiria, al norte y este de Aram. Cuando pidieron al rey Acaz de Judá (735-715 a.C.) que se uniera a ellos, él rehusó y ellos le atacaron (7:1-2; véase exposición sobre 2 R. 16). Dios envió a Isaías y a su hijo Sear-jasub para asegurar a Acaz que Dios mismo derrotaría a los reyes de Siria e Israel, a los que trató menospreciativamente como "dos cabos de tizón que humean" (7:4).

Sear-jasub significa literalmente "un remanente volverá", nombre evidentemente pensado para alentar al rey Acaz (véase exposición sobre 10:20-23). Isaías tendría pronto otro hijo con un nombre simbólico (véase 8:1-4).

7:10-16 *¡La señal inmediata es rechazada, se revela la señal final!* Dios invitó a Acaz a que le pusiera a prueba pidiéndole una señal, pero Acaz rehusó. Pretendió rehusar por humildad, pero la verdad es que le dominaba la incredulidad (7:10-13). Isaías predijo entonces que "la virgen concebirá y dará a luz un hijo, y llamará su nombre Emanuel [Dios con nosotros]" (7:14), y que, antes que el niño fuera suficientemente mayor para "desechar lo malo y escoger lo bueno . . . la tierra de los dos reyes que tú temes será abandonada" (7:15-16).

Esta profecía iba a tener un doble cumplimiento:

- La esposa de Isaías tendría pronto otro hijo, y antes que llegase a una cierta edad (comparar 7:16 y 8:4), tanto Siria como el reino del norte de Israel habrían caído en manos de Asiria (véase 2 R. 17:6).
- La profecía se cumplió en último término en el nacimiento virginal de Cristo (véase Mt. 1:22-23). La palabra hebrea *almah* (que puede significar también "joven doncella") es traducida en este pasaje en la Septuaginta griega como *parthenos* ("virgen"). (El término *parthenos* también se traduce "virgen" en Mt. 1:23).

7:17-25 *"¡Luego se revolverán contra ti!"* Tras rehusar la ayuda de Dios contra Siria e Israel, Acaz concertó una alianza con Asiria contra estas dos naciones (véase 2 R. 16:7-9). Ahora Isaías advirtió que cuando Asiria hubiera vencido a Siria y al reino del norte (en el 722 a.C.), esta nación a la que Acaz se había confiado también atacaría a Judá (lo que de hecho hicieron en el 701).

El afeitado de la cabeza y de las barbas por parte de sus enemigos (7:20) era considerado una vergüenza, y solo se hacía voluntariamente como señal de profundo duelo (véase 15:2).

8:1-4 *¿Por qué un nombre tan largo?*

Isaías tuvo un hijo (véase 7:14), y le puso por nombre Maher-salal-hasbaz, lo que significa "El despojo se apresura, la presa se precipita". Su mismo nombre predecía la caída del reino del norte; éste cayó en el 722 a.C., justo 13 años después que Acaz viniese a ser rey y, como se había predicho, antes que el hijo llegase a la edad de la responsabilidad (véase exposición sobre 7:10-16). Este nombre serviría también de advertencia para Judá (véase 7:17).

8:5-10 *¡Si no es la corriente de Siloé, entonces la crecida del Éufrates!* Debido a que Judá había rechazado a Dios (Hebreo: "las aguas de Siloé, que corren mansamente") y había escogido más bien confiar en dirigentes humanos, Dios traería sobre él la ira de Asiria, "aguas de ríos, impetuosas y muchas, esto es, al rey de Asiria con todo su poder" (8:7-8).

Siloé era probablemente el suministro de aguas de Jerusalén. La imagen pudiera habérsele ocurrido a Isaías al encontrarse con el rey Acaz "al extremo del acueducto" (7:3). Entre aquellos que se "regocijaban" con los dirigentes de Israel y de Siria se encontraban probablemente israelitas del norte y sureños rebeldes.

8:11-22 *La disyuntiva: Temerlos, o temer a Dios y confiar en Él.* Al encontrarse con los difíciles días que les esperaban, el pueblo de Judá debía honrar y temer a Dios y confiar en Él (8:13, 17) y no temer a dirigentes humanos (8:12). Debían atender a la ley (8:16, 20) en lugar de buscar a "encantadores y adivinos" para saber qué hacer (8:19). Si confiaban en Dios, Él los guardaría (8:14). Si no confiaban en Él, aquel que habría sido su "Roca" (véase exposición sobre 1 S. 2:1-10) se les volvería en "piedra para tropezar" (8:14; véase Jer. 6:21; Lc. 2:34; Ro. 9:33; 1 P. 2:8).

Siempre que la gente comenzase a dudar de las predicciones de Dios acerca de los problemas que se les avecinarían y de la esperanza que debían seguir, los nombres de los dos hijos de Isaías estarían allí como señales para ellos (8:18).

9:1-7 *La luz de Dios en la tierra de oscuridad.* La devastación de Israel por parte de Asiria daría paso finalmente a una era de paz universal. En realidad, la región misma de Israel adonde los ejércitos de Asiria trajeron primero oscuridad y muerte (9:1) sería la primera en experimentar este nuevo día (9:2). Como lo revela el NT, este nuevo día de esperanza sería el advenimiento de Cristo, el Mesías, el prometido Hijo (9:6-7; véase Mt. 28:18; Lc. 1:32-33; 2:11).

En 9:7 se reafirma la promesa de Dios a David en 2 S. 7:13 (véase exposición sobre 1:1—12:6; véase también 7:14).

Como Mateo observa en su evangelio, la región de Israel a la que se hace referencia en 9:1 fue ciertamente la primera en regocijarse en la luz (9:2) introducida por la predicación de Cristo (véase Mt. 4:12-16).

En 9:6 se dan varios nombres para el Hijo prometido:

- "Admirable Consejero" (véase 28:29; Ro. 11:34)
- "Dios Fuerte", "Padre Eterno" (véase Jn. 1:1-3)
- "Príncipe de Paz" (véase Lc. 2:14; Jn. 14:27; Hch. 10:36; Ro. 5:1-10; Ef. 2:14-18; He. 7:2)

9:8—10:4 *No hay castigo suficiente para este pueblo lleno de soberbia.* Debido a que había rechazado a Dios de una manera tan total (véase exposición sobre 2 R. 17:5-23), había fomentado la injusticia (10:1-4) y lleno de soberbia había rehusado arrepentirse a pesar de su disciplina (9:9-10), Dios iba a destruir totalmente el reino del norte de Israel. Un refrán lleno de presagios declaraba que ninguna cantidad de castigo podría dar satisfacción a su ira, porque "todavía su mano está extendida" (9:12, 17, 21; 10:4). El juicio sobre los pecadores (9:8—10:4) contrasta de forma marcada con la esperanza de los justos (9:1-7).

10:5-19 *¡Muerte al soberbio destructor!* Los asirios fueron empleados por Dios para destruir al reino del norte en el 722 a.C., y ellos se jactaban de que pronto destruirían Jerusalén también (10:9-11). Pero Dios tenía otros planes: Él destruiría Asiria porque en su orgullo (10:12-15) irían más allá de su misión contra Israel (10:5-11).
Asiria iba de hecho a sufrir una asombrosa derrota cuando emprendió campaña contra Jerusalén en el 701 (véase 37:36-38). Luego, en el 612, Nínive, su capital, cayó en manos de Babilonia, y en el 605 sufrió una derrota definitiva ante Babilonia en la Batalla de Carquemis (véase 33:1). Babilonia sería empleada por Dios para llevar a Judá a la cautividad en el 586. Luego, mientras las ruedas de la justicia divina seguían girando, Babilonia misma sería derrotada por el rey persa Ciro en el 539, como había sido predicho por Isaías (véase 45:1 y exposición sobre 13:1-22) y Habacuc (Hab. 2:5-17).

10:20-30 *El remanente redimido que vuelve.* Cuando Israel fuese juzgado, un "remanente" de israelitas sería preservado y volvería a Dios. La Biblia se refiere a menudo a este remanente: israelitas que o bien se han mantenido fieles a Dios o que han sobrevivido una derrota nacional (véase 1:9; 6:13; 11:11; 2 Cr. 30:6; Jer. 40:11, 15; Sof. 3:13; Zac. 8:6; Ro. 9:27; 11:5).

10:24-34 *Talados de un golpe, como un gran abeto.* Así como había derrotado a los enemigos de Israel en los tiempos pasados (10:24-27), el Señor derrotaría a los asirios una vez hubieran servido a sus propósitos contra Israel. La orgullosa y poderosa Asiria sería cortada con tanta facilidad como uno tala un gran árbol (10:33-34). La altura (10:33) es a menudo símbolo de orgullo en la Biblia (véase 14:13-14).

11:1—12:6 *El tocón, el Renuevo y el glorioso fruto.* Prosiguiendo con las imágenes arbóreas de 10:33-34, Isaías predijo que el tocón que quedaría de Judá produciría un "vástago" (véase 4:3; 6:13, RVR77; 53:2), que las referencias del NT confirman que se trata de Cristo (véase Ap. 5:5). Isaías observa también que "reposará el Espíritu de Jehová" sobre este vástago, una predicción que se cumplió durante el bautismo de Cristo (11:2; véase Jn. 1:32).

Cristo introducirá un milenio de paz y de justicia en el que compartirán toda la naturaleza además de todos los humanos (11:1-9; véase 29:17-24; 30:18-33; 32; 35; 65:17-25; Ro. 8:18-22; Ap. 20:1-6). Durante el milenio, Dios recogerá una vez más al fiel remanente de Israel en su patria (11:11-12). Las doce tribus estarán en paz entre sí (11:13) y serán como bandera de salvación para todos los pueblos (véase 11:10-12), llamándolos a la adoración del único y verdadero Dios (12). El milenio, y los "nuevos cielos y nueva tierra" que seguirán (véase exposición sobre 65:17—66:24), serán el cumplimiento de la promesa de Dios a David de que uno de sus descendientes regios reinará para siempre (véase 9:7; 2 S. 7:13).

En 12:2 tenemos un versículo temático para mucha parte de Isaías: Confía en Dios para la salvación, no en alianzas extranjeras. Se hace eco de otros dos grandes versículos de la fe: Génesis 15:6 y Hebreos 11:6.

13:1-22 *Babilonia: De maravilla a desolación.* Como advertencia a Israel, Isaías emite una serie de profecías contra unas naciones en concreto (13—23). Si Dios iba a someter a juicio a esas naciones paganas, ¿cuánta más severidad no emplearía con su propio pueblo, que había recibido una revelación especial? (véase Ro. 2:12-24).

Isaías comenzó con una profecía acerca de Babilonia (véase también 21:1-10), que después de conquistar a Judá sería ella misma destruida por Persia (uno de los países "de lejana tierra", 13:5). Ésta, la más grande de las ciudades de su tiempo, se convertiría en un desierto (13:19-22).

En 13:9-13 parece que se mira más lejos al futuro, a los tiempos del fin cuando Dios "hará estremecer" los cielos y la tierra (véase exposición sobre los siguientes pasajes: 2:5—4:1; 24:1-23; 64:1-12).

14:1-23 *La caída de un rey y de un ángel.* Cuando los israelitas fuesen liberados de su esclavitud y volvieran a su patria, se gloriarían sobre la caída de su opresora Babilonia (14:1-4). Muchos eruditos ven en el "escarnio" de Israel (14:4-23) una referencia tanto a la caída humillante del rey de Babilonia como a la caída de Satanás del cielo. Este punto de vista gana crédito por el pasaje similar que aparece en Ezequiel 28:11-19, que también parece describir un ser angélico que por su orgullo fue echado del cielo (véase también Lc. 10:18). Tanto si lo que se tiene a la vista es la caída de Satanás como si no, habría al menos influido en la caída *del rey;* y las fatales declaraciones de 14:13-14 son características de los esfuerzos de Satanás de fomentar el culto a sí mismo (véase Gn. 3:1-5).

14:24-27 *Asiria: Calamidad antes de su derrota definitiva.* Aunque Asiria iba finalmente a caer en manos de Babilonia en el 605 a.C., esta profecía se refiere a su derrota sobre los "montes" (14:25) de Israel en el 701, cuando el "ángel de Jehová" mató a 185.000 de sus hombres (véase 37:36-38; 2 R. 19).

14:28-32 *Filistea: "¡No te alegres! ¡Su hijo será peor!"* Isaías advirtió a los filisteos para que no se regocijasen en la muerte del rey Salmanasar de Asiria, porque su hijo sería peor que él. Dios tenía la intención de destruir Filistea mientras su propio pueblo habitaba seguro (14:30, 32). El hecho de que el rey Acaz muriese en el año de su profecía (14:28) fue una mera coincidencia; no se trata del rey al que se hace referencia en 14:29.

15:1—16:14 *Moab: Invasión, soberbia y caída.* Moab, vecina de Israel, sería invadida, y su gente vendrían a ser refugiados (15:5-7). A pesar de su compasión, Dios traería sufrimientos adicionales a esos desesperados refugiados (15:9). Israel les ofrecería asilo (16:3-5), pero por su orgullo rehusarían el ofrecimiento y caerían de manera definitiva (16:6-14).

Los moabitas tenían estrechos lazos con los israelitas (véase Gn. 19:31-38; Rt. 4:10, 18-22) pero siempre se habían opuesto a ellos, tanto en lo espiritual como en lo político (véase Nm. 25; Jue. 3:12-14; 1 S. 14:47; 2 S. 8:2, 11-12; 2 R. 3). Quizá en parte debido a esos vínculos familiares, Isaías lloró sobre su suerte (15:5; 16:7, 9, 11).

El Señor declaró que el día de pedirle cuentas a Moab vendría dentro de tres años (16:14). Llegó justo en el momento predicho, con una invasión de parte de Asiria en el 732 a.C.

17:1-14 *Damasco e Israel: Socios en el crimen, socios en el castigo.* El reino del norte de Israel (designado en algunas traducciones como "Efraín") y Damasco, la capital de Siria, habían sido aliados contra Judá. Por esta causa sufrirían juntos (17:1-3). Ambos reinos serían asediados y sus poblaciones llevadas al exilio por Asiria (véase 2 R. 15:29; 17:6). Israel había sido señalada para un reproche especial, por cuanto habían abandonado a su Roca (17:10; véase exposición sobre 1 S. 2:1-10). Luego la misma Asiria sería juzgada (17:12-14; véase exposición sobre 10:5-19).

18:1-7 *Etiopía: "Traerás presentes entonces, pero no ahora".* Etiopía había enviado embajadores a Judá (18:1-2), tratando de concertar una alianza con ellos contra Asiria. Pero Isaías los envió de vuelta (18:2), asegurándoles que Dios trataría con Asiria a su propio tiempo (18:4-6) de una manera tan dramática que todo el mundo prestaría atención (18:3). Luego, durante el milenio, Etiopía, como el resto del mundo, *traerá* presentes al Señor en Jerusalén (18:7).

19:1-25 *Egipto: Su agua y sabiduría desaparecerá.* Debido a su idolatría y hechicería (19:1, 3), Egipto vería fallar a sus dirigentes, sabios por lo general (19:3), lo que conduciría a una lucha civil (19:2). Sufrirían invasiones extranjeras (19:4) y una calamidad natural catastrófica al secarse el Nilo (19:5-15). Hasta la pequeña Judá sería una amenaza para el humillado Egipto (19:16-17).

Durante el milenio, después que Dios haya disciplinado a Egipto, Él lo sanará en su gracia (19:18-25). Egipto y Asiria (el actual Irak) estarán unidos por "una calzada" que permitirá a ambas naciones viajar libremente a Jerusalén para adorar a Dios (19:23-25). Todo a lo largo de la antigüedad, Egipto y Asiria (la antigua Mesopotamia) fueron enemigos naturales; su allegamiento juntos será el equivalente al lobo y el cordero viviendo en armonía (véase 11:6)

20:1-6 *Egipto, Etiopía e Isaías: Desnudos en público.* A pesar de su esperanza de restauración (véase 18:7; 19:23-25), por el momento tanto Etiopía como Egipto tendrían que hacer frente a la humillación del juicio de Dios, tal como Isaías se lo había presentado. Asiria controló temporalmente Egipto en el 663 a.C.

21:1-10 *Babilonia: Caída y quebrantada.* En 150 a 200 años, predijo Isaías, caería Babilonia en manos de Persia ("elamitas", 21:2); en el 539 a.C. ocurrió exactamente. Sin embargo, aunque se regocijaba en su caída (21:9), el horror de todo aquello le hizo enfermar (21:3; véase también 13:1—14:23).

21:11-17 *No habrá libertad para Edom ni Arabia.* Mientras que llegaba el amanecer de la victoria para Asiria, la noche de la derrota (21:12) se avecinaba tanto para Edom (Seir) como para Arabia, naciones ambas que en vano intentarían detener a Asiria (véase 34:5-17).

22:1-14 *Jerusalén: Dolor para la ciudad en fiestas.* Mientras Jerusalén celebraba su rescate por parte del ángel de la muerte en el 701 a.C. (véase 37:36-38; 2 R. 19), Isaías recordó este apurado escape con tristeza, porque el pueblo había exhibido presunción (22:8-11) y fatalismo hedonista (22:13) en lugar de arrepentimiento (22:12) y confianza en Dios (22:11). Isaías predijo juicio por esta impiedad (22:14).

Aunque Jeremías es designado como el profeta plañidero, Isaías también lloró, tanto por Israel como por otras naciones (22:4; véase 15:5; 16:7, 9, 11).

22:15-25 *Un orgulloso político y uno bueno que se malea.* Isaías condenó a Sebna, un orgulloso funcionario público, y predijo que sería reemplazado por Eliaquim (22:19-20); véase 36:3 para su aparente cumplimiento). Eliaquim sería como un padre para el pueblo (22:20-23), hasta que él fuese también juzgado (22:22-25). La clase de autoridad que sería dada temporalmente a Eliaquim sería ejercida con justicia y perdurablemente por Cristo (22:22; véase exposición sobre Ap. 3:7-13).

23:1-18 *Tiro y Sidón: Sus naves dejarán de navegar.* Tiro y Sidón habían llegado a ser poderosas gracias al comercio internacional. Se habían ensoberbecido (23:9) y eran suministradoras principales de la impiedad (23:17). Cuando fuesen conquistadas, todos sus socios mercantiles se lamentarían (23:1-7).

Después de 70 años serían restauradas, solo para reanudar su impía influencia sobre el mundo (23:15-17; véase Mt. 11:21-22). Tocante a la suerte última de Tiro, véase exposición sobre Ezequiel 26:7-21.

Dios dejó claro que era Él —no ningún poder terrenal— quien juzgaba a Tiro y a Sidón (23:9). Y Él iba a seguir usándolas para sus propios propósitos. Sus mal adquiridas ganancias beneficiarían en último término a los justos (23:18; véase exposición sobre Pr. 13:22).

24:1-23 *En el día del juicio: Como una choza que se hunde.* Después de haber advertido a varias naciones específicas (véase 13—23), Isaías hablaba ahora en términos más amplios acerca del triunfo definitivo de Dios sobre el mal (24—25) y de la exaltación de Israel (véase 26—27). Comenzó describiendo un tiempo futuro de sufrimiento y devastación universales (24:1-13), enviado por Dios porque toda la humanidad había transgredido sus leyes (24:5). Unos pocos escaparían a este juicio, así como se pueden rebuscar unas pocas aceitunas o uvas después de la recolección (24:13), y se regocijarían (24:14-16; véase exposición sobre 10:20-23), pero para la mayor parte de la humanidad habría solo juicio (24:16-23). La tierra se estremecerá. "Temblará como un ebrio" y "será removida como una choza" en medio de una tempestad —evidentemente una descripción de la tribulación.

Pero de esta terrible devastación saldría la gloriosa luz de Cristo en su reino milenario (24:23; véase 60:19-20; Ap. 21:23; 22:5).

Debido a esta descripción de la tribulación y del milenio, el pasaje de 24—27 es a menudo llamado "el Apocalipsis de Isaías" (*Apocalipsis* es el término griego que significa "revelación"; el libro de Apocalipsis también describe la tribulación y el milenio).

25:1-12 *Muerte para los orgullosos; alimento para los pacientes.* Isaías alaba a Dios por su grande y definitivo triunfo sobre el mal. Dios destruirá las orgullosas naciones extranjeras (25:2-5, 10-12) y el poder del sufrimiento y de la muerte (25:7-8), y en su lugar preparará un banquete (25:6) para todos los que han esperado pacientemente por su salvación (25:9). La preciosa promesa de 25:8 se vuelve a formular dos veces en Apocalipsis (véase Ap. 7:17; 21:4).

26:1-9 *Un cántico de almas liberadas.* Los redimidos, aquellos que han estado esperando pacientemente al Señor (25:9; 26:8) y que han confiado en Él (26:3-4; véase 12:2), alabarán a Dios que ha derribado "la ciudad exaltada" de la soberbia humana (26:5) y que les ha dado "fuerte ciudad" (26:1) llena de paz (26:12). El dolor de parto (26:16-18) conducirá a una gloriosa resurrección (26:19). Para otras comparaciones de la lucha espiritual con el nacimiento, véase 13:8; 42:14; Juan 16:21; Gá. 4:19.

El pasaje de 26:19 es una de las pocas pero poderosas evidencias de que los creyentes del AT tenían una esperanza de una vida más allá del sepulcro (véase exposición sobre Job 19:23-29; Sal. 17:15; 73:24; exposición sobre Ec. 9:1-8; exposición sobre Dn. 12:1-4; comparar Gn. 22:5 con He. 11:19).

26:20—27:13 *Una viña rediviva.* Isaías invitaba a los justos a refugiarse hasta que hubiera pasado la ira del juicio de Dios (26:20—27:1). Entonces ellos podrían regocijarse por cuanto Israel, la viña de Dios (véase 5:1-7) quedaba restaurada a su cuidado y protección (26:1-11).

En tanto que la repetición de la frase "En aquel día" (27:1, 2, 13) puede indicar que todo el capítulo 27 se refiere a la restauración de Israel en los tiempos del fin, algunos eruditos consideran que 27:12-13 se refiere a aquel acontecimiento de un modo especial.

El doble énfasis de Isaías acerca del futuro cercano y lejano (véase *Introducción a los profetas*, p. 353) puede causar confusión, especialmente cuando habla acerca del regreso del remanente, por cuanto el regreso de los tiempos antiguos se repetirá en los tiempos del fin (véase exposición sobre 54:1-17).

28:1-29 *Israel: Ebria ante la destrucción.* Tras haber descrito el juicio final de Dios sobre toda la humanidad y su restauración de Israel (24—27), Isaías de nuevo pronunció palabras de juicio, esta vez centrándose en el mismo Israel (28—33). Mientras tenían la destrucción delante de su puerta (28:2-3), Israel había degenerado en una embriagada disipación (28:1-8). Hasta sus dirigentes estaban ebrios (28:7). Habían reducido la ley a un conjunto de normas (28:7-13). Habían hecho "un pacto con la muerte", confiando su seguridad a las alianzas humanas y no en Dios (28:15).

Pero Dios iba a anular el pacto de ellos (28:18). Así como el mundo natural exhibe causa y efecto, los pecados de Israel conducirían a una cosecha de juicio (28:19-29).

En lugar de su pacto con la muerte, Dios ofrecía a su pueblo la "piedra angular" de la esperanza mesiánica (28:16; véase 8:14; Mt. 21:42; Ro. 9:33; 10:11; 1 P. 2:4-8).

Debido a que Israel no quería aprender de Dios en su propia lengua, les hablaría en una lengua que no podrían comprender (28:11); es decir, ¡los asirios les "hablarían" acerca de la ira de Dios invadiéndoles! Pablo citaría más adelante este pasaje para explicar cómo el don de lenguas es señal de juicio para los incrédulos (véase 1 Co. 14:20-22).

29:1-16 *Israel: Dormida ante la salvación.* Debido a sus pecados, Jerusalén ("Ariel") sería destruida (29:1-4), pero tan pronto como las naciones la conquistasen, sus aparentes victorias se volverían en nada (29:5-8). A pesar de tales promesas de salvación, un "espíritu de profundo sueño" prevalecía sobre Israel, y a duras penas se daba cuenta de lo que Dios hacía en su favor (29:9-12). El pueblo de Dios estaba practicando una forma religiosa externa, pero sus corazones estaban lejos de Él (29:13; véase Ez. 33:31; Mt. 15:8-9).

29:17-24 *Israel: Finalmente despierta ante su Hacedor.* Con la venida del reino mesiánico, el desierto de Israel florecerá, sus campos producirán cosechas abundantes, y los que habían sido sordos y ciegos a la ley de Dios (29:9-12) apreciarán por fin todo lo que Dios había hecho por ellos.

30:1-17 *"¡No busquen aliados en Egipto!"* En lugar de confiar solo en Dios, algunos de los dirigentes de Israel esperaban en Egipto como posible aliado (30:1-7), incluso apremiando a los profetas a que estuvieran de acuerdo con ellos (30:8-11). Esta confianza tan fuera de lugar solo atraería humillación y derrota (30:3, 12-14). Por cuanto habían confiado en caballos y no en Dios, por caballos serían derrotados (30:15-17).

Acerca del peligro de las alianzas extranjeras, véase exposición sobre 1 R. 11:1-8 y sobre 2 R. 16:10-20. La naturaleza humana quiere escuchar "cosas halagüeñas" (30:10), no demandas de santidad (30:11).

30:18-33 *Otra mirada al milenio.* Mientras el remanente fiel a Dios estaba esperando que Él actuase en su favor (véase 25:9; 26:8), Dios estaba pacientemente esperando para bendecirlos (30:18) (30:18). Esta bendición vendrá en el milenio (30:19-26; comparar 29:17-24). El milenio irá precedido de la destrucción de los enemigos de Dios (30:27-33) (Como se indica en 30:31, este pasaje predice también la destrucción de Asiria.)

31:1-9 *"¡Déjate de caballos: vuélvete al Santo!"* Si Israel persistía en esperar en Egipto y en caballos en lugar de en Dios para su auxilio, Israel y Egipto perecerían juntos (31:1-3; véase 30:1-7, 15-17). Dios defendería a su pueblo con tanta seguridad como un ave defiende su nido (31:4-5), y por ello Israel debía volverse a Él (31:6).

32:1-20 *El Rey venidero reinará en justicia.* Una vez más Isaías llama a sus coetáneos a mirar más allá de sus actuales problemas y a fijar la mirada en el triunfante Mesías, que pondrá fin a toda injusticia e introducirá una era de paz. En los tiempos del Mesías, el Espíritu de Dios será "derramado de lo alto" (32:15; véase Jl. 2:28-32; Hch. 2:16-21). Será un tiempo de renovación y de abundancia (32:15; véase 29:17-24).

33:1-16 *Cuando los destructores sean destruidos . . .* Cuando Asiria deje de saquear a sus vecinos, será ella misma saqueada (33:1-4; véase exposición sobre 10:5-19). Mientras, el pueblo de Dios habitará en su reino (33:5-6). Aunque Asiria estaba aterrorizando a Israel y a otras naciones (33:7-9), Dios pronto mostraría su poder (33:10-12). Solo los que siguieran la justicia y la rectitud sobrevivirían al juicio (33:13-16).

33:17-24 *. . . ¡tú contemplarás al rey en su hermosura!* El remanente fiel vería pronto a su "Rey en su hermosura", en todo su esplendor (33:17). Se habrá desvanecido el terror de los asirios con su extraño lenguaje (33:19). Verán finalmente a Jerusalén en paz, con Dios como su juez, legislador y rey (33:22).

34:1-17 *Edom: Un ejemplo de juicio.* Después de haber tratado acerca del juicio de Dios sobre Israel y la restauración de la nación (28—33), Isaías de nuevo expandió su tratamiento al juicio final de Dios sobre todas las naciones que se habían opuesto contra su pueblo escogido, designando a Edom como un ejemplo de la ira divina (34:5-17; véase 21:11-12). Muchos eruditos consideran el capítulo 34 como una descripción de Armagedón.

35:1-10 *Sanidad y un camino santo.* En una pauta ya familiar, Isaías sigue su descripción del juicio sobre Edom con una descripción del milenio. Tanto la naturaleza como la humanidad redimida experimentarán la restauración (35:5-7). Los redimidos volverán a Sion por "el Camino de Santidad" y hallarán "gozo perpetuo" (35:8-10; véase 51:11).

36:1-22 *Ezequías cercado.* Después de haber apremiado a Israel, una y otra vez, a confiar en su Dios y no en alianzas extranjeras, Isaías hace una inspiradora narración tomada de la reciente historia de Israel, mostrando que en verdad Dios era digno de confianza. La historia, que tiene que ver con el rey Ezequías, cubre 36—39 y va en paralelo, a menudo palabra por palabra, con el relato del suceso en 2 R. 18—20.

Después de destruir las ciudades fortificadas alrededor de Jerusalén, el rey de Asiria, Senaquerib, amenazó a la misma Jerusalén en el 701 a.C. (los últimos días del ministerio de Isaías). Los hombres de Senaquerib se jactaron públicamente de las recientes victorias de su rey y pusieron en duda la capacidad de Dios de salvar a Israel. Como resultado, los dirigentes de Israel se sintieron desmoralizados (36:22).

37:1-38 *Ezequías e Isaías ven la salvación de su ciudad.* Cuando Ezequías supo del asedio dispuesto por Senaquerib y de sus blasfemas jactancias, pidió a Isaías que buscase a Dios en favor de Israel. Isaías dio tres declaraciones de parte del Señor acerca de la situación:

Mensaje 1: "No te preocupes: está sentenciado" (37:5-20). Isaías aseguró al atemorizado Ezequías que el asedio de Senaquerib no tendría éxito; que en realidad el mismo Senaquerib volvería pronto a su país donde sería muerto (35:5-7). Mientras, los asirios siguieron burlándose de los israelitas y de su Dios (37:8-13). Senaquerib mandó unas amenazadoras cartas, y Ezequías al recibirlas "las extendió delante de Jehová" y oró acerca de ellas (37:14-20).

Mensaje 2: La subida y ruina de Senaquerib (37:21-29). Isaías habló a continuación acerca de Senaquerib: Era el Dios de Israel quien había permitido sus pasadas victorias. Pero ahora, debido a su pecado y a su arrogancia, el Dios de Israel lo castigaría.

Mensaje 3: "Ni ejército ni flechas entrarán en la ciudad" (37:30-35). Isaías se dirigió entonces directamente al pueblo de Jerusalén: Los asirios no iban a entrar en la ciudad. Dios iba a salvar a Jerusalén por amor de su nombre y por amor de su pacto con David.

El cumplimiento de los mensajes: Jerusalén es salvada (37:36-38). Jerusalén fue liberada al destruir milagrosamente "el ángel de Jehová" al ejército asirio. Senaquerib volvió a casa derrotado, y, un tiempo después, fue muerto por sus propios hijos.

38:1-22 *La enfermedad y curación de Ezequías.* Al serle dicho que pronto moriría, Ezequías clamó a Dios; Dios lo sanó y prometió añadirle quince años a su vida. Ezequías escribió un cántico de alabanza para conmemorar este milagro (38:9-20).

39:1-8 *La estupidez y el egoísmo de Ezequías.* Cuando enviados de Babilonia visitaron a Ezequías, éste les mostró ufano todas sus riquezas. Isaías lo reprendió por ello, y predijo que Babilonia volvería algún día y se llevaría las riquezas de Israel y también a su gente. La respuesta de Ezequías (39:8) manifiesta un gran egoísmo en este rey por otra parte bueno.

CONSOLACIÓN DE PARTE DEL SIERVO FIEL DE DIOS (40—66)

40:1-11 *El dolor termina, y comienza la gloria.* Tras haberse centrado en el juicio de Dios sobre Israel y sobre las otras naciones (1—39), Isaías dirige su atención al deseo de Dios de llevar su pueblo a una nueva era de paz y de bienestar (40—66). Mientras que en 1—39 Isaías anticipa la caída de Jerusalén, la perspectiva de 40—66 es posterior a la caída, prediciendo el regreso de los israelitas del exilio, y más allá de ello la venida del Mesías y el definitivo gran regreso de los exiliados en el milenio.

Tras haber llegado a su fin su "servicio duro" (RVR77), Dios estaba listo al final para "consolar" a su pueblo (40:1-2). Un precursor proclamó el triunfante acercamiento de Dios (40:3-5) y declaró la fiabilidad de su palabra (40:8). El grande y poderoso Dios de Israel se cuidaría de ellos con tanta ternura como un pastor (40:9-11).

40:12-26 *"¡Sus dioses no pueden hablar, el nuestro creó las estrellas!"* Isaías expresa asombro ante el Dios omnipotente (40:12, 15-17), omnisciente (40:13-14), incomparable (40:15-20; 45:5-6) y el eterno Creador de todo lo que existe en el tiempo (40:21-26). Es ridículo compararlo con falsos dioses (40:18-20; véase exposición sobre 44:6-28).

40:27-31 *Corriendo como corzos, volando como águilas.* Aquellos que "esperan" en su Dios omnipotente (véase 25:9; 26:8) experimentarán ellos mismos la fortaleza sobrenatural.

41:1-20 *Un emancipador que procede de oriente.* Llamando a Israel y a todas las naciones ante su sala de juicio, Dios predice la venida del rey persa Ciro como su instrumento de juicio contra Babilonia (41:1-7; véase 44:28; véase exposición sobre 45:1-13). Alienta luego a su pueblo —que sería entonces cautivos en Babilonia— a que no temiera a este gran guerrero de oriente (41:8-10), porque Dios lo usaría para derrotar a todos los enemigos de ellos y para restaurar a Israel a su anterior gloria (41:11-20).

A lo largo de toda la profecía de Isaías, tanto la nación de Israel (41:8-9) como el venidero Mesías son designados como el "siervo" de Dios. A Israel le había sido encargado que sirviera a Dios como su testigo al mundo, pero había fracasado en esta misión (véase 42:18-19; véase exposición sobre 43:8-13). Por ello, Dios había comisionado a un nuevo Siervo (véase exposición sobre 42:1-17).

41:21-29 *¡Ningunos otros dioses pueden hacer esas afirmaciones!* El Señor lanza el reto a todos los idólatras a que defiendan su postura (41:21) y a que ofrezcan alguna prueba de la validez de sus dioses. Los reta a que encuentren a otro dios que pueda profetizar como podía hacerlo el Señor y menciona de nuevo la llegada de Ciro (41:25). Dios no teme a ninguna evidencia de otros dioses, porque sabe que tal evidencia es inexistente (véase 44:6-28).

42:1-17 *"¡He aquí mi siervo!"* Dios anuncia la venida de su "siervo" escogido, a quien enviaría para establecer la justicia en la tierra (42:1-4). Dios se dirige luego directamente al siervo, encargándole su tarea (42:5-9). Este siervo, Jesucristo el Mesías, traería justicia y luz a los gentiles (42:1, 6; véase 9:2; Lc. 2:32).

Este pasaje contiene el primero de los cuatro "cánticos del siervo" de Isaías acerca del Mesías, que

- traerá justicia y luz a los gentiles (42:1-9)
- restaurará Israel y traerá salvación a todo el pueblo (49:1-7)
- será obediente en sus sufrimientos (50:4-9)
- será rechazado por la humanidad pero exaltado por Dios (52:13—53:12)

Aunque Cristo introducirá la justicia, no lo hará por la fuerza (42:3-4; véase Jn. 18:36).

Isaías llama a toda la creación a que alabe a Dios por la victoria que Él conseguirá mediante su siervo (42:10-13). Luego Dios mismo habla, comparando los preparativos para el reinado del siervo con los dolores de parto (42:14-17; comparar Mt. 24:8).

42:18-25 *El otro siervo: Ciego a sus obras, sordo a su palabra.* En marcado contraste con Cristo, el siervo obediente (42:1-17), aparece la nación de Israel, presentada aquí como un siervo sordo, ciego y desobediente que había fracasado en el cumplimiento de su destino divino (véase exposición sobre 43:8-13).

43:1-7 *Sobreviviendo al fuego, recogidos desde lo más lejano.* A pesar de su desobediencia, Dios amaba a su pueblo Israel y lo iba a redimir. Su promesa de recogerlos "de los confines de la tierra" (43:6) recuerda las referencias al "remanente" de Israel (véase exposición sobre 10:20-23).

43:8-13 *"Vosotros sois mis testigos".* Recordando la reprensión de 42:18-19, Dios llama a su ciego y sordo siervo Israel a declarar a las naciones reunidas la verdad acerca de sus poderosos hechos en favor de Israel.

Dios había escogido a Israel para que fuesen sus "testigos" ante el mundo (43:10). Él había dicho a Abraham que todo el mundo sería bendito mediante sus descendientes (véase Gn. 12:1-3). El mandato para que fuesen testigos se repitió cuando cruzaban el Jordán hacia Canaán (véase Jos. 4:21-24). Salomón se dio cuenta en algo de la importancia de aquella comisión cuando oró por todos los extranjeros que visitasen el templo (véase 1 R. 8:41-43).

Pero, por la mayor parte, Israel fracasó miserablemente en su misión, volviéndose igual que sus vecinos paganos (véase exposición sobre 2 R. 17:5-23 y sobre 2 Cr. 36:15-21).

Los cristianos, lo mismo que Israel, deben ser testigos de los poderosos hechos salvadores de Dios (comparar 43:10 y Hch. 1:8).

43:14-28 *Cuando Él rescata y perdona, ellos olvidan.* Por amor de Israel, Dios destruiría a Babilonia y rescataría a Israel de la cautividad (43:14-21). Incluso así, Israel seguiría tomándose las bendiciones de Dios como algo debido (43:22-24) . . . y Él seguiría perdonándolos (43:25), pero con todo seguiría considerándolos responsables (43:26-28). Los más bendecidos son a menudo los más ingratos.

44:1-5 *Su agua para el suelo de ellos, y su Espíritu para los hijos de ellos.* Dios aseguró a Israel que los había escogido y que seguiría bendiciéndoles. Añadió: "Mi Espíritu derramaré sobre tu generación, y mi bendición sobre tus renuevos" (44:3; véase Jer. 31:31-34; Ez. 36:26-27; Jl. 2:28-32; Hch. 2:16-21). Dios hace planes para sus siervos, incluso desde el vientre (44:2; véase 46:3; 49:1; Sal. 139:13).

44:6-28 *El Dios que ayuda frente a los dioses que han de recibir ayuda.* Tras haber declarado la gloria y unicidad de Dios, Isaías pinta un detallado y casi cómico retrato de los ídolos, que estaban totalmente a merced de los que los hacían y adoraban (44:9-20; véase exposición acerca de los siguientes pasajes: 40:12-26; 41:21-29; 46:1-13; Jer. 10:1-18). Luego llama a Israel a volver al único y verdadero Dios, que los había redimido y que seguiría haciéndolo (44:21-28).

Isaías predijo por su nombre a un rey pagano que nacería ciento cincuenta años después, por medio de quien Dios liberaría a su pueblo de la cautividad en Babilonia (44:28; véase exposición sobre 45:1-13).

45:1-13 *Ciro: Para la gloria de Dios y para el bien de Jacob.* El Señor se dirige al futuro rey Ciro, declarando que era Él quien haría grande a Ciro (45:1-3). Pero lo haría por causa de Israel (45:4) y para su propia gloria (45:5-8). Y declaró su divina prerrogativa de usar a Ciro para restaurar a Jerusalén y liberar a "mi pueblo cautivo" de Babilonia (45:9-13).

45:14-25 *"¡Todos doblarán la rodilla!"* Dios declaró que todas las personas reconocerán un día su poder (45:14), e Isaías se hizo eco de sus palabras, afirmando que solo hay un Dios, que es supremamente digno de adoración (45:15-17). Dios volvió a hablar, declarando que Él era el Creador y el único y verdadero Dios (45:18-21). Invitó a todos los pueblos a volverse a Él (45:22) y declaró que un día "se doblará toda rodilla" ante Él (45:23; véase Ro. 14:11; Fil. 2:10). En aquel tiempo, sus enemigos se avergonzarán y su propio pueblo quedará justificado (45:24-25; véase exposición sobre 66:1-24).

46:1-13 *"¡Vosotros lleváis a vuestros dioses; el nuestro nos lleva a nosotros!"* La discusión de las victorias de Ciro en nombre de Dios conducía a una meditación acerca de los ídolos de Babilonia, que habían de ser llevados por sus adoradores, y que por ello mismo eran impotentes para salvarlos (46:1-2). ¡Mientras Babilonia llevaba a sus dioses, el Dios de Israel los llevaba a ellos (46:3-4)! Mientras los babilonios recubrían de oro a sus impotentes ídolos (46:5-7; comparar 44:9-20), el poderoso Dios de Israel controlaba toda la historia. Al llamar a Ciro —"al ave de presa de oriente"— destruiría a Babilonia y liberaría a sus cautivos israelitas (46:8-13).

47:1-15 *De señora de reinos a menosprecio de estéril.* Isaías previó la caída de Babilonia, la soberbia "señora de reinos" (47:1-5). Dios había dejado a su pueblo caer en manos de Babilonia para disciplina, pero en lugar de simplemente disciplinarlos, Babilonia "no les tuvo compasión" (47:6). Debido a esta crueldad y a su soberbia e idolatría (47:8-10), Babilonia vendría a ser aquello mismo que ella despreciaba (47:8-9); la viudez y la esterilidad eran una afrenta en tiempos antiguos (véase 4:1; 54:1). La religión de Babilonia sería impotente para salvarla (47:12-15).

48:1-16 *Se lo anuncia por adelantado: "¡Te salvaré!"* Dios había sabido siempre que su pueblo le abandonaría vez tras vez (48:1-2). Por ello, siempre les había dicho por adelantado lo que Él iba a hacer, a fin de que no atribuyeran a sus ídolos tales acontecimientos (48:5) ni a ninguna causa natural (48:7). Dios salvaría a su pueblo, a pesar de sus maldades, para que no se atribuyera a ningún falso dios la derrota de sus escogidos (48:9-11). De hecho, Él pronto derrotaría a Babilonia por amor a ellos; y una vez más, se lo anuncia anticipadamente ¡para que supieran que era Él quien estaba haciendo aquello en favor de ellos (48:12-16)!

48:17-22 *¡El día de la liberación!* Tras haber expresado su amor por ellos, Dios señala proféticamente el día de la liberación de su pueblo de Babilonia. Describe la salvación de ellos como una huida de un desierto a una tierra con aguas abundantes (véase 12).

49:1-13 *Un siervo preparado para salvar.* En el segundo de cuatro "cánticos del siervo", el siervo escogido por Dios habla de su misión. Dios le había preparado desde el vientre para que le hiciese volver a Israel de vuelta a sí y "para que seas mi salvación hasta lo postrero de la tierra" (49:6, véase 49:1-7). El siervo hace un repaso luego de las promesas que Dios le ha hecho y que ha hecho a Israel. Dios ayudaría a su siervo en su misión de liberar a Israel (49:8-9). Reuniría al remanente de su pueblo y les daría consolación y prosperidad (49:9-13).

49:14-26 *"¿Se ha olvidado Dios? ¡Desde luego que no!"* Como respuesta a la preocupación de los exiliados israelitas de que Dios los había olvidado, el siervo prometió que pronto serían restaurados a su patria, donde experimentarían tal crecimiento que sus límites pronto les parecerían demasiado pequeños (49:14-21). Su restauración involucraría una especie de inversión en la que sus esclavizadores serán sus cautivos (49:22-26); la situación que existirá en el milenio (véase 60:10, 14; 61:5). No solo recuerda Dios a su pueblo, sino que también se cuida solícitamente de ellos (49:15-16).

50:1-11 *Dos siervos: La luz y las tinieblas.* Israel, el infiel siervo de Dios, había fracasado respecto a Él, no porque Él los había "repudiado", sino porque ellos en efecto le habían repudiado a Él (50:4-5). En contraste, el fiel siervo de Dios aprendería humildemente de Él (50:4-5). Estaría dispuesto a sufrir la persecución porque confiaba en Dios y deseaba en primer lugar hacer su voluntad (50:6-9; véase Mt. 26:67; 27:26, 30). Israel debía escoger: Podían caminar a la luz de Dios (50:10) o a la luz de sus propias hogueras (50:11), que eran en realidad tinieblas (50:10).

51:1—52:12 *"¡Prepárense para la salvación!"* Tras haber introducido al Siervo Mesías, Isaías asegura a los cautivos israelitas que pronto estarían libres. Sus palabras también prefiguran la venida del Mesías y la definitiva y gran liberación de los fieles en el reino eterno de Dios.

Isaías apremia a sus oyentes a que

presten su plena atención a su importante mensaje: Ellos debían "escuchar" (51:1, 4, 7), "despertar" (51:17; 52:1), y luego responder abandonando en el acto la pecadora Babilonia (52:11-12).

Así como Dios había bendecido a Abraham, también "consolaría a Israel" (51:1-3), cambiando su desierto "en paraíso", como el huerto del Edén (51:3; véase 29:17-24). Y traerá salvación eterna y justicia a todo el pueblo (51:4-8).

Isaías llama al Señor a que produzca un segundo éxodo, de modo que la nación que Él había sacado de Egipto fuese ahora sacada de Babilonia (51:9-11; véase 63:11-14). También mira más allá hacia el futuro, hasta el "gozo perpetuo" del milenio (véase 35:10).

El Señor asiente a que Él, que ha creado todas las cosas, puede desde luego liberar a su pueblo del exilio (51:12-16). Pronto su ira pasaría de sobre Israel a sobre sus opresores (51:17-23).

Una vez más, Isaías llama a Israel a prepararse para su liberación, porque Dios pronto los liberaría de Babilonia (52:1-10), y ellos debían estar dispuestos a huir (52:11-12).

Comparar 52:7 y Romanos 10:15.

52:13—53:12 *Su sufrimiento trae salvación.* El cuarto y último cántico del Siervo en Isaías se centra en los padecimientos y muerte del Siervo por los pecados de Israel y de toda la humanidad. Las citas en el NT muestran claramente que estos versículos se refieren a Cristo (véase Mt. 8:17; Lc. 22:37; Jn. 12:37-38; Hch. 8:26-35; Ro. 4:25; 10:15-16; 15:21; 1 P. 1:2; 2:24-25; véase *Profecías acerca de Cristo en el Antiguo Testamento,* p. 906). Cristo iba a cumplir su misión, y Dios lo iba a exaltar supremamente mientras que la humanidad estaría sin habla ante su forma azotada y sangrante (42:13-15). Sería considerado como nada por su humilde extracción, rechazado a causa de su mensaje, y familiarizado con el dolor debido a su misión terrenal (53:1-3).

Mientras Cristo estuviese recibiendo el castigo de toda la humanidad, muchos espectadores supondrían que estaba muriendo por sus propios crímenes (53:4-6). Sus compatriotas judíos, en particular, pensarían que su muerte era un castigo justo por su supuesta blasfemia (véase Jn. 5:18; 10:33; 19:7).

En 53:6 tenemos el versículo "todos", que comienza con *todos* y acaba con *todos nosotros.* Todos necesitamos un Salvador, y Cristo ofrece salvación a todos.

Aunque sin pecado (53:9), Cristo no intentaría defenderse a sí mismo, siendo que era llevado a morir por los pecados de otros (53:7-8; véase Mt. 26:63; 27:12-14). Dios tenía la plena intención de que esta aparente injusticia tuviese lugar, por cuanto Cristo sería la definitiva y perfecta ofrenda por los pecados de todos (53:10-12; véase Lc. 22:37; Jn. 1:29; Ro. 5:18-19; 2 Co. 5:21).

Habiéndole permitido morir, Dios levantaría a Cristo de entre los muertos y le permitiría la satisfacción de ver los frutos de su misión cumplida (53:11-12; véase Fil. 2:5-11).

54:1-17 *Su "misión cumplida" significa paz.* Por cuanto el Siervo iba a cumplir su misión, Israel podía tener la certidumbre de que su castigo por el pecado era total; podría ahora tener la expectativa cierta de un tiempo de paz y de prosperidad (54:1-8). Así como Dios había cumplido su pacto con Noé, también cumpliría su "pacto de su paz" con Israel (54:9-10). En tanto que Israel vería los resultados de la obra de Cristo en parte con su regreso del exilio, los resultados plenos no se verían hasta el definitivo gran regreso del exilio de toda la humanidad redimida en el milenio (véase exposición sobre 26:20—27:13).

55:1-13 *¡Acepta su salvación!* Debido a que el Siervo había cumplido su misión, todos los sedientos eran invitados a beber de las aguas de salvación (55:1; véase exposición sobre 48:17-21; Jn. 4:13-14; Ap. 22:17). Había una sensación de urgencia: "Buscad a Jehová mientras puede ser hallado, llamadle en tanto que está cercano" (55:6; véase He. 3:13). A todos se les extendía la bienvenida, pero tendrían que echar de sí su orgullo (55:8-9) y sus malvados caminos (55:7). Los que así lo hicieran encontrarían gran gozo (55:10-13).

Además de constituir una amonestación contra el orgullo, 55:9 es una consolación para los que sufren o para los que no están seguros del plan de Dios para ellos. Del mismo modo, 55:11 da certidumbre a testigos fieles inseguros acerca de su capacidad para proclamar de manera adecuada a verdad de Dios.

56:1-8 *¡Una casa de oración también para los gentiles!* Manteniendo su sentido de expectativa acerca del Mesías y de su reino, Isaías vuelve su atención desde los exiliados en Babilonia (40—55) a los judíos que todavía vivían en Canaán (56—66). (Véase 63:18, que sugiere un contexto histórico después de la destrucción del templo pero antes de su restauración.) Los creyentes judíos debían aceptar a los proscritos sociales, como los eunucos, como miembros plenos de la familia de Dios. Asimismo debían aceptar a todos los extranjeros que decidiesen "seguir a Jehová" (56:3). El templo de Dios era "para todos los pueblos" (56:7). Él deseaba "reunir" a sí mismo a los gentiles así como a los judíos (56:8; véase Jn. 10:16).

Tocante al lugar de los gentiles en el plan de Dios, véase Amós 9:11-12; Hechos 11:1-18; 15:16-17; Romanos 4:9-16; Gálatas 3:7-9; y las exposiciones sobre los siguientes pasajes: 43:8-13; 60:1-22; 65:1-16; 66:18-21; Efesios 2:11—3:13.

56:9—57:21 *Gracia para los malvados dirigentes de Israel.* Mientras todo el mundo esperaba la salvación, los dirigentes de Israel estaban o bien ebrios o dormidos, fallando en sus deberes como dirigentes y testigos (56:9—57:2; véase 42:18-25). A su falta de sensibilidad añadieron idolatría e inmoralidad (57:3-10). Pero Dios no los había dejado como algo imposible. Si algunos de esos rebeldes (57:17) se decidían a confiar en el Señor (57:13) y se humillaban (57:15), Dios no "contendería" con ellos para siempre (57:16) sino que los sanaría y conduciría (57:18). Pero para aquellos que persistiesen en su maldad, "no hay paz" (57:21; véase 48:22).

58:1-5 *Ayuno infructuoso, oración sin objeto.* En los últimos capítulos de su profecía escrita (58—66), Isaías se refirió de nuevo al juicio y a la salvación de Dios y enunció claramente las condiciones para tener parte en su salvación. Isaías llamaba a rendir cuentas a los que cumplían la observancia de ritos externos (58:1-3) mientras que al mismo tiempo cometían pecados y fomentaban la injusticia (58:3-5; véase 1:10-17; Pr. 21:3).

58:6-14 *Dios ayuda a los que ayudan a otros.* La clase de adoración que Dios desea incluye un sincero esfuerzo por fomentar la moralidad y ayudar a los pobres y a los oprimidos (58:6-7, 9-10). Significa también apartar el Sábado como tiempo de deleitarse en el Señor en lugar de ir en pos de placeres terrenales (58:13). Esta clase de adoración dará sanidad y gozo y una comunión satisfactoria con Dios. (Véase Mt. 23:23.) Los pobres y oprimidos están siempre cerca del corazón de Dios (véase Dt. 24:14; Pr. 14:31; Jer. 5:28; Am. 2:6-7; 5:11; Mt. 19:21; Lc. 1:52-53; 7:22; Gá. 2:10).

59:1-21 *Dios ayuda al pecador sin esperanza.* Los pecados de Israel habían hecho separación entre ellos y Dios.

CRISTO EN ISAÍAS

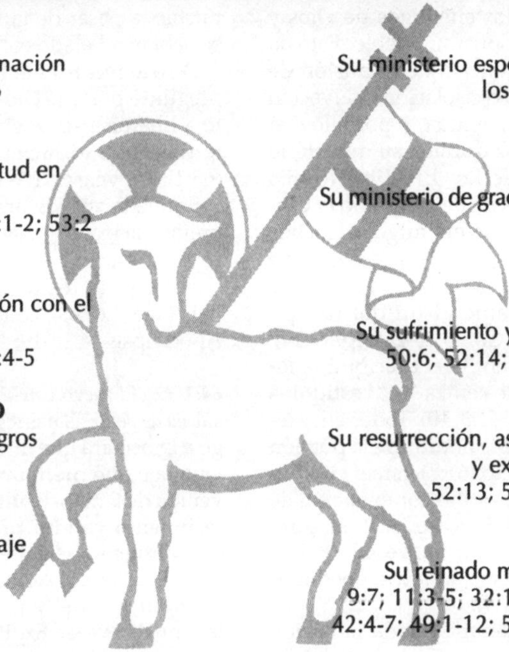

UNO
Su encarnación
7:14; 9:6

DOS
Su juventud en Nazaret
7:15; 11:1-2; 53:2

TRES
Su relación con el Padre
42:1; 50:4-5

CUATRO
Sus milagros
35:5-6

CINCO
Su mensaje
61:1-2

SEIS
Su ministerio específico a los gentiles
9:1-2

SIETE
Su ministerio de gracia hacia todos
42:2-3

OCHO
Su sufrimiento y muerte
50:6; 52:14; 53:1-10

NUEVE
Su resurrección, ascensión y exaltación
52:13; 53:10-12

DIEZ
Su reinado milenario
9:7; 11:3-5; 32:1; 33:22; 42:4-7; 49:1-12; 59:16-21

Isaías describe los pecados de ellos (59:3-8) y, hablando en nombre del pueblo, reconoce que las acusaciones eran ciertas (59:9-15). Eran culpables a la vez de iniquidad e injusticia. Sus pecados los habían dejado ciegos y sin esperanza (59:9-11). Dios juzgaría sus pecados (59:15-19), pero había esperanza para aquellos que se arrepintiesen (59:20-21).

El distanciamiento entre una persona y Dios es siempre falta de dicha persona, no de Dios (59:1-2). El pacto al que se hace referencia en 59:21 es el Nuevo Pacto (véase Jer. 31:31-34).

60:1-22 *¡Levántate y resplandece!* Para todos los que se arrepientan y se vuelvan a Dios —sean judíos o gentiles— hay la resplandeciente perspectiva de su reino milenario. El remanente de Israel, así como muchos gentiles creyentes con toda su gran riqueza, acudirán a la Jerusalén restaurada para vivir y adorar. Los antiguos enemigos de Israel se inclinarán ahora ante ellos y trabajarán para ellos (60:10, 14). Dominará la justicia (60:21), no habrá guerra (60:18), y las puertas de la ciudad estarán siempre abiertas, acogiendo a todos los extranjeros (60:11; comparar Ap. 21:25-26). Dios mismo será la fuente de luz de la ciudad (60:19-20; comparar Ap. 21:23; 22:5). Todo esto será la definitiva y eterna prueba para Israel de que: "Yo Jehová soy el Salvador tuyo y Redentor tuyo, el Fuerte de Jacob" (60:16).

A la luz de la gracia de Dios, ninguno de sus hijos son insignificantes (60:22).

61:1-11 *Un Mesías de consolación . . . y venganza.* El Mesías toma la palabra, afirmando que Él llevará a cabo la venganza sobre los enemigos de Dios y dará consolación a su pueblo. Esto da un sumario conciso de la misión de Cristo. Él trajo consolación y salvación en su primera venida, y por ello citó parte de 61:1-2 durante su ministerio terrenal (véase Lc. 4:18-19). No dijo entonces nada de llevar a cabo la venganza sobre los enemigos de Dios (también en 61:2), porque dicha parte de su misión no se cumplirá hasta que vuelta triunfante al fin del tiempo (véase 9:6-7; 1 Co. 15:24-26; Ap. 17:14).

En el milenio, Israel recibirá "gloria en lugar de ceniza" y "vestiduras de salvación" (61:3, 10). Todos ellos recibirán la "doble honra" de la porción del primogénito (61:7). Israel cumplirá por fin su destino como nación de sacerdotes (61:6; véase Éx. 19:6; comparar exposición sobre 42:18-25), mientras que sus antiguos enemigos la servirán (61:5).

Dios consideraba a toda la nación de Israel como su "primogénito" (véase Éx. 4:22; Jer. 31:9).

62:1-12 *Obsérvese el nuevo nombre: Beula.* Isaías no descansaría hasta ver cumplida su profecía de gloria para Israel (62:1); puso "guardas" sobre los muros de Jerusalén que compartían su preocupación (62:6-7). Estaba totalmente confiado en que el día de salvación de Sion llegaría (62:11), el día en que su nombre sería cambiado de *Desamparada* a *Hefzi-bá* ("mi deleite está en ella") y *Beula* ("casada" o "cuidada"). El mismo Dios sería el marido de ella (62:4-5, 12; véase Ap. 21:2).

63:1-19 *Preguntas para el guerrero, preguntas para Dios.* Al acercarse un guerrero empapado de sangre, un guarda le pidió que se identificase, a lo que él se identificó como aquel que solo había vencido a los enemigos de Israel y que estaba listo para redimir a su pueblo (63:1-6). Isaías respondió con alabanza hacia el Dios que a lo largo de la historia había mostrado gracia a su pueblo, a pesar de tantas veces como se habían rebelado contra Él (63:7-9).

Pero al recordar el Éxodo, Isaías se preguntó por qué Dios no había vuelto a liberar a su pueblo (63:11-17), y le rogó que lo hiciera con presteza (63:17-19; véase 51:9-11).

Se puede considerar 63:1-7 como una prefiguración de la segunda venida de Cristo y su victoria en Armagedón (véase Ap. 14:18-20; 19:11-21). Acerca del "lagar" (63:3), comparar Joel 3:13; Apocalipsis 14:18-19; 19:15.

64:1-12 *El fuego consumidor del Cristo que ha de venir.* Isaías siguió con su ruego a Dios para que interviniese, en un lenguaje que prefiguraba la segunda venida de Cristo. El último gran acontecimiento vendrá precedido de un sacudimiento de la tierra (64:1; véase 2:5—4:1; He. 12:18-29) similar al sacudimiento del Sinaí al promulgarse la ley (64:3; véase Éx. 19:18; He. 12:26). La imagen de fuego (64:2) también vincula esos dos grandes acontecimientos (véase Éx. 24:17; He. 12:29).

Isaías se dio cuenta de que el temible Dios (64:4) no podía en absoluto tolerar el pecado de su pueblo. La práctica del pecado había persistido durante mucho tiempo (64:5), y sus efectos eran profundos (64:6-7; véase Jer. 17:9; Ro. 3:10). Sin embargo, el profeta invocó con fe a Dios para que perdonase y restaurase (64:8-12).

65:1-16 *Los paganos responden, pero no su pueblo.* Mientras Dios extendía sus manos a su propio pueblo de Israel, ellos persistían en su rebelión (65:2-4, 6), incluso aunque muchos no israelitas le estaban buscando (65:1). Dios castigaría a su pueblo (65:6-7, 11-12) pero preservaría a un remanente fiel, a los que bendeciría (65:8-10). Luego contrasta la feliz parte de sus "siervos" con las de sus enemigos (65:13-14).

65:17-25 *¡Nuevos cielos y nueva tierra!* Dios creará un día "nuevos cielos y nueva tierra". La creación anterior, con todo su dolor y sufrimiento y muerte, será para siempre olvidada. Mientras que 65:17 y 66:22 mencionan los nuevos cielos y la nueva tierra (véase Ap. 21:1—22:5), y algunos rasgos de 65—66 parecen tener este período de tiempo a la vista, la sugerencia en 65:20 de que la muerte no será todavía totalmente destruida conduce a muchos eruditos a la conclusión de que la sección de 65—66 habla principalmente del milenio.

66:1-24 *Dos eternidades entre las que escoger.* Dios desea la comunión de aquellos que verdaderamente creen en Él (66:1-2). Pero ésos son difíciles de encontrar; la mayoría "escogieron sus propios caminos", y por ello su adoración es abominable (66:3). Por cuanto han rehusado confiar en Dios (véase 12:2), Dios hará caer sobre ellos las mismas calamidades que temen (66:4).

Mientras, los que han sido ridiculizados por su fe serán vindicados, cuando, en un instante, Israel renazca (66:5-9). Los habitantes de Jerusalén se regocijarán, porque disfrutarán de abundantes provisiones y de "paz como un río" (66:10-13).

Mientras los redimidos tendrán comunión con su Señor durante el milenio, los enemigos de Dios experimentarán su ira (66:17). Todas las personas del mundo tendrán oportunidad para decidirse por o en contra del Señor, cuando el fiel remanente de Israel publique la gloria de Dios a las naciones (66:18-21; véase exposición sobre 45:14-25). Los redimidos experimentarán para siempre su recompensa (66:22-23), como también recibirán su retribución aquellos que hayan rechazado a Dios (66:24).

PERSONAS A RECORDAR DE ISAÍAS

ISAÍAS

Hechos clave: Príncipe de los Profetas, y se podría decir que el más grande de los profetas del AT.
Padre: Amoz (38:1)
Esposa: Innominada (8:3)
Hijos: Sear-jasub, Maher-salal-hasbaz (7:3; 8:1)
Total de referencias bíblicas: 53
Referencias clave: 1—66; 2 R. 19—20; Mt. 3:3; 8:17; 12:17-21; Ro. 10:16, 20

Habla Isaías

Si mi cuenta está bien hecha, Manasés es el decimocuarto rey de Judá. Esto significa que he profetizado durante los días de más de un tercio de los reyes de Judá. Recibí mi llamamiento durante el año en que murió el rey Uzías. Luego vino Jotam, seguido por el joven Acaz (6:1).

¡Cuánto miedo tenía Acaz el día en que nos encontramos por vez primera! Bien, intenté tranquilizarlo, pero no quería escuchar. Esto fue solo el principio, claro, porque luego pasó de una simple incredulidad a una espantosa adoración de demonios, ¡y llegó a sacrificar a sus propios hijos! ¡Nadie lamentó su muerte! (7:1-2, 11-12; 2 R. 16:3; 2 Cr. 28:27).

Luego vino su admirable hijo, Ezequías, que era exactamente lo contrario. ¡Qué memorias se evocan de su reinado de veintinueve años! Quién podría jamás olvidar la más negra de las noches cuando estábamos cercados por uno de los más crueles y poderosos enemigos de nuestra época, ¡los asirios! Por mandato de Dios, aseguré a Ezequías que ni el pie de un soldado ni tampoco una flecha enemiga entraría en nuestra ciudad amada (37:33-35).

¡Cómo recordamos todos los clamores de angustia a la mañana siguiente, que salían de lo que quedaba de las tropas enemigas, cuando descubrieron que 185.000 de sus compañeros de milicia yacían muertos a montones todo alrededor de los muros de nuestra ciudad! (37:36).

Pero Ezequías ha desaparecido, y su hijo Manasés ha tomado su lugar. A pesar de haber tenido un padre tan ejemplar, Manasés se ha vuelto aun peor que su despreciable *abuelo.* ¡De hecho, unos amigos me han dicho que piensa hacerme callar pronto! [Según la tradición, y en base del libro apócrifo "La ascensión de Isaías", Isaías fue ejecutado siendo aserrado en dos durante los tiempos negros mencionados en 2 Reyes 21:16 (véase He. 11:37).]

¡Qué gloriosas revelaciones me ha dado Dios acerca del futuro Mesías de Israel! ¡Me ha sido permitido escribir acerca de su nacimiento, de su muerte, de su resurrección y de su reinado eterno! (7:14; 9:6-7; 52:13; 53:1-11; 60:1-6).

Comencé mi ministerio hace más de 40 años diciendo: "Heme aquí, envíame a mí". Ahora termino con: "Aquí estoy, recíbeme a ti" (6:8).

Lecciones espirituales de Isaías

- Cuanto más resplandeciente la luz de la gloria de Dios, tanto más negra la sombra de mi pecado (6:1-5; véase Lc. 5:8; Ap. 1:17).
- Isaías *se presentó voluntario* para el servicio de Dios antes de ser *reclutado* (6:8; véase 1 S. 3:1-10; Ro. 12:1-2).
- La purificación se consigue solo mediante confesión (6:5-7; véase Sal. 32:5; 51:1-4, 7).

Versículo clave

"Después oí la voz del Señor, que decía: ¿A quién enviaré, y quién irá por nosotros? Entonces respondí yo: Heme aquí, envíame a mí" (6:8).

SENAQUERIB

Hechos clave: Rey de Asiria; el ejército fue destruido por el ángel de la muerte (2 R. 18:13; 19:32-35).

Padre: Sargón II

Hijos: Adramelec, Sarezer, Esar-hadón (37:38)

Muerte: Registrada en 2 Reyes 19:37

Total de referencias bíblicas: 13

Referencias clave: 36—37; 2 Reyes 18—19

Habla Senaquerib

¡Aquí estoy, en el templo de Nisroc en Nínive, pidiendo a mi dios que me diga qué es lo que ha ido mal! Claro, me refiero a aquella terrible y espantosa campaña de hace veinte años. Mi ejército nunca ha sido el mismo. ¡Evidentemente, la pérdida de 185.000 soldados en una sola noche bajo una mano invisible ha sido un golpe terrible para el general y para sus tropas! (37:36).

La marcha fue al principio como un paseo militar. Saqueé Babilonia, sometí Siria y Filistea y destruí la fortaleza judía en Laquis. Pero luego llegamos a Jerusalén. En este momento, escribí en mi diario que había atrapado a Ezequías en su ciudad "como un ave en su jaula". Y, sinceramente, tenía todas las razones para creer que aquel débil rey de Judá iba a rendirse rápidamente: a fin de cuentas, me había enviado un enorme soborno mientras estaba destruyendo Laquis (2 R. 18:14-16; 2 Cr. 32:9-15).

Pero luego Ezequías cambió de parecer. Es probable que aquel fanático religioso, Isaías, le convenciera. ¡Oh, poderoso Nisroc! ¿por qué dejaste que el rey de Judá, Jehová, nos derrotase a ti y a mí?

¿Qué alboroto es éste que oigo? ¿Cómo se atreve nadie a interrumpir al rey durante su tiempo de devociones? ¡Pero, espera! ¡Se me acercan dos personas con espadas desenvainadas! ¡Son mis dos hijos! (37:37-38).

Lecciones espirituales de Senaquerib

- La persona que se burla de Dios o de su pueblo puede al final encontrarse con que Dios se ríe de ella (véase 2 R. 18:22, 33-35; 19:20-21; Sal. 2:1-5).
- El fatal error de Senaquerib fue suponer que el Dios de Israel era tan poco poderoso como sus propios falsos dioses (véase 2 R. 19:10-13).
- Ezequías fue salvado *de* la espada después de adorar al Dios verdadero (véase 2 R. 19:14-19, 32-35); Senaquerib fue muerto *por* la espada mientras adoraba a su falso dios (véase 2 R. 19:36-37).

Versículos clave

"Por tanto, así dice Jehová acerca del rey de Asiria: No entrará en esta ciudad, ni arrojará saeta en ella; no vendrá delante de ella con escudo, ni levantará contra ella baluarte. Por el camino que vino, volverá, y no entrará en esta ciudad, dice Jehová. Porque yo ampararé esta ciudad para salvarla, por amor de mí mismo, y por amor de David mi siervo" (37:33-35).

ISAÍAS: EL PRÍNCIPE DE LOS PROFETAS

ÍNDICE DE TEMAS SELECTOS EN ISAÍAS

ISAÍAS Y LOS ATRIBUTOS DE DIOS

Bondad (58:8-14)
Eternidad (40:28; 63:16)
Fidelidad (25:1; 49:7)
Gentileza (40:11)
Gloria (40:3-5; 42:8; 59:19)
Gracia (443:22-28; 48:17-22; 49:14-18; 55:1-9; 57:16-21; 63:7-8)
Ira (1:28-31; 30:27-28; 33:14-16; 63:11-15, 17-19)
Justicia (56:1-8)
Longanimidad (42:14; 65:2)
Misericordia (40:1-2)
Omnipotencia (31:4-5, 8-9; 40:9-10, 12; 42:5; 64:1-4)
Omnisciencia (28:23-29; 40:13-14; 41:21-24; 42:9)
Santidad (6:3; 57:15)
Soberanía (40:15-17, 21-27; 41:1-4; 44:6-20, 24-27; 45:7-12, 14-15; 46:1-4, 6-8; 66:1-2)
Trinidad (48:16; 63:9-10)
Unicidad (40:6-8; 55:10-13)

ISAÍAS Y EL MESÍAS

EL CORDERO

Su encarnación

Nacido de una virgen (7:14)
A la vez Dios y hombre (9:6)
Desciende de David (9:7; 11:1)

Su relación con el Padre

Preparado por el Padre (49:1-2)
Nombrado por el Padre (9:6)
Amado por el Padre (42:1)
Con poder del Padre (50:4; 61:10-11)
Comisionado por el Padre (42:6-7; 49:3-7)

Confortado por el Padre (49:8-9; 50:7-9)
Obediente al Padre (50:5)
Su relación con el Espíritu Santo
El poder (11:2)
La predicación (61:1-3)
Su relación con Israel
La iluminación de la nación (9:1-2)
El fundamento de la nación (28:16)
Su relación con los gentiles
Revelando salvación (42:6-7)
Recibiendo adoración (11:10)
Su ministerio lleno de gracia
No un fanático (42:2)
No buscador de faltas (42:3)
No fracasado (43:4)
Su crucifixión
El origen de la misma (¿Quién causó su muerte?)
Sus enemigos (todos los pecadores) (53:3-6)
Su Padre (53:6, 10)
Su agonía (50:6; 52:14)
Su resultado (53:5-9, 11-12)
EL LEÓN
Su exaltación (52:13)
Su reinado milenario
Su naturaleza (11:3-5)
Su extensión y duración (9:7)
Su significado para Israel (59:20-21)
Su significado para los gentiles (52:15)
Su significado para los pecadores (59:16-18)

ISAÍAS Y LOS TIEMPOS DEL FIN

LA GRAN TRIBULACIÓN
Sus razones
Soberbia (2:10-17; 13:11)
Idolatría (2:18)
Iniquidad (24:5)
Sus resultados
Plagas divinas en los cielos (13:10, 13)
Plagas divinas en la tierra (13:9; 24:1, 19-20)
Plagas divinas sobre los pecadores
El temor de los pecadores durante la tribulación (2:19-22; 13:6-8; 24:17-18)
La "escasez" de pecadores después de la tribulación (13:12; 24:2-4, 6-13)
EL MILENIO
El rey milenario
Jesús, el glorioso y el hermoso (28:5-6; 33:17)
Jesús el justo (32:1-4)

Jesús el dador de la luz (24:23; 60:19-20)

El reino milenario

Israel en el milenio

Sus ciudadanos purificados (4:4; 66:19-21)

Su país glorificado (60:1-18)

Su capital engrandecida (2:1-3; 4:2-6; 33:5-6, 20-23; 52:1-10; 62; 65:18-19; 66:10-14)

Las naciones gentiles

Cesarán las guerras (2:4; 9:5)

Comenzará la adoración (11:10)

Los necesitados en el milenio

Los sordos y ciegos oirán y verán (29:18; 35:5)

Los cojos y los mudos andarán y hablarán (35:6)

Los humildes y los pobres se regocijarán (29:19)

Los enfermos serán sanados (33:24)

Los cautivos serán libertados (52:11-12)

Los ignorantes aprenderán (29:24)

Los dolidos cantarán (30:29-33; 35:10; 42:10-17; 65:19)

Los impíos se desvanecerán (29:20-21; 32:5-8)

Los tímidos serán valerosos (29:22-23; 35:3-4)

Los peticionarios serán oídos (65:24)

Los desahuciados vivirán (25:8; 65:20)

La naturaleza en el milenio

La vida vegetal (29:17; 30:23-25; 32:15-20; 35:1-2, 7; 65:21-23)

La vida animal (11:6-9; 65:25)

JEREMÍAS

TRASFONDO

Jeremías comenzó su ministerio profético en el 627 a.C., casi 100 años después de la caída del reino del norte de Israel bajo los embates de Asiria en el 722 y unos 60 años después del final del ministerio de Isaías. Asiria había dominado a Judá gran parte de esos 100 años, pero estaba ahora en las postrimerías de sus días gloriosos. Babilonia, la nueva superpotencia emergente, conquistaría Asiria en el 605, y a Judá en el 586.

Alrededor del 632, el joven rey Josías había comenzado seriamente a buscar la voluntad de Dios (véase 2 Cr. 34:3). Luego en el 621 se descubrió una copia de la ley de Moisés, largamente olvidada, lo que condujo a un despertar religioso a escala nacional (véase 2 R. 22—23). Pero para la época de los primeros mensajes proféticos de Jeremías (2-6), todavía durante el reinado de Josías, el avivamiento había prácticamente llegado a su fin.

Josías fue muerto en una atolondrada batalla contra Egipto en el 609 (véase exposición sobre 2 R. 23:28-30), y Judá quedó bajo control de Egipto. Joacaz, hijo de Josías, le había sucedido, pero Egipto lo depuso tras un reinado de solo 90 días e hizo de su hermano Joaquín su rey marioneta (véase exposición sobre 2 R. 23:21-34). Egipto fue derrotado por Babilonia en el 605, y Judá quedó bajo el dominio de Babilonia.

Hacia el 601, los babilonios se habían retirado de Judá, y Joacim se volvió a sus anteriores amos egipcios como aliados contra Babilonia (2 R. 24:1). Los babilonios volvieron en el 597, justo después de la muerte de Joacim, y tomaron Jerusalén. Se llevaron cautivo a Babilonia a Joaquín, hijo de Joacim, después que hubo reinado solo 90 días (véase exposición sobre 2 R. 24:8-16), e instaló a Sedequías, otro hijo de Josías, como su marioneta. Egipto apremió entonces a Sedequías a que se aliase con ellos contra Babilonia.

Mucha parte del ministerio de Jeremías tuvo que ver con mostrar a sus hermanos israelitas que su opresión y venidera derrota de parte de Babilonia eran la forma que tenía Dios de llamarlos al arrepentimiento y a la fe (véase exposición sobre

—627 a.C. Jeremías comienza su ministerio

—608 Sermón del templo de Jeremías, encarcelamiento

—605 Primera deportación de Judá a Babilonia

—597 Segunda deportación

—593 Sermón del yugo de Jeremías

—a. 586 Jeremías en la cisterna, caída de Judá, Jeremías a Egipto

—581 Última profecía de Jeremías

27:1-22). Debido a esta convicción, se oponía a toda alianza con Egipto —o con cualquier otra nación—, lo que le ganó el odio de israelitas "patriotas" que veían en Egipto su única esperanza. Lo mismo que Isaías antes que él, Jeremías anhelaba una nación que confiase solo en Dios (véase *Isaías: Trasfondo*).

Jeremías predijo que, en todo caso, Egipto daría poca ayuda contra Babilonia. Sedequías, al final, se decantó por Egipto, y cuando Babilonia atacó en el 587 y de nuevo en el 586, Egipto se hundió y Jerusalén cayó (véase 2 R. 25), tal como había sido predicho por Jeremías. Irónicamente, Jeremías fue luego forzado a huir al mismo Egipto contra cuya ayuda se había opuesto (43:5-7).

El libro de Jeremías es una colección de profecías dadas en diversos períodos de su vida. Aunque no están todas en orden cronológico, se pueden determinar fechas aproximadas por los reyes que se nombran (véase *Bosquejo*).

Poco después de la destrucción de Jerusalén, Jeremías registró sus pensamientos acerca de aquel acontecimiento en el libro de Lamentaciones.

AUTOR

Jeremías, cuyas profecías fueron recogidas por su secretario Baruc (véase 36:4, 3 2) y recogidas por un recopilador desconocido:

- Se hace referencia a Jeremías en numerosas ocasiones en un lenguaje que implica su paternidad literaria (1:1, 4).
- Daniel se refiere a él como autor de los pasajes que tratan de los 70 años de exilio (25:11-12; 29:10; Dn. 9:2).
- Mateo designa a Jeremías como autor de dos citas del libro de Jeremías (Mt. 2:17-18; 27:9-10).

Tal como lo observa Baruc, las palabras propias de Jeremías terminan en 51:64; el capítulo 52 —especialmente 52:31-34, que refleja un tiempo bien adentrado en el exilio— puede haber sido añadido por un discípulo de Jeremías. (Obsérvese que 52:31, 33 se refiere a "Joaquín", que en otros lugares en Jeremías, en algunas traducciones, es llamado Jeconías o Conías.) El capítulo 52 es casi idéntico a 2 R. 24:18—25:30.

Por el texto de su libro sabemos más de la vida personal de Jeremías que de cualquier otro profeta. A veces conocido como el profeta trágico, tuvo pocos amigos y muchos enemigos. También conocido como el profeta del llanto, se lamentó continuamente por su pueblo y por su tierra (véase 4:19; 8:21; 9:1; 10:19).

El AT menciona a otros ocho Jeremías, incluyendo otros dos mencionados en este libro (35:3; 52:1).

FECHA Y LUGAR

Véase *trasfondo.* Jeremías ministró desde alrededor del 627 a.C. (véase 25:3) hasta alrededor del 581 (véase exposición sobre 44:1-14), principalmente en Jerusalén (véase 22:1-2; 29:1; y otros pasajes donde habla con varios reyes). Se desconoce la fecha de la recopilación.

PROPÓSITO

Jeremías proclamó la palabra de Dios acerca de cinco cuestiones:

- Dios: Proclamar que Dios lo ha creado todo y que todo lo controla (véase 10:12-16; 32:26-27).

- Pecado: Mostrar que la gravedad del pecado de Judá demandaba el castigo divino.
- El remedio de Dios para el pecado: Introducir la solución radical, de una vez por todas, para el pecado: el don divino de un nuevo corazón (31:31-34; 33:6-9).
- La persona de Dios que daría el remedio: Predecir la renovación del reinado davídico por parte del Mesías venidero (el "Renuevo", 23; 33) que salvaría a Israel de sus pecados (23:6; 33:16).
- El plan de Dios para la humanidad redimida: El Mesías establecerá un día su reinado milenario (véase *Isaías: Trasfondo*), exento de la maldición del pecado y de la muerte (véase 30:10-11 y exposición sobre Is. 26:20—27:13).

RASGOS SINGULARES

- Jeremías fue el más perseguido de los profetas del AT.
- Fue el único profeta al que se le prohibió orar por su nación (véase exposición sobre 7:16-27).
- Fue el único profeta que dio un relato de testigo ocular de la caída de Jerusalén (3:9; véase Lm.).
- Jeremías contiene las más extensas y detalladas profecías acerca de Babilonia, mencionándola 164 veces; más que todo el resto de la Biblia. El apóstol Juan daría el nombre de Babilonia a la ciudad del Anticristo (Ap. 17—18).
- Jeremías se refirió a otro profeta, Miqueas, por su nombre (26:18). Jeremías mismo fue mencionado por Daniel (Dn. 9:2). Aunque muchos de los profetas fueron coetáneos, solo otro profeta escritor, Daniel, fue mencionado por su nombre por escrito por un colega profeta (Ez. 14:14, 20; 28:3). Asimismo, los libros proféticos hacen solo una mención por nombre de un principal profeta no escritor (Elías, Mal. 4:5).
- Jeremías registra el último de los tres pactos incondicionales más importantes del AT (véase *Pactos bíblicos*, p. 886):
  - el pacto abrahámico (Gn. 12:1-3)
  - el pacto davídico (2 S. 7:10-16)
  - el nuevo pacto (31:31)

COMPARACIÓN CON OTROS LIBROS DE LA BIBLIA

Otros profetas:

- Jeremías fue coetáneo de Habacuc y participó de algunas de sus inquietudes. También se pueden encontrar paralelos en Miqueas y Hageo, como se observa en las secciones de *Comparación* para sus libros. Abdías 1:1-9 es paralelo con Jeremías 49:7-22.

BOSQUEJO

(Las fechas aproximadas indican interrupciones en la secuencia temporal.)

LLAMAMIENTO DE JEREMÍAS (1) [627 a.C.]

MINISTERIO DE JEREMÍAS A JUDÁ (2—45)

  Llamamientos al arrepentimiento (2—6) [626-615]

  El templo y la idolatría (7—10) [608]

  El pacto quebrantado (11—12)

Advertencias de condenación (13:1—15:16) [605-590]
Dolor y soltería de Jeremías (15:17—16:9)
Advertencias adicionales (16:10—17:27)
El alfarero y el vaso (18:1—20:6)
Angustia de Jeremías (20:7-18)
Advertencias a reyes (21—22)
El Renuevo justo (23:1-8)
Advertencias acerca de los falsos profetas (23:9-40)
La visión de los higos (24) [597-586]
La copa de la ira de Dios (25) [605]
Encarcelamiento de Jeremías (26) [608]
Jeremías apremia a someterse a Babilonia (27—29) [593]
La señal del yugo (27)
La reacción de Hananías (28)
Advertencia a los exiliados acerca de los falsos profetas (29)
El nuevo pacto (30—31) [589-587]
Jeremías compra un campo (32)
El renuevo justo (33)
Sedequías y los esclavos (34)
Los recabitas (35) [a. 607]
El rollo de Jeremías (36) [605]
Encarcelamiento de Jeremías y su encierro en una cisterna (37—38) [587-586]
Caída de Jerusalén (39)
Jeremías, Gedalías y Johanán (40—41) [586-585]
Los judíos restantes huyen a Egipto (42:1—43:7)
Ministerio de Jeremías en Egipto (43:8—44:30)
Una profecía para Baruc (45) [605]
ADVERTENCIAS A LAS NACIONES (46—51) [605-585]
Egipto (46)
Filistea (47)
Moab (48)
Amón (49:1-6)
Edom (49:7-22)
Damasco (49:23-27)
Cedar y Hazor (49:28-33)
Elam (49:34-39)
Babilonia (50—51)
EPÍLOGO HISTÓRICO (52) [586-560]

LLAMAMIENTO DE JEREMÍAS (1) [627 A.C.]

1:1-10 *Separado antes de su nacimiento.* Jeremías comienza su libro observando que su ministerio se extendió desde el año 13 de Josías (627 a.C.) hasta "la cautividad de Jerusalén" (586). Su ministerio se extendió en realidad durante más tiempo, posiblemente hasta alrededor del 581 (véase exposición sobre 44:1-14). Mucho antes del nacimiento de Jeremías, Dios había decidido que Jeremías sería profeta. A pesar de la resistencia y del temor de Jeremías (1:6-8), Dios le dio una difícil tarea (1:10) y le prometió ayuda divina (1:7-9).

1:11-19 *Una vara y una olla hirviendo.* Para confirmar su llamamiento del asustado Jeremías, Dios le dio dos visiones: La vara de almendro (1:11-12), que florece tardíamente, hablaba de un juicio largamente vencido, listo para estallar. La olla de agua hirviente con "su faz hacia el norte" revelaba que Dios derramaría la ira de Babilonia sobre Israel (1:13-15). Dios alentó a Jeremías a que profetizase valientemente esas cosas, aunque Israel se le opusiera activamente.

MINISTERIO DE JEREMÍAS A JUDÁ (2—45)

2:1-19 *La esposa de Dios pasa a ser merienda de leones.* Jeremías comenzó su primer mensaje (2:1—3:5), dado durante el reinado de Josías (véase 3:6), recordando los días en que los israelitas habían estado consagrados a su Señor, como una esposa a su marido (2:1-3). Lamentablemente, ya no exhibían este amor. Habían cometido pecados de comisión, sirviendo a ídolos; y pecados de omisión, abandonando a su verdadero Dios (2:4-13). Esta apostasía había atraído al enemigo sobre el reino del norte como leones hambrientos devorando su presa, y lo mismo podía sucederle a Judá (2:14-19).

2:20-37 *"¡La más poderosa lejía no puede eliminar esta mancha!"* El pueblo de Dios había ido en pos de dioses extraños como una adúltera va en pos de un asunto amoroso, como un animal en época de celo (2:20-25). Ellos habían reunido tantos dioses extraños como ciudades había en Judá (2:28; véase 11:13) y habían olvidado al Dios verdadero (2:32). A pesar de la clara evidencia de su pecado (2:33-34), ellos pretendían inocencia (2:23, 33). Ningún esfuerzo humano podría haber lavado un pecado tan grande (2:22). El único remedio era la humillación nacional mediante una derrota militar (2:37).

Tal como había hecho a través de su historia, Israel buscó seguridad en alianzas políticas en lugar de solo en Dios (2:17-19, 36-37). Jeremías advirtió que tales alianzas resultarían inútiles (2:36-37), igual que había sucedido en tiempos de Isaías. Tanto Asiria como Egipto serían derrotadas en breve por Babilonia. Jeremías, lo mismo que Isaías, veía una intensa relación entre las alianzas extranjeras y la apostasía religiosa (2:19; véase exposición sobre los siguientes pasajes: Is. 30:1-17; 1 R. 11:1-8; 2 R. 16:10-20).

3:1-5 *"Si volvéis pasaré por alto mi ley".* Aunque tenía todo el derecho a condenarlos por haberse "prostituido" con falsos dioses, y aunque su ley mandaba que un hombre no podía volver a recibir a una esposa repudiada después que ella se hubiera casado con otro hombre, Dios quería que sus infieles hijos se volvieran a Él.

3:6-11 *La triste historia de dos hermanas pecadoras.* Jeremías comenzó el segundo de sus dos pasajes durante el reinado de Josías (3:6—6:30) recordando de nuevo al pueblo la caída del reino de norte. La "rebelde" Judá era peor que su "rebelde" hermana Israel porque Judá había descuidado aprender de la caída de Israel.

3:12—4:4 *El bien dispuesto ofrecimiento de un dolido pero compasivo Padre.* Si tan solo estaban dispuestos a reconocer sus pecados, Dios perdonaría tanto a Israel como a Judá (3:12-14), y los traería del exilio a su reino eterno (3:14-18). En el milenio (véase *Propósito*), la sombra de la observancia religiosa alrededor del Arca será cambiada por la sustancia del Mesías mismo. Esta presente edad será olvidada a la luz de su presencia (3:16; véase Is. 65:17). Tras haber hecho su ofrecimiento, Dios de nuevo llamó a sus hijos al arrepentimiento (3:19—4:4).

4:5-31 *Desolado por su propio decreto condenatorio.* Con creciente apremio, Jeremías declaró que un "león" del "norte" (Babilonia) ya se estaba preparando para invadir Judá (4:5-9). Una vez más llamó a Judá al arrepentimiento (4:14). Angustiado y con un corazón palpitante describió una tierra fructífera de Judá transformada en desierto (4:19-31).

5:1-9 *La condición para el aplazamiento: Solo que haya un justo.* Con mordaz ironía, Dios prometió perdonar a toda la nación si solo se podía encontrar una persona que buscase la verdad y que practicase la justicia (5:1-2). Jeremías buscó en vano a una persona así (5:3-5) y llegó a la conclusión de que el castigo anunciado por Dios sería bien merecido (5:6-9).

5:10-19 *"¡Vosotros habéis servido a sus dioses; ahora serviréis a los devotos de esos dioses!"* Debido a que Israel había ignorado los esfuerzos de Dios para disciplinarlos (5:10-13), llevaría a Babilonia contra ellos (5:14-17). Por cuanto habían adorado a dioses extraños en su propia tierra, ahora servirían a una nación extraña en otra tierra (5:18-19). Judá sería llevada al exilio, no destruida del todo (5:18; véase 4:27).

5:20-31 *Los océanos le obedecen, pero su pueblo no lo hace.* Los océanos permanecían en su lugar designado, obedeciendo a su Creador, pero el pueblo de Dios había preferido otra cosa (5:22-25). ¿Acaso Dios no tenía derecho a castigar una rebelión así? (5:29). Como en todas las Escrituras, los pobres y los huérfanos están en los primeros lugares de la lista del interés de Dios (5:28; véase exposición sobre Is. 58:6-14).

6:1-9 *¡Corre, Benjamín, corre!* Al acercarse su mensaje a su fin, Jeremías advierte a su propia tribu, Benjamín, que se prepare para huir del avance babilónico. Pinta una macabra escena de la invasión venidera. Lo peor de todo, ¡era el mismo Señor quien iba a encabezar a este ejército contra su propio pueblo (6:6-9)! "El Señor al que ama, disciplina" (He. 12:6).

6:10-21 *Ni vergüenza, ni paz.* Jeremías repitió las acusaciones contra Judá: Todos eran pecadores, "desde el más chico de ellos hasta el más grande" (6:13). Sus profetas y sacerdotes estaban prometiéndoles paz (6:14; véase 8:11), pero donde hay una desvergonzada maldad no puede haber paz (6:15). Dios había llamado a su pueblo a "preguntar por las sendas antiguas", donde hubieran podido hallar paz, pero habían rehusado hacerlo (6:16, véase 18:15). Por consiguiente, su única expectativa era la de juicio (6:18-21; véase exposición sobre Ez. 13:1-23). Acerca de "obstáculos" (6:21), véase exposición sobre Isaías 8:11-22.

6:22-30 *"Plata desechada", esto es lo que nos llamarán.* En un último esfuerzo por atraerlos al arrepentimiento, Jeremías describe una vez más la crueldad de la invasión venidera. Si los israelitas no se arrepentían, Dios los rechazaría como se rechaza la plata de baja calidad (6:27-30).

7:1-15 *"¿Creen que Dios no la destruirá? ¡Miren como quedó Silo!"* Poco después de la muerte de Josías en el 609 a.C., después que Egipto hubiera depuesto a Joacaz y hecho rey a Joaquín, Jeremías habló acerca de la insincera adoración de Judá en el templo (7:1—8:3, a menudo conocido como su sermón del templo). El pueblo de Judá suponía falsamente que por cuanto el templo de

Dios estaba allí, Dios no destruiría Jerusalén (7:1-4). Pero Jeremías denunció la hipocresía de comparecer ante Dios en el templo mientras vivían en pecado en sus casas. Solo necesitaban visitar Silo, donde Dios había permitido la destrucción del tabernáculo y la toma del Arca (véase 1 S. 4), para saber que no vacilaría en destruir también Jerusalén.

Algunos eruditos contemplan 7:4 como una expresión cínica de Jeremías acerca del avivamiento que había tenido lugar bajo Jeremías (véase *Trasfondo*). Pero el cronista observa que Jeremías lamentó profundamente la muerte de Josías (2 Cr. 35:25).

Jesús aplicó 7:11 a la falsa adoración de su tiempo (véase Mt. 21:13).

7:16-27 *El profeta no debería orar más.* Dios mandó a Jeremías que dejase de orar por Judá: por cuanto habían hecho oídos sordos a Dios, Él les haría oídos sordos a su vez. En tal caso, de nada sirve orar (7:16; véase 11:14; 14:11; 1 Jn. 5:16). Desde el día en que Dios los había traído de Egipto, Israel le había desobedecido (7:17-26). Jeremías podía estar seguro de que ellos también le desobedecerían (7:27).

7:28—8:3 *"¡Rápate la cabeza llena de vergüenza, ciudad pecadora!"* Debido a la gravedad de su pecado y debido al gran sufrimiento que pronto les vendría encima, sería apropiado para los israelitas que se rapasen las cabezas en duelo (7:28-34; véase 47:5; 48:37). En el juicio venidero, los huesos de los muertos serían exhumados y expuestos a los mismos elementos que habían una vez adorado (8:1-3).

El pueblo había introducido altares paganos en el templo (7:30; véase 2 R. 21:5) y estaban incluso sacrificando a sus hijos a dioses extraños (véase 19:4-6; Is. 30:33). Estos hechos horripilantes tenían lugar en Tofet, en el valle del hijo de Hinom, o Gehena, en el borde meridional de Jerusalén. Para los tiempos del NT, el nombre de Gehena era sinónimo con infierno, y así se traduce diez veces en la versión RV (y se transcribe cuatro veces como Gehenna; véase Mt. 5:22; Mr. 9:34; Stg. 3:6, RV).

8:4-17 *"¡Las aves saben más que mi pueblo!"* El sermón del templo de Jeremías fue seguido por una serie de profecías sobre pecado y juicio (8:4—10:25). Mientras que las aves seguían sus instintos dados por Dios, el pueblo de Dios descuidaba seguir su ley (8:4-9), y por ello los castigaría (8:10-13). Por cuanto no estaban avergonzados de sus pecados, Él traería una gran vergüenza sobre ellos (8:12). Serían derrotados por sus enemigos (8:14-17).

8:18—9:2 *¿No hay medicina? ¿No hay médicos?* Agobiado bajo el peso del apuro de Judá, Jeremías ruega al Señor que los sane (8:18-22) y llora por las ciudades sentenciadas (9:1-2). Pero cuando el profeta intercede por la causa de su pueblo (8:18-19), Dios se limita a repetir las acusaciones contra ellos (8:19). Jeremías estaba dispuesto a viajar hasta Galaad para encontrar un remedio (véase Gn. 37:25). Dios llegaría en su momento mucho más lejos que Galaad para encontrar un remedio permanente para el pecado (véase 23:6; 31:31-34).

9:3-16 *¿Por qué todo este sufrimiento? ¡Por todos sus pecados!* El Señor volvió a referirse al pecado de Judá, centrándose esta vez en la falta de honradez en las relaciones unos con otros (9:3-8). Luego hace una pregunta retórica: "De tal nación, ¿no se vengará mi alma?" (9:9). Una vez más, Jeremías se lamenta de la venidera destrucción de Judá (9:10), y de nuevo Dios pronuncia su sentencia y expresa la causa de esta condena: "Porque dejaron mi ley, la cual di delante de ellos, y no obedecieron a mi voz, ni caminaron conforme a ella" (9:13).

9:17-26 *Un llamamiento al dolor.* El Señor llama a toda Judá a dolerse públicamente por la trágica suerte que le aguarda (9:17-22). Serían castigados de la misma manera en que Dios castigaría a una pecaminosa nación gentil (9:25-26). Pero el castigo sería para su bien último, cuando tanto los judíos como los gentiles llegasen a conocer a su Dios (9:23-24). Acerca de 9:24, véase 1 Corintios 1:31; sobre 9:26, véase Romanos 2:28.

10:1-18 *Adorando lo indigno.* La negación del creador Dios vivo y verdadero para adorar ídolos falsos, inertes y temporales es desde luego la cumbre de la locura, dice Jeremías. Su imagen de obreros construyendo los propios dioses que luego adorarán recuerda un similar sarcasmo de Isaías (véase exposición sobre Isaías 44:6-28).

10:19-25 *"¡Ten misericordia! ¡Solo somos humanos!"* Una vez más Jeremías cayó en una profunda depresión al contemplar el inminente juicio sobre Judá (10:19-22). Luego rogó a Dios que tuviera misericordia para con su pueblo (10:24), que a fin de cuentas eran solo humanos (10:23), y que reservase sus juicios más duros para los gentiles que los habían perseguido. Acerca de 10:23, véase Proverbios 16:1; 20:24.

11:1-10 *"¿Recuerdas el éxodo? ¿Y la ley?"* En este mensaje, quizá dado en relación con la ley recién vuelta a descubrir (véase 2 R. 22—23), Jeremías recuerda al pueblo su histórico descuido por aquella ley y por su ingratitud por la liberación de la esclavitud en Egipto.

11:11-17 *De nuevo le dice: "¡No más oraciones!"* Considerando sus pecados e ingratitud, había acabado el tiempo para orar por Judá (11:14), y había llegado el tiempo del castigo. Judá tenía tantos dioses como ciudades (11:13), pero ninguno de ellos podía escuchar, y mucho menos salvar a Judá del juicio de Dios.

11:18-23 *"¡Aborrecemos el mensaje: matemos al mensajero!"* Los habitantes de la población de Jeremías amenazaron con darle muerte si no dejaba de profetizar. Jeremías clamó al Señor, que declaró que ninguno de los que se oponían a Jeremías sobreviviría a la venidera invasión.

12:1-17 *¿Por cuánto tiempo? ¡No por mucho más!* Perplejo ante la prosperidad ininterrumpida de los malvados, Jeremías preguntó al Señor cuánto tardaría su día de la matanza (12:1-14). Dios contestó que a causa del gran pecado de Judá, "la espada de Jehová" los destruiría con prontitud (12:5-13). Dios habría de "arrancar" o desarraigar tanto a Judá como a sus vecinos malvados de sus tierras, pero luego les restauraría a todos, siempre y cuando ellos guardaran su ley (12:14-17). Con respecto al destino de estas naciones gentiles vecinas, véase los capítulos 46–49. Acerca de la prosperidad de los malvados, véase la exposición sobre el Salmo 37.

13:1-27 *Señales de los tiempos.* Jeremías dio cinco advertencias acerca de la destrucción que se avecinaba:

Podrido y deshecho, igual que Judá (13:1-11). Instruido por Dios, Jeremías actuó una lección objetiva que tenía que ver con el pecado de Israel. Así como su cinto de lino se había podrido (13:1-7), así Judá había llegado a ser inútil para Dios.

Una clase diferente de vid (13:12-14). Cuando Jeremías dijo: "Toda tinaja se llenará de vino", la gente supuso que estaba hablando de prosperidad. Pero él dijo que Dios llenaría a los dirigentes de Judá de embriaguez y que luego los destruiría.

"Humíllense mientras poden ver" (13:15-17). Judá debía buscar humildemente a Dios, antes que la oscuri-

dad de la invasión extranjera cayera sobre ellos.

Incluso el rey había de humillarse (13:18-19). Jeremías llamó al rey y a la reina de Judá a que se postrasen humildemente ante Dios, porque su reino iba a caer pronto. Este rey era probablemente el joven rey Joaquín (Jeconías), que reinó solo durante 90 días antes de ser llevado a la cautividad en el 597 a.C., junto a su madre Nehusta (véase 29:2; 2 R. 24:8).

¿Judá dejar de pecar? ¡Imposible! (13:20-27). El castigo de Judá era inevitable debido a que su condición moral era desesperada. Era tan imposible para Judá dejar de pecar como para un humano o animal cambiar de color de piel. Dios afrontaría esta situación imposible en 31:31-34.

14:1-12 *"No hay lluvia, y es por..."* Una prolongada sequía había traído hambre a Judá. Ya secos en lo espiritual, estaban ahora también físicamente secos (14:1-6). Se arrepintieron (14:7-9), pero Dios se hizo oídos sordos, mandando de nuevo a Jeremías que no orase por ellos; la sequía era el justo castigo por su pecado (14:10-12). Desde su más antigua historia, la sequía era parte de la maldición pronunciada sobre Israel por no seguir a Dios (véase Lv. 26:14-20).

14:13—15:9 *"¿Perdonarlos? ¡Ni por amor de Samuel!"* Jeremías observó que muchos profetas estaban prometiendo paz. Dios contestó que Él no había autorizado a esos profetas y que tanto ellos como el pueblo perecerían (14:13-16). Tanto Jeremías (14:17-18) como el pueblo (14:19-22) rogaron de nuevo que la sequía llegase a su fin. Pero el Señor estaba decidido a llevar a su término sus intenciones de castigar a su pueblo. No los perdonaría, ni siquiera si Moisés y Samuel, dos de los más piadosos hombres de Israel, fuesen a interceder por ellos (15:1). Tal sería el juicio venidero que habría más viudas "que la arena del mar" (15:8). Hasta una madre de siete se quedaría sin hijos (15:9).

15:10-21 *"¡Me has defraudado!"* Abrumado por la oposición a su mensaje, Jeremías lamentó el día en que había nacido, pero Dios lo tranquilizó, diciéndole que sería vindicado (15:10-11). Dios volvió a hablar del juicio que se avecinaba (15:12-14), y Jeremías le apremió a que trajese el juicio pronto, a fin de que, después de haber sufrido tanto solo, quedase vindicado como profeta. Acusó a Dios de defraudarlo, y de ser "como aguas que no son estables" (15:15-18).

Con una suave reprensión, Dios aseguró a Jeremías que tendría éxito en su ministerio profético (15:20-21), pero solo si se centraba en el Señor y en su ministerio, en lugar de dejar que quienes se le oponían lo perturbasen (15:19).

16:1-9 *Nada de esposa para Jeremías.* Dios mandó a Jeremías que no se casase (16:1-2) y que no tomase parte en la vida de comunidad (16:8). Al abstenerse de tales placeres daría testimonio de que la devastación que se avecinaba incluiría la interrupción de esas prácticas tan normales.

16:10-21 *Retribución ahora, restauración y avivamiento más adelante.* En tanto que la liberación de Egipto fue sobrenatural, más milagroso sería el día en que Dios volvería a traer al pueblo de Babilonia, la tierra del norte (16:14-15). Pero en primer lugar Dios pagaría "al doble su iniquidad y su pecado" (16:18), haciendo de ellos buena presa para los "pescadores" y "cazadores" gentiles (16:16-17). Jeremías se regocijó de que los idólatras gentiles reconocerían al único Dios verdadero (16:19-20), y Dios le aseguró que esto ciertamente sucedería.

El segundo éxodo de 16:14-15 puede prefigurar el último gran recogimiento de todas las naciones en el milenio (véase exposición sobre Is. 54:1-17).

17:1-8 *Confiando en todo, menos en Dios.* El pecado de Judá estaba indeleblemente inscrito en sus tercos corazones; por ello, Dios los castigaría (17:1-4). Si ellos estaban dispuestos a confiar en Dios, florecerían como un árbol bien regado (17:7-8; véase Sal. 1; Is. 12:2; 30:18). Ellos estaban confiando en meras alianzas humanas y por ello se habían vuelto como marchitos matojos en el desierto, sin fruto, estériles (17:5-6; véase exposición sobre 2:20-37).

17:9-13 *El gran engañador.* El rechazo por parte de Judá a confiar en Dios era solo un ejemplo de la absoluta depravación del corazón humano (17:9: véase Is. 64:6-7; Ro. 3:10). Dios era la única esperanza de Israel; no había ninguna esperanza para los que le rechazasen (17:13).

17:14-18 *"¡Recuerda tu mensaje, y a tu mensajero!"* Jeremías ruega ser vindicado y ruega por su propia seguridad. No tenía deseo alguno de ver a Judá destruida (17:16). Por otra parte, oró por un juicio presto sobre todos los que se burlaban de sus profecías (17:18) y preguntó por qué las profecías no se habían cumplido aún (17:15).

17:19-27 *Obsérvenlo y vivirán; ignórenlo y morirán.* Judá fue retada a que oyera la palabra de Dios y dejase de emprender negocios en sábado. Guardar el sábado significaría quedarse en la tierra. Ignorarlo les traería destrucción (véase exposición sobre Neh. 13:15-22).

18:1-17 *¿Demasiado tarde para corregirlo?* Jeremías observó cómo un alfarero volvía a dar forma a una vasija echada a perder, haciéndola otra vasija mejor. Dios declaró que, como un alfarero, tenía control soberano sobre Israel, para conformarla de una u otra manera, como le pluguiera. Aunque había decretado juicio, podía fácilmente cambiar sus planes si Judá se arrepentía (18:1-10). Jeremías pasó el ofrecimiento a los hombres de Judá, pero ellos rehusaron, diciendo que eran demasiado pecadores para arrepentirse (18:11-12).

Dios expresó su descorazonamiento ante su pueblo. Habían desechado "las aguas frías" en favor de "los fangosos caminos del pecado"; por ello tendría que juzgarlos (18:13-17).

18:18-23 *"¡No podemos hacerlo callar, de modo que lo encerraremos!"* Incapaces de hacer callar a Jeremías, sus enemigos maquinaron calumniarlo y lanzarlo al ostracismo. Jeremías pidió a Dios que los llevara a la justicia.

19:1-15 *La señal de la vasija rota.* Por orden de Dios, Jeremías llevó a algunos de los ancianos de Judá al Valle de Hinom (véase exposición sobre 7:28—8:3), donde aplastó una vasija de barro como señal de juicio. Volviendo a Jerusalén, repitió este mensaje.

20:1-6 *Magor-misabib: Temor por todos lados.* Enfurecido por las profecías de Jeremías, el sacerdote Pasur le persiguió. Jeremías respondió dándole al sacerdote un nombre profético del terror que se avecinaba (20:3-6).

20:7-18 *"Lo dejaría si pudiera, pero no puedo".* Jeremías se volvió a quejar acerca de la forma en que estaba siendo ridiculizado. Sus atormentadores le habían aplicado a él el nombre que había dado a Pasur (20:3, 10). Jeremías quería abandonar su ministerio, pero se vio obligado a proseguir (20:9). Alaba luego a Dios por su poderosa presencia (20:11-13), pero se lamentó del día en que había nacido.

21:1-10 *¿Liberación? Sí, pero no de la cla-*

se que quería. Cerca del 588 a.C., poco antes de la caída de Jerusalén, el rey Sedequías pidió a Jeremías que orase pidiendo que fuesen liberados de Nabucodonosor y de los babilonios (21:1-2). Jeremías contestó que, bien al contrario, Dios iba a entregar al rey y a su pueblo *en manos* de los babilonios (21:3-10). Dios había ofrecido a su pueblo el camino de la vida, pero ellos habían escogido el camino de la muerte. Vendría la muerte de manos de Babilonia. Todos los que quisieran salvarse debían pasarse a Babilonia (21:8-10). Jeremías había dado similares advertencias al menos ya dos veces antes (véase 24 y la exposición sobre 27:1-22).

En 37:1-10 se registra una petición similar de oración de parte de Sedequías aproximadamente al mismo tiempo.

Como en otros lugares de las Escrituras, Jeremías se refiere al pueblo de Babilonia como los "caldeos" (véase exposición sobre 2 R. 24:8-16).

21:11—22:30 *Advertencias propias de un rey.* Jeremías registró una serie de profecías a varios reyes de su época en Judá:

Promueve la justicia o prepárate para el juicio (21:11—22:9). Los reyes deberían seguir la justicia. La alternativa es un juicio devorador.

Muerte en una tierra distante (22:10-12). Joacaz (Salum), el malvado hijo de Josías y su primer sucesor, había sido llevado cautivo a Egipto en el 609 a.C., después de reinar solo 90 días. Jeremías predijo que moriría allí (véase 2 R. 23:31-34).

Una muerte de asno (22:13-23). A diferencia de su justo padre (22:15-16), Joacim (609-597) había vivido en la molicie y rodeado de lujos. Pero tendría un entierro de asno (22:19).

Depuesto y descartado (22:24-30). Debido a su pecado, Joaquín, hijo de Joacim (también llamado Conías y Jeconías) sería descartado como una vasija rota (22:28). Incluso si fuese un anillo de valor, su suerte sería la misma (22:24). Joaquín fue depuesto y exiliado en el 597 después de reinar solo 90 días (véase exposición sobre 2 R. 24:8-16); y, tal como Jeremías había profetizado (22:30), ninguno de sus hijos le sucedería. (Fue sucedido por su tío Sedequías.)

23:1-8 *Pastores negligentes ante el Buen Pastor.* Los pastores espirituales y políticos de Israel habían descuidado el cuidado de su grey; por eso mismo la grey había quedado desparramada. Pero Dios los volvería a recoger, bajo nuevos y mejores dirigentes (23:1-4). Dios suscitaría un descendiente de David, un "Renuevo justo", para que hiciera "juicio y justicia en la tierra" (23:5-6; véase 33:15-16; véase exposición sobre Is. 4:2-6). Esto tendrá lugar en el milenio (véase exposición sobre 16:10-21).

23:9-40 *Las palabras floridas de ellos frente a la palabra encendida de él.* Jeremías advirtió que muchos de los profetas y sacerdotes de Judá eran "impíos" (23:9-12). Los profetas recibían sus mensajes de dioses extraños y fomentaban la impiedad (23:13-15). Prometían paz a todos, incluso a "cualquiera que anda tras la obstinación de su propio corazón" (23:16-17; véase 6:14; Jue. 21:25).

Los falsos profetas y sacerdotes cosecharían el torbellino de la furia de Dios (23:18-20), porque habían hablado presuntuosamente, siendo que Dios no los había enviado. Si hubieran estado verdaderamente hablando de parte de Dios, habrían promovido la moralidad (23:21-22). Dios era buen conocedor de lo que estaban haciendo (23:23-24).

La verdadera palabra de Dios era "como fuego" (23:29). Los falsos profetas, en cambio, hablaban palabras superficiales basadas en sueños o en los pensamientos de otros falsos profetas e intentaban hacer pasar esas cosas como palabra de Dios (23:25-32). Lo que es más, se tomaban a la ligera el mensaje de juicio de Jeremías (23:33-38). Por ello, Dios los iba a juzgar (23:39-40). ¡Sus pretendidos sueños se tornarían en pesadillas!

24:1-10 *Dos higos, dos suertes.* En cierto momento durante el reinado de Sedequías (597-586 a.C.), después de que Joaquín y muchos otros de los principales de Judá (incluyendo a Ezequiel) fuesen llevados cautivos a Babilonia en el 597 (véase Ez. 40:1), Jeremías vio una visión de dos cestas de higos, una de higos buenos, y otra de higos podridos. Los buenos representaban a los judíos llevados a la cautividad en el 597. Dios los protegería y los devolvería a la fe en Él. Los higos malos eran los que se habían quedado en Jerusalén o que habían huido a Egipto. Serían esparcidos por toda la tierra, para ser consumidos por "espada, hambre y pestilencia" (véase exposición sobre 27:1-22). Sobre "corazón para que me conozcan" (24:7), véase exposición sobre 31:31-34.

25:1-7 *"Les he estado advirtiendo durante 23 años... "* El registro que hace Jeremías de su ministerio salta ahora de nuevo al 605 a.C., "el año cuarto de Joacim hijo de Josías". Recuerda al pueblo que durante 23 años (desde cerca del 627) los había estado advirtiendo para que se volvieran de sus malos caminos. Otros profetas también les habían estado advirtiendo. Cualquier castigo que Dios lanzase ahora sobre ellos estaría justificado.

25:8-14 *"Ahora bien, acerca de los próximos 70 años..."* Debido al pecado de Judá, Dios emplearía a su "siervo", el rey babilonio Nabucodonosor, para castigarlos. Luego, después de 70 años de cautividad, serían liberados, y la misma Babilonia sería destruida (25:12; véase 29:10; 2 Cr. 36:22-23; Dn. 5).

Nabucodonosor accedió al poder en el 605 a.C., y aquel mismo año llevó a la cautividad al primer grupo de israelitas. Babilonia sería conquistada en el 539, casi setenta años después, por el rey persa Ciro. Los primeros exiliados regresaron en el 538, aproximadamente 70 años después que los primeros cautivos fuesen conducidos a Babilonia. Pero algunos eruditos fechan los 70 años de cautividad desde el 586, la fecha de la tercera y definitiva deportación, hasta el 516, cuando concluyó la reconstrucción del nuevo templo por los exiliados que habían regresado (véase Zac. 1:12).

Así como Nabucodonosor era "siervo" de Dios para juzgar a Israel, así Ciro sería su "ungido" (Is. 45:1) para juzgar a Babilonia en favor de Israel.

25:15-38 *La ira de Dios: Una copa para todas las naciones.* Dios dio a Jeremías "la copa del vino de furor" del Señor (Is. 51:17; véase Ap. 14:10) para derramarla en juicio sobre Judá y sobre todas las otras naciones que le rechazaban (25:15-29). Si Dios iba a castigar a su propio pueblo, ninguna otra nación podía esperar escapar (25:29). El "día de Jehová", el último gran período de juicio sobre todas las naciones, comúnmente designado como la Tribulación, es aquí identificado como "aquel día" (25:30-38; véase *Isaías: Trasfondo*).

26:1-6 *Los templos pueden ser destruidos tanto como los tabernáculos.* En 26:1-24 se registran los acontecimientos que constituyen el contexto del sermón del templo de Jeremías (7:1—8:3) al comienzo del reinado de Joaquín (a. 608 a.C.). En 26:1-6 se reitera la instrucción de Dios a Jeremías de que se pusiera "en el atrio de la casa de Jehová" para pronunciar el sermón (16:2; véase 7:2). Jeremías debía advertir que el templo, lo mismo que había sucedido antes con el tabernáculo, caería bajo el juicio de Dios.

26:7-24 *Los profetas también pueden ser destruidos.* Tras haber oído esta advertencia acerca del templo, los sacerdotes, profetas y el pueblo clamaron pidiendo la cabeza de Jeremías e informaron a las autoridades acerca del sermón (26:7-11). Jeremías les advirtió que estaba hablando de parte de Dios y los llamó al arrepentimiento (26:12-15). Las autoridades recomendaron clemencia, recordando cómo el rey Ezequías había dado oído a la advertencia de Miqueas y que como resultado Jerusalén había sido perdonada (26:16-19; comparar 26:18-19 y Mi. 3:12). Urías, un profeta coetáneo con Jeremías, había sido muerto por Joaquín (26:20-23). Jeremías mismo fue librado esta vez (26:24) pero estaba seguramente consciente del peligro a que le conducía su misión.

27:1-22 *Lleva un yugo para advertir al pueblo.* La historia salta ahora desde el 608 hasta el 593 a.C. (véase 28:1). Nabucodonosor había llegado a ser rey de Babilonia en el 605. Había llevado a muchos israelitas cautivos en el 605 y en el 597, y había depuesto al sucesor de Joacim, a Joaquín, reemplazándolo con Sedequías. Sedequías había obedecido primero a Nabucodonosor, pero luego comenzó a conspirar con otras naciones para derribar a Babilonia (27:3). (La Reina-Valera sigue a la mayoría de los manuscritos hebreos y nombra a Sedequías en 27:1.)

Como respuesta a la conspiración de Sedequías contra Babilonia, Jeremías puso un yugo alrededor de su cuello y declaró a las naciones reunidas que era la voluntad soberana de Dios que todas sirviesen a Babilonia (27:4-6) hasta el tiempo en que la misma Babilonia fuese juzgada (27:7). Resistirse a servir a Babilonia significaría una destrucción cierta mediante "espada, hambre y pestilencia" (27:8).

Jeremías dio luego la misma advertencia Sedequías (27:12-15) y a todos los israelitas (27:16-22). Advirtió entonces a las tres partes presentes que estaban alentando a la rebelión. En el capítulo 24 se registra una advertencia similar, dada aproximadamente para el mismo momento.

28:1-17 *La profecía y muerte del mentiroso Hananías.* En el mismo año de los acontecimientos del capítulo 27, el profeta Hananías predijo que los israelitas llevados a la cautividad en Babilonia en el 605 estarían de vuelta al cabo de dos años (28:1-4). Jeremías expresó su sincero anhelo de que la estancia de los exiliados en Babilonia fuese verdaderamente breve (28:5-6); pero, basado en lo que Dios había dicho, era escéptico acerca de la perspectiva optimista de Hananías (28:7-8). Luego reiteró la antigua prueba de todas esas profecías: El profeta es profeta del Señor solo si sus profecías se cumplen (28:9; véase Dt. 18:20-22). Hananías repitió su profecía de paz, rompiendo el yugo de Jeremías para dar énfasis a la misma (28:10-11). Jeremías respondió que a causa de su falsa profecía, Hananías moriría aquel mismo año (28:12-16). Dos meses más tarde, había muerto (28:17).

La palabra específica de esperanza de Hananías a Joaquín (28:4) quedó contradicha por Jeremías (véase exposición sobre 22:24-30). La versión de Jeremías resultó ser la correcta (véase 52:31-34).

29:1-14 *"Sean buenos ciudadanos; luego los traerá a casa".* Después de haber oído que había falsos profetas entre los exiliados en Babilonia que también predecían que serían pronto liberados, Jeremías les envió una carta de corrección y de aliento. Les advirtió que el exilio duraría un largo tiempo, pero los animó a hacer frente a aquel tiempo con una actitud bien dispuesta y a volverse unos miembros productivos y pacíficos de la sociedad babilónica (29:1-9). El exilio duraría 70 años; luego Dios los devolvería a Judá (29:10-14; véase exposición sobre 25:8-14).

La carta de Jeremías puede haber sido enviada a Babilonia en el 593 a.C., al mismo tiempo que envió el rollo de su profecía contra Babilonia, cuando Sedequías fue convocado a comparecer allí (véase 51:59). Las promesas de 29:11-14 han sido preciosas para los creyentes a lo largo de los siglos.

29:15-32 *Los falsos profetas serán castigados.* La carta de Jeremías proseguía con advertencias contra los falsos profetas y con aciagas predicciones acerca del destino de los que habían ignorado anteriores advertencias y se habían quedado en Jerusalén (29:15-23). Una pena especial es reservada para Semaías, un exiliado que había enviado una carta a los dirigentes en Jerusalén, apremiándoles a silenciar a Jeremías (29:24-32). Él y todos los demás falsos profetas serían duramente castigados.

EL NUEVO PACTO

Situación
El libro de Jeremías
(31:31-34)

Destinatarios
Toda la casa de Israel

Naturaleza
Los israelitas recibirán nuevos corazones de parte de Dios
(24:7; 32:39)

Superioridad
Será inmutable e incondicional

Período de vigencia
Después de la tribulación y durante el milenio

Base
La gracia de Dios y la muerte de Cristo
(He. 8:8-12)

Mediador
¡Jesucristo!
(30:9; 33:15-18)

30:1-11 *La angustia de Jacob, y el triunfo del Mesías.* Eran los últimos meses antes de la caída de Jerusalén en el 586 a.C. Sedequías se había rebelado contra Babilonia alrededor del 590-589 (véase 52:1-3). Babilonia había comenzado a asediar Jerusalén en el 588 (véase 52:4). El hambre y la peste asolaban Judá (véase 52:6), y Jeremías languidecía encarcelado (véase 32:1-2). En medio de esta crisis, Jeremías profetizó acerca de los planes definitivos de Dios para su pueblo (30—33). Al final de la historia terrenal, Dios traerá a ambos reinos, el del norte y el del sur, de vuelta de la cautividad (30:1-3). Pero primero vendrá el "tiempo de angustia" para Israel, que la mayoría de eruditos identifican con la Tribulación (30:7-8; véase 25:15-38), y Jacob (la nación de Israel) será salvado de su angustia por un futuro rey David, que es Cristo, el Mesías (30:9; véase 2 S. 7:12-16 y exposición sobre Is. 11:1—12:6 y Lc. 1:69).

Dios iba a "disciplinar" a su pueblo, pero no los "destruiría". Más bien, los "salvaría de tierras lejanas", y los devolvería del exilio (30:10-11). Este regreso tendría lugar tanto en el contexto histórico de aquel tiempo como en los tiempos del fin (véase *Propósito*).

30:12-24 *Problema, prescripción y promesa.* El problema del pecado de Judá era "incurable" (30:12-14). El juicio de Dios era la única receta posible (30:15). Pero después del juicio, Judá sería restaurado (30:16-17) y Jerusalén sería reconstruida (30:18-22). En 30:23-24 tenemos un eco de la advertencia de 23:19-20.

31:1-14 *¡Qué día será!* Tal como un pastor recoge a sus ovejas (31:10), Dios restauraría un día a Israel a su tierra. Como un Padre amante (31:1, 9), Él les "prolongó" su misericordia y los hizo volver de la cautividad (31:3). Será un tiempo de regocijo y de prosperidad.

31:15-25 *"Te oigo llorar".* Dios era consciente del enorme sufrimiento de su pueblo en manos de Babilonia, que se simboliza aquí con su deportación de Ramá (31:15; véase 40:1). Había oído sus clamores de arrepentimiento (31:18-19) y prometió restaurarlos a su tierra (31:16-17, 20-25). Mateo vería en la deportación una premonición de la matanza en Belén después del nacimiento de Cristo (véase Mt. 2:16-18).

31:26-30 *¿Fue un sueño?* Con el asombro de uno que despierta tras haber tenido un agradable sueño (31:26), Jeremías vuelve a observar la promesa de Dios de restauración (31:27-30). Así como había destruido a Israel por sus pecados, lo volvería a edificar (31:28; véase 1:10). El tiempo futuro de renovación sería un tiempo de responsabilidad individual delante de Dios (31:29-30; véase exposición sobre Ez. 18:1-18).

31:31-34 *Un pacto escrito en corazones.* El Señor hizo entonces un asombroso anuncio: "He aquí que vienen días . . . en los cuales haré nuevo pacto con la casa de Israel y con la casa de Judá" (31:31). Este pacto sería diferente del actual pacto mosaico (31:32), en el sentido de que Dios lo "escribiría" en los corazones de su pueblo (31:33). Con el mismo se establecería una nueva clase de relación con Dios y una remisión perpetua del pecado (31:34). En tanto que el NT identifica claramente este nuevo pacto como la promesa de Dios de perdón mediante la muerte de Cristo en la cruz, será ofrecido a Israel en una manera especial durante el milenio (véase exposición sobre Ro. 11:11-32 y sobre He. 8:1-13; véase también *Pactos bíblicos*, p. 886; Is. 59:20-21; Ez. 16:60-63; 37:26-28).

31:35-40 *Un futuro tan cierto como el sol y la luna.* Con los últimos de su pueblo dirigiéndose hacia el exilio, Dios prometió que nunca dejarían de ser una nación. La promesa era tan segura como las pautas de la naturaleza (31:35-37). Citando unos lugares específicos dentro de Jerusalén, Dios prometió que su Santa Ciudad sería un día reedificada (31:38-40).

32:1-15 *Jeremías compra un campo.* Era ahora el 587 a.C. Jerusalén estaba rodeada (véase 39:1; 52:4) y "Jeremías estaba preso en el patio de la cárcel que estaba en la casa del rey de Judá" (32:2). Jeremías había advertido a Sedequías que sería derrotado por Nabucodonosor y que sería llevado en cautividad a Babilonia, y Sedequías había reaccionado encarcelando a Jeremías (32:1-5). Por orden de Dios, Jeremías compró un campo en su ciudad natal, que para entonces estaba ya ocupada por Babilonia (32:6-12). Para mostrar su confianza en que sus descendientes recuperarían un día aquella tierra, tuvo gran cuidado en preservar la escritura pública de compraventa (32:13-15).

El encarcelamiento efectivo de Jeremías en "el patio de la cárcel" se registra en 37:21. Mientras estaba encarcelado, Jeremías confió sus asuntos a Baruc (32:11-12), su secretario personal (véase 36:4; 45).

32:16-25 *"Señor, ¿por qué compré este campo?"* Sin dudarlo un instante, Jeremías había obedecido el mandamiento de Dios de que comprase el campo. Alabando a Dios (32:16-24), admitió su perplejidad tocante a por qué Dios le había mandado que hiciese una compra así (32:25). Acerca de que Dios castiga "la maldad de los padres en sus hijos después de ellos" (32:18), véase la exposición sobre Ezequiel 18:1-18.

32:26-44 *"Porque algún día todos volverán a comprar campos".* El Señor contestó que aunque el pecado de Israel lo había provocado a entregar la tierra de ellos a Babilonia (32:26-35), un día la restauraría a ellos y ellos prosperarían (32:36-44); de nuevo se comprarían campos, igual que Jeremías había comprado su campo (32:43-44). Una vez más Dios prometió un nuevo pacto (32:38-40).

33:1-13 *"¡Cosas grandes y poderosas! ¡Solo pídemelas!"* Al irse prolongando el encierro de Jeremías, la palabra de Dios volvió a él. Así como el Dios soberano había creado todas las cosas, Él podía restaurar su pueblo a su tierra y darles prosperidad (33:4-13), causando que todas las naciones le alabasen (33:9).

33:14-26 *"Jehová, justicia nuestra".* Una vez más Dios promete enviar un Mesías para restaurar el trono de David y salvar a Israel de sus enemigos. Israel dirá entonces: "Jehová, justicia nuestra". Porque por su muerte Él haría justos a los de su pueblo (33:16; véase 23:5-6; 1 Co. 1:30; 2 Co. 5:21). La promesa del Mesías (33:15, 17) y la restauración de Israel y de Judá (33:25-26) eran cosas tan ciertas como las leyes de la naturaleza.

34:1-7 *"Serás apresado y llevado al cautiverio, pero no muerto".* Al llegar Babilonia y todos los aliados contra Jerusalén (34:1, 6-7), Jeremías advirtió a Sedequías que todos los esfuerzos contra Nabucodonosor serían fútiles. Incluso el rey sería exiliado a Babilonia, aunque se le permitiría morir en paz (véase 52:11). En 2 Reyes 25:6-7 se cumplen a la vez la profecía de Jeremías de que Sedequías vería a Nabucodonosor (34:2-5) y la de Ezequiel, de que Sedequías no vería la misma Babilonia (véase Ez. 12:13).

34:8-22 *"¡No los has liberado, de modo que Él no los liberará!"* La ley de Moisés decretaba que los esclavos hebreos deberían ser liberados después de seis años (34:13-14; véase Lv. 25:39-46; Dt. 15:12). Israel no había observado esta ley (34:14) hasta tiempos muy recientes, cuando el rey Sedequías había decretado que se cumpliese (34:8-10). Pero la reforma había sido muy efímera, y el pueblo había vuelto a la servidumbre a sus compatriotas israelitas (34:11). Por ello, Dios decretó que toda la nación serían esclavos de Babilonia (34:12-22). Por cuanto ellos no habían libertado a sus esclavos, Israel tendría "libertad"; —¡libertad para morir (34:17)!

35:1-11 *Los recabitas: Fieles a su padre.* La historia salta ahora en el tiempo a los días de Joaquín (a. 607 a.C.). Por orden de Dios, Jeremías ofreció vino a un grupo de recabitas, una tribu nómada que había buscado protección de Israel contra Babilonia. Fieles a las enseñanzas de su antecesor Jonadab, los recabitas rehusaron el vino (35:1-11). Jonadab había vivido casi 250 años antes de este tiempo (véase 2 R. 10:15-16, 23).

35:12-19 *Los israelitas: infieles a su Padre.* En contraste a los recabitas, Israel había sido infiel a su Padre. Por ello Israel sería juzgada (35:17), mientras que los recabitas quedarían libres (35:18-19).

36:1-19 *Baruc registra y lee las palabras.* Alrededor del 605 a.C., Baruc, secretario de Jeremías, registró todas las profecías de Jeremías acerca de Israel y de Judá. Debido a que a Jeremías le había sido prohibida la entrada en el área del templo, mandó a Baruc que fuese allí y leyera el rollo en público (36:1-10). Esperaba que Judá se arrepintiera (36:3, 7). Cuando Baruc leyó el rollo a los oficiales de palacio, se sintieron aterrados. Sospechando que el rey sentiría disgusto cuando le mostrasen el rollo, apremiaron a Baruc y a Jeremías para que se ocultasen.

36:20-32 *Joacim oye, odia y quema las palabras.* Como se temía, Joacim rechazó las palabras de Jeremías, quemó el rollo, y exigió que el profeta fuese arrestado, pero el Señor lo escondió y protegió (36:20-26). Jeremías volvió entonces a escribir el rollo, añadiendo más palabras de juicio: debido a su menosprecio por la Palabra de Dios, Joacim moriría en la desgracia (véase exposición sobre 22:13-23) y ninguno de sus hijos le sucedería (36:30).

37:1-10 *La nueva idea del rey: Oración.* La narración salta ahora adelante de nuevo a los últimos meses antes de la caída de Jerusalén, antes del encarcelamiento de Jeremías (37:4). Como se sugería en la profecía de Jeremías (véase 36:30), el hijo de Joacim, Joaquín, reinó solo 90 días antes de ser llevado cautivo a Babilonia junto con muchos de los mejores y más brillantes de los de Judá. Sedequías, instalado en el trono por Nabucodonosor (37:1), había reinado durante unos 10 años, y había rechazado constantemente las advertencias de Jeremías (37:2; véase 21:1-10; 24; 27). Esperando conseguir ahora el favor de Dios, Sedequías pidió a Jeremías que orase por la nación (37:3). En 21:1-10 se registra una petición similar de oración de parte de Sedequías hacia el mismo tiempo. Cuando Egipto acudió en ayuda de Judá (37:5), los babilonios levantaron el sitio temporalmente, pero Jeremías predijo que los egipcios pronto se retirarían, y que Babilonia volvería y destruiría Jerusalén (37:6-10).

37:11-21 *El nuevo hogar del profeta: La cárcel.* Durante el tiempo en que Babilonia se había alejado de Jerusalén debido a la amenaza de Egipto (37:5), Jeremías se aventuró cinco kilómetros al norte de Jerusalén, hasta su población natal, Anatot, que al parecer estaba en manos de Babilonia, para recuperar algunos enseres personales (37:11-12). Acusado falsamente de pasarse al enemigo, fue encarcelado (37:13-15). En la cárcel fue consultado en secreto por Sedequías, que se oponía en público a él. Jeremías de nuevo advirtió a Sedequías que sería apresado (37:17). También defendió su historial como profeta y rogó ser sacado de aquella mazmorra (37:16, 18-20). Sedequías accedió e hizo llevar a Jeremías al "patio de la cárcel" (37:21), desde donde haría luego una segunda compra de propiedad en Anatot, que le había sido divinamente ordenada (32).

38:1-13 *Su segundo nuevo hogar: Una cisterna.* Por cuanto había seguido insistiendo en proponer la defección a los babilonios (véase exposición sobre 27:1-22), algunos funcionarios del gobierno encarcelaron a Jeremías en una cisterna bajo tierra (38:1-6). Sedequías no hizo nada para impedirlo (38:5). Más adelante, no obstante, por sugerencia de un oficial real llamado Ebed-melec, Sedequías mandó que fuese sacado de la cisterna (38:7-13).

38:14-28 *"¡Dime la verdad, y no te mataré!"* Una vez más bajo la protección de Sedequías (38:14-16), Jeremías le imploró que se salvase y que salvase la ciudad rindiéndola a Babilonia; no hacerlo significaba el desastre (38:17-18). Cuando Sedequías expresó sus reservas acerca de este consejo (38:19), Jeremías repitió el consejo y la advertencia (38:20-23). Sedequías pidió a Jeremías que mantuviera en secreto la reunión, y así lo hizo Jeremías (38:24-27). Jeremías iba a permanecer en el patio de la cárcel hasta la caída de Jerusalén (38:28).

39:1-10 *Destrucción de Jerusalén, exilio de Judá.* Había llegado el momento del juicio de Dios. Habiendo estado bajo sitio durante aproximadamente un año y medio, Jerusalén fue invadida por el ejército de Nabucodonosor (39:1-3). Sedequías y sus hombres intentaron huir, pero fueron capturados. Sedequías fue cegado y llevado cautivo a Babilonia (39:4-7). Jerusalén fue luego destruida, y el resto del pueblo fue llevado cautivo; excepto por los pobres, a los que se les permitió quedarse y ocupar algunas de las propiedades de los que habían sido llevados cautivos (39:8-10; véase 2 R. 25; Lm.).

39:11-18 *Jeremías es liberado, Ebed-melec recibe su recompensa.* Jeremías había sido llevado cautivo junto con el resto del pueblo a Ramá, a unos ocho kilómetros al norte de Jerusalén, y evidentemente un lugar de concentración para la expedición a Babilonia (véase 40:1 y exposición sobre 31:15-25). Fue entonces liberado y dejado al cuidado de Gedalías, el israelita designado por Nabucodonosor como gobernador sobre los judíos que permanecían en Judá (39:11-14; véase 40:5). Jeremías dijo a Ebed-melec, que había escapado a la destrucción, que su escape era una recompensa divina por su anterior intervención en favor de Jeremías (39:15-18; véase 38:7-13). El padre de Gedalías, Ahicam, también había protegido a Jeremías (véase 26:24).

40:1-12 *El buen gobierno de Gedalías.* Se cuenta la historia de la captura de Jeremías (40:1), y se vuelve a contar la historia de su liberación y venida a vivir con Gedalías (40:2-6). Los pobres que habían quedado en la tierra se presentaron a Gedalías para recibir ánimos e instrucciones (40:7-8). Él los alentó a vivir pacíficamente en la tierra y a ser leales a Babilonia (40:9-10). Muchos israelitas que habían huido de Nabucodonosor a países vecinos volvieron y se sintieron seguros bajo el breve gobierno de Gedalías (40:11-12).

40:13—41:18 *Gedalías es asesinado.* Los amonitas, quizá codiciosos de tierra judía, encargaron a Ismael, un miembro de la familia real de Judá, que asesinase a Gedalías. Cuando Johanán reveló la maquinación a Gedalías, éste rehusó creerlo (40:13-16), pero fue asesinado —menos de tres meses después de haber tomado el cargo (41:1-3). Tras haber tomado gusto a la sangre, sin razón aparente Ismael y sus hombres mataron luego a 70 compatriotas israelitas que iban de camino a Jerusalén para lamentarse por su saqueado templo (41:4-9). Ismael intentó luego capturar a toda la población de Mizpa (es de suponer que incluyendo a Jeremías) para llevarlos de vuelta a Amón, pero Johanán los rescató (41:10-15).

Temiendo que Babilonia vengaría la muerte de Gedalías, los israelitas supervivientes huyeron a Egipto, pero se detuvieron por un tiempo cerca de Belén (41:16-18).

42:1-22 *La palabra de Dios: "No vayas a Egipto"*. Johanán pidió a Jeremías que buscase guía divina acerca de qué debían hacer él y su pueblo. Ellos prometieron que harían lo que el Señor les mandase, les gustase o no (42:1-6). El Señor mandó que debían quedarse en Judá. Si se quedaban, Él pondría fin a su castigo y los protegería y prosperaría; si desobedecían y huían a Egipto, morirían (42:7-22).

43:1-7 *La respuesta de Judá: "De todos modos, vamos allá"*. Aún temiendo las represalias de Babilonia, el pueblo acusó a Jeremías de conspirar contra ellos al aconsejarles que se quedasen en Judá. Guiados por Johanán huyeron a Egipto, llevándose con ellos a Jeremías y a Baruc.

43:8-13 *La señal de las piedras escondidas.* Poco después de la llegada de Jeremías y sus compatriotas a Egipto, Jeremías profetizó —usando grandes piedras como ayuda visual— que Babilonia invadiría también Egipto. La infiel Judá no encontraría refugio en Egipto.

44:1-14 *Idólatras en Judá, idólatras en Egipto.* Quizá unos cinco años después de la caída de Jerusalén, Jeremías dio su última profecía a los judíos en Egipto. Así como sus padres habían servido a falsos dioses en Canaán (44:1-6), ellos estaban sirviendo orgullosamente a dioses egipcios (44:7-10). Por ello, aunque habían huido a Egipto, no escaparían de la ira de Dios (44:11-14).

44:15-30 *No a Dios, sí a Istar.* El pueblo rechazó unánimemente la advertencia de Jeremías: Dando el crédito de su antigua prosperidad a sus dioses extraños, dijeron orgullosamente que seguirían con su idolatría. La "reina del cielo" (44:17; véase 7:18) era probablemente Istar, la diosa babilonia del amor.

Jeremías recordó a su pueblo que la idolatría había atraído la ira de Dios y la caída de Jerusalén (44:20-23). Debido a que persistían en la idolatría, Dios los destruiría en Egipto (44:24-27), y solo escaparía un pequeño remanente (44:28). Como señal de su propio juicio definitivo, el Faraón Hofra de Egipto, bajo quien habían hallado refugio, caería también (44:30; véase 46:13-26). Hofra fue depuesto y muerto en el 569 a.C., después de un serio revés militar. Al cabo de aproximadamente un año los ejércitos de Nabucodonosor invadieron Egipto y lo vencieron.

45:1-5 *Baruc es reprendido.* La narración se retrotrae ahora a alrededor del 605 a.C., después que Baruc hubiera registrado el rollo que Joacim destruiría (véase 36:4-8). Al parecer, Baruc había buscado prosperar en su carrera (45:5), solo para verse asociado con el menospreciado Jeremías. Dios recordó a Baruc que el presente orden social estaba sentenciado; mejor le iría buscando la gloria de Dios, y no la suya propia.

ADVERTENCIAS A LAS NACIONES (46—51)

46:1-28 *Egipto: Derrotado y condenado a más derrota.* En 46—51 se incluyen profecías de diversas ocasiones en el ministerio de Jeremías, contra varias naciones que se habían opuesto a Israel. La primera llamada a rendir cuentas era Egipto. Jeremías ridiculizó al poderoso Egipto por su derrota en Carquemis (46:1-12) y predijo una futura derrota a manos de Babilonia (46:13-26). Su gran Faraón sería ridiculizado por sus propias tropas por hacer demasiado ruido pero sin poder alguno (46:17). (Faraón había hecho estridentes pretensiones acerca de su capacidad de derrotar a Babilonia pero nunca había justificado tales pretensiones.) Mientras, los exiliados israelitas en Egipto y en otras tierras extrañas serían rescatados por su Dios (46:27-28).

47:1-7 *Filistea: La espada de Dios no se quedará callada.* En cierto tiempo antes de la marcha de Faraón hacia el norte en el 609 a.C. (47:1; véase 2 R. 23:29-34), Jeremías profetizó que Filistea, que durante tanto tiempo había aborrecido a los judíos, sería destruida por un enemigo procedente del norte, refiriéndose a Babilonia. La espada del juicio de Dios no podría quedar callada hasta que quedase destruida la antigua enemiga de Israel (47:6-7).

48:1-47 *Moab: Las alas de la muerte.* Moab y Amón, las dos naciones que surgieron del incesto de Lot con sus hijas, estaban bajo una antigua maldición debido al mal trato de Israel (véase exposición sobre Neh. 13:1-3). Moab, que antes había sido orgullosa y autosuficiente (48:17), se avergonzaría (48:1). Aunque los moabitas recibieran "alas" para huir de sus atacantes (48:9), Babilonia extendería sus alas de muerte sobre ellos (48:40). Los moabitas, lo mismo que los filisteos, se raparían la cabeza en señal de dolor (48:37; véase 47:5).

Es cierto que Moab dejó de ser nación después de su destrucción a manos de Babilonia. Pero durante el milenio será restaurada (48:47).

49:1-6 *Amón: "¡Devuelve la tierra!"* Los confiados amonitas serían destruidos, pero, lo mismo que los moabitas, serían restaurados durante el milenio (49:6). Su destrucción permitiría a Israel reclamar el territorio que Amón hubiera tomado (49:1-2). Milcom, el dios amonita, como Quemós, el dios moabita, sería "llevado en cautiverio" junto con sus adoradores (49:3; véase 48:7). El nombre de Amón subsiste en la actual Amán, la capital de Jordania.

49:7-22 *Edom: Castigada por su orgullo y por sus prejuicios.* Edom, al sudeste de Judá, sería juzgada por su soberbia (49:16). No escaparía del juicio (49:10), especialmente considerando que muchos inocentes habían ya sufrido con el derramamiento de la ira de Dios (49:12). Pero en medio de la destrucción, Dios se cuidaría de las viudas y de los huérfanos (49:11). Los edomitas, descendientes de Esaú, negaron el paso a Israel cuando éstos se dirigían hacia Canaán (véase exposición sobre Nm. 20:14-21). Posteriormente, ellos habían o bien ayudado o dejado de resistir a varias naciones que atacaron a Israel, lo que culminó con su evidente rechazo a ayudar cuando Judá cayó en el 586 a.C. (véase Ez. 35:5).

En 49:7-22 se observa un paralelo con Abdías 1:1-9, que probablemente hace referencia a un tiempo anterior, en el que Edom rehusó ayudar a sus hermanos israelitas.

49:23-29 *Damasco, Cedar, Hazor y Elam.* Siria, que tenía por capital a Damasco (49:23-27), había sido a la vez aliada y enemiga de Israel. Cayó en manos de Asiria en tiempos de Isaías, y en tiempos de Jeremías estaba controlada por Babilonia. Dios iba a hacer "encender fuego en el muro de Damasco". El cumplimiento de esta profecía se desconoce.

Cedar y Hazor (49:28-33), pueblos nómadas al este, ricos y sin enemigos que temer, serían también destruidos por Babilonia.

Los elamitas (49:34-39), famosos como arqueros, verían sus arcos quebrados por Dios. Pero ellos, como los moabitas y los amonitas, participarían en el milenio (49:39).

50:1—51:64 *Babilonia: Le llegará el momento.* En el 593 a.C. (51:59), Jeremías escribió una larga profecía contra Babilonia, la más reciente opresora de Israel. Aunque Dios había ordenado a su pueblo que se sometieran a Babilonia, que era su instrumento de juicio, Babilonia era también pecadora y sería juzgada.

"Huye, y encontrarás compasión" (50:1-20). Babilonia estaba condenada a la destrucción (50:1-3; véase exposición sobre 25:8-14) en un tiempo futuro que lo sería también de arrepentimiento entre los exiliados israelitas (50:4-7). Los exiliados deberían estar dispuestos a escapar a aquel día de gran destrucción (50:8-10). Babilonia debía ser destruida por el placer que se tomó en castigar al pueblo de Dios (50:11-18; véase exposición sobre Is. 47:1-15). Como contraste, Dios mostraría una gran compasión hacia Israel (50:19-20). En 50:5, 20 tenemos ecos del Nuevo Pacto (31:31-34).

Un martillo roto, un rey débil (50:21-46). Babilonia, "el martillo de toda la tierra", sería "cortado y quebrado" por Dios (50:23). Su destrucción sería celebrada por los exiliados retornados en Jerusalén (50:28). A la vez que castigaría a Babilonia por su orgullo (50:29-32), Dios acudiría en defensa de su pueblo (50:33-34). Debido a su idolatría (50:38), la destrucción de Babilonia sería tan total como la de Sodoma y Gomorra (50:40). El rey de Babilonia se quedaría debilitado al oír las nuevas de la inminente destrucción (50:43).

Los ídolos de Babilonia frente el Dios Creador de Israel (51:1-19). Babilonia sería destruida por el trato administrado a Israel y Judá, porque Dios no olvidaría a su pueblo (51:1-5), que debía por tanto estar listo para huir cuando llegase el juicio (51:6). El pecado de Babilonia había afectado a todo el mundo (51:7), pero ahora, por orden del Dios soberano (51:15-16, 19), tanto Babilonia como sus ídolos serían destruidos (51:17-18). Juan se hace eco de 51:13 en su descripción de "Babilonia la Grande" en Apocalipsis (véase Ap. 17:1, 15).

Los ejércitos de Babilonia frente a la maza de guerra de Dios (51:20-44). Dios había usado a Babilonia para castigar a su pueblo y a las naciones de alrededor, pero se habían excedido en sus actividades destructoras (51:24-25). Dios iba ahora a usar su "martillo" o maza de guerra, a Ciro de Persia, para castigar a Babilonia (51:20-23). Llama a otras naciones a que se unan a la lucha contra Babilonia (50:27-33). Ellas liberarían a todas las naciones que Babilonia había "tragado" (51:34, 44).

"Huyan rápido; su destrucción es segura" (51:45-58). Israel podía comenzar a preparar su huida con la total certidumbre de que Dios destruiría Babilonia, para gozo de todos los justos en el cielo y sobre la tierra.

"¡Léelo, y luego échalo en el río!" (51:59-64). Jeremías escribió su profecía contra Babilonia en un rollo y lo dio a Seraías, hermano de Baruc (véase 32:12), para que lo llevase a Babilonia. Seraías debía leer la profecía en público, y luego atarle una roca y echarla al río, simbolizando la destrucción de Babilonia.

La carta fue enviada en el 593 a.C., después que dos grupos de judíos hubieran ya sido llevados a la cautividad babilónica en el 605 y en el 597 a.C. Sedequías había sido convocado a Babilonia, y Seraías fue con él como su "principal camarero". (Véase exposición sobre 29:1-14.)

EPÍLOGO HISTÓRICO (52)

52:1-11 *Echados de su presencia.* Algún tiempo después de la caída de Jerusalén, un escritor o recopilador desconocido (véase *Autor*) reflexionó acerca de los acontecimientos que rodearon los últimos días de Judá. (Véase 2 R. 24:18—25:30.)

Sedequías sería el último en una larga línea de reyes malvados que, junto con la nación como un todo, había provocado la ira de Dios. Cuando Sedequías ignoró el consejo de Jeremías y se rebeló contra Babilonia, Dios usó la ocasión para por fin "echar" a Judá "de su presencia" (52:1-3). Habiendo controlado a Judá de manera eficaz desde su ascensión al trono en el año 605, Nabucodonosor puso sitio contra Jerusalén en el 588. Después de año y medio de asedio y de hambre, se hizo brecha en los muros y Sedequías y su ejército emprendieron la huida (52:4-7). Sedequías fue capturado, cegado y encarcelado en Babilonia hasta su muerte (52:8-11).

52:12-23 *Queman la ciudad amada.* Un mes y un día después de penetrar en las murallas de Jerusalén, los babilonios quemaron el templo y "todo edificio grande", derruyeron los muros de la ciudad y se llevaron al cautiverio a casi todos los que quedaban (52:12-16) Sacaron los utensilios de oro, plata y bronce del templo quemado, y se los llevaron a Babilonia.

52:24-34 *Los dirigentes son muertos, los cautivos son contados y un rey es liberado.* Cuando Judá era llevada a la cautividad, varios de sus dirigentes fueron ejecutados (52:24-27). Nabucodonosor tomó a un total de 4.600 cautivos (aparte de las mujeres y de los niños) en tres deportaciones. Si los intervalos de tiempo que se dan no incluyen el año inaugural del rey del 605 a.C., se corresponderían con el 597, 586 y 581. La deportación del 581 puede haber formado parte de las represalias esperadas por los judíos que huyeron a Egipto después del asesinato de Gedalías (véase exposición sobre 43:1-7).

El libro termina con una nota esperanzadora: el rey Joaquín, llevado a la cautividad en el 597, fue liberado en el 560 y tratado con bondad durante el resto de su vida. (Habría tenido 55 años en el 560; no hay registro de que estuviera entre los cautivos que volvieron, 22 años después.)

PERSONAS A RECORDAR DE JEREMÍAS

JEREMÍAS

Hechos clave: Profeta a Judá durante sus últimos días
Padre: Hilcías (1:1)
Total de referencias bíblicas: 134
Referencias clave: 1—52; 2 Cr. 35:25; 36:11; Esd. 1:1; Dn. 9:2; Mt. 2:17-18; 27:9-10

Habla Jeremías

"Antes que te formase en el vientre te conocí, y antes que nacieses te santifiqué, te di por profeta a las naciones". ¿Cuánto tiempo hace desde que me dijo estas palabras cuando era un joven sacerdote en mi pueblo de Anatot? ¡Hará al menos cuarenta años! Con un poco de vergüenza recuerdo mi primera reacción ante el llamamiento divino: Rehusé alegando mi juventud y mi falta de conocimiento. Pero Él replicó rápidamente a mis dos objeciones: "No digas: Soy un niño; . . . He aquí he puesto mis palabras en tu boca" (1:5-7, 9).

Ahora me encuentro en un país extranjero, traído aquí contra mi voluntad. He dicho cuarenta años, pero parece que haya vivido cuarenta vidas. He escrito dos libros (el segundo en realidad una ampliación del primero, que fue quemado por un lector hostil). (43:5-7; 36:2, 23, 28).

Quizá debería escribir un tercer libro y titularlo: *Jefes de estado que he conocido.* Veamos, ¡esto incluiría a Josías, Joacim, Joaquín, Sedequías, Nabucodonosor, Gedalías y Johanán! Cinco reyes y dos gobernadores, ¡una lista bastante impresionante! Si escribiese un libro así, probablemente tendría que incluir en el mismo todas mis profecías acerca de esos dirigentes clave. (13:18-19; 36:29; 37:16-17; 39:11-12; 40:6; 42:1-2; 2 Cr. 35:25).

Ya no lloro más por Jerusalén. Ya no hay necesidad de hacerlo. Pero me siento profundamente dolido por el lamentable paganismo en el que ha caído mi pueblo aquí en Egipto. ¿Cuándo aprenderán? Fue precisamente por esta clase de abominaciones que Dios destruyó nuestro país (9:1; 44:1-30).

A menudo me pregunto: *¿Habrían sido diferentes las cosas si el piadoso rey Josías no hubiera sido muerto?* Aún me duelo por él (2 Cr. 35:23-25).

A menudo, mientras estoy aquí sentado solo al ponerse el sol, mirando al norte hacia la amada Ciudad Santa, pero ahora destruida, mi corazón queda abrumado de soledad y dolor. Pero entonces recuerdo aquellas palabras de aliento que Dios me dio justo después de su destrucción. "Esto recapacitaré en mi corazón, por lo tanto esperaré. Por la misericordia de Jehová no hemos sido consumidos, porque nunca decayeron sus misericordias. Nuevas son cada mañana; grande es tu fidelidad" (Lm. 3:21-23).

Lecciones espirituales de Jeremías

- No hay excusa para no seguir la voluntad de Dios para nuestras vidas. Moisés alegó *debilidad* para no obedecer a Dios (Éx. 4:10); Jeremías alegó *inmadurez* (1:6). En ambos casos, Dios echó a un lado sus objeciones, prometiendo que pondría sus mismas palabras en las bocas de ellos (comparar 1:7-9 con Éx. 4:11-12).
- Dios prohibió a Jeremías casarse (16:2) pero mandó a Oseas que tomase esposa (Os. 1:2). Cada uno de nosotros ha de descubrir la voluntad concreta de Dios para su propia vida (véase 1 Co. 7:7).
- Pablo deseaba "conocer [a Cristo], y el poder de su resurrección, y la participación de sus padecimientos, llegando a ser semejante a él en su muerte" (Fil. 3:10). Jeremías experimentó esta comunión siglos antes que Pablo escribiera esas palabras. Observemos las similitudes entre los sufrimientos de Jeremías y los de Jesús; ambos fueron:
    - ► Perseguidos o rechazados por
        - sus familias (12:6; Jn. 7:5)
        - sus ciudades (11:21-23; Lc. 4:16-29)
        - dirigentes religiosos (20:1-3; Jn. 7:45-52)
        - dirigentes políticos (38:4-6; Lc. 13:31-32)
    - ► Acusados de traición (37:11-15; Lc. 23:1-2)
    - ► Ridiculizados (20:7-8; Lc. 23:11)
- Incluso en medio de esos padecimientos, Dios es fiel (Lm. 3:21-23)

Versículos clave

"Y yo dije: ¡Ah! ¡ah, Señor Jehová! He aquí, no sé hablar, porque soy niño. Y me dijo Jehová: No digas: Soy un niño; porque a todo lo que te envíe irás tú, y dirás todo lo que te mande. No temas delante de ellos, porque contigo estoy para librarte, dice Jehová" (1:6-8).

—627 a.C.
Jeremías comienza su ministerio

LAMENTACIONES

TRASFONDO

Jerusalén había sido destruida por los ejércitos de Babilonia (véase 2 R. 25; Jer. 39). Tras haber advertido a Judá durante 40 años acerca de la inevitable llegada de este aciago acontecimiento, Jeremías expresa sus lágrimas con palabras una vez más, al lamentar la destrucción de Jerusalén y del templo.

—a. 586
Cae Jerusalén, lamento de Jeremías

—581
Última profecía de Jeremías

AUTOR

Jeremías (véase *Jeremías: Autor*).

- Lamentaciones tiene marcadas similitudes con el libro de Jeremías:
  - Las frases hebreas "hija de Sion", "hija de mi pueblo", y otras frases similares se emplean para referirse a Israel unas veinte veces en cada libro.
  - El autor de cada libro describe sus lágrimas como el fluir de las aguas (1:16; Jer. 9:1).
  - El autor de cada libro habla de haber sido encerrado en una cisterna (3:53; Jer. 37:16; 38:6).
  - Ambos libros describen señales de pecado que se encuentran en las "faldas" (1:9; Jer. 2:34; 13:22, 26).
- El autor fue al parecer testigo ocular de la destrucción de Jerusalén, que concuerda con lo que se sabe sobre Jeremías.
- El sufrimiento del autor de Lamentaciones (3; especialmente 3:53) concuerda con lo que se sabe del libro acerca del sufrimiento de Jeremías.
- Jeremías era conocido en Israel como escritor de lamentaciones (2 Cr. 35:25). (La Septuaginta, otros manuscritos griegos, y la versión Reina-Valera designan a este libro como "Lamentaciones de Jeremías".)

FECHA Y LUGAR

La intensidad emocional del libro sugiere una fecha poco posterior a la caída de Jerusalén en el 586 a.C. Su naturaleza de testimonio ocular sugiere una ubicación cercana a la ciudad incendiada, quizá en la localidad natal de Jeremías de Anatot, en el área de concentración de Ramá (véase exposición sobre Jer. 39:11-18), o en casa de algún amigo.

PROPÓSITO

Tratar las cuestiones relacionadas con la destrucción de Jerusalén:

- Jerusalén fue destruida por el pecado de Judá (1:8-9, 18; 4:13-16).
- Pero Dios no había abandonado a su pueblo; seguía siendo fiel (3:21-33) y los restauraría (5:19-22) si se arrepentían (3:40-42).

RASGOS SINGULARES

- Cada uno de los primeros cuatro capítulos de Lamentaciones es un poema acróstico. En 1, 2 y 4, cada uno de los 22 versículos comienza con una letra sucesiva del alfabeto griego. Aunque el capítulo 5 tiene también 22 versículos, no sigue la pauta acróstica.
- Aunque hay otros libros de la Biblia que contienen lamentos (véase 2 S. 1:17-27; Job 3), sólo Lamentaciones está redactado totalmente en este estilo literario.

BOSQUEJO

LA PROVOCACIÓN CONTRA DIOS (1)
EL CASTIGO DE PARTE DE DIOS (2)
EL DOLORIDO PROFETA DE DIOS (3)
EL SUFRIENTE PUEBLO DE DIOS (4)
LA ORACIÓN A DIOS (5)

LA PROVOCACIÓN CONTRA DIOS (1)

1:1-11 *Desolada debido al pecado.* Jeremías contempló la escena de la desolación de Jerusalén y lloró por ella. Antes una gran ciudad, Jerusalén estaba ahora arrasada, desolada y vacía, y su pueblo había sido llevado como esclavo. Los mismos caminos a Jerusalén se lamentaban porque nadie viajaba ya más por ellos rumbo a las fiestas (1:4). Mientras que prosperaban los enemigos, Judá sólo podía soñar acerca de su pasada gloria (1:5, 7). Lo peor de todo era que extranjeros habían entrado en el templo (1:10). Todo esto había sucedido a causa del pecado de Judá (1:8-9).

1:12-19 *"¿Ha habido jamás un sufrimiento así?"* El pueblo de Jerusalén clamó al mundo que lo rodeaba para que tomasen nota de su gran sufrimiento, reconociendo que era a causa de su pecado (1:12-16). Jeremías reconocía la angustia de su pueblo (1:17) y una vez más registró su clamor de confesión (1:18-21). Ellos pedían a Dios que juzgase también a sus enemigos, tal como había prometido hacer (véase Jer. 46—51).

EL CASTIGO DE PARTE DE DIOS (2)

2:1-9 *"¡Él se ha hecho enemigo nuestro!"* Aunque empleó a Babilonia como su instrumento de juicio, Jeremías sabía que era el mismo Dios quien había traído esta gran calamidad sobre su santa ciudad y sobre su templo. En su ira con Judá, Él había llegado a ser "como enemigo" para ellos.

2:10-22 *Un pueblo triste, unos profetas pecadores y un Dios soberano.* Jeremías se unió con el pueblo en la lamentación de su tragedia (2:10-13) y para recordarles que los falsos profetas, en lugar de fomentar la justicia, habían encabezado el camino hacia la destrucción (2:14; véase Jer. 23; 29). Ahora Judá había llegado a ser el hazmerreír de sus enemigos (2:15-16; véase 1:7). Pero por grande que fuera el sufrimiento de ellos (2:18-22), tenían que admitir que Dios había cumplido soberanamente su propósito en el castigo del pecado de ellos (2:17).

EL DOLORIDO PROFETA DE DIOS (3)

3:1-20 *¿Amado amigo o acerbo enemigo?* Hablando en nombre de su pueblo, Jeremías trata de la penosa experiencia de ser afligido y quebrantado por Dios.

3:21-39 *¡Pero su favor y su fidelidad nunca cesan!* A pesar de su angustia, Jeremías recuerda humildemente las misericordias incesantes y la gran fidelidad de Dios (3:21-24). Dios es bueno para con todos "los que en él esperan, al alma que le busca" (3:25; véase Is. 25:9; 40:27-31).

3:40-66 *Arrepentimiento y un torrente de lágrimas.* Incluyéndose a sí mismo en la admisión de rebelión, Jeremías llama al pueblo al arrepentimiento y a la renovación (3:40-47). Se comprometió luego a seguir orando, intercediendo y llorando hasta que el Señor contemplase el apuro de su pueblo y juzgase a sus perseguidores (3:48-66).

EL SUFRIENTE PUEBLO DE DIOS (4)

4:1-16 *El pueblo de Dios castigado más que Sodoma.* Jeremías contempló la calamidad que había sobrevenido a Jerusalén y declaró que era peor que el castigo aplicado a Sodoma (4:1-6). Incluso los más sanos entre ellos mostraban sus cuerpos secados por el hambre (4:7-8). Algunos habían incluso recurrido a la antropofagia (4:10). Todo esto se debía a su pecado (4:13).

4:17-22 *Abandonados por sus aliados y por su propio rey.* Jerusalén no pudo ser salvada por un aliado tan poderoso como Egipto (4:17; véase Jer. 2:20-37; 37:5-7), ni siquiera por su propio rey (4:20). Al llegar el ejército de Babilonia, no hubo escapatoria (4:18-19). Pero el castigo de Judá acabaría algún día; entonces Edom, que había favorecido la caída de Judá, sería a su vez también castigada (4:21-22).

LA ORACIÓN A DIOS (5)

5:1-22 *"¡Restáuranos, porque hemos sufrido enormemente!"* Jeremías describe la humillación y el sufrimiento de su pueblo esclavizado (5:1-18), reconociendo que se debía a su pecado (5:16). En un gran *crescendo* de alabanza al Dios de la renovación, ruega que el juicio divino llegue a su fin.

EZEQUIEL

❖

—605 a.C.
Daniel con los primeros deportados a Babilonia

—597
Ezequiel en la segunda deportación

—592
Ezequiel comienza su ministerio en Babilonia

—586
Caída de Judá

—581-580
La última profecía de Jeremías. Daniel comienza su ministerio

—570
La última profecía de Ezequiel

TRASFONDO

Ezequiel, que era sacerdote, estuvo entre los 10.000 judíos cautivos deportados a Babilonia junto con el rey Joaquín en 597 a.C. Una anterior deportación, en la que estuvo incluido Daniel, había tenido lugar en el 605, y otro grupo sería deportado en el 586, cuando tuviera lugar la caída de Jerusalén.

Alrededor del 592, en "el quinto año de la deportación del rey Joaquín" (1:2) y seis años antes de la destrucción efectiva de Jerusalén, el Señor llamó a Ezequiel a profetizar a los deportados en Babilonia, aún rebeldes (3:1-7). El ministerio de Ezequiel en Babilonia coincidió con la última parte del ministerio de Jeremías en Jerusalén; es probable que Ezequiel iniciara su ministerio poco después que llegase la carta de Jeremías a los cautivos en el 593 (véase exposición sobre Jer. 29).

El ministerio de Ezequiel cubrió al menos 22 años, desde el 592 hasta el 570 (comparar 1:2 y 29:17). Sus profecías registradas proceden de dos períodos diferenciados de su ministerio:

- Desde el 592 a.C. hasta alrededor del 585 a.C., poco después de la caída de Jerusalén, profetizó acerca de aquel acontecimiento (1—24), del juicio de Dios sobre otras naciones (25—32) y de los futuros planes de Dios para Israel (33—39).
- Luego, después de varios años de silencio, profetizó de nuevo tocante a los planes de Dios para Israel (40—48). En tanto que Ezequiel, lo mismo que Isaías, tenía a la vista tanto la restauración del 538 como el definitivo gran regreso durante el milenio, se centró principalmente en el milenio.

AUTOR

Véase *Trasfondo*. El libro afirma a Ezequiel como su autor (1:1-3). Está escrito desde un punto de vista sacerdotal, que concuerda con Ezequiel. Casi 90 veces en el libro, el Señor se dirige a Ezequiel como "hijo de hombre" (véase exposición sobre Dn. 7:9-14).

FECHA

Véase *Trasfondo* y *rasgos singulares.* Se desconocen la fecha y las circunstancias de la recopilación de las profecías de Ezequiel.

LUGAR

Parece que Ezequiel vivía en su propia casa entre los deportados en un lugar llamado Tel-abib, junto al río Quebar, a unos 80 kilómetros al sur de Babilonia (1:1; 3:15, 24).

PROPÓSITO

Explicar a los judíos cautivos en Babilonia:

- que su cautividad y la destrucción de su patria habían resultado de su rebelión contra Dios y de su carencia de verdadera santidad.
- que en su misericordia Dios tenía la intención de restaurarlos a una verdadera santidad; ellos serían un nuevo y santo pueblo, viviendo en una nueva y santa ciudad y adorarían en un nuevo y santo templo.

RASGOS SINGULARES

- Ezequiel emplea más visiones, ayudas visuales provocadoras (como raparse la cabeza) e imágenes verbales que cualquier otro escritor del AT. Cuenta seis parábolas (15; 16; 17:1-21; 17:22-24; 19:1-9; 23).
- Lo mismo que Hageo, da fechas precisas para sus profecías, destacando su precisión histórica. Excepto por el "año trigésimo" que se observa en 1:1, esas fechas se calculan desde el exilio de Ezequiel y Joaquín en el 597. (Usando 586 como la fecha de la caída de Jerusalén, se puede calcular una fecha de 597 para el exilio de Ezequiel en base de la información que se da en 40:1.)

COMPARACIÓN CON OTROS LIBROS DE LA BIBLIA

2 Samuel

- Mientras que 2 Samuel presenta al rey David y el pacto de Dios con él, Ezequiel habla de David —o de uno de sus descendientes— que gobernaría de alguna manera durante el milenio (34:23; 37:24; algunos interpretan esto en sentido figurado como referido al Mesías).
- En 2 Samuel, David se esforzó por mantener la unidad de las Doce Tribus; durante el milenio no habrá falta de unidad (37:15-28).
- Ambos libros tratan acerca de los preparativos para un templo, 2 Samuel para el templo de Salomón, y Ezequiel para el templo milenario.

Hageo:

- Ambos se refieren al templo milenario (40—42; Hag. 2:9).
- Ambos hablan de un terremoto o "sacudimiento" en Israel (38:19; Hag. 2:6).

Apocalipsis:

- Tanto Ezequiel como Juan vieron visiones de acontecimientos futuros.
- Tanto Ezequiel (2:8—3:3) como Juan (Ap. 10) recibieron la orden de comer un rollo que contenía palabras que ellos debían proclamar.

- Gog y Magog (38—39) proveen la imagen para la descripción por parte de Juan de la definitiva rebelión de los enemigos de Dios (Ap. 20:28).
- La visión de Juan de la Nueva Jerusalén y del río de la vida (Ap. 21:1—22:5) tiene marcadas similitudes con algunas de las visiones de Ezequiel de la ciudad milenaria (48:30-35) y del río que mana de su templo (47:1-12).

BOSQUEJO

LA PRESENTACIÓN DEL PROFETA DE DIOS (1—3)
- La visión de Dios: Seres vivientes, carros, ruedas (1)
- La voz de Dios: el llamamiento de Ezequiel (2—3)

EL JUICIO SOBRE LA NACIÓN DE DIOS (4—24)
- Símbolos del asedio (4—5)
- Sermones sobre el juicio (6—7)
- Escenas de pecado en el templo (8—11)
- Señales, sermones e historias de juicio (12—24)
  - Los enseres de marcha y el temblor (12)
  - Falsos profetas e idólatras (13—14)
  - La vid estéril (15)
  - La mujer adúltera (16)
  - Las dos águilas (17)
  - Las uvas agrias (18)
  - Los leones y la vid (19)
  - Las repetidas rebeliones de Israel (20)
  - La espada de juicio (21)
  - El horno de juicio (22)
  - Las dos hermanas adúlteras (23)
  - La olla hirviente (24:1-14)
  - La muerte simbólica de la esposa de Ezequiel (24:15-27)

EL JUICIO DE LOS ENEMIGOS DE DIOS (25—32)
- Amón, Moab, Edom y Filistea (25)
- Tiro (26:1—28:19)
- Sidón (28:20-26)
- Egipto (29—32)

LA PRESENTACIÓN DEL PASTOR DE DIOS (33—34)
- El atalaya (33)
- Los pastores indignos (34:1-10)
- El Pastor digno (34:11-31)

LA RESTAURACIÓN DE LA NACIÓN DE DIOS (35—37)
- Preparativos para la restauración: Destrucción de Edom (35)
- Explicación de la restauración: Renovación de la tierra y de los corazones (36)
- Visión de la restauración: Reunión de los huesos secos (37)

LA EXHIBICIÓN DE LA IRA DE DIOS (38—39)
- La invasión de Gog y de Magog (38)
- La victoria sobre Gog y Magog (39)

LA REVELACIÓN DEL MILENIO DE DIOS (40—48)
- El templo milenario (40—42)

La gloria de Dios en el templo milenario (43:1-5)
La adoración en el templo milenario (43:6—46:24
El río milenario (47:1-12)
La tierra milenaria (47:13—48:35)

LA PRESENTACIÓN DEL PROFETA DE DIOS (1—3)

1:1-3 *Su atareado año treinta.* Ezequiel observó que la visión que dio inicio a su ministerio profético tuvo lugar alrededor del 592, unos cinco años después que él, junto con el rey Joaquín y otros, hubiera sido llevado al cautiverio en el 597 (comparar 1:2 con 40:1). "En el año treinta" se refiere probablemente a la edad de Ezequiel. Como sacerdote, esta habría sido la edad normal para que diera inicio a su ministerio.

1:4-21 *Querubines y ruedas con la velocidad de la luz.* En medio de un torbellino y de una nube de fuego, Ezequiel vio cuatro "seres vivientes", cada uno de ellos con cuatro caras, con poder del "espíritu", que se movían "a semejanza de relámpagos" (1:4-14). Esos seres celestiales se movían en conjunto con cuatro "ruedas" sobre la tierra, también sujetas a los movimientos del espíritu (1:15-21). Las repetidas expresiones de "a semejanza", "semejante", "como" y "espantoso" sugieren que Ezequiel estaba tratando de describir una escena indescriptible. Los seres vivientes son posteriormente identificados como querubines (véase exposición sobre 10:1-22).

1:22-28 *La expansión y el Ser por encima de ella.* Por encima de los seres vivientes y de las ruedas había una vasta expansión cristalina, y desde encima de la expansión venía un sonido "como el ruido de un ejército" (1:22-25). Ezequiel vio a alguien semejante a un hombre, rodeado por la apariencia de un arco iris, sentado en un trono como de zafiro. Lo reconoció como el mismo Señor, y se postró sobre su rostro, adorando.

2:1-7 *Su misión: Alcanzar a los rebeldes.* Dios habló a Ezequiel (1:28), llamándolo a que predicase a los rebeldes y tercos israelitas, incluso si no querían escuchar (2:1-7). Dios aseguró a Ezequiel que incluso si ellos no prestaban oído a sus palabras, sabrían que él había sido enviado de parte de Dios (2:5). Sobre "entró el Espíritu en mí" (2:2), véase exposición sobre 1 Samuel 9:27—10:8.

2:8—3:15 *Primer encargo: Come este rollo, y ve.* En la visión, Dios dio a Ezequiel un rollo, lleno de palabras de lamentación y de ayes, y le mandó que lo comiera, significando que él, en contraste con Israel, era receptivo a la palabra de Dios (2:8). De nuevo mandó a Ezequiel que llevase su palabra a los cautivos en Babilonia y le advirtió que no serían receptivos (2). Pero Ezequiel sería fortalecido para resistirles mediante la palabra de Dios que había recibido simbólicamente en su corazón (3:8-10). Al finalizar la visión, Ezequiel se encontró en medio de los cautivos (3:12-15). Durante siete días permaneció "atónito" (3:15) por su encuentro con Dios.

Aunque las palabras en el rollo eran amargas (2:10), el rollo tuvo un sabor dulce para Ezequiel (3:3). Sin embargo, al comenzar su misión se sintió amargado y airado: una reacción comprensible al considerar este sensible sacerdote la pecaminosidad de su pueblo (3:14).

3:16-21 *Un atalaya para advertir a los malvados . . .* El Señor comisionó a Ezequiel para que fuese "atalaya" para

Israel, para advertirles cuando su pecado atrajese el juicio de Dios. Si Ezequiel dejaba de dar tales advertencias, Dios lo tendría como responsable de ello (véase exposición sobre 33:1-9).

3:22-27 *. . . pero sin decir palabra hasta que Dios lo ordene.* Dios se apareció a Ezequiel en otra asombrosa visión, mandándole que se quedase en su propia casa para evitar el peligro de sus opositores. No sería capaz de hablar a no ser que el Señor se lo permitiera, con lo que se aseguraba que hablaría solo el mensaje de Dios y no el suyo propio. Esta restricción sobre el habla de Ezequiel duraría hasta la caída de Jerusalén (véase 33:22).

EL JUICIO SOBRE LA NACIÓN DE DIOS (4—24)

4:1-17 *Un ladrillo, una comida escasa y un profeta postrado.* Dios mandó a Jeremías que dibujase un plano de Jerusalén sobre una gran tableta llana de arcilla blanda. Luego, usando otras ayudas visuales, debía representar el sitio babilonio contra Jerusalén, mostrando la imposibilidad de escapar del juicio (véase 2 R. 24—25; Jer. 39; 52). Parece que debía representar esta lección objetiva a diario mientras estaba echado sobre su costado (4:4-8). Durante 390 días debería estar echado sobre su lado izquierdo, representando los pecados de Israel, el reino del norte. Luego debería estar echado sobre su lado derecho durante 40 días, representando los pecados de Judá. En tanto que no se da el significado exacto de las dos cifras, se corresponde con 430, que fueron los años de la cautividad en Egipto (véase Éx. 12:40-41). El mayor tiempo para Israel tenía que ver con la mayor maldad de su pecado.

Mientras estaba recostado sobre su lado, representando el asedio, Ezequiel debía comer una clase especial de pan, cocido sobre estiércol seco de vaca, simbolizando con ello las condiciones de hambruna de los últimos días de Jerusalén (4:9-17). Dios había originalmente mandado a Ezequiel que usase excrementos humanos como combustible (4:12). Como sacerdote, Ezequiel conocía la ley acerca de tales cosas (véase Dt. 23:12-14), por lo que protestó ante tal cosa y Dios cedió, permitiéndole que en lugar de ello usase excrementos de vaca. La intención del Señor al prescribir excrementos humanos había sido significar la contaminación de Israel por las naciones paganas en la cautividad (4:13).

5:1-17 *El cabello cortado es quemado, dividido y esparcido.* Ezequiel se afeitó la cabeza y la barba y dividió el cabello en tres partes. Una parte la quemó, otra la cortó con una espada, y la otra la esparció a los vientos (5:2), simbolizando con ello la triple condena de Judá de hambre y enfermedad, muerte en guerra, y exilio (5:12). Dios había puesto a Judá "en medio de las naciones" (5:5) como testigo para ellas (véase exposición sobre Is. 43:8-13). Por cuanto habían fracasado en dicha misión, serían castigados de una manera insólitamente dura (5:9) como lección para las demás naciones (5:15).

6:1-14 *Un mensaje a los montes.* Mirando hacia los montes de Israel, Ezequiel profetizó que toda la tierra sería asolada (6:1-7). Cuando esto sucediera, Israel sabría "que yo soy Jehová" (6:7, 10, 13). Mostrando misericordia incluso en el juicio, Dios prometió que un remanente sería preservado de la muerte y que sería esparcido por todo el mundo (6:8-10). Ezequiel debía golpear con el pie y palmotear las manos para atraer la atención de la gente acerca de esta profecía (6:11). Se dirige la palabra a los montes al parecer porque eran el centro de culto idolátrico en Israel (6:3, 13).

7:1-27 *Hambruna, espada y sacrilegio.*

Ezequiel advirtió una y otra vez que el juicio caería pronto sobre la tierra (7:1-13). Caería sobre toda la tierra (7:2), y no habría escapatoria (7:9). Cesarían las actividades cotidianas como comprar y vender (7:12). Los que estuvieran fuera de las murallas serían muertos por los ejércitos que llegaban, mientras que los que se vieran encerrados en las ciudades por el asedio morirían de hambre y de enfermedades (7:14-18). Las enfermedades dejarían a la gente demasiado débil para luchar (7:14, 17).

No solo los ejércitos invasores destruirían a la ciudad y a la nación, sino que contaminarían el templo, lo que dejaría patente que la nación ya no gozaba más del favor de Dios (7:19-27).

8:1-18 *Lágrimas por Tamuz, ¡en el templo!* Catorce meses después del inicio de su ministerio, alrededor del 591 a.C., Ezequiel fue transportado en una visión desde Babilonia al templo en Jerusalén, donde vio muchas cosas que le alarmaron y ofendieron profundamente (8—11). Justo al norte de la puerta del altar vio un ídolo (8:5). Introduciéndose en una estancia secreta, vio sus paredes cubiertas de pinturas idolátricas, y a los ancianos que las adoraban (8:6-12). Mirando más allá, vio a mujeres llorando por Tamuz, una deidad de Babilonia, y a veinticinco hombres que adoraban el sol (8:13-16). La respuesta de Dios a toda esta idolatría fue prometer que no habría piedad ni remedio para la nación (8:17-18).

9:1-11 *Los pecadores son muertos, los que se duelen son marcados y preservados.* Según proseguía la visión, Dios llamó a seis ejecutores angélicos al área del templo. Mandó a uno de ellos que pusiera una señal protectora especial a todos los que seguían lamentándose por el pecado y la idolatría que Ezequiel acababa de ver (9:1-4). Hecho esto, los otros hombres siguieron tras él, y dieron muerte a todos los que carecían de la marca, comenzando con los dirigentes religiosos en el templo (9:5-7). Ezequiel rogó al Señor que preservase a algunos del pueblo, pero rehusó hacerlo.

Mientras esto estaba sucediendo, la "gloria del Dios de Israel" había comenzado a desplazarse hacia la puerta del templo (9:3; véase Éx. 14:19-20; 1 R. 8:1-11).

10:1-22 *La nube de gloria se detiene, y luego se mueve.* El ser que había señalado a los que debían ser preservados se preparó ahora para extender los carbones encendidos de la ira de Dios sobre la ciudad (10:1-2, 6-8). Mientras, la nube de gloria se detuvo a la puerta del templo (10:3-4), quizá significando que aunque Dios había decidido juzgar a su pueblo, su deseo último era permanecer con ellos.

Ezequiel describió esta visión de manera detallada, observando que era la misma visión que había recibido al principio de su ministerio (10:9-17; véase cap. 1), y que los "seres vivientes" y los "querubines" eran los mismos (10:15, 20). La nube de gloria se desplazó luego del templo a la puerta oriental.

Los querubines se encuentran entre los más excelsos de los seres angélicos (véase exposición sobre 28:11-19; exposición sobre Gn. 3:22-24; Ap. 4:6-8). Se habían puesto dos querubines labrados de oro sobre el propiciatorio del Arca del Pacto (véase Éx. 25:18-22), que representaban el trono real de Dios que aquí es visto por Ezequiel. Al parecer, una de las responsabilidades de los querubines es ser portadores del trono de Dios.

11:1-13 *No hay protección para los falsos profetas.* El Señor condujo a Ezequiel ante veinticinco hombres en la puerta oriental del templo, incluyendo a Pelatías y otros dirigentes, y los identificó como los que habían dado falsas seguridades de que Jerusalén sería preservada (11:1-3). Comparando a Jerusalén con una olla que protege a la carne que está en ella, declararon confiados: "Edifiquemos casas" (11:3). Ezequiel respondió que solo aquellos de su propio pueblo a los que habían dado muerte quedarían protegidos por las murallas de Jerusalén (11:7). Los dirigentes mismos serían sacados de la ciudad y muertos (11:7-12; véase Jer. 52:24-27). Como para subrayar la advertencia de Ezequiel, Pelatías murió mientras Ezequiel estaba todavía hablando (11:13).

La falsa sensación de seguridad que tenían los dirigentes podía proceder en parte de haber sobrevivido a las invasiones del 605 y del 597 a.C. (véase 2 R. 24:8-16).

11:14-21 *Nuevos corazones para los exiliados.* Al parecer, estos impíos dirigentes estaban diciendo que los llevados a la cautividad en el 605 y en el 597 a.C. (como Daniel y el mismo Ezequiel) estaban bajo el juicio de Dios, y que por ello se les debía rechazar (11:15). Dios declaró que por el contrario, Él daría a aquellos exiliados su especial protección (11:16) y que a su debido tiempo restauraría a todos los israelitas creyentes a su patria, dándoles "corazones de carne" (esto es, corazones tiernos) en lugar de "corazones de piedra" (11:17-20; véase exposición sobre Jer. 31:31-34). Los confiados jerosolimitanos, en cambio, podían llegar a verse bajo el juicio de Dios (11:21).

11:22-25 *Súbitamente, la gloria se ha ido.* Al terminar la visión de Ezequiel del templo, la nube de gloria del Señor pasó de la ciudad al Monte de los Olivos. Dios había finalmente quitado su presencia especial de entre su pueblo, preparando el camino para el juicio. (En 43:1-5 se promete que la gloria de Dios volverá a Israel durante el milenio.) (Véase exposición sobre los siguientes pasajes: Éx. 14:19-20; 2 Cr. 5:1-14; Mt. 17:1-9.)

El espíritu condujo luego a Ezequiel de vuelta a Babilonia, donde contó a los cautivos sus visiones de Jerusalén.

12:1-16 *"¡Haz el equipaje, y cava un túnel!"* Por orden de Dios, Ezequiel empaquetó sus pertenencias, hizo un agujero en el muro de la ciudad en Tel-abib, cubriendo su rostro como si estuviera ciego mientras marchaba (12:1-7). Ezequiel debía explicar a los exiliados que sus acciones eran un símbolo de la apresurada partida de un futuro grupo de exiliados de Jerusalén, y la ceguera del rey Sedequías (12:8-16; véase 2 R. 25:1-7).

La partida de Sedequías de Jerusalén tendría lugar como había sido predicho (12:12; véase 2 R. 25:4). En 2 R. 25:6-7 se cumplen la profecía de Ezequiel de que Sedequías no vería Babilonia (12:13) y la profecía de Jeremías de que *sí* vería a Nabucodonosor (véase Jer. 34:2-5).

12:17-20 *¿Su última comida?* En otro acto simbólico, Ezequiel estuvo temblando mientras comía, representando la ansiedad de los últimos días de Jerusalén.

12:21-28 *¿La vida prosigue?* Tras haber oído muchas profecías acerca del futuro de Judá, unas verdaderas, otras falsas, muchos israelitas se habían vuelto cínicos, creyendo que nunca se cumplirían (12:22, 27). Pero Ezequiel tenía que advertirles que había llegado el momento para el cumplimiento de todas las verdaderas profecías (12:23-25, 28).

13:1-23 *"¡No son edificadores! ¡Son zorras del desierto!"* Dios condenó a los profetas que habían hecho vanas promesas de paz (13:10, 16; véase exposición sobre Jeremías 6:10-21) mientras no hacían nada por reparar la "pared recubierta con lodo suelto" de la depravación moral de Israel (13:5, 10-16). Esos profetas eran tan inútiles como chacales (13:4), felices viviendo en ruinas en decadencia. También eran de condenar las falsas profetisas que practicaban la adivinación (13:17-23). Su falso consejo estaba haciendo daño a los rectos y ayudaba a los malvados (13:22; véase Éx. 23:7; Pr. 24:23-25; Is. 5:23).

14:1-11 *Los dirigentes: Los mayores transgresores.* Reconociendo que era profeta, algunos de los ancianos en el exilio acudieron a Ezequiel para pedirle consejo. Pero Dios rehusó hablar por medio de Ezequiel en favor de ellos, porque aunque pretendían estar buscando al Señor, Él sabía que eran idólatras (14:3-4, 7). Dios los llamó al arrepentimiento (14:6) pero solo previó un juicio cierto (14:5). Sin embargo, su deseo último era que Israel volviera a ser su pueblo (14:11).

14:12-23 *¡Ni siquiera para Noé!* Dios declaró que no perdonaría a la tierra de Israel incluso si vivieran allí hombres tan justos como Noé, Daniel y Job. Perdonaría a esos tres hombres, pero a nadie más. La nación ya había traspasado la línea y tenía que ser juzgada. Pero Dios preservaría a un remanente de los fieles, que serían luego para gran consolación de Ezequiel y que le ayudarían a darse cuenta de que el juicio de Dios sobre Judá había sido justo (14:22-23).

Es interesante que Daniel, un compañero de cautividad de Ezequiel y que tenía solo 35 años en aquel tiempo, era ya tan bien conocido por su justicia como Noé y Job.

15:1-8 *"¿No hay fruto? ¡Échalo en el fuego!"* En una parábola, el Señor comparó a Israel con una vid. El único valor de una vid es dar fruto. No es buena para edificar (demasiado retorcida), ni para muebles (demasiado blanda), ni siquiera para combustible (quema demasiado rápidamente). Debido a que Israel no había dado fruto (véase exposición sobre Is. 43:8-13), sería quemado como basura. De igual modo, los cristianos deben llevar fruto (véase Jn. 15:1-8). La vid era un símbolo común de Israel en el AT (véase Sal. 80:8-18; Is. 27:2-4; Jer. 12:10-11).

16:1-14 *Israel, la esposa huérfana y hermosa.* El Señor comparó a Israel con una niña recién nacida abandonada en un campo, lo que representa a Dios que encuentra a Israel en la esclavitud en Egipto. Dios adoptó a la desolada niña y la crió como suya, entrando al final en un pacto matrimonial con ella (16:8), lo que representa la promulgación de la ley a Israel en el Sinaí. Dios vistió a su esposa con hermosas ropas y la cubrió de joyas (16:10-14), representando los días de gloria de la nación bajo David y Salomón.

16:15-43 *Israel, la prostituta orgullosa.* Tristemente, Israel la esposa pronto se enorgulleció y menospreció el amor de Dios, el marido de ella, volviéndose en lugar de ello a prostituirse con dioses extraños. Toda la riqueza que Dios le había dado la ofreció ahora a sus amantes extraños (16:17-19). En realidad se comportaba peor que una prostituta, por cuanto pagaba a sus amantes en lugar de dejar que ellos le pagasen a ella (16:31-34). Dios iba a dejar que se abusase de Israel y que fuese derrotada por las mismas naciones con cuyos dioses había cometido adulterio espiritual (16:35-43).

16:44-63 *Pecadora como Sodoma, pero no obstante la salvará.* Era evidente para todos, dijo el Señor, que Israel era tan malvada como las naciones a su alrededor. Eran tan pecadores como sus antecesores paganos (16:45), tan pecadores como el reino caído del norte (Samaria) que ellos despreciaban (16:46, 51-52), e incluso tan pecadores como Sodoma (16:46-50). Dios restauraría a Judá un día (16:60-63) ¡pero solo después de haber restaurado a aquellas otras naciones (16:53-55)! Luego Dios haría un nuevo pacto con su pueblo, lo que incluiría la expiación por todos sus pecados (16:60-63; véase Jer. 31:31-34; Ro. 11:27; He. 8:8-12).

17:1-24 *Dos águilas y un cedro.* Ezequiel contó una parábola con tres principales jugadores: Una primera águila, grande y poderosa, se apoderó de la copa de un cedro y la llevó a una tierra lejana. Se plantó también una semilla y comenzó a crecer una vid; al crecer, miraba hacia la primera águila. Luego apareció una segunda águila, y la vid se volvió hacia ella en lugar de la primera (1:7-10). Ezequiel aplica la parábola al quebrantamiento por parte de Sedequías de su pacto con Nabucodonosor (17:11-21). Nabucodonosor había llevado cautivo al "cogollo" del "cedro" de Israel —a los mejores y más brillantes de sus ciudadanos— en el 605 y en el 597 a.C. Había puesto a Sedequías en el trono y Dios, por medio de Jeremías (véase Jer. 27), había mandado a Sedequías que fuese leal a aquella alianza para la protección de su pueblo. Pero Sedequías ignoró aquel sano consejo y quebranto el pacto aliándose con Egipto (la segunda águila) en contra de Babilonia (17:15).

Dios consideró esta traición como contra Él mismo (17:20) y declaró que Egipto resultaría inútil como aliado (17:17; véase Jer. 37:5-7). También declaró que Sedequías moriría en Babilonia (17:16; véase Jer. 52:11).

Pero Dios preservaría un "tallo" del cogollo de aquel árbol y lo replantaría en Israel (17:22-24). Este "tallo", a veces llamado el "Renuevo", representa a Jesús el Mesías (véase Is. 11:1; 53:2; Jer. 23:5; Zac. 3:8).

18:1-18 *Uvas agrias y almas que pecan.* Recitando un dicho popular de su tiempo, algunos israelitas estaban achacando sus presentes sufrimientos a los pecados de sus padres, representados por las "uvas agrias" (18:2; véase Jer. 31:29-30). Dios declaró que, en contra de esta sabiduría popular, cada uno era responsable por sus propios pecados (18:4). Dio varios ejemplos de pecado y de responsabilidad, implicando que la actual generación no podía echar la culpa de sus problemas a las pasadas generaciones (18:5-18).

La Biblia dice en otro lugar que Dios visita "la maldad de los padres sobre los hijos hasta la tercera y la cuarta generación" (véase Éx. 20:5; Jer. 32:18), lo que parecería implicar que los hijos sufren por los pecados de sus padres. Pero estos pasajes pueden sencillamente implicar que los hijos tienden a seguir el ejemplo de sus padres (véase exposición sobre 20:1-32).

18:19-32 *Cuando los malos se vuelven buenos y los buenos se vuelven malos.* No es solo que las personas son individualmente responsables por sus pecados (18:19-20), sino que siempre está abierto el camino al arrepentimiento, hasta para los más malvados (18:21-23). Sin embargo, Dios advierte que la persona recta que caiga en pecado será juzgada (18:24). Defiende luego lo justo de esta proclamación acerca de la responsabilidad personal (18:25-29) y renueva una vez más el llamamiento: Arrepentíos y vivid (18:30-32). Dios no se complace en la muerte de los impíos (18:23, 32; véase 2 P. 3:9). (Véase exposición sobre 33:10-20).

19:1-14 *Cachorros de leones y una vid fuerte.* Ezequiel se lamentó de la suerte de Israel, comparándola con una leona y una vid. La leona perdió dos de sus cachorros en trampas. El primer cachorro (19:3-4) representa probablemente a Joacaz, que fue llevado cautivo a Egipto en el 609 a.C. (véase 2 R. 23:31-34). El otro cachorro puede haber sido Joaquín, llevado a Babilonia en el 597 (véase 2 R. 24:8-15), o Sedequías, que sería llevado allá en el 586 (véase 2 R. 24:18).

Ezequiel compara luego a Israel con una vid destinada a ser totalmente desarraigada y destruida por un viento desértico (19:10-14); probablemente una referencia a la definitiva invasión babilónica. Algunos eruditos consideran la vid entera, o al menos sus "ramas", como una referencia a Sedequías.

20:1-32 *Siguiendo el ejemplo de sus padres.* Dios mandó a Ezequiel que recordase a Israel "las abominaciones de sus padres" (20:1-4). Cuando Dios había anunciado sus planes para liberar a Israel de Egipto, les mandó que abandonasen la falsa religión de Egipto. No lo hicieron, pero "a causa de [su] nombre, para que no se infamase", mantuvo su promesa y de todos modos los libró (20:5-10).

20:33-44 *"¡Luego, por fin, me reconocerán!"* Vendría el día en que Dios reclamaría a su pueblo del exilio, expurgaría de entre ellos a los que persistiesen en su rebelión, y los devolvería a su patria. Luego, se arrepentirían de sus pecados (20:43) y "sabrán que yo soy Jehová" (20:38, 42, 44).

20:45-49 *Un incendio forestal y unos oyentes fatigados.* La siguiente profecía de destrucción que da Ezequiel emplea la figura de un fuego forestal. Ezequiel observa que su audiencia se estaba cansando de su frecuente uso de parábolas.

SEIS PARÁBOLAS EN EZEQUIEL

1. ***Una vid sin fruto (15:1-8)***
2. ***La niña adoptada que devino en prostituta (16:1-63)***
3. ***Las dos águilas (17:1-21)***
4. ***La vara tierna (17:22-24)***
5. ***La leona y sus dos cachorros (19:1-9)***
6. ***Las dos hermanas rameras (23:1-49)***

Durante su viaje por el desierto, Dios proveyó para las necesidades espirituales y físicas de los israelitas, aunque todavía se rebelaban (20:10-16). Incluso después de haber entrado en la Tierra Prometida (20:27-29) y hasta aquel mismo día (20:30-32), Israel había persistido en la apostasía religiosa, a pesar de la bondad de Dios. Por esta causa, Dios no atendería ya más a sus oraciones (20:31).

21:1-32 *Espadas, gemidos, golpes e hígados.* Empleando la figura de una espada desenvainada, el Señor declaró que sobrevendría una destrucción total sobre Judá e Israel. Ezequiel debía llamar la atención a esta advertencia con unos gemidos audibles; ¡sin duda enajenándose más a una audiencia cansada de su insólito estilo de predicación (21:6-7; véase 20:49)! Una vez más, Dios advertía acerca de la afilada espada de un juicio que se avecinaba (21:8-13), instruyendo esta vez a Ezequiel a que batiera "una mano contra otra" para acentuar el mensaje (21:14-17; véase 6:11).

Los babilonios consultarían señales mágicas, incluyendo un hígado de un animal sacrificado, para decidir si atacar Jerusalén o Amón y sobre esta base escogería Jerusalén (21:18-23). Dios es soberano incluso acerca de las extraviadas prácticas religiosas de los incrédulos. En la destrucción que se avecinaba, la monarquía davídica sería derribada (21:24:27) y así permanecería hasta la venida del Mesías (21:27). Aunque los augurios habían conducido a Nabucodonosor a Jerusalén en lugar de a Amón, Este último no escaparía al juicio (21:28-32).

22:1-22 *Jerusalén: ¡capital criminal del mundo!* Jerusalén había llegado a ser infame por todos los asesinatos que tenían lugar en ella y se había hecho abominable a Dios por su idolatría (22:1-5). Los reyes habían dado el ejemplo en la oleada de crímenes, usando a sus anchas su eminente posición para dar muerte a quienes querían matar (22:6; véase 2 R. 21:3 4) y para aprovecharse también de la gente en otras formas (22:7-12). Por tanto, serían castigados (22:13-16). La misma Jerusalén vendría a ser un horno ardiente para purificarlos (22:17-22).

22:23-31 *¡Y a nadie le preocupa!* Parecía como si todos los líderes de Israel fuesen pecadores sin esperanza. Mientras los sacerdotes profanaban el templo e ignoraban el sábado, los dirigentes políticos aceptaban sobornos, los profetas hablaban falsamente y la gente del pueblo cometía robos y maltrataba a los pobres (22:26-29). No se podía encontrar ni un justo "que se pusiese en la brecha" de las caídas defensas morales de Judá (22:30).

23:1-49 *Los pecados de las dos hermanas.* Todavía en otra parábola, Samaria y Jerusalén se presentan como dos hermanas prostitutas. Toda la nación se había involucrado en prostitución espiritual en Egipto antes del Éxodo (véase Lv. 17:7). El reino del norte, que nunca realmente se había arrepentido de sus pecados en Egipto, se volvería más adelante aliada de Asiria tanto en lo político como en lo espiritual (23:5-10). Acerca de los vínculos políticos que conducían a una contemporización espiritual, véase exposición sobre 1 Reyes 11:1-8 y sobre 2 Reyes 16:10-20.

Judá se volvió peor que su hermana del norte, prostituyéndose a Asiria y a Babilonia, luego rechazando a Babilonia y volviéndose a su primer amante ilícito; Egipto (23:11-21). Judá sería juzgada por sus menospreciados amantes (23:22-30). Por cuanto el pecado de Judá era el mismo que el del reino del norte, sufriría el mismo castigo (23:31-35).

Tanto el norte como el sur serían juzgados por su craso paganismo (23:36-39; véase 2 Reyes 21:1-9). En lugar de esperar a que los paganos acudieran a ellos, ellos habían invitado su influencia (23:40-41). Ellos merecían el castigo que la ley prescribía para las prostitutas y para los apóstatas religiosos (23:46-47; véase Dt. 13:6-11; 22:22-30).

24:1-14 *La olla hervirá, y hervirá, y hervirá.* En el mismo día en que Babilonia comenzó su último asedio de Jerusalén, Dios mandó a Ezequiel que llenase una olla de agua hirviendo con buenas piezas de carne y que las cociera hasta que la carne se separase de los huesos. Luego echó fuera toda la carne y dejó que la olla se quemase hasta secarse y eliminar las impurezas restantes. Del mismo modo los fuegos del asedio babilonio purificarían a Jerusalén de su impureza moral.

24:15-24 *¡Sin lágrimas en el funeral de su propia esposa!* Aquel mismo día, Dios informó a Ezequiel de que su amada esposa moriría al día siguiente, pero que no debía mostrar dolor alguno por su muerte. Cuando la mujer de Ezequiel muriese y sus compañeros de exilio observasen su falta de dolor, les explicaría que Dios no se estaba lamentando por la próxima muerte de Jerusalén, y que tampoco deberían hacerlo ellos (24:20-24).

24:25-27 *"Oirás las noticias y volverás a hablar"*. Cuando Jerusalén cayera realmente, sería enviado un mensajero especial a Babilonia para informar a Ezequiel. En aquel tiempo, el habla de Ezequiel volvería a la normalidad (24:25-27; véase 3:26; 33:21-22).

EL JUICIO DE LOS ENEMIGOS DE DIOS (25—32)

25:1-7 *Amón: De regocijo y ridiculización a dolor y destrucción.* Ezequiel profetizó contra varias naciones involucradas en la historia de Israel (25—32). Aunque se registran juntas, esas profecías fueron dadas en tiempos separados. Amón, al este del Jordán y al norte de Moab, había mostrado un diabólico regocijo ante la destrucción de Jerusalén, por lo que sería también destruida. (Véase exposición sobre Jer. 49:1-6.)

25:8-11 *Moab: De miradas escarnecedoras a parajes quemados.* Los moabitas habían escarnecido las pretensiones de Israel de ser el pueblo especial de Dios. Sus ciudades serían barridas y luego reconocerían al Dios de Israel. (Véase exposición sobre Jer. 48:1-47.)

25:12-14 *Edom: Muerte a los inmisericordes carniceros.* Debido a que los edomitas habían hecho una matanza de indefensos israelitas durante la invasión babilónica, serían destruidos del todo. (Véase exposición sobre Jer. 49:7-22.)

25:15-17 *Filistea: Las "viejas enemistades".* Los filisteos, los antiguos enemigos de Israel, serían también destruidos. (Véase exposición sobre Jer. 47:1-7.)

26:1-6 *Tiro: De redes comerciales a tendedero de redes.* En cuanto la gente de Tiro supo de la caída de Jerusalén, se regocijaron: Como los primeros mercaderes de su tiempo, estaban deseosos de "enriquecerse" con el botín de Jerusalén y de apoderarse de las "ricas rutas comerciales" de Judá (26:1-2). Esta capital comercial sería saqueada a su vez. Unos ejércitos invasores iban a "barrer de ella hasta su polvo", haciendo de ella "como una peña lisa" y como "tendedero de redes" para los pescadores (26:3-6).

26:7-21 *Detalles de la destrucción de Tiro.* El Señor declaró de forma específica que Nabucodonosor iba a destruir a Tiro (26:7-11), y esto sucedió de hecho en el 572 a.C. El asombroso cumplimiento de 26:12-14 tendría lugar 240 años después: Parte de Tiro estaba en una isla, y esta parte sobrevivió al asalto del año 572. Pero en el 332, Alejandro Magno consumó la destrucción de Tiro usando las ruinas abandonadas en el 572 para construir un dique hasta la isla, ¡que fue luego destruida! Tiro nunca ha sido reconstruida, ¡y de hecho ha quedado hasta el día de hoy como un lugar donde los pescadores locales secan sus redes! El terrible destino de Tiro llevaría a sus antiguos socios comerciales a temer y a lamentarse (26:15-21). (Véase exposición sobre Is. 23:1-18.)

27:1-36 *Su lamentación por Tiro.* Ezequiel se lamentó de la suerte de Tiro, comparando esa ciudad con una nave. Los bienes de muchas tierras habían hecho de Tiro una de las más hermosas ciudades del mundo conocido (27:1-9). Veintitrés naciones habían comerciado con Tiro (27:12-24). Pero la poderosa nave de Tiro se hundiría al final (27:25-36).

28:1-10 *El rey de Tiro: Engañado por el éxito.* El rey de Tiro se sentía orgulloso del éxito de su nación. Atribuía a su propia sabiduría mucho de este éxito, hasta el punto de considerarse como un dios (28:1-5). Pero el Dios único y verdadero le juzgaría (28:6-10). En 28:3 tenemos otra indicación de la fama de Daniel, ya desde joven (véase exposición sobre 14:12-23).

28:11-19 *El verdadero rey de Tiro.* Al seguir Ezequiel con su descripción del juicio de Dios contra el rey de Tiro, comienza a hablar en unos términos que muchos eruditos bíblicos consideran como una descripción de la caída de Satanás. Igual que el rey de Tiro, Satanás se enorgulleció de sí mismo, y fue por ello juzgado. Desde ser el "querubín grande, protector", la más hermosa de las criaturas de Dios (28:12-15), vino a un fin terrible, y "todos los que le conocieron" quedaron atónitos ante su suerte (28:18). (Véase exposición sobre Is. 14:1-23.)

28:20-26 *Sidón: Destruida como su hermana.* Sidón, un centro costero comercial a unos 32 kilómetros al norte de Tiro, sería también destruida (28:20-23). Destruidos sus hostiles vecinos, Israel volvería a su patria y viviría en paz (28:24-26).

29:1-7 *Egipto: Arrancado del Nilo por su falta de apoyo.* En una profecía dada un año antes de la profecía contra Tiro, Ezequiel trató acerca de Egipto, la superpotencia al sur (29—32; comparar la exposición sobre Jer. 46). Faraón, el orgulloso "dragón" y gobernante del Nilo, sería arrancado de su reino fluvial y sería abandonado en tierra firme para que fuera devorado por las fieras y por las aves (29:1-5). El juicio vendría porque después de seducir a Judá a una alianza contra Babilonia, Faraón descuidaría ayudarlos (29:6-7; véase Jer. 37:5-10).

29:8-16 *La desolación y restauración de Egipto.* Por la soberbia de Egipto (29:3, 9), este país sería asolado y desierto durante 40 años, tras haber sido llevada su población al exilio (29:8-12). Egipto sería luego restaurado a su tierra, pero nunca más sería una gran potencia mundial (29:13-15). Al contemplar los israelitas futuros el humillado Egipto, se sentirían asombrados de que jamás habían esperado en esa nación para protección (29:16).

29:17—30:19 *"¡Egipto pagará a Babilonia por Tiro!"* Diecisiete años después, en el 570 a.C. —dos años después que Babilonia derrotase a Tiro— Ezequiel profetizó de nuevo acerca de Egipto. Dios dijo a Ezequiel que por cuanto Nabucodonosor había hecho la voluntad de Dios derrotando a Tiro, y por cuanto sus hombres habían conseguido poco botín por su victoria, Dios les permitiría que conquistasen y saqueasen Egipto. Judá sería alentado por el cumplimiento del juicio de Dios sobre Egipto (29:21). Los babilonios habían puesto sitio contra Tiro durante 13 años, desde el 585 hasta que finalmente la vencieron en el 572, tiempo en el que los navegantes tirios probablemente enviaron sus riquezas a sus muchas colonias en otros puertos marítimos.

Ezequiel prosiguió prediciendo los detalles de la destrucción de Egipto (30:1-19). El Faraón de aquel entonces fue depuesto y muerto en el 569, y Babilonia lanzó su invasión alrededor del 568.

Aunque situada en medio de sus otras profecías contra Egipto, el pasaje de 29:17—30:19 fue la última de las profecías registradas de Ezequiel, dada en el 570, dos años después de la profecía de los capítulos 40—48.

30:20-26 *Los brazos de Egipto, rotos.* Ezequiel registra ahora una profecía anterior contra Egipto, dada en el 586 a.C. Dios rompería los brazos de Faraón, y le impediría siquiera sostener una espada. Mientras, los ejércitos de Nabucodonosor serían fortalecidos, de modo que su espada (sus ejércitos) sería victoriosa.

31:1-18 *"¿Recuerdas aquel gran cedro?"* Dos meses después, Dios volvió a hablar, con una lección objetiva dirigida al orgulloso Faraón: Asiria había sido una vez tan grande como Egipto. Asiria, el gran "cedro", había llegado a ser incluso la envidia de todos los demás árboles del bosque. Hasta los árboles del Edén palidecían ante la comparación (31:1-9). Debido a la soberbia de Asiria, Dios permitió a ejércitos extranjeros que la destruyeran (31:10-17). Egipto, que era también un hermoso árbol, también sería cortado (31:18).

32:1-16 *No un león joven, sino un viejo cocodrilo.* Al cabo de alrededor de un año y medio, después de la caída de Jerusalén, Ezequiel se lamentaba de la venidera destrucción de Egipto, y daba un bosquejo de la angustia y el desfallecimiento que vendrían de cierto. Faraón podía imaginarse a sí mismo como un poderoso león joven, pero Dios prefería aplicarle una analogía más fielmente egipcia: Como un cocodrilo demasiado viejo para resistirse, Faraón sería extraído del Nilo y sería dejado morir sobre tierra seca (32:2-6; véase exposición sobre 29:1-7).

32:17-32 *Cuando Egipto se une a las naciones en el infierno.* Alrededor de unas dos semanas después, Ezequiel ofreció un lamento final por Egipto. Faraón y su amada nación serían consignados "a lo profundo de la tierra" (32:18; véase 26:20; 28:8; 31:16-17), o "a la sepultura" (32:27), junto con muchos otros "incircuncisos"). Acerca de la perspectiva del infierno en el AT, véase exposición sobre el Salmo 9.

LA PRESENTACIÓN DEL PASTOR DE DIOS (33—34)

33:1-9 *Otra vez el atalaya.* En un mensaje dado bien justo antes o justo después de la caída de Jerusalén, Dios destaca una vez más los deberes del vigía de advertir a la gente de sus pecados, un deber que por ahora Ezequiel había desempeñado con fidelidad (véase 3:16-21).

33:10-20 *Los buenos, los malos y los arrepentidos.* Para los que se lamenten sinceramente de sus pecados, nunca es demasiado tarde para arrepentirse (33:10-11). Dios no se complace en juzgar a su pueblo (33:11). Las justicias pasadas no salvarán a los que pecan; las injusticias pasadas no condenarán a los que se arrepienten (33:12-20; véase exposición sobre 18:19-32).

33:21-22 *Oye las buenas nuevas, y habla de nuevo.* Tal como Dios lo había prometido (véase 24:26), llegó un mensajero a Tel-abib para contarle a Ezequiel que Jerusalén había caído. Como lo había prometido Dios (véase 24:27), Ezequiel recuperó entonces su normal facultad del habla. (Jerusalén había caído en diciembre del 586 a.C.; el mensajero llegó a Babilonia unos 10 meses después.)

33:23-29 *"Abraham la poseyó, ¡pero ustedes no son Abraham!"* Comparándose favorablemente con Abraham, los judíos que quedaron en Israel después de su caída estaban confiados en que la tierra quedaría para ellos. Pero sus pecados continuados significaban que también ellos serían juzgados (33:23-29).

33:30-33 *"Sí, era un profeta".* Mientras, los exiliados en Babilonia oían con cortesía a Ezequiel pero no prestaban atención a sus advertencias. Dios aseguró a Ezequiel que al hacerse realidad sus profecías, se darían cuenta de que "hubo profeta entre ellos".

34:1-31 *Pastores engordados, ovejas enflaquecidas, y un Buen Pastor.* Dios acusó a los dirigentes religiosos y políticos de Israel, que se cuidaban más de sí mismos que de su propio pueblo; ellos eran como pastores sanos que vigilaban unas ovejas enfermizas (34:1-6) o como ovejas fuertes que se aprovechaban de ovejas más débiles (34:17-19). Como resultado, su grey se había esparcido (34:5-6).

Dios iba a juzgar a aquellos pastores negligentes (34:7-10, 20) y Él mismo vendría a ser el solícito pastor de las mismas (34:11-16). Él mismo establecería "a un pastor . . . a mi siervo David" que sería "príncipe" en medio de ellos (34:23-24) y que sería también su pastor (34:25-31). Ezequiel haría varias referencias adicionales a este príncipe, especialmente en 45—46.

Este "príncipe" que es también un "pastor" ha sido diversamente identificado como Cristo, como alguna otra persona del linaje de David, o como el mismo David resucitado (véase 37:25). La identidad de Cristo como el "buen pastor" (Jn. 10:11-16) sugiere que Ezequiel se estaba refiriendo a Él. Por otra parte, la referencia a los "hijos" de este pastor (46:16) y a las normas establecidas para la conducta de este pastor (45:9—46:18) sugieren que se trata de una persona distinta de Cristo.

Acerca de 34:17, 22, véase exposición sobre Mateo 25:31-46.

LA RESTAURACIÓN DE LA NACIÓN DE DIOS (35—37)

35:1-15 *"¿Queréis sangre? ¡Yo os daré sangre!"* Para preparar el camino para un Israel restaurado, sus enemigos serían destruidos. El Monte Seir (Edom, véase 35:15) es dado como un ejemplo de esos enemigos. Los edomitas descendían de Esaú, hermano de Jacob, y mantuvieron "enemistad perpetua" contra Israel (35:5; véase exposición sobre Jer. 49:7-22). La culminación de este odio vino cuando ayudaron a Babilonia a destruir Jerusalén en el 586 a.C. (35:5). Por cuanto evidentemente les gustaba la sangre, dijo el Señor, Él les daría más sangre (35:6). Edom se había regocijado al ver la caída de Israel; todo el mundo se alegraría cuando Edom cayese (35:14-15; véase Mal. 1:2-5).

36:1-15 *"¡Edifiquen graneros más grandes! ¡Los van a necesitar!"* Por cuanto se habían gozado y beneficiado por la caída de Judá, Dios iba a traer oprobio sobre Edom y sobre los demás enemigos de Israel (36:1-7). Mientras, los israelitas recibirán un día bendiciones materiales sin medida (36:8-15).

36:16-38 *"También necesitarán un nuevo corazón"* Dios había echado a Israel de su tierra a causa de que sus pecados habían deshonrado su nombre (36:16-19). Pero incluso en el exilio siguieron deshonrándole (36:20). No tanto por causa de ellos como por causa de su nombre, Él un día los restauraría a su tierra, les daría un nuevo corazón, y pondría en ellos su Espíritu, lo que posibilitaría que le fueran obedientes (36:21-28; véase exposición sobre Jer. 31:31-34).

En tanto que esta promesa se cumplirá para toda la nación de Israel durante el milenio, su cumplimiento queda prefigurado en que el Espíritu habita ahora en todos los creyentes en Cristo.

37:1-28 *La restauración de los huesos secos de Israel.* En una visión, Ezequiel vio un valle lleno de huesos secos. Dios le mandó que profetizase a los huesos, después de lo cual vendrían a la vida (37:1-6). Ezequiel habló como le había sido ordenado, y los huesos se juntaron, pero no había vida en ellos (37:7-8). Volvió a hablar, y el aliento del Señor entró en los huesos, que pasaron a ser "un ejército grande en extremo" (37:9-10). Dios explicó que los huesos secos representaban a los exiliados judíos esparcidos. Un día los recogerá de sus "sepulturas" del exilio y los devolverá a su patria (37:11-12). Infundirá su Espíritu en ellos, y producirá una renovación espiritual (37:13-14).

Entonces Ezequiel recibió la orden de unir dos palos y explicar que esto significaba que Israel y Judá serían un día reunidos bajo un rey: "mi siervo David" (37:15-28; véase exposición sobre 34:1-31).

Después del establecimiento del estado de Israel en 1948, muchos cristianos han interpretado 37:7-10 como una profecía en dos partes: La restauración física de Israel (37:7-8) tuvo lugar en 1948; la restauración espiritual (37:9-10) espera a la segunda venida de Cristo.

LA EXHIBICIÓN DE LA IRA DE DIOS (38—39)

38:1-23 *Dios y el impío Gog.* Luego el Señor describió un ataque futuro sobre la restaurada Israel de parte de una coalición de naciones enemigas (38—39), dirigida por "Gog en tierra de Magog" (38:2). Esas naciones se unirán para atacar a la pacífica Israel (38:8-16). Pero Dios advirtió que usaría el ataque de ellos contra su pueblo para traerse gloria a sí mismo (38:16-17), y que los derrotaría mediante fuerzas naturales y un motín (38:18-23).

Las referencias a un Israel restaurado (38:11, 14) y al "futuro distante" (38:11, 14) sugieren que la derrota de Gog tendrá lugar durante la Gran Tribulación en los tiempos del fin. Algunos identifican esta batalla con la de Armagedón, al final de la Tribulación (véase Ap. 14:14-20; 16:13-16; 19:17-19). El libro de Apocalipsis menciona un ataque de parte de "Gog y Magog" al final del milenio, lo cual es posterior a la Tribulación (véase Ap. 20:8). Por cuanto muchas profecías del AT tienen cumplimientos duales, Ezequiel podría tener ambos acontecimientos a la vista.

Mientras que algunos de los coligados con Gog (38:5-6) pueden ser identificados entre los actuales enemigos de Israel, la nacionalidad del mismo Gog no queda clara. Las referencias a "Ros" (38:2-3) y a "las regiones del norte" (38:15) llevan a algunos a ver una conexión rusa, Josefo identificó Magog con el área al norte del Mar Negro ahora ocupada por Rusia y por otras naciones que han pertenecido a la esfera soviética.

39:1-20 *Cuando Magog caiga, las aves tendrán un festín.* Dios "conducirá" a Magog a su batalla contra Israel pero luego traerá repentinamente la derrota sobre Magog, para gloria de su nombre (39:1-8). Tan grande será la matanza que se precisará de siete años para quemar todas las armas y de siete meses para sepultar a los muertos (39:9-16). Los animales de rapiña tendrán un gran festín (39:17-20; véase Ap. 19:17-21).

39:21-29 *"Todas las naciones me conocerán"*. Después de la derrota de Magog, Israel y todas las naciones reconocerán a Dios (39:21-24). Ezequiel repite la promesa de Dios de restaurar a Israel a su tierra y de derramar sobre ellos su Espíritu (39:25-29).

LA REVELACIÓN DEL MILENIO DE DIOS (40—48)

40:1-4 *El hombre con la caña de medir.* Ezequiel acaba su libro con una visión que vio en el 572 a.C. y que describe la vida en el milenio (40—48), que se centrará alrededor del templo restaurado. Al comenzar su visión, se encontró con un mensajero angélico con una caña de medir, con la que iba a medir el templo con gran detalle. Ezequiel debía anotar cuidadosamente lo que viese e informar de ello a Israel. (Aunque Ezequiel diese esos planes del templo a sus compañeros de exilio antes que regresasen a Judá, no hay indicación alguna de que los empleasen en la reconstrucción del templo en aquel tiempo.)

40:5-46 *Medición de los patios del templo.* El ángel comenzó su visita de este futuro templo midiendo el muro que lo rodeaba. Obedeciendo la amonestación de prestar estrecha atención, Ezequiel observó que la caña de medir tenía seis codos de longitud, pero que cada codo tenía en realidad de un codo y un palmo, lo que hacía que la caña de medir tuviera una longitud de 3,2 metros (40:5). El muro alrededor del patio del templo tendrá una altura de una caña y una anchura de una caña. Ezequiel describió los patios interiores y exteriores y las varias estancias y alcobas que rodeaban el templo, incluyendo las áreas para la preparación de los sacrificios (40:38-43) y las estancias para cantores y sacerdotes (40:44-46). Habrá puertas que darán acceso a los patios exteriores e interiores por los cuatro lados. Entre el templo y el muro occidental habrá un gran edificio cuya naturaleza no se especifica (41:12).

40:47—41:26 *Medición del templo.* El patio interior, delante del templo, será de 100 codos largos (53,5 metros) en cuadro. En el centro de este patio estará el altar (véase exposición sobre 43:13-27). Luego viene el templo, con su "pórtico" (40:48-49), su santuario o Lugar Santo (41:1-3), y el Lugar Santísimo (41:4). Rodeando el Lugar Santo y el Lugar Santísimo por tres lados hay tres pisos de 30 estancias cada uno, que probablemente se usarán para almacenamiento. A cada lado de esas estancias habrá un muro, que tendrá en el primer piso un grosor de seis codos (3,2 metros). Al ir ensanchándose cada nivel sucesivo de estancias se hace más ancho, el muro se irá haciendo más delgado (41:5-11; compárese 1 Reyes 6:5-6).

Ezequiel describió las decoraciones interiores del templo (41:21-26). Al parecer el único mobiliario en el interior del templo será el altar del incienso (41:22).

42:1-20 *Otros edificios y la gran visión de conjunto.* En los lados del norte y del sur del patio habrá más cámaras para sacerdotes, donde se deberán guardar las vestiduras del templo y donde se comerá la porción sagrada de los sacrificios (42:1-14).

Luego el ángel llevó a Ezequiel por la puerta oriental y midió toda el área del templo (42:15-20). La Versión Autorizada inglesa (conocida como la *King James*) da como dimensiones globales 500 cañas, o un cuadrado de 1,6 kilómetros de lado, pero en 42:20 da las dimensiones como 500 *codos* o un cuadrado de 267 metros de lado, lo que concuerda con las dimensiones que se dan anteriormente. La versión NVI evita esta aparente contradicción siguiendo la Septuaginta, que da las dimensiones como de 500 codos (267 metros) en todo el pasaje de 42:15-20. El área del templo puede ser entonces visualizada como un cuadrado con una longitud como de tres campos de fútbol en cada lado (Reina-Valera da *cañas* en todo este pasaje, *N. del T.*).

43:1-5 *¡De repente, su gloria regresa!* La nube de la gloria de Dios, que antes se había ido del templo por la puerta oriental (10:19; 11:23), ahora regresaba por la misma puerta para tomar su residencia en el templo (43:1-5). La partida de la gloria de Dios no será permanente.

43:6-12 *"Quiero morar con ellos, si tan solo..."* Tras haber regresado a su templo milenario, el Señor declara que el templo simbolizaba su deseo de morar con su pueblo para siempre, si tan solo ellos querían reconocer su santidad y dejaban de profanar su nombre (43:6-9). Ezequiel debía enseñar al

DATOS ACERCA DEL TEMPLO MILENARIO—Ezequiel 40—48

Su orden bíblico

1. El tabernáculo de Moisés (Éx. 40). Fechas: 1444-1100 a.C.
2. El templo de Salomón (1 R. 6). Fechas: 959-586 a.C.
3. El templo de Zorobabel (Esd. 5). Nota: Este templo fue posteriormente muy ampliado por Herodes (véase Jn. 2). Fechas: 516 a.C.—70 d.C.
4. El templo del cuerpo de Cristo (Jn. 2). Fechas: 4 a.C.—30 d.C.
5. El templo espiritual, la iglesia (Hch. 2). Fechas: Pentecostés—arrebatamiento
6. El templo tribulacional (Ap. 11). Fechas: Arrebatamiento—Armagedón
7. El templo milenario (Ez. 40—48)

Su propósito

- Constituir una habitación para la nube de la gloria de Dios (44:4)
- Constituir un centro para el Rey de la gloria (43:7)

Su príncipe

- No es Cristo (45:22; 46:16)
- Quizá alguien de la línea de David

Sus rasgos singulares

- No habrá velo
- No habrá mesa de pan de la proposición
- No habrá candeleros
- No habrá arca del pacto
- La puerta oriental estará cerrada (44:2)

Sus sacrificios (Is. 56:7; 60:7; Jer. 33:18; Zac. 14:16-21)

- Un recordatorio a todos de la necesidad del nuevo nacimiento
- Una lección objetiva del gran precio de la salvación
- Un ejemplo de cuán terrible es el pecado
- Una ilustración de la santidad de Dios

Su río (47:1-12)

- La fuente: Su procedencia de debajo del templo
- Su curso: Fluye al Mar Muerto y al Mar Mediterráneo
- Su caudal: Aguas lo bastante profundas como para nadar en ellas

Su nube de gloria

- Entró en el templo por la puerta de oriente (43:1-5)

Su ciudad

- Circunferencia: diez kilómetros (48:35)
- Nombre: La Jerusalén milenaria será llamada "Jehová-sama", que significa: "Jehová está allí" (48:35).

pueblo todo lo que había aprendido en su visión, con la esperanza de que esto los llevaría a un arrepentimiento genuino y permanente (43:10-12).

43:13-27 *El altar y sus sacrificios.* Dios describió luego el altar y las ceremonias de sacrificios que se relacionaban con el mismo, y que se asemejan estrechamente a los originalmente prescritos por la ley.

No está clara la razón de que vaya a haber sacrificios en el milenio, considerando la absoluta suficiencia del sacrificio de Cristo por los pecados (véase He. 10:11-18). Quizá sean un memorial de la gran obra de salvación de Dios por medio de Cristo, para exhibir:

- la santidad de Dios
- la gravedad del pecado
- el gran precio de la salvación
- la necesidad del nuevo nacimiento

En tanto que los sacrificios podrían servir para un propósito conmemorativo así durante el milenio, este pasaje ha llevado a muchos eruditos a la conclusión de que el templo milenario de Ezequiel solo representa una sombra figurativa —que le fue mostrada en un lenguaje que podía comprender—, de la Nueva Jerusalén que describe Juan en Apocalipsis 21:1—22:5. El hecho de que la Nueva Jerusalén no tendrá templo parecería dar apoyo a este hecho. Pero otros eruditos creen que "los nuevos cielos y la nueva tierra" que describe Juan seguirán al milenio, lo que permitirá un templo milenario durante el milenio mismo.

44:1-3 *La puerta oriental: No abrir.* El Señor llevó luego a Ezequiel a la puerta oriental del templo y declaró que debería permanecer cerrada, por cuanto era la puerta por la que Él había entrado en el templo. Quizá esto era para garantizar que la gloria de Dios nunca volvería a abandonar a su pueblo. Al "príncipe" se le dan unos especiales privilegios tocantes a la puerta oriental (véase exposición sobre 34:1-31).

44:4-31 *¿Sacerdotes milenarios? ¡Solo aquellos sadoquitas llenos de celo!* Unas reglas específicas regirán acerca de quiénes puedan entrar en el templo. Los no israelitas que no amen al Señor quedarán totalmente excluidos (44:4-9). A los levitas, debido a su larga historia de infidelidad, se les permitirá ministrar al pueblo, pero "no se acercarán para servirme como sacerdotes, ni se acercarán a ninguna de mis cosas santas, a mis cosas santísimas" (44:10-14). Solo los hijos de Sadoc, que habían permanecido fieles durante los tiempos de rebeldía de Israel, servirán como sacerdotes (44:15-31; véase 1 R. 2:28-35). Ellos enseñarán al pueblo acerca de la santidad ritual (44:23), serán jueces (44:24) y no recibirán tierras en el reino milenario, recibiendo como recibirán ofrendas para su sustento (44:28-31).

Los gentiles reconocerán a Dios como Señor (véase 36:23; 38:23) y serán participantes plenos en su plan final de salvación (véase exposición sobre Is. 56:1-8).

45:1-8 *Una tierra especial.* Se apartará una parcela de tierra cuadrada de alrededor de 13 kilómetros de lado para los sacerdotes y los levitas (45:1-5), para la ciudad de Jerusalén (45:6) y para el príncipe (45:7-8).

45:9—46:18 *Reglas religiosas para el príncipe y para el pueblo.* Ezequiel describió diversos deberes del príncipe milenario y su pueblo. Los príncipes deberían dar ejemplo de honradez y de rectitud en los asuntos financieros (45:9-12). El pueblo debía dar una porción al príncipe —mucho menos que un diezmo— para el mantenimiento del templo (45:9-12). Lo mismo que en la ley, el becerro usado para la ofrenda de expiación debía ser sin tacha, recordando el perfecto sacrificio de

Cristo (45:18-20). La Pascua y la Fiesta de las Cabañas se celebrarán ambas durante el milenio (45:21-25), lo mismo que el sábado y otros días festivos (46:1-11).

En tanto que la puerta oriental externa del área del templo se mantendrá cerrada (véase 44:1), la puerta oriental interior se abrirá en sábado para que el príncipe observe los sacrificios (46:1-8). Cuando se vaya, la puerta se mantendrá abierta hasta la puesta del sol. En cambio, cuando haga una ofrenda voluntaria, la puerta se cerrará tan pronto como se vaya (46:12).

En días festivos de gran afluencia de multitud, el pueblo —incluso el príncipe— deberán salir por la puerta enfrente de aquella por la que entraron, evidentemente para evitar congestiones (46:9-10).

El príncipe debe seguir unas pautas estrictas acerca de su riqueza personal y tiene prohibido oprimir a su pueblo (46:16-18).

46:19-24 *Cocinas para los sacerdotes y para el pueblo.* En un pasaje que parece enlazar con 42:14, Ezequiel describe dos cocinas cercanas al templo, reservadas para la preparación de los sacrificios de los sacerdotes (46:19-20), y cuatro cocinas en las esquinas del patio exterior, para los sacrificios del pueblo (46:21-24).

47:1-12 *Un río de vida y de sanidad.* Un río de agua suficiente profundo para poder nadar en él brotará del templo al este hacia el Valle del Cedrón y seguirá hasta el mar (se supone que el Mar Muerto). Dará vida a árboles junto a sus riberas, que a su vez darán alimento y sanidad. El apóstol Juan describe un río similar en su visión de la Nueva Jerusalén (véase Ap. 22:1-2).

47:13—48:29 *Territorio para las tribus y para el templo.* Dios luego definió la geografía de la tierra restaurada de Israel, que debía ser una heredad perpetua para ellos y para "los extranjeros que moran entre vosotros" (47:22-23). La tierra se extenderá desde el Mar Mediterráneo al oeste hasta el Mar Muerto al este, y desde el norte de Sidón en el Líbano hasta Cades en el sur (47:15-20). Especificó luego los territorios de las 12 tribus (48:1-7, 23-29), que rodearían el territorio puesto aparte para Jerusalén, el templo y las tierras de los sacerdotes y de los levitas (48:8-22).

48:30-35 *El nombre de la ciudad: Jehová está allí.* Las profecías registradas de Ezequiel terminan con un último atisbo de la Jerusalén restaurada, una ciudad en cuadrado, con 2,4 kilómetros de lado, con 12 puertas, llevando cada una de ellas el nombre de una de las 12 tribus de Israel (cp. Ap. 21:12-14). Debido a la presencia permanente de Dios dentro de sus muros, la ciudad llevará por nombre, "Jehová está allí".

PERSONAS A RECORDAR DE EZEQUIEL

EZEQUIEL

Hecho clave: Profetizó desde el exilio en Babilonia acerca de la razón de la caída de Israel y acerca de su esperanza para el futuro
Padre: Buzi (1:3)
Esposa: Innominada (24:18)
Ocupación: Sacerdote y profeta (1:3; 2:3-4)

Total de referencias bíblicas: 93
Referencias clave: 1—48

Habla Ezequiel
Mi esposa y yo éramos recién casados cuando Nabucodonosor nos llevó de nuestra patria a la cautividad. ¡Qué bueno fue ver a Daniel, que había sufrido la misma suerte hacía ocho años! Dios ciertamente lo había elevado. Al escribir esto, su posición está solo por debajo de la del rey (1:1; Dn. 1:1-6; 6:1-3).

Al llegar a Babilonia, yo tenía solo 25 años. Luego, cinco años después, junto al río Quebar, el Señor me llamó a su servicio a dedicación plena. ¡Atalaya sobre la muralla! Esta iba a ser mi misión. ¡Y qué ceremonia de ordenación fue ésta, con querubines angélicos de asistentes! (1:3-28; 3:17; 10:1; 40:1).

¡Qué ufana estaba mi mujer de mí! ¡Cómo nos queríamos! Ella era lo que yo más quería en este mundo. Luego, siete años después, y sin advertencia previa, ¡Dios se la llevó de repente! Todavía recuerdo aquellas terribles palabras: "Hijo de hombre, voy a arrebatarte tu mayor tesoro. De repente tu esposa morirá". ¡Y, como si esto no fuera lo suficientemente duro, me prohibió dar la más ligera indicación de mi insoportable dolor! Con un corazón pesado, a la mañana siguiente dije al pueblo lo que iba a suceder. Luego, después de lo que fue ciertamente el día más largo y agobiante de mi vida, mi preciosa esposa murió. Pero con la ayuda de Dios, al día siguiente, en su funeral, reprimí mis emociones tal como Él me lo había mandado (24:15-18).

Dios luego consoló mi corazón quebrantado, explicando que todo esto había de ser por señal para mi pueblo en Babilonia, ¡porque en el mismo día de su funeral, los ejércitos de Nabucodonosor estaban poniendo sitio a Jerusalén! En otras palabras, la alegría de la vida de mi pueblo —su Santa Ciudad— sería quitada de la misma manera en que lo había sido mi gozo (24:1, 15-27; 33:21-22).

En realidad, naturalmente, mi visita sobrenatural al templo ya me había mostrado la necesidad del juicio divino. ¡La blasfemia y las inmundicias que tenían lugar precisamente dentro de la casa de Dios habían llegado a otro mayor nivel de profundidad! Y luego, para mi horror, contemplé la partida de la nube de la gloria de Dios (8:1-16; 10:1-19; 11:23).

Sé que moriré aquí en Babilonia como un viudo solitario. Pero Dios no me ha dejado sin esperanza. Por medio de las visiones que me da, el duro pasado abre el camino al glorioso futuro. Pensemos en esto: ¡Todos nuestros enemigos serán vencidos, y nosotros seremos resucitados, redimidos y devueltos a la Tierra Prometida! (34:28-29; 36:24-25).

¡Luego se levantará un hermoso nuevo templo, con un río dador de vida que brotará del mismo, que purificará el Mar Muerto y que hará que el valle del Jordán florezca como una rosa! ¡Luego Jerusalén será elevado y vendrá a ser el centro de culto del mundo! (40—42; 47:1-12; 48:30-35; Is. 35:1-2).

Pero para mí, la visión más emocionante fue aquella en la que se mostraba el regreso de la nube de la gloria de Dios por la puerta oriental, ¡para no volver a irse jamás! (43:1-5).

Lecciones espirituales de Ezequiel

- Ezequiel recibió el encargo de ser atalaya (o vigía), y de advertir a su pueblo de peligros inminentes; los cristianos tenemos esta misma comisión (3:16-21; 1 Ti. 4:1-3, 6; He. 13:17).

- Proclamó con fidelidad e intrepidez la palabra de Dios a un pueblo de corazón duro y rebelde (2:3-4) a pesar de unas grandes dificultades y dolores personales:
  - Había sido llevado de su tierra como cautivo (1:1; véase Sal. 137:1-6).
  - Su amada esposa murió repentinamente (24:15-18).
  - Durante largo tiempo no pudo ejercitar su facultad del habla de una manera normal (3:26; 24:27; 33:21-22).
- Pero Ezequiel había aprendido lo que Pablo también aprendería, y lo que deberíamos aprender nosotros hoy. A confiar en el Dios que dice: "Bástate mi gracia; porque mi poder se perfecciona en la debilidad" (2 Co. 12:9).
- Ezequiel aprendió desde el mismo principio a alimentarse de la Palabra de Dios (3:1-3). Nosotros deberíamos también buscar alimento espiritual de la misma fuente (2 Ti. 2:15; 3:14-17).

Versículos clave

"Y me dijo: Hijo de hombre, toma en tu corazón todas mis palabras que yo te hablaré, y oye con tus oídos. Y ve y entra a los cautivos, a los hijos de tu pueblo, y háblales y diles: Así ha dicho Jehová el Señor; escuchen, o dejen de escuchar" (3:10-11).

DANIEL

TRASFONDO

Durante la primera incursión de Nabucodonosor contra Jerusalén en el 605 a.C., se llevó cautivos a Babilonia a algunos de los más destacados de sus ciudadanos. Entre ellos había un adolescente llamado Daniel (1:1-6; véase 2 R. 24:1). Poco después que llegase a Babilonia, Daniel fue seleccionado para el servicio en la corte real. Destacó en este cometido, y pronto ascendió a una posición solo inferior a la del rey (2:48). Era tal la reputación e influencia de Daniel que cuando Babilonia cayó en manos de Medo Persia en el 539, Daniel ocupó el segundo puesto también bajo los nuevos gobernantes (6:1-3).

A la vez que se distinguió en los asuntos gubernamentales de Babilonia y Persia, Daniel se mantuvo inalterablemente fiel al Dios de Israel. Su libro registra los efectos de su vida y de sus profecías sobre la realeza babilónica y persa (1—7), y sus profecías acerca del puesto de Israel en los acontecimientos mundiales a lo largo de los siglos (8—12). Daniel registró la mayor parte de 1—7 (específicamente, 2:4—7:28) en arameo, la lengua comercial del Imperio Babilónico. Pero las profecías de 8—12 están en la lengua hebrea de sus destinatarios.

Las asombrosas profecías de Daniel, con sus aplicaciones específicamente enunciadas, han sido reconocidas como la clave para la comprensión de toda la profecía bíblica.

El temprano ministerio de Daniel se solapó con el de Ezequiel, mayor en edad que él, y que había sido llevado cautivo a Babilonia en el 597 y que vivía a unos 80 kilómetros al sur de Babilonia. Aunque no hay registro de que ambos hombres llegasen a encontrarse, evidentemente Ezequiel había oído hablar de este famoso joven hebreo (véase Ez. 14:14, 20; 28:3).

Las últimas profecías de Ezequiel (10—12) vinieron después que el primer grupo de exiliados judíos volviera a Judá en el 538. No hay registro de que el mismo Daniel regresase. Muchos judíos se quedaron en Persia mucho más allá de la época de Daniel. La reina judía Ester puede haber sido alentada por la vida y las profecías de Daniel cuando rescató a los judíos de Persia del exterminio de que estaban amenazados

—605 a.C.
Daniel con los primeros deportados a Babilonia

—586
Caída de Judá

—580
Daniel comienza su ministerio

—570
La última profecía de Ezequiel

—539
Cae Babilonia, los exiliados son libertados, Daniel en el foso de los leones

—536
La última profecía de Daniel

alrededor del 473. Más adelante, en el 457 y 445, otros dos grupos de exiliados regresarían a Judea bajo la dirección de Esdras y Nehemías.

AUTOR

Daniel es designado como autor tanto internamente (8:1; 9:2; 10:2) como externamente (Mt. 24:15).

FECHA Y LUGAR

El libro de Daniel registra acontecimientos de su vida durante los reinados de los reyes babilónicos Nabucodonosor (605-562 a.C.) y Belsasar (553-539), y durante los primeros años del gobierno persa bajo Darío y Ciro. Los primeros versículos de los capítulos 2, 7, 8, 9 y 10 citan unas fechas específicas (los escritos no se registran en un orden cronológico específico, véase *Bosquejo*). Sus escritos habrían sido recopilados en cierto tiempo poco después de la redacción del último (10—12), a. 536 a.C.

PROPÓSITO

- Proclamar el control soberano de Dios sobre los asuntos humanos (5:21), una lección que los paganos necesitaban aprender y que los judíos precisaban recordar al hacer frente a la vida sin un rey humano.
- Dar ejemplos de creyentes que se mantuvieron fieles a Dios incluso a riesgo de morir; ejemplos muy necesarios para los cautivos judíos en la pagana Babilonia.

RASGOS SINGULARES

- Daniel tiene más que decir acerca de la tribulación y del anticristo que cualquier otro libro del AT.
- Daniel 11 incluye un mayor número de profecías ya cumplidas que cualquier otro capítulo en particular de la Biblia.
- Daniel se refiere por nombre a otro profeta, Jeremías (9:2; véase *Jeremías: Rasgos singulares*).
- En el pasaje de 9:25-26 se encuentra el único lugar del AT donde aparece el término hebreo *Mesías* ("Ungido") (véase *Isaías: Trasfondo.*)
- En el arameo original, aparece en 7:13 el término "Hijo de hombre". Este término aparece varias veces en el AT, principalmente en Ezequiel, referido al mismo Ezequiel. También aparece muchas veces en el NT con referencia a Cristo. El uso que hace Daniel del mismo es el único ejemplo claramente mesiánico del AT.
- Daniel es el único libro del AT que menciona a ángeles por su nombre:
  - Gabriel, que interpretó visiones para Daniel (8:16; 9:21) y que posteriormente anunciaría el nacimiento de Cristo a María (Lc. 1:19, 26).
  - Miguel, el "arcángel", que es contemplado aquí y en otros lugares de las Escrituras como un guerrero espiritual y defensor de los creyentes (10:13, 21; 12:1; Jud. 1:9; Ap. 12:7-9).

Excepto por el ángel caído Lucero (Is. 14:12), Gabriel y Miguel son los únicos ángeles mencionados por su nombre en todas las Escrituras.

COMPARACIÓN CON OTROS LIBROS DE LA BIBLIA

Apocalipsis.

- Hay tantos paralelos entre Daniel y Apocalipsis que los seminarios a menudo los incluyen en el mismo curso.
  - Ambos mencionan un reino terrenal que vendrá a ser el reino eterno de Dios (2:44; Ap. 11:15).
  - Ambos emplean la palabra *tiempos* para unidades de años (7:25; 12:7; Ap. 12:14).
  - Ambos mencionan el ministerio del ángel Miguel (véase *Rasgos singulares*).
  - Ambos hablan de un libro que contiene los nombres de los justos (12:1; Ap. 20:12).
  - Ambos hablan de diez reinos (2:41; 7:24; Ap. 17:12).

BOSQUEJO

(Obsérvense los intervalos y las discontinuidades en la secuencia temporal.)

EL HOMBRE DE DIOS EN BABILONIA (1—7)

La preparación de Daniel (1) [605 a.C.]
El sueño de Nabucodonosor (2) [604?]
El horno ardiente (3) [a. 585?]
La humillación de Nabucodonosor (4) [a. 565?]
La escritura sobre la pared (5) [539]
El foso de los leones (6) [539]
Cuatro reinos y el Hijo del Hombre (7) [533]

EL PROFETA DE DIOS PARA ISRAEL (8—12)

El carnero, el macho cabrío y el cuerno pequeño (8) [549]
La oración de Daniel y las setenta semanas (9) [539]
La tribulación y el triunfo de Israel (10—12) [536]

EL HOMBRE DE DIOS EN BABILONIA (1—7)

1:1-7 *Lo mejor del talento y del tesoro de Israel.* Cuando Nabucodonosor puso sitio a Jerusalén en el 605 a.C., saqueó el templo y se llevó al cautiverio a muchos de entre la realeza y nobleza judía, incluyendo a Daniel (véase *Trasfondo*). Después de llegar a Babilonia, Daniel y otros tres fueron inmediatamente llevados a ser preparados para el servicio del rey.

El temario de estudios prescrito para Daniel y sus amigos y los nuevos nombres que les fueron dados por Nabucodonosor indican el deseo de Nabucodonosor de adoctrinarlos en la forma de ser de los babilonios. Pero el hecho mismo de que fuesen escogidos para puestos dirigentes significa probablemente que Nabucodonosor veía algún provecho en respetar las culturas de los pueblos que conquistaba. Puede que enviase a algunos de los hombres de esta "escuela de dirigentes" de vuelta a sus patrias para gobernar a los que habían quedado en ellas.

Observemos que el asombroso ministerio de Daniel en Babilonia comenzó cuando el Señor "dio" a Nabucodonosor la victoria sobre Judá (1:2). Jeremías llegaría posteriormente a comprender que era voluntad de Dios que Israel se sometiera a Babilonia como instrumento de Dios para juicio (véase exposición sobre Jer. 27:1-22).

1:8-16 *Los cuatro magníficos israelitas.* Cuando les presentaron la dieta prescrita por el rey, Daniel y sus amigos pidieron ser excusados de comer los ricos manjares babilónicos. Su mentor les rogó que reconsiderasen su actitud, temiendo que la salud de ellos sufriera y que él fuese a ser acusado de negligencia. Daniel propuso que les dejasen probar una dieta vegetariana simple durante diez días. Así lo hicieron, y después de diez días aparecían más sanos que los estudiantes que habían seguido la dieta del rey. Daniel había temido contaminarse con los alimentos babilónicos (1:8), que hubieran podido implicar uno o más de los siguientes extremos:

- Pudieran haber sido ofrecidos a dioses paganos.
- Pudieran haber sido inmundos sobre la base de las leyes dietéticas judías (véase Lv. 11).
- Comer de la mesa del rey pudiera haber implicado una lealtad incondicional a él y a su imperio.

Participar de lo que se servía en una mesa era una cuestión de peso en los tiempos de la Biblia (véase Mt. 9:9-13).

1:17-21 *La recompensa por su resolución.* Dios recompensó la postura de fe de los cuatro hombres concediéndoles una sabiduría sobrenatural y elevándolos a los ojos del rey, que les dio posiciones escogidas de servicio.

2:1-23 *"¡Adivina que he soñado!"* Poco después de la llegada de Daniel a Babilonia, Nabucodonosor tuvo un sueño aterrador. Pidió a sus magos de la corte no simplemente que le interpretasen el sueño, sino que primero le dijeran cuál había sido su sueño. Cuando los magos se mostraron incapaces de ello, ordenó la ejecución de todos los "sabios" de Babilonia (2:1-13). Debido a que estaban entre los sabios, Daniel y sus amigos se encontraban bajo la sentencia de muerte, pero con su sabiduría Daniel pudo ganar algo de tiempo (2:14-16). Dios concedió a Daniel el conocimiento del sueño, y Daniel le expresó su agradecimiento y rindió alabanza a su soberanía sobre los asuntos humanos (2:17-23).

2:24-28 *"Yo no puedo, ¡pero Él sí puede, y lo ha hecho!"* Tras haber rogado pidiendo clemencia para los sentenciados sabios (2:24), Daniel consiguió una audiencia del rey. Cuando le fue preguntado si podía revelar el sueño y su interpretación, Daniel dio todo el crédito a Dios por la interpretación que iba a dar.

2:29-35 *Una estatua aplastada por una piedra.* Tras haber observado que el sueño de rey se cumpliría "en los postreros días" (2:28-29; véase exposición sobre Ez. 38:1-23), Daniel describió el sueño. El rey había visto una estatua con una cabeza de oro, torso y brazos de plata, vientre y muslos de bronce, piernas de hierro y pies de hierro y de barro cocido. Una piedra cortada por medios sobrenaturales, "no con mano", había golpeado a la estatua, derribando toda la imagen.

2:36-45 *El significado de la pesadilla.* Daniel declaró que la cabeza de oro de la estatua representaba a Nabucodonosor (2:38). Después que Babilonia cayera, surgiría un reino "inferior". Este reino es una referencia clara a Medo Persia (véase exposición sobre 7:15-28). Así como los brazos de plata de la estatua estaban unidos por el torso de plata, así los medos y los persas habían sido unidos por Ciro para derrotar a Babilonia.

Después de Medo Persia vendría un reino de "bronce" que "dominará sobre toda la tierra", una clara referencia a Grecia (véase 8:21 y una exposición sobre 7:15-28).

Luego vendría un cuarto reino, que "desmenuzará y quebrantará" todos los anteriores reinos. Este reino, representado por el hierro de las piernas y por el hierro y el barro cocido de los pies, se dividiría en 10 "dedos", por lo que "el reino será en parte fuerte, y en parte frágil". Habría al parecer algún esfuerzo por reunir los diez dedos de este reino, compuesto de dos elementos de distinta naturaleza, pero el esfuerzo fracasaría (2:41-43). Parece lo más lógico interpretar este cuarto reino como Roma, que siguió a Grecia (véase exposición sobre 7:15-28).

"En los días de estos reyes", Dios establecería un reino que destruiría a todos los demás reinos y que "permanecerá para siempre". La piedra cortada "no con mano", por medios sobrenaturales (2:44-45) representaba a este reino triunfante y eterno. Mientras que los otros reinos estaban constituidos por metales inertes, este reino final era una piedra viva; crecería hasta ser un gran monte que llenaría toda la tierra (2:35).

2:46-49 *"¡Tu Dios es el más grande!"* Aunque es posible que no hubiera comprendido aún el pleno sentido de la interpretación de Daniel, el hecho de que Daniel fuera sabedor de su sueño convenció a Nabucodonosor de que el Dios de Daniel era verdaderamente el "Dios de dioses". Tan impresionado estaba que designó a Daniel para una posición solo inferior a la suya.

La anterior referencia de Daniel a Nabucodonosor como "rey de reyes" (2:37) debería ser considerada no como una irreverencia, sino sencillamente como una manera común de formar un superlativo en hebreo. Estaba sencillamente reconociendo a Nabucodonosor como el más grande de los reyes de aquel entonces (comparar Ez. 26:7). Hasta Nabucodonosor, en este punto, reconoció al verdadero Rey sobre todos los reyes terrenales (2:47; véase 1 Ti. 6:15; Ap. 17:14; 19:16).

3:1-18 *La elección: Se inclinan o arden.* Al parecer olvidadizo de su reconocimiento del único Dios verdadero (véase 2:47), Nabucodonosor erigió una estatua de oro y mandó que fuese adorada. Los que no lo hicieran serían echados en un horno de fuego ardiendo (3:1-6). Cuando fue dada la señal para adorar la estatua, los tres amigos de Daniel, Sadrac, Mesac y Abed-nego rehusaron hacerlo (3:7-12). Enfurecido ante la negativa de estos, Nabucodonosor les dio una última ocasión para inclinarse ante la estatua, y otra vez rehusaron. Ellos afirmaron su fe en que Dios podía salvarlos del horno y que obedecerían a Dios incluso si no los salvaba (3:13-18).

Las dimensiones de la estatua (seis codos de anchura y 60 codos de altura) seguía el sistema numérico de Babilonia, que estaba basado en el 6 en lugar del 10. Las modernas unidades de medida como 60 minutos en una hora y 360 grados en un círculo tienen su origen en Babilonia. Durante su exilio en Babilonia, Israel adoptó los nombres de los meses babilónicos para su calendario. Los cómputos de tiempo involucrados en las visiones de Daniel acerca de la tribulación (véase exposición sobre 9:20-27) sugieren que en las mismas también se ha adoptado el año babilónico de 360 días.

3:19-30 *El cuarto hombre en el horno.* Los tres amigos de Daniel fueron echados en el horno, que había sido calentado hasta tal punto que hasta los hombres que los echaron en el horno fueron muertos por el calor que despedía. Pero pronto Nabucodonosor vio a los hombres andando en medio de las llamas, y se dio cuenta de que iban acompañados de un cuarto hombre, a quien reconoció como "hijo de los dioses" (3:19-25). Nabucodonosor llamó a los hombres para que salieran del horno, y, al ver que no mostraban ni rastros de daño alguno a causa del fuego, reconoció una vez más al Dios único y verdadero (3:26-30).

La cuarta persona en el horno era "como hijo de los dioses", esto es,

UNA ESTATUA Y UNA PIEDRA

DANIEL 2

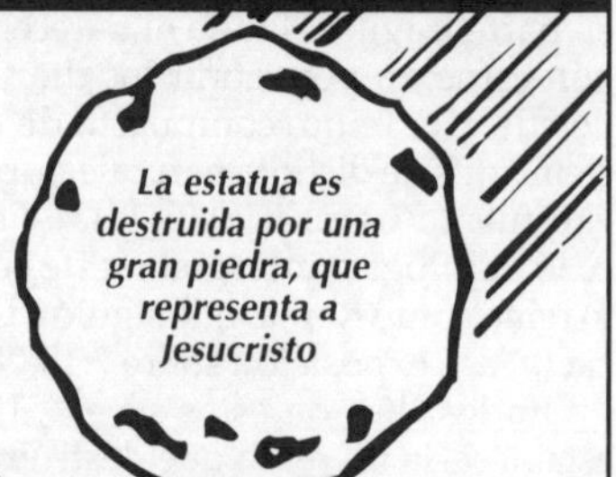

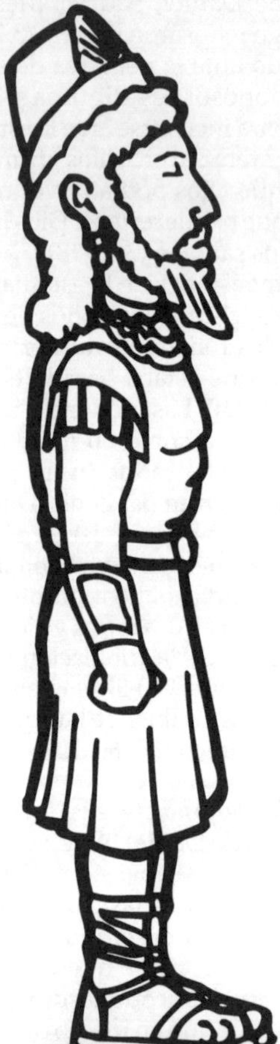

CABEZA: **ORO**
PODER MUNDIAL:
BABILONIA 606-539 a.C.

TORSO Y BRAZOS: **PLATA**
PODER MUNDIAL:
PERSIA 539-331 a.C.

VIENTRE Y MUSLOS: **BRONCE**
PODER MUNDIAL:
GRECIA 331-323 a.C.

PIERNAS Y PIES: **HIERRO y BARRO COCIDO**
PODER MUNDIAL:
ROMA 322 a.C.–476 d.C. y FUTURO

En Daniel 7 se describen las mismas cuatro naciones, pero desde una perspectiva celestial, que las contempla como cuatro bestias feroces.

Poder mundial	Descripción
Babilonia	León
Persia	Oso
Grecia	Leopardo
Roma	Monstruo

como un ser divino. Aunque Nabucodonosor no podía haber conocido a Cristo, el Hijo de Dios, los eruditos cristianos a lo largo de los siglos han creído que fue Él, en una manifestación preencarnada, quien ayudó a los amigos de Daniel, así como ayudó también a Agar (véase exposición sobre Gn. 16:1-16) y Josué (véase exposición sobre Jos. 5:13-15).

4:1-18 *Un árbol de pie y soberbio.* Daniel cuenta luego una historia acerca del rey Nabucodonosor, contada en las propias palabras del rey. El rey comenzó alabando a Dios (4:1-3), y luego contó acerca de acontecimientos que habían llevado a una renovación espiritual en su vida. Había tenido otro perturbador sueño. Cuando ninguno de sus magos pudo interpretarlo, llamó de nuevo a Daniel (4:4-9). En su sueño, Nabucodonosor había visto un árbol tan grande que dominaba toda la tierra. Sin embargo, a pesar de su evidente importancia, vino una orden del cielo de derribar el árbol y de cortar sus ramas, quedando solo un tocón (4:10-15). La imagen del sueño fue entonces personificada, por cuanto se ordenó que durante siete años (o "tiempos"), aquel que era evidentemente un hombre quedase expuesto a los elementos de la naturaleza y se volviera como una "bestia" (4:15-16). Todo esto le sucedería a él para que reconociera la soberanía de Dios (4:17).

4:19-27 *Un profeta que enmudece.* Al darse cuenta de la terrible verdad que el sueño revelaba, Daniel "quedó atónito casi una hora, y sus pensamientos lo turbaban" (4:19). El sueño, dijo, significaba que Nabucodonosor sería echado de la sociedad humana y que viviría como un animal hasta que reconociera de veras a Dios (4:20-25). Pero el hecho de que el tocón fuese preservado significaba que a Nabucodonosor le sería restaurado el reino cuando se arrepintiera (4:26). Daniel apremió al orgulloso rey a que se arrepintiese inmediatamente para evitar este terrible juicio (4:27).

4:28-33 *Un rey puesto en su sitio.* Pasó un año después del sueño y Nabucodonosor no se había arrepentido. Un día, luego, cayó sobre él el juicio mientras se felicitaba a sí mismo por el esplendor de su capital, y Nabucodonosor pasó siete años viviendo en el desierto como un animal salvaje. En 4:34 se sugiere que esto implicaría su enloquecimiento.
Aunque los escépticos solían ponerlo en duda, la mayoría de los eruditos aceptan ahora que Nabucodonosor fue quien realmente "edificó" Babilonia (4:30), sus asombrosos palacios y templos —incluso sus célebres jardines colgantes—, los que hicieron famosa a Babilonia. ¡Las excavaciones indican que las murallas de Babilonia tenían una altura de 106 metros y un grosor de algo más de 26 metros, y que estaban protegidas por 250 torres de vigilancia!

4:34-37 *Un rey que levanta la mirada.* Después de siete años de este castigo, Nabucodonosor alzó sus ojos "al cielo", recobró su cordura, comenzó a dar alabanza a Dios, y fue restaurado a su reino, como Dios había prometido. Evidentemente, Nabucodonosor contempló su experiencia como una lección de humildad (4:37). Compárese la exposición sobre Isaías 10:24-34; véase también Isaías 2:12-13.

5:1-4 *Borrachos que beben de unas copas que no deberían.* En el 539 a.C., más de veinte años después de la muerte de Nabucodonosor, el rey Belsasar dio una gran fiesta, y durante la misma, él y sus invitados se burlaron del Dios de Israel bebiendo en honor de sus dioses paganos y usando para ello copas tomadas del templo de Israel (véase 1:2; 2 Cr. 36:7).

El hecho de que Babilonia fue

conquistada aquella misma noche (5:30-31) significa que es totalmente posible que Belsasar y sus compañeros de fiesta fuesen sabedores de que el ejército persa estaba ante sus puertas; debían pensar que su ciudad, con sus asombrosas murallas, era inexpugnable.

Tocante a la identidad de Belsasar, véase *Las crónicas de Nabonido*, p. 971 Nabucodonosor era el "padre" de Belsasar solo en el sentido más amplio del término en hebreo y arameo.

5:5-12 *"Las palabras en la pared"* Durante la fiesta, Belsasar vio repentinamente los dedos de un hombre que escribía en las paredes del palacio. Atemorizado, pidió a sus astrólogos que le interpretasen las palabras, pero se vieron incapaces de ello (5:5-9). La reina le habló entonces de Daniel, todavía célebre desde sus tiempos con Nabucodonosor (5:10-12).

Los académicos escépticos han sugerido que quizá la escritura en la pared era la sombra de un escribiente que trabajaba en la cocina, y que fue confundida con un fenómeno sobrenatural por los borrachos libertinos. Pero parece improbable que un error de esta naturaleza hubiera quedado sin detectar. Sea cual fuere el origen de la escritura, la interpretación que Daniel dio acerca de su significado demostró pronto ser genuina.

La incapacidad de los astrólogos y magos para ayudar a Belsasar o, antes que él, a Nabucodonosor, recuerda los similares fracasos de los magos de Faraón (véase Éx. 8:18-19).

5:13-29 *"Tu reino caerá"*. Belsasar ofreció a Daniel la tercera posición en el reino si podía interpretar la escritura. Daniel rehusó la recompensa pero accedió a dar la interpretación (5:13-17). Pero primero recordó a Belsasar el orgullo de Nabucodonosor y su consiguiente humillación, y le hizo notar que la burla contra el Dios de Israel mostraba que no había aprendido nada de la experiencia de Nabucodonosor (5:18-23).

La escritura de aquella mano, dijo Daniel, significaba que Dios había juzgado a Belsasar y que su reino caería en manos de los medos y de los persas (5:24-28). La inscripción expuesta, *mene, mene, tekel, uparsin*, puede significar "numerado, numerado, pesado y dividido"; de ahí la interpretación de Daniel. Las palabras pueden también referirse a pesos: *Mene* denota una cantidad de 60, se supone que 60 siclos en este caso; *tekel* es otra forma de la palabra *shekel*; *parsin* es una forma de la palabra *medio*, lo que se supone que en este caso es medio siclo. Es interesante que en este caso los pesos se dan en orden decreciente, lo que sugiere la caída de Babilonia.

5:30-31 *El rápido cumplimiento.* Belsasar mantuvo su promesa de recompensar a Daniel, pero aquella misma noche los medopersas irrumpieron en la ciudad, Belsasar fue muerto, y Darío de Media vino a ser el nuevo rey de Babilonia. Así se cumplieron numerosas predicciones bíblicas de la caída de Babilonia, incluyendo Isaías 13:17-22 y Jeremías 50—51.

Corroborando el relato bíblico, el historiador griego Herodoto escribió que el ejército medopersa sorprendió a los babilonios reduciendo el nivel del río Éufrates a su paso por a Babilonia, y pudieron pasar así por debajo de las murallas. El elemento de sorpresa aumentó, palabras de Herodoto, por el hecho de que los dirigentes babilonios estaban en una celebración, evidentemente una referencia a la fiesta de Belsasar.

Uno de los grandes misterios de la historia bíblica es la identidad de "Darío de Media" (5:31; 6:1, 28), el primer gobernante medopersa que dirigió Babilonia (a. 539). Este Darío no es mencionado en ningún otro lugar de toda la historia registrada. Algunos eruditos creen que se trataba de un aliado de Ciro, que gobernó Babilonia hasta que el mismo Ciro asumió el gobierno. Otros piensan que era el mismo Ciro. El pasaje de 6:28 se ha usado para prestar apoyo a ambos lados de este debate: Algunos piensan que el original arameo del pasaje puede leerse: ". . . en el reinado de Darío, es decir, el reinado de Ciro". Otros citan la referencia a "Ciro el persa" como el intento del autor de diferenciarlo de Darío de Media. Si Darío fue alguien diferente de Ciro, su reinado fue breve, porque fue Ciro quien promulgó el decreto para el regreso de los exiliados en el 538. Darío de Media no debe ser confundido con el posterior Darío el Grande (521-486), que alentó a la reconstrucción del templo (véase Esd. 5:1—6:15).

6:1-9 *Daniel, menospreciado; Darío, engañado.* Tan pronto como Darío asumió el control de Babilonia, Daniel pasó a ser uno de sus tres principales consejeros y pronto comenzó a despuntar como candidato a jefe de este selecto grupo (6:1-3). Esto provocó los celos de algunos de los otros dirigentes, que comenzaron a conspirar contra él. Al no encontrar forma alguna para chantajearlo, convencieron al rey para que promulgase una ley que suponían que Daniel no obedecería a causa de su religión: ¡La ley demandaba que nadie en el reino podría orar a nadie más que al rey! Quizá por orgullo, el rey firmó el decreto. Acerca de lo definitivo de las leyes de los medopersas (6:8), véase exposición sobre Ester 1:9-22.

6:10-15 *El fiel Daniel, el apesadumbrado Darío.* Al conocer el absurdo decreto del rey, Daniel oró como le era habitual, y fue inmediatamente denunciado por los vigilantes conspiradores (6:10-13). Darío lamentó luego su decreto e intentó liberar a Daniel. Tras haber fracasado sus esfuerzos, se resignó al hecho de que Daniel iba a morir. La "cámara" en la que oró Daniel era probablemente un aposento alto con las ventanas abiertas para circulación del aire. Daniel "solía" siempre practicar una rigurosa disciplina espiritual, una cualidad de su carácter que ya se había visto en su reacción ante la dieta real (véase 1:5-8).

6:16-28 *Leones y Daniel corazón de león.* Cuando Daniel fue echado en el foso de los leones, Darío expresó su confianza de que Dios lo liberaría. Cuando el ansioso rey volvió al foso a la mañana siguiente, encontró a Daniel vivo y alabando a Dios por haberlo protegido (6:19-23). El rey echó a los acusadores de Daniel al foso de los leones y promulgó un decreto de que debía darse honor al Dios de Daniel por todo el imperio (6:24-27; comparar 3:29; 4:34-35). Una vez más, Daniel volvía al favor del gobernante de Babilonia (6:28).

7:1-8 *Reinos impíos* . . . La mitad aramea de Daniel (véase *Trasfondo*) termina con una visión de futuros reinos gentiles, similar a la visión de la estatua (véase 2:1-45). Daniel vio cuatro bestias que surgían del mar, una tras la otra:

- un león alado, que luego se volvió humano
- un oso que "se alzaba de un costado más que de otro"
- un leopardo con cuatro alas y cuatro cabezas
- una terrible cuarta bestia, irreconocible como animal conocido, que lo devoraba todo con sus "dientes de hierro"

La cuarta bestia tenía diez cuernos y luego brotó otro cuerno pequeño que arrancó a otros tres de los cuernos, y que "hablaba grandes cosas".

7:9-14 . . . *y el reino de Dios.* Daniel vio luego una visión de Dios en su trono, rodeado por decenas de millares de ángeles, listos para abrir los "libros" de juicio (7:9-10; comparar Ap. 20:11-15). Dios destruyó la cuarta bestia, con su jactancioso cuerno. Quitó su "dominio" a las otras tres bestias, pero perdonó sus vidas. Luego, alguien semejante a un hombre, o, como se traduce tradicionalmente, "uno como un hijo de hombre" (7:13; véase *Rasgos singulares*) vino "con las nubes del cielo" a Dios, que le dio un reino eterno y universal (7:13-14).

El término arameo "Anciano de días", como descripción de Dios, aparece solo aquí en las Escrituras (7:9, 13, 22). Pero el atisbo que tuvo Daniel de Dios en su trono recuerda las similares experiencias de Isaías (véase Is. 6:1-7) y Ezequiel (véase Ez. 1).

7:15-28 *"¿Qué significan esas cosas?"* Un ángel le explicó que las cuatro bestias representaban "cuatro reyes que se levantarán sobre la tierra" (7:17). Sin embargo, el gran último reino de la historia (7:14) pertenecerá al pueblo de Dios (7:18).

El ángel no fue tan específico al identificar las cuatro bestias como Daniel lo había sido al identificar la cabeza de oro como Nabucodonosor. Sin embargo, los reinos representados por cada bestia se pueden identificar mediante comparación de las mismas con otra información contenida en Daniel, especialmente las descripciones en la visión de la estatua (véase 2:1-45) y con las precisas identificaciones en la visión del carnero y del macho cabrío en el siguiente capítulo (véase 8:1-14).

- La transformación de la primera bestia de león a ser humano (7:4) puede que sea una referencia a la recuperación de Nabucodonosor de su locura (4:28-37).
- El oso que se levantaba más de un costado que de otro (7:5) se corresponde con el carnero con dos cuernos, uno de los cuales era más grande que el otro (8:3). Gabriel identifica claramente esto como la coalición de Medo Persia (8:20), en la que Persia era el socio principal.
- El leopardo con cuatro alas y cuatro cabezas (7:6) se corresponde con el macho cabrío cuyo cuerno roto fue sucedido por cuatro cuernos. Gabriel lo identificó como Grecia (8:21). El imperio griego se dividió en cuatro reinos después de la muerte de Alejandro Magno.
- Los diez cuernos de la cuarta bestia están en paralelo con los diez dedos de los pies de la estatua (2:41), lo que sugiere que también ella es una representación de Roma (véase exposición sobre 2:36-45).

Daniel pidió al ángel que explicase más exhaustivamente la terrible cuarta bestia y su blasfemo cuerno pequeño, que vio que "hacía guerra contra los santos" (7:19-22). El ángel explica que esta bestia representa un cuarto reino tanto más maligno que era "diferente de todas las otras". El cuerno pequeño era un gobernante especialmente maligno que perseguiría a los creyentes, pero que sería en su momento derrotado por Dios, cuyo reino permanecería para siempre (7:24-27).

Este cuerno pequeño es generalmente identificado con el anticristo al que se hace referencia en los escritos neotestamentarios de Juan y al que se hace alusión mediante otros nombres en otros pasajes de las Escrituras (véase exposición sobre los siguientes pasajes: 8:15-27; 9:20-27; 11:36-45; 2 Ts. 2:1-12; 1 Jn. 4:1-6; Ap. 13:1-10.

Acerca de "tiempo, y tiempos, y medio tiempo", véase exposición sobre 9:20-27.

EL PROFETA DE DIOS PARA ISRAEL (8—12)

8:1-4 *"Soy el más grande", dice el carnero.* Tras haber narrado acontecimientos de su vida como funcionario en Babilonia, y visiones relacionadas con aquellos acontecimientos (1—7), Daniel refirió luego diversas visiones que trataban específicamente de Israel y su lugar en la historia del mundo (8—12). La primera de ellas vino en el 549 a.C. Aunque señala la primera de las visiones hebreas de Daniel (véase *Trasfondo*), en 8:1 se sugiere una relación entre la visión de 8:1-14 y la de 7:1-14, que había sido dada cuatro años antes.

Mientras que las visiones de 2:1-45 y 7:1-14 tratan acerca de cuatro imperios mundiales sucesivos, en 8:1-14 se trata acerca de los dos imperios intermedios —Medo Persia y Grecia— y se centra principalmente en un gobernante griego comúnmente identificado como Antioco Epífanes. El reino que más adelante Gabriel identificará como Medo Persia (8:20) es descrito como un carnero con dos cuernos, uno más largo que otro (8:3). El cuerno más largo es Persia, la mitad más fuerte de la coalición (véase exposición sobre 7:15-28). El carnero haría "conforme a su voluntad", expandiéndose hacia occidente a voluntad.

8:5-14 *"Tu tiempo concluyó", dice el macho cabrío.* El reino que luego Gabriel identificará como Grecia (8:21) es descrito como un macho cabrío que procedería de occidente y que derrotaría al carnero (8:5-7). Este macho cabrío tenía un cuerno largo (8:5) que luego se quebró y que fue reemplazado por cuatro cuernos (8:8; comparar 7:6). De uno de estos cuernos saldría un "cuerno pequeño" (8:9), que predominaría sobre muchas naciones, incluyendo Israel ("la tierra gloriosa", 8:9); llegaría incluso a exaltarse a una situación divina, e intentaría impedir que Israel adorase a Dios (8:10-12). A Daniel se le notificó que este sacrilegio duraría 2.300 días (8:13-14).

8:15-27 *El quién y qué del carnero, del macho cabrío y de los cuernos.* Gabriel explicó que la visión del carnero y del cordero se refería al "tiempo del fin" (8:15-19; véase 8:26), pero pasó a darle luego un sentido más coetáneo (8:20-26). El carnero era Medo Persia, y el macho cabrío era Grecia. El gran cuerno del macho cabrío, lógicamente, representaría a Alejandro Magno, cuyo reino fue dividido en cuatro reinos (los cuatro reinos de 8:22) cuando murió. El "cuerno pequeño" (8:9; véase 7:8) sería un rey sumamente malvado que destruiría "al pueblo de los santos" (8:24) y que incluso desafiaría al "Príncipe de los príncipes", momento en el cual sería derrotado de manera sobrenatural (8:25). Evidentemente, el rey parecería al principio lleno de buenas intenciones (véase exposición sobre 11:21-45), y luego, "sin aviso destruirá a muchos" (8:25). Gabriel verificó también la duración de 2.300 días de este reinado de este malvado rey.

En tanto que la descripción de este rey parece ser claramente una premonición del anticristo (véase exposición sobre 1 Jn. 4:1-6), su vínculo con los herederos de Alejandro Magno lleva a muchos eruditos a identificarlo con Antíoco Epífanes, que saqueó el templo y lo profanó erigiendo un santuario pagano y ofreciendo un cerdo sobre el altar. Antíoco era absolutamente antisemita, y asesinó a más de 40.000 judíos en tres días, y vendió una cantidad similar como esclavos. Antíoco comenzó su campaña antijudía el 6 de septiembre del 171 a.C., y prosiguió hasta el 25 de diciembre del 165, cuando Judas Macabeo restauró el verdadero culto en el templo (lo cual se registra en el libro apócrifo de 1 Macabeos). Esto concuerda con los 2.300 días de 8:14.

9:1-2 *"¡Dijo que 70 años! ¡Ya es casi el tiempo!"* Por la lectura de los escritos de Jeremías (véase Jer. 25:11-12; 29:10), Daniel había llegado a la conclusión de que el tiempo de cautividad en Babilonia estaba a punto de concluir. Si los años de cautividad se computan desde el 605 a.C., cuando Daniel fue llevado a Babilonia (véase exposición sobre Jer. 25:8-14), habrían concluido en el 535, solo dos o tres años después que Daniel escribiera esas palabras ("En el año primero de Darío hijo de Asuero", 9:1). En realidad, el primer grupo de exiliados volvió antes de esto, en el año 538.

9:3-19 *La oración del profeta: "Renuévanos y restáuranos".* Anticipando el trascendental cambio en la suerte de su pueblo, y abrumado ante la fidelidad de Dios, Daniel elevó una oración de lamentación, arrepentimiento y ruego en la que se identificó con los pecados y con la indignidad de su pueblo (comparar Esd. 9:5-7; Neh. 1:4-7).

9:20-27 *El secreto de las setenta septenas.* Mientras Daniel ponderaba el sentido de las profecías de Jeremías (véase 9:1-2) y de las visiones que le habían sido reveladas hacía varios años (7—8), Dios envió una vez más a Gabriel para que le ayudase a comprender su significado (9:20-23). Gabriel habló de seis cosas que se habrán cumplido para Israel al final de las "setenta septenas":

- Las tres primeras de esas seis cosas (9:24) tienen que ver con una resolución final del problema del pecado de Israel.
- Las segundas tres de las mismas (9:24) tienen que ver con la introducción de un reino eterno, caracterizado por "la justicia eterna".

Los eruditos bíblicos a lo largo de los siglos han contemplado 9:24 como una descripción de la expiación que Cristo hizo por el pecado en el Calvario, y de su reinado eterno. La obra de la salvación de Cristo, según esta interpretación, alcanzará su culminación después del cumplimiento de siete etapas proféticas expresadas como períodos de semanas. Los eruditos están generalmente de acuerdo en que cada "septena" (también traducida "semana") en este pasaje representa a una "semana de años", o siete años:

- Cuarenta y nueve años después de "la salida de la orden para restaurar y edificar a Jerusalén" (9:25), lo cual tuvo lugar alrededor del 444 o 445 a.C. (véase Neh. 2:8), finalizaría la tarea de reconstrucción.
- Después de otras "sesenta y dos septenas", o 434 años, "se quitará la vida al Mesías, mas no por sí" (9:26), o, como se traduce en otras versiones, "y no tendrá nada". Parece claro que esto se refiere a la muerte de Cristo, que efectivamente tuvo lugar 434 años después.
- Habrá un período adicional de tiempo antes de la introducción del reino eterno del Mesías, un período de "una septena", o siete años (9:26-27). Este será un tiempo de gran sufrimiento y sacrilegio, en el que dominará un rey malvado. Este príncipe parecerá al principio bien intencionado, y concertará un "pacto" con sus súbditos. Luego, "a la mitad de la septena", es decir, después de tres años y medio, "hará cesar el sacrificio y la ofrenda", establecerá un objeto sacrílego y causará enormes sufrimientos. Esta septena o semana final es generalmente considerada como la gran tribulación, y el "príncipe" de 9:26 como el anticristo:
  - ► el brusco cambio de política del príncipe (9:27) se corresponde con el giro brusco de Antíoco Epífanes, el prototipo del anticristo (véase exposición sobre 8:15-27 y sobre 11:21-45). Las Escrituras indican en otros lugares que el anticristo parecerá al principio favorable al pueblo de Dios (véase 2 Ts. 2:3, 11; 1 Jn. 2:18-19, 22; 4:1-6; 2 Jn. 1:7).
  - ► La segunda mitad de tres años y medio del reinado del prín-

cipe concuerda con otras descripciones del período de la segunda mitad de reinado del anticristo:

- "Tiempo, y tiempos, y medio tiempo" (véase 7:25; 12:7; Ap. 12:14), esto es, un año más dos años más medio año,
  - que se corresponde con 1.260 días (véase Ap. 11:3), o tres años y medio de 360 días
  - y con 42 meses (véase Ap. 11:2; 13:5).

Aunque la "semana" entera de siete años es generalmente designada como la tribulación, en el sentido más técnico solo la segunda mitad de tres años y medio se corresponderían con esta designación, por cuanto solo entonces el anticristo se quitará su máscara de pacificador y se manifestará como implacable perseguidor.

- El intervalo de tiempo entre las semanas 69 y 70 que demanda esta interpretación podría constituir la "era de la iglesia". Como profeta del AT, la carga de Daniel habría sido los tratos especiales de Dios con Israel; su profecía no habría incluido los años entre el Calvario y los tiempos del fin.

La palabra hebrea que muchas versiones de la Biblia traducen "semana" (9:24) es en realidad *siete*; por tanto, 9:24 significa literalmente "70 sietes". Que los 70 sietes sean realmente 70 "semanas de años" o 490 años parece lógico a la luz de las anteriores profecías de Jeremías acerca del exilio. El exilio iba a durar 70 años (véase Jer. 25:11-12; 29:10), lo que, según el cronista, compensaría los 490 años durante los que Israel no había observado el Sábado (véase 2 Cr. 36:21; Lv. 25:2-5; 26:34-35, 43). Excepto por el intervalo entre las semanas 69 y 70, los 490 años que condujeron al exilio de Israel serán igualados por los 490 años que llevarán a su triunfo final.

10:1—11:1 *"He venido a ayudar...¡Lo siento por haber llegado tarde!"* Poco después del regreso del primer grupo de judíos a Jerusalén en el 538 a.C., Daniel, que se había quedado en Babilonia, tuvo otra visión del futuro (Daniel habría tenido al menos 85 años para entonces.) La visión fue aterradora y emocionalmente agotadora (10:7-9). Un ángel le dijo a Daniel que había sido enviado a explicarle la visión (10:14) pero que se había opuesto a su misión "el príncipe del reino de Persia" (10:13). Este ser, al que la mayoría de comentaristas lo consideran como un ángel caído, se vio a su vez opuesto y vencido por el buen ángel Miguel (10:13). Daniel vio luego a otro ser celestial (10:16), a quien expresó su sentido de maravilla y humildad a la luz de la visión que había visto (10:15-17). Este segundo ser habló también de haber luchado contra el "príncipe de Persia" (10:15-17) y acerca de su asociación con Miguel (10:18—11:1), y de nuevo prometió explicar la visión a Daniel (10:19-21). Algunos eruditos contemplan el ángel de 10:5 como una aparición preencarnada de Cristo (véase exposición sobre 3:19-30).

11:2-20 *Una cronología de reyes impíos.* El ángel explicó luego la aterradora visión de Daniel: El día de gloria de Persia culminaría con un rey que retaría al incipiente imperio de Grecia (11:2). Luego surgiría un "rey valiente" cuyo imperio sería dividido y dado a cuatro reyes sin relación con él (11:3-4), evidentemente otra referencia a Alejandro (véase 7:6; 8:5-8, 21-22). En 11:5-20 se describe una prolongada guerra entre los generales de Alejandro, Tolomeo de Egipto (el rey del sur", 11:5) y Seleuco de Siria (el "rey del norte", 11:6). Antíoco III, descendiente de Seleuco, perdió una gran batalla con Egipto, pero finalmente derrotó a esta nación (11:10-20). Tanto él como su sucesor oprimieron a Israel, la "tierra gloriosa" (11:16, 20).

11:21-35 *Una cronología de Antíoco Epífanes.* El Imperio Seléucida (Siria) sería arrebatado mediante intrigas por "un hombre despreciable" conocido por la historia secular como Antíoco IV o Antíoco Epífanes, que al principio se comportaría pacíficamente para con sus súbditos (11:24), pero luego "se levantarán de su parte tropas que profanarán el santuario y la fortaleza, y quitarán el continuo sacrificio, y pondrán la abominación desoladora" (11:31; véase exposición sobre 8:15-27).

11:36-45 *Una cronología del anticristo.* Así como 8:15-27 describe al parecer tanto a Antíoco Epífanes como al futuro anticristo, en 11:21-45 parece haber también una descripción de ambos, donde 11:36 señala la transición del primero al segundo. (Obsérvese que, según 11:40, el rey de 11:36 no es ni el rey del norte ni el del sur, lo que deja la posibilidad de que se trate del anticristo.) Durante la segunda mitad de la tribulación, el anticristo guerreará contra Israel y contra muchas otras naciones, pero finalmente será derrotado, al parecer una referencia a Armagedón (11:40-45; véase Ap. 19:11-21).

Una vez más, lo mismo que en 9:26, la visión de Daniel pasa de largo la edad de la iglesia, centrándose solo en los tratos de Dios con Israel.

12:1-4 *"Lo peor no ha llegado aún, pero luego comprenderán".* El ángel advirtió a Daniel que la tribulación será un tiempo de padecimientos sin precedentes (véase Jer. 30:7). Sin embargo, el arcángel Miguel velará por Israel, y los justos serán liberados. Los ya muertos resucitarán, "unos para vida eterna" y "otros para vergüenza y confusión eterna". En aquel tiempo, la gente comprenderá por fin las profecías de Daniel.

En 12:2 tenemos la más clara enseñanza del AT acerca de la resurrección y de la vida más allá (véase exposición sobre Is. 26:1-19) y el único pasaje del AT que diferencia entre el destino de los justos y el de los injustos (véase Ap. 20:4-6, 11-15; exposición sobre Jn. 5:24-30 y sobre 1 Co. 15:20-28). Véase también 12:13.

12:5-13 *"¿Hasta cuándo?" Dos respuestas interesantes.* Aparecieron otros dos seres celestiales y preguntaron al ángel cuánto tiempo sería preciso para que las visiones se cumplieran. El ángel replicó que al cabo de "tiempo, tiempos, y la mitad de un tiempo" (véase exposición sobre 9:20-27) después que Israel haya sido aplastado, "todas estas cosas serán cumplidas", significando evidentemente con ello que el anticristo mismo será derrotado (comparar 11:45).

Confundido por las visiones, Daniel pidió al ángel que se las explicara más (12:8). El ángel tranquilizó a Daniel en el sentido de que esas cosas no sucederían hasta "el tiempo del fin" (12:9), y que Dios lo resucitaría en el tiempo del fin (12:13). Pero también dejó a Daniel otras dos crípticas referencias a duración para ponderarlas:

- Desde el momento en que el anticristo se revuelva contra Israel y profana su culto, habrá 1.290 días (12:11), 30 días más que los 1.260 días (tres años y medio de 360 días) de Apocalipsis 11:3. Los 30 días supernumerarios pueden ser necesarios para el juicio al final de la tribulación (véase Ez. 34:17, 22; Mt. 25:31-46).
- El ángel expresó luego que la última mitad de la tribulación durará 1.335 días, ¡otros 45 días adicionales a los 1.290 días de 12:11! Por cuanto aquellos que esperen y lleguen a la plenitud de los 1.335 serán "bienaventurados", esto puede significar que es el momento en que comienza el reinado milenario de Cristo (véase *Isaías: Trasfondo*).

❖ ❖ ❖

PERSONAS A RECORDAR DE DANIEL

BELSASAR

Hechos clave: Rey de Babilonia, destinatario de la escritura en la pared
Total de referencias bíblicas: 8
Referencias clave: 5

Habla Belsasar

¡Esos tontos soldados dando vueltas alrededor en el exterior, intentando entrar! ¿Cómo esperan abrir una brecha en esas altas murallas? ¿Acaso no se dan cuenta de que además tienen un grosor de 26 metros, y de que los estamos vigilando desde docenas de torres de vigilancia? ¡Lárguense a casa y dejen de perder el tiempo!

¡Ah, qué sala de banquete! Es muy ruidoso aquí. Supongo que esto significa que todos se lo están pasando bien. Debe haber miles de invitados. Bueno . . . voy a dar mi gran anuncio . . .

¡Dirigentes de Babilonia! El propósito de este banquete de gala es doble: Primero, mostrar nuestro menosprecio por las tropas persas que están fuera; y segundo, ridiculizar al Dios judío que humilló a Nabucodonosor. Tenéis ante vosotros algunos de los vasos de oro y de plata sacados del templo judío, todos ellos llenos de vino. ¡Únanse ahora a mí en un brindis especial, alabando a nuestros dioses con los vasos sagrados de Jehová! (5:2-4, 20).

Pero . . . ¿qué sucede? La sala se ha sumido en un mortal silencio. ¿Por qué están mis invitados boquiabiertos y llenos de terror? ¿Qué es esto? . . . ¿Una mano? . . . ¡escribiendo en la pared por encima de mí! ¡Rápido… tengo que controlarme . . . y controlar a esta multitud.

"Cualquiera que pueda leer esta escritura y decirme lo que significa, será vestido con vestiduras de púrpura de honra real y llevará cadena de oro alrededor de su cuello. ¡Será el tercer gobernante en el reino!" (5:5-7).

Mis magos y astrólogos sacuden la cabeza, atemorizados. ¡No pueden leerla! Ahora me viene un mensaje de la reina madre. ¡Dice que el profeta Daniel podrá leerla! ¡Pues vayan y que lo traigan inmediatamente! Le ofreceré el mismo soborno: ¡tercer gobernante en el reino! (5:8-16).

¿Y ahora qué? ¿Daniel rehusa mis dones? ¿Y cómo se atreve a reprenderme públicamente por mi orgullo? ¡Ya le reprendería yo a él! Pero luego, ¡esta mano que escribe podría golpearme y matarme! (5:17-23).

¡Maravilloso! Me dirá cuál es el mensaje de lo que está escrito . . . sin coste alguno, ¡otra humillación pública para mí!

¿Le estoy oyendo bien, o acaso este horrible temor me está afectando la cabeza? Me dice que Dios ha contado mi reino y le ha puesto fin. ¡Dice que será dado a los persas! Pero, ¿cómo van a poder penetrar nuestras defensas? (5:24-28).

¿Qué es esto? ¡Soldados enemigos en la ciudad! ¡Marduk ha sido derrotado por Jehová! ¡Estoy perdido! (5:30-31).

Lecciones espirituales de Belsasar
Este malvado rey iba a aprender cuatro importantes lecciones, pero las aprendería todas ellas demasiado tarde:

- Los meros humanos no pueden ridiculizar al Dios Todopoderoso sin pagar un terrible precio (5:1-4, 30).
- En situaciones de crisis, las soluciones provendrán con la mayor probabilidad de personas piadosas (5:7-17).
- Los que no aprenden del pasado acaban repitiéndolo (5:18-23).
- Los que buscan su propia gloria en esta vida pueden encontrarse de repente humillados por Dios (5:25-28). Los que buscan en esta vida la gloria de Dios recibirán un día una "corona" de Él (véase 2 Ti. 4:6-8).

Versículos clave
"Y tú, su hijo Belsasar, no has humillado tu corazón, sabiendo todo esto; sino que contra el Señor del cielo te has ensoberbecido, . . . Entonces de su presencia fue enviada la mano que trazó esta escritura. Y la escritura que trazó es: MENE, MENE, TEKEL, UPARSIN. Esta es la interpretación del asunto: MENE: contó Dios tu reino, y le ha puesto fin. TEKEL: Pesado has sido en balanza, y fuiste hallado falto. PERES: Tu reino ha sido roto, y dado a los medos y a los persas" (5:22-28).

DANIEL

Hechos clave: exiliado israelita, primer ministro en Babilonia, profeta (1:1-6; 2:48-49; 5:10-12; 6:1-3)
Total de referencias bíblicas: 87
Referencias clave: 1—12; Ez. 14:14; Mt. 24:15

Habla Daniel
Les deseo las bendiciones de Dios ahora que salen para Jerusalén, ¡esos 50.000! Con Zorobabel dirigiéndolos, están en buenas manos. Dios no me ha mandado que vaya, de modo que aquí permaneceré (Esd. 1:1-5; 2:2, 64).

¡Qué diferente debe estar Jerusalén desde que la vi cuando era joven, hace unos 67 años! ¡Tanto ha sucedido desde aquel tiempo! El templo de Salomón ha sido destruido y la Ciudad Santa quemada. Tanto Nabucodonosor como Belsasar han muerto, y los persas gobiernan ahora el Medio Oriente (1:1-6; 5:30; 2 R. 25:1-10).

Claro, ya advertí a Nabucodonosor y a Belsasar acerca de esta conquista por parte de Persia. Ciro probablemente no lo sepa, ¡pero también he predicho que su imperio caerá en manos de los griegos, y el de ellos, en manos de los romanos! ¡Qué serie de pendencias glorificadas! (2:39-43; 5:26-28; 7:6).

¡Qué fiel ha sido Dios a su pueblo durante nuestra larga cautividad, demostrando que es en verdad Señor tanto del fuego como de las bestias feroces! Me ha honrado personalmente a través de las muchas visiones que ha dado a mi pueblo a través de mí. Algunos de esos sueños me hicieron hasta enfermar físicamente. Naturalmente, el juicio de Dios sobre el pecado nunca es una cuestión grata. Por eso hay todavía tanto dolor y derramamiento de sangre en perspectiva (3:24-25; 6:22; 8:27; 10:7-8; 12:1).

Sin embargo, parto de esta vida en paz y confiado, sabiendo que surgirá, después de esos cuatro brutales reinos, un bendito quinto y último reino, dirigido por el Mesías mismo. He descrito este glorioso reinado tanto a Nabucodonosor como a Belsasar:

"Miraba yo en la visión de la noche, y he aquí con las nubes del cielo venía uno como un hijo de hombre, que vino hasta el Anciano de días, y le hicieron acercarse a él. Y le fue dado dominio, gloria y reino, para que todos los pueblos, naciones y lenguas le sirvieran; su dominio es dominio eterno, que nunca pasará, y su reino uno que no será destruido" (7:13-14; 2:44).

Lecciones espirituales de Daniel

- En tanto que la piedad no es siempre valorada por los incrédulos, en el caso de Daniel sus altas normas espirituales le llevaron en realidad al éxito político (1:8-21).
- Daniel rehusó el pago de Belsasar por proclamar el mensaje que había recibido de Dios; ¡la verdad no está en venta! (5:17; comparar Gn. 14:21-23).
- Deberíamos orar en los buenos tiempos lo mismo que en los malos; Daniel estaba orando ya antes de encontrarse con el peligro del foso de los leones (6:10).
- Cuando oremos acerca de los pecados de los demás, deberíamos también confesar los nuestros (9:3-4; véase Esd. 9:5-7; Neh. 1:4-7).
- Dios no siempre responde a todas nuestras preguntas (12:8-13; véase Jn. 21:21-22; Hch. 1:6-7).

Versículo clave

"Por cuanto fue hallado en él mayor espíritu y ciencia y entendimiento, para interpretar sueños y descifrar enigmas y resolver dudas; esto es, en Daniel, al cual el rey puso por nombre Beltsasar. Llámese, pues, ahora a Daniel, y él te dará la interpretación [de la escritura sobre la pared]" (5:12).

DARÍO

Hechos clave: Rey persa, cayó en una añagaza para sentenciar que Daniel fuese echado en el foso de los leones (6:12-16)
Referencias clave: 5:31—6:28

Habla Darío

No cabe duda alguna, es la persona más grande y singular que yo haya nunca conocido. ¡Qué bien recuerdo nuestro primer encuentro! Ahí estaba, como una roca espiritual en medio de mesas volcadas, vasos de vino aplastados y la muchedumbre llena de pánico corriendo sin rumbo por el caótico salón del banquete. Bien, allí mismo decidí que él sería quien supervisara esta nueva colonia de nuestro reino (5:5—6:3).

¡Bien poco me di cuenta, sin embargo, de la loca envidia que esto iba a generar en las mentes de algunos mezquinos políticos! Todavía me enfurezco cuando recuerdo su maligno plan de echarlo al foso de los leones por mi propia orden. Bien, aquellos gatazos tuvieron su banquete, ¡pero con un menú diferente del que ellos habían planeado! (6:4-9, 24).

No soy un hombre religioso, pero quizá el Dios de Daniel merezca una más estrecha consideración. Ninguno de nuestros dioses nos hubiera protegido como el Dios de Daniel lo protegió a él. ¿Me pregunto si aquel ángel sería el mismo que me ayudó durante aquel primer año de mi reinado? Traiga lo que traiga el futuro, mi decreto habla por sí mismo: "De parte mía es puesta esta ordenanza: Que en todo el dominio de mi reino todos teman y tiemblen ante la presencia del Dios de Daniel. Porque Él es el Dios viviente" (6:22, 26; 11:1).

Lecciones espirituales de Darío

- Cuídate de la adulación (6:1-8).
- Como dice el adagio: "Actúa precipitadamente, tendrás mucho tiempo para arrepentirte". Si actúas de manera irreflexiva, sin pensarlo, probablemente luego te arrepentirás (6:9-14).

Versículos clave

"Entonces el rey Darío escribió a todos los pueblos, naciones y lenguas que habitan en toda la tierra: Paz os sea multiplicada. De parte mía es puesta esta ordenanza: Que en todo el dominio de mi reino todos teman y tiemblen ante la presencia del Dios de Daniel. Porque Él es el Dios viviente y permanece por todos los siglos, y su reino no será jamás destruido, y su dominio perdurará hasta el fin. Él salva y libra, y hace señales y maravillas en el cielo y en la tierra; Él ha librado a Daniel del poder de los leones" (6:25-27).

NABUCODONOSOR

Hechos clave: Rey de Babilonia, fundador del Imperio Neobabilónico (3; 4:30; 2 R. 24:1)
Padre: Nabopolasar
Total de referencias bíblicas: 91
Referencias clave: 1—4; 2 Reyes 24—25; Jer. 21—52

Habla Nabucodonosor

"Por tanto, oh rey, acepta mi consejo: tus pecados redime con justicia, y tus iniquidades haciendo misericordias para con los oprimidos, pues tal vez será eso una prolongación de tu tranquilidad" (4:27).

¡Palabras realmente punzantes! ¡Cómo me chocaron y ofendieron! Claro, Daniel era absolutamente la única persona en todo el reino que podría atreverse a reprenderme de esta manera ¡y no perder la cabeza en el acto! ¡He condenado a gente a muerte por mucho menos que esto! (2:1-13).

Pero debo tanto mi cordura como mi salvación al Dios de Daniel. ¿Acaso podría Marduk haber revelado mis sueños, o habría podido proteger a sus seguidores en el horno ardiente? Hacer la pregunta es contestarla (2:28; 3:26-30).

¡Pero el Dios hebreo hizo lo uno y lo otro! ¡Qué irónico pensar que una vez yo quemé su ciudad, destruí su templo y me llevé a la cautividad a miles de sus fieles adoradores, a personas excelentes como Daniel, Sadrac, Mesac, Abed-nego y Ezequiel! ¡Quién iba a pensar en aquel entonces que algún día su Dios vendría a ser mi Dios! (1:1-6; 2 R. 25:1-10; Ez. 40:1).

¡Pero el cuarto hombre en el fuego y aquellos siete años de locura fueron más que suficientes para convencerme de que Jehová es Señor de señores! (3:25; 4:3, 25, 33, 37).

Lecciones espirituales de Nabucodonosor

- La persona que no puede decidirse es "inconstante en todos sus caminos" (Stg. 1:7-8). Nabucodonosor fue así en su trato inicial a los judíos, intentando por una parte inclinarse y adorarlos (2:46) y por la otra quemarlos (3:20-21).
- Esta falta de definición puede haber surgido de su ira incontrolable (2:12; 3:19) y de su gran soberbia (4:30).
- "Mas cuando el pecado abundó, sobreabundó la gracia" (Ro. 5:20). Hay poderosas evidencias de que Nabucodonosor se convirtió en creyente (4:1-3, 34-37).

Versículo clave

"Ahora yo Nabucodonosor alabo, engrandezco y glorifico al Rey del cielo, porque todas sus obras son verdaderas, y sus caminos justos; y Él puede humillar a los que andan con soberbia" (4:37).

OSEAS

TRASFONDO

El reinado de Jeroboam II en el reino septentrional, Israel (793-753 a.C.) fue la "edad de oro" del norte, con grandes éxitos militares y una economía en expansión. Pero en lo espiritual la nación no iba tan bien. Oseas comenzó su ministerio profético cerca del fin del reinado de Jeroboam, y durante la mayor parte de sus 40 años de ministerio las cosas solo empeoraron, culminando con la caída de Israel en el 722 (véase 2 R. 17). Cuatro de los últimos seis reyes de Israel lo fueron por haber asesinado a sus predecesores ("homicidio tras homicidio se suceden", 4:2). Como el último profeta antes de la caída de Israel, Oseas rogó a su pueblo que se volviera a Dios y fuera salvos. Advirtió del juicio que se avecinaba sobre Israel, pero también anunció su restauración final. Ha sido llamado "el profeta de la destrucción inmediata y de la esperanza futura".

Obedeciendo a un insólito mandamiento de Dios, Oseas se casó con una prostituta y, como sería de esperar, tuvo que sufrir su infidelidad en el matrimonio (1—3). Las lecciones que aprendió de su matrimonio le sirvieron de ayuda para hacer frente a la cuestión de la infidelidad de Israel a Dios (4—14).

El ministerio de Oseas coincidió en parte con el de Amós y con la primera mitad de los ministerios de Isaías y Miqueas.

AUTOR

La misión de Oseas fue en el reino del norte, y probablemente era también originario de esta zona. Sus muchas ilustraciones sacadas de la agricultura sugieren que puede haber sido agricultor. Su nombre significa "salvación".

FECHA Y LUGAR

El ministerio de Oseas comenzó probablemente en a. 760 a.C. y finalizó a. 720, dos años después de la caída del reino del norte. Es probable que él fuese uno de los que escaparon (véase exposición sobre 2 Cr. 30:1-9). Puede que huyera al reino del sur y que completase allí sus escritos.

—931 a.C.
División del reino, Israel, Judá

—760
Oseas comienza su ministerio

—740
Isaías comienza su ministerio

—722
Caída de Israel

—720
La última profecía de Oseas

—586
Caída de Judá

DESTINATARIOS

Aunque menciona también a Judá, Oseas dirigió sus profecías primariamente al reino del norte, al que se refería a menudo como "Efraín", el nombre de la tribu dominante.

PROPÓSITO

Advertir del inminente juicio de Dios sobre Israel, a la vez que mostraba el equilibrio entre su justicia y su amor:

- El *amor* de Dios no significa que pueda olvidar los pecados. El pecado ha de ser castigado.
- Por otra parte, la *justicia* de Dios no significa que Él desee poner fin definitivo a su relación con su "esposa" (Israel). Dios intenta constantemente volver a Israel otra vez a sí mismo. Incluso tras la ejecución del juicio se preservará un remanente.

RASGOS SINGULARES

- Oseas fue el único profeta del reino del norte que registró sus profecías (aunque Jonás era del norte, el libro de Jonás es principalmente una narración acerca de él, no por él).
- Fue el único profeta que ministró al reino del norte hasta su caída. Ha sido llamado "el profeta de Israel en su lecho de muerte".

COMPARACIÓN CON OTROS LIBROS DE LA BIBLIA

Isaías.

- Ambos emplearon las ilustraciones de marido y mujer para representar a Dios y a Israel (2:19; Is. 54:5).
- Tanto Oseas como Isaías tuvieron hijos con nombres simbólicos (1:4, 6, 9; Is. 7:3; 8:3-4, 18).
- Ambos designaron a Dios como "el Santo", un título infrecuente para Dios fuera de Isaías (11:9, 12; alrededor de 30 veces en Isaías).

BOSQUEJO

ESTUDIO DE UN CASO DE ADULTERIO: GOMER (1—3)
ESTUDIO DE UN CASO DE ADULTERIO: ISRAEL (4—14)
  Las acusaciones contra Israel (4—7)
  El venidero juicio sobre Israel (8—10)
  La final restauración de Israel (11—14)

ESTUDIO DE UN CASO DE ADULTERIO: GOMER (1—3)

1:1-2 *El profeta y la prostituta: ¿Una boda preparada en el cielo?* Dios mandó a Oseas que se casase con una prostituta, que luego le daría "hijos de fornicación", esto es, de otros hombres (1:2). El texto de Oseas, junto con otros libros de la Biblia, sugiere algunas razones para esta orden tan insólita:

- *La razón experimental.* El matrimonio con una esposa infiel ayudaría a Oseas a comprender la angustia de Dios por la fornicación espiritual de su pueblo. Dios comparaba a menudo su relación con Israel con un matrimonio (véase 2:19; Is. 62:5; Jer. 3:14), y su frecuente apostasía con adulterio o prostitución (1:2; véase 4:12; Is. 1:21; Jer. 3:1).

- *La razón ilustrativa:* El matrimonio de Oseas daría un ejemplo de la vida real de su mensaje a Israel (1:2; véase 3:1).
- *La razón profética:* Dios mandaría a Oseas que diera nombres a sus hijos que describieran el castigo futuro y la final restauración de Israel.

1:3-9 *Nombres trágicos para sus hijos.* Oseas se casó con Gomer, y ella le dio tres hijos, a cada uno de los cuales Dios dio un nombre profético:

- Jezreel, su primer hijo, recordaría a Israel que Dios pronto castigaría a la dinastía de Jehú por los brutales asesinatos cometidos en Jezreel. En tanto que la destrucción de la familia por mano de Jehú fue encomiada por el Señor (véase 2 Reyes 10:30-31), la matanza general que hizo Jehú de muchos otros parece que fue más allá del mandamiento del Señor.
- El nombre de la hija, Lo-ruhama, significaba "no amada" y tenía una doble significación:
  - La compasión de Dios para con Israel, el reino del norte, había llegado a su fin; su juicio era inminente.
  - Sin embargo, Dios iba a tener todavía compasión para Judá, el reino del sur, y lo libraría de manera sobrenatural (véase 2 Reyes 19).
- El nombre de su segundo hijo, Lo-ammi, significa "no mi pueblo". No se trataba de una negación del pacto incondicional de Dios con Abraham (véase Gn. 12:1-3). Este pacto sigue hasta el día presente, sin cambios aunque todavía sin cumplir (1:10—2:1; véase Ro. 11:1-2). Dios estaba hablando por medio de Lo-ammi a aquellos israelitas que, aunque relacionados físicamente con Abraham, no estaban relacionados con él ni con su Dios espiritualmente.

1:10—2:1 *Mejores nombres un día.* Mirando más allá de su juicio venidero sobre Israel, el Señor prometió que el juicio sería un día anulado, y que Israel sería amada (Ruhama) y que vendría a ser su pueblo (Ammi) otra vez. Ellos serían en cantidad "como la arena del mar" (1:10; véase Gn. 22:17). Esto, naturalmente, sucederá cuando Israel se arrepienta y reciba un nuevo corazón (véase exposición sobre Jer. 31:31-34).

Pablo aplicó explícitamente la promesa de 1:10 a los gentiles así como a los judíos (véase Ro. 9:23-25; 1 P. 2:10).

2:2-5 *"¡Traten de razonar con su madre!"* Mirando más allá de la tragedia doméstica y personal de Oseas, Dios acusó a Israel, su esposa, de adulterio, y apremió a los hijos creyentes de "ella" a que la llamasen al arrepentimiento. Así como Gomer había buscado "pan, agua, lana, lino" yendo con otros hombres, Israel había buscado sustento espiritual de falsos dioses.

2:6-13 *"¡Lo probaré todo para preservarla del pecado!"* Tanto Dios como Oseas intentaron desesperadamente guardar a su "esposa" del pecado, creyendo que de cierto se volvería a la cordura (2:6-7). Ciertamente llegaría a darse cuenta de que sus verdaderas bendiciones procedían de su verdadero marido, no de sus adúlteros amantes (2:8). Así como los israelitas en el Sinaí habían tomado la riqueza que Dios les había dado y habían hecho el becerro de oro, así los israelitas de los tiempos de Oseas estaban usando la riqueza que habían recibido de Dios para adorar a Baal (2:8).

Oseas (como Dios) estaba preparado a recurrir a grandes extremos para devolver a su esposa al lugar que le correspondía. La privaría de sus lujos, la expondría ante sus amantes y eliminaría de su vida toda ocasión de gozo. Entonces sería de esperar que, en lugar de encontrar que su desviación la llenaba de satisfacciones, se daría cuenta de que su pecado tenía consecuencias (2:9-13).

2:14-23 *¡Su historia tendría un fin feliz!* Si Gomer e Israel hacían frente a sus pecados, encontrarían restauración y gozo (2:14-17). "En aquel tiempo", refiriéndose al fin de la historia humana (véase sobre Is. 2:5—4:1), la restauración de Israel resultará en el levantamiento de la maldición de la naturaleza (2:18, 21-23; véase Ro. 8:19-22). La guerra acabará (2:18; véase Is. 2:4). El pueblo reconocerá de nuevo al Señor como su Dios, en cumplimiento del nuevo pacto (véase Jer. 31:31-34). La tragedia que sobrevino sobre Gomer y sobre la nación de Israel será totalmente deshecha. Aquel nuevo día (2:21-23) será incluso mejor que los días de la juventud de Israel (2:15). Los nombres de los hijos de Oseas cambiarán a sus sentidos positivos de "amada" y "mi pueblo" (2:23). Incluso Jezreel será conocida no como derramamiento de sangre, sino como su significado positivo: "Dios siembra" (2:22).

3:1-5 *El poder del amor y de la esperanza.* Dios mandó a Oseas que recuperase a Gomer de su vida de adulterio, como ejemplo del amor que Dios sentía por la adúltera Israel. Oseas literalmente redimió a su esposa y le rogó que se quedase con él. Él veía su matrimonio sin amor como un símbolo de Israel, que durante "mucho tiempo" no estaría comprometido ni con la idolatría ni con Dios (3:4). Pero estaba confiado en que Dios volvería un día a su legítimo marido (3:5).

El precio que Oseas pagó para redimir a Gomer indica a qué profundidades había caído ella. El precio usual para un esclavo era de 30 siclos de plata (véase Éx. 21:32), pero pagó solo 15 por Gomer. La cebada era considerada buena solo para los animales.

La visión de Oseas de un Israel sin religión (3:4) parece profética del agnosticismo común entre muchos judíos en la actualidad, que no se comprometen ni con su religión ni con ninguna otra tradición religiosa. Pero en el tiempo designado por Dios, Israel volverá en sí y experimentará una regeneración nacional (3:5; véase Jer. 31:31-34). Entonces, "buscarán a Jehová su Dios, y a David su rey", es decir, a Cristo, el Hijo de David.

ESTUDIO DE UN CASO DE ADULTERIO: ISRAEL (4—14)

4:1-3 *La acusación contra Israel.* Tras haber experimentado la infidelidad de su propia esposa (1—3), Oseas habló a Israel acerca de su infidelidad a Dios (4—14). Oseas acusó a Israel de haber abandonado totalmente a Dios y por ello de haberse vuelto totalmente inmoral. Esto había traído gran sufrimiento sobre toda la nación. El pecado afecta no solo al pecador humano, sino también a toda la creación animada e inanimada.

4:4-10 *¡A tales sacerdotes, tal pueblo!* Todo Israel era culpable ante Dios. Cuando Dios les envió sacerdotes para que les revelase a su pueblo, ellos solo discutieron con los sacerdotes (4:4). Por ello, "caerían" incluso en plena luz del día (4:5). Debido a que habían rechazado tercamente el conocimiento de Dios, Él los rechazaría como sus testigos al mundo (4:6; véase exposición sobre Is. 43:8-13). Tanto los legos como los sacerdotes se habían vuelto desesperadamente corruptos, y reforzaban mutuamente sus pecados. Dios llevaría a la nada su falsa religión (4:7-10).

El problema de la humanidad no es una carencia de información acerca de Dios, sino un voluntarioso rechazo de la abundante información disponible. Del mismo modo que tanto el pueblo como los sacerdotes se reforzaban mutuamente sus pecados en tiempos de Oseas, las iglesias en la actualidad llaman frecuentemente a pastores que serán como ellos, en lugar de ayudarles a ser conforme a Dios.

4:11-19 *Idolatría, embriaguez, inmoralidad: Sustitutos de la verdad.* Debido a que Israel se había extraviado de su verdadero Dios (4:12), se había involucrado en la idolatría, en la embriaguez y en depravados pecados sexuales. Israel ("Efraín", 13:12) estaba más allá de toda esperanza y debería ser dejado a sí mismo (comparar exposición sobre Jer. 7:16-27). El pueblo de Judá fue advertido contra toda asociación con sus parientes del norte (4:15). La decisión de Israel de rechazar a Dios era fútil y traería en último término el juicio (4:19). Los que rechazan a Dios siempre buscan un sustituto para llenar el vacío resultante.

5:1-7 *Pecados demasiado grandes, sacrificios demasiado tardíos.* Aunque Israel y sus dirigentes no habían ignorado a Dios, su defección espiritual y su adulterio no escaparon a la mirada de Dios. Por mucho que quisieran esconder su verdadera condición, Dios los veía como eran (5:1-3). Habían sido esclavizados por sus pecados (5:4-5). Judá compartía en el pecado de Israel, y compartiría también en su juicio (5:5). Cuando llegaran al final de sus recursos y buscaran por fin a Dios con su formalidad religiosa, no le encontrarían, porque Él se habría apartado de ellos (5:6).

5:8-15 *Él golpeará como un león, y luego se retirará.* Oseas llamó al cuerno de carnero a que tocara la advertencia de juicio. De nuevo, nota la naturaleza voluntariosa del pecado de Israel (5:11). "Quiso andar en pos de vanidades [o, ídolos]" (5:11) recuerda el descarado rechazo que hizo Jeroboam del sacerdocio aarónico, instalando a sus propios sacerdotes, y levantando becerros de oro en Dan y Bet-el (véase exposición sobre 1 R. 12:25-33).

La decadencia de Israel sería rápida, como la causada por la polilla; Judá decaería más gradualmente, como carcoma (5:12). El juicio caería sobre el reino del sur 136 años después que cayera sobre el norte, pero sería igualmente cierto para ambos (5:13-14). Cuando llegase la destrucción, Dios se retiraría de su pueblo, y dejaría que su bien merecido castigo los llevase al arrepentimiento (5:15).

6:1-3 *Mirando expectante hacia el milenio.* Oseas miró más allá de las cautividades asiria y babilónica, al día cuando Israel como nación se convertirá (véase Jer. 31:31-34) y Dios establecerá su reinado milenario. Un remanente de israelitas, tanto de los del norte como de los del sur, se arrepentirán durante y después de las cautividades asiria y babilonia (véase exposición sobre Is. 10:20-23); pero al fin del tiempo, toda la nación se volverá a Dios (véase Ro. 11:26-27).

6:4-11 *¿Qué debería hacer con ellos?* A lo largo de los siglos de vacilación espiritual de la nación, Dios había confrontado a Israel y a Judá mediante sus sacerdotes y profetas (6:4-6). Pero igual que Adán, habían desobedecido deliberadamente (6:7). De ahí la pregunta retórica de Dios: "¿Qué haré a ti?" A Judá no le iría mejor en el juicio que a Israel, porque había cometido los mismos pecados (6:11). Judá tendría abundante oportunidad para aprender de la caída del reino del norte, pero trágicamente no la aprovecharía (véase exposición sobre Jer. 3:6-11; sobre 6:6, véase 1 S. 15:22; Mt. 9:13; 12:7).

7:1-10 *Dios y su mal dispuesto paciente.*

Dios quería sanar la dolencia espiritual de Israel, pero Israel no estaba interesada (7:1-3). Como un horno encendido, la gente estaba consumida de pasión sexual (7:4-7). Al dividir su lealtad entre Dios y sus vecinos paganos, Israel era como una torta medio cocida, quemado por un lado por el horno sobrecalentado (7:8-10).

7:11-16 *Escogiendo los amigos que no debían.* Como una paloma incauta, Israel intentó azuzar a Egipto y Asiria unos contra otros por medio de alianzas políticas, dejando de confiar en Dios como su verdadera seguridad (véase *Isaías: Trasfondo* y exposición sobre Is. 30:1-17). Dios se cuidaría, por tanto, de que ambas naciones se volvieran contra ellos (7:12, 16; véase 2 R. 17).

8:1-14 *¡Segarán más de lo que han sembrado!* El pecado de Israel era de tal magnitud que ningún arrepentimiento de última hora podría salvar a la nación (8:2-3). Israel había sembrado la semilla de su propia derrota y segaría mucho más de lo que había sembrado (8:7). Dios los barrería en juicio, y todo bien que debiera haber sido suyo sería "devorado" por sus conquistadores (8:7-8). Dios había querido a Israel para sí, pero ellos se habían "alquilado" a amantes extranjeros y habían seguido religiones paganas (8:9-14). De cierto que el juicio había de caer tanto sobre Israel como sobre Judá.

Aunque la derrota definitiva de Judá no vendría hasta el 586 a.C. —136 años después de la caída de Israel en manos de Asiria en el 722— el rey asirio Senaquerib invadiría Judá en el 701 y destruiría todas las ciudades fortificadas excepto Jerusalén, que sería milagrosamente preservada (8:14; véase 1:7; 2 R. 18:13—19:37).

Acerca del "becerro" de Samaria (8:5), véase 1 Reyes 12:25-33. Israel volvería figuradamente a la esclavitud de "Egipto" (8:13), aunque esta vez en Asiria.

9:1-9 *Su sentencia: El exilio en Asiria.* Debido a que el pueblo de Israel se había comportado como una "ramera" con dioses extraños (9:1-2), serían exiliados a "Egipto", esto es, a Asiria (9:3-6). El pecado de Israel había distorsionado hasta tal punto su discernimiento espiritual que consideraban a los profetas verdaderos de Dios como insensatos y locos (9:7-8). Se habían vuelto tan depravados como los hombres que habían cometido la indescriptible atrocidad en Gabaa (9:9; véase Jue. 19).

9:10-14 *Su maldición: Vientres estériles.* Lo mismo que un padre solícito, el Señor miró atrás al tiempo en que Israel había venido a ser nación, presentándola como uvas en el desierto y como las primicias de una higuera. Israel había sido un placer para Dios mientras tenía la expectativa de su crecimiento (9:10). Ahora, en su ira, pronunció una maldición sobre todo el proceso de procreación y de crianza (9:10-14). Para las gentes de aquel entonces, la esterilidad era la peor de todas las maldiciones. El profeta no podía desear un mayor juicio sobre Israel.

9:15-17 *De Gilgal al exilio.* Citando a Gilgal como símbolo del pecado de Israel, Dios maldijo a la nación una vez más con esterilidad y exilio. Vendrían a ser "errantes entre las naciones". Gilgal era un lugar de culto idolátrico (véase 12:11; Am. 4:4) y era también el lugar donde Israel había proclamado a Saúl como su primer rey (véase 1 S. 11:14-15), lo que le daba un doble significado del rechazo por parte de Israel de Dios, su verdadero Rey.

Aunque unos pocos de las tribus del norte escaparían a Judá cuando Israel cayera y algunos quedarían en la tierra (véase exposición sobre 2 Cr. 30:1-9), la mayoría nunca volvería del exilio. Pero esas 10 "tribus perdidas" son conocidas por Dios (véase Stg. 1:1; Ap. 7:4-8), y a su tiempo serán restauradas (véase exposición sobre Jer. 31:31-34 y sobre Ez. 37:1-28).

10:1-11 *Cuanto más recibía, tanto más se rebelaba.* Cuanto más Dios había bendecido a Israel, tanto más habían ellos usado esas bendiciones para financiar su paganismo, pero Dios demolería sus altares paganos (10:1-2). Ni su rey ni sus ídolos podrían salvarlos; avergonzados y desesperados, llamarían a los montes para que los cubrieran (10:3-8; véase Lc. 23:30; Ap. 6:16). Recordando de nuevo la atrocidad en Gabaa (10:9; véase 9:9), el Señor implicaba con ello que la presente generación era igual de depravada que los malvados de Gabaa (véase Jue. 19—20). Comparando Israel con una "novilla domada", declaró que, aunque había hecho gozoso su trabajo, ahora los sometería a una dura disciplina (10:11).

10:12-15 *¿Quieres cosechar amor? ¡Siembra justicia!* Israel podía encontrar misericordia en lugar de juicio, si solo se arrepentían e iban en pos de la justicia. Dios los llamaba a que se arrepintiesen en el acto (10:12). En caso contrario, la única salida era el juicio (10:13-15).

11:1-7 *Su trágico viaje: De Egipto a Canaán… a Asiria.* Dios habló tiernamente de su profundo amor por Israel, comparándolo con el amor de un padre para con un hijo desobediente. Él "enseñaba a andar" a Israel, esto es, les reveló su voluntad. Él "cuidaba" de ellos, "tomándole de los brazos". Él había permanecido fiel aunque ellos eran infieles. Ahora, a pesar de su gran renuencia a hacerlo (11:8), debía castigarlos, esta vez con el exilio en Asiria en lugar de Egipto (11:5; véase 8:13; 9:3).

Mateo aplicó 11:1 a Cristo (véase Mt. 2:15). Dios llamó tanto a Israel como a Jesús su hijo (véase Éx. 4:22-23), y ambos vivieron por un tiempo en Egipto. El uso que hace Mateo de este pasaje demuestra la hermosa identificación del Hijo de Dios con el pueblo histórico de Dios. Ambos tenían una singular relación con el Padre.

11:8-11 *Castigados con desgano, restaurados con regocijo.* Aunque los israelitas merecían el castigo, Dios, como Padre amante, era renuente a aplicarlo (11:8-9). Por ello, incluso mientras estaba preparando su castigo, estaba también preparando la salvación eterna de ellos (11:10-11). Él "rugirá como león", llamándolos de sus tierras de cautividad (comparar Is. 11:12; 43:5-6; Ez. 37:12). Ellos volverán como una bandada de aves, no como las palomas incautas de 7:11, sino "temblando" con un apropiado sentimiento de reverencia maravillada ante su Redentor, que los restaurará a su tierra.

11:12—12:6 *"¡De vuelta a Bet-el!"* Israel buscaba vida espiritual en la idolatría, que era tan ardiente y seca como el viento solano (11:12—12:1). Aunque Judá, en comparación con Israel, seguía andando con Dios (11:12), también había abandonado su fuente de vida. Jacob, que incluso en el vientre había "luchado" con Esaú por la bendición de la primogenitura (véase Gn. 25:26), y que más tarde había literalmente luchado para conseguir una bendición de Dios (véase Gn. 32:22-32), había encontrado en Bet-el el lugar del verdadero culto y adoración (véase Gn. 28:10-22). Dios implicaba que su pueblo debía volver a Bet-el para tener allí un encuentro personal con Él.

Al llamarlos a Bet-el, Dios tenía en vista a la Bet-el que había existido en tiempos de Jacob, no a la Bet-el tal como había llegado a ser: un lugar de idolatría (véase 5:8-15; 10:15; Am. 4:4; 5:5).

12:7-14 *¡Pero ellos prefieren el oro a Dios!* Israel estaba solo interesada en enriquecerse mediante el comercio con sus vecinos paganos (12:7-8). Dios había mostrado a Israel su amor y fidelidad al enviarles profetas una y otra vez para que los llamasen de vuelta a sí (12:9-10). Pero en lugar de mostrar gratitud a Dios por su protección, Israel lo había provocado yendo en pos del materialismo y de la idolatría. Por ello, Dios debía castigarlos; ellos segarían la cosecha del pecado que habían sembrado.

13:1-3 *Una vez como campeones, ahora como tamo.* Cuando Israel ("Efraín") había sido obediente a Dios, todo el mundo la había respetado (13:1). Pero ahora, al descender en la idolatría, había perdido aquella influencia, y ya no era más poderosa que el rocío o que el tamo. Aunque Israel todavía podía parecer próspera, sus días estaban contados y se desvanecería.

13:4-14 *De rechazo, a rechazo, a restauración.* Dios había salvado a Israel solo para encontrar que, cuando se sentían seguros, lo rechazaban (13:4-6). Por ello Dios tendría que rechazarlos (véase 14:4-7), pero al final los restaurará (véase 14:4-7). El último término, el apartamiento de Israel no resultará en la muerte de la nación, ¡sino en la muerte de la misma muerte! (13:14; comparar 1 Co. 15:55).

13:15-16 *Juicio como el viento del desierto.* De nuevo empleando la figura del ardiente viento solano, procedente del desierto oriental, Oseas advirtió de nuevo a Israel de la inminencia de su juicio. Sería un tiempo de indescriptible sufrimiento.

14:1-8 *"¡Vuelve, y Él redimirá!"* Una última vez, Oseas apremia a su nación a que se arrepienta y regrese humildemente a Dios (14:1-3), y hace observar las palabras de Dios de acoger bien a su pueblo arrepentido (14:4-8). Aunque el pecado de Israel causaría la caída de la nación, ésta no estaba fuera del alcance de la gracia redentora de Dios. No importaba lo grave que hubiera sido la enfermedad de su pecado; su sanidad y restauración serían completas. Sus pecados los habían convertido en objeto de la ira y del juicio de Dios. Su arrepentimiento los haría el objetivo de su amor (14:4). La restauración sería posible porque habrían tratado con sus pecados e idolatría (14:8). Debido a que sus pecados habían sido afrontados, su fruto sería grato a Dios (14:8).

14:9 *¡Los sabios andarán en su camino!* Los que estaban en comunión con Dios comprenderían lo que Oseas había escrito. Los que se resistieran a Dios no comprenderían y serían juzgados.

❖ ❖ ❖

PERSONAS A RECORDAR DE OSEAS

OSEAS

Hechos clave: Profeta, Dios le mandó que se casase con una prostituta (1:2)
Padre: Beeri (1:1)
Esposa: Gomer (1:2-3)
Hijos: Jezreeel, Lo-ammi
Hija: Lo-rumaha (1:6)
Total de referencias bíblicas: 4
Referencias clave: 1—14; Ro. 9:25

Habla Oseas

¡Ya se ha vuelto a ir! ¡A pesar de los ruegos de Jezreel, se ha ido! ¡A pesar de todos mis intentos de que se quede en casa, se ha vuelto a ir! ¡Oh!, ¿por qué, por qué me mandó que me casase con una prostituta? Como hubiera podido predecir, no ha sido otra cosa que infiel desde la boda (1:2; 2:5-6).

Pero aún más desconcertante fue su mandamiento precisamente ayer: "Ve a buscar a tu esposa otra vez. Tráela otra vez contigo y ámala, aunque ame el adulterio" (3:1).

Recordé a Dios que esto era una violación de su propia Palabra, pero me mandó que de todos modos la fuese a buscar. Naturalmente, hice como me había mandado. Encontré a Gomer en el mercado de esclavos, donde había sido echada por sus amantes. Pude redimirla por quince siclos de plata y 175 litros de cebada, y algo de vino. ¡Un precio no demasiado alto por un ser humano, por pecador que sea! (3:2).

Una y otra vez he preguntado el por qué de todo esto, pero, naturalmente, la respuesta es obvia: Mi desgraciado matrimonio ha servido como sensacional ilustración del matrimonio entre Dios y su infiel esposa, Israel. Su esposa, como la mía, es notoria por compartir su cama con ídolos paganos. De modo que, en una pequeña medida, puedo entrar en sus sentimientos. El dolor de Jehová es mi dolor. Mi aflicción es su aflicción (4:12).

Bien, sea cual sea mi sufrimiento, considero un honor servir como su profeta, porque nuestro es el privilegio de conocer el futuro. Sé cómo acabará el doloroso matrimonio de Dios. Su esposa se arrepentirá y será plenamente restaurada. Como Él ha dicho: "Yo sanaré su rebelión, los amaré de pura gracia; porque mi ira se apartó de ellos" (14:4).

Esto es lo que el futuro le reserva a su matrimonio. Del mío no estoy tan seguro.

Lecciones espirituales de Oseas

- Aunque el llamamiento de Dios a Oseas que se casase con una prostituta era muy insólito y era para un propósito profético, Él puede a veces llamarnos a hacer cosas que parecen ilógicas o improductivas desde una perspectiva humana. Cuando haya este llamamiento, deberíamos obedecer con buena disposición. La buena disposición de Abraham a ofrecer a Isaac es otro ejemplo de una obediencia así (véase Gn. 22:1-2).
- En un tiempo de fáciles divorcios, los esfuerzos de Oseas por recuperar a su infiel esposa nos da un buen ejemplo muy necesario. La ley daba provisión para el divorcio (véase Dt. 24:1) pero solo como una concesión "a la dureza del corazón [de Israel]" (Mt. 19:8). El divorcio no es nunca la mejor opción, ni siquiera en casos de infidelidad sexual.
- Aunque Dios nos disciplina, Él también anhela perdonar. Dios ordenó a Oseas que diese nombres a sus hijos con significados que sugerían juicio (1:4, 6, 9), pero más adelante dio un sentido redentor a esos nombres (1:10—2:1, 23). (Véase también Sal. 103:9; Ap. 9:25.)

Versículo clave

"Ve, y cásate con una prostituta, para que algunos de sus hijos te vengan de otros hombres. Esto servirá de ilustración de la forma en que mi pueblo me ha sido infiel, cometiendo adulterio abiertamente contra el Señor adorando a otros dioses" (Paráfrasis de 1:2).

JOEL

—931 a.C.
División del reino, Israel, Judá

—836
Joás viene a ser rey, Joel comienza su ministerio

—796
Acaba el reinado de Joás, acaba el ministerio de Joel ¿?

—740
Isaías comienza su ministerio

—722
Caída de Israel

—586
Caída de Judá

TRASFONDO

Quizá durante el reinado de Joás (835-796 a.C., véase *Fecha*), una terrible plaga de langostas azotó Judá. El profeta Joel llamó a su pueblo al arrepentimiento y rogó a Dios para que pusiera fin a la plaga. Pero vio en el desastre una premonición de una mayor plaga futura: el juicio final de Dios sobre el pecado en la gran tribulación. Mirando aún más allá, vio también las bendiciones del milenio. Suponiendo que escribiera durante el reinado de Joás, Joel estuvo entre los más tempranos de los profetas escritores (véase *Introducción a los profetas,* p. 389).

AUTOR

Nada se sabe de Joel excepto el nombre de su padre (1:1) y su familiaridad con Jerusalén (véase *Lugar*).

FECHA

Es difícil determinar la fecha de redacción de este libro, porque Joel no nombra a ningún rey israelita. Pero es evidente que se trata de un profeta anterior:

- El orden de emplazamiento de Joel entre los Doce Profetas Menores sugeriría una fecha anterior al 800 a.C., por cuanto esos libros están en un orden aproximadamente cronológico.
- Hay similitudes temáticas con otros profetas de esta era, como Amós e Isaías (véase *Comparación con otros libros bíblicos*).

LUGAR

Joel ministró al reino meridional de Judá, como se ve por sus referencias a aquella región:

- el "templo de Jehová" (1:9, 14).
- "Sion" (un monte de Jerusalén, que se menciona siete veces).
- varias referencias a Judá y a Jerusalén.

PROPÓSITO

Véase *Trasfondo.*

COMPARACIÓN CON OTROS LIBROS DE LA BIBLIA

Amós:

- Los dos hablan de montes que "destilarán mosto" (3:18; Am. 9:13).
- Ambos dicen que Jehová "rugirá" desde Sion (3:16; Am. 1:2).
- Ambos declaran que el día de Jehová será de tinieblas, y no de luz (2:2, 10, 31; 3:15; Am. 5:18, 20).

Isaías:

- Ambos proclaman que "el día de Jehová" está cercano (1:15; Is. 13:6) y que es un día en el que el sol y la luna no darán su luz (2:2; 3:15; Is. 13:10).
- Ambos se refieren al derramamiento del Espíritu de Dios (2:28; Is. 32:15; 44:3).
- Joel se refirió a forjar "espadas de vuestros azadones" en preparación de Armagedón (3:10). Isaías, escribiendo unos 100 años después, invirtió el dicho e hizo de él una imagen de la paz milenaria (Is. 2:4; véase Mi. 4:3).

BOSQUEJO

LA DEVASTACIÓN PRESENTE (1)
LA TRIBULACIÓN FUTURA (2:1-17)
  Devastación (2:1-11)
  Liberación (2:12-17)
LA RESTAURACIÓN FUTURA (2:18—3:21)
  Restauración y el día de Cristo (milenio) (2:18-27)
  El día de Pentecostés (2:28-32)
  El día de Cristo (milenio), continuación (3:1-21)
    La destrucción de los pecadores (3:1-17)
    El deleite de los santos (3:18-21)

LA DEVASTACIÓN PRESENTE (1)

1:1-12 *La plaga de langosta extrema.* Dios llamó a Joel a profetizar después de una calamitosa plaga de langostas. Un "pueblo fuerte e innumerable" de langostas (1:6) había consumido todo el producto de la tierra, la peor de todas las posibles calamidades para una nación principalmente dependiente de la agricultura. Este desastre sin precedentes (1:2) había privado al pueblo de su alegría (1:12). Hasta los borrachos estaban desolados, porque las langostas les habían privado de su vino (1:5).

En contraste con el desobediente pueblo de Dios, la humilde langosta hace siempre su voluntad. Dios empleó las langostas, entre otras cosas, para juzgar a Egipto (véase Éx. 10:1-20). Moisés más tarde profetizó que Dios emplearía langostas, entre otras cosas, para castigar a su pueblo si eran desobedientes (véase Dt. 28:38, 42). Ahora, aquella profecía se cumplía.

1:13-20 *La respuesta extrema: ¡Ayunen y oren!* Joel llamó a un tiempo nacional de duelo, durante el que el pueblo se reuniría en el templo y buscaría la ayuda de Dios. Joel contempló la plaga como una premonición de "el día de Jehová" que estaba "cercano" y que sería un tiempo de "destrucción" (1:15).

LA TRIBULACIÓN FUTURA (2:1-17)

2:1-11 *Las langostas inflexibles, el juicio ineludible.* Joel llamó a que se diese la alarma, advirtiendo a Judá acerca del día de Jehová que se avecinaba (2:1, 11). Aquel juicio, como la actual plaga, sería singular en su devastación, como se destaca con las funestas figuras empleadas como "tinieblas y oscuridad", "nube y sombra", "fuego", rostros "pálidos", cuando "temblará la tierra" y "se estremecerán los cielos". El campo de Judá, que parecía un Edén, se volvería un desolado desierto. Tanto las langostas como los futuros invasores humanos estaban totalmente concentrados en la absoluta destrucción de Judá: Como instrumentos de la voluntad determinada de Dios (2:11), su marcha estaba ordenada y era imparable (2:7).

Acerca del "día de Jehová", a menudo designado como la "Tribulación", véase *Isaías: Trasfondo,* y exposición sobre Isaías 2:5—4:1.

2:12-17 *"¡Pero sigue habiendo tiempo para volverse!"* Joel llamó al pueblo al arrepentimiento, con la esperanza de que Dios quitaría la plaga. Llamó para que se tocase trompeta por segunda vez, para reunir al pueblo para que los sacerdotes intercediesen por ellos.

Dios "misericordioso es, y clemente" (2:13; véase Éx. 34:6; Jer. 18:8; Am. 7:3, 6; exposición sobre Jon. 3:1-10). Sus juicios son con fines terapéuticos, no punitivos. Tienen el propósito de volver a su pueblo al arrepentimiento (véase 2 P. 3:9). Dios es "tardo para la ira" (2:13; véase Neh. 9:17; Sal. 103:8; Jon. 4:2; Nah. 1:3), y nosotros deberíamos ser también lentos para la ira (véase Pr. 14:18; 19:11; Stg. 1:19).

Joel apeló a Dios a que salvase al pueblo de Judá para que sus enemigos no dudasen de su capacidad para ello (2:17). Otros santos del AT apremiaron así a Dios, que actuase "por amor de su nombre" (véase Nm. 14:13-16; Sal. 42:10; 79:10). También el mismo Señor declaró éste como uno de sus motivos para rescatar a su pueblo (véase Is. 37:35; 45:4-6; Ez. 20:5-9; 36:22-36).

LA RESTAURACIÓN FUTURA (2:18—3:21)

2:18-27 *Después de la plaga y del arrepentimiento, ¡una tierra de abundancia!* Cuando su pueblo se haya arrepentido, Dios tendrá compasión de ellos. Él quitará y destruirá el ejército de langostas. Él cuidará de su tierra, restaurará sus cosechas y quitará su oprobio de en medio de las naciones. Él restaurará al pueblo todo lo que perdieron, y por fin lo reconocerán como su Dios.

La permanencia de esta restauración ("nunca", 2:26) y la conversión permanente del pueblo (2:27), sugiere que este pasaje mira también adelante al milenio, donde se cumplirá plenamente la promesa de Jeremías 31:31-34.

2:28-32 *¡Su Espíritu para todos los que lo busquen!* Algún tiempo "después" de esto, Dios derramará su "Espíritu sobre toda carne" (2:28; véase Is. 32:15; 44:3; Ez. 39:29). Toda la humanidad, varones y mujeres, altos y bajos por un igual, podrán recibir el Espíritu (2:28-29). La única condición será tener una relación correcta con el Señor (2:32).

El derramamiento del Espíritu Santo irá acompañado de señales y maravillas en la naturaleza, todo ello en preparación del gran día de Jehová (2:30-31). Esto moverá a la gente a buscar la salvación y la liberación del juicio (2:32).

Pedro vio las señales milagrosas y el derramamiento del Espíritu Santo en Pentecostés como un cumplimiento de esta profecía (véase Hch. 2:1-21). Los eruditos evangélicos concuerdan generalmente en que la Escritura promete otro derramamiento así al final de la Tribulación, que introducirá el milenio. Acerca de manifestaciones del Espíritu Santo en el AT, véase exposición sobre 1 Samuel 9:27—10:8.

3:1-10 *Los ejércitos en el valle.* Cuando Dios esté listo para restaurar a su pueblo a su tierra (3:1, 7), reunirá en el valle de Josafat a todas las naciones que lo hayan maltratado, y allí las juzgará (3:2). Dios escarnece a sus enemigos y los apremia a que acudan y a que luchen contra Él (3:10), habiendo ya declarado que todos sus esfuerzos y preparativos serán inútiles: No escaparán del juicio de Dios; serán tan impotentes ante Dios como Israel lo fue ante ellos (3:4).

3:11-14 *El veredicto en el valle.* Una vez más, Dios invitó a las naciones al valle de Josafat, declarando que el tiempo estaba maduro para el juicio (comparar 3:13 con Is. 63:1-6; Ap. 14:18-20; 19:15.) "El valle de la decisión" (3:14) es otro nombre para el valle de Josafat, que significa "Jehová juzga" (3:2, 12). Las multitudes en este valle no serán invitadas a que se decidan por Dios. Más bien, Dios mismo ya habrá tomado la decisión: juzgarlos.

El pasaje de 3:11-17 es generalmente considerado como una descripción de la Batalla de Armagedón al final de la Tribulación (véase exposición sobre 2:1-11).

3:15-21 *El veredicto para Israel.* Anunciado por portentosas señales en la naturaleza, Dios liberará a su pueblo. El día de Jehová les traerá tres cosas:

- Todos los enemigos de Judá (representados por Egipto y Edom, 3:19) serán destruidos de manera permanente.
- Judá y Jerusalén serán establecidos de manera permanente como la patria del pueblo de Dios (3:20).
- Experimentarán un arrepentimiento y una regeneración nacionales (3:17, 21).

Todo lo que Dios ha prometido a la nación en el nuevo pacto será cumplido (véase Jer. 31:31-34). Porque Dios estará personalmente presente en Sion para garantizarlo (3:17, 21).

❖ ❖ ❖

PERSONAS A RECORDAR DE JOEL

JOEL

Hechos clave: Profeta, usó la plaga de langostas para ilustrar la venidera gran tribulación
Padre: Petuel (1:1)
Total de referencias bíblicas: 2
Referencias clave: 1—3; Hch. 2:16

Habla Joel

Es indudable, hemos acabado de experimentar la peor plaga de langostas en la historia de Israel. Es de esperar que el tiempo de oración y ayuno al que he llamado ha resultado en el necesario arrepentimiento. ¡Qué lección más gráfica han dado esos insectos, sin embargo, enviados no sólo para disciplinar, sino también para ilustrar la batalla final, cuando guerreros humanos invadirán y devastarán nuestra tierra! (1:1-4; 14-20).

¡Qué día más terrible será! Mi mano temblaba mientras escribía acerca de ello: "Daré prodigios en el cielo y en la tierra, sangre y fuego, y columnas de humo. El sol se convertirá en tinieblas, y la luna en sangre, antes que venga el día grande y espantoso de Jehová" (2:1-2, 30-31).

Pero mis temores se disiparon en paz y gozo cuando me reveló cómo iba a terminar la historia: "Sucederá en aquel tiempo, que los montes destilarán mosto, y los collados fluirán leche, y por todos los arroyos de Judá correrán aguas; y saldrá una fuente de la casa de Jehová" (3:18).

En todo esto, ¡diría que las buenas nuevas que proceden de esta plaga pesan mucho más que las malas!

Lecciones espirituales de Joel

- Joel usó de manera efectiva un acontecimiento actual de su época, una terrible plaga de langostas, para ilustrar y advertir acerca de un acontecimiento futuro, la Tribulación (2:1-11; 3:9-16). Jesús empleó con frecuencia un método similar de enseñanza (véase Lc. 13:1-5; 18:18-27; 21:1-4). También nosotros podemos sacar lecciones de la vida diaria para ayudar a otros a aprender verdades espirituales.

Versículo clave

"Y todo aquel que invocare el nombre de Jehová será salvo" (2:32).

AMÓS

❖

TRASFONDO

El reinado de Jeroboam II en el reino septentrional de Israel había sido la "época dorada" del norte, con grandes éxitos militares y una economía pujante. Pero espiritualmente la nación no estaba en tan buen estado. Hacia finales del reinado de Jeroboam, Dios llamó a Amós, desde el reino del sur, para que se dirigiera al norte con un mensaje de exhortación y juicio para Israel. Como meridional, Amós no fue muy bien recibido en el norte (véase 7:12-13), pero se mantuvo firme, sabiendo que Dios lo había llamado.

Aunque no hay evidencias de que los dos hombres jamás llegasen a conocerse, Amós habría sido coetáneo de Oseas, otro profeta para el reino del norte.

AUTOR

Amós, un pastor de Tecoa (1:1; 7:14-15), una pequeña población en la cumbre de un monte sobre el Mar Muerto, a unos 16 kilómetros al sur de Jerusalén.

FECHA Y LUGAR

En 1:1 se afirma que Amós profetizó durante los reinados de Jeroboam II (793-753 a.C.) y del rey meridional Uzías (Azarías, 790-740), y que el mensaje de Dios le vino "dos años antes del terremoto". Josefo data este terremoto en la época de la apostasía de Uzías, a. 750 (véase exposición sobre 2 R. 15:1-7).

Amós profetizó en Bet-el, donde Jeroboam había levantado uno de sus becerros de oro (véase exposición sobre 1 R. 15:25-33). Puede haber ministrado también en la capital septentrional de Samaria. Sus profecías fueron probablemente recopiladas y registradas en Bet-el, Jerusalén o Tecoa, quizá poco después del terremoto.

DESTINATARIOS

Aunque Amós estaba interesado en toda la casa de Jacob (3:1, 13), su mensaje se dirigía principalmente al reino del norte, especialmente a aquellos que estaban asociados con su culto idolátrico en Bet-el (7).

—931 a.C.
División del reino, Israel, Judá

—a. 750
Amós profetiza, menciona el terremoto

—722
Caída de Israel

—586
Caída de Judá

—a. 500
Zacarías menciona el terremoto de los tiempos de Amós

PROPÓSITO

Llamar a Israel al arrepentimiento por

- acciones externas como violencia, injusticia social e idolatría
- actitudes internas como orgullo y un culto sin corazón

En medio de sus denuncias, Amós proclamó la venidera edad mesiánica.

RASGOS SINGULARES

- Amós es el único profeta del AT llamado de una parte del reino dividido para profetizar en la otra parte.
- Quizá más que cualquier otro profeta del AT, Amós muestra que un ministro efectivo de Dios no necesita ningún nivel prescrito de educación o de posición social; solo necesita un llamamiento de Dios (7:14-15).

COMPARACIÓN CON OTROS LIBROS DE LA BIBLIA

Véase *Joel: Comparación con otros libros de la Biblia.*

BOSQUEJO

LAS MALAS NOTICIAS: OCHO PROFECÍAS (1—2)
LAS MALAS NOTICIAS: TRES SERMONES (3—6)
    Castigo por la iniquidad (3)
    La falta de arrepentimiento de Israel (4)
    Un lamento por Israel (5—6)
LAS MALAS NOTICIAS: CINCO VISIONES (7:1—9:10)
    Las langostas, el fuego y la plomada (7:1-9)
    El ataque sobre Amós (7:10-17)
    La fruta madura (8)
    Dios sobre al altar (9:1-10)
LAS BUENAS NOTICIAS (9:11-15)

LAS MALAS NOTICIAS: OCHO PROFECÍAS (1—2)

1:1-2 *"Esas naciones serán juzgadas".* Amós, un pastor de Judá, introdujo sus profecías tocantes a ocho naciones diferentes (1:3—2:16) describiendo la sobrecogedora presencia de Dios al llamar a esas naciones a dar cuenta. El terremoto (véase *Fecha*) fue memorable no solo para Amós ¡sino también para Zacarías, que escribió más de 200 años después (véase Zac. 14:4-5)! Los pensamientos del terremoto debían también haber sido naturales para Amós al recordar sus profecías de juicio que había pronunciado en el pasado.

1:3-5 *Siria: Día de retribución para los "trilladores".* Siria, representada por Damasco, su capital, sería juzgada por su excesiva crueldad al conquistar Galaad, la región al este del Jordán ocupada por Rubén, Gad y la media tribu de Manasés. Al parecer, había empleado instrumentos herrados de guerra para literalmente "trillar" a los soldados israelitas. Esto había tenido lugar durante el reinado de Joacaz (814-798 a.C.; véase 2 R. 10:32-33; 13:3-7). Damasco sería conquistada y su población llevada en cautividad por Asiria unos 20 años después de la profecía de Amós, en el 732 (véase 2 R. 16:9).

1:6-8 *Filistea: Muerte a los mercaderes de esclavos.* Filistea había invadido a Judá durante el reinado de Joram (853-841 a.C.), alrededor de 100 años antes de Amós, y había llevado a su pueblo en cautiverio (véase 2 Cr. 21:16-17). Habían vendido algunos prisioneros a los edomitas y algunos a los fenicios, que a su vez los vendieron a los griegos (véase Jl. 3:4-6). Históricamente, su sentencia de muerte (1:8) les fue aplicada por Asiria, del 734 al 701.

1:9-10 *Fenicia: Muerte a los quebrantadores de promesas.* Fenicia (Tiro), socio en el comercio de esclavos de Filistea, había vendido cautivos israelitas a Grecia y a Edom. Su crimen era más abominable que el de Filistea, porque había quebrantado su "pacto de hermanos" con Israel (véase 1 R. 5:1-12). El juicio sobre Fenicia fue llevado a cabo por Nabucodonosor (véase exposición sobre Ez. 26—28).

1:11-12 *Edom: Castigado por perseguir a su hermano.* Los edomitas, descendientes de Esaú y por eso mismo estrechamente relacionados con Israel, habían sido implacables, "perpetuamente ha guardado el rencor" hacia los descendientes de Jacob (véase 2 Cr. 28:17; exposición sobre Ez. 35:1-15; Abdías), y serían juzgados.

1:13-15 *Amón: Quemado por sus atrocidades.* Amón había cometido unas terribles atrocidades contra Judá. Dios prometía el fuego de un juicio total e ineludible, un juicio que sería cumplido un siglo y medio después por Nabucodonosor (véase exposición sobre Jer. 49:1-6).

2:1-3 *Moab: Exterminado por profanación.* Los moabitas habían mostrado una ira irrazonable cuando profanaron el cuerpo del heredero regio de Edom (véase 2 R. 3:26-27). El juicio de Dios sobre ellos se cumpliría cuando Nabucodonosor los sorbiera y perdieran toda personalidad como nación (véase exposición sobre Jer. 48:1-47).

2:4-5 *Judá: Ningún favoritismo para sus favoritos.* Volviéndose a su propio pueblo, Dios declaró el juicio sobre Judá por tomarse su favor por supuesto. Su juicio sería ejecutado por Babilonia en el 586 a.C. (véase 2 R. 25).

2:6-16 *Israel: El "principal".* Tras haber pronunciado juicio sobre todas las naciones de alrededor, incluyendo a Judá, el Señor confronta al verdadero objeto de su ira: el reino septentrional de Israel. Israel había violado de manera flagrante la ley de Dios (2:6-8), habían tomado sus favores como cosa supuesta (2:9-12), y por ello habían de ser juzgados (2:13-16). El juicio caería en el 722 a.C.—solo a 30 años de distancia— cuando el pueblo sería llevado a una cautividad de la que jamás volvería.

LAS MALAS NOTICIAS: TRES SERMONES (3—6)

3:1-8 *Mucho ha sido dado, mucho será demandado.* Tres sermones a Israel, cada uno de ellos introducido por la exhortación a prestar atención (3:1; véase 4:1, 5). El pueblo de Israel había gozado de una relación de pacto con Dios desconocida por cualquier otra nación en la historia. Debido a este singular privilegio, su castigo sería tanto más grande, porque, ¿cómo podía Dios seguir "andando" con ellos cuando ellos estaban andando en una dirección diferente? (3:1-3).

El juicio que iba a caer sobre Israel seguiría las leyes naturales de causa y efecto (3:4-6). La causa era los pecados de Israel. El efecto sería el juicio de Dios. Amós el pastor era meramente un mensajero de Dios (3:7-8).

Judá, como parte de "toda la familia" de Israel (3:1), sería también juzgada, pero un siglo y medio después.

3:9-15 *Acusados ante un jurado pagano.* Dios, como fiscal acusador, invita a Filistea y a Egipto a que se constituyan en jurado, al presentar Él su acusación contra Israel (3:9-10). Ni los centros de culto del pueblo ni sus mal adquiridas posesiones (3:10, 14-15) frenarían a Dios de vengar la opresión a que habían sometido a los pobres y a los impotentes (3:9-11). El juicio de Dios sería severo, pero preservaría un remanente (3:12), por medio del que se cumplirían sus planes mesiánicos para Israel. ¡Ni siquiera el pecado de la nación detendría a Dios de sus planes últimos de restauración para Israel! (Véase 2 Cr. 30:1-9).

4:1-3 *Conducidos como ganado a la cautividad.* Las ricas mujeres de Samaria, a las que trata de "vacas engordadas", mantenían sus lujos impulsando a sus maridos a oprimir a los pobres. El juicio de Dios sería repentino y severo, ajustado a sus crímenes. Basán, al este de Galilea, tenía lujuriantes pastos, y era una región conocida por sus buenos ganados.

4:4-5 *Adoración hoy, juicio mañana.* Dios, burlándose, invita al pueblo de Israel a la adoración, aunque su adoración, al ser insincera y egoísta, solo agravaría sus pecados. La adoración a medias salva la conciencia pero condena el alma. Bet-el y Gilgal eran al parecer los centros más notorios de culto idolátrico (4:4; véase 5:5).

4:6-13 *"¡Prepárate para venir al encuentro de tu Dios!"* Cualquiera de las muchas calamidades que Dios había hecho venir sobre Israel debería haber sido suficiente para llevarlos al arrepentimiento, pero no habían surtido el deseado efecto (4:6-11). Por ello, Israel debía prepararse para el encuentro con su Dios, no en salvación ni en avivamiento, sino en juicio (4:12-13). Israel sería impotente ante Él, porque Él es el Dios soberano, omnipotente, omnisciente y omnipresente. "Estar a diente limpio" (4:6) es un modismo que significa pasar hambre.

5:1-9 *El Soberano contra el que están pecando.* Debido a sus pecados, Israel estaba en un triste estado, y el juicio era inminente (5:1-3). Pero el juicio podía ser evitado: Tres veces Dios extendió una invitación en gracia a Israel para que se arrepintiera (5:4, 6, 14-15). La gravedad de su pecado se levantaba en marcado contraste con la grandeza de aquel contra el que Israel había pecado: el Dios eterno, el hacedor y sustentador de los cielos y de la tierra, quien de cierto podría hacer venir un juicio repentino e ineludible (5:8-9).

5:10-15 *"¡Aborreced lo malo, amad lo bueno, salvad la vida!"* Los dirigentes de Israel habían oprimido a los pobres, y esto no había escapado a la atención de Dios (5:10-13). Los opresores se verían pronto ellos mismos echados de las casas que habían construido con sus mal conseguidas ganancias (5:11-12). Pero podrían evitar este juicio solo si "buscaban lo bueno, y no lo malo" (5:14-15).

5:16-20 *Del león al oso (¡de mal en peor!)* El tercer sermón de Amós acabó con ayes contra Israel (5:18; véase 6:1-3). Algunos israelitas falsamente piadosos pretendían anhelar el futuro "día de Jehová", no dándose cuenta de que el juicio que experimentarían entonces será incluso peor que el juicio que les iba a venir a través de Asiria. Uno podría quizá escapar de los asirios, pero nadie escapará al juicio final. ¡Será como escapar de un león para encontrarse con un oso! Acerca del "día de Jehová", véase exposición sobre 9:11-15 así como la exposición sobre Isaías 2:5—4:1 y sobre Joel 2:1-11.

5:21-27 *"¡Aborrezco la hipocresía de ustedes!"* Dios expresó un total disgusto por la adoración sin corazón de Israel

(5:21-23), acompañada como iba de injusticia social (5:24). Israel había exhibido esta hipocresía desde su mismo nacimiento en Egipto. Por esto mismo iría a la cautividad.

6:1-14 *Los despreocupados: los primeros que serían esclavizados.* Un ay especial fue pronunciado contra los ricos tanto de Judá ("Jerusalén") como de Israel ("Samaria"). Los unos y los otros se habían hundido a profundidades de molicie. A los unos y a los otros les aguardaba una enorme sorpresa: El juicio de Dios caería sobre ellos. Se habían destacado en sus pecados y en su relajación; ahora se destacarían en el exilio, siendo los que irían "a la cabeza de los que van a cautividad" (6:7).

En su riqueza y orgullo (6:1, 8), el pueblo de Dios había rehusado confiar en Él (6:2, 12-13). Ahora vendría el juicio, tanto sobre los ricos como sobre los pobres (6:11). Así como el pecado había cubierto toda la tierra, la destrucción se extendería del norte al sur (6:14). Tantos morirían, que sería necesario recurrir a la cremación —una práctica poco común en Israel—, para impedir la extensión de la peste (6:10).

LAS MALAS NOTICIAS: CINCO VISIONES (7:1—9:10)

7:1-6 *El poder de la oración: ¡Detiene las langostas y el fuego!* Amós describió algunas visiones tocantes a Israel. Cuando Dios le mostró un enjambre de langostas que descendía sobre la pecadora Israel, Amós se dio cuenta de lo desesperada que era la condición de su pueblo. Rogó a Dios que les librase de tal desastre, y Dios cedió (véase exposición sobre Jl. 2:12-17). Una visión de fuego suscitó la misma alarma de Amós y la misma misericordia de parte de Dios.

7:7-9 *Lo que muestra la plomada.* Dios luego mostró una plomada a Amós, que revelaba que, medida frente a la ley de Dios, Israel estaba fuera de línea. Había escapado de los juicios de las langostas y del fuego (7:1-6), pero ahora había llegado el momento del juicio.

7:10-11 *Amasías a Jeroboam: "¡Está diciendo cosas terribles!"* Respondiendo quizá a la visión de Amós de la plomada, Amasías, que era sacerdote del santuario idolátrico de Bet-el, acusó falsamente a Amós de conspirar contra Jeroboam, de actuar traicioneramente, y de perturbar una tierra por otra parte pacífica. En tanto que la "dinastía del rey Jeroboam" (su hijo Zacarías) murió por la espada, tal como había predicho Amós (7:9; véase 2 R. 15:8-10), el mismo Jeroboam murió de muerte natural (véase 2 R. 14:29), a diferencia de la falsa presentación que hizo Amasías de las palabras de Amós (7:11).

7:12-13 *Amasías a Amós: "¡Vuélvete a tu casa!"* Evidentemente incapaz de conseguir que el rey arrestase a Amós, Amasías lo atacó personalmente, ordenándole que dejase Israel y se volviera a Judá, de donde procedía. Con ello, dijo sin querer la verdad acerca de Bet-el. Por cuanto había venido a ser un centro de falso culto, era verdaderamente la casa de Jeroboam y no la "casa de Dios", que era lo que su nombre implicaba.

7:14-17 *Amós a Amasías: "¡Diré cosas aún peores!"* Sin hacer caso de las amenazas de Amasías, Amós recordó su humilde origen y siguió profetizando valerosamente, contra Israel y contra el mismo Amasías personalmente: la esposa de Amasías sería ramera, sus hijos serían muertos a espada, y él moriría como cautivo en Asiria, y toda la nación sería llevada a la cautividad.

8:1-10 *Dolor y sufrimiento en el canastillo.* Amós vio un canastillo de fruta madura del verano, lo que significaba que Israel estaba maduro para su destrucción (8:1-3). Tantos morirían que las cuadrillas de enterradores llevarían a cabo su trabajo en aturdido silencio (8:3). El Señor no pasaría por alto los males amontonados sobre los pobres y oprimidos por los ricos israelitas (8:4-7). La tierra sería sacudida por un terremoto (8:8), y habría fenómenos inusitados en los cielos (8:9). Sus habituales festividades gozosas se volverían en ocasiones de profundo dolor, como el dolor de unos padres que se duelen por la muerte de un hijo único (8:10).

8:11-14 *Peor que una hambruna de alimentos.* Cuando estuvieran en la cautividad, los israelitas padecerían de un hambre peor que cualquier carencia física: Durante siglos habían mostrado desprecio por Dios y habían rechazado sus profetas; ahora no podrían oír las palabras del Señor ni siquiera si lo deseaban.

9:1-10 *Sin escapatoria; excepto para los pocos justos.* Amós vio luego a Dios confrontando a los idólatras adoradores en Bet-el, declarando que ninguno de ellos escaparía a su ira. La paciencia de Dios había alcanzado a su límite (9:1-4). El Dios soberano, que gobierna fenómenos como terremotos y diluvios (9:5-6), podría de cierto juzgar a una nación como Israel (9:7-8). Pero no la destruiría del todo, sino que "zarandearía" al pueblo en el exilio, para luego separar a los buenos de los malos entre los exiliados (9:8-10).

LAS BUENAS NOTICIAS (9:11-15)

9:11-15 *Pero luego, ¡una gloriosa restauración!* El tenebroso presente del apartamiento de Israel no refrenaría a Dios de sus planes últimos para Israel. "En aquel día", al final de la historia humana (9:11; véase exposición sobre Is. 2:5—4:1), Dios reparará el daño hecho a la nación, ¡y la restaurará de modo que quedará como nueva! La restauración final de Israel incluirá

- una renovada dinastía davídica (9:11; véase Hch. 15:16)
- exaltación sobre las naciones (9:11-12)
- la conversión de los gentiles (9:12; véase Hch. 15:17)
- una rica agricultura (9:13-14; véase Jl. 3:18)
- la reconstrucción de las ciudades devastadas (9:14)
- el regreso a su propia tierra, para nunca volver a la cautividad (9:15)

¡Qué glorioso futuro frente a un trasfondo tan tenebroso!

❖ ❖ ❖

PERSONAS A RECORDAR DE AMÓS

AMÓS

Hecho clave: Profeta de Judá a Israel
Ocupación: Boyero, cultivador de frutas, profeta (7:14-15)
Total de referencias bíblicas: 7
Referencias clave: 1—9

Habla Amós

Primero me habló en aquella ladera que mira sobre Tecoa mientras yo estaba cuidando de mis ovejas. Me mandó que visitara a mis parientes del norte y que denunciase sus pecados así como los pecados de Judá y de seis naciones paganas. Todas ellas serían severamente castigadas. Esto en sí mismo era ya para quedarme aturdido, ¡pero aquellas cinco visiones que vinieron fueron casi abrumadoras! Parecían surgir sin pausa, como tantos relámpagos (1:1—3:3).

Todas esas visiones tenían que ver con el juicio de Dios. ¡Qué alivio cuando la plaga de langostas y aquel fuego consumidor fueron dejados de lado por su gracia! Pero no sucedería así con los tres restantes castigos. Naturalmente, la visión que me causó más dificultades a nivel personal fue la de la plomada. El Señor habló acerca de poner a prueba a su pueblo con la plomada, y luego siguió diciendo que "levantaría espada sobre la casa de Jeroboam" (7:1-9).

Es innecesario decir que esta clase de proclamas contra Jeroboam enfureció a su sacerdote de Bet-el, que era como su perro faldero. ¡Me exigió que me fuese a mi casa y que profetizase en Judá! Bien, pues le respondí en el acto a este fraudulento religioso. Le hice observar que aunque yo ni era un profeta oficial y ni siquiera un hijo de profeta, que sin embargo le presentaría unas cuantas predicciones selectas. Le advertí que, como resultado de su impiedad, su esposa vendría a ser ramera, que su tierra le sería arrebatada, y que él mismo moriría en la cautividad en una tierra extranjera. ¡Qué futuro más terrible le espera! (7:12-17).

Pero todo acabará bien, como Dios me reveló en aquella pequeña ladera: "Y traeré del cautiverio a mi pueblo Israel, y edificarán ellos las ciudades asoladas, y las habitarán; . . . nunca más serán arrancados de su tierra que yo les di" (9:14-15).

Lecciones espirituales de Amós

- Dios empleó un "laico" sin instrucción teológica formal como uno de sus más eficaces profetas (7:14). La utilidad en el servicio de Dios tiene que ver más con la condición del corazón que con las capacidades naturales o las credenciales profesionales (véase Mt. 11:25; Hch. 4:13; 1 Co. 1:27). Por lo que a Dios se refiere, ¡las dos más grandes "capacidades" son la disponibilidad y la fiabilidad! (véase Is. 6:8; 1 Co. 4:1-2).

Versículo clave

"Prepárate para venir al encuentro de tu Dios, oh Israel" (4:12).

ABDÍAS

TRASFONDO

Los edomitas, descendientes de Esaú y por esto estrechamente relacionados con Israel, fueron sin embargo sus perpetuos y acerbos enemigos (véase Gn. 27; 2 R. 14:7; 16:6; 2 Cr. 28:17; Am. 1:6, 9; y la exposición acerca de los siguientes pasajes: Nm. 20:14-21; Jer. 49:7-22; Ez. 35:1-15; Mal. 1:2-5). Abdías predijo el juicio de Dios contra ellos. Los edomitas vivían en los altos montes al sudeste de Israel, y Abdías vio en esta geografía una imagen de la soberbia de Edom y su sentido de autosuficiencia. La antigua ciudad de Petra, en Jordania, famosa por sus palacios tallados en los acantilados rocosos de arenisca, es generalmente identificada como la bíblica Sela, en el territorio edomita (véase 2 R. 14:7).

AUTOR

Abdías (1:1). Se desconocen detalles biográficos.

FECHA

Por cuanto no se mencionan reyes israelitas, la fecha es incierta. Abdías se refirió a una invasión de Jerusalén por naciones paganas, incluyendo Edom (1:11-14). Aunque esto podría referirse a la caída final de Jerusalén en el 586 a.C., es más probable que se refiera al saqueo de Jerusalén por parte de los filisteos y de los árabes en el siglo noveno a.C. (2 Cr. 21:16-17), lo que situaría a Abdías en el 850-840 y haría de él el más temprano de los profetas escritores del AT, justo antes de Joel (véase *Introducción a los profetas*, p. 389).

Un apoyo para esta fecha temprana es la aparente cita de Jeremías sacada de Abdías (comparar 1:1-9 y Jer. 49:7-22). Jeremías aplicó las palabras de Abdías a acontecimientos relacionados con la caída de Judá en el 586, más de un siglo después del tiempo de Abdías.

PROPÓSITO

- Predecir la caída de Edom.

—931 a.C.
División del reino, Israel, Judá

—874
Acab, Elías

—a. 850
Abdías predice la caída de Edom

—740
Isaías comienza su ministerio

—722
Caída de Israel

—586
Caída de Judá, Edom

- En un sentido más amplio, predecir el juicio contra cualquier persona o nación a los que la soberbia los consuma.
- Mostrar que Dios, que restaurará a Israel, es el soberano final del mundo.

RASGO SINGULAR

- Abdías contiene la profecía más detallada en el AT acerca de la relación entre los descendientes de Esaú y los de Jacob, un tema que aparece repetidas veces en el AT (véase *Trasfondo*.)

COMPARACIÓN CON OTROS LIBROS DE LA BIBLIA

Jeremías:

- 1:1-9 es casi idéntico a Jeremías 49:7-22 (véase *Fecha*).

Joel:

- Escribiendo poco tiempo después, Joel, lo mismo que Abdías, se refirió a la violencia de Edom contra Judá (1:10; Jl. 3:19).
- Ambos se refieren a naciones paganas "echando suertes" por el pueblo escogido de Dios y su ciudad (1:11; Jl. 3:3).
- Ambos se refieren a naciones paganas que recibirán su justa retribución por maltratar a Israel (1:15; Jl. 3:4, 7).
- Ambos hablan del "día de Jehová" (1:15; Jl. 1:15; 2:1; 3:14).
- Ambos hablan del pueblo en el monte Sion que escapará de la destrucción (1:17; Jl. 2:32).

BOSQUEJO

EDOM: QUITADO POR DIOS (1:1-16)

Su orgulloso corazón (1:1-9)

Su mano traicionera (1:10-14)

Su cabeza castigada (1:15-16)

JACOB: RESTAURADO POR DIOS (1:17-21)

EDOM: QUITADO POR DIOS (1:1-16)

1:1-4 *"Échala en tierra por su soberbia".* La orgullosa nación de Edom sería destruida (1:1-4). Todas las naciones alrededor serían invitadas a tomar parte en su destrucción (1:1). Edom estaba satisfecha de sí misma y se sentía segura en su fortaleza montañosa (1:3), a la que solo podía entrar un hombre montado en un asno a la vez pasando por un desfiladero sumamente angosto. En su orgullo, los edomitas habían olvidado a su más digno enemigo: al Señor (1:4).

1:5-7 *Su enemigo: Dios. Sus aliados: Nadie.* Si ladrones o vendimiadores hubieran penetrado en Edom, solo se hubieran llevado lo que pudiesen cargar (1:5). Pero los invasores dirigidos por Dios no dejarían nada (1:6). Edom se sentiría aturdido al ver que hasta sus aliados se revolvían contra ellos (1:7).

1:8-9 *Sabios tontos, valientes inermes.* Edom, famosa por sus sabios, no sería adversario para la ira de Dios (1:8). La defección de los aliados de Edom tomaría a sus sabios por sorpresa (1:7). Y los valientes guerreros serían incapaces de salvar a Edom (1:9).

1:10-14 *"La razón: Has traicionado a tus hermanos"*. Edom iba a ser "cortado para siempre" por traicionar a su hermano, a Jacob (1:10). Edom había dejado de ayudar a los israelitas cuando su tierra fue invadida (1:11). Edom incluso se había alegrado de la calamidad de Judá (1:12) y había tomado parte en el saqueo consiguiente a su derrota (1:13). Peor aún, Edom tomó cautivos a los supervivientes de Judá que buscaron amparo en su territorio (1:14).

La cruel traición que Abdías describe sería repetida por Edom más de un siglo más tarde cuando Judá cayó en manos de Babilonia, llevando a la evidente aplicación por parte de Jeremías de las palabras de Abdías a aquel acontecimiento posterior (véase *Fecha*).

1:15-16 *"¡Ahora es tu turno!"* La perfidia de Edom contra Judá sería devuelta en su plena medida "sobre [su] cabeza". Ellos habían bebido para celebrar la destrucción de Jerusalén, pero pronto beberían la ira de Dios, como lo harían todos los enemigos de Judá en el día de Jehová (1:15; véase *Isaías: Trasfondo*, y exposición sobre Is. 2:5—4:1). Edom sería derrotada por Nabucodonosor alrededor del mismo tiempo que derrotase a Judá, en el 586 a.C.; pero mientras que Judá sería restaurada después de 70 años, Edom nunca volvería a su patria, suerte ésta que fue confirmada 400 años después de la época de Abdías por el profeta Malaquías (véase Mal. 1:2-5) y posteriormente por la historia secular.

JACOB: RESTAURADO POR DIOS (1:17-21)

1:17-21 *"Tendrán toda la tierra"*. Las aciagas palabras de Abdías anunciando la destrucción de Edom concluyeron con brillantes palabras de promesa para Israel. La tierra de la que Edom fue echado no permanecerá sin habitar. Esta tierra, junto con la de otros enemigos de Judá, será ocupada por un Israel reunificado en el milenio. La nación de Israel será totalmente restaurada. Con independencia de cuán ampliamente hayan sido dispersados (1:19-20), el plan de Dios para la restauración de su pueblo no será malogrado.

❖ ❖ ❖

PERSONAS A RECORDAR DE ABDÍAS

ABDÍAS

Hechos clave: Profeta, predijo la destrucción de Edom
Total de referencias bíblicas: 1

Habla Abdías

Es difícil comprender y todavía más difícil no amargarse. Fuimos tratados como perros, y ello no por un enemigo pagano extranjero, sino por nuestros propios parientes de sangre. Ahí estaban ellos, descendientes de Isaac a través de Esaú, infligiéndonos grandes sufrimientos a nosotros, ¡los hijos de Isaac a través de Jacob! (1:10; Gn. 25:25-26).

¿Por qué los edomitas nos abandonan en nuestro tiempo de necesidad, se mantienen apartados, y rehusan levantar un dedo para ayudarnos? Y como si ello no fuera suficiente, ¡llegaron a burlarse de nosotros e incluso ayudaron al enemigo a saquear nuestras ciudades! Luego se detuvieron en las encrucijadas, ¡matando y esclavizando a los nuestros que trataban de huir! (1:11-14).

¡No, a pesar de todo ello, no debo dejar arrastrarme por la amargura! De hecho, no hay necesidad de que yo me encolerice, porque Dios mismo ha anunciado que castigará duramente a estos orgullosos habitantes de las peñas y que restaurará gloriosamente a nuestra nación. (1:3-4, 17-21).

Lecciones espirituales de Abdías

- "Antes del quebrantamiento es la soberbia" (Pr. 16:18). Edom sirve como un clásico ejemplo de este proverbio (1:3-4). Debido a su soberbia, Edom iba a caer, y sería como si no hubiera sido (1:15-16; véase exposición sobre Is. 14:1-23 y sobre Ez. 28:11-19).

Versículos clave

"Y tus valientes, oh Temán, serán amedrentados; porque todo hombre será cortado del monte de Esaú por el estrago. Por la injuria a tu hermano Jacob te cubrirá vergüenza, y serás cortado para siempre. El día que estando tú delante, llevaban extraños cautivo su ejército, y extraños entraban por sus puertas, y echaban suertes sobre Jerusalén, tú también eras como uno de ellos" (1:9-11).

JONÁS

❖

TRASFONDO

Jeroboam II, rey del reino septentrional de Israel del 794-753 a.C., fue no solo el rey que más tiempo reinó en Israel, sino también uno de los de más éxito, que extendió las fronteras de Israel hasta adonde habían estado hacía más de 200 años antes, en época de David y de Salomón (véase 2 R. 14:23-29). Pero en aquel mismo tiempo, Asiria estaba acrecentando su poderío y abriéndose paso en dirección al sur, hacia Israel, que conquistaría en el 722. Jonás, desde la ciudad norteña de Gathefer, fue usado por Dios para predecir los éxitos militares de Jeroboam (2 R. 14:25). Pero ahora el Señor tenía otra misión para él: un viaje a Nínive, la capital de Asiria, y que llamase a aquella poderosa y amenazadora nación al arrepentimiento. Aunque Nínive se arrepentiría a la predicación de Jonás, su conquista de Israel unos 30 años después sugiere que el avivamiento no fue duradero. La misma Nínive caería en el 612.

AUTOR

Jonás. Aunque muchos han puesto en duda la historicidad de esta la más grande de todas las historias sobre peces, hay abundantes evidencias de que Jonás fue un personaje histórico real:

- El Jonás de 2 Reyes 14:25 era, lo mismo que el Jonás de 1:1, un profeta, e "hijo de Amitai".
- Jesús consideró a Jonás como una persona real, histórica (Mt. 12:39-41; 16:4; Lc. 11:29-32).
- El libro de Jonás es presentado como historia, con personajes reales y nombres reales.

Aunque el libro de Jonás es en realidad un libro *acerca* de Jonás (véase *Rasgos singulares*) y que alguna otra persona puede haber redactado el libro, Jonás es considerado con derecho como su autor por cuanto solo él habría tenido el conocimiento de todos los acontecimientos que se registran.

FECHA

El lenguaje de 2 Reyes 14:25 sugiere que Jonás fue coetáneo de Jeroboam II, y los acontecimientos que se registran en su

—a. 790 a.C. ¿?
Jonás predice el éxito de Jeroboam II

—a. 750
Jonás predica, y Nínive se arrepiente

—722
Asiria (Nínive) conquista Israel

—701
El ángel de la muerte golpea a los asirios

—612
Caída de Nínive

—586
Caída de Judá

libro fueron más probablemente registrados poco después que acaecieran (794-753 a.C.).

DESTINATARIOS

Por cuanto Jonás procedía del reino del norte, el libro se considera generalmente como escrito al norte. Pero como Asiria era evidentemente una amenaza para ambos reinos, la historia de Jonás habría sido de interés para todos los israelitas.

PROPÓSITO

La de Jonás no es la historia de un hombre y de un pez. Más bien se trata de la historia de un hombre y su Dios. Tiene mucho que enseñarnos acerca de la relación personal entre Dios y los creyentes:

- Jonás era nacionalista en su fe, pero Dios quería que viera que la compasión de Dios se extendía también a los no israelitas.
- El celo nacionalista de Jonás era probablemente egoísta, por cuanto veía en Asiria una amenaza a la prosperidad de Israel. Dios quería mostrar a Jonás que la compasión hacia los pecadores era más importante que la prosperidad.
- Jonás era egoísta también a un nivel individual. Si no podía controlar los acontecimientos mundiales, ¡al menos iba a cuidar su planta de sombra (4:5-10)! Dios trató también aquí de contrarrestar la actitud de Jonás de estar al control y de abrigar ira.

RASGOS SINGULARES

- Excepto por una breve frase (3:4), el libro de Jonás es en realidad un libro *acerca* del ministerio profético de Jonás, más que un registro de sus profecías.
- Jonás, a semejanza de Habacuc, está compuesto principalmente por un diálogo entre Dios y el profeta.

COMPARACIÓN CON OTROS LIBROS DE LA BIBLIA

Hechos:

- Ambos narran un llamamiento misionero para alcanzar a los gentiles, y ambos tenían "una conexión con Jope":
    - Dios llamó a Jonás a ministrar a los gentiles, y al principio rehusó, y huyó desde Jope (1).
    - Mientras Pedro estaba en Jope, Dios lo llamó a ministrar a los gentiles, y obedeció (Hch. 10).

BOSQUEJO

LA PROTESTA DE JONÁS; LA PACIENCIA DE DIOS (1)
LA ORACIÓN DE JONÁS; EL PODER DE DIOS (2)
LA PREDICACIÓN DE JONÁS; EL PERDÓN DE DIOS (3)
EL DESPECHO DE JONÁS; LA COMPASIÓN DE DIOS (4)

LA PROTESTA DE JONÁS; LA PACIENCIA DE DIOS (1)

1:1-3 *Dios dice: "Ve"; el profeta responde: "No".* El Señor había llamado a Jonás a predicar a Nínive, la capital de Asiria. Jonás, en cambio, "se levantó para huir de la presencia de Jehová". Embarcó así en una nave con rumbo a Tarsis, probablemente un puerto en España. Dios había mandado a Jonás que viajase 1.000 kilómetros hacia oriente; él emprendió la huida a un punto a 2.000 kilómetros de distancia hacia occidente.

1:4-17 *Una tempestad en el mar: ¡y él es su causa y su remedio!* Poco después que la nave de Jonás emprendiera viaje, Dios envió una gran tempestad que amenazaba con hacerla zozobrar (1:4-5). Después que los marineros invocasen sin éxito a sus dioses, imploraron a Jonás a que invocase a su Dios, acerca del que les había hablado (1:6, 10). Luego, echando suertes, determinaron que el intento de huida de Jonás de su Dios era la causa de la tempestad (1:7-10). Jonás les dijo que la tempestad amainaría si lo echaban al agua. Después de desesperados intentos de alcanzar tierra, y rogando misericordia y perdón de parte de Dios, echaron a Jonás por la borda. La tempestad se calmó entonces en el acto, y Jonás fue tragado por "un gran pez" (1:11-17).

Por el fracaso de sus propios dioses (1:5) y el fiel testimonio de Jonás (1:9-10), los marineros paganos llegaron a creer en el Dios de Israel (1:14, 16). La serenidad de Jonás en medio de la tempestad (1:5) y su buena disposición a aceptar su responsabilidad por la situación (1:12) fueron también probablemente unos poderosos testimonios. Jonás sabía que en el peor de los casos, si era echado al mar sería para liberación de aquellos hombres inocentes de la ira de Dios; y en el mejor de los casos, Dios lo salvaría a él milagrosamente también.

Aunque la historia secular ofrece ejemplos de marineros tragados por un gran pez y sobreviviendo, el pez que tragó a Jonás estaba especialmente preparado por Dios para este propósito (1:17). Acerca de echar suertes para determinar a voluntad de Dios, véase la exposición sobre Proverbios 18:18.

LA ORACIÓN DE JONÁS; EL PODER DE DIOS (2)

2:1-10 *Dentro del pez: Atemorizado, pero perdonado.* Dentro del pez, Jonás sintió una gran desesperación. Pero cuando se dio cuenta de que Dios lo había salvado milagrosamente de perecer ahogado (2:6), oró y se arrepintió de su rebelión y reconoció a Dios como la única fuente de salvación (2:7-9). Las aciagas circunstancias en que se hallaba Jonás habían conseguido su propósito: hacerle volver al Señor y a que se confiara totalmente en su misericordia (2:2). Habiendo hecho esto, Jonás quedó confiado en que Dios lo restauraría a la vida normal (2:9).

El pez depositó a Jonás en tierra firme (2:10). A diferencia de su mal dispuesto pasajero, el pez obedeció a su Dios soberano. El recuerdo de Jonás de haberse enredado en algas y de haber visto montes submarinos (2:5-6) hace patente la veracidad de su historia.

LA PREDICACIÓN DE JONÁS; EL PERDÓN DE DIOS (3)

3:1-10 *Una segunda oportunidad para Jonás y Nínive.* Tras haberle rescatado del gran pez, Dios ordenó otra vez a Jonás que fuese a Nínive, y esta vez obedeció. Proclamó que Nínive sería destruida al cabo de 40 días (3:1-4). En lo que debe haber sido el mayor avivamiento de la historia, toda la ciudad de Nínive —"desde el mayor hasta el menor de ellos"— respondió

LOS VIAJES DE JONÁS

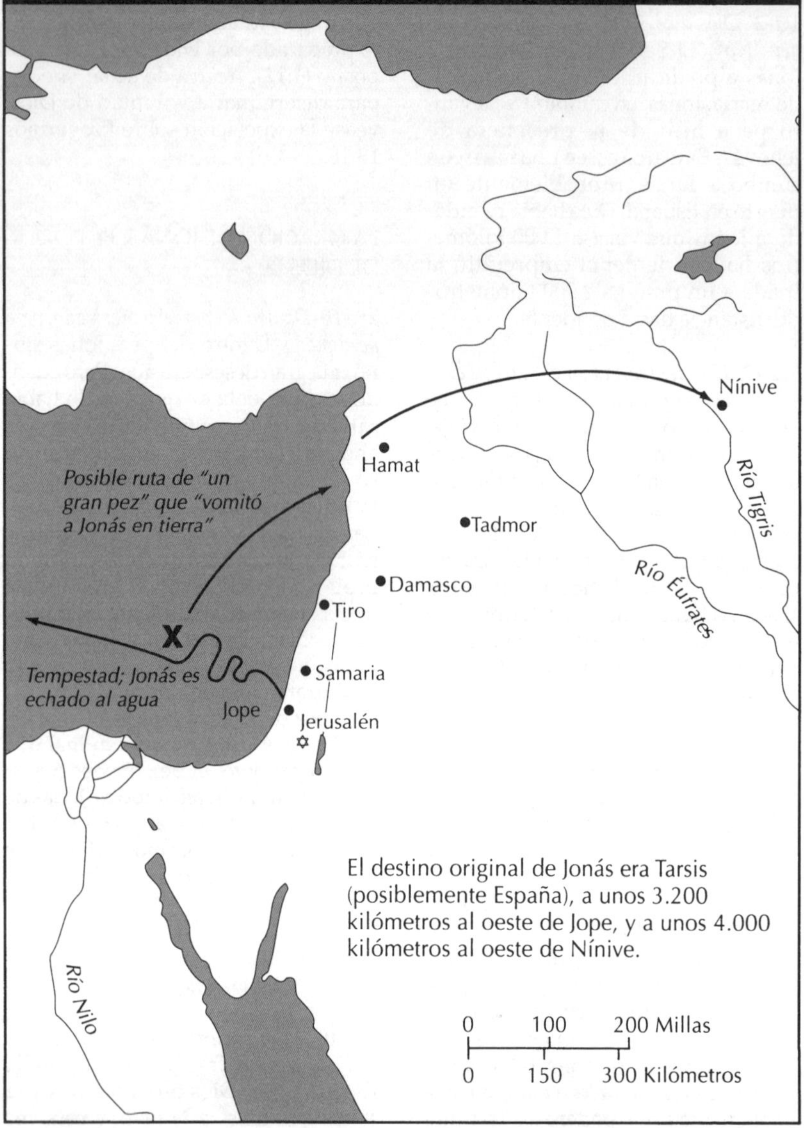

aceptando esta advertencia. Hasta el rey, que había dirigido a Asiria en su maldad, pasó a ser ahora el que encabezó el arrepentimiento (3:5-9). Como respuesta, Dios se retuvo de destruir a Nínive (3:10).

Humanamente hablando, Dios cedió. Pero eso no significa que cambiase de intención hacia los ninivitas. Más bien fueron ellos los que cambiaron de actitud respecto de Dios, y sobre la base de aquel cambio, Dios trataría con ellos con gracia y no con juicio. Véase exposición sobre Joel 2:12-17.

EL DESPECHO DE JONÁS; LA COMPASIÓN DE DIOS (4)

4:1-4 *¡Son perdonados, y él se enfurece!* Cuando Jonás vio que Dios había perdonado a Nínive, se deprimió y se encolerizó, y Dios lo reprendió gentilmente. El *temor* original de Jonás de que Nínive se arrepintiera (4:2) revelaba su intenso odio contra los asirios, probablemente el resultado de un errado nacionalismo judío. Jonás se había mantenido en su odio racial aunque sabía que era radicalmente diferente de la actitud de Dios (4:2).

4:5-11 *Una planta, un gusano, un viento del este, y la gracia.* Todavía amargado, Jonás acampó fuera de Nínive, esperando que Dios cambiase otra vez de actitud y destruyera la ciudad. Todavía preocupado por su profeta, Dios hizo que creciera una gran planta para que protegiera a Jonás del ardor del sol. Luego hizo que un gusano destruyera la planta, exponiendo a Jonás al calor, lo que hizo que éste se hundiera más en la autocompasión (4:5-8).

Dios confrontó luego a Jonás otra vez: Si Jonás estaba tan preocupado por la muerte de una planta sin alma, ¿por qué no iba a preocuparse Dios por las almas de los ninivitas? (4:9-11).

Las 120.000 personas sin discernimiento de 4:11 pueden haber representado a todos los ninivitas, que carecían de conocimiento de Dios, o puede que incluyera solo a los niños, todavía demasiado jóvenes para distinguir cuál era la mano derecha y cuál la izquierda. Los historiadores estiman que la población de Nínive era de 600.000 habitantes para la época de su caída en el 612 a.C., una cifra razonable, si se considera que medía cien kilómetros de perímetro (3:3).

El hecho de que Jonás incluyera 4:11 en su informe muestra que había sido llevado otra vez al arrepentimiento y que, al final, aceptó que Dios hubiera perdonado a Nínive.

El gusano (4:7), lo mismo que el gran pez (1:17), respondió al llamamiento de su Creador y cumplió su oficio profético.

❖ ❖ ❖

PERSONAS A RECORDAR DE JONÁS

JONÁS

Hechos clave: Profeta, sobrevivió el ser tragado por un pez, predicó en Nínive
Padre: Amitai
Total de referencias bíblicas: 7
Referencias clave: 1—4; 2 Reyes 14:25; Mt. 12:39-41; 16:4; Lc. 11:29-32

Habla Jonás

Me preguntó que cómo me sentía. Le respondí: "¡Absolutamente furioso, pero no sorprendido en lo más mínimo!" ¡Ya sabía que haría algo así! Bien, no es que yo niegue la necesidad de misericordia y de gracia, pero esta ocasión, a mi parecer, exigía ira y juicio. ¡Pensar que soporté una tempestad tan terrible y mi horrendo encierro en el vientre de aquel monstruo marino solo para ver a esos salvajes paganos clamando y escapando a su merecido castigo!

¡La esperanza que yo tenía era que la gente de Nínive ignoraría mi predicación, para que Dios hiciera descender fuego sobre ellos como lo hizo sobre Sodoma! Claro, Abraham al menos oró por Sodoma. Pero Nínive es diferente. Así que, ¡aquí me encuentro, sentado sobre la ladera bajo este sol implacable, contemplando la ciudad, frustrado y furioso! Señor, si realmente vas a salvar a esos salvajes, ¡mátame a mí entonces! ¡Más preferiría estar muerto! (4:3, 5, 8; Gn. 18:23-33; 19:24).

Pero ¡espera!: ¡Ahora me recuerda los muchos niños inocentes que perecerán si cae su fuego! Quizá debería pensar de nuevo toda esta cuestión (4:11).

Lecciones espirituales de Jonás

- No puedes ocultarte de Dios (1:3, 17). Esto es cierto tanto de los creyentes (Sal. 139:7-12) como de los incrédulos (Am. 9:2, 3).
- Algunas veces la desobediencia y el pecado de un creyente trae sufrimientos a los incrédulos (1:12; véase también Gn. 12:17; 20:9; 26:10).
- Guarda tus votos a Dios (2:9) ¡para que no encuentre necesario introducir una "experiencia al estilo de monstruo marino" en tu vida!
- Nuestro Dios es el Dios de las segundas oportunidades (3:1), tal como Marcos iba a descubrir posteriormente (véase Hch. 13:13; 15:36-38; 2 Ti. 4:11).
- Jonás habló la verdad (3), pero no en amor, como Pablo nos manda hacer (Ef. 4:15).
- Dios tiene misericordia sobre cada parte de su creación, incluyendo las criaturas no humanas (4:11).

Versículo clave

"¿No tendré yo piedad de Nínive, aquella gran ciudad donde hay más de ciento veinte mil personas que no saben discernir entre su mano derecha y su mano izquierda, y muchos animales?" (4:11).

MIQUEAS

—a. 740 a.C.
Miqueas e Isaías comienzan sus ministerios

—722
Caída de Israel

—701
El ángel de la muerte golpea a los asirios

—a. 690
Miqueas e Isaías finalizan sus ministerios

—586
Caída de Judá

—538
Regresa la primera compañía de exiliados

TRASFONDO

Alrededor de unos 10 a 20 años antes que el reino del norte, Israel, cayera en manos de Asiria en el 722 a.C., Miqueas fue llamado a profetizar a ambos reinos, el del norte y el del sur. Judá misma escaparía a duras penas de la destrucción en manos de Asiria en el 701.

AUTOR

Miqueas era de Moreset en Judá, a unos 32 kilómetros al sudoeste de Jerusalén. Su identidad es verificada por Jeremías, que lo cita y nombra su ciudad natal (cp. 1:1; 3:12; Jer. 26:18).

FECHA

Miqueas profetizó durante los reinados de Jotam, Acaz y Ezequías (1:1), a. 740-690, el mismo intervalo de tiempo que el ministerio de Isaías (véase *Introducción a los profetas,* p. 389).

DESTINATARIOS

Miqueas profetizó tanto acerca del reino del norte como del reino del sur (1:1), pero por cuanto era del sur y solo mencionó a reyes del sur (1:1), se supone generalmente que su ministerio se dirigió principalmente a Judá.

PROPÓSITO

- Pronunciar juicio por la continuada apostasía e insincera observancia religiosa (3:8; 6:6-7).
- Mostrar que la verdadera fe tiene manifestaciones prácticas, como la justicia social y la honradez en los negocios (6:8).
- Proclamar los planes últimos de Dios por su pueblo (2:12-13; 7:11-20).

RASGOS SINGULARES

- Miqueas es singular por la cantidad y por la precisión de sus profecías:

- la caída del reino del norte (1:6-7)
- la invasión de Judá por parte de Senaquerib en el 701 a.C. (1:9, 12)
- la destrucción de Jerusalén y del templo (3:12)
- la cautividad babilónica de Judá (4:10)
- el regreso de Judá de la cautividad (4:10)
- el nombre exacto del lugar de nacimiento de Cristo (5:2)

• Fue uno de los pocos profetas escritores a los que otro profeta menciona por nombre (véase *Jeremías: Rasgos singulares*).

COMPARACIÓN CON OTROS LIBROS DE LA BIBLIA

Isaías:

- Miqueas e Isaías comparten un pasaje paralelo significativo (4:1-3; Is. 2:2-4). Esos dos coetáneos pueden haber tomado de Joel, un profeta anterior (véase Jl. 3:10, lo opuesto del mensaje de Miqueas e Isaías).
- Ambos profetas emplearon la desnudez para recalcar su mensaje (1:8; Is. 20:2).
- Ambos se refirieron a que vendría gente a Israel desde Asiria y Egipto (los dos extremos del antiguo Medio Oriente) en la edad mesiánica (7:12; Is. 19:23-25).

Jeremías:

- Jeremías, que escribió más de un siglo después, citó 3:12 (Jer. 26:18).
- Ambos hablaron de profetas y sacerdotes codiciosos (3:11; Jer. 6:13), así como de profetas que falsamente prometen paz (3:5; Jer. 6:14).
- Ambos hablaron de un remanente de Israelitas a los que Dios mostraría misericordia (7:18-20; Jer. 23:3; 44:28).

BOSQUEJO

DENUNCIA DE ISRAEL (1—3)
  Juicio sobre Samaria (1)
  Por qué Israel está siendo juzgado (2)
  Juicio de Jerusalén (3)
CONSOLACIÓN PARA ISRAEL (4—7)
  Profetizando la restauración de Israel (4—5)
    El reino eterno (4)
    El reino eterno (5:1-6)
    Un reino triunfante y santo (5:7-15)
  Ruego por el arrepentimiento de Israel (6)
  Las tinieblas de Israel (7:1-10)
  El amanecer de Israel (7:11-20)

DENUNCIA DE ISRAEL (1—3)

1:1-7 *La acusación divina.* Después de observar que sus profecías tenían que ver tanto con Samaria como con Jerusalén (capitales de los reinos del norte y del sur), Miqueas llamó a toda la tierra a que oyera la acusación que Dios presentaba contra su pueblo. Su juicio sería cataclísmico, como lo indican las figuras de los terremotos, volcanes y crecidas súbitas (1:4). Dios juzgaría a su pueblo por su idolatría. Sus ciudades capitales, en lugar de haberlos dirigido en la justicia, los habían conducido al pecado (1:5).

Israel sería juzgada en primer lugar (1:6-7; véase 2 R. 17); el juicio de Judá vendría 130 años después (véase 2 R. 25). Ambas naciones habían violado el primer mandamiento (véase Éx. 20:3-6), pero Dios purificaría la tierra de todas las trazas de idolatría.

1:8-16 *Lamentándose como un animal salvaje.* Miqueas andaría desnudo lamentándose a voz en cuello por la próxima destrucción de su nación. La idolatría de Israel se había extendido al sur, a Judá (1:13), y por esto la devastación de Samaria se derramaría a Judá (1:9). Esto se cumplió cuando Senaquerib barrió el reino del norte y prosiguió a través del norte de Judá, hasta las mismas puertas de Jerusalén, antes de ser milagrosamente detenido por el ángel de la muerte (1:9, 12; véase 2 R. 18—19).

Hasta la ciudad natal de Miqueas quedaría afectada (1:14; véase 1:1). El pueblo expresaría su dolor con la medida extrema de afeitar sus cabezas (1:16; véase exposición sobre Is. 7:17-25).

2:1-5 *Maquinando de noche, pecando al amanecer.* El juicio de Dios quedaba justificado por el pecado de Israel. Los dirigentes de la nación pasaban las noches inventando maneras con las que privar a los pobres de sus propiedades (2:1-2). Dios daría sus mal ganadas tierras a extranjeros (2:3-5). Las maquinaciones nocturnas (2:1) recuerdan la noche de enfurruñada maquinación de Acab contra Nabot (véase 1 R. 21:1-7).

2:6-11 *"¡No nos gusta esta forma de hablar!"* Muchos se oponían al mensaje de juicio de Miqueas (2:6). Si hubieran estado viviendo con rectitud, no habrían tenido nada que temer de Dios (2:7). Pero estaban oprimiendo a los pobres, a los inocentes, a las viudas y a los huérfanos —todos ellos objetos especiales de la solicitud de Dios— y serían por tanto juzgados (2:8-10). Los únicos profetas que Israel estaba dispuesta a escuchar eran los que participasen en sus pecados y que por esto no iban a condenarlos (2:11; véase 2 Ti. 4:3-4).

2:12-13 *Pero entonces, el Señor los conducirá de vuelta.* La tenebrosa ilustración de juicio que da Miqueas abre el camino a una brillante imagen de restauración; la que tendrá lugar cuando Jesús regrese a la tierra y conduzca a sus "ovejas" a su reino milenario (véase *Isaías: Trasfondo*).

3:1-4 *"¡Se están comiendo vivo a mi pueblo!"* Debido a que los gobernantes de Israel habían oprimido brutalmente al pueblo (3:1-3), Dios los abandonaría cuando fuesen invadidos por los ejércitos extranjeros (3:4). Debido a que habían apartado sus ojos para no ver las injusticias, Dios ocultaría de ellos su rostro, y rehusaría siquiera mirarlos.

Esto sucedería en tiempo de angustia (véase 3:4; véase exposición sobre Is. 2:5—4:1), lo que en este caso se refiere a los juicios de 722 y 586 a.C. (cp. 3:4 con Jer. 11:11).

3:5-8 *Profetas en venta.* Los profetas, lo mismo que los gobernantes, habían violado la confianza de su cargo. En lugar de buscar agradar a Dios y de entregar su mensaje de juicio, habían dado las más deseables promesas de paz a los que los alimentaban. Ellos sellarían su propia sentencia cuando sus falsas promesas se manifestasen falsas. Mostrarían su vergüenza y abatimiento abiertamente con el gesto tradicional de cubrir el rostro hasta la nariz (3:7; cp. Lv. 13:45; Ez. 24:17). En cambio, Miqueas podría proclamar de manera autorizada la amarga verdad, porque estaba fortalecido por el Espíritu de Dios (3:8).

3:9-12 *"Jerusalén caerá, ¡y todo por culpa de ustedes!"* Con crecida resolución por obra del Espíritu de Dios (3:8), Miqueas advirtió acerca del juicio que se avecinaba. Los dirigentes de Judá habían engrandecido a la nación, pero en ello habían hecho miserables a sus ciudadanos. Por tanto, su gloriosa ciudad de Jerusalén sería arada como campos y sus edificios serían reducidos a montones de rocas, una suerte similar a la de Samaria (véase 1:6-7). El libro de las Lamentaciones de Jeremías registra con penoso detalle el cumplimiento literal de 3:12.

CONSOLACIÓN PARA ISRAEL (4—7)

4:1-8 *Su reinado justo en Sion.* Mirando de nuevo adelante hacia los "últimos días" (véase exposición sobre Ez. 38:1-23), Miqueas vio un tiempo en el que el reino milenario de Dios sería supremo y en que todas las naciones de la tierra serían atraídas de manera espontánea e irresistible hacia él. Será un tiempo de paz y prosperidad sin precedentes (4:1-3; cp. Is. 2:2-4). La gente vivirá segura y tranquila, e Israel estará en paz con su Dios (4:4-5).

Dios recogerá a su pueblo de alrededor del globo, y, en la persona de Dios el Hijo, Jesucristo, reinará sobre ellos (4:6-7). Jerusalén será restaurada a su anterior grandeza.

4:9-13 *Dolor presente, premio futuro.* Por ahora, Judá sufriría el exilio (4:9-10), pero sus sufrimientos serían como dolores de parto (4:9) que llevarían al regreso del exilio (4:10) y —mirando más adelante— al glorioso reinado mesiánico (4:11-13).

Las naciones que vendrán contra Israel al fin del tiempo no se darán cuenta de que han sido reunidas por Dios para destruirlas en una última y masiva confrontación, que en otros pasajes de las Escrituras recibe el nombre de Armagedón (4:11-13; véase *Isaías: Trasfondo*). La designación de Babilonia por parte de Miqueas como futuro esclavizador de Judá es notable: En su tiempo no era una potencia mundial dominante.

5:1-6 *¡De la casa del pan, el pan de vida!* Aunque el último rey humano de Judá sería derrotado (5:1; véase 2 R. 25), de la humilde ciudad de Belén procedería Jesús el Mesías, el verdadero rey de Israel. Él ya había existido "desde los días de la eternidad" (5:2), pero en el tiempo de Dios Él vendría a la tierra, derrotaría a las fuerzas del mal y establecería su reino eterno (5:2-6).

Belén significa "casa del pan". Jesús se designaría a sí mismo como "el pan de vida" (Jn. 6:48). Asiria (5:6; véase 7:12) y Babilonia (véase 4:10) representan a todos los enemigos de Israel.

5:7-15 *Como el rocío, como un león.* Durante el milenio, Israel será una fuente de bendición para todos los justos gentiles (5:7). Pero para los que persistan en incredulidad será como un león que mantendrá la autoridad del Mesías (5:8). Cada enemigo será derrotado (5:9). Pero el triunfo de Israel vendrá solo después que Dios lo haya privado de todos los recursos militares humanos (5:10-11) y de toda falsa religión (5:12-15).

6:1-5 *Su acusación contra ellos.* Llamando a la creación inanimada como testigo imparcial, Dios invitó a Israel a que presentase sus acusaciones contra Él (6:1), y luego se dispuso para presentar su causa contra ellos (6:2; comparar 1:2). Con una cortante ironía, preguntó a su pueblo si acaso habría agotado la paciencia de ellos con todas las bondades que les había mostrado (6:3-5). Sobre este fondo de la fidelidad de Dios, el pecado de Israel era todavía más grave.

6:6-8 *Un sencillo requisito.* Hablando en bien de su pueblo, Miqueas pregunta retóricamente si podría conseguir el favor de Dios mediante diversas clases de sacrificios (6:6-7). Pero

Dios ya había dado respuesta a esta pregunta: Quería ver humildad, justicia y misericordia, demostrando corazones inclinados hacia Él (6:8; véase Dt. 6:5; 10:12; 30:15-16).

6:9-12 *Pero carecen de este requisito.* Miqueas llamó luego a los sabios a que atendieran a la advertencia de juicio de parte de Dios (6:9). Desdichadamente, había amplias evidencias de que había pocos israelitas entre los sabios. Tesoros conseguidos con medios deshonestos llenaban sus casas (6:10). Sus actos injustos mostraban que sus corazones no eran rectos para con Dios, y por esto caería sobre ellos su ira.

6:13-16 *¡Que comience el juicio!* Debido a los pecados de Israel, Dios debería juzgarlos. Su juicio sería un tiempo de gran sufrimiento y frustración (6:13-15). Todos los intentos de huida serían inútiles (6:14). Israel había caminado en las sendas de Omri y de su hijo Acab, el más malvado de sus reyes.

7:1-7 *¡Es difícil encontrar un buen hombre!* Miqueas lamentó la triste condición moral de Israel. No encontró a ninguno "recto" entre ellos (7:2; cp. Is. 57:1; Sal. 14:3; Ro. 3:10-12). Tan profundo era el pecado de Israel que había perturbado todas las relaciones entre las personas (véase Jue. 21:25). En medio de estos trastornos, Miqueas tenía una completa confianza en Dios (7:7).

7:8-10 *Israel: ¡Abatido, pero no perdido!* Hablando en nombre de su nación, Miqueas aceptó toda la responsabilidad por el pecado que había traído juicio (7:9) y declaró que Israel volvería a subir desde las profundidades de aquel juicio (7:8). Los enemigos de Israel serían testigos de esta restauración y ya no podrían escarnecer más a la nación, porque ellos mismos experimentarían un juicio del que no se recuperarían (7:10).

7:11-13 *¡Más grande y mejor que nunca!* Cuando Israel sea restaurado, sus límites serán más extensos que nunca (7:11-12). Esto se cumplió en parte en el regreso de Babilonia, pero será en último término cumplido en el milenio, cuando los límites de Israel se extenderán desde Asiria hasta "el Río" (Egipto) (7:12). Mientras, sin embargo, Israel habría de ser purificado de su pecado (7:13).

7:14-20 *Y para su pueblo: ¡perdón pleno!* Miqueas pidió a Dios que supliera las necesidades de su pueblo y que los protegiera de peligro (7:14). En respuesta, Dios prometió hacer milagros por su pueblo como lo hizo cuando los libró de Egipto (7:15). Los enemigos de Israel serán derrotados, no debido a la grandeza de la nación, sino debido a la grandeza de su Dios (7:16-17). El Dios de Israel es singular, porque él les perdonará sus pecados, de una vez por todas. Sus pecados no lo detendrán de sus planes de regenerarlos (7:18-19). Él guardará sus pactos incondicionales con Abraham (véase Gn. 12:1-3), David (véase 2 S. 7) y Jeremías (véase Jer. 31:31-34).

❖ ❖ ❖

PERSONAS A RECORDAR DE MIQUEAS

MIQUEAS

Hechos clave: Profeta, predijo el lugar de nacimiento de Cristo (5:2; Mt. 2:6)
Total de referencias bíblicas: 7
Referencias clave: 1—7; Jer. 26:18

Habla Miqueas

¿Soy acaso el único verdadero profeta que ha quedado? ¿Acaso el resto son todos impíos mentirosos? ¡A veces comprendo cómo debió sentirse Elías! Tanto nuestros dirigentes como los dirigidos parecen haber abandonado a Dios. ¡Es más difícil encontrar personas honradas que rebuscar en las viñas o en las higueras después que todos los rebuscadores han estado allí! (3:1, 5-8; 7:1-2; 1 R. 19:10).

¿Quién habría pensado que llegaría el tiempo en que tus peores enemigos estarían en tu propia casa? Pero gracias a Dios que no será siempre así. Dios me ha hablado de un día en que "el monte de la casa de Jehová será establecido por cabecera de montes", cuando la gente incluso de entre nuestros actuales enemigos dirán: "Venid, y subamos al monte de Jehová". Será un tiempo de paz, en el que "martillarán sus espadas para azadones, y sus lanzas para hoces" (4:1-3; 7:5-6).

Recibí este asombroso mensaje de parte de Dios aquí en Moreset, a dos días de camino de Jerusalén, alrededor de la época en que Isaías oyó las mismas palabras en la misma Santa Ciudad. Pero es aún más alentador comparar lo que ha revelado a cada uno de nosotros acerca del futuro Mesías. Isaías predijo *cómo* nacerá, ¡y yo he tenido el privilegio de revelar *dónde* nacerá! Ciertamente, "¿Qué Dios como tú?" (1:1; 5:2; 7:18; Is. 2:2-4; 7:14).

Lecciones espirituales de Miqueas

- Cuando los cristianos tratamos de ayudar a los demás o de compartir con ellos la Palabra de Dios, es consolador saber que podemos ser fortalecidos por el Espíritu Santo de Dios. Miqueas tuvo esta certidumbre (3:8), como también Pablo (1 Co. 2:1-4; véase Jn. 14:15-17).
- La adversidad es con frecuencia la manera en que Dios nos disciplina e introduce una mayor pureza en nuestra vida (7:9; véase Sal. 119:67, 71; He. 12:5-11).

Versículo clave

"Oh, hombre, él te ha declarado lo que es bueno, y qué pide Jehová de ti: solamente hacer justicia, y amar misericordia, y humillarte ante tu Dios" (6:8).

NAHUM

❖

TRASFONDO

El fin del siglo séptimo a.C. fue un tiempo alentador para Judá, con el reinado del gran reformador Josías en Jerusalén (640-609). Pero sobre este tiempo de bendición se cernía la amenaza de la invasión de Asiria. Nínive, la capital de Asiria, había sido el centro de un gran avivamiento en tiempos de Jonás, hacía casi 150 años, alrededor del 750 (Jon. 3:4-10). Pero el avivamiento se había desvanecido pronto, y Asiria destruyó el reino septentrional de Israel en el 722 y casi destruyó a Judá en el 701. Ahora Asiria había puesto sus miradas de nuevo en Judá, de modo que Dios llamó a Nahum para que proclamase su juicio definitivo sobre Nínive.

El juicio sobre Nínive caería poco después de las advertencias de Nahum, cuando el creciente imperio de Babilonia la derrotó en el 612. Babilonia proseguiría ganando victorias sobre Judá en el 605 y en el 597, derrotándola por fin en el 586.

Sofonías y Jeremías fueron coetáneos de Nahum.

AUTOR

Nahum. Se desconocen los detalles de su biografía. Incluso no hay certeza de la situación de su ciudad natal, Elcos (1:1).

FECHA

La caída de Tebas (también llamada "No-amón", 3:8, RV), que ocurrió en el 663 a.C., ya había tenido lugar para la época de Nahum. Suponiendo que la caída de Nínive en el 612 (el énfasis de la profecía de Nahum) era todavía futura, el ministerio de Nahum dataría de una fecha entre estos dos acontecimientos. El celo por las fiestas y los votos (1:15) puede indicar un tiempo después que las reformas de Josías hubieran alcanzado su punto culminante con el redescubrimiento de la ley en el 621.

DESTINATARIOS

Aunque Nahum había puesto su énfasis en Asiria, su profecía se dirigía a su propio pueblo, que había sufrido largo tiempo

—a. 750 a.C.
Miqueas e Isaías comienzan sus ministerios

—722
Nínive (Asiria) conquista Israel

—627
Jeremías comienza su ministerio

—621
Redescubrimiento de la ley, Nahum predice la caída de Nínive ¿?

—612
Caída de Nínive

—586
Caída de Judá

bajo Asiria y que era ahora invitado a regocijarse ante su inminente destrucción (1:15).

PROPÓSITO

- Anunciar el juicio sobre Nínive, pero en un sentido más amplio afirmar que Dios castiga todo pecado. Aunque Él "es lento para la ira", no permitirá que la maldad quede sin castigo (1:3).
- Afirmar el control soberano de Dios sobre la historia. La destrucción de Nínive no fue una coincidencia ni simplemente la transición de un imperio humano a otro. Fue el resultado directo del juicio de Dios.
- Asegurar a Judá que Dios se cuida de los suyos.

RASGOS SINGULARES

- Nahum es nuestra principal fuente de información acerca de la destrucción de Asiria. Otros profetas que se centran en el juicio de naciones individuales incluyen: Isaías (Asiria y Babilonia); Jeremías (Babilonia); Abdías (Edom); Sofonías (Judá); Ezequiel (Egipto); y Daniel (Babilonia y Persia).
- Nahum y Abdías fueron los únicos profetas del AT que pronunciaron juicio sobre una nación pagana sin mencionar los pecados de Israel.
- Nahum documenta la crueldad de Asiria, que ha sido llamada el villano supremo del AT, más implacable con mucho que cualquiera de los otros enemigos de Israel.

COMPARACIÓN CON OTROS LIBROS DE LA BIBLIA

Isaías y Romanos:

- Nahum habló de un mensajero sobre los montes, que traería buenas nuevas de la liberación de bajo el poder de Asiria:
  - ► Isaías, escribiendo unos 100 años antes de Nahum, usó palabras similares para describir las buenas nuevas de liberación del exilio babilónico (Is. 40:9; 52:7).
  - ► Pablo, que escribió unos 700 años después, empleó palabras similares para describir la liberación del pecado mediante las buenas nuevas de Jesús (Ro. 10:15).

BOSQUEJO

¿QUIÉN DESTRUIRÁ A NÍNIVE? (1)
¿CÓMO DESTRUIRÁ A NÍNIVE? (2)
¿POR QUÉ DESTRUIRÁ A NÍNIVE? (3:1-7)
¿CUÁNDO DESTRUIRÁ A NÍNIVE? (3:8-19)

¿QUIÉN DESTRUIRÁ A NÍNIVE? (1)

1:1-7 *El Dios de Judá, ¡Él lo hará!* Nahum comenzó su profecía contra Nínive describiendo al Dios que tenía la intención de destruir aquella nación opresora. Él es

- un Dios celoso, que toma venganza de sus enemigos (1:2)

- un Dios paciente, lento para la ira (1:3)
- un Dios de poder, a quien nadie puede resistir (1:3-6)
- un buen Dios, refugio para aquellos que le aman (1:7)

El Dios de Judá es ciertamente capaz de ejecutar su juicio contra Nínive.

1:8-14 *"Y de nada valdrá resistirse".* Cualquier resistencia que Nínive pudiera presentar contra el Señor sería inútil (1:8-9, 11). Aunque en el pasado pudieran haber tenido éxito contra el pueblo de Dios (véase 2 R. 17—19), esta vez no tendrían éxito (1:9). Serían destruidos en un abrir y cerrar de ojos, como hojarasca seca (1:10). Dios se dirigió a Israel, prometiendo que destruiría a Asiria (1:12-13), y luego vuelve su atención de nuevo a Asiria, comprometiéndose a que estaba preparando un "sepulcro" para ellos (1:14).

1:15 *¡Unas noticias maravillosas! ¡Han sido barridos!* El juicio sobre Nínive y la muerte de Senaquerib serían buenas nuevas para Judá. Ellos podrían dedicarse a sus pacíficas empresas sin temor. La profecía había sido cumplida en parte muchos años antes, en el 701 a.C., cuando Dios había forzado a Senaquerib a levantar su sitio contra Jerusalén (véase 2 R. 18—19). Su cumplimiento definitivo vendría con la destrucción de Nínive en el 612.

¿CÓMO DESTRUIRÁ A NÍNIVE? (2)

2:1-7 *"Atención, Nínive: Tú eres la próxima".* Nahum advirtió a Nínive a que se preparase a ser atacada (2:1). Ellos habían llevado a Israel al cautiverio y habían devastado Judá (2:2); ahora les tocaba a ellos ser devastados. Nahum previó de manera precisa el ejército medobabilónico con sus uniformes rojos, y cuyos carros, según los historiadores seculares, tenían afilados instrumentos montados en las ruedas, dándoles la apariencia de antorchas o de relámpagos al reflejarse la luz del sol en las afiladas hojas giratorias (2:3-4). Los embriagados defensores fueron tomados totalmente por sorpresa y se vieron inermes ante este gran ejército (2:5-7).

Los arqueólogos no tienen muy claro cómo los atacantes usaron las extensas vías acuáticas de Nínive para la invasión. Ellos o bien

- abrieron las compuertas del río e inundaron la ciudad, haciendo que sus cimientos se hundieran, como se podría colegir de 2:6,
- o bien drenaron las vías acuáticas (véase 2:8) y penetraron por las brechas de las murallas.

2:8-10 *La ciudad, robada de su plata.* Nínive había sido un centro de poder por más de 300 años, pero esto estaba ahora a punto de acabarse. Los atacantes iban a dejar Nínive totalmente vaciada de sus tesoros, la mayor parte de los cuales habían sido arrebatados a víctimas suyas como Israel. Los ninivitas se postraron en un estado de dolida negación y aturdimiento. Había sucedido lo inimaginable.

2:11-13 *El feroz león será la víctima.* Comparando a Nínive con un poderoso león, Nahum previó un tiempo cuando no quedaría señales de su guarida. Aunque esto no iba a suceder durante otros veinte años, Nahum contempló la destrucción de Nínive como un hecho consumado. Dios había dado la palabra; era como si ya hubiera sucedido. La historia registra que ejércitos pasaron posteriormente sobre el emplazamiento de Nínive sin darse cuenta de que jamás hubiera existido tal ciudad. Asiria aprendería la amarga lección de que oponerse a Israel es sellar la propia condenación (véase Gn. 12:3).

¿POR QUÉ DESTRUIRÁ A NÍNIVE? (3:1-7)

3:1-7 *¿Cómo y por qué caerá?* Entre horrendas descripciones de la caída de Nínive, Nahum da una lista de algunos de los pecados que la habían hecho caer (3:1-4). Nínive iba a recibir lo que había dado: crueldad sin misericordia. Nínive tenía una población estimada de 600.000 para la época de su caída. Tantos de ellos fueron muertos que los pocos supervivientes tropezaban sobre los cadáveres (3:3).

¿CUÁNDO DESTRUIRÁ A NÍNIVE? (3:8-19)

3:8-13 *Lo que se siembra, se siega.* Dios había empleado a Asiria para traer juicio sobre la ciudad egipcia de Tebas (3:8-10), pero Asiria había sido innecesariamente cruel en su actuación (3:10). Ahora, Nínive sería tan impotente ante el juicio de Dios como lo había sido Tebas delante de Asiria. Sus avanzadas defensivas caerían, como fruta sacudida de un árbol (3:12-13). Las "brevas" (3:12) también pueden sugerir la inminencia de la caída de Nínive.

3:14-18 *Huirán como langostas, y nunca volverán.* Nahum apremió de manera burlona a los asirios a que se preparasen para un largo asedio (3:14), sabiendo perfectamente que el ejército invasor estaba dispuesto y que esos preparativos llegarían demasiado tarde (3:15). Las hordas de gentes que descendían a diario a Nínive a buscar riqueza huirían como las langostas delante del sol cuando llegasen los invasores (3:15-17). La población de Nínive sería esparcida, y nunca más volvería (3:18). Asiria segaría lo que había sembrado (véase 2 R. 17:24).

3:19 *Una herida fatal, un fin merecido.* Las noticias de la caída de Nínive causarían gran regocijo en Judá y en las muchas otras naciones que había oprimido.

❖ ❖ ❖

PERSONAS A RECORDAR DE NAHUM

NAHUM

Hechos clave: Profeta, predijo la destrucción de Nínive
Total de referencias bíblicas: 1 (1:1)
Referencias clave: 1—3

Habla Nahum

Me pregunto si la ciudad es tan enorme y magnífica como todo el mundo pretende. Al menos, el último profeta asignado a ella tuvo la oportunidad de realmente ocasionar un avivamiento dentro de sus enormes murallas. Pero han pasado casi ciento cincuenta años desde que Jonás tronó su mensaje. Estoy seguro de que nunca veré Nínive, por mucho que proclame su juicio a sus antiguas víctimas aquí en Israel (1:1-3; Jon. 3:3-4).

¡Qué increíble ciudad debe ser ésta, llena de inmoralidad, derramamiento de sangre, mentiras e indecible crueldad! Bien, al menos no podrán quejarse de no haber sido advertidos cuando por fin les alcance el juicio. Nuestro Dios es "lento para la ira". Pero aparentemente Nínive ha cruzado el límite de su paciencia y ha sellado su condenación (1:3; 3:1-4, 6, 10).

Me pregunto si jamás un profeta ha recibido unas descripciones tan gráficas de la destrucción de una ciudad como la que me ha sido dada: ¡escudos resplandeciendo bajo la luz, tropas vestidas de grana avanzando con las espadas enhiestas, carros relampagueantes tirados por briosos corceles que se precipitan por las calles, enfurecidos torrentes de agua arrasando todo lo que encuentran a su paso, y la gente llena de pánico tropezando como borrachos en sus últimos estertores agónicos! ¡Qué lástima para ellos que el avivamiento de Jonás no durase! (2:3—3:18).

Lecciones espirituales de Nahum

- Cuando hablemos sobre cuestiones morales, deberíamos mantener la equilibrada perspectiva de Nahum:
  - ► Reprendió a los pecadores (1:2)
  - ► Dio seguridades a los santos (1:7, 15).

Versículos clave

"Jehová es bueno, fortaleza en el día de la angustia; y conoce a los que en él confían. Mas con inundación impetuosa consumirá a sus adversarios, y tinieblas perseguirán a sus enemigos" (1:7-8).

HABACUC

TRASFONDO

El reino del norte de Israel había caído en manos de Asiria en el 722 a.C., dejando solo el diminuto reino meridional de Judá en la Tierra Prometida. En el 612, Asiria misma fue conquistada por Babilonia, la nueva potencia que se hizo dueña del Oriente Medio. Ahora, Babilonia estaba amenazando con invadir Judá. Aun peor, las reformas del buen rey Josías, comenzadas en el 621, estaban perdiendo su influencia, y la condición espiritual de Judá estaba en un punto muy bajo (véase 1:2-4). En medio de esta situación vino Habacuc, escribiendo para su pueblo lo que Dios le enseñó acerca de su juicio venidero sobre Judá y sobre la misma Babilonia, su soberanía sobre los asuntos humanos, y su amante fidelidad para con los suyos.

AUTOR

Habacuc (1:1) parece que era un levita con experiencia en el ministerio musical en el templo (3:1, 19).

FECHA

La prominencia de Babilonia en Habacuc indica una fecha posterior al año 612, pero Babilonia aparentemente no había invadido Judá, lo que sitúa el libro antes del 605. Aunque no se mencionan ningunos reyes, la triste condición espiritual de la nación sugiere una fecha cercana al final del reinado de Josías, quizá después que el malvado Joacim tomara su puesto en el 609 (véase 2 Cr. 36:8; Jer. 22:18-19).

DESTINATARIOS

Habacuc centró probablemente su ministerio sobre los "justos" entre los de Judá (2:4) en lugar de sobre los malvados (1:2-4), sobre los que deseaba solo un rápido juicio.

PROPÓSITO

- Anunciar que
    - los pecadores en Judá serán castigados.

—621 a.C. El redescubrimiento de la ley desata un avivamiento

—612 Caída de Nínive

—a. 609 Muere Josías, Habacuc profetiza

—605 Primera invasión babilónica de Judá

—586 Caída de Judá

—538 Regresan los primeros exiliados

- ► aunque Babilonia será el instrumento de Dios para castigar a Judá, también será castigada a su debido tiempo
- ► Dios preservará el fiel remanente de Judá (2:4)
- Ayudar al mismo Habacuc (así como a sus lectores) a ser pacientes con la operación soberana de Dios en la historia.

RASGOS SINGULARES

- Habacuc es el único libro del AT compuesto enteramente de un diálogo entre Dios y un ser humano. (Partes de Jonás, Job y unos pocos otros libros presentan esta clase de diálogos.) Todos los demás libros proféticos se componen principalmente de registros de la predicación de los profetas.
- Habacuc y Jeremías fueron los últimos profetas al reino del sur antes de la cautividad babilónica; y de ahí las explicaciones de última hora de Habacuc acerca de por qué Dios estaba empleando a los babilonios, y acerca de si sobreviviría un remanente o no.
- Habacuc vio una de las más grandes manifestaciones de la gloria de Dios que se registre en la Escritura (3:3-15).

COMPARACIÓN CON OTROS LIBROS DE LA BIBLIA

Isaías:

- Ambos escarnecen a los orgullosos babilonios (2:6-20; Is. 14).
- Ambos incluyen "ayes" (2:6, 9, 12, 15, 19; Is. 5:8-23 y otros casos esparcidos).
- Ambos hablan de los "justos" o del "justo" que confía en el Señor (2:4; Is. 26:1-10).
- Ambos registran una teofanía, una manifestación visible de Dios (3; Is. 6).

Nuevo Testamento:

- El NT cita 2:4 tres veces, y cada vez con un énfasis ligeramente diferente:
  - ► "el justo" (Ro. 1:17)
  - ► "vivirá" (Gá. 3:11)
  - ► "por la fe" (He. 10:38)

BOSQUEJO

LAS DUDAS (1—2)

Pregunta: ¿Por qué Judá queda sin castigo? (1: 1-4)
Respuesta: Judá será castigada (1:5-11)
Pregunta: ¿Se permitirá a los paganos que castiguen a Judá? (1:12-17)
Respuesta: Sí, pero también ellos serán castigados a su vez (2)

LOS CLAMORES (3)

Palabras de alabanza (3:1-15)
Palabras de temor y de fe (3:16-19)

LAS DUDAS (1—2)

1:1-4 *"¡Me siento confundido!"* Habacuc comienza su libro con una pregunta para el Señor: Durante muchos años había observado el empeoramiento de la condición moral de Judá, y había pedido a Dios que interviniese, pero Dios parecía ignorar la situación. ¿Acaso Dios no haría nada acerca de la gran maldad de Judá?

1:5-11 *"No te inquietes, voy a cuidarme de ello".* Dios contestó que en el momento mismo en que Habacuc estaba planteando sus preguntas, estaba preparando a Babilonia (también designada como "los caldeos", 1:6) para traer el juicio sobre Judá (1:5-6), del mismo modo que los había usado para juzgar a muchas otras naciones, incluyendo a Asiria y a Egipto.

Siendo solo humano, Habacuc había sufrido de una perspectiva limitada al considerar la situación de Judá. Dios le invitó a "mirar entre las naciones" (1:5) y a contemplar el mundo desde la perspectiva de Dios. Desde esta perspectiva, todas las naciones, grandes y pequeñas, son meramente instrumentos en manos de Dios (1:5-6).

1:12-17 *"¡Ahora me siento confundido de veras!"* Sorprendido de que Dios estuviera planeando usar a la malvada Babilonia para juzgar a su propio pueblo, Habacuc recordó al Señor su justicia (1:12-13) y la brutalidad de Babilonia (1:14-17). En lugar de poner en tela de juicio directamente a Dios, Habacuc simplemente presentó los hechos tal como los veía y dejó a Dios que respondiera a su pregunta no expresada: ¿Por qué deberían precisamente *ellos* castigarnos a *nosotros*?

2:1-4 *Sobre la fortaleza: "El justo por su fe vivirá".* Tomando posición sobre "la fortaleza", Habacuc esperó humilde y pacientemente la respuesta de Dios (2:1). Dios respondió, apremiando a Habacuc a escribir sus palabras de manera llana para que los que las leyeran las pudieran transmitir rápidamente a otros (2:2). El mensaje no sería cumplido inmediatamente, pero los "justos" esperarían con fe a su cumplimiento (2:3-4).

2:5-17 *Traicionados por su soberbia en embriaguez.* Los caldeos estaban ebrios de vino y de poder. Partieron a sus campañas militares por puro placer, sin saciarse nunca, recogiendo "para sí todos los pueblos" (2:5). Aunque tendrían una victoria temporal sobre Judá y otras naciones, al final caerían, y sus anteriores víctimas los ridiculizarían luego, como ilustra Dios con cuatro "ayes" (2:6, 9, 12, 15). Aquellos a los que ellos habían oprimido se levantarían contra ellos (2:6-8). Sus grandes ciudades, edificadas con derramamiento de sangre, no serían suficientes para protegerlos (2:9-13), porque en último término Dios triunfaría (2:14). Habían embriagado a otras naciones con su violencia; ahora ellos saborearían su propia embriaguez (2:15-17).

2:18-20 *Sus impotentes ídolos, su santo templo.* Los caldeos cometerían el fatal error de confiar en sus dioses, que no eran nada sino ídolos mudos, inertes e impotentes (2:18-19; comparar exposición sobre Is. 44:6-28). En cambio, el Dios de Israel estaba sentado seguro en su cielo. No solo podía hablar, sino que ¡ya había hablado! ¡La única actitud de cordura de parte de los humanos era callar y prestar atención!

LOS CLAMORES (3)

3:1-15 *Su cántico de salvación.* Habacuc respondió a la revelación de Dios acerca de Judá y de Babilonia con una oración que tenía evidentemente la intención de ser musicalizada. El original hebreo y varias traducciones incluyen el término *Sigionot,* que es similar al término *Sigaión* que aparece en el título del Salmo 7. El término *Selah,* común en los salmos, aparece también tres veces en este pasaje.

Rogando a Dios que actúe prestamente pero con misericordia (3:2), Habacuc recuerda las acciones pasadas de Dios en favor de Israel:

Primera estrofa: La gloria de Dios (3:3-4). Contemplando lo que era aparentemente una teofanía (véase exposición sobre Gn. 17:1-8), Habacuc asemejó la gloria de Dios al resplandor de los rayos luminosos que emanan del sol: un recordatorio siempre presente de la gloria y de la majestad del Dios único y verdadero.

Segunda estrofa: El poder de Dios (3:5-11). A través de la historia de Israel —en el éxodo, en el desierto, en el Jordán, durante los días de Josué— Dios los había librado por su gran poder, ¡y su poder era terrible de contemplar!

Tercera estrofa: El juicio de Dios (3:12-15). Así como Dios libró a su pueblo del Mar Rojo, así los libraría Él de la crecida de los caldeos. Una vez más, no obstante, el juicio de Dios es presentado como algo que no puede ser tomado a la ligera.

3:16-19 *La reacción del cantor: Temor y fe.* Habacuc había invitado a Dios a comenzar su juicio (3:1-2). Después de habérsele recordado lo que sucedía siempre que Dios juzgaba (3:5-15), ahora temblaba con temor (3:16). Con todo, después de haber visto las cosas desde la perspectiva de Dios, podía responder con sumisión, alabanza y confianza (3:17-19). Dios cuidaría de su pueblo a través de la crisis venidera.

El beneficio de la oración no es que cambia a Dios, ¡sino que cambia a quien ora!

❖ ❖ ❖

PERSONAS A RECORDAR DE HABACUC

HABACUC

Hechos clave: Profeta, anunció que "el justo por su fe vivirá" (2:4)
Ocupación: Profeta, músico (1:1; 3:1, 19)
Total de referencias bíblicas: 2
Referencias clave: 1—3

Habla Habacuc

Ya solo me falta poner una última notación para el director del coro, para que empleen instrumentos de cuerda cuando canten este cántico (3:19).

Bien, ya he acabado mi composición. Me pregunto cómo sonará cuando lo cante el maravilloso coro levítico. En realidad, ¡no sé si querrán cantarlo! Una cosa es segura, ¡la letra no les aburrirá! Algunas de las estrofas parecen una endecha funeraria, mientras que otras probablemente sonarán como un glorioso coro de aleluyas (1:2-4; 2:14; 2 Cr. 29:30).

Y estos son precisamente los sentimientos que tenía mientras lo escribía. He experimentado a la vez frustración y fe. Hubo la frustración de testificar tanto acerca del creciente cáncer de la decadencia moral entre nuestro propio pueblo y la creciente amenaza babilónica desde el exterior (1:4, 6).

Luego Dios me aseguró que el juicio caería tanto sobre los babilonios como sobre los rebeldes en nuestras propias filas. Él emplearía a Babilonia para disciplinarnos, pero luego, a su tiempo, trataría también acerca de Babilonia (1:7-11; 2:5-6).

¡Qué bien recuerdo el día en que llegué al final de mis recursos cuando trataba de dilucidar su voluntad! Entonces me comprometí a esperar hasta comprender cuál era la voluntad de Dios. Entonces vino su respuesta: "El justo por su fe vivirá". Tan sencillo, pero hacía que las cosas vinieran a quedar en su sitio. Sí, nuestro incomparable Dios sabe lo que está haciendo. A nosotros nos toca esperar su perfecto tiempo y vivir por fe (2:1-4).

Lecciones espirituales de Habacuc

- Habacuc ha sido llamado el Dubitativo Tomás del Antiguo Testamento (1:1-3, 13), pero su gloriosa declaración de fe (lo exactamente contrario a la duda) se cita tres veces en el NT. ¿La evidente lección? ¡Dios nos usa a pesar de nosotros mismos!
- No importa lo tenebrosas y desesperadas que sean nuestras circunstancias, podemos "alegrarnos en el Señor", como lo hizo Habacuc (3:18-19).

Versículo clave

"El justo por su fe vivirá" (2:4).

SOFONÍAS

—686 a.C.
Muerte de Ezequías, antecesor de Sofonías

—632
Josías se vuelve al Señor, Sofonías comienza su ministerio ¿?

—621
El redescubrimiento de la ley, Sofonías termina su ministerio ¿?

—586
Caída de Judá

TRASFONDO

Después del reinado ilustrado de Ezequías (728-686 a.C.), Judá había soportado 55 años bajo dos de sus peores reyes, Manasés y Amón, antes que Josías fuera hecho rey a la edad de ocho años en el 640. Al llegar a la edad adulta, Josías demostró ser el más piadoso de los reyes de Judá: Experimentó un despertamiento espiritual personal en el 632 a la edad de 16 (2 Cr. 34:3), y después del redescubrimiento de la ley en el 621, dirigió un avivamiento a nivel nacional (2 Cr. 34:14-18, 29-33).

A pesar de las reformas de Josías y de la respuesta positiva inicial del pueblo (2 R. 23:3), muchos en Judá permanecían tibios en su fe. En medio de esta situación surgió Sofonías, advirtiendo de la inminente invasión de parte de Babilonia y del "día de Jehová", el juicio final y universal al final de la historia humana (1:1—3:7). Mirando aun más lejos en los planes de Dios para su pueblo, predijo el regreso de Judá de Babilonia y la última y triunfal página de la historia humana, el glorioso reino milenario de Dios (3:8-20).

Nahum y Jeremías fueron coetáneos de Sofonías.

AUTOR

Descendiente del rey Ezequías (1:1) y por esto relacionado con Josías, es posible que Sofonías hubiera influido en el joven rey cuando buscaba al Señor y trataba de promover el avivamiento religioso.

FECHA

En tanto que se dice que el ministerio de Sofonías tuvo lugar exclusivamente durante los días de Josías (1:1), bien puede haber tenido lugar durante los años entre el comienzo del despertar personal de Josías (632 a.C.) y el comienzo de sus más públicos esfuerzos para un avivamiento en el 621.

LUGAR

Al parecer Jerusalén, por cuanto es mencionada con frecuencia (1:4, 10, 12).

PROPÓSITO

- Advertir acerca del venidero "día de Jehová" y corregir los falsos conceptos acerca del mismo. Muchos israelitas pensaban que sería un día de regocijo, pero Sofonías reveló que los israelitas idólatras eran considerados enemigos de Dios lo mismo que los cananeos lo habían sido. No es la nacionalidad lo que cuenta, sino la espiritualidad.
- Ofrecer esperanza para un remanente que sobrevivirá al juicio de Dios (3:9-20).

RASGOS SINGULARES

- La expresión "el día de Jehová" se encuentra más veces en Sofonías que en cualquier otro libro de la Biblia. Como se explica en *Isaías: Trasfondo* y en la exposición sobre Isaías 2:5—4:1, el término puede referirse a cualquier ocasión en la que Dios intervenga en la historia de una manera sobrenatural, aunque la mayor parte de las veces se refiere al juicio, en particular la gran tribulación al final de la historia. Sofonías empleó este término para referirse tanto a la invasión lanzada por Babilonia como a los tiempos del fin.

COMPARACIÓN CON OTROS LIBROS DE LA BIBLIA

Génesis:

- Ambos libros hablan de cortar a la humanidad de la faz de la tierra (1:3; Gn. 6:7).
- Génesis registró el comienzo de Moab y de Amón (Gn. 19:36-38). Sofonías predice el fin del uno y del otro (2:8-11). Los padres de esas dos naciones nacieron a Lot por incesto poco después de la destrucción de Sodoma y Gomorra. Sofonías comparó este acontecimiento con la inminente destrucción de Moab y Amón.
- Génesis registró el reposo de Dios después de la creación (Gn. 2:2-3); Sofonías predijo el reposo de Dios una vez más después de completar su obra de redención (3:17).

BOSQUEJO

VIENE UN DÍA TRISTE (1:1—3:8)
  Judá y Jerusalén serán juzgadas (1:1—2:3)
  Las naciones enemigas serán juzgadas (2:4-15)
  Judá y Jerusalén serán juzgadas (3:1-8)
VIENE UN DÍA DE ALEGRÍA (3:9-20)

VIENE UN DÍA TRISTE (1:1—3:8)

1:1-13 *Introducción: El día de Jehová.* Tras haber establecido su identidad (1:1; véase *Autor*) y su misión divina, Sofonías no perdió el tiempo para advertir que se avecinaba el momento de juicio universal, el "día de Jehová" (1:7; véase *Rasgos singulares*). Este terrible día involucraría una destrucción de alcance mundial (1:2-3), pero Sofonías comenzó centrándose principalmente en una nación: la idólatra Judá (1:4-9). Dios había "preparado" a su pueblo como "sacrificio" para Babilonia, ¡sus "convidados"! Nadie, por alto o bajo que fuera, escaparía (1:8-9). Todos sufrirían (1:10-13). Hasta que comenzara el juicio, Judá estaría en una postura de autocomplacencia espiritual (1:12).

Acerca de "todos los que saltan la puerta", véase 1 Samuel 5:1-5. Dice la tradición que el ejército de Nabucodonosor entró a Jerusalén por la Puerta del Pescado (1:10), conocida hoy como la Puerta de Damasco, en el lado septentrional de la ciudad.

1:14-18 *¡Un día espantoso!* El día de Jehová sería un día tenebroso y terrible, del que ni los valientes de Judá (1:14) ni su riqueza (1:18) podría salvar a la nación. Los cuerpos de los muertos serían echados a un lado como basura porque no quedaría nadie para sepultarlos (1:17). La tierra "será consumida" por un Dios celoso a causa de que su pueblo lo ha abandonado para ir en pos de ídolos (1:18; véase 1:4-5).

2:1-3 *Llamamiento a Judá al arrepentimiento.* En medio de su aciaga predicción de juicio, Sofonías dio alguna esperanza de escapatoria para cualquiera que se arrepintiese y volviese a Dios. Pero quedaba muy poco tiempo: Tendrían que arrepentirse "antes que tenga efecto el decreto". La única manera en que se puede volver una nación a Dios es volver a sus ciudadanos —uno por uno— a Dios.

2:4-15 *Juicio en todas direcciones.* La ira de Dios sobre Judá se derramaría sobre sus enemigos por los cuatro puntos cardinales.

Juicio hacia el oeste: Filistea (2:4-7). Las grandes ciudades de Filistea serían destruidas. Se convertirían en tierras de pastos, ¡para el fiel remanente de Judá!

Juicio hacia el este: Moab y Amón (2:8-11). Moab y Amón compartirían la suerte de Sodoma y Gomorra (véase *Comparación con otros libros bíblicos*). También la tierra de ellos vendría a ser finalmente posesión de Judá. Un día, Dios destruirá todos los vestigios de idolatría, e incluso en las regiones más remotas de la tierra, solo él será adorado (2:10-11).

Juicio hacia el sur: Etiopía (2:12). Etiopía sería también juzgada. Etiopía gobernó Egipto desde el 720 al 654 a.C., de modo que Egipto estaba incluida en esta sentencia.

Juicio hacia el norte: Asiria (2:13-15). Asiria, la orgullosa potencia dominadora del mundo durante 300 años (2:15), experimentaría una destrucción repentina y completa. La hermosa ciudad de Nínive se transformaría en un lugar solo adecuado para las bestias feroces. Los observadores expresarían también escarnio y menosprecio ante su memoria. (Véase exposición sobre el libro de Nahum.)

3:1-7 *Estaba allí, pero nadie se daba cuenta.* Tras haber pronunciado juicio sobre los cuatro lados, Sofonías se concentró en su verdadero objetivo: Judá. Los pecados de las naciones alrededor habían "contaminado" a Jerusalén. Sus príncipes, jueces, profetas y sacerdotes eran todos culpables de violar sus compromisos a fin de enriquecerse (3:1-4). A pesar de los pecados de Jerusalén, Dios, mediante sus fieles profetas, había mantenido un testimonio dentro de sus murallas, pero ellos seguían yendo en pos de sus caminos de pecado (3:5). Dios había castigado a los vecinos paganos de Judá, esperando que Judá aprendiese de ello, pero no lo hicieron (3:6-7).

3:8 *"Esperen el Armagedón".* Dios llama a los fieles entre su pueblo a que le "esperen" para el día en que él se "levante" para juzgar. Él destruirá "las naciones" con "el fuego de [su] celo" (comparar 1:18). Una comparación con otras referencias bíblicas de tales reuniones sugiere que esto es una descripción de la final batalla de Armagedón (véase exposición sobre Mi. 4:9-13).

VIENE UN DÍA DE ALEGRÍA (3:9-20)

3:9-13 *La piedad traerá paz.* Después de la derrota de sus enemigos, Dios "devolverá a los pueblos pureza de labios", eliminando de ellos todo vocabulario de idolatría, para que le puedan adorar (3:9). También purificará y restaurará a su pueblo, y ellos habitarán en paz y estarán en comunión con él y con toda la humanidad (3:10-13). Debido a que estarán bien espiritualmente, podrán tener seguridad física.

3:14-20 *Serán echados, y luego introducidos.* Cuando la Tierra Prometida quede libre de los enemigos de Dios, el mismo Dios devolverá a su pueblo allí y habitará entre ellos. Será un tiempo de sanidad, paz y gozo. La restauración de Judá después de la cautividad babilónica fue un cumplimiento solo parcial de esta promesa. Su cumplimiento final vendrá cuando Jesús regrese a la tierra y establezca su reinado milenario.

❖ ❖ ❖

PERSONAS A RECORDAR DE SOFONÍAS

SOFONÍAS

Hechos clave: Profeta, habló del "día de Jehová" más a menudo que cualquier otro profeta del AT.
Total de referencias bíblicas: 1 (1:1)
Referencias clave: 1—3

Habla Sofonías

Mi tatarabuelo escapó una vez de la ira de sus enemigos, ¡pero no nosotros! Quizá el ministerio del piadoso Isaías impulsó al Señor a salvar Jerusalén en días de Ezequías. Pero esta vez no habrá aplazamiento de la ejecución. Pero hay la esperanza de que los pocos entre nosotros que todavía aman a Dios se pondrán bajo su amparo en las terribles horas de juicio que se avecinan (1:2-4; 2:3; Is. 37:21-36).

¡Qué terribles palabras que me ha mandado usar su Espíritu para describir nuestra lamentable situación espiritual! Tuve que describir a mi amada Jerusalén como rebelde, contaminada y opresora. Describí a nuestros dirigentes políticos como leones y lobos feroces devorando cadáveres, y a nuestros profetas y sacerdotes como rebeldes y contaminados, como la ciudad misma (3:14).

Palabras horribles, pensamientos vergonzosos, que nunca deberían aparecer en el vocabulario de nadie, ¡aplicados a nuestra ciudad antes santa! ¡Pero hay esperanza! El dolor se tornará un día en gloria. El Señor mismo, el verdadero rey de Israel, santificará nuestros labios y nuestro lenguaje, para que de nuevo nosotros —y el resto de las naciones— podamos invocar su nombre y servirle como debiéramos (3:9, 15).

Lecciones espirituales de Sofonías

- La Biblia nos apremia a cantar alabanzas a Dios (véase Sal. 30:4; Ef. 5:18-19). A menudo en nuestros tiempos de necesidad ponemos gemidos en lugar de cánticos. Sin embargo, la Trinidad toda canta:
  - El Padre canta (3:17).
  - El Hijo canta (véase Mt. 26:30; He. 2:12).
  - El Espíritu Santo canta (véase 1 Co. 14:15).
- Sofonías nos exhorta a purificar nuestra conversación a la luz del inminente regreso del Señor (3:9, véase Ef. 4:29-31; 5:4).

Versículo clave

"Buscad a Jehová, todos los humildes de la tierra, los que pusisteis por obra su juicio; buscad justicia, buscad mansedumbre; quizá seréis guardados en el día del enojo de Jehová" (2:3).

HAGEO

—538 a.C.
Los exiliados regresan con Zorobabel

—535
Queda detenida la reconstrucción del templo

—520
Se reanuda la obra a través de los ministerios de Hageo y Zacarías

—516
Finalización del templo

—473
Ester salva a los judíos que quedan en Persia

—457
Regresan más exiliados con Esdras

—445
Nehemías reconstruye la muralla

TRASFONDO

El primer grupo de judíos regresó del exilio en Babilonia en el 538 a.C. (Esd. 1), y en el 536 comenzó a reconstruir el templo (Esd. 3:8-13). Pero alrededor del 535, profundamente desalentados y sufriendo una intensa oposición, el trabajo del grupo tuvo que detenerse (Esd. 4:24). Quince años más tarde, en el 520, Dios suscitó a Hageo y a Zacarías para alentarlos a reconstruir y a una vida de santidad personal.

AUTOR

Tanto Hageo como Zacarías aparecen nombrados por Esdras (Esd. 5:1; 6:14). Lo mismo que Nehemías, que vendría mucho más tarde a Jerusalén a reconstruir sus murallas, Hageo era un hombre de acción. Después que el Templo había estado quince años sin acabar, Hageo solo necesitó 23 días para inspirar a la gente a volver al trabajo. (La obra quedó finalmente acabada alrededor del 515; véase Esd. 6:15).

FECHA

En 1:1 se da la fecha del ministerio de Hageo como "en el segundo año del rey Darío", o 520 a.C. (comparar Esd. 4:24). El libro puede dividirse en tres profecías separadas, dada cada una de ellas en una fecha específica de aquel año:

- Primera profecía (1): primer día del mes sexto, Elul (agosto-septiembre) (1:1).
- Segunda profecía (2:1-9): Día 21 del mes séptimo, Tisrí (septiembre-octubre) (2:1).
- Tercera profecía (2:10-23): Día 24 del mes noveno, Quisleu (noviembre-diciembre) (2:10, 20).

Hageo probablemente registró sus profecías poco después de proclamarlas.

DESTINATARIOS

Los judíos que volvieron del exilio en el 538 a.C.

PROPÓSITO

- Animar a la reconstrucción del templo.
- Dar instrucción en santidad.
- Mostrar la fidelidad de Dios.

RASGOS SINGULARES

- Los escritos de Hageo, como los de Ezequiel, están fechados de manera muy precisa.
- Hageo es notable por su frecuente úso de la frase "Así ha hablado Jehová de los ejércitos" y frases similares (unas 25 ocasiones), destacando la gravedad de su mensaje y el hecho de que Dios seguía hablando a su pueblo en la era postexílica.

COMPARACIÓN CON OTROS LIBROS DE LA BIBLIA

Ezequiel:

- Ambos libros hablan del templo milenario (2:9; Ez. 40—42).
- Ambos libros hablan de un "sacudimiento" de la tierra de Israel (2:6; Ez. 38:19).
- Ambos dan nombres especiales para el Mesías:
  - en Ezequiel, "David" (Ez. 37:24; aunque esto podría ser una referencia a un rey David literal resucitado).
  - En Hageo, "Zorobabel" (2:23).

Jeremías:

- Ambos libros incluyen profecías significativas que involucran un anillo de sellar, el símbolo de la autoridad regia:
  - Jeremías habló del rey Joaquín como un anillo de sellar que Dios echaría de sí (Jer. 22:24), simbolizando el fin de los reyes davídicos.
  - En Hageo, el anillo de sellar fue vuelto a tomar y puesto de nuevo en la mano del Señor, lo que significa que el Mesías ("Zorobabel") será el último y más grande de los reyes davídicos (2:23).

BOSQUEJO

SUS PALABRAS EN AGOSTO: HAGAN (1)
  El llamamiento (1:1-11)
  La respuesta (1:12-15)
SU PALABRA EN OCTUBRE: SEAN PACIENTES (2:1-9)
SU PALABRA EN DICIEMBRE: MEDITEN (2:10-23)
  La contaminación de Judá (2:10-14)
  La determinación de Dios (2:15-19)
  La gran tribulación (2:20-22)
  La exaltación de Zorobabel (2:23)

SUS PALABRAS EN AGOSTO: HAGAN (1)

1:1-4 *"¡Es un tiempo oportuno para lo nuestro; no es un tiempo oportuno para lo suyo!"* En agosto del 520 a.C. (véase *Fecha*), Dios habló a Hageo, expresando preocupación debido a que los exiliados retornados estaban retrasando la reconstrucción del templo (1:1-2). Hageo comunicó la preocupación de Dios al pueblo, reprendiéndolos por haberse construido hogares lujosos para sí mismos mientras el templo estaba en ruinas (1:3-4).

1:5-11 *"Cuanto más conseguís, menos tenéis. ¿Por qué?"* Hageo retó al pueblo a que comprobase su situación: Habían trabajado duramente con resultados relativamente mezquinos (1:5-6, 9-10), debido a que habían dejado a Dios fuera de sus vidas (1:9). La actual sequía era la forma en que Dios conseguía que le prestasen atención (1:11). Esos judíos no habían aprendido un secreto que Cristo enseñaría: que las bendiciones más ricas de Dios vienen a aquellos que buscan primero su reino (véase Mt. 6:33). No se daban cuenta de que las bendiciones de Dios dependen de la obediencia a Dios. No hay templo, no hay bendición.

1:12-15 *Con tres hombres fuertes comienza la edificación.* Después de un retraso de 15 años (véase *Trasfondo*), Hageo precisó de solo 23 días (1:15), con la ayuda del gobernador Zorobabel y del sumo sacerdote Josué para reiniciar la reconstrucción del templo. Dios había "despertado el entusiasmo" de esos tres hombres (1:14), y el pueblo siguió su conducción. Grandes cosas pueden ser conseguidas cuando el pueblo de Dios le obedece y tiene comunión con Él (1:12).

El relato de Esdras de la reconstrucción sugiere que, además de alentar a los edificadores en favor de Dios (véase Esd. 5:1, 6:14), tanto Hageo como Zacarías ayudaron de una manera efectiva con labores manuales (véase Esd. 5:2). (Josué es llamado "Jeshua" en el original en el relato de Esdras.)

SU PALABRA EN OCTUBRE: SED PACIENTES (2:1-9)

2:1-9 *Más pequeño, sí, ¡pero mucho más glorioso!* En los meses que siguieron a la reanudación de la reconstrucción, el Señor dio a Hageo mensajes de aliento para los edificadores. Quizá recordando el desaliento que había llevado a poner fin a los anteriores esfuerzos (véase Esd. 3:12), Hageo reconoció que este segundo templo carecería de la grandeza del templo de Salomón (2:3), pero dio certidumbre de que Dios estaba con ellos (2:4-5) y de que tenía grandes planes para este nuevo templo (2:6-9). La descripción del nuevo templo es considerada generalmente como una premonición también del templo milenario (véase Ez. 40—42).

Habían pasado casi 70 años desde la destrucción del templo de Salomón; aunque solo los más ancianos lo habrían recordado, ciertamente lo habrían descrito a menudo a sus hijos mientras estaban en el exilio.

SU PALABRA EN DICIEMBRE: MEDITEN (2:10-23)

2:10-14 *El pecado es sumamente contagioso.* Dos meses después, Hageo se refirió a la necesidad de santidad. Con preguntas retóricas, mostró que un objeto ceremonialmente santo no puede transferir su santidad a otro objeto (2:12), pero que un objeto *inmundo* contamina todo aquello que toca (2:13; véase Lv. 22:4-6; Nm. 19:11). El pueblo debía sentirse muy preocupado por el efecto de sus pecados personales sobre la nación (2:14). El sentido común enseña la misma lección: Una persona sana no puede comunicar su salud a una persona moribunda; pero una persona moribunda puede contagiar su enfermedad a los sanos.

2:15-19 *Según sube el templo, descienden las bendiciones.* En el pasado, a causa de sus pecados, Israel había experimentado dificultades (2:15-17). Pero Dios estaba decidido a bendecirlos, y ahora que le habían obedecido y que habían comenzado a reconstruir el templo, vendrían las bendiciones (2:18-19).

2:20-23 *"¡Di al gobernador que grandes honores le esperan!"* La última palabra de aliento de Hageo fue para Zorobabel, el dirigente político de los exiliados que habían regresado. A Zorobabel fue el honor de ser comparado con el Mesías de Israel: Después de la gran tribulación, al final de la historia (2:21-22; véase 2:6; *Isaías: Trasfondo;* exposición sobre Is. 2:5—4:1), el Mesías —que aquí recibe el nombre de Zorobabel— recibirá la honra y la autoridad incorporados en el anillo de sellar (véase *Comparación con otros libros bíblicos*).

❖ ❖ ❖

PERSONAS A RECORDAR DE HAGEO

HAGEO

Hechos clave: Profeta, ayudó a dirigir a Israel en la reconstrucción del templo (1:1-8; Esd. 5:1)
Total de referencias bíblicas: 11
Referencias clave: 1—2; Esd. 5:1; 6:14

Habla Hageo

Hay un hecho que queda claro: Mi pequeño libro ha sido ciertamente inspirado por Dios, como he tratado de hacer observar en todo lo posible. Es de esperar que los futuros sacerdotes y levitas reconozcan esto cuando ponderen y proclamen sus verdades. Quizá lo llamen "Historia de tres templos, de Hageo", porque esto es lo que es. La gente salió con unas excusas muy miserables para no comenzar en el acto a reconstruir el templo: "No ha llegado aún el tiempo", dijeron. Sin embargo, es evidente que las verdaderas razones de su inactividad eran la falta de interés, la pereza y la codicia. Bien, les recordé rápidamente que las malas cosechas, las sequías y las dificultades que todos habíamos experimentado eran sencillamente la manera en que Dios nos castigaba por tal maldad (1:1-6, 9-11).

Naturalmente, el Señor nos llamó luego a la acción, mandándonos que fuésemos a los montes y que recogiésemos materiales para reconstruir su casa. ¡Y esto es exactamente lo que hicimos! Ahora, después de aquel inexcusable retraso de 15 años, nuestro pueblo ha vuelto de nuevo a reconstruir (1:8, 12-14).

Desde luego, este templo será mucho más pequeño que el de Salomón. Recuerdo la aguda desilusión de nuestro pueblo cuando este "segundo templo" comenzó a adquirir forma. Pero, ¡qué emocionante fue revelarles los planes de Dios para un magnífico y enorme tercer templo, que el Mesías mismo edificará, y que excederá con mucho a la hermosura y tamaño de los dos primeros templos combinados! ¡Todas las naciones de la tierra vendrán a este templo, y él lo llenará con su gloria! (2:3-4, 7-9; Esd. 3:12).

Lecciones espirituales de Hageo

- Deberíamos buscar edificar el reino de Dios en lugar de nuestro reino (1:2-8; véase Mt. 6:25-34).
- Como cristianos, nunca deberíamos anhelar los viejos tiempos pasados, ¡porque los mejores tiempos están aun por venir (2:3-9)!

Versículo clave

"Haré temblar a todas las naciones, y vendrá el Deseado de todas las naciones; y llenaré de gloria esta casa, ha dicho Jehová de los ejércitos" (2:7).

ZACARÍAS

TRASFONDO
Véase *Hageo: Trasfondo.*

AUTOR
Zacarías (1:1), que junto con Hageo alentó a la reconstrucción del templo (véase Esd. 5:1; 6:14). Zacarías fue sacerdote además de profeta. Su abuelo fue Iddo (1:1), un sacerdote que volvió del exilio con Zorobabel (Neh. 12:4). Al parecer, Zacarías sucedió a su abuelo como cabeza de aquella familia sacerdotal (Neh. 12:16). Zacarías sería posteriormente martirizado en el atrio del templo (Mt. 23:35). La Biblia menciona a 34 personas llamadas Zacarías.

FECHA
Las profecías de 1—8 habrían sido dadas probablemente entre el 520 a.C., cuando Zacarías y Hageo comenzaron a alentar a la reconstrucción del templo, y el 515, cuando acabó la reconstrucción. Sus últimas profecías (9—14) son de época posterior, probablemente del 480.

DESTINATARIOS
Véase *Hageo: Recipientes.*

PROPÓSITO
- Animar a la reconstrucción del templo.
- Dar instrucción en santidad (¡vidas reconstruidas darían como resultado un templo reconstruido!)
- Dar información específica acerca de la primera y segunda venida de Cristo.

RASGOS SINGULARES
- En consideración a su extensión, Zacarías
  - da más profecías centradas en Cristo que cualquier otro libro del AT (con la excepción de Isaías).

—535 a.C. Queda detenida la reconstrucción del templo

—520 Se reanuda la obra a través de los ministerios de Hageo y Zacarías

—516 Finalización del templo

—a. 480 Profecías posteriores de Zacarías

—473 Ester salva a los judíos que quedan en Persia

—457 Regresan más exiliados con Esdras

- ► es citado o se hace alusión a él en otros libros bíblicos más que cualquier otro libro del AT.

COMPARACIÓN CON OTROS LIBROS DE LA BIBLIA

Isaías:

- Zacarías usa el título "Jehová de los ejércitos" igual que Isaías.
- Ambos usan nombres e imágenes similares para el Mesías:
  - ► "siervo" (3:8; Is. 42:1; 52:13; 53:11)
  - ► "Renuevo" (3:8; Is. 11:1)
  - ► "piedra" (3:9; Is. 8:14; 28:16)
- Ambos hablan de las naciones subiendo a Jerusalén a adorar en la edad mesiánica (14:16; Is. 2:2-4).
- Ambos hablan del "día de Jehová" o de "aquel día", refiriéndose a la intervención de Dios en la historia humana al fin del tiempo (2:11; 3:10; 14:1; véase *Isaías: Trasfondo;* exposición sobre Is. 2:5—4:1).

Apocalipsis:

- Entre numerosas comparaciones,
  - ► ambos hablan de medir Jerusalén (2:1-2; Ap. 21:15).
  - ► cada uno de ellos tiene su propio equipo especial de dos testigos, siendo ambos presentados en relación con olivos y candelabros (4:11-14; Ap. 11:3-4).
  - ► ambos mencionan a "Babilonia" como el centro de maldad (heb. *Sinar,* 5:11; Ap. 18).

BOSQUEJO

VISIONES Y PREGUNTAS (1—8)
- Un llamamiento al arrepentimiento (1:1-6)
- Visiones en la noche (1:7—6:8)
  - El jinete en el caballo alazán (1:7-17)
  - Los cuatro cuernos y los cuatro carpinteros (1:18-21)
  - El hombre con el cordel de medir (2)
  - La vestimenta del sumo sacerdote Josué (3)
  - El candelabro de oro y los dos olivos (4)
  - El rollo volante (5:1-4)
  - La mujer en el efa (5:5-11)
  - Los cuatro carros (6:1-8)
- La coronación de Josué (6:9-15)
- Preguntas acerca del ayuno (7)
- El brillante futuro de Israel (8)

LAS NACIONES Y EL MESÍAS (9—14)
- La primera venida de Mesías y su rechazamiento (9—11)
  - Juicio sobre los enemigos de Israel (9:1-8)
  - La primera y segunda venida del Mesías (9:9-10)
  - El Israel triunfante (9:11-17)
  - El Mesías, el Pastor de Israel (10)
  - El rechazamiento del Mesías por parte de Israel (11)

La segunda venida y aceptación del Mesías (12—14)
Judá, triunfante y arrepentido (12)
Judá purificado, el Mesías crucificado (13)
El conflicto y triunfo final de Judá (14)

VISIONES Y PREGUNTAS (1—8)

1:1-6 *"¡No hagan lo que ellos hicieron!"* Dos meses después que Hageo alentase por primera vez a los exiliados retornados a que reanudasen su obra en el templo (comparar 1:1 y Hag. 1:1), Zacarías los apremió a que aprendiesen de la historia de su nación y no repetir los errores de sus padres. Dios había llamado a sus padres al arrepentimiento, y habían rehusado; por esto, Dios los había mandado al exilio.

Lo mismo que Hageo, Zacarías no solo alentó al esfuerzo de reconstrucción, sino que evidentemente ayudó también con las labores manuales (véase Esd. 5:2).

1:7-11 *Caballos y hombres entre los mirtos.* Zacarías registró una serie de ocho visiones (1:7—6:8), que ofreció seguridades a los que estaban reconstruyendo el templo. En algunos casos, esas visiones también predijeron el triunfo final de Israel en los tiempos del fin.

En su primera visión, Zacarías vio a varios jinetes en una arboleda de mirtos, que le dijeron que "toda la tierra está reposada y quieta"; indicando que nada había que estorbase a los judíos para reconstruir el templo (véase 1:16). Zacarías encontró a dos ángeles en esta visión:

- "el ángel que hablaba conmigo" (1:9, 13, 19, etc.)
- "el ángel de Jehová" (1:11), que era el varón montado en el caballo (1:8) y Cristo preencarnado. Este Ángel aparece por todo el AT, constantemente vigilante al ir interviniendo para llevar a cabo el plan de Dios para los siglos (véase exposición sobre Gn. 16:1-16).

1:12-13 *Oración del Hijo al Padre.* El Ángel (la segunda persona de la Trinidad) intercedió ante "Jehová de los ejércitos" (la primera persona de la Trinidad), pidiéndole que mantuviera su promesa de restauración así como había guardado su promesa de juicio. Jehová de los ejércitos respondió favorablemente. Acerca de los "setenta años", véase exposición sobre Jeremías 25:8-14.

1:14-17 *Proclamación del Hijo para el Padre.* El Ángel declaró el amor de Dios para con Israel (1:14); su ira hacia las naciones que, aunque instrumentos de su ira, se habían excedido en su misión contra Israel (1:15); su anhelante deseo de reedificar Jerusalén y el templo, haciendo del mismo otra vez su morada terrenal (1:16-17).

1:18-21 *Cuatro esclavizarán, cuatro salvarán.* Zacarías vio cuatro cuernos, representando a las naciones que habían ayudado a destruir y a dispersar a Israel, seguidos de cuatro carpinteros, que representaban a las naciones que castigarían a los opresores de Israel. Una vez más, el mensaje que se implica es que Israel estaba ahora libre de opresión, y por esto libre para reconstruir el templo.

Algunos eruditos creen que los cuatro cuernos/carpinteros representan a todas las naciones alrededor desde todos los cuatro puntos cardinales (comparar exposición sobre Sof. 2:4-15). Otros creen que representan los principales imperios mundiales, incluyendo los todavía futuros, como Roma, y que culminan en el reino milenario de Cristo (véase Dn. 2; 7).

2:1-13 *"¿Puede esta pequeña ciudad contener su fantástico futuro?"* Sofonías vio un hombre que medía Jerusalén. Un ángel declaró que Jerusalén pronto se desparramaría más allá de sus murallas, pero que Dios sería "muro de fuego" para proteger a todos sus moradores (2:1-5). El ángel de Jehová ("me", 2:8) llamó a los israelitas todavía en el exilio para que huyeran de sus tierras de cautividad, porque Dios juzgaría a aquellas naciones (2:6-9). Durante el milenio, cuando Dios venga a habitar con su pueblo, todas las naciones serán invitadas a unirse a ellos (2:10-12). La única respuesta adecuada a esta revelación es el silencio ante Dios (2:13; comparar Hab. 2:20; Sof. 1:7).

Muchos de los que permanecerían en Babilonia volverían a Judá con Esdras en el 457 a.C. o con Nehemías en el 445. La "niña" del ojo (2:8) es la pupila, la parte central del ojo, que así representa a la persona o a la cosa más amada.

Los profetas del AT profetizaron constantemente que los gentiles serían incluidos en el reino milenario, en cumplimiento de los aspectos universales del pacto abrahámico (2:11; véase Gn. 12:3; véase exposición sobre Is. 56:1-8). Sin embargo, esto en modo alguno disminuye la importancia de Israel ni su especial relación con Dios. Ellos seguirán siendo su "herencia" (2:12).

3:1-5 *Satanás: "¡Condénalo!" El Salvador: "¡Purifícalo!"* Mientras el sumo sacerdote Josué ministraba ante el ángel de Jehová, Satanás se le oponía (3:1; comparar Job 1:6-11; Ap. 12:10), y el Ángel (el Cristo preencarnado) vino en defensa suya (3:2). Mandó a sus ángeles que quitasen a Josué sus vestidos sucios y que lo revistieran de ropas de gala. Esta es una hermosa ilustración de la justificación: que Dios quita el pecado del creyente y pone en su lugar su justicia.

3:6-10 *La cuestión del pecado, ¡solucionada en un solo día!* El ángel prometió a Josué que, si mantenía su vida y su ministerio limpios, él exaltaría su ministerio terrenal y que incluso le daría un lugar en los planes futuros de Dios (3:6-7). Josué sería también una señal del Mesías venidero, el "siervo" o "Renuevo", que por su muerte en la cruz pondría literalmente fin al pecado "en un día" (3:9). Aún más lejano en el futuro vendrá su reino milenario, donde todos vivirán en paz, cada uno "debajo de su vid y debajo de su higuera" (3:10) (3:10; véase también Is. 36:16; Mi. 4:4).

El Renuevo significa la descendencia de Cristo en la línea davídica en cumplimiento del pacto davídico (véase 2 S. 7:8-16). Destaca de manera particular su humanidad, que surge de la raíz de Isaí (véase Is. 11:1). La obra de Josué y de los demás sacerdotes israelitas prefiguraron el sacerdocio de Cristo (véase He. 7:11—8:6).

4:1-14 *¿De dónde sale todo este aceite?* Zacarías vio una visión de un candelabro con siete lámparas, cada una de ellas con siete tubos que la proveían de aceite que procedía de dos olivos (4:1-3). Este abundante suministro de aceite representaba el poder del Espíritu Santo, que ayudaría a Zorobabel a acabar la reconstrucción del templo (4:4-6). Aunque el proyecto había permanecido inacabado durante 15 años (535-520 a.C.) y pudiera por esto parecer a Zorobabel como un "monte" (4:7), por el poder del Espíritu de Dios sería finalizado (4:8-9), para gran gozo de todo Israel (4:10), incluso para aquellos que habían "menospreciado" este nuevo templo como "el día de las pequeñeces" (4:10; véase Esd. 3:12; Hag. 2:3).

Los dos olivos que daban el abundante suministro de aceite representaban al gobernador Zorobabel y al sacerdote Josué, los dos hombres "ungidos" para dirigir a los exiliados que habían regresado (4:11-14). Para el Israel del futuro, representan la bendición universal de Dios para todas las naciones mediante el ministerio del

ZACARÍAS 3—5

EL ENFRENTAMIENTO EN EL CIELO (3:1-10)

La acusación —	Ir revestido de vestiduras viles
El acusado —	Josué y el pueblo de Jerusalén
El fiscal —	Satanás
El defensor —	El Renuevo — nombrado así cuatro veces en el Antiguo Testamento: • El Renuevo de David (Is. 11:1; Jer. 23:5; 33:15) Cumplimiento evangélico — Mateo • Mi Siervo el Renuevo (Zac. 3:8) Cumplimiento evangélico — Marcos • El varón cuyo nombre es el Renuevo (Zac. 6:12) Cumplimiento evangélico — Lucas • El Renuevo de Jehová (Is. 4:2) Cumplimiento evangélico — Juan
Josué purificado y tranquilizado	

EL CANDELABRO DE ORO Y LOS DOS OLIVOS (4:1-14)

Significado histórico	Puede referirse al equipo de ungidos de Zorobabel y Josué
Significado profético	Puede referirse al segundo equipo ungido de Elías y Moisés (véase Ap. 11:3-12)

EL ROLLO VOLANTE (5:1-4)

Significado	El juicio de Dios sobre la tierra. La humanidad ha roto toda la ley moral de Dios.	
Razón	Pecado de jurar	Contra Dios
	Pecado de robar	Contra el hombre

Espíritu y la venida del Mesías, que combina en sí los cargos de sacerdote y rey.

5:1-4 *Aquel veloz rollo en el cielo.* Zacarías vio un rollo enorme (la Ley) que volaba por el cielo, lo que significaba tanto para el Israel presente como para el futuro que Dios es bien capaz de quitar el pecado de su tierra a fin de cumplir sus planes para con ellos.

5:5-11 *Una mujer malvada en un efa (un cesto de mimbre ¿?).* Zacarías vio luego una mujer que le fue dicho que personificaba la Maldad. Fue echada en un cesto y llevada lejos, a Babilonia (heb. *Sinar*). Lo mismo que en la visión anterior, esa significaba la capacidad de Dios de eliminar de una manera simple y eficiente todo pecado de Israel, lo que implica una vez más que no tenía por qué haber nada que estorbase la edificación del templo. Para el Israel de los tiempos del fin, la visión revela un día que Dios quitará todo pecado y maldad del mundo y que gobernará sobre su pueblo redimido.

6:1-8 *¡Bajen, carros encantadores!* En su visión final de la noche, Zacarías vio cuatro carros arrastrados por caballos de varios colores, procedentes del cielo y que "recorrían la tierra", con cuya acción "hicieron reposar" el Espíritu del Señor, especialmente en lo tocante a "la tierra del norte". Esto sugiere que Babilonia había quedado completa y definitivamente juzgada, y que por esto el pueblo no debía abstenerse de reconstruir el templo. Para el Israel del futuro, la visión indica que Dios ha juzgado a todos los potenciales enemigos del reinado universal del Mesías.

6:9-15 *Una corona para el principal carpintero.* El Señor dijo a Zacarías que hiciera una corona para el sumo sacerdote Josué y que lo coronase, a la vez que lo proclamaba rey así como cabeza del esfuerzo de reconstrucción (6:9-13). Después, la corona sería guardada en el templo como memorial (6:14). La ceremonia mira más allá de la coronación de Josué a la venida del Mesías, el "Renuevo" (6:12; véase 3:8), que no solo edificará el templo milenario, sino que unirá en sí los cargos de sacerdote y rey. Los procedentes de "lejos", los gentiles, serán invitados a ayudar a construir este gran último templo (6:15; véase exposición sobre 2:1-13).

7:1-7 *"¿Y qué de nuestro ayuno del mes quinto?"* Dos años después (comparar 7:1 y 1:7), algunos de los judíos que habían regresado comenzaron a preguntarse acerca de si debían proseguir guardando un ayuno anual en el mes quinto, instituido durante la cautividad para conmemorar la destrucción del templo. Ahora que la cautividad había concluido y que el templo estaba siendo reconstruido, ¿no había perdido sentido este ayuno? (7:1-3). El Señor respondió preguntando si aquellos ayunos eran realmente una ocasión en la que se fijaban en él, o solo una excusa para tener una fiesta (7:4-6). Si en primer lugar sus antepasados le hubieran obedecido, ellos nunca habrían necesitado aquellos ayunos autoimpuestos (7:7).

Al responder a la pregunta de ellos, Dios mencionó también un ayuno en el mes séptimo que conmemoraba el asesinato de Gedalías, gobernador de Judá, después de la caída de la nación (véase 2 R. 25:25). Dios daría más adelante instrucciones acerca de esos dos ayunos (véase 8:19).

7:8-14 *"¡No sean como sus padres!"* Zacarías llamó al pueblo a mostrar la realidad de su fe siguiendo la justicia "conforme a la verdad" (7:8-10). Debido a que las generaciones pasadas habían rehusado firmemente hacer esto, perdieron su tierra y fueron llevados cautivos (7:11-14). La manera en que tratemos a aquellos que están cercanos a nosotros son indicativos de la profundidad de nuestra relación con Dios.

8:1-17 *¡Una ciudad y una nación bendecidas!* Zacarías anunció una serie de palabras alentadoras que Dios le había comunicado —y que serían plenamente cumplidas solo en el milenio— acerca del glorioso futuro de Israel:

- Dios ama profundamente a Israel (8:2).
- Él habitará en Jerusalén (8:3).
- Él proveerá seguridad para Jerusalén, de modo que tanto los niños como los ancianos puedan gozar de vidas felices (8:4-5).
- Él restaurará a su pueblo (8:6-8).
- Se acabará la reconstrucción del templo (8:9).
- La tierra será segura y próspera (8:10-15).
- Israel será una bendición para otras naciones (8:13-15).

Tras haber pronunciado esas bendiciones, Zacarías llamó una vez más a la nación a la obediencia y a la justicia (8:16-17; véase 7:8-10).

8:18-19 *"¡Fiestas, no ayunos!"* Sin ningún mandamiento directo de parte de Dios, los exiliados habían instituido cuatro ayunos anuales para conmemorar acontecimientos aciagos en su historia (véase exposición sobre 7:1-7). Dios les mandó ahora cambiar esas exhibiciones de falsa piedad que conmemoraban actos disciplinarios de Dios por fiestas alegres de amor y gozo que miran adelante a sus bendiciones.

El ayuno del mes décimo recordaba el inicio del asedio de Nabucodonosor contra Jerusalén en el 588 a.C. (véase 2 R. 25:1), mientras que la observancia del cuarto mes recordaba la ocasión en que se abrió la brecha en la muralla de la ciudad en el 586 (véase 2 R. 25:3-4). En la actualidad hay muchos judíos, especialmente los ortodoxos, que siguen observando esas cuatro fechas como ayunos.

8:20-23 *"¡Lo hemos oído! ¡Él está con ustedes!"* La prosperidad de Israel en el Milenio atraerá a gentes de todas las naciones que habrán oído de la bondad de Israel para con su pueblo. Israel será por fin para bendición para todo el mundo (véase Gn. 12:1-3).

LAS NACIONES Y EL MESÍAS (9—14)

9:1-8 *Juicio para los enemigos de Israel.* En 9—14, probablemente escrito muy posteriormente a 1—8, Zacarías ofrece vislumbres del futuro Mesías de Israel y del resplandeciente futuro que introducirá para su pueblo. En 9—11 se trata principalmente de su primera venida, mientras que 12—14 mira a su segunda venida y reino milenario.

Todas las naciones que se habían opuesto a Israel serán juzgadas. Siria, Tiro y Filistea se mencionan como representantes de esos enemigos. La orgullosa Tiro sería finalmente destruida por Alejandro Magno (9:2-4; véase 9:13; Ez. 26:7-21). Filistea sería purificada, restaurada y en último término incorporada a Israel durante el Milenio (9:4-7). El pueblo de Israel, sin embargo, sería protegido de todas las devastaciones de Alejandro Magno por medio de la protección personal de Dios (9:8).

Josefo registra la absorción de Filistea en Israel después de su derrota a manos de Alejandro. "Contra el que va, y contra el que viene" (9:8) concuerda con las hazañas de Alejandro, que dejó de lado a Israel de camino a Egipto y también a su vuelta.

9:9-10 *Su primera y segunda venida.* Israel debía regocijarse ante la venida de su rey —no de Alejandro, sino del Mesías— que vendría primero humilde (9:9) y luego exaltado (9:10). Ambas serían ocasiones de gran gozo para Israel. En su segunda venida, establecerá su reino universal, desterrará los artículos bélicos e impondrá una paz universal.

9:11-17 *De pisoteados a triunfantes.* Dios prometió salvar a Israel de todos sus enemigos. Los que seguían en el exilio no tenían por qué temer, porque Dios recordaría su pacto de sangre con Abraham (9:11-12; véase Gn. 12:1-3; 15:9-18). Los protegería del futuro imperio griego (9:13). Esta promesa se mantendría durante los días de los Macabeos en el siglo segundo a.C., pero su cumplimiento último tendrá lugar cuando el Mesías venga a la tierra para establecer su reino. Queda un futuro glorioso para el pueblo de Dios. Habían sido impotentes ante sus enemigos, como ovejas en medio de lobos. Ahora serían como joyas de la corona, enaltecidos como trofeo, para exhibición de su valor para Dios (9:14-17).

10:1-12 *El verdadero Pastor recoge a su rebaño.* Los falsos pastores de Israel ("terafines" y "adivinos") los habían llevado al extravío, y por esto fueron juzgados (10:2). El Mesías, su verdadero Pastor, hará invencible a Israel, más que a nivel de cualquier fuerza militar que pueda ir contra ellos (10:3-5). Él los recogerá del exilio (10:6-8) y experimentarán la regeneración nacional que se promete en el nuevo pacto (10:9; véase Jer. 31:31-34).

El hecho de que se recogerá a exiliados tanto de los reinos del norte ("Efraín") como del sur (10:6, 7, 10) indica que Zacarías tenía el Milenio en perspectiva. En aquel día, Israel ocupará la tierra desde el río Éufrates hasta el Nilo, en cumplimiento del pacto abrahámico (10:11-12; véase Gn. 15:18).

11:1-14 *El verdadero Pastor rechazado por su rebaño.* Vendrá un día, sin embargo, en el que Israel sufrirá de nuevo una gran devastación (11:1-3) debido a haber rechazado al Mesías (11:4-14). Zacarías "apacentó" simbólicamente al rebaño de Israel, que estaba condenado a la matanza por haber rechazado al Mesías (11:4-6). Zacarías llamó a sus cayados de pastor "Gracia" y "Ataduras", o "Favor" y "Unión" (11:7), simbolizando la misión del Mesías: atraer a la nación a sí mismo y protegerla y unirla a sí mismo y unos a otros. Tras haber sido rechazado por los falsos pastores de Israel, el Mesías los rechazó a su vez (11:8), rompiendo uno de sus cayados para simbolizar el rompimiento de su pacto con ellos (11:9-11). Ellos le mostraron la estima en que le tenían con el salario que le ofrecieron: 30 piezas de plata, el precio del más humilde esclavo (11:12-13; véase Mt. 27:3-10). Él respondió rompiendo su otro cayado, lo que simbolizaba la rotura de la unidad de Israel (11:14). Israel quedó desde luego desgarrada en luchas intestinas después de haber rechazado a Cristo, lo que condujo a su conquista por Roma en el 70 d.C., tal como se predice en 11:1-3.

11:15-17 *Un último falso pastor.* Tras haber rechazado a su verdadero Pastor, Israel sería gobernada por un "pastor insensato" (11:15-16), el anticristo de la gran tribulación (véase exposición sobre 2 Ts. 2:1-12 y sobre 1 Jn. 4:1-6). Pero éste no escapará al juicio de Dios (11:17).

12:1-9 *Judá triunfante.* "En aquel día", todas las naciones de la tierra se juntarán contra Judá, pero Judá prevalecerá contra ellos (12:1-7) de una manera tan patente que la intervención de Dios será evidente para todos (12:5). Judá parecerá tan abrumador como el fuego a la madera o al grano que consume (12:6). Judá será tan eficaz como en los tiempos de David, cuando el ángel de Jehová iba delante de su ejército (12:8-9).

12:10-14 *Judá arrepentida.* En aquellos últimos días, el Espíritu Santo cumplirá la regeneración de Israel (véase Jer. 31:31-34) y les hará recibir al Mesías a quien habían previamente rechazado. El Israel del milenio se dolerá personal y nacionalmente por lo que el Israel del primer advenimiento de Jesús le hizo (véase Jn. 19:37).

13:1 *Judá purificada en la fuente.* Así como todo Israel expresará un día su lamentación por su pecado (véase 12:10-14), así también tendrán acceso a una fuente purificadora (13:1). La fuente, naturalmente, es el Mesías mismo, que tomó sobre sí los pecados del pueblo. Es su sacrificio lo que hace una realidad la regeneración prometida por el nuevo pacto (véase Jer. 31:31-34).

13:2-6 *Judá, purificada de falsos profetas.* Toda idolatría y toda falsa religión serán eliminadas de entre el pueblo y de la tierra (13:2). Los falsos profetas recibirán la pena de muerte exigida por la ley (13:3; véase Dt. 13:6-10). Ni sus pretensiones de inocencia los salvarán (13:4-6).

13:7-9 *El Pastor herido, las ovejas esparcidas.* El verdadero pastor de Israel será herido, y su rebaño será dispersado. Más adelante, durante la tribulación, el anticristo matará a dos terceras partes de Israel. El tercio que sobrevivirá poblará en reino milenario. El pastor herido es a la vez Dios ("compañero mío") y hombre ("el hombre"). Jesús vería cumplida esta profecía cuando sus discípulos fueron literalmente "esparcidos" de Él justo antes que fuera "herido" en el Calvario (véase Mt. 26:31).

14:1-5 *Tribulación y triunfo.* En el "día de Jehová", que se refiere aquí a Armagedón, Jerusalén será saqueada y la mitad de su población será tomada cautiva (14:1-2). Cristo mismo vendrá entonces a pelear por Israel. Él plantará sus pies sobre el Monte de los Olivos, que se partirá de este a oeste, permitiendo la huida a los jerosolimitanos que queden (14:3-5). Luego el triunfante Cristo establecerá su reino de mil años (14:5).

14:6-8 *¡Decididamente, una clase diferente de día!* El establecimiento del reino de Cristo irá marcado por enormes cambios en la naturaleza, en los que el ciclo de día y noche se cambiará a un día continuo (14:6-7). Manarán aguas de Jerusalén hacia el este y el oeste, simbolizando una purificación y refrigerio espirituales para todo el mundo (14:8; comparar Ez. 47:1-12; Ap. 22:1-2).

14:9-11 *¡Rey sobre su creación!* El reinado del Mesías será universal, y él será universalmente adorado. Jerusalén será reconstruida y restaurada en su anterior gloria. Sus moradores habitarán en seguridad porque todo pecado habrá sido erradicado.

14:12-15 *La plaga más horrible de la historia.* Los enemigos de Judá se pudrirán literalmente debido a una plaga. El caos reinará mientras luchan entre sí. Los despojos de estas batallas serán para Judá.

14:16-19 *¡Sin adoración no habrá agua!* La fiesta de las cabañas será instituida de nuevo en el reino milenario, porque prefiguraba las cosas que se habrán cumplido en aquel tiempo (véase Lv. 23:33-44; Ap. 21:3). El descuido de esta fiesta será castigado con sequía. La población del milenio será regenerada, pero no glorificada. Seguirán teniendo su naturaleza de pecado, y experimentarán la disciplina de Dios siempre que sea necesario.

14:20-21 *"Santidad a Jehová".* Durante el milenio se borrará la distinción entre lo secular y lo sagrado. Hasta los artículos domésticos usuales serán considerados santos.

❖ ❖ ❖

PERSONAS A RECORDAR DE ZACARÍAS

ZACARÍAS
Hechos clave: Un profeta que tuvo mucho que decir de Cristo
Padre: Berequías
Muerte: Registrada en Mt. 23:35
Total de referencias bíblicas: 6
Referencias clave: 1—14; Esd. 5:1; Mt. 23:35

Habla Zacarías
El 24 de Sebat, ¡qué noche! Aquellas visiones del cielo descendieron sobre mí como un chaparrón de primavera. ¡Vi caballos, cuernos, carpinteros, cordeles de medir, carros, olivos, rollos y cestos voladores! Quizá la visión más vívida fue la de Josué ante Dios, ¡acusado por Satanás y defendido por el Mesías! (1:7-8, 18, 20; 2:1; 3:1; 4:3; 5:1, 6; 6:1).

En aquel tiempo pensé que nada podría sobrepasar a aquello. Pero esto fue solo un preludio de las revelaciones que tuve varios años más tarde. Pensemos en esto: Después de su venida, el Mesías será traicionado por treinta piezas de plata y será realmente muerto por su propio pueblo, ¡nuestro pueblo! Luego, más adelante, volverá al Monte de los Olivos, derrotará a sus enemigos, será reconocido por Israel, ¡y establecerá su glorioso reino! (7:1; 9:9; 11:12-13; 12:10-14; 14:1-4, 9).

¡Qué tiempo será aquel, cuando incluso unas cosas tan normales como las campanas en nuestros caballos serán consideradas santas para el Señor! (14:20-21).

Lecciones espirituales de Zacarías

- Satanás está siempre resistiendo activamente al pueblo de Dios (3:1; véase Job 1:6; Lc. 22:31; Ap. 12:10). Pero Cristo, en favor nuestro, está constantemente resistiendo sus esfuerzos (3:2-5; véase Lc. 22:32).
- Debemos apoyarnos en el poder del Espíritu Santo en todo lo que hacemos (4:6; véase Jn. 15:4-5).

Versículo clave
"Alégrate mucho, hija de Sion; da voces de júbilo, hija de Jerusalén; he aquí tu rey vendrá a ti, justo y salvador, humilde, y cabalgando sobre un asno, sobre un pollino hijo de asna" (9:9).

MALAQUÍAS

❖

TRASFONDO

Con el aliento de los profetas Hageo y Zacarías, el primer grupo de judíos que volvió de la cautividad acabó la reconstrucción del Templo alrededor del 516 a.C. Al regresar la segunda y tercera oleada de exiliados en el 457 y 445, Esdras y Nehemías dirigieron a la nación a un avivamiento espiritual. Alrededor del 432, Nehemías volvió a Babilonia por un tiempo, y cuando regresó a Jerusalén descubrió que las condiciones espirituales se habían deteriorado (véase Neh. 13). Se cree generalmente que Malaquías ministró alrededor de este tiempo, recordándoles el amor de Dios para con ellos, llamándolos al arrepentimiento, advirtiéndolos de juicio y prediciendo grandes bendiciones para aquellos que tuvieran el corazón en su sitio.

AUTOR

Malaquías (1:1). Se desconoce su biografía. Su nombre significa "mi mensajero" y aparece en 3:1 en traducción.

FECHA

Alrededor del 430 a.C. (véase *Trasfondo*).

PROPÓSITO

- Reprender la profanación de lo que es santo.
- Reprender el abuso de las relaciones humanas correctas.
- Anunciar tanto el juicio como la bendición del venidero "día de Jehová".

RASGOS SINGULARES

- Por su extensión, Malaquías incluye más preguntas (unas 25) que cualquier otro libro de la Biblia, incluso la quizá más famosa de todas: "¿Robará el hombre a Dios?" (3:8).
- Contiene el más famoso pasaje del AT acerca de dar (3:8-10).

—538 a.C.
Los primeros exiliados regresan a Judá

—430
Malaquías ministra a los exiliados que regresaron

—a. 300
Canon del AT completo, aceptado

—a. 146
Surgimiento de Roma

—5
Nacimiento de Cristo

COMPARACIÓN CON OTROS LIBROS DE LA BIBLIA

Apocalipsis:

- Tanto Malaquías como Apocalipsis, los últimos libros de sus respectivos Testamentos, concluyen con advertencias (4:6; Ap. 22:18-19).
- Ambos mencionan a Elías como testigo del advenimiento de Cristo:
  - La mención de Elías en 4:5 es probablemente una referencia a Juan el Bautista en el primer advenimiento y a Elías mismo en la segunda venida (véase más abajo).
  - Apocalipsis 11:3-6 parece indicar que Elías será uno de los dos testigos antes de la segunda venida de Cristo.

Toda la Biblia:

- El capítulo 4 mira atrás al AT y adelante al NT:
  - 4:4 mira atrás a Moisés y a la ley.
  - 4:5-6 mira adelante a Cristo y a su reino. Aunque 4:5 en su sentido primario se aplica a la segunda venida de Cristo, fue cumplido en un sentido secundario en su primera venida con Juan el Bautista. No hay mejor vínculo entre el AT y el NT que esos últimos tres versículos del último libro del AT.

BOSQUEJO

DECLARACIÓN DEL AMOR DE DIOS (1:1-5)
ESCARNIO CONTRA EL AMOR DE DIOS (1:6—3:18)
  El menosprecio de los sacerdotes por Dios (1:6-14)
  El menosprecio de los sacerdotes por el sacerdocio (2:1-9)
  El menosprecio del pueblo por el matrimonio (2:10-17)
  La venida de Juan el Bautista y de Cristo (3:1-5)
  ¿Robando a Dios? (3:6-12)
  ¿La piedad no beneficia para nada? (3:13-15)
  Los beneficios de la piedad (3:16-18)
EXHIBICIÓN DEL AMOR DE DIOS (4)

DECLARACIÓN DEL AMOR DE DIOS (1:1-5)

1:1-5 *Israel amado y preferido.* Malaquías comenzó su profecía declarando el amor de Dios hacia Israel, algo que Israel había dudado (1:2). El amor de Dios se veía claramente en su preferencia por Israel, los descendientes de Jacob, sobre Edom, descendientes de Esaú (1:2-5; véase Gn. 25:23; Ro. 9:10-13). La elección de Dios se hizo no sobre la base de la valía intrínseca de ambos hombres, sino sobre la base del propósito soberano de Dios. Véase exposición sobre Abdías.

ESCARNIO CONTRA EL AMOR DE DIOS (1:6—3:18)

1:6-14 *"¡Trata de darlos al gobernador!"* Después de haber establecido el amor de Dios por Israel, Malaquías mostró varias formas en las que Israel había escarnecido su amor (1:6—3:18). Los sacerdotes habían "menospreciado" a Dios al ofrecer sacrificios inaceptables, en directa violación de la ley (1:6-8; véase Dt. 15:21). Estaban tratando a Dios de una manera que no osarían hacer con un dirigente humano (1:8). Malaquías los llamó bien a que se arrepintiesen (1:9), bien a que dejasen de presentar ofrendas (1:10). Con sus sacrificios contaminados y formalismos vacíos demostraban su menosprecio por Dios (1:12-14). En cambio, viene el día en que el nombre de Dios será exaltado entre los gentiles (1:11).

2:1-9 *Sacerdotes infieles.* Malaquías continuó reprendiendo a los sacerdotes. Dios iba a enviar "maldición" sobre ellos y sus descendientes (2:1-3) porque habían quebrantado su pacto con Él, por el que les había prometido bendición para el sacerdocio por su obediencia y una maldición por su desobediencia (2:4-5; véase Nm. 25:10-13; Neh. 13:29). Los sacerdotes debían haber sido ejemplos en su forma de vivir con el Señor y veraces en su enseñanza para que el pueblo hubiera tenido un ejemplo apropiado (2:5-7). Pero habían fracasado en esta misión (2:8-9).

2:10-17 *Maridos infieles.* Los hombres israelitas, aunque pretendían que Dios era Padre de ellos, estaban profanando la institución del matrimonio repudiando a sus mujeres y tomando mujeres extranjeras. Con ello, quebrantaban su pacto con su primera esposa y cometían violencia contra ella (2:16) al privarla de la protección que ofrecía el matrimonio.

En tanto que la ley parecía permitir el divorcio en algunos casos (véase exposición sobre Dt. 24:1-4), en 2:16 se expresa la firme desaprobación de Dios de esta práctica (véase exposición sobre Mt. 19:1-12). Ni el divorcio ni la poligamia jamás han formado parte del plan de Dios. No son buenas bases sobre las que edificar familias piadosas, porque violan el pacto matrimonial (2:15). Los problemas matrimoniales siempre indican problemas espirituales subyacentes (2:10, 13-14).

No solo los israelitas habían intentado dar una buena apariencia a sus malos actos mediante su insincera piedad (2:13-14); se tomaban la lentitud de Dios en juicio como una aprobación de sus malos caminos (2:17). Esta manera de pensar "cansaba" a Dios, pero Él respondería en gracia enviado al Mesías (véase 3:1-5).

3:1 *El mensajero y el Mensajero.* El Señor dice que enviará a su "mensajero" (3:1), una palabra aplicada por tres escritores del NT a Juan el Bautista (véase Mt. 11:10; Mr. 1:2; Lc. 7:27). Él preparará el camino para el "Dios de justicia" a quien buscan (2:17), a Jesucristo, que "vendrá súbitamente a su templo" como "el ángel del pacto" (véase Jer. 31:31-34).

3:2-5 *Unos, purificados; otros, castigados.* Cuando venga el Mesías, Él ejercerá el juicio por el que Israel anhelaba (véase 2:17), pero no será contra los gentiles; Él juzgará a los impíos de Israel, especialmente a los sacerdotes (3:2-3). Un sacerdocio purificado ministrará de manera efectiva a una nación purificada (3:3-4). Los hechiceros y adúlteros, los que juran mentira, y los opresores, serán juzgados (3:5).

3:6-12 *"Deja de robar y comenzaré a suministrar".* Dios declaró su amor inmutable para Israel y los invitó a volver a Él (3:6-7), y luego se refirió a los diezmos y a las ofrendas como una de las maneras en que podrían hacerlo (3:8-12). Ellos habían retenido una parte de sus ofrendas, por lo que consideraban buenas razones (3:10). Pero con ello renunciaban a la soberana autoridad de Dios. Al robar a Dios, se habían privado a sí mismos de su bendición y provisión. ¿El remedio? Dar a Dios aquello que le pertenece por derecho y confiar en Él para la provisión de sus necesidades. ¡Nunca podrían superarle en materia de dar (3:10)!

3:13-15 *¿Que no hay beneficios de la piedad?* Muchos en Israel habían adoptado una perspectiva mundana. Les parecía que Dios favorecía a los malos mientras que los piadosos no cosechaban beneficios tangibles de su piedad (comparar Sal. 37; 73; Mt. 6:19-34; 1 Ti. 6:6).

3:16-18 *El diario más maravilloso del mundo.* En medio del declive espiritual de Israel había un remanente de personas atraídas entre sí por la obediencia al Señor. Dios no solo atendía a su culto sino que también, hablando figuradamente, escribió sus nombres en su "libro de memoria". Dios los llevaría a salvo a través de la tribulación y haría de ellos su especial tesoro. Dios siempre mantiene ante sí los nombres de aquellos que están en comunión con él.

EXHIBICIÓN DEL AMOR DE DIOS (4)

4:1-3 *El fuego del juicio, el Sol de Justicia.* "Viene el día ardiente como un horno" —esto es, la gran tribulación— cuando todos los malvados en Israel serán totalmente destruidos. Los justos, en cambio, se gozarán del calor del "Sol de Justicia", Jesús el Mesías (comparar Lc. 1:78).

4:4-6 *"¡Acuérdense de Moisés; prepárense para Elías!"* Malaquías acaba su profecía apremiando a Israel a observar la ley, y a esperar a la venida de Cristo y al establecimiento de su reino. El Elías prometido es mejor comprendido como Juan el Bautista (véase Mt. 11:13-14). Aunque no fue literalmente Elías, hizo la tarea de Elías, como el mismo Malaquías la había hecho. (Véase *Comparación con otros libros de la Biblia*)

❖ ❖ ❖

PERSONAS A RECORDAR DE MALAQUÍAS

MALAQUÍAS

Hechos clave: El último profeta registrado de Israel (1:1)
Total de referencias bíblicas: 1 (1:1)
Referencias clave: 1—4

Habla Malaquías

Por mandato de Dios, comencé mi profecía hablando de Jacob y de Esaú, y la terminé con referencias a Moisés y a Elías. ¡La triste verdad es que mi pueblo se parece más a Esaú que a ninguno de los otros tres! (1:2; 4:4-5).

Lo mismo que Esaú, hemos menospreciado nuestra primogenitura. Hemos insultado y robado a nuestro gran Rey (1:8, 14; 3:8; Gn. 25:34).

Pero Él sigue amándonos y en realidad registra nuestra devoción a él en un libro especial de recuerdo. ¡Asombroso! Pero aún más emocionante, nos contempla como preciosas joyas, que han de ser cuidadosamente recogidas y preservadas (1:2; 3:15-17).

Tal como comprendo el plan divino, Elías ayudará a preparar este glorioso día futuro, ¡cuando "nacerá el Sol de justicia, y en sus alas traerá salvación"! (4:2, 5-6).

Lecciones espirituales de Malaquías

- "¡Sí, Cristo me ama, la Biblia dice así!" Los santos del AT a menudo dudaban de esto (1:2; véase Gn. 42:36; Lm. 3:1-19). ¡Pero permanece el hecho de que Dios realmente nos ama! (véase Jer. 31:3; Jn. 3:16; Ef. 2:4).
- Las únicas ofrendas aceptables para Dios son aquellas que son a la vez "vivas" (Ro. 12:1) y amantes (1:6-9).

- ¡Piensa y habla cosas buenas acerca de Dios, para que tu devoción por Él quede registrada en su diario especial (3:16)!

Versículo clave
"He aquí, yo envío mi mensajero, el cual preparará el camino delante de mí; y vendrá súbitamente a su templo el Señor a quien vosotros buscáis, y el ángel del pacto, a quien deseáis vosotros. He aquí viene, ha dicho Jehová de los ejércitos" (3:1).

IMPORTANTES ACONTECIMIENTOS ENTRE LOS TESTAMENTOS

334 a.C.	—	Alejandro cruza el Helesponto
331 a.C.	—	Alejandro derrota a los persas
323 a.C.	—	Alejandro muere a los 32 años de edad en Babilonia
250 a.C.	—	Traducción de la Septuaginta
214 a.C.	—	Comienzo de la Gran Muralla de China
175 a.C.	—	Finalización de la literatura apócrifa
169 a.C.	—	Epífanes contamina el templo el 15 de diciembre
166 a.C.	—	Revuelta de los Macabeos
165 a.C.	—	Purificación del templo el 25 de diciembre
146 a.C.	—	Destrucción de Cartago por Roma y fin de las guerras púnicas
63 a.C.	—	Pompeyo conquista Jerusalén
44 a.C.	—	Julio César es asesinado en marzo
37 a.C.	—	Herodes es designado para gobernar Jerusalén
20 a.C.	—	Reconstrucción y ampliación del templo

MATEO

—5 a.C.
Nacimiento de Cristo

—8 d.C.
Visita el templo a la edad de 12 años

—26
Comienza su ministerio

—28
Escoge a los doce

—29
Alimenta a los 5.000, Muerte de Juan el Bautista

—30
Muerte, resurrección ascensión

TRASFONDO

Cuando Malaquías, el último de los profetas del AT, se desvaneció de la escena (a. 400 a.C.), Judea era una diminuta provincia de exiliados judíos que habían regresado y que vivían en relativa paz dentro del Imperio Persa. Cuando Alejandro Magno incorporó Persia como parte de su Imperio Griego (a. 333), las cosas siguieron relativamente pacíficas para Israel. Grecia incluso facilitó la traducción del AT al griego (la Septuaginta), a. 250 a.C.

El Imperio Griego fue dividido en cuatro después de la muerte de Alejandro. Israel fue dominada por la parte centrada en Egipto (los Ptolomeos) hasta el 198, época en la que cayó bajo el control de los Seléucidas de Siria. En el 171, el gobernante seléucida Antioco Epífanes comenzó una cruel campaña antijudía en la que dio muerte a decenas de millares de judíos y profanó el templo (véase exposición sobre Dn. 8:15-27) antes de ser derrotado por los judíos en el 165 (estos hechos están registrados en el libro apócrifo de 1 Macabeos).

En los últimos 150 años antes de Cristo, Roma fue gradualmente desplazando los cuatro reinos sucesores de Grecia como potencia mundial hegemónica. Hacia el 64 a.C., Roma controlaba Palestina. Cerca del año 40, Roma permitió a los edomitas Herodes gobernar la región. Con el mundo del Medio Oriente en relativa paz bajo Roma, y con la lengua griega como lengua común de mucha parte del imperio, había llegado la "plenitud del tiempo" (Gá. 4:4) para que Dios introdujera a su Mesías.

Mateo es uno de los cuatro relatos de la vida, muerte y resurrección del Mesías, Jesús de Nazaret. Esos cuatro primeros libros del NT son llamados los Evangelios, lo que significa "buenas noticias". Mateo, Marcos y Lucas son frecuentemente llamados los Evangelios "sinópticos" porque narran la historia de Cristo desde perspectivas similares (véase *Marcos: Fecha y lugar*).

Mientras Cristo estuvo en la tierra, Él y sus discípulos evangelizaron principalmente entre sus compañeros judíos, aunque su ministerio atrajo también a muchos gentiles. Antes de su ascensión, Cristo dejó claro que los gentiles debían también oír el evangelio (véase 28:19; Hch. 1:8). El libro de Hechos registra la entusiasmada respuesta de los discípulos, que llevaron las Buenas Noticias por todo el Imperio Romano. En su carta a los romanos, Pablo les explica cómo esta proclamación universal de Cristo cumplía la intención última de Dios de que todas las naciones fueran bendecidas y llegaran a la fe en él por medio de Israel, su pueblo escogido (véase Gn. 12:1-3).

AUTOR

Mateo, conocido también como Leví (Mr. 2:14), un recaudador de impuestos (9:9) que llegó a ser apóstol.

FECHA

Incierta. Algunos lo fechan a principios de los 50 d.C., mientras que otros le asignan una fecha a mediados de los 60. Véase *Marcos: Fecha y lugar.*

DESTINATARIOS

Los judíos que vivían en Palestina.

PROPÓSITO

Mateo escribió unos veinte años después de la muerte y resurrección de Cristo. La nación judía como un todo había rechazado sumariamente a Jesús como su Mesías. Mateo sabía que pronto sufrirían la destrucción de su vida nacional y religiosa (24:1-2). Mientras sufrían el opresivo yugo de Roma sin alivio en perspectiva, Mateo tomó la pluma para volver a presentar a Jesús a los judíos y para mostrarles que era verdaderamente lo que había afirmado ser, el Mesías, el Rey de Israel. Señaló al futuro, cuando Jesús volvería a la tierra y establecería su reino y cumpliría todas las promesas hechas a los patriarcas y a Israel. Hasta aquel tiempo, los seguidores de Jesús deberían darse a la tarea de hacer y bautizar discípulos y de enseñarles las cosas que Jesús les había enseñado (28:19-20).

RASGOS SINGULARES

- Mateo es el único de los Evangelios que contiene la palabra *iglesia* (16:18; 18:17).
- Mateo registra cinco grandes sermones de Jesús:
  - El Sermón del Monte (5—7)
  - La misión de los doce (10)
  - Las parábolas del reino (13)
  - Los siete ayes sobre los escribas y los fariseos (23)
  - El discurso del Monte de los Olivos acerca de los tiempos del fin (24—25)
- Mateo es el evangelio más sistemático, y agrupa cosas similares, como discursos, parábolas y milagros.
- Mateo destaca las recompensas y los castigos finales. Las palabras *juicio, infierno, hipócrita* o *¡Ay!* se encuentran en casi cada página.

EL CUÁDRUPLE RELATO EVANGÉLICO

	MATEO	MARCOS	LUCAS	JUAN
RETRATO DE CRISTO	Rey y como león	Siervo y asemejado a un buey	Persona perfecta y semejante a nosotros	Dios poderoso y asemejado a un águila
RECORDATORIO ANGÉLICO	Primer ser viviente como león	Segundo ser viviente como buey	Tercer ser viviente como hombre	Cuarto ser viviente como águila
ESTILO DEL ESCRITOR	Maestro	Predicador	Historiador	Teólogo
ÉNFASIS DEL ESCRITOR	Sus sermones	Sus milagros	Sus parábolas	Sus doctrinas
CULTURA DE LOS LECTORES ORIGINALES	Judíos 	Romanos 	Griegos 	El mundo 
REGISTRO GENEALÓGICO	Sí Mateo 1:1-17	No	Sí Lucas 3:23-38	No
Razón	Un rey debe tenerlo.	Un siervo no necesita	Una persona perfecta debería tenerlo	Dios no tiene
Raíz	Remonta el linaje real de David a través de su hijo Salomón		Remonta el linaje físico de David a través de otro hijo, Natán	
Fruto	Llega a José, el padre putativo de Jesús		Llega a María, la madre física de Jesús	
LUGAR PRINCIPAL DE ACTUACIÓN	Capernaum en Galilea			Jerusalén en Judea
DIVISIÓN DOBLE	Evangelios sinópticos— Destacan la humanidad de Cristo			Cuarto Evangelio: Destaca la deidad de Cristo

COMPARACIÓN CON OTROS LIBROS DE LA BIBLIA

Marcos:

- Mateo presenta a Jesús como rey; Marcos lo presenta como siervo.

Lucas:

- Mateo destaca el rechazo sufrido por Jesús; Lucas destaca la aceptación que recibe.

Lucas y Juan:

- Mateo (y Marcos) presentan a Jesús como la víctima de la crucifixión; Lucas y Juan lo presentan como el vencedor.

Apocalipsis:

- Mateo 24 ayuda a explicar los juicios de los sellos de Apocalipsis 6:1—8:1.

BOSQUEJO

LA PRESENTACIÓN DEL REY (1—4)

- Su genealogía: Linaje terrenal (1:1-17)
- Su nacimiento: Linaje celestial (1:18-25)
- Infancia y niñez (2)
- Bautismo (3)
- La tentación en el desierto (4:1-11)
- Comienzo de su ministerio; llamamiento a los cuatro discípulos (4:12-25)

LAS PROCLAMAS DEL REY: EL SERMÓN DEL MONTE (5—7)

- Las Bienaventuranzas (5:1-12)
- Sal y luz (5:13-16)
- La ley y el evangelio (5:17-48)
- Dar, oración, ayuno (6:1-18)
- Dinero y ansiedad (6:19-34)
- Juzgar y ser juzgado (7:1-6)
- Pidiendo, buscando, llamando (7:7-11)
- La Regla de Oro (7:12)
- Los dos caminos (7:13-29)

EL PODER DEL REY (8—10)

- Sanidades (8:1-17)
- Dejándolo todo para seguir a Cristo (8:18-22)
- Calmando el mar (8:23-27)
- Demonios y cerdos (8:28-34)
- El poder de perdonar pecados (9:1-8)
- El llamamiento de Mateo (9:9-13)
- Ayunando y festejando: lo viejo y lo nuevo (9:14-17)
- Sanidades (9:18-38)
- Selección y misión de los doce (10)

LA OPOSICIÓN AL REY (11—12)

- Una delegación de Juan el Bautista (11:1-19)
- Oposición de varias ciudades (11:20-30)
- Oposición de los fariseos (12)

LAS PARÁBOLAS DEL REY (13)
- El sembrador y la semilla (13:1-9, 18-23)
- El propósito de sus parábolas (13:10-17)
- El trigo y la cizaña (13:24-30, 36-43)
- La semilla de mostaza (13:31-32)
- La levadura (13:33-35)
- El tesoro (13:44)
- La perla de gran precio (13:45-46)
- La red barredera (13:47-50)
- Tesoros viejos y nuevos (13:51-52)
- Oposición en la ciudad de Cristo (13:53-58)

LAS REVELACIONES DEL REY A LOS SUYOS (14:1—16:12)
- La muerte de Juan el Bautista (14:1-12)
- La alimentación de los 5.000; andando sobre el agua (14:13-36)
- Advertencias sobre los fariseos (15:1-20)
- Sanidades (15:21-31)
- La alimentación de los 4.000 (15:32-39)
- Advertencias contra los fariseos (16:1-12)

LAS INSTRUCCIONES DEL REY A LOS SUYOS (16:13—20:34)
- La confesión de Pedro (16:13-20)
- La primera predicción de Cristo de su muerte (16:21-28)
- La transfiguración (17:1-13)
- Los discípulos fracasan en la curación de un endemoniado (17:14-21)
- La segunda predicción de Cristo de su muerte (14:22-23)
- El pago del impuesto del templo (17:24-27)
- Los hijos y el reino (18:1-14)
- Conflictos en la iglesia (18:15-20)
- El perdón; el siervo implacable (18:21-35)
- El divorcio (19:1-12)
- Los hijos y el reino (19:13-15)
- El joven principal rico (19:16-30)
- Los obreros en la viña (20:1-16)
- La tercera predicción de Cristo de su muerte (20:17-19)
- La grandeza en el reino (20:20-28)
- Jesús sana dos ciegos (20:29-34)

LA PRESENTACIÓN PÚBLICA Y EL RECHAZO DEL REY (21—23)
- La entrada triunfal (21:1-11)
- La purificación del templo (21:12-17)
- La maldición de la higuera (21:18-22)
- Parábolas acerca del rechazo de Cristo por parte de Israel (21:23—22:14)
- El pago de tributos a César (22:15-22)
- Enfrentamiento con los saduceos (22:23-33)
- El más grande mandamiento (22:34-40)
- ¿Es Cristo el Hijo de David? (22:41-46)
- Siete ayes sobre los escribas y los fariseos (23)

LA PRESENTACIÓN DEL REY (1—4)

NOTA: En los comentarios que siguen, las referencias cruzadas a pasajes paralelos en los otros Evangelios se dan entre corchetes ([]). Las cursivas entre corchetes, p.e., [*Mr. 5:1-20;* Lc. 8:6-39], indican que se encontrará un tratamiento más exhaustivo del pasaje en cuestión en la exposición para aquella referencia.

1:1-17 *Desde Abraham, el amigo de Dios, hasta Cristo, el Hijo de Dios.* Mateo comenzó su narración del Evangelio con la genealogía de Jesús a través de su padre terrenal, José. La genealogía se retrotrae a través del rey David hasta Abraham. Abraham, David y Cristo son mencionados al final de la genealogía lo mismo que al principio. Esto muestra que Jesús

- es heredero legítimo del trono de Israel (pacto davídico, véase 2 S. 7:4-16);
- cumple la promesa de Dios de que todas las naciones serían benditas por medio de Abraham (pacto abrahámico, véase Gn. 12:3). [Lc. 3:23-38]

La genealogía menciona cuatro mujeres aparte de María; cosa insólita en genealogías de la época. Mientras que muchos de los antecesores de Cristo dejaron mucho que desear, la inclusión de esas cuatro mujeres muestra de manera especial la gracia y soberanía de Dios para elegir a través de quién Él va a obrar:

- Tamar (véase Gn. 38:13-30), Rahab (véase Jos. 2:1) y Betsabé (véase 2 S. 11:1-5) habían cometido pecado sexual o habían sido víctimas de ello.
- Rut era gentil (véase Rt. 1:4).

1:18-25 *Buenas noticias para un prometido con problemas.* José, enfurecido con María, supo que estaba embarazada aunque no habían tenido relaciones sexuales. Suponiendo que le había sido infiel, pero siendo hombre "justo", José consideró divorciarse de ella discretamente para evitar exponerla a la vergüenza pública. Sin embargo, un ángel le reveló el origen sobrenatural del embarazo de María y que el hijo de ella sería el Mesías (véase Is. 7:14). Tranquilizado así, José se casó con María, pero se retuvo de tener relaciones sexuales con ella hasta que Jesús nació.

Obsérvese que el divorcio podía poner fin a un compromiso matrimonial así como a un matrimonio (1:19).

2:1-12 *"Los tres reyes de Oriente".* Tal como había sido predicho por Miqueas (véase Mi. 5:2), Jesús nació en Belén. Unos dos años después (comparar 2:7, 16), unos "magos" conducidos por una estrella llegaron para verle. Cuando preguntaron acerca del "rey de los judíos", Herodes se inquietó profundamente. Cuando le informaron de que la profecía indicaba que el joven rey había nacido en Belén (2:4-6), Herodes determinó cuándo había tenido lugar el nacimiento, dirigió a los magos a Belén y pretendió que quería saber dónde estaba el niño para poder ir él también a adorarlo.

Guiados una vez más por la estrella, los magos hallaron a Jesús, le ofrecieron dones, y, advertidos en contra de informar a Herodes del paradero del niño, volvieron a su país.

Los "magos" eran probablemente astrónomos. Dice la tradición que eran tres, probablemente fundada en los tres dones. La mirra, usada para embalsamar, puede haber significado la razón última del nacimiento de Cristo. La estrella era probablemente sobrenatural, porque evidentemente desapareció por un tiempo, lo que les hizo necesario pedir el paradero a Herodes.

2:13-15 *Su mudanza profética a Egipto.* Advertido por un ángel de que Herodes intentaría dar muerte a Jesús, José huyó con María y Jesús a Egipto, cumpliendo una profecía del AT (véase exposición sobre Oseas 11:1-7). Jesús reproduciría en su vida la vida de la nación de Israel, que se refugió en Egipto y que más tarde poseyó Canaán.

2:16-18 *La matanza de la que escaparon.* Al darse cuenta de que los magos habían huido sin darle el paradero del rey niño, Herodes se encolerizó e hizo dar muerte a todos los niños varones en Belén hasta los dos años de edad, esperando con ello dar muerte a Jesús (comparar 2:16 con 2:7). Este acontecimiento trajo a la mente de Mateo el lamento de Jeremías por los exiliados israelitas (véase exposición sobre Jer. 31:15-25). La sangrienta maniobra de Herodes concuerda con lo que la historia revela acerca de este hombre cruel que más adelante ordenaría la ejecución de su esposa y de tres de sus hijos.

2:19-23 *Más instrucciones de un ángel.* Por tercera vez se apareció un ángel a José, diciéndole esta vez que Herodes había muerto, de modo que él y su familia podrían volver a Israel. Un cuarto sueño les mandó que fuesen a la ciudad galilea de Nazaret en lugar de a Judea, debido a potenciales problemas con Arquelao, el hijo de Herodes. Esto, dice Mateo, cumplió la profecía del AT de que el Mesías sería llamado nazareno. La referencia profética no está clara, aunque puede involucrar la "vara" que saldría de "el tronco de Isaí" (Is. 11:1). *Nazareno* puede estar relacionado con *netzer*, que significa "vara". Esto estaría en armonía con el énfasis de Mateo en el linaje davídico de Cristo. O bien Mateo puede haber querido hacer una referencia más general a la naturaleza humilde de Cristo (véase Zac. 9:9; Jn. 1:46).

3:1-12 *"Arrepiéntanse, den fruto, y bautícense".* La historia salta ahora adelante 28 años hasta Juan el Bautista, que había sido designado para preparar el camino para Cristo (3:3; véase Is. 40:3-5; Lc. 1:13-17, 76). Juan se apareció como un extraño profeta en el desierto de Judea. Su singular vestimenta de cabello de camello puede haber recordado al pueblo acerca de Elías (véase 2 R. 1:8), en tanto que su dieta de langostas (3:4) puede haberle ayudado a identificarse con los pobres. Muchos respondieron al mensaje de Juan (3:5).

Su mensaje tenía dos argumentos:

- Arrepiéntanse (3:2).
- Prepárense para el reino de los cielos (3:2) y para el Mesías (3:3),

del que los profetas habían hablado (3:3).

La respuesta del pueblo fue también doble: confesión de pecado y bautismo en el río Jordán (3:5-6). Pero muchos de los líderes religiosos recibieron una severa advertencia de parte de Juan: Debían demostrar la realidad de su arrepentimiento antes de que él los bautizase (3:7-8). El mero hecho de descender de Abraham no los salvaría (3:9-10).

El venidero Mesías, dijo Juan, los bautizaría no solo con agua sino con el Espíritu Santo y con fuego (3:11-12; véase Hch. 1:5; 2:1-4). El fuego habla de la obra del Espíritu en juicio (véase Jn. 16:8-11). [Mr. 1:1-8; Lc. 3:1-20; Jn. 1:6-27]

3:13-17 *"¿Pero por qué debería bautizarte?"* Juan el Bautista bautizó obedientemente a Jesús, reconociendo a la vez que tenía necesidad de ser él purificado por Jesús, y no de la otra manera. Tanto el Padre como el Espíritu señalaron su aprobación de la acción de Cristo (comparar 17:5). [Mr. 1:9-11; Lc. 3:21-22; Jn. 1:31-34]

Jesús no fue bautizado para ser salvo, porque no necesitaba salvación. Este texto sugiere varios propósitos para su bautismo:

- identificarse con la proclamación de Juan de su venida
- mostrar a Juan que de hecho era el Mesías (véase Jn. 1:33)
- señalar el comienzo de su ministerio mesiánico
- identificarse como sacerdote de Israel (véase Lv. 8:6)
- proveer un ejemplo para que los creyentes lo sigan
- demostrar la relación y la aprobación de las otras personas de la Trinidad en su ministerio. De hecho, el bautismo de Jesús da una de las más claras ilustraciones de la doctrina de la Trinidad (véase exposición sobre Gn. 1:26-31), con
  - ► el Padre hablando desde el cielo (3:17)
  - ► el Hijo saliendo del agua (3:16)
  - ► el Espíritu Santo descendiendo del cielo (3:16)
- Varios teólogos han promovido una perspectiva "modalista" de la Trinidad, en la que Dios adopta una forma cada vez. Pero en el bautismo de Cristo aparecen a la vez todas las tres personas de la Trinidad.

4:1-11 *Pasando la prueba de la tentación.* Después de su bautismo, Jesús fue conducido al desierto por el Espíritu Santo (que había venido sobre él en su bautismo) para que fuese tentado por el diablo. A diferencia de Adán y Eva (véase exposición sobre Gn. 4:6), Jesús resistió con éxito a Satanás, mostrándose idóneo, como el Cordero de Dios sin tacha, para ser el perfecto sacrificio por el pecado (véase Jn. 1:29). En su tentación, Jesús venció tres clases de pecado (comparar 1 Jn. 2:16):

- Al rehusar satisfacer su hambre volviendo piedras en pan, venció al deseo del placer físico.
- Al rechazar el reto de Satanás de saltar desde el pináculo del templo, venció al orgullo de las propias posesiones.
- Al rechazar el ofrecimiento de Satanás de recibir los reinos del mundo, venció al deseo de todo lo que uno ve.

Jesús respondió a cada tentación citando las Escrituras, mostrando su propia familiaridad con las Escrituras y dando ejemplo a los creyentes que son tentados. [Mr. 1:12-13; Lc. 4:1-13]

4:12-17 *La luz de la deidad en la tierra de tinieblas.* Al oír que Juan el Bautista estaba en la cárcel, Jesús dejó Judea por Galilea. Galilea ocupaba los territorios tribales de Zabulón y Neftalí, de modo que la residencia de Jesús allí cumplió la profecía de que la tierra de ellos sería honrada con el amanecer de una gran luz (4:15-16; véase Is. 9:1-2). El mensaje de Cristo fue idéntico al de Juan el Bautista: Arrepentíos, porque se está acercando el reinado de Dios por medio del Mesías (4:17). [Mr. 1:14-15; Lc. 3:19-20]

4:18-22 *Los pescadores han de ser pescadores de hombres.* Jesús llamó a sus primeros cuatro discípulos, todos los cuales eran pescadores de hombres. Con el llamamiento vino una promesa: Ellos aprenderían cómo "pescar personas". Los cuatro respondieron a Cristo sin vacilar. [Mr. 1:16-20; Lc. 5:1-11]

4:23-25 *Bálsamo en Galilea.* Jesús viajó por toda Galilea, enseñando en las sinagogas, predicando, sanando y echando fuera demonios. Se extendieron las nuevas, y atrajo a grandes multitudes desde todas partes de Israel y de las regiones cercanas. Los judíos comenzaron a reunirse en sinagogas poco después de la destrucción del templo de Salomón en el 586 a.C. Nunca se pensó en ellas como sustitución del culto en el templo, sino que eran principalmente para enseñanza y oración.

LAS PROCLAMAS DEL REY: EL SERMÓN DEL MONTE (5—7)

5:1-12 *Una medida repleta de bendiciones.* Comúnmente llamado el Sermón del Monte, 5—7 incluye muchas enseñanzas memorables de Cristo. Aunque establece principios que se harán universales solo durante el Milenio, Jesús esperaba que los creyentes de su propio tiempo y también del nuestro, siguieran esos principios. El pasaje de 5:1-12 ha sido designado con el nombre "Las Bienaventuranzas" por estar constituido por ocho dichos que hablan de bendiciones o felicidad. La felicidad genuina, dijo Jesús, procede de:

- el reconocimiento de tu necesidad de Dios (pobreza espiritual) (5:3)
- el duelo por tus pecados (5:4)
- el sometimiento a la autoridad divina (5:5)
- el deseo de la justicia o rectitud (5:6)
- mostrar misericordia (5:7)
- mantener un corazón puro (5:8)
- trabajar para la paz (5:9)
- regocijarse frente a la persecución (5:10-12)

[Lc. 6:20-49]

5:13-16 *Luz que resplandece, y sal que sazona.* Los cristianos deben ser "sal" y "luz" para Dios. En aquellos tiempos, la sal se empleaba para impedir la corrupción, dar sabor y causar sed. Del mismo modo, los cristianos deben mantenerse contra la corrupción moral, mostrar el "sabor" de la gracia de Dios y fomentar la sed de la salvación. Como luz del mundo, los cristianos deben vivir y proclamar la verdad de Cristo (véase Fil. 2:14-15) para que otros lleguen a conocerle (5:16).

5:17-20 *El Hijo de Dios y la ley de Dios.* El propósito de Cristo no era abolir la ley sino cumplirla. La ley sobreviviría a los cielos y a la tierra. Cada mandamiento, incluso lo que se designa como "jota" y "tilde" (las letras más pequeñas y los signos ortográficos más diminutos) son por esto mismo significativos. Los discípulos de Cristo han de ser por tanto más justos que incluso los fariseos; norma que no puede cumplirse aparte de su obra en favor nuestro (véase Romanos 3:21-22).

5:21-48 *"Fue dicho . . . Pero yo os digo . . ."* Tras haber declarado su absoluta consideración para con la ley, Jesús pasó a mostrar cómo la verdadera intención de la ley iba mucho más allá de la superficial interpretación de los fariseos. Trató de diversos temas, destacando cada uno de ellos con una variación de "Antes se decía que . . . pero ahora yo digo . . ". La ley prohibía el asesinato, pero Jesús condena la ira como causa raíz del asesinato. No hay don aceptable para Dios si el dador está abrigando una ira no solucionada (5:21-26). Igualmente, el adulterio comienza con un deseo de pasión ilegítimo. Las pasiones pueden destruir el corazón. Deberían tratarse con presteza (5:27-30).

Una aplicación errónea de la ley había conducido a una actitud permisiva hacia el divorcio (5:31; véase Dt. 24:1-4). Una vez más, Jesús exige la adhesión a una norma más elevada (5:32; véase exposición sobre 19:1-12).

Mientras que la ley permitía el uso de votos y juramentos (véase Lv. 19:12; Nm. 30:2; Dt. 23:21-23), una persona honrada no tendría que apoyarse en ellos para respaldar su palabra (5:33-37; véase Stg. 5:12). El principio mosaico de ojo por ojo se aplicaba frecuentemente en mal sentido como licencia para la venganza (5:38; véase exposición sobre Lv. 24:17-22). En lugar de ello, lo que debería distinguir la conducta cristiana es la no resistencia al mal (5:39), ir una milla adicional (5:40-41) y el amor a los enemigos (5:43-48).

6:1-18 *La buena y la mala manera de dar, orar y ayunar.* Las buenas acciones (6:1-4), la oración (6:5-15) y el ayuno (6:16-18) se hacen mejor en secreto, para evitar el orgullo espiritual.

En 6:9-13 tenemos lo que comúnmente se designa como la oración del Señor, que es realmente la oración de los discípulos, una guía para las oraciones de los creyentes. No debe repetirse una y otra vez (6:7-8). Más bien, da principios para la comunicación con Dios. Sus palabras demuestran:

- fe en Dios (6:9)
- adoración a Dios (6:9)
- esperanza en Dios (6:10)
- sumisión a Dios (6:10)
- petición para nosotros (6:11)
- confesión de pecados (6:12)
- dependencia de la gracia de Dios (6:12)
- compasión hacia otros (6:12)
- dependencia del poder de Dios (6:13)
- reconocimiento de la soberanía de Dios (6:13)

En 6:5-6 no se prohiben todas las oraciones públicas, por cuanto Jesús y sus discípulos oraban en público (véase 11:25; Lc. 3:21; Jn. 17).

6:19-24 *El único banco que está totalmente asegurado.* Los tesoros terrenales son inseguros y corruptibles, mientras que el tesoro eterno es seguro e incorruptible (6:19-20). Los cristianos deberían poner el énfasis en este último, para conseguir un corazón dedicado a las cosas eternas (6:20-21). La codicia puede infectar la vida entera de una persona (6:21-23). Uno debe escoger entre Dios y el dinero; no se puede servir a ambos a la vez (6:24).

6:25-34 *La respuesta a la ansiedad.* Para el creyente, la preocupación y la ansiedad carecen de sentido. Dios alimenta a las aves y viste a las flores (6:26, 30). La ansiedad no resuelve nada (6:27). En lugar de inquietarnos, deberíamos mostrar fe buscando a Dios y confiando en que él suplirá a nuestras necesidades (6:33-34).

7:1-6 *Los que juzgan se arriesgan a ser juzgados.* La persona que juzga se arriesga a ser juzgada con la misma vara de medir (7:1-2) y a menudo exhibe el mismo pecado por el que condena a otras personas (7:3-4). Solo después de haber afrontado el propio pecado puede uno tener la penetración espiritual para ayudar a otros pecadores (7:5). Solo Dios puede juzgar; con todo, es deber de los cristianos hablar contra el pecado (véase 7:15-20 y exposición sobre 1 Co. 5:9—6:11) y ejercitar sabiduría al tratar con los que rechazan la verdad (7:6).

7:7-11 *¡Pide a Dios, y Él te responderá!* Los creyentes nunca deberían vacilar en buscar las más ricas bendiciones de Dios (7:7-8), porque la generosidad de Dios para con sus hijos excede con mucho a nuestra comprensión humana de la generosidad (7:9-11).

7:12 *Todas las reglas conducen a una regla.* Deberíamos tratar a los demás de la misma manera en que deseamos ser tratados. Si seguimos este principio, a menudo llamado la Regla de Oro, podemos estar confiados en que estamos guardando la ley de Dios (comparar exposición sobre 22:34-40; Gá. 5:13-15).

7:13-27 *Cuatro miradas a los dos caminos.* Al llegar el Sermón del Monte a su fin, Jesús expuso cuatro contrastes entre los que le aceptan y los que le rechazan:

El camino menos concurrido (7:13-14). El camino a la destrucción es ancho y muy concurrido. La puerta a la vida es estrecha y poco usada. Más gente se perderán la vida eterna de las que la alcanzarán.

Solo dos clases de árboles (7:15-20). Muchos de los que pretenden hablar en nombre de Dios son falsos profetas. La vida de verdadero profeta respaldará su mensaje. Comparar 7:17-19 y 12:33.

No todos los que profesan poseen (7:21-23). Una cosa es profesar conocer y servir a Dios (7:21-22); otra muy distinta es ser conocidos por Dios (7:23). Los que son aceptados por Dios son los que hacen su voluntad al recibir a su Hijo (véase Jn. 6:28-29).

Fundamentos firmes y fundamentos falsos (7:24-27). Los que oyen las palabras de Cristo pero en la práctica dejan de aplicarla edifican sobre la arena (comparar Stg. 1:22). Las tempestades de la vida demostrarán qué dirección se ha escogido.

7:28-29 *"¡Este maestro es diferente!"* La gente estaba asombrada ante el tono de autoridad de las enseñanzas de Jesús. Era diferente de los escribas, que podían solo citar la autoridad de los anteriores maestros para apoyar sus opiniones.

EL PODER DEL REY (8—10)

8:1-4 *Un leproso sanado.* Inmediatamente después de acabar sus enseñanzas en el monte, Jesús se encontró con un leproso, lo sanó y le mandó que no dijese nada a nadie acerca de su curación; la primera de varias veces que Jesús demandaría esta confidencialidad. El leproso sanado debía presentarse al sacerdote para su purificación (véase v. 14:1-32). Mateo explicaría posteriormente la razón de que Jesús rehuyera la publicidad (véase exposición sobre 12:15-21). Los relatos paralelos de Marcos y Lucas revelan, sin embargo, que el leproso desobedeció las instrucciones de Cristo y que habló a otros abiertamente de su curación, como lo harían muchos otros a los que les había sido mandado no hablar (véase 9:30-31; Mr. 7:36). [Mr. 1:40-45; Lc. 5:12-16]

8:5-13 *¿Más fieles que su propio pueblo?* Un centurión romano pidió a Jesús que sanase a su siervo. Jesús concedió la sanidad y encomió la fe de este gentil a la vez que condenaba la incredulidad de Israel (8:10-12). *[Lc. 7:1-10]*

8:14-17 *Una curación lleva a muchas más.* Jesús sanó a la suegra de Pedro, lo que llevó a que muchas más personas enfermas y poseídas de demonios buscasen ser sanados. La referencia de Mateo a Isaías 53:4 ha llevado a muchos a creer que la sanidad física forma tanta parte de la expiación de Cristo como la misma liberación del pecado. En tanto que la enfermedad y la muerte son ciertamente resultado de pecado y quedarán finalmente erradicados por la expiación del pecado obrada por Cristo, tanto la Escritura (véase 1 Co. 15:51-54; Ap. 21:4) como la experiencia dan testimonio de que esto no se conseguirá de manera plena hasta a segunda venida de Cristo. [Mr. 1:29-34; Lc. 4:38-44]

Observemos que Pedro, a quien el

catolicismo romano reivindica como primer papa, estaba casado.

8:18-22 *Solo los entregados pueden presentarse.* Jesús presentó un desafío a la dedicación de los dos que se presentaban como discípulos. Ni la pérdida de las comodidades físicas ni la interrupción de los lazos familiares son razones válidas para dejar de seguir a Cristo. [Lc. 9:57-62]

8:23-27 *"¡Hasta el viento y el mar le obedecen!"* Mientras Cristo estaba con sus discípulos en el Mar de Galilea, una tempestad amenazó con hacer volcar la barca en que iban, pero por mandato de Cristo fue calmada. Evidentemente, Dios usó esta experiencia para poner a prueba la fe de los discípulos (8:26). Se sintieron debidamente impresionados por el control de la naturaleza por parte de Cristo (8:27). [Mr. 4:35-41; *Lc. 8:22-25]*

8:28-34 *Un milagro espantoso.* Al otro lado de Galilea, Jesús se vio confrontado por dos hombres endemoniados. La notoria curación que Jesús llevó a cabo espantó a la gente de la región. [*Mr. 5:1-20;* Lc. 8:26-39]

9:1-8 *"¡Sé perdonado! ¡Sé sano!" ¿Qué es más fácil?* Cuando algunos escribas acusaron a Jesús de blasfemia por perdonar los pecados de un paralítico, Jesús exhibió su autoridad y poder para perdonar pecados haciendo andar al hombre. Los espectadores quedaron asombrados. [*Mr. 2:1-12;* Lc. 5:17-26]

9:9-13 *De recaudador de impuestos a apóstol.* Mateo observó su propio llamamiento al discipulado, que fue seguido de una confrontación entre Jesús y los fariseos por asociarse con los poco apreciados amigos de Mateo. Los recaudadores de impuestos no eran apreciados en tiempos de Jesús, ¡como tampoco lo son en la actualidad! Eran clasificados entre los "pecadores" (9:10-11). Jesús empleó esta ocasión para destacar que había venido como médico para sanar a los pecadores. Rechazó la práctica de los fariseos de separarse personalmente de gente indeseable, lo que les daba pocas oportunidades de hacer convertidos. [Mr. 2:13-17; Lc. 5:27-32]

9:14-17 *¿Por qué ayunar cuando puedes festejar?* Cuando le preguntaron por qué sus discípulos no ayunaban, Jesús contestó que en tanto que él estuviera físicamente presente en medio de ellos, debían celebrar (9:14-15). Él no había meramente venido a parchear o a reformar un judaísmo legalista, sino a introducir algo nuevo (9:16-17): la salvación por la gracia mediante la fe. [*Mr. 2:18-22;* Lc. 5:33-39]

9:18-26 *El borde de su manto, el toque de su mano.* Mientras Jesús iba de camino a visitar a un principal cuya hija estaba enferma, una mujer con una hemorragia tocó su ropa y fue sanada. Jesús prosiguió luego a la casa del principal y resucitó a la hija del mismo, que había muerto antes que llegara. Como resultado, su fama se extendió por todos los alrededores. [*Mr. 5:21-43;* Lc. 8:40-56]

9:27-31 *Dos ciegos fieles y agradecidos.* Dos ciegos clamaron pidiendo misericordia, usando el título mesiánico "Hijo de David". Reconociendo su fe, Jesús les restauró la vista. Como en el caso del leproso (véase 8:1-4; Mr. 1:45), los ciegos desobedecieron las instrucciones de Cristo de no dar a conocer su curación.

9:32-34 *Un milagro, dos respuestas.* Jesús sanó a un mudo debido a posesión demoníaca. La curación trajo dos respuestas muy encontradas:

- Las multitudes se maravillaron.
- Los fariseos atribuyeron la curación a Satanás.

Este incidente muestra la capacidad de Satanás y de sus demonios de infligir padecimientos físicos a los humanos, aunque tal cosa nunca suceda fuera de la voluntad soberana de Dios (véase exposición sobre Job 1:6-12; 2:1-8).

9:35-38 *Ovejas sin pastor, grano sin segadores.* Al continuar Jesús con su predicación y curación, sintió una profunda preocupación por las multitudes sin dirección espiritual. Explicó a sus discípulos que muchos estaban listos para ser "cosechados" para el Reino.

10:1-15 *El llamamiento y el comisionado de los doce.* Jesús escogió a doce de sus seguidores para que fuesen "apóstoles" (10:2) y les dio una misión específica: proclamar a Israel el advenimiento del Mesías y de su Reino (10:6-7). En aquel tiempo no debían evangelizar a los gentiles, ni siquiera a los samaritanos (10:5). Jesús les dio autoridad para sanar enfermedades y echar fuera demonios (10:8). No debían tomar dinero ni suministros adicionales, sino vivir por fe, dependiendo de la generosidad de aquellos que respondieran a su ministerio (10:9-10), a la vez que advertían simbólicamente a los que los rechazaban (10:11-15). [Mr. 3:13-19; 6:7-13; Lc. 6:12-16; 9:1-6]

Apóstol significa "mensajero". Aunque generalmente es una designación técnica referida a los doce, el NT aplica también el término a misioneros en general (véase Ro. 16:7) y al mismo Jesús (véase He. 3:1).

10:16-42 *El llamamiento y la comisión de todos los discípulos.* Las instrucciones adicionales de Cristo a los doce son de aplicación a sus discípulos a lo largo de la historia. Algunas de sus palabras parecen proféticas de los intensos sufrimientos de los fieles durante la Gran Tribulación (véase 10:23). Los discípulos deben estar preparados para la persecución (10:16-26, 34-36), dedicados a Cristo de manera plena (10:37-38), e intrépidos en su testimonio para él (10:27-33). Los que los reciban con bondad tendrán galardón (10:40-42).

"Beelzebú" (10:25), derivado del nombre de una deidad cananea (véase exposición sobre 2 R. 1:1-8), era una designación común de los judíos para Satanás.

LA OPOSICIÓN AL REY (11—12)

11:1-19 *Tranquilizando al impar profeta.* Juan el Bautista, encadenado en una tenebrosa mazmorra, probablemente con poca comida y agua, estaba evidentemente abrigando dudas acerca de aquel a quien había proclamado como el Cordero de Dios, de modo que mandó a sus discípulos a pedir a Jesús si verdaderamente era el Mesías (11:1-3; véase Jn. 1:29). La respuesta de Jesús fue solo de ánimo para Juan, y ninguna reprensión (11:4-6). Pasó luego a encomiar el ministerio de Juan y a confirmarlo sobre la base de la profecía del AT (11:7-15) y a reprender a la veleidosa multitud por sus inconsecuentes respuestas a Juan y a Él mismo (11:16-19). [*Lc. 7:18-35*]

El encomio de Cristo al dubitativo Juan muestra que las dudas intelectuales no necesariamente afectan a la relación de uno con Cristo. Cristo comprende la fragilidad humana (véase 26:41). La inconsecuencia de la multitud muestra la insensatez de siempre tratar de agradar a todos.

11:20-24 *Tres ciudades condenadas por complacerse en ellas mismas.* Jesús denunció a tres ciudades por nombre, en las que Él había efectuado la mayor parte de sus milagros, y las reprendió severamente por su carencia de respuesta. Su suerte será peor que la de Sodoma. [*Lc. 10:13-16*]

11:25-27 *Oculto a los arrogantes, mostrado a los humildes.* Jesús agradeció a su Padre celestial por favorecer a los humildes en su revelación de la verdad (11:25-26). La verdad acerca de Dios viene solo por revelación (11:27); por esto, los orgullosos de su propia erudición, como los dirigentes judíos de los tiempos de Jesús, son incapaces de ver verdades que hasta los niños pequeños pueden ver.

11:28-30 *El intercambio: Bendiciones a cambio de cargas.* Describiéndose a sí mismo como manso y humilde, Jesús invitó a todos los que lo desearan que acudiesen a Él para hallar descanso. Los fatigados, especialmente bajo la carga del pecado, descubrirán que Cristo es un amo fácil. Ésta es la única descripción que Cristo hace de sí mismo en las Escrituras.

12:1-8 *Señor del sábado.* Los fariseos criticaron a los discípulos de Cristo por recoger grano en sábado, considerando que era una violación de la ley. Jesús citó dos ejemplos del AT para mostrar que no era necesario interpretar la ley en un sentido tan estricto:

- David y sus hombres comieron pan consagrado porque tenían hambre (12:3-4; véase exposición sobre 1 S. 21:1-7).
- Los sacerdotes trabajan en sábado sin violar la ley (12:5).

En realidad, los fariseos basaban sus críticas no en la ley misma, sino en interpretaciones rabínicas de la ley. Yendo más allá de los precedentes legales, Jesús presentó otros dos importantes temas:

- El deseo predominante de Dios de misericordia debería guiar toda interpretación de la ley (12:7; véase 9:13; 1 S. 15:22; Os. 6:6)
- Como Señor del sábado, Jesús tenía derecho a definir su verdadero significado.

[Mr. 2:23-28; Lc. 6:1-5]

12:9-14 *Sanando en sábado . . . ¡y en la sinagoga!* Tras haberse declarado Señor del sábado, Jesús desafió a los fariseos sanando en sábado justo en la sinagoga de ellos, señalando que hasta un fariseo rescataría en sábado a una oveja que peligrase. Enfurecidos por las acciones de Cristo, los fariseos comenzaron a tramar su muerte. [Mr. 3:1-6; Lc. 6:6-11] Comparar Lc. 13:10-17; 14:1-6.

12:15-21 *El Siervo de Dios sirviendo calladamente.* Jesús se apartó de aquella región, pero muchos le siguieron y Él "sanaba a todos". Una vez más advirtió a todos los sanados que no difundieran sus curaciones (véase 8:1-4; 9:27-31; 16:20; 17:9). La reticencia de Cristo recordó a Mateo el pasaje de Isaías 42:1-4, que predecía que el verdadero Mesías no guerrearía abiertamente contra sus enemigos, sino que obraría calladamente como Siervo de Dios (12:18-21). Pero su callado ministerio conduciría sin embargo a la victoria (12:20). En tanto que los dirigentes de su propio pueblo le rechazaban, Cristo cumpliría la profecía de Isaías presentando el evangelio a los gentiles (12:18, 21; véase 28:19). [Mr. 3:6-12]

12:22-30 *¿Cómo puede sobrevivir un reino dividido?* Cuando Jesús sanó a un ciego y mudo, de nuevo hubo reacciones sumamente encontradas (12:22-24; comparar 9:32-34):

- Las multitudes comenzaron a sospechar que Jesús era ciertamente el prometido Mesías;
- Los fariseos atribuyeron su poder de sanidad a Satanás.

A las acusaciones de los fariseos, Jesús repuso que,

- si Él estuviera sanando por el poder de Satanás, el diablo estaría enfrentándose a sus propios propósitos (12:25-26).
- tendrían que presentar las mismas acusaciones contra sus propios exorcistas judíos (12:27).
- el milagro ciertamente mostraba el poder de Dios sobre Satanás (12:28), porque, ¿cómo podría al-

guien destruir una obra de Satanás como la enfermedad, sin antes "atarlo" (12:29).

Todos los que quieran unirse a Cristo en su batalla contra Satanás han de tener muy claro de qué lado están (12:30). [Mr. 3:20; Lc. 11:14-23]

12:31-32 *Calumniando al Espíritu: El pecado imperdonable.* Al acreditar a Satanás las obras que Cristo llevaba a cabo por el Espíritu Santo, los fariseos habían cometido un pecado imperdonable. Mientras que este pecado en concreto solo puede haber sido posible cuando Cristo estaba físicamente presente en la tierra, en un sentido más amplio no queda esperanza para quien rechaza de manera persistente la obra de convicción del Espíritu (véase exposición sobre He. 10:26-31). [Mr. 3:28-30]

12:33-37 *Mala raíz, mal fruto.* Las malvadas palabras de los fariseos, dijo Jesús, solo revelaban el mal en sus corazones. Hasta nuestras palabras ociosas y descuidadas serán juzgadas, por cuanto son reflejo de nuestros corazones.

12:38-42 *Sus jueces: Un profeta, una ciudad y una reina.* Aunque ya habían visto a Jesús llevar a cabo muchos milagros, los fariseos pidieron otra señal de su parte para que demostrase sus afirmaciones mesiánicas. Reprendiéndolos por su persistente incredulidad, Jesús les recordó el milagroso escape de Jonás del gran pez, y en una velada profecía comparó aquello con su propia próxima muerte y resurrección. En el juicio, esos fariseos, tan justos a su propio parecer, serán hallados faltos en presencia de gentiles que exhibieron una verdadera fe. [Lc. 11:29-32]

12:43-45 *Reforma sin regeneración significa condenación.* Quizá recordando a los muchos que él había liberado de demonios, Jesús observó que tal purificación es inútil excepto si lleva a una purificación con el Espíritu Santo. [Lc. 11:24-26]

12:46-50 *La verdadera familia de Dios.* Cuando Jesús oyó que miembros de su familia natural lo estaban buscando, usó la ocasión para enseñar que aquellos que le aceptan como Mesías pueden gozar de una relación con él que trasciende a los vínculos terrenales. [Mr. 3:31-35; Lc. 8:19-21]

LAS PARÁBOLAS DEL REY (13)

13:1-9, 18-23 *El sembrador, la semilla y los suelos.* Tras haber sido rechazado por los dirigentes judíos, Jesús enseñó a sus discípulos acerca del reino de los cielos. En la primera parábola, un sembrador (Cristo) echa semilla (la Palabra de Dios) en cuatro clases de suelo (corazones humanos). Jesús explicó más adelante el significado de cada suelo (13:18-23), mostrando que la entrada al reino de Dios es cuestión de respuesta individual. [Mr. 4:1-20; Lc. 8:4-15]

13:10-17 *El propósito de sus parábolas.* Mientras contaba la parábola del sembrador, Jesús se detuvo para explicar por qué empleaba tales simbolismos en su enseñanza. Aunque el significado de su explicación ha sido muy debatido, aparentemente Jesús buscaba que sus sencillas imágenes verbales confirmase a las personas en su respuesta hacia él: Los inclinados a creer encontraban en las parábolas un aliento a su fe; los inclinados a rechazar a Cristo se verían confirmados en su incredulidad, tal como había sido predicho por Isaías (13:14-15; véase Is. 6:9-10). Sin embargo, véase exposición sobre Mr. 4:21-25.

13:24-30, 36-43 *Plantas malas de Satanás en el campo del Salvador.* Un sembrador (Cristo) sembró buena semilla (creyentes) en el campo (el mundo). Un enemigo (el diablo) sembró cizaña (incrédulos) en el mismo campo. Ambos crecieron juntos y apenas se podían distinguir entre ellos hasta el tiempo de la cosecha (el juicio). Solo Dios conoce los corazones de los que profesan fe en él.

13:31-32 *Como la poderosa semilla de mostaza.* El Reino de los Cielos, dijo Jesús, sería como una diminuta semilla de mostaza, que crece hasta dar una planta de 5 metros de altura. El Reino de Dios comenzaría pequeño, pero se extendería hasta cubrir todo el mundo. [Mr. 4:30-32; Lc. 13:18-19]

13:33-35 *La levadura y el reino de los cielos.* El reino de los cielos es como levadura, un poco de la cual afecta rápidamente a una gran cantidad de masa. Los eruditos interpretan esta parábola en una de dos formas:

- La levadura representa la influencia positiva del Reino en la sociedad, o
- la levadura representa la penetrante influencia del mal que el Reino tendrá que combatir.

Aunque la levadura podría significar algo bueno en este contexto, en la Biblia se usa generalmente para representar el mal (véase 16:6; 1 Co. 5:6-8; Gá. 5:9). [Lc. 13:20-21]

Mateo hace observar de nuevo el uso que hace Cristo de las parábolas, viendo en ello un cumplimiento de la profecía (13:34-35; véase 13:14-15; Sal. 78:2).

13:44-46 *Hallando una fortuna, en tierra y mar.* Dos breves parábolas describen a personas que venden todo lo que tenían para comprar un tesoro. Se han ofrecido dos interpretaciones:

- Los tesoros son el Reino, y los anhelantes compradores son creyentes que reconocen su gran valía, o
- Los tesoros son Israel o la iglesia, y el comprador es Cristo, que lo da todo para adquirirlos.

La segunda interpretación se corresponde con frecuentes referencias del AT a Israel como especial tesoro de Dios (véase Éx. 19:5; Dt. 14:2; Sal. 135:4).

13:47-50 *Seleccionando lo pescado.* Así como una red atrapa peces buenos y malos, habrá muchos asociados con el Reino que no son verdaderos creyentes. Solo en el juicio se conocerá su verdadera identidad (comparar la exposición sobre 13:24-30, 36-43).

13:51-52 *Un hombre instruido y su tesoro.* Jesús acabó sus parábolas comparando a la persona que las comprendía con una persona que valora las cosas viejas y nuevas, significando que las verdades reveladas antes de la época de Cristo deberían ser atesoradas junto con las verdades que Cristo revelaba (comparar exposición sobre 5:17-20).

13:53-58 *¡No es el héroe de su ciudad!* Aunque la gente en la ciudad de Cristo estaba impresionada por sus enseñanzas, su familiaridad con sus humildes raíces los llevaron a despreciar y rechazar sus afirmaciones mesiánicas. [Mr. 6:1-6] Lucas nos habla de un anterior rechazo de Cristo en Nazaret (Lc. 4:16-30).

LAS REVELACIONES DEL REY A LOS SUYOS (14:1—16:12)

14:1-12 *Su danza trae muerte.* En una memoria retrospectiva, Mateo cuenta cómo Juan el Bautista había sido encarcelado y martirizado. Juan había reprendido a Herodes (Antipas) por haberse casado con Herodías, esposa de su hermano aún vivo Felipe. La persistencia de Herodías y la danza seductora de su hija persuadieron a Herodes, en contra de su mejor criterio, para ordenar la ejecución de Juan (14:3-12). Cuando Herodes supo más adelante de los milagros de Jesús, su culpable conciencia le convenció de que era Juan el

Bautista, resucitado de los muertos (14:1-2). [*Mr. 6:14-29;* Lc. 9:7-9]

14:13-21 *La más grande fritura de pescado de la historia.* Rodeado por una hambrienta multitud de más de 5.000, Jesús los alimentó milagrosamente. Este es el único milagro de Jesús que se registra en todos los cuatro Evangelios. [Mr. 6:30-44; Lc. 9:10-17; *Jn. 6:1-13*]

14:22-33 *El viento, el agua y dos paseantes.* Cuando los discípulos de Cristo fueron sorprendidos por una tormenta en medio del mar, acudió a ayudarlos caminando sobre el agua. Cuando Pedro intentó también andar sobre el agua, se debatió con su falta de fe y comenzó a hundirse. ¡Su oración: "Señor, sálvame", es la oración más breve y directa de la Biblia! [Mr. 6:45-52; *Jn. 6:16-21*]

14:34-36 *Sanada por el borde de su manto.* El pueblo de Genesaret exhibió una gran fe, y Cristo sanó a muchos de ellos por un mero toque de sus vestidos. [Mr. 6:53-56]

15:1-20 *Honor de parte de sus labios, hostilidad en sus corazones.* Cuando los fariseos criticaron a los discípulos de Jesús por ignorar la tradición religiosa, Jesús los acusó de violar el espíritu de la ley al retener de sus padres cosas supuestamente dedicadas a Dios. Eran como los hipócritas que describió Isaías, que hablan de Dios pero que no andan con Él (15:7-9; véase Is. 29:13).

Jesús explicó que es el corazón, no las actividades internas, lo que determina la espiritualidad de una persona (15:10-11, 15-20). Cuando le dijeron que los fariseos, que eran el evidente blanco de sus enseñanzas, se sentían ofendidos, Jesús advirtió a sus discípulos que los evitaran, para que no fueran afectados de manera adversa por aquellos "guías ciegos" (15:12-14). [Mr. 7:1-23]

15:21-31 *Sanidad: ¡También para los gentiles!* Al visitar Jesús un área gentil, una mujer cananea le rogó que sanase a su hija. Jesús respondió primero con el silencio, y luego declaró que su misión era solo para Israel (15:24; comparar 10:5-6). Cuando la mujer persistió en pedirle ayuda, Él volvió a insistir en que su misión se dirigía solo a los judíos. Cuando ella volvió a insistir, elogió su fe y le concedió su petición.

La comparación, al parecer insensible y menospreciativa, que hace Cristo de los gentiles con perros debió ser dicha con ironía o para poner a prueba la fe de la mujer, al considerar que

- en este tiempo había salido deliberadamente de territorio judío para visitar una región gentil (15:21).
- había sanado a otros gentiles (véase 8:5-13, 28-34).
- en varias ocasiones había contrastado la falta de fe de Israel con la gran fe de los gentiles (véase 8:11-13).
- aunque su misión como Mesías de Israel se dirigía primero a los judíos (véase 10:5-6; Hch. 1:8; Ro. 1:16), la Biblia también pone en claro que la salvación es para toda la humanidad (véase 2:1-12; 12:18, 21; Hch. 1:8; 11:1-18; Ro. 1:16; véase exposición sobre 16:17-20; 21:28-32; y sobre Is. 56:1-8).

Observemos que la mujer gentil usó el título mesiánico "Hijo de David" (15:22) y que adoró a Cristo (15:25).

Volviendo a Galilea, Jesús llevó a cabo muchos milagros más, que redundaron para gloria de Dios (15:29-31). [Mr. 7:24-37]

15:32-39 *La segunda mayor fritura de pescado de la historia.* De nuevo Jesús proveyó milagrosamente de alimentos a una gran multitud, esta vez a más de 4.000. [*Mr. 8:1-9*]

16:1-12 *Señales de los tiempos, la levadura de los fariseos.* Una vez más, los fariseos (a los que se habían unido los saduceos) pidieron una señal, y de nuevo Jesús los reprendió y les recordó Jonás (comparar exposición sobre 12:38-42). Ellos podían predecir el tiempo, pero no sabían comprender la persona ni la obra de Jesús (16:1-4).

Un poco más adelante, quizá recordando la discusión acerca de las señales, Jesús advirtió a sus discípulos a que estuvieran en guardia frente a la "levadura" de los fariseos y de los saduceos. Cuando los discípulos se tomaron las palabras de Jesús de manera demasiado material, Jesús les explicó que estaba refiriéndose a las enseñanzas legalistas de los fariseos (16:5-12). Acerca del simbolismo de la levadura, véase exposición sobre 13:33-35. [Mr. 8:10-21]

LAS INSTRUCCIONES DEL REY A LOS SUYOS (16:13—20:34)

16:13-16 *"Pero ustedes, ¿qué piensan de mí?"* Jesús preguntó a sus discípulos quién creía la gente que Él era, y ellos le dieron diversas respuestas. Luego les pidió su propia opinión, y Pedro proclamó abiertamente que Él era el Cristo, el prometido Mesías. [Mr. 8:27-30; Lc. 9:18-21]

¿Por qué había tantos rumores acerca de la identidad de Cristo?

- La creencia de que Él era Juan el Bautista podía deberse a la influencia de Herodes (véase 14:2).
- El regreso de Elías había sido predicho por Malaquías (véase Mal. 4:5-6).
- El libro apócrifo de 2 Esdras predecía el regreso de Isaías y Jeremías (véase 2 Esd. 2:18). Muchos judíos creían que los profetas resucitarían en la venida del Mesías.

16:17-20 *"¿Sobre qué roca?"* Jesús pronunció una bendición sobre Pedro, declarando que solo por revelación divina podría haber hecho su confesión (16:16). Jesús predijo luego la fundación de su iglesia (16:18; véase Hch. 2). Él dijo: "Tú eres Pedro, y sobre esta roca edificaré mi iglesia" (16:18). Algunos han interpretado esto como significando que Pedro fue el fundamento de la iglesia de Cristo. Pero el juego de palabras en griego muestra que Cristo mismo es el fundamento:

- "Tú eres Pedro [*petros*, una piedra pequeña]".
- "y sobre esta roca [*petra*, una gran peña] edificaré mi iglesia". La misma confesión de Pedro (16:16) identificó a Cristo como el verdadero fundamento de la iglesia (comparar 1 Co. 3:11; 1 P. 2:4-8).

Las "puertas del hades" o del "infierno" puede que se refieran a la muerte, que no tiene poder sobre los que están en Cristo (véase 1 Co. 15:51-57; 1 Ts. 4:13-18; y exposición sobre Sal. 9).

Cristo dio a Pedro las "llaves del Reino" (16:19), lo que puede haber sido profético de su papel de guía en abrir el Reino de Dios a Israel (véase Hch. 2:36-42), a los samaritanos (véase Hch. 8:14-17) y a los gentiles (véase Hch. 10). Si su posesión de las llaves se vincula estrechamente con su papel adicional de "atar" y "desatar" (16:19), puede que tenga algo que ver con un papel de dirigente de la iglesia (comparar 18:15-20, donde este principio vuelve a ser tratado).

"Será desatado (o desatado) en los cielos" significa no que Dios se incline ante la autoridad humana sino que las acciones de un dirigente cristiano lleno del Espíritu comportan la majestuosa autoridad del mismo cielo. Para comprender apropiadamente el papel de Pedro en la iglesia, es importante observar que la autoridad que se da aquí a Pedro fue posteriormente dada a todos los apóstoles (véase 18:18).

Una vez más Cristo mandó sigilo (16:20; véase exposición sobre 12:15-21).

16:21-23 *"¡Pero no te dejaremos morir!"* Aunque ya había aludido indirecta-

LA TIERRA DE LOS EVANGELIOS

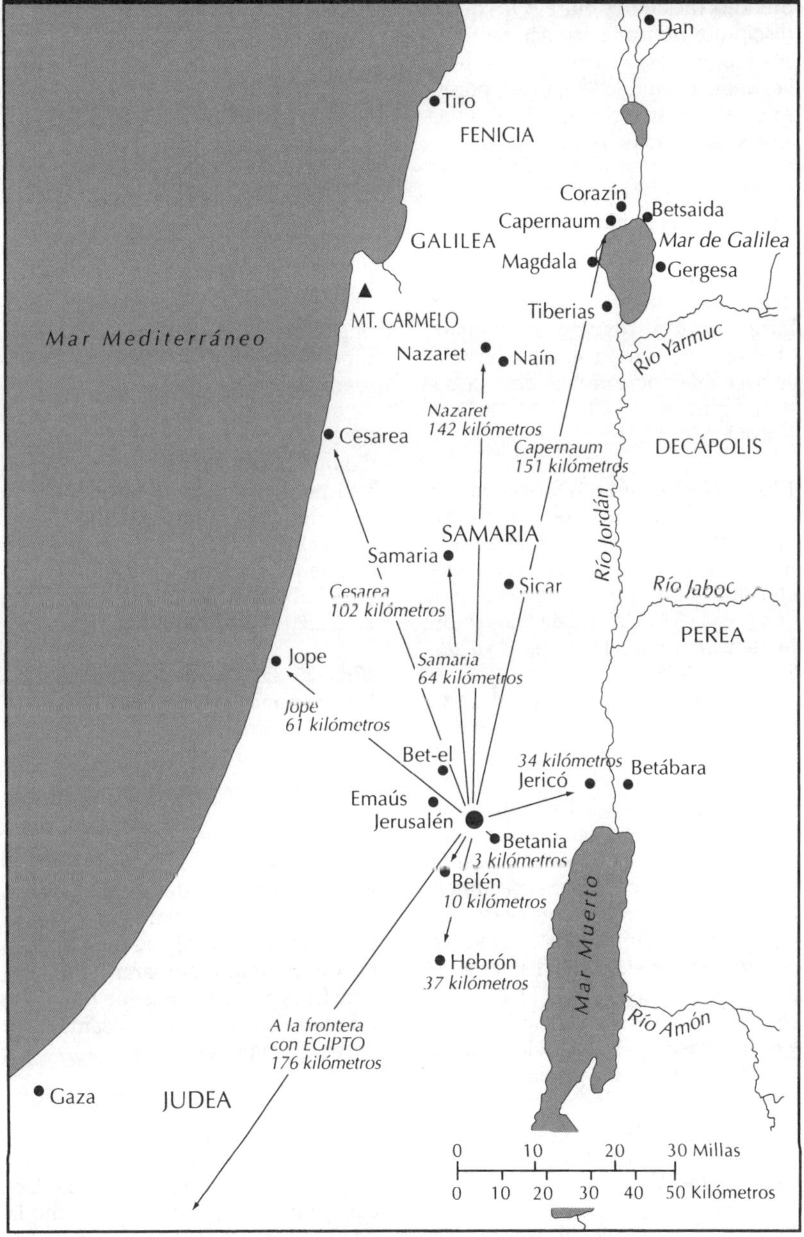

mente a su muerte, Jesús comenzó ahora a tratar abiertamente acerca de ello (véase 17:22-23; 20:17-19). Pedro lo reprendió, diciéndole que él y los demás discípulos nunca le dejarían morir. Jesús reprendió a Pedro a su vez, hasta llegando a llamarlo "Satanás", porque solo Satanás sugeriría que Jesús evitase la Cruz. [Mr. 8:31-33]

16:24-28 *Perdido y hallado: La vida de alguien.* Jesús habló de los sacrificios que iban a afrontar los discípulos. La salvación es gratuita, pero el discipulado lo cuesta todo. Sin embargo, solo el discípulo abnegado "hallará" de verdad su vida. En 16:28 se hace referencia probablemente a la transfiguración (17:1-2). [Mr. 8:349:1; véase Lc. 9:23-27]

17:1-9 *Una vez más: "¡Este es mi Hijo amado!"* En un monte con Pedro, Jacobo y Juan, Jesús fue transfigurado. Su rostro y vestidos resplandecieron con una luz interior, y por segunda vez (véase 3:17) la voz de Dios Padre lo identificó como Dios Hijo. [*Mr. 9:2-13;* Lc. 9:28-36]

La gloria contemplada en el Cristo transfigurado fue la misma nube de gloria que había resplandecido tanto en el tabernáculo (véase Éx. 40) como en el templo (véase 1 R. 8). Fue posteriormente retirada debido al pecado de Israel (véase Ez. 10—11), pero luego volvió para confirmar el nacimiento de Cristo a los pastores (véase Lc. 2:9) y para recibir a Cristo en su ascensión (véase Hch. 1:9). Esteban vio la gloria de Dios (véase Hch. 7:55), como también Pablo (véase Hch. 9:3) y Juan (véase Ap. 1:16). En la segunda venida de Cristo esta gloria será revelada a todo el mundo (véase 25:31-32).

Una vez más Jesús desalentó la publicidad (17:9; véase 16:20 y exposición sobre 12:15-21).

17:10-13 *¿Volverá Elías?* Tras haber visto a Moisés y Elías con Cristo en la transfiguración (17:3-4), los discípulos le preguntaron acerca de la profecía de que Elías precedería al Mesías (véase Mal. 4:5-6). La respuesta de Cristo fue doble.

- Elías ya había venido figuradamente en el ministerio similar de Juan el Bautista (17:12-13).
- Elías ciertamente vendrá, como Malaquías había predicho, "y restaurará todas las cosas" (17:11). Esto sucederá antes de la Segunda Venida (véase exposición sobre Ap. 11:1-14).

En otro sentido, naturalmente, en su aparición en la transfiguración, Elías vino literalmente asociado con la primera venida de Cristo.

17:14-21 *Poca oración, poco poder.* Cuando los discípulos fracasaron en su intento de sanar a un muchacho endemoniado (comparar 10:8), Cristo efectuó la curación y luego explicó que su incredulidad y falta de oración habían impedido su éxito. [*Mr. 9:14-29;* Lc. 9:37-42]

17:22-23 *Otra predicción de su muerte.* Una vez más (véase 16:21; 20:17-19) Jesús predijo su muerte y resurrección, causando gran dolor a sus discípulos. [Mr. 9:30-32; Lc. 9:43-45]

17:24-27 *Pescar por dinero para el impuesto.* Cuando se le preguntó si pagaba el impuesto del templo (véase Éx. 30:13), Jesús declaró estar exento por cuanto era el Hijo de Dios, el dueño del templo (comparar 12:6). Sin embargo, para mantener un buen testimonio, consiguió milagrosamente el dinero para pagar el impuesto.

18:1-14 *Corderos en el reino de Dios.* Cuando los discípulos preguntaron a Jesús quién era el mayor en su reino, empleó a un niño pequeño como lección gráfica. Solo con una fe como la de un niño se puede entrar en el reino. Nadie en el reino es mayor que nadie más: todos están sobre una misma base. Tocante a los niños, Jesús también destacó que

- el juicio espera a cualquiera que los haga pecar (18:6)
- no deben ser menospreciados (18:10)
- Dios desea la salvación de los mismos (18:14; véase 1 Ti. 2:4)

No siempre podemos evitar la tentación, pero deberíamos esforzarnos en ello (18:7-9). Aunque no es necesario que nos mutilemos de manera literal, el énfasis de Cristo muestra la gravedad del pecado.

Jesús extendió su preocupación por los niños a todos los perdidos (18:11-14). El mayor gozo de Dios es la redención de una persona perdida. [Mr. 9:33-50; Lc. 9:46-50; 15:3-7]

18:15-20 *Tres pasos para la resolución de conflictos.* Jesús prescribió un método de tres pasos para la resolución de conflictos entre los creyentes:

1. La persona ofendida debe ir a la ofensora (que puede que ni sepa que haya cometido un mal) y hablar acerca del problema (18:15).
2. Si la persona ofensora no responde, la persona ofendida debe tomar a uno o dos más consigo para ser testigos de la confrontación y ayudar a determinar quién tiene razón (18:16).
3. Si la persona ofensora sigue sin responder (suponiendo que verdaderamente haya hecho mal), la cuestión debe ser planteada ante toda la iglesia para que llegue a una decisión. Si la persona ofensora sigue rehusando arrepentirse, se la debe considerar como incrédula y no como formando parte de la familia eclesial (18:17).

Jesús prometió la dirección y autoridad de Dios (18:18-19) y su propia amante presencia (18:20) con cualquiera que busque su voluntad en tales situaciones. Acerca de 18:18, véase el comentario sobre 16:19 en la exposición sobre 16:17-20. Comparar también la exposición sobre 1 Corintios 5:1-8 y sobre 2 Tesalonicenses 3:6-15.

18:21-35 *El perdón enseñado e ilustrado.* Pedro preguntó a Jesús si debía perdonar a alguien siete veces, pensando probablemente que era un plan lleno de generosidad, ya que excedía a la demanda rabínica tradicional de tres veces (¡y esto solo en casos especiales!). Jesús contestó que el perdón debía ser incondicional e ilimitado, y lo ilustró con una parábola: Un rey perdonó a uno de sus siervos (probablemente un gobernador recaudador de impuestos de alguna de sus provincias) por haber faltado en la administración de una gran cantidad de dinero. El siervo intentó luego extraer una pequeña cantidad de uno de sus propios deudores. Los cristianos, completamente perdonados por Dios, nunca deberían dejar de perdonar (18:35). [Lc. 17:3-4]

19:1-12 *Un marido, una mujer.* Cuando algunos fariseos preguntaron acerca de las bases para el divorcio, Jesús ignoró primero la pregunta y reafirmó el ideal original de Dios para el matrimonio (19:1-6; véase Gn. 1:27; 2:24). Cuando insistieron acerca del tema, citando la aparente permisión de Moisés para el divorcio (19:7; véase Dt. 24:1-4), Jesús volvió a reafirmar el ideal de Dios, observando que la permisión de Moisés fue "por la dureza de vuestro corazón", a guisa de concesión, y que el divorcio era incorrecto por cualquier razón que no fuera inmoralidad sexual (19:8-9).

Moisés había dicho que un hombre podría divorciarse de su mujer "por haber hallado en ella alguna cosa indecente" (Dt. 24:1). En tiempos de Jesús había dos interpretaciones opuestas de esto. Los seguidores del Rabí Shammai mantenían que esto se refería a la infidelidad conyugal, y que ésta era la única base para el divorcio.

Los seguidores del más liberal Rabí Hillel destacaban la cláusula precedente: "Supongamos que un hombre . . . descubre algo acerca de ella", permitiendo básicamente que un hombre se divorciase de su mujer por cualquier razón. Jesús se puso claramente de lado de esta perspectiva más restringida (19:9) y pasó a declarar que el nuevo matrimonio después de un divorcio constituía adulterio (cp. Dt. 24:4). La sorpresa de los discípulos ante la estricta postura de Cristo acerca del matrimonio (19:10-12) recalca su preocupación primordial por su permanencia . (Véase 5:31-32; Ro. 7:1-3; 1 Co. 7:10-16.) [Mr. 10:1-12; Lc. 16:18]

19:13-15 *"Porque de los tales es el reino de los cielos"*. Los discípulos intentaron impedir a algunos padres que llevasen a sus hijos a Jesús para recibir su bendición. Jesús los reprendió y de nuevo (comparar 18:1-6) empleó la ocasión como lección gráfica: La entrada en el reino demanda una humildad como la de un niño. [Mr. 10:13-16; Lc. 18:15-17] Es interesante que la enseñanza de Cristo sobre el divorcio fue seguida por este encuentro con niños, los que más perjudicados resultan en un divorcio.

19:16-30 *¡Deja tu dinero! ¡Sigue al Salvador!* Un joven rico acudió a Jesús, buscando la vida eterna pero creyendo que la podría conseguir simplemente añadiendo a sus buenas obras y logros morales (19:16-20). Jesús citó varios mandamientos que podría tratar de guardar, no para sugerirle que esos le traerían salvación, sino para hacerle pensar acerca de sus pecados (19:171-9). Luego se centró en una cosa que *sí* salvaría al joven: rendir sus riquezas y seguir a Cristo (19:21). Desdichadamente, el hombre no podía abandonar su riqueza y orgullo (19:22; comparar 18:3-4).

Jesús usó el rechazo de este hombre a la salvación para enseñar acerca de los peligros de la riqueza terrenal (19:23-26). Las riquezas pueden dar una falsa confianza propia, dificultando la humilde dependencia de Dios. Y sin embargo, "con Dios" hasta los ricos se pueden salvar (19:26).

Los discípulos, claro, ya habían abandonado sus riquezas terrenales para seguir a Cristo, y de ahí la pregunta de Pedro: "¿Qué, pues, tendremos?" (19:27). Jesús enseñó que, en su Reino venidero, sus doce apóstoles gobernarían con él sobre Israel y tendrían grandes riquezas. Esta, de hecho, será la feliz parte de todos los creyentes fieles (19:29; véase Ap. 20:6; 22:5).

Cristo termina su enseñanza sobre las riquezas con una advertencia: Los que gozan de grandes riquezas en este mundo y se niegan a dejarlas, no serán ni en sueño tan eminentes en el mundo venidero (19:30). [Mr. 10:17-31; Lc. 18:18-30]

20:1-16 *¿Diferentes horas, la misma paga?* Cristo contó una parábola acerca de un terrateniente que pagó lo mismo a todos sus obreros aunque habían hecho cantidades muy diferentes de trabajo. Dios tiene el derecho soberano de recompensarnos por nuestra obra como lo considere oportuno. Todo lo que Él nos dé, sea pequeño o grande, es un don de gracia y es más de lo que nos merecemos.

20:17-19 *De nuevo otra predicción de su muerte.* Por tercera vez (véase 16:21; 17:22-23), Jesús predijo su muerte y resurrección, aunque sus discípulos probablemente seguían sin comprender plenamente lo que les estaba diciendo. [Mr. 10:32-34; Lc. 18:31-34]

20:20-28 *Cómo ser grande ante los ojos de Dios.* Cuando la madre de Jacobo y de Juan buscó erradamente puestos de honor para sus hijos, Jesús usó aquella ocasión para enseñar que la verdadera grandeza significa seguir su ejemplo de

- disposición a padecer (20:22-23)
- disposición a servir (20:24-28)

La advertencia de Cristo que sus apóstoles sufrirían por causa de Él (20:23) se cumplió. Todos ellos experimentaron grandes pruebas, y todos excepto Juan sufrieron muertes violentas. [Mr. 10:35-45]

20:29-34 *Restauración de la vista en el camino de Jericó.* Un día, saliendo Jesús de Jericó, los ruegos de dos ciegos le dieron otra oportunidad para mostrar su compasión sanadora. [Mr. 10:46-52; Lc. 10:35-43]

LA PRESENTACIÓN PÚBLICA Y EL RECHAZO DEL REY (21—23)

21:1-11 *"¡Aquí viene nuestro Rey!"* Tras haber localizado milagrosamente un pollino, Jesús entró en Jerusalén montado sobre el mismo en un cumplimiento literal de Zacarías 9:9. Las multitudes respondieron de forma entusiasta, echando ramas de árboles e incluso sus propios vestidos como una alfombra para darle la bienvenida, proclamándolo como su Mesías. [Mr. 11:1-11; Lc. 19:28-40; Jn. 12:12-19] Este acontecimiento, generalmente conocido como la entrada triunfal, es a menudo considerado como la presentación formal de Cristo como Rey de Israel. Sucedió el domingo anterior a su crucifixión y es celebrado en la actualidad como Domingo de Ramos, designado así por las ramas de árboles, seguramente de palmera, que se echaron al paso del pollino que lo llevaba (21:8). *Hosanna* (21:9) significa "salva ahora".

21:12-17 *Un lugar de oración, no una guarida de ladrones.* Probablemente al día siguiente, Jesús entró en el gran patio exterior del templo y obligó físicamente a los cambistas de dinero a irse (21:12-13). Los cambistas estaban allí para acomodar a los sacerdotes, que a menudo ganaban dinero vendiendo artículos necesarios para el ritual del templo. Jesús consideraba esto contrario al espíritu de Isaías 56:7, que designaba el templo como "casa de oración". La escena le recordó la crítica de Jeremías contra los mercaderes del templo de su propio tiempo (21:13; véase Jer. 7:11). [Mr. 11:15-19; *Lc. 19:45-48;* en Jn. 2:13-17 se refiere un incidente similar pero anterior]

Cuando los fariseos se mostraron irritados por algunos niños que cantaban las alabanzas de Cristo, Jesús les citó el Salmo 8:2, afirmando de nuevo que el reino de Dios es para los que tengan fe como los niños (21:14-17).

21:18-22 *Árbol sin fruto, nación sin fruto.* A la mañana siguiente, al entrar Jesús en Jerusalén, buscó higos en una higuera, y al no hallar, la maldijo y la hizo secar. Aunque no lo dijo en aquel tiempo, es evidente que su maldición del árbol predecía el apartamiento del Israel infructífero mientras el evangelio fuese ofrecido a los gentiles, como se ve comparando este acontecimiento con

- la parábola de la higuera sin frutos (véase Lc. 13:6-9)
- las parábolas y enseñanzas que siguen de inmediato a este acontecimiento (véase 21:28—22:14), todas las cuales tienen que ver con el rechazo de Cristo por parte de Israel y con la inclusión de los gentiles en el Reino.

Cuando sus discípulos se maravillaron ante la suerte de la higuera, Jesús les aseguró que también ellos llevarían a cabo maravillas similares: posiblemente una predicción de la abrumadora respuesta judía al evangelio en pentecostés y posteriormente. [*Mr. 11:12-14, 20-24*]

21:23-27 *Dos preguntas sin respuesta.* Los dirigentes judíos preguntaron a Jesús acerca de la fuente de su autoridad para hacer milagros. Él respondió preguntándoles acerca de la fuente de la autoridad de Juan el Bautista. Cuando rehusaron responder a su pregunta, Él se negó a responder a la de ellos. [Mr. 11:27-33; *Lc. 20:1-8*]

JERUSALÉN EN LOS TIEMPOS DE JESÚS

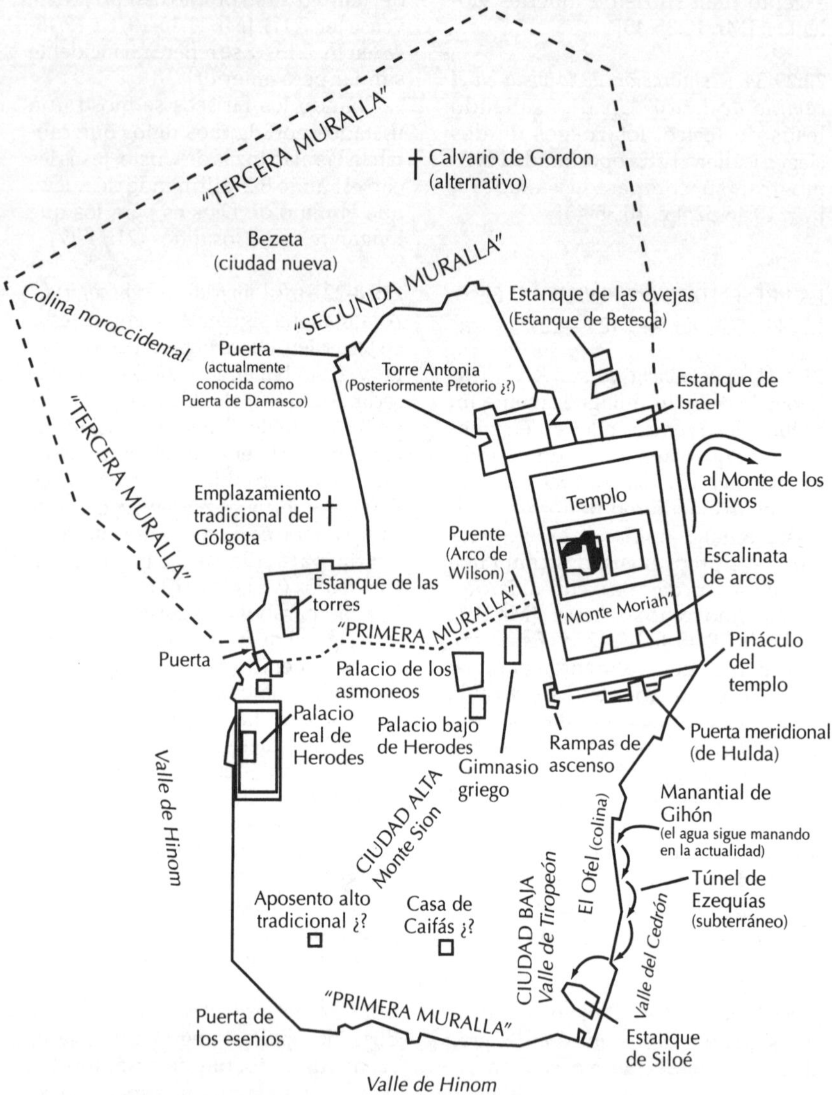

21:28-32 *"No, no lo haré", pero lo hizo; "sí, lo haré", pero no lo hizo.* Jesús contó una historia acerca de dos hijos que cambiaron los papeles: Uno dijo que haría lo que su padre le mandase, pero no lo hizo. El otro dijo que *no* obedecería a su padre, pero luego sí lo hizo. El primer hijo era una imagen de Israel, que había reconocido a Dios pero que luego lo dejó. El segundo simbolizaba a los gentiles, que habían sido ajenos a Dios pero que ahora le recibirían.

21:33-46 *Los viñadores malvados.* La siguiente parábola volvió a centrarse en Israel y en su rechazo de Dios. La primera parte de la parábola (21:33-37) es histórica:

- El propietario (Dios) plantó una viña y la encomendó a unos labradores contratados (Israel) (21:33-34; véase Is. 5:1-7).
- El propietario envió a sus siervos (los profetas) para conseguir fruto de la viña, pero fueron maltratados (21:35-36).
- Finalmente, el propietario envió a su hijo, pensando que los viñadores lo respetarían (21:37).

La parábola había resultado profética: Los viñadores malvados dieron muerte al hijo del propietario (21:38-39), ¡una profecía que se cumpliría en menos de una semana!

Cuando Jesús preguntó cómo creían que el propietario castigaría a aquellos malvados viñadores, los fariseos, que todavía no se daban cuenta de que la parábola estaba dirigida contra ellos, replicaron que los viñadores serían muertos (21:40-41). Cuando Jesús les dejó claro entonces que había contado la parábola contra los fariseos y que el Reino de Dios sería quitado de ellos y dado a los gentiles (21:42-44), comenzaron a buscar la manera de darle muerte, pero tenían miedo de Él a causa de su popularidad (21:45-46). [*Mr. 12:1-12;* Lc. 20:9-19]

22:1-14 *Abundancia de invitados, pero uno sin el vestido apropiado.* Prosiguiendo con el tema del rechazo de que era objeto por parte de Israel, Cristo contó una parábola comparando el Reino Milenario de Dios con una boda real. Todos los amigos del rey fueron invitados a asistir, pero rehusaron acudir (22:1-3). Después que su segunda invitación fuese menospreciada, el rey ordenó que quemasen la ciudad de ellos (22:4-7) e invitó a proscritos sociales para que tomasen el lugar de ellos (22:8-9). Esos convidados acabados de llamar respondieron bien, aunque uno de ellos fue echado del banquete por haber acudido con un vestido inapropiado (22:10-14).

El incendio de la ciudad puede predecir la destrucción de Jerusalén en el 70 d.C. Los invitados de recambio representan evidentemente a los gentiles. La exclusión del invitado mal vestido muestra la importancia de la elección personal al responder al evangelio. En las bodas reales en aquella cultura, cada invitado habría recibido un vestido de bodas que llevaba el sello real. Rehusar llevar aquel vestido constituía una terrible afrenta. [Lc. 14:15-24]

22:15-22 *"¡Hagan sus oraciones, y paguen sus tributos!"* No pudiendo matar a Jesús (véase 21:45-46), los fariseos intentaron ponerle en ridículo (22:15). Primero enviaron a los herodianos a preguntarle si estaba bien pagar tributo a César. Si Jesús decía que no era lícito, incurriría en el desagrado de los romanos. Si Jesús decía que era lícito, podría ser tildado de traidor ante su propia nación. Tomando una moneda con la efigie de César en la misma, Jesús respondió sabiamente que los judíos debían dar a César lo que le pertenecía (el impuesto) y dar a Dios lo que era suyo (adoración y obediencia). Los creyentes deben pagar los impuestos, incluso a un gobierno malvado. [Mr. 12:13-17; Lc. 20:20-26]

22:23-33 *Una tonta historia de siete es-*

posas. Los saduceos, que no creían en ángeles ni en la resurrección de los muertos (véase Hch. 23:8), intentaron atrapar a Jesús con una hipotética historia y una pregunta basada en la misma. Un hombre se casó, y luego murió. Su hermano se casó con ella y también murió, y así sucedió sucesivamente hasta agotarse los siete hermanos. ¿Cuál sería el marido de ella en la resurrección? La respuesta de Jesús rebatió las negaciones de los saduceos tanto de la existencia de los ángeles como de la resurrección:

- Los resucitados no tendrán relaciones matrimoniales, sino que serán a este respecto como los ángeles (22:30).
- Habrá desde luego una resurrección, porque Dios se llama el Dios de los patriarcas después que han muerto, significando que un día volverán a vivir (22:31-32; véase Éx. 3:6).

El problema de raíz de los saduceos, dijo Jesús, era la ignorancia que tenían de las Escrituras y del poder de Dios (22:29). Una vez más las multitudes se asombraron ante su sabiduría (22:33). [Mr. 12:18-27; Lc. 20:27-40]

22:34-40 *¿El fundamento primordial? ¡Ama a Dios y a tu prójimo!* Los fariseos intentaron de nuevo atrapar a Jesús, preguntándole cuál era el más grande mandamiento de la ley. Jesús citó dos enseñanzas mosaicas:

- Ama a Dios con todo tu corazón (véase Dt. 6:5).
- Ama a tu prójimo como a ti mismo (véase Lv. 19:18).

Es innegable que cualquiera que observe estos dos principios observará también toda la ley. Una vez más Cristo había silenciado a sus críticos. Véase exposición sobre Gálatas 5:13-15 y sobre 1 Juan 3—4. [Mr. 12:28-34; *Lc. 10:25-37*]

22:41-46 *¿Cómo puede el Hijo de David ser el Dios de David?* Ahora Jesús hizo a su vez una pregunta a los fariseos: ellos aceptaban el Salmo 110 como una predicción del Mesías, y sin embargo consideraban que sería un descendiente meramente humano de David (22:42). Si ello era así, preguntaba Jesús, ¿por qué David se refería a Él como "Señor" (Sal. 110:1)? Tanto la deidad como la humanidad del Mesías quedan claramente enseñadas en el AT (véase Is. 7:14; 9:6), pero los dirigentes no podían verlo. Jesús había por fin acallado a sus críticos de una vez y por todas (22:46). [Mr. 12:35-37; Lc. 20:41-44]

23:1-36 *Ayes para los hipócritas.* Mientras advertía a sus seguidores acerca de los escribas y fariseos, Jesús lanzó una serie de ayes contra ellos, tildándolos de hipócritas porque

- exhibían una inconsecuencia entre sus palabras y sus hechos (23:103)
- imponían sobre otros unas tradiciones no escriturarias que ellos mismos encontraban pesadas (23:4)
- buscaban la alabanza humana por su religiosidad (23:5-7)
- estorbaban a aquellos que querían seguir a Cristo (23:13)
- defraudaban a viudas pobres (23:14)
- pronunciaban oraciones carentes de sinceridad (23:14)
- enseñaban a otros sus malos caminos (23:15)
- oscurecían el espíritu de la ley con su legalismo (23:16-24)
- eran corruptos en el interior mientras parecían buenos en lo exterior (23:25-28)
- repetían los pecados de pasadas generaciones (23:29-35)

[*Lc. 11:37-54*]

23:37-39 *¿Polluelos que rechazan a su madre gallina?* Jesús lloró por el pueblo de Jerusalén, que le habían rechazado. Ellos serían ahora desechados hasta que "la plenitud de los gentiles"

(Ro. 11:25) hubiera entrado en el reino, pero serían luego gloriosamente restaurados (23:39; véase Jer. 31:31-34; Ro. 11:26-27). Comparar Lc. 13:34-35.

LAS PREDICCIONES DEL REY: EL DISCURSO DEL MONTE DE LOS OLIVOS (24—25)

24:1-20 *"El comienzo de los horrores que se avecinan"*. Cuando Jesús abandonó el área del templo el martes antes de su crucifixión, predijo la destrucción del templo (24:1-2). Cuando Él y sus discípulos llegaron al Monte de los Olivos, éstos le pidieron que explicase su predicción (24:3), preguntándole de manera específica si habría una señal para anunciar su regreso y "el fin del siglo". Su respuesta (24:4—25:46), a menudo designada como "el Discurso del Monte de los Olivos", da respuesta a esas preguntas y destaca la necesidad de vigilancia y de fidelidad mientras esperamos el regreso de Cristo.

Jesús describió el "principio de dolores" (24:8), a menudo visto como los primeros tres años y medio de la Tribulación de siete años (24:4-20; véase *Isaías: Trasfondo*, y la exposición sobre Isaías 2:5—4:1). Durante este tiempo habrá falsos mesías y profetas (24:4-5, 11); guerras y ansiedad (24:6-7); hambres y terremotos (24:7); persecución de los creyentes (24:9); apostasía (24:10, 12); un aumento de la maldad (24:12); evangelización a escala mundial (24:14), y la profanación por parte del anticristo del templo reconstruido (24:15; véase Dn. 11:31 y 12:11; y exposición sobre Dn. 11:31 y 12:11; también exposición sobre Dn. 9:20-27 y 1 Jn. 4:1-6). Cuando esto suceda, todos los que puedan hacerlo deberían huir para salvar sus vidas (24:16-20). [Mr. 13:1-18; Lc. 21:5-22] Véase Apocalipsis 6.

24:21-26 *"Si aquellos días no fuesen acortados . . ."* Después que el anticristo profane el templo (24:15), exactamente en el punto medio de la tribulación (véase Dn. 9:27), vendrá un tiempo de angustia diferente a cualquier cosa que haya tenido lugar en la anterior historia humana (24:21). Este tiempo será tan horrendo que si prosiguiera sin cortapisas, todos morirían (24:22). Durante este tiempo falsos mesías y profetas seguirán engañando con grandes milagros (24:23-26). Algunos eruditos reservan el término *tribulación* para este segundo período de tres años y medio, después que el anticristo se despoja de su careta de pacificador (véase exposición sobre Dn. 9:20-27 y sobre 2 Ts. 2:1-12). [Mr. 13:19-23; Lc. 21:23-24]

24:27-31 *La venida del Rey en las nubes.* La segunda venida de Cristo vendrá precedida de señales cósmicas: el oscurecimiento del sol y de la luna, estrellas cayendo y planetas que se saldrán de sus órbitas (24:29). Luego Cristo descenderá a la tierra en las nubes (24:30). Este acontecimiento sucederá de manera rápida y visible, como un relámpago que atraviesa el cielo (24:27). Un toque de trompeta enviará a los ángeles a recoger a los salvos de toda la tierra (24:31). Esto se refiere no al arrebatamiento de la iglesia, que tendrá lugar antes de la tribulación (véase exposición sobre 1 Ts. 4:13-18), sino a la venida efectiva de Cristo a la tierra unos siete años después, al finalizar la tribulación, cuando inaugurará su reino milenario (véase exposición sobre Ap. 20:1-6). [Mr. 13:24-27; Lc. 21:25-28]

24:32-36 *Lo que enseña la higuera.* Quizá volviendo a la pregunta de cuándo sucederían esas cosas (véase 24:3), Jesús dijo que así como las flores de la higuera anuncian el verano, también los discípulos conocerían que las profecías de Cristo estaban a punto de cumplirse "cuando veáis todas estas cosas" (24:33).

Por cuanto Israel era a menudo

descrita como higos o como una higuera (véase exposición sobre 21:18-22; Jer. 24; Jl. 1:7), muchos eruditos en la actualidad contemplan el renacimiento de Israel como un anuncio de los tiempos del fin. Otros interpretan "generación" (24:34) como "raza", significando que la raza de los judíos sobrevivirá hasta el regreso de Cristo. En cualquiera de ambas interpretaciones se tiene que tomar en cuenta la declaración de Cristo de que ni aun Él conoce la fecha exacta (24:36; véase Mr. 13:32). [Mr. 13:28-32; Lc. 21:29-33]

24:37-41 *¡Como en el diluvio de Noé!* Antes de la segunda venida de Cristo, la vida proseguirá de manera normal, lo mismo que en los tiempos de Noé. Luego los malvados serán destruidos de repente, como en tiempos de Noé. Los "dejados" (24:40-41) son los malvados, que serán eliminados de la tierra antes del comienzo del reinado milenario.

24:42-51 *Velen, esperen y trabajen.* Los creyentes han de estar vigilantes (24:42-44) y deben ser fieles (24:45-51) mientras esperan la venida de Cristo. [Mr. 13:33-37; Lc. 21:34-36]

25:1-13 *Vírgenes fieles e insensatas.* Diez vírgenes (que representan a Israel) salieron a encontrar al novio (que representa a Jesús, el Mesías de ellos). Cinco estaban preparadas y fueron invitadas a las bodas. Las otras cinco no lo estaban y fueron excluidas. La lección: Estén preparados, porque nadie sabe cuando Cristo volverá (25:13).

25:14-30 *Siervos fieles e insensatos.* Tres siervos recibieron dinero para negociar para su amo (25:14-15). Los dos que se mostraron buenos administradores fueron elogiados y recompensados (25:19-23), mientras que quien no había hecho bien fue condenado (25:24-30). Deberíamos ser fieles con lo que Jesús nos ha confiado durante su ausencia (comparar exposición sobre Lc. 19:11-27).

25:31-46 *Separación de las ovejas de las cabras.* Al final de la tribulación, Cristo reunirá a "todas las naciones" (25:32) ante sí para juicio. Serán juzgadas sobre la base de cómo trataron a "los hermanos" de Cristo (25:40). Las buenas obras no son la base sino la prueba de la salvación; observemos que ni las ovejas ni las cabras eran conscientes de sus buenas obras o de la ausencia de las mismas (25:37-39, 44). Los "hermanos" de Cristo tiene probablemente referencia en este contexto al pueblo judío durante la tribulación, aunque el principio sea de aplicación al trato dado a los creyentes, sean judíos o gentiles, durante todas las edades.

LA MUERTE Y RESURRECCIÓN DEL REY (26—28)

26:1-5 *"¡Démosle muerte! . . . después de la Pascua".* Una vez más, Jesús predijo su entrega a traición y muerte, que ahora estaba solo a dos días de distancia (26:1-2). Mientras, los dirigentes judíos tramaban darle muerte, aunque planeaban aplazarlo hasta después de la Pascua, porque las grandes multitudes que se habían congregado en la ciudad para la fiesta eran probablemente todavía partidarios de Él (véase 21:46) y podría suscitarse un motín (26:5). [Mr. 14:1-2; Lc. 22:1-2]

26:6-13 *Protestan contra su unción.* Mientras Jesús estaba en Betania, María lo ungió con un perfume que valía todo el salario de un año. Cuando los discípulos expresaron su indignación ante tal derroche, Jesús encomió el sentido de valores que ella había mostrado e hizo notar que su acción anunciaba su muerte. Aunque Cristo había hablado con frecuencia de su cercana muerte, María fue aparentemente la única persona que se lo tomó en serio.

El relato de Juan identifica a la mujer como María, hermana de Lázaro (véase Jn. 12:1-8) y registra el incidente en su orden histórico correcto, el día antes de la entrada triunfal. [Mr. 14:3-9; Lc. 7:36-50 registra un incidente similar anterior]

26:14-16 *El traidor hace su trato.* Por 30 piezas de plata, Judas accedió a entregar a Jesús a los principales sacerdotes, e inmediatamente comenzó a buscar una oportunidad para ello. El precio de la traición fue un cumplimiento preciso de la profecía (véase Zac. 11:12-13). [Mr. 14:10-11; Lc. 22:1-6]

26:17-25 *El espía viene a cenar.* El jueves (el "primer día" de la fiesta), los discípulos de Cristo dispusieron la Pascua (26:17-19), y aquella noche se reunieron con Él para participar de la misma (26:20-25). Durante la comida, predijo que Judas lo traicionaría. [Mr. 14:12-21; *Lc. 22:7-16;* Jn. 13:1-30]

Las sigilosas instrucciones de Cristo (26:18) tenían probablemente el propósito de ocultar su paradero a Judas todo el tiempo posible.

La comida de la Pascua incluía tradicionalmente cordero, pan sin levadura, vino, hierbas amargas, y una salsa hecha de dátiles secos, pasas, vinagre, vino y especias.

26:26-30 *"Esto es mi cuerpo. . . . Esto es mi sangre".* Durante la Pascua, la celebración del antiguo pacto, Jesús, que por su muerte vendría a ser el perfecto "Cordero pascual" (1 Co. 5:7), tomó pan y vino de la mesa e instituyó lo que vendría a ser conocido como la Cena del Señor, una comida simbólica del nuevo pacto (véase exposición sobre 1 Co. 11:17-34). [Mr. 14:22-26; Lc. 22:17-23]

26:31-35 *"¡No, jamás! ¡Nunca te dejaremos!"* Cuando Cristo predijo que todos sus discípulos lo abandonarían en su momento de necesidad, todos ellos negaron firmemente que harían tal cosa. Pero cuando llegó el momento, efectivamente lo abandonaron (véase 26:56, 69-75). [Mr. 14:27-31; Lc. 22:31-34; Jn. 13:36-38]

26:36-46 *Y se duermen mientras Él lucha.* Después de la comida de la Pascua, Jesús y sus discípulos fueron al Huerto de Getsemaní. Mientras Jesús oraba, en amarga agonía, sus discípulos dormían, despertando solo cuando Jesús anunció la llegada de Judas y de los que habían conspirado con él (26:46). El escritor de Hebreos describiría más adelante la angustia mental de Jesús en Getsemaní (véase He. 5:7). [Mr. 14:32-42; *Lc. 22:39-46;* Jn. 18:1]

26:47-56 *Un Salvador traicionado y abandonado.* Judas vino con una muchedumbre armada y traicionó a Jesús con un beso (26:47-50). Pedro respondió con violencia armada (26:51; véase Jn. 18:10), pero Jesús se mantuvo al control de la situación, afirmando que este giro de acontecimientos era necesario. El plan de salvación de Dios (véase exposición sobre Dn. 9:20-27) debía cumplirse, incluyendo la muerte del Mesías (véase Dn. 9:26). A diferencia del sereno y compuesto Jesús, los discípulos todos entraron en pánico y emprendieron la huida. [Mr. 14:43-52; Lc. 22:47-53; Jn. 18:1-11]

26:57-68 *Un Rey piadoso ante gobernantes impíos.* Jesús fue llevado ante el sumo sacerdote, que, junto con otros dirigentes reunidos, buscó falso testimonio contra Él (26:57-61). Al principio, Jesús rehusó responder a las falsas acusaciones, pero luego afirmó que era el Mesías, y advirtió que un día volvería para juzgar (26:62-64). Ante esto, los dirigentes acordaron que era culpable de blasfemia y que debía ser muerto (26:65-66). Procedieron luego a golpearle y a ridiculizarlo (26:67-68). [Mr. 14:53-65; Jn. 18:12-14, 19-24] Sobre 26:61, véase 27:40 y exposición sobre Jn. 2:18-22.

26:69-75 *Negaciones resueltas; amarga lamentación.* Después de haber seguido a Jesús de lejos (26:58), Pedro estuvo esperando fuera de las estancias del sumo sacerdote. Tras haber tenido tres oportunidades para hablar en defensa de Jesús, en lugar de ello negó conocerlo, incluso con maldiciones y juramentos para confirmar sus negaciones (26:72, 74). Cuando el gallo cantó, Pedro recordó la predicción de Cristo (véase 26:34), dándose cuenta de cuán bajo había caído desde sus elevadas declaraciones de lealtad, y lloró amargamente (26:75). [Mr. 14:66-72; Lc. 22:54-62; Jn. 18:15-18, 25-27]

27:1-2 *Su siguiente paso: Permiso de Pilato.* Después de maltratar a Jesús y de decidir que debía morir, los dirigentes judíos lo llevaron a Poncio Pilato, el gobernador romano. [Mr. 15:1; Lc. 23:1; Jn. 18:28] Cosa irónica, ellos no tenían potestad para hacer lo que más deseaban: matar a Jesús. Para ello, necesitaban el permiso de un gentil.

Judea había llegado a ser un problema tan grave para Roma que había enviado allá a sus propios gobernadores para ayudar a los Herodes a mantener el orden. Esto era causa a veces de disputas jurisdiccionales, como se ve en el relato de Lucas de las interacciones entre Herodes y Pilato durante el juicio de Cristo (véase Lc. 23:1-12). El acto de Pilato de lavarse las manos (véase exposición sobre 27:15-26) puede bien haber sido una expresión de frustración con lo impreciso de su situación.

27:3-10 *Judas: Remordimiento, pero no arrepentimiento.* Cuando Judas se dio cuenta de que Jesús iba realmente a morir, devolvió el precio de la traición y se colgó. Lo mismo que Pedro, Judas sintió remordimiento. Pero en tanto que el remordimiento de Pedro condujo al arrepentimiento y a la restauración (véase Jn. 20:1-20; 21:15-18; Hch. 2:14-40), el remordimiento de Judas condujo solo a la muerte (véase 2 Co. 7:10). [Hch. 1:16-19]

27:11-14 *Un Salvador callado.* Estando Jesús ante Pilato, los dirigentes judíos renovaron sus acusaciones mientras Él se mantenía callado, para gran extrañeza de Pilato. [Mr. 15:1-5; Lc. 23:1-5; *Jn. 18:28-38*]

27:15-26 *"Decidan: ¿El Redentor o el ladrón?"* Después de haber enviado a Jesús a Herodes y que Herodes se lo hubiera enviado de vuelta (véase Lc. 23:6-12), Pilato recordó a los dirigentes judíos su costumbre de liberar un preso en la Pascua, como gesto de buena voluntad. Pudiendo elegir entre Jesús y Barrabás, un criminal común, escogieron a Barrabás y gritaron que Jesús fuera crucificado (27:15-22). Simbólicamente, Pilato "se lavó las manos" de aquel asunto, y, mientras el pueblo aceptaba de buena gana la plena responsabilidad por la muerte de Jesús, lo entregó a los soldados para que fuera crucificado (27:20-26).

En menos de una semana, los dirigentes judíos habían conseguido volver a las multitudes desde una actitud de ardiente apoyo hasta la de acerbos opositores de Jesús. Barrabás significa "hijo del padre", una hermosa imagen de salvación, al morir Cristo, el verdadero Hijo del Padre, en lugar de Barrabás. [Mr. 15:6-15; Lc. 23:13-25; Jn. 18:39-40]

27:27-31 *Ridiculizado por los soldados romanos.* Los soldados de Pilato se burlaron de Jesús, coronándolo con espinas, poniendo una caña en su mano como su "cetro", y pretendiendo reconocerlo como Rey de los judíos. Luego lo llevaron para crucificarlo. [Mr. 15:16-20; Jn. 19:1-16]

27:32-50 *La crucifixión.* Tras llegar al Gólgota, los soldados crucificaron a Jesús. Echaron suertes por sus vestidos (27:35; véase Sal. 22:18) y pusieron sobre su cabeza un escrito, escarneciéndolo como "Rey de los judíos" (27:37; véase exposición sobre Juan 19:19-22). Las multitudes, los dirigentes religiosos e incluso los ladrones crucificados a su lado se burlaban de Él, retándole a vindicar sus afirmaciones mesiánicas salvándose a sí mismo (27:38-44).

Aquel viernes, desde mediodía hasta las 3 de la tarde, una oscuridad sobrenatural cubrió la tierra. Luego, abandonando su usual tierna designación de "Padre", Jesús llamó en su agonía a Dios, y a las 3 de la tarde murió (27:46-50). Cuando preguntaba por qué Dios lo había abandonado (27:46; véase Sal. 22:1), Jesús estaba soportando el juicio de Dios por todo el mundo (véase Is. 53:6; 2 Co. 5:21). [Mr. 15:21-41; *Lc. 23:33-46;* Jn. 19:17-30]

27:51-56 *Señales terribles después de su muerte.* En el momento de la muerte de Cristo, un terremoto desgarró el velo que separaba el lugar santo del templo del lugar santísimo, indicando que la obra de Cristo había conseguido el libre acceso a la presencia de Dios (véase He. 10:19-20). El terremoto abrió también muchos sepulcros, y muchos santos que habían estado muertos durante largo tiempo aparecieron públicamente. Esas señales convencieron al menos a un soldado romano de la deidad de Cristo (27:54).

Mateo observó que varias mujeres seguidoras de Jesús contemplaban todo "de lejos" (27:55-56). El relato de Juan sitúa al mismo Juan y a María la madre de Jesús más cerca de la cruz (véase Jn. 19:25-27), haciendo de Juan el único apóstol conocido como testigo de la crucifixión.

27:57-61 *"Lo sepultaré en mi sepulcro".* José de Arimatea, un discípulo rico de Cristo, tomó su cuerpo, lo puso en su propio sepulcro, e hizo rodar una gran piedra de forma cilíndrica delante de la entrada. María Magdalena y María la madre de Jacobo y de José (27:61; véase 27:56) se sentaron ante el sepulcro. [Mr. 15:42-47; Lc. 23:50-56; Jn. 19:38-42] La crucifixión de Cristo con ladrones cumplió la primera parte de Isaías 53:9. Su sepultura en el sepulcro de un hombre rico cumplió el resto de aquel versículo y vindicó su impecabilidad.

27:62-66 *"¡Sellen el sepulcro, para que no pueda escapar!"* Recordando la predicción de Cristo de que resucitaría de los muertos, y temiendo que los discípulos fuesen a robar el cuerpo para perpetuar el fraude, los sacerdotes y fariseos, con ayuda de Roma, sellaron el sepulcro y pusieron una guardia.

28:1-10 *"¡Vive! ¡Vive!"* Justo antes del amanecer del primer día de la semana (domingo), mientras las dos Marías volvían a visitar el sepulcro, tronó un terremoto, y un ángel hizo rodar la piedra, descubriendo la entrada del sepulcro. El ángel declaró que Jesús había resucitado de los muertos, e invitó a las mujeres a contemplar el sepulcro vacío (28:1-6). Les mandó que dijeran a los discípulos que debían reunirse con Jesús en Galilea (28:7). Mientras iban de camino a informar de estos maravillosos acontecimientos, las mujeres se encontraron con Jesús mismo: la primera de sus apariciones posteriores a la resurrección (véase *Acontecimientos clave en la vida de Cristo,* p. 896). [*Mr. 16:1-11; Lc. 24:1-10; Jn. 20:1-18*]

28:11-15 *Los soldados cuentan la verdad, y luego la rechazan por dinero.* Cuando los guardas informaron de lo que había sucedido en el sepulcro, los ancianos de los judíos los sobornaron para que cambiasen su historia y dijeran que los discípulos de Cristo habían robado el cuerpo. Mateo observa que para el tiempo que él escribía, veinte años después de los hechos, esta falsa versión de los mismos seguía teniendo amplia aceptación entre los judíos no cristianos.

28:16-20 *La promesa de su poder y de su presencia.* En su aparición a un gran número de sus discípulos (quizá los 500 mencionados en 1 Co. 15:6), Jesús les mandó que condujeran a las gentes a la fe en Cristo, que los bautizaran con agua, y que les enseñasen las cosas que les había enseñado. En el cumplimiento de ello, gozarían de su poder y de su presencia. Esta última instrucción del Señor ha venido a ser conocida como la gran comisión, y ha sido la orden de marcha de la iglesia a lo largo de los siglos. [Mr. 16:15-18; Lc. 24:46-48; Jn. 17:18; 20:21; Hch. 1:8]

❖ ❖ ❖

PERSONAS A RECORDAR DE MATEO

ANDRÉS

Hechos clave: Apóstol, llevó a su hermano Pedro a Cristo (Jn. 1:40-42)
Padre: Juan (Jn. 1:42)
Ocupación: Pescador, apóstol (Mr. 1:16-17)
Total de referencias bíblicas: 12
Referencias clave: 4:18-20; Jn. 1:35-42; 6:8-9; 12:20-22

Habla Andrés

Aquí estoy en Grecia —bien lejos de Galilea— esperando la muerte por crucifixión. Pero la realidad es que todo esto no me sorprende nada. Después de todo, tanto Juan, mi primer maestro, y Jesús, mi Mesías, sufrieron muertes terribles (14:10; Jn. 1:40).

Me pregunto si Pedro sigue en Babilonia. Bueno, esté donde esté, ¡seguro que mi hermano estará promoviendo la causa de Jesús! ¡Qué privilegio tuve de presentárselo al Salvador! (Jn. 1:42).

Mientras espero una muerte cierta, a menudo pienso en mis tiempos como pescador. Claro, a esto me dedicaba cuando Jesús me llamó. Luego recuerdo vívidamente aquel tiempo increíble cuando, a pesar de mis dudas, alimentó a más de 5.000 personas hambrientas —por no decir nada de los doce hambrientos discípulos— con solo cinco panes y dos pececillos (4:18-20; Jn. 6:8-9).

Esas memorias me consuelan. Ayer suplió a mis necesidades físicas. Tengo plena confianza en que hoy y mañana suplirá también a mis necesidades espirituales.

Lecciones espirituales de Andrés

- Andrés no permitió que su lealtad a un dirigente humano le impidiera seguir a Cristo (Jn. 1:35-37). Véase 1 Corintios 1:10-17 para algunos que sí cayeron en esta falta.
- A diferencia de Caín, Andrés sabía que era el guarda de su hermano y que su primera responsabilidad era presentar a su hermano a Cristo (Jn. 1:40-41; véase Gn. 4:9).
- No importa lo poco que podamos dar al Señor, Él puede hacerlo adecuado para sus propósitos (Jn. 6:8-13).

Versículos clave

"Andrés, hermano de Simón Pedro, era uno de los que habían oído a Juan, y habían seguido a Jesús. Este halló primero a su hermano Simón, y le dijo: Hemos hallado al Mesías (que traducido es, el Cristo). Y le trajo a Jesús" (Jn. 1:40-42).

BARRABÁS

Hecho clave: Criminal que fue liberado en lugar de Cristo (27:16-21)
Total de referencias bíblicas: 11
Referencia clave: 27:16-21

Habla Barrabás

Al principio pensé que era o un error o alguna broma cruel. A fin de cuentas, no es cada día que alguien condenado por asesinato, robo y sedición es repentinamente liberado por los romanos, ¡especialmente si este granuja resulta ser judío! (Mr. 15:7; Lc. 23:19; Jn. 18:40).

¡Pero pronto descubrí que era cierto! ¡Parece que la multitud me prefirió a alguien que afirmaba ser el mismo Mesías! Admito que me sentí mal al ver cómo lo azotaban y crucificaban. Pero más asombroso fue oírle realmente orar por sus atormentadores en la cruz. No sé. Después de todo, es posible que aquel soldado romano tuviera razón.

Lecciones espirituales de Barrabás

- Barrabás se benefició de la bondad de Dios, pero ¿experimentó la gracia de Dios? Es trágicamente posible experimentar lo uno sin lo otro (véase Jn. 5:8-9, 14).

Versículos clave

"Y respondiendo el gobernador, les dijo: ¿A cuál de los dos queréis que os suelte? Y ellos dijeron: A Barrabás. Pilato les dijo: ¿Qué, pues, haré de Jesús, llamado el Cristo? Todos le dijeron: ¡Sea crucificado!" (27:21-22).

CAIFÁS

Hecho clave: Sumo sacerdote que maquinó la muerte de Cristo (26:3-4)
Total de referencias bíblicas: 9
Referencias clave: 26:3-4, 57-68; Mr. 14:53-65; Lc. 3:2; Jn. 11:49-53; 18:24, 28; Hch. 4:1 22; 5:17 40

Habla Caifás

¡Increíble! ¡Absolutamente increíble! Míralos, casi incapaces de andar después de haber recibido severos azotes, ¿y qué hacen? Nada menos que reír y cantar. Es indudable que Gamaliel nos dio el consejo correcto, pero no acabo de estar seguro. ¿Debería haberlos matado, como habíamos planeado originalmente? Probablemente no. Bien, me refiero a que este tratamiento desde luego no ha surtido los efectos deseados con su fundador, cuya ejecución dispuse (Jn. 11:49-53; Hch. 5:17-18, 33-34).

Abundan los rumores de que resucitó de los muertos. ¡De hecho, esta maldita doctrina de la resurrección es el principal tema predicado por sus fanáticos seguidores! (Hch. 2:24; 3:15; 4:10).

Sí, fui yo quien dirigió el complot para matarlo. Pero ¿qué otra cosa podía hacer yo? ¡Era o este autoproclamado Mesías o todo nuestro sistema religioso y político! Bien, a lo hecho, pecho (Jn. 11:47-50).

Pero sigue inquietándome mucho la memoria de nuestro último encuentro, especialmente su respuesta a mi pregunta de si era el Hijo de Dios. Me dijo: "Yo soy; y veréis al Hijo del Hombre sentado a la diestra del poder de Dios, y viniendo en las nubes del cielo". ¿Qué quiso decir con esto? ¿Y si realmente era el Hijo de Dios? (Mr. 14:61-62).

Lecciones espirituales de Caifás

- ¡Qué triste que los que mejor conocen a Cristo son los que menos lo comprenden? Esto fue precisamente lo que sucedió con Caifás (26:62-65; Jn. 11:49-52), así como con todos los falsos dirigentes religiosos (7:21-23; 1 Ti. 4:1-2; 2 Ti. 3:5; 4:3-4; 2 P. 2:1; 3:16).
- Si los no creyentes nos dicen: "No hables de Cristo" (Hch. 4:6-18), nuestra respuesta debería ser: "¡Debemos hablar de Él!" (Hch. 4:19-22).

Versículos clave

"Entonces Caifás, uno de ellos, sumo sacerdote aquel año, les dijo: Vosotros no sabéis nada; ni pensáis que nos conviene que un hombre muera por el pueblo, y no que toda la nación perezca" (Jn. 11:49-50).

HERODES ANTIPAS

Hechos clave: Tetrarca de Galilea y Perea, ordenó la decapitación de Juan el Bautista (14:1-12)
Padre: Herodes el Grande
Hermano: Felipe (14:3)
Esposa: Herodías (14:3)
Total de referencias bíblicas: 27
Referencias clave: 14:1-12; Mr. 6:14-29; Lc. 13:31-33; 23:7-16

Habla Herodes Antipas

Me enviaron a Jesús de Nazaret como un autoproclamado rey, ¡pero lo convertí en un payaso! ¡Ya le está bien! ¡Cómo se atrevió a rehusar responder a mis preguntas! (Lc. 23:8-11).

Además, hay rumores de que se ha hecho culpable de insultarme. ¡Qué pasa con esos profetas hebreos! Acabé dando muerte a uno de esos profetas por meterse en mis asuntos, aunque en realidad no quería llegar a tales extremos (Mr. 6:14-29; Lc. 13:31-33).

Pero este me preocupa todavía más. De hecho, ¡al principio pensé que era una reencarnación de Juan! Bueno, quien sea que sea y sea lo que sea, este galileo sufrirá probablemente la misma suerte que Juan. Creo que Pilato cederá a las presiones judías y lo matará (14:1-2; Lc. 23:7-12).

En todo caso, al menos hay algo positivo que ha resultado de todo esto: ¡El gobernador y yo somos ahora buenos amigos! (14:1-2; Lc. 23:7-12).

Lecciones espirituales de Herodes Antipas

- Puede que tratemos de silenciar a los que nos llaman la atención a nuestros pecados (14:3-12), pero no podemos acallar nuestra propia culpa (14:1-2; 1 R. 22:7-28).

- Un pecado siempre conduce a otro. La concupiscencia de Herodes le llevó al final a arrebatar la vida de Juan (14:3-12; Stg. 3:5).
- Un cónyuge puede tener un enorme efecto en el bienestar espiritual de uno, para bien (1 Co. 7:14; 1 P. 3:1-2) o para mal (Mr. 6:18-20).
- Pueden surgir estrechas amistades bien por nuestra mutua fe en Cristo (Hch. 2:44-45; 4:32; 1 Jn. 1:7) bien por un mutuo rechazo del Señor (Lc. 23:12).

Versículos clave
"Y Herodes quería matarle, pero temía al pueblo; porque tenían a Juan por profeta. Pero cuando se celebraba el cumpleaños de Herodes, la hija de Herodías danzó en medio, y agradó a Herodes, por lo cual éste le prometió con juramento darle todo lo que pidiese. Ella, instruida primero por su madre, dijo: Dame aquí en un plato la cabeza de Juan el Bautista. Entonces el rey se entristeció; pero a causa del juramento, y de los que estaban con él a la mesa, mandó que se la diesen" (14:5-9).

HERODES EL GRANDE

Hechos clave: Rey de Judea, intentó asesinar al niño Jesús (2:1-18)
Padre: Herodes Antipatro
Hijos: Arquelao (2:22), Herodes Antipas (14:1), Herodes Felipe (14:3)
Total de referencias bíblicas: 9
Referencia clave: 2:1-18

Habla Herodes el Grande
Mis soldados me dicen que emprendieron la vuelta por otro camino. Escuchen bien, cuando encuentre y mate a aquel miserable pequeño que ellos llamaron el Rey de los judíos, aquellos astrónomos viajeros sufrirán también mis iras. De hecho, ¡los dirigentes judíos que los encaminaron a Jerusalén merecen también ser castigados! ¡Qué país más ingobernable! Quiero decir, ¿en qué otro lugar se sentiría amenazado un poderoso monarca por una tonta historia acerca de una estrella y de un rey bebé? (2:2-6, 12).

Me dan informes. Todos los niños varones de Belén han sido muertos. ¡Muy bien! ¡Un momento! ¿Qué queréis decir, con una excepción! ¡Maldición! ¡Me dicen que un carpintero, su mujer y su pequeño han huido a Egipto! ¿Podría tratarse de éste? ¡Sandeces! Toda esta historia es absurda desde su comienzo. Y sin embargo, . . . (2:14, 16).

Lecciones espirituales de Herodes el Grande

- Los dirigentes humanos deberían darse cuenta de que en último término Dios está al control de todo (Dn. 4:25), y que ellos tienen solo la autoridad que Él decida darles (Ro. 13:1). Cualquier intento de oponerse a Él fracasará al fin.

Versículos clave
"Herodes entonces, cuando se vio burlado por los magos, se enojó mucho, y mandó matar a todos los niños menores de dos años que había en Belén y en todos sus alrededores, conforme al tiempo que había inquirido de los magos. Entonces se cumplió lo que fue dicho por el profeta Jeremías, cuando dijo: "Voz fue oída en Ramá, grande lamentación, lloro y gemido; Raquel que llora a sus hijos, y no quiso ser consolada, porque perecieron" (2:16-18).

JACOBO (HIJO DE ZEBEDEO)

Hecho clave: Primer apóstol en ser martirizado (Hch. 12:2)
Padre: Zebedeo (4:21)
Madre: María (Mr. 15:40)
Hermano: Juan (4:21)
Ocupación: Pescador, apóstol
Total de referencias bíblicas: 19
Referencias clave: 4:21-22; 17:1-6; 20:20-28; Lc. 9:51-56; Hch. 1:13; 12:2

Habla Jacobo

He pasado de ser un satisfecho pescador en Galilea a un infame condenado aquí en Jerusalén. ¿Y cuál es mi crimen? ¡Predicar la resurrección del Mesías de Israel! Es la época de la Pascua. Poco pensaba hace unas dieciséis pascuas que todo acabaría así. Claro, Jesús ya nos advirtió que algunos de nosotros moriríamos (10:16-21; Hch. 12:3).

¿Quién podría jamás olvidar aquel soleado día junto al mar, cuando los cuatro fuimos llamados a un servicio a dedicación plena? Al final hubo doce de nosotros, pero por alguna razón, a Juan, a Pedro y a mí se nos permitió ver y oír cosas que nadie más pudo ver: en aquel monte, llenos de temor, casi cegados por la luz, en aquel encuentro con Moisés y Elías; y, aun más increíble, oyendo la voz misma del Padre (4:21-22; 17:1-6).

Días de gloria, pero también algunos momentos que lamentar. ¡Qué egoísmo pedir que Juan y yo recibiésemos los tronos del más alto honor en su reino. Y luego, aun peor, queriendo hacer bajar fuego del cielo que consumiera a algunos samaritanos. ¡Cómo nos avergonzó con su reprensión, al decir lo que debería haber sido tan evidente: Que no había venido a destruir a sus enemigos, sino a salvarlos! (20:20-28; Lc. 9:51-56).

Claro, más adelante iba a morir por nuestros pecados. Y ahora estoy listo para morir por su nombre incomparable. ¡Ven, Herodes, y haz lo peor que puedas! (Hch. 12:1-2).

Lecciones espirituales de Jacobo

- "A todo aquel a quien se haya dado mucho, mucho se le demandará" (Lc. 12:48). Jacobo, junto con Pedro y Juan, tuvo el privilegio de ser testigo de cosas que los demás apóstoles no vieron (17:1; Mr. 5:37; 14:33). Pero dos veces este favorecido seguidor exhibió malas actitudes (Mr. 10:35-37; Lc. 9:51-54). ¿Has sido bendecido por Dios en formas especiales? ¿Cómo has respondido en amor hacia Él y hacia otros? (véase Ef. 4:1; 1 Ts. 2:12).
- Jacobo murió una muerte de mártir (Hch. 12:2), mientras que según la tradición su hermano Juan murió en paz en una edad avanzada. La voluntad de Dios para otros puede ser totalmente diferente al plan que tenga para ti (Jn. 21:17-22)

Versículos clave

"Viendo esto sus discípulos Jacobo y Juan, dijeron: Señor, ¿quieres que mandemos que descienda fuego del cielo, como hizo Elías, y los consuma? Entonces volviéndose él, los reprendió, . . . Y se fueron a otra aldea" (Lc. 9:54-56).

JUAN (EL APÓSTOL)

Hechos clave: Quizá el apóstol más íntimo de Cristo, autor de cinco libros del NT.
Padre: Zebedeo (4:21)
Madre: María (Mr. 15:40)
Hermano: Jacobo (4:21)
Ocupación: Pescador, apóstol
Total de referencias bíblicas: 42
Referencias clave: 4:21-22; 17:1-13; 20:20-28; Mr. 5:37-42; Lc. 9:51-56; Jn. 1:29, 35-39; 19:25-27; 21:20-22; Hch. 3:1-8; 8:14-17; Ap. 1:9-18

Habla Juan

Desde el río Jordán hasta la isla de Patmos, ¡70 años y cinco libros después! ¡Qué vida he vivido! (Jn. 1:35; Ap. 1:9).

Recuerdo como Juan el Bautista lo designó como "el Cordero de Dios, que quita el pecado del mundo". Bueno, Andrés y yo dejamos de inmediato a Juan para pasar el día con este Limpiador del pecado. Fue el primer paso hacia un servicio a dedicación plena. El último paso hacia nuestra nueva vida vendría en el Mar de Galilea. Allí estábamos pescando, nosotros cuatro —Andrés, Pedro, mi hermano Jacobo y yo mismo— cuando nos llamó desde la playa, diciéndonos que le siguiéramos y que Él nos mostraría cómo pescar gente. ¡Así lo hicimos, y así Él lo cumplió! (4:18-22; Jn. 1:29, 36-39).

Las siete décadas desde entonces han visto su parte de gloria y de dolor. Aquel día asombroso en el monte, la vuelta a la vida de aquella niña, la curación del lisiado en el templo, la campaña en Samaria; fueron acontecimientos gloriosos (17:1-3; Mr. 5:37-42; Hch. 3:1-8; 8:14).

Pero mi orgullo partidario, mis esfuerzos por ensalzarme a mí mismo, y mi espíritu tan vengativo, esas cosas solo trajeron dolor. Quizá lo más bochornoso fue mis dos recientes intentos de adorar un ángel (20:20-28; Mr. 9:38-41; Lc. 9:51-56; Ap. 19:10; 22:8-9).

Apóstol, anciano, autor y profeta. Esos son los oficios que Dios me ha confiado. Mi hermano Jacobo, mi anterior maestro Juan, junto con mis queridos amigos Pedro y Pablo, todos ellos han partido ya, habiendo sufrido cada uno de ellos una muerte de mártir. Me pregunto, yo, ¿será mi suerte como la de ellos? (10:2; 14:10; Hch. 12:1-2; 2 Ti. 4:6; 2 P. 1:14; 2 Jn. 1; 3 Jn. 1; Ap. 1:3).

El Salvador mandó una vez a Pedro que no le tocaba a él saber lo que me fuera a suceder a mí. Tampoco me toca a mí saberlo. Todo lo que Él quiera, bien está (Jn. 21:20-23).

¡Qué grandes honores me ha otorgado, haber estado tan cerca de Él y ahora verlo en su gloria en las alturas, y poder tener realmente el privilegio de describir para todos los creyentes aquel futuro hogar nuestro, aquella resplandeciente ciudad entre las estrellas! Solo espero que la clase de amor que he aprendido de nuestro Señor sea una realidad en las vidas de todos sus discípulos mientras esperan su regreso. (Jn. 13:23; 1 Jn. 4:7-10; Ap. 1:10-18; 21:1-4, 10-27).

Lecciones espirituales de Juan

- Dios escoge y emplea a quien Él quiere, sean las que sean las capacidades naturales o el trasfondo social de la persona. Aunque Juan era un pescador sin instrucción teológica, Dios lo empleó para explicar tres importantes verdades acerca de Cristo: su deidad (Jn. 1:1-5); su humanidad (1 Jn. 1:1-2) y su soberanía (Ap. 11:15; 19:11-16).

- Aunque él era el discípulo más íntimo de Jesús, Juan codició una vez un honor aun más grande, por lo que Jesús le reprendió gentilmente (Mr. 10:35-40). Deberíamos contentarnos con lo que tenemos (Fil. 4:11; 1 Ti. 6:8; He. 13:5). Dios determinará cuando y cómo exaltarnos (Sal. 75:6-7; 1 P. 5:5-6).
- Creámoslo o no, ¡la gracia de Dios traspasa los límites denominacionales! (Mr. 9:38-41).
- Es demasiado fácil dar a los siervos de Dios —como pastores u otras personas que influyen en nuestra vida— la honra e incluso el culto que solo Dios merece. Hasta Juan se hizo culpable de esta especie de idolatría (4:10; Col. 2:18; Ap. 19:10; 22:8-9).
- El amor a Dios y a los demás es una marca distintiva de todos los verdaderos cristianos (1 Jn. 2:3-11; 3:4-18; 4:7—5:3).

Versículos clave
"Amados, amémonos unos a otros; porque el amor es de Dios. Todo aquel que ama, es nacido de Dios, y conoce a Dios. El que no ama, no ha conocido a Dios; porque Dios es amor. En esto se mostró el amor de Dios para con nosotros, en que Dios envió a su Hijo unigénito al mundo, para que vivamos por él. En esto consiste el amor: no en que nosotros hayamos amado a Dios, sino en que él nos amó a nosotros, y envió a su Hijo en propiciación por nuestros pecados" (1 Jn. 4:7-10).

JUAN EL BAUTISTA

Hechos clave: Preparó el camino para Cristo, lo bautizó (3)
Nacimiento: Registrado en Lucas 1:57
Padre: Zacarías (Lc. 1:5-13)
Madre: Elisabet (Lc. 1:5-13)
Ocupación: Profeta, evangelista
Hechos clave en su vida:

- Anuncia la venida de Cristo (3:1-12)
- Bautiza a Cristo (3:13-17)
- Indaga acerca de la autenticidad de Cristo (11:1-6)
- Decapitado por Herodes Antipas (14:1-12)

Edad al morir: 35 (registrado en 14:10)
Total de referencias bíblicas: 90
Referencias bíblicas clave: 3, 11:1-6; 14:1-12; Hch. 19:4

Habla Juan el Bautista
Al menos, Herodes permitió que mis discípulos me visitasen hoy en la cárcel. Esto es más que lo que habría querido su mujer. Vinieron inmediatamente después de haber llevado a cabo la misión que les encomendé. Gracias a Dios que mis temores eran totalmente injustificados. Su informe literalmente llenó mi alma de gozo: "Es Él, Juan. No cabe duda alguna de ello. ¡Vimos asombrados mientras daba la vista a ciegos, abría los oídos de los sordos, hacía andar a los cojos, y, lo más increíble de todo, resucitaba muertos!" (11:1-6).

Les di las gracias una y otra vez y luego los despedí. Todos nos dimos cuenta de que ésta sería nuestra última reunión. Sé que es solo cuestión de tiempo hasta que ella consiga mi cabeza. Tanto el rey como la reina me temen y odian, por mi crimen de haber denunciado su vergonzoso pecado (14:5; Mr. 6:18-19).

¡Qué calor y bochorno hace aquí junto al Mar Muerto! ¡Cómo extraño las aguas frescas del Jordán, donde antes bauticé a tantos, incluyendo precisamente a éste de quien mis discípulos me acaban de dar informes! (3:13-16).

Encadenado aquí en las tinieblas, me pregunto a veces si he vivido según las sublimes predicciones que hicieron de mí aquel ángel y mi padre. O, quizá más significativo, conforme a las escritas por Isaías y Malaquías (3:1-3; 11:10; Lc. 1:13-17, 76-79).

Dios será mi juez, naturalmente. Pero esto sí lo sé. Hasta en la hora de la muerte, Él ha de crecer y yo he de menguar, porque Él es quien ha de quitar nuestro pecado (Jn. 1:29; 3:30).

¿Qué son esos pasos aquí, al otro lado de la puerta? . . . Vienen a por mí. Alguien ha dicho que hoy es la fiesta de cumpleaños de Herodes. Parece que estoy invitado a hacer acto de presencia (14:6).

Lecciones espirituales de Juan el Bautista

- El mensaje del evangelio es siempre mucho más importante que el mensajero del evangelio (Jn. 1:19-37; 3:22-36). La verdadera espiritualidad de un predicador se muestra cuando las multitudes lo dejan para oír a otro.
- El mensaje de Juan acerca del arrepentimiento y de una vida recta nunca cambiaron, tanto si sus oyentes eran las masas (Lc. 3:10-11), los dirigentes religiosos (Mt. 3:7-10), los publicanos (Lc. 3:12 13), los soldados (Lc. 3:14) o el rey y la reina mismos (Mr. 6:17-18).
- Jesús tranquilizó gentilmente a un inquieto y encarcelado Juan asegurándole de que Él, Jesús, era verdaderamente el Mesías de Israel (11:2-6). Él nos consolará y tranquilizará hoy en dia tocante a nuestras dudas y temores. Él sabe que somos solo humanos y que tendremos tales dudas de vez en cuando (Sal. 103:11-14).

Versículo clave

"Pues éste es aquel de quien habló el profeta Isaías, cuando dijo: Voz del que clama en el desierto: Preparad el camino del Señor, enderezad sus sendas" (3:3).

JOSÉ

Hecho clave: Padre legal de Cristo (1:18-20; Lc. 2:4-5)
Padre: Jacob (1:16)
Esposa: María (1:18-20; Lc. 2:4-5)
Hijos: Jacobo, José, Simón, Judas (13:55)
Hijas: Nombres desconocidos (13:56)
Ocupación: Carpintero
Total de referencias bíblicas: 16
Referencias clave: 1:18—2:23; Lc. 2; 3:23

Habla José

Me duele que a pesar de nuestros esfuerzos lo sigan mirando con desdén. Desde luego, tanto su madre como yo hemos estado luchando todos estos años para poder siquiera comprender en parte esta increíble serie de acontecimientos. ¿Quién, realmente, podría comprender el hecho de que mi esposa, todavía virgen, daría a luz al mismo Mesías? Pero esto es exactamente lo que ha sucedido (1:18-25; Jn. 7:3-5).

Ya ha dejado mi taller de carpintería para llevar a cabo la obra del Padre, como predijo que haría cuando era todavía un niño. Me dicen que Juan el Nazareo hace poco le ha bautizado. ¿Qué sucederá luego? ¡Solo Él y su verdadero Padre podrán responder a esta pregunta! (3:13-15; Lc. 1:15; 2:41-50).

Lecciones espirituales de José

- José provee un maravilloso ejemplo de obediencia: Dios le mandó que se casase con María (1:24), y así lo hizo. Luego Dios le mandó que llevase a su familia a Egipto (2:13-14) y así lo hizo. Finalmente, Dios le mandó que volviera a Israel (2:19-21), y lo hizo.

Versículos clave

"José su marido, como era justo, y no quería infamarla, quiso dejarla secretamente. Y pensando él en esto, he aquí un ángel del Señor le apareció en sueños y le dijo: José, hijo de David, no temas recibir a María tu mujer, porque lo que en ella es engendrado, del Espíritu Santo es" (1:19-20).

JUDAS ISCARIOTE

Hechos clave: Apóstol, traicionó a Cristo (Lc. 22:3-4)
Total de referencias bíblicas: 22
Referencias clave: 26:47-50; 27:3-10; Jn. 6:70-72; 12:4-6; 13:3; Hch. 1:15-25

Habla Judas Iscariote

¡Idiotas supercríticos y endurecidos! En realidad, no esperaba ayuda alguna de esos dirigentes religiosos. Quizá solo quería que me tranquilizasen en el sentido de que había hecho lo que debía (27:3-4).

Claro que ya sabía que no era así. Lo que he hecho ha sido terrible. Lo sabía entonces, y ahora me siento lleno de remordimientos. Francamente, no sé por qué Jesús me escogió al principio. Pareció darse cuenta desde el principio que mi corazón no estaba con Él. Desde luego, yo tenía bien poco en común con aquellos once hombres toscos y faltos de instrucción que también se unieron a la causa (10:2-4; 27:4; Jn. 6:70-71).

En realidad, ¿por qué accedí a unirme a ellos? Quizá porque pensé que sería el poderoso dirigente político que todos esperábamos, ¡el que echaría de Israel el yugo romano y se declararía rey! Claro, ¡con ello yo habría llegado a ser muy poderoso y rico! (Jn. 6:14-15).

Pero no, bien al contrario, ¡parecía solo interesado en asociarse con pecadores y enfermos! Y aparentemente tampoco creía en recompensarnos con generosas compensaciones. Francamente, esto hizo que me resintiera profundamente. De hecho, esto me obligó, como tesorero del grupo, a transferir secretamente fondos a mi propia cuenta (10:9-10; Jn. 12:6).

En mi mente, el punto de inflexión fue la entrada triunfal, que le dio la perfecta oportunidad para apoderarse del poder y ser proclamado rey. Pero ¿qué hizo entonces nuestro supuesto Mesías? ¡Lloró por Jerusalén! Bien, ¡aquello fue lo decisivo! Esto me impulsó entonces a apartarme tan rápido como fuera posible y lo más lejos que pudiera (Lc. 19:41-44; Jn. 12:12-16; 13:2).

Ahora que veo que lo llevan a juicio me doy cuenta de que debe haber más en este notable hombre de lo que yo había admitido. Es evidente que he traicionado a un hombre inocente. Mientras, no tengo perspectivas de trabajo ni verdaderos amigos a los que volverme. . . . Solo me queda una cosa que hacer. . . . (27:1-5).

Lecciones espirituales de Judas Iscariote

- Los que se rebelan contra Dios prefieren las tinieblas a la luz, para mejor ocultar sus pecados (Jn. 3:20). Cuanto más cerca estaba Judas de la luz, tanto más negra era la sombra que arrojaba, primero como ladrón (Jn. 12:6), luego como hipócrita (Mt. 26:21-25), y finalmente como traidor (26:14-16; Lc. 22:48).
- Los que parecen sinceros cristianos, incluso en posiciones de confianza, puede que no sean lo que parecen ser (26:21-25; véase 7:15-23; 2 Co. 11:13-15).
- El remordimiento sin verdadero arrepentimiento no vale nada (27:3-10).

Versículos clave

"Mientras todavía hablaba, vino Judas, uno de los doce, y con él mucha gente con espadas y palos, de parte de los principales sacerdotes y de los ancianos del pueblo. Y el que le entregaba les había dado señal, diciendo: Al que yo besare, ése es, prendedle. Y enseguida se acercó a Jesús y dijo: ¡Salve, Maestro! Y le besó. Y Jesús le dijo: Amigo, ¿a qué vienes? Entonces se acercaron y echaron mano a Jesús, y le prendieron" (26:47-50).

MARÍA (LA MADRE DE JESÚS)

Hecho clave: Dio a luz a Jesús (Lc. 2:7)
Marido: José (1:18-20; Lc. 2:4-5)
Hijos: Jesús, Jacobo, José, Simón, Judas (13:55; Lc. 2:7)
Hijas: Se desconocen los nombres (13:56)
Hechos clave en su vida:

- Nacimiento e infancia de Cristo (Lc. 1:26—2:52)
- Es testigo del primer milagro de Cristo (Jn. 2:1-12)
- Aprende acerca de la "verdadera familia" de Cristo (Lc. 8:19-21)
- Contempla la crucifixión (Jn. 19:25-27)
- Entre sus primeros discípulos (Hch. 1:13-14)

Total de referencias bíblicas: 19
Referencias clave: 1:18—2:23; Lc. 1:26—2:52; 8:19-21; Jn. 2:1-12; 19:25-27; Hch. 1:13-14

Habla María

¡Qué maravilloso ha sido este tiempo de oración! Arrodillada aquí en este aposento alto pienso en José. Si solo hubiera vivido para ver este día. Desde luego me habría acompañado junto a la cruz y habría compartido mi gozo ante el sepulcro vacío (Jn. 19:25; Hch. 1:13-14).

Sé el alivio que habría sentido ante la conversión de sus otros hijos. Claro, fue la gloriosa aparición en resurrección a Jacobo lo que les abrió los ojos. Pero, quién sabe, quizá ya sabe todo esto (Hch. 1:14; 1 Co. 15:7; Stg. 1:1; Jud. 1:1).

¡Qué recuerdos los míos! El anuncio del ángel. Los pastores y aquellos interesantes visitantes del Lejano Oriente. La extraña profecía de Simeón, ¡que ahora comprendo tan bien! El episodio en el templo cuando Jesús tenía solo 12 años. Y aquella boda de bodas en Caná (2:11; Lc. 1:28-35; 2:15-16, 34-35, 46-50; Jn. 2:1-10).

Juan ha sido tan gentil, al proveer a mis necesidades como le fue dicho. Creo que empiezo a comprender el especial afecto que mi Hijo sentía por él (Jn. 19:25-27).

Pero basta de recuerdos. Volvamos a la oración: Padre amado, ¿cómo puede una simple mortal siquiera comenzar a agradecerte el privilegio inapreciable de dar a luz al bendito Redentor? Así como una vez yo ayudé a criarlo, acepta mi voto de servirle plenamente hasta el día de mi muerte. Mi oración a ti como joven virgen en Nazaret sigue siendo mi oración hoy: ¡Soy la esclava del Señor, y estoy dispuesta a aceptar lo que Él quiera! (Lc. 1:38; 2:7, 40, 51-52).

La gente comienza a moverse. Al parecer, la sesión de oración ha terminado. Veo a Simón Pedro ponerse en pie, listo para hablarnos. Debo prestar atención (Hch. 1:15).

Lecciones espirituales de María

- Dios pronunció un favor especial sobre María (Lc. 1:30), y Él nos favorecerá si emulamos sus calidades espirituales:
  - Fue totalmente sumisa a Dios (Lc. 1:38).
  - Había guardado la Palabra de Dios en su corazón, como se ve en su cántico de alabanza (Lc. 1:46-55), ¡donde citó al menos 15 fuentes del AT!
- Cuando surjan problemas, deberíamos acudir primero a Jesús, como lo hizo María (Jn. 2:3). Luego deberíamos mostrarnos listos y dispuestos a hacer todo lo que Él nos mande (Jn. 2:5).
- Lo mismo que Pablo y Bernabé (Hch. 15:25-26), María había realmente arriesgado su vida por causa de Cristo.
  - Soportó un difícil y peligroso viaje para llevar su nacimiento a buen fin (Lc. 2:4-7).
  - Se expuso a la hostilidad, al ridículo y a una posible muerte en el Calvario para verle morir (Jn. 19:25-27).
- La Biblia presenta a María como adoradora de su hijo Jesús, no ella como un objeto de culto. En el aposento alto estaba entre los que oraban (Hch. 1:14).

Versículo clave
"Entonces María dijo: He aquí la sierva del Señor; hágase conmigo conforme a tu palabra" (Lc. 1:38).

PEDRO

Hechos clave: Destacado apóstol, fue autor de dos libros del NT.
Padre: Juan (Jn. 1:42)
Hermano: Andrés (Jn. 1:40)
Esposa: No se conoce su nombre (8:14)
Ocupación: Pescador, apóstol (4:18-20)
Acontecimientos clave en su vida:

- Llamado por Cristo (4:18-20)
- Intenta andar sobre agua (14:28-31)

- Confiesa públicamente a Cristo (16:16-18)
- Es testigo de la transfiguración (17:1-8)
- Niega a Cristo antes de la crucifixión (26:69-75)
- Exhortado por el Cristo resucitado (Jn. 21:15-22)
- Predica en Pentecostés (Hch. 2)
- Proclama el evangelio en Samaria (Hch. 8:14)
- Ve una visión y evangeliza a gentiles (Hch. 10)
- Encarcelado por predicar; liberado milagrosamente (Hch. 12:1-10)
- En el Concilio de Jerusalén (Hch. 15)
- Escribe dos libros del NT

Total de referencias bíblicas: 183

Referencias clave: 4:18-20; 14:28-31; 16:16-19; 17:1-8; 26:69-75; Jn. 6:68-69; 21:15-22; Hch. 2; 10—12; 1 Co. 15:5; Gá. 2:11-13; 1, 2 P.

Habla Pedro

Hace 35 años, Jesús me dijo que algún día me llevarían a donde yo no querría. Tengo el sentimiento de que su profecía se cumplirá cualquier día de estos. Dios permitirá a Nerón hacer lo que un día impidió a Herodes Antipas (Jn. 21:18-19; Hch. 12:1-10; 1 P. 1:14).

Mucho me gustaría volver a ver a mi hermano Andrés, pero está en algún lugar de Grecia. ¿Dónde estará Pablo estos días? ¡Cuánto agradecimiento siento por esos hombres! Mi hermano me presentó al Salvador, y Pablo ha sido un fiable compañero evangelista. Digo "fiable" en parte por aquella ocasión en que no vaciló en corregirme cuando me volví demasiado legalista (Jn. 1:42; Gá. 2:11-12).

En mi primer encuentro con Cristo, en la ribera de Galilea, me mandó que pescara algo. En nuestro último encuentro, en aquel mismo lugar, me mandó que apacentase sus ovejas. Por su gracia, he podido obedecer ambos mandamientos. En Pentecostés me permitió atrapar a 3.000 "peces". Más tarde, por medio de aquellas dos cartas, he tratado, con la ayuda de Dios, alimentar a sus ovejas (Lc. 5:10; Jn. 21:15-17; Hch. 2:41; 1 P. 2:2-3).

Siempre que recuerdo los hermosos parajes de Galilea, pienso en mi gran momento, cuando me fue dado el privilegio de confesar mi creencia de que Jesús era verdaderamente el Hijo del Dios viviente. Pero luego recuerdo también como, bien poco después, me tuvo que reprender severamente por tratar de interponerme en el camino de su misión final como Hijo de Dios en la tierra: morir por nuestros pecados (16:16, 21-23).

Después vino aquel más negro de todos los momentos, ¡cuando lo abandoné y literalmente lo negué públicamente! De hecho, para mi horror Él oyó aquellas maldiciones, y luego se volvió y me miró. Nunca olvidaré la triste mirada que penetró en lo más hondo de mi alma (Mr. 14:50, 71; Lc. 22:61-62; Jn. 18:25-27).

Pero luego, maravilla de maravillas, siguiendo a su crucifixión y resurrección, se me apareció personalmente. Los acontecimientos parecieron moverse a la velocidad de un rayo: su ascensión, el entusiasmo de Pentecostés, la humillante experiencia de ser usado por Él para sanar a los enfermos, e incluso un querido anciano santo a quien vimos ver volver a la vida por su poder (Lc. 24:34; Hch. 1:9-11; 2:1-4; 3:1-8; 9:32-41; 1 Co. 15:5).

Probablemente no hay nada, naturalmente, que pueda parar mi inminente muerte. Oigo que aquí en Roma lo hacen a menudo por crucifixión. Cuando pienso en todo lo que mi Señor ha hecho por mí —y en todo lo que me ha perdonado—, apenas si me siento digno de morir de la misma manera que Él murió. Por esto he hecho mi petición especial. . . .

Lecciones espirituales de Pedro

- Cuanto más claramente vemos a nuestro Salvador, tanto más claramente vemos nuestro pecado. Tanto Isaías (Is. 6:1-5) como Pedro (Lc. 5:8; 22:54-62) lo experimentaron. Según la tradición, cuando Pedro fue martirizado por su fe, pidió ser crucificado cabeza abajo, sintiéndose indigno de morir de la misma manera en que había muerto su Señor.
- Dios no necesita nuestro consejo ni nuestra corrección. Pedro intentó dos veces hacer cambiar de idea al Señor, pero cada vez fue prestamente corregido (16:21-23; Mr. 14:27-31; Jn. 13:6-9; véase también Is. 40:13; Ro. 11:33-36).
- Como Pedro aprendió una noche en un mar tormentoso, solo mirando a Jesús podemos mantenernos firmes (14:22-33; He. 12:2).
- Es más importante buscar la voluntad de Dios para nuestra propia vida (Ef. 2:10) que preocuparse acerca de su voluntad para alguna otra persona (Jn. 21:20-22).
- Dios no muestra parcialidad sobre la base de raza o de clase (Ro. 2:11), y nosotros tampoco deberíamos hacerlo. Aunque Pedro reconoció esto (Hch. 10:34), no siempre vivió a la altura de la verdad que conocía (Gá. 2:11-14).
- Pedro fue testigo ocular del ministerio terrenal de Cristo, incluyendo su gloriosa transfiguración (17:1-8). Pero aunque valoró grandemente aquella trascendental experiencia (2 P. 1:16-18), parece que valoraba más todavía la Palabra escrita de Dios que la misma confirmaba (2 P. 1:19-21). Ninguno de nosotros en la actualidad posee el conocimiento de primera mano de Cristo durante su ministerio terrenal. Pero podemos participar de su encuentro con el Señor mediante su Palabra (2 Ti. 3:16-17; 1 P. 1:23-25; 2:2-3).

Versículos clave

"Desde entonces muchos de sus discípulos volvieron atrás, y ya no andaban con él. Dijo entonces Jesús a los doce: ¿Queréis acaso iros también vosotros? Le respondió Simón Pedro: Señor, ¿a quién iremos? Tú tienes palabras de vida eterna. Y nosotros hemos creído y conocemos que tú eres el Cristo, el Hijo del Dios viviente" (Jn. 6:66-69).

PILATO

Hechos clave: Gobernador de Palestina, condenó a Jesús a muerte (27:2-26).
Total de referencias bíblicas: 53
Referencias clave: 27:2-26, 57-66

Habla Pilato

¡No puedo creerlo! Todavía otra petición acerca de este pretendido rey de los judíos. ¿Es qué no acabará? Hasta después de su muerte siguen los problemas. Primero dos seguidores quisieron su cuerpo. Ahora sus enemigos me piden que asegure su sepulcro (27:62-66; Jn. 19:38-39).

Realmente, creía que esta situación se solucionaría enviándolo a Herodes. Pero esto fue solo el principio, porque apenas me había vuelto a mis cosas cuando lo volvía a tener ante mi tribunal. Extraño caso, por decir poco. Debe haber sido el único hombre en todo este país de locos más odiado que yo. ¡Y esto es mucho decir! Me han despreciado hasta lo más hondo desde el día en que hice dar muerte a un montón de ellos junto con sus sacrificios. Pero nunca he comprendido su feroz animosidad contra este Jesús. Lo cierto es que no parecía ser una amenaza contra nadie (27:21-25; Lc. 13:1; 23:6-7, 11).

Probablemente debería haber atendido a las palabras de mi mujer y liberarlo, a pesar de todas las protestas de ellos. Asombroso, sin embargo, que escogieran a Barrabás, aquel miserable, en lugar de este hombre de maneras pacíficas (27:19; Lc. 23:18-19).

Este Jesús me dijo que era rey, pero no de este mundo. También afirmaba que era la fuente misma de la verdad. Bien, mandé que le azotasen severamente, tratando de saciar la sed de sangre del populacho y salvar así su vida, pero de nada sirvió. En todo caso, me he lavado las manos de su sangre inocente (27:24; Jn. 18:36—19:5).

¡Qué extraño, no obstante; me sigo sintiendo incómodo —incluso impuro— acerca de todo este episodio! Sus amigos querían su cuerpo, y les he concedido su deseo. Sus amigos me piden ahora que asegure el sepulcro, lo que se hará sin falta. Esto seguramente acabará con este asunto. ¿Qué más puede hacer? ¿Resucitar de los muertos?

Lecciones espirituales de Pilato

- Deberíamos siempre dar una debida consideración al consejo de los amigos (Pr. 11:14). Pilato ignoró el consejo de su esposa para peligro de sí mismo (27:19).
- Pilato intentó ser neutral acerca de Cristo (27:24), pero Cristo no admite neutralidad alguna (12:30).
- Cuando se encontró ante la encarnación misma de la verdad (Jn. 14:6), Pilato expresó menosprecio hacia la posibilidad misma de conocer la verdad (Jn. 18:38), como tantos lo hacen en la actualidad (véase 2 Ti. 3:7; 4:3-4; 2 P. 3:16).

Versículo clave

"Viendo Pilato que nada adelantaba, sino que se hacía más alboroto, tomó agua y se lavó las manos delante del pueblo, diciendo: Inocente soy yo de la sangre de este justo; allá vosotros. Y respondiendo todo el pueblo, dijo: Su sangre sea sobre nosotros, y sobre nuestros hijos. Entonces les soltó a Barrabás; y habiendo azotado a Jesús, le entregó para ser crucificado" (27:24-26).

MARCOS

—5 a.C.
Nacimiento de Cristo

—8 d.C.
Visita el templo, edad de 12 años

TRASFONDO

Véase *Mateo: Trasfondo.*

AUTOR

Dice la tradición que Juan Marcos, que aparentemente fue llevado al Señor por Pedro (1 P. 5:13), escribió este Evangelio empleando los sermones de Pedro como su principal fuente. Así, Marcos nos permite ver a Jesús a través de los ojos de Pedro. Marcos, el siervo infiel que abandonó a Pablo en su primer viaje misionero (Hch. 15:37-39), fue aparentemente fiel en su servicio con Pedro y fue por esto escogido para escribir este Evangelio del Siervo obediente (véase *Propósito*). Algunas traducciones de Hechos 13:5, 13 se refieren a Juan Marcos como simplemente Juan. Pedro se alojó en casa de la madre de Marcos después de ser liberado de la cárcel (Hch. 12:12).

—26
Comienza su ministerio

—28
Escoge a los doce

—29
Alimenta a los 5.000, Muerte de Juan el Bautista

—30
Muerte, resurrección, ascensión

FECHA Y LUGAR

Alrededor del 57-59 d.C. Dice Ireneo que Marcos fue escrito después de las muertes de Pedro y de Pablo, a. 67-68, pero tanto Clemente de Alejandría como Orígenes sitúan su redacción en vida de Pedro, y dicen que Pedro ayudó en su redacción y aprobó su uso para la iglesia. Hay un amplio acuerdo en que el registro por parte de Marcos de los sermones de Pedro fue uno de los "testigos oculares" que usó Lucas al escribir Lucas y Hechos (véase Lc. 1:1-4; Hch. 1:1). Por cuanto Hechos acaba con Pablo todavía en la cárcel antes de su primera liberación en el 62, Marcos debió ser escrito antes de este tiempo. La mayoría de los eruditos están de acuerdo en que Mateo también usó Marcos como fuente.

Mateo, Marcos y Lucas son a menudo designados como los Evangelios "sinópticos" (véase *Mateo: Trasfondo*). Solo unos 30 versículos de Marcos contienen relatos sin paralelos bien en Mateo, bien en Lucas. Pero como se dará cuenta cualquier lector casual, en tanto que Mateo y Lucas pueden haber tomado de Marcos, cada uno de ellos cuenta la historia de una forma singular, añadiendo a menudo detalles que Marcos omite. Y el mismo Marcos incluye muchos detalles y datos que los otros dos omiten.

La mayoría de los padres de la Iglesia concuerdan en que Marcos escribió su Evangelio desde Roma. Colosenses 4:10 lo sitúa en Roma con Pablo alrededor del 61.

DESTINATARIOS

Cristianos gentiles romanos, como se indica por

- el retrato que hace Marcos de Jesús como hombre de acción, lo que habría concordado con la mentalidad romana.
- su frecuente transliteración (en lugar de traducción) de palabras latinas ("denarios", 12:15; "Pretorio", 15:16).
- la escasez de citas del AT.
- su explicación de términos (3:17; 5:41; 7:11, 34; 14:36) y costumbres (7:3; 14:12; 15:42) de los judíos.
- su omisión de parábolas con sentido principalmente para los judíos, como la del buen samaritano y la del fariseo y del publicano.

PROPÓSITO

Los cristianos de Roma habían llegado pronto a un conocimiento personal de Jesucristo y habían exhibido un vibrante testimonio de Él (Ro. 1:8), pero pronto tendrían que hacer frente a la persecución. Marcos, como buen pastor, les proveyó de un nuevo y emocionante retrato biográfico de Jesús. Les presentó a Jesús como el perfecto y obediente Siervo de Dios y les mostró lo que significaba ser su discípulo. La obediencia de Cristo le costó la vida, pero su vida y mensaje quedaron vindicados por su resurrección y ascensión.

COMPARACIÓN CON OTROS LIBROS DE LA BIBLIA

Isaías:

- Ambos presentan a Cristo como el Siervo de Dios.

Lucas y Juan:

- Marcos (y Mateo) presentan a Jesús como víctima en la cruz, mientras que Lucas y Juan lo presentan como vencedor sobre la cruz.

Juan:

- Ambos destacan el poder de los milagros.

BOSQUEJO

PRESENTACIÓN DEL OBEDIENTE SIERVO DE DIOS (1:1-13)
- Juan el Bautista (1:1-8)
- El bautismo de Cristo (1:9-11)
- La tentación (1:12-13)

EL MINISTERIO GALILEO DEL SIERVO (1:14—9:50)
- Llamamiento de cuatro discípulos (1:14-20)
- Sanidades y exorcismos (1:21-45)
- Conflicto con dirigentes religiosos (2:1—3:6)
- Selección de los doce (3:7-19)

- Conflicto con dirigentes religiosos (3:20-35)
- Parábolas del reino (4:1-34)
  - El sembrador y la simiente (4:1-20)
  - La luz escondida (4:21-25)
  - La semilla que crece, la semilla de mostaza (4:26-34)
- Calmando el mar (4:35-41)
- Demonios y cerdos (5:1-20)
- La hija de Jairo y una mujer enferma (5:21-43)
- Rechazo en Nazaret (6:1-6)
- Envío de los doce (6:7-13)
- Muerte de Juan el Bautista (6:14-29)
- La alimentación de los cinco mil (6:30-44)
- Anda sobre el agua (6:45-52)
- Sanidades (6:53-56)
- Advertencias sobre los fariseos (7:1-23)
- Sanidades (7:24-37)
- Alimentación de los cuatro mil (8:1-9)
- Advertencias acerca de los fariseos (8:10-21)
- Restauración de la vista a un ciego (8:22-26)
- Ministerio cerca de Cesarea de Filipos (8:27—9:29)
  - La confesión de Pedro (8:27-30)
  - Primera predicción que hace Cristo de su muerte (8:31—9:1)
  - La transfiguración (9:2-13)
  - Los discípulos no pueden sanar a un endemoniado (9:14-29)
- Ministerio en Galilea (9:30-50)
  - Segunda predicción que hace Cristo de su muerte (9:30-32)
  - Los niños y el reino (9:33-37)
  - Cristo prohibe el partidismo (9:38-41)
  - Niños; peligro del infierno por causarles tropiezos (9:42-50)

EL VIAJE DEL SIERVO A JERUSALÉN (10)

- Ministerio en Perea y Judea (10:1-45)
  - Sobre el divorcio (10:1-12)
  - Los niños y el reino (10:13-16)
  - El joven rico principal (10:17-31)
  - Tercera predicción que hace Cristo de su muerte (10:32-34)
  - La grandeza en el reino (10:35-45)
- Ministerio cerca de Jerusalén (10:46-52)

EL MINISTERIO DEL SIERVO EN JERUSALÉN (11—13)

- La entrada triunfal (11:1-11)
- La maldición de la higuera (11:12-14)
- La purificación del templo (11:15-19)
- La lección de la higuera (11:20-24)
- El perdón (11:25-26)
- La autoridad de Cristo cuestionada (11:27-33)
- La parábola de los labradores malvados (12:1-12)
- Pregunta acerca de pagar tributo a César (12:13-17)
- Pregunta acerca de la resurrección (12:18-27)

Pregunta acerca del más grande mandamiento (12:28-34)
Pregunta acerca del Hijo de David (12:35-37)
Denuncia de los escribas (12:38-40)
La ofrenda de la viuda (12:41-44)
El discurso del Monte de los Olivos (13)

LA MUERTE Y RESURRECCIÓN DEL SIERVO (14—16)
La maquinación de los sacerdotes y escribas (14:1-2)
La unción de parte de María (14:3-9)
Judas planea la traición (14:10-11)
Celebración de la Pascua; la Cena del Señor (14:12-26)
Jesús predice la negación de Pedro (14:27-31)
Getsemaní (14:32:42)
Arresto de Cristo (14:43-52)
Juicios; la negación de Pedro (14:53—15:20)
La crucifixión, la sepultura (15:21-47)
La resurrección (16)

PRESENTACIÓN DEL OBEDIENTE SIERVO DE DIOS (1:1-13)

NOTA: En los comentarios que siguen, las referencias cruzadas a pasajes paralelos en los otros Evangelios se dan entre corchetes ([]). Las cursivas entre corchetes, por ejemplo: [*Mt. 4:1-11;* Lc. 4:1-13], indican que se encontrará un tratamiento más exhaustivo del pasaje en cuestión en la exposición para aquella referencia.

1:1-8 *El mensajero que Malaquías había prometido.* Pasando por alto toda mención del nacimiento de Cristo, que no tenía relevancia para su tema principal (véase *Propósito*), Marcos comenzó su relato del Evangelio con el ministerio de Juan el Bautista. Juan preparó el camino de Cristo, como lo habían prometido tanto Isaías (véase Is. 40:3) como Malaquías (véase Mal. 3:1). Su ministerio bautizador atraía grandes multitudes, pero él habló de uno que bautizaría con el Espíritu Santo, no solo con agua simbólica. [Mt. 3:1-12; Lc. 3:1-20; Jn. 1:6-8, 15-37]

1:9-11 *Ve una paloma y oye una voz.* Juan bautizó a Jesús, y Dios Padre confirmó la identidad de Jesús como su Hijo enviando al Espíritu Santo en forma de paloma y hablando desde el cielo en forma audible. [Mt. 3:13-17; Lc. 3:21-22]

1:12-13 *Atacado por Satanás, asistido por ángeles.* El Espíritu Santo dirigió a Cristo al desierto, donde fue tentado por Satanás. [*Mt. 4:1-11;* Lc. 4:1-13]

EL MINISTERIO GALILEO DEL SIERVO (1:14—9:50)

1:14-15 *"¡Es hora de arrepentirse y de recibir!"* Jesús comenzó su ministerio con un mensaje de arrepentimiento y fe. Las personas necesitan recibir las buenas nuevas (el "evangelio") de que Él había venido a la tierra para deshacer sus pecados. [Mt. 4:12-17; Lc. 4:14-15]

1:16-20 *Abandonando su pesca, le siguen.* Jesús llamó a Simón Pedro, a su hermano Andrés, y a los hermanos Jacobo y Juan, para que dejasen sus vidas de pescadores y le siguieran. Tres de esos hombres —Pedro, Jacobo y Juan— vendrían a ser el círculo íntimo de los doce apóstoles de Cristo (véase 9:2). [Mt. 4:18-22; Lc. 5:1-11; Jn. 1:35-49]

1:21-28 *¡Los demonios lo conocen!* Jesús enseñaba en una sinagoga, y la gente quedó impresionada ante su estilo lleno de autoridad (1:21-22; comparar Mt. 7:28-29). Jesús encontró a un hombre poseído por un demonio, que lo reconoció como el Hijo de Dios (véase Stg. 2:19). Entonces el Señor echó fuera el demonio. Marcos destaca el enfrentamiento entre Jesús y los demonios [Lc. 4:31-37]

1:29-34 *La sanidad de la anfitriona.* Jesús sanó a la suegra de Pedro, y ella le respondió sirviéndole a Él y a sus discípulos. Al saber de la curación, otros acudieron también para ser sanados. [Mt. 8:14-17; Lc. 4:38-44]

1:35-45 *Comienza su primera gira de predicación.* Después de un tiempo especial de oración por la madrugada, Jesús emprendió una gira de predicación por Galilea. Cuando sanó a un leproso, el hecho causó tanta conmoción que comenzó a evitar lugares donde pudiera encontrarse con grandes multitudes. Marcos observa que Jesús sanaba por compasión, no solo para mostrar su poder [*Mt. 8:1-4;* Lc. 4:42-44; 5:12-16] Acerca del deseo de sigilo de Cristo (véase 1:34, 44; 3:12), véase exposición sobre Mt. 12:15-21.

2:1-12 *"¡Pues por el terrado!"* En una casa en Capernaum, Jesús atrajo tal multitud que era imposible pasar por la puerta. Al darse cuenta de la situación, unos amigos de un paralítico lo hicieron bajar abriendo el terrado, y Jesús declaró que sus pecados quedaban perdonados (2:5). Cuando los escribas lo acusaron de blasfemia, Él revalidó su derecho a perdonar pecados sanando al paralítico. Jesús respondió no a la fe del paralítico, sino a la fe de sus enérgicos y afectuosos amigos. Su perdón fue un acto de pura gracia, por cuanto el hombre no lo había pedido. [Mt. 9:1-8; Lc. 5:16-26]

2:13-17 *El testimonio de un recaudador de impuestos.* Jesús invitó a Leví (Mateo), un menospreciado recaudador de impuestos, a que le siguiera, y Leví obedeció sin vacilar un momento. Para gran desazón de los fariseos, Jesús comió luego con Leví y sus menospreciados amigos. [*Mt. 9:9-13;* Lc. 5:27-32]

2:18-22 *"¿Es que no creen en ayunar?"* Generalmente enfrentados, los fariseos y los discípulos de Juan criticaron conjuntamente a los discípulos de Cristo porque no ayunaban. Cristo contestó que mientras Él estuviera con ellos, debían gozar de su presencia, lo que se simbolizaba festejando. Cuando Él se fuera, el ayuno sería una necesaria disciplina espiritual.

Dándose cuenta de que este era un concepto radicalmente nuevo para los creyentes judíos, Jesús explicó metafóricamente la relación de su misión con la ley (2:21-22). Aunque Él había venido a cumplir la ley (véase Mt. 5:17-18), el cumplimiento mismo sería una transformación a algo nuevo. Un nuevo pacto tomaría el puesto del antiguo pacto (véase He. 8:1—10:18). [*Mt. 9:14-17;* Lc. 5:33-39]

2:23-28 *El sábado: ¿Bendición o carga?* Cuando los fariseos acusaron a sus discípulos de profanar el Sábado, Jesús desafió su legalismo, diciendo que Dios había destinado el sábado como bendición, no como carga. [*Mt. 12:1-8;* Lc. 6:1-5]

3:1-6 *El sábado: ¿Sanar o dañar?* Después de la polémica acerca del Sábado (2:23-28), los fariseos vigilaron para ver si Jesús iba a sanar en sábado. Después de reprenderlos por estar más interesado en su legalismo que en ayudar a los demás, Jesús sanó a un hombre, y los fariseos comenzaron a tramar su muerte. En 3:5 tenemos la única referencia bíblica a Cristo estando enojado. [Mt. 12:9-14; Lc. 6:6-11]

3:7-12 *Un sanador de fe genuino.* Jesús se apartó de aquella región, pero grandes multitudes le siguieron. Sanó a muchos que solo le tocaban, y echó fuera muchos demonios. [Mt. 12:15-21; Lc. 6:17-19]

3:13-19 *El gabinete del Rey.* Jesús designó a doce discípulos —llamados "apóstoles" en otros lugares (Mt. 10:2)— para que fuesen sus especiales ayudantes. Ellos debían salir a predicar y a sanar como Él. Especialmente destacables (comparar 1:16-20) son Pedro, que es el primero que se relaciona, y Jacobo y Juan, que recibieron el sobrenombre de "hijos del trueno", probablemente con referencia a sus fogosas personalidades (véase Mt. 10:2). [Mt. 10:1-4; Lc. 6:12-16]

3:20-30 *La acusación imperdonable.* Cuando los escribas acusaron a Jesús de hacer sus maravillas por el poder de Satanás (3:22), Él declaró que esta acusación era imperdonable (3:28-29). [*Mt. 12:31-32;* Lc. 11:14-22]

3:31-35 *¿Estás relacionado con Él?* Puesto ante su familia terrenal, Jesús declaró que su verdadera familia está constituida por los que hacen la voluntad de Dios. En su evangelio, Juan explica que la fe es la clave para hacer la voluntad de Dios (Jn. 6:28-29). [Mt. 12:46-50; Lc. 8:19-21]

4:1-20 *Cuatro reciben, pero solo uno retiene.* Jesús contó una parábola acerca de cuatro clases de tierra (4:1-9), que representan a cuatro clases de corazones que reciben la palabra de Dios (4:13-20). Solo una clase de corazón la recibe de una manera que produce fruto genuino. [*Mt. 13:1-9, 18-23;* Lc. 8:4-15]

Jesús enseñó en parábolas para confirmar a los oyentes en su respuesta hacia Él: A los que creían se les revelarían más misterios; a los que le rechazaban, las parábolas solo traerían más malos entendidos (4:10-12; véase exposición sobre Mt. 13:10-17)

4:21-25 *Lecciones de una lámpara.* Cristo preguntó de forma retórica si una lámpara debía esconderse o exhibirse abiertamente, y luego dijo que todo lo que ahora se esconde será un día revelado (4:21-22). Hay dos posibles interpretaciones:

- Debemos ser intrépidos en la proclamación del evangelio.
- La verdad se hará un día evidente para todos (comparar 4:10-12).

Con cualquiera de ambas interpretaciones, la aplicación personal es la misma: Todos serán responsables acerca de cómo responden a Cristo. Los que aceptan el mensaje (y lo dan a conocer) serán benditos; los que lo rechazan lo perderán todo (4:23-25). [Lc. 8:16-18] (Para los otros usos que hace Cristo de la imagen de la lámpara, véanse Mt. 5:15-16; Lc. 11:33-36.)

4:26-34 *Una semilla que crece, un reino que crece.* El crecimiento del reino de Dios, como el crecimiento de una semilla de grano, conlleva un desplegamiento progresivo del plan de Dios. Aunque pueda crecer de manera imperceptible, un día producirá una gloriosa cosecha. Esta es la única parábola peculiar de Marcos. Jesús comparó también el crecimiento del Reino con el de una semilla de mostaza (4:30-32). [*Mt. 13:31-32;* Lc. 13:18-19]

4:35-41 *"¿Quién es este hombre?"* Cuando una tormenta amenazó la barca de los discípulos, Jesús la calmó, para gran asombro de ellos. [*Mt. 8:23-27;* Lc. 8:22-25]

5:1-20 *De endemoniado a misionero.* Jesús y sus discípulos cruzaron el Mar de Galilea de oeste a este y desembarcaron en la región gentil de Gadara. Allí se encontraron con un salvaje maníaco ensangrentado y vociferante. Los demonios que habitaban en aquel hombre demostraban su presencia obligándole a vivir desnudo en un cementerio. Le daban una fuerza extraordinaria y lo incitaban a la autodestrucción. Sabedor de que Jesús era el Hijo de Dios y de que ellos mismos estaban condenados, los demonios rogaron ser enviados a unos cerdos cercanos, quizá con la intención de matar a Jesús y a sus discípulos mediante aquellos animales salvajes o revolver a la comunidad contra Jesús destruyendo a los cerdos (5:12). Los cerdos, de hecho, fueron destruidos, y la población rogó a Jesús que se fuera (5:13-17). Pero cuando el maníaco sanado comenzó a contar su historia, la respuesta resultó más favorable (5:18-20).

Aquí tenemos la descripción más vívida en la Biblia de la posesión demoníaca. Una "legión" (5:9) equivale a aproximadamente a 6.000 [Mt. 8:28-34; Lc. 8:26-39]

5:21-43 *Una dolencia de 12 años resuelta y una niña de 12 años restaurada.* De camino a sanar a la hija de un funcionario judío llamado Jairo, Jesús fue detenido por una mujer empobrecida que también necesitaba curación. En ambos casos la ayuda humana no había resultado suficiente, y en ambos casos la fe fue la clave de su curación (5:23, 28). [Mt. 9:18-26; Lc. 8:40-56]

6:1-6 *El misterio del Hijo del carpintero.* Cuando Jesús visitó el pueblo donde se había criado, la gente le rechazó debido a su humilde origen, aunque se sentían impresionados por su enseñanza. Su empleo del título "hijo de María" (6:3) era probablemente menospreciativo, por cuanto en la cultura judía un hombre nunca era mencionado como hijo de su madre, incluso si se trataba de una viuda. Al no mencionar a José, probablemente insinuaban que había una verdadera duda acerca de quién era su padre. Si habían oído algo acerca del origen sobrenatural de Cristo (véase Is. 7:14; Mt. 1:18), preferían no creerlo. [Mt. 13:53-58] Lucas habla de un anterior rechazo de Cristo en Nazaret (Lc. 4:16-30).

6:7-13 *Asignaciones para el gabinete del Rey.* Los apóstoles que Cristo había escogido (véase 3:13-19) fueron ahora enviados a proclamar el evangelio y a sanar [*Mt. 10:1-15;* Lc. 9:1-6]

6:14-29 *Herodes, Herodías y un intrépido joven profeta.* Cuando Juan el Bautista criticó a Herodes por haberse casado con la mujer de su hermano, puso en movimiento una cadena de acontecimientos que llevó a que Herodes le hiciera dar muerte (6:17-29), después de lo cual Herodes se sintió acosado por una conciencia culpable (6:14-16). Véase exposición sobre Mateo 14:1-12. Al relato de Mateo, Marcos añade una nota acerca del deseo de Herodías de ver a Juan muerto y del poco deseo de Herodes de llevarlo a cabo (6:19-20). [Lc. 9:7-9]

6:30-32 *Un retiro espiritual.* Después que sus discípulos informaron acerca de su primera gira de predicación (véase 6:12-13), Jesús llamó a un tiempo de reposo aunque las multitudes estaban todavía agolpándose a su alrededor. El reposo es importante, incluso en medio de un ministerio fructífero.

6:33-44 *Panes, peces y una multitud hambrienta.* Cuando las multitudes interrumpieron el retiro, Jesús les enseñó, y luego alimentó milagrosamente a la multitud de 5.000 hombres y a sus familias. [Mt. 14:13-21; Lc. 9:10-17; *Jn. 6:1-13*]

6:45-52 *Una tempestad, una barca peligrando y un Salvador.* Cuando los discípulos de Cristo fueron atrapados en el mar en una tempestad, vino en ayuda de ellos, andando en el agua. Marcos destaca la lentitud de los discípulos en reconocer este acontecimiento y el hecho de la alimentación de los 5.000 como milagros (6:49, 52). [Mt. 14:22-33; *Jn. 6:16-21*] Dando por supuesto que Marcos basó su libro en los sermones de Pedro (véase *Autor*), es interesante que omitiera toda mención del infructuoso intento de Pedro de andar sobre el agua (véase Mt. 14:28-31).

6:53-56 *Solo un toque de fe.* Mientras Jesús visitaba Genesaret, al noroeste de Galilea, la gente venía de todas partes y eran sanados meramente por tocarlo. Lo mismo que en 5:25-43, fue su toque con fe lo que los sanó. [Mt. 14:34-36]

7:1-23 *Cuando chocan la tradición y la ley.* Cuando los fariseos criticaron a los discípulos de Jesús por comer con manos sin lavar (7:1-5), Jesús les recordó que esas reglas procedían de sus tradiciones orales y no de la ley misma (7:6-8). Les mostró como permitían que leyes rabínicas invalidasen la ley (7:9-13). Luego condenó este abuso de la Palabra de Dios claramente revelada, y explicó a los oyentes y a sus discípulos que el mal procede del corazón, no de cosas externas como los alimentos (7:14-23). [*Mt. 15:1-20*]

7:24-37 *A los gentiles y de vuelta.* Viniendo a la región de Tiro y de Sidón, al norte de Israel, en el actual Líbano, Jesús sanó a la hija de una persistente mujer gentil, aunque su ministerio en aquel tiempo se dirigía primariamente a Israel (7:24-30). Luego volvió a Galilea, donde su restablecimiento de un sordomudo hizo exclamar a los que lo habían presenciado: "Bien lo ha hecho todo" [*Mt. 15:21-31*]

8:1-9 *Panes, peces y una multitud ligeramente menos numerosa.* Al persistir unas grandes multitudes en seguir a Jesús, se sintió movido a compasión y las alimentó milagrosamente. La multitud ascendía a 4.000 hombres, y luego había mujeres y niños (véase Mt. 15:38). Este suceso muestra tres cosas acerca de Cristo:

- su corazón compasivo (8:2-3)
- su popularidad en aquel tiempo en su ministerio (15:6-15)
- El beneplácito de Dios Padre, mediante su provisión sobreabundante, en el ministerio de Dios el Hijo (8:5-8)

[Mt. 15:32-39]

8:10-21 *Señales y levadura.* Cuando los fariseos volvieron a buscar pruebas de las credenciales mesiánicas de Cristo (comparar exposición sobre Mt. 12:38-42), los reprendió y empleó la ocasión para advertir a los discípulos en contra de sus falsas enseñanzas, que se extendían como levadura y que corrompían todo aquello que tocaban. [*Mt. 16:1-12*]

8:22-26 *Un milagro en dos partes.* En Betsaida, en el norte de Galilea, Jesús sanó a un ciego, permitiéndole primero ver a personas que parecían "árboles que andaban", y luego le restauró la vista completamente. Este es el único milagro que se registra de Cristo que tuviera lugar en dos etapas; aunque la creación, otro milagro en el que participó Cristo (véase Jn. 1:1-3), tuvo lugar también por etapas (véase Gn. 1). Este es también el único milagro que se encuentra exclusivamente en Marcos. A veces nosotros, lo mismo que el ciego, necesitamos un segundo toque de Jesús a fin de ver las cosas desde su perspectiva.

8:27-33 *"Tú eres el Cristo... ¡pero nunca morirás!"* Cuando Jesús preguntó a sus discípulos que decían los demás acerca de su ministerio e identidad, le informaron acerca de las diversas opiniones que habían oído. Cuando les preguntó que pensaban ellos mismos, Pedro lo identificó como el Mesías (8:27-30). Sin embargo, Pedro no estaba más allá de la influencia de Satanás, como se ve con la reprensión de que le hizo objeto Jesús por su declaración de que Jesús no podía morir jamás (8:31-33). [*Mt. 16:13-23; Lc. 9:23-27*]

9:2-13 *Más resplandeciente que el sol de mediodía.* Tomando a Pedro, a Jacobo y a Juan a un monte, Jesús fue transfigurado en presencia de ellos, volviéndose blanco con un resplandor sobrenatural. Moisés y Elías, representando a la ley y a los profetas del AT, aparecieron con Jesús y fueron reconocidos por los discípulos. En su precipitación, Pedro sugirió edificar tres habitáculos o enramadas para ellos (quizá se estaba celebrando para aquel entonces la fiesta de los tabernáculos). Dios habló desde el cielo, reconociendo a su Hijo como lo había hecho en el bautismo de Jesús (véase Mt. 3:17). Pedro nunca olvidó este acontecimiento tan significativo (véase 2 P. 1:16-18). [Mt. 17:1-9; Lc. 9:28-36]

La palabra griega para *transfigurarse* es *metamorfoo*, de la que deriva nuestro término *metamórfosis*. En su transfiguración Jesús reveló su gloria eterna, que durante su ministerio terrenal estuvo cubierta y contenida en su cuerpo de carne. Los discípulos recibieron un anticipo del glorioso reino de Dios, tal como les había sido prometido (9:1). Lo que fue prometido con la transfiguración vino a ser una verdadera posibilidad para los creyentes cuando Jesús murió en la cruz: en aquel momento, el velo del templo (la carne de Cristo, véase He. 10:19-20) fue desgarrado (fue sacrificado; véase 15:37-38), con lo que se dio acceso a los creyentes al lugar santísimo (el glorioso reino de Dios). Acerca de 9:9-13, véase Mt. 17:10-13.

9:14-29 *Creyendo, pero no creyendo.* Un hombre informó a Cristo que sus discípulos habían sido incapaces de echar un demonio de su hijo (9:14-18). Expresando frustración ante la falta de fe de ellos, Cristo preguntó al hombre si *él* creía que podía ayudarlo. Cuando el hombre expresó una fe vacilante, Cristo sanó a su hijo (9:19-27), y luego explicó a sus discípulos por qué habían sido incapaces de sanarlo (9:28-29). Lo mismo que el padre del muchacho (9:24), los cristianos pueden descubrir que tienen fe en Cristo pero que necesitan su ayuda para confiar más en Él. [Mt. 17:14-21; Lc. 9:37-42]

9:30-32 *Una segunda predicción de su muerte.* Por segunda vez (véase 8:31-33), Jesús predijo su muerte y resurrección, para gran desaliento de sus discípulos. [Mt. 17:22-23; Lc. 9:43-45]

9:33-37 *"¡Soy el más grande!"* Sabiendo que sus arrogantes discípulos habían estado discutiendo entre sí mismos acerca de quién era el más grande, Jesús les enseñó que el más grande es quien sirve. Sugirió el ministerio a los niños como un camino a esta grandeza. [*Mt. 18:1-14;* Lc. 9:46-48]

9:38-41 *"¡Si no está en contra de nosotros, está por nosotros!"* Cuando los discípulos prohibieron a alguien que no estaba trabajando directamente con ellos que echase demonios en nombre de Cristo, Cristo los corrigió. No le inquietaba si los que hacían su obra estaban o no en su particular grupo de ministerio. Los creyentes deberían entablar amistad con todos los que confiesan a Cristo, sea cual sea su etiqueta denominacional. [Lc. 9:49-50]

9:42-50 *Los horrores del infierno.* Volviendo al tema del ministerio a los niños (véase 9:33-37), Jesús habló del severo castigo de que se hacen dignos todos los que les hagan daño. Pasó luego a describir el infierno como un lugar horrible que debería ser evitado a toda costa. [Mt. 18:6-9] Jesús enseñó la realidad literal del infierno, donde el tormento es horrendo, el fuego es real, y el castigo es eterno (véase exposición sobre Lc. 16:19-31).

Sobre 9:49, véase la paráfrasis *La Biblia al día.* Jesús alentó a los discípulos a ser como sal en medio de un mundo corrompido (9:50; véase exposición sobre Mt. 5:13-16).

EL VIAJE DEL SIERVO A JERUSALÉN (10)

10:1-12 *Matrimonio, divorcio y el ideal divino.* Después de haber visitado Jerusalén ya como mínimo una vez (véase Jn. 2:13-17), Jesús comenzó ahora su viaje final a la ciudad donde iba a morir. Cuando algunos fariseos le preguntaron acerca del divorcio, Él puso énfasis en el ideal original de Dios para el matrimonio. [*Mt. 19:1-12;* Lc. 16:18]

10:13-16 *"Cristo me ama, bien lo sé".* El amor de Cristo hacia los niños se ve en su desagrado cuando los discípulos los alejaban de Él. [*Mt. 19:13-15;* Lc. 18:15-17]

10:17-31 *Tan cerca y sin embargo, tan lejos.* Cuando un joven principal preguntó a Jesús cómo podría ganarse la salvación, Jesús se lo dijo, pero sus grandes riquezas le refrenaron de responder en consecuencia (10:17-22). Jesús usó este triste suceso como lección para sus discípulos: las riquezas pueden impedir ver la necesidad que tenemos de Dios (10:23-27). Sin embargo, tanto las bendiciones presentes como la vida eterna pertenecen a los que todo lo dejan por Cristo (10:28-31). [*Mt. 19:16-30;* Lc. 18:18-30]

10:32-34 *Muerte, sí, pero también resurrección.* Al acercarse Jesús con sus discípulos a Jerusalén, los discípulos sentían aparentemente una premonición de la tragedia que iba a acontecer, de modo que Jesús explicó por tercera vez que moriría, pero que también resucitaría. [Mt. 20:17-19; Lc. 18:31-34]

10:35-45 *"¡Lo siento, pero es mi Padre quien asigna esas posiciones!"* Como respuesta a la petición de Jacobo y Juan de puestos de honor en el reino de Dios, Jesús enseñó que la verdadera grandeza viene de servir, no de buscar posiciones especiales de autoridad. El Padre asigna esas posiciones. [*Mt. 20:20-28*]

Jesús empleó la ordenanza del bautismo como metáfora de su inminente muerte y predijo que sus discípulos sufrirían también el martirio (10:38-39; véase Lc. 12:50).

10:46-52 *El ciego Bartimeo.* Al entrar Jesús en Jericó, encontró a un mendigo ciego llamado Bartimeo. A pesar de los esfuerzos por hacer que se callase, Bartimeo llamó a Jesús una y otra vez. Jesús lo sanó entonces, y vino a ser su discípulo. Esta es la única vez que se nombra a una persona sanada por Cristo. El relato de Mateo menciona a dos ciegos. [Mt. 20:29-34; Lc. 18:35-43]

EL MINISTERIO DEL SIERVO EN JERUSALÉN (11—13)

11:1-11 *Lanzan serpentinas en el desfile de su héroe.* Menos de una semana antes de ser crucificado, Jesús hizo una entrada triunfal en Jerusalén, que marcó el punto culminante de su popularidad. Muchos entre la multitud lo consideraban como el Mesías-Rey. [*Mt. 21:1-11;* Lc. 19:28-40; Jn. 12:12-19]. Más tarde aquella noche Jesús visitó el templo (11:11), quizá preparando el escenario para sus actividades para el día siguiente (véase 11:15-19).

11:12-14 *Una higuera sin higos.* Al ver una higuera estéril, Jesús la maldijo, empleándola como lección gráfica tocante a Israel [*Mt. 21:18-22*] Israel había recibido mucho pero no había dado fruto espiritual. Así, el reino sería quitado de la nación y sería dado a los gentiles (véase Mt. 21:42-43). Pablo escribiría más adelante extensamente acerca de este tema, usando la imagen del olivo (véase Ro. 9—11).

Aunque la Pascua era temprana aquel año y "no era tiempo de higos" (11:13), esta clase particular de higuera solía dar brevas tempranas incluso antes de que brotaran sus hojas, de modo que Jesús tenía razón al concluir que era estéril (véase 11:20-21).

11:15-19 *Echó fuera a los ladrones del templo.* Jesús echó fuera a los mercaderes del templo, y proclamó que debía ser un lugar de oración, no de comercio. Esto encolerizó a los escribas y a los sacerdotes. [*Mt. 21:12-17;* Lc. 19:45-48; en Jn. 2:13-16 se registra un incidente similar, pero anterior]

11:20-24 *Una fe que seca higueras y que mueve montañas.* Al día siguiente, los discípulos de Jesús observaron que la higuera que había maldecido (véase 11:14) se había secado (11:20-21). Jesús les dijo que también ellos podrían llevar a cabo tales maravillas mediante la oración basada en una fe sincera (11:22-24). [*Mt. 21:18-22*]

11:25-26 *Perdonen y serán perdonados.* Jesús siguió hablando acerca del perdón. Es totalmente inconsecuente de parte de aquellos que han sido perdonados por Dios mantener rencor contra nadie.

11:27-33 *Los cazadores, cazados.* El esfuerzo de los dirigentes judíos por atrapar a Jesús con una pregunta acerca del origen de su autoridad se volvió con tra ellos mismos cuando les preguntó acerca del origen de la autoridad de Juan el Bautista. La verdadera cuestión era que los dirigentes judíos tenían miedo de perder su *propia* autoridad. [Mt. 21:23-27; *Lc. 20:1-8*]

12:1-12 *De piedra desechada a piedra principal.* En la parábola del dueño de la viña, Jesús mostró la verdad histórica de que Israel había matado y rechazado a profetas en el pasado, y la verdad profética de que Israel pronto daría muerte y rechazaría al Hijo de Dios. Esta piedra rechazada, sin embargo, vendría a ser la principal piedra del ángulo del reino de Dios (12:10-11; véase Sal. 118:22-23; Hch. 4:5-12; 1 P. 2:4-8) [*Mt. 21:33-46;* Lc. 20:9-19]

12:13-17 *¿Honrar tanto a Dios como al gobierno?* Los herodianos, un grupo político de la familia de Herodes y leales a Roma, se unieron a los fariseos para tratar de atrapar a Jesús acerca de la cuestión del pago de los impuestos. De una forma magistral, Jesús enseñó que las responsabilidades para con Dios no entraban en contradicción con los deberes cívicos. [*Mt. 22:15-22;* Lc. 20:20-26]

12:18-27 *Una pregunta intelectual pero ignorante.* Cuando los saduceos suscitaron una pregunta hipotética acerca de la vida del más allá, en la que ni siquiera creían (12:18-23), Jesús observó que su problema de raíz era la ignorancia de las Escrituras y del poder de Dios (12:24-27). [*Mt. 22:23-33;* Lc. 20:27-40]

12:28-34 *No lejos del reino.* Cuando un escriba preguntó a Jesús cuáles eran las principales leyes, Jesús destacó dos principios: el amor para Dios y el amor hacia los demás. [*Mt. 22:34-40; Lc. 10:25-37*] Cuando el escriba se identificó entusiasmado con su respuesta, Jesús le dijo que estaba en el buen camino en su búsqueda de Dios. Con su respuesta evidentemente sabia, Jesús acalló definitivamente a sus críticos (12:34).

12:35-37 *¡El Hijo de David es el Hijo de Dios!* Jesús señaló que si los escribas reconocían que Cristo era el Hijo de David, debían reconocer también, basándose en el Salmo 110:1, que era el Hijo de Dios. [*Mt. 22:41-46;* Lc. 20:41-44]

12:38-40 *¡Manténganse apartados de esos pecaminosos escribas!* Jesús advirtió a sus seguidores en contra de los dirigentes religiosos, cuya espiritualidad externa era mera pretensión, mientras que en sus vidas diarias exponían soberbia y falta de amor. [Mt. 23:1-7]

12:41-44 *Cuando una moneda es más que mucho.* Una pobre viuda puso en la tesorería del templo "dos blancas", una cantidad que apenas si era nada.

Jesús la elogió, señalando que su don era proporcionalmente mucho más grande que los dones de los ricos. [Lc. 21:1-4]

13:1-18 *Predicción de tribulación.* Jesús predijo que el maravilloso y gigantesco templo —restaurado y agrandado por Herodes el Grande— sería totalmente destruido (13:1-2). Él y los discípulos fueron luego al Monte de los Olivos, donde, en respuesta a la pregunta de ellos, les dio algunos atisbos del futuro y llamó a sus discípulos a la fidelidad (el discurso del Monte de los Olivos, 13:5-37). Comenzó describiendo la primera mitad de la venidera tribulación, que vendrá señalada por engañosos mesías falsos, guerras, terremotos y persecuciones (13:5-13). Luego vendrá un tiempo crucial, indicado por "la abominación desoladora", momento en el que todos los capaces de hacerlo deberían huir para salvar la vida (13:14-18). [*Mt. 24:1-20;* Lc. 21:5-22]

13:19-23 *Excepto los escogidos, todos serán engañados.* La última mitad del período de la tribulación estará marcada por una aflicción de tal magnitud que excepto por la gracia de Dios quedaría destruido todo el mundo, y por un engaño tal de parte de Satanás y del anticristo que casi todo el mundo será engañado para que los sigan. [*Mt. 24:21-26;* Lc. 21:23-24]

13:24-27 *El sol se oscurece, llega el Sol de justicia.* Exactamente antes del glorioso regreso de Cristo habrá unos aterradores cambios cósmicos. [*Mt. 24:27-31;* Lc. 21:25-28]

13:28-37 *No preguntes cuándo, sencillamente, manténte preparado.* Así como las flores en la higuera señalan el verano, el comienzo de esas cosas mostrará que el regreso de Cristo está cerca (13:28-31). [*Mt. 24:32-36;* Lc. 21:29-33] A la luz de todas esas profecías, Jesús apremió a sus discípulos que velasen y orasen por cuanto nadie sabe cuándo el Señor regresará. Ni el Hijo de Dios en su humanidad lo sabía (13:32-37). [*Mt. 24:42-51;* Lc. 21:34-38]

LA MUERTE Y RESURRECCIÓN DEL SIERVO (14—16)

14:1-2 *"Cuando sea conveniente, ¡lo mataremos!"* Las autoridades judías comenzaron a tramar la muerte de Cristo —con cautela, porque el pueblo estaba de su lado. [*Mt. 26:1-5;* Lc. 22:1-2]

14:3-9 *Ungido con despilfarro.* Cuando María, la hermana de Marta y de Lázaro, ungió a Jesús con un ungüento de gran precio, los discípulos la reprendieron por su despilfarro, pero Jesús la elogió. *Cristo* (griego) y *Mesías,* su equivalente hebreo, significan "ungido" (14:3-9). [*Mt. 26:6-13; Jn. 12:1-8*]

14:10-11 *Cada persona tiene su precio.* Judas se ofreció a entregar a Jesús a los principales sacerdotes. Ellos ofrecieron pagarle una pequeña cantidad a cambio, e inmediatamente comenzó a buscar la oportunidad de traicionar a Cristo. [*Mt. 26:14-16;* Lc. 22:1-6]

14:12-21 *La Pascua, y una triste predicción.* Mientras Jesús comía la Pascua con sus discípulos, predijo que uno de ellos le iba a traicionar, diciendo que mejor le habría ido a aquel hombre no haber nunca nacido. [*Mt. 26:17-25;* Lc. 22:7-16, 21-23; Jn. 13:18-19]

14:22-26 *La sangre del nuevo pacto.* Jesús usó los elementos del vino y del pan para simbolizar su inminente muerte, que establecería un nuevo pacto entre Dios y su pueblo. Incluso en este tiempo de gran angustia, Jesús y sus discípulos se tomaron tiempo para adorar (14:26). [*Mt. 26:26-30;* Lc. 22:17-23; Jn. 13:12-30]

LOS ÚLTIMOS DÍAS DEL MINISTERIO DE CRISTO

SÁBADO	DOMINGO	LUNES	MARTES	MIÉRCOLES	JUEVES	VIERNES
Ungido por María (Jn. 12:1-11)	La entrada triunfal (Jn. 12:12-19)	Segunda purificación del templo (Mt. 21:12-17) Maldición de la higuera (Mt. 21:18-22)	Conflicto con los fariseos: —— Acerca de su autoridad (Mt. 21:23-27) —— Acerca del pago del tributo (Mt. 22:15-22) —— Acerca de la resurrección (Mt. 22:23-33) —— Acerca del más grande mandamiento (Mt. 22:34-40) —— Denuncia de los fariseos (Mt. 23) —— Petición de los griegos (Jn. 12:20-50) —— Discurso del Monte de los Olivos (Mt. 24–25)	DÍA DE SILENCIO	Preparación de la Pascua (Mr. 14:12-16) Sucesos en el Aposento Alto (Jn. 13—14; Mt. 26:20-35) De camino al Getsemaní (Jn. 15—16) La oración sumo sacerdotal (Jn. 17) En Getsemaní (Mt. 26:36-56) Último milagro antes del Calvario (Lc. 22:51)	JUICIOS INJUSTOS Y CRUCIFIXIÓN Mt. 27; Mr. 15; Lc. 23; Jn. 18

14:27-31 *Cuando el pastor no esté, las ovejas irán errantes.* Tras haber dicho que uno de sus discípulos iba a traicionarle (14:18), Jesús predijo ahora que todos ellos —especialmente Pedro— lo abandonarían. Todos los discípulos —especialmente Pedro— negaron que harían tal cosa. [*Mt. 26:31-35;* Lc. 22:31-34; Jn. 13:36-38]

14:32-42 *Su dolor en Getsemaní.* Profundamente deprimido al contemplar su cercana muerte, Jesús expresó su angustia a Dios. Mientras, los discípulos, no conscientes del sentido de lo que estaba sucediendo, dormían profundamente. [Mt. 26:36-46; *Lc. 22:39-46;* Jn. 18:1]

14:43-52 *Mientras uno traiciona, los otros abandonan.* Cumpliendo las predicciones de Cristo (14:18, 27; véase Mt. 26:25), Judas condujo las autoridades a Jesús para arrestarlo, y los otros 11 discípulos huyeron para ponerse a salvo. [*Mt. 26:47-56;* Lc. 22:47-53; Jn. 18:1-11)

14:53-65 *"¿Eres tú el Mesías?" "¡Sí, lo soy!"* Durante su apresurado juicio ante el sumo sacerdote Caifás, al principio Jesús no respondió a los falsos testimonios. Sin embargo, cuando Caifás preguntó directamente, afirmó que en realidad era el Mesías. [*Mt. 26:57-68;* Lc. 22:63-71; *Jn. 18:12-14, 19-24*]

14:66-72 *Tres veces, tal como había sido predicho.* En un cumplimiento específico de la predicción de Cristo (14:30), Pedro lo negó tres veces. [Mt. 26:69-75; Lc. 22:54-62; Jn. 18:15-18, 25-27]

15:1-5 *"¿Eres tú el rey de los judíos?"* Debido a que los judíos no tenían autoridad para condenar a Jesús a muerte, lo trajeron ante Pilato, el gobernador romano. Jesús afirmó una vez más que Él era rey de los judíos. [*Mt. 27:1-2;* Lc. 23:1-5; Jn. 18:28-38]

16:6-15 *"¡Libera al asesino! ¡Mata al Mesías!"* Después que Pilato hubo enviado a Jesús a Herodes y este último se lo enviase de vuelta (véase Lc. 23:6-12), Pilato ofreció a los judíos su acostumbrado derecho a pedir la liberación de un prisionero en el sábado, pensando que escogerían a Jesús. En lugar de ello, escogieron a un criminal común. [*Mt. 27:15-26;* Lc. 23:13-25; Jn. 18:39-40]

15:16-20 *"¡Salve, rey de los judíos!"* Los soldados romanos se burlaron de Jesús con una corona de espinas, un manto de púrpura y un homenaje burlón, y luego lo entregaron para ser crucificado. [Mt. 27:27-31; *Jn. 19:1-16*]

15:21-23 *Simón de Cirene.* Un hombre llamado Simón de Cirene (de la actual Libia) fue obligado a llevar la cruz de Cristo en el último trayecto al Calvario. [Mt. 27:32; Lc. 23:26]

15:24-41 *"Junto a la cruz donde murió el Salvador".* Cuando Cristo fue crucificado, los soldados y las multitudes siguieron ridiculizándolo (15:24-32). Finalmente, cerca de las tres de la tarde murió, mientras unos pocos de sus seguidores miraban desde lejos. [*Mt. 27:33-56; Lc. 23:33-49; Jn. 19:17-37*]

15:42-47 *Sepultado, ¡pero no por mucho tiempo!* José de Arimatea, que era miembro del sanedrín (15:43) pero también un cristiano secreto (véase Jn. 19:38), sepultó el cuerpo de Cristo en su propio sepulcro. El sepelio fue hecho con prisa, sin una preparación apropiada del cuerpo, porque era viernes, y el sábado comenzaba oficialmente a las seis de la tarde (véase exposición sobre Lc. 23:50-56 y sobre Jn. 19:38-42). El sepelio sería muy breve. [Mt. 27-57-61]

16:1-11 *Una sorpresa para las entristecidas mujeres.* Cuando tres mujeres acudieron al sepulcro a la madrugada del domingo para terminar de ungir el cuerpo de Cristo para su sepultura, se quedaron atónitas al ver que la piedra había sido quitada de la entrada del sepulcro. Cuando un ángel les dijo que Jesús había resucitado de los muertos, su respuesta inmediata fue el temor (16:1-8). Pero poco después Jesús se apareció a María Magdalena (16:9-11; véase exposición sobre Jn. 20:11-18). [*Mt. 28:1-10; Lc. 24:1-10; Jn. 20:1-18*]

16:12-14 *"¿Por qué no podían creer?"* Jesús se apareció a dos discípulos que andaban por el campo (comparar exposición sobre Lc. 24:13-32) y más tarde aquel día a "los once". Los reprendió por no haber creído los informes de la resurrección. "Once" es probablemente figurativo, porque Tomás no estaba presente (véase exposición sobre Jn. 20:19-23, 24-29).

16:15-19 *La misión a ellos encomendada, los milagros de Él.* Cristo resumió la misión de sus seguidores: Debían evangelizar todo el mundo, comprendiendo que los que rechazasen el evangelio se enfrentaban a la muerte eterna. [*Mt. 28:16-20*] Jesús concedió poderes milagrosos para proteger a esos primeros creyentes y para confirmar su mensaje.

16:19-20 *Él asciende; comienza la misión de ellos.* Jesús ascendió al cielo y tomó el puesto que le correspondía a la diestra de Dios, en cumplimiento de la profecía (véase Sal. 110:1; Ef. 1:20), y los discípulos comenzaron inmediatamente a proclamar el evangelio. [Lc. 24:50-53]

❖ ❖ ❖

PERSONAS A RECORDAR DE MARCOS

BARTIMEO

Hecho clave: Mendigo ciego sanado por Cristo (10:46, 52)
Padre: Timeo (10:46)
Total de referencias bíblicas: 1

Habla Bartimeo

Claro que había oído cómo Dios hizo caer las murallas de nuestra ciudad en tiempos de Josué. Pero nunca soñé que un día tendría lugar otro milagro cerca de aquellas mismas murallas, ¡y que yo estaría justo en el centro de la acción! (Jos. 6:20).

No podía verlo cuando pasó a mi lado, pero el sonido de su voz fue más que suficiente. "¿Qué quieres que te haga?", me preguntó. Como ya se pueden imaginar, le pedí que me concediera la vista (10:51).

Estoy seguro de que esta ruidosa multitud que se había reunido celebró aquel milagro. Pero nadie sino un pobre mendigo ciego que ahora ve y que no necesita mendigar puede comprender ni remotamente el gozo que resulta cuando el Hijo de David pasa junto a uno (10:47-48).

Lecciones espirituales de Bartimeo

- Se negó a ser acallado por los que buscaban enfriar su entusiasmo por Cristo (10:48).
- Pidió a la persona adecuada (Cristo) lo idóneo (misericordia y sanidad) en el momento oportuno (10:47, 51).

Versículo clave
"Respondiendo Jesús, le dijo: ¿Qué quieres que te haga? Y el ciego le dijo: Maestro, que recobre la vista" (10:51).

JAIRO

Hecho clave: Jesús resucitó a su hija (5:21-43)
Total de referencias bíblicas: 2
Referencia clave: 5:21-43

Habla Jairo
Durante las últimas horas debo haber experimentado todas las posibles emociones humanas. Primero, la desesperanza, porque mi hija estaba muriendo. Pero luego hubo esperanza. El mismo Jesús accedió a acudir y ministrar a su necesidad. Pero esto fue seguido de frustración y una cierta cólera cuando se detuvo para sanar a otra persona. Esto, naturalmente, estaba muy bien, pero, ¿no podía darse cuenta de que mi pequeña de doce años estaba a punto de morir? (5:23-34).

Bueno, la frustración se tornó en una sacudida y en dolor cuando me dijeron que había muerto. Pero luego hubo un pálido rayo de esperanza: Al entrar en la casa, Jesús me aseguró que de alguna manera la restauraría. Las últimas emociones lo fueron de asombro y de un gozo inenarrable cuando la resucitó de los muertos. ¡Qué historia tengo para contar! (5:35-43).

Lecciones espirituales de Jairo

- El propósito y el tiempo de Dios al responder a nuestras oraciones no siempre se ajustan a nuestra perspectiva de cómo se deberían hacer las cosas. Su voluntad para Jairo tenía tanto un *qué* como un *cuándo* (5:21-43).

Versículos clave
"Mientras él aún hablaba, vinieron de casa del principal de la sinagoga, diciendo: Tu hija ha muerto; ¿para qué molestas más al Maestro? Pero Jesús, luego que oyó lo que se decía, dijo al principal de la sinagoga: No temas, cree solamente" (5:35-36).

JUAN MARCOS

Hechos clave: Evangelista, fue autor del Evangelio de Marcos
Madre: María (Hch. 12:12)
Tío: Bernabé (Col. 4:10)
Total de referencias bíblicas: 10
Referencias clave: Hch. 12:12, 25; 13:5, 13; 15:36-41; 2 Ti. 4:11; 1 P. 5:13

Habla Juan Marcos
"Todo el que quiera salvar su vida, la perderá; y todo el que pierda su vida por causa de mi y del evangelio, la salvará". Maravillosas palabras consoladoras éstas, en la víspera de mi ejecución aquí en Alejandría. Naturalmente, no podía yo saber, al registrar esas palabras de mi Señor, lo preciosas que llegarían a ser para mí. Bien, lo mismo que Pedro y Pablo, pronto encontraré "la vida verdadera" al entregar mi vida. ¡Qué gloriosa paradoja! (8:35; 2 Ti. 4:6; 2 P. 1:14).

¡Qué increíble influencia que Pedro y Pablo han tenido sobre mi vida! Para mi vergüenza defraudé a Pablo durante nuestra primera misión, pero pude compensarlo durante sus encarcelamientos. Mis días sirviendo con Pedro en Babilonia han resultado inapreciables. En pocas horas todo habrá acabado (Hch. 13:13; Col. 4:10; 2 Ti. 4:11; Flm. 1:24; 1 P. 5:13).

Señor Jesús, nos mandaste que llevásemos tus Buenas Nuevas a todo el mundo, y esto es precisamente lo que hemos tratado de hacer. ¡Ahora, al abandonar este mundo de pecado, acéptame a aquel glorioso nuevo mundo de justicia, que prometiste al profeta siglos antes de mi nacimiento! (16:15; Is. 65:17).

Lecciones espirituales de Marcos

- Nuestro Dios es el Dios de la segunda oportunidad. Compárese Hechos 13:13; 15:36-41 con 2 Timoteo 4:11. Véase también Jonás 1:3; 3:1-3.

Versículo clave

"Toma a Marcos y tráele contigo, porque me es útil para el ministerio" (2 Ti. 4:11).

LUCAS

❖

TRASFONDO

Véase *Mateo: Trasfondo.*

AUTOR

Lucas, un médico (Col. 4:14) que viajó con Pablo (véase *Hechos: Autor*) y fue el único que permaneció con él durante su segundo encarcelamiento (2 Ti. 4:11). Lucas conoció personalmente a Filemón (Flm. 1:23-24). Fue el único gentil en escribir cualquier porción de las Escrituras. Historiador de gran capacidad, Lucas es ampliamente considerado como uno de los más grandes escritores de todos los tiempos. El interés del autor en cuestiones médicas (4:38; 14:2) y su atención a los detalles (3:1-2) apoya la paternidad literaria del "doctor Lucas" (véase exposición sobre 9:28-36 y sobre 22:54-62). Así como Marcos escribió su evangelio bajo la influencia de Pedro, Lucas escribió bajo la de Pablo.

FECHA

El único indicio consiste en la probable fecha de Hechos, que es una secuela a Lucas (véase *Hechos: Fecha*). Por cuanto Hechos termina con Pablo aún en la cárcel antes de su puesta en libertad en el 62 d.C., podemos suponer que Lucas fue escrito antes de esta fecha, probablemente entre los años 58 al 60.

DESTINATARIOS

Lucas dirigió tanto su Evangelio como Hechos a Teófilo, de quien no se conoce nada más. Lucas lo designa como "excelentísimo Teófilo" (1:1), por lo que podemos suponer que tenía una importante posición social. Al parecer era también creyente (1:4). Más allá de Teófilo, el Evangelio fue escrito con destinatarios griegos en mente. Con su énfasis en ir en pos de lo excelente, los griegos se hubieran sentido atraídos por la presentación que hace Lucas de Cristo como un hombre en todo ejemplar.

—5 a.C. Nacimiento de Cristo

—8 d.C. Visita el templo, edad de 12 años

—26 Comienza su ministerio

—28 Escoge a los doce

—29 Alimenta a los 5.000, Muerte de Juan el Bautista

—30 Muerte, resurrección, ascensión

PROPÓSITO

- Confirmar la fe de Teófilo, mostrando que la fe que había puesto en Jesús reposaba sobre una firme base histórica.
- Presentar a Jesús a los gentiles como el Hijo del Hombre que, aunque rechazado por Israel, había venido a salvar a toda la humanidad.

RASGOS SINGULARES

- Lucas es resultado de una exhaustiva investigación (1:1-3).
- Es el más exhaustivo de los Evangelios en cuanto a acontecimientos acerca del nacimiento de Cristo (1—2).
- Es un "Evangelio de los cánticos", que contiene cinco grandes cánticos y tres bendiciones angélicas (1—2).
- Lucas muestra un especial interés en las mujeres (1—2; 8:1-3; 10:38-42; 23:27-28), los pobres (7:11-12; 14:12-14; 16:19-31; 21:1-4) y los niños (2:39-52; 9:46-48; 18:15-17).

COMPARACIÓN CON OTROS LIBROS DE LA BIBLIA

Ezequiel:

- La expresión "hijo del hombre" aparece unas 90 veces en Ezequiel, cuyo autor era el representante de Israel con quien Dios estaba tratando. En Lucas, Jesús, el Hijo del Hombre, es el representante de Dios.

Mateo:

- Mateo es el Evangelio del triste rechazo de Jesús el Mesías; Lucas es el Evangelio de la feliz aceptación de Jesús el Hijo del Hombre.

Mateo, Marcos y Juan:

- En tanto que Lucas, como Mateo, probablemente empleó a Marcos como una de sus fuentes, más de la mitad del material que se encuentra en Lucas (véase mucha parte de 9:51—19:27) no se encuentra en ningún otro Evangelio.
- Lucas contiene el relato más completo del trasfondo familiar de Cristo, su nacimiento e infancia.

Hechos y Hebreos:

- Tanto si Lucas fue el autor de Hebreos como si no, su Evangelio puede ser considerado el primer volumen de una trilogía:
  - ► Lucas: el ministerio terrenal de Cristo
  - ► Hechos: Su ministerio a través de su iglesia
  - ► Hebreos: Su ministerio sumo sacerdotal

BOSQUEJO

EL HIJO DEL HOMBRE SE IDENTIFICA CON LA HUMANIDAD (1:1—4:13)

Prólogo (1:1-4)
Predicción de los nacimientos de Juan el Bautista y de Cristo (1:5-80)
El nacimiento de Cristo (2:1-7)
La visita de los pastores (2:8-20)
Presentación en el templo (2:21-38)

Acontecimientos de la infancia (2:39-52)
El ministerio de Juan; el bautismo de Cristo (3:1-22)
Genealogía (3:23-38)
La tentación en el desierto (4:1-13)
EL HIJO DEL HOMBRE MINISTRA A LA HUMANIDAD (4:14—9:50)
Primer rechazo en Nazaret (4:14-30)
Sanidades (4:31-44)
Llamamiento a los primeros discípulos (5:1-11)
Sanidades (5:12-26)
Llamamiento de Mateo (5:27-32)
Preguntas acerca del ayuno y del sábado (5:33—6:11)
Selección de los doce (6:12-16)
Sanidades y enseñanzas (6:17—7:17)
Delegación de Juan el Bautista (7:18-35)
Una pecadora perdonada (7:36-50)
Personas que apoyaban económicamente a Cristo (8:1-3)
Parábolas del reino (8:4-21)
Calma el mar (8:22-25)
Sanidades (8:26-56)
Envío de los doce (9:1-9)
Alimentación de los cinco mil (9:10-17)
La confesión de Pedro: Cristo predice su muerte (9:18-27)
La transfiguración (9:28-36)
Los discípulos fracasan en el intento de sanar a un endemoniado (9:37-42)
Segunda predicción de su muerte; otras enseñanzas (9:43-50)
EL HIJO DEL HOMBRE, RECHAZADO POR LA HUMANIDAD (9:51—19:27)
Rechazo en Samaria (9:51-56)
El precio del discipulado (9:57-62)
Envío y regreso de los setenta (10:1-24)
El más importante de los mandamientos (10:25-29)
El buen samaritano (10:30-37)
María y Marta (10:38-42)
Las enseñanzas acerca de la oración (11:1-13)
Exorcismo; enseñanza con respecto a los demonios (11:14-28)
La señal de Jonás (11:29-32)
La lámpara escondida (11:33-36)
Ayes sobre los escribas y los fariseos (11:37—12:3)
Aliento para los discípulos (12:4-12)
El rico insensato (12:13-21)
Enseñanzas acerca de la ansiedad (12:22-34)
Siervos fieles e insensatos (12:35-48)
Diversas enseñanzas (12:49—13:9)
Sana en sábado (13:10-17)
Las parábolas del reino (13:18-30)
Advertencia y lamento por Jerusalén (13:31-35)
Sana y enseña en casa de un fariseo (14:1-24)

Lleva tu cruz (14:25-35)
La oveja perdida, la moneda perdida y el hijo perdido (15)
El mayordomo injusto (16:1-18)
El rico y Lázaro (16:19-31)
Las ofensas, el perdón y el servicio (17:1-10)
Los diez leprosos (17:11-19)
Predicciones sobre el tiempo del fin (17:20-37)
La viuda insistente (18:1-8)
El fariseo y el recaudador de impuestos (18:9-14)
Bendice a los niños (18:15-17)
El joven rico (18:18-30)
La tercera predicción de su muerte (18:31-34)
El ciego Bartimeo (18:35-43)
Zaqueo (19:1-10)
Diez siervos (19:11-27)

EL HIJO DEL HOMBRE SUFRE POR LA HUMANIDAD (19:28—23:56)
Domingo: Entrada triunfal (19:28-44)
Lunes: Purificación del templo (19:45-48)
Martes: (20:1—22:6)
Debates con dirigentes religiosos (20)
Predicciones de la caída de Jerusalén y de los tiempos del fin (21)
Judas planea la traición (22:1-6)
Jueves (22:7-46)
Observancia de la Pascua; la Cena del Señor (22:7-38)
Getsemaní (22:39-46)
Viernes (22:47—23:56)
Traición; arresto (22:47-53)
Negaciones de Pedro (22:54-62)
Cristo sometido a juicio (22:63—23:25)
La crucifixión; sepultura (23:26-56)

EL HIJO DEL HOMBRE, CONFIRMADO ANTE LA HUMANIDAD (24)
La resurrección (24:1-12)
La aparición en el camino a Emaús (24:13-32)
Aparición a los discípulos (24:33-49)
La ascensión (24:50-53)

EL HIJO DEL HOMBRE SE IDENTIFICA CON LA HUMANIDAD (1:1—4:13)

NOTA: En los comentarios que siguen, las referencias cruzadas a pasajes paralelos en los otros Evangelios se dan entre corchetes ([]). Las cursivas entre corchetes, p. ej., [*Mt. 3:1-12;* Mr. 1:1-8], indican que se encontrará un tratamiento más exhaustivo del pasaje en cuestión en la exposición para aquella referencia.

1:1-4 *"Esto te pondrá al día"*. Lucas comenzó su relato observando que muchos habían ya redactado una narración de la vida de Cristo. Tras haber hecho una extensa investigación, incluso entrevistas con testigos oculares, se proponía hacer su contribución.

1:5-25 *El asombroso anuncio del ángel.* El ángel Gabriel se apareció a un piadoso sacerdote llamado Zacarías, cuya esposa Elisabet era estéril. Le anunció que nacería un niño a la anciana pareja, y que el ministerio de este hijo sería como el de Elías, para preparar el camino del Señor (1:5-17). Cuando Zacarías expresó sus dudas acerca de esta asombrosa predicción, el ángel le azotó con mudez (1:18-22). Algún tiempo después, se cumplió la profecía (1:23-25).

1:26-38 *Un anuncio más asombroso.* Seis meses después, Gabriel se apareció a una virgen llamada María, prometida a un hombre llamado José. Ella iba a tener un hijo siendo todavía virgen. El hijo recibiría por nombre Jesús y sería el largamente esperado Mesías de Israel (1:26-33). El ángel explicó la milagrosa naturaleza de esta concepción, y para confirmar su asombrosa predicción, dijo a María que su prima Elisabet, aunque anciana y estéril, también había concebido milagrosamente (1:34-37). Entonces María expresó su buena disposición a tener el hijo.

1:39-45 *Las dos madres en espera se reúnen.* Como sería normal debido a su relación de parentesco, María visitó a Elisabet cuando se acercaba el tiempo del nacimiento de Juan. Después de haberle sido dicho que su hijo sería quien presentaría al Mesías, y al sentirle saltar en su vientre cuando llegó María, Elisabet confirmó a María que su hijo era verdaderamente el Mesías.

1:46-56 *Un cántico de alabanza procedente de las Escrituras.* María elevó su alabanza a Dios en un lenguaje basado en el cántico de Ana después del nacimiento de Samuel (véase 1 S. 2:1-10). El cántico de María, a menudo designado como el Magnificat, hablaba de lo que Dios había hecho y haría en su vida (1:46-49) y en la vida de la nación (1:50-55). María se refirió al interés de Dios por los pobres y humildes, tema éste dominante en la profecía del AT (véase exposición sobre Is. 58:6-14) y en el ministerio de Cristo (véase 7:22; 14:12-14).

1:57-80 *"Lean mi nota: ¡Su nombre es Juan!"* Cuando Juan nació, Zacarías, resistiendo las presiones de la familia y obedeciendo a Dios, lo llamó Juan. Inmediatamente, su voz volvió, y glorificó a Dios, prediciendo la venida del Mesías (1:57-75) y el papel fundamental de su hijo para presentarlo (1:76-79). Juan, al crecer, decidió vivir "en el desierto" (1:80; comparar 3:2-4).

2:1-7 *¡María da a luz!* Debido a que César había decretado que todos los ciudadanos de su imperio debían ir a sus lugares de origen para registrarse para el censo, José y María tuvieron que acudir a Belén. Mientras estaban allí nació Jesús, cumpliéndose una profecía acerca del lugar donde debía nacer (véase Mi. 5:2). Idealizado en escenas navideñas, el "pesebre" en el que fue puesto el recién nacido Jesús era un comedero para animales.

2:8-20 *Los pastores: Adoración y testimonio.* Un ángel anunció el nacimiento de Cristo a unos pastores. Éstos acudieron rápidamente a Belén y, tras haberlo hallado, adoraron a Dios y "dieron a conocer lo que se les había dicho acerca del niño".

2:21-24 *Dos tórtolas por el Cordero de Dios.* Según la Ley (véase Lv. 12:2-8), María ofreció el sacrificio por la purificación después de haber dado a luz. Al parecer, los padres del verdadero "Cordero de Dios" no pudieron costear un cordero para el sacrificio, y por esto ofrecieron dos tórtolas (véase Lv. 12:8). Como primogénito, Jesús fue dedicado al Señor (véase Éx. 13:2, 12, 15).

2:25-38 *Dos ancianos israelitas consolados por su venida.* Un profeta llamado

Simeón (2:25-35) y una profetisa llamada Ana (2:36-38) testificaron acerca de la identidad del Cristo niño. Ambos eran ancianos y Ana era viuda. Dios había anunciado a Simeón, que estaba esperando "la consolación de Israel", que vería al Mesías antes de morir. Ana contó a "todos los que esperaban la redención" que ya había llegado el Redentor.

2:39-52 *Crece en la gracia, enseña en el templo.* Resumiendo de manera breve la temprana infancia de Cristo (2:39-40), Lucas narra un notable incidente de sus doce años. En un viaje a Jerusalén, José y María perdieron de vista a Jesús. Después de mucho buscar, se sorprendieron al verlo sentado entre los maestros en el Templo. Su capacidad para discurrir acerca de la ley con esos hombres señalaba lo especial de la naturaleza de este joven. Su declaración de que debía ocuparse en los negocios de su Padre celestial señala su conciencia de que Él era el Hijo de Dios.

El joven Jesús creció en la madurez mental, física, espiritual y social (2:39-40, 51-52). Mientras, María observaba calladamente y pensaba acerca de este hijo obediente a ella incluso mientras se preparaba para su especial misión en la vida (2:51).

3:1-22 *"¡Preparen el camino del Señor!"* Unos 18 años después que el joven Jesús visitase el templo, Juan comenzó a predicar para preparar el comienzo del ministerio público de Jesús. Su mensaje incluía esperanza para los espiritualmente hambrientos (3:3-6), pero también una advertencia severa a los no arrepentidos (3:7-18). Los judíos no podían considerarse aceptados por Dios sencillamente porque fuesen hijos de Abraham. Las buenas obras debían demostrar su verdadero arrepentimiento. [*Mt. 3:1-12;* Mr. 1:1-8; Jn. 1:6-8, 15-34]

Cuando Juan dirigió su predicación a Herodes, el resultado fue el encarcelamiento (3:19-20). [Mt. 14:3-4; Mr. 6:17-18]

Lucas añadió una breve nota acerca del bautismo de Cristo por Juan (3:21-22). [*Mt. 3:13-17;* Mr. 1:9-11; Jn. 1:31-34]

Obsérvense los cuidadosos detalles de Lucas como historiador.

3:23-38 *Del Hijo de Dios al hijo de Dios.* Lucas se detiene en su narración para dar la genealogía de Cristo. En tanto que Mateo remontó el linaje de Cristo a través de José, su padre legal (véase Mt. 1:1-17), Lucas lo remontó a través de María, comenzando con el padre de María, Elí. (En la antigüedad, los hombres a menudo consideraban a sus yernos como sus propios hijos.) Los linajes de María y José convergen en el rey David (comparar 3:31 con Mt. 1:6).

La genealogía termina con Adán, el "hijo de Dios" (3:38). Jesús, el "último Adán" (véase 1 Co. 15:45) y el perfecto Hijo de Dios, vino para deshacer la devastación introducida en la humanidad por el primer Adán.

4:1-13 *La luz se enfrenta con las tinieblas.* Cuando Jesús se encontró con Satanás en el desierto, su recurso a las Escrituras derrotó los esfuerzos de Satanás para pervertirlas [*Mt. 4:1-11;* Mr. 1:12-13]

EL HIJO DEL HOMBRE MINISTRA A LA HUMANIDAD (4:14—9:50)

4:14-15 *Un predicador popular en Galilea.* Tras haber ayudado a Jesús en su enfrentamiento con Satanás, el Espíritu de Dios lo impelió ahora a su primera gira de predicación en Galilea, donde su fama se extendió rápidamente. [Mt. 4:12-17; Mr. 1:14-15]

4:16-30 *"¡Yo soy aquel que Isaías anunció!"* En Nazaret, su ciudad, Jesús fue a la sinagoga. Mientras leía en Isaías acerca de la liberación divina (véase Is. 61:1-2), la gente le escuchaba atentamente (4:16-20). Sin embargo, cuando aplicó el pasaje a su propia persona (4:21-24) y luego sugirió que Dios quería ayudar a los gentiles lo mismo que a los judíos (4:25-27), le echaron fuera de la ciudad e intentaron darle muerte, pero Jesús escapó milagrosamente (4:28-30).

Jesús detuvo su lectura de Isaías con las palabras "el año agradable del Señor" (4:19), y no leyó la siguiente frase, "y el día de venganza del Dios nuestro" (Is. 61:2). El "año agradable del Señor" se refiere a su primera venida, mientras que "el día de venganza del Dios nuestro" se relaciona con su segunda venida.

Jesús había asistido fielmente a los servicios de la sinagoga mientras crecía en Nazaret (4:16). Más adelante sería rechazado otra vez por la gente de su ciudad (véase Mt. 13:53-58; Mr. 6:1-6).

4:31-37 *El testimonio de un demonio.* Los habitantes de Capernaum "se admiraban" de la autoridad con que Cristo enseñaba. Un oyente estaba endemoniado, y el demonio gritó, identificando correctamente a Cristo como "el Santo de Dios". El exorcismo de Cristo del demonio hizo que su fama se extendiera aun más. [Mr. 1:21-28] "Autoridad" (4:32) probablemente se refiere en parte a la comprensión lógica y profunda que Cristo tenía del AT.

4:38-44 *Los sanaba a todos.* Jesús sanó a la suegra de Pedro y más adelante aquel día sanó a muchos más, mientras los demonios le identificaban de nuevo como el Mesías. Solo con grandes dificultades pudo salir de aquella región y predicar en otros lugares. La capacidad de Cristo de sanar todas las enfermedades contrasta con los pretendidos sanadores de fe de la actualidad, que a veces se niegan a hacer frente a casos difíciles. [*Mt. 8:14-17;* Mr. 1:29-34]

5:1-11 *"Boga mar adentro".* Cuando Jesús tomó prestada la barca de un pescador llamado Pedro para emplearla como "púlpito", le dijeron que Pedro y el otro pescador habían tenido un mal día de pesca. Les dio entonces una indicación que llevó a una gran captura de pescado. Ante este milagro, Pedro reconoció la deidad de Cristo y su propia condición pecaminosa, y él, junto con Jacobo y Juan, dejaron la pesca para seguir a Jesús y "pescar hombres" (5:10). [Mt. 4:18-22; Mr. 1:16-20; Jn. 1:35-42 registra el anterior encuentro de Jesús con Pedro y Andrés.]

5:12-16 *"¡Sí, lo haré!"* Jesús sanó a un leproso, y le dijo que no contara a nadie su curación, sino que se presentase al sacerdote para la purificación ceremonial. [Mt. 8:1-4; Mr. 1:40-45]. Acerca del sigilo de Cristo (5:14), véase exposición sobre Mt. 12:15-21.

5:17-26 *Poder para perdonar, poder para sanar.* Algunos hombres fueron a grandes extremos para llevar a un amigo a Jesús para que fuera sanado. Jesús perdonó los pecados del hombre y, cuando los fariseos lo acusaron de blasfemia, demostró su deidad sanando al hombre. [Mt. 9:1-8; *Mr. 2:1-12*]

5:27-32 *Come con pecadores.* Cristo llamó a Leví (Mateo) para que lo siguiera, y luego comió con él y con sus compañeros publicanos (recaudadores de impuestos). Cuando los fariseos criticaron su elección de compañía, Jesús rechazó el separatismo de los mismos y expresó su deseo de alcanzar a los que estaban en necesidad espiritual. [*Mt. 9:9-13;* Mr. 2:13-17]

5:33-39 *"¡Se están divirtiendo demasiado!"* Cuando le preguntaron por qué sus discípulos no ayunaban, Jesús declaró que su presencia con ellos demandaba celebración, no lamentaciones (5:33-35). Con dos parábolas, mostró que Él representaba una nueva fase en lo que Dios estaba haciendo sobre la tierra (5:36-39). [*Mt. 9:14-17; Mr. 2:18-22*]

6:1-5 *"¡Solo están haciendo lo que hizo David!"* Cuando los discípulos recibieron críticas por "trabajar" en sábado, Jesús los defendió sobre la base de un precedente histórico (6:3-4) y de su propia autoridad (6:5). [*Mt. 12:1-8;* Mr. 2:23-28]

6:6-11 *Sanador de manos y de corazones.* Jesús sanó en sábado, en contra de la tradición farisaica, pero en conformidad al deseo de Dios de salvar la vida y de hacer el bien. Los insensibles fariseos comenzaron a maquinar en contra de Él. [Mt. 12:9-14; Mr. 3:1-6]

6:12-16 *¡Con una docena bastará!* Después de una vigilia de oración de toda una noche, Jesús escogió a doce de sus discípulos para que le fuesen sus especiales "apóstoles", así designados porque fueron enviados como representantes de su reino [*Mt. 10:1-15;* Mr. 3:13-19]

6:17-19 *Transformados por su toque.* Seguido por grandes multitudes, Jesús los sanó a todos, porque "poder salía de él" (6:19; véase exposición sobre 8:40-56).

6:20-23 *El camino a la felicidad.* Lucas registró diversas enseñanzas de Jesús (6:20-49), algunas de las cuales proceden de su Sermón del Monte (Mt. 5—7). Jesús dijo que sus seguidores pueden ser verdaderamente bienaventurados, o felices, incluso cuando sean pobres y estén hambrientos, apesadumbrados o perseguidos. [Mt. 5:3-12]

6:24-45 Más conceptos del reino:

- Los que confían en las riquezas desearán algún día haber confiado en Dios (6:24-25; véase 12:13-21; Stg. 5:1-3).
- La popularidad humana puede indicar desaprobación divina (6:26; véase Jn. 15:19).
- Ama a tus enemigos (6:27-36). [Mt. 5:38-48; 7:12]
- Perdona, no juzgues (6:37, 41-42). [Mt. 7:1-5]
- La generosidad trae bendiciones materiales (6:38).
- Los dirigentes espirituales ciegos (como los fariseos) producen seguidores espiritualmente ciegos (6:39; véase Mt. 15:12-14).
- Las acciones manifiestan la condición del corazón (6:43-45; véase Mt. 7:16-20; 12:34-35).

6:46-49 *Una casa permanece; la otra se hunde.* Como una casa con cimientos profundos, los que obedecen a Cristo resistirán las tormentas de la vida. Los que oyen pero no obedecen solo pueden esperar ruina. [Mt. 7:24-27]

7:1-10 *Hace que el Mesías se asombre.* Un centurión romano pidió a Jesús que sanase a su siervo. Jesús concedió la sanidad y encomió la fe de este gentil, que había comprendido:

- que el Dios de Israel era el Dios único y verdadero (7:5).
- que él era indigno de este Dios (7:6).
- que el poder sanador de Cristo no tenía límites (7:7).
- que le era necesario confiar en la autoridad y obedecerla (7:8).

La Biblia registra solo otra ocasión en la que Jesús se maravilló ante la fe de alguien, y esta persona era también un gentil (véase exposición sobre Mt. 15:21-31). En cuanto a Israel, Jesús solo pudo asombrarse de su trágica incredulidad (7:9; véase Mr. 6:6). [Mt. 8:5-13]

7:11-17 *"¡Joven, levántate!"* Movido a compasión, Jesús resucitó al único hijo de una viuda; la primera de tres personas a las que levantó de los muertos (véase 8:54-56; Jn. 43-44). Técnicamente, las tres fueron *reavivadas*, no resucitadas, porque las tres volvieron por fin a morir. Jesús fue el primero en resucitar de los muertos para nunca volver a morir (véase Col. 1:18; Ap. 1:5).

7:18-35 *"Eres tú, ¿verdad?"* Cuando desde su celda en la cárcel Juan oyó informes acerca de los milagros de Jesús, envió a dos de sus discípulos para preguntarle acerca de su identidad. Él había proclamado que Jesús era el Cordero de Dios (véase Jn. 1:29). Ahora, quizá debido a sus sufrimientos, estaba perdiendo aquella confianza. Jesús respondió a las dudas de Juan de forma compasiva, citando sus milagros como prueba de su condición mesiánica (7:21-23). Luego Jesús habló de Juan y de su ministerio:

- Él era el profetizado precursor de Cristo (7:26-27; véase Is. 40:3; Mal. 3:1).
- Él era el más grande de todos los profetas, pero incluso el más pequeño en el reino de Dios es mayor que él (7:28). Que esto se refiera a vivir después de la cruz o a la participación en el reino milenario, la verdad expresada es la misma.

Lucas observa que hasta "los injustos recaudadores de impuestos" habían respondido al ministerio de Juan, mientras que los dirigentes religiosos no lo habían hecho (7:28-30; comparar 5:32). [*Mt. 11:1-19*]

7:36-50 *Perdón y amor: Uno lleva al otro.* Mientras Jesús comía en casa de Simón el fariseo, una mujer conocida como pecadora comenzó a lavar sus pies y a llorar de dolor por sus pecados (7:36-38). Cuando Simón reaccionó con desdén, Jesús contó una parábola acerca de un prestamista que perdonó dos deudas, una grande y otra pequeña. Luego aplicó la historia a la mujer pecadora y a Simón:

- El arrepentimiento lleva al perdón de parte de Dios, lo que resulta en afecto para con Cristo, como el que había mostrado la mujer.
- La carencia de arrepentimiento conduce a una carencia de perdón, y resulta en una carencia de afecto por Cristo, como la que había mostrado Simón.

Obsérvese la sorpresa de Simón de que Jesús permitiera que esta pecadora le tocase (7:39; comparar exposición sobre 5:27-32). Mateo, Marcos y Juan registran un incidente similar posterior (véase Mt. 26:6-13).

8:1-3 *Sus ahorros apoyan al Salvador.* Lucas observa que varias mujeres, incluso algunas como María Magdalena, a la que Jesús había sanado, le seguían y ayudaban a apoyarlo económicamente. Una de ellas era esposa de un oficial de Herodes, lo que sugiere el alcance de la influencia de Cristo.

8:4-15 *Sembrador, simiente y tierra.* Jesús describió la respuesta a su mensaje con la ilustración de la semilla plantada en diversas clases de tierra. [*Mt. 13:1-9, 18-23;* Mr. 4:1-20]

8:16-18 *Aprender de un candelero.* Empleando la imagen de una lámpara, Jesús declaró que los que aceptan su mensaje y lo dan a conocer serán benditos por Dios, mientras que los que lo rechazan lo perderán todo. [*Mr. 4:21-25*]

8:19-21 *Requisitos para ser miembro de la familia de Dios.* Cuando Jesús oyó que su madre y hermanos terrenales le estaban buscando, enseñó que su verdadera familia se componía de aquellos que oyen la Palabra de Dios y la obedecen. [Mt. 12:46-50; Mr. 3:31-35]

8:22-25 *Un Salvador dormido en medio de la tempestad.* Cuando una tempestad amenazó a los discípulos, Cristo la calmó, para gran asombro de ellos. Este suceso muestra la naturaleza humana de Cristo, que fatigándose se quedó dormido; y su naturaleza divina, al asumir el control de las condiciones climatológicas. La palabra griega para esta tempestad se refiere a una condición de huracán. El Mar de Galilea es susceptible a tempestades repentinas y violentas, al ser atraído el aire fresco del Mediterráneo a través de estrechos pasos montañosos, chocando con el aire cálido y cargado de humedad sobre el mar de Galilea. [*Mt. 8:23-27;* Mr. 4:35-41]

8:26-39 *"¡Cuenta las cosas que Dios ha hecho por ti!"* Jesús echó demonios de un loco en Gadara. Los demonios identificaron a Jesús como el Hijo de Dios, y Jesús los envió a una piara de cerdos, lo que fue causa de gran inquietud entre los habitantes de los contornos (8:34-37), pero también abrió puertas para el evangelio (8:38-39). [Mt. 8:28-34; *Mr. 5:1-20*]

Lucas observó que los demonios rogaron a Cristo que no los mandase al "abismo" (8:31), refiriéndose al parecer al lugar donde Satanás y sus demonios quedarán confinados durante el milenio (véase Ap. 20:1-3). ¡Los demonios conocían el juicio que les espera, y no tenían prisa alguna por ir allá!

Este milagro es el primero de dos hechos por Cristo que, hablando humanamente, tuvieron resultados destructivos (comparar Mt. 21:19).

8:40-56 *"¿Quién me ha tocado?"* Al ir Jesús a la casa de Jairo para sanar a su hija, se encontró con otra mujer que necesitaba ser sanada. La sanó y luego prosiguió hacia la casa de Jairo. Cuando llegó, la hija de Jairo ya había muerto, pero Jesús la resucitó. [Mt. 9:18-26; Mr. 5:21-43] Que Jesús "sintiera" que había salido poder de Él puede indicar que, en su humanidad, su ministerio de sanidad lo había dejado exhausto.

9:1-6 *Encargos a los apóstoles.* Los apóstoles que Cristo había escogido (6:12-16) fueron ahora enviados para proclamar el evangelio y para sanar. [*Mt. 10:1-15;* Mr. 6:7-13]

9:7-9 *"A Juan hice decapitar; de modo que ¿quién es?"* Cuando Herodes oyó acerca de los milagros de Cristo, al principio su conciencia llena de culpa lo había llevado a creer que se trataba de Juan el Bautista resucitado (9:7-8; comparar Mt. 14:1-2). Ahora intentaba sacudirse esta ofuscación y trataba de conocer a Cristo, el obrador de maravillas (9:9). Al final *sí* que llegaría a conocer a Cristo, durante su juicio (véase 23:6-12).

9:10-17 *Alimento para cinco mil y sus familias.* Poco después que los apóstoles volvieran de su primera misión oficial (9:6), se encontraron rodeados por 5.000 hombres hambrientos —además de quizá 15.000 mujeres y niños— y Jesús proveyó milagrosamente para todos. [Mt. 14:13-21; Mr. 6:33-44; *Jn. 6:1-13*]

9:18-22 *"Algunos dicen esto, algunos dicen aquello, pero yo os digo..."* Mientras otros especulaban acerca de la identidad de Jesús, Pedro lo reconoció correctamente como el Cristo, el Mesías enviado por Dios. Jesús les advirtió que no lo dijeran a nadie, y por primera vez les dijo claramente que iba a ser muerto y a resucitar. [*Mt. 16:13-23;* Mr. 8:27-33]

9:23-27 *El discipulado significa negación y devoción.* Jesús enseñó que los que verdaderamente le sigan tienen que negar su propia vida y deseos y seguir en su lugar la vida y los deseos *de Él* (9:23-25). El verdadero discipulado significa una total devoción a Cristo (9:26). Todo lo que sea menos que esto traerá vergüenza en la segunda venida. [Mt. 16:24-28; Mr. 8:34—9:1]

9:28-36 *Un vistazo a su reino de gloria.* En tanto que los tres discípulos del círculo íntimo lo contemplaban, Jesús fue transfigurado, dándoles un paladeo de la gloria que tendrá en su reino. [Mt. 17:1-9; *Mr. 9:2-13*] De los tres que escribieron acerca de este acontecimiento, solo el médico Lucas hace observar que los discípulos habían estado durmiendo o que estaban cayendo dormidos (9:32), lo que sugiere que la transfiguración puede haber tenido lugar durante la noche.

9:37-42 *El Hijo unigénito sana a un hijo único.* Cuando los discípulos de Cristo fallaron en su intento de sanar a un muchacho endemoniado, Cristo llevó a cabo la sanidad, y luego les explicó que la incredulidad y la falta de oración habían sido los impedimentos a su éxito. [Mt. 17:14-21; *Mr. 9:14-29*] Es interesante que poco después que Dios hubiera reconocido a Cristo como su Hijo unigénito (9:35), Cristo sanase un hijo único (9:38).

9:43-45 *Confusos acerca del Calvario.* La segunda predicción de Cristo acerca de su muerte se encontró con la incredulidad e incomprensión de los discípulos. [*Mt. 17:22-23;* Mr. 9:30-32]

9:46-48 *La condición de siervos lleva a la santidad.* En una de las grandes paradojas de la vida cristiana, Jesús expuso que la verdadera grandeza procede de ser insignificante a los ojos del mundo. [*Mt. 18:1-14;* Mr. 9:33-37]

9:49-50 *"¿Quieres decir que Dios acepta otras denominaciones? ¡Asombroso!"* Jesús reprendió el sectarismo al aceptar todo ministerio hecho en su nombre. [*Mr. 9:38-41*]

EL HIJO DEL HOMBRE, RECHAZADO POR LA HUMANIDAD (9:51—19:27)

9:51-56 *Algunos "malos samaritanos".* Con el conocimiento de que su muerte estaba cerca, Jesús "afirmó su rostro para ir a Jerusalén" (9:51). Su llegada allí es registrada en 19:28. Es posible que no todos los acontecimientos y enseñanzas de 9:51—19:27 tuvieran lugar en este viaje final, sino que algunos sean referencias retrospectivas. Muchos de esos acontecimientos y enseñanzas solo son referidos por Lucas. Marcos cubre este viaje final en solo un capítulo (Mr. 10).

Cuando fue mal recibido en un pueblo de Samaria, los discípulos mostraron sus prejuicios apremiando a Jesús a destruir el pueblo (9:51-54). Sin comentar acerca de lo que mereciesen aquellos samaritanos en concreto, Jesús les observó que había venido a salvar las vidas, no a destruirlas.

9:57-62 *Requisitos para el reino.* Cuando tres aspirantes a discípulos se dirigieron a Jesús, Él los animó a abandonar las comodidades de la vida y el calor de los lazos familiares. Seguir a Jesús implica una entrega radical [Mt. 8:18-22]

10:1-12 *A los doce se unen los setenta.* Tras haber comisionado a sus doce apóstoles (9:1-6), Jesús envió ahora a otros 70 seguidores para evangelizar (10:9). Sus instrucciones fueron similares a las de los doce (10:4-12; comparar Mt. 10:1-15), excepto que en esta ocasión no prohibió evangelizar a los gentiles.

10:13-16 *Esas ciudades habían tenido su oportunidad.* Jesús pronunció una maldición sobre tres ciudades que habían sido indiferentes a su ministerio. Su comparación de la suerte eterna de las mismas con la de Tiro y Sidón (10:14) indica que habrá grados de castigo en el infierno (véase exposición sobre 12:41-48). [Mt. 11:20-24]

10:17-24 *El Salvador se regocija con los setenta.* Jesús se regocijó con sus 70 nuevos embajadores cuando le informaron de grandes éxitos, pero les recordó que la verdadera razón para el gozo no es el poder en el ministerio, sino la promesa de la vida eterna.

10:25-37 *¿Tu prójimo? ¡Es cualquiera a quien puedas ayudar!* Cuando un intérprete de la ley le preguntó a Jesús cuáles eran los principales mandamientos, Él destacó dos principios: Amor a Dios, y amor al prójimo. Quizá buscando un agujero en esos dos grandes y exigentes principios, el intérprete de la ley quiso definir "prójimo" en el sentido más estrecho posible (10:29). Jesús respondió con la parábola del buen samaritano (10:30-37), para enseñar que un prójimo es cualquiera a quien podamos ayudar (10:36-37). (Comparar Mt. 22:34-40; Mr. 12:28-34.)

10:38-42 *Adoración o servicio: ¿qué es lo primero?* Cuando Jesús visitó a María y a Marta, hermanas de Lázaro (véase Jn. 11:1-2), María adoró a Jesús y aprendió de Él mientras Marta estaba ocupada haciendo sus tareas domésticas. Cuando Marta se quejó, Jesús la corrigió, diciéndole que María tenía las prioridades bien establecidas. La adoración a Dios debería siempre preceder al servicio a Dios. El servicio es bueno, pero no debemos dejar que lo bueno llegue a ser enemigo de lo mejor.

11:1-4 *"Señor, enséñanos a orar"*. Lucas dio una versión abreviada de la oración modelo de Cristo para sus discípulos (Mt. 6:9-13).

11:5-13 *"Bienaventurados los persistentes"*. Así como la persistencia resulta en los asuntos humanos (como en el caso de un amigo que busca ayuda a medianoche, 15:5-8), también da resultado en los asuntos espirituales. Si con diligencia pedimos, buscamos y llamamos a la puerta de Dios en oración (11:9-10), Él, siendo con mucho sumamente más generoso que el mejor padre terrenal, nos responderá (11:11-13). (En griego, 11:9 dice: "Pide con insistencia . . .", etc., como queda reflejado en la paráfrasis *La Biblia al Día.*)

11:14-23 *¿Por el poder de quién?* Cuando Jesús sanó a un muchacho endemoniado, las multitudes se maravillaron, pero los fariseos conjeturaron entre sí que Jesús mismo tenía poderes demoniacos (11:14-16). Jesús mostró lo ilógico de su manera de pensar. [*Mt. 12:20-30;* Mr. 3:20-30]

11:24-28 *Siete espíritus y una casa bien barrida.* Esta parábola muestra que la espiritualidad precisa no solo de una ausencia del mal, sino de la vital presencia de Dios. [Mt. 12:43-45] Una bendición de una mujer entre los presentes sobre la madre de Jesús suscitó de Él una bendición sobre todos los que le obedecen (11:27-28; comparar 8:19-21).

11:29-32 *Una sola señal para los pecaminosos indagadores.* Cuando algunos pidieron de forma insincera una prueba de sus afirmaciones mesiánicas (véase 11:16), Jesús los declaró malvados por haber hecho una petición así: los milagros de Cristo debieran haber constituido prueba suficiente de sus afirmaciones. Les dio una señal adicional: el ejemplo de Jonás. [*Mt. 12:38-42*]

11:33-36 *Asegúrate de que el calor del sol llega al alma.* En otras dos breves parábolas, Jesús enseñó la necesidad de dar a conocer a otros la luz de la verdad (11:33; véase Mt. 5:14-16) y de dejar que llene la propia vida (11:34-36).

11:37-54 *La condenación de los dirigentes corrompidos: Parte 1.* De manera apropiada, Lucas siguió a parábola de la lámpara encendida con la condenación que Jesús hace de los fariseos, que por dentro eran oscuros e impuros (11:39-40). Jesús dio ejemplos de la hipocresía de ellos (11:42-46, 52) y señaló cómo estaban llevando a cabo una larga tradición de desviado celo religioso entre los dirigentes de Israel (11:47-51). [*Mt. 23:1-36*] "Desde la sangre de Abel hasta la sangre de Zacarías" (11:51) muestra el alcance histórico de la resistencia contra los justos de Dios, desde la primera persona en ser muerta por esta causa (véase Gn. 4:8) hasta la última, yendo en el orden del canon hebreo del AT (véase 2 Cr. 24:20-21).

12:1-3 *La condenación de los dirigentes corrompidos: Parte 2.* Tras haber condenado a los dirigentes religiosos frente a frente, Cristo luego advirtió a los espectadores en contra de imitar la hipocresía de los dichos dirigentes. La verdadera condición de los corazones de los mismos quedaría un día de manifiesto ante todos. [Mt. 16:6-12; Mr. 8:14-21]

12:4-12 Advertencias a los sabios:

- Deberíamos temer a Dios, que tiene en sus manos nuestro destino eterno (12:4-5).
- Dios se cuida de cada detalle de nuestras vidas (12:6-7).
- Jesús negará un día a los que le niegan (12:8-9).
- La blasfemia contra el Espíritu Santo es imperdonable (12:10; véase exposición sobre Mt. 12:31-32).
- El Espíritu de Dios nos conducirá en los tiempos de las pruebas (12:11-12).

12:13-21 *Un insensato en un apuro.* Interpelado por dos hermanos codiciosos, Jesús se refirió al peligro del materialismo y contó una historia acerca de un hombre que se sentía seguro con sus grandes riquezas pero que era en realidad un insensato (12:20) porque él

- creía que podía dar satisfacción a su alma con bienes perecederos.
- dio fatuamente por supuesto que iba a vivir hasta una avanzada edad.
- tenía una actitud totalmente egoísta (obsérvense los muchos pronombres en primera persona del singular).

Esto marca la única ocasión en la Biblia en la que Dios mismo califica a un individuo concreto de necio.

12:22-34 *Cuervos y lirios.* Los creyentes no deberían tener nunca ansiedad por las necesidades materiales, sino confiar en la provisión de Dios y buscar la riqueza espiritual. [*Mt. 6:25-34*]

12:35-40 *Cuando menos se espere.* Deberíamos estar constantemente esperando la segunda venida de Cristo. Será en un tiempo que no se sabe, así como un ladrón viene sin advertencia. [*Mt. 24:37—25:30*]

12:41-48 *Conocimiento limitado, castigo limitado; pleno conocimiento, pleno castigo.* Jesús contrastó las suertes de un siervo fiel y de un siervo infiel (12:42-47), y de dos siervos infieles; uno que conocía la voluntad de su amo y otro que no la conocía (12:45-48). El que desobedeció a sabiendas recibiría un mayor castigo. (Comparar la exposición sobre 10:13-16; Lv. 5:14-19).

12:49-59 *Las divisiones, buenas y malas.* Jesús deseaba llevar a cabo su misión, que incluía el "bautismo" de la muerte (12:49-50; véase exposición sobre Mr. 10:35-45). La naturaleza y la importancia de su misión traerían siempre división en esta edad presente. Hasta miembros de una familia se dividirían acerbamente acerca de Él (12:51-53). Pero en los conflictos cotidianos, la meta debía ser la paz (12:57-59; véase Mt. 5:25-26). Acerca de 12:54-56, véase exposición sobre Mateo 16:1-12.

13:1-5 *¡Cualquiera puede morir, de modo que todos deberían arrepentirse!* Cuando le refirieron una atrocidad que había cometido Pilato, Jesús se refirió a lo incierto de esta vida. La muerte es imparcial. Puede azotar a los buenos y a los malos sin advertencia previa. Por esto todos deben arrepentirse, no sea que sufran junto con la muerte física también la espiritual.

13:6-9 *"Dale un año más".* Así como una higuera ha de producir fruto o ser destruida, del mismo modo los creyentes deben producir arrepentimiento o hacer frente al juicio (comparar Mt. 21:18-22; Mr. 11:12-14, 20-24).

13:10-17 *Otra sanidad en sábado.* Una vez más Jesús sanó en día de sábado, y una vez más un dirigente religioso se encolerizó. Cristo lo silenció exponiendo su hipocresía (comparar 6:6-11; 14:1-6; Mt. 12:9-14).

13:18-21 *Semillas y levadura.* El reino de Dios crecerá constantemente y con resultados asombrosos, así como una diminuta semilla de mostaza se convierte en un enorme árbol y como un poco de levadura afecta a mucha masa. [*Mt. 13:31-35;* Mr. 4:30-32]

13:22-30 *Viaja y enseña.* Mientras Jesús y sus discípulos seguían hacia Jerusalén, habló de la vida eterna:

- Más personas se perderán de las que se salvarán (13:23-24).
- Los que dependen de las buenas obras para salvación se perderán (13:25-27).
- Muchos gentiles se salvarán mientras que muchos judíos se perderán (13:28-30).

13:31-33 *Herodes, la zorra.* Algunos fariseos, al parecer enviados por el mismo Herodes, pretendieron advertir a Jesús de que debía abandonar la región o afrontar la muerte a manos de los hombres de Herodes. Desechando sus falsas amenazas, Jesús declaró que nada le impediría el itinerario que tenía marcado, y que llamaba a una continuación de su camino hacia Jerusalén (donde le esperaba la muerte, pero bajo sus propios términos).

13:34-35 *"¡Jerusalén, Jerusalén!"* Jesús lloró por el pueblo de Jerusalén, expresando su amor por estos pero sabiendo también que ellos le habían rechazado y que debían ser juzgados (comparar 19:41-44; Mt. 23:37-39).

14:1-6 *¡Siempre es el tiempo adecuado para hacer el bien!* Una vez más Jesús sanó en sábado, y de nuevo señaló la hipocresía de los fariseos, que estaban dispuestos a rescatar a un animal en el día santo, pero que objetaban ayudar a seres humanos (comparar 13:10-17). "Le acechaban" (14:1) indica que los fariseos habían llevado allí al enfermo en un esfuerzo por atrapar a Jesús. Normalmente, un fariseo habría evitado a una persona con una enfermedad tan repulsiva como aquella.

14:7-14 *Cómo ser ganador en un banquete.* Observando que los invitados a la comida del fariseo estaban compitiendo por conseguir los mejores puestos, Jesús advirtió de los peligros de buscar ser los primeros: la propia exaltación lleva a la deshonra; la humildad lleva al honor (14:7-11). Luego habló de las recompensas eternas para los que favorecen a los pobres (14:12-14; véase exposición sobre 1:46-56). La Biblia da poco apoyo a la idea de que la salud y las riquezas sean señales del favor de Dios.

14:15-24 *Rechazadores y aceptadores.* En otra parábola, Jesús habló de un hombre que cuando sus amigos rechazaron su invitación a una gran cena, llenó su salón de banquete con proscritos sociales. Mientras que la parábola habla principalmente del rechazamiento de Dios por parte de Israel y del consiguiente llamamiento de los gentiles, puede también ser aplicado a la respuesta individual al evangelio. [*Mt. 22:1-14*]

14:25-35 *La prioridad del discipulado.* Jesús destacó la necesidad de una total entrega a Él:

- Debemos amarlo de tal manera que nuestro amor hacia la familia parezca casi como odio en comparación (14:25-27). [Mt. 10:37-39]
- Debemos contar el costo antes de comprometernos (14:28-33). El discipulado no es un camino fácil.

- Deberíamos ser una buena influencia sobre los demás (14:34-35). [*Mt. 5:13-16*]

15:1-32 *Parábolas acerca de los perdidos.* Cuando los fariseos se quejaron de que Jesús se asociaba con gente de mala reputación, les contó tres parábolas acerca del amor de Dios por los perdidos:

Una en contraste a noventa y nueve (15:3-7). Como un buen pastor, Dios se regocija más por la salvación de la perdida que por aquellas que están a salvo en su reino. [Mt. 18:12-24]

"¡La he hallado!" (15:8-10). Lo mismo que una mujer que busca una moneda perdida, Dios va a grandes extremos para buscar almas perdidas.

Cuando uno se arrepiente, el otro se resiente (15:11-32). En la parábola del hijo pródigo, el hijo más joven y rebelde disipó pronto su herencia, y luego se arrepintió humildemente y volvió al hogar, donde fue calurosamente acogido por su padre. Su hermano mayor, que no se había rebelado, se resintió de esta recepción en gracia:

- El hijo pródigo representa al pecador que llega a ser consciente de su pobreza espiritual (15:17) y que se vuelve a Dios (15:18-19).
- El padre representa a Dios, que se regocija siempre que un pecador se arrepiente (15:32).
- El hijo mayor probablemente simboliza a los dirigentes religiosos, que se resentían de la inclusión por parte de Jesús de aquellos que ellos rechazaban (15:29-30; comparar 15:1-2).

16:1-3 *El mayordomo sagaz.* Jesús se refirió a un contable nada honrado que, al descubrir que iba a ser despedido, redujo rápidamente las deudas de los deudores de su amo, para ganarse su favor cuando él se quedase sin trabajo. El amo de aquel hombre admitió de mala gana que había sido muy astuto. La aplicación de la parábola parece ser triple:

- Somos los administradores de Dios, usando la riqueza que nos ha dado, pero sin ser realmente los propietarios de nada.
- ¡Algún día Dios hará una auditoría de nuestra administración!
- A la luz de esto, debemos usar con sabiduría los recursos que Él nos ha confiado.

16:14-18 *"Conozco los codiciosos corazones de ustedes".* Cuando los fariseos, que amaban el dinero, ridiculizaron la declaración de Jesús sobre la imposibilidad de servir a Dios y al dinero, Jesús les aseguró que Dios veía su codicia interna (16:13-15). Pasó luego a hablar acerca de la gran consideración que tenía por la ley, que los fariseos pretendían mantener incluso mientras rechazaban a aquel que la cumplía. Sobre 16:18, véase exposición sobre Mateo 19:1-12.

16:19-31 *Cuando el Hades suplica al Paraíso.* Cuando murieron un rico impío y un mendigo que se llamaba Lázaro, experimentaron una inversión en su suerte, con Lázaro yendo a un lugar de consolación y el rico encontrándose en un lugar de tormento. El rico, que había tratado a Lázaro de manera mezquina en la vida, encontró en la muerte que era demasiado tarde para arrepentirse (16:23-26). Era demasiado tarde incluso para sus hermanos, que eran de la misma ralea que él y que habían resistido a Dios hasta el punto de no retorno (16:27-31).

Muchos intentan despachar esta gráfica historia de la vida del más allá como una mera historia y dicen, por ejemplo, que las "llamas" (16:24) no son literales. Pero hay eruditos que creen que la historia debe ser hechos reales, por cuanto ninguna otra parábola da el nombre de los personajes que aparecen en ellas. Sea que se trate de una parábola o de una narración, como son las mismas palabras de Cristo, debe ser tomada seriamente. De ella surgen varias importantes verdades:

- En el AT, el Hades (16:23) se refería al lugar de los muertos, salvos o perdidos (véase exposición sobre el Sal. 9); en el NT, el lugar de los muertos salvos recibe también el nombre de "seno de Abraham" (16:23) y "paraíso" (23:43).
- La historia desvela al menos tres cosas acerca de los muertos:
  - No son simplemente aniquilados.
  - No están inconscientes ("sueño del alma"), sino que están plenamente despiertos y alerta (véase Mt. 17:3; Ap. 6:9-11).
  - Tienen cuerpos físicos de alguna clase (16:24).
- Las personas no rechazan a Dios por falta de evidencias, sino porque voluntariosamente rechazan creer (16:27-31).
- Esta historia no debería ser considerada como una condena incondicional de la riqueza ni como una glorificación de la pobreza, sino más bien como una reprimenda a gentes como los fariseos que consideran la riqueza como una recompensa por la piedad. La Biblia no presenta la riqueza misma como un vicio, ni la pobreza como una virtud, sino que presenta una perspectiva equilibrada (véase 11:3; Pr. 30:8-9; 1 Ti. 6:6-8).

17:1-6 *Perdón y fe.* Está en la naturaleza humana que los hombres se ofendan entre sí (17:1), pero esas ofensas no dejan de ser una cuestión seria (17:1-2). Entre cristianos, las ofensas demandan confrontación y perdón (17:3-4). Esto demanda fe, por lo que los discípulos se dieron cuenta de que necesitaban más de la misma (17:5-6). [Mt. 18:1-6, 15-35]

17:7-10 *Cuando lo mejor de nuestra parte es lo menos.* Cuando servimos a Dios, no le hacemos ningún favor, pues todo lo debemos a Él y nos merecemos mucho menos de lo que Él nos da.

17:11-19 *"¿Dónde están los nueve?"* Cuando Jesús sanó a diez leprosos, solo uno —un samaritano— le dio las gracias (comparar la exposición sobre 7:7-10). No todos los que reciben sanidad física reciben también la espiritual.

17:20-21 *¿Cuándo y dónde es el reino?* Los fariseos preguntaron a Jesús cuándo vendría el reino de Dios, y Él les enseñó que no sería plenamente revelado en lo exterior en esta edad presente. Sin embargo, en la persona del Rey, el Señor Jesús, el reino estaba "dentro" o "entre" ellos (17:21). "Dentro de vosotros" no puede significar "en vuestros corazones", por cuanto Jesús estaba dirigiéndose a los impíos fariseos.

17:22-37 *Premoniciones de la segunda venida.* Volviéndose a sus discípulos, Jesús se refirió a los acontecimientos de los tiempos del fin, que precederán a su triunfal regreso para establecer su reino:

- Él los iba a dejar pronto, pero un día volvería súbitamente, así como el juicio cayó repentinamente sobre la generación de Noé y sobre Sodoma (17:22, 26-32).
- Solo los que hayan confiado sus vidas a Dios estarán listos para aquel día (17:33); los incrédulos serán tomados en juicio (17:34-37).

[Mt. 24]

18:1-8 *Prevalece la persistencia.* Por medio de un constante pedir, una viuda persuadió a un juez malvado que le hiciese justicia frente a los que la oprimían. Si un malvado juez terrenal podía ser movido así, dijo Jesús, ¡cuánto más nuestro benevolente Padre celestial responderá a nuestras persistentes oraciones!

18:9-14 *El arrogante y el humilde.* Mientras que un arrogante fariseo se comparaba de manera favorable con otros, un recaudador de impuestos admitía su pobreza espiritual y clamaba pidiendo misericordia. Jesús declaró que el recaudador de impuestos había sido justificado y no el fariseo.

18:15-17 *"Rojos o negros, amarillos o blancos"* El amor de Cristo para con los niños se manifestó en su disposición a darles su tiempo a pesar de las protestas de los discípulos. La fe de los niños es el modelo para todos los que quieran acudir a Dios. [Mt. 19:13-15; Mr. 10:13-16]

18:18-30 *Un hombre rico, una elección pobre.* Un joven gobernante que era muy rico preguntó a Jesús cómo podría heredar la vida eterna, pero no pudo aceptar la respuesta de Cristo (18:22-23). En su riqueza y pretensión de propia justicia (18:20-21), no veía su necesidad espiritual. Cristo se dolió por su respuesta y habló de los peligros de la riqueza y de las recompensas de los que quisieran abandonarla y seguirle. [*Mt. 19:16-30;* Mr. 10:17-31]

18:31-34 *Una predicción impensable.* Por tercera vez, Jesús habló claramente de su venidera muerte y resurrección, pero los discípulos seguían sin comprender. [Mt. 20:17-19; Mr. 10:32-34]

18:35-43 *"Tu fe te ha sanado".* Cuando un ciego llamó en fe, Jesús le sanó y vino a ser discípulo. [Mt. 20:29-34; *Mr. 10:46-52*]

19:1-10 *Un hombre de baja estatura, un árbol alto y un Salvador buscador.* Cuando Jesús visitó Jericó, Zaqueo, que era recaudador de impuestos, hizo un esfuerzo extraordinario por verle. Jesús *le observó* y se invitó a su casa, lo que resultó en la salvación de Zaqueo. Siendo que se había enriquecido oprimiendo a su propio pueblo, Zaqueo era bajo no solo de estatura sino también en la opinión de los demás. Pero Dios tuvo misericordia de él, y la inmediata evidencia de su arrepentimiento (19:8) probablemente sirvió de ayuda para mejorar su reputación en Jericó.

19:11-27 *Dos buenas inversiones, una mísera excusa.* Jesús contó una parábola para mostrar cómo deberíamos ocuparnos durante el tiempo entre su primera y su segunda venidas: Así como los diez siervos habían de invertir el dinero de su amo, nosotros tenemos que "invertir" nuestras capacidades y oportunidades. Tanto esta parábola como otra similar (Mt. 25:14-30) destacan tres cosas:

- la fuente divina de nuestras capacidades.
- la importancia de nuestra fiabilidad en el uso de las mismas.
- nuestra futura responsabilidad acerca de cómo las hayamos empleado.

EL HIJO DEL HOMBRE SUFRE POR LA HUMANIDAD (19:28—23:56)

19:28-40 *El Rey de Israel . . . ¡sobre un pollino!"* Menos de una semana antes que le crucificasen, el pueblo de Jerusalén acogió a Jesús con un gran entusiasmo. En su última entrada en la Ciudad Santa durante su ministerio terrenal, el verdadero Rey de Israel entró montado no en un carro ni en un brioso corcel, sino en un burro. En la segunda venida vendrá cabalgando en un caballo blanco como vencedor (véase Ap. 19:11-16). [*Mt. 21:1-11;* Mr. 11:1-11; Jn. 12:12-19]

19:41-44 *"Si solo hubieras conocido"* Una vez más Jesús lloró sobre la Jerusalén no arrepentida y predijo su destrucción (comparar 13:34-35).

19:45-48 *"¡Tengan su negocio en otra parte!"* Jesús echó a los cambistas de dinero del área del templo. Juan narra una purificación del templo en una ocasión anterior en su ministerio (Jn. 2:13-17), y puede que hubiera actuado así cada vez que iba a Jerusalén. Es probable que los cambistas aborrecieran verle llegar, y conocían su mensaje ya por anticipado: la casa de Dios ha de ser un lugar de oración, no de beneficio. [*Mt. 21:12-17;* Mr. 11:15-19]

20:1-8 *"Déjenme que les haga una pregunta"*. En la primera de varias confrontaciones durante la última semana de Cristo, algunos dirigentes religiosos cuestionaron el origen de su autoridad; una parte del continuado debate acerca de si Jesús procedía de Dios o de si hacía sus maravillosos milagros por el poder de Satanás (véase exposición sobre 11:14-23). Jesús respondió a la pregunta de ellos con otra pregunta: "El bautismo de Juan, ¿era del cielo, o de los hombres?" Esta pregunta sorprendió y atrapó a los dirigentes judíos: Si ellos negaban la autoridad divina de Juan, estaban en peligro ante los muchos presentes que le reverenciaban; si la admitían, tendrían que explicar por qué habían rechazado a Juan. De modo que rehusaron responder a la pregunta de Cristo, y Él rehusó responder a la de ellos. [*Mt. 21:23-27;* Mr. 11:27-33]

Mientras que los intereses teológicos de los fariseos no dejaban de tener cierto mérito, su interés último era la potencial pérdida de sus propias posiciones de autoridad si el pueblo seguía a Cristo.

Respondiendo a una pregunta con otra pregunta es una buena técnica de debate, y que Jesús empleaba con frecuencia (véase 6:1-3; 10:25-26; 18:18-19).

20:9-19 *Unos empleados matan al hijo de su patrono.* En la parábola del dueño de la viña, Jesús mostró que Israel había rechazado y dado muerte a profetas en el pasado, y que pronto rechazaría al Hijo de Dios. Pero esta piedra rechazada llegaría a ser la principal piedra del reino de Dios. [*Mt. 21:33-46;* Mr. 12:1-12]

20:20-26 *Su respuesta trae silencio.* Con una pregunta acerca de los impuestos, los engañosos dirigentes judíos intentaron atrapar a Jesús a enfurecer bien a las masas judías, bien al gobierno de Roma. De una forma magistral, Jesús enseñó que las responsabilidades a Dios no negaban los deberes cívicos. [*Mt. 22:15-22;* Mr. 12:13-17]

20:27-40 *Dios de los vivos, no de los muertos.* Cuando los saduceos suscitaron una pregunta hipotética acerca del más allá, en el que ellos ni siquiera creían (20:27-33), Jesús señaló que su problema de raíz era la ignorancia de las Escrituras y del poder de Dios (20:34-38). [*Mt. 22:23-33;* Mr. 12:18-27]

20:41-44 *Prueba su deidad mediante David.* Jesús empleó el Salmo 110:1 para mostrar que Él, el Mesías, era el hijo de David y el Señor de David al mismo tiempo. La única forma en que esto puede ser es mediante la encarnación: que Dios el Hijo se hiciera humano. [*Mt. 22:41-46;* Mr. 12:35-40]

20:45-47 *Piedad pública, codicia privada.* Jesús advirtió a sus seguidores acerca de los hipócritas escribas, que en público exhibían justicia propia mientras que al mismo tiempo maltrataban a los pobres (comparar Mt. 23:1-7).

21:1-4 *El rico don de una mujer pobre.* Jesús declaró que una viuda que dio dos blancas, una cantidad inferior a un céntimo de dólar, era más generosa que los que daban mucho sin incurrir en un sacrificio personal. [Mr. 12:41-44]

21:5-28 *Predicciones de destrucción antes del triunfo.* Jesús predijo que el templo sería destruido de manera literal y completamente (21:5-6). Los discípulos preguntaron cuándo iba a suceder esto, y en su respuesta (el discurso del Monte de los Olivos, 21:8-38) entremezcló por lo que parece las "señales de los tiempos" acerca de la destrucción de Jerusalén en el 70 d.C. (véase 21:20-24) con descripciones de la tribulación justo antes de la segunda venida (21:8-19, 25-38). [*Mt. 24:32-36;* Mr. 13:28-31]

21:29-33 *Una indicación de los árboles.* Así como los brotes de la higuera señalan que se acerca el verano, el comienzo de esas señales será evidencia de que se acerca la venida de Cristo. [*Mt. 24:32-36;* Mr. 13:28-31]

21:34-38 *"¡Velen! ¡Levanten sus miradas!"* Los cristianos deberían velar, orar y llevar vidas dignas para que no sean atrapados sin preparación cuando venga otra vez. [Mt. 24:37-51; Mr. 13:32-37]

22:1-6 *Vende a su Salvador, y vende su alma.* Al irse acercando el día más santo de Israel, los dirigentes judíos solo se interesaban en sus maquinaciones contra Jesús. Judas vino en ayuda de ellos, prometiéndoles entregarlo por un precio. El texto observa también que Satanás entró en Judas. En ningún otro lugar de la Biblia se indica que Satanás poseyera directamente a una persona sin la acción de sus demonios. [*Mt. 26:14-16;* Mr. 14:1-2, 10-11]

22:7-16 *"Sigan al hombre que lleva un cántaro de agua"*. Jesús envió a Pedro y a Juan para que encontrasen un lugar, conocido tradicionalmente como "el aposento alto" (22:12), donde pudieran comer la Pascua, y más tarde aquella noche se reunieron para celebrar el banquete. Fue probablemente en esta estancia que tuvieron lugar algunos otros acontecimientos clave:

- La aparición de Cristo a diez de sus apóstoles en la primera noche del Domingo de Resurrección (véase Jn. 20:19) y de nuevo una semana más tarde (véase Jn. 20:24-26).
- La reunión de oración y la reunión para tomar la decisión respecto a suplir la vacante apostólica antes de pentecostés (Hch. 1:12-16).
- El bautismo del Espíritu Santo (véase Hch. 2:1-4).

La estancia puede haber sido parte de la casa de la madre de Juan Marcos (véase Hch. 12:12). [*Mt. 26:17-25;* Mr. 14:12-21]

22:17-23 *"Hagan esto en memoria de mí"*. Cerca del final de la comida de la Pascua, Jesús instituyó la Cena del Señor: la participación del pan y del vino, que representan la muerte de Cristo para instituir el nuevo pacto (22:19-20). La Cena del Señor es a veces llamada la eucaristía, del término griego que significa "acción de gracias" (22:19). También recibe el nombre de comunión, para destacar la comunión que los creyentes tienen entre sí y con Cristo (véase 1 Co. 10:16).

Jesús predijo luego que sería traicionado por uno de sus discípulos (22:21-22). Al parecer, Judas había jugado su papel de engaño lo bastante bien como para engañar a los otros discípulos (22:23). [*Mt. 26:26-30;* Mr. 14:22-26; Jn. 13:1-30]

22:24-30 *"Sírvanse unos a otros como yo los he servido"*. Cuando los discípulos comenzaron a discutir entre sí acerca de cuál de ellos era el más grande, Jesús les enseñó a que expresasen la grandeza mediante la actitud de servicio (comparar 9:46-48; Mt. 20:20-28; Mr. 9:33-37; 10:35-45; Jn. 13:1-17). Pero les aseguró que tendrían desde luego puestos destacados en el reino de Dios (22:28-30; comparar Mt. 19:27-30; Mr. 10:28-31).

La conducta de los apóstoles parece no solo infantil sino también bastante insensible tanto después de la Pascua y de la Cena del Señor, como después de haber oído a Jesús decir que uno de ellos iba a traicionarle. Pero Dios iba a emplear a esos hombres tan comunes y corrientes para cambiar el curso de la historia.

22:31-34 *Cristo, Satanás y Pedro: Una pugna cósmica.* Jesús predijo la negación de Pedro, y cuando Pedro protestó, dio detalles específicos en cuanto a cómo y cuándo iba a suceder (22:34; véase 22:54-62). El diablo había pedido permiso para poner a prueba a Pedro, lo mismo que había hecho en el caso de Job (véase 1 P. 5:8-9). [Mt. 26:31-35; Mr. 14:27-31; Jn. 13:36-38] Así como Jesús había orado por Pedro (22:32), sigue orando todavía por todos los creyentes (véase Ro. 8:34; He. 7:25; 9:24; 1 Jn. 2:1).

22:35-38 *Preparación para los últimos días.* Al irse aproximando su crucifixión, Jesús intentó preparar a sus discípulos para la creciente oposición que iban a afrontar. La "espada", si ha de ser comprendida literalmente, habría sido solo para protegerse (comparar Jn. 18:11, 36).

22:39-46 *"No mi voluntad, sino la tuya".* Mientras Jesús oraba en el Huerto de Getsemaní, sus discípulos dormían. Jesús tenía la total intención de soportar la cruz en obediencia a la voluntad del Padre, pero la habría dejado de lado de buena gana si hubiera habido alguna otra manera de salvar la humanidad (22:42). La "copa" representa los pecados de toda la humanidad, y que Jesús iba a "beber" cuando llegase a ser literalmente pecado por el mundo. [Mt. 26:36-46; Mr. 14:32-42]

22:47-53 *Arrestado, pero todavía al control.* Judas entró en el huerto con una turba armada y les entregó a Jesús en sus manos. Pedro blandió su espada y cortó la oreja a uno de ellos, pero Jesús inmediatamente lo sanó. ¡Qué destacable que en un momento de gran agonía demostrase una compasión tan grande! Las palabras y acciones de Jesús dejaban patente que estaba totalmente al control de la situación (22:52-53). [Mt. 26:47-54; Mr. 14:43-48; Jn. 18:1-11]

22:54-62 *El canto de un gallo y una mirada del Señor.* Jesús fue arrestado y llevado delante del sumo sacerdote, mientras que Pedro seguía a distancia. Pedro negó tres veces que conocía siquiera a Jesús, después de lo que el gallo cantó y él se sintió lleno de remordimiento. Lucas añade el detalle de que justo cuando cantó el gallo, Jesús miró a Pedro (22:61). [Mt. 26:69-75; Mr. 14:66-72; Jn. 18:15-18, 25-27] Lucas no dice demasiado acerca del primer juicio de Jesús ante el sumo sacerdote, centrándose en lugar de ello en la negación de Pedro (véase exposición sobre Mt. 26:57-68).

22:63-71 *"Dice que es el Hijo de Dios".* Jesús fue hecho comparecer ante todo el sanedrín, el senado gobernante de los judíos, a los que reprendió por su incredulidad a la vez que afirmaba su identidad tanto como el Hijo del Hombre (22:69) e Hijo de Dios (22:70). Calificando esto de blasfemia, los gobernantes decidieron entregarlo para que fuera crucificado (22:71). [Mt. 26:59-68; 27:1; Mr. 14:55-65; 15:1; Jn. 18:19-24]

23:1-5 *¿Un evasor de impuestos? ¿Un rebelde?* Por cuanto solo Roma podía condenar a alguien a muerte, los gobernantes judíos llevaron a Jesús ante Pilato y lo acusaron de subversión, con dos falsas acusaciones:

- Que prohibía el pago de impuestos (una mentira flagrante; comparar la exposición sobre 20:20-26).
- Que se había proclamado como rey (una verdad a medias; comparar Jn. 18:36).

Es evidente que Pilato vio la falsedad de ambas acusaciones y rehusó condenarlo. [Mt. 27:1-2, 11-14; Mr. 15:1-5; Jn. 18:28-38]

23:6-12 *Unidos ante su enemigo común.* Debido a que Jesús era galileo, Pilato vio en ello una oportunidad para pasar la responsabilidad de su suerte a Herodes, que tenía jurisdicción sobre Galilea. Herodes, aunque complacido de tener ante sí por fin a este obrador de milagros (comparar 23:8 con 9:9), al parecer perdió su interés cuando no pudo presenciar ninguno. Luego permitió que sus soldados escarnecieran a Jesús, y luego lo envió de vuelta a Pilato. Herodes y Pilato "antes estaban enemistados entre sí", probablemente porque estaban compitiendo para gobernar sobre el mismo territorio (véase exposición sobre Mt. 27:1-2), pero su común aversión a Cristo los llevó por fin a la concordia (23:12).

23:13-25 *"No encuentro delito alguno en él".* Pilato pronunció inocente a Jesús y se ofreció a liberarle según una costumbre sabática (23:13-17; véase Mt. 27:15). Pero la multitud, incitada por los principales sacerdotes y gobernantes, clamó por su crucifixión, y después de tres intentos de hacerles cambiar de parecer , Pilato cedió y pronunció sentencia de muerte contra Él. El relato expone las debilidades de Pilato y la intensa influencia que los judíos ejercían sobre él. [*Mt. 27:15-26;* Mr. 15:6-15; Jn. 18:38—19:16]

23:26-32 *"Lloren por ustedes mismas".* Mientras llevaban a Jesús al Calvario, había muchos en la multitud que le eran favorables. Mientras las mujeres entre ellos lloraban por Él, les dijo que sus lamentaciones estaban fuera de lugar: La pérdida no era suya, sino de la nación, porque en días futuros Israel padecería grandes sufrimientos.

23:33-38 *La crucifixión.* Jesús fue crucificado entre dos criminales. Mientras los soldados y el pueblo se burlaban de ellos. Sobre Él pusieron un título designándolo como el Rey de los judíos. Desde el punto de vista romano esto era una burla tanto de Cristo como de los judíos. Desde el punto de vista de Dios era la verdad. [*Mt. 27:33-43;* Mr. 15:22-32; *Jn. 19:19-22*]

23:39-43 *"Señor, acuérdate de mí..."* Mientras que uno de los ladrones se unió al coro de burlas contra Jesús, el otro lo reconoció por quien era y le rogó su perdón. Jesús le aseguró que cuando muriera tendría salvación eterna. Este es verdaderamente un caso de arrepentimiento al punto de la muerte, sin que el ladrón tuviera oportunidad alguna de ser bautizado ni de hacer ninguna buena obra. [Mt. 27:44; Mr. 15:32]

23:44-49 *En su muerte: Señales y respuestas.* Al morir Jesús, una combinación de diversas señales milagrosas suscitaron unas diferentes respuestas emocionales de los espectadores. [*Mt. 27:45-56;* Mr. 15:33-41; Jn. 19:28-30]

23:50-56 *Un sepelio precipitado para guardar el sábado.* José, un miembro del sanedrín que no había consentido en la muerte de Cristo, consiguió permiso para darle una honrosa sepultura. La sepultura tuvo lugar rápidamente, por la necesidad de quitar el cuerpo de la cruz antes del comienzo del sábado al ponerse el sol el viernes. Algunas mujeres observaron el lugar del sepulcro y planearon ungir el cuerpo de manera conveniente después del sábado. [Mt. 27:57-61; Mr. 15:42-47; Jn. 19:38-42]

EL HIJO DEL HOMBRE, CONFIRMADO ANTE LA HUMANIDAD (24)

24:1-12 *Su resurrección, sus reacciones.* Temprano en la mañana del domingo, cuando llegaron las mujeres para acabar de ungir el cuerpo de Cristo, encontraron vacío el sepulcro, y dos ángeles les dijeron que el Señor había resucitado de los muertos. Cuando lo

LA CRUCIFIXIÓN DE CRISTO

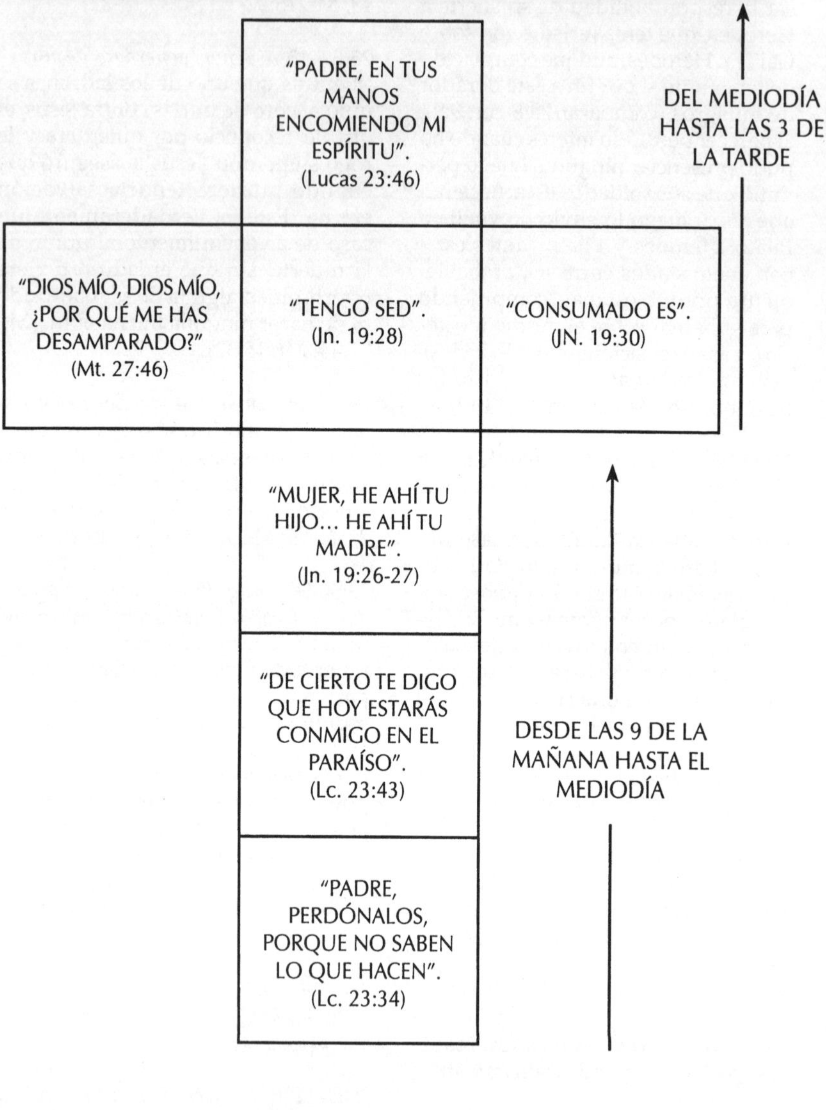

contaron a los discípulos, su reacción inicial fue de incredulidad. Pedro fue luego él mismo al sepulcro y verificó el informe de las mujeres. [*Mt. 28:1-10; Mr. 16:1-11; Jn. 20:1-18*] El escepticismo inicial de los discípulos y su repentina transformación en intrépidos evangelistas (Hch. 1—4] son una sólida prueba de que Jesús ciertamente resucitó de los muertos.

24:13-32 *Un estudio bíblico sobre la resurrección: De Moisés a Malaquías.* Jesús se apareció a dos discípulos en el camino a Emaús, cerca de Jerusalén. Impedidos de manera sobrenatural para reconocerlo (24:16), contaron a Jesús acerca de la crucifixión y de los rumores acerca de la resurrección como si se tratase de un total desconocido (24:17-24). Jesús les mostró entonces como todo el AT predecía esos acontecimientos (24:25-27). Posteriormente, al caer la tarde, les reveló su verdadera identidad (24:28-32). [Mr. 16:12-13]

24:33-43 *"¿Acaso come un espíritu?"* Los discípulos que habían visto a Jesús en Emaús volvieron a Jerusalén e informaron a los discípulos de que ellos, y Pedro, le habían visto. En aquel preciso momento, Jesús apareció en medio de ellos y trató de convencerlos de que Él no era meramente una aparición: Su cuerpo resucitado tenía carne y huesos, comía alimentos y seguía llevando las marcas de su crucifixión (comparar Jn. 20:25-27) pero no estaba sometido a las leyes materiales, porque se les había aparecido de la nada. [Mr. 16:14; Jn. 20:19-25]

24:44-49 *Otro estudio bíblico, y una asignación.* Jesús recordó a los discípulos sus enseñanzas acerca de su muerte y resurrección (véase exposición sobre 9:43-45), y luego les explicó las profecías del AT acerca de Él mismo. Les asignó entonces que llevasen este evangelio a todas las naciones y les prometió un derramamiento del Espíritu Santo que los capacitara para la tarea (24:47-49; comparar Mt. 28:19-20; Mr. 16:15-18; Jn. 17:18; Hch. 1:4-8).

La iluminación de las Escrituras que Cristo dio a sus discípulos (24:45) está disponible en la actualidad para los creyentes mediante el Espíritu Santo que mora en ellos (véase Jn. 16:13; 1 Co. 2:13-16).

24:50-33 *Una bendición final, ¡y luego parte!* Dirigiendo a los discípulos algo más de unos tres kilómetros fuera de Jerusalén, a Betania, Jesús pronunció una bendición sobre ellos y ascendió al cielo. Ellos volvieron a Jerusalén y le adoraron en el templo. [Mr. 16:19-20; Hch. 1:9-11] Lucas proseguiría su relato histórico en el libro de Hechos.

❖ ❖ ❖

PERSONAS A RECORDAR DE LUCAS

CLEOFAS

Hecho clave: Se encontró con el Cristo resucitado de camino a Emaús
Total de referencias bíblicas: 1
Referencia clave: 24:13-35

Habla Cleofas

¡Tendría que haberme dado cuenta desde el principio de quién era Él! ¿Quién más podría haber enseñado las Escrituras como nos lo hizo Él? ¡Imagínense, recapitular todos los libros de Génesis a Malaquías durante un breve paseo de once kilómetros! (24:13, 15-16, 27).

Al menos tuvimos el buen sentido de invitarlo a entrar a comer. ¡Qué cena resultó ser aquella! Todo pareció suceder a la vez. Acababa de bendecir el pan y de partirlo, lo que por alguna razón nos llevó a reconocerlo. Pero en aquel mismo instante, ¡desapareció! (24:29-31).

Bueno, aquella misma hora emprendíamos el camino de vuelta a Jerusalén con estas gloriosas noticias. ¿Creerán que apenas habíamos acabado de decirle todo esto a los apóstoles en el aposento alto, cuando se volvió a aparecer de la nada! Una vez más, comió algo con nosotros y nos enseñó las Escrituras (24:33-46).

Lecciones espirituales de Cleofas

- La falta de leer con regularidad y aplicar la Palabra de Dios puede dejarnos a oscuras acerca de cómo Dios está obrando en nuestras vidas y en las vidas de los demás (24:24-27).
- Para los hijos de Dios, el estudio bíblico debería ser una experiencia que diera calor al corazón, no un deber molesto (véase 24:32).

Versículo clave

"¿No ardía nuestro corazón en nosotros, mientras nos hablaba en el camino, y cuando nos abría las Escrituras?" (24:32).

ELISABET

Hecho clave: Madre de Juan el Bautista (1:13)
Marido: Zacarías (1:5)
Total de referencias bíblicas: 9
Referencia clave: 1:1-58

Habla Elisabet

Ellos querían nombrar a nuestro hijo como su padre. Esto era natural, claro, pero los dos rehusamos. Yo expresé mi objeción mientras que mi pobre marido tuvo que dar la suya por escrito. Zacarías ya había sido castigado por el mensajero especial de Dios, y no tenía intención de permitir que le volviera a suceder. De modo que dijimos a nuestros parientes que el niño se llamaría Juan, no Zacarías (1:18-20, 59-64).

Todos nuestros parientes se preguntaban qué clase de persona llegaría a ser nuestro pequeño Juan, y yo estaba calladamente de acuerdo. Piensen en ello: Había nacido de una mujer anciana, estéril; un ángel le había puesto el nombre; se predijo que sería nazareo, y controlado por el Espíritu ya desde el mismo vientre, y encargado de ser el precursor del Mesías. ¡Desde luego, que clase de niño! (1:7, 13, 15, 17, 41, 66, 76).

Lecciones espirituales de Elisabet

- Elisabet no dejó que la carga de su esterilidad ni el desdoro público que comportaba (1:25) ejercieran efecto alguno sobre su celo para el Señor (1:6).
- Animó a su joven prima María durante lo que fue seguramente un tiempo difícil en las vidas de ellas (1:36, 39-45).
- Ella obedeció a Dios a pesar del consejo contrario de amigos y familia (1:57-60).

Versículos clave

"Pero el ángel le dijo: Zacarías, no temas; porque tu oración ha sido oída, y tu mujer Elisabet te dará a luz un hijo, y llamarás su nombre Juan. Y tendrás gozo y alegría, y muchos se regocijarán de su nacimiento" (1:13-14).

LUCAS

Hechos clave: Compañero de viajes de Pablo, fue autor del Evangelio de Lucas y de Hechos
Ocupación: Médico (Col. 4:14)
Total de referencias bíblicas: 41
Referencias clave: 1:3; Hch. 16:10-40; 20:7-12; 27; Col. 4:14; 2 ti. 4:11; Flm. 1:24.

Habla Lucas

Pablo ha sido ejecutado esta mañana. Timoteo, Juan Marcos y yo hemos pasado el día juntos, conversando, orando ¡y hablando acerca de la vida de este hombre increíble! Gracias a Dios que los dos llegaron a tiempo y pudieron visitar a Pablo durante los días finales. Sé que su presencia ayudó a mitigar en algo el dolor que sintió cuando muchos otros le abandonaron (2 Ti. 4:6, 9-11, 16).

De un modo especial, se sintió muy complacido de volver a ver a Marcos. ¡Qué contraste entre el primer encuentro y el último! Marcos ha llegado a ser verdaderamente el hombre que Pablo describió como útil para su ministerio (Hch. 13:13; 2 Ti. 4:11).

Tanto Marcos como Timoteo han conocido a Pablo durante más tiempo que yo. Él y yo nos conocimos cuando llegó a Troas hará unos 16 años. Y también fue un encuentro fuera de lo usual, ¡porque Dios me llamó a un servicio a plena dedicación por medio de la visión que dio a Pablo! (Hch. 12:25; 16:1, 8-10).

¡Qué memorias llenan mi mente! Los acontecimientos en Filipos, la restauración de Eutico a la vida, aquel penoso viaje por mar a Roma, los dos encarcelamientos de Pablo en Roma (Hch. 16:11-40; 20:7-12; 27; 28:16; 2 Ti. 1:8).

Timoteo y Marcos han de partir pronto para continuar sus ministerios para Cristo. Los dos fueron favorables en sus comentarios acerca de mis dos libros. Espero que esos escritos resulten de utilidad para todo el cuerpo de Cristo. De repente me viene al recuerdo que tengo que volver a contactar a Teófilo, para ponerle al tanto de lo que ha estado sucediendo (1:3; Hch. 1:1).

Lecciones espirituales de Lucas

- Lucas estaba muy deseoso de que su amigo Teófilo (quizá un recién convertido) comprendiese correctamente el ministerio tanto del Hijo de Dios (1:1-4) como de Dios el Espíritu Santo (Hch. 1:1-8). También nosotros deberíamos tratar de ayudar a nuestros amigos para que crezcan en su conocimiento de Dios.
- Lucas investigó primero cuidadosamente la vida de Cristo (1:3), y luego el Espíritu Santo inspiró las palabras mismas que escribió acerca de Él. Sea cual sea la tarea a la que nos llame, Dios espera que hagamos nuestra parte y luego Él hará la suya.

Versículos clave

"Puesto que ya muchos han tratado de poner en orden la historia de las cosas que entre nosotros han sido ciertísimas, tal como nos lo enseñaron los que desde el principio lo vieron con sus ojos, y fueron ministros de la palabra, me ha parecido también a mí, después de haber investigado con diligencia todas las cosas desde su origen, escribírtelas por orden, oh excelentísimo Teófilo, para que conozcas la verdad de las cosas en las cuales has sido instruido" (1:1-4).

SIMEÓN

Hecho clave: Bendijo al niño Jesús en el templo (2:25-35)
Total de referencias bíblicas: 2
Referencia clave: 2:25-35

Habla Simeón

Aquí estoy calladamente junto a Ana en la entrada del templo, los dos llenos de gozo y maravilla mientras los vemos irse. ¡Qué familia tan solícita y singular! Solícita por el amor evidente del marido por su mujer y el recién nacido. Singular por la naturaleza de este recién nacido. Desde luego, ¡qué día ha sido este para nosotros, que hayamos podido ver y de veras sostener en brazos al Cristo del Señor, a la luz de los gentiles, la gloria de Israel! (2:25-26, 28, 32, 36; Mt. 1:19).

Tanto José como María parecieron asombrados por mis profecías acerca de su niño, y desde luego con razón. ¡Qué otra vida ha sido destinada desde el nacimiento para que sea causa bien del levantamiento, bien de la caída de muchos en Israel! (2:33-34).

Bendito Espíritu Santo, tú has guardado tu promesa de permitirme ver la Consolación de Israel. ¡Ahora estoy listo para partir de esta vida terrenal para la vida eterna! (2:25-26).

¡Y creo que también hablo por mi amiga Ana! (2:36-38).

Lecciones espirituales de Simeón

- Con gran expectativa Simeón esperaba la primera venida de Cristo (2:25-26), de la misma manera deberíamos estar aguardando la segunda venida del Señor (1 Ts. 1:10; 5:4-6; Stg. 5:8).

Versículos clave

"Ahora, Señor, despides a tu siervo en paz, conforme a tu palabra; porque han visto mis ojos tu salvación, la cual has preparado en presencia de todos los pueblos; luz para revelación a los gentiles, y gloria de tu pueblo Israel" (2:29-32).

ZAQUEO

Hecho clave: Trepó a un árbol para ver a Cristo
Ocupación: Recaudador de impuestos
Total de referencias bíblicas: 3
Referencia clave: 19:1-10

Habla Zaqueo

Sí, aquel encuentro por sí mismo, en aquel entonces, me costó la mitad de mis riquezas, y además una plena restitución con intereses por muchos tratos deshonestos efectuados en el pasado. Mirando atrás, ¿valió la pena? ¡Desde luego que sí! Quiero decir: ¿cuánta de aquella plata habría sido necesaria para purificar mi alma? Y además, puede que ahora sea menos rico, pero ahora que pertenezco a la familia de Dios, tengo un montón más de verdaderos y entrañables amigos (19:8-9).

¡Y pensar que por mi fe me llamó hijo de Abraham! ¡Gracias a Dios por aquel sicómoro! (19:9).

Lecciones espirituales de Zaqueo

- Zaqueo no permitió que su pecado, ni su tamaño ni su dinero lo apartasen del Salvador (19:1-4).
- El sincero arrepentimiento de Zaqueo lo convirtió en una persona verdaderamente "nueva" en Cristo (véase 2 Co. 5:17), como se exhibe en su promesa de dar la mitad de sus bienes a los pobres y una restauración cuádruple a cualquiera a quien hubiera engañado (19:8; véase Éx. 22:1; 2 S. 12:6).
- El cuádruple testimonio de Zaqueo acerca de Jesús en sus tiempos pueden ser (y deberían ser) nuestro testimonio en la actualidad:
  - Él me ve (19:5).
  - Él me conoce (lo llamó por su nombre) (19:5).
  - Él me ama (deseó tener comunión con Él) (19:5).
  - Él me perdona (19:9).

Versículos clave

"Entonces Zaqueo, puesto en pie, dijo al Señor: He aquí, Señor, la mitad de mis bienes doy a los pobres; y si en algo he defraudado a alguno, se lo devuelvo cuadruplicado. Jesús le dijo: Hoy ha venido la salvación a esta casa; por cuanto él también es hijo de Abraham. Porque el Hijo del Hombre vino a buscar y a salvar lo que se había perdido" (19:8-10).

ZACARÍAS

Hecho clave: Padre de Juan el Bautista (1:13)
Esposa: Elisabet (1:5)
Ocupación: Sacerdote (1:5)
Total de referencias bíblicas: 8
Referencias clave: 1:5-23, 59-79

Habla Zacarías

Hoy nos dejó, nuestro hijo nazareo, y se fue al desierto de Judea. Ese lugar solitario y desolado es indudablemente el sitio ideal para que comience la preparación espiritual para su ministerio (1:14-15; 3:1-2).

¡Y qué ministerio será! Solo pienso en ello: que servirá como precursor del Mesías, ministrando como un moderno Elías, llevando a muchos al Señor (Mt. 3:4-6; 11:14; Jn. 1:23).

¡Pensar que Elisabet y yo llegamos a desesperar al creer que jamás tendríamos un hijo, no soñando siquiera que Dios respondería a nuestras oraciones de una manera tan increíble! Las palabras de Gabriel en el templo siguen resonando en mis oídos: "Será lleno del Espíritu Santo, aun desde el vientre de su madre". Y así fue, ¡y así lo será! (1:7, 13, 15, 19, 80).

Lecciones espirituales de Zacarías

- Zacarías estaba en el lugar adecuado, haciendo lo justo de una manera recta con un corazón recto, cuando Dios apareció para bendecirlo (1:5-6, 8-9).

- A veces los que más fervientemente oran (1:13) son los más sorprendidos cuando Dios responde a sus oraciones (1:18-20). Para un incidente similar, véase Hechos 12:5-16.

Versículos clave

"Y Zacarías su padre fue lleno del Espíritu Santo, y profetizó, diciendo: Bendito el Señor Dios de Israel, que ha visitado y redimido a su pueblo, y nos levantó un poderoso Salvador en la casa de David su siervo" (1:67-69).

JUAN

❖

TRASFONDO
Véase *Mateo: Trasfondo.*

AUTOR
Aunque el texto no da el nombre del autor, el testimonio consecuente de la iglesia primitiva es que su autor es Juan, el discípulo amado (21:20-25) y dirigente de la iglesia primitiva (Gá. 2:9). La condición del Evangelio como testimonio de un testigo ocular lo confirma. Juan también fue autor de tres cartas que llevan su nombre y de Apocalipsis.

FECHA
Los primitivos padres de la iglesia creían que fue escrita durante la ancianidad de Juan, probablemente en el 85-95 d.C., unos 20 años después de los sinópticos. Los cinco libros de Juan fueron los últimos libros del NT en ser escritos.

LUGAR Y DESTINATARIOS
Dice Eusebio que Juan vivió en Éfeso después que Pablo fundase la iglesia en este lugar. Desde allí dirigió una especie de ministerio de misión local. Su Evangelio y sus cartas formaron parte de este ministerio.

PROPÓSITO
Mientras que los Evangelios sinópticos se centraban en los hechos históricos de la vida de Jesús, Juan interpretó estos hechos para mostrar que Jesús era en verdad el Mesías, el Hijo de Dios y Salvador del mundo. Buscaba infundir fe en sus lectores (20:30-31).

RASGOS SINGULARES
- En tanto que omite muchos de los milagros que se narran en los Evangelios sinópticos, Juan escogió siete de ellos, aparentemente para ayudar a demostrar que Jesús es el Mesías:
  - El cambio del agua en vino (2:1-11).

—5 a.C.
Nacimiento de Cristo

—26 d.C.
Comienza su ministerio

—27
Habla con Nicodemo

—28
Escoge a los doce

—29
Alimenta a los 5.000, resucita a Lázaro

—30
Muerte, resurrección, ascensión

- ► La curación del hijo del noble (4:46-54).
- ► La restauración del cojo en Betesda (5:1-18).
- ► La alimentación de los cinco mil (6:5-14).
- ► La caminata sobre el agua (6:16-21).
- ► La restauración de la vista al ciego (9:1-7).
- ► La restauración de Lázaro a la vida (11:1-45).

- También registró siete ocasiones en las que Jesús dio testimonio de su condición de Mesías:
  - ► "Yo soy el pan de vida" (6:35).
  - ► "Yo soy la luz del mundo" (8:12).
  - ► "Yo soy la puerta" (10:7).
  - ► "Yo soy el buen pastor" (10:11, 14).
  - ► "Yo soy la resurrección y la vida" (11:25).
  - ► "Yo soy el camino, y la verdad, y la vida" (14:6).
  - ► "Yo soy la vid verdadera" (15:1).

COMPARACIÓN CON OTROS LIBROS DE LA BIBLIA

Los sinópticos (Mateo, Marcos y Lucas):

- Los sinópticos son primariamente históricos; Juan es primariamente teológico e interpretativo, y omite muchos hechos históricos clave:
  - ► La genealogía de Jesús y su nacimiento.
  - ► Su bautismo y tentación.
  - ► Sus ministerios en Galilea y Perea.
  - ► Su curación de endemoniados.
  - ► Sus parábolas.
  - ► La transfiguración.
  - ► La Cena del Señor.
  - ► Getsemaní.
  - ► La ascensión.
- En lugar de ello, Juan se centra en:
  - ► El temprano ministerio de Cristo en Judea y Jerusalén; mientras que los sinópticos solo registran una visita a Jerusalén, Juan menciona cuatro (2:13-25; 5; 7:10—10:39; 12—19).
  - ► Sus contactos y conversaciones privadas con personas individuales (véase 3:1-21; 4:1-26).
  - ► Su ministerio a los discípulos (véase 13—17).
- Juan y los sinópticos se complementan entre sí acerca de los acontecimientos de la "Última Cena":
  - ► Si solo tuviéramos los sinópticos, no sabríamos nada acerca del lavamiento de los pies de los discípulos (13).
  - ► Si solo tuviéramos Juan, no sabríamos nada de la institución de la Cena del Señor (Mt. 26:26-30).

1 Juan:

- El Evangelio de Juan fue escrito para conducir a los lectores a la fe en Cristo (20:30-31); la epístola fue escrita para confirmar a los creyentes en su fe (1 Jn. 5:13).

Apocalipsis:

- El Evangelio de Juan presenta el ministerio de Jesús de Nazaret en la tierra; Apocalipsis presenta el ministerio de Jesús exaltado del cielo.

BOSQUEJO

JESÚS, EL ETERNO HIJO DE DIOS (1:1-18)
- Su existencia desde el principio (1:1-5)
- El testimonio de Juan el Bautista (1:6-8)
- El testimonio de la Luz (1:9-13)
- La encarnación de la Luz (1:14-18)

JESÚS, EL HIJO TERRENAL DE DIOS (1:19—18:11)
- Su ministerio temprano (1:19—4:54)
  - Su bautismo (1:19-34)
  - Los primeros discípulos (1:35-51)
  - El cambio del agua en vino (2:1-11)
  - La primera purificación del templo (2:12-25)
  - Nicodemo, el nuevo nacimiento (3:1-21)
  - El testimonio de Juan el Bautista (3:22-36)
  - La mujer junto al pozo (4:1-42)
  - La curación del hijo del oficial del rey (4:43-54)
- Su ministerio en Jerusalén (5)
  - La curación del cojo en Betesda (5:1-18)
  - Enseñanzas (5:19-47)
- Su ministerio en Galilea (6:1—7:9)
  - La alimentación de los 5.000; el andar sobre el mar (6:1-21)
  - El pan de vida (6:22—7:9)
- Su regreso a Jerusalén (7:10—10:42)
  - Debates y discursos (7:10-53)
  - La mujer tomada en adulterio (8:1-11)
  - La Luz del mundo (8:12-30)
  - Los hijos de Abraham (8:31-59)
  - Curación del ciego (9)
  - El buen pastor (10)
- Su ministerio en Betania (11:1—12:11)
  - Restauración de Lázaro a la vida (11)
  - Es ungido por María (12:1-11)
- La conclusión de su ministerio (12:12-50)
  - La entrada triunfal (12:12-19)
  - Enseñanzas (12:20-50)
- Prepara a sus discípulos para la muerte que ha de padecer (13—17)
  - Lavamiento de los pies de sus discípulos (13)
  - El cielo; el Espíritu Santo (14)
  - La vid y las ramas (15:1-17)
  - Persecución; el Espíritu Santo (15:18—16:33)
  - Oración por sus discípulos (17)
- Su arresto (18:1-11)

JESÚS, EL EJECUTADO HIJO DE DIOS (18:12—19:42)
- Su juicio religioso (18:12-27)
- Su juicio civil (18:28—19:16)
- Su crucifixión (19:17-37)
- Su sepultura (19:38-42)

JESÚS, EL EXALTADO HIJO DE DIOS (20:1—21:25)
- Su sepulcro vacío (20:1-10)
- Sus apariciones posteriores a su resurrección (20:11—21:25)
  - A María (20:11-18)
  - A sus discípulos (20:19-23)
  - A Tomás (20:24-31)
  - Junto al Mar de Galilea (21)

JESÚS, EL ETERNO HIJO DE DIOS (1:1-18)

NOTA: En los comentarios que siguen, las referencias cruzadas a pasajes paralelos en los otros Evangelios se dan entre corchetes ([]). Las cursivas entre corchetes, p. ej., [*Mt. 26:6-13;* Mr. 14:3-9], indican que se encontrará un tratamiento más exhaustivo del pasaje en cuestión en la exposición para aquella referencia.

1:1-5 *Las maravillosas obras del Verbo.* A menudo considerado como el más profundo de todos los pasajes de la Escritura, los primeros cinco versículos del Evangelio de Juan introducen a Jesucristo como el Hijo eterno de Dios. En 1:1 se declaran tres grandes verdades acerca de Él:

- Su eternidad: "En el principio era el Verbo".
- Su personalidad: "El Verbo era con Dios".
- Su deidad: "El Verbo era Dios".

"Verbo" es la palabra griega *logos,* que se emplea frecuentemente en el griego del NT y en otra literatura de la época. Puede significar mensaje, palabra, concepto, expresión o habla. Los filósofos griegos empleaban este término, al igual que Filón, el filósofo judío del siglo primero. Sin embargo, Juan lo empleó de una manera singular para enseñar que Jesús era la encarnación o expresión de todo lo que Dios es (comparar exposición sobre Col. 1:15-23).

1:2-5 se extiende sobre 1:1:

- Jesucristo estaba con el Padre ya en la eternidad pasada (1:2).
- Como parte de la Deidad, Él fue el creador (1:3).
- Él es a la vez la luz y la vida de toda la humanidad (1:4).
- Las tinieblas del mundo caído no pudieron "apagar" su luz (1:5).

El prólogo de Juan establece su especial interés en exponer que Jesús de Nazaret fue verdaderamente el Hijo de Dios (véase *Propósito*). Estos versículos iniciales ayudan a establecer la singular enseñanza de la Biblia de que Dios es una Trinidad (véase exposición sobre Gn. 1:26-31).

1:6-8 *Un testigo para la Palabra.* Juan observó la especial comisión de Dios a Juan el Bautista para presentar a Jesús el Mesías. Samuel fue el primer profeta israelita precristiano, y Juan fue el último: Samuel introdujo el primer rey de Israel (1 S. 10). Juan introdujo su Rey eterno (1:29).

1:9-13 *A la vez rechazado y recibido.* Aunque Jesús había creado el mundo, cuando nació el mundo no le reconoció. Incluso su propio pueblo le rechazó. Sin embargo, hubo entonces (¡y sigue habiendo!) algunos que le "aceptaron", y que con ello vinieron a ser hijos de Dios. Aceptar a Jesús significa creer en Él (1:12). El nacimiento en la familia de Dios (1:13) no sucede debido a una reforma respecto al "nacimiento físico" ("voluntad de carne", o pasión humana), ni por las acciones de los padres cristianos que uno tenga ("voluntad de varón"). La salvación es un nuevo nacimiento sobrenatural que solo puede ser efectuado por Dios. "Que alumbra a todo hombre" (1:9) no implica una salvación universal, sino solo una universal revelación de la verdad (comparar 16:8-11).

1:14 *Cuando Dios se hace hombre.* Recordando quizá sus tres años de ministerio con Jesús, Juan expresó maravilla ante el hecho de que Dios el Hijo viniera del cielo a la tierra y viviera como un hombre. Esto comúnmente se designa como la encarnación, literalmente, la toma de carne, de *carnis*, latín para "carne" (véase Col. 2:9). Juan había visto la gloria divina de Jesús, especialmente en la transfiguración (véase Mt. 17:1-9), pero también en muchas otras maneras. Jesús encarnó la gracia y la verdad de Dios (comparar 14:6). Acerca de "y habitó entre nosotros", véase exposición sobre Éxodo 29:43-46.

1:15-18 *No la ley, sino la gracia.* Juan recordó el mensaje de Juan el Bautista acerca de la grandeza de Cristo. Cristo no vino para dar una nueva ley, sino para proclamar y mediante su muerte sacrificial hacer posible la gracia de Dios, que es que Dios hace por los seres humanos lo que ellos no pueden hacer para sí mismos. Aunque varios santos del AT "vieron" a Dios (véase Is. 6:1-7), nadie ha visto su naturaleza esencial. La misma fue manifestada solo en y por medio de Jesús (véase 14:8-9).

JESÚS, EL HIJO TERRENAL DE DIOS (1:19—18:11)

1:19-28 *¿Será el Cristo? ¿Acaso Elías? ¿O el Profeta?* Cuando la gente comenzó a preguntarse sobre si Juan el Bautista sería el Mesías tanto tiempo esperado, le preguntaron, y él negó serlo. Juan citó las predicciones de Isaías tanto acerca del Mesías como de su propio y humilde papel para preparar el camino para Él (1:23; véase Is. 40:3). Cuando le apremiaron más acerca de por qué bautizaba, de nuevo se refirió con humildad a alguien "en medio de vosotros" (1:26) que era verdaderamente el Mesías. Acerca de "Elías" (1:25), véase Malaquías 3:1; 4:4-6 y la exposición sobre Mateo 17:10-13. El "Profeta" (1:25), predicho por Moisés (véase Dt. 18:15), no era otro más que el mismo Cristo (véase Hch. 3:22).

1:29-34 *"¡He aquí el Cordero de Dios!"* Jesús vino para ser bautizado por Juan, y Juan lo identificó claramente como

- la persona que, como Cordero de Dios para sacrificio, haría la final expiación por el pecado (1:29).
- el Mesías eterno (1:30).
- el que bautizaría "con el Espíritu Santo", como se hace patente con el hecho de que el Espíritu descendió sobre Él como paloma (1:32-33). La propia práctica de Juan de bautismo de agua era solo una sombra del bautismo del Espíritu dado por Cristo (1:33).
- El Hijo de Dios (1:34).

[Mt. 3:13-17; Mr. 1:9-11; Lc. 3:21-22]

1:35-42 *"¡Hemos hallado al Mesías!"* Al oír el anuncio de Juan, dos de sus discípulos comenzaron inmediatamente a seguir a Jesús. Uno de ellos, Andrés, llevó su hermano Simón a Jesús. Jesús le cambió su nombre por Cefas, una transliteración de la palabra aramea que significa "piedra", que el NT generalmente traduce en griego como Pedro. Este nombre resultaría profético del papel dirigente de Pedro entre los discípulos y en la iglesia primitiva. Los Evangelios sinópticos registran un encuentro posterior cuando estos hermanos pasaron a ser discípulos de Cristo (véase Mt. 4:18-20).

1:43-51 *"¡Es Jesús de Nazaret!"* De manera similar a Andrés (1:41-42), Felipe llevó a su hermano Natanael a Jesús, testificando que Jesús era el Mesías. Al oír que este Jesús era de Nazaret, Natanael se mostró al principio escéptico (1:46), pero una exhibición de la omnisciencia de Cristo fue suficiente para que cambiase de actitud (1:48-51). Natanael probablemente conocía la profecía de que el Mesías nacería en Belén (véase Mi. 5:2), de modo que probablemente la mención de Nazaret le confundió (véase exposición sobre Lc. 2:1-7). Es posible que tuviera una pobre opinión de Nazaret, que era la sede de la guarnición romana para el norte de Galilea, lo que hacía que el apelativo "nazareno" fuera un término de total oprobio entre los judíos.

2:1-11 *Un vino maravilloso para la boda.* Una boda en Caná fue la ocasión para el primero de los milagros de Jesús que se registran (véase 2:11). Cuando el anfitrión se quedó sin vino, Jesús transformó el agua en un vino de extraordinaria calidad, para asombro de todos. La fiesta de bodas probablemente duraba una semana, como en los casos de Jacob (véase Gn. 29:27) y Sansón (véase Jue. 14:17). Quedarse sin vino durante una fiesta tan larga podía constituir un problema grave. Las palabras de Jesús a María (2:4) no fueron desabridas ni faltas de respeto. Se podrían parafrasear así: "¿En qué nos afecta esto?" "Vino" (gr. *oinos,* 2:3, etc.) puede referirse bien a mosto (véase Mt. 9:17), bien a vino fermentado (véase Ef. 5:18). En cualquiera de ambos casos, este pasaje no debería verse como una licencia para el uso del alcohol.

2:12-17 *El celo por la casa de su Padre.* En Jerusalén para la Pascua, Jesús se sintió contrariado al encontrar a cambistas de dinero haciendo negocio en el templo, y los expulsó, recordando a sus discípulos uno de los salmos de David (véase Sal. 69:9). Jesús iba a "purificar" el templo al menos otra vez más (véase exposición sobre Lc. 19:45-48).

2:18-22 *"¿En solo tres días?"* Jesús pasó a predecir que "este templo" sería destruido y reedificado en solo tres días. Sabiendo cuánto tiempo había pasado Herodes para edificar el templo, los judíos expresaron incredulidad (2:18-20). Unos tres años después, en su crucifixión, iban a emplear esta afirmación aparentemente extravagante y jactanciosa para ridiculizar a Cristo (véase Mt. 26:61; 27:40). Pero como observa Juan, Cristo no hablaba del templo, sino de su cuerpo, como se darían cuenta los discípulos después de su resurrección (2:21-22).

2:23-25 *¿Creyentes? En realidad no.* Jesús sabía que muchos de los judíos que profesaban creer en Él tenían solo una fe superficial, relacionada con sus milagros y no con su más profundo ministerio de liberación del pecado. Juan volvería más adelante a este tema de "creyentes incrédulos" (véase 6:22-66; 8:31-59).

3:1-21 *"Porque de tal manera amó Dios al mundo".* Quizá temeroso de sus correligionarios, un fariseo llamado Nicodemo fue a ver a Jesús de noche, buscando una verdad espiritual más profunda de este obrador de milagros. Jesús cortó cualquier posible discusión filosófica, declarando que la salvación demandaba "nacer de nuevo" (3:3; comparar la exposición sobre 1:9-13). Cuando Nicodemo pareció confundido y se refirió al nacimiento físico, Jesús explicó que este nuevo nacimiento era de naturaleza espiritual (3:4-7). Para el entendimiento humano es como el viento, cuyo origen y destino son un misterio (3:8). Cuando Nicodemo se siguió mostrando confuso, Jesús le recordó que el AT hablaba de la necesidad de un nuevo nacimiento (3:9-10; véase exposición sobre los siguientes pasajes: Jer. 31:31-34; Ez. 11:14-21; 36:16-38; Jl. 2:28-32).

Jesús afirmó su derecho a hablar con autoridad (3:11-13), como Nicodemo debiera haber ya percibido, al haber visto sus milagros (véase 3:2). Recordó a Nicodemo el tiempo en que una serpiente levantada salvó a Israel de una plaga (véase exposición sobre Nm. 21:4-9) y predijo que su propia muerte que iba a padecer traería igualmente sanidad espiritual a todos los que creyeran en Él (3:14-16).

Presentando el evangelio de una forma muy sumaria, 3:16 clarifica

- la fuente del evangelio: el amor de Dios, demostrado en el don de su Hijo único para morir en la cruz.
- los beneficiarios del evangelio: "Todo aquel que en él cree".
- la respuesta que se demanda: una sencilla fe en Jesús (véase 6:29).
- la importancia de dicha respuesta: Los que creen vivirán eternamente; los que no crean, perecerán.

Jesús siguió destacando la importancia del evangelio y de responder al mismo con fe (3:17-21). Todos nacen pecadores y son condenados hasta que acepten a Jesús, la cura para el pecado (3:18).

Jesús dijo que debemos "nacer del agua y del Espíritu" (3:5). En tanto que "nacer del Espíritu" parece referirse claramente a la regeneración por el poder del Espíritu Santo, los eruditos no concuerdan acerca del significado de "nacer del agua". Algunos dicen que ello significa que el bautismo es esencial para la salvación, pero esto parece contradecir 3:15-16, que deja claro que la salvación es por la fe sola. Más probable es que se refiera a una de tres cosas:

- La rotura de aguas durante el nacimiento físico.
- La purificación por la Palabra escrita de Dios en el nuevo nacimiento (comparar 4:14; Sal. 119:9; Ef. 5:25-26; Tit. 3:5).
- La purificación por el Espíritu en el nuevo nacimiento; esto es, "agua" y "Espíritu" sería una referencia a lo mismo (comparar Ez. 36:25-27).

Ya en esta ocasión ya en alguna otra posterior, Nicodemo creyó en Cristo (véase 7:45-52; 19:38-42).

3:22-36 *"Es necesario que él crezca, pero que yo mengüe".* Cuando Jesús y sus discípulos comenzaron a bautizar a la gente cerca de donde estaba bautizando Juan, y comenzaron a atraer a mucha gente, los discípulos de Juan expresaron preocupación acerca de la situación (3:22-26), pero Juan respondió con palabras de admiración y de adoración a Cristo (3:27-36). Estaba bien dispuesto a dejar que Jesús recibiera toda la gloria (3:30).

4:1-4 *Un atajo a través de Samaria...* No deseando que le enfrentasen con Juan en cuanto al bautismo (4:1), Jesús partió de Judea hacia Galilea. Salió por el camino más corto, directamente a través de Samaria (4:4), aunque la mayoría de judíos seguían un itinerario más largo para evitar aquella menospreciada región (véase exposición sobre 2 R. 17:24-41).

4:5-26 *... lleva agua de vida a una samaritana.* Al llegar a la ciudad samaritana de Sicar, Jesús tuvo un encuentro con una mujer junto a un pozo público. Cuando Él le pidió a la mujer que le diera de beber, ella se sintió sorprendida de que Él hablase con una mujer en público (véase 4:27), y más aun a una samaritana (4:7-9). Habiendo captado así toda su atención, Jesús le pudo hacer observar:

- La posibilidad de refrigerio espiritual y de vida eterna (4;10, 13-14).
- Su necesidad de lo uno y de la otra (4:16-24).
- El hecho de que Él era la fuente de ambas cosas (4:26).

4:27-42 *El ganador de almas de Sicar.* Después de su conversación con Jesús, la entusiasmada mujer de Samaria volvió a Sicar y refirió a todos lo que Él le había dicho (4:27-29). Muchos de ellos acudieron a conocer a Jesús (4:30) y creyeron en Él, no meramente como un obrador de milagros, sino como el Mesías (4:39-42). Mientras, Jesús exhortó a sus discípulos acerca de la importancia de su ministerio (4:31-38).

4:43-54 *El hijo del oficial del rey.* Después de dos días en Sicar, Jesús fue a Galilea, donde fue bien recibido (4:43-45). Cuando un oficial le pidió que sanase a su hijo, Jesús pronunció sanado al hijo sin haberlo realmente visto. Cuando el oficial oyó que su hijo había sanado en la hora exacta de la palabra de Jesús, él y toda su familia creyeron (4:46-54).

5:1-9 *No consigue acudir al agua agitada, pero es sanado.* De vuelta a Jerusalén en sábado, Jesús visitó el estanque de Betesda. Muchos enfermos se reunían allí, creyendo que daba sanidad periódicamente cuando un ángel agitaba sus aguas. Según la tradición local, solo el primero en llegar al agua después de cada agitación era sanado. Cuando un doliente explicó a Jesús que nunca podía llegar primero al agua, Jesús lo sanó: una perfecta figura de la sanidad espiritual que viene solo por la fe y no por ningún esfuerzo propio.

5:10-23 *¿Quebrantador del sábado y blasfemo?* Cuando los dirigentes judíos se dieron cuenta de que Jesús había sanado al hombre en sábado, comenzaron a perseguirlo y a maquinar su muerte (5:10-16). Cuando Jesús se refirió a Dios como su propio Padre, el odio de ellos se intensificó tanto más (5:17-18). Jesús se refirió a su unidad con el Padre y a sus propósitos compartidos en relación con la humanidad (5:19-23).

Jesús dijo al hombre sanado que no pecase más, no fuera que acabase físicamente peor que antes de ser sanado (5:14), implicándose que, en este caso, el sufrimiento se debía a unos pecados específicos. Sin embargo, no toda enfermedad procede de pecados específicos (comparar 9:1-3).

5:24-30 *Dos resurrecciones: Los buenos y los malos.* Jesús proclamó el evangelio en los términos más sencillos: La fe en Él comporta la certidumbre de la vida eterna (5:24). El tiempo verbal del griego de "ha pasado" implica que es un hecho permanente, consumado (comparar 3:16-18). Luego pasó a describir dos importantes períodos de tiempo en los tratos de Dios con los hombres:

- "Viene la hora, y ahora es . . ." (5:25-27) señala al tiempo en que los hombres podrán recibir a Cristo y ser espiritualmente regenerados. Este período de tiempo, la edad de la iglesia, ha durado hasta ahora dos milenios.
- La segunda "hora" que "vendrá" (5:28-30) se refiere a la futura resurrección de los muertos, que tendrá lugar en dos partes (5:29). Los salvos serán resucitados, y luego, mil años después, los malvados serán levantados para el juicio final (comparar Dn. 12:2; Ap. 20:4-5).

5:31-47 *Cuatro testigos de la Palabra viviente.* Jesús presentó cuatro "testigos" para validar su identidad como Hijo de Dios:

- Dios Padre (5:31-32, 37-38)
- Juan el Bautista (5:33-35)
- Sus propias obras milagrosas (5:36)
- Las Escrituras del AT (5:39-47)

Pero los judíos no habían creído el testimonio de esos testigos (5:37-47; véase 1:26-34).

6:1-13 *"¡Dar de comer a 20.000! ¡Imposible!"* Jesús alimentó milagrosamente quizá hasta 20.000 personas —contando mujeres y niños— a pesar del escepticismo de los discípulos acerca de alimentar a tantos con los escasos víveres que tenían a mano. Varios eruditos han sugerido al menos cinco razones para este milagro:

- mostrar su interés por las necesidades físicas como por las espirituales;
- fortalecer la fe de los discípulos;
- demostrar sus afirmaciones mesiánicas; los judíos tenían una tradición de que el Mesías los alimentaría lo mismo que Moisés había hecho (véase Dt. 18:15; Ez. 34:14);
- mostrar el valor de las cosas pequeñas cuando son dadas a Él;
- ilustrar la fidelidad de Dios (véase Mt. 6:31-33).

[Mt. 14:13-21; Mr. 6:33-44; Lc. 9:10-17]

6:14-15 *Su propósito: No una corona, sino una cruz.* Cuando muchos en la multitud reconocieron correctamente en Jesús al Mesías, intentaron hacerlo su rey terrenal. Pero sabiendo que no era este el plan de Dios, Jesús se apartó de ellos para pasar un tiempo a solas en oración, como solía hacer con frecuencia (véase Lc. 5:16).

6:16-21 *Camina en medio del viento y de las olas.* Mientras Jesús oraba a solas, sus discípulos estaban remando su barca atravesando el Mar de Galilea en dirección a Capernaum. Entonces estalló una tempestad. Jesús se les apareció andando sobre el agua. Con ello no estaba haciendo una frívola exhibición de poder. Desde el monte donde estaba orando había visto el apuro en que estaban, y fue en rescate de ellos. [Mt. 14:22-33; Mr. 6:45-52] La tempestad debe haber sido muy intensa para aterrorizar a esos hombres, la mayor parte de los cuales estaban avezados a las traicioneras aguas del Mar de Galilea (véase exposición sobre Lc. 8:22-25).

6:22-40 *"Yo soy el pan de vida".* Al día siguiente, los que habían estado presentes en la comida milagrosa acudieron a Capernaum buscando a Jesús (6:22-24). Cuando lo encontraron, Él los acusó de buscarlo solo porque los había alimentado, y los apremió que en lugar de ello buscasen bendiciones espirituales (6:25-27). Cuando ellos expresaron un deseo de agradar a Dios, les dijo que lo único que tenían que hacer era creer en Él (6:28-29; comparar 1 Jn. 5:4-5). Cuando pidieron una señal comparable a la del maná, Jesús dijo que Él mismo era "el pan de vida" que podía satisfacer su hambre espiritual y darles vida espiritual (6:30-40). Las observaciones de Jesús deberían haber recordado al pueblo cómo les había proveído de pan físico, lo que demostraba que también podría saciar sus necesidades espirituales.

Es interesante que Jesús dijera esas palabras en la sinagoga en Capernaum (véase 6:59), en cuyas ruinas se encuentra un bajorrelieve de un tarro de maná. En 6:35 tenemos la primera de las siete declaraciones de Cristo de "Yo soy" en Juan (véase *Rasgos singulares*). Sobre 6:37, véase exposición sobre 1 Pedro 1:1-2.

6:41-59 *Confusión acerca del Pan de vida.* Conociendo la familia terrenal de Jesús, los judíos se sintieron ofendidos por su declaración de ser Él "el pan de vida" (6:41-42). Jesús respondió que solo aquellos a los que Dios concediera la fe podrían comprenderle y aceptarle, pero que los que le aceptasen encontrarían la vida eterna (6:43-50). Profetizando su muerte sacrificial, Jesús declaró luego que su misma carne era el Pan de vida (6:51) y que solo "comiendo" de alguna forma su carne y "bebiendo" su sangre podría nadie tener vida eterna (6:53-58). Las palabras de Jesús fueron causa de mucha confusión entre sus oyentes (6:52), que pueden haber olvidado que estaba hablando simbólicamente de la necesidad que tenían de creer en Él (véase 6:47).

Esos versículos están rodeados de mucha controversia. Llevaron a la Roma antigua a acusar a los cristianos de canibalismo. Y parecen dar apoyo a la doctrina de la transubstanciación; que el pan y el vino de la Santa Cena se transforman realmente en el cuerpo y la sangre de Cristo. Pero 6:47 y 6:63 destacan la aplicación espiritual deseada: Comer el cuerpo de Cristo y beber su sangre significa sencillamente aceptar su sacrificio en la cruz.

6:60-66 *Rechazan el Pan de vida.* No solo los dirigentes judíos (véase 6:41-42, 52) sino incluso algunos de los discípulos de Cristo (sin incluir los doce, véase 6:67-69) encontraron difícil esta enseñanza del "pan de vida" y dejaron por esto de seguirle. Jesús puso en claro, sin embargo, que la verdadera vida espiritual solo podía ser hallada en Él. Es digno de mención que esta defección masiva vino tan poco después de un asombroso milagro (6:1-13).

6:67-71 *Aceptan el Pan de vida.* Jesús preguntó a sus discípulos si también ellos tenían la intención de abandonarlo. Pedro respondió afirmando su creencia de que Jesús era la única fuente de vida eterna. Esta fue una de las dos grandes ocasiones en que Pedro declaró elocuentemente su fe en Cristo en nombre de todos los discípulos (véase Mt. 16:16). Sería también su portavoz en Pentecostés (véase Hch. 2). En 6:64, 7-71 se revela por primera vez que Jesús sabía que uno de los doce lo traicionaría.

7:1-9 *La hostilidad de sus medio hermanos.* Cuando la oposición en Judea impulsó a Jesús de vuelta a Galilea, encontró allí también hostilidad, la de sus mismos medio hermanos (otros hijos de María con José). Aunque inicialmente rechazaron sus afirmaciones mesiánicas (7:5), dos de ellos —Jacobo y Judas— llegaron más tarde a la fe, como se ve por los libros del NT que llevan sus nombres. Suponiendo que la conversión de ambos tuvo lugar después de la resurrección (véase 1 Co. 15:7), son un dramático testimonio de la realidad histórica de este acontecimiento (véase Mt. 13:55).

7:10-13 *¿Un hombre devoto o un engañador?* Cuando Jesús volvió a acudir a Jerusalén, hubo mucha discusión entre las masas acerca de si era un hombre bueno o un engañador magistral (7:10-13). Aunque muchos de los dirigentes querían darle muerte (véase 5:10-16), no se atrevían ni siquiera a debatir con Él por temor a que el pueblo se pusiera de su lado (7:13).

7:14-24 *"Si ustedes pueden destruir en sábado, ¿por qué no puedo yo sanar?"* Cuando Jesús volvió a enseñar en el templo, la gente se sintió asombrada ante su nivel de erudición, considerando su falta de instrucción formal (7:14-15). Jesús dijo que cualquiera que buscase sinceramente a Dios podría comprender la verdad (7:16-18). Luego expuso una contradicción en la perspectiva que ellos tenían de la ley: Estaban dispuestos a circuncidar en sábado, lo que involucraba la destrucción de carne, pero objetaban a que Jesús *restaurase* carne en una curación efectuada en sábado (7:19-24; véase exposición sobre 5:10-23).

7:25-31 *"¿Cómo podría alguien igualar sus milagros?"* Incluso en Jerusalén, la gente rechazó a Jesús porque conocían su origen humano y creían que el Mesías tendría una naturaleza más misteriosa (7:25-27; comparar 6:42). Jesús dijo que ellos *sabían* que Él era el Mesías, tanto si lo admitían como si no (7:28-29). Había otros en la multitud que creyeron, concluyendo que nadie podría hacer más milagros que los que Jesús había efectuado (7:31). En medio de toda la confusión, Dios estaba protegiendo a su Hijo para que pudiera cumplir su misión hasta el final (7:30).

7:32-36 *¿Irá acaso a los gentiles?* Cuando los dirigentes religiosos enviaron soldados a arrestar a Jesús, declaró que pronto iba a volver "al que me envió" y que ninguno de ellos podría seguirle allá. No comprendiendo lo que quería decir, especularon que estaba planeando partir de Israel y predicar a los gentiles.

7:37-39 *Saciados de sed por el Espíritu.* En el último día de la fiesta de los tabernáculos (véase 7:2; Lv. 23), Jesús invitó al pueblo a que le aceptase para salvación y para ser llenados con el "agua viva" del Espíritu Santo (comparar 4:14; Hch. 2:2-4). La "Escritura" a la que hizo referencia Jesús (7:38) puede haber sido el Salmo 78:15-16, que habría sido apropiada para la fiesta de los tabernáculos, por cuanto recordaba la peregrinación por el desierto.

7:40-53 *"¡No nos digas que eres discípulo suyo!"* El pueblo estaba dividido y confuso respecto a sus opiniones de Cristo, pero al parecer seguía gozando del suficiente grado de apoyo como para que nadie se atreviera a arrestarlo (7:40-44). Cuando los principales sacerdotes preguntaron a los soldados a los que habían enviado (7:32) por qué no habían arrestado a Jesús, expresaron admiración por Él. Los sacerdotes señalaron que solo le seguían las masas ignorantes, y que ninguno de los dirigentes instruidos lo hacía (7:45-49). Entonces Nicodemo habló en favor de Jesús y fue duramente reprendido por sus compañeros fariseos (7:50-53).

Acerca de la fe de Nicodemo, véase 3:1-21; 19:38-42. En 7:46 se ve que el pueblo se sentía impresionado por la enseñanza autoritativa de Jesús así como por sus milagros. En 7:52 vemos el prejuicio regional de los judíos que vivían en Judea (comparar 1:46).

8:1-11 *El Verbo escribe palabras en el suelo.* Los escribas y los fariseos trajeron ante Jesús a una mujer tomada en adulterio, en un intento de atraparle (8:6):

- Si les decía que debían apedrearla en conformidad a la ley de Moisés, las autoridades romanas podrían irritarse, porque ellas se reservaban la potestad de ejecutar a los criminales.
- Si les decía que la debían perdonar, parecería que iba contra la ley.

Pretendiendo no dar oído a sus acusaciones, Jesús se arrodilló y escribió en el suelo, y luego declaró que cualquiera entre ellos que fuese sin pecado podía arrojar la primera piedra. Cuando todos los hombres se hubieron ido, probablemente debido a conciencias culpables, Jesús perdonó a la mujer y la apremió a que enmendara su vida; con lo que mostraba el maravilloso equilibrio entre la gracia de Dios y la responsabilidad humana.

La adhesión verbal de los fariseos a la Ley (8:5) era un gesto hipócrita, porque al llevar a la mujer ante Jesús ellos mismos quebrantaron la ley:

- Jesús no era la autoridad apropiada (hablando desde un punto de vista humano) para actuar como juez.
- Además, no trajeron al hombre encontrado con ella para apedrearlo (véase Lv. 20:10; Dt. 22:22-24).

Nadie sabe lo que Jesús escribió en el suelo, pero algunos sugieren que eran los nombres de aquellos de entre los fariseos que también habían cometido adulterio.

8:12-20 *"¿Quién dice que eres la luz del mundo?"* Dirigiéndose de nuevo a los fariseos, Jesús declaró que Él era "la luz del mundo" (8:12; véase 1:5-9). Cuando respondieron que su testimonio acerca de sí mismo no era válido, porque no tenía testigos que pudieran corroborarlo (8:13), Jesús dijo que sí tenía tal testigo: "Mi Padre" (8:14-18). Al parecer, los fariseos pensaron que se estaba refiriendo a un padre terrenal (8:19). Incluso en medio de unos enfrentamientos tan ardorosos, la mano protectora de Dios estaba sobre Jesús (8:20; véase 7:30).

8:21-30 *"¡Algún día lo entenderán!"* Cuando Jesús dijo de nuevo a los fariseos que Él pronto iba a ir adonde no podrían ir (comparar exposición sobre 7:32-36), ellos se preguntaron si quizá se iba a matar (8:21-22). Jesús les advirtió que si no creían en Él, morirían en sus pecados (8:21, 23-24). Cuando otra vez afirmó la verdad de su mensaje, siguieron sin comprender de qué hablaba (8:25-27). Dijo que todo lo que había dicho sería comprensible para ellos después que le hubieran crucificado (8:28-29).

Mientras que las palabras de reprimenda dichas por Jesús pueden sonar en ocasiones como jactanciosas o poco amables, las Escrituras dejan en claro que los fariseos y otros que decidieron rechazarlo habían recibido amplias pruebas para creer:

- sus milagros y actos compasivos
- su destacable don profético (véase 4:19, 29)
- sus enseñanzas irrefutables (véase 7:46; Mt. 22:46)
- su carácter irreprochable (8:29; véase Hch. 10:38)

Incluso mientras reprendía a los judíos por su incredulidad, "muchos creyeron en él" (8:30).

8:31-36 *La esclavitud del pecado, la libertad del Hijo.* Jesús apremió a los judíos que habían creído en Él para que permanecieran en su Palabra. Si así lo hacían, quedarían establecidos en la verdad, que a su vez les daría la verdadera libertad. Cuando interpretaron mal la clase de libertad que Jesús quería decir, les explicó que se refería a la libertad del pecado. Es naturaleza del pecado esclavizar; es naturaleza de la verdad liberar. Solo en la Palabra de Dios pueden encontrarse la verdad real y la libertad verdadera.

La declaración de los judíos de que jamás habían sido esclavos era errónea incluso en términos físicos. Cómodamente, se olvidaron de su esclavitud en Egipto y en Babilonia.

8:37-59 *"Que se pongan de pie los que son verdaderamente linaje de Abraham".* Jesús siguió hablando, probablemente a aquellos de la multitud que seguían no creyendo o que estaban inseguros en su pretendida fe (comparar "procuráis matarme" en 8:37 con 8:30-31). Jesús declaró que ellos procuraban matarlo, no porque eran descendientes de Abraham, sino porque eran hijos del diablo (8:37-47). Ser un descendiente físico de Abraham no hace que uno sea su descendiente espiritual.

Mientras la airada multitud lanzaba acusaciones contra Jesús, Él siguió afirmando (8:48-55). Fue tan lejos como para afirmar que vivía antes de Abraham, e incluso entonces se aplicó una descripción de eternidad con la que Dios Padre se había descrito a sí mismo (8:58; véase Éx. 3:14). No es extraño que en este punto los judíos incrédulos tratasen de apedrearlo. Dígase lo que se diga acerca de que Jesús fuese un gran maestro moral, su afirmación de Deidad solo deja lugar para una de tres respuestas:

- que era un lunático,
- que era un mentiroso,
- o que era verdaderamente Dios, tal como había afirmado que era.

9:1-7 *Cuando la luz da la vista.* Cuando sus discípulos se preguntaron acerca de qué pecado había sido causa de la ceguera de un hombre, Jesús dijo que había nacido ciego "para que las obras de Dios se manifiesten en él" (9:3). Luego, declarando una vez más que Él era la luz del mundo (9:5; véase 8:12), Jesús dijo al hombre que podría ser sanado lavándose en el estanque de Siloé. Así lo hizo el hombre, y fue sanado. Esta ocasión es la única registrada en que Jesús demanda de alguien que haga nada aparte de creer para ser sanado.

Los discípulos, y al parecer también los fariseos, creían que el sufrimiento resulta del pecado personal (9:2, 34; véase exposición sobre 5:10-23). Algunos maestros incluso enseñaban que un bebé podía pecar en el mismo claustro materno. Aunque esta cuestión es complicada, por cuanto las consecuencias de las acciones de los padres pueden afectar profundamente las vidas de sus hijos (véase exposición sobre Ez. 18:1-18), Jesús dejó claro que el sufrimiento no es siempre resultado de un pecado personal (9:3).

9:8-41 *Cuando los que tienen vista rechazan la Luz.* Cuando comenzó a extenderse la noticia acerca de esta curación, el que había sido ciego dijo a sus escépticos amigos que "aquel hombre que se llama Jesús" lo había sanado (9:8-12). Cuando los amigos llevaron el hombre a los fariseos, éstos dijeron que Jesús no podía proceder de Dios porque había sanado en sábado (9:13-17). ¡Luego decidieron que el hombre no había sido nunca ciego! (9:18).

Los padres del hombre confirmaron que había sido ciego, pero por temor a los fariseos pretendieron no saber quién lo había sanado (9:19-23). Cuando de nuevo los fariseos interrogaron al hombre sanado, este se mantuvo en su relato y dio un elocuente testimonio acerca de Jesús, y los fariseos lo echaron de la sinagoga (9:24-34). Cuando Jesús supo lo sucedido, encontró al hombre sanado y se identificó como el Hijo de Dios, a lo cual el hombre lo adoró (9:35-39).

Cuando algunos fariseos que estaban presentes preguntaron sarcásticamente a Jesús si Él también los consideraba ciegos, Él les expuso la paradoja que impregna la historia: Los que pretenden la más grande visión espiritual son a menudo espiritualmente los más ciegos (9:40-41).

Observe la progresión en la percepción del ciego acerca de Jesús: de verlo como un hombre ordinario (9:11) a darse cuenta de que era profeta (9:17) a adorarlo como Señor (9:38). ¡Qué trágico, sin embargo, que los padres de aquel hombre, que tenían visión natural, evidentemente rechazaron la luz de Cristo porque preferían estar a bien con los fariseos! (9:22; véase 12:42-43; Pr. 29:25).

10:1-10 *El Pastor da su vida por sus ovejas.* Después de haber reprendido otra vez a los fariseos por su incredulidad, Jesús se presentó como "buen pastor" (10:1-30). Comenzó hablando de cómo Él selecciona y ministra a su rebaño (10:1-10). En estos versículos se destacan varias verdades:

- Jesús es el único verdadero Pastor; todas las otras religiones o maneras de acudir a Dios son falsas (10:1-2).
- Tanto el "portero" como las ovejas reconocen a Jesús como el verdadero Pastor (10:3-5; comparar 1:29; 4:29).
- A diferencia de otros dirigentes religiosos, Jesús tiene una estrecha relación con sus ovejas (10:3-5; comparar Sal. 23).
- Jesús es el camino a la salvación (10:9) y a la santificación (10:10). Algunos han sugerido que "vida" (10:10) se refiere a la paz *con* Dios que viene con la salvación (véase Ro. 5:1), mientras que la vida que podemos tener "en abundancia" se refiere a la paz *de* Dios que viene con la santificación (véase exposición sobre 17:6-19; Fil. 4:7).

10:11-18 *El Pastor da su vida por sus ovejas.* Con la imagen de un pastor dispuesto a dar su vida para proteger a sus ovejas, Jesús predijo su propia muerte substitutiva en la cruz. La decisión de poner su vida fue suya, pero fue llevada a cabo en su relación con el Padre celestial (10:15, 17-18). Jesús predijo también su resurrección (10:18). (Véase también He. 13:20; 1 P. 5:4.)

10:19-21 *¿Mesías o loco?* Como en anteriores ocasiones, la enseñanza de Jesús fue causa de división entre sus oyentes (véase 7:43; 9:16). Algunos lo acusaron de estar poseído por un demonio o de insania. Otros recordaron sus milagros y esperaban que Él fuese realmente el Mesías.

10:22-30 *"Mis ovejas oyen mi voz"*. Una vez más los judíos preguntaron a Jesús si era el Mesías o no (10:22-24), y Él respondió que ya muchas veces había afirmado ser el Mesías, tanto de palabra como por sus obras (10:25). Los que creían (las ovejas) habían oído y habían comenzado a seguirle (10:27), mientras que los que no creían no lo habían hecho (10:26). A los creyentes, Jesús les prometió una vida eterna que nunca podrían perder (10:28; véase 2 Co. 1:19-22; Ef. 1:13-14; 1 P. 1:3-5; y exposición sobre Ro. 8:31-39). Estaba garantizada por el Padre y el Hijo; los cuales, dice Jesús, son uno (8:29-30).

El sermón del buen pastor fue pronunciado durante la fiesta de la dedicación (10:22), que conmemoraba la rededicación y purificación del templo después de su profanación por Antioco Epífanes 170 años antes de Cristo (véase *Mateo: Trasfondo*). En la actualidad es celebrada bajo el nombre de *Hanukka.*

10:31-33 *"¿Dice que es el Hijo de Dios? ¡Apedreémoslo!"* Oyendo que Jesús afirmaba ser uno con Dios, los judíos trataron de apedrearlo. Mientras que en la actualidad algunos podrían decir que Jesús se refería solo a una vaga unidad espiritual con Dios, los judíos comprendieron sus palabras como una afirmación de Deidad y, considerándola una blasfemia, se prepararon para una respuesta adecuada (véase Lv. 24:16).

10:34-42 *"Si no creen mis palabras, crean a mis obras"*. Jesús dijo que incluso si los judíos no podían aceptar sus declaraciones de Deidad, los milagros que había llevado a cabo deberían ser una suficiente base para la fe. Pero cuando se refirió de nuevo a su Deidad (10:38), de nuevo intentaron apoderarse de Él. Entonces se escapó de ellos, y ministró más allá del Jordán (10:39-42). Observemos la afirmación de Cristo de la autoridad e inerrancia del AT (10:35). Acerca de "vosotros sois dioses" (10:34-35), véase exposición sobre el Salmo 82.

11:1-5 *"Está enfermo. ¿Puedes ayudarlo?"* Cuando María y Marta notificaron a Jesús que Lázaro estaba enfermo, Jesús dijo a sus discípulos que la enfermedad sería ocasión para dar gloria a Dios.

11:6-16 *"Está muerto. ¡Iré y lo levantaré!"* Aunque Jesús tenía un profundo afecto por esta familia de Betania, se quedó durante dos días donde estaba (11:6). Cuando por fin anunció su plan de ir a Judea, donde estaba situada Betania, sus discípulos intentaron disuadirle, recordando sus anteriores problemas allá. Jesús les dijo entonces que Lázaro estaba muerto pero que tenía la intención de restaurarlo a la vida (11:7-15).

El deliberado retardo de dos días (11:6) puede haber tenido lugar como respuesta a una suposición judía de que el espíritu de la persona estaba dando vueltas alrededor del cuerpo durante tres días y que la resurrección durante este tiempo era al menos una remota posibilidad. Jesús quería asegurar que no habría una explicación errónea de este tipo para su resurrección de Lázaro.

Para el creyente la muerte es un apacible sueño (11:11; véase Hch. 7:60; 1 Co. 15:6; 1 Ts. 4:13). No obstante, no es un "sueño del alma" en la inconsciencia (véase exposición sobre Lc.

16:19-31). En 11:14 se hace evidente la omnisciencia de Jesús.

11:17-37 *"Yo soy la resurrección y la vida".* Cuando Jesús llegó a Betania, Lázaro había estado muerto durante cuatro días. Cuando Marta expresó dolor porque Jesús no había llegado a tiempo para sanar a Lázaro, y sin embargo confianza de que un día futuro volvería a vivir (11:17-24), Jesús insinuó que Lázaro podría volver a la vida muy pronto (11:25-27).

Jesús luego vio a María, que también expresó dolor por su retardo, pero que no compartía la esperanza de la resurrección que había exhibido Marta (11:32). Durante un encuentro anterior con Cristo, había sido María la que había exhibido la mayor fe (véase Lc. 10:38-42).

Al ver Jesús llorar a María, Él también fue movido a lágrimas y se sintió "profundamente conmovido". La palabra griega usada aquí es *embrim*, que sugiere ira. Se traduce "murmurar" en Marcos 14:5. Esto sugiere el dolor de Cristo y su ira contra la muerte misma, el trágico resultado del pecado de Adán (véase Ro. 5:12).

11:38-44 *"¡Confíen en mí! ¡Quiten la piedra!"* Jesús pidió que la piedra fuese quitada de la entrada del sepulcro, a pesar del hecho de que el cuerpo de Lázaro ya habría comenzado a descomponerse. Luego dio gracias a Dios y llamó a Lázaro que saliera del sepulcro, y Lázaro salió, todavía envuelto en sus lienzos funerarios (véase exposición sobre Lc. 7:11-17).

11:45-57 *"¡Este destructor de la muerte ha de morir!"* Hubo dos reacciones contrapuestas a la resurrección de Lázaro. Muchos creyeron en Jesús (11:45), mientras que los dirigentes judíos redoblaron sus esfuerzos para destruir a este dador de vida (11:46-53). Mientras, Jesús se retiró para estar a solas con sus discípulos, al tiempo que sus enemigos en Jerusalén seguían tratando de dar con su paradero (11:54-57).

Obsérvese que los dirigentes judíos estaban principalmente interesados en mantener sus propias posiciones de poder (11:47-48). Cuando Caifás sugirió que dar muerte a Cristo sería la mejor forma de hacerlo, fue usado sin quererlo por Dios mismo para predecir la muerte de Cristo y la salvación que conllevaría (11:49-52).

12:1-8 *Mientras una unge, otro murmura.* Menos de una semana antes de su muerte, Jesús estaba de nuevo en el hogar de sus amigos Lázaro, María y Marta. Mientras estaban a la mesa, María tomó un perfume de gran precio y ungió a Jesús (12:1-3). Judas se quejó de que debía haberles dado el dinero que valía aquel perfume para darlo a los pobres. El motivo de Judas al decir aquello era la codicia, porque él, como tesorero del grupo, podría haber malversado dinero procedente del sugerido don (12:4-6). Como ya lo había hecho antes (véase Lc. 10:42), Jesús elogió la apropiada escala de valores de María. [*Mt. 26:6-13;* Mr. 14:3-9]

12:9-11 *"¡Volverá a morir!"* Debido a que tantos estaban siendo convertidos por la resurrección de Lázaro, los sacerdotes comenzaron a planear matarlo junto con Jesús.

12:12-19 *Gozo y consternación ante su venida.* Al día siguiente, Jesús y sus discípulos entraron en Jerusalén para la semana de la Pascua, para gran gozo de las enormes multitudes que habían acudido solo para verle (12:12-13). Esto causó gran alarma a sus enemigos (12:19). [*Mt. 21:1-11;* Mr. 11:1-10; Lc. 19:29-38]

12:20-22 *"Señor, quisiéramos ver a Jesús".* Cuando unos ciertos griegos solicitaron una audiencia de Jesús, se presentaron al apóstol Felipe, quizá debido a que tenía un nombre griego.

Felipe y Andrés hablaron a Jesús acerca de ellos, exhibiendo su corazón evangelístico (véase 1:40-42, 45-46).

12:23-26 *"Es hora de plantar el grano de trigo".* En tanto que los griegos quizá esperaban que Jesús hablase de su triunfal entrada por la puerta de Jerusalén, el Señor habló en lugar de ello de manera simbólica acerca de su inminente muerte. Así como el grano de trigo ha de ser plantado y morir para producir más trigo, Jesús había de morir ahora para dar vida espiritual a todos los que creyesen en Él (12:23-24). Del mismo modo, sus seguidores habían de morir a sus propias vidas para producir el fruto del reino de Dios. Si así lo hacían, serían ricamente recompensados a su debido tiempo (12:25-26).

12:27-30 *Su voz conforta a su Hijo.* Al contemplar Jesús su próxima crucifixión, Dios Padre habló de manera audible con palabras consoladoras para Él. El pueblo lo confundió bien como una voz de ángel, bien como un trueno.

12:31-36 *Su crucifixión, la condenación de Satanás.* Jesús explicó que su crucifixión significaría salvación para las gentes de todas las naciones, pero que significaría juicio para Satanás, el "príncipe de este mundo" (12:31). Cuando el pueblo volvió a mostrar su falta de entendimiento, Jesús los alentó a creer en Él mientras estuviera todavía con ellos (12:32-36).

12:37-41 *Isaías y la ceguera de Israel.* Pensando en la increíble falta de disposición de Israel a seguir a su Mesías, Juan recordó dos profecías de Isaías que sugerían que su rechazamiento de Cristo llevarían a una ceguera espiritual todavía mayor (véase Is. 6:10; 53:1).

12:42-43 *El caso de los cobardes gobernantes principales.* Muchos dirigentes judíos aceptaban a Jesús pero rehusaban confesarlo públicamente, por temor a ser excluidos de la sinagoga.

12:44-50 *No para destruir, sino para liberar.* Jesús, la Luz del mundo, había sido enviado por el Padre para salvar el mundo, no para condenarlo (12:47). El mundo no necesitaba ser condenado, porque ya lo estaba (véase 3:18).

13:1-17 *El Creador lava los pies de sus criaturas.* Juan escribe ahora acerca de la última Pascua de Cristo con sus discípulos (13—17). Consciente de que su mayor conflicto era inminente, Cristo mostró sin embargo un amor abnegado hasta el mismo fin, aunque uno de su círculo más íntimo había ya decidido traicionarlo (13:1-2).

Para mostrar lo que significa servir (13:15), Jesús lavó los pies de sus discípulos. Pedro se sintió incómodo ante esta situación e inicialmente rehusó el ofrecimiento, pero bien pronto cambió de parecer (13:8-9).

Jesús dijo que sus discípulos estaban ya "bañados" (gr. *louo,* bañar completamente) y que solo necesitaban lavarse los pies (gr. *nipto,* chapotear; 13:10). La imagen es la de ensuciarse los pies al volver de un baño público, necesitando así volverlos a lavar al llegar a casa. Del mismo modo, un pecador que se arrepiente está para siempre limpio (véase He. 10:1-12), aunque ocasionalmente pueda contaminarse con pecado y pueda precisar de una purificación de la clase "nipto" (véase 1 Jn. 1:9).

13:18-30 *Nombra a su entregador.* Mientras gozaba del compañerismo con sus discípulos, Jesús les dijo que uno de ellos pronto le iba a entregar (13:18-21), y luego reveló que el traidor era Judas. Pero parece que los discípulos no comprendieron lo que había dicho (13:22-29). Satanás fue ahora más allá de influir en Judas (13:2) a poseerlo (13:27).

13:31-38 *"El amor de ustedes les mostrará mi amor".* Ahora que estaba en marcha el mecanismo de su entrega y muerte, Jesús volvió a referirse a su partida y dio una exhortación de despedida a sus discípulos: Ellos debían amarse como Él los había amado, a fin de ayudar a que otros fueran salvos. Cuando Pedro dijo que estaba dispuesto a morir por Él, Cristo predijo que, aun cuando Pedro a su tiempo *ciertamente* moriría por Él (13:36), en el futuro inmediato lo negaría (13:38).

14:1-4 *La preparación de lugar en el palacio del Padre.* Antes de acabar la víspera de la Pascua con oración (véase 17), Jesús enseñó muchos temas importantes (14—16). Comenzó con palabras de consolación (14:1-4) a la luz de la anterior predicción de su muerte y de la negación de Pedro. Él iba a preparar lugar en el cielo para todos los creyentes y un día volverá para recogerlos (14:1-3). Jesús les aseguró que sabían bien adónde Él iba y cómo llegar allí (14:4). En 14:3 aparece la única referencia al arrebatamiento en todos los Evangelios (véase exposición sobre 1 Ts. 4:13-18).

14:5-6 *"Yo soy el camino".* Cuando Tomás protestó que no sabía adónde iba Jesús ni cómo llegar allá, Jesús respondió que Él mismo era el camino. Jesús afirmó ser el único camino a Dios, no solo un camino entre muchos.

14:7-15 *"Muéstranos el Padre".* Cuando Felipe pidió una revelación de Dios, Jesús contestó que verle a Él y oírle era ver y oír a Dios, porque no hacía nada excepto por dirección de Dios (14:7-10). Jesús prometió responder a las oraciones de los discípulos y los exhortó a que demostrasen su amor hacia Él mediante la obediencia (14:13-15).

14:16-26 *"¡Viene el Consolador!"* Jesús prometió enviar "otro Consejero" ("Consolador", RV), el Espíritu Santo, que vivirá con sus discípulos para siempre (14:16) y les ayudará a comprender la verdad (14:17, 26). La obediencia es también una clave para comprender la verdad (14:21), y el amor es la clave de la obediencia (14:23-24). Sobre el bautismo del Espíritu Santo, véase exposición sobre 1 Corintios 12:12-31.

14:27-31 *Su don de paz.* Jesús prometió una paz que trasciende a las circunstancias terrenales (14:27), y alentó a los confusos discípulos a que se regocijasen de que pronto estaría otra vez con su Padre celestial (14:28-31).

15:1-8 *Fruto, más fruto, mucho fruto.* Jesús es la vid y los creyentes son los pámpanos. Para que un pámpano dé fruto tiene que haber sido limpiado por el Padre (salvación, 15:3) y ha de permanecer luego en el Hijo (discipulado, 15:4-11). Los creyentes entregados progresarán de fruto a más fruto a mucho fruto (15:2, 5, 8). Sin embargo, si un pámpano no da fruto, es rechazado y echado fuera (15:2, 6). Varios eruditos sugieren que esas ramas rechazadas representan a cristianos que

- pierden su salvación; pero esto contradiría a muchas otras Escrituras (véase exposición sobre 10:22-30);
- ya no son útiles para Dios debido a pecado habitual;
- cometen el "pecado de muerte" mencionado en 1 Juan 5:16, en cuyo caso el hecho de "quemar" (15:6) puede referirse al juicio de los creyentes ante el tribunal de Cristo (véase exposición sobre 1 Co. 3:10-17);
- son meramente cristianos profesantes, que quedan finalmente cortados de su superficial conexión con Cristo (como ya había sucedido con Judas).

15:9-17 *El fruto de la obediencia: Amor y gozo.* Si obedecemos a Cristo, permaneceremos en su amor y tendremos un verdadero gozo (15:9-11). Con Cristo como nuestro ejemplo, y seguros en nuestra amistad con Él, debemos amarnos unos a otros (15:12-17).

15:18—16:5 *El anuncio de persecución.* Los que odian a los cristianos los odian porque odian a Cristo (15:18-25). No hay una explicación lógica para dicho odio, porque han visto amplia evidencia de la deidad de Cristo (15:22-25). En medio de las persecuciones, Dios enviará al Espíritu Santo (véase 14:16-17), que ayudará a los creyentes a dar testimonio de Cristo en medio de la persecución (15:26-27). Jesús advirtió de la persecución, para que sus discípulos estuvieran preparados para la misma (16:1-5).

16:6-11 *La triple obra de la tercera Persona para con los perdidos.* Observando la tristeza de sus discípulos (16:6), Jesús volvió a hablar del Espíritu Santo, la tercera persona de la Trinidad. Era necesario que Jesús fuese al cielo para que este Consejero viniera (16:7). Esto no significa que el Espíritu Santo no ejerciera ministerio alguno en el mundo hasta aquel entonces, sino que su ministerio se expandiría ahora e intensificaría. El término griego que denota "Consejero" (RV: "Consolador") es un término legal que designa a uno que defiende una causa ante un tribunal.

En 16:12-15 se describe el ministerio del Espíritu de reconfortar a los creyentes. Pero en 16:6-11 se describe su papel de "desconcertar" a los inconversos. Les muestra su necesidad espiritual en tres áreas:

- Les muestra que han rehusado admitir su *pecado* y que están en necesidad de salvación (16:9).
- Les recuerda la perfecta *justicia* de Cristo. La justicia de Cristo inquietaba constantemente a los dirigentes judíos; cuando Jesús volvió al cielo, el Espíritu asumió este "ministerio inquietado" (16:10).
- El Espíritu muestra la necesidad absoluta del *juicio* de Dios sobre el pecado. El mejor ejemplo de esto es cómo Satanás (el "príncipe de este mundo") ha sido derrotado mediante la muerte y resurrección de Cristo (16:11).

16:12-15 *La triple obra de la tercera Persona por los salvos.* El ministerio "consolador" del Espíritu es para los creyentes:

- Les enseña la verdad (16:13). Al principio esto probablemente vino por medio de profecías, pero luego por medio de las Escrituras permanentes que siguen guiando hoy a los creyentes. Esas verdades proceden del Padre (16:15). Véase exposición sobre Romanos 8:5-17.
- Les revela el futuro (16:13).
- Glorifica a Jesús (16:14). No se glorifica a sí mismo, en contra de lo que algunas enseñanzas actuales pudieran sugerir.

16:16-33 *Primero los padecimientos, luego la gloria.* Jesús habló a sus discípulos acerca de todo el sufrimiento que Él (y ellos) iban a pasar en los tiempos futuros, antes de su triunfo definitivo en la segunda venida. Los comparó con una mujer que sufre los dolores de parto (16:21), con su intenso dolor seguido de un gran gozo cuando el niño ha nacido.

17:1-5 *Jesús ora por sí mismo.* Jesús acabó la velada de la Pascua orando por sí mismo (17:1-5), por sus apóstoles (17:6-19) y por su iglesia (17:20-26). Orando por sí mismo, dijo a Dios Padre que había finalizado su misión en la tierra, y pidió ser restaurado a su anterior gloria.

El pasaje de 17:1-26 ha sido llamado "la oración sumo sacerdotal" de Cristo. Podría ser más preciso designar esta oración, y no la de Mateo 6:9-13, "la oración del Señor".

Cristo se refiere repetidamente a Dios como "Padre" (17:1, 5, 11, 21,

24-25), un título infrecuente en el AT. La oración contiene también dos expansiones de este título que no aparecen en ningún otro lugar de las Escrituras (17:11, 25).

17:6-19 *Jesús ora por los once.* Jesús habla al Padre lo que había hecho en relación con sus apóstoles. Él

- les había hablado acerca del Padre (17:6)
- les había comunicado la Palabra del Padre (17:8, 14)
- los había guardado de apostasía espiritual (17:12)
- los había enviado al mundo (17:18)
- les había dado ejemplo de santidad (17:19)

En favor de los apóstoles, Él había pedido a Dios que

- los protegiera en un mundo hostil a Dios (17:11, 15)
- los unificase (17:11). ¡Ya tendrían suficientes enemigos en el mundo para que encima tuvieran que luchar entre sí!
- los llenase de gozo (17:13)
- los santificase: poniéndolos aparte *para* un uso especial para Dios y poniéndolos aparte *del* mundo pecaminoso. El medio primario de santificación es la verdad de la Palabra de Dios (17:17; véase exposición sobre He. 10:1-18).

Lo mismo que en todas sus oraciones, Jesús sabía que Dios le respondería (véase 11:42). Jesús oraba constantemente por sus apóstoles. Él oró por estos antes de escogerlos (véase Lc. 6:12-13); durante su ministerio terrenal (véase Mt. 14:23); aquí al final de su ministerio terrenal; y actualmente en el cielo (véase Ro. 8:34; He. 7:25).

17:20-26 *Jesús ora por su iglesia.* Jesús oró por los que vendrían a ser creyentes después de la ascensión (17:20),

- para que tuvieran unidad espiritual (17:21-22)
- para que fueran espiritualmente maduros (17:23). La madurez y la unidad van de la mano.
- para que contemplasen su gloria (17:24).

Esas oraciones tendrán una respuesta final en la segunda venida de Cristo, cuando la iglesia llegará a ser todo lo que debía haber llegado a ser.

18:1-11 *"¿A quién buscan? ¡Yo soy!"* Jesús y los discípulos fueron de Jerusalén al Huerto de Getsemaní, donde oró en su agonía (18:1; véase exposición sobre Mt. 26:36-46). Judas, sabiendo donde estaban, llevó consigo a un grupo de soldados para arrestar a Jesús. Quizá Jesús vio las antorchas y al grupo de hombres que venía de Jerusalén mientras oraba. En todo caso, tenía un previo conocimiento de los acontecimientos que habían de sobrevenir y fue efectivamente al encuentro de los soldados (18:4). No vaciló en identificarse, porque sabía que había llegado su hora (18:4-9).

En su intento de defender a Jesús, Pedro desenvainó su espada y cortó la oreja de Malco, un siervo del sumo sacerdote (18:10-11). Jesús reprendió a Pedro por su falta de entendimiento espiritual. [Mt. 26:36-56; Mr. 14:32-52; *Lc. 22:39-53*]

El hecho de que Juan conociera el nombre de Malco sugiere que Juan conocía a la familia del sumo sacerdote; por esto, el "otro discípulo" (18:15) puede haber sido el mismo Juan (comparar 13:23).

JESÚS, EL EJECUTADO HIJO DE DIOS (18:12—19:42)

18:12-14, 19-24 *El Sumo Sacerdote sin pecado ante un pecaminoso sumo sacerdote.* Jesús fue arrestado y llevado ante Anás, suegro del sumo sacerdote Caifás. Evidentemente, Anás le interrogó (18:13, 19-23) antes de ser llevado a Caifás (18:24). (Los Evangelios sinópticos no registran el interrogatorio con Anás, pero sí que registran un juicio ante todo el sanedrín, lo que Juan omite, véase Lc. 22:66—23:1. Ninguno de los Evangelios da mucho detalle acerca del juicio ante Caifás.)

Los juicios de Cristo, tanto el religioso como el civil (18:12—19:16), fueron todos ellos clandestinos, sin debido proceso, y conllevaron una violación del espíritu de la ley tanto judía como romana.

Obsérvese que tanto Anás como Caifás son designados como "sumo sacerdote" (18:13, 19, 24). Aunque los sumos sacerdotes mantenían generalmente su posición de por vida, Roma se había interferido con esta tradición. Anás, el anterior sumo sacerdote, seguía teniendo poder, aunque sin el reconocimiento de Roma. [Mt. 26:57-68; Mr. 14:53-65; Lc. 22:63-71]

18:15-18, 25-27 *Se reconforta primero ante el fuego, y luego niega a su Salvador.* Mientras Jesús estaba siendo sometido a interrogatorio por los sumos sacerdotes, Pedro negó su asociación con Él (18:15-18). Más adelante, mientras se calentaba ante el fuego, el ataque de Pedro contra Malco se volvió contra él cuando uno de los parientes de Malco lo reconoció. De nuevo Pedro negó conocer a Cristo, y justo entonces cantó el gallo. [Mt. 26:69-75; Mr. 14:66-72; Lc. 22:54-62]

No está claro si Juan, que al parecer estaba con Pedro (18:15; véase exposición sobre 18:1-11), fue también acusado de ser seguidor de Jesús. La muchacha portera conocía a Juan y dejó entrar a Pedro con él (18:16). En todo caso, la lealtad de Juan al Señor se hace patente con su presencia junto a la cruz (19:26-27).

18:18-38 *Un rey judío y un gobernador romano.* Los dirigentes judíos llevaron a Jesús ante Pilato y lo acusaron de ser un "criminal" (18:30). Sin mucho deseo, Pilato comenzó a interrogarlo. Como respuesta a la pregunta directa de Pilato (18:33), Jesús se identificó como Rey del los judíos (18:37) pero hizo pensar a Pilato acerca de su propia comprensión de lo que esto significaba (18:34-36). Jesús dijo que su reino no era "de este mundo" (18:36), de modo que Pilato no debió haberse sentido amenazado por el mismo. [Mt. 27:2, 11-14; Mr. 15:1-5; Lc. 23:1-7, 13-15]

Cuando Jesús afirmó representar la verdad, Pilato se preguntó en voz alta: "¿Qué es la verdad?" (18:37-38). La pregunta quedó sin respuesta al irse Pilato, aunque Jesús ya había dado respuesta a la misma (18:37). El rechazo de la posibilidad de la verdad absoluta significa el rechazo de Jesús, que afirmó ser la encarnación de la verdad (véase 14:6).

18:39-40 *"¡Maten al Mesías! ¡Suelten al homicida!"* Después que Pilato envió a Jesús a Herodes y que Herodes lo enviara de vuelta a Pilato (véase exposición sobre Lc. 23:6-12), según una costumbre de la Pascua Pilato se ofreció a liberar a un preso judío. La multitud escogió a Barrabás, que era un bandido y homicida, en lugar de Jesús. [Mt. 27:15-21; Mr. 15:6-15; Lc. 23:13-25]

19:1-3 *Escarnecido por los militares.* Los soldados romanos se burlaron de Cristo poniéndole una corona de espinas y un manto de púrpura, y aclamando burlonamente: "¡Salve, Rey de los judíos!", mientras lo golpeaban (19:2-3). Todo esto fue después de una flagelación formal, que consistía en azotar con una correa de cuero con trozos pequeños de piedras, vidrio y metal para producir más sufrimiento (19:1). [Mt. 27:27-30; Mr. 15:16-18]

19:4-7 *"¡Muerte al falso Hijo de Dios!"* Pilato presentó a Jesús a la multitud, vestido del burlón atuendo regio, pero lo declaró inocente. Los principales sacerdotes respondieron con gritos de que fuera crucificado, usando su preocupación por la ley como excusa para su asesinato. [Mt. 27:22-26; Mr. 15:12-15; Lc. 23:20-25]

19:8-11 *Los últimos esfuerzos para liberarlo.* Tras haber sido advertido por su esposa de que había algo especial en Jesús (véase Mt. 27:19), y tras haber oído ahora su afirmación de deidad (19:7), Pilato tuvo miedo y dijo a Jesús que quería liberarlo (19:8-10). Cuando Jesús rehusó responder a las preguntas de Pilato, el gobernador le recordó que tenía autoridad para hacerlo ejecutar, pero Jesús respondió que toda autoridad está bajo el control de Dios, y añadió que los dirigentes judíos, más que Pilato, eran culpables de su inminente muerte.

19:12-16 *"¡No tenemos más rey que César!"* Pilato intentó de nuevo liberar a Jesús, pero los dirigentes judíos tuvieron éxito en enfrentar la lealtad a Jesús contra la lealtad a César, incluso pretendiendo ser súbditos leales de César. Por fin, Pilato cedió, y ellos llevaron a Jesús para que fuese crucificado.

¡Qué ironía que los judíos, que por razones tanto culturales como religiosas rehusaban tercamente adorar al César, ahora lo llamaban su rey, en presencia de su propio y verdadero Rey!

La condena de facto de Jesús por parte de Pilato fue sencillamente una violación más de la ley romana (véase exposición sobre 18:12-14, 19-24), por cuanto lo había declarado inocente (véase 18:38; 19:4, 6).

19:17-18 *El Salvador en la cruz.* Jesús fue llevado al lugar de ejecución y crucificado como criminal común. [Mt. 27:32-50; Mr. 15:21-41; Lc. 23:26-46]

19:19-22 *El título sobre la cruz.* Pilato puso un título sobre la cruz, por encima de Jesús, declarando que era el Rey de los judíos. Aunque había visto la necesidad política de condenar a Jesús, con este título Pilato se burlaba de los dirigentes judíos, que comprensiblemente se sintieron contrariados por el mismo (19:21). ¡Mientras, los miles que estaban en Jerusalén para la Pascua pudieron leer la verdad acerca de Jesús, tanto si lo comprendían como si no! (19:20).

19:23-24 *Los soldados al pie de la cruz.* Como solía suceder en el caso de las ejecuciones, los soldados se repartieron entre ellos los vestidos de Cristo. Su ropa exterior no podía ser dividida, por lo que echaron suertes para ver de quién sería, cumpliéndose así el Salmo 22:18.

19:25 *Las mujeres cerca de la cruz.* Tres mujeres, todas ellas llamadas María, estaban cerca de la cruz cuando Jesús fue crucificado: su madre; la hermana de la madre, también llamada María; y María Magdalena.

19:26-27 *Su preocupación desde la cruz.* También cerca de la cruz estaba el apóstol Juan. Jesús dijo a Juan que cuidase de su madre, y le dijo a su madre que considerase a Juan como hijo suyo.

19:28-30 *"¡Consumado es!"* Al acercarse la muerte, le dieron a beber vinagre a Jesús, cumpliéndose la profecía del Salmo 69:21. Al morir, exclamó: "¡Consumado es!", marcando con esto la consumación de su obra expiatoria por los pecados del mundo. En el original, las palabras significan: "¡Está hecho para siempre!"

19:31-37 *Un costado traspasado, pero no hay huesos rotos.* Debido a que el siguiente día era sábado, los judíos querían quitar a Jesús y a los dos ladrones de la cruz antes de la puesta del sol. Generalmente, los soldados quebraban las piernas de los moribundos para acelerar el fin. Pero Jesús ya había muerto, de modo que en su caso esto no se llevó a cabo. Un soldado romano traspasó su costado, y salieron agua y sangre. Esto puede indicar literalmente que el corazón de Jesús se quebrantó en la cruz. Esto muestra de cierto que había muerto. Tanto el traspasamiento del costado de Jesús como la decisión de no quebrar sus huesos cumplieron la profecía (véase Sal. 34:20; Zac. 12:10).

19:38-42 *Santos secretos en una misión de misericordia.* Nicodemo y José de Arimatea llevaron el cuerpo de Jesús, lo envolvieron para sepultura, y lo pusieron en un sepulcro cercano. [Mt. 27:57-61; Mr. 15:42-47; Lc. 23:50-56] Acerca de Nicodemo, véase exposición sobre 3:1-21.

JESÚS, EL EXALTADO HIJO DE DIOS (20:1—21:25)

20:1-10 *La carrera al sepulcro.* El domingo por la mañana, María Magdalena fue al sepulcro, y al ver que la piedra había sido quitada, concluyeron que alguien debía haber robado el cuerpo de Cristo. Se lo dijo a Pedro y a Juan, y ellos fueron corriendo al sepulcro y vieron que estaba vacío. Todo lo que vieron fue los lienzos de lino puestos allí como si hubiera habido un cuerpo dentro. ¡La resurrección había tenido lugar sin que los lienzos funerarios hubieran sido siquiera desenrollados!

Después de haber hecho este asombroso descubrimiento, los discípulos volvieron a casa, no habiendo todavía relacionado lo visto con ningunas profecías de la resurrección de Cristo (20:9-10).

20:11-18 *Ella es la primera.* Al parecer, después que Pedro y Juan se fueron a casa, María Magdalena se quedó llorando junto al sepulcro vacío. Jesús se apareció a ella (haciendo de ella la primera persona en verle después de la resurrección), pero ella no lo reconoció; probablemente debido a sus lloros, a lo tenue de la luz de la madrugada y al hecho de que no esperaba verle. Sin embargo, cuando la llamó por su nombre (20:16), ella supo que era Él. Luego Jesús le dijo que no se "aferrase" a Él (el griego indica que se había abrazado fuertemente a sus pies) sino que fuera y dijese a sus discípulos que había resucitado, lo que hizo inmediatamente.

La narración de Mateo parece indicar que Jesús se apareció primero a María Magdalena y a otra María a la vez (véase Mt. 28:1, 9). Pero Marcos indica que había una tercera mujer, Salomé, junto al sepulcro (véase Mr. 16:1). Es evidente que cuando la otra María y Salomé (lo mismo que Pedro y Juan) se fueron del sepulcro (véase Mt. 28:8), María Magdalena se quedó detrás el tiempo suficiente para recibir el primer atisbo de Jesús.

20:19-23 *Les muestra sus manos y su costado.* En lo que fue probablemente su quinta aparición después de la resurrección, Jesús se apareció a los apóstoles en el aposento alto durante la tarde de aquel domingo. El único de los once que no estaba allí era Tomás. Jesús les mostró sus manos y su costado, al parecer con las marcas de la crucifixión todavía evidentes, para demostrar su identidad. Les dio instrucciones de que salieran, así como el Padre le había enviado a Él, para predicar y ministrar. Les impartió entonces el Espíritu Santo (20:22) en preparación para la plenitud de la venida del Espíritu en Pentecostés (véase Hch. 2).

20:24-29 *Por eso lo llamamos "el incrédulo Tomás".* Cuando los diez apóstoles que habían visto a Jesús se lo dijeron a Tomás, él rehusó creer hasta que pudiera ver a Jesús por sí mismo (20:24-25). Por la tarde del domingo siguiente se apareció Jesús a todos los once, incluyendo Tomás. Jesús pidió a Tomás que tocase las señales de los clavos en sus manos y la herida de la lanza en su costado. Evidentemente, Dios había dejado esas señales en el cuerpo de resurrección de Jesús como prueba de su identidad. Tomás respondió reconociendo a Jesús como Dios en la carne (20:28).

20:30-31 *El trasfondo y la base del libro de Juan.* Juan expone su razón para escribir: registrar las señales milagrosas que Jesús hizo para ayudar a sus lectores a creer que Jesús es el Mesías, y con ello recibir la vida eterna por medio de Él. Pero observa que Jesús hizo además muchos otros milagros.

21:1-14 *El primero de todos los desayunos de hombres de negocios cristianos.* En un cómodo lugar del Mar de Galilea Jesús hizo una especial aparición después de su resurrección a siete de los once apóstoles. Después de haber vuelto a su anterior actividad pesquera, los apóstoles habían estado pescando toda la noche en vano (comparar Lc. 5:1-6). Al romper el alba, vieron a Jesús en la playa, pero no lo reconocieron. Cuando Jesús les dijo que echasen la red a la derecha de la barca, capturaron una gran cantidad de peces. Juan, espiritualmente perceptivo, reconoció que el extraño era Jesús. El impetuoso Pedro se lanzó inmediatamente al agua para alcanzar la playa a nado y estar con el Señor. Jesús luego les preparó el desayuno y gozaron de la mutua compañía.

21:15-19 *"¡Claro que te amo! ¿Qué más puedo decir?"* Jesús señaló a Pedro para una asignación especial como dirigente (21:15-17). Al preguntar a Pedro si le amaba, Jesús usó la palabra *agape,* amor abnegado, mientras que la respuesta de Pedro fue solo *phileo,* o amor de amistad. Esto fue quizá por humildad de parte de Pedro, al recordar amargamente cómo había negado al Señor. La tercera vez que Jesús preguntó a Pedro si le amaba, Él también usó *phileo,* descendiendo en gracia a la capacidad de Pedro de responder. Pero no cambió el peso de su comisión a Pedro. De hecho, Jesús dijo a Pedro que maduraría hasta un amor abnegado y que un día daría su vida por su Señor (21:18). Luego repitió el primero de los mandamientos que había dado a Pedro: "Sígueme" (Mt. 4:19).

21:20-23 *"Pero ¿qué hay con Juan?"* Cuando Pedro oyó que sufriría martirio, se preguntó, naturalmente, qué le sucedería a Juan. Jesús le dijo que no le tocaba a él saberlo: tenía que preocuparse solo por la voluntad de Dios para *su* vida. Jesús insinuó que Juan no moriría como mártir, lo que inició un rumor de que Juan nunca moriría. La tradición dice que Juan fue el último apóstol superviviente y que murió de viejo.

21:24-25 *"¡Hay demasiado para poderlo llegar a contar jamás!"* Al cerrar, Juan certificó la veracidad de su narración y comentó una vez más acerca de la imposibilidad de registrar de manera adecuada todo lo que Jesús hizo en su ministerio terrenal (comparar 20:30).

❖ ❖ ❖

PERSONAS A RECORDAR DE JUAN

FELIPE (EL APÓSTOL)

Hechos clave: Apóstol, llevó a Natanael a Cristo (1:45-46)
Total de referencias bíblicas: 16
Referencias clave: 1:43-46; 6:5-7; 12:20-22; 14:8-9; Hch. 1:13

Habla Felipe
Nunca olvidaré el día que le pedí: "Muéstranos el Padre". Supe inmediatamente por su mirada que mi petición era un error. Probablemente me sentí tan fascinado al sentir aquella voz del cielo que quería realmente verlo. Todavía me enciendo de rubor, sin embargo, cuando recuerdo la triste respuesta del Salvador: "¿Tanto tiempo hace que estoy con vosotros, y no me has conocido, Felipe? El que me ha visto a mí, ha visto al Padre" (12:20-21, 28; 14:8-9).

¡Qué Mesías más maravilloso tenemos, que pudo proveer milagrosamente de alimentos para miles; incluso si algunos de sus discípulos dudaban de su capacidad de hacerlo! Ahora que Él ha ascendido, sé que guardará su promesa de dar satisfacción también a nuestra hambre espiritual (6:7, 35).

Lecciones espirituales de Felipe

- "¡Díganlo los redimidos de Jehová!" (Sal. 107:2). Al convertirse, Felipe comenzó de inmediato a hablar a otros acerca de Jesús (1:43-45).
- "Gustad, y ved que es bueno Jehová" (Sal. 34:8). En lugar de argumentar acerca de la cuestión de la salvación, Felipe sabiamente aconsejó a un escéptico Natanael: "Ven y ve" (1:46).
- ¿Es Cristo un Salvador todosuficiente o insuficiente? A veces, cuando nos sentimos casi abrumados por la enorme magnitud de un problema, nos sentimos tentados a dudar, como Felipe (6:5-7). Pero nuestro Dios es suficiente (véase Ef. 3:20; Fil. 4:19).
- "Señor, quisiéramos ver a Jesús" (12:20-22). Esta petición, dirigida a Felipe por algunos gentiles griegos, indica que ellos sabían que tenía una relación especial con el Salvador. ¿Se puede decir esto de nosotros? Véase Mateo 5:13-16; Hch. 6:15; 2 Corintios 3:17-18.

Versículos clave
"Felipe halló a Natanael, y le dijo: Hemos hallado a aquel de quien escribió Moisés en la ley, así como los profetas: A Jesús, el hijo de José, de Nazaret. Natanael le dijo: ¿De Nazaret puede salir algo de bueno? Le dijo Felipe: Ven y ve" (1:45-46).

MARTA

Hecho clave: Hermana de Lázaro y de María, trabajaba mientras María adoraba
Total de referencias bíblicas: 12
Referencias clave: 11:1-44; Lc. 10:38-42

Habla Marta
¡Qué difícil es comprenderlo todo, aún! Un día Lázaro estaba yerto en el sepulcro, y al siguiente estaba gozando de la cena junto con nuestro huésped de honor (11:17; 12:1-2).

"Yo soy la resurrección y la vida; el que cree en mí, aunque esté muerto, vivirá". Esto es lo que me dijo Jesús en la hora de mi dolor. Le aseguré que creía en Él. Pero, oh, ¡qué débil era mi fe en aquel entonces! De hecho, protesté contra su orden de quitar la piedra del sepulcro. ¡Pero luego mi resistencia se volvió en gozo cuando mi hermano, supuestamente muerto y en descomposición, salió de su tumba! (11:25, 27, 39, 44).

¡Qué bien que recuerdo aquella otra ocasión en que mi hermana y yo agasajamos al Salvador! ¡Para mi vergüenza, estaba tan ensimismada en mi deseo de preparar la mejor comida posible que lo dejé sentado en la otra sala! Bueno, Él entonces me trajo esta realidad de manera bondadosa pero firme a mi atención. ¡Así que ahora, en este día inolvidable, después de servir en la cocina para Él, estoy decidida a pasar un buen rato en su compañía! (12:1-2; Lc. 10:38-42).

Lecciones espirituales de Marta

- Como aprendió Marta, Cristo debe primero ministrarnos *a nosotros* si queremos ministrar efectivamente *para Él* (Lc. 10:38-42).
- Las más grandes verdades acerca de Cristo son a menudo reveladas durante tiempos de sufrimiento (11:21-27).
- Las palabras más consoladoras que un creyente puede decir a otro creyente dolido son las que Marta susurró al oído de María: "El Maestro está aquí y te llama" (11:28).
- Si queremos ver la gloria de Dios (11:40), hemos de creer y obedecer al Dios de la gloria (11:38-39).

Versículos clave

"Respondiendo Jesús, le dijo: Marta, Marta, afanada y turbada estás con muchas cosas. Pero solo una cosa es necesaria; y María ha escogido la buena parte, la cual no le será quitada" (Lc. 10:41-42).

MARÍA (HERMANA DE MARTA Y DE LÁZARO)

Hechos clave: Escuchó las enseñanzas de Cristo (Lc. 10:38-42), lo ungió con un perfume de gran precio (12:1-8)
Total de referencias bíblicas: 11
Referencias clave: 11:1—12:8; Lc. 10:38-42

Habla María

¡Solo quise que fuese una muestra de amor! Desde luego, lo último que tenía en mi mente era minimizar el apuro de los pobres. Pero la verdad es que las críticas que me lanzaron me afligieron, especialmente las acerbas y sarcásticas palabras de Judas (12:3-5).

Pero el Maestro me dio su aprobación, y esto es lo que realmente cuenta. Dijo que mi acción sería recordada siempre y en todo lugar donde el evangelio sea predicado. Dijo también que serviría de preparación para su sepultura. ¡Cómo me duele que pueda sernos arrebatado de aquí a poco! Pero, después de todo, supongo que de esto es que trata el evangelio (12:7; Mt. 26:13; Lc. 10:39).

Lecciones espirituales de María

- Aprendemos tanto de María como de Marta que nunca deberíamos permitir que si los "si solo" de nuestro pasado (11:21, 32) nos cieguen a las bendiciones que Dios ha planeado para nuestro futuro (11:25, 44).
- Lo mismo que el rey David, María rehusó ofrecer a su Salvador nada que no fuera de gran valor (12:3; véase 1 Cr. 21:24).

Versículos clave

"Respondiendo Jesús, le dijo: Marta, Marta, afanada y turbada estás con muchas cosas. Pero solo una cosa es necesaria; y María ha escogido la buena parte, la cual no le será quitada" (Lc. 10:41-42).

MARÍA MAGDALENA

Hechos clave: Anteriormente endemoniada, fue la primera en ver al Cristo resucitado (Mr. 16:9)
Total de referencias bíblicas: 15
Referencias clave: 19:25; 20:11-18; Mt. 27:55-56; Lc. 8:2; 24:1-12

Habla María Magdalena

¡Ha desaparecido! ¡Ha desaparecido de una manera tan rápida y misteriosa como había aparecido! Pero no importa, ¡vive! Todavía me ruedan la cabeza y el corazón. ¡No es fácil pasar de las profundidades del dolor a las alturas del gozo en un breve instante! Solo dijo mi nombre, pero fue suficiente (20:11-18).

Pero mi felicidad queda templada por una pizca de vergüenza. ¿Por qué no creímos en Él cuando habló de su sufrimiento, muerte y resurrección? De manera especial no tengo excusa: ¿acaso no me libró de siete espíritus malos? (Mt. 20:17-19; Lc. 8:2; 24:1-12).

Quizá mi fe habría sido más fuerte si no le hubiera visto morir. Pero no creo que fuese así. El amor y la lealtad me impulsaron a ir allá. Pero una vez más, no importa: ¡Él ha vencido a la muerte! Debo apresurarme e informar a los demás de esto, como Él me ha mandado (19:25; 20:17; Lc. 24:10).

Lecciones espirituales de María Magdalena

- Se puede dar sin amar (véase Mt. 6:1-2), pero no se puede amar sin dar (comparar 20:11-18 con Lc. 8:1-3). "Porque donde esté vuestro tesoro, allí estará también vuestro corazón" (Mt. 6:21).
- Incapaz de creer (o quizá siquiera de comprender) las profecías de Cristo acerca de su resurrección (Mt. 16:21; 17:22-23), una desolada María permanecía llorando junto al sepulcro vacío (20:11). A veces el amor es más fuerte incluso que una gran fe (1 Co. 13:13).

Versículo clave

"Habiendo, pues, resucitado Jesús por la mañana, el primer día de la semana, apareció primeramente a María Magdalena, de quien había echado siete demonios" (Mr. 16:9).

NICODEMO

Hechos clave: Acudió a Cristo de noche, habló con Él acerca del nuevo nacimiento (3:1-21)
Ocupación: Dirigente religioso (3:1)
Total de referencias bíblicas: 5
Referencias clave: 3:1-21; 7:50-51; 19:38-42

Habla Nicodemo

¡Si solo nuestra fe hubiera sido más grande, José y yo no habríamos invertido en 100 libras de un costoso ungüento funerario! Después de todo, ¡Él ya había dejado claro que su sepulcro solo estaría ocupado por un corto espacio de tiempo!

Uno pensaría que un destacado maestro bíblico como yo lo era debiera haber sabido esto. Pero para mi vergüenza, en aquel entonces estaba hasta confundido acerca de la experiencia del nuevo nacimiento (2:19; 3:4, 10; 19:39).

Ahora comprendo las extrañas palabras que me dijo aquella noche oscura, acerca de ser levantado como lo fue la serpiente por Moisés. Desde luego que fue levantado, ¡en una cruz! Pero luego resucitó de los muertos, y ahora sus discípulos me dicen que ha ascendido al cielo desde el Monte de los Olivos (3:2, 14; Hch. 1:9-12).

¿Cuál es el propósito de todo esto? Creó que el mejor sumario es el que Él mismo dio en sus propias palabras: "Porque de tal manera amó Dios al mundo, que ha dado a su Hijo unigénito, para que todo aquel que en el cree, no se pierda, mas tenga vida eterna" (3:16).

Lecciones espirituales de Nicodemo

- Aunque Nicodemo tenía al principio unas sinceras dudas (véase 3:9), era sin embargo un sincero buscador de la verdad (3:1-2), a diferencia de otros a los que Jesús con razón percibió como insinceros (2:23-25). Mientras que la sinceridad por sí sola no puede salvar, es el primer paso hacia la salvación (comparar Mr. 12:34).
- Aunque se podría reprochar a Nicodemo que acudiera a Jesús de noche (3:1) en lugar de más abiertamente a la luz del día, lo importante es que acudió.
- Pocas personas muestran más confusión acerca de conceptos como la gracia y el nuevo nacimiento que la gente religiosa (3:1, 10).
- Nicodemo confundió el nacimiento espiritual con el nacimiento natural (3:4). Nacer en un hogar cristiano no hace de nadie un cristiano. Dios tiene muchos hijos (1:12) pero no tiene nietos (3:3).
- A diferencia de otros dirigentes religiosos judíos, Nicodemo no permitió que el escarnio de sus correligionarios le impidiese seguir a Cristo (comparar 12:42 con 7:50-51; 19:38-39).

Versículos clave

"Nicodemo le dijo: ¿Cómo puede un hombre nacer siendo viejo? ¿Puede acaso entrar por segunda vez en el vientre de su madre, y nacer? Respondió Jesús: De cierto, de cierto te digo, que el que no naciere de agua y del Espíritu, no puede entrar en el reino de Dios" (3:4-5).

TOMÁS

Hechos clave: Apóstol, dudó de la resurrección hasta que vio al Cristo resucitado (20:24-29)
Hermano: Se desconoce su nombre (20:24)
Total de referencias bíblicas: 15
Referencias clave: 11:16; 14:1-5; 20:24-29

Habla Tomás

Espero que esta vez estoy donde debo y haciendo lo que debo. Quiero decir, dijo que se encontraría aquí con nosotros un día después que resucitase de los muertos (21:1-2; Mt. 26:32; 28:7).

Desde luego, he estado totalmente confundido acerca de esta idea misma de la resurrección. Creo que todo comenzó cuando el Maestro anunció su intención de levantar a Lázaro de los muertos. Mi respuesta todavía me llena de sonrojo. Con un lamentable sarcasmo, dije: "Vayamos pues, y muramos con Jesús". No solo dudé de su poder de levantar de los muertos a Lázaro, incluso dudé de su capacidad de protegernos a todos de la hostilidad de los habitantes alrededor de Betania (11:1-16).

Luego hubo aquel acontecimiento en el aposento alto antes de su muerte, cuando habló acerca del cielo y una vez más exhibí mi ignorancia (14:1-5).

Claro, mi último tropezón vergonzoso tuvo lugar debido a mi ausencia del aposento alto después de su resurrección, cuando se apareció a los demás. Cuando me dijeron que lo habían visto, rehusé creerlo a no ser que pudiera ver una prueba viviente, en la carne (20:19-25).

Bien, ¡desde luego que tuve mi prueba viviente! Y mi respuesta en aquella ocasión fue una de la que nunca me avergonzaré: ¡Caí a sus pies en adoración! (20:28).

Esas memorias llenan mi mente mientras estamos aquí sentados en nuestras barcas, esperando que nuestras redes atrapen algunos peces. Él dijo que aquí nos encontraría. ¿Podría ser Él, de pie en la playa: Apenas si puedo ver a través de esta neblina matutina (21:1-5).

Lecciones espirituales de Tomás

- Tomás, igual que muchos creyentes en la actualidad, tenía por lo que parece solo la fe suficiente para hacerle desgraciado (11:16). Podemos evitar esta desdicha orando con regularidad (Jud. 1:20-21), estudiando la Palabra de Dios (Ro. 10:17) y poniendo fielmente en práctica las cosas que aprendemos de Jesús (2 P. 1:5-8).
- Algunos cristianos se sienten frustrados porque no han tenido las destacables experiencias espirituales que otros han tenido o pretenden haber tenido. Jesús pronunció una bendición especial sobre todos los que permanecen fieles a Jesús incluso cuando parece haber poca prueba tangible de su presencia (véase 20:29).

Versículo clave

"Jesús le dijo: Porque me has visto, Tomás, creíste; bienaventurados los que no vieron, y creyeron" (20:29).

LAS DIEZ APARICIONES DEL CRISTO RESUCITADO

PRIMER DÍA

1. A María Magdalena en el huerto
Marcos 16:9-10; Juan 20:11-18

2. A las mujeres que volvían del sepulcro
Mateo 28:9-10

3. A los dos seguidores en el camino de Emaús
Lucas 24:13-32; Marcos 16:12-13

4. A Pedro en Jerusalén
Lucas 24:34; 1 Corintios 15:5

5. A diez de sus apóstoles en el aposento alto
Lucas 24:36-43; Juan 20:19-23

LOS 39 DÍAS RESTANTES

6. A los once en el aposento alto
Juan 20:24-29

7. A siete apóstoles junto al Mar de Galilea
Juan 21:1-24

8. A los once y a 500 creyentes en el Monte Tabor
Mateo 28:16-20; 1 Corintios 15:6

9. A Jacobo, su medio hermano, en Jerusalén
1 Corintios 15:7

10. A los once en el Monte de los Olivos
Lucas 24:44-50

HECHOS

—30 d.C.
Ascensión, Pentecostés

—35
Conversión de Pablo

—40
Conversión de Cornelio

—47
Pablo comienza su primer viaje misionero

—49—50
Concilio de Jerusalén, Pablo comienza su segundo viaje

—60
Encarcelamiento de Pablo en Roma

TRASFONDO

Véase *Autor.* Tras haber registrado la vida, muerte y resurrección de Jesús en el Evangelio que lleva su nombre, Lucas ahora narra las obras del Cristo resucitado, ascendido y glorificado por medio de su iglesia. Hechos muestra la dramática expansión del cristianismo desde Jerusalén a Judea, a Samaria, a Roma, y "hasta lo último de la tierra" (1:8).

AUTOR

El testimonio unánime de la iglesia primitiva es que el autor es Lucas, el médico amado y autor del Evangelio según Lucas (véase *Lucas: Autor*). Esto está apoyado por la semejanza en las introducciones de ambos libros (Lc. 1:1-4; Hch. 1:1-5) y por su semejanza de carácter, estilo y lenguaje. Hechos prosigue la historia dada en el Evangelio de Lucas. Hay un amplio consenso de que Lucas, que acompañó a Pablo en algunos de sus viajes (Col. 4:14; 2 Ti. 4:11; Flm. 1:24), se refirió modestamente a sí mismo en este libro como parte de los "nosotros" del grupo misionero (véase 16:10-18; 20:5—21:18; 27:1—28:16).

FECHA

Probablemente 60-62 d.C., por cuanto termina antes de la liberación de Pablo de la cárcel en el 62 y no hace mención de las persecuciones neronianas que comenzaron en el 64.

DESTINATARIOS

Véase *Lucas: Destinatarios.*

PROPÓSITO

- Registrar la historia primera de la iglesia y mostrar que el mensaje del evangelio se basa en hechos históricos.
- Mostrar que el evangelio se aplica a todas las naciones y clases de gente.

RASGOS SINGULARES

- Hechos puede ser llamado *Historia de tres ciudades*, por cuanto sigue la expansión de Jerusalén a Roma a través de Antioquía de Siria.
- También podría ser llamado *Historia de tres continentes*: África, Asia y Europa.
- Es un libro de oración, registrando 18 reuniones de oración.
- Es un libro de avivamiento, registrando nueve avivamientos.
- Es un libro de predicación, registrando 18 sermones.

COMPARACIÓN CON OTROS LIBROS DE LA BIBLIA

Mateo, Marcos y Lucas:

- En Hechos se abre la puerta de la fe a judíos, romanos y griegos. Los tres evangelios sinópticos abrieron la puerta de la fe a
  - ► Los judíos (Mateo).
  - ► Los romanos (Marcos).
  - ► Los griegos (Lucas).

Lucas y Hebreos:
Véase *Lucas: Comparación con otros libros de la Biblia.*

Los Evangelios y las Epístolas:

- Hechos es el eslabón que une los Evangelios y las Epístolas: la secuela a los Evangelios, la base de las Epístolas.

Las epístolas paulinas:

- Hechos provee el trasfondo histórico de todas las epístolas de Pablo excepto 1 y 2 Timoteo y Tito (véase exposición sobre 28:30-31).

BOSQUEJO

EL TESTIMONIO EN JERUSALÉN (1—7)
- Prólogo (1:1-5)
- Últimas instrucciones de Cristo; la ascensión (1:6-11)
- En el aposento alto (1:12-26)
- Nacimiento de la iglesia en Pentecostés (2)
- Crecimiento de la iglesia en Jerusalén (3:1—6:7)
  - Curación del cojo (3)
  - Comienza la persecución (4)
  - Ananías y Safira (5:1-11)
  - Señales y maravillas (5:12-16)
  - Se reanuda la persecución (5:17-42)
  - Primeros diáconos (6:1-7)
- Martirio de Esteban (6:8—7:60)

EL TESTIMONIO EN JUDEA Y SAMARIA (8:1—9:31)
- Se reanuda la persecución, con ayuda de Saulo (8:1-3)
- Ministerio de Felipe (8:4-40)
- Conversión de Saulo (9:1-31)

EL TESTIMONIO HASTA LO ÚLTIMO DE LA TIERRA (9:32—28:31)
- La iglesia se extiende a Antioquía (9:32—12:24)
  - Eneas sanado y Dorcas resucitada (9:32-43)

Conversión de Cornelio; reacción de la iglesia (10:1—11:18)
La iglesia en Antioquía de Siria (11:19-30)
Pedro, encarcelado y liberado (12:1-24)
La iglesia se extiende al Asia Menor (12:25—16:5)
Primer viaje misionero de Pablo (12:25—14:28)
Llamamiento de los misioneros (12:25—13:3)
Chipre (13:4-13)
Antioquía de Pisidia (13:14-52)
Iconio, Listra, Derbe (14)
El Concilio de Jerusalén (15:1-35)
El nuevo equipo misionero de Pablo (15:36—16:5)
La iglesia se extiende hasta el Egeo (16:6—21:30)
El segundo viaje misionero de Pablo (16:6—18:22)
El llamamiento de Macedonia (16:6-10)
Filipos (16:11-40)
Tesalónica, Berea (17:1-15)
Atenas (17:16-34)
Corinto (18:1-17)
Regreso (18:18-22)
El tercer viaje misionero de Pablo (18:23—21:30)
Éfeso (18:23—19:41)
Grecia (20:1-6)
Troas (20:7-12)
Pablo se encuentra en Mileto con los ancianos de Éfeso (20:13-38)
Pablo regresa a Jerusalén, es arrestado (21:1-30)
La iglesia se extiende hasta Roma (21:31—28:31)
Defensa y juicios de Pablo (21:31—26:32)
Ante Lisias y la turba judía (21:31—22:29)
Ante el sanedrín (22:30—23:10)
Pablo es conducido a Cesarea (23:11-35)
Ante Félix (24)
Ante Festo (25)
Ante Agripa (26)
Travesía de Pablo a Roma (27:1—28:16)
Encarcelamiento en Roma (28:17-31)

EL TESTIMONIO EN JERUSALÉN (1—7)

1:1-5 *Los últimos 40 días.* Lucas comenzó esta secuela a su Evangelio explicando a su amigo Teófilo la interacción entre Cristo y sus apóstoles durante los cuarenta días desde la resurrección hasta la ascensión. Cristo les mandó que esperasen en Jerusalén la venida del prometido Espíritu Santo.

1:6-9 *Comisión y nube.* Cristo encargó a los discípulos que fuesen sus testigos por todo el mundo y prometió que el Espíritu Santo les daría la capacidad para ello (véase exposición sobre 1 Co. 12:12-31). Luego, una nube lo transportó al cielo. El versículo 1:8 podría ser considerado como una especie de bosquejo divino para el libro de Hechos (véase *Bosquejo*):

- Testificando en Jerusalén (1—7)
- Testificando en Judea y Samaria (8:1—9:31)
- Testificando hasta lo último de la tierra (9:32—28:31)

1:10-11 *Piensen en esto: ¡Este mismo Jesús!* Dos hombres dijeron a los discípulos que Jesús volvería un día:

- La partida de Cristo al cielo fue personal, como lo será su regreso (véase 1 Ts. 4:16).
- Su ida fue visible, como lo será su regreso (véase Ap. 1:7).
- Su ida fue desde el Monte de los Olivos, como lo será su regreso (véase Zac. 14:4).

Esos dos hombres, o "varones", pueden haber sido humanos (como Moisés y Elías, véase Mt. 17:3) o ángeles (comparar Lc. 24:4 y Jn. 20:12).

1:12-14 *Orando unánimes.* Después de la ascensión de Cristo, algunos de los creyentes se reunieron en el aposento alto (véase exposición sobre Lc. 22:7-16) para una sesión extensa de oración especial. Además de los once apóstoles, había

- "las mujeres" que habían seguido a Jesús desde Galilea, incluyendo a Juana, esposa del intendente de Herodes (Lc. 8:3); María y Marta (11); María (la madre de Jacobo el Menor, Mr. 15:40); María Magdalena (Mr. 16:9); Salomé (Mr. 15:40) y Susana (Lc. 8:3)
- María la madre de Jesús (la última vez que se menciona)
- los medio hermanos de Jesús (Mt. 13:55; Mr. 6:3), que habían sido incrédulos durante su ministerio terrenal (Jn. 7:3-5), pero que ahora eran creyentes. Dos de ellos son considerados como autores de las epístolas del NT de Santiago y Judas.

1:15-26 *Los discípulos convocan una reunión de trabajo.* Recordando a sus compañeros de apostolado las Escrituras del AT que predecían la defección de Judas (véase Sal. 41:9; 69:25; 109:8), Pedro los encabezó en la elección de Matías para sustituirlo. Pedro enunció dos requisitos para el apostolado: haber seguido a Cristo en su ministerio, y haber sido testigo de su resurrección (1:21-22).

Aunque solo había 120 discípulos presentes en el aposento alto, para aquel tiempo había más discípulos (véase 1 Co. 15:6).

2:1-13 *Viento, fuego, lenguas y el Espíritu.* En el día de la fiesta judía de Pentecostés (véase exposición sobre Lv. 23:1-44), un estruendo "como el de un viento recio" trajo la prometida plenitud del Espíritu Santo (2:4; véase 1:4-5; Jn. 14:16; y exposición sobre 1 Co. 12:12-31), hecha evidente en la capacidad de "hablar en otras lenguas". Judíos de todo el mundo que estaban en Jerusalén para Pentecostés oyeron a los apóstoles hablando en sus propias lenguas, lo que llevó a unos al asombro y a otros a concluir que estaban bebidos (2:5-13); ¡aunque nunca se ha constatado que la embriaguez dé a nadie la capacidad de hablar otras lenguas con coherencia!

Este es el primer ejemplo de solo cuatro casos bíblicos de hablar en lenguas (para los otros tres casos, véase 10:46; 19:6; 1 Co. 14). La fecha generalmente aceptada para este Pentecostés es el 30 d.C. (véase *Fechas de acontecimientos bíblicos destacados,* p. 883).

2:14-21 *"¡Joel predijo esto!"* De pie con los otros once apóstoles, Pedro declaró resueltamente que el fenómeno de hablar en lenguas no se debía a ninguna embriaguez, sino que era un cumplimiento de la profecía de Joel respecto a la visitación del Espíritu de Dios (véase exposición sobre Jl. 2:28-32). Aunque Pentecostés fue el cumplimiento de la mayor parte de aquella profecía, su cumplimiento definitivo vendrá en relación con el "día del Señor" (2:20;

véase exposición sobre Is. 2:5—4:1). Tocante al cumplimiento dual de la profecía bíblica, véase *Introducción a los profetas,* p. 389.

2:22-36 *"Le dimos muerte, pero Dios lo resucitó".* Pedro habló luego a la multitud acerca de la muerte y resurrección de Cristo. Aunque Cristo había sido moralmente irreprensible y había llevado a cabo muchas señales mostrando su deidad, los judíos lo crucificaron (2:22-23). Pero Dios sabía que esto iba a suceder, como se ve en las profecías que se cumplieron con ello (2:25-28; véase Sal. 16:8-11), y en el hecho de que Dios resucitó a Jesús de los muertos, de lo que todos los apóstoles podían dar testimonio (2:24, 32). El fenómeno de las lenguas, dijo Pedro, demostraba que Jesús había ascendido al lugar que le correspondía en el cielo, y que había enviado el Espíritu Santo que había prometido (2:33-35). La conclusión era: ¡Jesús es "Señor y Mesías"! (2:36).

2:37-41 *¡Qué llamamiento evangelístico!* Cuando se dio la invitación, aproximadamente 3.000 personas se arrepintieron, aceptaron a Cristo y fueron bautizadas: el primer caso del ministerio de convicción del Espíritu Santo prometido por Jesús (véase 8:12, 36; 9:18; 16:30; Jn. 16:8-9). Hechos registra varios casos de creyentes que fueron bautizados después de su conversión: los samaritanos (véase 8:12), el etíope (véase 8:36), Saulo (véase 9:18), Cornelio (véase 10:47-48), Lidia (véase 16:15), el carcelero de Filipos y su familia (véase 16:33).

2:42-47 *"Comunalismo", no comunismo.* Los nuevos creyentes se reunían a diario para el culto, la comunión y la enseñanza. "Muchas maravillas y señales" confirmaban la fe de ellos. Vendían sus posesiones y compartían con los necesitados. Aunque decididamente no se trataba de comunismo, este sistema de propiedad compartida podría denominarse como "comunalismo". Obsérvese la diferencia: El "comunalismo" dice: "Lo que es mío es tuyo", mientras que el comunismo dice: "Lo que es tuyo es mío". Este experimento financiero fue temporal; tenía sus problemas (véase 5:1-11; 6:1) y pronto fracasó (véase 2 Ts. 3:7-10).

3:1-10 *Corriendo y regocijándose junto a la Puerta Hermosa.* Pedro y Juan sanaron a un hombre que había sido cojo de nacimiento. Entonces saltó sobre sus pies y dio alabanza a Dios, asombrando a los que lo observaban. Quizá recordaron la maravillosa profecía de Isaías acerca de una curación así (véase Is. 35:6).

3:11-26 *"¡Él lo hizo! ¡Crean en Él!"* Pedro se apresuró a atribuir el milagro a Dios (3:11-12, 16), a la vez que recordó al pueblo la parte que habían tenido en la crucifixión de Jesús, y la parte que Dios había tenido en su resurrección (3:13-15; 17-18). Los apremió a que se arrepintieran, para que fueran salvos y recibieran "tiempos de refrigerio" de parte del Señor, siendo que esperaban la segunda venida de Cristo (3:19-21). Les recordó que ellos eran los hijos de los profetas, y que por esto debían mostrarse dispuestos a aceptar a aquel mismo de quien habían hablado los profetas (3:22-26).

4:1-4 *Oposición y crecimiento.* Mientras Pedro y Juan seguían hablando después de la curación del cojo, algunos dirigentes judíos entraron en escena, expresando gran alarma ante el gran aumento del número de los creyentes, y arrestaron a Pedro y a Juan. Sin embargo, la iglesia siguió creciendo. La versión Reina-Valera parece indicar que alrededor de cinco mil hombres se volvieron creyentes en esta ocasión, mientras que la mayoría de otras traducciones sugieren que el número de discípulos "totalizaba" unos 5.000 para este tiempo. Incluso con esta última interpretación, por cuanto se incluyen solo hombres, la cantidad total de creyentes podría haber sido tantos como 10.000 a 20.000. Este crecimiento no podía ser nada menos que sobrenatural. Véase también 5:14; 6:7.

4:5-12 *"Lo hicimos por la fuerza de la piedra"*. Cuando el sanedrín les preguntó cómo el cojo había sido sanado, Pedro contestó que había sido sanado por el poder de Jesús, a quien ellos habían crucificado. Jesús era la "piedra" que ellos habían rechazado, tal como lo había profetizado el salmista (véase Sal. 118:22; véase Mr. 12:10-11; 1 P. 2:4-8).

La intrepidez de Pedro delante de esta audiencia hostil confirmó una promesa de Cristo (véase Mt. 10:16-20), y probablemente influyó en el posterior consejo de Pedro (véase 1 P. 3:15).

4:13-18 *"¡No pueden predicar en su nombre!"* Incapaz de negar que el cojo había sido sanado, con todo los dirigentes judíos prohibieron a los apóstoles que hablasen acerca de Jesús. A juzgar por su anterior intento de ocultar el hecho de la resurrección (véase Mt. 28:11-15), caben pocas dudas de que los dirigentes judíos habrían negado esta curación si les hubiera sido posible: pero el hombre sanado estaba delante de ellos, ¡de modo que no podían desmentirlo!

Aparte de Mateo 28:11-15, no hay registro bíblico de que los dirigentes judíos intentasen nunca negar la resurrección.

Así como no había argumento contra esta curación, no hay argumento alguno contra la evidencia de una vida transformada.

4:19-22 *"¡Pero debemos predicar!"* La réplica de los apóstoles a la orden de silencio dada por los dirigentes fue instantánea y definitiva: Debemos proclamar lo que hemos visto y oído. No iban a obedecer los mandamientos de meros hombres cuando entrasen en conflicto con los mandamientos de Dios. Temiendo la reacción de la multitud si se les azotaba, los dirigentes volvieron a amenazar a Pedro y a Juan, y los liberaron.

4:23-31 *Una oración pidiendo valor.* Los apóstoles, junto con otros discípulos, oraron pidiendo valor frente a una oposición tan intensa, recordándose a sí mismos la profecía de David de una acerba hostilidad contra el Hijo de Dios (véase Sal. 2). Luego el Espíritu Santo sacudió el edificio donde estaban orando.

4:32-37 *Un gran poder, una grande gracia, una gran donación.* Mientras los apóstoles seguían dando testimonio de la resurrección, los creyentes seguían compartiendo entre ellos (comparar 2:44), hasta llegar a vender sus propiedades para contribuir al fondo común (4:32-35). Uno de los muchos que hicieron este sacrificio fue Bernabé, designado por este nombre por su don de aliento (4:36-37). Bernabé vendría a ser una figura clave en la proyección misionera de la iglesia (véase 9:26-27; 11—15).

5:1-11 *Mienten, y luego mueren.* Ananías y su esposa Safira fueron muertos por Dios por mentir acerca de un donativo a la iglesia. Su suerte recuerda la de Acán (véase Jos. 7:10-26):

- Satanás empleó a Acán, así como a Ananías y Safira para atacar al pueblo de Dios desde dentro del campamento.
- El pecado de los tres involucró codicia y mentira.
- Los tres se vieron confrontados y condenados por el principal portavoz de Dios en su tiempo.
- Los tres murieron por su pecado.
- Los tres sirvieron como ejemplos para el pueblo (5:11; véase Jos. 22:20; 1 Co. 10:1-6).

5:12-16 *Los enfermos, las señales y la sombra de Pedro.* Al ir creciendo la iglesia, los apóstoles prosiguieron con su ministerio de obrar milagros. Muchos creían que hasta el contacto con la sombra de Pedro los sanaría, y los que tenían esta fe eran sanados.

5:17-28 *Un ángel y una cárcel vacía.* Alarmado otra vez por el rápido crecimiento de la iglesia, los dirigentes judíos pusieron a los apóstoles en la cárcel, pero pronto fueron liberados por un ángel y siguieron predicando (5:17-21). Cuando los dirigentes se dieron cuenta de lo sucedido, de nuevo ordenaron a los apóstoles que cesaran de predicar (5:22-28). esta fue la primera de tres liberaciones milagrosas de la cárcel en Hechos (véase 12:6-10; 16:26-27). También señala la primera de seis apariciones angélicas en Hechos (véase 8:26; 10:3, 22; 12:7; 12:23; 27:23).

5:29-32 *"¡Hemos de obedecer a nuestro Señor!"* De nuevo los apóstoles rehusaron dejar de predicar (véase exposición sobre 4:19-22), diciendo: "Es necesario obedecer a Dios a Dios antes que a los hombres" (5:29). Pedro creía en la ley y en el orden (véase 1 P. 2:13-14), pero esta vez siguió la más alta ley de Dios.

5:33-42 *Un gran consejo de Gamaliel.* Recordando algunas de las más recientes rebeliones populares, un miembro del sanedrín llamado Gamaliel aconsejó a los dirigentes a dejar en paz a los discípulos: Su éxito o fracaso últimos mostrarían si tenían la aprobación de Dios o no (5:33-39). Los otros miembros estuvieron de acuerdo, y después de haber vuelto a amenazar a los apóstoles y de azotarles, los dejaron ir. Los apóstoles se regocijaron de que Dios los hubiera considerado dignos de sufrir por Él, y siguieron testificando (5:40-42).

6:1-7 *Siete siervos de Dios.* Después de un problema en la iglesia acerca de la distribución de alimentos, los doce seleccionaron a siete hombres llenos del Espíritu para que resolvieran futuros problemas. Entre los siete estaban Esteban y Felipe. Los helenistas (6:1) eran judíos, principalmente de fuera de Palestina, que habían adoptado la cultura griega. La imposición de manos (6:6) se hacía por diferentes razones en tiempos bíblicos:

- como bendición (véase Mt. 19:13, 15; Gn. 48:14-20)
- para curación (véase Mr. 5:23; 6:5)
- para impartir el Espíritu Santo (véase 8:17, 19; 9:17)
- para ordenación (6:6; véase 13:3; Nm. 8:9-10; 1 Ti. 4:14; 2 Ti. 1:6).

6:8-15 *El hombre con rostro de ángel.* Esteban se vio enfrentado a judíos de una cierta sinagoga. Incapaz de resistir su sabiduría ungida por el Espíritu, lo acusaron de blasfemia y lo aprehendieron. Para asombro de sus atormentadores, compareció ante el sanedrín con un resplandor angélico en su rostro.

7:1-53 *Fundamentos de la historia: Padres e hijos duros de cerviz.* Cuando le preguntaron si era cierta la acusación de blasfemia contra él, Esteban respondió con lo que venía a ser una lección de historia israelita. Expuso cómo Israel había resistido persistentemente a las personas que Dios había enviado para salvarlos (7:2-50), culminando en su rechazo de Cristo (7:51-53).

7:54-60 *"Señor, perdónalos".* Mientras lo apedreaban, Esteban vio a Jesús de pie a la diestra de Dios y le pidió que perdonase a sus verdugos. Saulo, que más tarde como Pablo iba a llegar a ser el principal misionero de la iglesia primitiva, ayudó en el apedreamiento de Esteban (7:58; véase 8:1).

Esteban fue el primero de tres personas en ver a Jesús después de su ascensión (7:55; véase 9:3-6; Ap. 1:10, 12-16). Obsérvese que Esteban vio a Jesús de

MISIÓN DE LOS APÓSTOLES

OPERACIÓN TIERRA SANTA

CAPÍTULOS 1–12

La campaña de la Gran Jerusalén

Encabezada por

PEDRO EL PESCADOR

Asistentes:

JUAN, ESTEBAN y FELIPE

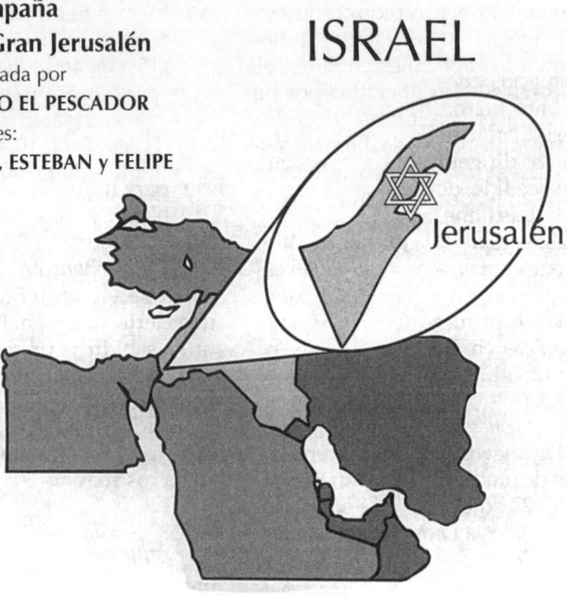

OPERACIÓN TODA LA TIERRA

CAPÍTULOS 13–28

La campaña global

Encabezada por

PABLO EL FABRICANTE DE TIENDAS

Asistentes:

BERNABÉ, SILAS, MARCOS, TIMOTEO y LUCAS

pie a la diestra de Dios. Esta es la única referencia al Salvador de pie (después de la ascensión) hasta el libro de Apocalipsis. En todas las otras descripciones se dice que está sentado (véase 2:34; Mt. 26:64; Ef. 1:20; Col. 3:1; He. 1:3, 13; 8:1; 10:12). Quizá nuestro Señor se levanta para dar la bienvenida al hogar a sus santos.

EL TESTIMONIO EN JUDEA Y SAMARIA (8:1—9:31)

8:1-3 *Entra Saulo, el esparcidor de las ovejas.* Saulo, que había guardado los mantos de los que apedreaban a Esteban (7:58), ahora ayuda a lanzar una persecución a gran escala de los creyentes.

8:4-8 *La gran campaña de Samaria.* Felipe el Evangelista, uno de los que habían sido designados para servir a la iglesia (6:5), fue a Samaria (véase 1:8), donde llevó a cabo muchos milagros y proclamó el evangelio, con muchos que respondieron.

8:9-25 *"El poder del Espíritu no se puede comprar".* Un samaritano llamado Simón, que en el pasado había atraído grandes multitudes con sus hechizos, respondió al evangelio (8:9-13). Cuando Pedro y Juan llegaron a Samaria para impartir el Espíritu Santo a los nuevos creyentes (8:14-17), Simón vio la manifestación del Espíritu y se ofreció a pagar a los apóstoles para conseguir aquel poder (8:18-19). Pedro lo reprendió en el acto (8:20-24). Pedro y Juan volvieron luego a Jerusalén, predicando en muchas poblaciones samaritanas por el camino (8:25). La acción de Simón nos ha dejado el vocablo *simonía,* la compra y venta de derechos y cargos religiosos.

8:26-40 *"¿Cómo lo podré entender?"* Felipe fue conducido por el Espíritu de Samaria al Desierto de Gaza, donde encontró a un eunuco etíope (un oficial real) en su carro, leyendo Isaías 53. Cuando Felipe explicó el evangelio basándose en este pasaje, el eunuco creyó y fue bautizado.

La pregunta del eunuco (8:31) refleja la trágica condición de los pecadores perdidos. ¿Cómo comprenderán la voluntad de Dios a no ser que alguien les guíe (véase Ro. 10:13-15)? Felipe pudo responder a su necesidad y guiarlo a Cristo basado en las Escrituras (8:35; comparar Lc. 24:27-32, 45). En 8:35 se nos dice, de forma sumaria, por qué fue escrita la Biblia.

9:1-19 *Cegado para que pudiera ver.* Un día en el año 35, unos cinco años después de Pentecostés, Saulo estaba en una misión para perseguir a los cristianos en Damasco cuando fue echado de su caballo y cegado por una luz resplandeciente. Jesús se le apareció entonces, preguntándole por qué estaba luchando tan duramente con Él (9:1-5). Saulo fue llevado a Damasco, donde Dios comisionó a un tímido creyente llamado Ananías para que sanase su ceguera, asegurándole de que Saulo había sido escogido para llevar el evangelio a los gentiles (9:6-16). Tras haber sido sanado, Saulo fue bautizado (9:17-18).

Varias veces en Hechos, la iglesia es descrita como "el Camino" (9:2; véase 19:9, 23; 22:4; 24:14, 22).

9:20-31 *De perseguidor a perseguido.* El recién convertido Saulo predicó persuasivamente a Cristo en la sinagoga de Damasco, para asombro de todos los que le habían conocido como enemigo de Cristo (9:20-22). Al saber de un complot contra su vida, Saulo escapó a Jerusalén, donde Bernabé aseguró a los cristianos que se había convertido de forma genuina (9:23-27). Pero pronto la gente de Jerusalén le quería matar, por lo que volvió a Tarso, su ciudad natal (9:28-31). Era el año 38 d.C., tres años después de su conversión (véase exposición sobre Gá. 1:13-24).

EL TESTIMONIO HASTA LO ÚLTIMO DE LA TIERRA (9:32—28:31)

9:32-43 *¡Viva en su propio funeral!* Mientras, en Jerusalén, Pedro sanó a Eneas, lo que resultó en muchas conversiones (9:32-35). Luego resucitó a Dorcas (9:36-43), y muchos más vinieron a la fe.

10:1-33 *Un buscador sincero, un testigo renuente.* Unos diez años después de Pentecostés, en el año 40 d.C., un ángel se apareció a Cornelio, un militar gentil que estaba buscando sinceramente a Dios. El ángel le dijo que un hombre llamado Pedro le enseñaría como encontrar a Dios, y Cornelio envió inmediatamente a buscar a Pedro (10:1-8).

Mientras, en Jope, Pedro, no sabedor de todo esto, vio una visión en la que le fue mandado que comiera algunos animales que la ley clasificaba como inmundos (véase Lv. 11:1-47). En la visión, rehusó hacerlo, y Dios lo reprendió por su desobediencia (10:9-16). En aquel momento llegaron los tres hombres enviados por Cornelio, y Pedro fue con ellos de vuelta a Cornelio (10:17-23).

Cuando se encontraron, Pedro y Cornelio compartieron las asombrosas circunstancias que los habían reunido (10:24-33). Pedro explicó cómo la visión le había ayudado a vencer su prejuicio contra los gentiles (10:28-29), y Cornelio expresó su buena disposición a oír todo lo que Pedro pudiera tener que decir como portavoz de Dios (10:33).

La respuesta inicial de Pedro acerca de los animales inmundos (10:14) constituye una gran contradicción. Si Dios es "Señor", no se le puede decir que no.

10:34-43 *Cornelio recibe un sumario del evangelio.* Como sabía que Cornelio había oído informes acerca del ministerio terrenal de Cristo (10:37-38), Pedro dio un testimonio especial de la verdad de esos informes, principalmente del hecho de su resurrección (10:39-41), y luego declaró que la resurrección de Cristo hacía posible la salvación para todos los que creen en Él, sean judíos o gentiles (10:42-43).

10:44-48 *Bautizados por el Espíritu y en agua.* En aquel momento el Espíritu de Dios cayó sobre Cornelio y sobre toda su casa, regenerándolos y haciéndolos hablar en lenguas, a la vista de lo cual Pedro los bautizó. La conversión de Cornelio es la tercera de tres grandes historias de conversión en Hechos involucrando a descendientes de cada uno de los hijos de Noé:

- el eunuco etíope, descendiente de Cam
- Saulo, descendiente de Sem
- Cornelio, descendiente de Jafet

11:1-18 *Convencido de la gracia de Dios.* Cuando los legalistas cristianos judíos de Jerusalén se quejaron de la asociación de Pedro con el gentil Cornelio (11:1-3), Pedro explicó cuidadosamente su visión (11:4-10), la revelación de Dios a Cornelio (11:11-14) y la señal confirmadora del Espíritu Santo (11:15-17). Esto convenció a los creyentes judíos de que Dios verdaderamente había ofrecido la salvación tanto a judíos como a gentiles.

11:19-30 *Bernabé y Saulo ayudan al crecimiento de una joven iglesia.* Cuando se constituyó una nueva iglesia en Antioquía, Bernabé fue enviado por la iglesia de Jerusalén para ayudarla. A su vez llevó a Saulo desde Tarso (11:25-26; véase 9:28-31) para que le ayudase. Fue aquí en Antioquía que los creyentes fueron llamados cristianos por primera vez; una de solo tres veces en que aparece este término en la Biblia (véase 26:28; 1 P. 4:16). Tras haberles sido anunciado por el profeta Agabo que habría un hambre en Jerusalén, los cristianos en Antioquía enviaron dones con Bernabé y Saulo a los que estaban en Jerusalén (véase exposición sobre 20:1-6).

12:1-17 *"¡Despierta, Pedro! ¡Tienes permiso carcelario!"* Tratando de conseguir el favor de los dirigentes religiosos judíos, Herodes Agripa hizo ejecutar al apóstol Jacobo, y luego encarceló a Pedro, planeando también ejecutarlo (12:1-4). Cuando los creyentes estuvieron orando, Dios envió un ángel para que liberase a Pedro de la cárcel (12:5-11). Cuando Pedro intentó luego unirse con los que habían estado orando por él, encontró difícil convencerlos de que era verdaderamente él y que estaba vivo (12:12-17). ¡No deberíamos sorprendernos cuando Dios responde a nuestras oraciones!

En la víspera de su programada ejecución, Pedro estaba profundamente dormido (12:6), quizá recordando la promesa de Cristo de que llegaría a la ancianidad (véase Jn. 21:18).

12:18-24 *La pena por blasfemia.* Incapaz de encontrar a su preso escapado, Herodes se fue a su palacio en Cesarea. Poco después de esto, Dios lo hirió de muerte por haber dejado que la gente lo adorase.

12:25—13:3 *Los primeros misioneros internacionales.* Bernabé y Saulo (Pablo, véase 13:9) volvieron de su misión de misericordia en Jerusalén (véase 11:27-30) a su iglesia base en Antioquía, llevándose a Marcos con ellos (véase *Marcos: Autor*). El Espíritu Santo indicó a la iglesia que debían apartar a Bernabé y a Pablo "para la obra a la que los he llamado" (13:2). Este primer viaje misionero de Pablo comenzó el año 47 d.C., unos 12 años después de su conversión. Acerca de aquellos 12 años, véase exposición sobre Gálatas 1:13-24.

13:4-12 *Cuando uno es cegado, el otro cree.* La primera parada de los misioneros fue en Pafos, en la isla de Chipre. Cuando dieron testimonio a Sergio Pablo, el gobernador, un mago llamado Bar-Jesús se opuso a ellos y fue cegado, lo que ayudó a conducir a Sergio Pablo a la fe. A partir de 13:9, Saulo fue conocido por su nombre gentil, quizá como ayuda para identificarlo con el mundo gentil.

13:13 *Marcos abandona el equipo.* Los misioneros partieron de Chipre y emprendieron la travesía a Perge, en Panfilia, que se encontraba en la actual Turquía. Por alguna razón, Juan Marcos dejó a Pablo y a Bernabé y volvió a Jerusalén. En tanto que Bernabé había ayudado a Pablo a comenzar en su ministerio (véase 9:27; 11:25-26) y había sido evidentemente el dirigente del equipo misionero (véase 12:25; 13:2), "Pablo y sus compañeros" sugiere que Pablo había pasado a ser ahora el dirigente.

13:14-41 *El primer sermón registrado de Pablo.* Tras llegar a Antioquía de Pisidia, Pablo fue invitado a hablar en la sinagoga (13:14-15). Después de repasar brevemente la historia de Israel desde el Éxodo hasta David (13:16-22), Pablo identificó a Jesús como el descendiente prometido de David (13:23), que había sido muerto por los judíos en Jerusalén (13:24-29), pero que había resucitado luego de los muertos, como había predicho el mismo David (13:30-37; véase Sal. 16:10). Pablo explicó luego que por medio de su Hijo resucitado, Dios estaba ofreciendo el perdón de los pecados: algo que la Ley no podía hacer (13:38-41).

13:42-52 *"Ustedes tuvieron oportunidad; ahora les toca a ellos".* Muchos judíos respondieron al evangelio (13:42-43). Sin embargo, cuando la siguiente vez muchos de los oyentes resultaron ser gentiles, los judíos comenzaron a oponerse a él (13:44-45). Citando el antiguo encargo evangelístico de Dios a Israel (véase exposición sobre Is. 43:8-13 y 56:1-8), Pablo y Bernabé predicaron a los gentiles, y muchos de ellos respondieron, lo que indujo a los judíos a expulsarlos de la ciudad (13:46-52).

PRIMER VIAJE MISIONERO DE PABLO

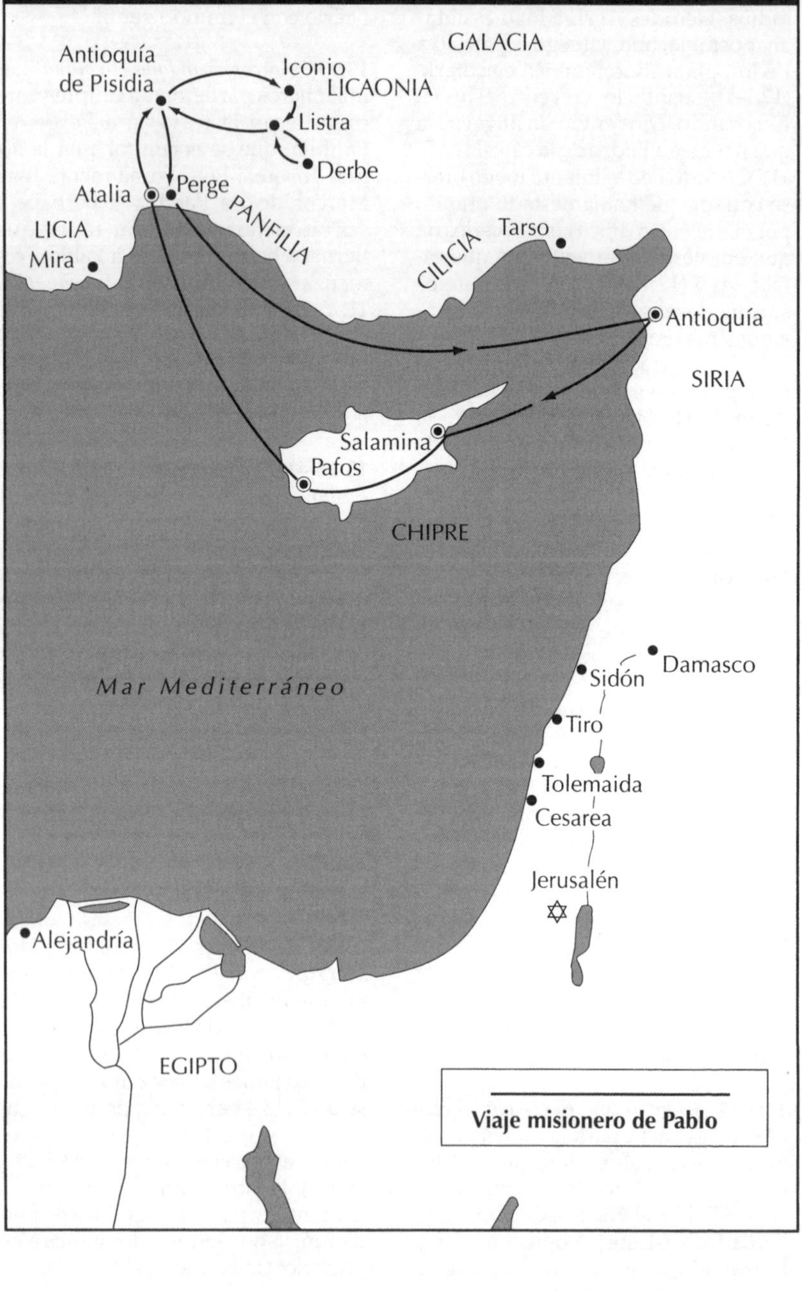

14:1-6 *La campaña de Iconio.* Pasando luego a Iconio, en Galacia, Pablo de nuevo habló en la sinagoga, y muchos respondieron, tanto de los judíos como de los griegos. Una vez más los judíos incrédulos se opusieron a él, y junto con Bernabé tuvo que huir.

14:7-18 *"¡De veras! ¡Soy Pablo, no Mercurio!"* En Listra, también en Galacia, Pablo sanó a un lisiado, lo que llevó a la gente a adorarlos a él y a Bernabé como los dioses Júpiter y Mercurio (14:8-13). Ellos intentaron dirigir a la atónita multitud al verdadero Dios, pero encontraron difícil hacerlo (14:14-18).

El afán incluso del sacerdote de Júpiter en adorar a Pablo y a Bernabé se puede explicar por el relato que hace el poeta romano Ovidio de un antiguo mito: Cuando Júpiter y Mercurio visitaron esta área disfrazados de mortales, todos los echaron fuera excepto una anciana pareja, lo que resultó en una inundación en la que se ahogaron todos excepto dicha pareja. El acto de adoración de la multitud pudo haber estado motivado por el deseo de evitar una repetición de aquel acontecimiento.

14:19-20 *Apedreado y dejado como muerto, o eso pensaban.* A causa de algunos judíos perturbadores, la misma multitud que había tratado de adorar a Pablo ahora intentó matarlo, pero Pablo sobrevivió y pasó luego a Listra a predicar, y luego se dirigió a Derbe.

14:21-28 *Discipular las nuevas iglesias.* Pablo y Bernabé retrocedieron luego, discipulando y alentando a los nuevos convertidos en cada ciudad, y designando ancianos (14:21-25). Luego, después de dos años de viaje, volvieron a su iglesia de origen en Antioquía e informaron de sus grandes éxitos entre los gentiles. Es probable que Pablo escribiera su carta a los gálatas, su carta más antigua conocida, en este tiempo.

15:1-12 *¿Salvo por la gracia o por la circuncisión?* Algunos cristianos llegaron a Antioquía procedentes de Judea, y enseñaron que la circuncisión era necesaria para la salvación. Pablo y Bernabé se opusieron a esta herejía y fueron enviados por la iglesia a Jerusalén para solucionar el asunto con los dirigentes de la iglesia allá (15:1-5).

En Jerusalén, Pedro recordó a los dirigentes reunidos que él había conducido personalmente a gentiles a Cristo (véase 10:24-28) totalmente aparte de la ley. Su conclusión: ¿Para que cargarlos con el yugo de una ley que jamás ningún judío había guardado? ¿Por qué no reconocer que los cristianos gentiles, lo mismo que los cristianos judíos, eran salvos por la sola gracia (15:6-11)? Pablo y Bernabé informaron luego de los muchos gentiles a los que Dios había salvado durante su viaje misionero.

15:13-21 *Jacobo expone la decisión.* Después de un tiempo de silencio, Jacobo tomó la palabra. Recordó al concilio el informe de Pedro sobre la fe de los gentiles y que el profeta Amós había predicho que Dios salvaría a los gentiles por la gracia (véase Am. 9:11-12). Luego anunció la decisión, que al parecer fue alcanzada por consenso: La circuncisión no sería forzada sobre los gentiles salvados, pero debían ser exhortados a abstenerse de alimentos prohibidos y de inmoralidad sexual.

Esta decisión fue anunciada no por Pedro sino por Jacobo, pastor de la iglesia en Jerusalén. En ningún lugar en la historia primitiva de la iglesia vemos a Pedro ejerciendo autoridad oficial sobre los otros apóstoles.

La decisión (dirigida por el Espíritu Santo, 15:28) evidenció gran sabiduría en que evitaba ofender indebidamente a los judíos inconversos (véase 1 Co. 10:32-33).

15:22-35 *Una carta especial a todas las iglesias.* Los dirigentes escribieron una carta a las iglesias gentiles anunciando su decisión (15:22-29). Judas y Silas llevaron la carta a Antioquía, donde Silas se quedó, ministrando con Pablo y Bernabé.

15:36-41 *¡Discrepan, se dividen, se multiplican!* Al prepararse para un segundo viaje misionero, Bernabé quiso incluir a Marcos, pero Pablo, recordando el abandono de Marcos, rehusó, por lo que el equipo se dividió. Pablo escogió a Silas, y comenzó a ministrar en las iglesias vecinas, mientras que Bernabé tomó consigo a Marcos y partió para Chipre. Felizmente, Pablo se reconcilió posteriormente con Bernabé (véase 1 Co. 9:6) y con Juan Marcos (véase Col. 4:10; 2 Ti. 4:11; Flm. 1:24). esta es la última mención de Bernabé en Hechos.

16:1-5 *Timoteo se une al equipo.* En Listra, un joven llamado Timoteo, la madre y abuela del cual eran piadosas mujeres judías (véase 2 Ti. 1:5) pero el padre del cual era un griego no creyente, se unió a Pablo y a Silas en la misión de entregar la carta del Concilio de Jerusalén a las iglesias en la región.

16:6-10 *Dos veces "no", y luego una puerta abierta.* Dos veces el Espíritu Santo prohibió a Pablo predicar en ciertos lugares. Finalmente, en una visión en Troas, Dios condujo al equipo en dirección oeste hacia Macedonia. El verbo en primera persona del plural, "procuramos" (16:10). indica que Lucas se había unido ahora al equipo de Pablo, Silas y Timoteo.

16:11-15 *El primer cristiano europeo.* El equipo embarcó rumbo a Filipos en Macedonia, donde asistieron a una reunión de oración junto a un río. Una mujer de negocios llamada Lidia, fue salvada y bautizada junto con toda su familia.

16:16-24 *Cuando ella queda liberada, ellos son encarcelados.* Pablo liberó a una muchacha endemoniada, pero incurrió en las iras de sus amos, que se habían enriquecido con sus adivinaciones. Ellos instigaron luego el arresto, el azotamiento y el encarcelamiento de los misioneros.

16:25-34 *Cánticos en la prisión, el evangelio en pocas palabras.* En la mazmorra más profunda, y con sus espaldas sangrando, Pablo y Silas cantaban alabanzas a Dios, y Dios envió un violento terremoto que abrió todas las puertas de la cárcel y soltó las cadenas de los presos (16:25-29). Temiendo que sus presos hubieran escapado, el carcelero sacó su espada para darse muerte, pero Pablo lo tranquilizó diciéndole que todos seguían allí. Pablo explicó luego el evangelio al carcelero, que creyó y se bautizó con toda su casa (16:30-34). Los cánticos de los aprisionados evangelistas recuerda el cántico de Cristo en la víspera de su crucifixión (véase Mt. 26:30).

16:35-40 *"Exigimos una reparación".* Al saber que Pablo y Silas eran ciudadanos romanos y que por esto no debían haber sido azotados, los atemorizados funcionarios filipenses presentaron excusas y les rogaron que dejasen la ciudad.

17:1-9 *Un avivamiento de tres semanas origina problemas.* En Tesalónica, Pablo llevó tanto a judíos como a griegos a Cristo (17:1-4). Pero como solía suceder, algunos judíos causaron problemas, acusando a los apóstoles de "trastornar el mundo" y de desafiar la ley romana.

17:10-15 *Estudiantes bereanos de la Biblia.* Pablo y Silas dejaron Tesalónica de noche y se dirigieron a Berea, donde encontraron a la gente más interesada en las Escrituras que los de Tesalónica. Una vez más la estancia de Pablo se vio interrumpida por problemas con los judíos. Partiendo de Berea, se dirigió luego a Atenas.

SEGUNDO VIAJE MISIONERO DE PABLO

17:16-21 *El predicador y los filósofos.* Después de un animado encuentro con filósofos epicúreos y estoicos en Atenas, Pablo fue invitado a tratar acerca de Jesús y de su resurrección en su foro público, llamado el "areópago" o Colina de Marte (17:22). Los seguidores de Epicuro (341-270 a.C.) creían que aunque Dios existía, no tenía interés alguno en la humanidad, y que el principal propósito de la vida era el placer. Los estoicos creían que Dios era el alma del mundo, y que el objetivo de la vida era ascender sobre todas las cosas, sin mostrar respuestas emocionales ni al dolor ni al placer. Ambos grupos recibieron mal la teología de Pablo, calificándolo de "palabrero" (gr. *spermologos,* 17:18, que describía la acción de las aves al hacer sus nidos).

17:22-34 *El mensaje de Pablo en el areópago.* Pablo comenzó su discurso a los filósofos mencionando todos los altares que había visto en Atenas, en cada uno de los cuales estaba inscrito el nombre de una falsa deidad diferente. Recordando un altar dedicado "AL DIOS NO CONOCIDO", les presentó el verdadero Dios, Creador y Controlador de todas las cosas y Juez último de toda la humanidad, y Redentor de todos los que quisieran arrepentirse (17:22-31). Cuando Pablo culminó su sermón hablando de la resurrección de Cristo, algunos de sus oyentes creyeron, otros se burlaron, y algunos no se quedaron persuadidos, pero estaban dispuestos a oír más (17:32-34).

18:1-6 *El testimonio de los fabricantes de tiendas.* Dirigiéndose luego a Corinto, Pablo se alegró de conocer a dos espléndidos creyentes, un judío llamado Aquila y su esposa Priscila, el oficio de los cuales era hacer tiendas. Entonces comenzó a trabajar con ellos, mientras evangelizaba con regularidad en la sinagoga. Después de sufrir oposición de los judíos, de nuevo se volvió a los gentiles (18:6; comparar 13:46).

Aquila y Priscila son mencionados seis veces en el NT. Tras haber llegado a Corinto procedentes de Roma (18:2), acompañaron más tarde a Pablo a Éfeso (18:18-19), donde discipularon a Apolos (18:24-28) y alojaron una iglesia en su casa (véase 1 Co. 16:19). Al parecer, posteriormente volvieron a Roma (véase Ro. 16:3-5). Las inscripciones en las catacumbas parecen indicar que Priscila procedía de una distinguida familia romana.

Fue probablemente en esta ocasión que Pablo escribió su primera carta a los Tesalonicenses, a los que acababa de visitar (17:1-9). La segunda carta la escribió a los mismos tres meses después.

18:7-17 *Una gran pesca en Corinto.* Desde su nuevo cuartel general en un hogar gentil junto a la sinagoga, Pablo siguió predicando. Crispo, el principal de la sinagoga, creyó con toda su casa, y fueron bautizados con muchos otros que habían creído (18:7-8). Después de haber recibido especiales seguridades en una visión, Pablo se quedó en Corinto durante un año y seis meses (18:9-11). Durante este tiempo, Sóstenes, un nuevo dirigente de la sinagoga, intentó conseguir que Pablo fuera azotado y encarcelado, pero él mismo fue azotado por una enfurecida turba gentil después que el gobernador rehusara atender su causa.

18:18-22 *Un rápido viaje a Jerusalén.* Acompañado por Aquila y Priscila, Pablo partió de Corinto hacia Jerusalén. Al parecer había hecho un voto de nazareato (18:18) y le era necesario visitar el templo para cumplirlo (18:21; véase Nm. 6:1-21). Luego dejó a sus amigos fabricantes de tiendas en Éfeso, prometiendo volver y ministrar con ellos si Dios lo permitía. De Jerusalén, Pablo volvió luego a Antioquía.

18:23 *Otra vez de camino, por tercera vez.* Después de un breve informe a su iglesia de origen, Pablo embarcó en su

TERCER VIAJE MISIONERO DE PABLO

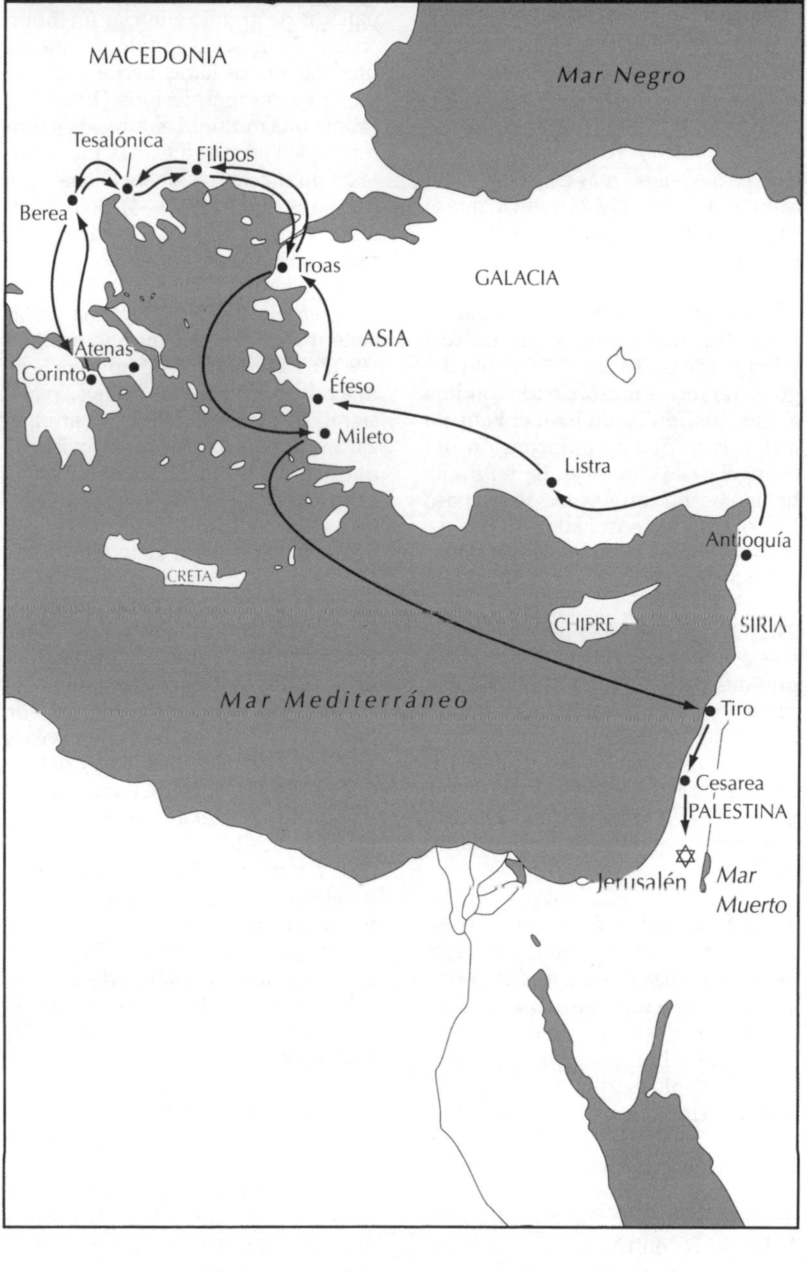

tercer viaje misionero, que lo iba a devolver a Éfeso (19:1).

18:24-28 *El resto de la historia.* En Éfeso, Aquila y Priscila conocieron a un magnífico maestro de la Biblia llamado Apolos, cuyo conocimiento del evangelio estaba limitado al mensaje de Juan el Bautista. Esta piadosa pareja explicó a Apolos "más exactamente el camino de Dios" (18:26), con lo que él fue a Acaya y proclamó resueltamente a Cristo.

19:1-10 *La escuela bíblica de dos años de Pablo.* Tras haber pasado por Galacia y Frigia (véase 18:23; 19:1), Pablo llegó de regreso a Éfeso, donde condujo a unos discípulos de Juan el Bautista a una más plena comprensión del evangelio, tal como Aquila y Priscila habían hecho con Apolos. Pablo pasó luego dos años enseñando en una escuela privada, alcanzando a muchos procedentes de toda la región.

19:11-20 *Los enfermos sanan; algunos libros son quemados.* Dios dio a Pablo grandes poderes para sanar y echar fuera demonios, pero cuando algunos exorcistas locales quisieron imitar a Pablo, ¡un endemoniado los atacó! Las noticias de este acontecimiento dieron pie a un avivamiento, con muchos convertidos que quemaron sus libros de magia.

19:21-22 *Resuelve visitar Roma.* Al llegar a su fin su tiempo en Éfeso, habló de su esperanza de ministrar algún día en Roma, una esperanza que se cumpliría al final, aunque no de la manera en que él hubiese esperado (véase 27—28). Pablo escribió probablemente esta primera carta a Corinto para este tiempo, unos tres años después de su ministerio allá (véase 18:1-17).

19:23-41 *Demetrio, Diana y la discordia.* Pablo se encontró con otra crisis antes de terminar su prolongada estancia en Éfeso. Demetrio, un artesano que vendía templecillos de plata de la diosa griega Diana, instigó a sus compañeros de gremio a iniciar un motín contra Pablo, acusándolo de que su predicación los había perjudicado en su venta de templecillos (19:23-28). Pronto una multitud enfurecida y confundida llenó el anfiteatro y tomó parte en una "celebración de Diana" que duró dos horas (19:29-34). Solo cuando un funcionario les advirtió que su motín podía atraer el castigo de Roma prevalecieron las cabezas más frías.

El templo de Diana era una de las siete maravillas del mundo antiguo (19:27). La imagen del templo era la de una mujer con muchos pechos, lo que significaba la fertilidad de la naturaleza. Se creía que la piedra original de la que había sido tallada la imagen había caído del cielo (19:35), lo que ha llevado a algunos historiadores a creer que puede haber sido un meteorito.

20:1-6 *De Éfeso a Troas.* Inmediatamente después del tumulto sobre Diana, Pablo embarcó rumbo a Grecia, donde pasó tres meses fortaleciendo a los creyentes y recogiendo una ofrenda para los pobres en Jerusalén (véase 11:27-30; 24:17; Ro. 15:25-26; 1 Co. 16:1-4; 2 Co. 8—9; Gá. 2:8). Cuando estuvo dispuesto a volver a Siria, un complot de los judíos le hizo cambiar sus planes, y pasó por Macedonia. Varios hombres acompañaron a Pablo, incluyendo Lucas ("nosotros", 20:5), reuniéndoseles otros en Troas, de vuelta en la costa asiática del Egeo.

Pablo escribió 2 Corintios probablemente para este tiempo, seguida de Romanos.

20:7-12 *Se sienta en la ventana y sufre una gran caída.* Mientras Pablo predicaba en Troas, un joven llamado Eutico se quedó dormido en el borde de una ventana, se cayó y murió. Para asombro y gozo de todos, Pablo lo resucitó. Además de la resurrección de Cristo y de los que resucitaron después de su crucifixión (véase Mt. 27:53), la resurrección de Eutico es la última de ocho resurrecciones en la Biblia:

- el hijo de la viuda resucitado por Elías (véase 1 R. 17:22)
- el hijo de la sunamita resucitado por Eliseo (véase 2 R. 4:35)
- el hombre resucitado por Eliseo (véase 2 R. 13:21)
- el hijo de la viuda resucitado por Jesús (véase Lc. 7:14-15)
- la hija de Jairo resucitada por Jesús (véase Lc. 8:54-55)
- Lázaro, resucitado por Jesús (véase Jn. 11:44)
- Dorcas, resucitada por Pedro (véase 9:40)
- Eutico, resucitado por Pablo (20:12)

20:13-38 *Pasando la antorcha del testimonio.* Después de haberse decidido contra una parada en Éfeso para poder llegar a Jerusalén para Pentecostés, Pablo envió a buscar a los ancianos de Éfeso desde Mileto (20:13-17). Pablo hizo un examen de su ministerio entre ellos (20:18-21, 26-27, 32-35), los alentó a alimentar y a conducir el rebaño de Dios (20:28), los advirtió acerca de falsos maestros que se levantarían entre ellos (20:29-31) y habló de los peligros que sentía que le esperaban en Jerusalén (20:22-25). Pablo y los ancianos oraron luego juntos y se despidieron con gran emoción.

Pablo había hablado de la gracia de Dios tanto públicamente como por las casas" (20:20). El más grande teólogo del mundo fue también el más grande ganador de almas. La enseñanza de Cristo acerca de la bienaventuranza de dar, que Pablo cita (20:35), no se encuentra en ninguno de los evangelios (véase Jn. 21:25). Naturalmente, la vida de Cristo fue un perfecto ejemplo de esta donación (véase 2 Co. 8:9; Ef. 5:2; Fil. 2:5-8).

21:1-14 *Las advertencias a Pablo caen en oídos sordos.* Pablo y sus compañeros embarcaron en Mileto rumbo a Tiro, donde unos creyentes ungidos del Espíritu intentaron advertirle que no fuera a Jerusalén; él desechó sus advertencias y prosiguió su viaje (21:1-6). En Cesarea se alojaron en casa de Felipe (véase 6:5) y sus cuatro hijas solteras, que eran profetisas (véase *Profetisas*, p. 918). Mientras estaba en Cesarea, Pablo fue de nuevo advertido contra ir a Jerusalén, esta vez por parte de Agabo (21:10; véase 11:28). Con todo, estaba decidido a ir, pese a los peligros.

21:15-30 *De vuelta en Jerusalén, fracasa un intento de apaciguar.* En el año 57 d.C., Pablo y sus compañeros, a los que se les unieron algunos discípulos de Cesarea, llegaron a Jerusalén y se encontraron con Jacobo y con los demás ancianos para informar acerca de su obra entre los gentiles (21:15-19). Los ancianos dijeron a Pablo que algunos cristianos judíos le acusaban de intentar apartar de la ley a los judíos cristianos en otras naciones. Sugirieron que para acallar esos rumores Pablo hiciera un voto especial y visitase el templo; así lo hizo Pablo (21:19-26). Pero en lugar de apaciguar a los judíos, el gesto de Pablo solo añadió leña al fuego, al ser falsamente acusado de introducir gentiles en el templo. Una turba se apoderó entonces de él y lo sacó del templo (21:27-30).

21:31-40 *Rescatado por un romano.* La turba estaba a punto de dar muerte a Pablo cuando fue rescatado por Claudio Lisias, un tribuno de la guarnición romana (23:26). Al saber más acerca de Pablo en una conversación privada, Lisias le permitió que dirigiera la palabra a sus atacantes.

22:1-21 *"Esta es mi historia".* Defendiéndose ante la enfurecida muchedumbre, Pablo explicó su pasado y su instrucción teológica judía (22:3), sus antiguas persecuciones contra los cristianos (22:4-5), su conversión a Cristo (22:6-20) y su llamamiento a evangelizar a los gentiles (22:21).

22:22-29 *"Hagan lo que bien les parezca, pero soy ciudadano".* Cuando Pablo mencionó los gentiles, la multitud volvió a amotinarse, y Lisias mandó atar y azotar a Pablo. Cuando Pablo reveló que era un ciudadano romano, Lisias se atemorizó, porque casi había quebrantado la ley romana al hacer azotar a un ciudadano (comparar exposición sobre 16:35-40).

22:30—23:10 *Otro enfrentamiento, otro encierro.* Dudoso acerca de las acusaciones exactas que los judíos habían presentado contra Pablo, Lisias dispuso otro careo entre Pablo y sus acusadores (22:30). Cuando Pablo habló, el sumo sacerdote Ananías mandó a unos siervos suyos que le golpeasen en la boca. Pablo entonces calificó a Ananías con un término despreciativo, sin saber que era el sumo sacerdote. Al saber su identidad, Pablo presentó excusas (23:1-5). Luego Pablo consiguió dividir a los dirigentes reunidos respecto a la cuestión de la resurrección, pero el tumulto resultante fue de tal gravedad que Lisias volvió a tomar a Pablo bajo su custodia, para protegerlo (23:6-10).

23:11 *"Sí, Pablo, irás a Roma".* Mientras Pablo estaba en la cárcel aquella noche, Jesús se le apareció y le aseguró que aquella situación resultaría en que iría a llevar el evangelio a Roma, lo que Pablo había anhelado hacer (véase 19:21; Ro. 1:13). (Hasta recibir esta divina seguridad, probablemente solo había abrigado la esperanza de poder salir de Jerusalén con vida, véase Ro. 15:31-32.)

23:12-22 *Cuarenta hombres frustrados (¡y hambrientos!)* Más de cuarenta judíos urdieron un plan contra Pablo y pronunciaron voto de no comer ni beber hasta que le hubieran dado muerte (23:12-15). El sobrino de Pablo supo del complot, e instruido por Pablo, informó a Lisias del mismo. ¡No hay información alguna acerca de cuándo esos cuarenta hombres volvieron a comer!

23:23-35 *La cabalgada de medianoche del amado Pablo.* Aquella misma noche Lisias envió a Pablo, protegido por un pequeño ejército, a Cesarea, el centro del gobierno romano. Con él envió una carta a Félix, el gobernador romano de Judea, explicándole las acusaciones contra Pablo.

24:1-9 *Acusaciones del ministerio público.* Los dirigentes religiosos judíos, junto con un abogado llamado Tértulo, llegaron a Cesarea para presentar los cargos contra Pablo. Después de adular a Félix (24:2-3), Tértulo acusó falsamente a Pablo de incitar a motines contra la religión judía y contra el gobierno romano, y de profanar el templo introduciendo a un gentil. Describió luego a Pablo como dirigente de los "nazarenos", término usado solo aquí para referirse a los creyentes en Jesús de Nazaret.

24:10-21 *Respuestas del acusado.* Pablo se proclamó inocente de las acusaciones de sedición (24:10-13), proclamó su lealtad a su patrimonio judío (24:14-17) y señaló que sus acusadores originales ni se habían preocupado de presentar cargos (24:18-19). Pero admitió libremente que era creyente en Jesús y en su resurrección (24:14-15), lo cual, afirmó Pablo, era la verdadera razón de que se le juzgase (24:20-21).

24:22-27 *¿Un momento más conveniente?* Dándose cuenta de que no había pruebas contra Pablo, Félix lo puso bajo arresto domiciliario hasta que llegase Lisias, mandando a los guardas que lo tratasen con consideración (24:22-23). En los días siguientes, Félix se sintió profundamente afectado por la predicación de Pablo, pero rehusó aceptarla (24:24-25). Dos años después, cuando Festo sustituyó a Félix como gobernador, Pablo seguía detenido.

25:1-12 *"Que Nerón decida mi causa".* Cuando Festo visitó Jerusalén, los judíos intentaron persuadirle de que hiciera llevar a Pablo allá, planeando en secreto matarlo por el camino (25:1-3). Festo rehusó, pero los invitó a volver con él a Cesarea, donde de nuevo presentaron sus falsas acusaciones contra Pablo, todas las cuales él refutó (25:4-8). Queriendo conseguir el favor de sus súbditos judíos, Festo invitó a Pablo a que fuera a Jerusalén para ser juzgado. Prudentemente, Pablo rehusó. Tras haber pasado dos años bajo arresto sin habérsele probado ningún cargo, exigió sus derechos como ciudadano romano y apeló a César, apelación a la que asintió Festo.

El César al que apeló Pablo era Nerón, que había iniciado su reinado unos cinco años antes, en el 54 a.C. La primera parte del reinado de Nerón fue pacífica y no dio ninguna indicación de las crueldades que vendrían después.

25:13-27 *"¡Querría que conocieras a este hombre!"* Cuando Herodes Agripa II y su hermana Berenice (de la que se dice que era también su amante) hicieron una visita a Festo, este habló a Agripa acerca del caso de Pablo (25:13-21), y Agripa expresó el deseo de oír a este famoso preso (25:22). Festo hizo comparecer de buena gana a Pablo ante el rey, esperando que Agripa le ayudase a decidir qué decirle a Nerón acerca de los cargos contra Pablo (25:23-27).

Herodes Agripa II, hijo del Agripa que había muerto por blasfemo (12:20-24), fue el último de la dinastía de los Herodes. Se puso del lado de Roma cuando la destrucción de Jerusalén en el 70 d.C.

26:1-23 *"¡Ahí está toda la historia, rey Agripa".* Defendiéndose ante Agripa, Pablo habló de su lealtad a la ley de Moisés, afirmando que sus acusadores sabían esto, aunque no quisieran admitirlo (26:1-5). Luego fue directamente la esencia del asunto: Los judíos se oponían a él a causa de su creencia en Cristo (26:6-8). Y la verdad era que él mismo se había opuesto violentamente a Cristo (26:9-11) hasta que Cristo se le apareció, llamándolo a la fe y encargándole que predicase el evangelio (26:12-18).

Pablo luego resumió su ministerio entre judíos y gentiles, diciendo que era por este ministerio, y no por las muchas falsas acusaciones de que le habían hecho objeto, que estaba siendo sometido a juicio (26:19-21). Una vez más proclamó que Cristo, en cumplimiento del AT, había traído la esperanza de la vida eterna tanto a los judíos como a los gentiles (26:22-23; véase 26:7-8). Pablo sabía que Agripa estaba bien versado en las costumbres y Escrituras de los judíos (26:3, 26).

26:24-32 *¿Por poco?* Festo cortó el discurso de Pablo, calificándolo de loco. Pablo negó esta acusación, y apeló a Agripa para que diera fe de su interpretación de las Escrituras (26:24-27). Ante la presentación de Pablo, Agripa contestó que "por poco me persuades" (RV), pero luego pasó a cerrar el interrogatorio, observando que de buena gana habría dado la libertad a Pablo, si no hubiera apelado a César. En griego, 26:28 dice así: "En resumen, estás tratando de persuadirme a ser cristiano", sugiriendo que Agripa consideraba presuntuoso a Pablo por pensar que le pudiera convertir con tanta facilidad.

27:1-12 *Buena navegación para empezar.* En el año 59, Pablo emprendió por fin la travesía hacia Roma, aunque como preso. La navegación fue buena al principio (27:1-6), pero luego se encontraron con varios días de mal tiempo antes de llegar sanos y salvos a Buenos Puertos (27:7-8). Desechando las advertencias de Pablo acerca de proseguir la navegación en aquella época del año, se dispusieron a zarpar rumbo a Creta (27:9-12). Aunque no está registrado en las Escrituras, Pablo había estado previamente en otros tres naufragios (véase 2 Co. 11:25).

27:13-20 *Pero luego viene la tormenta.* Poco después de zarpar de Creta, la nave de Pablo sufrió los embates de unos vientos huracanados. La tripulación intentó todo por mantenerse a flote, pero la tempestad se mantuvo durante muchos días, hasta que se perdió toda esperanza.

27:21-44 *"No se preocupen, ¡todos sobreviviremos!"* Después de varios días de tempestad, Pablo dijo a la tripulación que Dios le había dado seguridades de que a causa de que quería hacer llegar a Pablo sano y salvo a Roma, todos en la nave sobrevivirían a la tempestad, aunque encallarían en una isla (27:21-26). Y esto es exactamente lo que sucedió (27:27-44). Mientras, la fe de Pablo dio ánimos a los demás mientras se preparaban para el naufragio (27:33-37).

28:1-10 *Ministerio en Malta.* Pablo y sus compañeros de naufragio supieron que habían sido arrojados sobre Malta, justo al sur de Italia. Cuando Pablo sobrevivió a la mordedura de una serpiente venenosa, la gente le consideró como un dios (28:1-6). Cuando luego sanó al padre del gobernador, muchos otros acudieron a él y fueron sanados, y es de suponer que oyeron el evangelio.

28:11-16 *¡Roma, por fin!* Después de tres meses en Malta, Pablo zarpó por fin rumbo a Roma, donde fue calurosamente recibido por hermanos en la fe. Le fue permitido vivir independientemente, con un solo soldado para custodiarlo. Esto tuvo lugar en el 60 d.C., unos 25 años después de su conversión.

28:17-29 *"Isaías tenía razón, como siempre".* Pablo se encontró con dirigentes judíos locales y les explicó como, debido a sus enseñanzas acerca del Mesías, los judíos en Jerusalén lo habían acusado falsamente, lo que le había empujado a apelar al César (28:17-20). Luego empleó el AT para explicar el evangelio (28:21-23). Algunos aceptaron el mensaje, pero otros lo rechazaron, llevando a la mente de Pablo la triste profecía de Isaías acerca de la incredulidad de Israel (28:26-27; véase Is. 6:9-10). Mientras los oyentes de Pablo marchaban, discutiendo acerca de su mensaje, él declaró que lo que ellos rechazaban, los gentiles lo aceptarían (28:28-29).

28:30-31 *Bajo arresto, pero libre para predicar.* Durante los dos siguientes años, mientras Pablo esperaba su juicio ante el César, tuvo libertad para predicar el evangelio desde su casa, al parecer con magníficos resultados (véase Fil. 1:12-14; 4:22). Durante este tiempo escribió sus cartas a los Efesios, Filipenses, Colosenses y a Filemón. Parece que Pablo fue libertado después de esos dos años (véase Flm. 1:22), y luego vuelto a encarcelar un tiempo después. Primera a Timoteo y Tito fueron probablemente escritas después de su liberación, y su último libro, 2 Timoteo, habría sido escrito durante su segundo encarcelamiento, mientras esperaba su ejecución (véase 2 Ti. 1:8, 16; 4:6-12). Según la tradición, fue ejecutado por decapitación alrededor del 67-68 d.C.

❖ ❖ ❖

PERSONAS A RECORDAR DE HECHOS

APOLOS

Hechos clave: Evangelista dotado, discipulado por Aquila y Priscila
Total de referencias bíblicas: 10
Referencias clave: 18:24—19:1; 1 Co. 3:6

Habla Apolos

Los vi cuando entraron en la sinagoga y se sentaron calladamente, este hombre judío y su esposa gentil. Eran una pareja interesante. ¿Eran buscadores, escarnecedores? En todo caso, esperaba que mi sermón les diera instrucción acerca de las grandes verdades de la fe. ¡Poco me imaginaba yo que sería al revés! ¡Gracias a Dios por Aquila y Priscila!

"Apolos —me dijeron—, queremos informarte acerca de lo que sucedió después del ministerio de Juan el Bautista" (18:24-26).

Los estuve escuchando atónito, oyendo los detalles de la muerte, resurrección y ascensión del Mesías, y del milagro en Pentecostés. ¡Qué puertas de servicio se abrieron después, preparando el camino para una visita a Grecia, donde Dios ungió mi predicación para fortalecer allí el cuerpo de Cristo, especialmente en la iglesia en Corinto! (18:27—19:1).

Ahora he podido ministrar en un círculo completo, desde Alejandría al sur hasta Éfeso en el norte, y Grecia en occidente. ¿Quién sino el mismo Pablo podría jactarse de una cosa así? Sin embargo, no osaré olvidar cómo el gran apóstol puso su ministerio y el mío en su perspectiva apropiada: "Yo planté, Apolos regó; pero el crecimiento lo ha dado Dios" (1 Co. 3:6).

Lecciones espirituales de Apolos

- La persona que quiera enseñar a otros ha de estar dispuesta primero a ser enseñada, como Apolos (18:24-26).
- El don de enseñanza no está limitado a pastores profesionales ni a otros con una instrucción teológica. Aquila y Priscila eran fabricantes de tiendas (18:2-3, 26). Deberíamos estar dispuestos a aprender de quien sea que podamos.

Versículos clave

"Cuando le oyeron [a Apolos] Priscila y Aquila, le tomaron aparte y le expusieron más exactamente el camino de Dios. Y queriendo él pasar a Acaya, los hermanos le animaron, y escribieron a los discípulos que le recibiesen; y llegado él allá, fue de gran provecho a los que por la gracia habían creído; porque con gran vehemencia refutaba públicamente a los judíos, demostrando por las Escrituras que Jesús era el Cristo" (18:26-28).

AQUILA Y PRISCILA

Hecho clave: Compañeros de profesión, fabricantes de tiendas que ayudaron y alentaron a Pablo (18:1-3)
Total de referencias bíblicas: 6
Referencias clave: 18:1-3, 24-26; 1 Co. 16:19

Hablan Aquila y Priscila

Acabamos de oír la noticia: Pablo ha muerto mártir en Roma bajo Nerón. ¡Qué maravilloso saber que estábamos en sus pensamientos hasta el mismo fin! (2 Ti. 4:6-7, 19).

¡Qué gloriosos recuerdos se evocan con el nombre mismo de Pablo! Si no hubiera sido por nuestra expulsión de Roma, probablemente nunca habríamos conocido al gran apóstol. ¡Cuán maravillosos son los caminos de Dios, reuniendo a tres creyentes que compartían la misma actividad y el mismo deseo de desarrollar un ministerio! (18:1-3).

Pero el milagro prosiguió, porque nos embarcamos con él en Corinto rumbo a Éfeso justo a tiempo para conocer a Apolos, a quien pudimos ayudar a llegar a un mejor entendimiento de la fe. ¡Qué gratificante ha sido saber de su eficacia en el ministerio en los años que han seguido! (18:18, 24-25).

Por nuestra parte, seguiremos haciendo tiendas, siempre disponibles para cuando Dios quiera volver a utilizarnos.

Lecciones espirituales de Aquila y Priscila

- Esta pareja consagrada, fabricantes de tiendas de profesión (18:2-3), fue grandemente usada por Dios para ministrar a Apolos (18:24-28) y a Pablo (Ro. 16:3-4; 2 Ti. 4:19). De hecho, convirtieron su casa en una iglesia (1 Co. 16:19). Nunca minimices ni valores por debajo tu papel en la vida.

Versículo clave

"Cuando le oyeron [a Apolos] Priscila y Aquila, le tomaron aparte y le expusieron más exactamente el camino de Dios" (18:26).

BERNABÉ

Hecho clave: El colega misionero de Pablo y de toda confianza
Total de referencias bíblicas: 30
Referencias clave: 4:36; 9:26-27; 11—15; Gá. 2:11-14

Habla Bernabé

La iglesia aquí en Antioquía sigue creciendo como al principio. ¡Qué maravilloso fue entonces contemplar todo aquel entusiasmo espiritual, especialmente entre los nuevos convertidos! Fue un gran privilegio ayudar en el crecimiento espiritual de la iglesia. Luego hubo aquel apresurado viaje hacia el norte para seleccionar a un hombre como mi ayudante, a un tal Saulo de Tarso (11:21-25).

"Cristianos —pertenecientes a Cristo". Este es el nombre que nos aplicaron los incrédulos en aquel entonces. ¡Qué ocasiones tan preciosas de oración y adoración de que gozamos con los otros profetas y maestros en Antioquía! Ciertamente, fue durante una de aquellas gloriosas sesiones que el Espíritu de Dios nos llamó a Saulo y a mí al campo misionero. Los dos años siguientes iban a cambiar mi vida por completo, y me iban a dar una perspectiva global de la necesidad de proclamar las Buenas Nuevas (11:26; 13—14).

Todavía me pregunto quién tendría la razón respecto a nuestro desacuerdo. Sea como fuere, ¡Dios usó aquel desagradable incidente para doblar el personal misionero! (15:36-40).

Con frecuencia pienso en Pablo. Está ahora encarcelado en Roma. ¡Qué contento me siento de que Juan Marcos esté allí sirviéndole! (28:16, 30; Col. 4:10).

El encargo que nos hizo Dios en vísperas de nuestro primer viaje misionero sigue ardiendo en mi corazón después de todos aquellos años: "Te he puesto para luz de los gentiles, a fin de que seas para salvación hasta lo último de la tierra". Y esto pienso hacer hasta el día en que muera (13:47).

Lecciones espirituales de Bernabé

- ¡Hay uno en cada multitud! Bernabé era conocido y amado en la iglesia de Jerusalén como "hijo de consolación" (4:36). Empleaba plenamente su don espiritual de alentar a otros (Ro. 12:6-8; 2 Ti. 1:6).
- A veces la mayor bendición que un creyente puede dar a otro es darle el beneficio de la duda. Bernabé hizo esto para Pablo (9:26-27) y también para Juan Marcos (15:36-39).
- La fidelidad, como la caridad, comienza en casa. Después que Bernabé se hubo probado en su iglesia local (Jerusalén, 4:36-37), Dios lo empleó en muchas iglesias (véase 11:22-26; 13:5-6, 14; 14:1, 6).
- Incluso nuestras mayores fuerzas espirituales pueden fallar cuando bajamos la guardia. Generalmente un portavoz para la naciente misión de la iglesia a los gentiles (15:12), al menos en una ocasión Bernabé se sintió afectado por el sentimiento contrario a los gentiles (Gá. 2:11-13). "Cuando menos temes el peligro, más cerca está el lazo del tentador".

Versículos clave

"Cuando [Bernabé] llegó, y vio la gracia de Dios, se regocijó, y exhortó a todos a que con propósito de corazón permaneciesen fieles al Señor. Porque era varón bueno, y lleno del Espíritu Santo y de fe. una gran multitud fue agregada al Señor" (Hch. 11:23-24).

CORNELIO

Hecho clave: Oficial militar romano llevado a Cristo por Pedro
Total de referencias bíblicas: 10
Referencia clave: 10:1-48

Habla Cornelio

Esta mañana ha llegado el despacho de Roma: por mi edad, estoy siendo relevado inmediatamente de mis deberes militares. Aunque al principio sentí algo de tristeza ante la noticia, mi sentimiento general es de un gran alivio. Durante años he servido a César con orgullo, celo y entrega. Pero ahora me siento libre de servir a mi amado Salvador con la misma fidelidad.

¡Cuántas veces he dado gracias al Señor por Simón Pedro! Si no hubiera sido por él, viejo soldado que soy, probablemente habría degenerado a un endurecido y corrompido ex militar, como tantos de mis compañeros de armas. ¡Qué extraños son los caminos de Dios! Yo le reverenciaba y daba generosamente para su causa sin ni siquiera conocerle. ¡Y un día se me apareció un mensajero angélico! "Envía, pues, ahora hombres a Jope, y haz venir a Simón, el que tiene por sobrenombre Pedro," me dijo. ¡Asombroso! Soy probablemente uno de los pocos gentiles que haya visto un ángel (10:1-6).

Es poco decir que me sentí impresionado por Pedro. ¡Intenté adorarlo! ¡Qué error! Pero luego Pedro me contó cómo Dios había tenido que rectificar cosas en *su* vida, lo que me hizo sentir mejor (10:25, 28).

Pedro nos contó luego a mí, a mi familia y a mis amigos todo acerca del maravilloso ministerio de Cristo, su muerte, y su resurrección (10:34-43).

En aquel instante, el Espíritu de Dios descendió sobre nosotros en una inolvidable experiencia de su presencia. Pedro nos bautizó, y luego se fue (10:44-48).

Bueno, esto fue hace unos veinte años. Pero el mensaje de Pedro ha sido desde entonces mi grito de batalla para todos los que he conocido: "De este dan testimonio todos los profetas, que todos los que en él creyeren, recibirán perdón de pecados por su nombre" (10:43).

¡Ahora que estoy retirado, podré compartir las buenas nuevas sin distracciones!

Lecciones espirituales de Cornelio

- Dios dirige los pasos de los incrédulos que le buscan con sinceridad (10:1-8; véase Jn. 6:44; 16:7-11).
- Pero a veces Dios tiene que preparar los corazones de los ganadores humanos de almas para alcanzar a los que están buscando (10:9-22).

Versículos clave

"[Cornelio] vio claramente en una visión, como a la hora novena del día, que un ángel de Dios entraba donde él estaba, y le decía: Cornelio. Él, mirándole fijamente, y atemorizado, dijo: ¿Qué es, Señor? Y le dijo: Tus oraciones y tus limosnas han subido para memoria delante de Dios. Envía, pues, ahora hombres a Jope, y haz venir a Simón, el que tiene por sobrenombre Pedro. Este posa en casa de cierto Simón curtidor, que tiene su casa junto al mar; él te dirá lo que es necesario que hagas" (10:3-6).

FÉLIX

Hechos clave: Gobernador romano, oyó la causa de los dirigentes judíos contra Pablo

Total de referencias bíblicas: 8

Referencias clave: 23:23—24:27

Habla Félix

Quizá no debiera haber dejado encadenado a Pablo. Bueno, ahora será el problema de Festo. Francamente, esperaba un soborno de su parte y entonces le hubiera dejado. Quedó evidente durante el juicio que aquellos judíos de Jerusalén y su astuto abogado no tenían absolutamente nada que se pudiera sostener contra Pablo (24:1, 26-27).

La defensa de Pablo fue una obra maestra. Y su sermón pocos días después produjo un impacto profundo sobre mí mismo y sobre mi mujer. Me avergüenzo de admitir que sus palabras acerca del juicio venidero me conturbaron tan profundamente que lo despedí rápidamente, prometiendo continuar la discusión en un momento más conveniente. Pero, naturalmente, este momento jamás llegó (24:10-25).

Lecciones espirituales de Félix

- Aunque evidentemente convencido por la predicación de Pablo, Félix rehusó responder, afirmando que lo volvería a considerar "cuando tenga oportunidad" (24:25). Por lo que toca a las Escrituras, el tiempo más oportuno nunca llegó. Dios no puede salvar a una persona el día anterior, y para la mañana siguiente el corazón ahora abierto puede quedar cerrado para siempre. ¡El único tiempo "oportuno" para aceptar a Cristo es hoy! (Véase Lc. 12:20; 2 Co. 6:2; He. 3:7-8.)

Versículos clave
"Algunos días después, viniendo Félix con Drusila su mujer, que era judía, llamó a Pablo, y le oyó acerca de la fe en Jesucristo. Pero al disertar Pablo acerca de la justicia, del dominio propio y del juicio venidero, Félix se espantó, y dijo: Ahora vete; pero cuando tenga oportunidad te llamaré" (24:24-25).

FESTO

Hechos clave: Gobernador romano después de Félix, oyó también la causa de los dirigentes judíos contra Pablo
Total de referencias bíblicas: 13
Referencias clave: 24:27—26:32

Habla Festo
Pablo emprendió hoy la travesía para Roma. Desde luego, un hombre fascinante. ¿Se trata realmente de un desequilibrado mental, como le acusé de serlo en el calor del momento? Probablemente no, pero, ¿qué se puede decir de un hombre que afirma que ha visto y oído a un muerto hablar de en medio de una luz resplandeciente? (26:13-18, 24; 27:1-2).

¡Qué extraño que sus correligionarios le odiasen de tal manera! ¡Idiotas! Creían que me podrían engañar para ayudarlos a darle muerte (25:1-5).

Lo indudable del caso es que tanto Agripa como Berenice quedaron impresionados con Pablo. Pero me sigo preguntando qué era lo que Agripa estaba pensando cuando le respondió. ¿Fueron sus palabras un intento de burlarse del preso? ¿O había una insinuación de que el mensaje de Pablo le estaba afectando? (25:23; 26:28).

Bueno, sea lo que fuere, aquí tenemos a un gobernador romano que no ha podido ser seducido por un pico de oro de un evangelista judío. Pero queda algo para pensarlo con seriedad: Si no estaba loco, ¿qué poder en la tierra podría haberlo llevado a sufrir todo aquello —y quizá a perder la vida— simplemente para propagar la memoria de un desconocido muerto?

Lecciones espirituales de Festo

- Los cristianos pueden ser ridiculizados por su fe, tanto si la presentan de una manera erudita o en un lenguaje llano y cotidiano. Era evidente que Pedro y Juan carecían de instrucción (14:3), mientras que Pablo fue escarnecido por su gran inteligencia (26:24).

Versículos clave
"Festo a gran voz dijo: Estas loco, Pablo; las muchas letras te vuelven loco. Mas él dijo: No estoy loco, excelentísimo Festo, sino que hablo palabras de verdad y de cordura" (26:24-25).

JACOBO (MEDIO HERMANO DE CRISTO)

Hechos clave: Pastoreó la iglesia en Jerusalén, fue autor del libro del NT que lleva su nombre (Santiago)

Padre: José (Mt. 13:54-56)
Madre: María (Mt. 13:54-56)
Hermanos: José, Simón, Judas; (medio hermano): Jesús (Mt. 13:55)

Habla Jacobo

"El viejo rodillas de camello" me llaman, por todas las horas que paso arrodillado en oración. Pero no me preocupa, porque quiere ser un cumplido. ¡Hay tanto de qué hablar con Dios! Quizá, sin embargo, mis días de oración están numerados. El sumo sacerdote ha pronunciado su advertencia final. ¡O niego a Jesús o seré echado del pináculo del templo al valle del Cedrón, y me rematarán a pedradas!

Naturalmente, ni puedo retractarme, ni lo haré. Hace años, creciendo en Jerusalén, es probable que hubiera estado más que dispuesto a denunciar a mi medio hermano por sus reivindicaciones mesiánicas. ¡Qué enajenados estábamos entonces, mis hermanos, mis hermanas y yo, al no darnos cuenta de que era totalmente diferente a nosotros! Para vergüenza mía sin fin, dejé que mi madre estuviera sola ante la cruz, sin el apoyo de ninguno de nosotros. Francamente, no experimenté ningún gran dolor cuando Él murió (Mt. 13:55-57; Jn. 7:1-8; 19:25).

Pero, ¡qué diferencia puede significar un solo día! Aquel glorioso domingo de resurrección el Crucificado se me apareció verdaderamente (1 Co. 15:7).

Naturalmente, nada ha sido igual desde aquel entonces. Gracias a Dios que Judas, mi hermano más joven, también ha abrazado la fe. Los dos oramos que José, Simón y nuestras hermanas lo hagan también (Jud. 1).

¡Qué gozo —y qué tarea— pastorear la gran asamblea de creyentes en Jerusalén! A menudo pienso en aquella importantísima reunión que nuestra iglesia celebró. Fue mi privilegio anunciar la decisión: el rito judío de la circuncisión no sería forzado sobre los gentiles que creyesen. Me acaba de llegar la noticia de que Pablo ha sido liberado de su encarcelamiento en Roma. ¡Alabado sea Dios! Él y Pedro fueron nuestros testigos estelares en aquel concilio (15:4, 7-12, 19; Flm. 1:22).

Abrigo la esperanza de que tanto los lectores judíos como los gentiles hayan recibido ayuda de mi carta. En esta hora tenebrosa recuerdo de repente una preciosa promesa que me ha hecho escribir: "Bienaventurado el varón que soporta la tentación; porque cuando haya resistido la prueba, recibirá la corona de vida, que Dios ha prometido a los que le aman" (Stg. 1:12).

Lecciones espirituales de Jacobo

- Ciertamente, a menudo la familiaridad engendra menosprecio. Aunque había nacido de la misma madre que Jesús (Mt. 13:54-56) y había crecido en el mismo hogar, Jacobo creció siendo un escéptico incrédulo (Jn. 7:5).
- Aunque Jacobo enseñó en su carta (escrita alrededor del 45 d.C.) en contra de toda clase de prejuicios (Stg. 2:9), algunos años después él mismo mostró este tipo de prejuicios (Gá 2:11-14). Deberíamos practicar lo que predicamos (Ro. 2:21-22).

Versículo clave

"Después apareció a Jacobo; después a todos los apóstoles" (1 Co. 15:7).

PABLO

Hechos clave: Apóstol, fue autor de 13 de los 27 libros del NT, y puede haber sido el autor de Hebreos

Padre: innominado (23:6)
Hermana: innominada (23:16)
Ocupación: Fabricante de tiendas, apóstol (18:1-3; Ef. 3:6-8)
Acontecimientos clave en su vida:

- Educado como fariseo (véase 22:3)
- Persigue a los cristianos (7:58; 8:1-3)
- Convertido (9:1-31)
- En Damasco y Arabia (Gá. 1:17)
- En Jerusalén con Bernabé (9:26-27; Gá. 1:18)
- Labora en Antioquía con Bernabé (11:25-26)
- En su primer viaje, es apedreado en Listra (14:8-19)
- El Concilio de Jerusalén (15; Gá 2:1)
- En su segundo viaje, Timoteo se une a su equipo (16:1-3)
- El llamamiento de Macedonia (16:9)
- Con los filósofos en Atenas (17:16-33)
- En el tercer viaje, más de dos años en Éfeso (19)
- Se despide de los ancianos de Éfeso (20:17-35)
- Arrestado en Jerusalén (21:27)
- Puesto bajo custodia romana (22:24)
- Apela a César (25:10)
- Sobrevive a un naufragio; llega a Roma (27—28)
- Bajo arresto domiciliario; ministra en Roma (28:30-31)
- Liberado después de dos años (?) (véase Flm. 1:22)
- Encarcelado otra vez (?) (véase 2 Ti. 1:8)
- Consciente de que se avecina su muerte (2 Ti. 4:6-8)

Total de referencias bíblicas: 180
Referencias clave: 8—28; Romanos—Filemón

Habla Pablo

¡Un "anciano"! Así es como me describí a Filemón. ¡Y de esto hace ya diez años! Tengo que retroceder aún otros 20 años para llegar al tiempo en que Dios me llamó. Dijo que sería "instrumento escogido" para llevar su nombre en presencia "los gentiles, y de reyes, y de los hijos de Israel", y que sufriría enormemente por causa de su nombre (9:10-16; Flm. 1:9).

¡Qué exacta ha demostrado ser aquella profecía! A menudo he meditado en cada una de sus partes. Naturalmente, lo principal de mi obra misionera ha sido a "los gentiles". Le he proclamado a griegos, romanos y asiáticos; a negociantes y soldados, a idólatras y filósofos (14:8-19; 16:11-15; 17:16-34; Ro. 11:13; Fil. 1:12-14).

"Y de reyes". ¡Allí estaba yo, encadenado, predicando a Cristo en Cesarea ante Félix, Festo, y el mismo rey Agripa! (24—26).

"Y de los hijos de Israel". ¡Oh, cómo me ha dolido el corazón por Israel! Naturalmente, he tenido oportunidad de proclamar al Mesías ante mi pueblo en Antioquía, Jerusalén y muchos otros lugares (13:14-15, 38-39; 22; 28:16-18, 30-31; Ro. 9:1-3; 10:1).

Luego hay lo que él dijo acerca del sufrimiento; no hay duda alguna, este viejo cuerpo lleva feas cicatrices de numerosas batallas y azotes. Pero como lo recordé una vez a unos creyentes romanos, lo que sufrimos aquí abajo no puede compararse con la gloria que nos espera allá arriba (Ro. 8:18; 2 Co. 11:24-28; Gá. 6:17).

Es de esperar que tanto Timoteo como Marcos puedan llegar antes que vengan a llevarme a la muerte. ¡Cuánto han significado ellos para mí! A Timoteo lo considero mi hijo espiritual, y Marcos fue de tan grande ayuda en mi anterior encierro. Dios desde luego lo ha transformado desde nuestro primer viaje (15:36-40; Col. 4:10; 2 Ti. 1:2; 4:6, 9, 11; Flm. 1:24).

Sé que se entristecerá cuando sepa que Demas me ha abandonado, como tantos otros. Pero aquel Fiel que primero me encontró fuera de Damasco hace tantos años nunca me ha abandonado ni un momento. Pienso en aquella noche tenebrosa en Jerusalén cuando me tranquilizó. Mas tarde, cuando estaba en un barco que zozobraba en medio de una terrible tempestad, de nuevo vino a mí. Y ahora, en el tiempo más duro de mi vida, sigue permaneciendo a mi lado (9:1-6; 23:11; 27:23-24; 2 Ti. 4:10, 16-17).

He librado la buena batalla; he terminado la carrera; he guardado la fe. Este es mi testimonio final. ¿Y mi última expectativa? Sé que el Señor me tiene reservada una corona de justicia. De modo que, ¡haz lo peor de tu parte, Nerón! No podrás matar lo que no puede ser muerto. Tu cruel espada simplemente refrendará mi paso a los portales de la gloria eterna (2 Ti. 4:7-8).

Lecciones espirituales de Pablo

- "Cristo Jesús vino al mundo para salvar a los pecadores, de los cuales yo soy el primero" (1 Ti. 1:15). ¿Crees tú que has pecado demasiado para ser salvo? Según el primero de los pecadores del mundo, esto es imposible. Antes de su conversión, Pablo perseguía implacablemente a los cristianos (7:58; 8:1-3; 9:1-18; 22:5, 19; 26:10-11; Gá. 1:13), pero la gracia de Dios fue suficiente para salvarle.
- Maltratar a otro cristiano es maltratar al mismo Cristo. Cristo se identifica con sus discípulos (9:4; véase Mt. 25:31-45; Col. 1:18).
- Pablo habló de "conocer" a Cristo y "el de su resurrección" (Fil. 3:10). Pero si nosotros queremos experimentar este poder, debemos estar dispuestos a pagar el precio: "padecer con él" (Fil. 3:10; véase también 2 Co. 1:5; 1 P. 4:13). Pablo comenzó (9:16) y culminó (2 Ti. 4:6, 16-17) su ministerio con padecimientos.
- Pablo y Bernabé estaban ministrando *al* Señor cuando fueron llamados a ministrar *para* el Señor (13:2). Lo primero involucra alabanza y adoración, mientras que lo segundo tiene que ver con proclamación y testimonio. Dios quiere ambas cosas de nosotros.
- No importa lo poco o mal que reaccionen las personas cuando presentamos el evangelio, podemos hacerlo con la confianza de que Dios tiene "mucho pueblo en esta ciudad" (18:9-10). Aunque algunos escarnezcan, hay muchos otros cuyos corazones ha preparado para que den oído.
- Al menos ocho veces, Pablo se ofreció como modelo de conducta, exhortando a sus lectores a imitarle a él como él imitaba a Cristo (véase 1 Co. 4:16; 11:1; Gá. 4:12; Fil. 3:17; 4:9; 1 Ts. 1:5-6; 2:10; 2 Ts. 3:7-9). ¿Podemos nosotros ofrecernos como tales modelos?
- Pablo (2 Ti. 4:7), lo mismo que Jesús (Jn. 17:4) y a diferencia de Belsasar (Dn. 5:26-27), podía testificar al fin de su vida que había acabado con buen éxito su curso. Deberíamos trabajar para hacer de ello también nuestro testimonio.

Versículo clave

"Porque para mí el vivir es Cristo, y el morir es ganancia" (Fil. 1:21).

FELIPE (EL EVANGELISTA)

Hechos clave: Evangelista, presentó el evangelio a un funcionario real etíope
Total de referencias bíblicas: 16
Referencias clave: 6:5; 8:5-8, 26-40; 21:8-15

Habla Felipe

¡Qué privilegio fue recibir y dar hospitalidad en nuestra casa al gran apóstol Pablo! Además de gozar de un maravilloso compañerismo, encontramos mucho en común con él. Ha trabajado como evangelista durante muchos años, como yo. Es un profeta reconocido, como mis cuatro hijas. Comenzó su ministerio como asociado en una iglesia local, igual que yo (6:1-5; 8:5; 11:25-26; 13:1; 21:8-9).

Le despedimos esta mañana. Es evidente que planea dirigirse directamente a Jerusalén, a pesar de la sombría advertencia de Agabo. En todo caso, se hará la voluntad de Dios. esta fue nuestra oración de despedida por él. Y esperamos que esa sea también su oración por nosotros (21:10-15).

La partida de Pablo me recordó una vez más del día que vi a aquel recién convertido etíope desaparecer en la distancia en medio de aquella polvareda hacia su patria. Siempre que Dios me lo trae a la memoria oro por él. Querido amigo largamente separado, espero que tu entusiasmada confesión junto a aquel oasis siga siendo tu diario testimonio: "Creo que Jesucristo es el Hijo de Dios" (8:26-39).

Lecciones espirituales de Felipe

- Dios empleó poderosamente a Felipe en una campaña ciudadana (8:5-8), pero no antes que probara ser un siervo fiel y ungido por el Espíritu en su iglesia local (6:3-6). Véase Mateo 25:23.
- Siempre sensible a la dirección del Espíritu, Felipe dejó su eficaz campaña de predicación en Samaria (8:5) para alcanzar a un hombre en el desierto de Gaza (8:26-39). Del mismo modo, si verdaderamente buscas su voluntad, Dios dice: "Te enseñaré el camino en que debes andar" (Sal. 32:8).
- "Herencia de Jehová son los hijos" (Sal. 127:3). "Instruye al niño en su camino" (Pr. 22:6). Felipe reconoció la verdad del salmo y actuó según la amonestación del proverbio, y crió cuatro piadosas hijas (21:8-9).

Versículo clave

"Entonces Felipe, abriendo su boca, y comenzando desde esta escritura, le anunció el evangelio de Jesús" (8:35).

SILAS (SILVANO)

Hecho clave: Asociado de Pablo en su segundo viaje misionero
Total de referencias bíblicas: 13
Referencias clave: 15:22—18:22; 2 Co. 1:19; 1 P. 5:12

Habla Silas

"Pedido a Dios". Este es el significado del nombre que me pusieron mis padres. Y mirando atrás, es evidente, desde luego, que Dios ha tenido su mano sobre mi vida. Desde luego me ha bendecido, permitiéndome proclamar el evangelio en otras tierras. ¡Y qué director de equipo hemos tenido Timoteo y yo! ¡El mismo gran apóstol Pablo! (15:40; 16:29-32).

En tanto que ya he experimentado una medida de peligros y dificultades por el nombre de Cristo, no creo que nada me hubiera podido preparar para lo que ocurrió en Filipos. Entre otras cosas, sufrimos oposición satánica, lo que fue seguido por nuestro arresto, azotes y encarcelamiento. De modo que, ¿qué hicimos? ¡Cantamos las alabanzas del Señor! ¿Y qué hizo Dios? ¡Envió un terremoto! ¡No es para asombrarse de que se esparcieran las noticias de que estábamos trastornando el mundo! (15:26; 16:16-26; 17:6).

Retrospectivamente, gocé especialmente del breve ministerio que Timoteo y yo desempeñamos en Berea. ¡En ninguna parte he encontrado creyentes tan leales a las Escrituras! (17:10-14).

Mi padre terrenal me llamó "pedido a Dios". Es de esperar que algún día mi Padre celestial me llame "Aprobado por Dios".

Lecciones espirituales de Silas

- Así como Aarón y Hur sostuvieron las manos de Moisés durante la batalla con los amalecitas (Éx. 17:12), Silas ministró a Pablo durante su segundo viaje misionero (15:40—18:22). Los dirigentes cristianos en la actualidad expresan a menudo su necesidad de piadosos Silas que les ayuden sosteniendo sus manos en el ministerio.

Versículos clave

"Nos ha parecido bien, habiendo llegado a un acuerdo, elegir varones y enviarlos a vosotros con nuestros amados Bernabé y Pablo, hombres que han expuesto su vida por el nombre de nuestro Señor Jesucristo. Así que enviamos a Judas y a Silas, los cuales también de palabra os harán saber lo mismo" (15:25-27).

ESTEBAN

Hecho clave: Primer mártir cristiano que se registra
Ocupación: Diácono, evangelista
Muerte: Registrada en 7:60
Total de referencias bíblicas: 7
Referencias clave: 6:3—7:60

Habla Esteban

A menudo me he preguntado cómo sería ver su gloria, como la vieron Pedro, Jacobo y Juan en aquel monte. O, cosa semejante, haber sido testigo de su gloria en resurrección junto con María Magdalena, Cleofas y los apóstoles. ¡Ahora le veo, y el espectáculo es indescriptible! (7:55-56; Mt. 17:1-2; Lc. 24:18-48; Jn. 20:16-18).

Todo comenzó de una manera bien inocente, con mi designación como siervo oficial en nuestra iglesia loca. ¡Qué maravillosos días siguieron, al dar Dios poder a mi testimonio y a mis obras para Él! Muchos nuevos convertidos eran añadidos a la iglesia, incluyendo un gran número de sacerdotes judíos. Pero un día mi predicación hirió a un grupo de la sinagoga, y se entabló una contienda. Me acusaron de blasfemar contra Moisés y Dios. ¡Qué ridícula acusación! (6:3, 7-11).

"El rostro de un ángel" es como describieron mi apariencia durante el juicio. "Duros de cerviz e incircuncisos de corazón y de oídos" es como yo los describí al final del juicio (6:15; 7:51).

El dolor se está haciendo intenso, ¡pero mi mente está perfectamente clara! ¡De repente, me siento lleno de un enorme deseo de orar por mis atormentadores, como Cristo lo hizo por los suyos! Por alguna razón, mi corazón clama por aquel joven que está cuidándose de los mantos de los que me apedrean (7:58, 60; Lc. 23:34).

¡Ya basta! "Señor Jesús, recibe mi espíritu" (7:59; Lc. 23:46).

Lecciones espirituales de Esteban

- Esteban comenzó su mensaje hablando del Dios de la gloria (7:1) y concluyó viendo la gloria de Dios (7:55). Cuando se haga fielmente lo primero, siempre se abrirá paso a lo segundo.
- "¡Amad a vuestros enemigos! ¡Orad por los que os persiguen!" (Mt. 5:44). Siguiendo el ejemplo de su maestro (Lc. 23:34), el moribundo Esteban perdonó a los que le estaban apedreando (7:60). ¿Qué habríamos hecho nosotros?

Versículos clave

"Y apedreaban a Esteban, mientras él invocaba y decía: Señor Jesús, recibe mi espíritu. Y puesto de rodillas, clamó a gran voz: Señor, no les tomes en cuenta este pecado. Y habiendo dicho esto, durmió" (7:59-60).

LAS EPÍSTOLAS DE PABLO

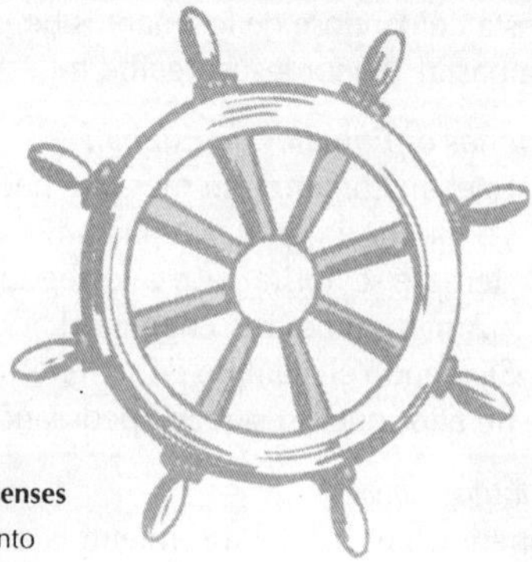

Primer viaje misionero	Ninguna			
Visita a la base	**Gálatas** desde Antioquía otoño 49 d.C.			
Segundo viaje misionero	**1 Tesalonicenses** desde Corinto verano 51 d.C.	**2 Tesalonicenses** desde Corinto verano 51 d.C.		
Tercer viaje misionero	**1 Corintios** desde Éfeso primavera 56 d.C.	**2 Corintios** desde Macedonia octubre 56 d.C.	**Romanos** desde Corinto invierno 56/57 d.C.	
Primera reclusión	**Efesios** desde Roma otoño 60 d.C.	**Colosenses** desde Roma otoño 61 d.C.	**Filemón** desde Roma otoño 61 d.C.	**Filipenses** desde Roma comienzos de la primavera 62 d.C.
Liberación	**1 Timoteo** desde Macedonia otoño 62 d.C.	**Tito** desde Asia Menor verano 66 d.C.		
Reclusión final	**2 Timoteo** desde Roma otoño 67 d.C.			

ROMANOS

❖

TRASFONDO

En tiempos de Pablo, literalmente todos los caminos conducían a Roma. Era el corazón del Imperio Romano, y durante mucho tiempo Pablo había anhelado visitar la ciudad (Hch. 19:21), pero, después de casi diez años de viajes misioneros (véase *Fecha y lugar*), le había sido imposible cumplir su deseo (1:13). Pablo esperaba que una vez llegase a Roma, los cristianos allí le ayudarían a llevar el evangelio a los confines occidentales del imperio (15:28). Cuando Pablo supo que Febe, de la región de Corinto (16:1), iba a Roma para negocios, envió esta carta con ella, para compartir su visión con los creyentes en Roma, y con la esperanza de movilizarlos en su causa misionera. El mismo Pablo no iba a llegar a Roma hasta unos tres años después, cuando llegó allá como preso de Roma y se quedó a vivir bajo arresto domiciliario (Hch. 28).

Pablo consideraba esta carta también como una oportunidad para ayudar a los creyentes romanos a fundamentarse mejor en los principios esenciales de su fe (véase *Propósito*).

Todas las cartas de Pablo eran llevadas por amigos. El sistema romano de correos era solo para correspondencia oficial.

AUTOR

Pablo, el gran apóstol de los gentiles. Nacido Saulo en la ciudad cilicia de Tarso, Pablo era judío de nacimiento, romano por ciudadanía y griego de cultura. Educado como fariseo, fue dramáticamente convertido a Cristo (Hch. 9; 22; 26) y llegó a ser el más destacado evangelista así como el más destacado teólogo de la iglesia primitiva. Lucas cuenta la historia de la vida y del ministerio de Pablo en el libro de Hechos. Pablo mismo explica la fe en Cristo que impulsó aquel ministerio en sus 13 cartas (Romanos a Filemón). Algunos eruditos creen también que él fue el autor de Hebreos.

FECHA Y LUGAR

A finales del invierno del 57 d.C. o a principios de la primavera del 58, unos 22 años después de la conversión de Pablo,

—35 d.C.
Conversión de Pablo

—a. 54
Pablo manifiesta su deseo de visitar Roma

—57
Pablo escribe a los romanos

—60
Encarcelamiento de Pablo en Roma

—a. 67
Pablo muere mártir

durante los últimos tres meses de su tercer viaje misionero, mientras estaba en Grecia (Hch. 20:3), justo antes de regresar a Jerusalén con una ofrenda para los pobres (15:26). Más específicamente, estaba probablemente en Corinto, en casa de Gayo (16:23; 1 Co. 1:14).

DESTINATARIOS

Romanos se dirige a los "llamados a ser de Jesucristo... en Roma" (1:6-7). Eran pequeños grupos de creyentes que se reunían por toda la ciudad (16:3-5, 10-11, 14-15). Los saludos personales de Pablo a muchos de ellos (16:3-16) sugieren que Pablo los había conducido a Cristo en otros lugares, y que luego, probablemente por razones económicas, habían fijado su residencia en la ciudad capital del imperio.

PROPÓSITO

- Anunciar sus planes de visitar a los cristianos en Roma y movilizar el apoyo para su misión (15:24, 28-29).
- Enseñar la doctrina fundamental de la salvación para fortalecerlos contra los judaizantes (1—8).
- Explicar la incredulidad de Israel y vindicar la fidelidad de Dios en sus tratos con la nación (9—11)
- Dar instrucción práctica para la vida cristiana (12—16)

RASGOS SINGULARES

- Romanos es el sumario más completo de la doctrina cristiana. Si se perdiera toda la Biblia menos Romanos, apenas si se afectaría alguna doctrina fundamental.
- Al explicar el evangelio en Romanos, Pablo citó del AT con más frecuencia que en todas sus otras 12 epístolas combinadas, lo que muestra lo importante que es el AT para comprender el evangelio.

COMPARACIÓN CON OTROS LIBROS DE LA BIBLIA

Génesis:

- En Génesis, Abraham es el patriarca de Israel; en Romanos es el patriarca de todos los que creen (4:16).

Gálatas:

- Gálatas, con su tratamiento de la justificación por la fe, podría ser titulado: "Romanos en sumario".

Santiago:

- Romanos muestra la *raíz* de la salvación: la sola fe. Santiago muestra el *fruto* de la salvación: las buenas obras.

BOSQUEJO

LA JUSTICIA DE DIOS REVELADA (1:1-17)

Salutación (1:1-7)

Pablo y la iglesia en Roma (1:8-17)

LA JUSTICIA DE DIOS IMPUTADA (LA JUSTIFICACIÓN) (1:18—5:21)
- La necesidad universal de justificación (1:18—3:20)
- La provisión de justificación de parte de Dios (3:21-31)
- Ilustraciones de la justificación en el AT (4)
- Certidumbre de la justificación (5:1-11)
- Eficacia universal de la justificación (5:12-21)

LA JUSTICIA DE DIOS IMPARTIDA (SANTIFICACIÓN; GLORIFICACIÓN) (6—8)
- Temas acerca de la santificación (6)
  - Identificados con Cristo (6:1-14)
  - Esclavizados a la justicia (6:15-23)
- Nueva relación en santificación: libres de la ley (7)
- Nuevo poder en santificación: El Espíritu Santo (8:1-17)
- Sufrimientos presentes, la gloria futura (8:18-39)

LA JUSTICIA DE DIOS PARA CON ISRAEL (9—11)
- El rechazamiento de Israel (9—10)
- El resultado positivo del rechazamiento de Israel (11)

LA JUSTICIA DE DIOS APLICADA (12:1—15:13)
- El principio de la justicia (12:1-2)
- Aplicaciones de la justicia (12:3—15:13)
  - En la iglesia y en la comunidad (12:3-21)
  - Para con el gobierno (13:1-7)
  - En las relaciones sociales (13:8-14)
  - En cuestiones opinables (14:1—15:13)

LA JUSTICIA DE DIOS PROPAGADA (15:14—16:27)
- El propósito de Pablo al escribir: sus planes (15:14-33)
- Salutaciones, advertencia, bendición (16)

LA JUSTICIA DE DIOS REVELADA (1:1-17)

1:1-7 *Un mensajero y su Mesías.* Pablo comienza identificándose como mensajero (apóstol) y esclavo de Cristo (1:1), y luego pasa rápidamente a poner la atención en Cristo, mostrando que su condición de Mesías quedaba confirmada tanto por el AT (1:2-3) como por su resurrección (1:4). Pablo pasa de nuevo a mencionar su llamamiento apostólico, recordando a sus lectores que también ellos habían sido llamados por Dios (1:5-6). Luego los saludó con una frase con la que introduce cada una de sus 13 epístolas: "Gracia y paz a vosotros, de Dios nuestro Padre y del Señor Jesucristo". Pedro usó la misma salutación en sus dos cartas, lo mismo que Juan en una de las suyas (véase 2 Jn. 1:3).

La gracia precede a la paz. No puede haber paz aparte de la gracia (véase 5:1; Is. 57:21; Jer. 6:14; Lc. 7:50). La gracia es el favor inmerecido de Dios para con los pecadores, la justicia de Dios satisfecha por Cristo. (véase 5:20; 1 Co. 15:10; Ef. 2:8-9; 2 P. 3:18). En tanto que a menudo se considera la gracia como un concepto del NT, es también un tema dominante en el AT, comenzando con el hecho de que Noé halló gracia a los ojos de Dios (véase exposición sobre Gn. 6:8-13) y continuando a lo largo de la historia de los tratos de Dios con su pueblo (a menudo expresado en otras palabras, véase Sal. 103:10-14; Is. 55:1-9; 63:7-8).

A pesar de que Pablo no había sido

seguidor de Cristo durante su ministerio terrenal, a diferencia de los otros apóstoles (véase exposición sobre Hch. 1:15-26), a semejanza de ellos había visto al Señor resucitado (véase 1 Co. 9:1; 15:8-9) y había sido escogido por el mismo Cristo (comparar 9:15 y Jn. 6:70). Nadie debería entrar en el ministerio excepto si es llamado por Dios (véase Jn. 15:16; Mt. 9:38).

Pablo se describe como "apartado para el evangelio de Dios". Pablo experimentó realmente tres "separaciones" específicas en su vida:

- en su nacimiento (véase Gá. 1:15; comparar Is. 49:1; Jer. 1:5)
- en su conversión (véase Hch. 9:15)
- en su llamamiento al servicio misionero (véase Hch. 13:1-2)

1:8-15 *Alabanzas, oraciones, planes.* El testimonio de las iglesias en Roma era conocido por todo el imperio (1:8), lo que resultó en el gran anhelo de Pablo (1:9) de visitarlos y alentarlos en su fe (1:10-15). Al haber recibido la misericordia de Dios, Pablo se sentía deudor para con todos los que todavía no habían recibido esta oportunidad (1:14-15).

La oración de Pablo por poder ir a Roma fue contestada más adelante por Dios, pero no en la forma que él hubiera esperado (véase Hch. 27—28). Roma sería una apropiada culminación de las aventuras de Pablo en las grandes capitales del mundo de su época.

- Había predicado en Jerusalén, el centro religioso del mundo, donde fue atacado por la turba (véase Hch. 21:31; 22:22-23).
- Había predicado en Atenas, el centro intelectual del mundo, donde se burlaron de él (véase Hch. 17:32).
- Y cuando finalmente predicase en Roma, el centro político, moriría mártir (véase 2 Ti. 4:6).

1:16-17 *Proclamando el poder de Dios.* La motivación de Pablo al proclamar el evangelio era saber que Dios salvará a todo el que lo crea, sea judío, sea gentil. El evangelio revela la justicia de Dios, de la que los pecadores se pueden apropiar mediante la fe. Solo mediante la fe puede uno ser justificado a los ojos de Dios (1:17; véase Hab. 2:4 y *Habacuc: Comparación con otros libros bíblicos*).

LA JUSTICIA DE DIOS IMPUTADA (LA JUSTIFICACIÓN) (1:18—5:21)

1:18-32 *La negación de Dios lleva a la contaminación del yo.* Pablo habló de la justificada ira de Dios contra la raza humana que ha suprimido la verdad acerca de Él debido a la preferencia que han tenido hacia la injusticia. Tanto la conciencia (1:19) como la naturaleza (1:20) revelan a Dios con claridad. Dios no siega ira donde no ha sembrado conocimiento (comparar Sal. 19:1-3; Is. 40:26; Hch. 14:17; 17:22-29). La humanidad como un todo ni reconoce a Dios ni le da las gracias por su creación y gracia (1:21). Por esto, Dios les ha permitido volverse necios (1:21-23) y hundirse en la idolatría y en la depravación moral (1:24-32; comparar Pr. 1:24-31). Esta gente conocen la gravedad de sus crímenes (1:32). Sin embargo, persisten en ellos e incluso alientan a otros a unirse a ellos.

Observemos los devastadores resultados de la falta de gratitud (1:21). En realidad, fue la falta de gratitud la causa fundamental de la caída tanto de Lucifer como de Adán. La cura final para el orgullo no es la humildad, sino la acción de gracias. Una persona agradecida es automáticamente una persona humilde (véase Fil. 4:6; 1 Ts. 5:18).

Esas personas que niegan a Dios, desagradecidas, se hicieron necios mientras creían que eran sabias (1:22). El término para "se volvieron totalmente necios" es *moraino.* Esta rebelión contra la verdad de Dios era el principio de la filosofía humana, un término erróneo, porque significa "amor a la sabiduría" (véase Hch. 17:18-21; 1 Co. 1:18-21; 1 Ti. 6:20; 2 Ti. 3:6-7; 4:3-4).

2:1-10 *Condena a otro y te condenas a ti mismo.* Pablo sabía que muchos de sus lectores condenarían inmediatamente a las personas a las que acababa de describir (véase 1:18-32). Pero si esos lectores reflexionaban acerca de sus propias vidas, se darían cuenta de que eran culpables de algunos de los mismos pecados (2:1). La descripción de Pablo se ajustaba a toda la humanidad. Todos estaban bajo el justo juicio de Dios, e incurrían bien en su honra, bien en su ira (2:2-10).

2:11-16 *Todos serán juzgados, por la ley de Dios o por la de ellos mismos.* El juicio sería aplicado a judíos o gentiles, sin diferencia. Ambos serían juzgados por su propia ley: en el caso de los judíos, por la Ley de Moisés (especialmente por los Diez Mandamientos); en el caso de los gentiles, por la ley que Dios había escrito en la conciencia de ellos.

2:17-29 *"¿El problema? ¡Que no practican lo que predican!"* Muchos judíos se jactaban de su superior conocimiento de Dios (2:17-20), pero dicho conocimiento era inútil si no era aplicado correctamente (2:21-24). El judío circuncidado que desobedecía la ley estaba en peor situación que el gentil incircunciso que la guardaba (2:25-27). La condición de verdadero miembro de la familia de Dios es cosa de la actitud del corazón, no del nacimiento físico ni de la pureza ritual (2:28-29; véase Dt. 6:1-5; 10:16; 1 Cr. 28:9-10).

3:1-4 *"¿Tienen los judíos alguna ventaja?"* Si tanto los judíos como los gentiles son igualmente culpables delante de Dios, pudieran preguntar algunos, ¿cuál es la ventaja de ser judío? (3:1; véase Dt. 4:32-38)? Los judíos, dice Pablo, tenían una gran ventaja, en que la Palabra de Dios les fue primeramente revelada a ellos (3:2). Incluso si algunos rechazaban aquella revelación, Dios mantendría sus promesas a ellos (3:3-4). El pecado humano sirve tan solo para hacer resaltar la justicia de Dios. Pablo hablaría más adelante con más extensión acerca de las ventajas de un patrimonio judío (véase 9:4-5).

3:5-8 *"¡Pequemos pues, para mayor gloria de Dios!"* Otros lectores podrían objetar que si el pecado humano muestra la justicia divina, parece injusto de parte de Dios que juzgue al pecador que, a fin de cuentas, está añadiendo a su gloria. Pablo despacha esta objeción sin contemplaciones: Si Dios no puede juzgar, entonces es menos que Dios.

3:9-20 *Alta traición contra el Rey de reyes.* Citando varios salmos del AT, Pablo siguió afirmando que todo hombre, sea judío o gentil, peca contra su Creador. No hay nadie justo (3:10-12). Al contrario, hablan (3:13-14) y hacen (3:15-17) muchas cosas impías, sin aparente temor a un juicio (3:18). Esta conciencia de pecado debería humillarnos ante Dios (3:19); la ley, bien lejos de justificarnos, solo nos hace más conscientes de nuestro pecado (3:20). Véase Salmo 14:1-3; Jeremías 17:9.

3:21-26 *El Justo justifica a los injustos.* La justicia que no podía adquirirse por la ley, está sin embargo disponible mediante la fe en Cristo (3:21-24), cuya sangre es la ofrenda suficiente por los pecados de toda la humanidad (3:25-26). Debido a que el sacrificio perfecto ha sido ofrecido, Dios puede seguir siendo "justo", o recto, incluso cuando declara justos a los que no lo merecen pero que tienen fe en Cristo (3:26).

Como la ley lo exigía (3:21; véase Dt. 19:15), la condición mesiánica de Cristo fue validada por dos testigos:

- la ley, mediante el simbolismo del sacerdocio del templo y de sus

ofrendas (véase Lc. 24:25-27; Jn. 5:46)
- los profetas, en sus muchas predicciones acerca de Cristo (véase Is. 53; véase Lc. 24:25-27; 1 P. 1:10-11)

3:27-31 *No se admite jactancia alguna.* Debido a que la salvación es por gracia mediante la fe en Cristo, nadie puede pretender haber hecho nada para ganarla (3:27-28). Esto se aplica tanto a los judíos como a los gentiles (3:29-30). Pero en lugar de abrogar la ley, la gracia en realidad la establece, por cuanto el propósito de la ley era hacer patente la necesidad de la gracia (3:31; véase 3:20).

4:1-12 *"La hemos encontrado aparte de la ley".* Abraham creyó a Dios, y fue por esto considerado como justo (4:1-4), aun antes de ser circuncidado (4:9-12). La circuncisión fue el sello de su salvación, pero la fe fue su fuente. Fue declarado justo a causa de su fe. (Para los tres grandes ejemplos de esta clase de imputación o atribución por parte de Dios en la historia de la salvación, véase exposición sobre Gn. 15:1-11.)

Igualmente David, al descubrir que ninguna obediencia a la ley podría librarlo de su terrible culpa, se afirmó completamente sobre la gracia de Dios (4:5-8; véase Sal. 32; 51).

4:13-25 *Buenas nuevas para Abraham y para nosotros.* La promesa de Dios a Abraham y a sus descendientes se basó no en la ley, sino en la fe (4:13), porque la ley solo puede traer condenación (4:14-15). Debido a que la promesa se basa en la fe, está disponible para todos los que por su fe en Cristo sean la verdadera descendencia de Abraham (4:16-25). Debido a que hemos creído la promesa de salvación hecha por Dios, hemos recibido la justicia de Dios, lo mismo que Abraham.

5:1-5 *Los prodigiosos frutos de la fe.* Habiendo sido justificados por la fe, tenemos paz para con Dios y acceso a Él; la gozosa esperanza de ver la gloria de Dios; una feliz certidumbre de Dios en medio de los sufrimientos; y la presencia del Espíritu Santo que mora en nosotros.

5:6-11 *Cuándo, por qué y cómo sucede.* Tenemos el don de la salvación y de la paz con Dios debido a que, cuando éramos del todo unos impotentes pecadores, Dios en su amor envió a Cristo a morir por nosotros.

5:12-21 *Dos hombres, dos acciones, dos resultados.* Así como la desobediencia de Adán trajo pecado y muerte al mundo (5:12, 18), la obediencia de Cristo trajo justicia y vida (5:18-21). En una larga declaración parentética (5:13-17), Pablo destacó el contraste entre Adán y Cristo:
- Por el pecado de un hombre, Adán, cada humano ha experimentado la muerte física y espiritual (véase Gn. 3:19; Ef. 2:1).
- Debido a la justicia de un hombre, Jesucristo, cada humano puede experimentar la vida eterna (véase 1 Co. 15:22).

Pablo explica de nuevo cómo la ley no trae justicia sino conciencia de pecado (5:20; comparar 3:20); cuanto más seamos conscientes de pecado, tanto más nos arrojamos sobre la gracia de Dios.

LA JUSTICIA DE DIOS IMPARTIDA (SANTIFICACIÓN; GLORIFICACIÓN) (6—8)

6:1-14 *La cruz y el sepulcro vacío: ¡Nosotros estuvimos allí!* Tras haber declarado la gloria de la gracia de Dios (5:20), Pablo vuelve a exponer la posible objeción: ¿Por qué no pecar más, para recibir mayor gracia (6:1; comparar exposición sobre 3:5-8)? Una vez más refuta él esta herejía en los más enérgicos términos posibles (6:2-23). Como se ilustra con el bautismo (6:3-4), fuimos a la vez crucificados con Cristo y resucitados con Él, lo que significa que, así como la muerte ya no tiene más poder sobre Él, el pecado no debería tener ya más poder sobre nosotros (6:5-7). Debido a que hemos muerto con Cristo, tenemos también la certidumbre de una vida nueva y eterna mediante su resurrección (6:4, 8-10). Deberíamos querer vivir en la realidad de esta nueva vida, sirviendo a Dios en lugar de al pecado (6:11-14; véase Ef. 4:22-24; Col. 3:9-10).

Pablo presenta el pecado como un cruel tirano, oprimiendo a sus súbditos más allá de toda capacidad de aguante. La única manera de ser liberado de este tirano es morir para él (6:7), lo que es exactamente lo que hacemos cuando acudimos a Cristo (6:2-6).

6:15-23 *Dos esclavos, dos salarios.* Pablo repite la absurda pregunta de 6:1, preguntando por qué alguien podría querer ser esclavo del pecado cuando en lugar de ello se puede ser esclavo de Dios (6:15-20). La esclavitud al pecado conduce a la muerte eterna, mientras que la esclavitud a la justicia de Dios lleva a la vida eterna (6:21-23).

Nuestra esclavitud a la justicia debería incluir la meta de la santificación (6:19). Respecto a los aspectos pasado y presente de la santificación, véase exposición sobre Hebreos 10:1-18.

La "paga del pecado" es la muerte espiritual, lo que significa separación de Dios y padecimiento por toda la eternidad en el lago de fuego (6:23; véase Ap. 20:11-15). Si la justicia de Dios ha de prevalecer (véase 3:4, 26), el más grande de todos los crímenes (rechazarle) solo puede ser castigado con la mayor de las penas.

7:1-6 *Libertados por fin, de la esclavitud a la bendición.* En un posterior esfuerzo por ilustrar nuestra libertad en Cristo, Pablo compara la ley, con su tendencia a impulsarnos a pecar (7:5), con un marido exigente. En tanto que el marido vive, su esposa le está atada; cuando muere, está libre para casarse con otra. Del mismo modo, la ley y los deseos pecaminosos que suscita ya no tienen más demandas sobre el creyente; él o ella están ahora libres para unirse a Cristo (7:4; comparar Jn. 3:29; Ef. 5:25-27; Ap. 21:2).

7:7-25 *El pecado y la lucha del Salvador por su alma.* De nuevo presenta otra pregunta hipotética: Si la ley hace que una persona quiera pecar (7:5), ¿es la ley misma pecaminosa (7:7)? No, dice Pablo; el problema no reside en la ley que descubre el pecado, sino en el pecado mismo, que emplea la ley para incitar a las personas a pecar (7:7-11). La ley en sí misma no es mala, sino que es "santa, y el mandamiento santo, justo y bueno" (7:12):

- Es santa porque procedió de Dios.
- Es justa porque con justicia condena al pecador.
- Es buena porque conduce al pecador a Cristo (véase Gá. 3:24).

La ley es ineficaz para derrotar el pecado (véase 3:20) solo debido a la debilidad de la condición caída de la humanidad (7:14-23). Aquí está el verdadero problema: Cuando Pablo quería hacer el bien, no lo hacía, y cuando intentaba no hacer lo malo, lo hacía. El mejor entrenador de fútbol perdería todos los partidos si tuviera un equipo malo. La única respuesta posible al dilema de Pablo es la desesperanza (7:24), y la única respuesta a esta desesperanza es Cristo (7:25).

Al escribir Pablo el pasaje de 7:7-11, puede que recordase su Bar-Mitzvá cuando era un niño judío, cuando asumió formalmente las solemnes responsabilidades de la ley. Desaparecieron entonces los días libres de cuidados de su infancia; ahora era responsable ante Dios por sus acciones.

TRES CLASES FRENTE A LA LEY

La persona espiritual y la ley (Ro. 7:1-6)

- En relación con la ley
- En relación con el Salvador

¡La persona espiritual está LIBERTADA de la ley!

La persona natural y la ley (Ro. 7:7-13)

- La ley y Dios
- La ley y el pecado

¡La persona natural es CONDENADA por la ley!

La persona carnal y la ley (Ro. 7:14-25)

- Cualquier intento de guardar la ley llevará a carnalidad
- Ningún intento de guardar la ley puede conducir a espiritualidad

¡La persona carnal es DERROTADA por la ley!

8:1-4 *¡No hay condenación para los que están en Cristo!* Extendiéndose sobre 7:25, Pablo explicó que Jesucristo ha hecho por nosotros lo que jamás podía hacer la ley de Moisés: Nos ha libertado de la ley del pecado y de la muerte. Podemos experimentar esta libertad del pecado al andar en el poder de su Espíritu. Pablo no dijo que no hubiera faltas, pecados o imperfecciones, sino que debido a Cristo no hay condenación. Obsérvese también el elemento temporal: No hay pues *ahora* condenación alguna (cp. VM).

8:5-17 *Adoptados por Dios, controlados por su Espíritu.* Nuestra naturaleza pecaminosa intenta hacer que nos centremos en nuestros deseos carnales, que llevan solo a la muerte. El Espíritu que mora en nosotros, en cambio, intenta asumir el control de nuestra carne de pecado y llevarnos a la vida (8:5-12). Si dejamos que el Espíritu de Dios nos controle, hallaremos vida eterna (8:13). El Espíritu nos conduce (8:14) y nos asegura acerca de nuestra salvación (8:16). Como hijos adoptados de Dios, tenemos derecho a llamarle con el término cariñoso que Pablo empleó: "Abba, Padre" (8:14-16). Si en esta vida somos sus hijos, incluso cuando esto implique sufrimiento, podemos estar seguros de que un día compartiremos su gloria (8:17). Véase exposición sobre Juan 16:12-15. Acerca de la "adopción" (8:15), véase exposición sobre Gálatas 3:26—4:7.

8:18-25 *El dolor de hoy, la gloria del mañana: ¡No admiten comparación!* Pablo contempla las espinas, tempestades, riadas, hambre, pecado, enfermedades y muerte que caracterizan al mundo caído, y declara que ni siquiera son dignos de comparación con el glorioso futuro que espera al pueblo de Dios. Sin embargo, durante este tiempo toda la creación "gime" juntamente con nosotros (8:19-23) mientras esperamos nuestro día de liberación. Nuestra victoria definitiva sobre el pecado y la muerte será una victoria también para toda la creación. Pero a diferencia del resto de la humanidad y de la creación, los creyentes tienen al Espíritu Santo que mora en ellos como certidumbre de su futura gloria (8:23-25; véase Ef. 1:13-14).

8:26-27 *Aquel gemido interno de Dios.* El Espíritu que nos habita ora por nosotros y nos ayuda en nuestra vida de oración. Así como la naturaleza caída y los creyentes "gimen" (8:22-23), así también el Espíritu Santo de Dios gime al compartir nuestras luchas. "Ayuda" implica, sin embargo, que así como nos apoyamos en el Espíritu, debemos hacer nuestra parte.

8:28-30 *¿Cómo puede todo resultar para bien?* Debido a que Dios nos conoció anticipadamente y nos ha predestinado para salvación, nos ha conformado a Cristo, nos ha llamado nos ha justificado, y ha prometido glorificarnos (8:29-30), podemos estar seguros de que "todo obrará juntamente" para nuestro bien (8:28). Observemos dos cosas que esto no significa:

- No significa que todas las cosas en sí mismas sean buenas, sino solo que *obran juntamente* para bien. José comprendió esto (véase Gn. 50:20), aunque su padre no lo comprendió (véase Gn. 42:36). (Véase también Sal. 76:10.)
- Esta promesa no es para todos, sino solo para los que aman a Dios y han respondido a su llamamiento. Pero para estos es una promesa todo inclusiva, que cubre lo bueno y lo malo, lo resplandeciente y lo tenebroso, lo dulce y lo amargo, lo fácil y lo difícil, lo feliz y lo desdichado. Se puede confiar en esta promesa tanto en la prosperidad como en la pobreza, en la salud como en la enfermedad, en la calma como en la tempestad, en la vida como en la muerte.

8:31-39 *Seguridad en el Salvador.* El hecho de que Dios diera el radical paso de dar a su Hijo unigénito por nosotros debería asegurarnos que, si aceptamos su salvación, nada en todo el universo puede separarnos de Él ni de lo que nos ha prometido (véase exposición sobre Jn. 10:22-30).

LA JUSTICIA DE DIOS PARA CON ISRAEL (9—11)

9:1-5 *Su angustia por Israel.* Pablo ahora examina otra cuestión: Si Dios es perfectamente justo y recto en todos sus tratos con la humanidad (véase 3:4, 26), ¿qué hay acerca de sus tratos para con su propio pueblo Israel? Como sucedía siempre que Pablo predicaba, muchos judíos en Roma, tanto cristianos como no cristianos, se preguntarían si el evangelio significaba que Dios había abandonado a Israel (véase Hch. 28:28-29). Pablo trata extensamente acerca de esta importante cuestión (9—11). Comienza expresando su gran angustia por el rechazo que hacía Israel de su Mesías, diciendo que estaba dispuesto a ser él mismo condenado eternamente si esto salvaba a su pueblo (comparar Éx. 32:31-32; Mt. 23:37). Acerca de 9:3-5, véase exposición sobre 3:1-4.

9:6-13 *Dos clases de descendientes.* El deseo de Dios de extender la salvación a los gentiles no debería sorprendernos, porque no todos los descendientes físicos de Abraham están entre sus hijos espirituales. Dios escogió a algunos y rechazó a otros.

9:14-29 *¿Qué hace Dios? ¡Todo lo que Él quiera hacer!* Si Dios escoge así a unos y rechaza a otros, ¿es por esto injusto? (9:14) "En ninguna manera", dice Pablo, dando el ejemplo de Faraón, a quien Dios levantó y luego destruyó, todo para glorificarse (9:14-18; véase Éx. 4:21; 33:19). Pero ¿cómo puede Dios condenar a alguien a quien no ha predestinado para salvación (9:19)? Esta cuestión apenas merece respuesta, dice Pablo, porque Dios tiene derecho a escoger a uno y a rechazar a otro, del mismo modo que un alfarero tiene derecho a conformar su barro como bien le parezca (9:20-23). Él tiene derecho a escoger a judíos y a gentiles, tal como Oseas predijo que lo haría (9:24-26; véase Os. 1:10; 2:23). Incluso la salvación última de Israel será solo por su gracia (9:27-29; véase Is. 10:22-23; 28:22).

Este difícil pasaje ha de ser equilibrado con algunas de las otras declaraciones de Pablo en Romanos, como que

- Dios es absolutamente imparcial (véase 2:11; 10:12).
- Dios salvará a todos los que se lo pidan (véase 10:13).

La relación entre la predestinación y el libre albedrío ha dejado perplejos a los eruditos durante siglos (véase exposición sobre 1 P. 1:1-2). Acerca del presente pasaje, observemos que Pablo no dijo que Dios haya hecho el barro tal como está, sino que lo ha trabajado tal como está (comparar Jer. 18:1-6; Is. 45:9; 64:6-8). Los "vasos de ira" están "preparados para destrucción", pero es importante aquí observar que en el original griego, "preparados" está en voz media, lo que significa "prepararse uno mismo". En cambio, Dios mismo preparó a "los vasos de misericordia" de antemano "para gloria". Esta diferencia en los tiempos verbales sugiere que la destrucción es el merecido destino de los pecadores, mientras que la gloria es el inmerecido destino de los salvos.

9:30-33 *De modo que, ¿dónde estamos ahora?* Pablo recordó a sus lectores el estado de cosas como estaba: Muchos gentiles, sin trasfondo religioso, estaban aceptando a Cristo, mientras que muchos judíos, con todos los beneficios de su patrimonio religioso, lo estaban rechazando. ¿Por qué? Porque habían estado buscando la justicia por las obras, no por la fe. Y cuando vieron a su Mesías en una cruz, no en un trono, no pudieron aceptarle.

10:1-4 *El supremo deseo de Pablo.* Refiriéndose una vez más a su angustia por la incredulidad de Israel (comparar 9:1-5), Pablo expresó su deseo de que su pueblo abandonase su empeño en buscar la justicia basada en la ley, y que en lugar de ello aceptase la justicia que Cristo ofrece. Cristo es ciertamente el "fin" de la ley del AT (10:4; véase Gá. 3:24; Col. 2:14; He. 7:11-19).

10:5-13 *Así de sencillo: La fe sin nada más equivale a justicia.* Mientras que la persona que busca la salvación por medio de la ley estaría para siempre tratando de guardarla (10:5), la salvación que Cristo ofrece no se encuentra en algún lugar inalcanzable; está tan cerca como nuestros corazones y nuestras bocas (10:6-12). Cualquiera que invoque el nombre del Señor será salvo (10:13). Pablo había expuesto anteriormente que todos están perdidos (1:18—3:20). Él ahora repite las buenas nuevas de 3:21-31: ¡Todos pueden ser salvos! El término "todo aquel" de 10:13 es un eco del "todo aquel" en Juan 3:16.

10:14-21 *"Nosotros debemos decírselo, pero ellos deben escuchar".* Los testigos humanos son necesarios para proclamar el evangelio (10:14-15), pero los que oyen deben responder, cosa que Israel había dejado de hacer una y otra vez (10:16-21).

11:1-10 *Un remanente garantizado por la gracia.* Una vez más Pablo pregunta lo que muchos de sus lectores judíos estaban preguntando: ¿Ha desechado Dios a su pueblo? (comparar la exposición sobre 9:1-5). En ninguna manera, responde Pablo. Como prueba, se ofrece a sí mismo (11:1) junto con muchos otros judíos de su tiempo que habían aceptado a Cristo (11:5-6; véase Hch. 6:7). Incluso en una de las peores épocas de la historia de Israel, cuando Elías pensaba que todo estaba perdido, muchos israelitas se habían mantenido fieles (11:2-4). Unos pocos judíos habían hallado la salvación (11:7; véase exposición sobre 1 P. 1:1-2). Pero, desdichadamente, la mayoría permanecían cegada por el legalismo (11:8-10; véase Sal. 69:22-23; Is. 29:10, 13; comparar 2 Co. 4:4; Ef. 4:18). La profecía del AT se refería a menudo al "remanente" o residuo de israelitas fieles (véase exposición sobre Is. 10:20-23).

11:11-12 *Rechazo de los judíos, bendición para los gentiles.* Ahora que Israel había rechazado a Cristo, ¿estaba ya sin esperanza? "En ninguna manera", dice Pablo. Su rechazo ha resultado en la salvación de muchos gentiles. Algún día, Israel aceptará la salvación de Dios (véase 11:26), y esto dará como resultado riquezas aun mayores para todo el mundo. Este tiempo de mayores riquezas es el Milenio, en el que participarán Israel y muchos gentiles (véase *Isaías: Trasfondo*).

11:13-32 *Judíos y gentiles: Dos olivos.* Pablo explica más plenamente el asombroso plan divino al que se hace alusión en 11:11-12. Compara a los judíos incrédulos con ramas que Dios había quebrado de Israel, el olivo que había estado cultivando (11:24) durante tantos siglos. Los cristianos gentiles son como ramas de un "olivo silvestre" (11:17) que han sido injertadas en el árbol cultivado. Algún día, después que los gentiles predestinados para salvación (la "plenitud", 11:25) hayan sido injertados en el árbol de Israel, "todo Israel será salvo" (11:26), como Dios ha prometido (véase Is. 29:17-24; 59:20-21; Jer. 31:31-34). Acerca del "misterio" (11:25), véase exposición sobre Colosenses 1:24-29.

11:33-36 *"¡Solo Dios podía saber y hacer todo esto!"* Maravillado ante la sabidu-

CUATRO "EDIFICIOS" EN ROMANOS

La sala del tribunal
(Ro. 1—5)

LA IRA DE DIOS

- Condenación
- Justificación

La central de energía de la gracia
(Ro. 6—8)

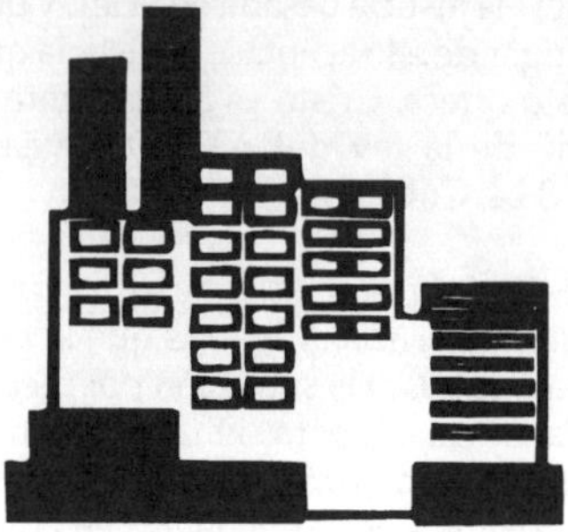

EL CAMINO DE DIOS

- Santificación
- Preservación

La sinagoga de Israel
(Ro. 9—11)

LA SABIDURÍA DE DIOS

- Explicación
- Vindicación

El templo de Dios
(Ro. 12—16)

LA VOLUNTAD DE DIOS

- Transformación
- Exhortación

ría del secular plan de Dios de salvar a judíos y a gentiles, Pablo acaba su exposición de este plan con un gran derramamiento de alabanza.

LA JUSTICIA DE DIOS APLICADA (12:1—15:13)

12:1-2 *Transformados, no conformados.* Tras haber descrito la condición interior del creyente que ha recibido la justicia de Dios (1—8), Pablo apremia a tales creyentes a vivir de una manera que refleje en lo exterior su estado interior (12:1—15:13). En lugar de conformarnos a las pautas de este mundo, los cristianos deben ser transformados ofreciendo sus cuerpos y mentes a Dios. "Transformar" es *metamorpheo* en griego, de donde se deriva el término castellano "metamorfosis", un cambio como el de una oruga que se transforma en mariposa. La misma palabra se usa para describir la transfiguración de Cristo (véase Mt. 17:2; 2 Co. 3:18; 1 P. 1:14-16; 1 Jn. 2:15).

Viviendo en un mundo hostil a Dios, el diario cambio de la manera de pensar ("la renovación de vuestro entendimiento") mediante el estudio de la Biblia y la oración es la única protección del cristiano (12:2; comparar 1 Co. 9:24-27; Ef. 4:23; Col. 3:10).

12:3-8 *Sirviendo rectamente en la iglesia.* Los cristianos deberían valorar de manera realista los dones que Dios les ha dado, y luego usar esos dones como parte del cuerpo de Cristo, la iglesia (véase exposición sobre Ef. 1:15-23).

12:9-16 *La conducta justa de unos con otros.* Las relaciones cristianas deberían ser abiertas y sinceras, y deberían caracterizarse por el amor, la humildad, la paciencia y la generosidad.

12:17-21 *La conducta justa hacia los enemigos.* Los cristianos deberían hacer todos los esfuerzos posibles por estar en paz con sus enemigos, luchando por ganar a otros para Cristo mostrando su amor.

13:1-7 *Los santos y el estado.* Los creyentes deberían dar obediencia a las leyes civiles, porque el gobierno humano ha sido establecido por Dios para ayudar a mantener el orden social (véase exposición sobre Gn. 9:1-17). Esta obediencia incluye el pago de los impuestos con buena disposición (13:6-7).

13:8-10 *El amor y la ley.* La persona llena de la justicia de Dios estará caracterizada por el amor, que es la suma de la ley de Dios (véase exposición sobre Mt. 22:34-40).

13:11-14 *¡Tiempo de despertar, moverse, y mirar a lo alto!* La enseñanza de Pablo acerca de la fe debería motivar a los cristianos a "despertar" y a buscar la victoria sobre el pecado, porque el regreso del Señor está cerca.

14:1—15:4 *No juzguen comidas ni días.* Los cristianos no deberían sentirse ligados por tradiciones ni reglas religiosas que no hayan sido claramente ordenadas por Dios. En cambio, no debemos ofender a los que observen tales cosas (14:1-7). Todo lo que hagamos lo deberíamos hacer con acción de gracias y alabanzas a Dios, recordando que un día Él nos ha de juzgar (14:8-12). Deberíamos tratar de ser una piedra de apoyo de la fe para otros, y no una piedra de tropiezo u obstáculo (14:13). No deberíamos destruir lo que Dios está haciendo en la vida de otra persona solo por el deseo de ganar un debate teológico menor (14:14-21). Tampoco deberíamos jamás violentar nuestra propia conciencia (14:22-23). Acerca de 14:11, véase Isaías 45:23; Filipenses 2:10-11.

El cristiano fuerte y maduro debe ser tolerante para con el creyente débil e inmaduro; por amor, no por un deseo de exhibir la propia madurez espiritual (15:1-4). Pablo cita el ejemplo del abnegado servicio de Cristo, como había sido profetizado por David (15:3; véase Sal. 69:9), y luego pasa a comentar el valor de las Escrituras del AT (15:4).

15:5-13 *Judíos y gentiles: Un sentir, una voz.* La meta de la tolerancia entre creyentes es que sean unificados en glorificar a Dios (15:5-7, 13). Es especialmente importante que los cristianos judíos y gentiles estén unidos, porque Cristo vino a salvar a judíos y a gentiles (15:8-12), como lo predijeron David (véase 2 S. 22:50), Moisés (véase Dt. 32:21), un salmista anónimo (véase Sal. 117:1) e Isaías (véase Is. 11:10).

LA JUSTICIA DE DIOS PROPAGADA (15:14—16:27)

15:14-33 *Para terminar: Sus planes y oraciones.* Al llegar la carta de Pablo a su conclusión, aseguraba a los creyentes en Roma su confianza en la fe de ellos (15:14-15) y repasaba su ministerio a los gentiles, el apremio del cual le había impedido hasta entonces acudir a Roma (15:16-22). Luego se refirió a su deseo a visitarlos de camino a España, después de haber entregado la ofrenda de Macedonia y Acaya a Jerusalén (15:23-29; véase exposición sobre Hch. 20:1-6). Les pidió que orasen que Dios le protegiera de los incrédulos en Jerusalén y que pudiera en su momento llegar a Roma (15:30-33). Habría una gran ironía en la respuesta de Dios a esta oración: el hecho fue que Pablo fue arrestado por los incrédulos en Jerusalén (véase Hch. 21:27-30), pero esto llevó a su tiempo a su ministerio entre los creyentes en Roma (véase Hch. 27—28).

16:1-16 *"Saluden de mi parte a... "* Evidentemente, Pablo había confiado su carta a Febe, una fiel mujer cristiana, para que fuese entregada en Roma (16:1-2; véase *Trasfondo*). Acerca de Priscila y Aquila (16:3-5), véase exposición sobre Hechos 18:1-6. Incluyendo esta fiel pareja, Pablo envió saludos personales a no menos de 26 amigos cristianos que vivían en Roma (16:3-16; véase *Destinatarios*). Esta lista incluye a judíos y gentiles, hombres y mujeres, ricos y pobres, lo que evidencia el llamamiento universal del evangelio.

16:17-20 *"¡Alerta acerca de los perturbadores!"* Sin dar nombres, Pablo advirtió en contra de los perturbadores y falsos maestros en la iglesia. Acerca del aplastamiento de Satanás, véase Apocalipsis 20:1-3, 10.

16:21-27 *"Él es poderoso para guardarlos".* Después de enviar saludos de sus colaboradores, incluyendo Timoteo, Pablo concluía encomendando a los creyentes romanos al poder preservador de Cristo, que es el evangelio mismo. Acerca del plan secreto de Dios, tradicionalmente traducido "misterio" (16:25), véase exposición sobre Efesios 3:1-13 y sobre Colosenses 1:24-29.

1 CORINTIOS

TRASFONDO
Pablo había escrito una carta anterior (ahora perdida) a los corintios (5:9), donde trataba acerca del problema de la fornicación entre los miembros de la iglesia. También había recibido una carta de ellos, en la que le preguntaban su opinión acerca de diversas cuestiones (7:1). Aquella carta había sido entregada por Estéfanas, Fortunato y Acaico (16:17), que indudablemente le habían dado informes de las condiciones de deterioro en Corinto. Pablo escribió esta carta en respuesta a las preguntas de los corintios y para afrontar problemas en la iglesia (7:1) y para hablarles de sus planes de visitarlos (16:5-9). Aquella visita posiblemente tuvo lugar cuando Pablo estuvo posteriormente en Grecia (Hch. 20:3), y quedando en casa de Gayo en Corinto (véase 1:14; Ro. 16:23).

AUTOR
Pablo (1:1; 16:21; véase *Romanos: Autor*).

FECHA Y LUGAR
Tras haber pasado un año y medio en Corinto (Hch. 18:1-17), Pablo pasó la mayor parte de los siguientes tres años en Éfeso (Hch. 19:1-10; 20:31). Es probable que escribiera 1 Corintios cerca del final de su tiempo en Éfeso, a. 56 d.C.

DESTINATARIOS
La iglesia en Corinto, donde había ministrado Pablo mientras trabajaba con Priscila y Aquila como fabricante de tiendas (4:12; Hch. 18:1-17; 2 Co. 11:9; 12:13).

PROPÓSITO
- Enfrentar problemas en la iglesia (1—6)
- Dar respuesta a sus preguntas (7:1—16:4); la respuesta a cada pregunta va introducida con la conjunción *de,* que puede traducirse como "Ahora bien", aunque con frecuencia no se traduce en las versiones castellanas (7:1,

—35 d.C.
Conversión de Pablo

—52
Pablo en Corinto en su segundo viaje

—56
Pablo escribe 1 Co., carta perdida, 2 Co.

—57
Pablo en Corinto en el tercer viaje

—60
Encarcelamiento de Pablo en Roma

—a. 67
Pablo muere mártir

25; 8:1; 11:2, 17, donde se traduce "pero"; 12:1; 15:12, donde se traduce "pero"; 16:1)
- Comunicarles sus planes de visitarlos (16:5-9)

RASGOS SINGULARES

- 1 Corintios revela más acerca del carácter de la iglesia primitiva que cualquiera de las otras cartas de Pablo.
- Es una de las más prácticas de todas las epístolas del NT, y ofrece un consejo a la vez tierno y severo.
- Condena el sectarismo teológico y social (1—4; 11:17-22).
- Incluye el más extenso tratamiento que da la Biblia de los dones espirituales (12—14) y de la resurrección de Cristo (15).

COMPARACIÓN CON OTROS LIBROS DE LA BIBLIA

Romanos:
- Romanos echa el fundamento de toda la enseñanza sobre la salvación en el NT; 1 Corintios echa el fundamento de toda la enseñanza del NT acerca de la vida eclesial.

Romanos y Gálatas:
- Romanos y Gálatas son el fundamento para la doctrina cristiana; 1 y 2 Corintios son el fundamento para la ética cristiana.

Efesios:
- Ambas destacan la unidad cristiana.

BOSQUEJO

DIVISIONES EN LA IGLESIA (1—4)
- Salutación, introducción (1:1-9)
- El hecho de las divisiones (1:10-17)
- La razón para las divisiones (1:18—4:21)
  - Mala comprensión del mensaje de la iglesia (1:18—3:4)
  - Mala comprensión del ministerio de la iglesia (3:5—4:21)

DESÓRDENES EN LA IGLESIA (5—6)
- Excomunión (5)
- Pleitos (6:1-8)
- Relajamiento de la moralidad (6:9-20)

DIFICULTADES EN LA IGLESIA (7:1—16:4)
- Matrimonio (7)
- Cosas ofrecidas a los ídolos (8:1—11:1)
  - Preocupación por los menos maduros (8)
  - Buena disposición a ceder en la propia libertad (9)
  - El peligro de las fiestas paganas (10:1—11:1)
- El culto público (11:2-16)
- La Cena del Señor (11:17-34)
- Los dones espirituales (12—14)
  - Varias clases de dones (12:1-11)

El propósito de los dones (12:12-31)
La supremacía del amor (13)
La superioridad de la profecía sobre las lenguas (14:1-25)
El uso de los dones en el culto (14:26-40)
La resurrección (15)
Las ofrendas (16:1-4)
DILIGENCIA EN LA IGLESIA (16:5-24)
Planes de viaje (16:5-12)
Exhortaciones, saludos, bendición (16:13-24)

DIVISIONES EN LA IGLESIA (1—4)

1:1-9 *Todos los dones espirituales...* Después de una breve salutación a los corintios (1:1-3), Pablo comienza esta carta con una nota positiva, expresando su gratitud a Dios por los muchos dones espirituales que ellos tenían, y su confianza en que Dios seguiría bendiciéndoles.

1:10-17 *. . . pero sin crecimiento espiritual.* Por grandes que fueran sus bendiciones espirituales, los corintios tenían unos ciertos problemas. Pablo trata primero acerca de sus divisiones y pendencias. Habían comenzado a seguir a varios líderes, aparentemente sobre la base de quién había bautizado a quiénes en cada facción. Pablo apela a la unidad sobre la base de la común fe de ellos en Cristo (1:13), recordándoles la simplicidad del evangelio, que tiene bien poco que ver con la sabiduría humana que tanto admiraban (1:17).

Reconociendo que una de las facciones se centraba en él, Pablo no vaciló en señalar a su propio club de seguidores para una reprensión especial (1:12-13).

"Porque no me envió Cristo a bautizar, sino a predicar el evangelio" (1:17). Esta afirmación es probablemente el argumento bíblico más poderoso en contra de la perspectiva de que el bautismo sea necesario para la salvación. Pablo no dice que Cristo le hubiera prohibido bautizar, porque el apóstol a menudo bautizó a sus convertidos (véase Hch. 16:15, 33; 18:8; 19:5). Más bien, sencillamente dijo que el bautismo no formaba parte del mensaje fundamental del evangelio (cuyo contenido define más adelante, véase 15:1, 3-4).

1:18-25 *Su sabiduría frente a la sabiduría humana.* No solo es el evangelio simple (véase 1:17), sino que muchos lo consideran una "locura" (1:18). Esto no debería sorprendernos, porque incontables siglos de sabiduría humana han fracasado en el intento de llevar a nadie más cerca de Dios (1:19-21). Los eruditos judíos buscaban señales sobrenaturales, mientras que los eruditos de Grecia iban en pos del conocimiento por el conocimiento mismo, y los unos y los otros entendieron mal el evangelio en su sencillez (1:22-23). Pero los llamados respondieron en fe y fueron salvos (1:18, 24). La simplicidad misma del evangelio muestra cuanto más sabio es el Creador que cualquiera de sus criaturas (1:25).

Jesús empleó la simple lógica y su comprensión de la naturaleza humana para destruir "la sabiduría de los sabios" (1:19; 3:19; véase Mt. 21:23-24; 22:15-22; Jn. 8:1-11).

1:26-31 *Alto y poderoso frente a humilde y manso.* Recordando a los corintios sus humildes orígenes (1:26), Pablo dijo que Dios hizo simple el evangelio a fin de que las personas se centrasen en dar la gloria a Cristo, no a sí mismos. Pablo no dice que "nadie" sabio, fuerte o rico hubiera venido a la fe, sino que "no muchos" así lo hacen (1:26). Juan Wesley fue frecuentemente empleado por Lady Huntington, de la nobleza inglesa. Esta gentil dama, que dio tanto de su tiempo, talento y tesoro para Cristo, testificaba a menudo: "Solo voy al cielo gracias a la letra *M*. ¡Qué agradecida que estoy de que Pablo no dijo que *No* se llama a *ningún* noble, sino *no muchos*! De modo que solo voy al cielo gracias a la letra *M*".

El orgullo era la principal causa de la impropia lealtad de los corintios a sus varios dirigentes (4:6, 19), y de ahí que Pablo se centre en el humilde pasado del que procedían (1:26).

2:1-5 *La sencillez de su mensaje.* Aunque estaba bien instruido (véase Hch. 22:3), Pablo había presentado el evangelio a los corintios con simplicidad, centrándose en la persona de Cristo, de modo que sus oyentes pusieran su fe en Cristo, y no en él.

2:6-16 *Sabiduría para los espirituales, no para los naturales.* El evangelio, en toda su sencillez, es verdadera sabiduría: la que los príncipes de este mundo rechazaron cuando crucificaron a Cristo (2:6-8). El Espíritu Santo ha revelado esas preciosas verdades de la redención a los que creen. En el estado natural de las personas (2:14), sin la ayuda del Espíritu, esta sabiduría es inalcanzable. Las verdades de Dios la persona natural "no las puede entender"; es totalmente incapaz de comprenderlas (comparar Hch. 8:31). Esta persona, por tanto, llega a la conclusión de que la verdad es "locura" (2:14; véase Hch. 17:18, 32; 26:24). En cambio, la persona espiritual (2:15), sí puede comprender esas cosas (2:15; véase 2 Ti. 2:15), porque está controlada por el Espíritu (véase Gá. 5:16, 25). Los creyentes tienen "la mente de Cristo" (2:16). Esto es cierto de todos los creyentes (véase 2 Co. 5:17), aunque cada creyente tiene que escoger personalmente experimentarlo de manera plena (véase Fil. 2:5).

3:1-4 *Los cristianos quejicosos.* Pablo se lamentaba de que por ser inmaduros y mundanos ("carnales"), no había podido compartir verdades más profundas con los corintios. La descripción que hace Pablo de los corintios ayuda a definir el término "carnal":

- Eran impotentes, como bebés recién nacidos. "Niños" aquí es traducción de un término griego, *nepios*, que denota debilidad, inmadurez e inexperiencia (comparar Gá. 4:3; Ef. 4:14; 2 P. 1:9).
- Eran incapaces de recibir nada más que leche (3:2), lo que también sugiere infancia o debilidad (véase He. 5:11-14; 1 P. 2:2).
- Se comportaban como personas que no pertenecen al Señor, "como hombres". Alguno ha sugerido que los cristianos deberían preguntarse: "Si yo fuera arrestado y acusado de ser cristiano, ¿habría suficiente evidencia para condenarme?" Aparentemente, ¡algunos de esos corintios habrían podido ser absueltos!

La exaltación que hacían los corintios de los dirigentes humanos era un síntoma de su carnalidad.

3:5-9 *"Exalten a quien da el crecimiento, no a quien siembra".* Pablo los apremió otra vez a no exaltar a dirigentes humanos. Dios solo merece el crédito del crecimiento de su Reino. Aparentemente, en Corinto Pablo había llevado a cabo la tarea inicial de "sembrar" con el evangelismo, mientras que Apolos había llevado a cabo el "regar" del discipulado.

3:10-17 *"¿Sobrevivirá tu casa al fuego?"* Pensando en su propia tarea como edificador de la iglesia (3:10-11), Pablo recordó a sus lectores que ellos también están trabajando cada uno de ellos en la "edificación" del servicio cristiano. Ante el Tribunal de Cristo, el fuego de su discernimiento pondrá a prueba la valía de cada edificación

(3:12-15). Muchos de los corintios debían preocuparse seriamente de la condición de sus edificaciones espirituales (3:16-17).

Los eruditos están en general de acuerdo en que este pasaje describe el juicio del *"bema"*, así designado porque tiene lugar en el "tribunal" (griego, *bema*) de Cristo (véase 4:1-5; Ro. 14:10; 2 Co. 5:10):

- Este juicio no decidirá la salvación de la persona; esto queda determinado en esta vida, sobre la base de si dicha persona ha confiado en Cristo o no ("Él mismo será salvo, aunque así como por fuego", 3:15). Tampoco se trata en absoluto de ninguna aplicación de castigo por pecados cometidos antes o después de la salvación; aunque "pérdida" y "por fuego" (3:15) pudiera sugerir castigo, esta idea de castigo de los creyentes carece de base escrituraria.
- La clave para comprender el juicio del *bema* está en 4:2: Los "gestores" o "administradores" de Dios han de ser fieles (comparar 1 P. 4:10). Así como un administrador es responsable ante su supervisor, un día todos los administradores comparecerán ante el Señor y darán cuenta de la forma en que han desempeñado sus responsabilidades.

En Corinto había históricamente un tribunal llamado el *bema*, donde el juez se sentaba en un alto sitial.

3:18-23 *¿El camino a la sabiduría? ¡La insensatez!* ¡El que quiera ser sabio se ha de hacer necio! Esto es, ha de llegar a darse cuenta de que toda la filosofía mundana es inútil a ojos de Dios y que la sabiduría de los siglos se encuentra en Cristo (véase Job 5:13; Sal. 94:11).

4:1-5 *Los siervos deberían ser consecuentes, no críticos.* Pablo rehusaba juzgar la calidad de su obra por Cristo o la de cualquier otro, dándose cuenta de que Cristo haría esto algún día en el juicio del *bema* (véase exposición sobre 3:10-17). Hasta entonces, como siervo de Cristo, su tarea era permanecer fiel.

4:6-13 *"¿Qué tal les gustaría vivir como nosotros?"* Pablo se había presentado a sí mismo y a Apolos como ejemplos de la necesidad de administradores humildes (4:6; véase 3:5-6), pero quería asegurarse de que los corintios supieran que les estaba dirigiendo sus observaciones a ellos (véase 3:6-7). Con un suave sarcasmo, contrastó la porción de los corintios en la vida con su parte y la de Timoteo. Mientras los corintios vivían cómodamente, Pablo y Timoteo estaban padeciendo grandes dificultades. Mientras los corintios se estaban felicitando a sí mismos por su sabiduría, Pablo y Timoteo estaban siendo hechos insensatos por amor de Cristo (4:10).

Pablo les recordó que mientras estaba en Corinto, se había sustentado con el trabajo de sus manos (4:12; véase *Destinatarios;* comparar 1 Ts. 1:9).

4:14-21 *¿Un puño cerrado o una mano abierta?* Pablo no estaba escribiendo estas duras palabras para avergonzar a los corintios, sino más bien, como padre espiritual de ellos, para advertirles y apremiarlos a que le siguieran (4:14-16). Él les había enviado a Timoteo para que ministrase para ellos y pronto estaría él mismo entre ellos. A ellos les correspondía decidir si dicha visita iba a ser grata o ingrata.

DESÓRDENES EN LA IGLESIA (5—6)

5:1-8 *Inmoralidad e indiferencia: La solución de Pablo.* En tanto que los orgullosos corintios exaltaban a sus dirigentes favoritos (5:2; véase 4:6), estaban tolerando un pecado impensable dentro de su iglesia: Un hombre estaba sexualmente involucrado con la mujer de su padre (5:1-2). Pablo les mandó que excomulgasen a este hombre, con la esperanza de llevarlo al arrepentimiento (5:3-5) y de impedir que extraviase a otros (5:6-8).

Pablo describió la excomunión como entrega del hombre en manos de Satanás "para destrucción de la carne" (5:5). Parafraseando: "Si este hombre tiene tanto placer con su pecado, entonces sepárenlo totalmente de la comunión de ustedes y dejemos que Satanás lo ataque un poco. Que guste lo que significa hacer frente a un mundo hostil sin las oraciones ni el ministerio de la iglesia". Pablo se vio obligado más adelante a tomar una acción semejante contra otras dos personas (véase 1 Ti. 1:19-20; véase también exposición sobre Mt. 18:15-20 y sobre 2 Ts. 3:6-15).

El término para la inmoralidad sexual (5:1, "fornicación") es *porneia*, la palabra de la que procede el término castellano "pornografía". Pablo empleó esta palabra 17 veces en sus escritos, 11 de esas veces en 1 Corintios.

5:9-13 *El pecador que peca habitualmente.* Cualquier cristiano que persista de forma voluntaria en el pecado debería ser evitado hasta que se arrepienta. En tanto que la iglesia no está llamada a actuar de policía de la sociedad, sí que es responsable de juzgar y tratar con rigor a sus propios miembros.

6:1-11 *Santos que pelean y que se conducen como pecadores.* Si es posible, las diferencias entre creyentes deberían resolverse fuera de tribunales, con la ayuda de otros creyentes (6:1-6). Desde luego, sería mejor sufrir calladamente un mal antes que hacer del mal una cuestión legal (6:7). Pablo recuerda a los corintios las depravadas vidas que muchos de ellos habían vivido antes de su conversión, y los apremia a que vivan ahora en la realidad de su estado santificado (6:8-11). Algunas traducciones emplean la palabra *santo* en 6:1-2; esto sencillamente se refiere a uno que ha sido "santificado" (6:11) o apartado para el Señor (6:11). A lo largo de la Escritura, los creyentes son descritos con este término (véase exposición sobre He. 10:1-18).

Pablo no condena el sistema judicial como institución, porque él mismo lo había empleado (véase Hch. 25:10-11). Acerca de los cristianos "juzgando" el mundo (6:2), véase Mateo 19:28; acerca del juicio de los ángeles (6:3), véase 2 P. 2:4.

6:12-13 *Permitido, pero no provechoso.* Los "santificados", que están apartados para Dios (6:11) no deberían permitir ser controlados siquiera por cosas que puedan ser moralmente neutras, como las buenas comidas.

6:13-20 *La gravedad del pecado sexual.* Como creyentes, nuestros cuerpos forman parte de Cristo, y son templo del Espíritu Santo, lo que hace tanto más grave la relación física en el pecado. Al considerar la gravedad del pecado sexual, la única respuesta apropiada cuando somos tentados es "huir" (6:18; véase 2 Ti. 2:22). Pablo aconseja también huir de la idolatría (véase 10:14) y del materialismo (véase 1 Ti. 6:10-11).

DIFICULTADES EN LA IGLESIA (7:1—16:4)

7:1-9 *¿Celibato o matrimonio? Ambos son buenos.* Pablo pasa ahora a "las cosas de que me escribisteis" (7:1; véase *Trasfondo*). El celibato es honroso, dijo Pablo, pero hablando en sentido realista, la mayoría de las personas deberían casarse, aunque fuera solo para evitar la tentación sexual (7:1-2, 6-9). Incluso dentro del matrimonio, los cónyuges deberían guardarse de relaciones extramatrimoniales cumpliendo sus deberes conyugales mutuos (7:3-5). Cada cónyuge debería considerar que su cuerpo pertenece al otro (7:4).

7:10-16 *"¿Y si mi cónyuge no es salvo?"* Una persona cristiana casada con otra persona no cristiana debería esforzarse por mantener el matrimonio unido, por causa de los hijos y con la esperanza de ganar a su cónyuge para Cristo. Si la parte creyente abandona el matrimonio, él o ella no debe casarse (7:11). Pero algunos intérpretes creen que 7:15 permite a la parte creyente volverse a casar si la parte incrédula inicia un divorcio.

7:17-24 *La voluntad de Dios, antes y después de su llamamiento.* Suponiendo que no hay pecado involucrado, el nuevo creyente debe persistir en su estilo de vida anterior, centrándose en el servicio al Señor en esta situación. Por ejemplo, los creyentes judíos y gentiles deberían contentarse con ser bien judíos, bien gentiles. Del mismo modo, una persona de baja condición social debería contentarse con esta posición (sin embargo, véase 12:13). Acerca de la esclavitud, véase *Filemón: Trasfondo*.

7:25-40 *¿Es superior el estado de soltería?* Los creyentes en Corinto estaban aparentemente pasando por una especie de crisis (7:26). Por esta razón, y para alentar a una mayor devoción a Dios (7:32-35), Pablo intentó desalentar a los solteros de precipitarse al matrimonio. Sin embargo, si ambas partes creían que el matrimonio era la voluntad de Dios para ellos, debían casarse. Una viuda era libre para casarse, siempre y cuando lo hiciera con otro creyente (7:39-40).

8:1-13 *Acerca de los alimentos ofrecidos a los ídolos: Libertad frente a sensibilidad.* Los corintios estaban divididos acerca de si era permisible comer alimentos que hubieran sido antes ofrecidos a los ídolos. Pablo estaba de acuerdo con los que pensaban que era permisible, porque los ídolos no tienen un verdadero poder (8:4-6). Sin embargo, apremió a que los creyentes más maduros evitasen ofender a aquellos cuyas conciencias se sintieran ofendidas por dicha práctica (8:1-3, 7-13). Tenían que relacionarse con esos creyentes "más débiles" (8:11-12; véase Ro. 14:1) sobre la base del amor, no sobre la base de su conocimiento superior (8:1-3). El fondo de la cuestión era: Sé de ayuda, no un obstáculo, para esos cristianos menos maduros (8:9-13).

El conocimiento humano tiende a hacer que nos sintamos importantes, nos "envanece", mientras que el amor siempre "edifica" (8:1). En 1 Corintios aparecen seis veces expresiones relacionadas con la jactancia (véase 4:6, 18-19; 5:2; 8:1; 13:4), siempre en relación con el conocimiento. Véase exposición sobre Colosenses 2:4-10.

9:1-18 *"Por el evangelio, cedo mis derechos"*. Habiendo apelado a los cristianos más maduros para que cedieran en algunos de sus derechos (véase 8), Pablo les recuerda los derechos que *él* había cedido por su ministerio. Él tenía derecho a ser sustentado económicamente (9:6-14), pero lo había cedido por causa del testimonio, y porque para él la proclamación del evangelio era una tarea de amor (9:15-18; véase exposición sobre 4:6-13). Quizá alguien en Corinto le había acusado de predicar por dinero.

9:19-23 *Tantos como se pueda, por todos los medios posibles.* Aunque Pablo, al sustentarse a sí mismo, le preservaba de estar "libre de todos" (9:19), seguía considerándose como "siervo de todos" (9:19, comparar 9:16; Ro. 1:14), y por esto estaba dispuesto a usar todos los medios posibles para ganar a los demás para Cristo. Por ejemplo:

- Para alcanzar a los judíos, hizo cosas como circuncidar a Timoteo en Listra (véase Hch. 16:1-3) y empleó el arameo para dirigirse a una muchedumbre en Jerusalén (véase Hch. 22:2).
- Para relacionarse con los gentiles,

se puso en pie mientras predicaba en una sinagoga (véase Hch. 13:16), aunque los maestros judíos generalmente enseñaban sentados (véase Lc. 4:20; Jn. 8:2). En el areópago, citó de la literatura griega (véase Hch. 17).

- Predicaba (véase Ro. 14:1; 15:1) y practicaba (véase 8:13) la tolerancia de los creyentes inmaduros.

9:24-27 *"¡Corran la carrera! ¡Luchen bien!"* Pablo estaba consagrado no solo a ganar a los perdidos (9:19-23) sino también a agradar a Dios. Veía la vida como una especie de "Olimpiada espiritual" y trataba de ganar el premio de la aprobación de Dios. Apremió a los corintios a guardarse en contra de todo pecado que pudiera descalificarlos. "Eliminado" o descalificado (9:27) es *adokimos* en griego; en su forma positiva aparece como "aprobado" en 2 Timoteo 2:15. Para el informe que da Pablo del fin de su carrera espiritual, véase 2 Timoteo 4:7.

10:1-13 *Lecciones del libro de historia.* Los antiguos israelitas tuvieron el privilegio de experimentar señales sobrenaturales de Dios y sus bendiciones espirituales, pero sin provecho, porque los corazones de ellos no eran rectos para con Él (10:1-5). Las tragedias que les sobrevinieron fueron registradas como lecciones objetivas y advertencias, no sea que nosotros también caigamos (10:6-11). Deberíamos estar siempre en guardia frente a la tentación, esperando en Dios para que nos ayude a resistir (10:12-13).

10:14-22 *La mesa de los demonios y la mesa del Señor.* Aunque comer alimentos sacrificados a los ídolos pudiera ser moralmente neutro (véase 8), la relación con las fiestas paganas, por mínima que sea, es inconsecuente con la participación en el culto cristiano. Sencillamente, no se puede estar bebiendo y comiendo tanto a la mesa del Señor como a la mesa de los demonios.

10:23—11:1 *La libertad y la ley del amor.* Solo porque algo sea permisible para un cristiano, no significa que deba hacerlo. La ley del amor hace dos preguntas:

- La acción propuesta, ¿ayuda o estorba el crecimiento espiritual de otros? (10:23-24).
- ¿Dará gloria a Dios? (10:31).

En términos prácticos, Pablo aconseja comer todo lo que se le ofrezca a uno, a no ser que alguien que esté presente objete a ello (10:27-28).

11:2-16 *Mandamientos acerca de la cabeza y el cabello.* Debido al orden divino en la creación (11:2-3, 8-9), hay diferentes conductas apropiadas para los hombres y las mujeres en el culto público (11:4-10). Esto, sin embargo, no significa que sean desiguales, porque tal como lo demuestran los hechos de la vida, dependen enormemente uno del otro (11:11-12). Los hombres no deben cubrir sus cabezas, porque son "imagen y gloria de Dios" (11:7). Las mujeres, por su parte, deben llevar cubierta la cabeza para demostrar su sumisión a sus maridos (11:7, 10). La naturaleza misma, dice Pablo, muestra lo correctas que son sus instrucciones acerca de esta cuestión (11:13-16). Véase 14:26-40.

Acerca de que una mujer sea responsable ante su marido (11:3), véase exposición sobre Efesios 5:22-33. La referencia a ángeles (11:10) ha llevado a algunos a creer ¡que los adoradores pueden estar compartiendo sus asientos con ángeles (véase Ef. 3:10; 1 Ti. 5:21; He. 1:14; 1 P. 1:12)!

11:17-34 *Problemas en la mesa del Señor.* La Cena del Señor había llegado a ser para los corintios una ocasión social donde se exhibían las diferencias de clase en la iglesia (11:17-22). Pablo les recuerda el propósito y las raíces históricas de aquella comida conmemorativa (11:23-26) y les muestra cómo restaurarla a la función para la que había sido instituida (11:27-34). La Cena del Señor da al creyente

- una mirada retrospectiva a la cruz (11:26)
- una mirada hacia dentro a la conciencia propia (11:28)
- una mirada hacia adelante a la corona (11:26)

Pablo advierte en contra de participar "indignamente" de la Cena del Señor (11:27). Tal cosa lleva al juicio de Dios, lo que da como resultado la enfermedad o incluso la muerte (11:28-30). Es una ocasión seria, no un acontecimiento social (11:31-34). Al menos dos grupos de personas están descalificados para participar de la Cena del Señor:

- el pecador inconverso, que puede llegar a ser apto obedeciendo Juan 3:16
- el santo que se ha ensuciado, y que puede llegar a ser apto obedeciendo 1 Juan 1:9

12:1-11 *Muchos dones de un Espíritu.* Consciente del pasado pagano de los corintios, Pablo trata acerca del propósito y de la naturaleza de los dones espirituales (12—14), de modo que no fuesen engañados por falsos profetas que pretendiesen hablar de parte de Dios (12:1-3). Comenzó explicando qué son precisamente los dones espirituales (12:4-11). Un don espiritual es una capacidad sobrenatural dada al creyente en el momento de la salvación (12:7; véase Ef. 4:7-13). Pablo da una lista de trece de esos dones en este capítulo (12:8-10, 28), indicando que

- cada creyente tiene al menos un don espiritual (12:7-11)
- ningún creyente posee todos los dones (12:29-30)

Los dones espirituales tienen dos propósitos principales:

- edificar a los santos (14:4)
- glorificar al Salvador (14:2)

Pero, como sucede con todas las cosas, pueden ser fácilmente mal empleados:

- pueden ser mal empleados respecto a acción:
  - ► rehusando usar el don (véase 14:1, 12, 23)
  - ► no usando el don con amor (véase 13:1)
- Pueden ser mal empleados respecto a la actitud:
  - ► envidia (véase 12:15-16)
  - ► orgullo (véase 12:21)

12:12-31 *Dispuestos para ser un cuerpo.* Los dones espirituales deben ser usados dentro del contexto de la iglesia, capacitándola para funcionar de manera eficaz, como un cuerpo humano (véase exposición sobre Ef. 1:15-23). Lo mismo que en un cuerpo humano, cada miembro de la iglesia tiene una función diferente pero importante. Ni un cuerpo humano ni un cuerpo eclesial puede ser eficaz a no ser que todos sus miembros funcionen en armonía. El Espíritu Santo bautiza al nuevo creyente, haciendo de él o ella un miembro de la iglesia, el cuerpo de Cristo (12:13), y dándole capacidad para vivir y testificar conforme a Dios (12:13; véase Mt. 3:11; Jn. 14:16-17; Hch. 1:8; 2:4; Ro. 8; Gá. 5:22-25; Ef. 4:4-16; 5:18; véase también *Dios Espíritu Santo,* p. 878).

13:1-13 *Carentes de valor sin amor.* Cualquier don espiritual, no importa lo bien que sea usado, carece de valor sin amor (13:1-3). El amor es la base de todas las virtudes humanas, y se expresa en muchas cualidades externas de carácter, siendo permanente cuando todo lo demás falla (13:4-10). Motivados por el amor, deberíamos dejar de lado el habla y las acciones propias de la infancia y actuar como creyentes maduros, esperando el día en que vendrá la perfección (13:11-12). La fe, la esperanza y el amor son las más permanentes de todas las virtudes humanas, pero, incluso entre ellas, el amor es la más grande (13:13), debido a que

- el amor es la raíz de la fe y de la esperanza
- mientras que la fe y la esperanza son principalmente personales, el amor se centra en los demás
- el amor es la esencia misma de Dios (véase 1 Jn. 4:8)

14:1-19 *Las lenguas son buenas, pero la profecía es mejor.* En el culto público, el don de profecía es mucho más beneficioso que el don de lenguas, porque la profecía edifica a toda la iglesia, no solo a la persona individual; y a diferencia de las lenguas, la profecía no precisa de interpretación. El objetivo debería ser un culto que involucre a la vez el espíritu y el entendimiento (14:15).

Aunque generalmente se relaciona con la predicción del futuro, la profecía puede incluir cualquier actividad que proclame (podríamos decir, que "exponga") la voluntad de Dios para su pueblo. El "profeta" de 12:29 tiene el don de discernir y de impartir la verdad de parte de Dios.

14:20-25 *¡Que lo oigan en su propia lengua!* Apremiando a los corintios a buscar la madurez espiritual, Pablo recuerda cómo Dios usó una lengua extranjera como señal de juicio contra Israel (véase Is. 28) y señaló cuán mejor sería que los incrédulos oyesen el evangelio en una lengua que pudieran comprender.

14:26-40 *Orden en la iglesia.* Todos los creyentes deberían participar en las reuniones públicas de la iglesia (14:26). Sin embargo, por cuanto el objetivo de esas reuniones es la mutua edificación (14:26), se deberían seguir ciertas reglas (14:27-40):

- Ningún don, ni de lenguas ni de profecía, debe ser ejercitado por más de una persona a la vez, y todas las declaraciones públicas deben ser juzgadas (14:27, 29-32).
- Si alguien habla en lenguas, debe darse una interpretación (14:28).
- Las mujeres deberían "callar" en las congregaciones (14:34-35).

Respecto al silencio de las mujeres, se debería observar que Pablo se había referido antes a mujeres que oran y que profetizan, presumiblemente en público (véase 11:5). Algunos eruditos sugieren que Pablo limitó la participación de las mujeres solo en situaciones en las que se juzgaba la doctrina de la iglesia (14:29; véase exposición sobre 1 Ti. 2:8-15). Otros explican la aparente contradicción entre 11:5 y 14:34 en términos de la gran preocupación de Pablo por introducir orden en una iglesia en confusión (véase 14:33).

Sea cual fuere la perspectiva de Pablo acerca del papel de las mujeres en las reuniones públicas de la iglesia, evidentemente las valoraba como sus iguales en el ministerio en la iglesia, como se ve por

- su gran consideración hacia Priscila y Aquila y también su dependencia de ellos (véase exposición sobre Hch. 18:1-6).
- su asociación con las cuatro hijas de Felipe, todas las cuales profetizaban (véase Hch. 21:8-10)
- sus salutaciones a muchas mujeres en Roma, lo que sugiere su importancia en la iglesia (véase Ro. 16:1-16)

Véase exposición sobre Gálatas 3:26—4:7.

15:1-4 *El evangelio en pocas palabras.* Pablo pasa revista aquí al mensaje básico del evangelio, que es el hecho histórico de la muerte, sepultura y resurrección de Cristo, el mensaje maravilloso sobre el que se fundamenta nuestra fe. Cristo no fue un mártir que murió por su fe, sino un Salvador que murió por nuestros pecados. Él no dijo: "Estoy acabado", sino: "Está acabado".

Todas las tres personas de la Trinidad (véase exposición sobre Gn. 1:26-31) estuvieron activas en llevar a cabo la muerte de Cristo y su resurrección:

- el Padre (véase Jn. 3:16; Hch. 2:24)

- el Hijo (véase Jn. 10:11, 18)
- el Espíritu Santo (véase Ro. 1:4; He. 9:14)

15:5-11 *"¡Vive, y ahí está la prueba!"* Pablo cita dos pruebas de la resurrección de Cristo:

- Sus muchas apariciones posteriores a la resurrección (véase *Acontecimientos clave en la vida de Cristo,* p. 896), de las que Pablo da una lista de seis, incluyendo su aparición a él mismo (15:58)
- El hecho asombroso de la propia salvación de Pablo (15:8-11)

15:12-19 *"¡Si no lo está, estamos perdidos!"* Algunos en Corinto ponían en duda la posibilidad misma de la resurrección. Pablo puso el énfasis en que la fe cristiana descansa plenamente en la resurrección de Cristo. Si esta resurrección no tuvo lugar, entonces los que creen en ella son verdaderamente "los más dignos de conmiseración de todos los hombres"; aun más importante, siguen en las garras del pecado y de la muerte.

15:20-28 *La resurrección, el pase de revista, y el reinado.* La resurrección de Cristo es solo la primera de muchas que seguirán. Así como el pecado de Adán trajo la muerte a toda la raza humana, la resurrección de Cristo introduce la posibilidad de vida eterna (15:20-22; véase exposición sobre Ro. 5:12-21). Las resurrecciones venideras tendrán lugar en un "orden" práctico (15:23), lo que es un término militar que se refiere a tropas que marchan formadas, como en un desfile:

- La resurrección de Cristo encabeza el desfile, porque fue la primera de su clase. Todos los anteriormente levantados de los muertos (véase exposición sobre Hch. 20:7-12) volvieron a morir; Cristo fue el primero en resucitar para la inmortalidad. Él fue "el primogénito de entre los muertos" (véase Col. 1:18).
- Luego vienen las "tropas" de la resurrección en el arrebatamiento (15:23; véase exposición sobre 15:50-58 y 1 Ts. 4:13-18).
- Luego viene el "fin", que incluirá la resurrección de los santos del AT y de la tribulación (15:24; véase Dn. 12:2, y exposición sobre Ap. 20:1-6), que introducirá el reino eterno de Cristo (15:24-28).
- Sin mencionar aquí, pero implicada en Apocalipsis 20:6, hay una segunda resurrección, después del milenio y de la rebelión final de Satanás, de los no arrepentidos que comparecerán entonces ante Dios en el juicio ante el gran trono blanco (véase Jn. 5:29; véase exposición sobre Ap. 20:1-6; 20:11-15).

15:29-34 *Exhortaciones a la luz del sepulcro vacío.* Si la resurrección nunca sucedió, dice Pablo, tanto valdría dejar de sacrificarse por Cristo y dedicar nuestras vidas a los placeres (15:30-32). Pero por cuanto *en verdad* ha resucitado, deberíamos seguir la santidad (15:33-34).

Aunque Pablo no mantenía el bautismo por los muertos, señaló que esta práctica (evidentemente existente en Corinto) carece de sentido si no hay resurrección (15:29). No hay sustento bíblico para el bautismo por los muertos. Morir perdido es quedarse perdido para siempre (véase Lc. 16:19-31; He. 9:27).

15:35-38 *Como un grano de trigo.* Pablo no expone con claridad cómo Dios resucitará a los muertos ni qué apariencia tendrán cuando resuciten. En lugar de ello, lo compara con la muerte aparente y la resurrección de un grano de trigo, lo que lleva a varias emocionantes conclusiones:

- Nuestro cuerpo resucitado será más glorioso que nuestro cuerpo presente, del mismo modo que una planta es más gloriosa que su semilla (15:37).

- El viejo cuerpo, como un grano de trigo, ha de morir para ser cambiado (15:36; comparar Jn. 12:24). La muerte no matará realmente al creyente, sino que simplemente liberará su nuevo cuerpo.
- El nuevo cuerpo mantiene su identidad (15:38; véase 13:12).

15:39-49 *Terrenal frente a eterno.* Nuestro cuerpo resucitado diferirá de nuestro cuerpo mortal tanto como la carne animal difiere de la carne humana; tanto como el sol difiere de la luna; porque el uno es espiritual, mientras que el otro es meramente natural (15:39-44). Heredamos nuestro cuerpo natural de Adán, pero recibiremos nuestro cuerpo eterno de Cristo (15:45-49).

15:50-58 *¡Luego la muerte morirá!* En el tiempo del arrebatamiento (véase exposición sobre 1 Ts. 4:13-18), tanto los muertos como los vivos serán transformados en un abrir y cerrar de ojos. Cuerpos muertos y corrompidos se volverán incorruptibles; cuerpos todavía viviendo pero mortales se volverán inmortales (15:50-53). Jesús completará este triunfo sobre la muerte (15:54-57; 15:26). Con esta certidumbre, los creyentes deberían estar "firmes y constantes" (15:58).

La muerte de la misma muerte destruirá al último de los cinco enemigos naturales de la humanidad (15:26):

- el mundo (véase Gá. 1:4; Stg. 4:4; 1 Jn. 2:15)
- la carne (véase Ro. 7:18; 8:8; Gá. 5:17; 1 Jn. 2:16)
- el diablo (véase Mt. 13:39; Ef. 6:11)
- la muerte espiritual (véase Jn. 5:24; 8:51; Ap. 2:11)
- la muerte física (véase Sal. 55:4; He. 2:15)

Acerca de que "el poder del pecado [es] la ley", véase exposición sobre Romanos 3:9-20. Acerca del "secreto" o "misterio" (15:51), véase exposición sobre Colosenses 1:24-29.

16:1-4 *"Finalmente, acerca de aquella ofrenda".* Pablo apremia a los corintios para que con regularidad pongan dinero aparte para que le ayuden a recoger una ofrenda para los creyentes necesitados en Jerusalén (véase exposición sobre Hch. 20:1-6). En su siguiente carta a ellos, iba a dedicar mucho más tiempo a esto mismo (véase 2 Co. 8—9).

DILIGENCIA EN LA IGLESIA (16:5-24)

16:5-12 *"Eso es nuestra agenda".* Pablo estaba intentando arreglar sus programa de viaje para poder pasar un tiempo prolongado en Corinto (16:5-9). Mientras, Timoteo los iría a visitar. Quizá debido a la juventud de Timoteo (véase 1 Ti. 4:12), Pablo los apremió a que lo tratasen con respeto (16:10-11). Apolos no pensó que fuese la voluntad de Dios que él visitase Corinto en aquel entonces, quizá debido a todos los problemas por los que estaban pasando.

16:13-18 *"Gracias a Dios por personas como Estéfanas".* Pablo exhortó a los creyentes a una mayor fe y amor, señalando a Estéfanas como un ejemplo que debían seguir.

16:19-24 *Anatema y Maranata.* Pablo envió saludos de los cristianos en Éfeso, especialmente de Aquila y Priscila, a los que había conocido en Corinto (véase exposición sobre Hch. 18:1-6). Luego pronunció una maldición sobre los enemigos de Cristo y una bendición sobre sus seguidores. "Anatema" (16:22) significa "maldito" o "digno de destrucción" (véase Ro. 9:3; Gá. 1:8-9). "El Señor viene" es Maranata (véase Fil. 4:5; Ap. 22:20).

2 CORINTIOS

TRASFONDO

Segunda Corintios es en realidad la cuarta carta de Pablo a la iglesia en Corinto. La primera carta, que trataba con el problema de la fornicación en la iglesia, se ha perdido (1 Co. 5:9). La segunda carta (nuestra 1 Corintios) trata acerca de diversos problemas que había llegado a conocer. Pablo escribió una tercera carta a la iglesia en Corinto, de naturaleza dura y disciplinaria (véase 2:3-4; 7:8-9). Esta carta también se ha perdido; pero según un informe que Pablo recibió de Tito, al parecer consiguió su propósito (7:6-8), lo que llevó a Pablo a escribir esta cuarta carta (2 Corintios), en la que consolaba a los que se habían vuelto a Dios (1—9) y donde defendía intensamente su apostolado contra algunos que se oponían a su autoridad (10—13).

AUTOR

Pablo (1:1; 10:1; véase *Romanos: Autor*).

FECHA

El año 56 d.C., unos seis meses después que Pablo escribiera 1 Corintios (véase *1 Corintios: Fecha y lugar*).

LUGAR

Pablo partió de Éfeso en la primavera del 56 (después de escribir 1 Corintios) y emprendió viaje a Troas, donde esperaba encontrarse con Tito y recibir un informe acerca de Corinto (2:12-13). Al no encontrar a Tito allí, prosiguió a Macedonia (Hch. 20:1), donde se encontró con Tito y escuchó su informe de la situación en Corinto, en base de lo que escribió esta carta.

DESTINATARIOS

Véase *1 Corintios: Destinatarios.*

PROPÓSITO

- Explicar por qué habían cambiado sus planes para otra visita a Corinto (1:12—24)

*—35 d.C.
Conversión
de Pablo*

*—52
Pablo en Corinto
en su segundo
viaje*

*—56
Pablo escribe
1 Co., carta
perdida, 2 Co.*

*—57
Pablo en Corinto
en el tercer viaje*

*—60
Encarcelamiento
de Pablo en Roma*

*—a. 67
Pablo muere
mártir*

- Dar instrucción acerca de la restauración de un hermano ofensor (2:5-11)
- Expresar su alegría por el avivamiento en la iglesia como resultado de su dura carta (2:12-13; 7:15-16)
- Tratar acerca de su motivación para el ministerio y defenderse frente a sus opositores (2:12—6:10; 10—13)
- Alentar a la santidad (6:11—7:16)
- Alentar a dar con generosidad (8—9)

RASGOS SINGULARES

- Segunda Corintios es la más autobiográfica de las cartas de Pablo, y da una perspectiva íntima de su vida y ministerio personal.
- Es la menos doctrinal de sus cartas, con la posible excepción de Filemón. Pero contiene profundas verdades doctrinales (3—8, especialmente 5).
- Ofrece datos acerca del carácter y de las tácticas de los falsos maestros y de Satanás.

COMPARACIÓN CON OTROS LIBROS DE LA BIBLIA

Romanos:

- Romanos es principalmente doctrinal y luego práctica; 2 Corintios es principalmente práctica y luego doctrinal.
- Romanos es la más sistemática, y 2 Corintios la menos sistemática, de todas las cartas de Pablo.

Gálatas y Hebreos:

- Segunda Corintios destaca el nuevo pacto, como sucede con Gálatas y Hebreos.

BOSQUEJO

PABLO EXPLICA SUS ACCIONES (1:1—2:11)
- Salutación (1:1-2)
- Sus sufrimientos en Éfeso (1:3-11)
- Su cambio de planes (1:12—2:4)
- Su recomendación acerca del ofensor (2:5-11)

PABLO DEFIENDE SU MINISTERIO (2:12—7:16)
- El aroma de Cristo (2:12-17)
- Su llamamiento de Dios (3:1—6:10)
    - Sus cartas de recomendación (3:1-6)
    - La gloria de su mensaje (3:7-18)
    - Su sinceridad y sufrimiento (4)
    - Su certidumbre (5:1-10)
    - Su ministerio de reconciliación (5:11-21)
    - Su fidelidad en medio del sufrimiento (6:1-10)
- Su reto a los corintios (6:11—7:16)
    - Exhortaciones a la santidad (6:11—7:1)
    - Gratitud por su crecimiento (7:2-16)

PABLO EXPLICA LA COLECTA (8—9)
- Ejemplos de cómo dar (8:1-9)

PABLO EXPLICA SUS ACCIONES (1:1—2:11)

1:1-7 *Consolado para consolar.* Pablo comienza con acción de gracias al "Dios de toda consolación", que le capacitaba para consolar a los corintios, tanto sí el mismo estaba consolado o sufriendo. *Consolación* en griego combina dos palabras: *para* (junto a) y *kaleo* (llamar). Consolar es responder al llamado de alguien, para andar junto a, para alentar, guiar y defender a aquella persona. Su forma nominal, *parakleiton,* era a menudo usada acerca de un consejo legal o "abogado" en un juicio (véase 1 Jn. 2:1). El consuelo que Pablo daba a los corintios le ayudaba a establecerlos en su salvación (1:6). Pablo volvería al tema de la consolación al final de la carta (véase 13:11).

Cada miembro de la Trinidad es un Consolador:

- El Padre (1:3; véase Is. 49:13)
- El Hijo (véase Is. 61:2; Jn. 14:1; 2 Ts. 2:16)
- El Espíritu Santo (el "Consolador", Jn. 14:16, 26; 15:26; 16:7)

La comunión con Dios es el remedio por el sufrimiento de todos los que, como David, han buscado consoladores pero no han hallado (véase Sal. 69:20).

1:8-11 *"¡Me ha librado de la muerte!"* Pablo habla de que había pasado por un tiempo de gran desesperanza, lo que había aumentado su sentido de dependencia de Dios. Muchos, incluyendo los corintios, habían estado orando por él durante aquel tiempo. Lo mismo que Abraham, había confiado en Dios que podía levantar de los muertos (1:9; véase He. 11:17-19).

1:12—2:4 *"He cambiado mis planes: Así de sencillo".* Pablo podía escribir con buena conciencia, sabiendo que su testimonio entre los corintios había sido piadoso y consecuente (1:12-14). No actuaba con doblez, como parece que algunos habían pensado (1:17-18). Originalmente, sus planes eran visitarlos de camino a Macedonia (1:15-16).

Pablo interrumpe su explicación de su cambio de planes para hablar de la fidelidad de Dios tocante a nuestra salvación, santificación y seguridad eterna (1:19-22; véase exposición sobre Jn. 10:22-30).

Luego reanudó su explicación. Si hubiera llegado a Corinto cuando lo había planeado originalmente, lo habría hecho administrando severas censuras. Quería esperar hasta que la visita pudiera ser de gozo (1:23—2:2). Sin embargo, les había escrito respecto a muchos problemas (2:3-4; véase *Trasfondo*). En 2:1 se puede indicar que había hecho una ingrata visita a Corinto antes de escribir su tercera carta (comparar 13:1).

2:5-11 *"Restauren al arrepentido, no sea que Satanás lo reclame".* Pablo había mandado a la iglesia que excomulgar a un pecador pertinaz debido a su inmoralidad (véase exposición sobre 1 Co. 5:1-8). Así lo habían hecho, y dicho hombre se había arrepentido; pero ellos habían rehusado perdonarlo.

Pablo los apremiaba ahora a que lo perdonasen, para protegerlo a él y ellos mismos de adicionales tentaciones.

PABLO DEFIENDE SU MINISTERIO (2:12—7:16)

2:12-17 *Aroma de vida, aroma de muerte.* Recordando su angustia al no encontrar a Tito en Troas (2:12-13), Pablo dio gracias a Dios, que asegura a los creyentes la victoria sean cuales sean los problemas que surjan (2:14). Pablo asemejó su ministerio a un desfile romano de victoria, durante el que el triunfante general (Jesús) dirigiría tanto a los vencedores (los salvos) como a los cautivos (los inconversos) a sus respectivos destinos (2:14). Del desfile ascendería la fragancia de incienso ardiendo. Para los cautivos era aroma de muerte; para los vencedores era aroma de vida (2:15-16). Defendió luego su apostolado contra las acusaciones de que lo desempeñaba con fines de lucro (2:17; véase 1:12; 11:9; 12:13; exposición sobre 1 Co. 4:6-13 y 9:1-18).

La presencia de la verdad trae vida y muerte. La presencia de José en la cárcel fue muerte para el panadero, pero vida para el copero (véase Gn. 40). La presencia de Cristo en la cruz significó muerte para un ladrón, pero vida para el otro (véase Lc. 23:39-43).

3:1-6 *Cartas vivas de recomendación.* Aunque Pablo estaba comenzando a defenderse a sí mismo (véase 2:17), no necesitaba hacerlo, ni necesitaba tampoco cartas de recomendación; toda la recomendación que necesitaba era respirar y pasearse en las vidas de sus convertidos. Los maestros judaizantes legalistas que acosaban la obra de Pablo (véase exposición sobre 11:16-33) llevaban impresionantes cartas de presentación de Jerusalén (3:1). Antes de su conversión, Pablo había hecho lo mismo (véase Hch. 9:2). Ahora sus testimonios eran

- *personales:* "Nuestras cartas sois vosotros",
- *permanentes:* "escritas en nuestros corazones",
- y *públicas:* "conocidas y leídas por todos los hombres" (3:2-3).

3:7-18 *La historia de dos glorias.* Pablo contrastó la gloria temporal de la ley de Moisés, que trajo el conocimiento del pecado y de la muerte (3:7; véase Ro. 3:20; 7:10), con la gloria eterna del Nuevo Pacto de Dios en gracia (véase He. 8:7-13), que trae el poder de una transformación interna (3:18). Cuando Moisés descendió del Sinaí trayendo la ley, llevaba un velo sobre su rostro, para que la gente del pueblo no se atemorizase (véase Éx. 34:29-35), pero también, dijo Pablo, para que no vieran cómo se desvanecía la gloria de la ley (3:7, 13). El nuevo pacto de gracia es superior a la ley, porque su gloria, dada por Cristo, nunca se desvanecerá (3:8-11, 16-18). Tristemente, en la actualidad, lo mismo que en los tiempos de Pablo, un velo sigue cubriendo y cegando los ojos de la mayoría de los israelitas por lo que atañe a su Mesías (3:14-15).

La meta de Dios es hacernos más y más semejantes a Él, lo que se traduce tradicionalmente como "de gloria en gloria" (3:18). Este proceso perdurará por toda la eternidad, ¡pero Él quiere que comience ahora!

4:1-6 *Predicando en la luz.* Una vez más Pablo proclamó su sinceridad como evangelista (4:1-2; véase 1:12-14; 2:17), a diferencia de otros llamados evangelistas e incluso del mismo Satanás, que intentan engañar (4:2-4). Mientras que Satanás lanza su luz a los ojos, cegando a sus seguidores, Dios dirige su luz al corazón y a los pies, para habitar y para guiar (4:3-6).

4:7 *Un tesoro sin precio, vasos imperecederos.* Los creyentes llevan el "tesoro" del evangelio en los contene-

CARACTERÍSTICAS DEL MINISTERIO DEL EVANGELIO

Triunfante (2 Co. 2:14—6:18)
Sincero (2 Co. 2:17)
Aprobado (2 Co. 3:1-3)
Dependiente (2 Co. 3:4-5)
Superior (2 Co. 3:6-18)
Abierto (2 Co. 4:2)
Opuesto por Satanás (2 Co. 4:3-4)
Honroso para Cristo (2 Co. 4:5-7)
Padeciente (2 Co. 4:8-18)
Confiado (2 Co. 5:1-9)
Convincente (2 Co. 5:10-17)
Representativo (2 Co. 5:18-21)
Irreprensible (2 Co. 6:1-7)
Paradójico (2 Co. 6:8-10)
Separado (2 Co. 6:11-18)

dores perecederos, "vasos de barro", de sus cuerpos mortales. Uno de los diamantes más grandes (108,3 quilates) y famosos del mundo, regalado a la Reina Victoria de Inglaterra en 1850, se exhibe sobre un sencillo fondo negro dentro de una vitrina a prueba de balas en la Torre de Londres. El fondo negro hace resaltar por contraste la gloria resplandeciente del diamante. Del mismo modo, Dios ha depositado en nosotros su más preciado tesoro.

4:8-18 *Éxito espiritual mediante el sufrimiento.* Pablo había sufrido muchas dificultades, a menudo abatido, pero nunca destruido (4:8-10), lo que le permitía exhibir el poder y la presencia de Dios en su cuerpo débil y en decadencia (4:11-15). La conclusión: La tribulación que podamos experimentar aquí no tiene punto de comparación con la gloria que conoceremos allá (4:16-18).

5:1-10 *El nuevo cuerpo del creyente.* Por la fe los creyentes saben que cuando su presente cuerpo muera, recibirán un cuerpo eterno, hecho y garantizado por Dios (5:1-8). Con esta certidumbre, viven para agradar a Dios, sabiendo que algún día comparecerán ante el tribunal de Cristo (5:9-10; véase exposición sobre 1 Co. 3:10-17).

5:11-21 *Representando al Salvador, reconciliando al pecador.* Teniendo presente que Dios un día lo juzgaría (5:11; véase 5:10) y constreñido por el amor de Cristo (5:14), Pablo anhelaba proclamar el evangelio (5:11-16). Somos embajadores de Cristo, rogando a los inconversos para que reciban su ofrecimiento y sean reconciliados por su gracia (5:17-21). Los cristianos, como embajadores, son

- ciudadanos del estado del que son representantes (véase Fil. 3:20; Col. 3:1-2)
- escogidos para el encargo recibido (véase Jn. 15:16)
- llamados al hogar antes que se declare la guerra (véase 1 Ts. 1:10; 4:13—5:10)

6:1-10 *"Guarden la fe, como lo he hecho yo".* Pablo rogó a los corintios que no echasen de lado el evangelio, sino que lo aceptasen y se mantuvieran fieles mientras la puerta de bienvenida de Dios estuviera abierta (6:1-2; véase Is. 49:8). Pablo mismo había sido fiel a pesar de terribles pruebas y dificultades, y por ello fue usado por Dios para llevar a cabo muchas y maravillosas cosas, incluyendo el establecimiento de la iglesia en Corinto (6:3-10).

6:11—7:1 *Algunas claves de la comunión.* A pesar de todos sus sufrimientos, Pablo había compartido su mismo corazón con los corintios; los apremió entonces a que correspondieran (6:11-13). Si se tomaban en serio la vida de santidad, separándose de todos los vínculos impropios con incrédulos, entonces Dios podría tener con ellos la clase de comunión que deseaba (6:14-18). A la luz del deseo de Dios por la comunión con ellos, los corintios debían apartarse de toda inmundicia y vivir en un sano temor de Él.

7:2-7 *Hallado: Tito, ¡y con una feliz historia que contar!* De nuevo Pablo habló de lo abierto que estaba hacia los corintios (7:2-4); y de nuevo exhibió dicha disposición abierta hablando del ataque de pánico que lo llevó de Troas a Macedonia en busca de Tito (7:5; véase 2:12-13), y de su gozo al encontrar por fin a Tito y de conocer las buenas nuevas procedentes de Corinto (7:6-7).

7:8-16 *Una carta a la vez triste y feliz.* Refiriéndose de nuevo a su dura carta a los corintios (véase 2:3-4), Pablo recordaba lo angustiado que se había sentido al escribir aquellas palabras de reprensión. Pero su dolor se había tornado en gozo cuando Tito le informó que la carta los había llevado al arrepentimiento y a buscar un avivamiento. Ellos habían sembrado la clase de dolor que produce verdadero arrepentimiento, en lugar de la "tristeza del mundo" sin arrepentimiento, que lleva solo a la desesperación (7:10).

PABLO EXPLICA LA COLECTA (8—9)

8:1-8 *El ejemplo macedonio sobre cómo dar.* Pablo se refirió luego a la ofrenda que estaba recogiendo para la iglesia en Jerusalén, que estaba padeciendo profundas necesidades (8—9; véase exposición sobre Hch. 20:1-6). Comenzó señalando el maravilloso ejemplo de los creyentes de Macedonia, que, tras dedicarse a sí mismos a Dios, y en medio de grandes dificultades, habían recogido una gran ofrenda. Entonces apremió a los corintios a que hicieran ellos lo mismo (8:7-8).

8:9 *El ejemplo de Cristo.* Naturalmente, el más grande ejemplo histórico de amor sacrificial fue el mismo Cristo. Aunque rico más allá de toda capacidad de la imaginación, escogió empobrecerse para hacernos espiritualmente ricos. Se hizo lo que no era (pobre), para que nosotros pudiéramos llegar a ser lo que no éramos (ricos). El impecable Hijo de Dios se hizo el Hijo del Hombre para que los pecaminosos hijos de los hombres pudieran llegar a ser hijos de Dios.

8:10-15 *"¡Acaben lo que han comenzado!"* Los corintios habían comenzado una ofrenda para Jerusalén hacía un año, pero todo aquello había quedado en suspenso. Pablo los apremió a que reemprendieran su esfuerzo, no en el sentido de que tuvieran que dar más de lo que podían, sino sencillamente compartiendo de una manera equitativa.

8:16—9:5 *"Me he jactado respecto a ustedes, de modo que ahora no me defrauden".* Pablo iba a enviar a Tito y a otros dos hermanos, que serían los que deberían recoger y entregar sus donativos (8:16-24). Los enviaba por adelantado para que tuvieran sus donativos listos cuando él llegase (9:5). Pablo había dicho a la iglesia en Macedonia que los corintios ya habían comenzado a reunir una ofrenda (8:10); esperaba que la visita anticipada de Tito los alentarían a intensificar sus esfuerzos y a no dejarlo a él en mal lugar (9:1-4; comparar 1 Co. 16:2).

9:6-15 *Siembren mucho, cosecharán mucho; siembren poco, cosecharán poco.* Pablo habló de la bienaventuranza de dar (9:6; véase Lc. 6:38; Hch. 20:35), acerca de cómo debía ello tener lugar en la iglesia, y de los resultados de dar con generosidad:

- Reglas para dar:
  - Cada persona debía decidir cuánto iba a dar (9:7).
  - Todos los dones deberían proceder del corazón (9:7).
- Resultados de dar:
  - Dios suplirá a las necesidades del dador (9:8-11).
  - La donación suplirá a las necesidades de otros (9:12)
  - Los que reciban alabarán a Dios y orarán por el dador (9:12-14).

PABLO DEFIENDE SU AUTORIDAD (10—13)

10:1-6 *Mis armas de guerra.* Pasando su atención a aquellos en Corinto que estaban poniendo su autoridad en tela de juicio (véase 11:5, 13), Pablo se defendió ante sus ataques (10—13). Aunque puede que Pablo y sus compañeros de ministerio no tuvieran una apariencia personal tan impresionante como sus opositores (10:1-2), tenía de su lado toda la armadura de Dios (comparar Ef. 6:13), que podía derribar las fortalezas del diablo, refutar arrogantes argumentos y transformar corazones rebeldes. Para derrotar a Satanás, no se puede simplemente oponer fuego al fuego; se tiene que usar sangre: ¡la sangre de Cristo! (véase Ap. 12:11).

10:7-11 *"¡No se dejen engañar por las apariencias externas!"* Llamando la atención a la actitud no agresiva de Pablo, sus enemigos intentaban rebajarlo señalando que aunque sus cartas parecieran enérgicas y fuertes, en persona era poco impresionante y un mal orador (10:7-10). Pablo les aseguró que en su próxima visita sería tan enérgico en persona como lo había sido en sus cartas (10:11).

10:12-18 *La única base para la jactancia.* Los enemigos de Pablo habían estado intentando ganar seguidores comparándose a sí mismos entre ellos y con Pablo (10:12-14), cuya obra estaban intentando usurpar (10:15-16). Pero Pablo solo buscaba la aprobación de Dios (10:17-18).

11:1-4 *"¡Voy a jactarme, porque estoy celoso!"* Movido por el "celo de Dios", nacido de su deseo de guardar fieles a los corintios, Pablo les pidió que le permitiesen por un momento la "locura" (11:1; 11:16-19; 12:11) de compararse con sus opositores (11:5—12:13). Los celos no son lo mismo que la envidia. Los celos son el deseo de poseer lo propio. Es un rasgo bueno y natural, si se mantiene dentro de unos límites apropiados. La envidia es el deseo de poseer lo que pertenece a otro. Esto es siempre malo.

11:5-15 *Pablo y los apóstoles apóstatas.* Pablo comienza su comparación de sí mismo con sus opositores observando que aunque no estaba tan dotado para hablar en público como ellos, no era inferior a ellos en conocimiento (11:5-6). Él había ministrado a los corintios sin serles carga económica (11:7-9; véase 12:13, 16; Hch. 18:1-17; 1 Co. 4:12), a diferencia de sus opositores (véase 11:16-21). Hacía esas comparaciones no por orgullo, sino por temor de que aquellos "falsos apóstoles", potenciados por el mismo Satanás, extraviasen a los corintios, frustrando con ello la gracia de Dios y el ministerio de Pablo (11:10-15).

11:16-21 *"¿Por qué dejan que los exploten?"* Los creyentes corintios habían dejado que aquellos impíos falsos apóstoles los transformasen en sus esclavos espirituales, tomando todo lo que poseían, y explotándolos de la manera más desvergonzada. Que fuesen "esclavizados" (11:20) puede referirse a la vez a la explotación económica y al legalismo que promovían esos judaizantes (véase exposición sobre 11:22-33 y sobre el libro de Gálatas).

11:22-33 *"Muy bien, vamos a comparar las credenciales".* Pablo tenía todo aquello de lo que se jactaban los falsos maestros, y más aún. Si ellos se jactaban de su herencia judía, él podía hacerlo más que ellos (11:22; comparar Hch. 22:3; Fil. 3:4-6). Si ellos se jactaban de su ministerio, él podía jactarse de un ministerio validado por increíbles sufrimientos tanto físicos como emocionales (11:23-32). Este pasaje provee nuestro relato más completo de las dificultades de Pablo.

12:1-6 *Un encuentro en el tercer cielo.* Hablando con modestia en tercera persona (12:2), Pablo relató una visión que Dios le había concedido del paraíso. donde oyó, vio y experimentó cosas demasiado gloriosas para que pudieran ser expresadas en palabras humanas.

12:7-10 *Espinas y gracia.* Después de aquella experiencia extática (12:1-6), Dios permitió que Satanás afligiera severamente a Pablo, para que no se enorgulleciera. Después de pedir una y otra vez a Dios que le quitara aquella aflicción, Pablo aprendió finalmente a dar gracias a Dios por ella, dándose cuenta de lo mucho que le había hecho aprender acerca de la suficiencia de la gracia.

Algunos eruditos creen que el "aguijón en la carne" de Pablo era la oftalmia crónica, una enfermedad de los ojos que no era excesivamente dolorosa, pero que era a veces repulsiva para el interlocutor. El inicio de la dolencia de Pablo, 14 años anterior a este tiempo (12:2), habría coincidido con su llegada a Galacia, que había sido ocasionada por alguna dolencia física (Gá. 4:13-15; 6:11).

En 12:7 tenemos la quinta referencia que hace Pablo de Satanás en esta carta. De esas cinco menciones aprendemos algunas cosas acerca del diablo:

- su *título:* "el dios de este siglo" (4:4).
- sus *tácticas:* aprovecharse de los hombres (véase 2:11), infligirles padecimientos (12:7; comparar Job 1—2) y cegar a los incrédulos (véase 4:4)
- su *perfidia:* al disfrazarse como ángel de luz (véase 11:14)
- sus *instrumentos:* falsos maestros (véase 11:15)

12:11-13 *"Solo un verdadero apóstol podría haber hecho lo que he hecho yo".* Pablo se había sentido forzado a mostrar la superioridad de su ministerio frente al de los falsos apóstoles solo debido a que los corintios mismos no habían alcanzado a verla. Su ministerio difería del de los falsos maestros en que había sido confirmado por milagros y en que estaba exento de codicia.

12:14-21 *"Listos o no, ¡emprendo el camino!"* Una vez más Pablo anunció su propuesta visita (12:14). Una vez más recordó a los corintios que el ministerio, no el dinero, había sido y seguiría siendo su único propósito; ni él ni Tito, ni ningún otro colaborador, se había aprovechado de ellos, ni lo iban a hacer jamás (12:14-19). Expresó con ello su preocupación y deseo de su rápido arrepentimiento y corrección (12:20-21).

13:1-14 *¿A la tercera va la vencida?* Con la autoridad de Cristo, Pablo vuelve a apremiar a los corintios a que valoren con seriedad su situación espiritual. Esperaba que su siguiente visita estableciera dos cosas: que él era verdaderamente apóstol y que ellos eran verdaderamente creyentes (13:1-10). Termina luego con una breve bendición (13:11-13). Acerca de "la tercera vez" (13:1), véase exposición sobre 1:12-24.

GÁLATAS

—35 d.C.
Conversión de Pablo

—47
Pablo en Galacia en su primer viaje

—49
El concilio de Jerusalén, Pablo escribe a los gálatas

—a. 51
Pablo en Galacia en su segundo viaje

—53
Pablo en Galacia en su tercer viaje

—60
Encarcelamiento de Pablo en Roma

—a. 67
Pablo muere mártir

TRASFONDO

Al ir Pablo plantando iglesias entre los gentiles de Galacia, otros maestros vinieron luego e intentaron convencer a los nuevos creyentes que para ser verdaderamente salvos tenían que guardar la ley. Esos "judaizantes" intentaban desacreditar no solo el mensaje de Pablo, sino su misma posición como apóstol. En Gálatas, Pablo vindica a la vez su apostolado (1—2) y su mensaje (3—6), mostrando con ello de manera convincente que la salvación es por la gracia de Dios por medio de la fe, sin las obras de la ley.

AUTOR

Pablo (1:1; 5:2; véase *Romanos: Autor*).

FECHA, LUGAR Y DESTINATARIOS

Las diferentes opiniones que existen acerca de la fecha de redacción de esta carta están influidas por interpretaciones divergentes de los receptores de la carta. Esta carta se dirige a "las iglesias de Galacia" (1:2). En tiempos de Pablo, Galacia se refería a dos áreas distintas:

- Geográficamente, se refería a una región del norte que Pablo visitó durante su segundo viaje misionero (Hch. 16:6; 18:23).
- Políticamente, se refería a una provincia romana que, además de la Galacia geográfica, incluía regiones más meridionales, que incluían Iconio, Listra y Derbe, y que Pablo visitó durante su primer viaje (Hch. 13:14—14:24) y que volvió a visitar en sus viajes segundo (16:1-6) y tercero (18:23).

Si 2:1 es una referencia al Concilio de Jerusalén (Hch. 15), entonces Pablo puede haber escrito esta carta a las iglesias del sur de Galacia justo después del acontecimiento, con la cuestión de la ley y de la gracia fresca en su mente. Esto daría a Gálatas una fecha de alrededor del 49 d.C., haciendo de ella la más temprana de las cartas de Pablo.

PROPÓSITO

- Vindicar el apostolado y el mensaje de Pablo, cosas ambas que los judaizantes habían puesto en duda.
- Mostrar que la justicia de Dios (la justificación) puede ser recibida por la fe sola aparte de la ley.
- Desarrollar el significado de la libertad cristiana y mostrar que no significa libertad para pecar.

RASGOS SINGULARES

- Gálatas es la más severa de las cartas de Pablo, no ofreciendo palabra alguna de elogio.
- La doctrina de la justificación por la fe es expuesta de manera más enfática en Gálatas que en cualquiera otra de las cartas de Pablo, más que en Romanos.
- Gálatas se extiende de manera no usual en temas históricos para ser una carta. En 1:18 y 2:1 se dan unas claves cruciales para la cronología de la vida de Pablo.
- Gálatas es una carta de notables contrastes:
  - la carne y las obras frente al Espíritu y su fruto.
  - el mundo frente a la cruz.
  - la circuncisión frente a la nueva creación.
  - la fe frente a la ley.
- Por lo general, Pablo usaba un amanuense (secretario) para escribir sus cartas, pero Gálatas la escribió al menos en parte y quizá entera de su puño y letra (6:11).

COMPARACIÓN CON OTROS LIBROS DE LA BIBLIA

Romanos:

- Gálatas ha sido descrita como una versión abreviada de Romanos, que Pablo escribió casi diez años después; Gálatas trata en forma polémica lo que en Romanos se trata de manera sistemática.

2 Corintios:

- La defensa que hace Pablo de su apostolado (1—2) es algo paralela a todo el libro de 2 Corintios.

Hebreos:

- Tanto Hebreos como Gálatas se refieren a la superioridad del nuevo pacto sobre el antiguo.

BOSQUEJO

LA DEFENSA DE PABLO (1—2)
- Salutación y prólogo (1:1-10)
- Proposición (1:11-12)
- Pruebas (1:13—2:21)

LA FE Y LA LEY (3—4)
- El principio de la fe en contraste a la ley (3:1—4:7)

Un alegato por la fe en contraste a la ley (4:8-20)
Una imagen de la fe en contraste a la ley (4:21-31)
LA LIBERTAD CRISTIANA (5—6)
Libertad, no la ley (5:1-12)
Libertad, no licencia (5:13-26)
Libertad en el servicio (6:1-10)
Epílogo (6:11-18)

LA DEFENSA DE PABLO (1—2)

1:1-5 *Salutaciones de gracia de un verdadero apóstol.* Destacando la validez de su apostolado, Pablo saludaba a los creyentes de Galacia en el nombre del Dios de gracia. El énfasis doble de estos versículos iniciales —la autoridad de Pablo y la gracia de Dios— señalan los dos principales temas de interés de Pablo en esta carta.

1:6-10 *"¡Ni siquiera si os lo dice un ángel del cielo!"* Pablo se sentía asombrado de que muchos de los gálatas, habiendo recibido la salvación por la gracia, hubieran sido persuadidos tan rápidamente por el "diferente" evangelio de los judaizantes de la salvación por las obras (1:6-7). Pablo los apremió a que rechazasen este falso evangelio, incluso si lo proclamaba un ángel.

El mensaje de los judaizantes era un evangelio "diferente" (1:6), que en griego es *heteros* (la raíz de "heterodoxia"), significando "otro de una clase diferente". Hay solo un verdadero evangelio: el evangelio de la gracia de Dios.

"Anatema" (1:9) es un término griego que significa "maldición" (véase Ro. 9:3; 1 Co. 12:3).

1:11-12 *"Dejen que les diga cómo lo conseguí".* El evangelio que Pablo predicó no era de origen humano, como lo pretendían los judaizantes; lo había recibido directamente del mismo Cristo. La revelación directa de Cristo a Pablo comenzó en el camino de Damasco (véase Hch. 9). Más tarde, Pablo hizo al menos dos referencias a información que el Señor le había impartido directamente (véase 1 Co. 11:23; 15:3-4).

1:13-24 *Sus primeros años, ricos en acontecimientos.* Tras haber afirmado la autoridad divina de su mensaje (1:11-12), Pablo pasó a demostrar dicha afirmación (1:13—2:21). Comenzó hablando de su celo juvenil por el judaísmo y su persecución de los cristianos: una historia que contaba a menudo por el dramático retrato que ofrecía de la gracia de Dios (1:13-14; véase Hch. 22:1-16; 26:1-20; 1 Ti. 1:12-16).

Luego pasó revista a sus experiencias posteriores a la conversión. Había pasado tiempo en Arabia y Damasco (1:15-17), después de lo cual visitó brevemente Jerusalén (1:18) antes de volver a partir hacia regiones gentiles (1:19-24). A través de esta narración de sus viajes, Pablo destaca cuán poco contacto había tenido con otros apóstoles, lo que sustentaba su afirmación de revelación directa (1:12).

La primera visita oficial de Pablo a Jerusalén como cristiano tuvo lugar tres años después de su conversión (1:18; véase Hch. 9:26-28). Si los 14 años anteriores a la siguiente visita a Jerusalén que aquí se menciona (2:1) incluyen los tres años de 1:18, ello coincidiría con la fecha del Concilio de Jerusalén (véanse *Fecha, Lugar y Destinatarios*). Si 2:1 se refiere de hecho al Concilio de Jerusalén, se omite aquí el viaje de Pablo a Jerusalén con auxilios para la situación de hambre (véase Hch. 11:27-30).

Pablo había sido llamado a su misión antes de su nacimiento (1:15-16). La Biblia registra al menos otros dos casos de llamamientos divinos a personas no nacidas (véase Jer. 1:4-10; Lc. 1:15-17).

2:1-5 *¿Circuncisión? No para Tito.* Mientras Pablo estaba en Jerusalén, algunos creyentes legalistas habían exigido que este compañero gentil de Pablo fuese circuncidado, pero Pablo, tomando posición resueltamente por la suficiencia del evangelio, había rehusado ceder bajo la presión de ellos.

2:6-10 *Bendiciones sobre su misión a los gentiles.* Cuando los dirigentes de la iglesia y los apóstoles en Jerusalén vieron cómo Dios había dado bendición a la misión de Pablo a los gentiles, expresaron su comunión con su obra, solo rogando que pidiera a los creyentes gentiles que ayudasen a los creyentes judíos víctimas de la pobreza y del hambre (véase exposición sobre Hch. 20:1-6).

2:11-21 *El fabricante de tiendas reprende al pescador.* En una ocasión, tanto Pedro como Bernabé rehusaron hipócritamente la comunión con creyentes gentiles, por lo que Pablo los reprendió intensamente (2:11-14). No se debía permitir que cosa alguna diluyera la verdad de la salvación por la sola gracia (2:15-21). La hipocresía de Pedro era especialmente sorprendente, cuando se piensa en su papel pionero en el evangelismo a los gentiles (véase Hch. 10).

LA FE Y LA LEY (3—4)

3:1-9 *¿Paganos insensatos, o hijos de Abraham?* Pablo reprendió a los gentiles de Galacia por ignorar su salvación y la libertad en Cristo al tratar de obedecer la ley judía (3:1-5). Los judaizantes pueden haber prometido hacer de ellos hijos de Abraham, pero podían ser verdaderos hijos de Abraham solo si ellos, lo mismo que él, eran salvos por la sola fe (3:6-9; véase exposición sobre Gn. 15:1-11 y sobre Ro. 4:1-12).

3:10-14 *La ley maldice; la cruz purifica.* Nadie puede ser justificado por la ley, porque el quebrantamiento de solo una ley trae la maldición de Dios (3:10, 12; véase Stg. 2:10). Por otra parte, cualquiera que lo desee puede ser justificado por la fe en Cristo, que por su muerte en la cruz aceptó la maldición de la ley en nuestro lugar (3:11, 13-14). La ley es como una cadena, que queda totalmente rota cuando se rompe un solo eslabón. Acerca de "el justo por la fe vivirá" (3:11), véase *Habacuc: Comparación con otros libros bíblicos.*

3:15-18 *Un pacto confirmado siglos antes del mandamiento.* La promesa de Dios a Abraham, cumplida en Cristo, precedió a la ley de Moisés por cientos de años. Por cuanto la salvación por la fe se ofreció con eso mismo mucho antes de la ley, la salvación se seguiría ofreciendo a todos los que creyeran.

Los 430 años de que hablaba Pablo (3:17) fue la duración de la esclavitud de Israel en Egipto (véase Gn. 15:13; Éx. 12:40; Hch. 7:6). La promesa original de Dios a Abraham (véase Gn. 12:3) precedió en realidad al Sinaí por unos 640 años.

3:19-25 *La ley fue nuestro maestro.* Si la salvación viene por medio de la fe, uno podría preguntar: ¿por qué Dios dio la ley? Él la dio como "ayo" para guiar a los pecadores hasta que viniera el Salvador (3:24). Pero con la venida de Cristo, el papel del ayo acabó (3:25). En 3:19 tenemos una de varias referencias a la participación de ángeles en la promulgación de la ley (véase Dt. 33:2; Sal. 68:17; Hch. 7:53; He. 2:2).

3:26—4:7 *Los hijos adultos de Dios.* Los creyentes en Cristo ya no son más hijos que necesiten de ayo, sino hijos e hijas adultos de Dios. Para todos los propósitos prácticos, los niños no tienen más libertad que los esclavos (4:1). Pero hay ventajas significativas en ser un hijo o hija adultos.

- Los siervos tienen amo, mientras que los hijos e hijas tienen un padre.
- Los siervos obedecen por la ley y el temor, mientras que hijos e hijas obedecen en libertad y por amor.
- Los siervos no tienen herencia, mientras que los hijos y las hijas pueden esperar heredar todas las cosas.

Mientras que Jesús era el "hijo único" de Dios (véase Jn. 3:16), los cristianos pueden llegar a ser hijos de Dios por adopción (4:5). Como hijos adoptados, podemos llamar con afecto a Dios, "Abba, Padre" (4:6; cp. Ro. 8:15). Nuestra adopción está segura, porque Dios "nos escogió" para ella (véase Ef. 1:4-5).

Las enseñanzas de Pablo en otros lugares acerca del papel de la mujer en la iglesia (véanse exposición sobre 1 Co. 14:26-40 y sobre 1 Ti. 2:8-15) deberían ser interpretadas a la luz de esta perspectiva de la igualdad de los hombres y de las mujeres en Cristo (3:28), un concepto revolucionario en los tiempos de Pablo. Cristo trasciende no solo las diferencias de género, sino también las diferencias raciales y sociales. Acerca de "el cumplimiento del tiempo" (4:4), véase exposición sobre Efesios 1:7-12.

4:8-11 *"¡No abandonen la condición de hijos por la de siervos!"* Tras haber sido libertados de la esclavitud espiritual del paganismo, los gálatas se habían hundido en la esclavitud de la observancia de las fiestas y tradiciones judaicas. Esto, dice Pablo, era una insensatez. Temía que su ministerio de gracia entre ellos hubiera sido en vano.

4:12-20 *¿Del más querido de los amigos al peor de los enemigos?* Pablo rogaba a los gálatas que recordasen la feliz comunión que ellos habían gozado en el pasado con Pablo, cuando el amor de ellos le ayudó a superar un período de aflicción física (4:12-15; véase exposición sobre 2 Co. 12:7-10). ¿Acaso le odiaban ahora porque les decía la verdad (4:16)? Sus verdaderos enemigos, les dice Pablo, eran los falsos maestros legalistas (4:17-18). Hablando como si fuera la madre espiritual de ellos, Pablo describe su carta como un intento de hacerlos renacer en la gracia de Dios (4:19-20).

4:21-31 *Agar y Sara, ley y gracia.* Pablo presenta a Agar y a Sara, con sus hijos Ismael e Isaac, como tipos del contraste entre la servidumbre del legalismo y la libertad de la gracia. Agar, como los que dependían de la ley, era una esclava; y su hijo, que nació como hijo natural, era también un esclavo. Sara, como los que dependen de la gracia, era libre; y su hijo, que tuvo un nacimiento milagroso, fue el heredero de Abraham (4:21-27; véase Gn. 16:1—18:15; 21:1-21).

Los cristianos, lo mismo que Isaac, son los verdaderos herederos de la promesa de Dios a Abraham (4:28, 31). Así como Sara pidió a Abraham: "Echa fuera a la esclava", los cristianos no deberíamos sentir deseo alguno de estar bajo la esclavitud de la ley (4:30; véase Gn. 21:10). Así como Ismael perseguía a Isaac, los judaizantes perseguían a Pablo (4:29; véase Gn. 21:8-9).

LA LIBERTAD CRISTIANA (5—6)

5:1-12 *La dependencia de la ley significa la negación de la gracia.* Una vez más Pablo rogaba a los Gálatas que no abandonasen el camino de la gracia por el camino de la ley. Si alguien se sujeta a la circuncisión, está obligado a guardar también todas las demás leyes. En cambio, la gracia de Dios demanda solo nuestra fe (5:1-6). A semejanza de la levadura, las falsas enseñanzas como el legalismo pueden extenderse rápidamente por toda una iglesia (5:7-9). Pablo tenía duras palabras para cualquiera que extendiera esas falsas enseñanzas (5:10-12).

En tanto que se usa con frecuencia la frase "caídos de la gracia de Dios" para describir a alguien que haya adoptado un estilo pecaminoso de vida, Pablo la emplea para describir a los que habían regresado al legalismo (5:4).

5:13-15 *Lo esencial: el amor.* Mientras que los gálatas necesitaban ser advertidos en contra del legalismo, también necesitaban ser advertidos en contra del peligro del extremo opuesto: la iniquidad. La libertad en Cristo no debía venir a ser una licencia para pecar (comparar exposición sobre Ro. 6:15-23). Más bien, debería motivar al amor fraternal y a una buena disposición a servir. Toda la ley se resume en el mandamiento a amar (véase exposición sobre Mt. 22:34-40).

5:16-21 *Las malvadas obras de la carne.* La iniquidad puede ser mejor evitada al vivir conforme a esta instrucción: "Andad en el Espíritu", que puede parafrasearse como "vivid según vuestra nueva vida en el Espíritu Santo". Como Pablo lo expondría más adelante en su carta a los Romanos, la iniquidad no puede ser evitada tratando simplemente de cumplir la ley, porque la carne está en guerra contra el Espíritu, lo que nos deja impotentes (5:17), y la ley tiende a excitar nuestros deseos pecaminosos (véase exposición sobre Ro. 7:1-25). Pablo da una lista de varias y específicas "obras de la carne".

5:22-26 *Las maravillosas obras del Espíritu.* Luego Pablo da una lista de diversas manifestaciones del "fruto" del Espíritu Santo que se pueden practicar sin temor de transgredir ley alguna. Los creyentes en Cristo han "crucificado" los deseos de la naturaleza pecaminosa (5:24; véase 2:20; Ro. 6:6) y deberían tratar de vivir en la realidad de este hecho (5:25; véase Ro. 8:4-5).

6:1-6 *Lleven los unos las cargas de los otros.* Una apreciación de la libertad en Cristo debería motivar al creyente a una vida de servicio (comparar 5:6, 13). Deberíamos soportar las cargas de los demás, especialmente la carga de los pecados pasados, que deberían ser tratados con un espíritu de compasión y de humildad. Mientras, deberíamos aceptar la responsabilidad de nuestras propias acciones (6:4-5). Los que reciben la enseñanza de la Palabra de Dios deberían ayudar financieramente a sus maestros (6:6).

6:7-10 *Lo que siembran es lo que segarán, solo que en mayor cantidad.* Si sembramos para la carne, segaremos muerte, si sembramos para el Espíritu, segaremos vida. Deberíamos ser siempre diligentes en sembrar para el Espíritu, esto es, en llevar a cabo buenas obras y en practicar el fruto del Espíritu.

6:11-18 *No la circuncisión, sino una nueva creación.* Pablo había escrito su carta de su propia mano, trazando "grandes letras" quizá debido a un problema ocular (véase exposición sobre 4:12-20 y sobre 2 Co. 12:7-10). Los judaizantes, dice Pablo, estaban movidos por el orgullo y la mala disposición a sufrir por Cristo. Pero Pablo seguiría proclamando el evangelio que reunía a judíos y a gentiles como "una nueva creación", esto es, como un pueblo nuevo y diferente, sin importar lo que tuviera que sufrir debido a su mensaje en ocasiones impopular.

Pablo concluye luego su carta como la había comenzado, proclamando la genuinidad de su apostolado (comparar 6:17 y 1:1).

EFESIOS

—35 d.C.
Conversión de Pablo

—52
Pablo en Éfeso en su segundo viaje

—54-57
Pablo en Éfeso en su tercer viaje

—60-62
Pablo, encarcelado en Roma, escribe Efesios

—a. 67
Pablo muere mártir

TRASFONDO

Después de Roma, Éfeso era la ciudad más importante que Pablo había visitado en sus viajes misioneros. La principal ciudad de la provincia romana de Asia, era una populosa ciudad portuaria, importante centro comercial, político y religioso. Tenía dos grandes maravillas arquitectónicas: el Templo de Diana y un teatro de 50.000 asientos (Hch. 19:29). También tenía un estadio para carreras donde a menudo tenían lugar enfrentamientos entre hombres y bestias feroces (véase 1 Co. 9:24-25; 15:32; palabras escritas desde Éfeso).

Pablo visitó Éfeso durante su segundo viaje, visita que fue interrumpida por su apresuramiento en volver a Jerusalén (Hch. 18:19-21). Volvió a visitar la ciudad en su tercer viaje y permaneció allí luego durante tres años (Hch. 19—20). Posteriormente envió a Timoteo a Éfeso como su representante. Después de la muerte de Pablo, el apóstol Juan hizo de Éfeso su centro de actividad hasta su muerte, en cuyo tiempo la iglesia en Éfeso había perdido "su primer amor" (Ap. 2:1-7).

AUTOR

Pablo (1:1; 3:1; véase *Romanos: Autor*).

FECHA Y LUGAR

Pablo escribió esta carta desde la cárcel (3:1; 4:1; 6:20). Si esas observaciones se refieren a su encarcelamiento en Cesarea (Hch. 24:27), la carta habría sido escrita alrededor del 57-59 d.C. Si se refieren a su encarcelamiento en Roma (Hch. 28:30), cosa más probable, la carta fue escrita alrededor del 60-62. Por cuanto no expresa esperanza de liberación, fue probablemente escrita justo después de su llegada a Roma, mientras estaba encarcelado en su propia casa alquilada (Hch. 28:30).

DESTINATARIOS

Las palabras "en Éfeso" (1:1) están ausentes en algunos importantes manuscritos griegos. Esto, junto al hecho de que en la carta no aparecen saludos personales ni se trata acerca de ningún problema eclesial específico, ha llevado a pensar que Efesios fue originalmente una carta circular, enviada a varias de las siete iglesias de Asia Menor (Ap. 2—3). Sin embargo, la mayoría de los manuscritos griegos existentes incluyen "en Éfeso", y ninguno de esos manuscritos indican ningún otro destino. Puede que Éfeso hubiera sido pensada como carta circular, enviada primero a Éfeso, la principal ciudad de Asia, donde Pablo había tenido su base cuando ministraba por toda la región (Hch. 19:10). Tras haber recibido un buen informe acerca de esas iglesias (1:15), y oyendo que Tíquico (6:21) estaba listo para emprender viaje a Éfeso, Pablo aprovechó la oportunidad para enviar una carta.

PROPÓSITO

- Enseñar acerca de la iglesia como el cuerpo de Cristo, compuesto a la vez de creyentes judíos y gentiles.
- Exhortar a los creyentes a comportarse apropiadamente entre ellos debido a su unidad en Cristo.
- Dotarlos para la guerra espiritual.

RASGOS SINGULARES

- Efesios no trata de ningún problema específico de la iglesia.
- Es una de las menos personales de las cartas de Pablo. Apenas si hay salutación personal, y solo aparecen dos nombres personales: Pablo y Tíquico.
- En el griego original, 1:3-14 es la más larga oración gramatical de la Biblia.
- La frase "en los lugares celestiales" aparece cinco veces aquí (1:3, 20; 2:6; 3:10; 6:12) y en ningún otro lugar de las Escrituras.
- Pablo usa tres grandes figuras de lenguaje para ilustrar nuestra unión con Cristo:
  - ► edificio (2:21-22)
  - ► cuerpo (1:22-23; 4:15)
  - ► esposa (5:25-32)

COMPARACIÓN CON OTROS LIBROS DE LA BIBLIA

Josué:

- Josué trata de la conquista y posesión de la Tierra Prometida, los "lugares terrenales"; Efesios trata de nuestra toma de posesión de nuestros prometidos "lugares celestiales" (véase exposición sobre 1:1-6).

Colosenses:

- El contenido de 78 de los 155 versículos en Efesios se repite en Colosenses con solo ligeras diferencias; 78 de los 95 versículos en Colosenses se asemejan a Efesios:
  - ► Ambas epístolas destacan la relación entre Cristo la cabeza y la iglesia que es su cuerpo.
  - ► Efesios destaca el cuerpo, mientras que Colosenses recalca la cabeza.

Filipenses, Colosenses, 2 Timoteo, Filemón:

- Lo mismo que esas epístolas, Efesios fue escrita mientras Pablo estaba encarcelado en Roma, con la diferencia de que 2 Timoteo fue escrita durante su segundo encarcelamiento, cuando estaba próxima su muerte.

BOSQUEJO

LLAMAMIENTO DE LA IGLESIA FUERA DEL MUNDO (1—3)
- Salutación (1:1-2)
- Alabanza por la redención de Dios (1:3-14)
- Conciencia de la redención (1:15-23)
- Salvos por la gracia (2:1-10)
- Unidos por la gracia (2:11-22)
- Unidos como iguales (3)

LA CONDUCTA DE LA IGLESIA EN EL MUNDO (4—6)
- En unidad (4:1-16)
- En justicia (4:17-32)
- En santidad (5:1-21)
- En matrimonio (5:22-33)
- En familia y hogar (6:1-9)
- En medio de conflictos (6:10-20)
- Conclusión (6:21-24)

LLAMAMIENTO DE LA IGLESIA FUERA DEL MUNDO (1—3)

1:1-14 *La Trinidad y nuestra salvación.* Pablo alaba la obra de todos los tres miembros de la Deidad en la realización de nuestra salvación (1:3-14). Esta es una de las más claras enseñanzas de la Biblia acerca de la Trinidad (véase exposición sobre Gn. 1:26-31):

Escogidos por el Padre en el pasado (1:1-6). Dios nos escogió para salvación y santificación antes de la creación del mundo y nos ha dado "toda bendición espiritual en los lugares celestiales". "Lugares celestiales" sencillamente describe nuestra experiencia de la realidad de la salvación. Acerca de "predestinados" (1:5), véase 1 Pedro 1:1-2. Sobre "adopción", véase exposición sobre Gálatas 3:26—4:7. Acerca de la santificación, véase exposición sobre Hebreos 10:1-18.

Redimidos por el Hijo en el presente (1:7-12). En la persona de Jesucristo, Dios nos ha redimido mediante su sangre derramada en el Calvario (1:7-8). El Calvario fue el cumplimiento final del misterioso plan de la salvación dispuesto en la eternidad (1:9-11; véase exposición sobre 3:1-13), en el que los creyentes tienen el privilegio de participar (1:12).

Oikonomia, el término griego para "dispensación" (1:10), aparece en otros lugares con un sentido referido a administración o gestión, como en Lucas 16:2-4, 1 Corintios 9:17, y Colosenses 1:25. La escuela de interpretación bíblica conocida como *dispensacionalismo* contempla el mundo como una casa gobernada por Dios. Dios "dispensa" o administra los asuntos de su "mundo doméstico" en varias etapas de revelación (véase *Dispensaciones bíblicas,* p. 887). Cristo, como el verdadero punto central de todas estas etapas, nació en "la dispensación del cumplimiento de los tiempos" o "en el momento apropiado": aquel tiempo adecuado en términos tanto del plan divino como de la condición humana (véase *Mateo: Trasfondo;* Gá. 4:4).

Sellados por el Espíritu para siempre (1:13-14). En el tiempo de la salvación, el Espíritu Santo "sella" o "identifica" al creyente, "garantizando" su salvación. Esta imagen del sello sugiere varias cosas acerca de la relación del creyente con Dios:

- El creyente es propiedad de Dios (véase 1 Co. 6:19-20; 2 Ti. 2:19).

- Él o ella están eternamente seguros (véase 4:30; véase exposición sobre Jn. 10:22-30).
- La salvación es una transacción consumada (véase Jer. 32:9-10; Jn. 17:4; 19:30).

El Espíritu Santo es el Espíritu "de la promesa", porque Cristo prometió que vendría (1:13; véase Jn. 14:16-17; 16:7, 13; Hch. 1:4-5).

1:15-23 *Comprendiendo la Trinidad, y nuestra salvación.* Habiendo oído acerca de la fidelidad de los efesios, Pablo dio gracias a Dios por ellos, orando que Dios les mostrase precisamente quién es Cristo, lo que ha hecho por los creyentes, y quiénes son ellos en Él. Cristo es la cabeza de la iglesia, la cual es su "cuerpo" (1:22-23). El NT describe a menudo a la iglesia como el cuerpo de Cristo (véase 4:7-11; Ro. 12:5; 1 Co. 12:6; véase exposición sobre Col. 2:4—3:4). Acerca de ser "llenado" por Cristo (1:23; 3:19), véase exposición sobre Colosenses 1:15-23.

2:1-10 *Transformados de transgresores en trofeos.* Estábamos perdidos en pecado y bajo la maldición de Dios (2:1-3), pero ahora por gracia hemos sido salvados y se nos ha dado lugar en el plan eterno de Dios (2:4-7). Esta salvación es "don de Dios", otorgada "por gracia" (2:8). Esta "gracia" o favor especial de Dios describe la parte de Dios en el ofrecimiento de la salvación aparte de cualquier demanda de guardar la ley. "Cuando creísteis" describe la fe, nuestra parte en la aceptación de este ofrecimiento. Es *no* por obras (2:9) pero es también *para* buenas obras para hacer las cuales Dios nos ha creado (2:10).

El término griego para "obra maestra" o "hechura" (2:10) es *poema,* de donde se deriva nuestro término *poema.* Dios tiene dos poemas que atesora:

- el poema de la creación (véase Ro. 1:20; Ap. 4:11).
- el poema de la salvación (2:10; véase Ap. 5:9-10).

2:11-22 *De extraños a miembros de la familia.* Los gentiles, que antes eran ajenos a Israel y a Dios, están ahora unidos a ambos por la sangre de Cristo, y que ha eliminado la pared de separación representada por la ley y ha unido a judíos y a gentiles en "un pueblo" con acceso directo a Dios (2:11-18). Los gentiles, que antes eran extraños, pueden ahora ser miembros de la casa de Dios, piedras vivas en su santo templo, del que Cristo es la principal piedra del ángulo (2:19-22; véase 1 P. 2:4-5).

Jesús "abolió" la ley "en su carne" (2:15), cumpliéndola (véase Mt. 5:17). La cumplió cuando murió en la cruz por nuestros pecados, llevando así la ley a su fin (véase Ro. 10:4).

3:1-13 *"Déjenme que les diga un secreto".* Dios dio a conocer a Pablo un "plan secreto", escondido durante siglos (3:1-5): que los gentiles tienen ahora la misma oportunidad que los judíos para la salvación (3:6). Ambos iban a formar parte "del mismo cuerpo", esto es, el cuerpo de Cristo (véase exposición sobre 1:15-23). Los gentiles podían ser salvos antes de la venida de Cristo, pero solo haciéndose judíos (véase Is. 56:1-8). Esta unión de judíos y gentiles en el un cuerpo de Cristo completaría la revelación de Dios al ámbito invisible de los ángeles y demonios (véase 1:21; véase exposición sobre 6:10-17). Era una especie de escuela en la que podrían aprender acerca de su gracia (3:8-12; véase 1 P. 1:10-12).

3:14-21 *Las dimensiones de su amor.* Pablo pedía a Dios que ayudase a su pueblo a crecer y fortalecerse en su fe y para que comprendiese el pleno alcance de su amor hacia ellos (3:14-19). Y terminaba esta primera mitad de su carta con alabanza a un Dios bien capaz de hacer precisamente esto (3:20-21).

LA CARTA A LOS EFESIOS: La iglesia del Dios vivo

Capítulo 1

Asemejada a un cuerpo
"[Y la iglesia] es su cuerpo, la plenitud de Aquel que todo lo llena en todo" (1:23).

- Creada y planeada por el Padre (1:1-6)
- Comprada y adquirida por el Hijo (1:7-12)
- Enseñada y protegida por el Espíritu (1:13-14)

Capítulo 2

Asemejada a un templo
"Todo el edificio, bien coordinado, va creciendo para ser un templo santo en el Señor" (2:21).

Capítulo 3

Asemejada a un misterio
"Me fue declarado el misterio [por Dios]" (3:3).
Resultados de este misterio:

- Los creyentes tienen acceso ante el trono de Dios
- Los creyentes son fortalecidos por el Espíritu de Dios
- Los creyentes pueden conocer el amor de Dios
- Los creyentes pueden pedir el poder de Dios
- Los creyentes pueden exhibir la gloria de Dios

Capítulo 4

Asemejada a un nuevo hombre
"Hasta que todos lleguemos a la unidad de la fe y del conocimiento del Hijo de Dios, a un varón perfecto, a la medida de la estatura de la plenitud de Cristo" (4:13).
"Y vestíos del nuevo hombre, creado según Dios en la justicia y santidad de la verdad" (4:24).

Capítulo 5

Asemejada a una novia
"Maridos, amad a vuestras mujeres, así como Cristo amó a la iglesia" (5:25).
La esposa debe ser:

- Separada
- Llena del Espíritu
- Cantante
- De mente sencilla
- Obediente y discreta

Capítulo 6

Asemejada a un soldado
"Vestíos de toda la armadura de Dios, para que podáis estar firmes contra las asechanzas del diablo" (6:11).

A. Hijos y padres (6:1-4)

- Lo mismo que un soldado obedece, los hijos deben obedecer a sus padres.
- Lo mismo que un mando militar, el padre debe disciplinar e instruir a los hijos.

B. Siervos y amos (6:5-9)

LA CONDUCTA DE LA IGLESIA EN EL MUNDO (4—6)

4:1-6 *Mantenimiento de la unidad.* Tras haber sido unidos por su fe en Cristo, los creyentes deberían querer demostrarse dignos de su nueva condición. Deberían estar en paz unos con otros (4:1-3), recordando todo lo que tienen en común (4:4-6).

4:7-16 *El Dador y el propósito de sus dones.* Cuando Cristo ascendió al cielo, distribuyó una gran riqueza de dones espirituales a sus seguidores (4:7-11) capacitándoles para ministrar juntos como su cuerpo en la tierra (véase exposición sobre 1:15-23) y para llevar a cada creyente a la madurez espiritual (4:12-16).

4:17-32 *Anden en el nuevo camino, hablen el nuevo lenguaje.* Los cristianos gentiles deberían "desechar" su pasado pagano y en su lugar exhibir una forma de vivir acorde con su nueva naturaleza en Cristo (4:17-24; véase Ro. 12:2). Pablo ofreció unas líneas maestras específicas tocante a temas como la falta de honradez, la ira, el robo y el mal uso de la lengua (4:25-29, 31-32). Esas malas acciones contristan al Espíritu Santo, que es el huésped permanente de cada creyente (4:30).

5:1-13 *Anden en santidad.* Debemos imitar a Dios, amar como Cristo amó, y evitar acciones y lenguaje inmorales (5:1-5). No debemos acompañarnos de los impíos, sino denunciar sus pecados, tanto mediante nuestro ejemplo de piedad y por reprensión directa (5:6-13).

5:14-21 *Anden con cautela.* Mientras seguimos la santidad, debemos estar alerta, aprovechando al máximo cada oportunidad, porque vivimos en tiempos difíciles (5:14-17). En lugar de dar satisfacción a nuestros apetitos carnales, deberíamos buscar el refrigerio espiritual disponible en la comunión de la iglesia (5:18-21).

5:22-33 *Una palabra a esposas y a esposos.* Así como Cristo es cabeza de la iglesia (véase exposición sobre 1:15-23), el marido es cabeza de su esposa. Por tanto, las mujeres deberían sujetarse a sus maridos "como al Señor" (5:22-24). Así como Cristo ama a la iglesia, los maridos deberían amar a sus mujeres (5:25). El amor de un marido hacia su mujer debería ser abnegado (5:25-29) y entrañable (5:30-33), como lo es el amor de Cristo por su iglesia.

6:1-4 *"Hijos, obedezcan. Padres, no los provoquen".* Los hijos deben obedecer a sus padres (6:1), que son responsables de su bienestar espiritual (6:4). Los hijos obedientes recibirán bendición (6:2-3; véase Éx. 20:12). Los padres deben emplear su autoridad con amor, no sea que sus hijos se encolericen y resientan (6:4).

6:5-9 *Tanto los esclavos como los amos sirven a Cristo.* Sea cual sea nuestra posición en la vida, esclavos (6:5-8) o amos (6:9), deberíamos tratar a otros como trataríamos a Cristo, el amo de todos nosotros.

6:10-17 *Su armadura contra nuestro adversario.* A la vez que nos recuerda el poder de nuestro adversario el diablo, Pablo nos apremia a emplear todos los recursos de Dios contra él. Entre esos se incluye la confianza de nuestra posición en justicia ante Dios ("justicia", "salvación"), así como la verdad de la Palabra de Dios.

Sean cuales sean los papeles específicos de los "gobernadores de las tinieblas de este siglo" o de las "huestes espirituales de maldad" en su ejército, Satanás es poderoso y está lleno de recursos (6:11-12). Al creyente nunca se le mande que ataque al diablo, sino que se le manda al creyente que lo resista (6:11, 13-14; véase 1 P. 5:8-9):

- Cuando seamos tentados a hacer el mal, deberíamos huir como lo hizo José (véase Gn. 39:7-23).
- Pero cuando seamos atacados por Satanás o por hacer nuestro deber, deberíamos mantenernos firmes como lo hicieron los amigos de Daniel (véase Dn. 3:1-25).

Alguien ha observado que como peregrinos, andamos; como testigos, hablamos; como contendientes, corremos, pero que como luchadores, resistimos.

6:18-20 *Nuestra arma final: la oración.* Nuestra guerra espiritual debería siempre incluir la oración, por nosotros mismos y por otros (6:18). Pablo pidió oración por sí mismo, para poder encontrar las palabras adecuadas para testificar (6:19-20). Al orar, debemos estar también "velando", vigilantes frente a nuestro enemigo espiritual (6:18; véase 1 P. 5:8). A los cristianos se les instruye a menudo a que se mantengan alertas o a que estén preparados (véase Mt. 26:41; Lc. 12:37-40; Hch. 20:31; 1 Ts. 5:6; 2 Ti. 4:5; 1 P. 4:7; Ap. 3:2; 16:15).

6:21-24 *"Él les informará".* Pablo concluía observando que Tíquico tendría las últimas noticias acerca de su ministerio. Luego, como es usual, deseaba paz y gracia a sus lectores.

FILIPENSES

—35 d.C.
Conversión de Pablo

—a. 51
Pablo en Filipos en su segundo viaje

—57
Pablo en Filipos en su tercer viaje

—60-62
Pablo, encarcelado en Roma, escribe Filipenses

—a. 67
Pablo muere mártir

TRASFONDO

Pablo, ahora en Roma bajo arresto domiciliario, había fundado la iglesia de Filipos durante su segundo viaje misionero (Hch. 16:11-40). Los creyentes en Filipos, la principal ciudad de Macedonia, habían ayudado en el sustento de Pablo mientras este había estado en Tesalónica y en Corinto (4:15-16; 2 Co. 11:9). Al saber de su encarcelamiento, enviaron a Epafrodito a Roma con otro donativo de dinero, lo que probablemente posibilitó a Pablo vivir en su propia casa de alquiler (Hch. 28:30) en lugar de en la cárcel. Mientras estaba en Roma, Epafrodito enfermó y casi murió (2:27). Cuando se recuperó, Pablo empleó la ocasión de su regreso a Filipos para enviar esta carta, que era fundamentalmente una nota de agradecimiento por su contribución.

AUTOR

Pablo (1:1; 3:4-6; véase *Romanos: Autor*).

FECHA Y LUGAR

Por cuanto Pablo parece confiado en ser absuelto y liberado de la cárcel (1:19, 25; 2:24; véase Flm. 1:22), probablemente escribió Filipenses hacia el final de su tiempo de arresto domiciliario, a. 61 d.C., como un año después de haber escrito Efesios y Colosenses.

PROPÓSITO

- Dar las gracias a los creyentes en Filipos por su ayuda económica.
- Afrontar problemas en la iglesia en Filipos, especialmente en lo que se refería a la rivalidad entre dos mujeres destacadas, Evodia y Síntique.
- Refutar las enseñanzas de los judaizantes (3:1-3) y de algunos que iban a extremos opuestos, quizá abogando por un total menosprecio por todo tipo de normas o en favor de un estilo de vida hedonista (3:18-19).

RASGOS SINGULARES

- Filipenses es la más personal de las cartas de Pablo a las iglesias, con más de cien menciones en primera persona en sus breves cuatro capítulos.
- Es una carta de gozo (véase *Bosquejo*).
- Contiene uno de los pasajes más frecuentemente citados de la Biblia acerca de la persona de Cristo (2:5-11).
- No contiene alguna cita directa del AT.
- Es la única carta de Pablo en la que menciona a los funcionarios de la iglesia en la salutación (1:1).

COMPARACIÓN CON OTROS LIBROS DE LA BIBLIA

Efesios, Colosenses, Filemón, 2 Timoteo:

- Todas ellas fueron escritas durante los encarcelamientos de Pablo.

2 Corintios, 2 Timoteo, Filemón:

- Junto a Filipenses, son las cartas más personales de Pablo.

BOSQUEJO

REGOCIJO EN EL SERVICIO DE CRISTO (1)
- Salutación; estima por los filipenses (1:1-11)
- La expansión del evangelio (1:12-26)
- Exhortación a la fe y al valor (1:27-30)

REGOCIJO EN LA ABNEGACIÓN DE CRISTO (2)
- La abnegación de Cristo (2:1-11)
- Imitación de la abnegación de Cristo (2:12-18)
- Dos imitadores de la abnegación de Cristo (2:19-30)

REGOCIJO EN LOS PADECIMIENTOS DE CRISTO (3)
- El poder de su muerte y resurrección (3:1-11)
- El propósito de su muerte y resurrección (3:12-21)

REGOCIJO EN LA SUFICIENCIA DE CRISTO (4)
- Regocijo en su paz (4:1-9)
- Regocijo en su poder (4:10-13)
- Regocijo en su provisión (4:14-23)

REGOCIJO EN EL SERVICIO DE CRISTO (1)

1:1-6 *Nuestra confianza en su consumación.* Pablo expresa su agradecimiento a Dios por los creyentes en Filipos (1:3-5) y su confianza de que Dios proseguiría la obra de santificación que había comenzado en ellos (1:6; véase exposición sobre He. 10:1-18). Dios nunca comienza nada que no acabe; Pablo estaba confiado en que los filipenses estaban seguros de su salvación "hasta el día de [la segunda venida del] Jesucristo" (1:6, comparar 1:10; 2:16; 1 Co. 1:8). Véase también exposición sobre Isaías 2:5—4:1.

1:7-11 *"Solo Dios sabe lo que significan para mí".* Pablo sentía un profundo afecto por esta iglesia en particular, que tanto le había ayudado (1:7-8; véase *Trasfondo*). Él oraba que ellos crecieran en conocimiento, sabiduría y justicia.

1:12-18 *¿Quieres alcanzar a cientos? ¡Ve a la cárcel!* Pablo se regocijaba de que lejos de obstaculizar su ministerio, su encarcelamiento en realidad había servido para potenciarlo. Al parecer, incluso algunos de los soldados que lo guardaban habían venido a la fe (1:12-13). Por diferentes razones, tanto los amigos como los enemigos de Pablo habían intensificado sus actividades de predicación después de que hubiera sido encarcelado. Algunos de sus tímidos hermanos en la fe habían sido sacudidos a una mayor entereza (1:14). Otros, quizá celosos del impacto de este recién llegado a Roma, estaban intensificando su acción evangelística "por envidia" (1:15-17). Con independencia del motivo, Pablo se regocijaba de que el evangelio estuviera siendo proclamado (1:18). Sabía, como lo sabía el salmista Asaf, que la oposición humana solo consigue fortalecer la gloria de Dios (véase Sal. 76:10; véase exposición sobre Esd. 6:1-12).

1:19-26 *"Estar o no estar: Esta es la cuestión".* Aunque al parecer confiado en que pronto sería excarcelado (1:19, 25), la elección de Pablo hubiera sido morir y estar con Cristo (1:23). Pero su sentido del deber le exigía quedarse en la tierra (1:24). Fuera lo que fuera que sucediese, el deseo predominante en Pablo era que en su vida fuese siempre "magnificado Cristo" (1:20). Mientras que la muerte sería "muchísimo mejor" para Pablo, su objetivo para seguir viviendo se recapitulaba en una sola palabra: *Cristo* (1:21).

1:27-30 *¡Maravillosas noticias! ¡Te toca sufrir por Él!* Pablo exhortó a los filipenses a ser firmes en su fe y valerosos ante sus enemigos, contando como un privilegio sufrir por Cristo. El sufrimiento se promete a todos los verdaderos cristianos (véase 2 Ti. 3:12).

REGOCIJO EN LA ABNEGACIÓN DE CRISTO (2)

2:1-4 *Bendiciones de Cristo para otros.* Los que han recibido bendición en Cristo deberían querer transmitir esas bendiciones a otros. Concentrarnos en otros, no en nosotros mismos, constituye un importante paso en el crecimiento cristiano.

2:5-8 *Lo que Cristo hizo por nosotros: Su humillación.* Cristo es el ejemplo supremo de la abnegación. Cuando el poderoso Hijo de Dios se hizo el humilde Hijo del Hombre, hizo varias cosas:

- Abandonó la gloria del cielo por la pobreza de la tierra (véase Jn. 17:5; 2 Co. 8:9).
- "Se despojó a sí mismo" (2:7).
  - Con ello no dejó de lado su deidad. Era, es y siempre será el Hijo de Dios (véase Jn. 1:1; Gol. 1:15; 2:9).
  - No obstante, durante un tiempo, ocultó su condición celestial en un cuerpo terrenal. Aunque retuvo cada uno de los atributos de la deidad mientras estaba en la tierra, cedió el ejercicio independiente de esas características divinas (comparar Mr. 9:12 y Ro. 15:3).
- Fue "hecho semejante a los hombres" (2:7-8; véase Jn. 1:14; Ro. 8:3; Gá. 4:4; He. 2:14, 17). Este simple hecho difícilmente puede ser asimilado por la mente humana. El infinito y santo Creador vino repentinamente al mundo en la semejanza de sus criaturas. Se podría comparar con un rey humano que voluntariamente pasase a ser un campesino. Pero una mejor comparación sería la de un rey humano que se transformase en una humilde hormiga, ¡aunque incluso esta comparación sería inadecuada!
- Asumió "la humilde posición de

un esclavo" (2:7). No vino en forma humana como un poderoso rey o filósofo, sino como un humilde siervo.

- "Se humilló a sí mismo" (2:8):
  - ► Habló nuestro lenguaje, llevó nuestras ropas, respiró nuestro aire y soportó nuestros crueles tratos. Contrastemos esto con la humilde declaración de Cristo en el Huerto de Getsemaní (véase Mt. 26:39, 42) con la declaración de arrogancia que muchos eruditos atribuyen a Satanás (véase Is. 14:13-14).
  - ► La humillación final de Cristo vino cuando permitió que lo llevasen a la muerte (2:8; véase Mt. 26:39; Jn. 10:18; He. 5:8; 12:2). Y esta no fue una muerte cualquiera, sino "muerte de cruz", la muerte de un criminal, la peor de las muertes tanto físicamente como desde una perspectiva judicial (véase Sal. 22; Is. 53; Gá. 3:13).

2:9-11 *Lo que Dios hizo por Cristo: Exaltación.* Debido a que Cristo se dio humildemente por nuestros pecados

- Dios "lo exaltó hasta lo sumo" (2:9; véase Is. 52:13; Jn. 17:1; Hch. 2:33; He. 2:9).
- "Le dio un nombre [una posición y puesto de autoridad] que es sobre todo nombre" (2:9; véase Ef. 1:20; He. 1:4).
- Un día (2:10-11) Él será reconocido como Señor por todos:
  - ► "en los cielos" (los ángeles)
  - ► "en la tierra" (los humanos, santos y pecadores)
  - ► y "debajo de la tierra" (los demonios).

Véase Salmo 22:27-28; Isaías 45:23; 66:23; Romanos 14:11; Apocalipsis 15:4. Acerca del reinado milenario de Cristo, véase *Isaías: Trasfondo.*

2:12-18 *"Háganlo porque Dios lo está haciendo por ustedes".* Los cristianos deben poner en acción en sus vidas la obra salvadora de Dios, sabiendo que Dios mismo está obrando en ellos (2:12-13). Dios nos da tanto el deseo como la capacidad de servirle. Al hacerlo así, "resplandeceremos" ante los incrédulos (2:14-16; véase Mt. 5:14-16).

2:19-30 *Dos fuertes soldados espirituales.* Pablo esperaba pronto enviar a Timoteo para ministrar a los filipenses. Lo encomendó a ellos como uno que exhibía algo del corazón de siervo de Cristo (2:19-24). Epafrodito era también un ejemplo de altruismo (2:25-30).

REGOCIJO EN LOS PADECIMIENTOS DE CRISTO (3)

3:1-11 *La elección: Circuncisión o Cristo.* Pablo advirtió en contra de los judaizantes que querían "mutilarlos", esto es, circuncidarlos. Los cristianos, dice él, son los que están verdaderamente circuncidados (3:1-3; véase Ro. 2:29; 9:6-8; Gá. 6:14-15). Pocos, por no decir que ninguno, podían igualar las credenciales de Pablo como judío (3:4-6), pero él consideraba como nada aquellas credenciales a la luz de la nueva revelación de Dios de la salvación y de la vida eterna por medio de Cristo (3:7-11).

Muchos cristianos quieren la primera mitad de 3:10, "conocerle, y el poder de su resurrección", pero muestran poco interés en la segunda mitad: "y la participación de sus padecimientos, llegando a ser semejante a él en su muerte". Pero esas dos cosas van de la mano, como pueden testimoniarlo los santos a través de los siglos (véase Ro. 8:17).

3:12-16 *"No, no estoy aún ahí, pero sí estoy de camino".* Pablo no era perfecto en su andar con el Señor, pero esperaba aquel día (en el reino eterno de Cristo) cuando lo sería. En tanto que la perfección no es posible en esta vida, deberíamos esforzarnos por alcanzar la madurez espiritual.

3:17-19 *"Síganme a mí, no a ellos"*. Pensando en esta carta y en las ocasiones en que había enseñado a los filipenses en persona, Pablo los apremió a que siguieran su ejemplo y enseñanzas, y no a aquellos que, por sus falsas enseñanzas, eran en realidad "enemigos de la cruz de Cristo". Pablo probablemente tenía en mente tanto a los legalistas (3:2) como a los hedonistas o antinomianos (lo que designa a los que son "anti ley") que describe en estos versículos.

3:20-21 *El nuevo tú*. Como antídoto al hedonismo, Pablo les recuerda la prometida resurrección, cuando nuestros cuerpos de humillación serán transformados y seremos ciudadanos del reino eterno de Cristo.

REGOCIJO EN LA SUFICIENCIA DE CRISTO (4)

4:1-3 *El amor expresado, el amor necesitado*. Pablo expresa una vez más su gran afecto por los filipenses (véase exposición sobre 1:7-11), y luego pide a un creyente maduro en la iglesia que ayude a la reconciliación entre dos mujeres peleadas.

4:4-7 *La paz de Dios: Preciosa y protectora*. Los cristianos deberían ser gozosos y moderados en su talante (4:4-5). En lugar de agitarse con ansiedad, deberían estar en paz (4:6-7). La paz de Dios (4:7) viene mediante la oración y sobrepasa todo entendimiento. Pablo dio dos reglas de oro para los que busquen dicha paz:

- "Por nada estéis afanosos" (4:6). La palabra aquí empleada para "estar afanoso" describe ser estirado desde diferentes direcciones. No se habla aquí de una preocupación razonable, sino de pánico (véase Sal. 55:22; 1 P. 5:7).
- "Sean conocidas vuestras peticiones delante de Dios en toda oración y ruego" (4:6). Nuestras oraciones deberían ser a la vez concretas y devocionales. Se ha dicho que hay solo dos cosas acerca de las que el cristiano no debería preocuparse:
    - aquellas cosas que puede cambiar, en cuyo caso la respuesta es *el esfuerzo*.
    - aquellas cosas que no puede cambiar, en cuyo caso la respuesta es *el ruego*.

Todos los cristianos gozan de paz *con* Dios (véase Ro. 5:1), pero solo los que hayan puesto de manera eficaz la oración en lugar de la ansiedad pueden gozar de la paz *de* Dios, una paz que

- guarda nuestro corazón, y nos protege de sentimientos equivocados;
- guarda nuestra mente, protegiéndonos de pensamientos equivocados (4:7).

En contra del dicho popular, la oración no siempre cambia las cosas. Pero la oración sincera siempre nos cambia a nosotros, al protegernos contra aquellas cosas que nos pudieran conducir a la desesperación (véase Is. 26:3; 2 Co. 10:5).

4:8-9 *El verdadero poder del pensamiento positivo*. Otra clave de la paz es centrar nuestros pensamientos en cosas positivas. Para esto nada mejor que centrándonos en lo que hemos aprendido de Pablo acerca de la persona y de la obra de Cristo.

4:10-13 *Satisfechos y fuertes en la abundancia y en el hambre*. Debido a que Cristo habitaba en él y lo fortalecía (4:13), Pablo podía estar contento en cualesquiera y todas las circunstancias. Hay dos clases de cristianos:

- Cristianos "termómetro", cuya satisfacción depende por completo de las circunstancias. Sencillamente registran la temperatura espiritual dominante.
- Cristianos "termostato", cuya satisfacción es totalmente independiente de las circunstancias. No solo no quedan afectados por las circunstancias, sino que ellos mismos ayudan a conformar las circunstancias.

4:14-23 *"De pasada, ¡gracias por el paquete!"* Pablo reconoció el don que acababa de recibir de los filipenses (4:10, 14) y recuerda todos sus pasados actos de generosidad (4:15-16; véase *Trasfondo*), añadiendo que su principal motivo de gozo eran los esfuerzos y pensamientos detrás de dichos dones (4:17-18). Les aseguró que les vendrían bendiciones a cambio, y los encomendó a la gracia de Dios. Los saludos de gente en la casa del César (4:22) muestran cuán eficazmente Pablo había proclamado el evangelio desde su involuntario encierro (comparar 1:12-13).

COLOSENSES

—35 d.C.
Conversión de Pablo

—a. 55-58
Pablo en Éfeso, Epafras en Colosas

—60-62
Pablo, encarcelado en Roma, escribe Colosenses

—a. 67
Pablo muere mártir

TRASFONDO

La iglesia de los colosenses fue probablemente fundada por Epafras (1:7; 4:12-13) como resultado de la obra de Pablo en Éfeso (55—58; Hch. 19). Con Pablo ahora bajo arresto domiciliario en Roma (4:3, 10, 18; Hch. 28:30-31), Epafras lo visitó y le habló de herejías que acosaban a los colosenses. Pablo escribió esta carta para advertirles en contra de aquellas falsas enseñanzas que por una parte oscurecían la majestad y la gloria de Cristo (1:15; 2:8) y que por la otra introducían el ascetismo (2:16-23). La falsa enseñanza era una mixtura de judaísmo ceremonial (2:16) y de teosofía oriental (2:18) que se oponía a la simplicidad y a la libertad del evangelio y a la unión vital con Cristo el Señor Resucitado (2:19; 3:1). Era probablemente una forma temprana de gnosticismo. Véase exposición sobre 2:4-10.

AUTOR

Pablo (1:1, 23; 4:18; véase *Romanos: Autor*).

FECHA

Alrededor del 60-61, aproximadamente el mismo tiempo en que Pablo escribió Efesios.

DESTINATARIOS

Los cristianos en Colosas, a unos 160 kilómetros al este de Éfeso, y un lugar que Pablo nunca había visitado personalmente (1:4, 7-8; 2:1). Al parecer, los creyentes colosenses se reunían al menos en dos casas diferentes, las de Ninfas (4:15) y de Filemón. La carta de Pablo a Filemón menciona una iglesia que se reunía en su casa (Flm. v. 2). Que vivía en Colosas queda sugerido por las menciones de Arquipo (4:17; véase exposición sobre Flm. vv. 1-3) y Onésimo (4:9; Flm. 1:8-16) en ambas cartas.

PROPÓSITO

- Manifestar a los colosenses la solicitud que sentía Pablo por ellos y su preocupación por su desarrollo espiritual y darles información relacionada con su ministerio (1:1-12; 4:7-18).
- Presentar a Jesucristo como preeminente en todo (1:13-29) y advertir en contra de toda herejía que pudiera distraerles de aquella preeminencia (2).
- Alentarlos a la santidad (3:1—4:6).

RASGOS SINGULARES

- Colosenses es la más Cristológica de las cartas de Pablo, y contiene la más clara imagen de la Biblia acerca de la preeminencia de Cristo (1:14-22).
- Contiene la más intensa advertencia de la Biblia contra los peligros de la filosofía humana (2:8).
- La más breve forma de bendición de Pablo, característica de sus últimas cartas, aparece aquí por vez primera (4:18; 1 Ti. 6:21; 2 Ti. 4:22; Tit. 3:15).

COMPARACIÓN CON OTROS LIBROS DE LA BIBLIA

Gálatas:

- Gálatas combate el exclusivismo nacional; Colosenses combate el exclusivismo intelectual.

Efesios:

- Véase *Efesios: Comparación con otros libros de la Biblia.*

Efesios, Filemón, Filipenses y 2 Timoteo:

- Pablo escribió las anteriores y Colosenses desde la cárcel.

1 Juan:

- Ambas combaten los problemas del vacío ritualismo y de las filosofías humanistas como el gnosticismo.

BOSQUEJO

LA PERSONA Y LA OBRA DE CRISTO (1:1—2:3)
- Salutación; acción de gracias por los colosenses (1:1-8)
- Oración por los colosenses (1:9-14)
- El carácter de Cristo (1:15-23)
- Los sufrimientos de Pablo por Cristo (1:24—2:3)

EL MEJOR CAMINO DE CRISTO (2:4—3:4)
- Mejor que la filosofía (2:4-10)
- Mejor que el legalismo (2:11-17)
- Mejor que el misticismo (2:18-19)
- Mejor que el ascetismo (2:20-23)
- Centrándose en Cristo (3:1-4)

PRACTICANDO LA VIDA DE CRISTO (3:5—4:18)
- En la vida personal (3:5-17)
- En la vida del hogar (3:18—4:1)
- En el testimonio (4:2-6)
- Salutaciones; instrucciones finales (4:7-18)

LA PERSONA Y LA OBRA DE CRISTO (1:1—2:3)

1:1-8 *"¡Gracias a Dios por el testimonio de ustedes!"* Aunque no había trabajado personalmente con los colosenses (véase 2:1), Pablo los elogia por su fe en Dios y por su amor por los santos de Dios, de lo que había oído mediante Epafras.

1:9-14 *"Ahora oraré por ustedes"*. Pablo oraba que encontrasen la perfecta voluntad de Dios, que incluía la santidad personal, el fruto y el poder en sus vidas cristianas (1:9-12). Todo esto era posible gracias al poderoso acto de redención de Dios en favor de ellos mediante Jesucristo (1:13-14).

1:15-23 *La preeminencia del preeminente.* Cristo tiene "la preeminencia en todo" porque "él es antes de todas las cosas" (1:17).

- Él es "la imagen" de Dios (1:15). El término griego significa no que sea simplemente parecido a Dios, sino que es Dios, porque la "plenitud" de Dios habita en Él (1:19; véase 2:9; Ef. 1:23; 3:19; 4:13).
- Él creó todas las cosas en los cielos y en la tierra para su gloria, y sigue sosteniéndolas (1:16-17).
- Él es la cabeza de la iglesia (1:18). Tocante al término "el primogénito de los muertos" (1:18), véase exposición sobre 1 Corintios 15:20-28.
- Está en el proceso de reconciliar todo el universo consigo mismo (1:20). Esto es, Él vuelve todas las cosas a una recta relación con el Padre. Esto no significa que todas las personas vayan a ser reconciliadas con Dios (universalismo), sino que todo el que quiera hacerlo, puede (1:21-23). Esta reconciliación comenzó en la cruz y quedará completa al son de la séptima trompeta (véase Ap. 11:15).

1:24-29 *El misterio gentil (y otros misterios).* Pablo veía sus presentes padecimientos (1:24-25) como una participación en los padecimientos de Cristo (véase 2 Co. 1:5) y como una parte importante de su ministerio a los creyentes (véase 2 Co. 12:15). Este ministerio involucraba la proclamación de un mensaje que había sido mantenido "oculto desde los siglos y edades", esto es, que Cristo fuese a morar en los gentiles creyentes así como en los creyentes judíos (1:27; véase 4:3; Ro. 11:25; 16:25; Ef. 3:1-13; 6:19).

La palabra judía empleada en 1:26 es el término que significa *misterio,* y así es como se ha traducido tradicionalmente. Sin embargo, Pablo siempre empleó este término para describir no alguna experiencia mística, sino varias partes del plan de Dios que había sido anteriormente mantenido en incógnito y que ahora eran reveladas (véase 2:2, 9; 1 Co. 2:7-8; 15:51; Ef. 5:32; 2 Ts. 2:7; 1 Ti. 3:16; para otros lugares en que ocurre en el NT, véase Mt. 13:11; Ap. 1:20; 10:7; 17:5).

"Lo que falta a las aflicciones de Cristo" (1:24) no significa que el sufrimiento de Cristo fuese inadecuado para salvar. Puede significar que los sufrimientos de Pablo proveen un testimonio más inmediato para sus coetáneos. O "las aflicciones de Cristo" puede ser una referencia a las aflicciones que los cristianos sufren por Cristo.

2:1-3 *"Mi profunda preocupación por ustedes"* Los sufrimientos de Pablo por los colosenses eran interiores así como exteriores, con su vehemente deseo de que tanto ellos como los de Laodicea —y todos los demás creyentes a los que no conocía personalmente— llegasen a la plena madurez en Cristo, y fuesen unidos por fuertes vínculos de amor. Esto podían hacerlo permaneciendo en Cristo, "en quien están escondidos todos los tesoros de la sabiduría y del conocimiento".

EL MEJOR CAMINO DE CRISTO (2:4—3:4)

2:4-10 *Huecas sutilezas en contraste con la plenitud en Cristo.* Para evitar que los colosenses fuesen engañados por las suaves palabras de los falsos maestros (2:4—3:4), Pablo les recordaba los fundamentos de su fe (2:4-7). Aunque la filosofía humana pudiera sonar buena, los colosenses tenían en Cristo toda la revelación divina que ellos iban a necesitar jamás (2:8-10; véase 2:3), porque Él es plenamente Dios (véase exposición sobre 1:15-23).

La enseñanza no cristiana que preocupaba a Pablo era probablemente una forma temprana de gnosticismo. Los gnósticos enseñaban el dualismo: que Dios era bueno, mientras que toda la materia era mala. La salvación de los gnósticos venía solo a través de una inmensa serie de intermediarios espirituales, a los que los pocos escogidos se podían allegar por medio de un conocimiento especialmente revelado. Los gnósticos llamaban a estos intermediarios la "plenitud" de Dios. Pablo enseñó que Cristo, en sí mismo, constituía esta plenitud (véase 3:10 y exposición sobre 1:15-23). En Colosenses aparecen reflejadas varias enseñanzas gnósticas, como su culto a los ángeles (véase 2:18) y sus prácticas ascéticas (véase 2:21). La preocupación de Pablo con este gnosticismo puede quedar reflejada también en otras cartas (véase 1 Co. 2:6-8; 8:1; 13:8; 1 Ti. 1:4; 4:3; 6:20). El gnosticismo fue probablemente un elemento clave en las herejías que Juan describiría más adelante como "el espíritu del anticristo" (véase exposición sobre 1 Jn. 4:1-6).

2:11-17 *"¡Los cargos han sido retirados!"* Luego Pablo vuelve su atención a los judaizantes. Hasta los gentiles incircuncisos son declarados perdonados cuando se vuelven a Cristo (2:11-13), porque al cumplir la ley, Cristo ha eliminado la necesidad de ser justificados en base de la ley (2:14; véase exposición sobre Ef. 2:11-22). El cumplimiento de la ley por parte de Cristo y su triunfo sobre la muerte han destruido el poder de la ley para condenarnos (2:15; véase exposición sobre Ro. 4:13-25 y sobre 8:1-4). Por ello, los judaizantes no tenían derecho alguno a juzgar a los cristianos de Colosas.

El bautismo del creyente (2:12) simboliza el bautismo del Espíritu Santo que lo introduce en la iglesia, el cuerpo de Cristo (véase exposición sobre 1 Co. 12:12-31). Acerca de "fuisteis resucitados con él", comparar Efesios 2:5-6.

2:18-19 *"Eviten a los que adoran a los ángeles".* Los que promueven el culto a los ángeles (véase exposición sobre 2:4-10) están defraudando a los creyentes, privándolos de su derecho al acceso directo al Padre por medio de Cristo.

2:20-23 *"Eviten a los que les proponen el ascetismo".* Pablo advirtió también contra la falsa humildad (2:18, 23) de un ascetismo que podría haber estado relacionado bien con el legalismo judío, bien con el gnosticismo. Esta enseñanza puede parecer moral y religiosa, pero no puede transformar el corazón, y es ahí donde ha de comenzar el verdadero cambio.

3:1-4 *Nuestro centro celestial.* Las advertencias de Pablo contra las falsas enseñanzas (véase 2:4-23) y sus exhortaciones a la santidad (3:5—4:6) están conectadas por un llamamiento a cambiar nuestro énfasis de las cosas terrenales a todo lo que ahora tenemos y que un día tendremos en Cristo.

PRACTICANDO LA VIDA DE CRISTO (3:5—4:18)

3:5-17 *Qué llevar, qué no llevar.* Los creyentes deberían "despojarse" de las vestimentas mundanas del pecado que llevaban antes de su conversión (3:5-11) y revestirse de justicia y amor (3:12-15). Este proceso puede ser enormemente ayudado por el estudio bíblico, la adoración y la comunión cristiana (3:16-17). Acerca de los creyentes como "escogidos de Dios, santos y amados" (3:12), véase exposición sobre 1 Pedro 1:1-2.

3:18—4:1 *Reglas para los diferentes papeles.* Pablo trata aquí de aquellas conductas que son apropiadas en las diversas relaciones humanas (véase exposición sobre Ef. 5:22—6:9).

4:2-6 *"¡Los dos podemos tener un gran testimonio!"* Pablo pidió oración para que Dios les diera "muchas oportunidades" para el evangelio incluso desde la confinamiento en que estaba, en su arresto domiciliario (4:2-4). Mientras, exhortaba a los colosenses a comportarse con sabiduría hacia los incrédulos, para que ellos fuesen también unos eficaces testigos.

4:7-18 *"De parte de todos nosotros para todos ustedes"*. Pablo enviaba saludos de varios amigos y colaboradores cristianos (4:7-15), y daba instrucciones a los colosenses para que intercambiasen las cartas que él había enviado con la iglesia en Laodicea (véase exposición sobre Ap. 3:14-22). Algunos han sugerido que la carta en posesión de los laodicenses puede haber sido la de Efesios (véase *Efesios: Destinatarios*).

1 TESALONICENSES

*—35 d.C.
Conversión
de Pablo*

*—51
Pablo en
Tesalónica
en su segundo
viaje, escribe
1 y 2 Ts.*

*—57
Pablo en
Tesalónica
en su tercer viaje*

*—60
Pablo encarcelado
en Roma*

*—a. 67
Pablo muere
mártir*

TRASFONDO

Pablo ministró en Tesalónica durante alrededor de un mes en su segundo viaje misionero (Hch. 17:2). El ministerio tuvo gran éxito (1:9), aunque los judíos incrédulos agitaron a los gentiles incrédulos, lo que tuvo como resultado final que Pablo abandonase la ciudad de noche y se dirigiera a Berea (Hch. 17:5-10). Los judíos tesalonicenses hostiles a Pablo lo siguieron a Berea y causaron problemas también allí, de modo que Pablo prosiguió a Atenas (Hch. 17:11-15). Pablo se sentía preocupado por los creyentes que había dejado tras de sí en Tesalónica, de modo que envió a Timoteo para que los visitara (3:1-2). Mientras, Pablo prosiguió hacia Corinto, donde Timoteo se reunió con él (3:6; Hch. 18:5) y dio un informe gozoso del crecimiento espiritual, y firmeza de los tesalonicenses, y del amor de ellos por él. Pablo escribió esta carta para expresar su gozo por el buen informe, para alentarlos en su crecimiento espiritual, y para responder a la pregunta que le habían hecho acerca de lo que sucedería a los cristianos que murieran (4:13-18).

AUTOR

Pablo (1:1, 23; 2:18; véase *Romanos: Autor*).

FECHA Y LUGAR

Alrededor del 51 d.C., poco después que Timoteo se reuniera con Pablo en Corinto, haciendo de ella la segunda carta más antigua de las de Pablo (después de Gálatas).

DESTINATARIOS

Los cristianos de Tesalónica, que eran principalmente gentiles, aunque había también algunos judíos (Hch. 17:4-5). Su ciudad era la estación central y ciudad mayor de la Vía Ignacia, la carretera romana que conectaba los mares Adriático y Egeo. Pablo estableció tres iglesias —Filipos, Tesalónica y Berea— a lo largo de esta carretera.

PROPÓSITO

- Encomiar a los tesalonicenses por su firmeza en medio de la persecución.
- Defenderse contra las críticas acerca de su conducta durante su estancia en Tesalónica (2:1-16).
- Explicar su ausencia de ellos (2:17-20).
- Explicar la visita de Timoteo a ellos (3)
- Dar instrucciones sobre la vida personal y corporativa (4:1-12; 5:12-28).
- Explicar acontecimientos relacionados con la segunda venida de Cristo (4:13—5:11).

RASGOS SINGULARES

- Primera Tesalonicenses habla más acerca de la segunda venida de Cristo que cualquiera otra de las cartas de Pablo. Da la más detallada descripción del arrebatamiento en la Biblia (4:13-18).
- No contiene citas del AT y tiene pocas alusiones al mismo.
- Es una de las cartas de Pablo de más fácil comprensión.

COMPARACIÓN CON OTROS LIBROS DE LA BIBLIA

1 Corintios:

- 1 Corintios 15 explica la relación de los creyentes vivos en el arrebatamiento; 1 Tesalonicenses explica la implicación de los creyentes fallecidos.

Filipenses y Filemón:

- Junto con 1 Tesaloniceses, son las cartas de Pablo con menor grado de polémica.

2 Tesalonicenses:

- 1 Tesalonicenses explica por qué los creyentes fallecidos no se perderán el arrebatamiento; 2 Tesalonicenses explica por qué los creyentes no estarán en la tribulación.

BOSQUEJO

ENCOMIO Y EXPLICACIÓN (1—3)

Salutación; encomio (1)
Pablo defiende su ministerio (2:1-16)
Explica su ausencia (2:17-20)
Explica la misión de Timoteo (3)

EXHORTACIÓN (4—5)

Conducta personal (4:1-12)
El arrebatamiento (4:13-18)
El día del Señor (5:1-11)
Conducta en la iglesia (5:12-24)
Encargos finales; bendición (5:25-28)

ENCOMIO Y EXPLICACIÓN (1—3)

1:1-10 *Agradecido por el buen ejemplo de ellos.* Pablo daba gracias a Dios por los cristianos en Tesalónica que, a pesar de grandes padecimientos, habían llegado a ser un ejemplo para los creyentes por toda Grecia, tanto en su conducta personal como en cuanto a celo evangelístico. En 1:9-10 se expande la descripción que Pablo hace de los tesalonicenses en 1:3:

- La "obra de vuestra fe" involucraba el apartarse de la idolatría volviéndose al Dios único y verdadero.
- El "trabajo de vuestro amor" involucraba servir al Dios vivo y verdadero.
- "La esperanza en nuestro Señor Jesucristo" que manifestaban involucraba su expectante espera del regreso de Jesucristo.

La Palabra de Dios es eficaz por muy indigno que sea el mensajero (véase Is. 55:11; Fil. 1:15-18), pero cuánto mejor es cuando los portavoces y las Escrituras están en perfecta armonía, de modo que la Palabra sale "en poder", con la autoridad del Espíritu Santo (1:5).

Respecto a la "elección" (1:4), véase exposición sobre 1 Pedro 1:1-2.

2:1-12 *Ni lisonjas ni financiación dudosa.* Pablo recordó a los tesalonicenses que él había sido sincero e íntegro en sus tratos con ellos, trabajando de noche y de día en un trabajo secular para ganarse su propio sustento (2:9; comparar exposición sobre 1 Co. 4:6-13). Había sido muy solícito y personal, como una madre o un padre (2:7-8, 11; comparar 1 Co. 4:14; 2 Co. 6:13; Gá. 4:18-19). En 2:10 se muestran tres dimensiones clave del ministerio de Pablo:

- Espiritualmente, fue "santo".
- Socialmente, fue "justo" con los tesalonicenses.
- Personalmente, fue "irreprensible".

2:13-16 *"Ellos siempre se han opuesto a su Dios".* Una vez más Pablo encomia a sus lectores por su bien dispuesta respuesta al evangelio, especialmente considerando cuánto se habían opuesto los judíos incrédulos tanto a Pablo como a ellos. Pablo les recuerda con cuánta constancia los judíos se habían opuesto a Cristo y al evangelio:

- Ellos "mataron al Señor Jesús y a sus propios profetas" (2:15; véase Hch. 2:22-23; 5:30; 7:52).
- "A nosotros nos expulsaron" (2:15).
- "Se oponen a todos los hombres", intentando impedir el esfuerzo evangelístico de Pablo hacia los gentiles (2:15-16; véase Hch. 13:50; 14:19; 17:5; 18:12).

Este lenguaje tan enérgico ha llevado a algunos a calificar a Pablo de antisemita. Pero Pablo se enorgullecía de su origen judío (véase Hch. 22:3; Fil. 3:4-5), y su gran corazón estaba constantemente angustiado buscando la conversión de su amada nación (véase Ro. 9:1-3; 10:1).

La actuación de Israel, que estaba así amontonando pecados sobre pecados (2:16) atraería "la ira" de Dios, pero llevaría en último término a la salvación tanto de judíos como de gentiles (véase exposición sobre Ro. 9—11).

2:17-20 *"Francamente, me vi impedido por Satanás".* Pablo había intentado en varias ocasiones volver a visitar a los tesalonicenses, pero se había visto cada vez estorbado por Satanás. Su ausencia de ellos solo hacía que se intensificara su deseo de verlos, porque ellos eran su "gozo y corona". Quizá Pablo veía la mano de Satanás en la implacable oposición de que le hacían objeto sus opositores judíos (véase *Trasfondo*).

3:1-13 *El grato informe de Timoteo.* Al llegar a Atenas, Pablo, que sabía que los tesalonicenses estaban sufriendo (3:3), y "no pudiendo soportarlo más" (3:1), envió urgentemente a buscar a Timoteo (véase Hch. 17:15) y lo mandó a Tesalónica para comprobar la situación en que estaban (3:2, 5). Timoteo acababa de reunirse con Pablo, ahora en Corinto, con las gratas noticias de que la fe de los tesalonicenses en Dios y su amor por Pablo eran tan intensos como siempre (3:6-8; véase Hch. 18:5). Pablo respondió con acción de gracias, expresando de nuevo su deseo de verlos, y alentándolos a un mayor amor y santidad (3:9-13).

EXHORTACIÓN (4—5)

4:1-8 *El plan perfecto de Dios para su pueblo.* La voluntad de Dios para los tesalonicenses era la "santificación" de ellos. Esto se refiere al diario crecimiento en la gracia y a la maduración en la fe (4:3; véase 5:23-24; véase exposición sobre He. 10:1-18). Tenían que ser monógamos, y relacionarse de manera honrosa con sus cónyuges, no por concupiscencia. Dios tiene solo una voluntad para los pecadores: que sean salvos (véase 1 Ti. 2:4; 2 P. 3:9). Y tiene solo una voluntad para los creyentes: su santificación (4:3).

4:9-12 *"Atiendan sus asuntos; gánense la vida".* Los cristianos han de amarse unos a otros y vivir sus vidas con "tranquilidad". Han de ser obreros diligentes, no solo para pagar sus facturas, sino para que los incrédulos confíen en ellos y los respeten.

4:13-18 *"No se preocupen por ellos, ¡porque irán por delante!"* Pablo ahora responde a una pregunta que al parecer había inquietado a los tesalonicenses. Cuando él estaba con ellos (véase Hch. 17), les había hablado, indudablemente, acerca del día en que Cristo volvería para establecer su Reino milenario, y probablemente ellos esperaban este acontecimiento como algo inminente. Pero desde la partida de Pablo, varios de los creyentes tesalonicenses habían muerto. ¿Significaba esto que se perderían la venida de Cristo? Pablo les asegura que muy al contrario, cuando Cristo volviera a encontrar a sus fieles "en el aire", resucitaría primero y reuniría a sí a los ya muertos (4:15). Esta será la segunda de las tres resurrecciones de los tiempos del fin (véase exposición sobre 1 Co. 15:20-28).

El encuentro en el aire de Cristo con sus santos vivos es generalmente designado "el arrebatamiento", del término latino *rapio,* que significa "arrebatar" ("arrebatados", 4:17). Véase exposición sobre 1 Corintios 15:50-58.

5:1-11 *¿Preparados para el ladrón?* No es solo que todos los cristianos, muertos y vivos, participarán en el arrebatamiento, sino que por la gracia de Dios evitarán el terrible "día del Señor" que seguirá a continuación (véase *Isaías: Trasfondo* y exposición sobre Jl. 2:28-32). A menudo conocido como la gran tribulación, aquel día vendrá inesperadamente durante un tiempo de falsa paz, y traerá destrucción a todos los incrédulos (5:1-3). Pero en tanto que los incrédulos estarán demasiado hundidos en su pecado para estar listos para este juicio (5:4-7), los creyentes estarán listos, revestidos de su armadura de fe, y esperando el regreso de Cristo (5:5-11).

La segunda venida de Cristo es comparada a menudo con la venida de un ladrón en la noche (5:2, 4; véase Lc. 12:39; 2 P. 3:10; Ap. 3:3; 16:15). La analogía pone el énfasis en lo repentino de su regreso y en la necesidad de estar vigilantes mientras lo esperamos. Comparar 5:8 con Efesios 6:10-17.

5:12-28 *"Hagan la parte de ustedes, y Dios hará la suya".* Al concluir su carta, Pablo hizo varias exhortaciones (5:12-22), asegurando a los tesalonicenses que Dios estaba listo para bendecirlos y guardarlos "irreprensibles" hasta el regreso de Cristo (5:23-24). Concluía encargándoles que leyesen esta carta a todos en la iglesia. Acerca de las varias exhortaciones:

- Debido a su crucial ministerio, los líderes de la iglesia deberían ser tenidos en la más alta consideración (5:12-13).
- En el original griego, 5:16 (no Jn. 11:35) es el versículo más breve de la Biblia. Pero con frecuencia es el más difícil de guardar.
- El mejor remedio para el orgullo no es la humildad (que puede llevar a la falsa piedad) sino el agradecimiento (5:18; véase exposición sobre Ro. 1:18-32). Como alguien ha sugerido:
  - ► No se angustien por nada.
  - ► Oren en todas las cosas.
  - ► Sean agradecidos en todo.
- Esas son las dos maneras comunes en que los creyentes pueden fracasar en su relación con el Espíritu Santo:
  - ► "apagándolo" (5:19), lo que involucra no hacer aquello que Él quiere que hagamos.
  - ► "contristándolo" (véase Ef. 4:30), lo que significa hacer aquello que no quiere que hagamos.
- En 5:23 tenemos el mayor apoyo para la doctrina de la "tricotomía", que los humanos son seres tripartitos, con espíritu, alma y cuerpo. Sea cual sea lo que Pablo pueda haber querido decir, estaba orando con ello que Dios santificase plenamente a cada creyente individual.
- Es interesante que aunque el texto griego original no tenía divisiones por capítulos, cada uno de los cinco capítulos del libro acaban con una referencia a la segunda venida:
  - ► véase 1:10, que tiene que ver con la salvación
  - ► véase 2:19-20 y 3:13, que tienen que ver con un servicio fiel
  - ► véase 4:17-18, que tienen que ver con el dolor
  - ► véase 5:23, que tienen que ver con la santificación

2 TESALONICENSES

—35 d.C.
Conversión de Pablo

—51
Pablo en Tesalónica en su segundo viaje, escribe 1 y 2 Ts.

—57
Pablo en Tesalónica en su tercer viaje

—60
Pablo encarcelado en Roma

—a. 67
Pablo muere mártir

TRASFONDO

En su primera carta a los Tesalonicenses, Pablo había escrito tocante al papel de los creyentes fallecidos en el arrebatamiento, y acerca del terrible "día del Señor" (la tribulación) que seguiría al arrebatamiento (véase *1 Tesalonicenses: Trasfondo* y exposición sobre 1 Ts. 4:13—5:11). Confundiendo su actual persecución con los negros días de los que había escrito Pablo, los tesalonicenses habían llegado a la conclusión de que se habían perdido el arrebatamiento y que estaban ahora sufriendo la tribulación, una confusión quizá reforzada por falsos maestros (2:2). Pablo escribió esta segunda carta para mostrarles que aquellos tiempos difíciles no constituían la tribulación, y para asegurarles de las mejores cosas que tenían reservadas como creyentes.

AUTOR

Pablo (1:1; 3:17; véase *Romanos: Autor*).

FECHA Y LUGAR

Alrededor del 51 d.C., desde Corinto, de uno a tres meses después de 1 Tesalonicenses.

DESTINATARIOS

Véase *1 Tesalonicenses: Destinatarios*.

PROPÓSITO

- Asegurar a los tesalonicenses que la tribulación no estaba ya en marcha (1:1—2:12).
- Mostrar que la segunda venida de Cristo los libraría de sus persecuciones y que tendría como resultado el juicio sobre sus enemigos (1:5-12).
- Darles instrucciones acerca de la disciplina en la iglesia (3:6-15).

RASGOS SINGULARES

- 2 Tesalonicenses da la descripción más detallada de la Biblia acerca del anticristo (2:1-12).

BOSQUEJO

EL DÍA DEL SEÑOR: ALIENTO (1)
EL DÍA DEL SEÑOR: INSTRUCCIÓN (2:1-12)
EL DÍA DEL SEÑOR: EXHORTACIÓN (2:13—3:18)

EL DÍA DEL SEÑOR: ALIENTO (1)

1:1-12 *Justicia futura, juicio futuro.* Pablo daba gracias a Dios por los creyentes de Tesalónica, que estaban perseverando en medio de la persecución (1:3-4). Aquella persecución, decía Pablo, mostraba simplemente que estaban bien a los ojos de Dios mientras que sus perseguidores iban errados. Cuando Cristo volviera, sus perseguidores serían castigados, y ellos mismos serían manifestados como verdaderos hijos de Dios (1:5-10). Pablo oraba que ellos siguieran siendo "dignos" de tales sufrimientos y que llegasen a ser un glorioso testimonio de su Señor (1:11-12).

Pablo daba estas seguridades en respuesta a la falta de comprensión que mostraban acerca de "el día del Señor" al que se había referido en 1 Tesalonicenses (véase *Trasfondo*). Acerca del día del Señor (también designado como "aquel día", 1:10; véase 2:3), véase *Isaías: Trasfondo* y exposición sobre Isaías 2:5—4:1. Cristo se manifestará "desde el cielo" con anterioridad a aquel día, un acontecimiento separado del arrebatamiento (véase exposición sobre 1 Ts. 4:13-18).

- "Los que no conocieron a Dios", probablemente los que nunca han oído el evangelio, pero que tienen el testimonio de la conciencia y de la naturaleza, y que por esto mismo carecen de excusa (véase Ro. 1:18-20; 2:12-16).
- "Ni obedecen al evangelio de nuestro Señor Jesucristo".

EL DÍA DEL SEÑOR: INSTRUCCIÓN (2:1-12)

2:1-12 *El surgimiento y la caída del anticristo.* Pablo aseguraba a los preocupados tesalonicenses que el día del Señor no había llegado todavía, y los apremiaba a desechar a todos los que hablasen en sentido contrario (2:1-2). Antes que comience el día del Señor, habrá primero "la apostasía", una gran rebelión (2:3; véase 1 Ti. 4:1-3; 2 Ti. 3:1-5; 4:3-4) y la venida del "hombre de pecado", el anticristo (2:3-10). La "apostasía" se refiere probablemente a un tiempo a continuación del arrebatamiento, cuando la ausencia de la iglesia dará lugar a un libre reinado de los impíos. Así, aunque los fieles tesalonicenses estaban padeciendo una terrible persecución, no se trataba de la tribulación, y no se habían perdido el arrebatamiento.

El anticristo, un agente del mismo Satanás (2:9), llamado también "el hijo de perdición" (2:3) y el "hombre de pecado" e "inicuo" (2:3, 8-9), tratará de usurpar el lugar de Dios (2:4); Dios permitirá a este que extravíe tanto más a los que ya le han rechazado (2:11-12). Después de un breve reinado, el anticristo será destruido por Dios (2:8).

Aunque muchos han tratado de identificar al anticristo, este y otros pasajes de la Biblia solo aclaran dos cosas: su surgimiento y su total derrota. Los pasajes clave de la Biblia acerca del anticristo incluyen Daniel 9:20-27; 11:36-45; 12:5-13; Zacarías 11:15-17; 1 Jn. 4:1-6; Apocalipsis 13:1-10.

La "iniquidad" que el reinado del anticristo introducirá está ya presente en el mundo, pero está siendo retenida por aquel "quien al presente lo detiene" (2:7), refiriéndose probablemente al Espíritu Santo (véase Jn. 16:8-11).

"Dios les envía un poder engañoso" (2:11) muestra la soberanía de Dios sobre sus enemigos (véase Gn. 50:20; Éx. 4:21; Jue. 9:23; 1 R. 22:19-23), pero en modo alguno sugiere que da aprobación al mal (véase Stg. 1:13-14).

EL DÍA DEL SEÑOR: EXHORTACIÓN (2:13—3:18)

2:13-17 *Escogidos por Él, firmes para Él.* Tras haber explicado que no se habían perdido el arrebatamiento, Pablo les ofreció un aliento y exhortación adicionales. Seguros de la salvación, deberían "estar firmes" para el Señor. En tanto que Pablo sentía un gran afecto por los tesalonicenses, estaba al parecer de acuerdo con la valoración de Lucas de que carecían del celo de los bereanos (véase Hch. 17:10-11). Acerca de ser "escogidos" y "llamados . . . para salvación", véase exposición sobre 1 Pedro 1:1-2.

3:1-5 *"Oren por mí; yo oraré por ustedes".* Pablo pidió oración para que su ministerio tuviera fruto y para poder ser liberado de sus enemigos. Pero su petición de oración pronto se convirtió en una oración por los tesalonicenses, que Dios siguiera edificándolos en amor y perseverancia.

3:6-15 *Tratando con los holgazanes y con los desordenados.* Los cristianos que viven "desordenadamente" deberían ser enérgicamente amonestados, e incluso separados de la comunión de la iglesia si ello era necesario para llevarlos al arrepentimiento. Incluso en medio de esta severa disciplina, la persona ofensora debía ser tratada como hermano o hermana (3:15). En otros lugares de las Escrituras, tanto Jesús como Pablo prescriben una total excomunión si el ofensor persiste en el pecado y en la contumacia (véase exposición sobre Mt. 18:15-20 y sobre 1 Co. 5:1-8).

Pablo estaba preocupado por informes de que algunos de los tesalonicenses no estaban ganándose la vida. Los amonestó a que lo hicieran, ofreciendo su propio duro trabajo como ejemplo (3:7-9; véase 1 Ts. 2:9; comparar exposición sobre 1 Co. 4:6-13).

3:16-18 *"¡Es mi propia letra!"* Pablo observó que aunque dictaba el cuerpo de sus cartas a un secretario, aquí, como en todas sus cartas, añadía una salutación de su puño y letra, como señal de la autenticidad de la carta (véase Ro. 16:22; 1 Co. 16:21; Col. 4:18).

1 TIMOTEO

—35 d.C.
Conversión
de Pablo

—a. 51
Timoteo se une
a Pablo en su
segundo viaje

—60-64
Pablo,
encarcelado,
liberado, escribe
1 Timoteo

—a. 67
Pablo muere
mártir

TRASFONDO

Hay detalles cronológicos y biográficos en 1 Timoteo, 2 Timoteo y Tito que sugieren que Pablo escribió esas tres cartas después de haber sido liberado de su arresto domiciliario en Roma (véase *Fecha y Lugar*). Las cartas son tradicionalmente designadas como las "Epístolas pastorales" porque en ellas Pablo, quizá sintiendo cercana su muerte, se centró en establecer un firme fundamento para las iglesias que había establecido.

En su segundo viaje misionero, Pablo había conocido a Timoteo, un joven de procedencia griega y judía (Hch. 16:1-3) que había sido criado con un sólido conocimiento de las Escrituras (2 Ti. 3:15). Timoteo llegó a ser discípulo de Pablo y ayudante de confianza, y lo sería hasta la muerte de Pablo (véase 2 Ti. 4). Aunque al parecer Timoteo era tímido y solitario (4:12; 1 Co. 16:11), Pablo lo había dejado en Éfeso como su representante personal (1:3). Luego escribió esta carta para dar instrucciones a Timoteo acerca de su tarea.

AUTOR

Pablo (1:1; véase 2:7; véase *Romanos: Autor*).

FECHA Y LUGAR

Las notas de los viajes de Pablo en 1 Timoteo hasta Tito (1:3; 2 Ti 1:17; 4:9, 13, 20; Tit. 1:5; 3:12) no concuerdan con ningunos de los acontecimientos de Hechos. Esto, además de las premoniciones de Pablo acerca de su muerte en 2 Timoteo, sugiere la siguiente cronología de los últimos años de Pablo:

- Quedó liberado del arresto domiciliario que había comenzado en Hechos 28:30-31.
- Viajó y evangelizó extensamente, como se refleja en las notas de viaje anteriormente mencionadas.
- Luego volvió a ser detenido:
    - Las notas de viaje en 2 Timoteo sugieren una situación de emergencia (2 Ti. 1:17; 4:9, 13, 20).
    - Varios comentarios en 2 Timoteo reflejan la vida en la cárcel (2 Ti. 1:8; 2:9; 4:6-22).
- Luego fue martirizado. Pablo esperaba esto en 2 Timoteo, y la tradición lo apoya poderosamente.

1 Timoteo fue probablemente la primera de las tres cartas, escrita entre el 62 y el 64 d.C. desde Macedonia (1:3). Tito fue escrita algo después, y 2 Timoteo debió ser escrita entre tres y cinco años después.

PROPÓSITO

- Alentar a Timoteo en su fe (1).
- Instruirle acerca de la organización de la iglesia (2—3).
- Instruirle acerca de su conducta personal (4—6).

RASGOS SINGULARES

- 1 Timoteo es uno de los mejores recursos acerca de la organización de la iglesia.
- Destaca la "recta enseñanza" (1:10), pero es principalmente práctica antes que doctrinal.

COMPARACIÓN CON OTROS LIBROS DE LA BIBLIA

Colosenses y 1 Juan:

- Todos ellos tratan de la herejía gnóstica.

2 Timoteo y Tito:

- Todos ellos reflejan la preocupación pastoral de Pablo por las iglesias.

2 Tesalonicenses 2; 2 Timoteo 3; 2 Pedro 2; Judas:

- En ellas, junto con 1 Timoteo 4, se nos advierte acerca de la apostasía.

BOSQUEJO

LIBRANDO LA BUENA BATALLA (1)
- Salutación (1:1-2)
- Advertencia acerca de falsos maestros (1:3-11)
- El testimonio de Pablo (1:12-17)
- Timoteo es alentado para la lucha (1:18-20)

PREPARANDO A LAS IGLESIAS PARA LA BUENA BATALLA (2—3)
- Exhortación a la oración (2:1-7)
- Las mujeres en la iglesia (2:8-15)
- Dirigentes para la iglesia (3)
  - Obispos (3:1-7)
  - Diáconos (3:8-13)
  - El misterio de la piedad (3:14-16)

PREPARANDO A LOS PASTORES PARA LA BUENA BATALLA (4—6)
- Advertencia frente a la apostasía (4:1-11)
- Exhortación a los dirigentes (4:12-16)
- Respeto para todos; el cuidado de las viudas (5:1-16)
- Honrando y sustentando a los ancianos (5:17-20)
- Consejo acerca de los dirigentes, la salud (5:21-25)
- Los esclavos cristianos (6:1-2)
- Los falsos maestros; la codicia; el contentamiento (6:3-10)
- La buena batalla de la fe (6:11-16)
- El uso apropiado de la salud (6:17-19)
- Conclusión (6:20-21)

LIBRANDO LA BUENA BATALLA (1)

1:1-2 *Su hijo de confianza.* Pablo dirigía esta carta a Timoteo, "verdadero hijo en la fe" (véase 2 Ti. 1:2; 2:1). El afecto de Pablo por Timoteo era quizá tanto mayor cuanto que probablemente no tuvo hijos naturales.

1:3-11 *Falsos profesantes de la ley; el verdadero propósito de la ley.* Pablo había dejado a Timoteo en Éfeso para que ayudara a instruir a los discípulos allí (1:3; véase 3:15). Una preocupación destacada era la influencia de los judaizantes (véase exposición sobre Gá. 1—4), que estaban tratando de forzar a otros cristianos a obedecer la ley sin siquiera comprenderla ellos mismos (1:3-7). La ley había sido dada para dejar a los pecadores a descubierto (1:9-10; véase Ro. 3:20; 5:20), no para que fuera una carga para los creyentes (1:4-5, 8).

1:12-17 *"Lo que fui, lo que hice, lo que soy ahora".* Aun más que cualquier hereje, Pablo mismo había blasfemado el evangelio en el pasado y había perseguido a los creyentes. Pablo contemplaba su subsecuente salvación como un ejemplo primordial de la gracia de Dios (1:14-16). Hablaba frecuentemente de ello (véase Hch. 22:26; Gá. 1—2; Fil. 3), y a lo largo de los siglos miles de personas han sido llevadas a Cristo por su testimonio.

1:18-20 *Hijos espirituales, barcos que naufragan.* Pablo encargó a Timoteo que luchase bien la buena batalla (1:18; comparar 6:12), evitando así el "naufragio" que otros habían sufrido. Acerca de "entregué a Satanás", véase exposición sobre 1 Corintios 5:1-8. Acerca de la herejía que fue causa del castigo de Himeneo, véase 2 Timoteo 2:17-18. Se habían pronunciado profecías acerca del futuro ministerio de Timoteo (1:18), quizá por los ancianos que lo encomendaron (4:14).

PREPARANDO A LAS IGLESIAS PARA LA BUENA BATALLA (2—3)

2:1-7 *Oren por la paz y por el evangelio.* Debemos orar por todos, incluyendo a los que están en autoridad, para que podamos vivir de manera pacífica (2:1-2). Pero el principal objetivo de nuestras oraciones es que el evangelio pueda esparcirse sin obstáculos, porque Jesús es el único Mediador entre Dios y la humanidad (2:3-7).

2:8-15 *Hombres y mujeres en la iglesia.* Los hombres deberían buscar mantener una atmósfera de santidad y unidad en la iglesia (2:8). Las mujeres deberían concentrarse en desarrollar una belleza interior, espiritual (2:9-10). Deberían "ataviarse de ropa decorosa" sin buscar atraer la atención sobre sí mismas (2:9). Deberían "aprender en silencio, con toda sumisión" (2:11). Puede que tengan varios papeles de enseñanza en la iglesia (véase exposición sobre 1 Co. 14:26-40), pero no aquellos que impliquen autoridad sobre los hombres (2:12). Pablo da dos razones para ello:

- el orden de la creación (2:13; véase 1 Co. 11:8-9)
- el orden de la transgresión (2:14)

La mujer "se salvará engendrando hijos" y por la fidelidad (2:15). Hay muchas interpretaciones que se han sugerido para esta declaración:

- Que aunque el dolor en el parto fue un resultado del pecado original de la humanidad (2:14; véase Gn. 3:16), Dios da una especial protección en esta prueba a las mujeres cristianas.
- Que al ser hogareñas, las mujeres serán salvadas de la corrupción de la sociedad.
- Que al ser hogareñas en lugar de buscar ser dirigentes de la iglesia, se ahorrarán ser juzgadas como maestras de herejías.
- Por cuanto el griego original usa el artículo determinado para el

engendramiento, algunos sugieren que Pablo se estaba refiriendo al nacimiento de Cristo.

Las enseñanzas de Pablo acerca del papel de las mujeres en la iglesia deberían ser consideradas a la luz de su reconocimiento y respeto por los dones espirituales de las mujeres en su época (véase exposición sobre 1 Co. 14:26-40) y de su proclamación de la igualdad en Cristo de hombres y mujeres (véase exposición sobre Gá. 3:26—4:7).

3:1-13 *¿Así que quieres ser un dirigente?* Todo el que desease ser un "anciano" u "obispo" en la iglesia es digno de encomio, pero ha de cumplir unos estrictos requisitos espirituales. Ha de ser considerado irreprensible por su familia e incluso por los no creyentes, así como por la iglesia. Esas normas

LOS DIRIGENTES DE LA IGLESIA

ANCIANO

Requisitos para el cargo de anciano (1 Ti. 3:1-7)

Un anciano debe:

- ser irreprensible;
- ser fiel a su esposa;
- ejercer el dominio propio;
- vivir con sabiduría;
- ser respetable;
- ser hospitalario;
- ser capaz de enseñar;
- ser sobrio en la bebida;
- no ser violento;
- ser amable;
- ser amador de la paz;
- no amar el dinero;
- gobernar bien a su propia familia;
- no ser un recién convertido;
- gozar de buena reputación en la comunidad.

DIÁCONO

Requisitos para el cargo de diácono (1 Ti. 3:8-13)

Un diácono debe:

- ser respetado;
- tener integridad;
- ser sobrio en la bebida;
- no ser codicioso de dinero;
- tener una conciencia limpia;
- haber ejercido responsabilidades anteriores en la iglesia;
- tener una esposa respetada y fiel;
- ser fiel a su esposa;
- gobernar a sus hijos y familia.

tan elevadas son necesarias, considerando las cruciales responsabilidades de los dirigentes de la iglesia (véase He. 13:17).

La palabra griega que se usa aquí para "obispo" es *episkopos*, que significa "supervisor". A menudo se emplea como equivalente del término griego *presbuteros* ("anciano", usado en Hch. 20:17, 28; Tit. 1:5-7).

Muchos eruditos protestantes identifican este cargo con el de pastor (véase Ef. 4:11), mientras que otros lo ven como un papel separado, de uno o más dirigentes (véase 5:17).

Un anciano debería ser fiel a su esposa (3:2), o, como dice en el griego original "hombre de una mujer". Hay dos interpretaciones principales de este requisito:

- Que un anciano no debe ser polígamo. Este significado es improbable porque
  - Pablo ya había prohibido la poligamia a todos los creyentes (véase 1 Co. 7:2; Ro. 7:1-3); una restricción así sobre los ancianos habría sido redundante.
  - Roma había ilegalizado la poligamia. No hay evidencia alguna de que la iglesia primitiva se encontrase nunca con este problema.
- Que un anciano no debía ser divorciado. Este punto de vista parece el más probable.

La frase "hombre de una mujer" se invierte acerca de las viudas, que debían ser "mujeres de un hombre" (5:9).

Los requisitos para los diáconos (3:8-13) son casi los mismos que para los ancianos. "Diácono" es *diakonos* en griego, lo que significa "siervo", por lo que es de suponer que Pablo estaba pensando en alguien que sirviera bajo los ancianos, como los seleccionados en Hechos 6. Aunque a los diáconos no se les demandaba que fueran capaces de enseñar, como sí lo debían ser los ancianos (3:2), sus requisitos describen a hombres de gran profundidad espiritual.

Aunque no se declara de modo expreso, podemos suponer que Pablo contemplaba los cargos de anciano y diácono como limitados a hombres:

- Se refiere a las esposas de esos cargos, pero no a sus maridos.
- Su anterior prohibición de un papel de enseñanza con autoridad a las mujeres impediría que sirvieran como ancianos.

3:14-16 *Un himno a Dios nuestro Redentor.* Al instruir Pablo a Timoteo acerca de la iglesia, lo hacía preservando el evangelio en toda su majestad, al cual se refería ahora en palabras que pueden haber pertenecido a un himno (3:16). Dios

- "fue manifestado en carne", refiriéndose a que se había hecho humano (la encarnación; véase Is. 7:14; 9:6; Jn. 1:14; Gá. 4:4). Esto era inimaginable en el curso normal de la naturaleza (véase Dn. 2:11).
- fue "justificado en el Espíritu" (véase Mt. 3:16; Jn. 15:16).
- fue "visto de los ángeles". El ministerio terrenal de Cristo fue observado por
  - ángeles elegidos (véase Mt. 4:11; Lc. 2:13; 22:43; 1 P. 1:12)
  - ángeles malvados (véase Mr. 1:23-26; 5:1-13)
- fue "predicado a los gentiles" (véase Mt. 28:18-20; Hch. 1:8; Ro. 15:18-19).
- fue "creído en el mundo". Aunque fue oficialmente rechazado como Mesías de Israel, nuestro Señor dejó en su estela un poderoso grupo minoritario de creyentes consagrados (véase Hch. 2:41; 4:4; 9:42; 11:21; 17:4, 34; 18:8).
- fue "recibido arriba en gloria" (véase Hch. 1:9).

Acerca del término "misterio", véase exposición sobre Colosenses 1:24-29.

PREPARANDO A LOS PASTORES PARA LA BUENA BATALLA (4—6)

4:1-11 *Alerta contra la apostasía.* Pablo previó una creciente apostasía en los días que vendrían (4:1-5) y encargó a Timoteo que advirtiera a los oyentes acerca de tales desviaciones, que evitasen inútiles especulaciones doctrinales y que se mantuvieran espiritualmente vigorosos (4:6-11). El ascetismo (4:3) era un ingrediente clave del gnosticismo (véase exposición sobre Col. 2:4-10).

Pedro, Jacobo, Juan y Judas, así como Pablo, usan frases como "postreros tiempos" (4:1), "últimos días" o "postrer tiempo" con referencia al período entre la ascensión de Cristo y su regreso (véase 2 Ti. 3:1; He. 1:2; Stg. 5:3; 1 P. 1:5; 2 P. 3:3; 1 Jn. 2:18; Jud. 1:18).

4:12-16 *Ejemplos exhortadores.* En lugar de permitir que la iglesia quizá lo tuviera en menos a causa de su juventud o inexperiencia, Timoteo debía ser ejemplo para ellos en todas las áreas de la vida espiritual (4:12; véase *Trasfondo*). Tres ingredientes clave deberían marcar su enseñanza de la Palabra de Dios (4:13):

- la "lectura" (información)
- la exhortación (aplicación)
- la enseñanza (interpretación)

Pablo exhortó a Timoteo a desarrollar fielmente su don espiritual (4:14; véase 1:18). Lo que no usamos, lo perdemos (véase He. 2:1-3). El progreso espiritual de Timoteo debería hacerse evidente para todos, de modo que quisieran seguirle. Un pastor en crecimiento significa una iglesia en crecimiento; nadie puede guiar a otros adonde él mismo no ha ido. Al conducir a la iglesia, Timoteo "se salvaría a sí mismo y a ellos" (4:16); no de la condenación eterna, sino del juicio de Dios acerca de su gestión (véase exposición sobre 1 Co. 3:10-17). Evitarían ser puestos en la estantería como vasos inútiles (véase 1 Co. 9:27).

5:1-2 *Padres, madres, hermanas, hermanos.* Los hermanos creyentes debían ser considerados como una familia espiritual estrechamente unida y debían ser tratados con respeto.

5:3-16 *Una palabra acerca de las viudas.* Deberíamos estar atentos al bienestar emocional y financiero de las viudas ancianas, si verdaderamente no tienen familia que cuide de ellas. En cuanto a las viudas más jóvenes, es bueno para ellas que se vuelvan a casar y tengan hijos, para evitar el pecado sexual.

5:17-20 *Respeto y sustento de los ancianos.* Los ancianos que trabajan a dedicación completa en el ministerio deberían ser muy respetados y deberían recibir el sustento económico de sus congregaciones. Una acusación contra un dirigente de esta clase no debería ser presentada a la ligera.

5:21-25 *Consejo sobre el liderazgo y la salud.* Pablo alentó a Timoteo a que fuera imparcial en su función de dirigir, y que tuviera cuidado en su elección de compañeros para ello (5:21-22). Se precisa de mucho discernimiento para juzgar el carácter (5:24-25). Pablo también ofreció algo de consejo médico (5:23), que debería ser considerado sencillamente como tal y no como una licencia para la bebida social. Al parecer, el don de sanidad era menos dominante entonces que en los primeros tiempos de la iglesia. Pablo no solo no pudo sanar a Timoteo (5:23), sino que tampoco pudo sanar a Trófimo (véase 2 Ti. 4:20) ni a sí mismo (véase 2 Co. 12:7-10).

6:1-2 *Los esclavos: Libres en Cristo, ligados a sus amos.* Aunque son libres en Cristo, los esclavos deberían, por causa del testimonio, servir con diligencia a sus amos. Si sus amos eran también cristianos, no debían dejar que esta igualdad espiritual (véase Gá. 3:28) aminorase su respeto por ellos como amos. Acerca de la esclavitud, véase *Filemón: Trasfondo.*

6:3-10 *Codicia en contraste a contentamiento.* Pablo advirtió en contra de los falsos maestros que contemplaban el evangelio como un medio para enriquecerse (6:3-5), y advirtió en contra de los peligros de las riquezas (6:6-10). El amor al dinero no trae más que dolor (6:9-10). El contentamiento es un enfoque más lógico a la vida y conlleva gran bendición (6:6-8).

6:11-16 *La buena batalla de la fe.* Deberíamos rehuir todo lo malo, e ir con afán en pos de todo lo que es bueno, viviendo con la esperanza del regreso de Cristo, que nos traerá la vida eterna.

6:17-19 *"Si eres rico, úsalo bien".* Los cristianos que sean ricos deberían tener cuidado en no confiar en sus riquezas, sino que deberían centrarse en usarla para ayudar a otros, y así "atesorando para sí" (véase Mt. 6:19-21; 19:16-22).

6:20-21 *"Finalmente, y para terminar…"* Pablo concluye con otra y urgente exhortación para Timoteo: Guarda la fe que te ha sido confiada, y no te dejes atrapar por "la falsamente llamada ciencia" que muchos profesan, probablemente otra alusión al gnosticismo (véase exposición sobre 4:1-11 y sobre Col. 2:4-10).

❖ ❖ ❖

PERSONAS A RECORDAR DE 1 TIMOTEO

TIMOTEO

Hecho clave: Compañero de ministerio y discípulo de Pablo, que le dirigió dos cartas del NT
Padre: Innominado (Hch. 16:3)
Madre: Eunice
Ocupación: Misionero, pastor
Total de referencias bíblicas: 24
Referencias clave: 1—6; Hch. 16—20; Fil. 2:19-23; 1 Ts. 1; 2:3-4; 3:2-6; 2 Ti. 1—4; He. 13:23

Habla Timoteo

Gracias a Dios que Marcos y yo llegamos a tiempo de ver a Pablo antes de su muerte. Espero que al menos le fuera de algo de consuelo en sus últimas horas. Sé por experiencia personal lo mala que es la vida en la cárcel. Pero él sufrió el peor de los males, al ser abandonado por muchos de sus mejores amigos (He. 13:23; 2 Ti. 4:6, 9-11, 16).

No cabe duda, él fue para mí el padre espiritual que yo nunca tuve. Constantemente estuvo orando por mí, fue conocedor de mis lágrimas, y mostró un verdadero interés por mi bienestar. Lo más importante, me consideraba como un hombre de Dios (1:1; 5:23; 6:11; Hch. 16:3; 2 Ti. 1:3-4).

¡Cómo usó Dios a aquel hombre, además de a mi abuela y a mi madre, para dar forma a mi vida! Pero lo más poderoso de todo ha sido las Santas Escrituras que me enseñaron desde mi juventud. ¡Cuánto ha sucedido desde que me uní a Pablo allí en Listra! ¡Cuántas veces he recordado aquel especial servicio de ordenación que siguió! (4:14; Hch. 16:1-3; 2 Ti. 1:5-6; 3:15).

Mis oraciones van por los creyentes en Tesalónica, Corinto, Filipos y Berea, a los que he ministrado. Claro, mi mayor carga es por los santos aquí en Éfeso, mi actual puesto (1:3; Hch. 17:14; 1 Co. 4:17; 16:10-11; Fil. 2:19-23; 1 Ts. 3:1-2).

"Predica la Palabra. Sé persistente, tanto si la ocasión es favorable como si no lo es". Este es el reto que me presentaste, amado Pablo. ¡Y éste es el reto que estoy dispuesto a afrontar! (2 Ti. 4:2).

Lecciones espirituales de Timoteo

- Aunque cargado por una pobre salud (5:23), Timoteo fue usado por Dios para ministrar con fidelidad y gran fruto a al menos cinco iglesias del NT. Ni siquiera las debilidades físicas pueden impedir que sirvamos a Dios, si solo confiamos en Él.
- Pablo amonestó a Timoteo en diez áreas clave que también son de aplicación para nosotros:
  - Sé un buen soldado de Cristo (1:18; 6:12; 2 Ti. 2:3).
  - No descuides tus dones espirituales (4:14; 2 Ti. 1:16).
  - Guarda tu propia vida espiritual (4:16).
  - Denuncia todo pecado (5:20).
  - Sé imparcial (5:21).
  - Sigue la justicia (6:11).
  - Dedícate a la Palabra de Dios (2 Ti. 2:2, 15; 3:14; 4:2).
  - Huye del pecado sexual (2 Ti. 2:22)
  - Sé firme pero amable (2 Ti. 2:24-26)
  - Trae a otros a Cristo (2 Ti. 4:5)

Versículos clave

"A ninguno tengo del mismo ánimo [que Timoteo], y que tan sinceramente se interese por vosotros. Porque todos buscan lo suyo propio, no lo que es de Cristo Jesús. Pero ya conocéis los méritos de él, que como hijo a Padre ha servido conmigo en el evangelio" (Fil. 2:20-22).

2 TIMOTEO

❖

TRASFONDO

Después de escribir su primera carta a Timoteo, Pablo dejó Corinto con Tito y embarcó rumbo a Creta, donde dejó a Tito para que cuidase de la iglesia (Tit. 1:5). Luego Pablo regresó bien a Grecia, bien a Asia Menor, desde donde escribió a Tito. Luego, con Trófimo y Erasto, se dirigió a Nicópolis, donde tenía la intención de pasar el invierno (Tit. 3:12). Dejó a Trófimo enfermo en Mileto, y dejó a Erasto en Corinto (4:20). Volvió luego a Troas para una breve visita y fue arrestado, parece que en casa de Carpo, y fue llevado a Roma. Su arresto fue tan repentino que no tuvo tiempo de recoger sus artículos personales, incluyendo libros, pergaminos y un capote (4:13). En la mazmorra donde estaba, con una temperatura constante de 13 grados centígrados y sin nada en que ocupar su tiempo, Pablo necesitaba esos artículos personales. Escribió esta carta para pedir a Timoteo que se los llevase. Sin embargo, antes de pedirle este favor, alentó a Timoteo en su ministerio en Éfeso. El tono de esta carta, especialmente 4:6-22, sugiere que Pablo esperaba ser ejecutado muy pronto.

La tradición dice que Pablo estuvo encarcelado en la Cárcel Mamertina, que tenía solo dos celdas, una debajo de otra, y que Pablo estaba en la celda inferior.

—35 d.C.
Conversión de Pablo

—a. 51
Timoteo se une a Pablo en su segundo viaje,

—60-64
Pablo encarcelado, liberado, escribe 1 Timoteo

—a. 66-67
Pablo vuelto a encarcelar, escribe 2 Timoteo, muere mártir

AUTOR

Pablo (1:1; véase *Romanos: Autor*).

FECHA

Hacia el 67-68 d.C. Véase *1 Timoteo: Fecha y lugar.*

PROPÓSITO

Aunque un fiel discípulo de Pablo en quién él depositaba su confianza, Timoteo parecía carecer de valor y fuerza naturales (1:7; 1 Co. 16:11). Por ello, y antes de hacerle varias peticiones personales (4:9-22), Pablo exhortó a Timoteo acerca de

- la fidelidad (1)
- la persistencia (2:1-13)
- la adhesión a la sana doctrina (2:14-26)
- el peligro de la apostasía (3)
- su ministerio (4:1-8)

RASGOS SINGULARES

- Como la última carta de Pablo, escrita mientras esperaba la muerte, 2 Timoteo es muy personal. Ahora era el tiempo de la sinceridad y de la confesión. A Timoteo no le hace reprensión alguna, solo exhortación. Habla como un padre a punto de morir habla a su hijo, alentándolo a persistir.
- 2 Timoteo contiene la declaración más completa de la Biblia acerca de su propio origen y propósito (3:15-17).
- Aunque escrita unos 1.500 años después del acontecimiento, 2 Timoteo contiene la única mención bíblica de los nombres de los magos que se opusieron a Moisés (3:8; véase Éx. 7:11).

COMPARACIÓN CON OTROS LIBROS DE LA BIBLIA

Juan 14—16 y 2 Pedro:

- Esos pasajes, como 2 Timoteo, son discursos de despedida.

2 Tesalonicenses 2; 1 Timoteo 4; 2 Pedro 2; Judas:

- 2 Timoteo, lo mismo que esos pasajes, tratan acerca de la apostasía.

1 Timoteo y Tito:

- Tratan todos ellos del cuidado y discipulado de los creyentes.

2 Pedro y Apocalipsis:

- El último escrito de Pablo, como los últimos de Pedro y Juan, contiene exhortaciones a estudiar la Palabra de Dios.

BOSQUEJO

EXHORTACIONES (1:1—4:8)

Exhortación a la fidelidad (1)
Exhortación a la perseverancia (2:1-13)
Exhortación a la sana doctrina (2:14-26)
Advertencia contra la apostasía (3:1-13)
Exhortación a la fidelidad en el estudio de la Biblia (3:14-17)
Exhortación a la fidelidad en el ministerio (4:1-8)

PETICIONES Y SALUTACIONES (4:9-22)

Peticiones personales (4:9-13)
Advertencia acerca de Alejandro (4:14-15)
Reminiscencias y palabras tranquilizadoras (4:16-18)
Saludos, información, bendición (4:19-22)

EXHORTACIONES (1:1—4:8)

1:1-7 *"Recuerda tu herencia; mueve tu don".* Pablo da gracias a Dios por Timoteo, y recuerda a Timoteo su sólida crianza espiritual, expresando su confianza en que Timoteo estaba siguiendo aquella tradición de fe (1:1-5; véase Hch. 16:1-3). No obstante, Pablo estaba al parecer preocupado porque Timoteo, quizá por su juventud o por su natural reticencia (1:7; véase exposición sobre 1 Co. 16:5-12), no estuviera desarrollando plenamente su don pastoral, por lo que le alienta a ello (1:6-7). Mientras que la madre y la abuela de Timoteo le habían enseñado de manera espiritual, su padre era al parecer un incrédulo (véase Hch. 16:3).

1:8-12 *"No te avergüences, porque yo no me avergüenzo".* La fuerza de la fe de Pablo le hacía sentirse ufano de proclamar el evangelio (1:12; véase Ro. 1:16). Amonestó entonces a Timoteo para que también se ufanase del evangelio y de su asociación con Pablo, aunque Pablo estuviera ahora encarcelado (1:8). Pablo lo había encomendado todo —su vida de servicio, así como su propia salvación— a Cristo, estando plenamente persuadido de que estaba seguro bajo su protección (1:12).

1:13-14 *Un llamamiento a la lealtad.* Pablo apremió a Timoteo a ser leal a "las sanas palabras", esto es, a la doctrina correcta que le había enseñado: un tema al que volvería más adelante (véase 2:14-26; 1 Ti. 1:10-11; 6:3).

1:15-18 *Muchos traidores, un amigo.* Cuando Pablo volvió a ser arrestado, la mayoría de sus amigos de Asia, donde el arresto probablemente tuvo lugar, lo habían abandonado (véase *Trasfondo*). Onesíforo, una feliz excepción, había sido como una ráfaga de aire fresco, buscando y encontrando a Pablo en la cárcel. Recordando cuán fiel había sido Onesíforo en los tiempos antiguos, Pablo lo encomendaba al Señor.

2:1-2 *Pasando el testigo de la fe.* Pablo apremia a Timoteo a pasar a otros la verdad que había aprendido. Los cristianos han de hacer tres cosas con la Palabra de Dios: Leerla, escucharla y ponerla por obra.

2:3-10 *Timoteo: Soldado, atleta y labrador.* Pablo compara la constancia necesaria en la vida cristiana con la que precisan los soldados, los atletas y los labradores (2:3-6; comparar 1 Co. 9:24-26; Ef. 6:11-17). Recuerda a Timoteo la resurrección de Cristo, el sólido hecho histórico sobre el que se funda la fe cristiana (2:8; véase 1 Co. 15:1-8), y por la que Pablo estaba dispuesto a sufrirlo todo (2:9-10). Acerca de "los escogidos" (2:10), véase exposición sobre 1 Pedro 1:1-2.

2:11-13 *Un cántico de salvación segura.* Citando quizá de un himno cristiano primitivo (comparar 1 Ti. 3:16), Pablo declaró que todos los que han muerto con Cristo pueden tener la certidumbre de que un día vivirán con Él (véase Ro. 6:4-5). Del mismo modo, nuestros sufrimientos presentes deberían ser contemplados a la luz del hecho de que un día reinaremos con Él en su Reino.

2:12-13 puede parecer contradictorio; lo que sigue es una posible interpretación:

- Si "negamos" a Cristo, esto es, si le negamos el primer puesto en nuestras vidas, Él también nos "negará" a nosotros, esto es, sufriremos pérdida de nuestras recompensas ante su tribunal (véase exposición sobre 1 Co. 3:10-17).
- Pero no importa lo "infieles" que seamos, esto es, sean cuales sean nuestros fracasos, Él permanecerá "fiel" y nunca se "negará a sí mismo", es decir, nunca faltará a su promesa de salvarnos (véase 2:19; 2 Co. 1:19-22; Ef. 1:13-14; 1 P. 1:3-5).

2:14-18 *"Observen los preceptos de Dios; eviten la filosofía humana"*. En lugar de entrar en insensatas discusiones filosóficas, como habían hecho algunos, para gran detrimento de sus seguidores (2:14, 16-18), Timoteo debía aprender a interpretar correctamente la Palabra de Dios. El griego para "que usa bien" (2:15) significa "cortar recto". Pablo puede haber estado pensando en su trabajo como fabricante de tiendas, en el que cada corte de cuchilla en el lienzo ayudaba a determinar la resistencia de la tienda acabada.

2:19-26 *Un vaso consagrado para Cristo.* En medio de todos los problemas introducidos por las falsas enseñanzas, Timoteo podía estar seguro del testimonio de Dios en su vida si siempre se esforzaba en ser un "vaso útil para Dios" (2:19-21). Y esto podría hacerlo manteniendo la santidad personal (2:22) y relacionándose con sus opositores con humildad, paciencia y buena disposición a mantenerse firme por la verdad (2:23-26). Acerca de "santificado" (2:21), véase exposición sobre Hebreos 10:1-18.

3:1-5 *Los últimos días, días terribles.* Pablo predice que los últimos días de la historia humana serán "peligrosos" y da una lista de las clases de pecadores que serán características de aquellos tiempos. El término griego traducido "peligroso" se traduce "feroces en gran manera" en Mateo 8:28, lo que sugiere la dureza de los últimos esfuerzos de Satanás contra Cristo y contra la humanidad. Acerca de "los postreros días" (3:1), véase exposición sobre 1 Timoteo 4:1-11.

3:6-13 *Cegando a los ciegos, y persiguiendo a los que ven.* Incapaces ellos mismos de recibir la verdad, estos pecadores de los últimos días se cebarán en los espiritualmente débiles. Resistirán a la verdad como los magos de Faraón habían resistido a Moisés (3:6-9). Así como Pablo había sufrido en gran manera a pesar de su justicia, todos los que quieran vivir piadosamente por Cristo padecerán, mientras que los enemigos de Dios irán de mal en peor bajo el engaño, y volviéndose más intensamente opuestos a la verdad (3:10-13).

3:14-17 *Confirmando, corrigiendo, equipando de manera completa.* Tras haber sido enseñado en las Escrituras del AT por su madre y por su abuela (3:15; véase exposición sobre 1:1-7), Timoteo debería continuar estudiándolas y absorbiéndolas, así como los escritos de los apóstoles que llegarían a constituir el NT. Esas escrituras le proveerían de todo lo que necesitaba para una vida y un ministerio cristianos. Acerca de la inspiración de la Biblia (3:16), véase *Inspiración*, p. 949.

4:1-5 *¿Un remedio para la comezón de los oídos?* Timoteo debía estar dispuesto a proclamar la verdad en toda oportunidad, aunque muchos, "teniendo comezón de oír" (4:3), buscarían maestros que les dijesen lo que deseaban oír.

4:6-8 *Primero la carrera, luego el galardón.* Evidentemente, Pablo se daba cuenta de que se le avecinaba la muerte (4:6). Pero, habiendo "peleado la buena batalla" (comparar 1 Ti. 6:12), estaba listo para partir de esta vida y recibir su galardón de parte de Dios. Habiendo contemplado siempre su vida como una ofrenda a Dios (véase Ro. 16:16; Fil. 2:17), consideraba su próxima muerte como la culminación del sacrificio. Pablo había "acabado" con éxito su carrera en la vida, habiendo llegado a su meta, a diferencia del malvado Belsasar, que simplemente fue llevado a su fin (véase Dn. 5:26).

UN HOMBRE LLAMADO PABLO

Un vaso escogido (Hch. 9:15-16)

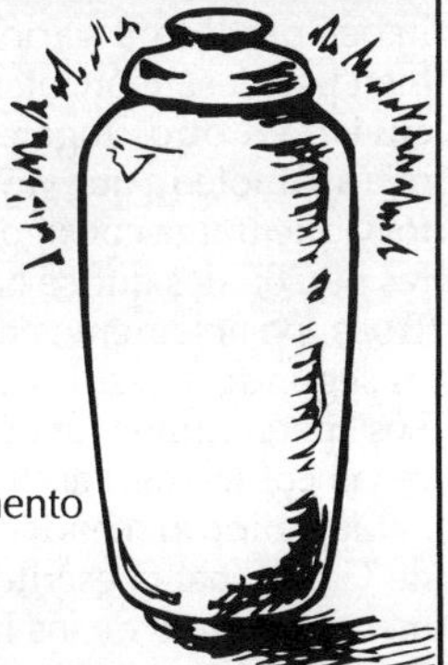

Misionero a los gentiles
(Hch. 13:46; 18:6; 22:21; 26:17-18; 28:28)

Amante de Israel (Ro. 9:1-3; 10:1)

Escritor prolífico
Autor de al menos 13 de los libros del Nuevo Testamento

Poderoso guerrero de oración
(Hch. 9:11; Col. 3:16-17; 1 Ts. 5:17; 2 Ti. 1:3)

Obrador de milagros (Hch. 15:12; Ro. 15:19; 2 Co. 12:12)

Un cristiano lleno de tacto (1 Co. 9:19-22)

Predicador lleno de celo (Ro. 1:14-16; 1 Co. 9:16)

Un colaborador respetado
"Nuestros amados Bernabé y Pablo" (Hch. 15:25)

Un colaborador perdonador (2 Ti. 4:11, 16)

Un maestro (Hch. 11:26; 13:1; 18:11; 19:8-10)

Un administrador fiel (1 Co. 4:1-2; 1 Ts. 2:3, 5-6)

Un ejemplo consecuente (Gá. 4:12; Fil. 3:17; 4:9)

Un compasivo ganador de almas (Hch. 20:20-21; 24:24-25; 26:26-29)

Como una madre amante (1 Ts. 2:7-8)

Un amante de las Escrituras (2 Ti. 2:15; 3:15-17; 4:2, 13)

Escogido por Dios para ser apóstol (Ro. 1:1)

Un siervo sufriente
(Ro. 8:18; 1 Co. 4:9-13; 2 Co. 4:8-12, 16-18; 6:4-10; 11:23-28;
Fil. 3:6-11; 2 Ti. 2:9)

PETICIONES Y SALUTACIONES (4:9-22)

4:9-13 *"Ven pronto y tráeme..."* Tras haber perdido a varios compañeros bien por deserción, bien por haberlos enviado a otros lugares, Pablo apremia a Timoteo a que vaya a verle pronto, y que traiga consigo algunos enseres personales que se había dejado en Troas, posiblemente en la ocasión de su segundo arresto (véase *Trasfondo*). Los "pergaminos" eran probablemente las copias de Pablo del AT. Pablo había tenido al menos cuatro visiones de Cristo, había escrito aproximadamente la mitad de los libros que vendrían a formar parte del NT, y había organizado a la mayoría de las primeras aproximadamente cincuenta iglesias cristianas. Sin embargo, mientras esperaba la muerte pidió las Escrituras, ¡todavía anhelando aprender más de aquellas preciosas páginas!

Demas, que era ahora un desertor (4:10), había sido el fiel colega de Pablo (véase Col. 4:14; Flm. 1:24). Acerca de Marcos, véase exposición sobre Hechos 15:36-41. Acerca de la significación cronológica de los acontecimientos en 4:8-22, véase *Trasfondo* y *1 Timoteo: Fecha y lugar.*

4:14-18 *Un Padre perdonador y fiel.* Alejandro había hecho mucho daño al ministerio de Pablo (4:14-15; véase 1 Ti. 1:20). A parecer, Pablo había sido abandonado por la mayoría de sus amigos, pero oró que Dios los perdonase (4:16), haciéndose eco de oraciones similares de Jesús (véase Lc. 23:34) y de Esteban (véase Hch. 7:59-60). Pero Dios había sido, y sería, fiel en medio de las pruebas de Pablo. "Así fui librado de la boca del león" (4:17) puede indicar que la primera defensa de Pablo (4:16) había ido bien. Sin embargo, se daba cuenta de que se le avecinaba el martirio (4:6).

4:19-22 *"Ven antes del invierno"*. Pablo enviaba saludos a Priscila y a Aquila (véase exposición sobre Hch. 18:1-6) y a la familia de Onesíforo (véase exposición sobre 1:15-18). Acerca de la enfermedad de Trófimo, véase exposición sobre 1 Timoteo 5:21-25. Sufriendo frío y soledad en su mazmorra, Pablo termina apremiando a Timoteo a que trate de llegar antes del invierno.

TITO

—35 d.C.
Conversión de Pablo

—60-64
Pablo encarcelado, liberado, visita Creta, escribe Tito

—a. 67
Pablo muere mártir

TRASFONDO

Pablo había visitado Creta en su viaje a Roma (Hch. 27:7-21) y de nuevo después de su primer encarcelamiento en Roma, tiempo en el que al parecer estableció diversas iglesias. Luego dejó a Tito para que supervisara aquellas iglesias (1:5). Aunque los creyentes cretenses procedían de una cultura muy distinta de la judía, los legalistas judíos estaban haciendo grandes esfuerzos por influir en ellos. Pablo escribió esta carta para ayudar a Tito acerca de esta cuestión y otras que tenían que ver con la iglesia.

AUTOR

Pablo (1:1; véase *Romanos: Autor*).

FECHA

Hacia el 62-66 d.C., después de 1 Timoteo, desde algún lugar en Grecia o Asia Menor, donde Pablo se había detenido en su camino a Nicópolis (3:12). Véase *1 Timoteo: Fecha y lugar*.

PROPÓSITO

- Alentar a Tito a completar la tarea de organizar las iglesias en Creta (1)
- Tratar acerca de la enseñanza de la doctrina y de la conducta del ministerio (2:1—3:11)
- Advertir a Tito acerca de los planes futuros y deseos de Pablo (3:12-14).

RASGOS SINGULARES

- En la Epístola a Tito se expone que la gracia no niega la necesidad de buenas obras:
  - Este libro contiene descripciones clásicas de la gracia de Dios (2:11-14; 3:4-7).

- Pero destaca las buenas obras de una manera muy semejante a como lo hace Santiago (1:16; 2:7, 14; 3:1, 8, 14).
- En Tito, Pablo cita a Epiménides, un poeta cretense (1:12; comparar Hch. 17:28).

COMPARACIÓN CON OTROS LIBROS DE LA BIBLIA

2 Corintios:

- Tito llevó 2 Corintios a la iglesia en Corinto (2 Co. 8:16-23); aquí él es el destinatario de esta carta.

1 Timoteo:

- En ambas se pone el énfasis en la organización de la iglesia.

1 y 2 Timoteo:

- Son todas ellas cartas pastorales. 1 y 2 Timoteo son más personales; Tito es más oficial.

Santiago:

- En ambas se destacan las buenas obras como la prueba visible de la fe salvadora (véase *Rasgos singulares*).

BOSQUEJO

ANCIANOS PARA LA IGLESIA (1)
- Salutación (1:1-4)
- Designación de ancianos (1:5-9)
- Conflictos con los falsos maestros (1:10-16)

MINISTERIO EN LA IGLESIA (2—3)
- Enseñanza de la doctrina (2)
- El desempeño del ministerio (3:1-11)
- Instrucciones, salutaciones (3:12-15)

ANCIANOS PARA LA IGLESIA (1)

1:1-4 *De Pablo, siervo de Dios, a Tito, hijo de Pablo.* Pablo saluda a Tito, que como Timoteo era su "hijo" en la fe (véase exposición sobre 1 Ti. 1:1-2). Les recuerda el glorioso evangelio que ellos ambos proclamaban, y que Dios "prometió desde antes del principio de los siglos" (véase exposición sobre Ef. 1:1-6).

1:5-9 *"Selecciona a pastores que cumplan los requisitos".* Pablo había dejado a Tito en Creta para introducir orden en las nuevas iglesias. Debía designar a dirigentes piadosos para cada iglesia. Acerca de los requisitos para dichos dirigentes (1:6-9), véase exposición sobre 1 Timoteo 3:1-13.

1:10-16 *"Por eso es que los necesitamos".* La designación de ancianos era urgente, debido a que los falsos maestros —especialmente los judaizantes— estaban tratando de extraviar a los creyentes. Tito debía reprender severamente a tales engañadores. Como se sugiere en el contexto: "Todas las cosas son puras para los puros" (1:15) se refiere a las leyes dietéticas de Moisés, no a la moralidad en general (véase Mt. 15:11; Hch. 10:15; Ro. 14:14). Pablo tenía palabras fuertes para aquellos que "profesan conocer a Dios, pero con los hechos lo niegan" (1:16; véase 2 ti. 3:5).

Cristo condenó también a tales hipócritas (véase Mt. 7:21-23; 23).

MINISTERIO EN LA IGLESIA (2—3)

2:1-10 *Consejos para los santos jóvenes y los maduros.* Los más ancianos debían ser serios y prudentes. Las ancianas debían ser unos ejemplos de piedad para las mujeres más jóvenes. Los jóvenes debían ser templados (2:1-6). El pastor mismo había de ser un ejemplo tanto en su vida como en sus palabras (2:7-8). Los siervos pueden exaltar a Cristo obedeciendo a sus amos (2:9-10).

2:11-15 *Qué hacer mientras se espera la esperanza bienaventurada.* Pablo recuerda a Tito las buenas nuevas de la gracia, y expone los efectos que la gracia debería surtir en la vida diaria (2:11-14). Le apremia a exponer esta verdad con determinación (2:15). Un entendimiento apropiado de la gracia producirá buenas obras y una vida controlada por el Espíritu, mientras esperamos el regreso de Cristo. Véase exposición sobre Romanos 1:1-7 y sobre Efesios 2:1 10.

3:1-8 *Por qué los cristianos deberían ser buenos ciudadanos.* Los cristianos deberían ser modelos de buena ciudadanía y de buen carácter (3:1-2, 8) debido a que por la gracia de Dios y por la presencia de su Espíritu Santo que mora en cada creyente (3:4-7) hemos sido salvados y estamos siendo salvados de nuestra naturaleza humana pecaminosa y egoísta (3:3).

3:9-11 *Evita las polémicas y a los polemistas.* Argumentos como los promovidos por los judaizantes son inútiles y deberían ser evitados. Los que promueven tales cosas deberían ser amonestados a no hacerlo. Si no se arrepienten, deberían ser excluidos (comparar la exposición sobre los siguientes pasajes: Mt. 18:15-20; 1 Co. 5:1-8; 2 Ts. 3:6-15).

3:12-15 *"¡Espero verte pronto en Nicópolis!"* Pablo destaca una vez más que la gracia de Dios debería ser el motivo para las buenas obras. Le dijo a Tito que enviaba a alguien para relevarle por un tiempo en Creta, a fin de que él pudiera reunirse con Pablo en Nicópolis.

❖ ❖ ❖

PERSONAS A RECORDAR DE TITO

TITO

Hechos clave: Compañero de ministerio y discípulo de Pablo, que le dirigió una carta del NT
Ocupación: Misionero, pastor
Total de referencias bíblicas: 12
Referencias clave: 1—3; 2 Co. 2:13; 7:6-7, 13-15; 8:16-23; Gá. 2:1-3; 2 Ti. 4:10.

Habla Tito

Finalmente me llegó la noticia hoy aquí en Creta. Pablo ha sufrido el martirio en Roma. Me dicen que Lucas, Marcos y Timoteo estaban con él. ¡Cuánto lo echaremos en falta! Siento que he perdido a la vez un padre espiritual y un hermano (1:4; 2 Co. 2:13; 2 Ti. 4:6, 9, 11).

Pablo me alentó a ser fiel en mi ministerio aquí en Creta. Claro, es lo que procuraré hacer. Pero, francamente, este es un lugar muy difícil donde ministrar, por cuanto tengo que tratar con los materialistas cretenses de fuera y con los judaizantes legalistas de dentro (1:4-5, 10, 12; 3:9).

Pero podría ser peor. ¿Y si me llamasen a pastorear la iglesia en Corinto? ¡Qué asamblea de creyentes más carnal y confundida: aunque por la gracia de Dios los pude ayudar un poco! (2 Co. 7:6-7, 13-15).

Señor Jesús, te doy las gracias por la increíble influencia de Pablo en mi vida. Él me exhortó una vez a hablar "lo que está de acuerdo con la sana doctrina". ¡Por medio de tu gracia lo he hecho, y lo haré! (2:1).

Lecciones espirituales de Tito

- Pablo pidió tanto a Timoteo (1 Ti. 1:3) como a Tito (1:5) que se quedasen donde estaban, sugiriendo que cada uno de ellos puede haber tenido el deseo de irse y de emprender un ministerio menos difícil en algún otro lugar. Hasta que seamos llamados de manera inequívoca por Dios a otro lugar, deberíamos crecer donde hemos sido plantados.

Versículos clave

"[Preséntate] tú en todo como ejemplo de buenas obras; en la enseñanza mostrando integridad, seriedad, palabra sana e irreprochable, de modo que el adversario se avergüence, y no tenga nada malo que decir de vosotros" (2:7-8).

—35 d.C.
Conversión de Pablo

FILEMÓN

—54-57
Pablo conoce a Filemón en Éfeso (?)

60-62
Pablo, encarcelado, conoce a Onésimo y escribe a Filemón

—a. 67
Pablo muere mártir

TRASFONDO

Onésimo, el esclavo de un cristiano en Colosas llamado Filemón, había al parecer robado a su amo, y luego había huido a Roma. Allí se encontró con Pablo, que lo condujo a Cristo (1:10, 18-19), después de lo cual Onésimo fue de gran ayuda para Pablo (1:11, 13). Tras haber pedido a Tíquico que entregase sus cartas a los efesios y a los colosenses (Ef. 6:21-22; Col. 4:7-8), Pablo le pidió también que devolviera a Onésimo a Filemón (Col. 4:9), junto con esta carta en la que compartía las nuevas de la conversión de Onésimo, y apremiando a Filemón a que lo perdonase y a que lo recibiera como a un hermano en Cristo.

Filemón, al ser cristiano, habría seguramente tratado bien a Onésimo, incluso antes de la conversión de este último. Pero bajo el Imperio Romano, los esclavos no gozaban de ninguno de los derechos prescritos por la Ley de Moisés (véase exposición sobre Lv. 23:35-55). Aunque Pablo no se enfrentó directamente con la institución de la esclavitud ni aquí ni en ningún otro pasaje (1 Co. 7:20-24), la clase de relación que contemplaba entre Filemón y Onésimo habría servido para mejorar grandemente la suerte de cualquier esclavo romano con un amo cristiano (1:15-16; 1 Co. 12:12; Gá. 3:28).

AUTOR

Pablo (1:1, 9, 19; véase *Romanos: Autor*).

FECHA Y LUGAR

El 61 d. C., durante el tiempo en que Pablo estuvo arrestado en Roma (Hch. 28:30-31), hacia el mismo tiempo que Efesios y Colosenses.

DESTINATARIO

Filemón es una nota personal a la persona con este nombre, probablemente un anciano en la iglesia que se reunía en su casa en Colosas (véase *Colosenses: Destinatarios*). Era un hombre rico, conocido por su generosidad (1:7). En 1:19 se sugiere que Filemón había sido convertido mediante Pablo. Por cuanto Pablo nunca había estado en Colosas, es posible que hubiera conocido a Filemón durante su prolongado ministerio en la cercana Éfeso (Hch. 19).

PROPÓSITO

- Elogiar a Filemón por su compasión hacia otros creyentes (1:1-7).
- Recomendar a Onésimo a Filemón y pedirle su completo perdón y restauración (1:8-21).

RASGOS SINGULARES

- Filemón es la única carta totalmente privada de las Escrituras.
- Da un valioso atisbo de la vida social en los tiempos apostólicos.

COMPARACIÓN CON OTROS LIBROS DE LA BIBLIA

1 Corintios:

- Toda la carta es un ejemplo concreto de la verdad de 1 Corintios 12:13.

Efesios, Filipenses, Colosenses y 2 Timoteo:

- Todas ellas fueron escritas estando Pablo encarcelado.

Efesios y Colosenses:

- Ésas muestran que los cristianos constituyen el cuerpo de Cristo; Filemón ilustra el amor en el cuerpo de Cristo.

Colosenses:

- Excepto por Filemón y Apia, todos los mencionados en Filemón están también mencionados en Colosenses (comparar 1:1-2, 10, 23-24 con Col. 4:9-17).

BOSQUEJO

ELOGIO DE FILEMÓN (1:1-7)
    Salutación (1:1-3)
    Elogio de Filemón (1:4-7)
INTERCESIÓN EN PRO DE ONÉSIMO (1:8-25)
    Intercesión en pro de Onésimo (1:8-21)
    Planes para una visita (1:22)
    Salutaciones (1:23-25)

ELOGIO DE FILEMÓN (1:1-7)

1:1-3 *De un preso a su amigo personal.* Pablo saluda al "amado Filemón, colaborador nuestro", junto con Apia, Arquipo, y la iglesia que se reunía en su casa. Aunque Pablo nunca había estado en Colosas, puede que llevase a Filemón a la fe en Cristo (véase 1:19), y podemos suponer que este rico creyente había orado por el ministerio de Pablo y participado financieramente en el mismo. Probablemente, Apia era la esposa de Filemón, y Arquipo su hijo. En Colosenses, Pablo parece implicar que Arquipo había venido a ser pastor en Colosas cuando Epafras, fundador de la iglesia, fue a Roma para visitar a Pablo en la cárcel (véase Col. 4:17). En todo caso, Filemón parecía tener a su familia bien dirigida (comparar Jos. 24:15).

1:4-7 *Elogio para un verdadero animador.* Pablo agradece a Dios por el amor y la generosidad de Filemón y por su ministerio de confortarlo a él y a los otros creyentes (1:4-5, 7). Luego oraba por la continuada eficacia del testimonio de Filemón por Cristo (1:6). El elogio de Pablo puede haber sido a la vez una expresión de respeto hacia Filemón y un intento de prepararlo para la petición que iba a hacerle (1:8-20).

INTERCESIÓN EN PRO DE ONÉSIMO (1:8-25)

1:8-16 *"¿Recuerdas tu esclavo Onésimo? ¡Ahora es tu hermano Onésimo!"* Pablo pasa ahora al principal propósito de su carta: Le pide a Filemón que vuelva a recibir en su casa a Onésimo, su esclavo huido (1:8). Parece que Onésimo había llegado en su fuga hasta Roma y que había sido llevado a Cristo por Pablo (1:10). Onésimo había sido de gran ayuda para Pablo (1:11, 13), que había llegado a tenerle gran afecto (1:12-13). Apelaba a Filemón a recibir a su antiguo esclavo como a un hermano en Cristo (1:16), y apremiaba a Filemón a ver la providencia de Dios incluso en la desobediencia de Onésimo, por cuanto había resultado en su salvación (1:15-16).

Onésimo significa "provechoso" o "útil". Hasta su conversión, cualquier parecido entre el nombre de Onésimo y sus acciones había sido puramente accidental. Pero ahora que Cristo había hecho nuevas todas las cosas, Filemón era invitado a dar a Onésimo una oportunidad para vivir en conformidad a su nombre (1:11). Aunque como apóstol Pablo hubiera podido usar de su autoridad con Filemón, prefería apelar a él como a un amigo (1:8-9). En ningún otro lugar más que en esta carta muy personal se refiere Pablo a sí mismo como "anciano" (1:9).

1:17-21 *"Si no por otra razón, hazlo por mí"*. Pablo apela en favor de Onésimo sobre la base de

- su amistad con Filemón (1:17)
- su buena disposición a reembolsar a Filemón por los perjuicios que le hubiera ocasionado Onésimo (1:18-19)
- la deuda espiritual que Filemón tenía con él, como aquel que lo había guiado a Cristo (1:19).

Las observaciones de Pablo acerca de sus propios sufrimientos en la cárcel (1:9) pueden haber sido también un esfuerzo nada sutil por transferir a Onésimo la simpatía que Filemón sentía por Pablo.

1:22-25 *"¡Ah, sí!, ¿podrás además prepararme mi habitación?"* Evidentemente esperando ser liberado de su arresto domiciliario, Pablo anuncia su esperanza de visitar pronto a Filemón. La evidencia sugiere que efectivamente fue liberado, pero posteriormente arrestado de nuevo y luego ejecutado (véase exposición sobre Hch. 28:30-31; *1 Timoteo: Fecha y lugar*).

—60 d.C.
Pablo encarcelado en Roma

HEBREOS

—a. 67
Timoteo encarcelado, liberado (?)

—a. 68
Redacción de Hebreos

—70
Destrucción de Jerusalén

TRASFONDO

En el siglo I d.C., la práctica del judaísmo tenía la sanción y protección de la ley romana. El cristianismo, en cambio, no gozaba de dicha protección. Los cristianos se encontraban con el dilema de si debían seguir profesando el cristianismo e incurrir en peligro o incluso en la muerte, y volver a la seguridad y tranquilidad del judaísmo. Esta carta es una advertencia a los cristianos en contra de volver en forma alguna al judaísmo y los alentaba a seguir hacia la madurez en Cristo. Lutero, Zuinglio y Calvino fijaron en el frontispicio de su movimiento tres grandes principios extraídos de Hebreos:

- Ningún otro sacrificio que el del Calvario.
- Ningún sacerdote sino Cristo.
- Ningún confesionario más que el trono de la gracia.

AUTOR

Muchos han sido sugeridos, incluso a Pablo, Apolos, Bernabé, Lucas, Priscila y Silas. Aunque se pueden presentar argumentos en favor y en contra de cada uno de ellos, la más segura de las posiciones es la que expresa Orígenes: "Quién escribió la carta solo Dios lo sabe con certeza".

FECHA Y LUGAR

Probablemente el 68 d.C., quizá desde Italia (véase 13:24):

- Lo fue probablemente antes de la destrucción del templo en el año 70:
  - El templo estaba al parecer todavía en uso (8:4-5; 10:11).
  - Si hubiera tenido lugar la destrucción, ciertamente habría sido mencionada, debido a su interés para sus lectores y su pertinencia para el tema del libro.
- Sin embargo, es probable que no fuera mucho antes del 70:

- ► Los destinatarios eran al parecer cristianos de segunda generación, que habían sido además cristianos ya durante bastante tiempo (véase *Destinatarios*).
- ► Timoteo acababa de ser liberado de la prisión (13:23). Su encarcelamiento no es mencionado en ninguna otra parte en las Escrituras, pero habría podido tener lugar después del ruego de Pablo de que lo visitase en la cárcel, a. 67 d.C. (véase 2 Ti. 4:9, 21).

DESTINATARIOS

Cristianos judíos de segunda generación, quizá viviendo en o cerca de Jerusalén, que habían sido cristianos durante un cierto tiempo (2:3-4; 5:11-14; 10:32) y que habían padecido persecución (12:3-4).

PROPÓSITO

- Mostrar la superioridad de la persona y de la obra de Cristo a todos los aspectos del judaísmo (1:1—10:18).
- Alentar a la madurez cristiana (5:11—6:3).
- Dar consolación en medio de la persecución (11:1—12:13).
- Advertir acerca del peligro y de la gravedad del castigo divino (véase *Rasgos singulares*).

RASGOS SINGULARES

- Hebreos cita del AT alrededor de 100 veces, de la Septuaginta más que del texto hebreo. Hace más para explicar la tipología del AT que ningún otro libro de la Biblia.
- Contiene el último mensaje que se registra de Dios a Israel antes de la destrucción final de su templo en el 70 d.C.
- Contiene cinco mensajes de advertencia acerca del peligro de abandonar el evangelio y de volver a la ley. Esas advertencias incluyen exhortaciones e ilustraciones procedentes del AT (véase 2:1-4; 3:7—4:13; 5:11—6:20; 10:19-39; 12:14-29).
- Contiene la célebre "Galería de la Fe" (11).
- Muchos de los temas clave de Hebreos se reflejan en sus 13 exhortaciones imperativas:
  - ► "Temamos, pues, no sea que… alguno de vosotros parezca no haberlo alcanzado [su reposo]" (4:1).
  - ► "Procuremos, pues, entrar en aquel reposo" (4:11).
  - ► "Retengamos nuestra profesión [de Jesús]" (4:14).
  - ► "Acerquémonos, pues, confiadamente al trono de la gracia" (4:16).
  - ► "Dejando ya los rudimentos de la doctrina de Cristo, vamos adelante a la perfección" (6:1).
  - ► "Acerquémonos con corazón sincero, en plena certidumbre de fe" (10:22).
  - ► "Mantengamos firme, sin fluctuar, la profesión de nuestra esperanza" (10:23).
  - ► "Considerémonos unos a otros para estimularnos al amor y a las buenas obras" (10:24).
  - ► Despojémonos de todo peso y del pecado que nos asedia" (12:1).
  - ► "Corramos con paciencia la carrera que tenemos por delante" (12:1).

- "Tengamos gratitud, y mediante ella sirvamos a Dios, agradándole con temor y reverencia" (12:28).
- "Salgamos, pues, a él, fuera del campamento, llevando su vituperio" (13:13).
- "Ofrezcamos siempre a Dios, por medio de él, sacrificio de alabanza, es decir, fruto de labios que confiesan su nombre" (13:15).

COMPARACIÓN CON OTROS LIBROS DE LA BIBLIA

Mateo:

- Mateo muestra cómo Cristo cumplió la profecía del AT; en Hebreos se expone cómo cumplió el culto del AT.

Lucas y Hechos:

- Véase *Lucas: Comparación con otros libros bíblicos.*

Juan:

- Ambos comienzan alabando a Jesucristo como Creador y Redentor (comparar 1:1-4 con Juan 1:1-5).

Romanos:

- Romanos expone la necesidad de Cristo; Hebreos expone la preeminencia de Cristo.

Colosenses:

- Colosenses expone la preeminencia de Cristo con declaraciones directas; Hebreos expone la preeminencia de Cristo mediante insólitos contrastes.

BOSQUEJO

LA PREEMINENCIA DE CRISTO (1:1—10:18)
- La preeminencia de Cristo (1:1-4)
- Su superioridad a los ángeles (1:5—2:18)
- Su superioridad a Moisés (3:1-6)
- Su reposo sabático (3:7—4:13)
- Su superior sacerdocio (4:14—10:18)
  - Sus superiores facultades (4:14—5:11)
  - Advertencia contra la apostasía (5:12—6:20)
  - Comparación con Melquisedec (7)
  - Su superior sacrificio (8:1—10:18)

LA PREEMINENCIA DE CRISTO, APLICADA (10:19-39)
- Exhortación, advertencia, aliento (10:19-39)
- Ejemplos de fe (11)
- Exhortación a la constancia de la fe (12)
- Exhortaciones finales (13)

LA PREEMINENCIA DE CRISTO (1:1—10:18)

1:1-4 *Nuestro Creador es asimismo nuestro Redentor.* Mientras que en los tiempos pasados Dios habló por medio de intermediarios como los profetas (1:1) y ángeles (véase 2:2), ahora ha hablado de manera directa, por medio de su Hijo, Jesucristo, que pertenece Él mismo a la Deidad. Él es Creador y también Redentor (1:3) y como tal ahora ha vuelto a asumir el puesto que le pertenece a la diestra de Dios (1:3). Comparar Juan 1:1-5.

1:5-14 *Jesús es superior a los ángeles.* Aunque los ángeles juegan un importante papel en los planes de Dios (1:7, 14), Jesús tiene un papel aun más importante (1:5-6, 8-13) y por ello debería ser el centro de nuestro culto. Dios se dirigió a Cristo como su divino igual (1:8-9).

2:1-4 *¿Y si le rechazamos?* Considerando la abrumadora grandeza de Cristo, deberíamos prestar gran atención a lo que Él ha dicho. Si en los tiempos del AT Israel fue castigada por desobe decer a la ley, dada mediante ángeles (véase Hch. 7:53; Gá. 3:19), ¿cuánto más seremos castigados nosotros por desobedecer a la Palabra de Dios dada por su propio Hijo? La evidente respuesta a 2:3 es que no hay escapatoria, solo castigo eterno, para los que rechazan a Cristo.

2:5-18 *Nosotros perdimos el control, de modo que Él lo asumió.* En sus primeras palabras registradas a nosotros, sus criaturas, Dios puso el mundo bajo nuestro control (2:5-8; véase Gn. 1:28). Sin embargo, a causa del pecado y de la rebelión, perdimos esta eminente posición (2:8; véase Gn. 3:6, 17-19). Pero hay esperanza para nosotros, porque "vemos . . . a Jesús" (2:9), que, siendo hecho "un poco menor que los ángeles", esto es, haciéndose humano (2:14; comparar 2:7 y 2:9), ha llegado a ser, mediante su muerte y resurrección, "el autor de la salvación" (2:10) y el "Sumo Sacerdote" que puede perdonar completamente nuestros pecados (2:17-18).

Con los ojos de la fe vemos a Jesús, ya coronado y reinando sobre el universo, cumpliendo nuestro destino que perdimos:

- Se había dispuesto que nosotros estuviéramos gobernando sobre "todo" (2:8).
- En el presente, esto está lejos de la realidad (2:8). Los humanos no redimidos no pueden sujetar su propia naturaleza pecaminosa, por no decir nada del medio en que están.
- Pero Jesús nos llevará "a la gloria", y nos permitirá un día ayudarle a gobernar el universo (2:10; véase 2 Ti. 2:12; Ap. 20:4, 6; 22:5).

Si soy hijo de Dios, Jesús no es solo mi Creador (véase Jn. 1:3), mi Redentor (véase Ap. 5:9) y mi Pastor (véase Jn. 10:11), sino también el hermano mayor de los suyos (2:11, 17; véase Sal. 22:22; Ro. 8:29).

3:1-6 *Jesús es superior a Moisés.* Jesús es también superior a Moisés, que como dador de la ley era la persona más reverenciada de toda la historia de Israel. Moisés había sido un fiel siervo en la casa de Dios, en tanto que Cristo, el fiel Hijo, está al mando de la casa.

3:7-19 *"No dejes que esto te suceda a ti".* Aunque Dios condujo a Israel fuera de Egipto, sus constantes rebeliones le llevaron a jurar que "no entrarán en mi reposo", significando con ello que la generación que inició el viaje no vería Canaán (véase exposición sobre Nm. 14:10-28 y sobre Jos. 1:12-18). Deberíamos ser cautos y recordarnos unos a otros a diario, que no endurezcamos nuestros corazones para perdernos el eterno reposo sabático de Dios (véase exposición sobre 4:1-11).

4:1-11 *¡Entra hoy en su reposo!* El ofrecimiento de reposo de parte de Dios comenzó mucho antes de los días de Moisés (4:4), y el ofrecimiento sigue siendo efectivo en la actualidad (4:1, 9-11; véase Mt. 11:28). Solo tenemos que aceptarlo por la fe (4:2-3, 9-10). Incluso el reposo conseguido por los que entraron en Canaán bajo Josué fue solo temporal, como se ve con la referencia del salmista, años después, al reposo de Dios como algo todavía venidero (véase 3:15; 4:3, 8; Sal. 95:6-11). La palabra *reposo* aparece en repetidas ocasiones en el pasaje de 3:11—4:11:

- *La falta de fe* excluyó a Israel del reposo de Dios (3:11, 18; 4:11).
- *La falta de fe* excluirá a los cristianos del reposo de Dios (4:1).
- *La fe* nos dará el reposo de Dios, que involucra "entrar en el reposo" de las propias "obras" mediante las que hemos intentado alcanzar la salvación (4:9-10).

4:12-13 *La verdad es más aguzada que una espada.* Al contemplar la promesa de Dios de reposo, sabemos que podemos confiar en su Palabra, porque está llena de poder vital y puede penetrar cortando hasta nuestros pensamientos más íntimos, exponiendo lo que realmente somos.

4:14-16 *¡Encuéntrate con Él en el trono de gracia!* Volviendo al tema de Cristo como nuestro Sumo Sacerdote, el escritor trata con cierta extensión acerca de la superioridad del sacerdocio de Cristo (4:14—10:18). Debido a que Cristo soportó todas las tentaciones que hemos soportado, podemos confiar en que Él suplirá toda la gracia que necesitamos (véase 2:17-18).

5:1-11 *Los sacerdotes han de ser compasivos y escogidos.* El sumo sacerdote judío tenía que ser escogido por Dios y tenía que mostrar compasión (5:1-4). Jesús cumplió ambos requisitos:

- Dios le seleccionó para que fuese un sacerdote eterno como Melquisedec, como lo había predicho David (5:5-6, 10; véase 7; Sal. 110:4).
- Mientras estaba en la tierra, Cristo mostró una gran compasión (véase Mt. 9:36; 14:14; 15:32). Aprendió mucho acerca de nuestro sufrimiento mediante su propio sufrimiento (5:7-10).

5:12—6:3 *De la leche a la madurez.* Los cristianos hebreos habían sido cristianos el tiempo suficiente para haberse diplomado, en un sentido espiritual, en el seminario. En lugar de ello, estaban todavía al nivel de la escuela elemental (5:12-14; comparar 1 Co. 3:1-2). El escritor los animó a ir más allá de los puntos fundamentales de la fe y a explorar verdades más profundas (6:1-3).

6:4-12 *"¿Una advertencia acerca de lo impensable?* Otra firme advertencia: Las personas que "gustan" las cosas relativas a la salvación y que luego recaen, nunca pueden ser restauradas al arrepentimiento. Varios eruditos han sugerido que esto se refiere a:

- *Cristianos que debido a algún pecado horrible "pierden su salvación".* Si este es el significado, este pasaje enseña también que tales personas nunca pueden volver a ser salvas.
- *Profesos creyentes que solo han "gustado" las cosas de Dios pero que nunca las han "asimilado".* Esto parece improbable, por cuanto el escritor usa el término "gustar" antes para denotar una plena experiencia, no una mera experimentación (véase 2:9). Tampoco es probable que un mero "degustador" fuese también receptor de los "dones del Espíritu Santo" (2:4).
- *el "pecado de muerte"* (1 Jn. 5:14-17).
- *un caso hipotético de algo que, desde la perspectiva del escritor, no podría suceder.*

Aunque ninguna de estas perspectivas carece de problemas, 6:9-12 sugiere que el autor contemplaba este escenario como hipotético, al menos para aquellos a los que estaba escribiendo, y cuyo fruto espiritual había ampliamente demostrado su salvación.

6:13-20 *Confiados en sus promesas.* Tras haber declarado su confianza en la fe de aquellos a los que estaba escribiendo (véase 6:9-12), el autor intentó reforzar la confianza de ellos en las promesas de Dios. Podemos confiar en que Dios cumplirá las promesas que nos ha hecho al igual que cumplió las promesas hechas a Abraham, porque Dios no miente (6:13-18). La salvación que Dios prometió es como un "ancla" que aferra nuestras almas aquí en la tierra con Jesús en el cielo (6:14-20). Jesús ya "entró por nosotros como precursor" (6:20), lo que describe el equivalente en griego antiguo a un barco remolcador, que guiaba barcos mayores por aguas someras y los anclaba dentro del puerto.

7:1-10 *El Mesías y Melquisedec.* El autor trata ahora extensamente de Melquisedec, a quien había presentado como prototipo del sacerdocio de Cristo (véase 5:5-6, 10-11). Este misterioso sacerdote-rey, de cuyo origen y destino nada sabemos (véase exposición sobre Gn. 14:17-24), es un tipo adecuado del Cristo eterno, por cuanto de cada uno de ambos se puede decir, en esencia: "permanece sacerdote para siempre" (7:3). Melquisedec bendijo a Abraham, y Abraham le dio diezmos (véase Gn. 14:18-20). Ambas acciones muestran que Melquisedec era más grande que Abraham (7:4-8). En esencia, todo el sacerdocio levítico, estaba dando con ello diezmos a Melquisedec mediante su antecesor Abraham (7:8-10).

7:11-28 *Jesús es superior a Aarón.* Si el sacerdocio de Aarón y de sus hijos hubiera podido traer la perfección, ¿por qué había necesidad de un nuevo sacerdote que fuese como Melquisedec? (7:11; véase Sal. 5:6; Sal. 110:4). Cristo era de la tribu de Judá, y no de la tribu sacerdotal de Leví (7:13-17), pero en tanto que el ministerio de Aarón nunca podría llevar a nadie a la perfección, el ministerio de Cristo sí lo hace (7:18-19). Lo que es más, Dios declaró con juramento que el sacerdocio de Cristo es permanente (7:20-22). Los sacerdotes aarónicos murieron, pero Jesús vive para siempre (7:23-25). Los sacerdotes aarónicos ofrecían animales, pero Jesús se ofreció a sí mismo como el sacrificio perfecto y eterno por los pecados (7:26-28).

Jesús es a la vez nuestro Sacerdote y el perfecto sacrificio por nuestros pecados. Este doble papel se puede ver en sus últimas siete palabras desde la cruz. Las primeras tres demuestran su ministerio sacerdotal (véase Lc. 23:34, 43; Jn. 19:26-27), mientras que las últimas cuatro demuestran su papel como sacrificio (véase Mt. 27:46; Lc. 23:46; Jn. 19:28, 30).

8:1-13 *Lo viejo frente a lo nuevo: La mano frente al corazón.* Los sacerdotes terrenales de Israel eran una mera sombra de Cristo, nuestro eterno sacerdote en el cielo, que se ofreció a sí mismo (8:1-6). El primer pacto de Dios con Israel fue imperfecto, y de ahí la necesidad de uno nuevo, como fue predicho por Jeremías (8:7-13; véase exposición sobre Jer. 31:31-34). Dios condujo a Israel de la mano, sacándola de Egipto, solo para ver como se rebelaban contra Él. Ahora escribe sus leyes en los corazones, lo que resulta en una total obediencia.

El viejo pacto
- fue mediado por Moisés (véase Éx. 19)
- fue condicional (véase Dt. 28)
- fue escrito en piedras muertas (véase Éx. 32:15)
- no produjo justicia (8:8-9; véase Ro. 3:20 y exposición sobre Ro. 7:7-25)

El nuevo pacto
- es mediado por Cristo (véase 9:15; Jn. 1:17)
- es incondicional (8:9-10)
- es escrito en corazones vivos (8:10)
- produce justicia (8:11; véase exposición sobre Ro. 3:21-26)

¿Quiénes son los destinatarios de

este nuevo pacto? Hay al menos cuatro teorías:

- La iglesia ha reemplazado a Israel en el plan de Dios y es la única beneficiaria del nuevo pacto.
- El nuevo pacto solo tiene que ver con la nación de Israel.
- Hay dos nuevos pactos, uno para Israel y el otro para la iglesia.
- Hay un nuevo pacto, que se aplica en diferentes maneras a Israel y a la iglesia.

De estas cuatro posturas, la tercera es una posibilidad, pero la más probable parece la cuarta (véase exposición sobre Jer. 31:31-34 y Ro. 11:11-32).

9:1-15 *Tabernáculo y sacrificios, lo viejo y lo nuevo.* El tabernáculo y el templo en el AT tenían dos estancias:

- el santuario o lugar santo (9:1-2), adonde podían entrar todos los sacerdotes (9:6).
- el "lugar santísimo" (9:3-5, 25), en el que solo podía entrar el sumo sacerdote, una vez al año, en el Día de la Expiación (9:7; véase exposición sobre Lv. 16:1-34).

Este acceso limitado dejaba patente que ningún sacrificio podía limpiar completamente y para siempre los corazones de aquellos que lo presentaban (9:8-10). Pero ahora Cristo, el perfecto Sumo Sacerdote, ha entrado en el perfecto tabernáculo con el perfecto sacrificio de su propio cuerpo por el pecado, haciendo posible la vida eterna para todos los que acepten aquel sacrificio (9:11-15).

9:16-28 *El coste del Nuevo Testamento.* Los dos pactos, el viejo y el nuevo, son en realidad "testamentos" o voluntades. Así como un testamento no entra en vigor hasta la muerte del testador (9:16-17), del mismo modo tanto el Antiguo (9:18-22) como el nuevo pacto (9:23-28) precisaron de muerte. El nuevo pacto demandó la muerte del mismo Cristo, pero esta muerte no debía tener lugar una vez al año como los sacrificios del AT (9:25), sino únicamente una vez, proveyendo de una expiación suficiente para todos los que acepten su muerte en favor de ellos (9:28).

En 9:28 se incluyen el tercero y séptimo de los pasos del séxtuplo ministerio de Cristo en nuestro favor, tal como se describe en Hebreos:

- su encarnación (véase 1:2; 2:16-17)
- su ministerio terrenal (véase 5:7-9)
- su crucifixión (véase 2:9; 7:27; 9:28)
- su resurrección (véase 13:20)
- su ascensión (véase 4:14; 6:20)
- su intercesión celestial (véase 7:25; 8:1-2; 9:12, 24)
- su segunda venida (9:28)

10:1-18 *Muchos recordatorios de pecado, un quitador de pecado.* El hecho de que los sacrificios mosaicos tuvieran que ofrecerse continuamente demuestra que nunca podían quitar del todo el pecado (10:1-4). Lo mejor que podían ser era un recordatorio continuo de aquel pecado (10:3; véase Ro. 3:20). Pero el cuerpo de Cristo, ofrecido una vez por todas, puede quitar el pecado para siempre de aquellos que creen (10:5-10). Los sacerdotes del AT estaban de pie mientras llevaban a cabo sus deberes, porque su obra nunca quedaba terminada. Pero Cristo, habiendo ofrecido un sacrificio perfecto una vez para siempre, está sentado a la diestra de Dios (10:11-14). Con el nuevo pacto en su lugar debido a la muerte de Cristo, no hay más necesidad de ofrenda por el pecado (10:15-18; véase Jer. 31:31-34).

La muerte de Cristo "hizo perfectos" o santificó, de una vez por todas, "a los santificados" (10:14). La santificación es a la vez un hecho consumado y un proceso que está desarrollándose:

- Todos los que aceptan la muerte de Cristo en su favor quedan santificados ante Él (véase 2:11; 10:10; Jn. 17:17, 19; 1 Co. 1:2, 30; 6:9-11; Ef. 5:25-26; 1 Ts. 5:23).

- Pero la santificación es también un proceso de crecimiento en el que debemos tomar parte activa (véase 2:11; Lv. 19:2; Ro. 6:19; 1 Ts. 4:1-7; 2 Ti. 2:21; 1 P. 1:15).

LA PREEMINENCIA DE CRISTO, APLICADA (10:19—13:25)

10:19-25 *¡Ten fe, y testifica de ella!* Tras haber mostrado la superioridad de Cristo y la salvación que ofrece (véase 1:1—10:18), el autor invita ahora a sus lectores a entrar plenamente en la realidad de dicha salvación (10:19-23) y a alentar a otros creyentes a hacer lo mismo (10:24-25). La carne de Cristo representa el velo que nos separaba de la presencia de Dios en el lugar santísimo (10:20); por tanto, cuando murió en la cruz, aquel velo fue literalmente desgarrado (véase Mr. 15:38).

10:26-31 *Advertencia al pecador voluntario.* Para los que "pecaren voluntariamente" después de haber recibido el conocimiento de la verdad, "ya no queda más sacrificio por los pecados" (10:26), sino solo el juicio. La frase "El Señor juzgará a su pueblo" (10:30) sugiere que el autor puede haber tenido a los creyentes en mente (comparar exposición sobre los siguientes pasajes: 6:4-12; 1 P. 4:12-19; 1 Jn. 5:14-17).

10:32-39 *¡Recuerda tu luna de miel espiritual!* Se apremia a los lectores que para impedir la apostasía y sus terribles consecuencias, recuerden y reaviven el gozo que experimentaron como nuevos creyentes, incluso en medio de persecuciones. En la traducción de la RV (1909), se sugiere en 10:34 que el autor de Hebreos había estado encarcelado. Acerca de "el justo vivirá por fe" (10:38), véase *Habacuc: Comparación con otros libros bíblicos.*

11:1-3, 6 *Esto que se llama fe.* Tras haber culminado su presentación de Cristo como nuestro Sumo Sacerdote mediante la declaración de que "el justo vivirá por fe" en Él (véase 10:38), el autor dio varios ejemplos de la vida real de tal fe (11). La fe es "la certidumbre" o "sustancia" de las cosas que se esperan, y la "evidencia" o "demostración" de lo que todavía no podemos ver. Fe es confianza en lo no visto, no en lo desconocido (11:3; véase 11:27). La fe es necesaria para confiar en Dios y para aceptar su salvación (11:6).

11:4-5, 7-40 *Ejemplos de fe.* El autor destaca varios grandes héroes de la fe:

- Aunque fue la primera víctima de asesinato de la historia, la fe de Abel "aún habla" hoy (11:4).
- Tanto Enoc como Noé (11:5-7) complacieron a Dios con su valiente defensa de la verdad durante tiempos de gran maldad (véase Judas 1:14-15), y Dios los recompensó.
- La fe de Abraham y Sara se demostró en muchas maneras (11:8-19). Se ha observado que Abraham obedeció a Dios
  - cuando no sabía dónde (11:8-10)
  - cuando no sabía cómo (11:11-12)
  - cuando no sabía cuándo (11:13-16)
  - cuando no sabía por qué (11:17-19)
- Isaac, Jacob y José emprendieron acciones, todos ellos, que mostraban su fe en las promesas de Dios a Israel (11:20-22).
- Tanto Moisés como sus padres fueron personas de fe (11:23-28). Por la fe Moisés abandonó la comodidad de Egipto por el reto de dirigir a su pueblo.
- Aunque los israelitas fueron a menudo infieles, fueron elogiados por su fe al atravesar el Mar Rojo y al derrotar a Jericó (11:29-30).
- Rahab, la prostituta pagana que ayudó a Israel a tomar Jericó, llegó a ser una antepasada de Cristo y

recibió entonces honra a causa de su fe (11:31; véase Mt. 1:5).

- La Galería de la Fe incluye a otros incontables santos del AT, muchos de ellos anónimos (11:32-38), que soportaron lo insoportable porque vieron al invisible. Los que hemos visto el cumplimiento de su fe somos desafiados a ser personas de fe como ellos lo fueron (11:39-40).

12:1-2 *Corriendo la carrera, mirando al líder.* Por cuanto tenemos tantos y buenos ejemplos de fe para inspirarnos (véase 11), deberíamos despojarnos de todo lo que nos estorba, arrepentirnos de todo pecado conocido, y correr la carrera de la fe que Dios ha puesto delante de cada uno de nosotros, manteniendo nuestra mirada centrada en Jesús, que es a la vez la razón de nuestra fe y nuestro mejor ejemplo de fiel constancia.

La "tan grande nube de testigos (12:1; véase 11) debería asegurarnos de que no estamos solos en nuestras luchas de la fe. Cuando Elías creía que estaba solo del todo, Dios le habló de una multitud de 7.000 "testigos" (véase 1 R. 19:10-18).

En lugar de *dromos,* una palabra griega más común para "carrera", el escritor aquí emplea *agon,* de donde derivamos "agonía". ¡La vida cristiana es una carrera seria!

12:3-11 *¡Es cierto! ¡Lo hace porque nos ama!* La disciplina de parte del Señor debería ser aceptada con gozo, como una oportunidad para el crecimiento. La disciplina de Dios sobre un cristiano que ha pecado no implica condenación, sino más bien confirmación, al demostrar que le pertenecemos (12:5-10). La verdadera pregunta no es sencillamente cuántos errores hace un cristiano, sino cuánto aprende de aquellos errores. El salmista hablaba de cuán "feliz" es la persona a la que disciplina Dios (véase Sal. 94:12; 119:67, 71, 75).

12:12-17 *"¡Avívate! ¡No seas como Esaú!"* Los que se estaban debatiendo en su fe debían seguir la vida de santidad y el amor fraternal (12:12-15). Esaú es un ejemplo negativo (12:16-17), por cuanto vendió su primogenitura (véase Gn. 25:29-34) y perdió su bendición (véase Gn. 27:1-35). Esaú no tenía interés en los beneficios espirituales de la primogenitura y de la bendición. Su dolor (12:17) probablemente le vino solo cuando se dio cuenta de que también iba a perderse los beneficios materiales.

12:18-29 *Los montes de esclavitud y de bendición.* Sinaí y Moisés, el monte y el hombre de la ley, son contrastados con Sión y Cristo, el monte y el Hombre de la gracia. El encuentro con Dios en el Sinaí fue ciertamente una experiencia tremenda (12:18-21), pero Cristo y su nuevo pacto son incomparablemente superiores (12:22-24). De nuevo aparece la exhortación a no apartarse del evangelio, porque si la desobediencia era castigada bajo la ley, "cuanto menos [escaparemos] nosotros" si rechazamos el evangelio (12:25; compárese 2:3). La voz de Dios conmovió la tierra en el Sinaí, pero un día conmoverá los cielos y la tierra en juicio (véase Is. 2:5—4:1). Pero los que aceptan su gracia reciben "un reino inconmovible" (12:28). La conciencia de esas verdades debería producir "temor y reverencia" (12:28-29).

13:1-6 *Ama a las personas, no al dinero.* El escritor concluye con diversas exhortaciones acerca de la vida personal y eclesiástica. Deberíamos ser hospitalarios para con los extranjeros, porque algunos, como Abraham (véase Gn. 18:1-2) y Lot (véase Gn. 19:1-3) hospedaron ángeles sin saberlo. Deberíamos interesarnos por todos los que sufren malos tratos. Deberíamos ser fieles a nuestros votos matrimoniales. Deberíamos evitar el materialismo.

13:7-19 *Sométanse a sus líderes; identifíquense solo con Cristo.* Deberíamos respetar y obedecer a nuestros guías espirituales debido a su enseñanza y ejemplo, y debido a la importancia de la responsabilidad que tienen por las almas (13:7, 17). Deberíamos también orar por ellos (13:18-19). Deberíamos evitar herejías como las de los judaizantes (13:9-10), y deberíamos centrarnos en su lugar en Cristo y en su sencilla e inmutable oferta de salvación (13:8).

Como verdadero Cordero sacrificial que fue, "Jesús . . . padeció fuera de la puerta" de Jerusalén (13:11-12). Los cristianos judíos destinatarios de Hebreos son apremiados a compartir el vituperio de Cristo quedándose fuera de la puerta del judaísmo (véase *Trasfondo*). Los cristianos de todos los tiempos, tanto judíos como gentiles, deberían vivirse separados de las cosas que ocupan a los incrédulos, dándose cuenta de que su hogar es el cielo, y no la tierra (13:14). Deberían adorar continuamente a Cristo en palabra y en obra (13:15-16) y llevar su vituperio en cualquier forma que Él los llame a hacerlo (13:13).

13:20-25 *El gran Pastor y sus ovejas.* Hebreos termina con la oración del escritor de que Dios, que había levantado de los muertos a Jesús, nos unja a cada uno de nosotros con su gran poder.

—30 d.C. (?) Santiago cree en el Cristo resucitado

SANTIAGO

❖

—45 Santiago escribe el primer libro del NT

—49 Santiago preside el Concilio de Jerusalén

—a. 62-63 ¿Santiago martirizado?

—a. 67 Pablo muere mártir

TRASFONDO

La Epístola de Santiago fue escrita en época muy temprana de la historia de la iglesia (véase *Fecha y lugar*) para alentar a sus destinatarios cristianos judíos durante un tiempo de sufrimiento y para afrontar varias cuestiones que tenían que ver con su fe.

AUTOR

Santiago, medio hermano de Jesús (Mt. 13:55; Gá. 1:19), que no creyó en la deidad de Jesús hasta después que Él hubiera muerto y resucitado (Jn. 7:5; Hch. 1:14), quizá no hasta que Jesús se le apareciera personalmente (1 Co. 15:7). Santiago vino a ser conocido como apóstol (Gá. 1:19) y junto con Pedro y Juan era "columna" en la iglesia de Jerusalén (Gá. 2:9; Hch. 12:17; 21:18). Presidió el Concilio de Jerusalén en el 49 d.C. (Hch. 15) y, según la tradición, murió como mártir alrededor del 62-63.

FECHA Y LUGAR

Santiago fue el primer libro del canon del NT, y su redacción tuvo lugar probablemente en Jerusalén, donde ministraba Santiago, alrededor del 45 d.C. La fecha más temprana (cuatro años antes de la primera carta de Pablo) es sugerida por

- la ausencia de cualquier mención del Concilio de Jerusalén (Hch. 15), en el que Santiago tuvo un papel clave, y de toda mención de las cuestiones entre judíos y gentiles que condujeron al concilio, y que habrían sido de interés para sus lectores.
- el hecho de que Santiago, al destacar la importancia de las buenas obras como evidencia de la fe, no hace intento de conciliar esta enseñanza con el énfasis paulino sobre la salvación por la sola fe.

DESTINATARIOS

Las "doce tribus que están en la dispersión" (1:1) eran los cristianos judíos "hermanos" de Santiago que habían sufrido persecución (1:2). Se trataba probablemente de cristianos judíos que, habiendo sufrido persecución por su fe, habían huido de Judea y se habían establecido en diversas partes del Imperio Romano (Hch. 8:1-4).

PROPÓSITO

Véase *Trasfondo.*

RASGOS SINGULARES

- Esta carta parece las notas de un sermón acerca de diversos temas en lugar de una presentación bien meditada y lógica. Está saturada con las enseñanzas de Cristo, aunque no haya citas directas ni ninguna mención de acontecimientos específicos del ministerio de Cristo.
- Santiago no menciona a ninguna persona en su carta, y sin embargo su escrito es cálido y de tono paternal.
- Es práctica en vez de doctrinal.
- Extrae ricas imágenes de la naturaleza (1:10-11; 3:3-8, 11-12; 4:14).
- Extrae lecciones espirituales de personajes del AT.

COMPARACIÓN CON OTROS LIBROS DE LA BIBLIA

Proverbios:

- Aunque Santiago es una carta, con sus muchos dichos sapienciales su tono es similar al de Proverbios.

Hebreos:

- Ambas cartas se dirigen a cristianos judíos. En Hebreos el énfasis se da en la doctrina; Santiago pone el acento en los hechos que brotan de la doctrina.

BOSQUEJO

ALIENTO Y EXHORTACIÓN (1)
  Pruebas y tentaciones (1:1-20)
  Oyendo la Palabra y obedeciéndola (1:21-27)
EXHORTACIÓN Y ADVERTENCIAS (2:1—5:6)
  Exhibición de parcialidad (2:1-13)
  Fe y obras (2:14-26)
  El control de la lengua (3:1-12)
  Dos clases de sabiduría (3:13-18)
  Advertencia contra el espíritu mundano (4)
  Los peligros de la riqueza (5:1-6)
ALIENTO Y EXHORTACIÓN (5:7-20)
  Paciencia (5:7-12)
  Oración por los enfermos (5:13-18)
  Recuperación del extraviado (5:19-20)

ALIENTO Y EXHORTACIÓN (1)

1:1-4 *¿La persecución trae la perfección?* Al escribir a los cristianos judíos que habían escapado de la persecución, Santiago les apremia a que adopten una perspectiva positiva acerca de sus pruebas, centrándose en la formación del carácter que esas pruebas pueden producir. Las "pruebas" (1:2) vienen para probar la fe (1:3; véase Gn. 22:1; Éx. 20:20; Dt. 8:2-3). De 1:2 aprendemos tres cosas acerca de tales pruebas:

- Es cosa *cierta* que vendrán. Santiago dice "cuando", no "si".
- Pueden sobrevenir *repentinamente*, y por ello se dice "cuando cayereis" (RV).
- Pueden venir en *diversas* formas, como pruebas financieras, físicas, espirituales, mentales o sociales.

1:5-8 *Los sabios y los dubitativos.* Dios promete sabiduría a todos los que la piden con fe, pero los que son de doble ánimo acerca de su entrega al Señor no deberían esperar una gran cantidad de tal sabiduría.

1:9-11 *Flores marchitas y fortunas.* Desde el punto de vista de Dios, la pobreza terrenal es causa de orgullo, mientras que la riqueza terrenal es una causa de humildad, porque como una flor llegará finalmente a perder su belleza e importancia, y no da ayuda de ninguna clase en la hora de la muerte (véase exposición sobre los siguientes pasajes: 2:1-13; 5:1-6; Mt. 6:19-24; 1 Ti. 6:3-10; 17-19).

1:12-20 *Viviendo piadosamente en medio de la persecución.* Los que soportan la tentación con éxito recibirán "la corona de vida" de parte del Señor (1:12). Esas tentaciones nunca proceden de Dios, que está Él mismo por encima de todas esas tentaciones. Más bien, cada persona ha de aceptar la responsabilidad por permitir que la tentación entre en su vida y por el pecado que tantas veces sigue a la tentación (1:13-16). Dios desea solo lo mejor para nosotros (1:17). Él nos ha hecho nacer mediante el evangelio (1:18). Las cualidades piadosas que aprendemos de Él deberían guardarnos en medio de nuestras pruebas (1:19-20).

1:21-27 *Escucha la palabra, ¡y hazla!* Del mejor modo que podamos, deberíamos librar nuestras vidas de pecado, aprender humildemente de la Palabra de Dios, y luego comenzar a practicar de inmediato aquello que hayamos aprendido. Todo el que afirma ser cristiano y no obedece a la Palabra de Dios se está solo engañando a sí mismo (1:21-25). La vida del cristiano se caracteriza no tanto por ceremonias o experiencias religiosas como por la pureza y el amor en el habla y en la acción (1:26-27).

EXHORTACIÓN Y ADVERTENCIAS (2:1—5:6)

2:1-13 *No abrigues prejuicios contra los pobres.* Favorecer a los ricos sobre los pobres es a la vez pecaminoso (2:1-4) e ilógico, por cuanto los ricos a los que favorecemos pueden ser precisamente los mismos que nos oprimen (2:5-8). Esta parcialidad es tan pecaminosa como cualquier otra infracción de la ley de Dios (2:9-11). En esta como en todas nuestras decisiones morales deberíamos recordar que Dios nos juzgará (2:12-13).

2:14-26 *La fe es inútil sin las obras.* La fe sin obras está "muerta", dijo Santiago (2:17, 20, 26), porque la fe por sí sola no vestirá ni alimentará a los necesitados (2:14-16). Uno que pretenda tener fe no es necesariamente mejor que un demonio (2:19), a no ser que su fe resulte en buenas obras (2:18). La fe de Abraham y Rahab se demostró mediante las cosas que hicieron (2:20-26).

Algunos han visto una contradicción entre Santiago y Pablo:

- Pablo dijo: "Porque por gracia sois salvos por medio de la fe . . . es don de Dios; no por obras, para que nadie se gloríe" (Ef. 2:8-9).
- Santiago dijo: "Aquella clase de fe no puede salvar a nadie . . . Somos justificados ante Dios por

lo que hacemos, no solo por la fe" (2:14, 24).

Sin embargo, una lectura atenta muestra que Santiago está sencillamente diciendo que la clase de fe que salva (2:23-24) se hará evidente por medio de las buenas obras que produce. Hasta Pablo, que nunca sugeriría que somos salvos *mediante* las buenas obras, sí dijo que somos salvos *para* buenas obras (véase Ef. 2:8-10). Si la fe es la base de la salvación, las obras son su barómetro.

3:1-12 *¿Se puede domar tu lengua?* Domar la lengua es un reto de por vida. La persona que puede controlar su lengua ha logrado probablemente un total dominio propio, así como la persona que controla el timón gobierna la nave entera (3:2-4). Así como una pequeña chispa puede destruir todo un bosque, una lengua suelta puede destruir a muchas personas (3:5-8). Especialmente preocupante es la persona cuyas palabras incluyen rutinariamente bendición y maldición (3:9-12; véase Mt. 7:16-20).

El rey egipcio Amasis envió una vez un sacrificio a su dios y pidió al sacerdote que le devolviera lo mejor y lo peor del animal. El sacerdote le envió de vuelta la lengua, que, decía él, cumplía ambos requisitos. Se ha dicho que uno debería controlar la lengua de tal manera ¡que no debiera tener temor de vender su loro hablador a la persona más chismosa del pueblo!

3:13-18 *Sabiduría: ¿de la serpiente o del Salvador?* Una persona no redimida puede que sea sabia, pero esta sabiduría será probablemente empleada con propósitos egoístas. En cambio, el creyente tiene acceso a una "sabiduría que es de lo alto" (3:17; véase 1:5) y produce cosas como pureza, paz, amor, sumisión y justicia.

4:1-10 *El pecado: su origen y remedio.* Nuestros deseos pecaminosos (4:1-3) y las influencias pecaminosas del mundo que nos rodea (4:4) pueden tentarnos a abandonar nuestra fe. El Espíritu Santo que mora en nosotros nos dará fuerza para vencer, pero solo si nos humillamos (4:5-6, 10), si resistimos al diablo (4:7), si nos allegamos a Dios (4:8) y nos arrepentimos verdaderamente (4:9). Acerca de los celos del Espíritu (4:5), véase exposición sobre 2 Corintios 11:1-4.

4:11-12 *Sé cauto cuando critiques.* Hablar mal contra alguien o juzgar (sin un proceso debido, véase exposición sobre Mt. 18:15-20) es hablar mal en contra de la ley misma y juzgar la ley misma, por cuanto la ley prohibe claramente tales cosas (véase exposición sobre Mt. 7:1-6). Cuando juzgamos así la ley, estamos esencialmente juzgando a Dios, que nos dio la ley.

4:13-17 *¿Quién sabe lo que traerá el día?* La vida humana es incierta, como mucho, apareciendo y desvaneciéndose como una niebla matutina. Por ello, mejor que poner demasiado anhelo en planes del futuro, nuestra filosofía debería ser: Haré esto o iré allá si el Señor quiere.

5:1-6 *Una advertencia a los ricos malvados.* Santiago advierte severamente a los que se habían enriquecido a costa de otros: Deberían arrepentirse de su terrible codicia e inhumanidad, o deberían enfrentarse con un juicio pavoroso. Comparar 5:3 con Lucas 12:20-21. Acerca de "el día del juicio" o "días postreros", véase exposición sobre 1 Timoteo 4:1-11.

ALIENTO Y EXHORTACIÓN (5:7-20)

5:7-12 *La paciencia de Job.* Santiago apremia a la paciencia en medio de los padecimientos, y cita a Job como un ejemplo. Así como Dios recompensó la paciencia de Job (véase Job 42:7-17), también recompensará la nuestra, "porque la venida del Señor se acerca" (5:8).

Una persona honrada no debería tener que recurrir a juramentos con los que respaldar su palabra (5:12; véase Mt. 5:34-37).

5:13-20 *¡Ora, canta, sé ungido y sanado!* Los cristianos deberían ser abiertos en la expresión de sus emociones ante el Señor, ora en la expresión del dolor en la oración, ora en la expresión de gozo en el culto (5:13). Los enfermos no deberían vacilar en pedir oración. La oración de fe sanará, y si hay pecado involucrado y es confesado, Dios perdonará (5:14-16; véase 1 Jn. 1:9). Elías es nuestro modelo: Aunque era humano como nosotros, sus oraciones tuvieron resultados asombrosos (5:17-18; véase 1 R. 17:1; 18:41-46). Sin embargo, no es siempre la voluntad de Dios sanar a los enfermos (véase exposición sobre 1 Ti. 5:21-25). El sufrimiento, si el creyente lo entiende correctamente y lo soporta, puede dar gloria a Dios (véase Éx. 4:11; Jn. 9:1-3; véase exposición sobre 2 Co. 12:7-10). Obsérvese que la sanidad es prometida no mediante unos pretendidos sanadores de fe, sino mediante los ancianos de las iglesias locales. Santiago apremia también a que se muestre interés por los espiritualmente enfermos (5:19-20).

1 PEDRO

❖

TRASFONDO

En los días finales de su ministerio terrenal, Jesús predijo que Pedro "fortalecería" un día a sus hermanos en la fe (Lc. 22:32; véase Jn. 21:15-17). En esta primera de sus dos cartas, Pedro lo hace así, dando aliento a los cristianos que estaban experimentando persecución (2:12; 3:16; 4:4) y que pronto experimentarían una persecución mucho mayor cuando Nerón, acusando falsamente a los cristianos por el fuego que destruyó a Roma en el 64 d.C., lanzó su venganza contra los creyentes por todo el imperio.

AUTOR

Simón Pedro (1:1), uno de los doce apóstoles originales, y que anteriormente había sido pescador en Capernaum, en la ribera septentrional del mar de Galilea (Jn. 1:40-42). Pedro formaba parte del círculo interno de tres discípulos, junto con Santiago y Juan. En ocasiones clave fue portavoz de todos los discípulos (Mt. 16:16-18; Jn. 6:68-69). Después de su grave fracaso al negar a Cristo (Mt. 26:69-75), pasó a ser anciano y líder clave en la iglesia primitiva (5:1; Hch. 2; 10; 12; 15). Según la tradición, sufrió el martirio en Roma, siendo crucificado cabeza abajo, a. 67-68.

FECHA Y LUGAR

El 63-64 d.C., justo antes de las persecuciones de Nerón y de la muerte de Pablo, Pedro al parecer escribió desde "Babilonia" (5:13), que puede haber sido bien la antigua ciudad sobre el Éufrates, o Roma, que recibía este apelativo popular entre las víctimas de su opresión.

DESTINATARIOS

Cristianos, tanto judíos como gentiles, esparcidos por la persecución a través de varias provincias de Asia Menor (1:1).

—26-27 d.C.
Pedro es llamado, y sigue a Cristo

—29
La gran confesión de Pedro

—30
Pedro niega a Cristo, se arrepiente, y predica en Pentecostés

—40
Pedro conduce a Cornelio a Cristo

—64-65
Pedro escribe 1, 2 Pedro

—67-68
¿Pedro y Pablo martirizados?

PROPÓSITO

- Alentar e instruir a los cristianos tocante a la persecución (3:13—5:11).
- Instruir tocante a la salvación (1:1—2:10).
- Instruir tocante a la sujeción (2:11—3:12).
- Confirmar el acuerdo de Pedro con Pablo (véase exposición sobre 2 P. 3:14-18).

RASGOS SINGULARES

- Pedro tiene un estilo literario griego muy esmerado.
- Destaca los sufrimientos de Cristo, y los menciona en cada capítulo.
- Como uno que había fracasado él mismo algunas veces, Pedro muestra una gran ternura en esta carta.
- Su estilo retórico en la carta es similar a la de sus discursos en Hechos.
- Por su extensión, 1 Pedro contiene más citas del AT que cualquier otro libro del NT.

COMPARACIÓN CON OTROS LIBROS DE LA BIBLIA

2 Corintios:

- Trata extensamente del sufrimiento: 2 Corintios acerca de los sufrimientos de Pablo; 1 Pedro acerca de los sufrimientos de los cristianos en general.

Santiago:

- Ambas cartas se dirigen a cristianos esparcidos por la persecución, y ambas son intensamente prácticas:
  - Santiago, escrita a. 45, dirigida principalmente a cristianos judíos.
  - 1 Pedro, escrita unos 20 años después, dirigida a los judíos así como a los muchos gentiles que para entonces se habían convertido en creyentes y que hacían frente a una oposición similar.

BOSQUEJO

NUESTRO DESTINO: LA SALVACIÓN (1:1—2:10)

- Salutación (1:1-2)
- El plan de la salvación (1:3-12)
- Los productos de la salvación (1:13-25)
- Los propósitos de la salvación (2:1-10)

NUESTRO DEBER: LA SUJECIÓN (2:11—3:12)

- En el mundo (2:11-25)
- En el hogar (3:1-7)
- En la iglesia (3:8-12)

NUESTRA DISCIPLINA: EL SUFRIMIENTO (3:13—4:19)

- El sufrimiento lleva al testimonio (3:13-17)
- La misión de Cristo a los "espíritus encarcelados" (3:18-22)
- El valor del sufrimiento (4:1-6)
- Sirviéndose unos a otros (4:7-11)
- Sufriendo por nuestra fe (4:12-19)

NUESTRO DEBER: EL SERVICIO (5)

- Sirviendo como pastores (5:1-4)
- Sirviendo como soldados (5:5-11)
- Conclusión (5:12-14)

NUESTRO DESTINO: LA SALVACIÓN (1:1—2:10)

1:1-2 *"Al pueblo escogido de Dios en todo lugar"*. Los "elegidos" para salvación han sido elegidos por el Padre, santificados por el Espíritu y purificados por el Hijo. La Biblia nunca revela la base sobre la que algunos son escogidos para salvación y otros no. Solo se nos dice que Dios conoció anticipadamente a su pueblo (cp. Ro. 8:29), y que "nos escogió en él antes de la fundación del mundo . . . en amor" (Ef. 1:4). La Biblia también deja en claro que en tanto que Dios escoge quién va a ser salvado, los humanos tenemos también una elección (véase Jn. 3:16; Ro. 10:13; Ap. 22:17). En una sola declaración, nuestro Señor combinó las doctrinas de la elección y del libre albedrío: "Todo lo que el Padre me da [elección], vendrá a mí [libre albedrío]" (Jn. 6:37). Véase también exposición sobre Romanos 9:14-29.

C. H. Spurgeon, cuando le preguntaron cómo podía conciliarse la elección de Dios con la elección del hombre, contestó: "¡Nunca he tenido que conciliar a amigos!"

1:3-5 *¡Un futuro con el que podemos contar!* Debido a la resurrección de Cristo, los cristianos tenemos una esperanza de salvación eterna que es realmente una certidumbre, porque está "más allá del alcance de todo cambio y corrupción". Está garantizada y protegida por el mismo Dios (véase exposición sobre Jn. 10:22-30).

1:6-9 *"Ahora está en bruto, ¡pero esperen!"* Los cristianos deberían regocijarse en su certidumbre de la salvación, incluso en medio de pruebas terrenales. Nuestra meta debería ser demostrar la clase de fe que "sea hallada en alabanza, gloria y honra cuando sea manifestado Jesucristo" a su vuelta (1:7). Pedro habló de cuatro cosas que son "preciosas" (1:7, 19; 2:4, 6-7; 3:4).

1:10-12 *No siempre comprendían lo que escribían.* Los profetas del AT registraron fielmente las promesas de Dios de salvación eterna, dándose cuenta todo el tiempo de que nunca verían el cumplimiento durante sus propias vidas, sino que estaban registrando aquellas palabras para futuras generaciones (véase Dn. 12:8-13; Mt. 13:17). De manera similar, los ángeles escogidos, aunque no hayan caído y por tanto no necesiten redención, están sumamente interesados en ella (1:12; comparar Dn. 12:5-6). Los tratos de Dios con nosotros son una especie de lección objetiva para ellos (véase 1 Co. 4:9; Ef. 3:10).

1:13-21 *El Santo dice: "Sed santos".* Deberíamos poner toda nuestra esperanza en nuestra segura salvación, tratando de imitar la santidad de Dios mientras esperamos el regreso de Cristo (1:13-17; véase Lv. 11:44; 19:2; véase exposición sobre He. 10:1-8). Deberíamos siempre recordar el gran precio que fue pagado por nuestra salvación: "la sangre preciosa de Cristo, como de un cordero sin mancha ni contaminación" (1:19). Dios ha estado planeando nuestra salvación desde antes del amanecer del tiempo (1:20-21; véase exposición sobre Ef. 1:1-6). Acerca de esos "postreros tiempos" (1:20), véase exposición sobre 1 Timoteo 4:1-11.

1:22-25 *Gloria perecedera, gloria permanente, puro amor.* La vida humana no redimida se secará como una flor cortada, pero la gloriosa Palabra de Dios es sempiterna, como lo son todos aquellos que en ella confían (1:23-25). Como seres eternos, deberíamos amarnos unos a otros con un amor "sincero" y santo (1:22).

2:1-3 *Búsquenla para fortaleza espiritual.* La Palabra de Dios, lo mismo que una leche sana, produce un crecimiento espiritual, de modo que deberíamos desearla (véase Sal. 19:9-10). Pero Israel, en conjunto, no tenía deseo por la

Palabra de Dios en los tiempos del AT, y, tal como lo había predicho Isaías (véase Is. 53:2), cuando apareció Cristo, tampoco tuvieron deseo alguno por Él.

2:4-8 *Piedras y la Piedra.* Cristo es la piedra angular de nuestra fe. Nosotros somos más pequeñas "piedras vivas", con las que Él está edificando un "templo espiritual":

- Cristo es una piedra preciosa para los que creen en Él (2:4-7; véase Éx. 17:6; 1 Co. 10:4; Ef. 2:20).
- Pero para los que le rechazan, es una piedra destructora (2:7-8; véase Dn. 2:34; Mt. 21:44; Ro. 9:32-33; 1 Co. 1:23).

Aunque Israel rechaza ahora a Cristo como su piedra angular, un día tendrá que aceptarle como tal (véase Zac. 4:7).

2:9-10 *¡Somos reyes y sacerdotes!* Tras haber sido unos "don nadie" (véase Os. 1:10; Ro. 9:25), somos ahora reyes y sacerdotes:

- reyes, porque un día reinaremos con Cristo (véase 2 Ti. 2:12).
- sacerdotes, porque tenemos acceso directo a Dios (véase Ef. 2:18; He. 4:16).

Israel *tenía* un sacerdocio; los cristianos *son* un sacerdocio. Los creyentes-sacerdotes presentan las siguientes ofrendas:

- a sí mismos (véase Ro. 12:1; Fil. 2:17; 1 Jn. 3:16)
- sus bienes (véase Ro. 12:13; Gá. 6:6, 10; Tit. 3:14)
- su servicio (véase He. 13:16)
- sus cánticos de alabanza (véase He. 13:15).

NUESTRO DEBER: LA SUJECIÓN (2:11—3:12)

2:11-20 *Reglas para los regios sacerdotes.* Al tener en mente que la tierra es solo nuestro hogar temporal, deberíamos guardarnos frente a sus tentaciones. Deberíamos mantener un buen testimonio y dejar que nuestra luz resplandezca ante los incrédulos (2:11-12; véase Mt. 5:13-16); el gobierno (2:13-17; véase Ro. 13:1-7); y ante nuestros patronos, incluso cuando nos traten injustamente (2:18-20; véase Ef. 6:5-8).

2:21-25 *El Redentor y modelo.* Jesús no solo murió para darnos vida eterna, sino que también por su ejemplo personal nos mostró cómo vivir aquella nueva vida. Debido a que Cristo padeció sin quejarse (2:23), deberíamos estar dispuestos a hacer lo mismo (2:18-21). Este llamamiento al sufrimiento es el último de los "Siete llamamientos soberanos" de Dios a los creyentes:

- el llamamiento a la salvación (véase Ro. 8:30).
- el llamamiento a la condición filial (véase 1 Jn. 3:1).
- el llamamiento a la santificación (véase 1 Ts. 5:23-24).
- el llamamiento al servicio (véase Mr. 10:43-44).
- el llamamiento a la separación (véase 2 Co. 6:17-18).
- el llamamiento al sometimiento:
    - de los hijos a los padres (véase Ef. 6:1)
    - de las esposas a los maridos (véase Ef. 5:22)
    - de los empleados a los patronos (2:18)
    - de los ciudadanos al gobierno (2:13-14)
    - de todos los creyentes a Dios (véase Ro. 12:1-2)
- el llamamiento al sufrimiento (2:21; véase Fil. 1:29).

3:1-6 *Sabiduría para las esposas.* Las esposas deberían someterse a sus maridos, como Sara lo hacía respecto de Abraham (3:1, 5-6). Si una mujer tiene un marido no creyente, su sujeción será un testimonio callado pero eficaz ante él (3:1-2). Las mujeres deberían centrarse en el desarrollo interior, en lugar de en el de la belleza exterior (3:3-4).

3:7 *Sabiduría para los esposos.* El marido cristiano debería comprender que su esposa

- ha de tener un lugar especial de honor en su corazón
- es físicamente más débil y no debería abusarse de esto
- es espiritualmente su igual

La práctica de esos principios fortalecerá la atmósfera espiritual del hogar.

3:8-12 *Una gran familia feliz.* La iglesia debería estar caracterizada por unas relaciones positivas y amantes. La vida recta trae felicidad, porque conlleva el favor de Dios y su bendición (véase Sal. 34:12-16).

NUESTRA DISCIPLINA:
EL SUFRIMIENTO (3:13—4:19)

3:13-17 *Persecución y testimonio.* No tenemos nada que temer, por muy maltratados que seamos, si estamos haciendo la voluntad de Dios (3:13-14). Cuando sufrimos calladamente por nuestra fe, los demás se darán cuenta, y cuando ello suceda deberíamos señalar a Cristo como nuestra fuente de fortaleza.

3:18-22 *"Los espíritus encarcelados".* Cristo, nuestro ejemplo, padeció la muerte por nuestros pecados, y luego fue resucitado por el Espíritu Santo (3:18). Por el poder del Espíritu también "predicó a los espíritus encarcelados, los que en otro tiempo desobedecieron, cuando una vez esperaba la paciencia de Dios en los días de Noé, mientras se preparaba el arca" (3:19-20). Hay al menos tres posibles interpretaciones para este difícil pasaje:

- que en el tiempo entre su muerte y resurrección, Cristo llevó el evangelio a los ahora muertos ("encarcelados") que habían rechazado el mensaje de Noé (véase 2 P. 2:5).
- que Cristo, antes de su encarnación, estuvo proclamando el evangelio mediante Noé y que los que rechazaron su mensaje (todos, esto es, menos Noé y su familia) eran ahora "espíritus encarcelados".
- que esos espíritus eran en realidad ángeles caídos que habían intentado corromper a los humanos en tiempos de Noé (véase Gn. 5:29—6:7); si esto es así, entonces el mensaje fue de juicio.

Al contemplar Pedro el gran diluvio, lo vio como una imagen del bautismo que "ahora nos salva" (3:21), no en y por sí mismo, sino por el poder de la muerte y resurrección de Cristo (3:20-22). El bautismo con agua es un símbolo externo de nuestro bautismo por el Espíritu Santo (véase exposición sobre 1 Co. 12:12-31).

4:1-6 *El sufrimiento somete el pecado.* Deberíamos seguir bien dispuestos el ejemplo de sufrimiento de Cristo (4:1), especialmente por cuanto el sufrimiento hace que el pecado pierda su poder sobre nosotros (4:1-3). El sufrimiento nos lleva a centrarnos en las cosas importantes de la vida, en tanto que los placeres nos distraen de dichas cosas, y da a Satanás su mejor oportunidad contra nosotros (véase Ec. 7:1-4). Naturalmente, nuestros amigos incrédulos no lo comprenderán, de modo que nos ridiculizarán por no participar en sus maldades, pero Dios los juzgará (4:4-5).

El evangelio "ha sido predicado . . . a los muertos, para que sean juzgados en carne según los hombres, pero vivan en espíritu según Dios" (4:6). Aunque el lenguaje de 4:6 es similar al de 3:19-20, no hay necesariamente una conexión directa. William J. Dalton da una lista de cuatro posibles interpretaciones:

- Cristo, mientras estaba muerto, ofreció la salvación a todos los que habían muerto antes de su tiempo.
- Cristo, mientras estaba muerto, ofreció la salvación a los justos de los tiempos del AT.

- El pasaje se refiere a la predicación del evangelio por parte de los apóstoles y otros a los espiritualmente muertos.
- Se refiere a cristianos que ya habían muerto.

4:7-11 *Lecciones para los últimos días.* Por cuanto estamos viviendo en los últimos días, deberíamos ser reflexivos y dados a la oración. Deberíamos amarnos profundamente unos a otros, ser hospitalarios, y emplear sabiamente nuestros dones espirituales (véase Ro. 12:6-8). Los pecados de otros deberían suscitar solicitud, no maledicencias (4:8; véase Pr. 10:12; 1 Co. 13:6).

4:12-19 *Compartamos los padecimientos; compartamos la gloria.* No deberíamos sorprendernos cuando sufrimos por nuestra fe. Más bien, deberíamos regocijarnos, sabiendo que si sufrimos ahora con Cristo, reinaremos con Él para siempre. Por segunda vez Pedro empleó la imagen del fuego (4:12; véase 1:7), quizá una descripción profética de la quema de creyentes que Nerón iba a llevar a cabo en un futuro no muy distante (véase *Trasfondo*). Pero deberíamos asegurarnos de que nuestros sufrimientos resultan de nuestra fe, y no de ninguna mala acción de nuestra parte (4:15-19).

En tanto que las referencias a los creyentes aparecen frecuentemente en el NT y aunque hay traducciones inglesas que usan a menudo la palabra "cristianos", el término griego para *cristianos* aparece solo tres veces en la Escritura (4:16; véase Hch. 11:26; 26:28).

NUESTRO DEBER: EL SERVICIO (5)

5:1-4 *Los ancianos deberían ir a la cabeza.* Siendo él mismo un anciano, Pedro apremia a los ancianos a servir de manera bien dispuesta y con motivos puros. Deberían ser modelos, no directores. Deberían tener corazones de pastores, mirando a Cristo el Príncipe de los Pastores (véase Jn. 10:11, 14; comparar Sal. 23) como su propio modelo a seguir y como aquel que les recompensará.

5:5-7 *El camino de la exaltación es el camino de la humillación.* Los cristianos deberían someterse humildemente unos a otros, sabiendo que Dios recompensa la humildad con su gracia. Debemos llevar nuestras preocupaciones a Dios, sabiendo que Él tiene cuidado de nosotros.

5:8-9 *¡Cuidado con el león!* Satanás, como un león, está siempre buscando una presa humana. Deberíamos resistirle firmemente, alentados por el hecho de que no estamos a solas en nuestro sufrimiento.

5:10-14 *Del sufrimiento a la estabilidad.* Como bendición, Pedro pide que Dios fortalezca a sus lectores en medio de su sufrimiento. La gracia de Dios está verdaderamente con nosotros "sin importar lo que suceda". Los cristianos hemos recibido "gracia sobre gracia" (Jn. 1:16). Santiago dice: "Pero él da mayor gracia" (Stg. 4:6). Las Escrituras hablan de la gracia salvadora (véase Ef. 2:8-9); de gracia servidora (véase 1 Co. 15:9-10); de gracia santificadora (véase Ro. 5:17; 6:17); de gracia sacrificial (véase 2 Co. 8:1-9); de gracia con la que cantar (véase Col. 4:6); de gracia fortalecedora (véase 2 Ti. 2:1), y de gracia sufriente (5:10; véase 2 Co. 12:9).

Pedro iba a enviar su carta por medio de Silas (Silvano). Y mandaba salutaciones de parte de Marcos. Estos dos hombres eran también compañeros de Pablo. Acerca de "Babilonia", véase *Fecha y lugar.*

2 PEDRO

—26-27 d.C.
Pedro es llamado y sigue a Cristo

—29
La gran confesión de Pedro

—30
Pedro niega a Cristo, se arrepiente, y predica en Pentecostés

—40
Pedro conduce a Cornelio a Cristo

—64-65
Pedro escribe 1, 2 Pedro

—67-68
¿Pedro y Pablo martirizados?

TRASFONDO

A la luz de su muerte inminente (1:14-15), Pedro quería preparar a sus lectores para el tiempo en que ya no estaría con ellos. Les era necesario persistir hacia la madurez espiritual, prevenirse contra la apostasía y mantenerse en la certidumbre de la venida del Señor.

AUTOR

Véase *1 Pedro: Autor.*

FECHA Y LUGAR

Entre el 64 y el 67 d.C., poco después de 1 Pedro (véase *1 Pedro: Fecha y lugar*).

DESTINATARIOS

Véase *1 Pedro: Destinatarios.*

PROPÓSITO

- Recordar a sus lectores las provisiones de Dios para la salvación y para la madurez espiritual.
- Advertir de los peligros de la apostasía (2)
- Asegurarles acerca del regreso del Señor (3)

RASGOS SINGULARES

- La carta combina severidad y ternura, al contemplar Pedro la muerte mientras trataba de afrontar problemas apremiantes en la iglesia.
- 2 Pedro contiene pasajes clave acerca de
  - la inspiración de las Escrituras (1:19-21)
  - falsos maestros (2)
  - el "día del Señor" (3:10-13)
- Pedro da evidencia de que él y Pablo habían reparado el distanciamiento que había habido entre ellos, y reconoce que las cartas de Pablo están acordes con las Escrituras del AT (3:15-16).

COMPARACIÓN CON OTROS LIBROS DE LA BIBLIA

Juan 14—16 y 2 Timoteo:

- Todos esos pasajes son discursos de despedida.

2 Tesalonicenses:

- Ambas cartas se concentran en el lado más tenebroso de las cosas que han de suceder.

Judas:

- 2 Pedro 2 advierte de falsos maestros que vendrían; Judas advierte contra falsos maestros que ya estaban ahí.

BOSQUEJO

LA PROVISIÓN DE DIOS (1)
- Para la vida cristiana (1:1-11)
- Para el conocimiento de la verdad (1:12-21)

FALSOS MAESTROS (2)
- Descripción (2:1-3)
- Su condenación, nuestra salvación (2:4-9)
- Descripción (2:10-22)

El REGRESO CIERTO DE CRISTO (3)
- La negación que hacen los falsos maestros de su regreso (3:1-7)
- El día del Señor (3:8-13)
- Viviendo a la luz del día del Señor (3:14-18)

LA PROVISIÓN DE DIOS (1)

1:1-2 *"Una fe igualmente preciosa"*. Describiéndose como siervo y apóstol, y dirigiéndose a aquellos que han alcanzado "una fe igualmente preciosa que la nuestra", Pedro los apremia a que abunden en el conocimiento de Cristo.

1:3-11 *Virtudes para la victoria.* Por cuanto Dios ha dado todas las provisiones necesarias para nuestra madurez espiritual (1:3-4), debemos poner lo mejor de nuestra parte para incorporar cualidades piadosas en nuestras vidas (1:5-8). Nuestra elección por parte de Dios para salvación es algo cierto, pero podemos experimentarla de manera plena en esta vida solo si practicamos la piedad de manera consecuente (1:9-11; véase exposición sobre 1 P. 1:1-2).

1:12-15 *"Ahora, unas pocas palabras antes de que me vaya"*. Pedro sabía que pronto moriría como mártir, como Cristo había predicho (véase Jn. 21:18-19). Estaba escribiendo esta segunda carta para ayudar a asegurar que, tras su muerte, los discípulos de Cristo se le mantuvieran fieles. Se refirió a su muerte como una partida (1:15; comparar Lc. 9:31). Moisés (véase Dt. 4:22) y Pablo (véase 2 Ti. 4:6) tuvieron similares premoniciones de la muerte.

1:16-21 *Una palabra más segura.* La verdad que Pedro había proclamado no era una mera habladuría; había sido testigo ocular de la vida y de las enseñanzas de Cristo (1:16) y fue uno de los privilegiados tres en ser testigos de la Transfiguración (1:17-18; véase Mt. 17:1-8). Sin embargo, por memorable que fuera esta experiencia, Pedro parecía atesorarla principalmente por la forma en que confirmaba las palabras registradas en las Escrituras (1:19-21).

Las Escrituras no deberían nunca ser interpretadas a la ligera ni fuera de contexto como texto de prueba. Es la Palabra inspirada de Dios y debería ser tratada con el mayor de los cuidados. Los autores bíblicos fueron "inspirados" por el Espíritu Santo (1:21), literalmente "impelidos", como una nave de vela es llevada por el viento. No entraron como en un trance, sino que estaban plenamente despiertos cuando Dios les habló (véase *Inspiración*, p. 949).

El mismo Espíritu Santo que originalmente dio la Palabra desea en la actualidad enseñarla por medio del pueblo de Dios (véase Jn. 14:26; 16:13-14; 1 Co. 2:9-16).

Acerca de "hasta que el día esclarezca" (1:19), comparar Malaquías 4:2 y Apocalipsis 22:16.

FALSOS MAESTROS (2)

2:1-3 *Los falsos maestros, en el pasado y en el presente.* En tanto que los fieles profetas de Dios estaban registrando su Palabra, había (y sigue habiendo) muchos falsos profetas, algunos de los cuales niegan la deidad de Cristo. Muchos caen víctimas de ellos, pero un día serán juzgados.

2:4-9 *Salva a algunos en tanto que juzga a otros.* En tanto que Dios juzga a los falsos maestros (2:4-8), de cierto que rescatará a los justos (2:9). Esto se puede ver en la forma en que

- salvó a Noé en tanto que juzgó al mundo con agua (2:5)
- salvó a Lot en tanto que juzgó a Sodoma con fuego (2:6-8)

2:4 puede referirse a

- todos los ángeles que tomaron partido por Lucifer en su gran revuelta (véase Is. 14:12-15; Ez. 28:11-19; Ap. 12:3-4)
- o, de manera más especifica, los ángeles que algunos eruditos creen que son descritos en Génesis 6:1-5 (véase Jud. 1:6)

Sería difícil llegar a la conclusión, por Génesis 13—14, de que Lot era "justo" (2:8); sin embargo, "Conoce el Señor a los que son suyos" (2 Ti. 2:19). Por medio de su decisión egoísta y errónea acerca de donde vivir, Lot se sujetó a ser angustiado y afligido por la depravación moral de Sodoma.

2:10-16 *Lo mismo que animales irracionales.* Al parecer teniendo en mente a ciertos falsos maestros, Pedro los describió como concupiscentes, codiciosos e insolentes (2:10-11). Por lo que respecta al intelecto y al estilo de vida, eran poco más que animales (2:12-14). Eran como Balaam, el falso profeta que fue reprendido por la misma asna en la que cabalgaba (véase Nm. 22:28-30; Jud. 1:11; Ap. 2:14).

2:17-22 *Lo mismo que cerdos y perros.* Lo mismo que "fuentes sin agua", las palabras de esos falsos maestros eran vacías y carecían de significado; esclavizaban a los creyentes inmaduros (2:17-18). Prometían libertad a sus convertidos mientras que ellos mismos eran esclavos de la depravación (2:19). Sería mejor para esos falsos maestros que nunca hubieran nacido, que haber conocido la verdad y haberla rechazado (2:20-22).

Algunos ven 2:20-21 como una indicación de que los cristianos pueden perder su salvación. Sin embargo:

- El duro lenguaje sugiere lo contrario: En ningún lugar de las Escrituras se designa al creyente como puerca ni como perro, animales que en la antigüedad eran objeto de desprecio (2:22).
- Una preponderancia de otras citas bíblicas aseguran al creyente de que la salvación no puede perderse (véase exposición sobre los siguientes pasajes: Jn. 10:22-30; Ef. 1:12-14; He. 6:4-12; 1 P. 1:3-5; sin embargo, véase también exposición sobre He. 10:26-31).

EL REGRESO CIERTO DE CRISTO (3)

3:1-7 *Se olvidan del diluvio, ¡pero verán el fuego!* Tal como lo habían advertido los profetas, Pedro advirtió de nuevo acerca de que surgirían muchos "escarnecedores" y falsos maestros en los últimos días (3:1-3). Señalando a las antiguas e inmutables leyes de la naturaleza, ridiculizarían el concepto mismo de la segunda venida, olvidándose de modo muy conveniente para ellos de los otros actos milagrosos de Dios, como el del diluvio (3:4-6). Por cuanto Dios ya había juzgado una vez al mundo, nadie debería dudar de que lo volverá a hacer: Así como lo destruyó una vez con agua, así lo hará un día con fuego (3:7).

3:8-13 *Desde la misericordia hasta la fusión y hasta el milenio.* ¿Cuándo volverá Dios a destruir el mundo? No podemos saberlo, porque nuestro concepto humano del tiempo no significa nada para Dios, que creó el tiempo y lo controla (3:8). La única razón por la que Dios *retarda* el juicio es para dar a tantos como sea posible la oportunidad para la salvación (3:9). Cuando venga el juicio, será definitivo y cataclísmico, y los elementos mismos de la naturaleza, "ardiendo", se fundirán (3:10). A la luz de este juicio cierto, deberíamos vivir en santidad, mientras esperamos el mundo mejor que vendrá (3:11-13). Acerca del "día del Señor" (3:10) y del día de Dios (3:12), véase *Isaías: Trasfondo* y exposición sobre Isaías 2:5—4:1.

3:14-18 *"Sean santos y esperen, como lo dijo Pablo".* Mientras esperamos el regreso de Cristo, deberíamos vivir en paz y santidad y en la esperanza de la salvación, como también Pablo nos apremió a hacer (3:14-16). Si seguimos creciendo espiritualmente, evitaremos caer de nuestra fe (3:17-18). Observemos las declaraciones de Pedro tocante a Pablo:

- Él y Pablo siguieron siendo buenos amigos tras su enfrentamiento en Antioquía (véase Gá. 2:11-14).
- Dio testimonio de la inspiración divina de los escritos de Pablo.
- Admitió que algunos de los escritos de Pablo eran "difíciles de entender", y observa que los había en su época (como sucede en la actualidad) que interpretaban mal de forma deliberada esas y otras Escrituras. Pero con la ayuda del Espíritu Santo (véase Jn. 16:13), podemos comprender incluso a Pablo (3:18).

1 JUAN

—26-27 d.C.
Juan es llamado y sigue a Cristo

—31
Juan ministra en Samaria

—49
Pablo menciona a Juan como dirigente de la iglesia

—??-??
Juan ministra en Éfeso (?)

—85-95
Juan escribe 5 libros del NT

—98
Muerte de Juan

TRASFONDO

Muchos falsos maestros habían salido de Éfeso a ciudades colindantes, y enseñaban falsas perspectivas acerca de Cristo. Juan escribió su Evangelio para convencer a sus lectores de que "Jesús es el Mesías" (Jn. 20:30-31). Escribió esta carta para asegurarles que por medio de Jesús tenían vida eterna (5:13) y que por Él pueden gozar de comunión con Dios y con sus hermanos creyentes (1:3-4).

AUTOR

Aunque no aparece ningún nombre de autor dentro del cuerpo de esta carta ni de las otras dos cartas que llevan el nombre de Juan en sus títulos, los primitivos padres de la iglesia atribuían las tres a Juan, el amado discípulo de Cristo. Sus similitudes en vocabulario y estilo literario con el Evangelio de Juan sustentan este punto de vista, como también las afirmaciones del autor de haber sido testigo ocular del ministerio de Cristo (1:2-3; 4:14).

FECHA

A. 85-95 d.C., probablemente algún tiempo después del Evangelio de Juan. Véase *Juan: Fecha.*

LUGAR Y DESTINATARIOS

Véase *Juan: Lugar y destinatarios.* 1 Juan fue probablemente una carta circular a los creyentes por toda la provincia romana de Asia, incluyendo las siete iglesias de Apocalipsis 2—3.

PROPÓSITO

Véase *Trasfondo.*

RASGOS SINGULARES

- 1 Juan no contiene salutación ni firma.
- No tiene citas directas del AT.
- Destaca tres características de Dios:

- Él es luz (1:5).
- Él es justo (2:29).
- Él es amor (4:8, 16).

- Juan era conocido como el discípulo amado (Jn. 13:23), pero también como "hijo del trueno" (Mr. 3:17). Esta carta, con su gentileza y severidad, justifica ambos nombres:
  - En repetidas ocasiones a lo largo de esta carta, Juan se dirige a sus lectores como "hijitos".
  - Pero advierte de manera inflexible contra la apostasía y es también inflexible en el mantenimiento de la absoluta separación entre la luz absoluta de Dios y las absolutas tinieblas del diablo y de sus obras (1:5).
- Contiene lo que quizá sea la mejor y más concisa descripción que da la Biblia del espíritu mundano (2:15-17).

COMPARACIÓN CON OTROS LIBROS DE LA BIBLIA

Génesis y Juan:

- Los tres libros comienzan con un principio:
  - En Génesis, el principio es la creación.
  - En Juan y 1 Juan, el principio es la Palabra eternamente preexistente.

Juan:

- Ambas contienen declaraciones específicas acerca del propósito del autor al escribir (véase *Trasfondo* y exposición sobre 1:1-4).
- 1 Juan complementa a Juan en sus esfuerzos por fortalecer a los creyentes en su fe.

BOSQUEJO

LA BASE DE LA COMUNIÓN (1:1-4)
PRUEBAS DE LA COMUNIÓN (1:5—2:27)
  Andar en la luz (1:5—2:2)
  Guardar sus mandamientos (2:3-14)
  No amar el mundo (2:15-17)
  Permanecer en la verdad (2:18-27)
LOS FRUTOS DE LA COMUNIÓN (2:28—3:24)
  Una anhelante expectación del regreso de Cristo (2:28—3:3)
  La práctica de la justicia (3:4-10)
  El amor de los hermanos (3:11-15)
  Una conciencia limpia (3:16-24)
EXHORTACIONES ACERCA DE LA COMUNIÓN (4—5)
  La prueba de los espíritus (4:1-6)
  El amor de los unos a los otros (4:7-21)
  La victoria sobre el mundo (5:1-5)
  La certidumbre de la encarnación (5:6-10)
  La certidumbre de la vida eterna (5:11-13)
  La oración (5:14-17)
  Exhortaciones finales (5:18-21)

LA BASE DE LA COMUNIÓN (1:1-4)

1:1-4 *"Lo vi, lo oí y lo toqué".* En una introducción reminiscente de la introducción a su Evangelio (véase exposición sobre Juan 1:1-5), Juan expresaba su deseo de escribir tocante a Cristo, la Palabra eterna de vida, para que los lectores pudieran tener la misma maravillosa comunión que él tenía con Cristo.

PRUEBAS DE LA COMUNIÓN (1:5—2:27)

1:5-10 *Viviendo en la luz.* Dios es "luz" o verdad (1:5; véase exposición sobre Juan 1:9-13) y no puede tener comunión con las tinieblas. No podemos pretender estar en comunión con Dios si persistimos en vivir en las tinieblas de la falsedad y del pecado (1:6). No obstante, si tratamos de vivir según la voluntad de Dios, gozaremos de comunión con otros creyentes y gozaremos de un continuado perdón de Dios (1:7). En esta vida nunca alcanzaremos una perfección exenta de pecado (1:8, 10; véase Fil. 3:12-14). Pero al confesar continuamente todos los pecados de que seamos conscientes, experimentaremos de manera continua la realidad de nuestro perdón de una vez por todas mediante Cristo (véase exposición sobre Ef. 1:13-14) y quedaremos libres de la mancha de injusticia.

"Confesar" (1:9) es *homologeo,* lo que significa "estar de acuerdo con". Cuando el Espíritu señala un pecado en nuestra vida, deberíamos en el acto estar de acuerdo con Él. En tanto que la sangre de Cristo nos limpiará de todo pecado, no nos limpiará ni de una sola excusa.

2:1-2 *"¡No pequen! Pero si lo hacen..."* Deberíamos querer estar libres de pecado. Pero cuando pequemos, podemos tener la certidumbre de que Cristo intercederá por nosotros ante Dios. "Propiciación" significa expiación. Su raíz griega se encuentra cuatro veces en el NT: 2:2; 4:10; Romanos 3:25, y Hebreos 9:5, donde se traduce "propiciatorio". Bajo la ley, el sumo sacerdote hacía expiación una vez al año por Israel rociando sangre sobre la cubierta del arca, el propiciatorio o trono de la gracia (véase Lv. 16:13-19). La muerte de Cristo es nuestro lugar de expiación, por cuanto la santidad de Dios queda satisfecha con su sangre.

"Si alguno hubiere pecado" no puede significar que la perfección sin pecado sea posible en esta vida (véase exposición sobre 1:5-10). Más bien, significa que la vida del creyente no debería estar caracterizada por el pecado.

2:3-11 *Dos maneras de saber que lo conocemos.* Podemos tener la certeza de que conocemos a Dios si

- tratamos de obedecer sus mandamientos y de imitar a Cristo (2:3-6)
- amamos a nuestros hermanos en la fe (2:7-11)

Por medio del amor, podemos vencer los poderes de las tinieblas. El mandamiento de amar es a la vez viejo (2:7; véase Mt. 22:34-40) y nuevo (2:8; véase Jn. 13:34; 15:12).

2:12-14 *Énfasis en la familia.* Estemos donde estemos en la familia de Dios, sea uno un nuevo creyente o maduro en la fe, podemos vencer a Satanás recordando nuestra salvación y nuestras victorias espirituales pasadas, y permaneciendo en la Palabra de Dios.

2:15-17 *"No amen... Amen..."* No deberíamos amar las cosas malas de este mundo, que pronto se desvanecerán. Más bien, deberíamos amar a Dios, que puede darnos vida eterna. Acerca de "los deseos de la carne, los deseos de los ojos, y la vanagloria de la vida", véase exposición sobre Mateo 4:1-11.

2:18-27 *Anticristos y la unción interna.* Juan advirtió acerca del venidero "anticristo" y de los muchos "anticristos" que le precederían (2:18; véase exposición sobre 4:1-6). Esos anticristos son maestros religiosos apóstatas que niegan a Cristo (2:22-23), con lo que demuestran que jamás lo conocieron (2:19). El Espíritu Santo, que "unge" al creyente, o reside en él, nos enseña toda verdad espiritual, y nos permite distinguir entre lo falso y lo verdadero (2:20-21; véase Jn. 16:13). Si la Palabra de Dios habita en nosotros, gozaremos de comunión con Dios, poseeremos la esperanza de la vida eterna, y comprenderemos la verdad espiritual (2:24-27).

"Y no tenéis necesidad de que nadie os enseñe" (2:27) debería ser interpretado a la luz de pasajes como Efesios 4:11-13, que nos muestra claramente que el Espíritu Santo emplea agentes humanos para enseñarnos.

LOS FRUTOS DE LA COMUNIÓN (2:28—3:24)

2:28—3:3 *Confiados en su venida.* Si vivimos de tal manera que mantenemos comunión con Cristo, estaremos confiados para estar ante Él cuando regrese (2:28-29). Dios nos ama lo suficiente como para llamarnos sus hijos en la tierra (3:1-2) y para prometernos cuerpos glorificados cuando Él regrese (3:2; véase Ro. 8:18-19; Fil. 3:20-21). A la luz de nuestra relación con Dios, deberíamos querer ser santos así como Él es santo (3:3; véase 1 P. 1:16).

3:4-9 *Una sencilla verdad: Si pecas, eres pecador.* Jesús vino a salvarnos del pecado y a destruir las obras de Satanás, el originador del pecado. Si nuestra vida está caracterizada por el pecado como cosa habitual, entonces no conocemos a Dios y no hemos sido verdaderamente salvados. En tanto que cada cristiano pecará ocasionalmente (véase exposición sobre 1:5-10), un verdadero cristiano no "continúa pecando" (3:6, RVR77).

3:10-15 *Otra sencilla verdad: Si aborreces, eres pecador.* Así como un cristiano no puede ser un pecador habitual, tampoco puede estar lleno de odio, como lo fue Caín. El amor es la señal segura del verdadero cristiano (véase exposición sobre 2:3-11; Gn. 4:1-8).

3:16-24 *¿Qué es mejor: obras de amor o palabras de amor?* Deberíamos mostrar nuestro amor con nuestras acciones, como lo hizo Cristo (3:16-18). Las acciones de amor nos dan todavía una mayor certidumbre de nuestra salvación (3:19, 21). Si verdaderamente somos salvos, incluso cuando nos sentimos condenados Dios sigue conociéndonos y aceptándonos (3:20; véase 2 Ti. 2:19). ¡Cuánto más maravilloso obedecer a Dios y amarnos unos a otros, y así poder allegarnos a Dios con una conciencia limpia y recibir las cosas que necesitamos de Él! (3:22-23).

EXHORTACIONES ACERCA DE LA COMUNIÓN (4—5)

4:1-6 *¿Estás tratando con el Espíritu verdadero?* No deberíamos creer a todo el que acuda pretendiendo inspiración divina. Puede haber aquellos que afirman reverenciar a Jesús como un gran maestro, pero solo los que le reconocen como Dios en la carne son verdaderamente cristianos. Todos los demás hablan por "el espíritu del anticristo" (4:3), y deberíamos evitarlos. Cuando esos falsos maestros acuden, podemos tener la confianza de que el Espíritu Santo que habita en nosotros es más poderoso que el malo que habita en ellos.

El anticristo

- aparecerá durante los últimos días (véase 2:18; 4:3)
- negará la deidad de Cristo (véase 2:22) y la humanidad de Cristo (4:3; véase 2 Jn. 1:7)
- ha tenido muchos prototipos ("anticristos") a lo largo de la historia (2:18; 4:3).

Aunque la palabra *anticristo* aparece solo en las cartas de Juan, varios otros pasajes se refieren a una persona a la que muchos eruditos identifican como el anticristo (véase exposición sobre los siguientes: Dn. 9:20-27; 11:36-45; 12:5-13; Zac. 11:15-17; 2 Ts. 2:1-11; Ap. 13:1-10).

4:7-21 *El fondo de la cuestión: Dios es amor.* Los cristianos deberían amar, porque Dios es amor (4:7-8) y nos ha mostrado qué es el verdadero amor (4:19). Dios demostró su amor enviando a su Hijo a morir por nuestros pecados (4:9-10, 14; véase Jn. 3:16). Podemos demostrar el amor a nuestra vez mediante nuestro interés y cuidado por los hermanos creyentes (4:11-12). Con ello, adquiriremos confianza en nuestra propia salvación (4:16-18). Cualquiera que afirma que ama a Dios pero odia a los demás, se engaña a sí mismo (4:20-21). El amor cristiano ha sido definido como un interés desprendido por el bienestar del prójimo. Podemos amar incluso a aquellos que no nos gustan.

5:1-5 *"Una vez más, así es como conocemos..."* Si verdaderamente hemos "nacido de nuevo" (Jn. 3:3), creeremos que Jesús es el Hijo de Dios, y experimentaremos una victoria constante sobre el mal (5:4).

5:6-10 *El testimonio de la Trinidad.* Cumpliendo la exigencia de la ley de dos o tres testigos (véase Dt. 19:15), la deidad de Cristo fue confirmada por tres testigos:

- el Espíritu
- el agua (el bautismo de Cristo)
- la sangre (su muerte)

La traducción de Reina-Valera de 5:7 refleja el contenido de unos manuscritos tardíos que añaden tres testigos en el cielo:

- el Padre (véase Mt. 3:17)
- el mismo Jesús ("el Verbo", Jn. 1:1)
- el Espíritu ("el Espíritu Santo")

Los tres testigos celestiales "son uno" (5:7, RV, RVR). Son una "Trinidad" (véase exposición sobre Gn. 1:26-31).

Hay también el testimonio dentro del corazón del creyente (5:9-10).

5:11-13 *El registro de la redención.* Dios nos ha dado vida eterna mediante Cristo, su Hijo (5:11-12). El motivo de que Juan escribiera esta carta era asegurarnos de esta vida eterna (5:13).

5:14-17 *Certidumbre cuando oramos.* Por cuanto tenemos la certidumbre de la vida eterna, podemos saber que Dios responderá a nuestras oraciones (5:14-15; véase Mt. 7:7-11; He. 4:16). Cuando vemos pecar a un hermano o a una hermana en la fe, deberíamos orar por él o ella, excepto si es "pecado de muerte" (5:16-17), lo cual al parecer involucra el que Dios se lleve al cielo a un cristiano carnal antes de lo que le habría correspondido (véase Ec. 3:2; véase exposición sobre He. 6:4-12; 10:26-31).

5:18-21 *"Una vez más: no pequen".* Una persona verdaderamente nacida de nuevo no peca habitualmente, sino que es preservada del poder de Satanás por el poder de la Palabra de Dios. Juan concluye recordando a sus lectores una vez más la deidad de Cristo, y advirtiéndolos contra la idolatría.

2 JUAN

—26-27 d.C.
Juan es llamado y sigue a Cristo

—31
Juan ministra en Samaria

—49
Pablo menciona a Juan como dirigente de la iglesia

—??-??
Juan ministra en Éfeso (?)

—85-95
Juan escribe 5 libros del NT

—98
Muerte de Juan

TRASFONDO

Juan quería advertir a una piadosa dama (1:1) acerca del peligro de dar hospitalidad o aliento a falsos maestros que viajaban por su región.

AUTOR

Véase *Juan: Autor* y *1 Juan: Autor.*

FECHA Y LUGAR

A. 85-95 d.C., después de 1 Juan y acerca del mismo tiempo que 3 Juan, desde Éfeso, lo mismo que Juan, 1 Juan y 3 Juan.

DESTINATARIOS

La epístola 2 Juan se dirige a "la señora elegida y a sus hijos" (1:1). Entre las interpretaciones que han sido sugeridas:

- una iglesia en los alrededores de Éfeso
- Marta de Betania (interpretación tradicional)
- una dama rica en la región de Éfeso, el punto de vista de la mayoría de los eruditos conservadores actuales.

PROPÓSITO

- Encomiar y alentar a una piadosa dama cristiana y a sus hijos por su vida y testimonio cristianos (1:1-6)
- Advertirlos en contra de dar hospitalidad o aliento a falsos maestros itinerantes (1:7-11)

RASGOS SINGULARES

- 2 Juan es el único libro del NT dirigido específicamente a una mujer.
- Es el único libro de la Biblia además de 1 Juan que emplea el término *anticristo* (1:7).
- Da un mandato específico acerca de las actitudes y acciones del creyente tocante a los falsos maestros.

COMPARACIÓN CON OTROS LIBROS DE LA BIBLIA

1 Juan:

- Ocho de los trece versículos de 2 Juan repiten los temas de 1 Juan.

3 Juan:

- 2 Juan advierte en contra de dar hospitalidad a falsos maestros; 3 Juan alienta a dar hospitalidad a verdaderos maestros.

BOSQUEJO

ENCOMIO, ALIENTO (1:1-6)
ADVERTENCIA (1:7-13)

ENCOMIO, ALIENTO (1:1-6)

1:1-6 *El amor y la verdad: ¡Son inseparables!* Juan escribe a una madre muy especial pero de la que no da el nombre, y la encomia a ella y a sus hijos por su piadoso andar en la fe (1:1-4). En frases reminiscentes de 1 Juan, la alienta a practicar el amor cristiano y a ser fiel a la verdad (1:5-6). Nunca podremos separar el amor y la verdad:

- La verdad sin amor conduce al legalismo.
- El amor sin la verdad conduce al liberalismo.

Pablo también une el amor con la verdad (véase Ef. 4:15).

ADVERTENCIA (1:7-13)

1:7-11 *"Manténte alerta contra los malvados"*. La fidelidad a la verdad es de especial importancia a la luz de los muchos falsos maestros que, quizá pretendiendo ser cristianos, niegan la humanidad de Cristo, y son por ello "anticristos" (1:7; véase exposición sobre 1 Jn. 4:1-6). Juan apremia a negar la hospitalidad a esas personas (1:10-11).

1:12-13 *"Concluyo ahora y firmo, y espero verte pronto"*. Juan tenía más cosas que decir a esta dama, pero pensaba que sería mejor hacerlo personalmente, y esperaba que este encuentro pudiera tener lugar en breve.

3 JUAN

—26-27 d.C.
Juan es llamado y sigue a Cristo

—31
Juan ministra en Samaria

—49
Pablo menciona a Juan como dirigente de la iglesia

—??-??
Juan ministra en Éfeso (?)

—85-95
Juan escribe 5 libros del NT

—98
Muerte de Juan

TRASFONDO

Desde su centro de actividad en Éfeso, Juan enviaba ministros itinerantes a las iglesias en la región alrededor. Gayo daba hospitalidad a los delegados apostólicos a su iglesia. Diótrefes, un dirigente eclesial imperioso, reprendió a Gayo por darles hospitalidad y prohibió a otros miembros de la iglesia que lo hicieran, bajo pena de excomunión (1:10). Cuando volvieron a Éfeso, los ministros itinerantes dieron un informe elogioso de Gayo y presentaron una condena dura contra Diótrefes. Juan escribió esta carta para encomiar a Gayo, condenar a Diótrefes e introducir a Demetrio, el portador de esta carta.

AUTOR

Véase *Juan: Autor* y *1 Juan: Autor.*

FECHA Y LUGAR

Véase *2 Juan: Fecha y lugar.*

DESTINATARIOS

Gayo (1:1), mencionado solo en este libro, y que no debe ser confundido con los otros tres hombres con este nombre en el NT.

PROPÓSITO

Véase *Trasfondo.*

RASGOS SINGULARES

- 3 Juan es de todo muy afectuoso. El término *querido amigo;* o *amado,* aparece cuatro veces (1:1, 2, 5, 11).
- Da indicios acerca de la vida eclesial en la iglesia del primer siglo.

BOSQUEJO

ENCOMIO A GAYO (1:1-8)
CONDENA DE DIÓTREFES (1:9-11)
PRESENTACIÓN DE DEMETRIO (1:12-15)

ENCOMIO A GAYO (1:1-8)

1:1-8 *¡La noticia que he recibido de ti me ha hecho feliz!* Juan oyó un grato informe acerca del testimonio de su buen amigo Gayo, lo que llenó de gozo al apóstol. Lo encomia especialmente por su hospitalidad a los evangelistas itinerantes.

CONDENA DE DIÓTREFES (1:9-11)

1:9-11 *Siempre hay uno en cada congregación.* Juan advirtió a Gayo acerca de Diótrefes, que había calumniado al mismo Juan y que intentaba excomulgar a cualquiera que se atreviera a estar en desacuerdo con él.

PRESENTACIÓN DE DEMETRIO (1:12-15)

1:12-15 *El espléndido testimonio de Demetrio.* En acusado contraste con Diótrefes estaba Demetrio, a quien Juan había presentado con una cuádruple recomendación (1:12):

- *pública:* "Todos dan testimonio de Demetrio"
- *escrituraria:* "y aun la verdad misma."
- *personal:* "y también nosotros damos testimonio"

Lo mismo que en el caso de la destinataria de su segunda carta, Juan esperaba poder ver a Gayo en breve (1:13-14).

—a. 30 d.C. (?)
Judas cree en el Cristo resucitado

—a. 69 (?)
Judas escribe su carta

—70
Destrucción de Jerusalén

JUDAS

TRASFONDO

Apenas 40 años después de la muerte de Cristo, muchos creyentes se habían vuelto descuidados en la doctrina y en la práctica, y había muchos falsos maestros que se cebaban en ellos. Judas escribió para alentar a los cristianos en su fe, y para advertirlos contra los falsos maestros.

AUTOR

Judas, hermano de Jacobo (Santiago) y medio hermano de Jesús (1:1; Mt. 13:53-56), y que, como sus otros hermanos, no creyeron en la deidad de Cristo hasta después de su resurrección (Jn. 7:5; Hch. 1:14). En el NT se mencionan otros seis hombres llamados Judas, pero el hecho de que el autor de esta carta no tuvo necesidad de identificarse más a sí mismo ni a Jacobo (Santiago), que era uno de los dirigentes en la iglesia de Jerusalén, da apoyo al punto de vista de que era bien conocido como hermano de Cristo y de Jacobo.

FECHA

Quizá alrededor del 69 d.C.:

- 1:14-18 parece describir a los falsos maestros acerca de los que había advertido Pedro (2 P. 2:1-19; 3:1-3). En tanto que Pedro, que escribía alrededor del 64-67, esperaba la llegada de los mismos en el futuro cercano (2 P. 2:1), ya habían hecho acto de presencia para el tiempo en que Judas escribía (1:4).
- Judas escribió probablemente antes de la caída de Jerusalén en el año 70, por cuanto si el acontecimiento ya hubiera ocurrido, habría sido natural que lo mencionase en conexión con el Éxodo (1:5).
- En 1:17 se sugiere que aunque la mayoría de los apóstoles ya había partido para cuando Judas escribió, muchos de sus lectores habían sido instruidos por ellos.

DESTINATARIOS

Los cristianos en todo lugar (1:1), aunque las referencias al AT y a otros escritos judíos sugieren que los destinatarios eran principalmente cristianos procedentes del judaísmo.

PROPÓSITO

Véase *Trasfondo.*

RASGOS SINGULARES

- Dirigida a los cristianos en todo lugar, Judas es la más general de todas las cartas del NT.
- Destaca la relación entre la recta creencia y la recta vida.
- Da una crónica de la oposición a Dios desde el principio de los tiempos (1:6) hasta el fin de los tiempos (1:14-15).
- Está repleta de ilustraciones tomadas del AT.
- Es la única referencia bíblica a
  - la disputa sobre el cuerpo de Moisés (1:9)
  - la profecía de Enoc (1:14-15)

COMPARACIÓN CON OTROS LIBROS DE LA BIBLIA

Santiago:

- Ambas cartas emplean metáforas de la naturaleza (1:10, 12-13; véase *Santiago: Rasgos singulares*).

2 Pedro:

- Judas dijo que de cierto ya habían llegado los falsos maestros que Pedro había profetizado que vendrían.

BOSQUEJO

ADVERTENCIA SOBRE LOS APÓSTATAS (1:1-16)

Advertencia de que han llegado los apóstatas (1:1-4)
El juicio de Dios sobre apostasías del pasado (1:5-7)
Descripción y suerte de los actuales apóstatas (1:8-16)

CONSEJO A LOS CREYENTES (1:17-25)

Recuerden las advertencias de la apostasía (1:17-19)
Guarden su comunión personal con Dios (1:20-23)
Den siempre alabanza a Dios (1:24-25).

ADVERTENCIA SOBRE LOS APÓSTATAS (1:1-16)

1:1-4 *"Es por esta razón que escribo".* Escribiendo a todos los creyentes amados y escogidos por el Padre y guardados por el Hijo (1:1), Judas dijo que originalmente había planeado escribir acerca del tema de la salvación, pero que se sintió conducido en lugar de ello a afrontar el grave problema de la apostasía religiosa (1:3-4). La palabra usada en el versículo 3 (traducida "me ha sido necesario") significa "apretar, comprimir". Dios literalmente apretó a Judas a escribir acerca de la apostasía (comparar 1 Co. 9:16).

Debemos "contender ardientemente por la fe que ha sido una vez dada a los santos" (1:3).

- La defensa de la verdad implica tanto estar a la ofensiva como a la defensiva, de lo que es un ejemplo Nehemías (véase Neh. 4:16-18).
- Ahora, en tiempos posbíblicos, la verdad nos ha sido dada "una vez", esto es, de una vez por todas, en el canon de la Escritura (véase *Cómo recibimos la Biblia,* p. 949). No debemos añadir ni quitar a ella (véase Ap. 22:18-19).

1:5-7 *Tres grupos culpables.* Dios juzgó severamente la apostasía en el pasado, como en los casos de Israel durante el Éxodo, de un cierto grupo de ángeles caídos, y de Sodoma y Gomorra (comparar 2 P. 2:4-8).

1:8-10 *Animales irrespetuosos.* Los falsos maestros, como animales irracionales, eran arrogantes e inmorales, incluso blasfemando de las potestades superiores. Judas contrastaba la arrogancia de éstos con la humildad del arcángel Miguel, que fue remiso en acusar directamente al mismo Satanás. La ocasión en que Miguel se enfrentó con Satanás no se registra en las Escrituras, pero aparece registrada en el libro extrabíblico de *La asunción de Moisés.*

1:11 *Ejemplos sacados de la historia.* Judas comparaba a los apóstatas presentes con tres apóstatas históricos, todos los cuales tienen sus imitadores en la actualidad:

- Caín, que desdeñó los deseos de Dios y ofreció un sacrificio incruento (véase Gn. 4:1-4; He. 11:4; 1 Jn. 3:12). Muchos en la actualidad, en tanto que pretenden ser cristianos, dejan a un lado la Palabra de Dios.
- Balaam, el codicioso profeta contratado para que maldijese a Israel, y que fue reprendido por su propia asna (véase Nm. 22:1—25:9; Ap. 2:14). Muchos en la actualidad tratan el evangelio como una mercancía.
- Coré, que calumnió a Moisés y se rebeló contra él (véase Nm. 16). Los actuales apóstatas hablan mal de los que hablan de parte de Dios.

1:12-13 *Ejemplos sacados de la naturaleza.* Los apóstatas buscan su propio beneficio, como nubes sin lluvia, árboles sin fruto o estrellas errantes que son por ello inútiles como guías para los viajeros.

1:14-16 *Hasta Enoc los vio venir.* Citando una profecía de Enoc, Judas declara que Dios juzgará un día a esos falsos maestros. Enoc predijo la segunda venida de Cristo y el juicio que el Padre haría siglos antes que Cristo viniera en su primera venida. Incluso así, su predicción del regreso de Cristo "con sus santas decenas de millares" tiene una notable semejanza con predicciones hechas por Pablo y Juan (véase 1 Ts. 3:13; Ap. 19:11-14). Judas citó la predicción de Enoc que aparece en el libro apócrifo de Enoc, escrito a. 100 a.C.

CONSEJO A LOS CREYENTES (1:17-25)

1:17-19 *Advertencias más recientes acerca de la apostasía.* Pasando a un tiempo más cercano al suyo, Judas recordaba a sus lectores que los apóstoles habían advertido acerca de los falsos maestros (véase 2 P. 2:1). Acerca de "el postrer tiempo", véase exposición sobre 1 Timoteo 4:1-11.

1:20-23 *"Fortalézcanse a ustedes mismos, y también a otros".* Frente a una enseñanza tan errónea y peligrosa, los cristianos deberían practicar las virtudes hermanas de la oración y de la paciencia, edificándose en la fe mientras esperan el regreso de Cristo (1:20-21). Al mismo tiempo, deberían cuidarse de las necesidades espirituales de otros, desde aquellos que abrigan dudas honestas hasta aquellos que están al borde mismo del infierno (1:22-23).

1:24-25 *¡El Redentor se regocijará con los redimidos!* Judas concluye con alabanza a Jesús, que nos puede guardar del pecado (véase Ro. 16:25) y que se regocijará cuando nos presente sin mancha delante de Dios (véase Col. 1:22).

APOCALIPSIS

—26-27 d.C.
Juan es llamado y sigue a Cristo

—31
Juan ministra en Samaria

—49
Pablo menciona a Juan como dirigente de la iglesia

—??-??
Juan ministra en Éfeso (?)

—85-95
Juan escribe 5 libros del NT

—98
Muerte de Juan

TRASFONDO

A finales del primer siglo d.C., las iglesias de Asia Menor se encontraban en peligro debido a dos adversarios: la persecución y la herejía, siendo el mayor de los peligros, a gran distancia, la herejía. El Cristo ascendido mandó a Juan, el anciano apóstol, que hiciera frente a esta apremiante situación (1:17-19). Esas iglesias necesitaban una renovada visión de Dios y una revelación de sus gloriosos planes para su futuro.

Es cosa bien apropiada que Apocalipsis viene como el último libro del canon bíblico, porque es la culminación de todo lo que ha venido antes al predecir el cumplimiento definitivo de la empresa divina de redimir a la humanidad perdida.

Hay dos posturas principales acerca de cómo se deberían interpretar las profecías de Apocalipsis (principalmente 4—22). Algunos contemplan esos capítulos como una imagen simbólica del triunfo final de Cristo y de su iglesia sobre Satanás. Otros contemplan esas profecías de manera más literal. El hecho de que tantas profecías bíblicas hayan sido ya cumplidas literalmente sugeriría que este último punto de vista es el más acertado.

AUTOR

Juan, el discípulo amado, apóstol y anciano (1:1, 9; 22:8). El testimonio de los padres de la iglesia confirma unánimemente la paternidad de Juan. Las semejanzas de vocabulario y estilo literario con otros escritos de Juan también lo confirman (Véase *Juan: Autor*).

FECHA Y LUGAR

Según la tradición, en a. 95-96 d.C., en los últimos años del reinado del emperador romano Domiciano, que había lanzado una persecución contra los cristianos. Juan escribió desde Patmos (1:9), una isla rocosa volcánica en el Mar Egeo, de unos 16 kilómetros de longitud y 10 de anchura, a la que probablemente había sido desterrado por Domiciano a causa de su fe (1:9).

DESTINATARIOS

"Siete iglesias" en la provincia romana de Asia (1:4, 11; 2-3). Geográficamente, estas iglesias (ciudades) estaban dispuestas aproximadamente en un círculo, que concuerda con la figura de 1:12-18, donde se ve a Cristo como rodeado por ellas.

PROPÓSITO

- Dar a los creyentes una visión renovada del Señor resucitado, ascendido y gobernante (1).
- Llamar al arrepentimiento y a la renovación (2—3)
- Revelar los planes futuros de Dios para su iglesia (4—22)

RASGOS SINGULARES

- Apocalipsis comienza y termina con la segunda venida de Cristo (1:7; 22:20).
- Comienza y termina con el Señor Jesús en el centro de todas las cosas (1:13; 22:1-5).
- Contiene más referencias al AT que cualquier otro libro del NT.
- Números —especialmente 4, 7, 12 y 24— tienen un papel destacado.
- Apocalipsis pronuncia bendiciones sobre
  - "los que oyen y guardan las palabras de esta profecía" (1:3)
  - "los muertos que mueren en el Señor" (14:13)
  - todo aquel "que vela" por Cristo (16:15)
  - "los que son llamados a la cena de las bodas del Cordero" (19:9)
  - "el que tiene parte en la primera resurrección" (20:6)
  - "el que guarda las palabras de la profecía de este libro" (22:7)
  - "los que lavan sus ropas, para tener derecho al árbol de la vida" (22:14)

COMPARACIÓN CON OTROS LIBROS DE LA BIBLIA

Véase *Génesis; Ezequiel; Daniel: Comparación con otros libros de la Biblia.*

Daniel:

- Mucho del simbolismo de Apocalipsis se basa en Daniel.
- A Juan se le manda revelar (22:10) lo que a Daniel se le mandó que ocultase (Dn. 8:26; 12:8-9).

2 Tesalonicenses 2:

- 2 Tesalonicenses 2 muestra el origen y caída del anticristo; Apocalipsis da los detalles de su origen, carrera y caída.

2 Pedro 3:

- En ambos libros se presenta el fin de la tierra y el comienzo del cielo:
  - 2 Pedro 3 da detalles acerca del fin de la tierra, y menciona los nuevos cielos y la nueva tierra.
  - Apocalipsis menciona el fin de la tierra y da detalles acerca de los nuevos cielos y de la nueva tierra.

BOSQUEJO

Juan revela el bosquejo de su profecía en 1:19: "Escribe las cosas que has visto, y las que son, y las que han de ser después de estas".

LAS COSAS QUE HAS VISTO: CRISTO EN LA GLORIA DE SU ASCENSIÓN (1)
- Prólogo (1:1-8)
- La visión (1:9-20)

LAS [COSAS] QUE SON: LOS MENSAJES A LAS IGLESIAS (2—3)
- Éfeso (2:1-7)
- Esmirna (2:8-11)
- Pérgamo (2:12-17)
- Tiatira (2:18-29)
- Sardis (3:1-6)
- Filadelfia (3:7-13)
- Laodicea (3:14-22)

LAS COSAS QUE HAN DE SER DESPUÉS DE ESTAS: EL PLAN DE CRISTO PARA EL FUTURO (4—22)
- El divino juez (4—5)
- La tribulación (6—19)
  - Los siete sellos (6—8:5)
  - Las siete trompetas (8:6—11)
  - La mujer, el niño y el dragón (12)
  - La bestia y el falso profeta (13)
  - El coro angélico; evangelistas angélicos (14:1-13)
  - Visión anticipada del Armagedón (14:14-20)
  - Siete copas (15—16)
  - La condenación de Babilonia (17—18)
  - El triunfo de Cristo; Armagedón (19)
- El encarcelamiento de Satanás (20:1-3)
- El milenio (20:4-6)
- La final rebelión y condenación de Satanás (20:7-10)
- Juicio; la condenación de los injustos (20:11-15)
- Nuevos cielos y nueva tierra (21:1—22:5)
- Conclusión (22:6-21)

LAS COSAS QUE HAS VISTO: CRISTO EN LA GLORIA DE SU ASCENSIÓN (1)

1:1-4a *Del Padre al Hijo, a un ángel, a Juan, a las iglesias.* Juan quería impartir a las siete iglesias en Asia una visión que Cristo le había revelado mediante ángeles, acerca de "las cosas que deben suceder pronto". El "tiempo" que "está cerca" (1:3) no se refiere al tiempo como medido por relojes y calendarios (gr. *chronos*) sino a *kairos,* que significa una sazón fija, determinada. La sazón fija que está aquí a la vista, como la profetizó Daniel, es aquel tiempo en que Dios llevará soberanamente la historia humana a una culminación (véase exposición sobre Dn. 9:20-27).

1:4b-8 *Nuestro resucitado Redentor.* Juan escribió en el nombre de Dios el Padre y de Jesucristo, que, habiendo sido levantado de entre los muertos, es el rey de toda la tierra (1:4-6). Todo Israel reconocerá un día a este Mesías a quien "traspasaron" (1:7; véase exposición sobre Zac. 12:10-14). Toda la humanidad lo reconocerá también (1:7; véase exposición sobre Is. 45:14-25). Compárese 1:8 con 21:6; 22:13; Isaías 41:4.

La descripción que hace Cristo de sí mismo como el "Alfa y la Omega" aparece solo en Apocalipsis (1:8; véase 21:6; 22:13). Esta frase se refiere a las letras primera y última del alfabeto griego. Dios se había descrito anteriormente a sí mismo como "el Primero y el Último" (Is. 44:6; 48:12).

1:9-11 *Una trompeta en Patmos.* Tras haber sido exiliado a Patmos por su fe (véase *Fecha y lugar*), Juan oyó la voz de Cristo "como de trompeta", que le decía que escribiera las cosas que vería en una visión y que lo enviase a siete iglesias específicas. Juan había sido probablemente exiliado por Domiciano, el hermano de Tito, que había destruido Jerusalén hacía unos 25 años, en el 70 d.C. Así, Dios permitió que un gobernante pagano destruyera su ciudad terrenal, y luego usó a su hermano para dar la oportunidad para la revelación de su ciudad celestial.

A Juan se le dijo varias veces que *escribiera* lo que había visto (véase 1:19; 3:1; 14:13). Pero una vez le fue prohibido (véase 10:4).

1:12-18 *Un atisbo de su gloria.* Tras oír la trompeta, Juan se volvió y vio al Cristo resucitado, en medio de siete candeleros de oro, y sosteniendo siete estrellas en su mano, y con su rostro resplandeciente como el sol (1:12-16). El efecto sobre Juan de esta visión fulgurante fue nada menos que paralizador, y se postró a los pies de Cristo, ante lo que Él le dijo palabras tranquilizadoras (1:17-18).

Juan había andado con Cristo y había gozado de una estrecha amistad con Él durante tres años. Había sido testigo de sus milagros y había oído sus predicaciones. Lo había contemplado morir en la cruz, se había regocijado en su resurrección, y había contemplado su ascensión. Pero todo aquello había sucedido unos 60 años antes. Ahora, se sentía abrumado al ver al Redentor en todo su cegador resplandor. Pero el amante Señor de Juan llevó a cabo en el acto aquella obra tierna de la que el apóstol había sido testigo tantas veces: extendió Su mano y tocó al necesitado.

Jesús aseguró a Juan: "Yo soy el que vivo, y estuve muerto" (1:18). El verdadero símbolo del cristianismo no es la cruz, sino el sepulcro vacío.

Jesús tiene "las llaves de la muerte y del Hades" (1:18). Hay cinco llaves mencionadas en el NT, y nuestro Señor las lleva todas. Las otras cuatro son: "Las llaves del Reino" (Mt. 16:19); "la llave del conocimiento" (Lc. 11:52); la llave del trono de David (3:7); "la llave del abismo" (20:1; véase 9:1).

1:19-20 *"Escríbelo todo, incluso este secreto".* Le fue dicho otra vez a Juan que escribiera todo lo que viera en la visión (véase *Bosquejo*). El Señor reveló que las siete lámparas eran siete iglesias específicas. Al oírlo, Juan seguramente comprendió por qué Cristo iba vestido de aquella manera (véase 1:13); era ahora nuestro gran Sumo Sacerdote, cuidando de los candeleros (representando a su pueblo), igual que Aarón había cuidado del candelero en el tabernáculo.

LAS [COSAS] QUE SON: LOS MENSAJES A LAS IGLESIAS (2—3)

2:1 *A los cristianos en Éfeso.* Juan recibió ahora mensajes especiales para cada una de las siete iglesias. Éfeso era el principal centro religioso y comercial de la provincia romana de Asia, y ejercía su influencia sobre el oriente y el occidente, sobre Europa y Asia. Con unas medidas de 72 x 126 metros, el templo de Diana era el mayor de todos los templos griegos (véase *Efesios: Trasfondo*).

2:2-7 *"Tienen mucho de que ser alabados, pero..."* Los cristianos en Éfeso habían sufrido con paciencia, exhibían unas elevadas normas de conducta y ejercitaban el discernimiento espiritual, pero habían dejado su primer amor (2:4). Cristo les dijo que hicieran tres cosas (2:5):

- *recordar* la fe que habían amado (dar sus *cabezas* a Cristo)
- *arrepentirse* (dar sus *corazones* a Cristo)
- *repetir* las primeras obras (dar sus *manos* a Cristo)

Si hacían esas cosas, participarían del árbol de la vida (2:7). Si dejaban de responder, su "candelero" sería quitado (2:5; véase 1:20). Dios plantó el "árbol de la vida" en Edén (Gn. 2:9). Cuando Adán y Eva pecaron, este árbol desapareció de la historia humana, y no volvió a ser mencionado más hasta 2:7 (véase también 22:2, 14).

Aquel que "venciere" (2:7) es cualquiera que verdaderamente cree en Cristo (véase 1 Jn. 5:4-5). La identidad de los nicolaítas (2:6, 15) se desconoce. Al igual que con sus palabras a cada una de las iglesias, Cristo comenzó su exhortación a los efesios con: "Yo conozco tus obras", y terminó con "El que tiene oído, oiga ..."

2:8 *A los cristianos en Esmirna.* A unos 65 kilómetros al norte de Éfeso, Esmirna era una ciudad costera de rara belleza en una ruta comercial que iba de la India a Persia a Roma. Célebre por sus escuelas de ciencia y medicina, por sus hermosos edificios y anchas calles pavimentadas, también se ufanaba de su templo a Baco, el dios del vino. Según la tradición fue el lugar de nacimiento de Homero.

2:9-11 *Un momento de dolor, una corona de vida.* Los cristianos de Esmirna habían sido calumniados e iban a ser pronto encarcelados, bajo la influencia de la comunidad judía de su ciudad. Pero si eran fieles, aunque murieran, recibirían la vida eterna. Según la historia extrabíblica, los judíos de Esmirna denunciaron a los cristianos por rehusar dar culto al Emperador, ganándose con ello la descripción que hace Juan de ellos como la "sinagoga de Satanás" (2:9), descripción esta que comparten los judíos de Filadelfia (3:9).

Jesús advirtió a esta iglesia que padecerían "tribulación por diez días" (2:10). Puede que significase un período real de diez días, o puede que sea una profecía de 10 intensos períodos de persecución que caerían a su tiempo sobre la iglesia a manos de diez emperadores romanos, y durante las cuales se estima que murieron mártires cinco millones de santos. Como porcentaje de la población del mundo en el siglo primero, esto sería equivalente al martirio de 100 millones de cristianos en la actualidad.

2:12 *A los cristianos en Pérgamo.* Esta ciudad se encontraba a unos 130 kilómetros al norte de Éfeso, era la capital política de Asia. Su famosa biblioteca de 200.000 ejemplares fue regalada por Marco Antonio a Cleopatra. Los habitantes de Pérgamo pueden haber sido los primeros en emplear el pergamino.

2:13-17 *"Manténganse firmes... abandonen la falsa doctrina".* Juan describe Pérgamo como la sede del trono de Satanás (2:13). La historia confirma que era una ciudad dada a la idolatría y al culto al emperador más que cualquier otra ciudad de Asia. La iglesia se había mantenido fiel a Cristo pero toleraba a los que mantenían las enseñanzas de Balaam (2:14; véase Nm. 22:1—25:9; Jud. 1:11) y de los nicolaítas (2:15). La elección que tenían ante ellos era bien simple: Arrepiéntanse y gocen de la vida eterna, o persistan en tolerar el mal y les traerá la ira de Dios (2:16-17).

El personaje llamado Antipas (2:13) no aparece en ningún otro registro histórico. Pero Dios lo sabía todo sobre este humilde creyente que vivió y murió por Cristo (véase Jn. 10:3; 2 Ti. 2:19).

2:18 *A los cristianos en Tiatira.* A unos 50 kilómetros al sudeste de Pérgamo,

LAS SIETE IGLESIAS DE APOCALIPSIS (Ap. 2:1—3:22)

era famosa por sus gremios de curtidores, alfareros, tejedores, tintoreros y sastres, cada uno de ellos dedicado a una deidad pagana. Lidia, vendedora de tinte de púrpura y primera persona convertida por Pablo en Europa (véase Hch. 16:14), era de esta ciudad.

2:19-29 *"Lo están haciendo bien, de modo que dejen de tolerar a Jezabel".* Los creyentes de Tiatira estaban creciendo en la fe, pero ellos, lo mismo que los creyentes de Pérgamo, estaban tolerando falsa doctrina, como el ministerio de una profetisa que llevaba bien idóneamente el nombre de Jezabel (véase 1 R. 16:28—19:21; 21) y que fomentaba la inmoralidad y la idolatría. Juan pronunció una maldición sobre Jezabel y sobre sus seguidores (2:22-23) y apremió al resto de la gente a permanecer fieles a Cristo (2:24-29).

3:1 *A los cristianos en Sardis.* Esta ciudad se encontraba a unos 56 kilómetros al sur de Tiatira, había sido una ciudad rica e importante en los tiempos antiguos. Destruida por un terremoto en el 17 d.C., y reconstruida por Tiberio César, nunca recuperó su anterior gloria pero mantuvo su comercio de alfombras y lanas.

3:1-6 *"¡Qué triste: Te has dormido en tus laureles!"* Así como su ciudad era principalmente conocida por su grandeza del pasado, los cristianos de Sardis tenían reputación de vida consagrada, pero estaban al borde de la muerte espiritual. El consejo de Cristo: Recuerda las cosas recibidas; arrepiéntete y obedece.

3:7 *A los cristianos en Filadelfia.* La ciudad fue fundada cerca del 150 a.C. por Filadelfo, gobernante de Pérgamo, en un esfuerzo por introducir la cultura griega en su región. Fue destruida en el año 17 por el mismo terremoto que arrasó a Sardis, y lo mismo que Sardis, fue reconstruida por Tiberio César. Filadelfia tenía una gran población judía y era conocida por su excelente vino.

3:7-13 *La puerta abierta que nadie puede cerrar.* La iglesia de Filadelfia, aunque pobre, pequeña y perseguida, se había mantenido fiel a Cristo. Era la única de las siete iglesias en las que el Señor no encuentra falta. Más bien, le promete una "puerta abierta" (3:8; comparar Hch. 14:27; 1 Co. 16:9; 2 Co. 2:12; Col. 4:3), y preservación de la próxima persecución (3:10) y un lugar de honra en su reino venidero (3:11-13). Como el Rey final y eterno en la línea de David, Cristo tiene poder para admitir a las personas a su reino eterno, o para excluirlas del mismo (3:7; véase Is. 22:22).

3:14 *A los cristianos en Laodicea.* A 18 kilómetros al oeste de Colosas, fue fundada por Antioco Epífanes (véase exposición sobre Dn. 11:2-20) y fue nombrada por su mujer. Conocida como centro bancario, era inmensamente rica, y estaba adornada con espléndidos templos y teatros. Era célebre por su manufactura de ropajes de una lana negra lustrosa, y por sus fuentes de agua caliente mineral. Quizá debido a su excelente escuela médica, Laodicea era también famosa por su colirio, llamado *cellyrium.*

3:15-22 *Llamando en una puerta tibia.* En tanto que el Señor no dice nada malo acerca de la iglesia de Filadelfia, no dice nada bueno de la iglesia en Laodicea. estos no eran ni fríos ni calientes. Pensaban que lo tenían todo, como su ciudad, pero Dios les dijo que no tenían nada. Por ello, por cuanto eran tibios, Dios los iba a "escupir" de su boca. El agua de las fuentes termales de Laodicea era gustosa solo si era muy caliente. Cuando era tibia, daba náuseas. Los laodicenses son llamados a apartarse de su indiferencia (3:19). Cristo se presenta de pie junto a la puerta de sus corazones, esperando que los abran para Él (3:20-22). En una famosa representación artística de este versículo, se ve a Cristo llamando a una puerta sin manilla: La puerta de nuestros corazones solo se puede abrir desde dentro.

LAS COSAS QUE HAN DE SER DESPUÉS DE ESTAS: EL PLAN DE CRISTO PARA EL FUTURO (4—22)

4:1 *Nuestro hombre en el cielo.* Juan fue al parecer transportado al cielo para contemplar los acontecimientos del futuro y para informar de ellos a sus lectores. Comienza esta nueva sección con las palabras: "Después de esto…" (o: "Después de estas cosas …") (4:1; véase *Bosquejo*). Los acontecimientos de 4—5 preparan el escenario para la gran tribulación al final de la historia humana (6—19), después que la iglesia haya sido arrebatada al cielo en el Arrebatamiento (véase *Isaías: Trasfondo;* exposición sobre Mt. 24—25 y sobre 1 Ts. 4:13-18). Habiendo sido mencionada casi 20 veces en 1—3, la iglesia desaparece ahora de la escena hasta 19:7, donde reaparece como la gloriosa esposa de Cristo.

4:2-5 *Un trono rodeado de tronos.* Juan vio la gloria de Dios el Padre en su trono (4:2-3). Encontró esta visión demasiado abrumadora para dar ninguna descripción física, aparte de decir que Dios era "semejante a piedra de jaspe y de cornalina". Alrededor del trono de Dios había 24 tronos más pequeños, en los que estaban sentados 24 ancianos, vestidos de blanco con coronas de oro (4:4). Del trono de Dios emanaban truenos, relámpagos y voces.

Algunos sugieren que los 24 ancianos, que vuelven a aparecer varias veces en la visión de Juan, eran seres angélicos. Otros creen que pueden haber sido un cuerpo representativo de santos del AT y del NT (comparar 21:12-14). Este último punto de vista es sugerido por el hecho de que la palabra griega para sus coronas es *stephanos,* que se emplea en otros lugares del NT para describir las coronas o recompensas de los creyentes vencedores (véase 1 Co. 9:25; 1 P. 5:4), y no *diadema,* que describe una corona llevada por la realeza, o, en Apocalipsis, por seres sobrenaturales (véase 12:3; 13:1; 19:12).

Algunos consideran los "siete espíritus de Dios" (4:5; véase 1:4) como siete ángeles. Otros contemplan la frase como una descripción del Espíritu Santo en su perfección.

4:6-11 *"¡Al suelo van las coronas!"* También alrededor del trono de Dios había cuatro "seres vivientes" similares a los que había visto Ezequiel (véase Ez. 1:10; véase exposición sobre Ez. 10:1-22), cuyo único propósito era proclamar la santidad de Dios. Siempre que los seres vivientes adoraban a Dios, los 24 ancianos se quitaban las coronas y se unían en la adoración a Él por su obra en la creación (4:11). Todo lo que la Biblia nos cuenta acerca de Dios pertenece a una de dos categorías:

- su obra en la creación (Gn. 1—2)
- su obra en la redención (Gn. 3—Ap. 22)

Tras haber celebrado la creación, los seres vivientes y los ancianos pronto celebrarán la redención (5:8-10). A lo largo de la eternidad, los redimidos celebrarán estos dos aspectos de la actividad de Dios.

5:1-7 *Ninguno digno, excepto….* Dios sostenía en su diestra un rollo sellado con siete sellos, que nadie pudo abrir (5:1-4) hasta que el mismo Cristo se presentó y se ofreció a ello (5:5-7). Parece que el rollo contenía la última voluntad y testamento de Dios acerca de su mundo: la introducción de su largamente esperado milenio (véase exposición sobre 20:1-6 e *Isaías: Trasfondo*). Los siete sellos representan siete juicios que purificarán el planeta en preparación del milenio (véase 6—19). En la antigua Roma, los documentos que contenían dinero llevaban cinco sellos, pero solo los documentos más graves, los que tenían que ver con cuestiones de vida o muerte, tenían siete sellos.

Cristo es anunciado como "el león de la tribu de Judá", que había "vencido" (5:5). Pero cuando Juan miró, en lugar de un león vencedor, vio "un Cordero como inmolado" (5:6). Cristo había verdaderamente vencido ¡mediante su muerte en el Calvario! Es representado con siete cuernos, símbolo de un poder y de una autoridad perfectos; y siete ojos, lo que simboliza un conocimiento y una sabiduría en perfección.

5:8-10 *El nuevo cántico de la redención.* Cuando Cristo tomó el rollo, las criaturas y los ancianos cantaron un segundo himno de alabanza (comparar 4:11), centrando este tiempo en la obra de Dios en la redención. Debido a que fue inmolado por nuestros pecados, Cristo es digno de ejecutar los juicios de los siete sellos (6—19).

5:11-14 *¡Digno es el Cordero!* Las criaturas y los ancianos son acompañados ahora por incontables miríadas de ángeles, todos ellos proclamando la dignidad de Cristo. Acerca de "el Cordero . . . es digno" (5:12), véase exposición sobre Génesis 22:1-24. Incluso los inconversos —los de "debajo de la tierra"— alabarán al digno Cordero (5:13; véase exposición sobre 45:14-25).

6:1-2 *El primer sello: Un hombre en un caballo blanco.* Cuando Cristo abrió el primer sello en el rollo del juicio de la tribulación, Juan vio un hombre en un caballo blanco que vencerá, al parecer sin derramamiento de sangre; es una imagen del anticristo (véase exposición sobre 13:1-10) que someterá el mundo mediante un engaño pacífico (véase 1 Ts. 5:3).

6:3-4 *El segundo sello: Derramamiento de sangre y rebelión.* Cuando fue abierto el segundo sello, Juan vio un jinete en un caballo bermejo, que traerá la paz sobre la tierra. La paz del anticristo resultará falsa y temporal.

6:5-6 *El tercer sello: Hambre a nivel mundial.* La abertura del tercer sello trajo un jinete en un caballo negro y escenas de hambre a escala mundial hasta el extremo de que un pan costará el sueldo de un día entero.

6:7-8 *El cuarto sello: Un caballo amarillo.* El cuarto sello reveló dos jinetes, llamados Muerte y Hades, que por diversos medios darán muerte a una cuarta parte de toda la población del mundo, una destrucción mucho mayor que la de la Segunda Guerra Mundial, en la que murieron 1 de cada 40 seres humanos.

6:9-11 *El quinto sello: ¿Hasta cuándo? ¡No mucho!* Juan vio ahora en el cielo las almas de santos martirizados. Quieren saber cuándo Dios vengará la sangre de ellos, y se les asegura que su vindicación vendrá tan pronto como todos los destinados a morir por su fe lo hayan sufrido (6:11; véase He. 11:40). Esos mártires están "bajo el altar" (6:9). Esto podría significar que han sido sacrificados por su fe (comparar 2 Ti. 4:6) o que están cubiertos por la sangre de Cristo; cosas ambas que son verdad. Esos versículos dan unas importantes pistas acerca del estado actual de los muertos:

- Esos creyentes martirizados parece que no tendrán participación en el Arrebatamiento, que ya habrá tenido lugar (véase exposición sobre 4:1). Se trata probablemente de santos del AT, que resucitarán en la primera resurrección (véase exposición sobre 20:1-6 y sobre 1 Co. 15:20-28).
- Pero estos santos tienen cuerpos de alguna especie, lo que les

posibilita que hablen y que lleven sus vestiduras blancas. Están plenamente conscientes, no en forma alguna de sueño del alma (véase exposición sobre Lc. 16:19-31).

6:12-17 *El sexto sello: Los continentes tiemblan, caen las estrellas, se ocultan los pecadores.* Los aterradores resultados de la apertura del sexto sello harán que todos los inconversos, grandes y pequeños, se escondan en cavernas y pidan a las peñas que los aplasten antes que tener que hacer frente a la ira de Dios. (Comparar 6 con Mt. 24:3-31.)

7:1-8 *"¡No comiencen hasta que hayamos sellado a sus siervos!"* Los ángeles de Dios impedirán luego toda devastación adicional hasta que hayan "sellado en sus frentes a los siervos de nuestro Dios" (7:3; véase 14:1). Estos 144.000 judíos, 12.000 de cada una de las 12 tribus de Israel (7:5-8), evangelizarán a todo el mundo, en cumplimiento de Mateo 24:14.

7:9-17 *¡Qué gran multitud! ¡Qué gran celebración!* Juan vio luego una inmensa multitud de todas las naciones, demasiado numerosa para contarla, de pie delante del trono de Cristo, regocijándose de su salvación, y a la que su Señor ministraba. Esos, le fue dicho, son los que han encontrado la salvación durante "la gran tribulación" (7:14).

8:1-6 *Un momento de silencio, y luego las trompetas.* Cuando se abrió el séptimo sello, hubo silencio durante media hora. Luego un ángel ofreció incienso, mezclado con las oraciones del pueblo de Dios, y siete ángeles se prepararon para tocar sus trompetas, anunciando juicios adicionales. El juicio del séptimo sello incluye los de las siete trompetas y de las siete copas que siguen (8—19).

8:7-13 *Cuatro trompetas, y después: "¡atención, que vienen las otras tres!"* Los primeros cuatro ángeles tocaron sus trompetas, introduciendo varias devastaciones en la tierra, incluyendo lo que podría ser un meteorito (8:10-11). Un águila (8:13) declaró luego que los juicios que las tres siguientes trompetas iban a introducir serían sumamente peores. Esos serían los tres *terrores* o "ayes" (8:13; véase 9:12; 11:14). Las señales cósmicas de 8:12-13 recuerdan las palabras de Amós 8:9 y de Lucas 21:25.

9:1-12 *La quinta trompeta: Langostas del pozo del abismo.* Al sonar la quinta trompeta, "una estrella que cayó del cielo", al parecer un demonio, abre "el pozo del abismo", liberando demonios como langostas y con aguijón de escorpiones. Durante cinco meses angustiosos, atormentarán a los que no tienen el sello de la salvación de Dios (9:4-5). Sus víctimas querrán morir, pero la muerte los eludirá (9:6).

El "pozo del abismo" mencionado dos veces en estos versículos vuelve a aparecer en 11:7; 17:8 y 20:1-3. Algunos eruditos creen que esta morada de demonios está situada en el corazón de nuestro planeta. Los demonios del abismo serán conducidos por Apolión, cuyo nombre significa "destructor" (9:11).

9:13-21 *La sexta trompeta: Jinetes infernales.* La sexta trompeta reveló otro ejército demoníaco, este de 200 millones de efectivos, lanzada desde las cercanías del río Éufrates con la misión de dar muerte a una tercera parte de la población mundial (9:131-19). Con una cuarta parte de la humanidad ya muerta (véase 6:8), este segundo embate dejará menos de la mitad de la población mundial con vida, pero los supervivientes no se arrepentirán, sino que solo intensificarán su idolatría, inmoralidad y rebelión contra Dios (9:20-21).

Si los incrédulos de los tiempos de la tribulación aparecen endurecidos y no arrepentidos, solo es necesario mencionar otros ejemplos históricos de incredulidad:

- los antediluvianos, todos los cuales fueron destruidos excepto ocho (véase 1 P. 3:20)
- Sodoma, donde ni siquiera fueron hallados diez justos (véase Gn. 18:32)
- los israelitas del Éxodo, todos los cuales murieron por su incredulidad, exceptuando a dos (véase Nm. 14:29-30)
- los cananeos, que fueron destruidos por sus pecados (véase Dt. 9:4)
- Israel, destruida por su desobediencia (véase 2 R. 17:7-23; 2 Cr. 36:14-16)
- la mayoría judía que rechazó a Cristo (véase Hch. 7:51-53)

Obsérvense las semejanzas de las despreciativas descripciones que hacen Juan e Isaías del culto a los ídolos (9:20; véase exposición sobre Is. 44:6-28). Se ha estimado que el ejército de 200 millones ocuparía, en términos humanos, un área de 100 millas cuadradas (260 kilómetros cuadrados). El valle del río Éufrates, la tierra de Babilonia, es donde el mal comenzó en la tierra (véase Gn. 3), donde comenzaron las falsas religiones (véase Gn. 4:3; 11:1-9), y donde la falsa religión se encontrará con su fin (17—18).

10:1-11 *El interludio de las trompetas, parte 1. El rollo.* Había habido un interludio (véase 8:1-6) entre los sellos sexto y séptimo. Ahora hay un interludio (10:1—11:14) entre las trompetas sexta y séptima. Este interludio comienza cuando un ángel lleva a Juan un "librito" o pequeño rollo (10:2) y le anuncia que ya no habrá más demora antes que la tierra sintiera el total y aterrador golpe del airado juicio de Dios, que iba a ser proclamado por la séptima trompeta (10:1-7). Por orden del ángel, Juan comió el librito, y tal como lo había predicho el ángel, le fue dulce en la boca, pero amargo en el vientre (10:8-11). Hasta este punto, Juan había visto principalmente cómo Dios destruía a no israelitas. A partir de este punto, el propio pueblo de Dios se encontraría bajo juicio. Compárese Ezequiel 2:9—3:3.

Las palabras de los siete truenos (10:4) son la única parte del libro de Apocalipsis que permanece cerrada.

11:1-14 *Interludio de las trompetas, parte 2: Los dos testigos.* Al proseguir el interludio, el ángel puso a trabajar a Juan en la medición del templo. Sin embargo, no debía medir el patio exterior, porque era "entregado a los gentiles", que "hollarán la ciudad santa cuarenta y dos meses" (11:2). Durante estos 42 meses, dos testigos profetizarán de parte de Dios, protegidos de sus enemigos (11:1-6). Después de esos 42 meses, cuando los testigos hayan completado su testimonio de parte de Dios, le será permitido a la "bestia" (el anticristo, véase exposición sobre 13:1-10) que les dé muerte, y todos los enemigos de Dios se regocijarán de la muerte de ellos (11:7-10). Después de estar muertos durante tres días y medio, los dos testigos serán resucitados y ascenderán al cielo, y un terrible terremoto sacudirá Jerusalén, en el que morirán 7.000 personas (11:11-14).

El terremoto marca el fin del segundo *terror,* o "ay" (11:14; véase 8:13). El tercer terror o "ay", que "viene pronto", incorpora todos los acontecimientos asociados con la séptima trompeta (11:15—19:21).

"Cuarenta y dos meses" (11:2), que es lo mismo que "1.260 días" (11:3), se refiere a la segunda mitad de la tribulación, cuando el anticristo desencadenará toda su furia contra los creyentes (véase Dn. 9:27; Mt. 24:15; 2 Ts. 2:4). Este período de tiempo es también designado como "un tiempo, y tiempos, y la mitad de un tiempo" (12:14; véase 12:6; 13:5; Dn. 7:25; 12:7). Jesús predijo también esta "edad de los gentiles" (Lc. 21:24; véase 11:2).

Algunos han sugerido que los dos testigos son Elías y Moisés. Elías es sugerido porque

- Malaquías predijo su regreso al fin de los tiempos (véase exposición sobre Mt. 17:10-13);
- apareció con Moisés en la transfiguración (véase Mt. 17:3);
- la detención de la lluvia (11:6) es como uno de los milagros de Elías (véase 1 R. 17:1).

Moisés es sugerido debido a que

- apareció con Elías en la transfiguración (véase Mt. 17:3). Es también interesante, aunque quizá una coincidencia, que Malaquías menciona a Moisés junto a Malaquías en las últimas palabras del AT (véase Mal. 4:4-5);
- la transformación de agua en sangre (11:6) se parece a uno de los milagros de Moisés (véase Éx. 7:19);
- algunos han sugerido que el esfuerzo de Satanás por conseguir el cuerpo de Moisés (véase Jud. 1:9) puede haber estado motivado en parte por su deseo de impedir su aparición en la transfiguración y como uno de esos dos testigos.

La bestia se verá incapaz de dar muerte a los dos testigos hasta que acaben su asignación divina. Satanás no puede tocar ni un cabello de la cabeza del más humilde santo hasta que Dios le dé un permiso específico (véase Job 1:12; 2:6). Esos dos, lo mismo que Pablo, acabarán su tarea (véase 2 Ti. 4:7).

11:15-19 *¡Los reinos del mundo pasan a ser su reino!* La séptima trompeta suena a continuación, anunciando que Cristo volverá en breve para inaugurar su glorioso reinado sobre la tierra. Muchos se regocijarán ante la llegada del Reino (11:16-17; véase 19:6-7; 20:4-6), pero los malvados se encolerizarán, lo que suscitará el juicio definitivo de Dios (11:18; véase 20:7-15).

En 11:19 se sugiere que en el cielo existe un templo real (véase 14:15, 17; 15:5-6, 8; 16:1, 17; Is. 6:1-8; He. 8:2, 5; 9:24) y que sirvió como modelo del tabernáculo y del templo terrenales (véase Éx. 25:8-9, 40; 1 Cr. 28:11-12, 19). Esos centros de culto representaban el deseo de Dios de habitar con su pueblo (véase exposición sobre Éx. 29:43-46). Al comenzar la eternidad, el templo ya no será más necesario, porque Dios estará por fin habitando con su pueblo (véase 21:3, 22).

12:1-6 *Una mujer, un niño y un dragón.* Juan vio ahora en el cielo una mujer lista para dar a luz (12:1-2) mientras un dragón esperaba dispuesto a devorar a su hijo en cuanto naciera (12:3-4). Ella dio a luz al hijo, que fue arrebatado al cielo, y ella huyó al desierto, donde Dios la protegerá durante 1.260 años. El niño en este escenario es evidentemente Cristo, que vino para gobernar con cetro de hierro (12:5; véase Sal. 2:9). El dragón es evidentemente Satanás (12:9). La mujer es Israel, que será perseguida por Satanás (véase 12:13) pero Dios la protegerá durante la última mitad de la tribulación (12:6). El esfuerzo de Satanás por devorar al niño Cristo encontró su expresión humana en Herodes (véase Mt. 2:16-18). "Arrebatado para Dios" (12:5) se refiere a la ascensión de Cristo.

12:7-17 *Satanás ataca; Israel huye.* En un tiempo aun futuro, al parecer en el punto medio de la tribulación, Satanás sufrirá una derrota capital (12:7-11). Luego, sabiendo que le queda poco tiempo (12:12), perseguirá a Israel, y algunos de ellos volverán a Cristo (12:14-17; véase Zac. 13:8-9, lo que parece indicar que esto involucrará un tercio completo de Israel).

El "lugar" de refugio de Israel (12:14) no se especifica, pero podría tratarse de Petra, en la actual Jordania: Zacarías identifica como "Azal", un lugar asociado con Petra, como el refugio de Israel (véase exposición sobre Zac. 14:1-5); Isaías presenta a un triunfante Cristo que viene de Edom (véase Is. 63:1-6), de donde Petra era la capital; Edom será preservada del anticristo (véase Dn. 11:41), quizá para que pueda proteger a Israel.

Acerca de Satanás como "el acusador" (12:10), véase exposición sobre Job 1:6-12.

13:1-10 *Una bestia procedente del mar.* La "bestia" mencionada brevemente en 11:7 es descrita ahora de forma detallada. Dotada de poder por Satanás ("el dragón" —13:2; comparar 12:9), la bestia surgirá del mar, recibirá la adoración de los incrédulos, y reinará sin ser desafiada durante los últimos 42 meses (segunda mitad) de la tribulación (13:1-5). Blasfemará contra Dios y luchará contra su pueblo (13:6-7). Este terrible y maligno personaje recibe diversos nombres en las Escrituras:

- el anticristo (véase exposición sobre 1 Jn. 4:1-6)
- el hombre de pecado, el inicuo, el hijo de perdición (véase exposición sobre 2 Ts. 2:1-12)
- el cuerno pequeño, el rey malvado, príncipe (véase exposición sobre Dn. 7:15028; 8:15-27; 9:20—27).

Las "siete cabezas" y los "diez cuernos" (13:1) pueden ser una referencia a las naciones por medio de las que el anticristo ascenderá al poder, que puede ser un Imperio Romano revivido, por cuanto los más importantes detalles proféticos tocantes al antiguo Imperio Romano en Daniel 2:40-44 están todavía por cumplir (véase exposición sobre Dn. 2:36-45; 7:15-28).

Un factor significativo en la popularidad inicial de la bestia será su celebridad por haberse recuperado de una herida mortal (13:3, 12, 14).

13:11-18 *Una bestia procedente de la tierra.* Juan vio otra bestia, esta vez procedente de la tierra, que impulsará el culto mundial a la primera bestia, que efectuará grandes milagros y que hará casi imposible sobrevivir sin recibir la "marca" de la bestia, el número 666. Esta segunda bestia es también designada como el "falso profeta" (16:13; 19:20; 20:10).

14:1-5 *El más grande coro de varones de toda la historia.* La escena cambia ahora al cielo (14—15), donde Juan vio a los 144.000 (véase exposición sobre 7:1-8), ahora llevados al cielo, y que cantan un cántico de redención.

14:6-13 *Tres evangelistas angélicos.* Juan vio tres ángeles que proclamaban el evangelio a los incrédulos en la tierra:

- El primero invita a la gente a temer y a glorificar a Dios antes que caiga el juicio (14:6-7).
- El segundo predice la caída de Babilonia (14:8; 18).
- El tercero advierte en contra de adorar al anticristo (14:9-11).

Por lo que parece, nadie responde. Dios derramará ahora una ira tan concentrada que para los creyentes la muerte será mejor que la vida (14:13). ¡Qué trágico que Cristo en el Calvario bebiera esta copa de ira por los mismos pecadores que ahora se verán forzados a beberla a su vez!

14:14-20 *La más sangrienta batalla de todos los tiempos.* Juan contempló luego una visión de Armagedón (comparar 16:12-16; 19:17-19). Cristo volverá triunfante a la tierra (14:14; véase Dn. 7:13) y, acompañado de dos ángeles, comenzará la "cosecha" de la tierra con afiladas hoces, lo que dará como resultado un río de sangre humana de unos 320 kilómetros de longitud y tan profundo como la altura del freno de un caballo. Acerca de las "uvas" de la "ira" de Dios (14:18-19), véase 19:15; Isaías 63:1-6; Jl. 3:13.

15:1-8 *Dos cánticos, y luego siete copas de ira.* Mientras siete ángeles se preparan para derramar las siete copas de la ira de Dios (15:1), un gran coro compuesto de vencedores sobre el anticristo cantarán el cántico de Moisés, conmemorando la liberación por Dios de su pueblo de Egipto, y el cántico del Cordero, celebrando su introducción de su pueblo en su reino milenario (15:2-4) —el primero y el último de los cánticos en las Escrituras. Luego se abrirá el templo del cielo (véase exposición sobre 11:15-19), y los siete ángeles se prepararán para la ejecución del juicio mientras que la gloria de Dios llena el templo (1:5-8; véase exposición sobre Éx. 14:19-20).

16:1-9 *Cuatro copas de ira, pero no hay arrepentimiento.* El primer ángel derramará "una úlcera maligna y pestilente" sobre todos los que han adorado al anticristo y han aceptado su marca (16:1-2; véase exposición sobre 13:11-18). El segundo ángel transformará el mar en sangre (16:3). Cuando el tercer ángel transforme todas las aguas dulces en sangre, reconocerá la justicia de este juicio sobre aquellos que han derramado la sangre del pueblo de Dios (16:4-7). La cuarta copa hará que el sol abrase a la humanidad con un intenso calor (16:8-9). Incluso tras esas plagas, nadie se arrepentirá (16:9).

16:10-11 *Otra copa, y sigue sin haber arrepentimiento.* Cuando la quinta copa cause tinieblas, el dolor acumulado de todas las plagas se hará más y más insoportable, pero en lugar de arrepentirse, los adoradores del anticristo solo aumentarán sus maldiciones contra Dios.

16:12-16 *Un Éufrates vacío: Invitación al Armagedón.* El sexto derramamiento de la ira de Dios secará el río Éufrates, lo que permitirá que "los reyes del oriente" lo atraviesen y se unan con otros enemigos de Dios para la batalla en contra de Él en un lugar llamado Armagedón. Serán atraídos allá por tres espíritus inmundos. El lugar exacto de esta última gran batalla se desconoce, aunque algunos han sugerido el valle debajo de Meguido, en Galilea. Siendo que al secarse permitirá el Armagedón, el Éufrates habrá resultado ser tanto la cuna (véase Gn. 2:14) como el sepulcro de la civilización humana.

16:17-21 *La séptima copa: La tierra es sacudida; cae granizo gigante.* La séptima y última copa de la ira de Dios sobre la humanidad no arrepentida causará el mayor terremoto de la historia y la caída del granizo más gigantesco (16:17-21). La más grande pérdida de vida en ningún terremoto hasta el día de hoy fue de 830.000 personas, el 23 de enero de 1556, en la provincia Shensi, en China. Esto será poca cosa en comparación con el terremoto de la tribulación, que destruirá todas las ciudades de la tierra, allanará todos los montes y sumergirá todas las islas. Mientras, la enorme tempestad de la tribulación precipitará trozos de 37 kilogramos de hielo. Incluso después de esto, los adoradores de la bestia seguirán maldiciendo a Dios antes que arrepentirse (16:21); prueba clara de la total depravación de la humanidad (comparar 9:20-21; 16:8-9; véase Is. 64:6; Jer. 17:9; Ro. 3:10).

17:1-18 *Misterio: Babilonia: La falsa iglesia.* Juan vio a una prostituta blasfema sentada en una bestia con siete cabezas y diez coronas; la mujer iba vestida de costosos ropajes, y estaba embriagada con la sangre de los creyentes a los que había dado muerte (17:1-6). Había "fornicado" con "los reyes de la tierra", lo que había tenido el efecto de embriagar a todo el mundo (17:2). La bestia, que hará que el mundo se maraville porque "era, y no es, y está para subir del abismo" (17:8), es el anticristo, cuya milagrosa recuperación hará que el mundo se maraville (véase 13:3). Procederá del pozo del abismo y a su tiempo irá "a perdición" (17:8).

Aunque no se expone de forma explícita en el texto, los eruditos generalmente están de acuerdo en que la prostituta representa a la falsa religión mundial que siempre ha existido, y que el anticristo hará volver hacia el culto a sí mismo durante los tiempos de la tribulación (véase 13:8; 2 Ts. 2:4). La extensión mundial de esta falsa iglesia de los tiempos del fin se ve en 17:15, 17-18. A través de la Biblia, la prostitución simboliza la apostasía espiritual (véase Jer. 3:1-5; véase exposición sobre Ez. 16:15-43). Uno de los precursores de esta falsa religión de Babilonio de los tiempos del fin fue la Torre de Babel, edificada en el lugar que posteriormente sería Babilonia (véase Gn. 11:1-9). Acerca de las siete cabezas y de los diez cuernos, véase exposición sobre 13:1-10.

La falsa iglesia empleará todo su falso poder para elevar al anticristo durante la primera parte de la tribulación (17:17). Florecerá y gozará de su riqueza (17:15, 18), Pero de repente, las cosas cambiarán. El anticristo se volverá contra la falsa iglesia (17:16), probablemente porque ha tratado de controlarle. A lo largo de la historia, los sistemas religiosos han intentado controlar a los gobernantes civiles; el anticristo no se doblegará a esta clase de control.

18:1-24 *La caída de Babilonia: Dolor para los codiciosos; gozo para los piadosos.* La metáfora de Babilonia se extiende ahora hasta cubrir los sistemas impíos en lo político y económico. Un ángel anuncia la caída de Babilonia (18:1-3). Se advierte a los creyentes que se aparten de ella (18:4), al pronunciarse su sentencia (18:5-8). Mientras los reyes y mercaderes de la tierra se lamentan por la ciudad que los había enriquecido (18:9-19), los salvos en el cielo se regocijarán de que su perseguidora haya caído bajo la justicia divina (18:20). Un ángel echa una enorme piedra al mar, simbolizando con ello el fin de esta ciudad que se destacó en todas las empresas mundanas, pero que era perseguidora del pueblo de Dios (18:21-24).

19:1-10 *Su victoria y boda.* Todo el cielo celebrará la victoria de Cristo sobre Babilonia (19:1-6) y su boda con su novia, la iglesia, que está adornada con el lino más blanco y fino (19:7-9; comparar Ez. 16:1-14; Os. 2:19-20; Ef. 5:25-33). "¡Aleluya!" (19:1) tiene lugar unas veinticuatro veces en los Salmos, pero solo aquí en el NT. ¡El Espíritu Santo lo reserva para esta ocasión tan especial! Un Juan excesivamente entusiasmado trató entonces de adorar al ángel que le mostraba estas cosas (19:10).

19:11-21 *¡Victoria en el Armagedón!* Juan vio ahora a Cristo volviendo con sus huestes, listo para la gran última batalla (19:11-15), y exhibiendo ya su legítimo título (19:16). Un ángel invitará a las aves de rapiña a congregarse para un gran banquete (19:17-18). El anticristo y sus aliados humanos se reunirán en Armagedón (19:19). El anticristo y el falso profeta serán entonces capturados y echados en el infierno eterno (19:20). Luego, todos los ejércitos reunidos serán objeto de matanza, y las aves gozarán de su prometido banquete (19:21).

20:1-6 *Su sentencia de mil años, nuestro reinado de mil años.* Un ángel atará a Satanás con una cadena y lo echará en el abismo, donde permanecerá durante mil años, después de lo cual será liberado por un breve tiempo (20:1-3). Todos los que hayan padecido por Cristo (20:4) y todos los demás que por la gracia de Dios tengan parte en la "primera resurrección" (20:5-6; véase Dn. 12:1-2; Lc. 14:14; Jn. 5:29; véase exposición sobre 1 Co. 15:20-28) reinarán ahora con Él por mil años ("milenio" es el término que designa esos mil años.)

20:7-10 *La liberación de Satanás, su rebelión y perdición.* Después del milenio, Satanás será liberado del abismo y hará un último y desesperado intento por destronar a Dios, pero será totalmente derrotado y echado para siempre en el lago de fuego, donde el anticristo y el falso profeta estarán ya (véase 19:20). Cosa increíble, incluso después de gozar de las bendiciones del milenio, es evidente que una significativa proporción de la humanidad prestará apoyo a Satanás en su última gran rebelión (20:7-10). Respecto a "Gog y Magog" (20:8), véase exposición sobre Ezequiel 38—39. Esta última gran rebelión pondrá una vez más en evidencia la total depravación de la naturaleza humana no redimida (véase exposición sobre 16:17-21). En tanto que los soñadores de utopías piensan en un mundo mejor, la Biblia nos enseña que nuestros problemas más fundamentales son de naturaleza espiritual, no socioeconómica.

20:11-15 *Una prueba que nadie pasará.* Juan vio al Juez de todo el universo sentado en su gran trono blanco, sentenciando a todos los no salvos al lago de fuego para siempre. La fe en Cristo habría puesto sus nombres en el "Libro de la vida" y habrían sido salvos. La única otra posible vía de salvación sería ser juzgados "según sus obras" (20:12); pero la Biblia es clara acerca de que nadie puede ser salvo sobre esta base (véase Ro. 3:20).

21:1-8 *Nuevos cielos y nueva tierra.* Juan vio "nuevos cielos y nueva tierra" (21:1; véase exposición sobre Is. 65:17-25) y la nueva Jerusalén, preparada como una esposa ataviada hermosamente para su marido (véase exposición sobre 19:1-10). Dios habitará ahora para siempre con su pueblo, y excluirá a todos los pecadores, a todo pecado y los terribles resultados del pecado, como la enfermedad y la muerte. Los actuales cielos y tierra, incurablemente manchados por el pecado, habrán sido ya destruidos (21:1; véase exposición sobre 2 P. 3:1-13). Los nuevos cielos y la nueva tierra es el lugar que está ahora preparando Cristo para los creyentes (véase Jn. 14:1-4).

21:9—22:5 *Aquella ciudad resplandeciente entre las estrellas.* El ángel mostró a Juan la nueva Jerusalén en toda su gloria. La ciudad será un cuadrado de algo más de 2.400 kilómetros de lado. Si se situase sobre los Estados Unidos de Norteamérica, se extendería de Nueva York a Denver, y desde la frontera con Canadá hasta Florida. Sus 12 puertas y 12 fundamentos conmemorarán las 12 tribus de Israel y los 12 apóstoles. Su calle principal estará hecha de un oro tan puro que será transparente. No habrá templo en la ciudad, porque el Señor mismo será su templo en tanto que Él habitará ahora con su pueblo (21:22; véase 21:3; véase exposición sobre 11:15-19), y gozará de una perfecta comunión con ellos (véase 22:3-4).

En la nueva Jerusalén habrá el árbol de la vida, puesto fuera del alcance de los humanos desde Edén, pero ahora disponible como alimento y remedio (22:1-2, 14). La gloriosa luz de la ciudad no procederá del sol, sino del mismo ser de Dios (21:23; 22:5). El cielo será un lugar de intensa actividad comercial y social, cuyas puertas nunca se cerrarán (21:24-26).

El milenio durará mil años, pero la nueva Jerusalén durará "por los siglos de los siglos" (22:5; véase Dn. 7:18, 27).

22:6-9 *Recapitulación, y repetición de un error.* El ángel recapituló el propósito de las visiones que Juan había visto (comparar 22:6 con 1:1). Cristo declaró otra vez que venía en breve (comparar 22:7 con 3:11) y pronunció una bendi-

LOS CINCO MUNDOS DE LA BIBLIA

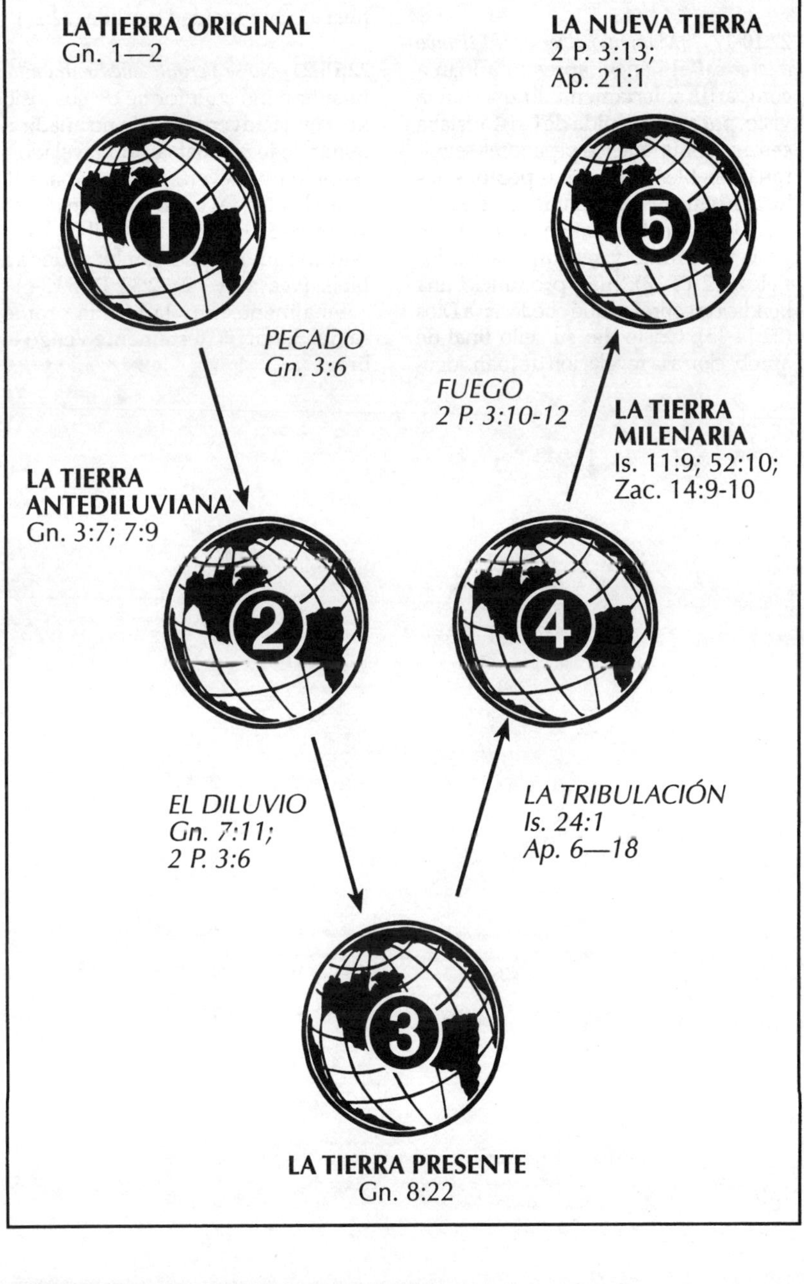

ción sobre los que guardasen su palabra (comparar 22:7 con 1:3). Juan, por segunda vez, trató de adorar su ángel guía, pero le fue prohibido hacerlo (22:8-9).

22:10-17 *"¡Manténlo abierto! ¡El tiempo está cerca!"* El ángel apremió a Juan a compartir abiertamente lo que había visto, porque la venida de Cristo estaba cercana, y aunque los pecadores seguirán probablemente en sus pecados, los justos han de ser alentados en su fe (22:10-11). Cristo mismo prometió luego venir pronto y recompensar a los fieles (22:12-13). Juan pronunció una bendición sobre los que obedecen a Dios (22:14-15). Cristo dio su sello final de aprobación a la revelación de Juan, identificándose como la Raíz y el linaje de David (22:16; véase 5:5; Is. 11:1) y "la estrella resplandeciente de la mañana" (22:16; véase 2:28; 2 P. 1:19). Luego el Espíritu Santo extiende su invitación final a la humanidad perdida (22:17).

22:18-21 *No se permite añadir ni quitar.* Juan terminó su informe de sus visiones con la advertencia de no añadir ni quitar de lo que había sido revelado, y estipuló una severa pena por hacer lo uno o lo otro. En tanto que Juan da esta advertencia solo para este libro, es indudable que se aplica también a toda la Biblia (véase Dt. 4:2; 12:32; Pr. 30:5-6).

Finalmente, hay la última promesa del Señor: "Ciertamente vengo en breve".

PARTE II:

CONTEXTO BÍBLICO, LISTAS Y AYUDAS PARA EL ESTUDIO

LAS ESCRITURAS

LAS ESCRITURAS Y DIOS

Dios Padre

Todo lo que la Biblia nos dice acerca de Dios se puede situar bajo una de dos categorías:

- Su obra en *la creación* (Gn. 1—2)
- Su obra en *la redención* (Gn. 3—Ap. 22)
  - ► La necesidad de redención (Gn. 3:1-14)
  - ► La promesa de redención (Gn. 3:15)
  - ► La preparación para la redención (Gn. 3:16—Mal. 4:6)
  - ► La plenitud de la redención (Nuevo Testamento)

Dios Hijo

- El AT registra la *preparación* para Cristo.
  - ► Para que fuésemos sabedores de su venida (Lc. 24:27; Jn. 5:39)
  - ► Para que recibiéramos esperanza mediante su venida (Ro. 15:4)
- Los Evangelios registran la *manifestación* de Cristo.
  - ► El hecho de su nacimiento (Mt. 1)
  - ► El hecho de su muerte (Mt. 27)
  - ► El hecho de su resurrección (Mt. 28)
  - ► El hecho de su ascensión (Lc. 24)
- Hechos registra la *propagación* de Cristo.
  - ► El nacimiento de la iglesia (Hch. 2:1-13)
  - ► La vida y la misión de la iglesia (Hch. 2:14—28:31)
- Las Epístolas registran la *interpretación* de Cristo.
  - ► La razón de su nacimiento (1 Ti. 1:15; He. 10:4-7)
  - ► La razón de su muerte (Ro. 4:25; 5:8-9; He. 2:14-15)
  - ► La razón de su resurrección (Ro. 8:34; He. 4:14-16; 9:24)
- Apocalipsis registra la *coronación* de Cristo.
  - ► Los testigos del Cordero (Ap. 1—3)
  - ► La adoración al Cordero (Ap. 4—5)
  - ► La ira del Cordero (Ap. 6—19)
  - ► La maravilla del Cordero (su reinado milenario) (Ap. 20)
  - ► La esposa del Cordero (la iglesia) (Ap. 21—22)

Dios Espíritu Santo

Como la tercera persona de la Trinidad (véase exposición sobre Gn. 1:26-31), el Espíritu Santo estuvo involucrado con la obra del Padre y del Hijo.

- Desde el mismo principio:
  - En la creación (Gn. 1:2)
  - En los tiempos del AT, capacitando temporalmente a los creyentes para llevar a cabo tareas específicas (véase exposición sobre 1 S. 9:27—10:8)
- Durante el ministerio terrenal de Cristo:
  - Produciendo el nacimiento de Cristo (Mt. 1:18)
  - Validando su condición mesiánica (Mt. 3:16)
  - Energizando su ministerio (Jn. 1:33; Hch. 10:38)
  - Energizando el ministerio de sus discípulos (Lc. 12:12)
- Después de la ascensión de Cristo:
  - fue prometido a todos los creyentes (Mt. 3:11; Jn. 14:16-17; Hch. 1:8)
  - Bautizó y capacitó a los discípulos en Pentecostés (véase exposición sobre Jn. 16:6-11)
  - Genera la conciencia de pecado y de verdad (véase exposición sobre Jn. 16:6-11)
  - Bautiza a todos los creyentes: los capacita para una vida recta y para el testimonio (véase exposición sobre 1 Co. 12:12-31)
  - Su morada en los creyentes, y su guía y confirmación de la seguridad de la salvación (véase exposición sobre Jn. 16:12-15 y sobre Ro. 8:5-17)
  - Ayuda en tiempos de debilidad (véase exposición sobre Ro. 8:26-27)
  - Reprime el poder del diablo (2 Ts. 2:7).

❖ ❖ ❖

LAS ESCRITURAS Y EL PUEBLO DE DIOS

Lo que la Biblia hace por el creyente:

- Sostiene (Sal. 119:116)
- Guía (Sal 119:133)
- Produce gozo (Sal. 119:162)
- Fortalece (Sal. 119:28; 1 Jn. 2:14)
- Da esperanza (Sal. 119:74, 81)
- Da luz (Sal. 119:105, 130)
- Da entendimiento (Sal. 119:169)
- Muestra la voluntad de Dios (Jn. 7:17; 17:17)
- Edifica (Hch. 20:32)
- Produce fruto (Jn. 15:7-8)
- Redarguye de pecado (He. 4:12)
- Convierte el alma (Jn. 20:31; Stg. 1:18; 1 P. 1:23)
- Purifica la conciencia (Jn. 15:3)
- Consagra (Jn. 17:17)
- Corrige lo malo (2 Ti. 3:16)
- Confirma lo bueno (Jn. 8:31; 2 Ti. 3:16)
- Consuela el corazón (Sal. 119:50, 54)

Lo que la Biblia demanda del creyente:

- Léela (Dt. 31:11; Lc 4:16; Col. 3:16; Ap. 1:3)
- Obedécela (Sal. 119:9; 1 Ti. 4:16)
- "Siémbrala" (Mt. 28:19-20)
- Deséala (1 P. 2:2)
- Predícala (2 Ti. 4:2)
- Compréndela correctamente (2 Ti. 2:15)
- Vive en conformidad a ella (Mt. 4:4)
- Úsala en la guerra espiritual (Ef. 6:17)
- Sufre e incluso muere por ella (Ap. 1:9; 6:9; 20:4)

❖ ❖ ❖

LA CRONOLOGÍA DE LA BIBLIA

Fecha de redacción de cada libro de la Biblia

Muchas fechas son aproximadas. Véase *Fecha* para cada libro.

Libros del Antiguo Testamento (a.C.)

2000	Job
1486	Génesis
1446	Éxodo
1446	Levítico
1406	Números
1406	Deuteronomio
1380	Josué
1020	Jueces
1000	Rut
¿	Salmos (muchos escritos a. 975)
?	Proverbios (muchos escritos a. 950)
950	Cantar de los Cantares
935	Eclesiastés
930	1, 2 Samuel
840	Abdías
810	Joel
785	Jonás
750	Amós
735	Miqueas
720	Oseas
690	Isaías
625	Sofonías
620	Nahum
615	1, 2 Reyes
608	Habacuc
586	Lamentaciones
580	Jeremías
570	Ezequiel
536	Daniel

520	Hageo
520	Zacarías
450	Ester
440	1, 2 Crónicas
430	Esdras
430	Nehemías
430	Malaquías

Libros del Nuevo Testamento (d.C.)

45	Santiago
49	Gálatas
51	1 Tesalonicenses
51	2 Tesalonicenses
55	1 Corintios
56	2 Corintios
57	Romanos
58	Marcos
59	Lucas
60	Hechos
60	Efesios
60	Colosenses
61	Filemón
61	Filipenses
63	1 Timoteo
63	Tito
64	1 Pedro
65	Mateo
65	2 Pedro
67	2 Timoteo
68	Hebreos
69	Judas
90	Juan
92	1 Juan
92	2 Juan
92	3 Juan
95	Apocalipsis

Orden histórico de los libros de la Biblia

ANTIGUO TESTAMENTO

La creación e historia preisraelita

Génesis 1—11 • La creación; la caída; el diluvio

Los patriarcas de Israel

Génesis 12—50 • De Abraham a José; Israel va a Egipto

Sufrimientos de un santo primitivo

Job • (Poesía)

El éxodo y la peregrinación a Canaán
Éxodo • Israel liberada de la esclavitud deviene nación, recibe la ley
Levítico • Una adicional exposición de la ley
Números • La peregrinación de Israel a la Tierra Prometida
Deuteronomio • Moisés enuncia la final exposición de la ley

La conquista de Canaán
Josué • Israel ocupa la Tierra Prometida

El tiempo de los Jueces
Jueces • Unos dirigentes militares salvan a Israel de sus enemigos
Rut • Historia de una antepasada de David y de Cristo
1 Samuel 1—7 • El ministerio de Elí; los primeros días de Samuel

El reino unido de Israel
1 Samuel 8—31 • El reinado de Saúl; la elevación de David al poder
2 Samuel • El reinado de David
1 Crónicas • Las genealogías; la muerte de Saúl; el reinado de David
1 Reyes 1—11 • El reinado de Salomón
2 Crónicas 1—9 • El reinado de Salomón
Salmos • El libro litúrgico de Israel
Cantar de los Cantares • La celebración del amor
Eclesiastés • Meditaciones acerca de los problemas de la vida
Proverbios • La sabiduría de Salomón y otros

El reino dividido: Judá e Israel
1 Reyes 12—22 • Guerra civil, división de Israel y Judá
2 Reyes • Historia y caída de Israel y Judá
2 Crónicas 10—36 • Historia y caída de Judá

Profecía
Abdías • La perdición de Edom; la restauración de Judá
Joel • Advertencia a todas las naciones
Jonás • Advertencia a Nínive
Amós • Advertencia a Israel; promesa del Mesías
Oseas • El amor de Dios por Israel
Isaías • Advertencia a Israel y a Judá; ministerio del Mesías
Miqueas • Advertencia a Judá; el Mesías triunfante
Nahum • Esperanza para Judá; castigo para Nínive
Sofonías • Juicio y restauración de Judá
Habacuc • Juicio y restauración de Judá
Jeremías • Advertencia final a Judá; esperanza de restauración
Lamentaciones • Lamentando y aprendiendo de la caída de Judá

La cautividad de Judá e Israel; más profecía
Ezequiel • Lecciones del exilio; promesa de restauración
Daniel • La soberanía de Dios a pesar del exilio

El regreso de la cautividad
Esdras • El regreso de los judíos de Babilonia, reconstrucción del Templo
Ester • Los judíos dejados en Babilonia son librados de un genocidio
Nehemías • Reconstrucción de la muralla de Jerusalén

Más profecía
Hageo • Aliento para reconstruir el Templo
Zacarías • Aliento para reconstruir el Templo
Malaquías • Advertencias a Judá e Israel restaurados

NUEVO TESTAMENTO
La vida, muerte y resurrección de Cristo
Mateo • Cristo el Mesías de Israel
Marcos • Cristo el Siervo obediente
Lucas • Cristo el Hombre perfecto
Juan • Cristo el Hijo de Dios

El nacimiento y los primeros días de la Iglesia
Hechos 1:1—15:35 • Nacimiento y primeros días de la iglesia; la conversión de Pablo, primer viaje misionero.
Santiago • Carta sobre la vida cristiana
Gálatas • Carta sobre ser salvos por la gracia, no por la ley
Hechos 15:36—18:22 • Segundo viaje misionero de Pablo
1 Tesalonicenses • Carta de elogio y enseñanza; el regreso de Cristo
2 Tesalonicenses • Carta tocante al regreso de Cristo
Hechos 18:23—21:16 • Tercer viaje misionero de Pablo
1 Corintios • Carta acerca de problemas en la iglesia
2 Corintios • Carta; Pablo defiende su apostolado
Romanos • Carta; explicación del plan de salvación
Hechos 21:17—28:31 • Arresto de Pablo, encarcelado en Roma
Efesios • Ruego por la unidad; preparación para el conflicto espiritual
Colosenses • La preeminencia de Cristo
Filemón • Conversión de un esclavo fugado
Filipenses • Elogio, exhortación
1 Timoteo • Consejos a un joven pastor
Tito • Organización y dirección de la iglesia
1 Pedro • Aliento para los cristianos perseguidos
2 Pedro • Bendiciones de la salvación; advertencias contra la apostasía
2 Timoteo • Mensaje de despedida de Pablo
Hebreos • La superioridad de la persona y de la obra de Cristo
Judas • Advertencia acerca de los falsos maestros
1 Juan • Comunión con Dios y con otros creyentes
2 Juan • Elogio; advertencia acerca de los falsos maestros
3 Juan • Elogio; condena
Apocalipsis • Profecía acerca de la victoria final de Cristo y de su iglesia

Fechas de acontecimientos bíblicos destacados

Antiguo Testamento (a.C.)

Los acontecimientos particularmente significativos están en **negrita**.

?	**La creación (Gn. 1:1—2:14)**
?	La caída (Gn. 3:1-6)
?	El diluvio (Gn. 6—8)
?	La torre de Babel (Gn. 11:1-9)
2090	**Llamamiento de Abraham (Gn. 12:1-4)**
2066	Destrucción de Sodoma (Gn. 19)
2065	Nacimiento de Isaac (Gn. 21:1-3)
2045	Abraham ofrece a Isaac (Gn. 22:1-14)
2025	Boda de Isaac y Rebeca (Gn. 24:67; 25:20)
2006	Nacimiento de Esaú, Jacob (Gn. 25:24-26)
1990	Muerte de Abraham (Gn. 25:7-8)
1929	Jacob huye a Harán (Gn. 28:10)
1922	Jacob se casa con Lea y Raquel (Gn. 29:18-28)
1915	Nacimiento de José (Gn. 30:22-24)
1909	Jacob regresa a Canaán (Gn. 31:3, 17-18)
1898	José es vendido y llevado a Egipto (Gn. 38:28)
1885	José llega a ser gobernante de Egipto (Gn. 41:41-44)
1876	La familia de Jacob se traslada a Egipto (Gn. 46:1-7)
1859	Muerte de Jacob (Gn. 49:33)
1805	Muerte de José (Gn. 50:26)
1730	Los israelitas esclavizados en Egipto (Éx. 1:8-14)
1528	Faraón manda la muerte de los recién nacidos varones hebreos (Éx. 1:22)
1526	Nacimiento de Moisés (Éx. 2:1-2)
1486	Moisés huye a Madián (Éx. 2:15)
1446	Llamamiento de Moisés (Éx. 3:1-10)
1446	**El éxodo (Éx. 12:51)**
1446	Promulgación de la ley en el Sinaí (Éx. 19:1—Nm. 10:10)
1443	La rebelión en Cades-barnea (Nm. 13—14)
1406	Muerte de Moisés (Dt. 34:5-7)
1406	Israel entra en Canaán (Jos. 3:17)
1399	Finalización de la conquista de Canaán (Jos. 11:23)
1377	Otoniel viene a ser el primer juez de Israel (Jue. 3:9-11)
1192	Gedeón deviene juez (Jue. 6:7—8:35)
1100	Rut y Booz (Rut)
1093	Llamamiento de Samuel (1 S. 3:1-10)
1081	Nacimiento de Saúl
1075	Sansón deviene juez (Jue. 13:2—16:31)
1069	Los filisteos capturan el arca del pacto (1 S. 4:17; 5:1)
1068	El arca es devuelta a Israel (1 S. 6)
1051	**Saúl deviene el primer rey de Israel (1 S. 9—10)**
1041	Nacimiento de David
1024	Primera unción de David, por Samuel (1 S. 16:13)

1011	Muerte de Saúl (1 S. 31:6)
1011	Segunda unción de David, por Judá (2 S. 2:4)
1004	Tercera unción de David, por todas las doce tribus (2 S. 5:1-3)
1004	Pacto de Dios con David (2 S. 7:8-17)
1003	Jerusalén deviene la capital (2 S. 5:6-10)
1002	David lleva el arca del pacto a Jerusalén (2 S. 6:17)
1002	David y Betsabé (2 S. 11—12)
971	Muerte de David (1 R. 2:10)
971	Salomón deviene rey (1 R. 2:12)
960	Se construye el templo (1 R. 6:37-38)
931	Muerte de Salomón (1 R. 11:43)
931	**División de Israel: reinos del norte y del sur (1 R. 12)**
874	Acab deviene rey del reino del norte (1 R. 16:29)
874	Comienzo del ministerio de Elías (1 R. 17—22; 2 R. 1:1—2:11)
852	Elías es arrebatado al cielo (2 R. 2:11)
852	Comienzo del ministerio de Eliseo (2 R. 2—13)
841	Joás sobrevive a la purga de Atalía (2 Cr. 22:10-12)
740	Llamamiento de Isaías (Is. 6:1-10)
722	**Caída del reino del norte (2 R. 17:6-23)**
701	El ángel de la muerte salva Jerusalén (2 R. 19:35-37)
640	Josías deviene rey del reino del sur (2 R. 22:1)
627	Llamamiento de Jeremías (Jer. 1:2)
621	Descubrimiento de una copia olvidada de la Ley (2 R. 22:3-10)
612	Caída de Nínive (Nah. 3:7)
605	Termina la batalla de Carquemis (Jer. 46)
605	Primer asedio de Jerusalén; deportación de Daniel (2 R. 24:1-4; Dn. 1:1-6)
597	Segundo asedio de Jerusalén; deportación de Ezequiel (2 R. 24:8-12; Ez. 1:1-2)
592	Comienza el ministerio de Ezequiel (Ez. 1:1-2)
586	**Jerusalén es destruida; caída del reino del sur (2 R. 25:8-10)**
550	Ciro deviene rey de Persia (Is. 45:1)
539	La escritura en la pared; Babilonia cae en manos de Persia (Dn. 5)
538	**Primer regreso de los judíos a Jerusalén: Zorobabel (Esd. 1—2; Is. 44:28)**
536	Comienzo del segundo templo (Esd. 3:10)
520	Ministerios de Hageo, Zacarías
516	Finalización del segundo templo (Esd. 6:15)
490	Batalla de Maratón: Grecia derrota el ejército de Persia
478	Ester deviene la reina de Asuero (Est. 2:16-17)
474	Plan de Amán de exterminar a los judíos de Persia (Est. 3)
457	Segundo regreso de los judíos (Esd. 8:31-32)
445	Nehemías reconstruye las murallas de Jerusalén (Neh. 2:12—7:4)
445	Comienzo de los 490 años de Daniel (Dn. 9:24-27)
430	**Redacción de Malaquías; el Antiguo Testamento completo.**
333	Alejandro derrota a los persas en Issus (Dn. 8:1-7)
323	Muerte de Alejandro: el reino se divide en cuatro partes (Dn. 8:8; 11:4)
250	Traducción de la Biblia Hebrea al griego (Septuaginta)
168	Antioco Epífanes profana el templo (Dn. 8:9-12)

167	Revuelta de los Macabeos (libros apócrifos de 1, 2 Macabeos)
165	Purificación del templo; institución de la fiesta de la dedicación (Jn. 10:22)
146	Roma destruye Cartago y asciende a la condición de superpotencia mundial (Dn. 2:40; 7:7)
64	Pompeyo toma Jerusalén
40	Herodes el Grande deviene rey de Judea
20	Herodes comienza la expansión del templo (Jn. 2:20)

Nuevo Testamento (a.C.)

5	Nacimiento de Juan el Bautista (Lc. 1:57-79)
5	**Nacimiento de Cristo (Lc. 2:1-20)** (Ahora se cree que el nacimiento de Cristo tuvo lugar en el año que conocemos como "5 a.C". [¡año cinco antes de Cristo!]. La discrepancia se debe a un error de calendario que se corrigió en el siglo sexto.
4	Visita de los magos (Mt. 2:1-12)
4	Huida a Egipto; matanza de niños (Mt. 2:13-18)
4	Regreso de Egipto a Nazaret (Mt. 2:19-23)

Nuevo Testamento (d.C.)

8	Cristo en el templo a los 12 años (Lc. 2:41-52)
26	**Bautismo de Cristo (Mt. 3:13-17)**
27	Conversión de Nicodemo (Jn. 3)
28	Elección de los 12 (Mt. 10:1-4)
29	Martirio de Juan el Bautista (Mt. 14:1-12)
29	Alimentación de los 5.000 (Jn. 6:1-14)
29	Lázaro, resucitado (Jn. 11:1-46)
30	**Muerte y resurrección de Cristo (Mt. 27—29)**
30	Pentecostés (Hch. 2)
31	Muerte de Ananías y Safira (Hch. 5:1-11)
32	Selección de los diáconos (Hch. 6:1-7)
34	Martirio de Esteban (Hch. 6:8—7:60)
35	**Conversión de Pablo (Hch. 9:1-7)**
37	Pablo regresa a Jerusalén como creyente (Hch. 9:26-29; Gá. 1:18-20)
40	Conversión de Cornelio (Hch. 10)
44	Martirio del apóstol Jacobo (hijo de Zebedeo , Hch. 12:1-2)
47	**Pablo emprende su primer viaje misionero (Hch. 13:1-3)**
49	Pablo termina el primer viaje (Hch. 14:26)
49	El Concilio de Jerusalén (Hch. 15)
50	Pablo emprende su segundo viaje misionero (Hch. 15:40)
52	Pablo termina el segundo viaje (Hch. 18:22)
53	Pablo emprende su tercer viaje misionero (Hch. 18:23)
54	Nerón deviene emperador
57	Pablo termina su tercer viaje (Hch. 21:15)
57	Pablo es arrestado en Jerusalén (Hch. 21:27-28)
59	Viaje de Pablo a Roma (Hch. 27:1)
60	Pablo es encarcelado en Roma (Hch. 28:16)
62	Pablo es liberado de la cárcel (Flm. 1:22)

64 Gran incendio de Roma
65 Martirio de Pedro (2 P. 1:14)
66 Encarcelamiento final de Pablo (2 Ti. 1:8)
66 Revuelta judía contra Roma; los cristianos huyen de Jerusalén
67 Martirio de Pablo (2 Ti. 4:6-8)
68 Nerón comete suicidio
69 Vespasiano deviene emperador
69 Nacimiento de Policarpo
70 Jerusalén, arrasada
73 Cae Masada
79 Josefo publica *Las guerras de los judíos*
95 Redacción de Apocalipsis; finalización del Nuevo Testamento
98 Muerte del apóstol Juan

❖ ❖ ❖

PACTOS BÍBLICOS

Un pacto (hebreo: *berith;* griego, *diatheke*) es una promesa o acuerdo entre dos partes. Un pacto puede ser condicional o incondicional. La Biblia registra ocho importantes pactos que Dios hizo con la humanidad:

El pacto con Adán

- Antes del diluvio: Podría permanecer en Edén en tanto que obedeciese (condicional) (Gn. 1:28; 2:15-17).
- Después de la caída: Dios enviaría un día un Salvador (incondicional) (Gn. 3:15).

El pacto con Noé (incondicional) (Gn. 8:21-22)

- La tierra no volvería a ser destruida con agua.
- La naturaleza proseguiría en un curso relativamente predecible hasta el fin del tiempo.

El pacto con Abraham (incondicional)

- Dios haría de Abraham el fundador de una gran nación (Gn. 12:2-3, 7; 13:16; 15:5).
- Dios daría algún día Palestina para siempre a la descendencia de Abraham (Gn. 13:14-15, 17; 15:18; 17:8).

El pacto con Moisés e Israel (condicional)

- Israel podría poseer la Tierra Prometida si obedecían (Éx. 19:3-8; Lv. 26:1-13; Dt. 28:1-14).
- Israel perdería el derecho a todas las bendiciones de Dios si desobedecían (Lv. 26:14-46; Dt. 28:15-68).

El pacto con David (incondicional)

- De David procedería un reino eterno (2 S. 7:12-16; 23:5; 2 Cr. 13:5).
- De David procedería un rey eterno (2 S. 7:12-16; Sal. 45:6-7; Is. 9:6-7; He. 1:5, 8-9).

El pacto con todos los pecadores que se arrepienten, de salvarlos mediante Cristo (incondicional) (Mt. 26:28; Tit. 1:1-2; He. 13:20-21)

El pacto con la iglesia (incondicional)
- Cristo edificaría su iglesia, y toda la furia del infierno no la destruiría (Mt. 16:18).
- Él perfeccionaría a todos los miembros de su iglesia (Fil. 1:6; He. 13:20-21).

El nuevo pacto con Israel (incondicional) (Jer. 31:31—40; Ro. 11:26-27)
- A su tiempo, Dios llevará a Israel de vuelta a Él.
- Perdonará y olvidará sus pecados.
- Los usará para alcanzar y enseñar a los gentiles.
- Los establecerá para siempre en Palestina.

❖ ❖ ❖

DISPENSACIONES BÍBLICAS

La escuela de interpretación de la Biblia que se conoce con el nombre de dispensacionalista, ve el mundo como un hogar administrado por Dios. Dios "dispensa" o administra los asuntos de este "hogar mundial" en fases múltiples de revelación (véase la exposición de Ef. 1:7-12).

La dispensación de la inocencia
De la creación a la caída (Gn. 1:28—3:6)

La dispensación de la conciencia
De la caída al diluvio (Gn. 4:1—8:14)

La dispensación del gobierno civil
Del diluvio a la dispersión en Babel (Gn. 8:15—11:9)

La dispensación de la promesa (gobierno patriarcal)
De Babel al Monte Sinaí (Gn. 11:10—Éx. 18:27)

La dispensación de la Ley de Moisés
Del Monte Sinaí al aposento alto (Éx. 19—Hch. 1)

La dispensación de la esposa del Cordero (la iglesia)
Del aposento alto al arrebatamiento (Hch. 2—Ap. 3)

La dispensación de la ira del Cordero (la tribulación)
Del arrebatamiento a la segunda venida (Ap. 6:1—20:3)

La dispensación del gobierno del Cordero (el milenio)
De la segunda venida hasta la consumación del juicio ante el gran trono blanco (Ap. 20:4-15)

La dispensación de la nueva creación del Cordero (el mundo sin fin)
Desde el juicio ante el gran trono blanco y por toda la eternidad (Ap. 21—22)

❖ ❖ ❖

REALIDADES ACERCA DEL CIELO Y DEL INFIERNO

El cielo (la Nueva Jerusalén)

¿Quién estará allí?

- Los que han nacido de nuevo (Jn. 3:3)
- Los que esperaron fielmente a Cristo antes de su nacimiento (He. 11:10, 16)
- Los ángeles escogidos (Dn. 7:10; 1 Ti. 5:21; He. 12:22; Ap. 5:11)

¿Qué experimentarán?

- Santidad (Ap. 21:27)
- Hermosura (Sal. 50:2)
- Unidad (Ef. 1:10)
- Perfección (1 Co. 13:10)
- Gozo (Sal. 16:11)
- El fin de las lágrimas (Ap. 7:17; 21:4)
- Ni enfermedad ni dolor (Ap. 21:4; 22:2)
- No habrá muerte (Is. 25:8; 1 Co. 15:26; Ap. 21:4)
- No habrá sed ni hambre (Ap. 7:16)
- No habrá pecado ni juicio (Ap. 21:27; 22:3)
- No habrá necesidad de sol ni de luna (Ap. 21:23)
- No habrá noche (Ap. 21:25; 22:5)

¿Cuánto tiempo durará?

- Para siempre (Sal. 23:6; Jn. 3:15; Ap. 22:5)

El infierno

¿Quién estará allí?

- El diablo y sus ángeles y todos los humanos inconversos (Mt. 25:31-46; Ap. 20:10)

¿Qué experimentarán?

- Una ira divina sin mitigación (Hab. 3:2; Ap. 14:9-10)
- Un fuego inextinguible (Mt. 13:41-42; 18:8; Mr. 9:43)
- Desgracia y dolor (Ap. 14:9-11)
- Frustración e ira (Mt. 13:42; 24:51)
- Separación (Ap. 2:11; 20:6, 15)
- Recuerdo y remordimiento (Lc. 16:19-31)
- Sed inapagable (Lc. 16:24-26)

¿Cuánto tiempo durará?

- Para siempre (Dn. 12:2; Mt. 25:46; Jud. 1:7)

❖ ❖ ❖

EL TAMAÑO DE LA BIBLIA

Como se ve en la siguiente lista, la Biblia procede de una amplia diversidad de fuentes, desde documentos históricos muy extensos hasta cartas personales muy breves.

	LIBROS	CAPÍTULOS	VERSÍCULOS
La Biblia	66	1189	31.173
Antiguo Testamento	39	929	23.214
Nuevo Testamento	27	260	7.959

Los libros de la Biblia clasificados por extensión

	CAPÍTULOS	VERSÍCULOS
1. Salmos	150	2.461
2. Jeremías	52	1.364
3. Ezequiel	48	1.273
4. Génesis	50	1.533
5. Isaías	66	1.292
6. Números	36	1.288
7. Éxodo	40	1.213
8. Deuteronomio	34	959
9. 2 Crónicas	36	822
10. Lucas	24	1.151
11. 1 Samuel	31	810
12. Levítico	27	829
13. 1 Reyes	22	816
14. Hechos	28	1.007
15. Mateo	28	1.071
16. 2 Reyes	25	710
17. 2 Samuel	24	695
18. 1 Crónicas	29	942
19. Juan	21	878
20. Jueces	21	618
21. Josué	24	685
22. Marcos	16	678
23. Proverbios	31	915
24. Apocalipsis	22	404
25. Daniel	12	357
26. Nehemías	13	406
27. Job	42	1.070
28. 1 Corintios	16	437
29. Romanos	16	433
30. Esdras	10	280
31. Hebreos	13	303
32. Zacarías	14	211
33. 2 Corintios	13	257
34. Ester	10	167
35. Eclesiastés	12	222
36. Oseas	14	197
37. Amós	9	146
38. Lamentaciones	5	154
39. Miqueas	7	105
40. Gálatas	6	149
41. Efesios	6	155
42. Cantar de los Cantares	8	117
43. Rut	4	84

	CAPÍTULOS	VERSÍCULOS
44. 1 Juan	5	105
45. 1 Pedro	5	105
46. Santiago	5	108
47. 1 Timoteo	6	113
48. Joel	3	73
49. Filipenses	4	104
50. Colosenses	4	95
51. 1 Tesalonicenses	5	89
52. Malaquías	4	55
53. 2 Timoteo	4	83
54. Sofonías	3	53
55. 2 Pedro	3	61
56. Habacuc	3	56
57. Jonás	4	48
58. Nahum	3	47
59. Hageo	2	38
60. 2 Tesalonicenses	3	47
61. Tito	3	46
62. Abdías	1	21
63. Judas	1	25
64. Filemón	1	25
65. 2 Juan	1	13
66. 3 Juan	1	15

❖ ❖ ❖

INTERDEPENDENCIA ENTRE EL ANTIGUO Y EL NUEVO TESTAMENTO

Como lo sabe todo estudioso de la Biblia, el Nuevo Testamento contiene numerosas citas del Antiguo Testamento. Se estima, por ejemplo, que más del 10 por ciento de las palabras registradas de Cristo son citaciones del Antiguo Testamento. La verdad y el valor del AT se hace evidente de una forma plena solo en las páginas del NT, y la verdad y el valor del NT depende también del fundamento histórico y profético del AT. Esas dos listas darán alguna idea de la extensión de la interdependencia entre los dos Testamentos.

Libros del Antiguo Testamento a los que se hace referencia en el Nuevo Testamento

LIBRO DEL AT	REFERENCIAS EN EL NT	NÚMERO DE LIBROS DEL AT QUE SE REFIEREN AL MISMO
Isaías	472	23
Salmos	454	23
Génesis	260	21
Éxodo	250	19
Deuteronomio	208	21

LIBRO DEL AT	REFERENCIAS EN EL NT	NÚMERO DE LIBROS DEL AT QUE SE REFIEREN AL MISMO
Daniel	152	15
Ezequiel	151	17
Jeremías	137	17
Levítico	120	15
Números	100	14
Zacarías	71	14
Proverbios	66	20
1 Reyes	53	9
2 Crónicas	45	14
Job	36	16
1 Samuel	35	8
Joel	34	8
Oseas	26	12
2 Samuel	26	11
2 Reyes	26	6
Malaquías	25	10
Amós	23	9
1 Crónicas	23	5
Josué	22	8
Miqueas	14	6
Jueces	14	5
Jonás	9	4
Habacuc	8	8
Lamentaciones	7	6
Hageo	7	4
Eclesiastés	6	5
Esdras	6	3
Rut	6	2
Nehemías	5	4
Sofonías	5	3
Nahum	4	4
Ester	3	2
Abdías	1	1
Cantar de los Cantares	0	0

Número de libros del Antiguo Testamento a los que se refiere cada libro del Nuevo Testamento

LIBRO DEL NT	NÚMERO DE LIBROS DEL AT A QUE HACE REFERENCIA
Mateo	33
Apocalipsis	32

Lucas	31
Juan	26
Hechos	25
Marcos	25
Romanos	23
Hebreos	21
1 Corintios	18
Santiago	17
1 Pedro	15

LIBRO DEL NT	**NÚMERO DE LIBROS DEL AT A QUE HACE REFERENCIA**
2 Corintios	14
Efesios	13
1 Timoteo	11
Gálatas	10
Filipenses	9
2 Tesalonicenses	9
1 Tesalonicenses	8
Judas	8
Colosenses	7
2 Timoteo	7
1 Juan	7
Tito	6
2 Pedro	6
2 Juan	1
3 Juan	1
Filemón	0

EL SALVADOR

LA REVELACIÓN GRADUAL DE CRISTO

Antiguo Testamento

Muchos libros del AT hablan claramente de Jesucristo. En todos los libros del AT vemos aquellos atributos que comparte con Dios Padre (véase Jn. 14:9). A continuación se relacionan las apariciones, profecías y símbolos de Cristo.

Génesis
- La Simiente de la mujer (3:15)
- Siloh (49:10)

Éxodo
- El Cordero de la Pascua (12:3)

Levítico
- El Sumo Sacerdote ungido (8:7-12)

Números
- La Serpiente de bronce (21:8-9; Jn. 3:14-15)
- La Estrella de Jacob (24:17)
- El Cetro de Israel (24:17)

Deuteronomio
- Un profeta como Moisés (18:15)
- La gran Roca (32:4; 1 Co. 10:4)

Josué
- El Príncipe del Ejército de Jehová (5:14)

Jueces
- El Ángel de Jehová (2:1)

Rut
- El Redentor familiar

1 Samuel
- El gran Juez (2:10; Sal. 96:13; 2 Ti. 4:8; Ap. 19:11)

2 Samuel
- La Simiente de David (7:12-13)

1 Reyes
- Jehová Dios de Israel (8:15, 25)

2 Reyes
- El Dios de los querubines (19:15)

1 Crónicas
- El Dios de nuestra salvación (16:35)

2 Crónicas
- El Dios de nuestros padres (20:6)

Esdras
- Jehová el Dios de los cielos y de la tierra (1:2)

Nehemías

- El Dios guardador del pacto (1:5)

Ester

- El Dios providente

Job

- El Redentor resucitado y que vuelve (19:25)

Salmos

- Hijo ungido (2:2, 12)
- El Santo (16:10)
- El buen Pastor (23:1)
- El Rey de gloria (24:7-10)

Proverbios

- La Sabiduría de Dios (8; 1 Co. 1:24)
- El Arquitecto en la creación (8:30; Jn. 1:1-3; Col. 1:15-17)

Eclesiastés

- El que está más allá del sol

Cantar de los Cantares

- El señalado entre diez mil (5:10)
- Todo Él un encanto (5:16)

Isaías

- Emanuel nacido de virgen (7:14)
- Admirable Consejero (9:6)
- El Dios Fuerte (9:6)
- El Padre Eterno (9:6)
- El Príncipe de Paz (9:6)
- El Siervo (52:13)
- El Varón de dolores (53:3)

Jeremías

- Jehová justicia nuestra (23:6; 33:16; Ro. 10:4; 1 Co. 1:30)

Lamentaciones

- Fiel y compasivo (3:22-23, 31-33)

Ezequiel

- El Principal de los renuevos (17:22)
- El que tiene potestad de juicio (21:27)

Daniel

- La Piedra (2:34)
- Uno como un ser divino (o como "hijo de los dioses") (3:25)
- Uno como hijo de hombre (7:13)

Oseas

- Rey de la resurrección (13:10-14)

Joel

- Dios de la batalla (2:11; 3:2, 9-17)
- Dador del Espíritu (2:28-32)

Amós

- Jehová Dios omnipotente (4:13)
- Plomada (7:7-9)

Abdías

- Destructor de los soberbios (1:8, 15)

Jonás

- El Profeta resucitado (2:10)
- El Dios de las segundas oportunidades (3:1-2)
- El Dios paciente (4:9-11)

Miqueas

- El Dios de Israel (4:1-5)
- Nacido en Belén (5:2)
- El Dios perdonador (7:18-20)

Nahum

- Dios vengador
- Portador de buenas nuevas (1:15)

Habacuc

- Eterno (1:12)
- Puro (1:13)
- Glorioso (2:14)

Sofonías

- Rey de Israel (3:15)

Hageo
- El Deseado de todas las naciones (2:7)

Zacarías
- Mi Siervo (3:8)
- El Renuevo (3:8)
- El Edificador del templo (6:12-13)
- El Rey de la entrada triunfal (9:9)
- El Traspasado (12:10)
- El Rey sobre toda la tierra (14:9)

Malaquías
- El Sol de justicia (4:2)

Nuevo Testamento

Mateo
- Rey de los judíos (2:2; 27:37)

Marcos
- El Siervo (9:35; 10:43-44)

Lucas
- El hombre perfecto, el Hijo del Hombre (2:40, 52; 9:22, 58; 22:48)

Juan
- El Dios eterno (1:1-5; 20:28, 31)

Hechos
- El Señor ascendido (1:9)

Romanos
- El Señor, nuestra justicia (10:4)

1 Corintios
- Nuestra resurrección (15)

2 Corintios
- El Dios de toda consolación (1:3)

Gálatas
- El Redentor de los que están bajo la ley (4:4-5)

Efesios
- Cabeza de la iglesia (1:22; 2:19-20)
- El Dador de los dones (4:7-16)

Filipenses
- El que suple todas las necesidades (1:19; 4:19)
- El Siervo obediente (2:5-8)

Colosenses
- La plenitud de la Deidad (1:9; 2:9-10)

1 Tesalonicenses
- El Cristo que ha de venir (4:13—5:11)

2 Tesalonicenses
- El Cristo consumidor (2:8)

1 Timoteo
- Salvador de los pecadores (1:15; 3:16)

2 Timoteo
- Autor de las Escrituras (3:16-17)
- Juez justo y galardonador (4:8)

Tito
- Nuestro gran Dios y Salvador (1:3; 2:10, 13; 3:4)

Filemón
- Pagador de nuestra deuda

Hebreos
- Designado heredero de todas las cosas (1:2, 4)
- Mayor que profetas o ángeles (1:4; 3:3)

Santiago
- El Dios presente en todas partes (4:8)
- El que ha de venir (5:7-8)
- El gran Sanador (5:15)

1 Pedro

- Cordero sin tacha (1:19)
- Gran ejemplo (2:21-24)
- Señor de la gloria (3:22)
- Príncipe de los pastores (5:4)

2 Pedro

- Hijo amado (1:17)

1 Juan

- Palabra de vida (1:1)
- Abogado (2:1-2)
- Sacrificio (4:10)
- Hijo de Dios (3:8; 4:15; 5:5)

2 Juan

- Hijo del Padre (1:3)

3 Juan

- La Verdad (1:4, 8)

Judas

- Preservador y solo sabio Dios (1:1, 25)

Apocalipsis

- Alfa y Omega (1:8)
- León de Judá (5:5)
- Raíz de David (5:5)
- Rey de reyes (19:16)
- Señor de señores (19:16)

❖ ❖ ❖

ACONTECIMIENTOS CLAVE EN LA VIDA DE CRISTO: UNA ARMONÍA DE LOS EVANGELIOS

	MATEO	MARCOS	LUCAS	JUAN
Los acontecimientos particularmente significativos están en negrita.				
DOS GENEALOGÍAS				
De Abraham a Cristo	1:1-17			
De Cristo a Adán			3:23-38	
DOS PREFACIOS				
Cristo la persona histórica		1:1-4		
Cristo el Verbo de Dios				1:1-5
TRES ANUNCIOS				
A Zacarías (el nacimiento de Juan)			1:5-25	
A María (el nacimiento de Jesús)			1:26-38	
A José (la pureza de María)	1:18-25			
TRES CÁNTICOS DE ALABANZA				
De Elisabet a María			1:41-45	
De María a Dios			1:46-55	
De Zacarías a Dios			1:57-59	

	MATEO	MARCOS	LUCAS	JUAN
El nacimiento de Cristo			2:1-19	
La circuncisión			2:21-24	
La dedicación			2:25-38	
Los magos	2:1-12			
La huida a Egipto	2:13-23			
La infancia en Nazaret			2:39-40, 51-52	
Visita en el templo, a los 12 años			2:41-51	
El bautismo	3:13-17	1:9-11	3:21-22	1:31-34
La tentación	4:1-11	1:12-13	4:1-13	
El llamamiento de los primeros discípulos	4:18-22	1:16-20	5:2-11	1:35-42
Primer milagro: agua en vino				2:1-11
Primer rechazo en Nazaret			4:16-30	
Sermón del Monte	5—7			
Primera purificación del templo				2:13-17
Cena de Mateo	9:9-13	2:14-17	5:29-32	
Llamamiento de los doce	10:1-42	3:13-19	6:12-16	
"Ayes" sobre las ciudades de Galilea	11:20-24	10:13-15		
La gran invitación	11:28-30			
Segundo rechazo en Nazaret	13:53-58	6:1-6		
Muerte de Juan el Bautista	14:1-12	6:14-29		
Alimentación de los 5.000	14:14-21	6:31-44	9:10-17	6:1-13
Caminando sobre agua	14:24-33	6:47-52		6:16-21
La confesión de Pedro	16:13-20	8:27-30	9:18-21	
La transfiguración	17:1-9	9:2-10	9:28-36	
Bendice a los pequeños	19:13-15	10:13-16	18:15-17	
Llanto sobre Jerusalén			13:34-35	
Resurrección de Lázaro				11:1-46
Caifás predice la crucifixión				11:45-47

LOS ÚLTIMOS OCHO DÍAS

SÁBADO				
Ungido por María	26:6-13	14:3-9		12:1-8
Primera trama asesina de los fariseos				12:9-11

	MATEO	MARCOS	LUCAS	JUAN
DOMINGO				
Entrada triunfal	21:1-11	11:1-10	19:28-38	12:12-19
Llanto sobre Jerusalén	23:37-39			
Otro llanto sobre Jerusalén			19:41-44	
LUNES				
Maldición de la higuera	21:18-19	11:12-14, 20-21		
Segunda purificación del templo	21:12-13	11:15-17	19:45-46	
Los griegos piden ver a Cristo				12:20-36
MARTES				
La ofrenda de la viuda		12:41-44	21:1-4	
El discurso del Monte de los Olivos	25—25	13:1-37	21:5-38	
Cristo predice su muerte	26:1-2			
Segunda trama asesina de los fariseos	26:3-5	14:1-2	22:1-2	
MIÉRCOLES				
Judas accede a traicionar	26:14-16	14:10-11	22:3-6	
JUEVES				
Acontecimientos de la Pascua	26:17-30	14:12-26	22:7-30	13
Enseñanza de la Pascua				14—16
VIERNES				
Predicción final de muerte	26:31-32	14:27-28		
Oración sumo sacerdotal				17
Getsemaní, traición	26:36-56	14:32-52	22:39-53	18:1-13
Juicios religiosos judíos				
Ante Anás				18:13-14, 19-23
Ante Caifás	26:57	14:53	22:54, 63-65	18:24
Ante todo el sanedrín	26:59-68	15:1	22:66—23:1	
Juicios políticos romanos				
Ante Pilato (primera vez)	27:1-2 11-14	15:1-5	23:1-5	18:28-38
Ante Herodes Antipas			23:6-12	
Ante Pilato (segunda vez)	27:15-26	15:6-15	23:13-24	18:39—19:16
Entregado para ser crucificado	27:26	15:15	23:24-25	19:4-16

	MATEO	MARCOS	LUCAS	JUAN
Escarnio de los soldados	27:27-31	15:16-20		19:2-3
Conducido al Calvario	27:31	15:20	23:26	19:16
Muerte de Judas	27:3-10			
Negaciones de Pedro	26:33-35, 69-75	14:29-31 54, 66-72	22:31-34 54-62	13:36-38, 18:15-18, 25-27
Simón de Cirene	27:32	15:21	23:26	
Mujeres llorando			23:27-31	
La crucifixión	27:32-50	15:20-37	23:32-46	19:16-30
3:00 P.M. (hora de la muerte)				
Actos de Dios				
El velo del templo rasgado	27:51	15:38	23:45	
Terremoto	27:51			
Abertura de sepulcros	27:52-53			
La reacción humana				
El centurión cree	27:54	15:39	23:47	
La multitud confundida			23:48	
Los seguidores de Cristo lo contemplan a distancia	27:55-56	15:40-41	23:49	
De 3:00 P.M. a 6:00 P.M.				
Un soldado traspasa el costado de Cristo				19:31-37
Preparativos para la sepultura	27:57-58	15:42-45	23:50-52, 55-56	19:38-39
Sepultura	27:59-60	15:46	23:53-54	19:40-42
SÁBADO				
Sellado del sepulcro	27:62-66			
DOMINGO: **LA RESURRECCIÓN**				
Indicación de la resurrección:				
El sepulcro vacío	28:1-7	16:1-7	24:1-12	20:1-9
Confirmaciones de la resurrección: Las apariciones del Salvador resucitado				
Primero: a María Magdalena		16:9		20:11-18
Segundo: a unas mujeres	28:8-10			
Tercero: en Emaús		16:12-13	24:13-35	
Cuarto: A Simón Pedro			24:34	
Quinto: aposento alto, con Tomás ausente			24:36-49	20:19-23

APARICIONES FINALES, DURANTE 40 DÍAS DESDE LA RESURRECCIÓN HASTA LA ASCENSIÓN

	MATEO	MARCOS	LUCAS	JUAN
En el aposento alto, con Tomás presente				20:24-29
En el Mar de Galilea				21:1-14

	MATEO	MARCOS	LUCAS	JUAN
A los apóstoles y a más de 500 personas	28:16-20	16:14 (*también 1 Co. 15:6-7*)		
La ascensión		16:19-20	24:50-53 (*y Hch. 1:9-11*)	

APARICIONES POSTERIORES A LA ASCENSIÓN

A Esteban — *registrada en Hechos 7:56*

A Pablo — *registrada en 1 Corintios 15:8*

A Juan — *registrada en Apocalipsis 1:13*

MILAGROS

	MATEO	MARCOS	LUCAS	JUAN
Agua en vino				2:1–11
Alimentación de los 4.000	15:32-38	8:1-9		
Alimentación de los 5.000	14:14-21	6:31-44	9:10-17	6:1-13
Aquietamiento del mar	8:23-27	4:35-41	8:22-25	
Caminando sobre el agua	14:24-33	6:47-52		6:16-21
Pesca milagrosa, primera			5:1-11	
Pesca milagrosa, segunda				21:1-14
Pez con dinero en la boca	17:24-27			
Secado de la higuera	21:18-22	11:12-14, 20-21		
SANIDADES				
Ciegos, dos	9:27-31			
El ciego Bartimeo (o "dos ciegos")	20:29-34	10:46-52	18:35-43	
El ciego en Betsaida		8:22-26		
El ciego en Jerusalén				9:1-41
El endemoniado		1:21-28	4:33-37	
El endemoniado mudo	9:32-34			
El hidrópico			14:1-6	
El hijo del noble				4:46-54
El leproso	8:2-4	1:40-45	5:12-14	
El muchacho endemoniado	17:14-21	9:14-29	9:37-43	
El paralítico	9:2-8	2:1-12	5:17-26	
El siervo del centurión	8:5-13		7:1-10	
El sordo y tartamudo		7:31-37		
Endemoniado ciego y mudo		12:22		11:14
Endemoniado de Gadara	8:28-34	5:1-20	8:26-39	
La mano seca	12:9-13	3:1-6	6:6-11	
La mujer con flujo de sangre		9:20-22	5:25-34	8:43-48
La mujer encorvada durante 18 años			13:10-17	
La niña sirofenicia	15:21-28	7:24-30		
La suegra de Pedro	8:14-15	1:29-31	4:38-39	
Los diez leprosos			17:11-19	
Paralítico durante 38 años				5:1-16

	MATEO	**MARCOS**	**LUCAS**	**JUAN**
Restauración del oído de Malco			22:49-51	18:10
Sanando "a muchos"				
Primera ocasión	8:16-17	1:32-34	4:40-41	
Segunda ocasión	12:15	3:7-12		
Tercera ocasión	14:34-36	6:53-56		
Cuarta ocasión	15:29-31			
RESURRECCIONES				
El hijo de la viuda			7:11-17	
La hija de Jairo	9:18-19, 23-26	5:22-24, 35-43	8:41-42, 49-56	
Lázaro				11:1-46
PARÁBOLAS				
Diez siervos, diez minas			19:11-27	
Diez talentos	25:14-30			
Diez vírgenes	25:1-13			
El buen samaritano			10:30-35	
El fariseo y el publicano	18:9-14			
El mayordomo injusto			16:1-13	
El rico insensato			12:13-21	
El rico y Lázaro			16:19-31	
El sembrador	13:3-9, 18-23	4:1-9 13-20	8:4-15	
El tesoro escondido	13:44			
El trigo y la cizaña	13:24-30, 36-43			
El vestido de boda	22:1-14			
Hijos obedientes y desobedientes	21:28-32			
La casa en la peña	7:24-27		6:48-49	
La higuera	24:32-35	13:28-31	21:29-33	
La higuera estéril			13:6-9	
La levadura	13:33			
La moneda perdida			15:8-10	
La oveja perdida			15:1-7	
La perla de gran precio	13:45-46			
La red barredera	13:47-50			
La semilla de mostaza	13:31-32	4:30-32	13:18-19	
La semilla en crecimiento		4:26-29		
La viuda y el juez cansado			18:1-8	
Los amigos del novio	9:14-15	2:18-20	5:33-35	
Los espíritus y la casa barrida	12:43-45		11:24-26	
Los invitados a la cena			14:15-24	

	MATEO	MARCOS	LUCAS	JUAN
Los niños en la plaza	11:16-19		7:31-35	
Los trabajadores en la viña	20:1-16			
Los viñadores malvados	21:33-45	12:1-12	20:9-19	
Nuevo vino en cueros viejos		9:16	2:22	5:37-39
Ovejas y cabras	25:31-46			
Perdón de deudas, los 50 y 500 denarios			7:36-50	
Remiendo nuevo en paño viejo	9:16	2:21	5:36	
Siervos fieles y malos	24:42-51		12:35-48	
Siervos inútiles			17:7-10	
Tesoros viejos y nuevos	13:52			
Tomando un asiento inferior			14:7-14	
Un perdonado no dispuesto a perdonar	18:21-35			
Venciendo al fuerte	12:25-30	3:20-27		

SERMONES

	MATEO	MARCOS	LUCAS	JUAN
Abundancia de vida			15—16	
Discurso del Monte de los Olivos	24—25			
El Camino, la Verdad y la Vida			14:1-31	
El Pan de vida			6:22-71	
El Pastor de vida			10:1-39	
La Fuente de vida			5:16-47	
La Luz de la vida			8:12-59	
Sermón del Monte	5—7		10:1-39	
Sermón sobre Isaías 61			4:16-30	

ENSEÑANZAS INFORMALES

	MATEO	MARCOS	LUCAS	JUAN
Arrepentimiento			13:1-5	
Ayuno y fiesta	9:14-15	2:18-20		
Confesión y negación	10:32-33		12:8-9	
Disciplina en la iglesia	18:15-20			
División causada por el evangelio			12:49-53	
Divorcio	19:3-12	10:2-12	16:18	
El conocimiento y cuidado de Dios			12:6-7	
El Espíritu Santo			12:11-12	
El infierno	18:8-9	9:43-50	12:4-5	
El juicio			12:2-3	

	MATEO	MARCOS	LUCAS	JUAN
El pecado imperdonable	12:31-32	3:28-30	12:10	
El reino de Dios			17:20-21	
Fe	17:19-20; 21:18-22	9:23	17:5-6	
Llevando la propia cruz	16:24-26	8:34-38	9:23-26; 14:25-27	
Los niños y la grandeza	18:1-14	9:33-37, 42	9:46-48; 17:1-2	
Los últimos días, el regreso de Cristo			17:22-37	
Perdón	18:21-22	11:25-26	17:3-4	
Recompensas	16:27; 19:27-30	10:28-31	18:28-30	
Responsabilidad por las palabras	12:33-37			
Tradiciones vanas	15:1-9	7:1-13		

ORACIONES

	MATEO	MARCOS	LUCAS	JUAN
En el bautismo			3:21	
Antes de la primera gira de predicación		1:35	4:42	
Después de sanar un leproso				5:16
Antes de escoger a los doce			6:12	
Después de alimentar a los 5.000	14:23	6:46		6:15
Antes de la confesión de Pedro			9:18	
En la transfiguración			9:28-29	
Ante el informe de los setenta	11:25-27		10:21-22	
Ejemplo para los discípulos	6:9-13		11:1-4	
Antes de resucitar a Lázaro				11:41-42
Cuando los griegos pidieron verle				12:20-28
Después de salir del aposento alto				17:1-26
EN GETSEMANÍ				
Primera	26:39	14:35-36	22:41-43	
Segunda	26:42	14:39	22:44	
Tercera	26:44			

	MATEO	MARCOS	LUCAS	JUAN
PALABRAS DESDE LA CRUZ				
"Padre, perdónalos, porque no saben lo que hacen".			23:34	
"... hoy estarás conmigo en el paraíso".			23:43	
"He ahí tu hijo ... he ahí tu madre".				19:26-27
"Dios mío, Dios mío, ¿por qué me has desamparado?"	27:46	15:34		
"Tengo sed".				19:28
"Consumado es".				19:30
"Padre, en tus manos encomiendo mi espíritu".			23:46	

JUAN EL BAUTISTA

	MATEO	MARCOS	LUCAS	JUAN
Nacimiento			1:57-80	
Mensaje	3:1-12	1:1-8	3:1-19	1:19-36
Encarcelamiento	4:12; 14:3-5	1:14; 6:17-20	3:19-20	
Pregunta desde la cárcel	11:2-6		7:18-23	
Elogio de parte de Cristo	11:7-19		7:24-28	
Martirio	14:1-12	614-29		

APÓSTOLES Y DISCÍPULOS

	MATEO	MARCOS	LUCAS	JUAN
Pedro, Andrés, Jacobo y Juan	4:18-22	1:16-20	5:2-11	1:35-42
Felipe, Natanael				1:43-51
Mateo	9:9	2:14	5:27-28	
Los doce	10:1-41	3:13-19	6:12-16	
Los setenta			10:1-24	

QUISIERON SER DISCÍPULOS PERO EN SU LUGAR ESCOGIERON

	MATEO	MARCOS	LUCAS	JUAN
Comodidad y seguridad	8:19-20		9:57-58	
Familia y amigos	8:21-22			

GIRAS DE PREDICACIÓN

GALILEA

	MATEO	MARCOS	LUCAS	JUAN
Primera	4:12-17	1:14-15	4:14-15	
Segunda	4:23-25	1:35-39	4:42-44	
Tercera	9:35-38			
Cuarta	11:1			
Quinta			8:1-3	
Fenicia	15:21-28	7:24-30		
Decápolis		7:31		
Más allá del Jordán				10:39-42
Perea	19:1-2	10:1		
A Jerusalén	21:1	11:1	19:28	12:12

	MATEO	MARCOS	LUCAS	JUAN
ENCUENTROS CON DIRIGENTES RELIGIOSOS				
LA CONTROVERSIA DEL SÁBADO				
Obrando en sábado	12:1-8	2:23-28	6:1-5	
Sanando en sábado	12:9-14	3:1-6	6:6-11	
LOS FARISEOS DEMANDAN SEÑAL				
Primera ocasión	12:38-42		11:29-32	
Segunda ocasión	16:1-4	8:11-12		
Ungido en casa de Simón			7:36-48	
A la mesa de un fariseo			14:7-24	
Sanando en el templo	21:14-17			
ENCUENTROS DE LA ÚLTIMA SEMANA, ACERCA DE				
La autoridad de Cristo	21:23-27	11:27-33	20:1-8	
El tributo al César	22:15-22	12:13-17	20:20-26	
La resurrección	22:23-33	12:18-27	20:27-40	
El mayor mandamiento	22:34-40	12:28-34		
El Mesías	22:41-46	12:35-37	20:41-44	
Cristo condena a los fariseos		23:1-36	12:38-40	20:45-47
OTROS ENCUENTROS				
Nicodemo				3:1-21
La mujer junto al pozo				4:1-42
La adúltera				8:1-11
María y Marta			10:38-42	
El joven noble rico	19:16-30	10:17-22	18:18-30	
Zaqueo			19:1-10	
LA FAMILIA DE CRISTO				
La actitud de Él hacia ellos	12:46-50	3:31-35	8:19-21	
La actitud de ellos hacia Él				7:1-5

❖ ❖ ❖

LOS SUFRIMIENTOS QUE CRISTO PADECIÓ

Rechazado por
Su nación (Jn. 1:11)
Su ciudad (Lc. 4:28-29)
Su familia y amigos (Mr. 3:21; Jn. 7:5)

Tentado por Satanás (Lc. 4:1-13)

Ridiculizado debido a
La ciudad de la que procedía (Jn. 1:46; 7:52)
Su familia (Jn. 8:41; 9:24, 29)

Amenazado por
Herodes (Mt. 2:16)
Su ciudad (Lc. 4:29)
Los judíos, debido a
- sanar en sábado (Lc. 6:6-11; Jn. 5:1-16)
- sus afirmaciones sobre Él mismo (Jn. 8:58-59; 10:30-33)
- sus sermones (Mt. 26:1-4; Mr. 12:12; Lc. 11:53-54; Jn. 8:40)
- sus milagros (Jn. 11:47-48, 53; 12:10-11)

Sin hogar (Mt. 8:20)

Traicionado por un seguidor (Jn. 13:21-27; 18:1-5)

Negado por un amigo (Mt. 26:69-75)

Mal entendido por discípulos (Mt. 15:16; 17:6-13; Mr. 6:52; Jn. 10:6; 12:16)

Abandonado por todos (Mt. 26:56)

Citado de manera torcida (comparar Mt. 26:61; 27:40 con Jn. 2:19-22)

En la crucifixión
Encausado con falsas acusaciones (comparar Lc. 23:1-2 con Mt. 22:15-21)
Juzgado ilegalmente en siete ocasiones (véase *El sanedrín*, p. 937)
Escarnecido por
- Soldados romanos (Mr. 15:31)
- La multitud presente (Lc. 23:35)
- Los principales sacerdotes (Mr. 15:31)
- Dos ladrones (Mt. 27:44)

Torturado
- Abofeteado (Jn. 18:22)
- Vendado de ojos (Lc. 22:64)
- Escupido (Mt. 26:67)
- Golpeado (Mt. 26:67)
- Azotado (Mt. 27:26)
- Traspasado con espinas (Mt. 27:29)
- Golpeado en la cabeza (Mt. 27:30)

Crucificado (Mt. 27)

❖ ❖ ❖

PROFECIAS ACERCA DE CRISTO EN EL ANTIGUO TESTAMENTO

ANTES DE LA CRUZ

Nacido de mujer	Gn. 3:15	Lc. 2:7

Nacido de virgen	Is. 7:14	Mt. 1:22-23
Heredaría el trono de David	2 S. 7:16; Sal. 132:11; 15 Is. 9:6-7; 16:5; Jer. 23:5	Lc. 1:31-32
Su trono sería eterno	Dn. 2:44; 7:14, 27; Mi. 4:7	Lc. 1:33
Se llamaría Emanuel	Is. 7:14	Mt. 1:23
Tendría un precursor	Is. 40:3-5; Mal. 3:1	Lc. 1:76-78; 3:1-6
Nacimiento en Belén	Mi. 5:2	Mt. 2:1, 5-6
Reyes le traerían dones	Sal. 72:10; Is. 60:3, 6, 9	Mt. 2:11
Viviría un tiempo en Egipto	Os. 11:1	Mt. 2:14-15
Matarían niños en su ciudad natal	Jer. 31:15	Mt. 2:16-18
Sería llamado Nazareno (rama = heb. *neser*)	Is. 11:1	Mt. 2:23
Un profeta como Moisés	Dt. 18:15	Jn. 1:45; 6:14
Lleno de celo por Dios Padre	Sal. 69:9; 119:139	Jn. 2:13-17
Lleno del Espíritu	Sal. 45:7; Is. 11:2; 61:1-2	Lc. 4:18-21
Sanaría a muchos	Is. 53:4-5	Mt. 8:16-17
Trataría bondadosamente a los gentiles	Is. 9:1-2; 42:1-3	Mt. 4:13-16; 12:17-21
Hablaría en parábolas	Is. 6:9-10	Mt. 13:10-15
Rechazado por los suyos	Sal. 69:8; Is. 53:3	Jn. 1:11; 7:5
La entrada triunfal en Jerusalén	Zac. 9:9	Mt. 21:4-5
Niños le alabarían	Sal. 8:2	Mt. 21:16
La piedra angular rechazada	Sal. 118:22-23	Mt. 21:42
Algunos no creerían sus milagros	Is. 53:1	Jn. 12:37-38
LA CRUCIFIXIÓN		
Varón de dolores	Is. 53:3	Mt. 26:37-38
Entregado por un amigo por 30 piezas de plata	Sal. 41:9; 55:12-14; Zac. 11:12-13	Mt. 26:14-16, 21-25
Su dinero de sangre compraría un campo de un alfarero	Jer. 18:1-4; 32:6-9; Zac. 11:12-13	Mt. 27:7-10
Abandonado por sus discípulos	Zac. 13:7	Mt. 26:31, 56
Azotado, escupido	Is. 50:6; 53:5	Mt. 26:67; 27:26
Crucificado con dos ladrones	Is. 53:12	Mr. 15:27-28
Moriría por los pecados de la humanidad	Is. 53:5	Mt. 27:50
Se le daría vinagre para beber	Sal. 69:21	Mt. 27:34, 48
Manos y pies horadados	Sal. 22:16; Zac. 12:10	Jn. 19:34, 37; 20:25-27
Vestiduras repartidas y sorteadas	Sal. 22:18	Jn. 19:23-24
Rodeado de enemigos y escarnecido	Sal. 22:7-8	Mr. 15:29-32

Padecería sed	Sal. 22:15	Jn. 19:28
Encomendaría su espíritu al Padre	Sal. 31:5	Lc. 23:46
Sus huesos no serían rotos	Éx. 12:46; Nm. 9:12 Sal. 34:20	Jn. 19:33-36
Hecho espectáculo mientras moría	Zac. 12:10	Mt. 27:39, 47
Sepultado con los ricos	Is. 53:9	Mt. 27:57-60
DESPUÉS DE LA CRUZ		
Resucitaría de los muertos	Sal. 16:10	Mt. 28:2-7
Ascendería al cielo	Sal. 24:7-10; 68:18	Lc. 24:51
Volvería un día	*El término veterotestamentario "El día de Jehová" (usado en Jl. 2:30-31 y en otros pasajes) fue aplicado por los escritores del NT a la segunda venida, con la traducción "el día del Señor" (véase 1 Ts. 5:2 y 2 P. 3:10).*	

❖ ❖ ❖

PREDICCIONES HECHAS POR CRISTO

Acerca de sí mismo

- Traición de Judas
  - Predicha dos veces en Galilea (Mt. 17:22; Jn. 6:70-71)
  - Predicha en el aposento alto (Mt. 26:21, 25)
- Negación de Pedro
  - Predicha en el aposento alto (Jn. 13:37-38)
  - Predicha de camino a Getsemaní (Mt. 26:34)
- Deserción de los apóstoles (Mt. 26:31)
- Muerte
  - El hecho de la misma (Mt. 16:21; 17:12, 23; Jn. 10:11, 15)
  - El lugar de la misma (Mt. 20:18)
  - El método de la misma (Mt. 20:18-19; Jn. 3:14; 12:32)
- La resurrección
  - El hecho (Jn. 10:17-18)
  - Después de tres días (Mt. 16:27; 24:30; 26:63-64; Jn. 14:3)
  - Aparición después de la resurrección (Mt. 26:32)
  - Ascensión (Jn. 7:33; 13:33; 14:28)
  - Segunda venida (Mt. 16:27: 24:30; 26:63-64; Jn. 14:3)

Acerca del Espíritu Santo

- Hechos de su ministerio (Lc. 24:49; Jn. 7:37-39; 14:16)
- Su duración (Jn. 14:16)
- Su localización (Jn. 14:17)
- Su naturaleza respecto
  - Al Salvador (Jn. 15:26; 16:14)
  - El salvo (Jn. 14:26; 16:13)
  - El pecador (Jn. 16:8)

Acerca de la iglesia

- Su existencia (Mt. 16:13-19)
- Su ministerio (Mt. 28:19-20; Hch. 1:8)
- Su campo de servicio (Mt. 28:19; Hch. 1:8)
- Su autoridad (Mt. 16:19; 18:18; Jn. 20:23)
- Su persecución (Mt. 10:16-23, 34; Jn. 15:18-21; 16:1-3, 33)
- Su recompensa celestial (Jn. 14:2-3)

Acerca de la nación de Israel

- Su ceguera (Mt. 23:37-39)
- Su rechazamiento (Mt. 21:43)
- Su recogimiento (Mt. 24:31)
- La destrucción de Jerusalén (Lc. 19:43-44)
- La destrucción del templo (Mr. 13:1-2)

Acerca de los tiempos del fin

- Los últimos días (Mt. 24:32-34; Lc. 17:26-30)
- La gran tribulación (Mt. 24:21, 29; Lc. 21:22-26)
- La venida de Elías (Mt. 17:11)
- El anticristo (Mt. 24:15; Jn. 5:43)
- La resurrección de los muertos (Jn. 5:28-29)
- Las recompensas futuras (Mt. 10:41-42; 19:29)
- El milenio (Mt. 8:11; 13:43; 19:28; 25:34)
- El juicio del gran trono blanco (Mt. 25:31-33)
- El cielo (Jn. 14:2-3)
- El infierno (Mt. 13:49-50; 18:8-9; Jn. 5:28-29)

Acerca de otras cuestiones

- La resurrección de Lázaro (Jn. 11:11)
- La muerte de Pedro (Jn. 21:18-19)

❖ ❖ ❖

LAS ESCRITURAS Y EL SALVADOR

Ambos son la Palabra de Dios: Las Escrituras son la Palabra escrita (Éx. 31:18) y el Salvador es la Palabra o Verbo de vida (Jn. 1:14)
Ambos son eternos: 1 Pedro 1:23 y Hebreos 13:8
Ambos vinieron del cielo: Salmo 119:89 y Juan 3:13
Ambos vinieron a un mundo perdido: Lucas 11:28 y Hechos 3:26
Ambos participaron de lo humano y de lo divino: 2 Pedro 1:20-21 y 1 Timoteo 3:16
Ambos gozaron de apoyo angélico: Hechos 7:53; Gálatas 3:19; Mateo 4:11; Lucas 22:43
Ambos son sin tacha: Proverbios 30:5 y 1 Juan 3:5
Ambos son fuente de vida: Hebreos 4:12 y Juan 14:6
Ambos son fuente de luz: Salmo 119:130 y Juan 1:4, 9
Ambos son la verdad absoluta: Juan 17:17 y Juan 14:6
Ambos proveen alimento para el alma: Deuteronomio 8:3 y Juan 6:35

Ambos proveen purificación: Juan 15:3 y 1 Juan 1:9
Ambos producen fruto: Mateo 13:23 y Juan 15:5
Ambos dan paz: Salmo 119:165 y Juan 14:27
Ambos son como una espada: Efesios 6:17 y Apocalipsis 19:15
Ambos son llamados maravillosos: Salmo 119:18 e Isaías 9:6
Ambos son llamados el poder de Dios: Romanos 1:16 y 1 Corintios 1:24
Ambos cumplen con éxito sus misiones: Isaías 55:10-11 y Juan 17:4; 19:30
Ambos deben ser recibidos para la salvación: Juan 8:31-32 y Juan 1:12
Ambos han recibido los ataques de los pecadores: Jeremías 36:27-28 y Juan 10:31
Ambos han sido rechazados por pecadores: Marcos 7:9 e Isaías 53:3
Ambos juzgarán finalmente a todos los pecadores: Romanos 2:12; 3:19 y Juan 5:22.

LOS PERSONAJES DE LA BIBLIA

LOS PATRIARCAS DE ISRAEL

Adán. Primer ser humano, participó en el primer pecado (Gn. 1:26—5:5).
Noé. Constructor de la nave que preservó a ocho personas durante el diluvio universal (Gn. 5:29—10:32).
Abraham. Padre de la nación de Israel (Gn. 11—25).
Isaac. El heredero prometido a Abraham (Gn. 17:5—35:29).
Jacob. Padre de 12 hijos que fundaron 12 tribus de Israel (Gn. 25—37).

LOS PADRES DE LAS DOCE TRIBUS DE ISRAEL

Rubén. Primer hijo de Jacob, salvó a José del plan asesino de sus hermanos (Gn. 29:32; 37:21-30).
Simeón. Segundo hijo de Jacob; él y Leví llevaron a cabo la matanza de los siquemitas después de la violación de Dina (Gn. 29:33; 34:25-26).
Leví. Tercer hijo de Jacob, antecesor de los sacerdotes de Israel (Gn. 29:34; Nm. 18:1-2)
Judá. Cuarto hijo de Jacob, antecesor de los reyes de Israel y de Cristo (Gn. 29:35; 49:10; Mt. 1:2).
Dan. Quinto hijo de Jacob (Gn. 30:6).
Neftalí. Sexto hijo de Jacob (Gn. 30:8).
Gad. Séptimo hijo de Jacob (Gn. 30:11).
Aser. Octavo hijo de Jacob (Gn. 30:13).
Isacar. Noveno hijo de Jacob (Gn. 30:18).
Zabulón. Décimo hijo de Jacob (Gn. 30:20).
José. Undécimo y favorito hijo de Jacob, vendido como esclavo por los hermanos, salvó a la familia del hambre (Gn. 37—50).
Benjamín. Duodécimo hijo de Jacob; Raquel murió al darlo a luz (Gn. 35:16-20).

❖ ❖ ❖

JUECES

Otoniel. Primer juez, liberó dos veces a Israel (Jue. 1; 3).

Samgar. Entregó a Israel dando muerte a 600 filisteos con una aguijada de buey (Jue. 3:31).

Débora. Profetisa, ayudó a Barac a derrotar a los cananeos (Jue. 4—5).

Gedeón. Derrotó a los madianitas con solo 300 hombres (Jue. 7).

Tola. Gobernó durante 23 años (Jue. 10:1-2).

Jair. Gobernó durante 22 años (Jue. 10:3-5).

Jefté. Dirigente militar que llegó a ser juez. Su hija murió debido a su temerario voto (Jue. 10:6—12:7).

Ibzán. Gobernó durante siete años (Jue. 12:8-9).

Elón. Gobernó durante diez años (Jue. 12:11).

Abdón. Gobernó durante ocho años (Jue. 12:13-14).

Sansón. Último juez, notable por sus hazañas de fortaleza y por sus victorias sobre los filisteos (Jue. 13—16).

❖ ❖ ❖

REYES Y EMPERADORES

(Las fechas se sobreponen en ocasiones debido a factores como corregencias, vacíos en el registro genealógico o cambios en calendarios.)

Asirios

Tiglat-pileser III (Pul) (745-727 a.C.). Llevó a las tribus israelitas de Transjordania a la cautividad a. 733 (2 R. 15:29; 16:7, 10).

Salmanasar V (727-722). Hijo de Tiglat-pileser III; destruyó Samaria y encarceló al rey Oseas (2 R. 17:1-6; 18:9-11).

Sargón II (721-705). Otro hijo de Tiglat-pileser III; llevó a cabo el saqueo de Samaria (Is. 20).

Senaquerib (705-681). Sobrino de Salmanasar. Sus ejércitos fueron destruidos cerca de Jerusalén por el ángel de la muerte en el 701 (2 R. 18—19).

Babilonios

Merodac-baladán (721-710 a.C.). Ezequías mostró a sus embajadores las riquezas de Judá (2 R. 20:12-13; Is. 39:1-2).

Nabucodonosor II (605-562). Tomó y destruyó Jerusalén; reinó mientras Daniel estaba en Babilonia (2 R. 25; Dn. 1—4).

Evil-merodac (562-560). Liberó al encarcelado Joaquín en Babilonia (2 R. 25:27).

Belsasar (553-539). Regente en Babilonia en lugar de su padre, el rey Nabónido; vio la escritura en la pared (Dn. 5).

Egipcios

Faraón desconocido. Abraham le mintió acerca de Sara (Gn. 12:14-20).

Faraón desconocido. Hizo a José primer ministro de Egipto (Gn. 41:37-45).

Tutmose I (a. 1525-1508 a.C.). Quizá el rey que "no conocía a José" y que comenzó a perseguir a los israelitas (Éx. 1:8).

Tutmose III (1504-1450). Quizá el rey durante las 10 plagas y el Éxodo (Éx. 5:1).
Amenhotep II (1450–1420). Es posible que haya sido rey durante las 10 plagas y el Éxodo (Éx. 5:1)
Faraón desconocido. Dio a Salomón su hija como esposa (1 R. 3:1).
Sisac (a. 945-915). Asedió Jerusalén en tiempos de Roboam (1 R. 14:25-26).
Necao II (610-595). Mató a Josías en batalla, y fue luego derrotado por los babilonios en Carquemis en el 605 (2 R. 23:29-30; Jer. 46:1-2).
Hofra (589-570). Fracasó en su intento de salvar a Jerusalén de Babilonia en el 586; fue depuesto en el 570, cumpliéndose la profecía de Jeremías (Jer. 37:5-10; 44:30).

Herodianos

Herodes el Grande (vivió del 73 al 4 a.C.). Implacable rey edomita, recibió de Roma el control de Judea; gobernaba en tiempos del nacimiento de Cristo; mató a recién nacidos en un intento de eliminar a Jesús (Mt. 2:1-20).
Herodes Arquelao. Hijo mayor de Herodes el Grande, gobernó después de él hasta el 6 d.C. Cuando José, de regreso de Egipto, supo que Arquelao había ocupado el puesto de su padre en Judea, tomó consigo a María y a Jesús a Galilea en lugar de establecerse en Judea (Mt. 2:22).
Herodes Felipe. Hijo de Herodes el Grande; primer marido de Herodías, que le dejó por Antipas, su medio hermano (Mt. 14:3).
Herodes Antipas (vivió del 21 a.C. al 39 d.C.). El hijo menor de Herodes el Grande, sucedió a Arquelao; hizo dar muerte a Juan el Bautista (Mt. 14:1-11).
Herodes Agripa I (vivió del 10 a.C. al 44 d.C.). Nieto de Herodes el Grande, hizo matar al apóstol Jacobo. Un ángel le dio muerte por aceptar que le adorasen (Hch. 12).
Herodes Agripa II (vivió del 27 d.C. hasta a. 100). Bisnieto de Herodes el Grande; el rey a quien habló Pablo acerca de convertirse en cristiano (Hch. 25:13—26:32).

Persas y medos

Ciro el Grande (559-530 a.C.). Emitió un decreto de regreso para los judíos (2 Cr. 36:22-23; Esd. 1; Is. 44:28).
Darío de Media (539?). Identidad incierta; posiblemente un aliado de Ciro, quizá otro nombre para el mismo Ciro (Dn. 6).
Darío el Grande (521-486). Hijo de Ciro el Grande; permitió que prosiguiera la obra del templo (Esd. 6).
Jerjes (Asuero) (486-465). Hijo de Darío el Grande; marido de Ester (Est. 1).
Artajerjes (465-424). Hijo de Jerjes; entabló amistad con Esdras y Nehemías (Esd. 7:1; Neh. 2:1).
Darío III (336-331). Sus ejércitos fueron destruidos por Alejandro Magno (Dn. 8).

Romanos

Augusto César (31 a.C.–14 d.C.). Emperador cuando Jesús nació (Lc. 2:1).
Tiberio César (14-37 ó 42 d.C.). Emperador durante el ministerio terrenal de Jesús (Lc. 3:1; 20:22-25).
Claudio César (41-54). Emperador durante el ministerio de Pablo (Hch. 11:28; 18:2).
Nerón César (54-68). Emperador al que apeló Pablo, y que posteriormente

fue quien probablemente ordenó las ejecuciones de Pablo y de Pedro (Hch. 25:10-12).

Israel: Reino unido

Saúl (10510-1011 a.C.). Primer rey de Israel; posteriormente rechazado por Dios (1 S. 9—31).

David (1011-971). Sucesor de Saúl; el más amado de los reyes de Israel (1 S. 16—1 R. 2).

Salomón (971-931). Hijo de David y Betsabé; el más sabio y rico de los reyes de Israel (1 R. 1—11).

Israel: El Reino dividido, Reino del norte ("Israel").

Jeroboam (931-909 a.C.). Se rebeló contra Salomón, edificó centros de culto rivales en Dan y Bet-el (1 R. 11:26—14:20).

Nadab (911-909). Hijo de Jeroboam, muerto por Baasa (1 R. 15:25-28).

Baasa (909-886). Edificó una muralla para impedir el tráfico con Jerusalén (1 R. 15:27—16:7).

Ela (886-885). Hijo de Baasa, fue muerto por Zimri mientras estaba bebido (1 R. 16:6-14).

Zimri (885). Cometió suicidio tras gobernar durante siete días (1 R. 16:15-20).

Omri (885-873). General del ejército, hecho rey tras la muerte de Zimri, estableció Samaria como capital del reino del norte (1 R. 16:15-28).

Acab (874-853). Hijo de Omri, y malvado esposo de Jezabel, fue condenado por Elías y murió en batalla (1 R. 16:28—22:40).

Ocozías (853-852). El malvado hijo mayor de Acab (1 R. 22:40—2 R. 1:18).

Joram (852-841). El hijo menor de Acab, envió Naamán a Eliseo para que fuera sanado (2 R. 3:1—9:26).

Jehú (841-814). General del ejército, conocido por la forma en que conducía su carro y por su exterminio de la dinastía de Acab (2 R. 9:1—10:36).

Joacaz (814-798). El hijo de Jehú, vio su ejército casi barrido por los sirios (2 R. 13:1-9).

Joás (798-782). Hijo de Joacaz, guerreó con éxito contra Judá, y visitó a Eliseo en su lecho de muerte (2 R. 13:10—14:16).

Jeroboam II (794-753). Hijo de Joás, reinó durante el tiempo de Jonás (2 R. 14:23-29).

Zacarías (753-752). El hijo de Jeroboam II, último de la dinastía de Jehú, muerto por Salum (2 R. 14:29—15:2).

Salum (752). Reinó durante un mes, y fue muerto por Manahem (2 R. 15:10-15).

Manahem (752-742). Uno de los más brutales de los reyes del norte (2 R. 15:14-22).

Pekaía (742-740). Hijo de Manahem, muerto por Peka, su general del ejército (2 R. 15:22-26).

Peka (740-732). Muerto por Oseas (2 R. 15:27-31).

Oseas (732-722). El último rey del reino del norte, destronado y encarcelado por los asirios (2 R. 15:30; 17:1-6).

Israel: El reino dividido, reino del sur ("Judá").

Roboam (931-913 a.C.). El hijo de Salomón, su estupidez y arrogancia desencadenaron la guerra civil (1 R. 11:43—12:24; 14:21-31).

Abiam (Abías) (913-911). El hijo de Roboam, fue ayudado por Dios a derrotar a Jeroboam en el campo de batalla (1 R. 14:31—15:8).

Asa (911-870). El hijo de Abiam, el primer rey piadoso de Judá (1 R. 15:8-24).

Josafat (873-848). El hijo de Asa, un rey piadoso; construyó una flota mercante, hizo una alianza con Acab (1 R. 22:41-50; 2 Cr. 18:1).

Joram (853-841). Hijo de Josafat; se casó con Atalía, la malvada hija de Acab y Jezabel (2 R. 8:16-24).

Ocozías (841). Hijo de Joram y de Atalía, muerto por Jehú (2 R. 8:24—9:29).

Atalía (reina) (841-835). Accedió al trono al morir su hijo Ocozías; hizo matar a todos los hijos de Ocozías (¡que eran sus propios nietos!), excepto Joás, que fue ocultado y protegido (2 R. 11:1-20).

Joás (835-796). Hijo de Ocozías, único heredero de David que escapó a la matanza llevada a cabo por Atalía, fue posteriormente asesinado, pero no antes de haber tenido un hijo que continuó el linaje davídico (2 R. 11:1—12:21).

Amasías (796-767). Hijo de Joás, derrotado por el rey norteño Joás; murió víctima de una conspiración (2 R. 14:1-20).

Uzías (Azarías) (790-740). Hijo de Amasías, fue azotado con la lepra por haber permitido el culto idolátrico de los lugares altos (2 R. 15:1-7).

Jotam (750-731). Hijo de Uzías, edificó la puerta superior del templo y fortificó Jerusalén (2 R. 15:32-38).

Acaz (735-715). Hijo de Jotam, y un rey impío, sacrificó un hijo a un dios pagano (2 R. 16).

Ezequías (728-686). Hijo de Acaz; reformador, amigo de Isaías; rey cuando Jerusalén fue salvado por el ángel de la muerte (2 R. 18—20).

Manasés (695—642). Hijo de Ezequías; el peor de los reyes de Judá, aunque más adelante se convirtió (2 R. 21:1-18; 2 Cr. 33:11-16).

Amón (642-640). Hijo de Manasés, asesinado por sus propios criados (2 R. 21:19-26).

Josías (640-609). Hijo de Amón, gobernaba cuando se encontró la Ley en el templo; dirigente de la reforma nacional, murió en batalla contra Egipto (2 R. 22:1—23:30).

Joacaz (609). Hijo de Josías, gobernante después de su muerte en batalla; depuesto después de solo 90 días por Faraón Necao; fue deportado a Egipto, donde murió (2 R. 23:31-33).

Joacim (609-597). Hijo de Josías; persiguió a Jeremías y quemó su rollo; fue deportado a Babilonia por Nabucodonosor (2 R. 23:34—24:5; Jer. 36).

Joaquín (597). Hijo de Joacim; incurrió en un juicio especial de Dios; fue deportado a Babilonia por Nabucodonosor (2 R. 24:6-16).

Sedequías (597-586). Tío de Joaquín; fue cegado y deportado a Babilonia cuando Jerusalén y el templo fueron destruidos (2 R. 24:17—25:30).

Otros reyes

Abimelec. Rey filisteo a quien Abraham mintió acerca de Sara (Gn. 20—21).

Abimelec. Rey filisteo a quien Isaac mintió acerca de Rebeca (Gn. 26).

Adonisedec. Rey de Jerusalén que constituyó una alianza cananea para luchar contra Josué (Jos. 10).

Agag. Rey de Amalec, derrotado pero perdonado por Saúl, lo que llevó a que Saúl fuera rechazado como rey (1 S. 15).

Aquís. Rey filisteo a cuya protección se acogió David dos veces, y en cuya presencia David fingió estar loco (1 S. 21; 27-29).

Balac. Rey de Moab que pidió a Balaam que maldijera a los israelitas (Nm. 22—24).

Ben-adad II. Rey de Aram (Siria), dos veces derrotado por Acab (1 R. 20).

Bera. Rey de Sodoma, intentó sobornar a Abraham (Gn. 14:2, 21-24).

Hazael (843-798). Rey arameo (sirio), dirigió varias campañas contra Israel (1 R. 19:15-18; 2 R. 8—13).

Hiram (986-935). Rey de Tiro, proveyó madera para el templo (1 R. 5).

Jabín. Rey de Hazor, derrotado por los israelitas en tiempos de Débora y de Barac (Jue. 4).

Melquisedec. Rey de Salem, bendijo a Abraham, y es considerado como un tipo o incluso manifestación de Cristo (Gn. 14:18-20; He. 5:6-10; 7:1-22).

Mesa. Rey moabita que sacrificó a su propio hijo en un inútil esfuerzo de ganar una batalla (2 R. 3).

Nahas. Rey amonita derrotado por Saúl (1 S. 11).

Og. Rey gigante de Basán (Dt. 3:11; Jos. 13:12), cuya derrota a manos de Moisés fue recordada durante muchos siglos (Nm. 21; Dt. 3; Jos. 13; Sal. 135:10-11; 136:18, 20).

Quedorlaomer. Rey de Elam, encabezó una alianza que conquistó Sodoma mientras Lot vivía allí (Gn. 14:1-17).

Rezín (a. 738). Rey de Aram (Siria), intentó constituir una alianza con Judá contra Asiria, y luego se unió a Israel para invadir Judá (2 R. 15:37—16:9).

Sehón. Rey amorreo que rehusó el paso a los israelitas cuando se dirigían a Canaán y que fue derrotado por ellos (Nm. 21:26-30).

Reinas

Atalía. (Reina efectiva, listada con los reyes de Judá, más arriba).

Berenice. Hermana y esposa de Herodes Agripa II (Hch. 25:13, 23; 26:30).

Betsabé. Originalmente mujer de Urías, y luego mujer de David y madre de Salomón (2 S. 11—12).

Candace. Reina de Etiopía que permitió a su ministro que visitase Judea, donde se convirtió por mediación de Felipe (Hch. 8:27).

Ester. Reina judía de Persia; salvó a los judíos del exterminio (Est. 2—10).

Herodías. Esposa de Herodes Felipe, luego de Herodes Antipas; tramó la muerte de Juan el Bautista (Mt. 14:1-12).

Jezabel. Malvada esposa de Acab (1 R. 16:31—2 R. 9:37).

La reina de Sabá. Reina africana o árabe que visitó a Salomón (1 R. 10:1-13).

La reina madre de Babilonia. Aconsejó a Belsasar que hiciera llamar a Daniel (Dn. 5:10-12).

Maaca. Abuela idólatra del rey Asa (1 R. 15:10; 2 Cr. 15:16).

Mical. Hija de Saúl; primera esposa de David, azotada con esterilidad por haber ridiculizado la devoción de su marido (1 S. 18:20-29; 2 S. 6:20-23).
Nehusta. Madre de Joaquín, llevada a Babilonia (2 R. 24:8-16).
Rizpa. Esposa de Saúl; trató de proteger los cuerpos de sus dos hijos y de cinco de los nietos de Saúl hasta que David los hizo sepultar (2 S. 21:8-14).
Vasti. Reina persa depuesta por el rey Jerjes (Est. 1).

❖ ❖ ❖

PROFETAS NO ESCRITORES

(Para profetas escritores, véase *Escritores de la Biblia*).

Antiguo Testamento

Ahías. Predijo que Jeroboam reinaría sobre 10 tribus después de la guerra civil de Israel (1 R. 11:29-39).
Azarías. Profetizó al rey Asa, como lo había hecho su padre Obed (2 Cr. 15:1-7).
Elías. Se opuso al culto a Baal en tiempos de Acab y Jezabel (1 R. 17—2 R. 2).
Eliseo. Sucesor de Elías, hizo muchos milagros y predijo la salvación de Samaria (2 R. 2—13).
Enoc. Profetizó antes del diluvio acerca del juicio (Gn. 5:21-24; Jud. 1:14-15).
Gad. Predijo la naturaleza del juicio sobre David por llevar a cabo un censo de Israel (1 S. 22:5; 2 S. 24:11-19).
Hanani. Echado en prisión por el rey Asa por haberlo reprendido por su pecado (2 Cr. 16:7-10).
Iddo. Profetizó contra Jeroboam (2 Cr. 9:29; 12:15; 13:22).
Jacob. Profetizó acerca de los descendientes de sus 12 hijos (Gn. 48—49).
Jehú. Reprendió a Baasa y a Josafat (1 R. 16:1-13; 2 Cr. 19:1-3).
Micaías. Predijo la muerte de Acab en batalla contra Aram (Siria) (1 R. 22:1-28).
Natán. Reprendió a David por adulterio y asesinato (2 S. 7, 12; 1 R. 1).
Noé. Profetizó acerca de los descendientes de sus hijos (Gn. 9:24-27).
Obed. Profetizó en los días del rey Acaz (2 Cr. 28:9-11).
Profeta innominado. Explicó a Israel las razones de sus sufrimientos (Jue. 6:7-10).
Profeta innominado. Predijo la muerte de Ofni y de Finees (1 S. 2:27-36).
Profeta innominado. Predijo que Dios entregaría los sirios a Acab (1 R. 20:13-43).
Semaías. Advirtió al rey Roboam contra hacer guerra a Jeroboam (1 R. 12:22-24).
Urías. Profetizó contra Judá, y fue martirizado por Joacim (Jer. 26:20-23).
Varón de Dios innominado. Dijo al rey Amasías que no necesitaba confiar en sus tropas mercenarias del reino del norte para que le ayudasen a derrotar a los edomitas (2 Cr. 25:7-16).
Varón de Dios innominado. Predijo el nombre y las reformas del rey Josías 315 años antes de su nacimiento, y fue luego muerto por un león por desobedecer (1 R. 13:1-24).
Zacarías. Ministró ante el rey Uzías (2 Cr. 26:5).

Nuevo Testamento

Ágabo. Predijo hambre y el encarcelamiento de Pablo (Hch. 11:28; 21:10-11).
Juan el Bautista. Profetizó acerca de Cristo y del juicio final (Mt. 3:1-12; 11:2-10).

Judas y Silas. Exhortaron a los creyentes en los tiempos del Concilio de Jerusalén (Hch. 15:22, 32).

Los profetas de la tribulación ("Los dos testigos"). Profetizarán contra el anticristo (Ap. 11:3-12).

Simeón. Profetizó acerca de Cristo (Lc. 2:25-35).

Zacarías. Profetizó acerca de su hijo Juan el Bautista (Lc. 1:67-69).

❖ ❖ ❖

PROFETISAS

Antiguo Testamento

Débora. También fue una entre los jueces de Israel, y predijo la victoria de Barac sobre los cananeos (Jue. 4:4-9).

Hulda. Profetizó después del redescubrimiento de la Ley durante el reinado de Josías (2 Cr. 34:22-28).

La esposa de Isaías. Llamada una profetisa, dio a Isaías dos hijos cuyos nombres fueron proféticos (Is. 7:3; 8:3-4).

María (Miriam). La hermana de Moisés, llamada profetisa, dirigió a las mujeres israelitas en el cántico de la victoria (Éx. 15:20-21).

Nuevo Testamento

Ana. Anciana viuda, estuvo presente en la dedicación de Jesús en el templo (Lc. 2:36-38).

Las cuatro hijas de Felipe. Pablo las conoció en Cesarea (Hch. 21:8-9).

❖ ❖ ❖

FALSOS PROFETAS Y PROFETISAS

Antiguo Testamento

Acab. Jeremías predijo su muerte (Jer. 29:21).

Balaam. Contratado por Balac, rey de Moab, para que pronunciase maldición contra Israel (Nm. 22—24).

Hananías. Intentó refutar la profecía de 70 años de Jeremías, diciendo que la cautividad en Babilonia duraría solo 2 años (Jer. 28).

Noadías. Profetizó en tiempo de Nehemías (Neh. 6:14).

Sedequías. Jeremías predijo su muerte (Jer. 29:21).

Sedequías. Predijo falsamente que Acab derrotaría a Aram (Siria) (1 R. 22:11-28).

Semaías. Jeremías predijo que todos sus descendientes morirían (Jer. 29:24-32).

Viejo profeta innominado. Sus palabras mentirosas a otro profeta le costaron la vida al segundo (1 R. 13:11-25).

Nuevo Testamento

Elimas (Bar-Jesús). Hechicero, se enfrentó a Pablo en Chipre (Hch. 13:6-12).

Falso profeta durante la tribulación. Colaborará con el anticristo (Ap. 16:13; 19:20; 20:10).

Jezabel. Falsa maestra en la iglesia en Tiatira (Ap. 2:20).

❖ ❖ ❖

SACERDOTES

Antiguo Testamento

Aarón. Hermano mayor de Moisés, primer sumo sacerdote de Israel (Éx. 4:14—Dt. 10:6; He. 7:11).

Abiatar. Único hijo de Ahimelec que escapó de la matanza en Nob (1 S. 22:20-23).

Ahimelec. Director del establecimiento sacerdotal en Nob, muerto por orden de Saúl junto con otros 85 sacerdotes por haber ayudado a David (1 S. 21—22).

Ahimelec. Hijo de Abiatar, nieto de Ahimelec (anterior), consejero clave de David (2 S. 8:17).

Amarías. Sumo sacerdote en tiempos de Josafat (2 Cr. 19:11).

Amasías. Impío sacerdote de Bet-el, se enfrentó contra Amós (Am. 7:10-17).

Azarías. Sumo sacerdote; se enfrentó con el rey Uzías cuando éste intentó insensatamente usurpar los deberes sacerdotales (2 Cr. 26:16-20).

Eleazar e Itamar. Piadosos hijos de Aarón; Eleazar pasó a ser el segundo sumo sacerdote (Lv. 10:6, 16-20; Nm. 20:26-28; 26—27).

Elí. Descendiente de Itamar, mentor de Samuel (1 S. 1—4).

Eliasib. Sumo sacerdote durante los días de Nehemías (Neh. 3:1; 13:4-5).

Elisama y Joram. Sacerdotes instructores en tiempos de Josafat (2 Cr. 17:7-9).

Esdras. Escriba, maestro y sacerdote durante la reconstrucción de las murallas de Jerusalén (Esd. 7, 10; Neh. 8, 12).

Finees. Hijo de Eleazar, tercer sumo sacerdote de Israel (Nm. 25:7-13; 31:1-6).

Hilcías. Sumo sacerdote en tiempos del rey Josías, encontró el olvidado Libro de la Ley (2 R. 22—23).

Jahaziel. Aseguró a Josafat que sería liberado de la amenaza de un enemigo (2 Cr. 20:14-19).

Joiada. Sumo sacerdote que con su esposa Joseba salvó a Joás de la matanza llevada a cabo por Atalía (2 R. 11—12).

Josué. Primer sumo sacerdote de Judá después de la cautividad en Babilonia (Hag. 1:1; Zac. 3).

Nadab y Abiú. Malvados hijos de Aarón, muertos por Dios por haber ofrecido fuego extraño (Lv. 10:1-2).

Ofni y Finees. Malvados hijos de Elí, muertos por Dios (1 S. 2:12-34; 4:11).

Pasur. Sacerdote impío, persiguió a Jeremías (Jer. 20:1-6).

Sadoc. Sumo sacerdote en tiempos de David y Salomón, de quien los saduceos tomaban su nombre (2 S. 15; 1 R. 1; 2:35; 4:2-4).

Selemías. Encargado de los almacenes en tiempos de Nehemías (Neh. 13:13).

Urías. Erigió un altar extranjero por encargo del rey Acaz (2 R. 16:10-16).

Nuevo Testamento

Ananías. Presidente del sanedrín cuando Pablo fue hecho comparecer ante el mismo (Hch. 23:2; Hch. 24:1).

Anás. Malvado sumo sacerdote durante los tiempos de Cristo (Lc. 3:2; Jn. 18:13; Hch. 4:6).

Caifás. Malvado sumo sacerdote, yerno de Anás (Mt. 26:3; Lc. 3:2; Jn. 11:47-53; 18:13-14).

Esceva. Pretencioso sacerdote judío en Éfeso, cuyos siete hijos intentaron imitar el ministerio de Pablo (Hch. 19:14).

Zacarías. Padre de Juan el Bautista (Lc. 1:5-23, 59-64).

❖ ❖ ❖

APÓSTOLES

Para una lista de los doce apóstoles que sirvieron a Cristo durante su ministerio terrenal, véase Mateo 10:1-4. Otros dos fueron designados apóstoles después de la ascensión de Cristo: Matías, para reemplazar a Judas; y Pablo, para llevar el evangelio a los gentiles.

Andrés. Hermano de Pedro, pescador de Betsaida de Galilea (Jn. 1:44); llevó a Pedro a Cristo (Jn. 1:40-42).

Felipe. Llevó a Natanael a Cristo (Jn. 1:43-46), unos griegos le pidieron poder ver a Jesús (Jn. 12:20-22), le pidió a Cristo "Muéstranos el Padre" (Jn. 14:8-9).

Jacobo hijo de Alfeo. También llamado Jacobo el Menor (Mr. 15:40).

Jacobo hijo de Zebedeo. Hermano de Juan, socio de pesca de Pedro y Andrés (Mt. 4:21), Cristo le dio el sobrenombre de "hijo del trueno" (Mr. 3:17); primer apóstol en ser martirizado (Hch. 12:1-2).

Juan. Hermano de Jacobo (hijo de Zebedeo) y pescador (Mt. 4:21), llamado también "hijo del trueno" (Mr. 3:17); uno de los apóstoles más destacados, miembro de "el grupo de los tres" (Mt. 17:1-4), señalado como "al cual Jesús amaba" (Jn. 13:23); fue el único apóstol presente ante la cruz (Jn. 19:26); uno de los primeros dirigentes de la iglesia en Jerusalén (Gá. 2:9); escribió su Evangelio, tres cartas y Apocalipsis.

Judas Iscariote. El tesorero de los apóstoles (Jn. 12:6), ladrón sin escrúpulos (Jn. 12:4-6), traicionó a Cristo (Mt. 26:15-16; 26:49; Jn. 18:2-5), devolvió su precio de sangre con grandes remordimientos (Mt. 27:3-4) y se ahorcó (Mt. 27:5).

Mateo (Leví). Recaudador de impuestos (Lc. 5:27), respondió a Cristo tras una sencilla invitación: "Sígueme" (Mt. 9:9), celebró un gran banquete (Lc. 5:27-29), y escribió el libro que lleva su nombre.

Matías. Escogido por suertes para reemplazar a Judas (Hch. 1:23-26).

Natanael (Bartolomé). A él le testificó Felipe, bajo una higuera (Jn. 1:45-46), y fue el primero en llamar a Cristo el Hijo de Dios y el Rey de Israel (Jn. 1:49).

Pablo. Primero perseguidor de cristianos (Hch. 7:58; 8:1-3; 9:1-2), convertido (Hch. 9:3-19), llevó el evangelio por el mundo gentil (Hch. 9:15—28:31), y escribió al menos 13 de los libros del NT.

Pedro (Simón, Cefas). El más vehemente de los originales Doce; hermano de Andrés, que lo llevó a Cristo (Jn. 1:41-42); hizo unas memorables confesiones públicas acerca de la deidad de Cristo (Jn. 6:68-69; Mt. 16:16), negó tres veces a Cristo (Jn. 18:15-118, 25-27); principal orador en Pentecostés (Hch. 2), evangelista y dirigente de la iglesia (Hch. 3—12; 15), escribió dos cartas del NT.

Simón el Cananeo (el zelote). A menudo asociado con los zelotas, un partido radical de la derecha (Mt. 10:4).

Tadeo (Lebeo, Judas). Hermano de Jacobo el menor, preguntó a Jesús cómo se manifestaría (Jn. 14:22).

Tomás. Ausente durante la primera aparición del Cristo resucitado (Jn. 20:24), dudó de la resurrección hasta que vio a Cristo en persona (Jn. 20:25-28).

❖ ❖ ❖

ESCRITORES DE LA BIBLIA

Más de 40 personas fueron inspiradas por Dios para que escribieran diversas porciones de la Biblia. Algunos escribieron varios libros, otros tan poco como un solo capítulo. Los libros o porciones que cada uno escribieron se relacionan en itálicas al final de cada entrada.

Antiguo Testamento

Abdías. No se dan detalles biográficos. *Abdías.*

Agur. No se dan detalles de su biografía. *Proverbios 30.*

Amós. Pastor (Am. 1:1; 7:14-15), que vino a ser profeta y evangelista. *Amós.*

Asaf. Director de músicos, designado por David para supervisar el servicio del canto en el tabernáculo (1 Cr. 6:39; 16:4-5; Neh. 12:46). *Salmos 50, 73-83 (Algunos de esos salmos fueron probablemente escritos por su descendiente y homónimo.)*

Daniel. Llevado cautivo a Babilonia en el 605 a.C. (2 Cr. 36:6-7; Dn. 1:1-6), sirvió en las cortes de Nabucodonosor (Dn. 2:48) y de Darío (Dn. 6:1-3). *Daniel.*

David. El segundo y más grande de los reyes de Israel (2 S. 5:1-5). *Salmos 3—9, 11—32, 34—41, 51—65, 68—70, 86, 101, 103, 108—110, 122, 124, 131, 133, 138—145.*

Esdras. Maestro bíblico, sacerdote y escriba (Esd. 7:1-6, 10) que encabezó el segundo de tres regresos de judíos de Persia a Jerusalén (Esd. 7:27-28). *Esdras; recopiló Nehemías en base de las memorias de Nehemías; según la tradición puede haber sido el recopilador de 1 y 2 Crónicas.*

Etán. Músico en tiempos de Salomón, conocido por su sabiduría (1 R. 4:31; 1 Cr. 15:19). *Salmo 89.*

Ezequías. Nieto de Judá, vio Jerusalén salvada por el ángel de la muerte (2 R. 19:35); le fueron dados 15 años adicionales de vida (2 R. 20:1-11). *Es sugerido por algunos como el autor de los Salmos 120—121, 123, 125—126, 128—130, 132, 134.*

Ezequiel. Llevado a la cautividad en el 597, ministró como profeta a sus compañeros de cautividad. *Ezequiel.*

Gad y Natán. Profetas que ministraron a David (1 S. 22:5; 2 S. 7:2-3; 12:1-14; 24:11-19). Cada uno de ellos escribió posteriormente un libro sobre la vida de David, y 1 Crónicas 29:29 sugiere que sus libros pueden haber sido combinados con las memorias de Samuel para darnos *1 y 2 Samuel.*

Habacuc. Profeta de Judá. *Habacuc.*

Hageo. Dirigió a su pueblo a finalizar el segundo templo (Hag. 1:2-8). *Hageo.*

Hemán. Nieto de Samuel, uno de los tres principales músicos levíticos en tiempos de David (1 Cr. 6:31-33). *Salmo 88.*

Hijos de Coré, Los. Coré, junto a Datán y Abiram, fue muerto por Dios por su rebelión contra Moisés (Nm. 16:1-2, 31-33; 26:10-11), pero algunos de sus descendientes llegaron a ser dirigentes espirituales. *Salmos 42, 44—49, 84—85, 87—88.*

Isaías. Profeta de Judá, conocido como "el príncipe de los profetas". *Isaías.*

Jeremías. Profeta de Judá, conocido como el profeta del llanto (Jer. 9:1). *Jeremías; Lamentaciones; algunos dicen que también escribió 1 y 2 Reyes.*

Joel. No se dan detalles biográficos. *Joel.*

Jonás. Predijo la restauración de parte de Israel bajo Jeroboam II (2 R. 14:25); más tarde profetizó en Nínive. *Jonás.*

Josué. Sucesor de Moisés, condujo a Israel a la Tierra Prometida (Jos. 1—4). *Josué.*

Lemuel. Algunos creen que Lemuel (Pr. 31:1) era otro nombre para Salomón; otros creen que puede tratarse de Ezequías o de un ismaelita. *Proverbios 31:1-9.*

Malaquías. No se dan detalles biográficos. *Malaquías.*

Miqueas. Profeta de Judá (Jer. 26:16-19; Mi. 3:12). *Miqueas.*

Moisés. Libertador (Éx. 5—14) y legislador (Éx. 20—Dt. 34) de Israel. *Génesis; Éxodo; Levítico; Números; Deuteronomio; Salmo 90.*

Nahum. No se dan detalles biográficos. *Nahum.*

Nehemías. Dirigió el último de tres regresos judíos de Persia a Jerusalén (Neh. 2:5) y reconstruyó sus murallas (Neh. 6:15). *El libro de Nehemías se basa en sus memorias.*

Oseas. Profeta en el reino del norte durante 40 años, justo antes de su caída en el 722. *Oseas.*

Salomón. Hijo de David y Betsabé, el tercer rey de Israel y el hombre más sabio de la historia (1 R. 3:5-12). *Proverbios 1—29; Salmos 72, 127; Cantar de los cantares; Eclesiastés.*

Samuel. Profeta levita (Hch. 13:20) que ungió tanto a Saúl como a David como reyes sobre Israel (1 S. 9:2710:1; 16:13). *1 Samuel 1—24 fue probablemente recopilado de sus memorias, y Jueces puede también estar en el mismo caso.*

Sofonías. Profeta de Judá. *Sofonías.*

Zacarías. Coetáneo de Hageo. *Zacarías.*

Nuevo Testamento

Juan. El discípulo "al cual Jesús amaba" (Jn. 13:23). *Juan; 1, 2 y 3 Juan; Apocalipsis.*

Judas. Hermano de Jacobo (Santiago), medio hermano de Jesús (Mt. 13:44). *Judas.*

Lucas. Un médico gentil (Col. 4:14), compañero de Pablo en sus viajes (2 Ti. 4:11). *Lucas; Hechos.*

Marcos. El colega misionero de Pablo (Hch. 12:12; 13:13; 2 Ti. 4:11). *Marcos.*

Mateo. Recaudador de impuestos que llegó a ser apóstol (Mt. 10:3; Lc. 5:27-29). *Mateo.*

Pablo, Apolos, Lucas. Posibles autores de *Hebreos.*

Pablo. Enemigo de los cristianos que, tras su conversión, vino a ser apóstol y misionero. Escribió cerca de la mitad de los libros del NT. *Romanos; 1 y 2 Corintios; Gálatas; Efesios; Filipenses; Colosenses; 1 y 2 Tesalonicenses; 1 y 2 Timoteo; Tito; Filemón.*

Pedro. Pescador que llegó a ser el portavoz extraoficial de los doce apóstoles. *1 y 2 Pedro.*

Santiago (Jacobo). Medio hermano de Jesús (Mt. 13:55), incrédulo (Jn. 7:5) hasta después de la resurrección (1 Co. 15:7); pastoreó la iglesia en Jerusalén (Hch. 15:13-21; 21:17-18). *Santiago.*

OTROS PERSONAJES DESTACADOS DE LA BIBLIA

Hombres del Antiguo Testamento

Abed-nego. Amigo de Daniel, salvado del horno ardiente (Dn. 3).

Abel. Hijo de Adán, el primer mártir del mundo (Gn. 4:1-8).

Abimelec. Sanguinario hijo de Gedeón (Jue. 8—9).

Abinadab. Israelita en casa de quien se guardó el arca del pacto durante 20 años después de ser rescatada de los filisteos (1 S. 6:19—7:2).

Abiram. Se unió a la rebelión de Coré contra Moisés y Aarón (Nm. 16).

Abisai. Sobrino de David y militar, ganó batallas clave (1 S. 26:5-12; 2 S. 10:9-19; 21:16-17).

Abner. Pariente de Saúl, general del ejército, luchó contra David para preservar la dinastía de Saúl tras la muerte de este último (1 S. 14:47-52; 26; 2 S. 2—4).

Absalón. Hijo de David, intentó derribarlo (2 S. 13—19).

Acán. Su desobediencia fue causa de la derrota israelita ante Hai (Jos. 7).

Adonías. Hijo de David, intentó arrebatar el trono a Salomón (1 R. 1—2).

Ahitofel. Consejero de David, lo traicionó, y se unió a la rebelión de Absalón (2 S. 15—17).

Amán. El más alto funcionario bajo el rey persa Jerjes, intentó el genocidio de los exiliados judíos (Est. 3—7).

Amasa. Sobrino de David, estuvo a la cabeza del ejército rebelde de Absalón (2 S. 17—20).

Amnón. Hijo de David, violó a su medio hermana Tamar (2 S. 13).

Aod. Héroe israelita, empleó su condición de zurdo para matar a un rey moabita (Jue. 3).

Baruc. Escriba de Jeremías (Jer. 36; 45).

Barzilai. Galaadita, entabló amistad con David durante la revuelta de Absalón (2 S. 17; 19).

Bezaleel. Principal diseñador del tabernáculo (Éx. 31:2; 35:30; 36:1-2).

Bildad. Amigo y consejero de Job (Job 8; 18; 25).

Booz. Marido de Rut, bisabuelo de David (Rt. 2—4).

Caín. Hijo de Adán y Eva, el primer asesino de la historia (Gn. 4:1-17).

Caleb. Uno de los dos espías que dio un buen informe en Cades-barnea (Nm. 13—14).

Cam. Hijo de Noé (Gn. 5; 9).

Canaán. Hijo de Cam, fue maldecido por el pecado de Cam contra Noé (Gn. 9:18-27).

Coré. Levita, encabezó una rebelión contra Moisés y Aarón (Nm. 16).

Datán. Se unió a la rebelión de Coré contra Moisés y Aarón (Nm. 16).

Doeg. El principal pastor de Saúl, asesinó a 85 sacerdotes (1 S. 22).

Efraín. Hijo menor de José, recibió la bendición de Jacob en lugar del mayor Manasés (Gn. 48:12-20).

Eliaquim. Administrador de Ezequías, negoció con los hombres de Senaquerib (2 R. 18:18—19:17).

Eliezer. Siervo de Abraham, originalmente designado como heredero suyo (Gn. 15:2).

Elifaz. Amigo y consejero de Job (Job 4—5; 15:22).

Eliú. Amigo y consejero de Job (Job 32—37).

Er. Hijo de Judá, marido de Tamar, muerto por Dios por su maldad (Gn. 38:3-7).

Esaú. Hijo de Isaac, vendió su primogenitura a Jacob (Gn. 25—28; 32—36).

Gedalías. Israelita designado por Nabucodonosor para gobernar Judá después de haberse llevado a la mayoría de los israelitas cautivos a Babilonia (2 R. 25:22-25).

Giezi. Siervo de Eliseo (2 R. 4—5; 8:1-6).

Goliat. Gigante filisteo muerto por David (1 S. 17).

Hur. Ayudante de Moisés y Aarón, ayudó a sostener los brazos de Moisés durante la batalla (Éx. 17:8-14; 24:14).

Husai. Amigo de David, persuadió a Absalón para que no aceptase el consejo de Ahitofel (2 S. 15:32—17:16).

Is-boset. Hijo de Saúl, emprendió la lucha contra David cuando murió Saúl (2 S. 2—4).

Isaí. Padre de David (1 S. 16—17).

Ismael. Hijo de Abraham y Agar (Gn. 16—17; 25).

Jafet. Hijo de Noé (Gn. 5:32).

Jedutún. Uno de los directores del culto en el templo (1 Cr. 16; 25).

Jehudí. Funcionario real que leyó el rollo de Jeremías al rey Joaquín (Jer. 36).

Jetro. Suegro de Moisés, ofreció un consejo oportuno (Éx. 3:1; 4:18; 18).

Joab. Sobrino de David, general del ejército (2 S. 2—3; 10—14; 18—24; 1 R. 1—2; 11:15-21).

Johanán. Funcionario de Judea, huyó a Egipto después de la caída de Jerusalén, llevándose consigo a Jeremías (2 R. 25:23; Jer. 40—43).

Jonadab. Sobrino de David, conspiró con Amnón hijo de David contra Tamar y Absalón (2 S. 13).

Jonatán. Hijo de Saúl y amigo de David (1 S. 13—23; 31).

Labán. Suegro de Jacob (Gn. 29—31).

Lamec. Descendiente de Caín, se jactó de venganza de muerte (Gn. 4:18-24).

Lamec. Padre de Noé (Gn. 5:25-31).

Lot. Sobrino de Abraham, fue salvado de Sodoma (Gn. 11—14; 19).

Maher-salal-hasbaz. Hijo de Isaías, y a quien le fue impuesto un nombre profético (Is. 8:1-4).

Manasés. Hijo mayor de José, la bendición del cual fue traspasada por Jacob a su hermano menor Efraín (Gn. 48:12-20).

Manoa. Padre de Sansón (Jue. 13).

Mardoqueo. Pariente y tutor de Ester (Est.).

Matusalén. El hombre más anciano de la historia (Gn. 5:25-27).

Mefi-boset. Hijo lisiado de Saúl, a quien David mostró benevolencia (2 S. 4:4; 9).

Mesac. Amigo de Daniel, salvado del horno ardiente (Dn. 3).

Moab. Hijo de Lot por su propia hija y padre de los moabitas (Gn. 19:37).

Naamán. Leproso sanado por Eliseo (2 R. 5).

Nabal. Salvado por su esposa Abigail de las iras de David; tras la muerte de Nabal, Abigail se convirtió en esposa de David (1 S. 25).

Nabot. Jezreelita asesinado por Jezabel por rehusar vender su viña (1 R. 21).

Nimrod. Nieto de Cam, constructor de ciudades (Gn. 10:8-12).

Onán. Hijo de Judá, muerto por Dios por rehusar tener un hijo con Tamar para dar descendencia a su difunto hermano Er (Gn. 38:1-10).

Potifar. Capitán de la guardia de Faraón; compró a José a los madianitas, y más tarde encarceló a José por la falsa acusación de que le hizo objeto su mujer (Gn. 37:36; 39:1-20).

Sanbalat. Gobernador de Samaria, intentó impedir que Nehemías reconstruyera las murallas de Jerusalén (Neh. 2; 4).

Sadrac. Amigo de Daniel, salvado del horno ardiente (Dn. 3).

Sear-jasub. Hijo de Isaías, y a quien le fue impuesto un nombre profético (Is. 7:1-9).

Seba. Encabezó una rebelión contra David después del fracaso de la rebelión de Absalón (2 S. 20).

Sem. Hijo de Noé, antecesor de los israelitas (Gn. 5:32).

Set. Tercer hijo de Adán y Eva (Gn. 4:25—5:8).

Simei. Escarneció a David durante la rebelión de Absalón (2 S. 16; 19).

Siquem. Cananeo que violó a Dina, hija de Jacob, acción que condujo a su propia muerte y a la muerte de todos los hombres de su ciudad (Gn. 34).

Sísara. General del ejército de Hazor, derrotado por Barac y muerto por Jael (Jue. 4).

Tobías. Israelita que se unió a Sanbalat en su oposición a la reconstrucción de las murallas de Jerusalén por parte de Nehemías (Neh. 2; 4).

Urías. Marido de Betsabé, asesinado por David (2 S. 11).

Uza. Hijo de Abinadab, muerto cuando tocó el Arca del Pacto para impedir que cayera (2 S. 6:3-7).

Zofar. Amigo y consejero de Job (Job 11; 20).

Zorobabel. Nieto del rey Joaquín, dirigió el primer regreso de los judíos del exilio a Jerusalén, y fue gobernador de Judá (Esd.).

Mujeres del Antiguo Testamento

Abigail. La segunda esposa de David (1 S. 25).

Abisag. Mujer sunamita, cuidó de David en su ancianidad (1 R. 1:1-4).

Agar. Criada egipcia de Sara, dada a Abraham para darle hijos, y le dio Ismael (Gn. 16; 21).

Ana. Madre de Samuel (1 S. 1—2).

Bilha. Criada de Raquel, fue dada a Jacob para darle hijos, y le dio dos (Gn. 30:3-8).

Cetura. La última esposa de Abraham, le dio seis hijos (Gn. 25:1-4).

Dalila. Traicionó a Sansón (Jue. 16:4-20).

Dina. Hija de Jacob, fue violada por Siquem (Gn. 34).

Eva. Primera mujer, esposa de Adán, participó en el primer pecado (Gn. 2:19—4:25).

Gomer. Esposa infiel de Oseas; usada como ejemplo de la infidelidad de Israel para con Dios (Os. 1—3).

Jael. Dio muerte a Sísara con una estaca de la tienda (Jue. 4).

Jocabed. Madre de Moisés (Éx. 2:1-10; 6:20).

Joseba. Mujer del sumo sacerdote Joiada, lo ayudó a salvar a Joás, el último heredero de la casa de David, de la matanza llevada a cabo por la reina Atalía (2 R. 11—12).
Lea. La primera esposa de Jacob, le dio cuatro hijos y una hija (Gn. 29).
Noemí. Suegra de Rut (Rt.).
Rahab. Prostituta, ayudó a Israel a conquistar Jericó (Jos. 2; 6:17-25).
Raquel. La esposa más amada de Jacob, le dio dos hijos (Gn. 29:6—35:20).
Rebeca. Esposa de Isaac (Gn. 24—27).
Rut. Moabita, esposa de Booz, bisabuela de David (Rt.).
Sara. Primera esposa de Abraham, dio a luz a Isaac (Gn. 11—25).
Séfora. Esposa de Moisés (Éx. 2:16-22; 4:18-26; 18:1-12).
Tamar. Nuera de Judá, lo sedujo y dio a luz a Fares, antecesor de David y de Cristo (Gn. 38).
Tamar. Hija de David y de Maaca, fue violada por su medio hermano Amnón, hecho que llevó indirectamente a la revuelta de su hermano Absalón (2 S. 13).
Zilpa. Criada de Lea, dada a Jacob para que le diera hijos, y le dio dos (Gn. 30:9-13).

Hombres del Nuevo Testamento

Alejandro. Maestro hereje condenado por Pablo (1 Ti. 1:20; 2 Ti. 4:14-15).
Ananías. Ministró al recién convertido Pablo y lo bautizó (Hch. 9:10-18).
Ananías. Muerto por Dios, junto con su mujer Safira, por mentir (Hch. 5:1-11).
Apolos. Elocuente predicador judío cristiano discipulado por Priscila y Aquila (Hch. 18:24-28).
Aquila. Ayudó a Pablo, junto con su esposa Priscila (Hch. 18).
Aristarco. Compañero de viaje de Pablo (Hch. 19—20; 27; Col. 4:10).
Arquipo. Amigo de Pablo, involucrado en el ministerio (Col. 4:17; Flm. 1:2).
Barrabás. Preso judío liberado en lugar de Cristo (Mr. 15).
Bernabé. Compañero de Pablo en el primer viaje misionero (Hch. 13).
Clemente. Ayudante de Pablo (Fil. 4:3).
Cleofas. Uno de los dos a los que Cristo apareció en el camino a Emaús (Lc. 24:18).
Cornelio. Centurión gentil convertido por mediación de Pedro (Hch. 10).
Crispo. Dirigente de la sinagoga de Corinto, convertido por mediación de Pablo (Hch. 18:8).
Demas. Compañero de Pablo, en su último encarcelamiento lo abandonó (Col. 4:14; 2 Ti. 4:10; Flm. 1:24).
Demetrio. Defensor de la diosa Diana, dirigió un motín contra Pablo en Éfeso (Hch. 19:21-41).
Diótrefes. Un dirigente problemático de la iglesia (3 Jn. 1:9-11).
Eneas. Sanado por Pedro (Hch. 9:32-35).
Epafras. Discípulo de Pablo, evangelizó alrededor de Colosas (Col. 1:7-8; 4:12-13; Flm. 1:23).
Epafrodito. Trajo un don de la iglesia de Filipos a Pablo en la cárcel en Roma (Fil. 2:25; 4:18).
Erasto. Tesorero de la ciudad de Corinto, ayudó a Pablo en sus viajes (Hch. 19:22; Ro. 16:23; 2 Ti. 4:20).

Esteban. Uno de los primeros siete diáconos, primer mártir que se registra de la iglesia (Hch. 6:1—7:60).

Estéfanas. Convertido de Pablo en Corinto (1 Co. 1:16; 16:15-17).

Eutico. Cayó de la ventana mientras Pablo predicaba. Fue resucitado luego por Pablo (Hch. 20:7-12).

Felipe. Uno de los primeros siete diáconos, evangelista (Hch. 8).

Félix. Gobernador romano redargüido por la predicación de Pablo (Hch. 23:24—24:27).

Festo. Gobernador romano, acusó a Pablo de estar "loco" a causa de "las muchas letras" (Hch. 24:27—26:32).

Filemón. Amigo de Pablo, destinatario de la carta que lleva su nombre (Flm.).

Gamaliel. Fariseo que aconsejó a sus correligionarios fariseos a estar abiertos acerca de los cristianos (Hch. 5:33-41).

Gayo. Destinatario de la última carta de Juan (3 Jn. 1:1).

Himeneo. Maestro hereje condenado por Pablo (1 Ti. 1:18-20; 2 Ti. 2:16-18).

Jasón. Dio refugio a Pablo y a Silas, salvándolos del populacho de Tesalónica (Hch. 17:5-9).

José de Arimatea. Ayudó a cuidar del cuerpo de Cristo después de la crucifixión (Jn. 19:38-42).

José. Marido de María, y padre legal de Cristo (Mt. 1:18-25).

Julio. Centurión romano, salvó la vida de Pablo durante la travesía a Roma (Hch. 27).

Lázaro. Hermano de María y de Marta, fue resucitado por Cristo (Jn. 11:1-46).

Nicodemo. Fariseo que acudió de noche a Cristo, ayudó a cuidar de su cuerpo después de la crucifixión (Jn. 3:1-21; 19:38-42).

Onesíforo. Amigo de Pablo, lo confortó durante su último encarcelamiento (2 Ti. 1:16; 4:19).

Onésimo. Esclavo fugado de Filemón, convertido por Pablo, volvió luego a su amo (Flm.).

Poncio Pilato. Gobernador romano de Judea, sentenció a Cristo a muerte (Lc. 3:1; 23:1-25).

Publio. Principal funcionario de Malta, hizo amistad con Pablo después que éste naufragase (Hch. 28:7-8).

Sergio Paulo. Gobernador de Chipre, convertido por Pablo (Hch. 13:4-12).

Silas (Silvano). Compañero de viaje de Pablo durante el segundo viaje misionero (Hch. 15—16).

Simón de Cirene. Deambulante que fue obligado a llevar la cruz de Cristo (Mt. 27:32).

Simón el curtidor. Propietario de la casa donde Pedro se alojaba en Jope (Hch. 9:43—10:32).

Simón el fariseo. Reprendido por Cristo durante una comida en su casa (Lc. 7:36-50).

Simón el mago. Reprendido por Pedro por querer comprar el poder de impartir el Espíritu Santo (Hch. 8:14-24).

Sóstenes. Compañero de Pablo, antiguo dirigente de la sinagoga en Corinto (Hch. 18:17; 1 Co. 1:1).

Tértulo. Letrado romano empleado por el Sanedrín para presentar su causa contra Pablo ante Félix (Hch. 24:1-9).

Timoteo. Discípulo y colaborador de Pablo, destinatario de dos de sus cartas (1 y 2 Ti.).

Tíquico. Converso efesio, entregó algunas de las cartas de Pablo (Hch. 20:4; Ef. 6:21; Col. 4:7-9; 2 Ti. 4:12; Tit. 3:12).

Tito. Colaborador de Pablo, destinatario de la carta que lleva su nombre (Tit.).

Trófimo. Efesio, acompañó a Pablo en su último viaje a Jerusalén (Hch. 20:4; 21:9; 2 Ti. 4:20).

Zaqueo. Recaudador de impuestos, subió a un árbol para ver pasar a Cristo (Lc. 19:1-10).

Mujeres del Nuevo Testamento

Cloé. Mujer cristiana, informó a Pablo de los problemas en su iglesia (1 Co. 1:11).

Dorcas (Tabita). Resucitada por Pedro (Hch. 9:36-43).

Elisabet. Madre de Juan el Bautista (Lc. 1).

Eunice. Madre de Timoteo (Hch. 16:1; 2 Ti. 1:5).

Evodia. Mujer miembro de la iglesia en Filipos, enfrentada con Síntique (Fil. 4:2).

Febe. Fiel ayudadora de Pablo y de muchos más, diaconisa en la iglesia de Cencrea (Ro. 16:1-2).

Juana. Contribuyente financiera de Cristo, una de las que descubrieron el sepulcro vacío (Lc. 8:1-3; 24:10).

Lidia. Comerciante de Tiatira, convertida por Pablo en Filipos (Hch. 16:11-40).

Loida. Abuela de Timoteo (2 Ti. 1:5).

María. hermana de Lázaro y de Marta, elogiada por Cristo por escoger "la buena parte" (Lc. 10:38-42; Jn. 11:1-46).

María. Madre de Cristo (Lc. 1:26-56; 2:1-7).

María Magdalena. Antigua endemoniada, se convirtió en seguidora de Cristo (Lc. 8:1-2), y fue la primera en verlo tras la resurrección (Mt. 27:55-56, 61; Jn. 20:1-18).

Marta. Hermana de Lázaro y de María, amonestada por Cristo acerca de lo más prioritario (Lc. 10:38-42; Jn. 11:1-46).

Priscila. Ayudó a Pablo, junto con su esposo Aquila (Hch. 18).

Rode. Sierva que recibió a Pedro después que él fuese liberado de la cárcel (Hch. 12:13).

Safira. Muerta por Dios, al igual que su marido Ananías, por mentir (Hch. 5:1-11).

Salomé. Madre de Jacobo y de Juan (Mt. 20:20; 27:56; Mr. 15:40; 16:1).

Síntique. Mujer miembro de la iglesia en Filipos, enfrentada con Evodia (Fil. 4:2).

Susana. Contribuyente financiera de Cristo (Lc. 8:1-3).

Mujeres innominadas del Antiguo Testamento

Adivina de Endor, La. Consultada por el rey Saúl en su desesperación (1 S. 28:3-25).

Esclava de la mujer de Naamán, La. Muchacha israelita que sugirió que Naamán buscase a Eliseo para ser sanado (2 R. 5:1-4).

Hija de Jefté, La. El temerario voto de Jefté condujo a su muerte (Jue. 11:29-40).

Hijas de Lot, Las dos. El deseo de tener hijos las llevó a engañar a su padre para que cometiera incesto con ellas (Gn. 19:30-38).

Mujer de Ezequiel, La. Dios mandó a Ezequiel que usara la muerte de su mujer como lección objetiva para Israel (Ez. 24:15-24).

Mujer de Job, La. Dijo a su castigado marido: "Maldice a Dios, y muérete" (Job 2:9-10).

Mujer de Lot, La. Por mirar atrás hacia Sodoma, se convirtió en una estatua de sal (Gn. 19:1-29).

Mujer de Potifar, La. Su falsa acusación contra José llevó a que éste fuera encarcelado (Gn. 39).

Mujer sunamita, La. Eliseo resucitó a su hijo muerto, que había nacido en cumplimiento de una anterior profecía del mismo Eliseo (2 R. 4:8-37).

Viuda con una sola vasija de aceite, La. Eliseo aumentó su provisión de aceite lo suficiente para pagar todas sus deudas (2 R. 4:1-7).

Viuda de Sarepta, La. Ella proveyó para Elías de sus escasos alimentos, y el resucitó a su hijo muerto (1 R. 17:8-24).

Hombres innominados del Nuevo Testamento

Carcelero de Filipos, El. Convertido por Pablo, que no había aprovechado la ocasión para escapar de su encierro (Hch. 16:16-34).

Centurión romano en Capernaum. Cristo sanó a su siervo, y quedó maravillado ante su fe (Lc. 7:1-10).

Centurión romano en Gólgota. Los acontecimientos que rodearon la crucifixión lo ganaron para Cristo (Mt. 27:54).

Funcionario real etíope. Convertido por Felipe mientras aquel leía de Isaías durante su viaje (Hch. 8:26-40).

Joven principal rico, El. Su riqueza le impidió seguir a Cristo (Mt. 19:16-22).

Ladrones crucificados con Cristo, Los dos. Al principio, ambos le injuriaban; uno se arrepintió más tarde y le fue prometida la entrada en el cielo (Mt. 27:38, 44; Lc. 23:39-43).

Maestro de la ley religiosa que elogió a Cristo. A su vez, Cristo dijo que "no estaba lejos del reino de Dios" (Mr. 12:28-34).

Magos, Los. Fueron guiados por la estrella a Belén, donde dieron dones y adoraron al Cristo niño (Mt. 2:1-12).

Muchacho que dio su comida a Cristo, El. Ayudó a alimentar a 5.000 (Jn. 6:1-14).

Pastores en el nacimiento de Cristo. Guiados por el ángel a Belén, vieron a Cristo y esparcieron las nuevas de su nacimiento (Lc. 2:8-20).

Mujeres innominadas del Nuevo Testamento

Hija de Herodías, La. Danzó para Herodes y luego le pidió la cabeza de Juan el Bautista (Mt. 14:1-12). Identificada como Salomé en fuentes históricas extrabíblicas.

Mujer de Pilato, La. Angustiada por un sueño, apremió a Pilato que evitara implicarse en la causa contra Jesús (Mt. 27:19).

Mujer de Samaria, La. Esparció las nuevas acerca de Cristo después de su encuentro con Él junto al pozo (Jn. 4:1-42).

Mujer que ungió a Cristo en casa de Simón, La. Cristo usó su sincera fe y amor como un ejemplo para Simón (Lc. 7:35-50).

Mujer sorprendida en adulterio, La. Perdonada por Cristo en presencia de los rígidos escribas y fariseos (Jn. 8:1-11).

Viuda que dio dos blancas, La. Elogiada por Cristo por su don, que era un gran sacrificio para ella (Lc. 21:1-4).

❖ ❖ ❖

LOS 20 PRINCIPALES DE LA BIBLIA

El nombre de Dios Padre aparece más de 10.000 veces en las Escrituras. Los varios nombres de Cristo aparecen entre 1.300 y 1.400 veces. Después de ello, los nombres más frecuentemente mencionados en la Biblia son:

1. David 1.118
2. Moisés 804
3. Saúl 388
4. Aarón 339
5. Abraham 307
6. Salomón 297
7. Jacob 252
8. José 214
9. Josué 201
10. Pedro 183
11. Pablo 180
12. Joab 138
13. Jeremías 134
    Samuel 134
14. Isaac 128
15. Ezequías 124
16. Elías 95
17. Ezequiel 93
18. Nabucodonosor 91
19. Acab 90
    Juan el Bautista 90
20. Daniel 87

NACIONES Y POLÍTICA DE LOS TIEMPOS DE LA BIBLIA

LAS NACIONES DE LOS TIEMPOS BÍBLICOS

Nueve naciones o grupos étnicos tuvieron un papel significativo en la historia de Israel en los tiempos bíblicos.

Los sumerios

La dispersión que siguió a la torre de Babel (Gn. 11) tuvo lugar probablemente en algún momento antes del 3000 a.C. Hay evidencia de al menos dos grupos étnicos que datan de aquel tiempo en Mesopotamia, la "tierra entre los dos ríos" (el Tigris y el Éufrates). Los acadios vivían en los valles superiores, mientras que los sumerios ocuparon los valles inferiores, incluyendo la ciudad de Ur, el lugar donde nació Abraham.

Los sumerios eran excelentes arquitectos y constructores. Ur, por ejemplo, poseía un descomunal palacio real con enormes escalinatas, grandes columnas y paredes enmaderadas cubiertas de hermosas pinturas.

Los sumerios fueron la nación más antigua con registros escritos. Usaban símbolos pictográficos pero posteriormente cambiaron dichos símbolos a señales convencionales, escribiendo en tabletas de arcilla blanda con estilos. El estilo tenía una punta triangular y hacía marcas en forma de cuña. Esta escritura fue posteriormente conocida como *cuneiforme,* que significa "en forma de cuña". Entre los más famosos de los escritos sumerios se encuentran *La creación* y *La épica de Gilgamés,* que da la narración de un diluvio universal.

Los egipcios

Protegidos por todos lados por barreras naturales y bendecidos con la riqueza del Nilo, Egipto se convirtió en una de las primeras civilizaciones, con dinastías nacionales datando de época tan temprana como el 3300 a.C. Mizraím, hijo de Cam, hijo de Noé, es generalmente considerado como el antecesor de los egipcios así como de los filisteos; Mizraím es el término hebreo para denotar a Egipto (véase Gn. 10:6).

Egipto estaba en la cumbre de su poder a. 1600-1100 a.C. José fue vendido como esclavo en Egipto a. 1900, y su familia acudió allá para escapar del hambre unos 25 años después. Después de aproximadamente otros cien años, los egipcios comenzaron a usar a los israelitas como mano de obra forzada para sus colosales proyectos de edificios reales. Dios los libró por medio de los milagrosos acontecimientos del éxodo en el 1445. Tras haberlos liberado de Egipto y habiéndolos establecido en su propia patria, los israelitas buscaron en diferentes ocasiones la alianza con Egipto contra otras potencias mundiales. Los profetas de Israel siempre los advirtieron contra estas alianzas, y los acontecimientos subsiguientes siempre demostraron la certeza de dichas advertencias (véase *Jeremías: Trasfondo*). La posición de Egipto como potencia mundial se desvaneció para siempre durante los años del dominio romano.

Los cananeos

"Cananeo" es un término general para la gente que vivía en la Tierra Prometida en el tiempo en que Israel la reclamó después de su liberación de Egipto. Entre los cananeos se incluían los fenicios, filisteos, amonitas, heteos, jebuseos, amorreos y heveos. Muchos de esos pueblos eran descendientes de Canaán, el cuarto hijo de Cam (Gn. 9:22-27; 10:6, 15-20), y la designación "cananeo" puede haber procedido de él. Pero algunos creen que el nombre procedía del griego *canaan,* que significa "rojo sangre". Los fenicios y otros mercaderes marinos llegaron a la región para adquirir un tinte del molusco *murex,* y debido al color distintivo del tinte se pasó a referirse a toda la región como Canaán.

Entre las primeras ciudades fundadas por los cananeos se incluyen Gezer, Meguido, Jericó, Sodoma, Gomorra y Jerusalén. Los cananeos fueron probablemente los primeros en tener un alfabeto; el suyo se componía de 31 símbolos.

Las naciones de Canaán eran conocidas como las más pervertidas sexualmente y más moralmente depravadas, y como los pueblos más sanguinarios de toda la historia antigua. Su depravación está mencionada en la Biblia (Gn. 13:13; 15:16; 18:20; 19:1-11; Nm. 25:1-3; Jue. 19:14-25; 1 R. 14:24; 15:12; 22:46; 2 R. 23:7). También la menciona Filón de Biblos, un erudito fenicio a. 100 a.C., y aparece mencionada en la literatura de la antigua Ugarit, encontrada en 1929 en Ras Shamra (véase *Ugarit,* p. 900). Fue debido a la depravación de los cananeos que Dios dio su tierra a los judíos y ordenó el exterminio de aquellos (Dt. 7:1-5; 20:10-15; Jos. 9:24).

Los filisteos

Entre los cananeos, los filisteos eran especialmente dignos de mención por sus interacciones con Israel. Los filisteos, un pueblo marinero, llegaron de la isla de Creta ("Caftor", Dt. 2:23; Jer. 47:4; Am. 9:7) y se asentaron en Canaán alrededor del 1200 a.C. Ellos, lo mismo que los egipcios, procedían del linaje de Cam, a través de su segundo hijo Mizraím (1 Cr. 1:11-12). Pueblo guerrero, conquistaron las naciones autóctonas y constituyeron una liga de cinco ciudades (la "Pentapolis"), compuesta de Gaza, Asdod, Ascalón, Ecrón y Gat. "Palestina", a menudo sinónima con Canaán, deriva de "Filistea".

Los filisteos eran sumamente religiosos, y adoraban a Dagón (el dios del cereal), a Astoret (dios de la fertilidad) y a Baal-zebub (dios de la morada) (1 S. 5:2-4; 31:10; 2 R. 1:2). Baal-zebub fue más adelante conocido como Beelzebú, a quien

Jesús designó como "el príncipe de los demonios" (Mt. 12:24, 27). Los filisteos celebraban sus victorias en el templo de sus ídolos (1 S. 31:9) y a menudo llevaban a sus dioses a la batalla (2 S. 5:21).

Samgar y Sansón lucharon contra los filisteos (Jue. 3:31; 13:1; 15:20). Fueron eventualmente echados hacia la costa por Samuel (1 S. 7:12-14). Saúl fue derrotado por ellos y murió en la batalla (1 S. 31). David luchó contra ellos (1 S. 17; 2 S. 5). Para la época de Salomón habían quedado totalmente sometidos (1 R. 4:21).

Los asirios

Hacia alrededor del 1200 a.C., los asirios regían toda Mesopotamia desde su capital Nínive; quizá la más grande ciudad de la antigüedad. La más cruel de las naciones en la historia antigua, los asirios conquistaban y gobernaban mediante el más puro terror. Cuando conquistaban una nación, deportaban a toda su población a Asiria como esclavos y ponían el territorio conquistado a disposición de aquellos extranjeros que quisieran vivir allí (véase *Los samaritanos,* p. 936). Los asirios desarrollaron la técnica de la guerra de sitios, usando arietes y otros ingenios para destruir las fortificaciones de los enemigos.

Asiria comenzó a amenazar Israel a. 750 a.C., y derrotó el reino del norte en el 722, deportando a la mayor parte de la población a un exilio del que nunca volverían (2 R. 15—17). Nínive y su imperio de Asiria cayeron en manos de Babilonia en el 612 a.C.

Los babilonios

Entre los años 2000 y 1000 a.C., Mesopotamia estaba controlada por un pueblo oriental, los elamitas, que descendían de Sem, hijo de Noé (Gn. 10:22; 14:1, 9) y que habían vencido a los sumerios. Los elamitas fueron echados de Mesopotamia en el 1760 a.C. por un pueblo asentado al oeste del Éufrates, los amorreos. El victorioso general que encabezaba esta invasión era Hammurabi. Afirmando que era el representante en la tierra del dios Marduk, Hammurabi estableció a Babilonia como su capital, dando comienzo al Antiguo Reino de Babilonia.

Después de la muerte de Hammurabi, el Antiguo Reino de Babilonia se disgregó casi inmediatamente, y permaneció fragmentado durante casi mil años hasta la llegada de un soldado caldeo llamado Nabucodonosor, que estableció el segundo reino de Babilonia en el 612 a.C. al derrotar a los asirios. En el 605 derrotó al último contrincante, Egipto, en la batalla de Carquemis. Nabucodonosor persiguió a los egipcios en su huida hasta tan el oeste como Jerusalén. Su primera visita a Jerusalén fue breve, porque se apresuró a volver a su patria a causa de la repentina muerte de su padre, Nebopolasar.

Más tarde aquel mismo año, Nabucodonosor ocupó Jerusalén, permitió que Joacim (hijo de Josías) gobernara como su rey marioneta, y se llevó algunos de los tesoros del templo y algunos descendientes reales principales a Babilonia. Entre este grupo estaban Daniel y sus tres amigos (2 Cr. 36:6-7; Dn. 1:1-6).

En el 597, Nabucodonosor volvió y se llevó el resto de los tesoros del templo a Babilonia, junto con el rey Joaquín (hijo de Joacim), el profeta Ezequiel y diez mil príncipes, funcionarios y hombres principales (2 R. 24:14-16).

En el 586, Nabucodonosor volvió una vez más para castigar la rebelión encabezada por Sedequías, el último rey de Judá. Esta vez las murallas fueron derribadas, destruido el templo, y la ciudad quemada. Los hijos de Sedequías fueron muertos, y él mismo fue cegado y llevado a Babilonia. Babilonia cayó en manos de Persia en el 539.

Los persas

Durante 217 años (550 a 333 a.C.), los persas gobernaron lo que en aquel tiempo era el más grande imperio de la historia. Establecieron uno de los mejores sistemas de gobierno conocido hasta el Imperio Romano, sometiendo incluso a sus reyes bajo el imperio de la ley. El rey persa Ciro conquistó Babilonia en el 539, y, en cumplimiento de la profecía bíblica (Is. 44:28—45:1), permitió que todos los exiliados judíos que lo desearan volviesen a Judea (véase Esd.). Con la bendición de los gobernantes de Persia, los judíos pudieron reconstruir su templo y su capital (véase Esd.—Neh.). Pero muchos judíos decidieron permanecer en el imperio persa, donde, en el 473, serían salvados de un plan de exterminio de un malvado príncipe persa por la reina Ester (véase Est.). A su tiempo, Persia cayó en poder de Alejandro Magno de Grecia en el 331.

Los griegos

Grecia ya había visto su "edad dorada": la era que había producido grandes hombres como Pericles, Herodoto, Hipócrates, Sócrates, Platón, Aristóteles y Demóstenes, cuando Alejandro Magno llegó al poder a la edad de 20 años, dispuesto para poner por obra el sueño de su padre de invadir Persia. En el 334 a.C. pasó a Asia y derrotó a los persas en Gránico. Los volvió a derrotar en Isos en el 333. Destruyó Tiro, dejó incólume a Jerusalén y fue bien acogido en Egipto, donde fundó Alejandría. Aplastó a los persas para siempre en Arbela en el 331. Después de invadir la India en el 327, comenzó a planificar la reconstrucción de Babilonia a su antigua gloria. Pero murió en la India en el 323 a los 32 años de edad. Su colosal imperio fue dividido entre sus cuatro generales.

Israel quedó dominado por la parte del antiguo imperio de Alejandro centrado en Egipto (dominado por los Ptolomeos) hasta el 198, año en el que cayó bajo el control de los Seléucidas de Siria. En el 171, el gobernante seléucida Antioco Epífanes comenzó una cruel campaña antijudía en la que dio muerte a decenas de millares de judíos y profanó el templo (véase exposición sobre Dn. 8:15-27) antes de ser derrotado por los judíos en el 165 (hechos registrados en el libro apócrifo de 1 Macabeos).

Parte del legado de Grecia fue su lengua, que se extendió por todo su imperio, hasta el punto de que el AT fue traducido al griego a. 250 a.C.

Los romanos

La fecha tradicional para la fundación de Roma es el 21 de abril del 753 a.C. Hacia el 338, Roma controlaba la Italia central, y hacia el 150 había desplazado a los cuatro reinos sucesores de Grecia como la potencia mundial dominante. Hacia el 64 a.C., Roma controlaba Palestina. Luego vino un período de guerras intestinas y de incertidumbre, siendo el imperio salvado y consolidado por Julio César durante las Guerras de las Galias (58 a 51 a.C.). César fue asesinado en el Idus de marzo del 44 a.C., y el imperio fue tomado por Octavio (Augusto) César. Augusto derrotó las fuerzas de Antonio y Cleopatra en Accio y convirtió Egipto en provincia romana. El Imperio Romano llegó así a la cima de su poder y gloria. Fue durante el gobierno de Augusto que tuvo lugar el nacimiento de Cristo (Lc. 2:1). Augusto reinó desde el 31 a.C. hasta el 14 d.C. y fue sucedido por Tiberio (14—37). Los ministerios de Juan el Bautista y de Cristo tuvieron lugar durante el reinado de este último (véase *Mateo: Trasfondo*).

❖ ❖ ❖

PARTIDOS POLÍTICOS Y RELIGIOSOS DEL NUEVO TESTAMENTO

Durante su ministerio, Cristo tuvo interacción con miembros de varias facciones políticas y religiosas, de manera muy semejante a como hubiera sucedido si hubiera estado en la tierra en nuestros días.

Los galileos

Los galileos surgieron en el norte de Palestina, encabezados por Judas Galileo, que encabezó una rebelión contra todos los elementos extranjeros, con el lema de "Galilea para los galileos". Eran los fanáticos "de extrema derecha" de su época. La postura antirromana de los galileos los habría enfrentado con funcionarios como Poncio Pilato, que en una ocasión se vio obligado a dar muerte a un número de ellos (Lc. 13:1). Los enemigos de Cristo intentaron identificarlo tanto a Él como a sus discípulos con los galileos (Mt. 26:69; Mr. 14:70; Lc. 23:6).

Los herodianos

Los herodianos eran un partido político que favorecían el gobierno de la familia de Herodes. Aunque judíos, consideraban el gobierno de Herodes, bajo el protectorado romano, como la mejor posibilidad que Israel tenía de sobrevivir como nación. Eran por ello los defensores de "la ley y el orden" de la época. Consideraban a Cristo como un fanático revolucionario y en tres ocasiones se unieron a los esfuerzos de los fariseos por silenciarlo (Mr. 3:6; 12:13; Mt. 22:16). Cristo los condenó severamente (Mr. 8:15; 12:13-17).

Los levitas

Los levitas eran descendientes de Leví y estaban encargados del templo. Aunque muy destacados en la historia de Israel, hacen solo dos apariciones en l NT: los judíos enviaron algunos sacerdotes y levitas a examinar el ministerio de Juan el Bautista en el desierto (Jn. 1:19). Cristo los usó como un ejemplo de religiosidad carente de amor en la parábola del Buen Samaritano.

Los fariseos

Los fariseos, que llegaron a tener un papel destacado ya en el 100 a.C. durante el tiempo de los macabeos, eran conocidos como los campeones y guardianes de la ley escrita y oral de Israel. Como tales, se convirtieron en los más acerbos y hostiles enemigos de Cristo. En tiempos de Cristo eran como unos 6.000. Juan el Bautista calificó a los fariseos de "generación de víboras" (Mt. 3:7). Cristo los denunció por dejar que sus tradiciones invalidasen el poder de la Palabra de Dios (Mt. 15:1-9; 23:1-36). Advirtió a sus seguidores en contra de su falsa justicia (Mt. 5:20), falsas enseñanzas (Mt. 16:11) y falsa humildad (Lc. 18:10-14).

A su vez, los fariseos condenaron a Cristo por cosas como su asociación con pecadores (Mt. 9:11; Lc. 7:39; 15:2), curaciones en sábado (Lc. 6:7; 14:1-6) y por dejar que sus discípulos trabajasen en sábado (Mt. 12:1-2). Lo menospreciaban porque rehusaba seguir sus tradiciones (Mt. 15:1-2). Intentaron atraparlo en varias cuestiones teológicas (Mt. 19:3; 22:15). Negaron sus milagros (Jn. 9:15-16). Y desde principios de su ministerio intentaron darle muerte (Mt. 12:15; Jn. 11:47-53).

Nicodemo (Jn. 3:1) y Pablo (Hch. 23:6; Fil. 3:5) eran fariseos por nacimiento e instrucción.

Los saduceos

Derivando su nombre de Sadoc, el sumo sacerdote durante el reinado de Salomón (1 R. 2:35), los saduceos llegaron a tener un papel destacado hacia el mismo tiempo que los fariseos, un siglo antes de Cristo. Los saduceos eran los aristócratas judíos de la época de Cristo, y tenían la mayor parte de los escaños en el sanedrín. Como dominantes en la clase sacerdotal, aceptaban solo la Ley escrita y rechazaban las tradiciones orales populares entre los fariseos. Pero ambas partes dejaron sus diferencias a un lado para conseguir su objetivo común de librarse de Cristo.

Juan el Bautista echó en un mismo saco a saduceos y fariseos, designando a unos y a otros "generación de víboras" (Mt. 3:7). De la misma manera, Cristo advirtió a sus seguidores a cuidarse de las enseñanzas erróneas tanto de los fariseos como de los saduceos (Mt. 16:11).

Los saduceos, a diferencia de los fariseos, rechazaban la idea de la resurrección y de una vida más allá, y al menos en una ocasión intentaron ridiculizar a Cristo acerca de este punto (Mr. 12:18-27). Posteriormente, esta diferencia de opinión la empleó Pablo para meter cuña en la oposición conjunta de los fariseos y de los saduceos a Cristo (Hch. 23:1-10).

Los samaritanos

Cuando el rey asirio Sargón II tomó el reino del norte de Israel a la cautividad en el 722 a.C., siguió la costumbre asiria de dejar solo a los más pobres y más poco instruidos en la tierra y de invitar a otras naciones a que se establecieran en la tierra que habían dejado los cautivos. Esos recién llegados trajeron consigo sus religiones paganas (2 R. 17:24-33). Cuando los judíos dejados en la tierra se mezclaron con ellos mediante matrimonios mixtos, pasaron a ser considerados como una raza separada, ni judíos ni gentiles, y objeto de menosprecio por parte de los judíos. (El nombre "samaritano" procede de Samaria, la capital del reino del norte. En tiempos de Cristo el nombre hacía referencia a todo el territorio entre Judea y Galilea.)

Los samaritanos se ofrecieron a ayudar a reconstruir el templo en el 536, pero su ofrecimiento fue rehusado (Esd. 4:1-3). Un siglo más tarde, el gobernador samaritano Sanbalat intentó frustrar la reconstrucción de las murallas de Jerusalén que había emprendido Nehemías (Neh. 6:1-9). La rotura definitiva entre los judíos y los samaritanos tuvo lugar cuando el nieto del sumo sacerdote Eliasib se casó con la hija de Sanbalat, en contra del estatuto que prohibía los matrimonios mixtos (Neh. 13:23-28). Al rehusar anular el matrimonio, fue inmediatamente expulsado del sacerdocio y exiliado. Se retiró con ello a Samaria, donde Sanbalat edificó un templo para él en el Monte Gerizim. Este templo fue destruido por Juan Hircano en el 128 debido a que los samaritanos se habían comprometido con el paganismo bajo Antioco Epífanes IV al dedicar su templo al dios griego Zeus.

Para la época del NT, el odio entre judíos y samaritanos había llegado a su cenit (Jn. 4:9; 8:48). Cristo ordenó una vez a sus discípulos que no entrasen en Samaria (Mt. 10:5), aunque Él mismo ministró a samaritanos (Jn. 4:1-42). Un samaritano fue héroe en una de las parábolas de Cristo (Lc. 10:30-37). Cuando Sanó a diez leprosos, el único que le dio las gracias fue un samaritano (Lc. 17:11-19).

Durante los días finales del ministerio de Cristo, un pueblo samaritano lo rechazó debido a que su propósito era proseguir hacia Jerusalén (Lc. 9:51-56). Pero justo antes de su ascensión, Cristo mandó a sus discípulos que proclamasen el evangelio en Samaria (Hch. 1:8).

El sanedrín

El sanedrín (o "concilio") era el Tribunal Supremo judío para cuestiones religiosas y legales. Puede que sus comienzos vinieran de la época de Moisés (Nm. 11:16-17) o del rey Josafat (2 Cr. 19:8). Tenía 24 miembros, incluyendo: el sumo sacerdote, que presidía; los jefes de los veinticuatro órdenes sacerdotales. escribas e intérpretes de la ley; y ancianos, que representaban a los laicos. La palabra *sanedrín* procede de dos palabras griegas, *sun* ("junto con") y *hedra* ("un asiento"), refiriéndose así a un grupo sentado en sesión. (*Catedral* y *ex cátedra* proceden de la misma raíz.)

Aunque el pueblo judío confiaba en que el sanedrín dictase justicia, cuando Cristo compareció ante el mismo antes de su crucifixión (Mt. 26:57-68; 27:1-2), el juicio fue injusto en diversas formas:

- Normalmente se reunían en semicírculo con el preso en medio, pudiendo verlos a todos. A Jesús le habían vendado los ojos.
- Normalmente, se designaba a dos escribanos, uno para registrar los votos para la absolución, el otro para los de condena. En caso de Cristo, no se hizo.
- Normalmente se presentaban primero los argumentos de la defensa. No hay registro de que esto tuviera lugar en el caso del juicio de Cristo.
- Si el voto era absolutorio, el preso era liberado inmediatamente; si el voto era de condena, ésta no podía pronunciarse hasta el día siguiente. Cristo fue condenado el mismo día (Mt. 26:66).

Varios dirigentes de la iglesia primitiva fueron también juzgados ante el sanedrín (Hch. 4:5-22; 5:21-40; 6:12-15; 22:30—23:10).

Los escribas

Los escribas (también llamados "intérpretes de la ley", Mt. 22:35; Lc. 7:30) eran los estudiosos, intérpretes y maestros de las Escrituras del AT. Los escribas tenían un gran poder en la sociedad judía y eran a menudo llamados a resolver disputas. Se constituyeron en acerbos enemigos de Cristo, que los agrupó con los fariseos, calificando de hipócritas a los unos y a los otros (Mt. 23:13).

En el NT, los escribas rehusaron el bautismo de Juan (Lc. 7:30); intentaron atrapar a Jesús sobre las cuestiones de adulterio (Jn. 8:3-12) y de sanar en sábado (Lc. 6:7); pidieron que Jesús hiciera señales (Mt. 12:38) y lo condenaron por asociarse con pecadores (Lc. 15:2).

Cristo advirtió a sus discípulos acerca de la falsa justicia de los escribas (Mt.

5:20) y denunció a los escribas por dejar que sus tradiciones invalidasen el poder de la Palabra de Dios (Mt. 16:21; 21:15; 23:1-36; Mr. 12:28-40).

❖ ❖ ❖

50 IMPORTANTES CIUDADES DE LOS TIEMPOS BÍBLICOS

A continuación de los nombres y de las descripciones de cada una de esas importantes cincuenta ciudades bíblicas se da una lista de acontecimientos dignos de mención que ocurrieron en dicha ciudad.

Antioquía de Pisidia. Colonia romana, centro comercial en la ruta de Éfeso a Siria con una gran población judía.

- Primer sermón registrado de Pablo (Hch. 13:14-52).

Antioquía de Siria. Ciudad entre las principales del Imperio Romano.

- Los discípulos fueron allí llamados cristianos por primera vez (Hch. 11:19-26).
- De allí fueron enviados los primeros misioneros (Hch. 13:1-3).

Asdod. Una de las cinco principales ciudades filisteas.

- La toma por ellos del Arca del Pacto fue causa de la destrucción del dios filisteo Dagón (1 S. 5:1-8).

Atenas. La capital de Grecia.

- Sermón de Pablo en el areópago.

Babilonia. La capital del Imperio Babilonio.

- Emplazamiento de la torre de Babel (Gn. 11:1-9).
- Destino de los cautivos israelitas después de la caída del reino del sur (2 R. 25).
- El lugar donde Daniel y Ezequiel vivieron y donde escribieron sus libros (Dn. 1:1-7; Ez. 1:1-3).

Beerseba. La ciudad más meridional de Israel (Jue. 20:1).

- Abraham envió a Agar allá para evitar las iras de Sara (Gn. 21:14).
- Abraham firmó el pacto con Abimelec (Gn. 21:22-34).
- Abraham vivió en ella un tiempo (Gn. 12:1-8).
- Dios se apareció allí a Isaac (Gn. 26:23-25) y a Jacob (Gn. 46:1-4).

Belén. Población a ocho kilómetros al sur de Jerusalén.

- Cerca del sepulcro de Raquel (Gn. 35:16-19).
- Hogar de Booz y Rut (Rt.).
- Lugar natal de David, y lugar donde fue ungido (1 S. 16:4-13).
- Lugar natal de María y de José (Lc. 2:1-4).
- Lugar natal de Jesús (Mi. 5:2; Lc. 2:7; Jn. 7:42).

Betania. Aldea a algo más de tres kilómetros al este de Jerusalén.

- Lázaro fue resucitado (Jn. 11).
- María ungió los pies de Jesús (Jn. 12:1-8).
- Jesús bendijo a los discípulos antes de la ascensión (Lc. 24:50-53).

Bet-el. Importante centro de culto antes que Jerusalén se convirtiera en la capital de Israel; a unos dieciséis kilómetros al norte de Jerusalén.

- Abraham adoró allí al llegar a Palestina (Gn. 12:8).
- El sueño de "la escalera" de Jacob (Gn. 28:11-19).
- Jacob recibe la orden de volver allí (Gn. 35:1-15).

- Jeroboam erige allí y en Dan imágenes del becerro de oro (1 R. 12:26-29).
- Muchachos de allí se burlan de Eliseo (2 R. 2:23-24).

Betsaida. Población en la ribera septentrional del Mar de Galilea.
- Jesús sanó allí a un ciego (Mr. 8:22-26).
- Hogar de Felipe, Andrés y Pedro (Jn. 1:44).

Cesarea. Puerto marítimo romano en el Mediterráneo, a 37 kilómetros al sur del Monte Carmelo.
- Hogar de Cornelio (Hch. 10:1-18).
- Herodes Agripa fue abatido allí (Hch. 12:19-23).
- Hogar de Felipe y de sus cuatro hijas (Hch. 21:8-14).
- Pablo dio testimonio a Félix (Hch. 24:10-27) y a Agripa II (Hch. 26:24-32).

Cesarea de Filipos. Importante ciudad romana en la ladera meridional del Monte Hermón.
- La confesión de Pedro, y la promesa de Cristo de edificar su iglesia (Mt. 16:13-19).

Caná. Población a 16 kilómetros al oeste del Mar de Galilea.
- Primer milagro de Cristo, la conversión de agua en vino (Jn. 2:1-11).
- Cristo sana al hijo del oficial del rey (Jn. 4:46-54).
- El hogar de Natanael (Jn. 21:2).

Capernaum. Ciudad en la ribera septentrional de Galilea.
- Centro principal del ministerio terrenal de Cristo (Mt. 4:13).
- Sermón del Pan de vida (Jn. 6:22-71).
- Allí tuvieron lugar al menos nueve de los treinta y cinco milagros registrados de Cristo:
  - ► El siervo del centurión (Mt. 8:5-13).
  - ► La suegra de Pedro (Mt. 8:14-15).
  - ► El endemoniado (Mr. 1:21-27).
  - ► El hombre bajado a través del techo (Mr. 2:1-5).
  - ► La mujer con flujo de sangre (Mt. 9:20-22).
  - ► La hija de Jairo (Mt. 9:18-19, 23-25).
  - ► Dos endemoniados (Mt. 9:27-31).
  - ► El endemoniado mudo (Mt. 9:32-34).
  - ► El dinero del tributo (Mt. 17:24-27).

Colosas. Ciudad en el sudoeste de Asia Menor.
- Hogar de Filemón y Onésimo (Col. 4:9).
- La iglesia allí recibió una carta de Pablo.

Corinto. Un gran puerto de mar y centro comercial en el sur de Grecia.
- Hogar de Aquila y Priscila (Hch. 18:1-2).
- Dios alentó a Pablo en visión (Hch. 18:9-10).
- Pablo pasó allí 18 meses en su segundo viaje (Hch. 18:11).
- Destino de dos de las cartas de Pablo.

Damasco. Centro importante político y comercial en Siria.
- Lugar de procedencia de Eliezer, siervo de Abraham (Gn. 15:2).
- Eliseo visitó al rey enfermo (2 R. 8:7).
- El rey Acaz edificó un altar pagano en Jerusalén después de ver uno similar en Damasco (2 R. 16:10-12).

- Pablo se dirigía allá para perseguir a los cristianos cuando se convirtió a Cristo (Hch. 9:1-18).

Dan. La ciudad más septentrional de Israel (Jue. 20:1).

- Jeroboam erigió imágenes del becerro de oro allí y en Bet-el (1 R. 12:26-29).

Dotán. Ciudad a veinte kilómetros al norte de Samaria.

- José fue vendido allí como esclavo (Gn. 37:12-28).
- El ejército sirio fue cegado (2 R. 6:13-18).

Emaús. Estaba a unos once kilómetros de Jerusalén (Lc. 24:13); se desconoce su situación exacta.

- Aparición de Cristo después de su resurrección (Lc. 24:13-31).

Endor. Ciudad cercana al monte Tabor.

- Saúl visitó una adivina (1 S. 28:7-25).

Éfeso. Puerto en la costa occidental de Asia Menor.

- Pablo la visitó en su segundo viaje misionero (Hch. 18:19).
- Apolos fue instruido allí por Aquila y Priscila (Hch. 18:24-26).
- Pablo encontró allí a algunos de los discípulos de Juan el Bautista (Hch. 19:1-7).
- Ceremonia de quema de libros; enfrentamiento con adoradores de Artemisa (Diana) (Hch. 19:21-41).
- La iglesia recibió una carta de Pablo.

Filipos. Colonia romana, centro comercial en la Macedonia oriental.

- Tres conversiones notables:
  - Lidia (Hch. 16:14-15).
  - Una muchacha griega endemoniada (Hch. 16:16-19).
  - El carcelero (Hch. 16:25-34).
- La iglesia recibió una carta de Pablo.

Gaza. Una de las cinco ciudades principales de los filisteos, al sur de Jope, cerca de la costa del Mediterráneo.

- Sansón destruyó sus puertas (Jue. 16:1-3)
- Sansón encarcelado allí después de ser traicionado por Dalila (Jue. 16:21).
- Felipe se encontró allí con el eunuco etíope (Hch. 8:26-40).

Gerar. Ciudad cercana a Gaza.

- Abraham mintió acerca de Sara por segunda vez (Gn. 20).
- Isaac mintió acerca de Rebeca (Gn. 26).

Gabaón. Ciudad a ocho kilómetros al noroeste de Jerusalén.

- Sus habitantes engañaron a Josué para que no la destruyera (Jos. 9).
- El sol se detuvo (Jos. 10:12-13).
- Salomón recibió sabiduría (1 R. 3:4-15).

Gilgal. Lugar cercano a Jericó.

- Primera parada de Israel después de cruzar el Jordán (Jos. 4:19).
- Proclamación de Saúl como rey (1 S. 11:14-15).
- Saúl violó el sacerdocio (1 S. 13:4-14).
- Saúl mintió acerca de haber exterminado a los amalecitas (1 S. 15:10-23).

Harán. Importante centro comercial entre Nínive y Siria, sobre un afluente superior del río Éufrates.

- Abraham quedó detenido un tiempo allí después de haber partido hacia Canaán (Gn. 11:31; 12:4).
- Hogar de Rebeca y Jacob durante 20 años; lugar de nacimiento de todos los hijos de Jacob, excepto Benjamín (Gn. 28—29).

Hebrón. Ciudad a 30 kilómetros al sudoeste de Jerusalén.

- Abraham edificó un altar (Gn. 13:18).
- Emplazamiento de Macpela, sepulcro de Sara, Abraham, Isaac, Rebeca, Jacob y Lea (Gn. 23:2, 19; 25:9; 35:27-29; 49:30-31; 50:13).
- Una de las seis ciudades de refugio (Jos. 20:7).
- David fue ungido rey sobre Judá (2 S. 2:1-4).
- Joab dio muerte a Abner (2 S. 3:27).
- David fue ungido rey sobre Israel (2 S. 5:1-5).
- Cuartel general de Absalón durante su rebelión (2 S. 15:7-10).

Jericó. Ciudad al este de Jerusalén, junto al Mar Muerto.

- Hogar de Rahab (Jos. 2).
- "Destruida a gritos" por Israel (Jos. 6).
- Elías fue trasladado al cielo (2 R. 2:1-11).
- Escuela de los profetas (2 R. 2:5, 15).
- Mencionada en la parábola del buen samaritano (Lc. 10:30-37).
- Jesús sanó al ciego Bartimeo (Lc. 18:35-43).
- Jesús encontró a Zaqueo (Lc. 19:1-10).

Jerusalén. Capital de Israel durante la mayor parte de su historia.

EN EL ANTIGUO TESTAMENTO (todas las fechas a.C.)

- Hogar de Melquisedec (Gn. 14:18).
- Josué derrotó a su rey Adonisedec (Jos. 10:1-15).
- Tomada temporalmente por la tribu de Judá, 1380 (Jue. 1:8).
- Tomada por David, 1003; constituida en capital de su reino (2 S. 5:6-12; 6:1-19).
- Tomada temporalmente por Absalón (2 S. 16:15-16).
- Salomón edificó el templo, 967-960 (1 R. 6).
- Saqueada por Sisac, rey de Egipto, durante el reinado de Roboam, 925 (1 R. 14:25-28).
- Saqueada por los filisteos y árabes durante el reinado de Joram (2 Cr. 21:16-17).
- Saqueada por los arameos (sirios) durante el reinado de Joás, a. 800 (2 Cr. 24:23-24).
- Saqueada por el reino septentrional de Israel durante el reinado de Amasías, a. 775 (2 Cr. 25:23).
- Asediada por el ejército asirio de Senaquerib durante el reinado de Ezequías, y salvada por el ángel de la muerte, 701 (2 R. 18—19; 2 Cr. 32).
- Tomada brevemente por el Faraón Necao, después de la muerte del rey Josías, 609 (2 R. 23:28-37).
- Asediada por Nabucodonosor, 597 (2 R. 24:10-16).
- La ciudad y el templo destruidos por Nabucodonosor, 586 (2 R. 25).
- Inicio de su reconstrucción después del decreto de Ciro, 536 (Esd. 1).
- Dedicación del templo por Zorobabel, 516 (Esd. 6:13-18).

- Nehemías reconstruyó las murallas, 445 (Neh. 6:15).
- Llegada de Alejandro Magno, 332.
- Tomada por Tolomeo Soter, 320.
- Anexada a Egipto, 302.
- Destrucción de las murallas, profanación del templo por Antioco Epífanes, 168.
- Purificación y rededicación del templo por parte de Matatías, de la dinastía asmonea, 165.
- Tomada por el general romano Pompeyo, 64.
- Reconstrucción de las murallas por Antípater (padre de Herodes el Grande), 44.
- Herodes el Grande comienza a reconstruir el templo, 20.

EN EL NUEVO TESTAMENTO

- Dedicación de Jesús (Lc. 2:21-38).
- Jesús asiste a la pascua, a los 12 años de edad (Lc. 2:41-50).
- Jesús purifica el templo (Jn. 2:13-17).
- Jesús habla con Nicodemo (Jn. 3:1-21).
- Jesús perdona a la mujer adúltera (Jn. 8:1-11).
- Para los acontecimientos que rodean a la muerte y resurrección de Cristo, véase *Acontecimientos clave en la vida de Cristo,* p. 896.
- La venida del Espíritu Santo en Pentecostés (Hch. 2).
- La primera persecución contra los cristianos (Hch. 4:1-3).
- Muerte de Ananías y de Safira (Hch. 5:1-11).
- Segunda persecución (Hch. 5:17-42).
- Elección de los primeros ancianos o diáconos (Hch. 6:1-7).
- Tercera persecución, martirio de Esteban (Hch. 6:8—7:60).
- Cuarta persecución (Hch. 8:1-4).
- Saulo regresa a Jerusalén tras su conversión (Hch. 9:26-28).
- Hambre (Hch. 11:27-30).
- Quinta persecución (Hch. 12:1-19).
- Concilio acerca de la circuncisión (Hch. 15:1-29).
- Arresto y encarcelamiento de Pablo (Hch. 21—28).
- Destrucción del templo y de la ciudad, 8 de septiembre del año 70 d.C.

Jezreel. Ciudad a 24 kilómetros al sudoeste del Mar de Galilea.

- Hogar de Nabot (1 R. 21).
- Muerte de Jezabel (2 R. 9:10, 30-37).
- Jehú mató allí a dos reyes: a Joram (del norte) y a Ocozías (del sur) (2 R. 9:16-29).

Jope. Puerto del Mediterráneo al norte de Gaza.

- Jonás embarcó allí para huir de la misión que le había sido encomendada (Jon. 1:3).
- Pedro resucitó a Dorcas (Hch. 9:36-42).
- Pedro vio la visión de un lienzo (Hch. 9:43; 10:9-13).

Lida. Ciudad a 17 kilómetros al sudeste de Jope.

- Pedro sanó a Eneas (Hch. 9:32-35).

Listra. Colonia militar romana en el Asia Menor meridional central.

- Pablo fue apedreado (Hch. 14:19; 2 Ti. 3:11)
- Hogar de Timoteo (Hch. 16:1-4).

Mizpa. Ciudad en el territorio de Benjamín, al norte de Jerusalén.

- Once tribus declararon la guerra a Benjamín (Jue. 20:1-36).
- Israel se reunió para oración y rededicación (1 S. 7:5-7).
- Saúl fue presentado a Israel como su primer rey (1 S. 10:17-24). Nota: Saúl fue ungido en Ramá (1 S. 9:15—10:1), presentado en Mizpa, y coronado públicamente en Gilgal (1 S. 11:14-15).

Nazaret. Ciudad a 24 kilómetros al oeste del Mar de Galilea.

- Unos ángeles anunciaron el nacimiento de Jesús tanto a María (Lc. 1:26-35) como a José (Mt. 1:18-25).
- Jesús creció hasta llegar a ser adulto (Lc. 2:39-40).
- Allí predicó el sermón sobre Isaías 61 y fue rechazado por los habitantes del lugar (Lc. 4:16-30).

Nínive. Capital de Asiria, a 350 kilómetros al noroeste de Bagdad, junto al río Tigris.

- Jonás fue enviado por Dios para predicar allá (Jon. 1:2).
- Destruida (Nah. 3:7).
- Usada por Jesús como ejemplo de arrepentimiento (Mt. 12:41).

Quiriat-jearim. Ciudad a 16 kilómetros al oeste de Jerusalén.

- El arca del pacto fue guardada allí durante 20 años (1 S. 6:21—7:2).

Ramá. Ciudad en "el monte de Efraín" (1 S. 1:1).

- Hogar de los padres de Samuel (1 S. 1:19).
- Israel demandó un rey (1 S. 8:4-5).
- Saúl fue ungido rey (1 S. 9:15—10:1).
- Sede de Samuel (1 S. 15:34; 16:13).
- Samuel fue sepultado allí (1 S. 25:1).

Roma. Capital del Imperio Romano.

- La iglesia recibió una carta de Pablo.
- Pablo encarcelado, tuvo muchas oportunidades de ministrar y evangelizar (Hch. 28:11-31; Fil. 1:12-14; 4:22).

Samaria. Capital del reino del norte, Israel, a 56 kilómetros al norte de Jerusalén.

- Edificada por el rey Omri (1 R. 16:24).
- Elías confrontó a Acab acerca del asesinato de Nabot (1 R. 21:17-29).
- Muerte de Acab (1 R. 22:37-38).
- Palacio de marfil de Acab (1 R. 22:39).
- Naamán fue sanado de la lepra (2 R. 5:3-14).
- Eliseo llevó allí a los cegados soldados de Siria (2 R. 6:19).
- Salvada por cuatro leprosos (2 R. 7).
- Jehú dio muerte a todos los adoradores de Baal (2 R. 10:17-28).
- El evangelista Felipe dirigió un gran avivamiento (Hch. 8:5-25).

Siquem. Ciudad a 50 kilómetros de Jerusalén, entre los montes Gerizim y Ebal.

- Jacob y su familia vivieron allí por un tiempo (Gn. 33:18—35:4).
- Violación de Dina, vengada por sus hermanos (Gn. 34).
- Jacob enterró allí sus falsos dioses domésticos (Gn. 35:4).
- Una de seis ciudades de refugio (Jos. 20:7-8).
- Discurso de despedida de Josué (Jos. 24:32).
- Sede de Abimelec (Jue. 9).

- Roboam es coronado rey (1 R. 12:1).

Silo. Ciudad a 30 kilómetros al norte de Jerusalén.
- Sede del tabernáculo después de la conquista en Canaán (Jos. 18:1).
- Hogar de la mujer cananea cuya hija sanó Jesús (Mt. 15:21-28).

Sodoma. Ciudad en la región meridional.
- Abraham rehusó pactar con su rey (Gn. 14:21-24).
- Destruida con fuego y azufre (Gn. 19).

Tesalónica. Ciudad romana, centro comercial en Macedonia.
- Pablo estableció allí una iglesia (Hch. 17:1-9).
- La iglesia allí recibió dos cartas de Pablo.

Tiro. Puerto en el Mediterráneo, al norte de Israel.
- Hogar de Hiram, suministrador para el templo de Salomón (1 R. 5:1-11; 9:11-14).
- Ezequiel profetizó contra esta ciudad (Ez. 26).
- Pablo oró en su playa (Hch. 21:2-6).

Troas. Colonia romana, puerto en el Mar Egeo en el noroeste de Asia Menor.
- Visión de Pablo del varón macedonio (Hch. 16:6-11).
- Eutico fue resucitado (Hch. 20:6-12).
- Pablo dejó allí su capote (2 Ti. 4:13).

Ur. Centro comercial y puerto marítimo en el Golfo Pérsico en la desembocadura del río Éufrates.
- Lugar de nacimiento de Abraham (Gn. 11:27-28; 15:7).

❖ ❖ ❖

IGLESIAS DE LOS TIEMPOS DEL NUEVO TESTAMENTO

Antioquía de Pisidia
- Fundada por Pablo en su primer viaje (Hch. 13:14).
- Oyó el primer sermón que se registra de Pablo (Hch. 13:14-41).
- La reacción de los judíos llevó a Pablo a comenzar a predicar a los gentiles (Hch. 13:42-51).
- Los cristianos en Antioquía quedaron "llenos de gozo y del Espíritu Santo" (Hch. 13:52).

Antioquía de Siria
- Fundada durante la persecución que siguió al martirio de Esteban (Hch. 11:19).
- Tuvo dos avivamientos tempranos (Hch. 11:21, 24).
- Pablo y Bernabé laboraron allí (Hch. 11:26), y de allí fueron enviados como misioneros (Hch. 13:1-3).
- Los discípulos fueron allí designados como cristianos por primera vez (Hch. 11:26).

Berea
- Fundada por Pablo, Silas y Timoteo (Hch. 17:10-14).
- Los creyentes fueron elogiados por su mentalidad abierta y amor a las Escrituras (Hch. 17:11).

Colosas

- Recibió una carta de Pablo (Colosenses).
- Presidida por Epafras (Col. 1:7).
- Al parecer, Onésimo era miembro de la misma (Col. 4:9).

Corinto

- Fundada por Pablo en su segundo viaje, con la ayuda de Priscila y Aquila (Hch. 18:1-2).
- Pablo se quedó allí 18 meses (Hch. 18:11).
- Recibió varias cartas de Pablo (1 Co. 5:9; 2 Co. 10:9-10), dos de las cuales aparecen en el NT (1, 2 Corintios).

Creta

- Varias iglesias, cuyos ancianos fueron designados por Tito (Tit. 1:5).

Derbe

- Fundada por Pablo y Bernabé (Hch. 14:20-22).

Éfeso

- Posiblemente fundada por Aquila y Priscila, durante el segundo viaje de Pablo (Hch. 18:18-21).
- Pablo tuvo allí un fructífero ministerio (Hch. 19:11-41; 20:17-21).
- Recibió una carta de Pablo (Efesios).
- Recibió exhortación de parte de Juan (Ap. 2:1-7).

Esmirna

- Recibió una exhortación de Juan (Ap. 2:8-11).

Filadelfia

- Recibió una exhortación de Juan (Ap. 3:7-13).

Filipos

- Fue organizada por Pablo en casa de Lidia (Hch. 16:15, 40).
- El carcelero de la ciudad y su familia se convirtieron (Hch. 16:25-34).
- Recibieron una carta de Pablo (Filipenses).
- Timoteo les ministró (Fil. 2:19).
- Ayudaron a las necesidades materiales de Pablo (Fil. 4:15, 18), y lo cuidaron mientras estaba en la cárcel (Fil. 2:25).

Iconio

- Pablo tuvo allí un fructífero ministerio en su primer viaje (Hch. 14:1-6).

Jerusalén

- Fundada en Pentecostés, con más de 3.000 miembros (Hch. 2:41-47).
- Vio a los apóstoles llevar a cabo muchos milagros (Hch. 2:43; 5:12-16).
- Los miembros compartían sus recursos económicos (Hch. 2:44-45; 4:32-35).
- Vio mucha proyección evangelística (Hch. 2:14-36; 3:11-26; 4:33; 5:42).
- Creció de manera constante (Hch. 2:47; 4:4; 5:14; 12:24).
- Soportó diversas persecuciones (Hch. 4:1-3; 5:17-42; 6:8—8:3; 12:1-19).
- Envió misioneros (Hch. 8:4-5, 14; 11:22; 13:1-3; 15:22, 27).

- Al parecer contemporizó posteriormente con los judaizantes (Hch. 21:18-25).

Jope
- Pedro ministró allí tras haber resucitado a Dorcas (Hch. 9:36-43).

Laodicea
- Al parecer tenía estrechos vínculos con la iglesia en Colosas (Col. 2:1; 4:13, 15-16).
- Se menciona que recibió una carta de Pablo (Col. 4:16).
- Recibió una exhortación de Juan (Ap. 3:14-22).

Lida
- Vio un gran avivamiento después que Pedro sanó a Eneas (Hch. 9:32-35).

Listra
- Pablo y Bernabé la visitaron en su primer viaje (Hch. 14:8-20).

Pérgamo
- Recibió una exhortación de Juan (Ap. 2:12-17).

Roma
- Priscila y Aquila ministraron allí; la iglesia se reunía en la casa de ellos (Ro. 16:3-5).
- Recibió una carta de Pablo (Romanos).
- Su testimonio se había extendido por todas partes (Ro. 1:8).
- Aunque Pablo no había estado aún en Roma cuando les escribió, tenía muchos amigos allá (Ro. 16).

Samaria
- Al parecer, Felipe, Pedro y Juan fundaron muchas iglesias en Samaria y otras ciudades samaritanas (Hch. 8:1-25).

Sardis
- Recibió una exhortación de Juan (Ap. 3:1-6).

Tesalónica
- Fundada por Pablo y Silas en su segundo viaje (Hch. 17:1-9).
- Recibió dos cartas de Pablo (1, 2 Tesalonicenses).
- Sus miembros eran eficaces e influyentes en la acción de compartir su fe (1 Ts. 1:8).
- Timoteo ministró allí (1 Ts. 3:1-2).

Tiatira
- Recibió una exhortación de Juan (Ap. 2:18-29).

Tiro
- De camino a Roma, Pablo encontró creyentes allí (Hch. 21:1-6).

Troas
- Vio a Pablo resucitar a Eutico (Hch. 20:6-12).

Schoville, Keith N. *Biblical Archaeology in Focus.* Grand Rapids, Mich.: Baker, 1978.

Thompson, J. A. *The Bible and Archaeology.* 2nd. ed. Grand Rapids, Mich.: Eerdmans, 1982.

Walton, John H. *Ancient Israelite Literature in Its Cultural Context.* Grand Rapids, Mich.: Zondervan, 1989.

Vos, Howard F. *Archaeology in Bible Lands.* Chicago: Moody, 1977.

Yamauchi, Edwin. *The Stones and the Scriptures.* Philadelphia: J. B. Lippincott, 1972.

CÓMO RECIBIMOS LA BIBLIA

En tanto que Dios tuvo a bien hablar a la humanidad "de muchas maneras" en los tiempos pasados (He. 1:1), ha escogido comunicarse con todas las personas de todas las edades por medio de un registro escrito. Las ventajas de la escritura son múltiples:

- *Precisión:* Los pensamientos han de tener una cierta precisión para ser registrados en forma escrita.
- *Propagación.* La escritura permite una máxima distribución con un riesgo mínimo para el mensaje original.
- *Preservación.* Las personas mueren y las memorias fallan, pero el registro escrito permanece.

Para comprender mejor cómo nos llegó la Biblia, consideraremos brevemente su inspiración, composición y canonización, así como los fieles esfuerzos de los traductores bíblicos a lo largo de las edades.

- *Inspiración:* ¿Cómo podemos estar seguros de que la Biblia es la Palabra autoritativa de Dios?
- *Composición:* ¿Cómo llegó a componerse de 66 libros separados, con material de unos 40 autores?
- *Canonización.* ¿Cómo sabemos que esos 66 libros —ni uno más, ni uno menos— deben ser recibidos y tener nuestra confianza como Palabra de Dios?

INSPIRACIÓN

- La Biblia afirma no ser un libro ordinario, sino haber sido inspirado por el mismo Dios (2 Ti. 3:16) y que nos ha sido transmitido mediante agentes humanos especialmente escogidos por Dios (Lc. 1:70; 2 P. 1:20-21).
- Esos agentes humanos fueron guiados por el Espíritu Santo (1 P. 1:10-11; 2 P. 1:20-21).
- El contenido de su mensaje es relevante para todas las épocas (He. 1:1-2), es vitalmente importante que todos lo oigamos (1 Co. 10:6, 11), y es sufi-

ciente para suplir a todas nuestras necesidades espirituales (2 Ti. 3:16-17).

- Los que manejen inicuamente esta divina revelación serán severamente juzgados (Dt. 4:2; 12:32; Pr. 30:5-6; Ap. 22:18-19).

❖ ❖ ❖

REDACCIÓN

El lenguaje de la Biblia

El Antiguo Testamento fue escrito en hebreo, excepto por unas pequeñas secciones en arameo (Esd. 4:8—6:18; 7:12-26; Dn. 2:4—7:28; Jer. 10:11). La lengua hebrea es un lenguaje pictórico, descriptivo, rico en metáforas y símbolos que no se encuentran en ninguna otra lengua. También ha sido descrito como un lenguaje personal, que se dirige más al corazón que a la mente.

Todo el Nuevo Testamento fue escrito en griego. En contraste al hebreo del AT, el griego puede ser considerado como un lenguaje de la mente, lo que permite a los escritores del NT discurrir acerca de conceptos como la justificación, propiciación e imputación con precisión rabínica. El griego ofrece también la ventaja de ser, en aquel tiempo, un lenguaje universal.

Materiales de escritura empleados por los autores bíblicos

Al impeler el Espíritu de Dios a los autores de la Biblia, ellos registraron los mensajes en el material que se empleaba en su época. Los siguientes versículos, aunque no están todos directamente relacionados con la escritura de la Biblia misma, ilustran los diversos medios usados para escribir en los tiempos de la Biblia:

- Arcilla (Jer. 17:13; Ez. 4:1).
- Piedra (Éx. 24:12; 31:18; 34:1, 28; Dt. 27:2-3; Jos. 8:31-32).
- Papiro (dos capas de cañas de papiro partidas y apretadas para formar una hoja) (2 Jn. 1:12; Ap. 5:1).
- Vitela (piel de becerro), pergamino (piel de cordero), cuero (piel de vaca) (2 Ti. 4:13).
- Metal (Éx. 28:36; Job 19:24; Mt. 22:19-20).

❖ ❖ ❖

CANONIZACIÓN

Los 66 libros aceptados como componentes de la Palabra inspirada escrita de Dios son a menudo designados como el "canon" de las Escrituras. Charles Ryrie, en su libro *Teología básica,* explica varias cosas acerca de la palabra *canon:*

1. *Su derivación.* Este término procede de la palabra griega *kanon,* que se refiere a un instrumento de medida. Por eso mismo vino a denotar una regla de acción (es la palabra que se traduce "regla" en Gá. 6:16 y Fil. 3:16).

2. *Su historia.* En la iglesia primitiva, la palabra *canon* se usó para referirse a los credos. A mediados del siglo cuarto se vino a usar de la Biblia, esto es, de la lista de libros aceptados que fueron reconocidos como componentes de la Biblia.

3. *Su significado.* En realidad, la palabra *canon* tiene un sentido doble. Se refiere a la lista de libros que cumplen ciertos criterios o reglas y que por eso se consi-

deraron autoritativos y canónicos. Pero también significa que la colección de libros canónicos viene a ser nuestra regla de vida.

La preservación de los libros canónicos

ANTIGUO TESTAMENTO

Antes de la cautividad babilónica, parece que los libros del AT eran depositados junto al Arca del Pacto en el Templo (Dt. 31:24-26).

Durante la cautividad babilónica, fueron probablemente llevados a Babilonia. Daniel 9:2 indica que Daniel tenía acceso a ellos. Daniel dice que estaba leyendo Jeremías y "los libros", una referencia indudable a los otros libros del AT escritos hasta aquel tiempo.

Después de la cautividad babilónica, los libros a los que se refiere Daniel pueden haber sido devueltos a Jerusalén por Esdras y debieron ser guardados en el Templo recién completado (véase Esd. 3:10-11; 6:15-18; Neh. 8:1-8).

NUEVO TESTAMENTO

En tanto que los libros del AT eran guardados en el templo, los libros del NT, no aceptados en el Templo, fueron evidentemente acogidos y circulados en medio de la comunidad cristiana por diversas iglesias locales (Col. 4:16; 1 Ts. 5:27).

Pruebas de canonicidad

Con el fin de determinar si debían formar parte de la Biblia o no, los libros fueron sometidos a diversas pruebas:

- *Paternidad.* ¿Era el autor respetado y se consideraba que hablaba con autoridad divina?
- *Aceptación de la iglesia local.* ¿Había sido leído por las diversas iglesias? ¿Cuál era la opinión de ellas?
- *Reconocimiento de los dirigentes de la iglesia primitiva.* ¿Citaron de dicho libro los discípulos de los apóstoles de Cristo (como Policarpo, discípulo de Juan)?
- *Contenido.* ¿Qué enseñaba el libro? ¿Contradecía a otros libros reconocidos?
- *Edificación personal.* ¿Servía el libro para inspiración, convicción y edificación de las congregaciones locales y de los creyentes individuales?

Libros de la Biblia cuya canonicidad fue discutida

Al principio se abrigaron ciertas dudas acerca de la canonicidad de como una docena de libros que ahora están en la Biblia.

Libros disputados del Antiguo Testamento:

- *Ester,* porque en él no se hace abierta mención de Dios.
- *Proverbios,* por unas aparentes contradicciones (p.e., 26:4-5).
- *El Cantar de los Cantares,* porque parecía meramente un poema acerca del amor humano.
- *Eclesiastés,* porque algunos pensaban que enseñaba el ateísmo (p.e., 9:5).
- *Ezequiel,* porque parece que contradice la ley de Moisés.

Libros disputados del Nuevo Testamento:

- *Hebreos,* debido a la incertidumbre acerca de su paternidad.

- *Santiago,* porque parecía contradecir las enseñanzas de Pablo (comparar Stg. 2:20 con Ef. 2:8-9).
- *2, 3 Juan,* porque parecían cartas puramente personales.
- *Judas,* porque se refiere al libro no canónico de Enoc.
- *Apocalipsis,* por la incertidumbre acerca de la paternidad del libro y debido a sus misteriosos símbolos.

Los libros apócrifos

Después que el canon del AT fue reconocido por los judíos como oficialmente cerrado, y antes del período del NT, surgió un cuerpo de literatura que en la actualidad es comúnmente conocido como Los Libros Apócrifos. *Apócrifo* significa, literalmente, "oculto". El término se refiere a los 14 libros que fueron incluidos en la Septuaginta griega pero no en el AT hebreo. Los apócrifos son aceptados por la Iglesia Católica Romana y aparecen en las versiones católicas y otras de la Biblia.

A continuación se da una breve sinopsis de los libros apócrifos:

- **1 Esdras** cubre mucho del material que se encuentra en Esdras, Nehemías y 2 Crónicas, pero incluye también fantasiosas historias acerca de tres personas judías que trabajaban como siervos mientras estaban cautivos en Persia. El rey Darío preguntó a cada uno de ellos cuál era la cosa más grande del mundo. Uno dijo que el vino, el otro replicó que las mujeres, mientras que el tercero dijo que era la verdad. Cuando se le ofreció una recompensa, el hombre que había dicho "la verdad" sugirió al rey que permitiera a los judíos reconstruir el Templo en Jerusalén.
- **2 Esdras** habla de visiones dadas a Esdras, acerca del gobierno del mundo por parte de Dios y de la restauración de Escrituras perdidas.
- **Tobías** es la historia de un piadoso judío cegado por estiércol de gorrión y sanado por un ángel llamado Rafael, que le aplica una receta de corazón, hígado y hiel de pescado a los ojos.
- **Judit** habla de una hermosa y devota princesa judía que salva a Jerusalén de Nabucodonosor. ¡Ella seduce al general enemigo mediante su belleza, y luego vuelve a Jerusalén con su cabeza en su bolsa!
- **Adiciones a Ester** que quieren mostrar la mano de Dios en la historia de la reina Ester insertando seis pasajes adicionales en los que la palabra *Dios* y el tema de la oración reciban frecuente mención. (La palabra *Dios* no aparece en el libro canónico de Ester.)
- **La Sabiduría de Salomón,** a menudo llamado "la Perla de los apócrifos", intenta enseñar una perspectiva bíblica de la justicia de una manera atrayente para la mentalidad griega.
- **Eclesiástico,** también llamado "la Sabiduría de Jesús hijo de Sirac", se parece a Proverbios y da reglas detalladas para la conducta personal en la vida civil, religiosa y doméstica.
- **Epístola de Jeremías** que pretende ser una carta, similar a la que aparece en Jeremías 29, de Jeremías a los exiliados de Babilonia.
- **Baruc** fue supuestamente escrita por el secretario de Jeremías, Baruc. Contiene oraciones y confesiones de los judíos en el exilio, junto con promesas de restauración.

- **El Cántico de los Tres Mancebos** añade al libro de Daniel, retomando la historia justo desde el episodio del horno ardiente (Dn. 3). Contiene la elocuente oración de uno de los tres hebreos echados al fuego. (Algunos tratan esta oración como un libro separado.)
- **Susana** narra cómo la piadosa esposa de un rico judío en Babilonia, falsamente acusada de adulterio, fue absuelta gracias a la sabiduría de Daniel.
- **Bel y el Dragón** es también una adición a Daniel, y relata la destrucción de los ídolos Bel y el Dragón, dos objetos de culto babilónico. También hace referencia al rescate de Daniel de los leones.
- **La oración de Manasés** es la supuesta oración confesional del malvado rey Manasés de Judá después de haber sido llevado cautivo a Babilonia (2 Cr. 33:12-13).
- **1 Macabeos** es la historia del período macabeo (175-135 a.C.), y narra la heroica lucha de los judíos por la libertad.
- **2 Macabeos** cubre en parte el mismo período que 1 Macabeos, pero es algo inferior en cuanto a su contenido.

Entre las razones para rechazar los Libros Apócrifos hay las siguientes:

- Los libros apócrifos nunca fueron incluidos en el canon del AT por autoridades reconocidas como los fariseos y Esdras.
- Ninguno de ellos fue jamás citado por ningún autor del NT.
- El gran historiador judío Josefo los excluye.
- El célebre filósofo judío Filón no los reconoció.
- Los padres de la iglesia primitiva los excluyeron.
- El traductor bíblico Jerónimo no los aceptó, aunque el papa le obligó a incluirlos en la Vulgata Latina.
- Ninguno de esos 14 libros pretende la inspiración divina; de hecho, algunos afirman explícitamente no tenerla.
- Algunos de ellos enseñan falsas doctrinas, como orar por los muertos.
- No se puede encontrar ningún libro apócrifo en ningún catálogo de libros canónicos compuesto durante los primeros cuatro siglos d.C. De hecho, no fue hasta 1546, en el Concilio de Trento, que la Iglesia Católica Romana reconoció oficialmente estos libros, básicamente en su intento de fortalecer algunas de sus doctrinas que habían sido minadas por los reformadores.

Aunque excluidos del canon bíblico, los libros apócrifos son valiosos recursos acerca de la historia, religión y cultura de los tiempos bíblicos, especialmente del período intertestamentario. Otra valiosa fuente de la historia bíblica es la colección de escritos conocidos como pseudoepigráficos, así designados porque muchos fueron escritos bajo seudónimos. Esos escritos cubren el período de a. 200 años antes hasta 200 después de Cristo. Para más información, véase *The Old Testament Pseudepigrapha,* ed. James H. Charlesworth, y *The New Testament Apocrypha,* ed. R. McL. Wilson.

El reconocimiento del canon.

El Antiguo Testamento. Hacia el 300 a.C. (como más tarde) ya estaban escritos todos los libros del AT, y habían sido recogidos, y eran reverenciados y reconocidos como libros oficiales y canónicos. Muchos creen que Esdras dirigió el primer concilio de reconocimiento.

El Nuevo Testamento. Durante el Tercer Concilio de Cartago, el 397 d.C., se declararon canónicos los 27 libros que componen el NT. Sin embargo, se debe comprender que la Biblia no es una recopilación autorizada de libros, sino más bien una recopilación de libros autoritativos: Los 27 libros del NT no deben ser considerados inspirados simplemente porque el Concilio de Cartago los proclamase como tales; más bien, fueron proclamados inspirados porque para el concilio era evidente que lo eran.

Precisión del canon

¿Podemos estar seguros de que los libros de la Biblia nos han sido preservados exactamente de la manera en que Dios inspiró a sus autores que los escribieran?

Las malas noticias: Como lo sabe cualquier estudioso de la Biblia, no se ha preservado ninguna de las versiones originales actuales de los 66 libros. Nuestra Biblia actual es una traducción de una copia (o copias) de los escritos originales.

Las buenas noticias: Aunque los libros originales se hayan perdido, hay una evidencia abrumadora de que nuestras Biblias traducidas actuales representan unas copias asombrosamente exactas de los primeros manuscritos. La cantidad de fragmentos de manuscritos bíblicos hebreos y griegos en existencia asciende literalmente a miles. Hay unos 5.300 manuscritos griegos del NT. Años y años de erudito cotejo entre esos manuscritos han llevado a un consenso entre los eruditos de que la Biblia tal como la tenemos en la actualidad es virtualmente idéntica a los manuscritos originales.

❖ ❖ ❖

TRADUCCIÓN

Quizá la historia más emocionante en los anales de la humanidad sea el relato de los fervientes y a veces agotadores esfuerzos por traducir la preciosa Palabra de Dios a las lenguas de tiempos y lugares determinados. Se han dedicado literal mente miles de millones de horas a este esfuerzo. Examinaremos brevemente algunos de los frutos más bien conocidos de todo este sudor y estudio.

Antes del tiempo de Cristo

Los rollos del Mar Muerto. En 1947 se efectuó un descubrimiento en algunas cuevas cerca del Mar Muerto que pronto causaron entusiasmo en todo el mundo religioso. Este descubrimiento fue los Rollos del Mar Muerto. El arqueólogo William F. Albright califica a este hallazgo como "el descubrimiento más importante jamás hecho en relación con los manuscritos del Antiguo Testamento". Esos rollos fueron probablemente ocultados allí durante el siglo segundo a.C. por una orden religiosa judía llamada los esenios. Los rollos incluían fragmentos en hebreo de todos los libros del AT con excepción de Ester. Especialmente emocionante fue el hallazgo de un rollo con el libro de Isaías íntegro.

Este descubrimiento es de enorme importancia, porque hasta aquel entonces la copia más antigua disponible de los escritos de Isaías databa del siglo noveno d.C. Ahora los eruditos podían retrotraerse a más de mil años más cerca de la época en que el profeta había realmente escrito (a. 700 a.C.). Cuando se hizo una comparación entre la copia del Mar Muerto y la copia del siglo noveno, se constató que eran casi idénticas, lo que una vez más nos confirmaba que nuestra copia de la Palabra de Dios en la actualidad es verdaderamente precisa y fiable. Véase *Los rollos del Mar Muerto,* p. 979.

La Septuaginta griega. La Septuaginta es una traducción del AT hebreo al griego, hecha alrededor del 250 a.C. por petición de los dirigentes judíos preocupados por muchos judíos que se habían establecido fuera de Palestina y que ya no comprendían el hebreo. Fue llamada la "Septuaginta" (griego para "setenta") porque, según la tradición, fue traducida por 70 eruditos judíos en solo 70 días. La Septuaginta era la Biblia que se usaba en tiempos de Jesús.

Desde la época de Cristo hasta el siglo quinto d.C.

Los papiros. Se descubrieron cientos de hojas de papiro en el centro de Egipto en 1895. Algunos estaban metidos en sarcófagos y en cuerpos embalsamados de cocodrilos. Entre las hojas se descubrió un fragmento de 5 x 7,5 cm que contenía Juan 18:31-38. La datación mediante carbono 14 ha establecido que este fragmento fue escrito alrededor del 125 d.C., haciendo de dicho fragmento el más cercano al original de todos los manuscritos bíblicos conocidos.

La Vulgata Latina. Durante el siglo cuarto d.C., se sintió la necesidad de una nueva traducción de la Biblia al latín, el lenguaje común del mundo occidental. En el 382 fue designado el erudito Jerónimo por Damasco, Obispo de Roma, para que diera inicio a la traducción. Durante los siguientes 25 años Jerónimo trabajó, recurriendo directamente al hebreo y al griego. El término vulgata procede de la palabra latina que significa "común", y desde luego la Vulgata, aunque en latín, pasó a ser la Biblia más ampliamente reconocida de la cristiandad, incluyendo la Cristiandad de habla inglesa hasta la Versión del Rey Jacobo al inglés en 1611. En 1228, Stephen Langton, arzobispo de Canterbury, dividió la Vulgata en capítulos; en 1551 Robert Stephens la dividió en versículos, y alrededor de 1571 se puso número a los versículos. Se afirma que la Biblia Vulgata fue el primer libro impreso por Johann Gutenberg, en 1455.

El códice sinaítico. Este manuscrito griego de ambos Testamentos data de aproximadamente el año 330. Fue descubierto por el erudito bíblico alemán Konstantin von Tischendorf en el monasterio de Santa Catalina en el Monte Sinaí en 1844. Mientras visitaba el monasterio observó páginas de vitela con escritura griega en ellas, en un cesto de papeles de desecho destinado a ser quemado, y descubrió que contenían las Escrituras. El códice sinaítico se compone de 199 páginas del AT y de todo el NT. El 24 de diciembre de 1933, este inapreciable documento que tan cerca estuvo de ser quemado fue vendido por la Unión Soviética al gobierno británico por 510.000 dólares de la época. Está ahora en el Museo Británico.

El códice vaticano, también de alrededor del 330, ha estado desde 1481 en la Biblioteca Vaticana en Roma, y hasta el siglo diecinueve los papas católicos romanos habían rehusado permitir a eruditos bíblicos competentes estudiarlo. Se cree que tanto este códice como el códice sinaítico forman parte de las 50 copias originales ordenadas por el Emperador Constantino poco después de haber accedido al poder en el año 312. Sin embargo, está incompleto, omitiendo las Epístolas Pastorales, Filemón, Apocalipsis y los últimos capítulos de Hebreos.

El códice alejandrino data de alrededor del año 450 en Egipto. Fue presentado al patriarca de Alejandría en 1708, y en 1757 fue transferido al Museo Británico.

La Versión Copta. Durante el siglo segundo surgió un nuevo lenguaje que era una mezcla de griego y egipcio, y que vino a ser conocido como copto. Alrededor del 350 se hicieron varias traducciones de la Biblia del griego a este lenguaje emergente.

La Versión Etiópica. Sabemos que hubo cristianos etíopes en fecha tan temprana como la de Hechos 8:26-39. La traducción etiópica más temprana data de alrededor del 350. Es a la vez legible y precisa en su traducción verbal del griego.

La Versión Gótica: El códice argénteo. Los godos, un pueblo guerrero, vivían al norte del río Danubio y al oeste del Mar Negro, la región de la actual Hungría y Rumania. Durante una de sus incursiones en Asia Menor (la actual Turquía) capturaron a un joven llamado Ulfilas. Ulfilas era un erudito cristiano, y hacia el 350 tradujo las Escrituras al gótico. ¡Dejó fuera los libros de Samuel y Reyes por temor de que solo fueran a animar a los godos en su forma de ser guerrera! Una copia de esta versión, con sus letras de oro y plata sobre vitela púrpura, se conserva en la Biblioteca Universitaria de Upsala, en Suecia.

La Versión Armenia. Hacia el año 406, un misionero y escritor llamado Mesrob comenzó a traducir la Biblia al armenio. Algunos la consideran la más hermosa y precisa de todas las versiones antiguas.

LAS TRADUCCIONES CASTELLANAS DE LA BIBLIA

(Tomado de "La Biblia en castellano", escrito por Plutarco Bonilla Acosta y publicado en *Compubiblia*, Sociedades Bíblicas Unidas, 1998. Todos los derechos reservados.)

Los evangélicos que hablan el idioma de Cervantes están tan familiarizados con el texto que conocemos como Reina-Valera, que muchos viven como si esa fuera la única versión castellana existente. Es cierto que entre las traducciones castellanas dicha versión no tiene parangón en cuanto a la amplitud de uso entre los protestantes.

El período anterior a Reina

La *Biblia del Oso*, de la cual trataremos más adelante, fue publicada en 1569, pero no representa el primer intento de traducir los textos sagrados al castellano. En efecto, lo precedieron otras traducciones, no todas hechas o patrocinadas por cristianos y no todas de igual valor en cuanto a la calidad de la versión o de su uso del idioma. Sin pretensiones de exhaustividad, señalamos a continuación algunas de las traducciones de la Biblia anteriores a 1569.

Como casos curiosos, por no tratarse exactamente de traducciones al castellano... pero dirigidas a "castellanos", mencionamos los siguientes dos: (1) una traducción al árabe hecha en suelo español, en la España musulmana. Álvaro Paulo de Córdoba, reputado como "columna de los mozárabes", se preguntaba: "¿Dónde se encuentra ya un lego que lea el latín de las Santas Escrituras? ¿Quién de ellos estudia los Evangelios, los Profetas y los Apóstoles?". Para poner remedio a ese mal, "para edificar a los fieles que olvidaban el latín y como el mejor medio para ganar a la fe de Cristo a los musulmanes", el obispo Juan Hispalense se entregó a la tarea de traducir la Biblia al árabe. Y (2) una edición de una *Biblia latina visigoda*, "que perteneció al antiguo monasterio de San Pedro de Cardeña [...] Su fecha se calcula que es anterior al año 953 [...] Lo mismo ocurre con otro códice de Toledo y otras Biblias antiguas españolas: no siguen la Vulgata, sino que son traducciones independientes".

La *Biblia Alfonsina*, de 1280. Es traducción de la Vulgata, de toda la Biblia (Antiguo y Nuevo Testamentos). Vio la luz en 1280 y es parte de la *Gran e general Estoria*. Su nombre se debe a que se realizó bajo el patrocinio del rey sabio, Alfonso X de Castilla y León. De la información disponible se concluye que esta fue la primera traducción de la Biblia al romance castellano.

La *Biblia (del Duque) de Alba* es siglo y medio posterior a la *Alfonsina*, o sea, de 1430. La auspició D. Juan II, rey de Castilla. Es traducción del AT hecha directamente del hebreo y del arameo. Al justificarla, se dijo que «le descontentaban [a Don Luis González de Guzmán, quien encargó la traducción al rabí Moisés Arragel] por su lenguaje anticuado o muy corrupto» las versiones que la habían precedido, como, por ejemplo, la *Alfonsina*. El lugar donde se conserva (la Biblioteca del Duque de Alba) le dio el nombre a esta versión.

La *Biblia del rabino Salomón*. "Generalmente se toma como anónima, aunque algunos eruditos la atribuyen al rabino Salomón. Contiene sólo el AT y está fechada en el año 1420. De la misma fecha es otra versión, anónima también, del AT y que no contiene el libro de *Eclesiastés*".

El *Nuevo Testamento* de Francisco de Enzinas, publicado por el erudito español en 1543. Por esa publicación (que él presentó al emperador Carlos V) Enzinas fue encarcelado, pero pudo escapar de la prisión y huir de España.

La *Biblia de Ferrara*, llamada así por haber sido publicada en la ciudad italiana de Ferrara, en 1553, es obra de dos judíos portugueses, que usaron los nombres de Abraham Usqui y Yom Tob Atías. Se caracteriza por su exagerado literalismo y por el carácter anticuado de su castellano.

El *Nuevo Testamento* traducido por el doctor Juan Pérez de Pineda. Esta versión fue publicada con el siguiente título: *El testamento nuevo de nuestro señor y salvador Iesu Christo—nueva y fielmente traduzido del original griego en romance castellano—En Venecia, en casa de Iuan Philadelpho - M.D.LVI.* Aunque la edición, de 1556 (única, según la opinión de P.N. Tablante Garrido) no lleva nombre de autor y "el pie de imprenta no corresponde a impresor alguno conocido", por Cipriano de Valera (en la "Exhortación al Christiano lector" de su edición de 1602) sabemos que el autor fue Juan Pérez de Pineda. Esta traducción ha sido muy elogiada por los eruditos. El propio autor era tenido en muy alta estima por la excelente calidad de su producción literaria, como sostiene el Dr. Tablante Garrido, en el trabajo ya citado.

Reina y la Biblia del Oso

El año 1569 marca un hito en la historia de las traducciones castellanas de la Biblia. Es el año de la edición príncipe de la Biblia en cuya traducción Casiodoro de Reina había estado trabajando por muchos años: la *Biblia del Oso*, llamada así por la figura de un oso, de pie junto a un madroño, que adorna su portada y que era el "logotipo" del impresor. Especialista en el estudio de esa Biblia, y poseedor de un ejemplar de la edición príncipe (de 1569), el Dr. P.N. Tablante Garrido ha escrito lo siguiente: "Tan discutido como es el asunto, la misma [i.e., la *Biblia del Oso*] conserva entre sus méritos el de ser la primera traducción castellana integral y directa de las Sagradas Escrituras, y también la primera de tales características que jamás se haya publicado en la propia lengua; sobre el particular es uniforme el parecer de autoridades y de especialistas en la materia: Dn. Marcelino Menéndez y Pelayo..., Eric M. North..., Card. Isidro Gomá Tomás..., John E. Steinmueller..." (y sigue citando el autor a otras autoridades).

Mucho se ha escrito, a lo largo de los años, sobre esta obra. Por supuesto, no han faltado los impugnadores, que incluso han manipulado información falsa para quitarle brillantez a este trabajo, único en su época. Tal ha sido la acogida que el mundo protestante de habla castellana le dispensó a la traducción de Reina, que son muchísimas las revisiones a las que ha sido sometida, como indicamos más adelante en este trabajo.

La época posterior a Reina

Aunque no se inició de inmediato un período de rápidas y numerosas traducciones e impresiones del texto bíblico en castellano, la fecha de la *Biblia del Oso* puede tomarse como símbolo de un giro significativo en lo que a este asunto se refiere. Esto es particularmente importante por cuanto el Santo Oficio de la Inquisición entró muy pronto en actividad para prohibir, tanto en la Península Ibérica como en las nuevas tierras allende el mar, la difusión y lectura de tan peligroso libro. En efecto, tres años después de haber aparecido, el Consejo de la Inquisición de Madrid envió, el 17 de enero de 1572, la siguiente comunicación: "...se ha impreso una biblia en romance, á contemplación y costa de algunos herejes españoles, con intención de meterla secretamente en estos reinos; y porque sería muy pernicioso que esta biblia entrase en ellos, convendría que luego que recibiereis esta [comunicación] déis, señores, orden se tenga particular cuidado en prevenir que no entre la dicha biblia, y si algunas hubieren entrado y se hallaren, las mandaréis recoger todas, procediendo contra las personas que las hubieren metido".

Mencionaremos, pues, sólo algunas de las obras publicadas, especialmente en el período anterior a los últimos veinte años, sin entrar en muchos detalles descriptivos ni valorativos. Dedicaremos luego algunos pensamientos a lo que está sucediendo en la actualidad.

1790 a 1793: traducción del P. Scío de San Miguel (de la Vulgata)

1823 a 1825: en estas fechas se publica una traducción que llevó el nombre de Félix Torres Amat (obispo de Barcelona). Posteriormente se reconoció que el trabajo de traducción lo había realizado José Miguel Petisco, S.J. (El autor del presente artículo conoció y usó esa obra en su adolescencia. Era conocida comúnmente como "la *Biblia de Petisco y Torres Amatt*".) También es traducción de la Vulgata.

1893: La *Versión moderna*. Elogiada por algunos que la consideran muy fiel a los idiomas originales (de los que fue traducida), su castellano puede calificarse de "duro", por carecer de fluidez estilística.

1916: *El Nuevo Testamento, versión hispanoamericana.* De este habría que decir que fue una lástima que no se hiciera el mismo trabajo con la Biblia entera. Preciso y excelente para estudio.

1944: La *Nácar-Colunga.* Traducción realizada por los biblistas Eloíno Nácar Fuster y Alberto Colunga. Es la primera edición de una Biblia patrocinada por instituciones católicas (fue publicada por la B.A.C., [Madrid]) y con la debida autorización eclesiástica, hecha con base en los idiomas originales. Desde esta traducción en adelante, prácticamente todas las traducciones realizadas por católicos se basan en los idiomas bíblicos.

1947: La *Bover-Cantera,* llamada así por el nombre de los traductores: José María Bover y Francisco Cantera Burgos. También hecha de las lenguas originales, se trata de una edición crítica. (J. M. Bover ya había publicado una edición del NT en griego y latín.)

1948–1951: Traducción, recientemente editada de nuevo, de *Mons. Straubinger.* Tiene abundantes notas de una acentuada orientación pastoral.

1966: *Biblia de Jerusalén.* Sigue los criterios propios de la edición original publicada por la Escuela Bíblica San Esteban, de Jerusalén, en francés. La traducción se basa en los idiomas originales. Sus notas son de muchísimo valor.

1966: *Dios llega al Hombre.* El Nuevo Testamento en versión popular, publicado bajo los auspicios de las Sociedades Bíblicas Unidas, en donde se aplican los principios de traducción conocidos como de equivalencia dinámica, promovidos por el Dr. William L. Wonderly. Su lenguaje sencillo, que busca comunicar el mensaje del Evangelio al lector común, es su gran valor y su gran debilidad, como más adelante comentaremos.

1968: Edición, en tres volúmenes, realizada por un equipo de biblistas de las Universidades Pontificias de Roma y Letrán. Es traducción del italiano y fue publicada por la Editorial Labor.

1972: *La Biblia. Edición pastoral, Latinoamericana.* La portada de la segunda edición, de 1972, reza así: "La Biblia en su texto íntegro. Traducida, presentada y comentada para las comunidades cristianas de Latinoamérica y para los que buscan a Dios, por un equipo pastoral bajo la dirección de Ramón Ricciardi". Se trata de la edición que provocó revuelo en América Latina, por lo atrevido de sus fotografías y de algunos de sus comentarios. En 1979, la Conferencia Episcopal Argentina publica un librito titulado "Biblia latinoamericana. Suplemento obligatorio" (Buenos Aires: Editorial Claretiana). En él dice el Cardenal Primatesta: "Con la publicación de este 'Suplemento' llega a su fin, luego de un proceso más largo de lo esperado, cuanto los Obispos Argentinos manifestábamos el 30 de octubre de 1976, acerca de la necesidad de una revisión y complementación de la edición de la Biblia, llamada 'para Latinoamérica' o vulgarmente 'Latinoamericana' " (p. 7). (Recuérdese que todo esto ocurre bajo la dictadura militar.)

1975: *La Biblia,* de *Herder.* El NT (en cuya revisión participaron dos evangélicos: uno de América Latina y otro de España), se publicó en 1968 y tuvo amplia difusión. Preciso en el lenguaje, es de lectura agradable. El trabajo (tanto el AT como el NT) fue dirigido por el P. Serafín de Ausejo.

1976: *Nueva Biblia Española.* Traducción de los textos originales dirigida por Luis Alonso Schökel y Juan Mateos. Esta versión es muy rica por la novedad y frescura de su lenguaje, como corresponde a un estilista de la talla y erudición de L. Alonso Schökel. Sin embargo, la búsqueda de lo novedoso a veces no hace necesariamente más claro el mensaje. Un notorio ejemplo lo encontramos en el cambio, en *Romanos,* del lenguaje de "justicia" por el de "rehabilitación" ("El que se rehabilita por la fe, vivirá": 1.17). Las notas del NT son valiosísimas.

1978: *La Biblia interconfesional: Nuevo Testamento.* Se trata de un esfuerzo interconfesional en el que participaron Sociedades Bíblicas Unidas, la Biblioteca de Autores Cristianos (BAC) y EDICABI (la Casa de la Biblia). Se ha publicado sólo el NT. Al parecer, hay interés en continuar con la traducción del AT.

1979: *Dios habla hoy.* Mejor conocida como "Versión popular". Esta traducción sigue también el principio de la equivalencia dinámica, teniendo en mente la comunicación con el lector común, y no necesariamente con los más cultivados desde el punto de vista de las letras. Este aspecto es su gran valor y su gran debilidad. Para la traducción del NT se tomó como texto base el producido por Sociedades Bíblicas Unidas y conocido como "texto crítico". Es versión interconfesional. Ha sido revisada.

1980: *El libro del pueblo de Dios.* Traducción del P. Armando J. Levoratti y del P. A.B. Trusso, quienes contaron con un equipo de colaboradores. Es muy contemporánea y de gran sencillez y belleza. Un crítico ha dicho de esta traducción lo siguiente: "Pretende ser una traducción por argentinos para argentinos. No es exacto. Es un tesoro de la lengua española. El equipo que lo tradujo ha logrado un texto español bellísimo y una notable profundidad exegética".

1983: La Universidad de Navarra inició en esta fecha la publicación de la *Sagrada Biblia. Traducida y anotada por profesores de la Facultad de Teología* de dicho centro de estudios. Se han publicado todos los volúmenes del Nuevo Testamento. Es un texto bilingüe, latín y castellano.

1989: *La Biblia* traducida bajo la dirección de *Evaristo Martín Nieto.* Es esta una "refundición a fondo" de la traducción original, de la que se habían hecho más de un centenar de ediciones, según dice la casa editorial en su "Presentación".

1992: Edición de la *Casa de la Biblia,* de Madrid. Es una "traducción totalmente revisada [de la edición de 1966] con amplias notas introductorias". El equipo de colaboradores estuvo dirigido por Santiago Guijarro y Miguel Salvador. Las notas (no a versículos sino a perícopas) son de gran ayuda. Las introducciones están primorosamente escritas. Hay una edición latinoamericana, con el nombre de Biblia de América (también publicada por la Casa de la Biblia: 1994).

1993: La *Biblia del peregrino,* de Luis Alonso Schökel y un equipo de colaboradores. No es la misma mencionada antes (de L. Alonso S. y Juan Mateos), aunque se presenta como una revisión completa de ella. Algunos textos vuelven a versiones más "tradicionales" (compárense, por ejemplo, las dos traducciones del himno cristológico de Flp 2.5–11).

1994: Aparece la primera *edición de estudio,* de la Biblia completa, preparada y editada por Sociedades Bíblicas Unidas. La mencionamos aquí por dos razones principales: primero, porque prácticamente todas las Biblias de estudio que han aparecido en castellano usan el texto de la Reina-Valera de 1960, mientras que esta se basa en el texto de la versión popular; y segundo, porque *el texto bíblico,* especialmente el NT, fue revisado.

1995: Se publica una revisión de la llamada Biblia Latinoamericana, con muchas más notas de las que tenía la original (de 1972).

1995: *Nuevo Testamento, Salmos y Proverbios,* de la Nueva versión internacional. Se trata de un trabajo realizado por un equipo de biblistas (entre los que se cuenta un consultor de traducciones de Sociedades Bíblicas Unidas) y patrocinado por la Sociedad Bíblica Internacional. Sigue los principios de traducción establecidos por la *New International Version.*

Las revisiones de la versión de Reina-Valera

La "permanencia", por su uso, de la traducción de Reina ha llevado a diversas personas e instituciones a preparar periódicamente revisiones del trabajo original. La primera revisión fue la de Cipriano de Valera, en 1602. Los lectores contemporáneos llaman a la revisión que utilizan en la actualidad (la mayoría usan la de 1960; algunos, la de 1909), la "Reina-Valera". Ambos nombres han quedado definitivamente soldados.

En la "Síntesis cronológica de las revisiones hechas a la Biblia Reina-Valera", preparada por la Srta. Margarita T. Hills (bibliotecaria de la Sociedad Bíblica Norteamericana) y con una nota añadida por el compilador de la obra (relativa a la revisión que se conocería como "del 60"), se cuentan diecinueve revisiones, de diversa naturaleza (y, algunas, sólo del NT).

A esas habría que añadir las siguientes: la de la Editorial CLIE, de España (1977), la de los bautistas (*Reina-Valera Actualizada* [Editorial Mundo Hispano; 1989]) y la de la Editorial Emanuel (adventista; 1990). La *Biblia de las Américas* (1986) no aparece como una revisión de la versión Reina-Valera, pero su lenguaje se asemeja muchísimo a esta última. Por razón de las leyes vigentes sobre derechos de autor, estas revisiones no pueden haber sido de la revisión de 1960, sino de alguna otra anterior a esa. Ninguno de estos esfuerzos parece haber gozado de amplia acogida por parte de los lectores evangélicos.

La Reina-Valera de 1995

A fines de 1995 se distribuyó una edición limitada de la última revisión de la Reina-Valera, patrocinada por Sociedades Bíblicas Unidas. A principios de 1996 se inició la distribución general. Se trata de una revisión más completa que las anteriores, pero dentro de patrones estilísticos y de traducción que la continúan identificando como parte de la historia de la Reina-Valera. Esta primera edición ha aparecido como Biblia de estudio.

Importancia de la versión de Reina

Hay libros que hacen época.

La Biblia es "el libro que hizo época" por excelencia. Y lo es, porque sigue haciendo época. No sólo porque continúa siendo el libro más vendido del mundo sino, sobre todo, porque, por el poder transformador del Espíritu que lo inspiró, "hace época" en la vida de cada ser humano que acepta el don gracioso de Dios que la propia Biblia proclama.

Pero esa Biblia, portadora de un mensaje que cambia vidas, se nos da, ahora, por interpósitas lenguas que la hacen accesible al hombre y a la mujer contemporáneos que se acercan a sus páginas. De otra manera sería un libro cerrado para quienes no supieran los idiomas en que originalmente se escribió.

El castellano no es una excepción.

Y, respecto de él y de la Biblia, la versión de Casiodoro de Reina ocupa un lugar privilegiado en la historia de las traducciones castellanas del Libro. Ello es así, no sólo por haber sido la primera traducción del texto bíblico hecha desde los idiomas originales por cristianos, sino porque llegó a gozar de tal aceptación que, para millones de estos, a lo largo de años y siglos y a lo ancho del mundo de habla castellana, se convirtió en la Biblia por antonomasia. La historia de este fenómeno tiene facetas muy interesantes, pero no es el tema que nos ocupa en este trabajo.

Destaquemos, eso sí, el hecho de que la Biblia que hoy lleva el nombre de Reina-Valera ha ocupado, y ocupa, un indiscutible primer lugar en muchos aspectos de la vida de los protestantes. En la inmensa mayoría de las comunidades evangélicas esparcidas por América Latina y por la España peninsular e insular, no sería posible concebir las actividades litúrgicas al margen de esta versión de la Biblia. La práctica cultual de la lectura antifonal o al unísono, tan común en gran número de nuestras iglesias, suele hacerse a partir de ese texto. ¿Y qué decir de lo que solemos llamar el uso "devocional" de las Escrituras? Es generalmente esta versión del texto sagrado la que se utiliza para las lecturas personales que tienen como propósito fundamental encontrar solaz para el alma, o consuelo en momentos de prueba y de dolor, o inspiración y dirección en tiempos de duda.

La Biblia de Reina ha jugado un papel importantísimo en la historia de la expansión misionera realizada por los protestantes en el mundo de habla castellana. Casi desde sus orígenes, el movimiento protestante español contó con esta versión, al haber aparecido apenas cincuenta y dos años después de que Martín Lutero clavara sus noventa y cinco tesis en la puerta de la abadía de Wittenberg.

Las investigaciones que se han hecho acerca de la versión de Casiodoro de Reina y las subsecuentes revisiones dan testimonio de la importancia que tal versión ha tenido en la historia del protestantismo.

ARQUEOLOGÍA Y LA BIBLIA

La Biblia no depende de descubrimientos arqueológicos como prueba de su autenticidad. Afirma ser la palabra inspirada de Dios (véase *Inspiración,* p. 949), y su coherencia y cohesión internas respaldan esta afirmación. Con todo, los hallazgos de los arqueólogos pueden fortalecer la fe y la comprensión de la Biblia en diversas formas:

- La arqueología *confirma* y *corrobora* el registro bíblico en lo histórico y cronológico, dando a menudo información adicional acerca de personas y acontecimientos acerca de los que la Biblia nos da solo un vistazo.
- Añade un útil *color* y ofrece *claridad a* los relatos bíblicos acerca de personas y acontecimientos que nos quedan remotos temporal y culturalmente.

La evidencia arqueológica es tan abundante con respecto a los personajes y los acontecimientos de la Biblia como los de la historia secular. Los hallazgos que se tratan a continuación son solo una muestra representativa.

VEINTIDÓS DESCUBRIMIENTOS ACERCA DEL ANTIGUO TESTAMENTO

Monte Ararat

Una moneda singular, ahora expuesta en el Museo de Israel, presenta nueva evidencia acerca de la antigüedad de la tradición que asocia los montes de Ararat en Turquía con el lugar donde se posó el arca de Noé, según Yaakov Meshorer (véase *Biblical Archaeology Review,* sept./ oct. 1981). Este gran medallón de bronce fue acuñado hace 1799 años en Apameia Kibotos en Asia Menor (la moderna Turquía) cerca de los montes de Ararat. La ciudad llevaba el nombre de Apameia por la madre de Antioco I (280-261 a.C.). La palabra griega *kibotos,* que significa "arca", fue añadida para diferenciar esta Apameia de dos poblaciones cercanas que tenían el mismo nombre. Su uso muestra que en el siglo tercero a.C. los judíos de Apameia asociaban su ciudad con el arca. El término "Kiboto" está inscrito en la moneda.

La moneda representa acontecimientos de la historia del arca de Noé (Gn. 6—8), la única moneda que se sepa que representa una escena bíblica. Se representan tres acontecimientos en un lado de la moneda. En el centro, el arca, representada como una caja con una tapa abierta, está flotando en el agua. La cabeza y los hombros de Noé y de su esposa sobresalen del arca mientras que la tapa los protege de la lluvia. El lado del arca está inscrito con las tres letras griegas *NOE* (Nu, Omega, Epsilon). Por encima de la cubierta del arca, una paloma con una rama de olivo se está posando sobre la cubierta del arca, simbolizando el abatimiento de las aguas del diluvio. El tercer acontecimiento se muestra a la derecha del arca. Noé y su esposa están de pie con los brazos levantados en actitud de oración agradecida por su salvación.

Sodoma y Gomorra

¿Se han descubierto Sodoma y Gomorra? Walter E. Rast, de la Universidad de Valparaíso, y R. Thomas Schaub, de Indiana University en Pennsylvania, excavaron dos localidades cerca de la ribera oriental del Mar Muerto en Jordania y dicen que están poderosamente convencidos de que se trata de las ciudades bíblicas destruidas por fuego (véase *Biblical Archaeology Review,* sept./ oct. 1980, p. 27).

La localidad principal, Bab edh-Dhra, se encuentra a algo más de un kilómetro al este de Lissan, una península en forma de lengua que se introduce en el Mar Muerto en la ribera oriental. Estuvo ocupada durante el período antiguo de la Edad del Bronce (tercer milenio a.C.). Contemplando el Mar Muerto desde una altura de 170 metros, Bab edh-Dhra había sido edificado sobre un farallón indudablemente con propósitos defensivos. La localidad se compone de una ciudad y de un gran cementerio. Un erudito estimó que el cementerio está formado por más de 20.000 sepulcros en el que habían recibido sepultura más de 500.000 personas junto con más de tres millones de vasijas de cerámica. Hay una gran estructura rectangular en el interior de la ciudad que se cree que era un templo. Los arqueólogos descubrieron también los restos de lo que creen que era el altar asociado con el templo.

Es significativo que haya solo cinco localidades situadas en el área del Mar Muerto, cada una de ellas cerca de un manantial; que todas ellas estén ubicadas en la misma época, el período antiguo de la Edad de Bronce; y que no haya ninguna otra evidencia de ocupación en la región hasta el período romano, más de 2.000 años después. Sodoma y Gomorra habían formado parte de una coalición de cinco ciudades que se había rebelado contra su soberano (Gn. 14). Las cinco son generalmente designadas como "las ciudades de la llanura" (Gn. 13:12; 19:29) e incluyen Sodoma, Gomorra, Adma, Zeboím y Bela (o Zoar) (Gn. 14:2). Las referencias geográficas en Génesis 14 parecen sugerir que estaban situadas en la región del Mar Muerto. Una referencia es al "Valle del Sidim, que es el Mar Salado" (Gn. 14:3).

Si Bab edh-Dhra y las otras cuatro localidades son verdaderamente los restos de las cinco "ciudades de la llanura", es también significativo que los cimientos de algunos de los edificios estaban sepultados bajo toneladas de derrubio, y que debajo del derrubio hay claras evidencias de un intenso fuego.

El texto bíblico más antiguo

En junio de 1986, los arqueólogos en Jerusalén anunciaron el descubrimiento del texto bíblico más antiguo conocido. Uno o dos pequeños amuletos de plata daban parte del texto de Números 6:24-26. El hallazgo había tenido lugar en realidad tres años antes en una excavación dirigida por Gabriel Barkay de la Universidad de Tel-Aviv, en los terrenos de la Iglesia Presbiteriana Escocesa frente al Monte Sión y de la ciudad vieja de Jerusalén, al otro lado del Valle de Hinom. Al principio se retardó el anuncio del hallazgo, porque la excavación misma se estaba manteniendo en secreto, debido a que se encontraba en un lugar de antiguos sepulcros, y cualquier excavación en lugares de sepulcros judíos garantiza una reacción hostil. Otra razón por el retardo en el anuncio es que se había necesitado de un largo tiempo y mucho y tedioso trabajo para abrir los frágiles amuletos arrollados.

Incluso cuando los rollos de plata se abrieron, el texto era tan difuso y pequeño que se precisó de un cierto tiempo para descifrarlo. En el acto resultó evidente que estaba en la más antigua escritura hebrea, no en absoluto parecida al alfabeto usado actualmente, ni como el que se empleaba en tiempos de Jesús. El alfabeto, de hecho, se ajustaba a la fecha que ya se había asignado a la localidad: el período del primer templo, entre el 960 a.C. y el tiempo en que el templo fue destruido en el 586. Barkay lo situó en el siglo anterior a la destrucción, haciéndolo 400 años más antiguo que los rollos del Mar Muerto, que habían dado el texto bíblico más antiguo hasta la fecha. La parte de los rollos que se puede leer es casi idéntica en contenido al texto hebreo del pasaje que se emplea en la actualidad.

La edad del texto puede resultar el clavo en el ataúd de las teorías de que el Pentateuco no fue escrito por Moisés o ni siquiera en tiempos de Moisés. Esas teorías generalmente sitúan grandes secciones de los primeros cinco libros de Moisés en el período de Esdras, 400-500 a.C. En este debate, algunos de los argumentos giran en torno al uso de YHWH, el nombre divino de Dios (a veces transliterado "Jehová"), que supuestamente no estaba en uso antes de 400-500 a.C. Los rollos de plata, que datan de antes del 586, contienen el nombre. De hecho, esta fue la primera vez que el nombre se encontró en cualquier excavación en Jerusalén.

Tel el-Qudeirat/Cades-barnea

Entre 1976 y 1979, Rudolph Cohen comenzó a excavar en Tel el-Qudeirat, buscando la antigua Cades-barnea de Números 13—14. Los manantiales allí son los más abundantes en el Sinaí, y riegan el más grande oasis en el norte del Sinaí. Cohen cree que hay una fuerte posibilidad de que Tel el-Qudeirat es verdaderamente la antigua Cades, el lugar mismo desde donde Moisés envió a los doce israelitas para que reconocieran la Tierra Prometida. De hecho, el lugar es ahora conocido como Tel Kades-barnea.

Monte Ebal

Justo antes de su muerte, Moisés mandó que después del cruce del Jordán y de la entrada en la Tierra Prometida, se leyera la Ley a la congregación de Israel sobre dos montes. Las bendiciones prometidas por observar la Ley debían proclamarse desde el Monte Gerizim, y los juicios por desobedecer los mandamientos de Dios debían leerse desde el Monte Ebal (Dt. 27—28), justo al este de Gerizim.

La ceremonia real en el monte Ebal, en obediencia a la orden de Moisés, se describe en Josué: "Entonces Josué edificó un altar a Jehová Dios de Israel en el monte Ebal, como Moisés siervo de Jehová lo había mandado a los hijos de Israel, como está escrito en el libro de la ley de Moisés, un altar de piedras enteras sobre las cuales nadie alzó hierro; y ofrecieron sobre él holocaustos a Jehová, y sacrificaron ofrendas de paz" (Jos. 8:30-31).

En 1980, Adam Zertel comenzó a excavar en el monte Ebal. Este monte, de una altitud de unos 915 metros, el más alto de Samaria, está situado a unos cincuenta kilómetros al norte de Jerusalén. Antes que terminase el proyecto inicial unos tres años después, la evidencia sugería intensamente que Zertel y su equipo pueden haber descubierto el altar edificado por Josué unos 1400 años antes de Cristo. Descubrió un altar rectangular que había sido erigido con rellenos alternados de tierra, cenizas y cantos del campo. Tenía una altura aproximada de 2,75 metros, una anchura de 7,6 metros y una longitud de 9,1 metros, con unas paredes de 1,5 metros de espesor. Sus grandes piedras estaban sin cortar, como había sido descrito en Josué. Alrededor del altar había los huesos quemados de becerros, ovejas y cabras. El altar tenía una rampa que subía al mismo, en lugar de gradas como la mayor parte de los altares paganos. Esto se correspondería con Éxodo 20:26, que prescribe una rampa en lugar de gradas. Los fragmentos de cerámica encontrados cerca del altar sugieren una fecha que se corresponde con la época de Josué.

Silo

Después de la conquista de Canaán, Josué reunió a los israelitas en Silo y erigió el tabernáculo (Jos. 18:1). Silo fue establecido como el centro religioso de Israel, posición que al parecer mantuvo durante todo el período de los jueces. En tiempos de Elí y Samuel, el Arca del Pacto fue llevada de Silo a Ebenezer, donde Israel estaba librando batalla contra los filisteos (1 S. 4:1-4). Israel perdió la batalla, y los filisteos tomaron el Arca. Entonces fue llevada de ciudad en ciudad de Filistea, causando una plaga en cada ciudad donde se detenía. Cuando los filisteos devolvieron el Arca a Israel, terminó finalmente en Quiriat-jearim, en la casa de Abinadab (1 S. 7:1-2). Nunca volvió a Silo. No se da ninguna explicación de por qué no fue devuelta al centro religioso.

Silo (la moderna Seilun) fue excavada por arqueólogos daneses en cuatro etapas, de 1926 a 1963. A principios de la década de 1980, Israel Finkelstein volvió allá para excavar y volver a valorar los hallazgos. Su excavación confirmó una anterior conclusión de los daneses, de que Silo había sido destruida por fuego alrededor de 1050 a.C. Aunque la Biblia no registra el hecho, parece que el centro religioso de Israel fue destruido por fuego después que el Arca hubiera sido sacada de allí, y que esta es la razón de que el arca no fuera devuelta a aquel lugar.

Pim

De las Escrituras aprendemos que los filisteos estaban técnicamente mucho más avanzados en metalurgia que los israelitas (hecho confirmado por la arqueología), y que por esto los israelitas se veían obligados a hacer que sus herramientas y útiles fuesen afilados por los filisteos (1 S. 13:19-22). Pero la versión del rey Jacobo dice que los israelitas "tenían una afiladora para las hoces" y sus otros útiles, lo que hace al lector preguntarse por qué los israelitas tendrían necesidad de hacerse afilar sus útiles por los filisteos; otras versiones dan traducciones confusas, como la Reina-Valera hasta 1909.

El problema se debe a la palabra hebrea *pim,* que la Biblia del rey Jacobo traduce "afiladora" y que durante mucho tiempo se resistió a una mejor traducción. Ahora, en diversos lugares, los arqueólogos han encontrado *pesos* que tienen la inscripción *pim*. Aunque el sentido exacto del término no está claro del todo, se reconoce en la actualidad que el *pim* representa un peso equivalente a dos tercios de un siclo. De modo que el texto anteriormente problemático nos informa que los israelitas pagaban una cuota de dos tercios de siclo para que les afilasen las rejas de los arados. Todas las modernas traducciones, incluyendo la revisión 1960 de Reina-Valera, reflejan este nuevo conocimiento.

Milo

Otra palabra difícil que la arqueología nos ha ayudado a comprender es "Milo" (2 S. 5:9). La palabra hebrea *milo* no es difícil, porque tiene que ver con "llenado". Pero Milo es algo que nos dice que David, Salomón y Ezequías habían edificado o reparado (1 R. 9:24; 11:27; 1 Cr. 11:8; 2 Cr. 32:5). Comentaristas antiguos sugieren que se trataba quizá de una torre de un ángulo de la muralla o algo similar. Las excavaciones de Kathleen Kenyon en Jerusalén en 1960 han sido de gran ayuda. Llegó a dilucidar que el Milo era probablemente una serie de terrazas a lo largo del lado oriental de la ciudad jebusea de Jerusalén sobre las que se edificaron casas, lo que permitió una expansión de la zona residencial: una ciudad dispuesta en terrazas era mejor que una ciudad edificada sobre una ladera muy inclinada. Desafortunadamente, las terrazas podían derrumbarse. Las paredes de esas estructuras necesitaban ser reparadas periódicamente, como se aprecia claramente en la traducción de la NVI de 2 Crónicas 32:5.

El túnel de Warren

Se cree generalmente que mucho antes que Ezequías construyera su túnel para asegurar el suministro de aguas a Jerusalén (véase *El túnel de Ezequías,* p. 969), alguien había tenido un plan similar y había abierto un paso subterráneo al manantial de Gihón. Este túnel fue descubierto en 1867 por Charles Warren. Fue explorado otra vez en 1909-1911 por M. B. Parker, y más recientemente en la primera parte de la década de los 80 por Yigael Shilo. Algunos académicos han sugerido que este túnel es el "túnel del agua" por el que Joab, el oficial de David, penetró el primero en la ciudad para arrebatarla a los jebuseos (2 S. 5:6-8; 1 Cr. 11:4-6).

La ciudad de David

Uno de los más fascinantes hallazgos arqueológicos en años recientes se hizo en el verano de 1983 en la excavación de la "Ciudad de David" (2 S. 5:9) a unos pocos cientos de metros de la muralla meridional de la Ciudad Vieja de Jerusalén. Se desenterraron 26 sellos de arcilla que llevaban los nombres de docenas de personas que vivían en Jerusalén en tiempos del primer Templo, 960-586 a.C. (Los sellos se encontraban en el suelo de un edificio que databa del 600-800 a.C.). Algunos de los nombres de mercaderes y ciudadanos mencionados en los sellos podrían ser los de personas mencionadas en las Escrituras.

Yigael Shilo y su equipo llegaron también a los escombros resultantes de la destrucción de Jerusalén por los babilonios. Algunos de los montones de escombros llegaban a casi tres metros de altura. Sondeando bajo las ruinas, Shilo encontró restos de la muralla cananea original que había rodeado la ciudad cuando el joven rey David tomó Jerusalén y la hizo su capital. Shilo encontró también utensilios y cerámica usada por los habitantes de Jerusalén en tiempos de David y de Salomón.

Fortalezas edificadas por Salomón

Uno de los primeros proyectos de Salomón después de afirmarse en el trono de Israel fue edificar ciudades fortificadas en el Neguev central para proteger el flanco meridional de su reino (1 R. 9:15-19). Durante el reinado del hijo de Salomón, Roboam, Sisac, el faraón de Egipto, destruyó esas fortalezas meridionales (1 R. 14:25-26; 2 Cr. 12:1-12). En las décadas de 1960 y 70, los arqueólogos Rudolph Cohen, Z'ev Meshel y otros descubrieron once de las fortalezas ovales de Salomón. Algunas tenían una circunferencia de 124 metros, con murallas de 1,8 metros de altura y 1,8 metros de espesor. La arquitectura de las casas descubiertas en los asentamientos cercanos a las fortalezas era de origen típicamente israelita. La cerámica descubierta en la región sugiere el período del siglo décimo, la época de Salomón y Roboam.

El obelisco negro

Cuando el rey asirio Salmanasar III llevó a buen fin una campaña contra Siria, dejó un jactancioso registro de su éxito en un pilar de arenisca negra de 2 metros de altura. Este pilar fue descubierto en Cala (la moderna Nimrod) en 1946 por el arqueólogo Austen Henry Layard, y es conocido en la actualidad como el Obelisco Negro. Exhibe cuatro hileras de paneles en bajorrelieve en cada uno de sus cuatro costados, con una inscripción descriptiva sobre cada uno de los paneles. Un panel en la segunda hilera desde la parte superior muestra a un barbado semita arrodillado ante el rey, mientras sus siervos de pie detrás de él presentan tributo. Esta figura arrodillada es identificada mediante la inscripción: "Tributo de Jehú, hijo de Omri" (Jehú no era realmente hijo de Omri, pero puede haber recibido esta designación porque había tomado el reino de la casa de Omri: 1 R. 16:23-28; 2 R. 9:1-13; 10.)

El Obelisco Negro es importante por diversas razones. Es la única representación gráfica que poseemos de un rey israelita (o quizá de su representante). Da otra referencia al predecesor de Jehú, Omri. Presenta una descripción gráfica de la vestimenta israelita. Y suplementa a las Escrituras al decirnos que Jehú pagó tributo a Salmanasar. Quizá fue esta acción de Jehú lo que evitó una invasión de Asiria durante su reinado.

Acab

Los lectores de la Biblia están familiarizados con el notorio y malvado rey Acab de Israel, que reinó los años 874-853 a.C. (1 R. 16:28—22:40). Es mejor conocido por ser marido de Jezabel, por el culto de ambos a Baal y por el odio que ambos tenían contra Elías. Las Escrituras registran los enfrentamientos de Acab con Benadad y los sirios, pero poco se dice de su política exterior o de su influencia sobre la escena internacional general. La arqueología nos ha dado varias ediciones de los anales del rey asirio Salmanasar III (858-824). De los mismos sabemos que el empuje de Salmanasar hacia el noroeste para hacer incursiones y pillaje se vio limitado por la coalición antiasiria en Karkar en el norte de Siria en 853. Su propio registro nos da los 12 reyes que componían la coalición para hacerle frente. Acab de Israel ("A-ha-ab-bu Sir'-i-la-a-a") es identificado como uno de los caudillos de la coalición (junto con los reyes de Damasco y de Hamat), y se le atribuye una contribución principal de 2.000 carros y 10.000 infantes a su eficaz esfuerzo de resistencia.

La Piedra Moabita

Tanto Acab como su padre, Omri, son nombrados en la Piedra Moabita (a veces designada como la Estela de Mesa). Este monumento, que probablemente date de entre el 840 y el 820 a.C., fue descubierto en 1868 por un misionero, F. A. Klein, a unos 21 kilómetros al este del Mar Muerto en Dibán. Mesa, rey de Moab (2 R. 3:4), escribe que Omri, rey de Israel, y su hijo Acab, habían sometido a Moab porque Quemós, el dios nacional, estaba enfurecido con su tierra. Pero Mesa pretende haber encontrado favor ante Quemós y que pudo rebelarse y recuperar el territorio perdido en manos de Israel. Su rebelión contra Israel y contra el hijo de Acab, Joram, está registrada en las Escrituras (2 R. 3:5-27), pero el éxito que registra es fantasioso y contrario al registro bíblico. Es interesante que Mesa mencione al contrario de Quemós, el Dios de Israel, Jehová, en su relato de los acontecimientos.

Descubrimientos de Mazar en el Monte del Templo

Desde 1968, Benjamín Mazar ha estado dirigiendo la excavación de una sección del Monte del templo, cerca de su esquina sudoccidental, bajo el patrocinio de la Universidad Hebrea de Jerusalén. Los excavadores descubrieron una enorme piedra en la esquina sudoccidental del muro de contención herodiano del Monte del Templo. Inscritas en la piedra había unas palabras hebreas que se traducen: "El lugar del toque de las trompetas". Indudablemente, se trata del lugar mismo donde se paraba el sacerdote que soplaba el *shofar* para anunciar a todo Jerusalén la llegada y el final del Sábado (Lv. 23:24; 25:9). Mazar puede también haber descubierto el edificio donde Joás (835-795) fue asesinado por su propia guarda palaciega (2 R. 12:20-21).

El prisma de Taylor, o de Senaquerib

Las Escrituras nos informan que el año 14 de Ezequías (701), el rey asirio Senaquerib (705-681) invadió Judá y marchó contra Jerusalén (2 r. 18:13). Tras haber asediado la ciudad y haber amenazado a Ezequías, se retiró a Asiria después que el ángel de la muerte mató a 185.000 de sus hombres (2 R. 19:35). Fue entonces que relató su versión del acontecimiento en un cilindro hexagonal descubierto en Kuyunjik (la antigua Nínive) en 1830 por J. E. Taylor. Senaquerib se jactaba de haber tomado 46 ciudades fortificadas de Judá. Y acerca de Ezequías, dice: "A él mismo lo encerré como un pájaro enjaulado en Jerusalén, su ciudad real". Lo que Senaquerib se olvida de decir es que Ezequías quedó a salvo y protegido de los asirios dentro de su ciudad, mientras que los hombres de Senaquerib fueron muertos de manera milagrosa.

El túnel de Ezequías, Siloé

Ezequías hizo preparativos para la invasión de Senaquerib en el 701 tratando de mantener un suministro adecuado de agua dentro de la seguridad de las murallas de la ciudad (2 R. 20:20; 2 Cr. 32:2-5). Hizo abrir un conducto subterráneo a través de la roca para canalizar el agua desde el manantial de Gihón fuera de las murallas de la ciudad al estanque de Siloé dentro de la ciudad. Este canal, conocido como el túnel de Ezequías, tiene un curso muy quebrado de alrededor de 520 metros. En la actualidad se puede visitar e incluso recorrerlo. En 1880 se descubrió una inscripción hebrea en seis líneas (llamada la "Inscripción de Siloé") en el canal cercano al estanque de Siloé. Describe cómo los obreros abrieron el conducto a través de la roca, comenzando desde ambos extremos y encontrándose triunfantes a mitad de camino.

Las crónicas babilónicas

Como en la mayoría de las lenguas, las preposiciones hebreas tienen una variedad de posibles significados. En una época en que el AT era la fuente primaria para el conocimiento de la historia del antiguo Oriente Medio, la versión Reina-Valera de 2 Reyes 23:29 tradujo la preposición hebrea *al* como "contra", aunque también puede significar "junto a" o "en nombre de". Así, parecía que Faraón Necao había ido a luchar "contra" el rey de Asiria, pero que Josías se interfirió y fue muerto. Se suscitaba la siguiente cuestión: ¿por qué iba Josías a intentar impedir a alguien que luchase contra su enemigo, el rey de Asiria?

Por las Crónicas Babilónicas sabemos que el ejército de Egipto acudía a ayudar al rey de Asiria. Así, Necao no había acudido "contra" él, sino a su lado o en favor de él. Las modernas traducciones reflejan este entendimiento de la interferencia de Josías.

La muralla de Laquis

Justo antes de amenazar Jerusalén en el 701, Senaquerib puso sitio a Laquis, la segunda ciudad más importante de Judá (2 Cr. 32:9). Comenzando en 1973, David Ussishkin, bajo el patrocinio de la Universidad de Tel-Aviv y de la Sociedad de Exploración de Israel, exhumó una rampa de una contrapared, de unos 110 metros de longitud, erigida contra la pared interior de la ciudad antigua para defenderla del esperado ataque asirio. Ussishkin también excavó la rampa de asedio construida por los atacantes sirios. En la parte inferior mide 65 metros, y tiene una longitud de 52 metros. Se encontraron varias docenas de puntas de flecha, al parecer lanzadas por los atacantes contra los defensores de la muralla, junto con algunas placas de armaduras asirias.

La serranía al sur del Monte del Templo

En 1978, Yigael Shilo comenzó a excavar la sección oriental de la serranía al sur del Monte del Templo en Jerusalén. La excavación de Shilo ha dado la más extensa información hasta ahora disponible acerca de los últimos años de la monarquía de Judá. Se encontraron varias casas del período preexílico tardío. Edificadas sobre terrazas, esas estructuras van haciéndose progresivamente más pobres cuanto más se acercan en el tiempo a la destrucción babilónica. El hallazgo más sensacional fue un montón de 50 sellos de arcilla, entre ellos uno que pertenecía a "Gemarías hijo de Safán"; que es con certidumbre el mismo personaje que se menciona en Jeremías 36:9-12 como escriba del rey Joacim. Shilo cree que el edificio donde se encontró este sello puede haber formado parte de la cancillería real.

Las crónicas de Nabonido

Hasta 1854, la Biblia era el único testimonio de un personaje conocido como Belsasar, el rey babilonio nombrado en Daniel 5. Los historiadores griegos afirmaban que el último rey de Babilonia, que cayó en manos de Ciro en el 539 a.C., era Nabonido (555-539). En 1854, J. G. Taylor descubrió varios pequeños cilindros de arcilla que llevaban inscripciones en ruinas de un templo en Ur en el sur de Irak. Las inscripciones contenían oraciones por Nabonido y por su primogénito Belsasar. Pero más adelante, en 1882, T. G. Pinches publicó lo que se conoce como las Crónicas de Nabonido. En base de este registro se pudo saber que Nabonido cayó en el desagrado de los sacerdotes de Marduk, la deidad protectora de Babilonia, debido a su devoción hacia el dios luna Sin. Por consiguiente, pasó muchos años alejado de Babilonia en un exilio autoimpuesto en un oasis alejado en Teima, Arabia, y dejó a su hijo Belsasar como regente en Babilonia, lo que explica el ofrecimiento de Belsasar de hacer de Daniel "el tercer señor en el reino" si podía interpretar la escritura en la pared (Dn. 5:16).

El Cilindro de Ciro

El Cilindro de Ciro responde a dudas suscitadas por Esdras 1:2-4. Esdras expone que en su primer año después de conquistar Babilonia, Ciro reconoció a Jehová Dios del cielo, que le había mandado construir el templo en Jerusalén y dejar que el pueblo de Dios (los judíos) volviera allá. Los eruditos del siglo pasado habían abrigado graves dudas de que el persa Ciro hubiera rendido honra alguna al Dios de los judíos o que les hubiera concedido privilegios especiales para que volvieran a su patria.

En el siglo diecinueve, Hormuzd Rassam encontró en Babilonia un cilindro de arcilla cocida de 22,5 cm. Su descripción da el relato de Ciro de cómo Marduk había bendecido sus esfuerzos por tomar Babilonia. Luego Ciro cuenta cómo adoptó su política de permitir a todos los antiguos cautivos en Babilonia regresar a sus patrias y restaurar los templos de sus deidades nacionales. En realidad, Ciro estaba usando la ocasión para su propia ventaja. Comprendía que unos súbditos felices y satisfechos serían unos súbditos leales. De modo que el acto de benevolencia de Ciro fue simplemente parte de su política internacional. Con ello, sin embargo, cumplió involuntariamente la profecía de Isaías acerca de él (Is. 44:28—45:1), de que sería el "pastor" del Señor y el "ungido" que llevaría a cabo la voluntad de Dios.

❖ ❖ ❖

CINCO DESCUBRIMIENTOS ACERCA DEL NUEVO TESTAMENTO

La casa de Simón Pedro

En 1968, los arqueólogos V. Corbo y S. Loffreda centraron su atención en un edificio de forma octogonal cerca de la sinagoga de Capernaum. El descubrimiento de un ábside y baptisterio identificaron el edificio como una iglesia. Fue fechada como de mediados del siglo quinto d.C. Se sabe que una iglesia similar de forma octogonal en Belén señala el lugar donde se cree que Jesús nació. Por ello, se ha llegado a la conclusión de que esta iglesia en Capernaum era también un memorial de algo. ¿Pero de qué?

Se descubrió que la iglesia estaba situada sobre una casa, cuya planta era similar a la de otras en Capernaum, excepto que era la única que tenía paredes y suelos enyesados. Se encontraron más de 100 *grafitis* cristianos en los fragmentos de yeso, algunos de los cuales mencionan a Jesús como "Señor" y "Cristo". El nombre de Pedro aparece varias veces. Una inscripción muy indistinta ha sido interpretada por los arqueólogos franciscanos como diciendo: "Pedro, el ayudador de Roma", aunque otros eruditos no están tan seguros de ello.

Lo que si parece es que la casa fue originalmente edificada en el siglo primero a.C., y usada como una casa-iglesia en el siglo primero d.C. Pero, ¿por qué fue escogida esta casa como lugar de reunión para los cristianos? En el siglo cuarto, los peregrinos cristianos que habían visitado Capernaum afirmaban haber visto la casa de Pedro. ¿Es esta iglesia de forma octogonal un memorial de la casa del apóstol Pedro (Mt. 8:14; Mr. 1:29)? Corbo y Loffreda creen que sí lo es.

La barca galilea

Una severa sequía en Israel en 1985-1986 llevó a un descubrimiento accidental pero extraordinario. Con el nivel de agua del Mar de Galilea (Cineret) sumamente bajo, se descubrieron amplias zonas del fondo del lago. En enero de 1986, Moshe y Yuval Lufan estaban explorando el lecho del lago cuando descubrieron la silueta oval de una barca totalmente enterrada en el fango. La cuidadosa extracción del fango de una sección de la barca reveló que las planchas del casco estaban unidas por los bordes con juntas de machihembrado y fijadas con clavijas de madera. (Esta era una forma característica de la construcción de antiguas naves que se han encontrado hundidas en el Mediterráneo, datando de época tan temprana como los siglos catorce y quince a.C.). Trozos de cerámica descubiertas cerca de la barca y unas pruebas con carbono 14 han dado unas fechas para la barca de entre el 120 a.C. y el 40 d.C.

La barca, que mide 8 metros de longitud, 2,3 metros de anchura y 1,37 metros de profundidad, ha generado un tremendo entusiasmo y considerables especulaciones. Se cree que la barca tenía un mástil para una vela. De modo que podría haber ido a la vela o con remos, quizá con hasta cuatro remeros. Una barca de este tamaño y construcción podría haber fácilmente acomodado a Jesús y a sus discípulos en sus muchas travesías por este mar (por ej., Mr. 4:35-41; Mt. 9:1; 14:22-32; 15:39). Esta gran barca habría sido también de la clase necesaria para la pesca con red. Esta "barca de Cineret" representa la clase de barca a la que se hace referencia en los Evangelios en relación con la travesía del mar por parte de Jesús, y nos da un mejor entendimiento de las técnicas de navegación de los tiempos del NT.

El sepulcro del sumo sacerdote Caifás

Durante la creación de un parque acuático en el Bosque de la Paz en Jerusalén (justo al sur de la Cúpula de la Roca) en 1990, los trabajadores descubrieron accidentalmente una cueva funeraria. Era evidentemente una cueva funeraria judía, como lo indicaban los 12 osarios que se encontraron allí. Los osarios son cajas de piedra caliza usadas para guardar huesos humanos después que la carne se ha descompuesto; este modo de sepultar se usaba principalmente a finales del primer siglo a.C. y durante el primer siglo d.C. Cinco de los osarios estaban inscritos con nombres, supuestamente los de aquellos cuyos huesos reposaban dentro. Pero los dos que atrajeron más atención fueron los que estaban inscritos con una forma del nombre *Qafa* (Caifás). Un osario estaba inscrito simplemente como Qafa, pero el otro llevaba una inscripción más completa, *Yehosef bar Qayafa* (José hijo de Caifás). Uno se queda lleno de curiosidad por saber si este es el sepulcro del sumo sacerdote que presidió el juicio de Jesús (Mt. 26:57; Jn. 18:28) o al menos de un miembro de la familia. Una datación preliminar de la cueva funeraria (mediante una moneda que se encontró en otro de los osarios) sugiere un enterramiento de principios del siglo primero d.C. El nombre bíblico de Caifás parece definitivamente confirmado. Sin embargo, la identificación positiva de este nombre con el sumo sacerdote que aparece en el NT, aunque perfectamente posible, permanece por ahora incierta.

La "puerta dorada" del segundo templo

En abril de 1969, el arqueólogo James Fleming estaba delante de la puerta dorada de Jerusalén. De repente, la tierra empapada de la lluvia cedió, y cayó en un agujero de 2,5 metros de profundidad. Desorientado pero ileso, Fleming contempló a su alrededor mediante la tenue luz que entraba por el agujero sobre su cabeza. Tal como se informa en la revista *Biblical Archaeology Review* (ene.-feb. 1983, p. 24), vio una antigua muralla debajo de la puerta dorada. Comenta él:

> La puerta misma está edificada en una torrecilla que sobresale unos 2 metros de la muralla. Las piedras subterráneas de la muralla al sur de la torrecilla eran enormes e imponentes. . . . En la cara oriental de la pared de la torrecilla, directamente debajo de la puerta dorada misma, había cinco piedras en forma de cuña puestas cuidadosamente en un enorme arco que cubría la pared de la torrecilla. Aquí estaban los restos de una anterior puerta de Jerusalén, debajo de la puerta dorada, y que al parecer nunca había sido plenamente documentada (p. 30).

¿Podría ser la puerta inferior que Fleming descubrió por la que Jesús entró en la Ciudad Santa (Mr. 11:11)? Desdichadamente, es difícil datar con precisión esta puerta subterránea. Sin embargo, según la comparación de Fleming de la cantería en la puerta con la de otras partes de la muralla, es posible asignar una fecha anterior al tiempo de Cristo, y posiblemente tan temprana como la época de Salomón.

Fleming concluye:

> Quizá la implicación más importante de la presencia de la puerta inferior debajo del umbral de la puerta dorada es que esta área ha sido durante mucho tiempo identificada como el lugar de la entrada oriental en el Monte del Templo. Muchos mapas de Jerusalén muestran una puerta del templo justo al este de la Cúpula de la Roca en el Haram esh-Sharif. Pero la puerta dorada está situada a unos 107 metros al norte de este punto. Sabemos ahora que el emplazamiento de la actual puerta dorada estuvo determinado por una puerta anterior. (p. 37)

El túnel rabínico del segundo templo

Desde 1967, el Ministerio de Asuntos Religiosos de Israel, en cooperación con su departamento de antigüedades, ha abierto un antiguo pasaje en Jerusalén al que han llamado el túnel rabínico. Indudablemente, data del tiempo de Cristo. Este túnel se dirige al norte a lo largo del muro occidental, y tiene una longitud de más de 183 metros. Meir Kusnetz, un ingeniero civil de origen americano, ha estado encargado de este proyecto. Desde 1967 se han excavado más de 17.000 metros cúbicos de relleno. El túnel se detiene justo antes de llegar a la esquina noroccidental del Monte del Templo. Su punto de partida es el atrio debajo del Arco de Wilson, directamente a la izquierda de la actual sección del lugar de oración para hombres del muro occidental.

Las piedras acabadas dentro del túnel siguen estando hermosamente preservadas, y algunas son de un tamaño increíble. Por ejemplo, cerca del comienzo del túnel hay una gigantesca piedra caliza cincelada de una longitud de 14 metros, una anchura de 3 metros y de 3 metros de altura, ¡y que pesa más de 415 toneladas! Como comparación, el megalito mayor en Stonehenge, Inglaterra, pesa solo 15 toneladas. En el túnel se han descubierto otras piedras similares que pesan más de 300 toneladas. Esas enormes piedras están tan bien cortadas que aunque no hay cemento que las una, ¡no se puede introducir ni una delgada hoja de un cuchillo entre sus uniones!

Es comprensible que los discípulos de Cristo se sintieran impresionados por el tamaño de esas piedras (Mr. 13:1).

❖ ❖ ❖

OCHO LUGARES DE LOS QUE SE HAN RECUPERADO ARCHIVOS

Nínive

Las ruinas de Nínive se encuentran a unos 354 kilómetros al noroeste de Bagdad, en la ribera oriental del río Tigris. La primera investigación de esta localidad se atribuye a P. E. Botta en 1842, seguida por la de Austen Henry Laylard en 1845 y por otros posteriormente. Pero fue Hormuzd Rassam quien en 1853 descubrió los restos del palacio del rey asirio Assurbanipal (668-629 a.C.), que es mencionado en Esdras 4:10 (llamado "Asnapar" en algunas versiones). Cosa más significativa, Rassam descubrió la biblioteca de Assurbanipal. Entre las tabletas escritas en caracteres cuneiformes había dos épicas que han suscitado enorme interés entre los eruditos. Una es el Enuma Elish, a veces designada como la Épica Babilónica de la Creación (Pritchard, *Ancient Near Eastern Texts,* pp. 60-72, 501-503), de la que ha habido académicos que han presentado los detalles más triviales para encontrar paralelismos con el relato de la creación en Génesis. La deidad femenina *Ti'amat,* que era la personificación del agua salada marina primordial, fue vinculada lingüísticamente con el término hebreo *tehom,* "el abismo" de Génesis 1:2. Este relato había sido escrito en siete tabletas, que se pensó que quizá se correspondían con los siete días de Génesis 1—2. La creación del hombre tenía lugar en la sexta tableta del Enuma Elish, así como el hombre había sido creado en el día sexto del relato bíblico.

Sin embargo, la teología babilónica de la creación evidencia notables diferencias. La épica describe la ascensión del dios Marduk a la cima del panteón de Babilonia. El relato es mitológico y típicamente politeísta. Marduk mata a la diosa Ti'amat y de su cadáver hace el cosmos. El hombre es creado para que alivie a los dioses de su trabajo. Los puntos de vista anteriores de que esta épica está de alguna manera relacionada con Génesis 1—2 han sido abandonados.

La segunda épica, la Épica de Gilgamés, contiene unos claros paralelos con el diluvio del Génesis. El héroe recibe una advertencia divina acerca de un diluvio que se avecinaba, y se salva con su familia de una inminente muerte construyendo un barco. El marco de la historia se corresponde indudablemente con el relato bíblico, aunque hay muchas diferencias de detalle, las más importantes acerca de la causa del diluvio: En la Épica de Gilgamés se trata de una decisión arbitraria de los dioses de eliminar a una humanidad molesta de la tierra, no de la decisión de un Dios santo de juzgar a una humanidad pecadora. Sin embargo, a pesar de esta diferencia, está claro que la Épica de Gilgamés y Génesis 6—8 se refieren al mismo acontecimiento histórico. La arqueología nos muestra, mediante la recuperación de esta tradición independiente, extrabíblica, la existencia de un recuerdo de un mundo juzgado por agua, aunque el recuerdo esté enturbiado por la superstición y el politeísmo.

Amarna

Amarna es una ciudad en la ribera oriental del río Nilo, a unos 305 kilómetros al sur de El Cairo. Marca el emplazamiento de Akhetaten, una ciudad que reemplazó a Tebas como capital de Amenhotep IV (también llamado Akhenaten, a. 1374-1358). Amarna no fue reconocida como una localidad arqueológica importante hasta que tuvo lugar un descubrimiento fortuito en 1887 por parte de una campesina que estaba cavando en el material descompuesto de un edificio, y extrajo unas tabletas de arcilla inscritas con caracteres cuneiformes.

Este archivo se componía de casi 380 tabletas escritas en acadio, la lengua diplomática de la antigüedad. Más de 350 de las tabletas contenían correspondencia real entre los faraones egipcios y gobernantes de los hititas, mitanios, asirios, babilonios y, de interés particular para los estudiosos de la Biblia, sirios y cananeos. Las localidades bíblicas de Jerusalén, Gezer, Ascalón, Siquem y Meguido aparecían en esas cartas procedentes de Canaán. Esas citas extrabíblicas dan testimonio de la importancia de dichas ciudades palestinas.

Las cartas procedentes de Palestina describen unas condiciones de intranquilidad en la tierra. Un rasgo común de las cartas es un ruego a Egipto de ayuda contra invasores, algunos de los cuales son designados como Habiru. Incluso el gobernante de Jerusalén, Abdi-hiba, que escribió seis de las cartas, se sentía amenazado por esos Habiru.

Ha sido tentador para los estudiosos evangélicos que datan la conquista de Canaán en a. 1400 a.C. identificar a los Habiru con los israelitas. Muchos creen que la designación Hebreo deriva de Habiru. Sin embargo, se conocen referencias a los Habiru, que al parecer era un pueblo sin tierra, una clase inferior de la sociedad, y a veces guerreros mercenarios, en textos de Mari, Haran, Hattusha y Ugarit, localidades encontradas en una región bastante grande. Es posible que los israelitas (hebreos) pueden haber estado entre los invasores designados como

Habiru, pero no se puede suponer que todos los Habiru fuesen hebreos bíblicos. De todos modos, no es imposible que esas cartas de Amarna describan realmente unas condiciones de perturbación en Canaán poco después de la conquista.

Hattusha

Ya en época tan tardía como el siglo XIX, había eruditos que expresaban dudas acerca de la existencia del grupo humano designado en la Biblia como heteos o hititas (Jos. 1:4). En la actualidad se sabe que Hattusha, un enorme emplazamiento de 200 hectáreas en Boghazky, Turquía, a unos 200 kilómetros de Ankara, había sido la capital del imperio hitita. La localidad fue explorada primero por C. Texier en 1834. Pero la primera verdadera excavación fue llevada a cabo por Hugo Winckler desde 1906 hasta 1912. Se desenterró un gran archivo real, que contenía más de 10.000 tabletas de arcilla en una lengua desconocida, en caracteres cuneiformes. Esas tabletas hititas fueron descifradas en 1915 por Bedrich Hrozny, y, como resultado, un pueblo perdido en la historia fue redescubierto y contemplado en su esplendor e importancia en la historia del antiguo Oriente Medio.

De interés particular para los eruditos bíblicos es lo que esas tabletas revelaron acerca de la forma característica de los tratados hititas. Hay 21 tratados de soberanía bien preservados de los siglos 14 y 13 a.C. que exhiben una notable similitud en su estructura con partes de Éxodo, Deuteronomio y Josué 24. La erudición crítica ha considerado generalmente que Deuteronomio no era de paternidad mosaica, y que había sido escrito en una época considerablemente más tardía que la de Moisés. Sin embargo, las similitudes entre Deuteronomio y dichos tratados hititas sugieren que Deuteronomio fue verdaderamente escrito durante el tiempo de Moisés (Kenneth A. Kitchen, *The Bible in Its World,* pp. 80-83).

Nuzi

Nuzi (la moderna Yorghan Tepe), en la región nordoriental del Irak, fue excavada por Edward Chiera, Robert H. Pfeiffer y R. F. S. Starr, desde 1925 hasta 1931. Las 20.000 tabletas de arcilla descubiertas allí reflejan las costumbres culturales de esta ciudad bajo el dominio hurrita alrededor de 1500 a.C., aunque muchas de las costumbres son sin duda anteriores a este tiempo. Describen la cultura dominante de la Mesopotamia septentrional y occidental, la región general donde Abraham nació y donde sus parientes siguieron viviendo después que Dios lo guiara a Canaán.

El descubrimiento de los documentos de Nuzi suscitaron entusiasmo porque parecían dar evidencias de paralelos históricos de la narración patriarcal: relaciones hermana/esposa (Gn. 12:13; 20:12); adopción de esclavos (Gn. 15:4); esposas secundarias en caso de esterilidad (Gn. 16:2); transferencia del derecho de primogenitura (Gn. 25:33); bendiciones orales y pronunciamientos desde el lecho de muerte (Gn. 27:2-10); regalo de una esclava a una recién casada (Gn. 29:24, 29); contratos de pastoreo (Gn. 31); y la posesión de dioses domésticos (Gn. 31:19, 30-39).

La reacción inicial hacia estos textos fue algo excesiva, porque los eruditos mostraron la tendencia a interpretar todas las semejanzas con la narración patriarcal como paralelos directos, incluso si era necesario reconstruir la historia bíblica para conseguir que concordasen los ejemplos de Nuzi. La crítica de recientes eruditos ha llevado a una reconsideración y modificación de antiguas interpretaciones de los pretendidos paralelos. Pero se puede decir con seguridad que esos textos han dado valiosos conocimientos acerca de la vida familiar y de la cultura en la Mesopotamia septentrional. John Walton lo recapitula:

> Lo que queda claro es que los patriarcas y sus familias formaban verdaderamente parte del contexto cultural del antiguo Medio Oriente. Incluso si no identificamos paralelos específicos, las semejanzas entre el estilo de vida y la cultura de los patriarcas, por una parte, y el estilo de vida y la cultura en centros como Nuzi por la otra, quedan bien evidentes. En esta área . . . vemos que la práctica religiosa era el elemento principal que separaba a los caracteres bíblicos de sus coetáneos del Oriente Medio. (*Ancient Israelite Literature in Its Cultural Context,* p. 58.)

Mari

Mari (la moderna Tell Hariri) se encuentra justo al sur del río Éufrates en la región sudoriental de Siria. André Parrot excavó allí desde 1933 hasta 1939 y de nuevo desde 1951 hasta 1956. La ciudad tiene una rica historia que data del tercer milenio a.C. Además de un palacio real y de un gran zigurat, se descubrieron más de 20.000 tabletas en los archivos reales. Esos textos, a menudo principalmente en acadio, contienen correspondencia diplomática entre el rey Zimrilim de Mari y Hammurabi de Babilonia.

Lo mismo que en Nuzi, estos textos han proveído una gran abundancia de útil información histórica, geográfica, religiosa y cultural de la Mesopotamia nordoccidental. Es posible que Mari controlase en algún tiempo el distrito de Harán desde la que emigró Abraham. De interés especial para los estudios patriarcales son los nombres de diversos lugares de la región de Harán. Equivalen a los antecesores de Abraham, Peleg, Serug y Nacor, que se mencionan en Génesis 11:16-29. Aunque estos nombres en los textos de Mari no pueden relacionarse directamente con Abraham, sí que muestran que los nombres en Génesis 11 son representativos de aquel tiempo y lugar.

Otro punto de interés es la gran cantidad de textos que incluyen profecía. Esta clase de literatura ha proveído materiales con los que comparar y contrastar los profetas de Israel y el contenido de sus mensajes (John Walton, *Ancient Israelite Literature in Its Cultural Context*, pp. 201-214)

Ugarit

Ugarit (la moderna Ras Shamra), en la costa de Siria, es otra antigua ciudad fuera de los límites de Israel que ha incidido poderosamente sobre los estudios bíblicos. Un descubrimiento fortuito de un campesino sirio en 1928 llevó a excavaciones de este importante centro comercial por parte de Claude F. A. Schaeffer, desde 1929 hasta 1960. Tan importantes como eran los archivos de Nuzi y de Mari, fueron casi eclipsados por la asombrosa colección de tabletas descubiertas en Ugarit. Esta colección contenía textos escritos principalmente en los siglos quince a trece a.C. en siete lenguajes diferentes, incluyendo egipcio, sumerio, acadio, hitita y hurrita. Lo más trascendental fue el descubrimiento de un lenguaje "cananeo" totalmente nuevo en caracteres cuneiformes. El "ugarítico", como fue designado, tenía estrechas afinidades con el hebreo bíblico. La literatura de Ugarit resultó más estrechamente relacionada en lo lingüístico, cultural y cronológico con la antigua literatura hebrea que cualquier otra literatura anteriormente descubierta en Mesopotamia o Egipto.

Unos 350 textos de Ugarit resultaron relevantes para los estudios del AT. Épicas religiosas revelaron el marcado contraste entre la mitología cananea y la teología hebrea. Los eruditos bíblicos llegaron a conocer más estrechamente la grosera sexualidad, prostitución (tanto masculina como femenina) y depravación moral del culto cananeo de la fertilidad que se centraban en deidades como Baal y su consorte Asera. Se hizo meridianamente claro por qué el culto de Baal era constantemente condenado en las Escrituras. (El término traducido "bosques" en Reina-Valera de 1909 y anteriores, como en Deuteronomio 7:5, se traduce "imágenes de Asera" en la revisión de 1960.)

El estudio de la poesía del AT se ha beneficiado enormemente del conocimiento de la gramática ugarítica. Las afinidades entre el ugarítico y el hebreo son enormes. Se han encontrado muchos paralelos entre el estilo poético ugarítico y la fraseología de los Salmos. Se ha demostrado que anteriores propuestas de enmiendas de difíciles frases hebreas en los Salmos eran injustificadas.

Tell Mardikh

El más reciente descubrimiento de un archivo real tuvo lugar en Tell Mardikh (el nombre moderno de la localidad de la antigua Ebla), a 50 kilómetros de Aleppo, en Siria. Paolo Matthiae comenzó unas excavaciones allí en 1964, y en 1974 desenterró 42 tabletas de arcilla. Al año siguiente encontró miles más, todas ellas datando de a. 2300 a.C. Además de la lengua sumeria, había muchas inscritas en un idioma extraño, anteriormente desconocido (ahora llamado eblaíta, por el lugar del descubrimiento) en caracteres cuneiformes. Este nuevo lenguaje era semítico, con afinidades con el ugarítico, y especialmente con el hebreo.

Lo mismo que en el caso de otros archivos anteriormente descubiertos, muchas de esas tabletas contenían textos comerciales. Otros eran textos religiosos o mitológicos en los que aparecían los nombres de una diversidad de deidades, algunas de las cuales eran conocidas en Canaán, como Dagón y El (*El* es también un nombre hebreo para Dios.) Este archivo causó bastante agitación inicialmente entre los eruditos bíblicos, porque las primeras informaciones afirmaban que las tabletas de Ebla mencionaban nombres personales como Abram, Eber, Ismael, Israel, Saúl y David y los nombres de lugares como Nahur, Ur, Hazor, Meguido, Laquis, Sodoma y Gomorra. La precisión de algunos de los primeros informes ha sido posteriormente disputada por otros académicos, de modo que no se conoce de manera completa la importancia y el valor de estos textos para los estudios bíblicos. Si las traducciones primeras se mantienen, las tabletas de Ebla siguen predatando a Abraham por varios cientos de años, de modo que no se puede establecer ninguna relación directa entre los nombres que se encuentran en Ebla y los personajes bíblicos.

Pero las tabletas sí que dan evidencia de que los nombres que encontramos en la Biblia son nombres que eran comunes en aquella región y en aquella época. Además, es probable que la lengua eblaíta haga su contribución al estudio del hebreo bíblico del mismo modo que la han hecho las otras lenguas semitas.

Los rollos del Mar Muerto

Aunque sin formar parte de un archivo real, una colección igualmente sensacional y valiosa de documentos, ahora conocidos como los Rollos del Mar Muerto, comenzó a salir a la luz después de un hallazgo fortuito de un pastor beduino en 1947. Éste encontró una cueva donde encontró unos recipientes de barro cocido que contenían unos antiguos rollos. Una posterior investigación llevada a cabo por arqueólogos de 300 cuevas de la región identificó 11 cuevas que contenían una diversidad de manuscritos: libros del AT, comentarios sobre libros bíblicos, escritos apócrifos y pseudoepigráficos, y literatura sectaria. Esos textos fueron todos ellos descubiertos en las cercanías de Qumrán, una comunidad establecida alrededor del 135 a.C. Por lo general, se cree que Qumrán estaba ocupada por una secta judía conocida como los esenios. Parece que esta comunidad fue dispersada durante las guerras con Roma entre el 66 y el 70 d.C., y que su biblioteca fue llevada para su protección a las secas cuevas de la región.

Difícilmente se puede sobrevalorar la importancia de esos rollos (y de miles de fragmentos). Y tampoco es posible dar una relación de todos los hallazgos significativos. Tendrá que ser suficiente con varios ejemplos. Cada libro del AT excepto Ester está representado por al menos algunos fragmentos. Se encontró el libro de Isaías íntegro en un rollo. Los modernos críticos afirman dos o tres autores para Isaías, con un intervalo entre los capítulos 39 y 40. Es significativo que el rollo de Isaías no presente tal discontinuidad. Además, antes de 1947 el texto más antiguo de Isaías databa de alrededor del 900 d.C., pero este rollo, que data de a. 100 a.C., muestra que a lo largo de un período de alrededor de mil años el texto de Isaías ha sido preservado con una precisión extraordinaria.

La literatura sectaria de Qumrán es también valiosa para los estudios del NT, porque da nueva luz sobre la historia judía y sobre la vida y el pensamiento religiosos en Palestina, especialmente en los años justo anteriores al nacimiento del cristianismo.

Queda mucho que aprender de esos rollos. Durante varias décadas, el estudio de los materiales del Mar Muerto quedó prácticamente paralizado mientras el público esperaba que unos pocos académicos que habían sido designados para ello tradujesen y publicasen los textos que les habían sido asignados. Las presiones procedentes de otros académicos y del público en general han comenzado a acelerar el proceso, y con el tiempo se podrá ver qué información importante queda todavía por revelar.

❖ ❖ ❖

LECTURAS ADICIONALES SOBRE ARQUEOLOGÍA Y LA BIBLIA

Blaiclock, Edward M., y R. K. Harrison, eds. *The New International Dictionary of Biblical Archaeology.* Grand Rapids, Mich.: Zondervan, 1983.

Free, Joseph P. Revisado por Howard F. Vos. *Archaeology and Bible History.* Grand Rapids, Mich.: Zondervan, 1992.

Kitchen, Kenneth A. *The Bible in Its World.* Downers Grove, Ill.: InterVarsity, 1977.

Pritchard, James B. *Ancient Near Eastern Texts Relating to the Old Testament with Supplement.* Princeton, N.J.: Princeton University Press, 1969.

Schoville, Keith N. *Biblical Archaeology in Focus.* Grand Rapids, Mich.: Baker, 1978.

Thompson, J. A. *The Bible and Archaeology.* 2nd. ed. Grand Rapids, Mich.: Eerdmans, 1982.

Walton, John H. *Ancient Israelite Literature in Its Cultural Context.* Grand Rapids, Mich.: Zondervan, 1989.

Vos, Howard F. *Archaeology in Bible Lands.* Chicago: Moody, 1977.

Yamauchi, Edwin. *The Stones and the Scriptures.* Philadelphia: J. B. Lippincott, 1972.

TABLAS

EL CALENDARIO DE ISRAEL

Los nombres de los meses en los primeros tiempos de la Biblia vinieron de fuentes cananeas; después del exilio se emplearon nombres babilónicos. Por ejemplo, Éxodo 13:4 designa el primer mes como Abib, mientras que Ester 3:7 lo designa como Nisán. Los meses son a menudo mencionados por su número de orden, como "el primer mes", etc. (Los nombres de los meses en paréntesis son los primitivos nombres cananeos.)

MES	MES HEBREO	EQUIVALENTE	REFERENCIA
Primero	(Abib) Nisán	marzo-abril	Éx. 12:2; 13:4; Est. 3:7
Segundo	(Ziv) Iyar	abril-mayo	Éx. 16:1
Tercero	Siván	mayo-junio	Éx. 19:1; Est. 8:9
Cuarto	Tamuz	junio-julio	2 R. 2:3
Quinto	Ab	julio-agosto	Nm. 33:38
Sexto	Elul	agosto-sept.	1 Cr. 27:9; Neh. 6:15
Séptimo	(Etanium) Tisri	sept.-oct.	Gn. 8:4
Octavo	(Bul) Marchesván	oct.-nov.	Zac. 1:1
Noveno	Quisleu	nov.-dic.	Esd. 10:9; Zac. 7:1
Décimo	Tebet	dic.-ene.	Gn. 8:5; Est. 2:16
Undécimo	Shebat	ene-feb.	Dt. 1:3; Zac. 1:7
Duodécimo	Adar	feb.-marzo	Est. 3:7; Esd. 6:15

LOS SÁBADOS DE ISRAEL

DÍA	PERIODICIDAD	REFERENCIA	PROPÓSITO
Sábado	Séptimo día de la semana	Éx. 31:12-17; Lv. 23:3; Dt. 5Ñ12-15	El pueblo debía separarse de su trabajo y centrarse en Dios en adoración. Este reposo de mente y cuerpo mantenía la salud y el vigor.
Año sabático	Cada séptimo año	Éx. 23:10-11; Lv. 25:1-7	Dios da reposo a la tierra por un año, permitiendo que los nutrientes se repongan.

Año del jubileo	Cada 50 años (después de siete ciclos de siete años)	Lv. 25:8-55; 27:17-24; Nm. 36:4	Todas las propiedades tenían que ser devueltas a sus dueños originales. La intención de ello era estabilizar la sociedad y ayudar a los pobres.

❖ ❖ ❖

LAS FIESTAS DE ISRAEL

FECHA	NOMBRE	REFERENCIA	PROPÓSITO
14 de Nisán (marzo-abril): Un día	Pascua	Éx. 12:1-14; Lv. 23:5; Nm. 9:1-14; 28:16; Dt. 16:1-7; Lc. 22:13-20; 1 P. 1:19	Recordar la liberación de Israel de Egipto. La sangre del cordero fue derramada por cada casa. Tipifica la muerte de Cristo, el "Cordero pascual"(1 Co. 5:7)
15-21 de Abib (mar.-abr.): Siete días	Fiesta de los panes sin levadura	Éx. 12:15-20; 13:3-10; 23:15; 34:18; Lv. 23:6-8; Dt. 16:3-4, 8	Recordar cómo Dios sacó a Israel de Egipto apresuradamente. Se preparaba y comía pan sin levadura (ázimo). Presenta la levadura como el mal, y la separación del mismo. Tipifica el caminar del creyente en separación y santidad (1 Co. 5:8).
16 de Abib (mar.-abr.): Un día	Fiesta de las primicias	Lv. 23:9-14	Reconocer la abundante provisión del Señor en la tierra que Él comparte con su pueblo. Se presenta la primera cebada recogida como ofrenda mecida, poniendo primero la porción de Dios. Tipifica la resurrección de Cristo, y asegura la resurrección del creyente (1 Co. 15:23).
6 de Siván (may.-jun.) 50 días después de la fiesta de los panes sin levadura: Un día	Fiesta de la Cosecha (Pentecostés)	Éx. 23:16; 34:22; Lv. 23:15-21; Nm. 28:26-31; Dt. 16:9-12	Expresar agradecimiento por la cosecha. Tipifica el advenimiento del Espíritu Santo (Hch. 2:4).
1 de Tisri (sept.-oct.): Un día	Año nuevo/ Fiesta de las Trompetas	Lv. 23:23-25; Nm. 29:1-6	Se desconoce el propósito preciso. Se celebraba el primer día del año civil

	(Rosh Hashanah)		(mes séptimo). Tipifica el recogimiento de Israel (Mt. 24:31).
10 de Tisri: Un día	Día de la Expiación (Yom Kippur)	Lv. 16:23, 26-34 Nm. 29:7-11	El décimo día del mes era un día singular de ayuno y arrepentimiento. Israel buscaba la expiación por sus pecados (Lv. 16:29; 23:27; 29:7). Se restauraba la comunión con Dios. Teológicamente, esto habla de la purificación nacional y de la incapacidad de hacer una expiación definitiva por el pecado.
15-22 de Tisri: Ocho días	Fiesta de la Última Cosecha (Cabañas, Tabernáculos, Cosecha)	Éx. 23:16; 34:22; Lv. 23:33-36, 39-43; Nm. 29; 12-34; Dt. 16; 13-15; Neh. 8:13-18; Zac. 14:16-19	La tercera de las grandes fiestas anuales. La gente viajaba al lugar central de culto y vivía una semana en cabañas hechas de ramas. Tipifica el reposo milenario (Zac. 14:16; Mt. 17:4).
22 de Tisri: Un día	Santa convocación	Lv. 23:36 Nm. 29:35-38	Un día de reuniones, reposo y sacrificios para señalar el final del ciclo anual de fiestas.
14-15 de Adar: Dos días	Fiesta de Purim	Est. 9:18-32	Recordaba a los israelitas la liberación de manos de Persia en tiempos de Ester. Era un día de gozosas celebraciones con festejos y regalos.

UNIDADES MONETARIAS

(Pesos del sistema decimal en itálicas)

UNIDAD	EQUIVALENTE	RVR	REFERENCIA
Talento (hebreo/ griego)	3.000 siclos 6.000 bekas; 60 minas (*30 kg.*)	talento	Éx. 25:39; 1 R. 20:39; Mt. 25:24; Ap. 16:21
Kesitah (hebreo)	125 siclos (*1,8 kg.*)	moneda pieza de dinero	Gn. 33:19; Jos. 24:32
Mina (hebreo/ griego)	50 siclos; 100 bekas (*0,45 kg*)	mina	Lc. 19:13, 16
Siclo (hebreo)	2 bekas; 20 geras (*10 g.*)	siclo	Gn. 24:22; Éx. 38:26; 2 R. 7:1; Neh. 10:32; Ez. 45:12

Beka (hebreo)	medio siclo 10 geras (*5 g.*)	medio siclo	Éx. 38:26
Gera (hebreo)	1/20 siclo (*0,5 g.*)	gera	Éx. 30:13; Lv. 27:25
Dracma (griego)	salario de un día	dracma	Lc. 15:8-10 (probablemente)
Denario (romano)	salario de un día	denario	Mt. 18:28; 20:2, 9; Mr. 6:37; 14:5
Leptón (griego)	moneda de cobre de ínfimo valor	blanca	Mr. 12:42

UNIDADES DE MEDIDA

(Pesos del sistema decimal en cursivas)

Longitud y distancia

UNIDAD	**EQUIVALENTE**	**RVR**	**REFERENCIA**
Milla romana	8 estadios (*14,5/16 km.*)	milla	Mt. 5:41
Camino de un día	(*32 km.*)	día de camino	Nm. 11:31; Jon. 3:4; Lc. 2:44
Camino de un día de sábado	6 estadios (2.000 codos, según los rabinos) (*11/16 km.*)	camino de un día de reposo	Hch. 1:12
Estadio (griego/ romano)	1/8 milla romana (*185 m.*)	estadio	Ap. 14:20
Caña	3 pasos; 6 codos (*0,9 m.*)		
Caña (en Ezequiel)	6 codos largos (*3,2 m.*)	caña; caña de medir	Ez. 40:3-8; 41:8; 42:16-19
Paso	1/3 de caña; 2 codos (*0,9 m.*)		paso 2 S. 6:13
Codo	1/2 paso; 2 palmos (*46 cm.*)	codo	Dt. 3:11; 1 S. 17:4; Lc. 12:25
Palmo	1/2 codo (*23 cm.*)	palmo	1 S. 17:4
Palmo menor	1/3 palmo; 4 dedos	palmo menor	1 R. 7:26
Dedo	1/4 palmo	dedo	Jer. 52:21
Braza	longitud de los brazos extendidos (*1,8 m.*) Peso	brazada	Hch. 27:28

UNIDAD	**EQUIVALENTE**	**RVR**	**REFERENCIA**
Talento	60 minas; 3.000 siclos		talento (*véase "Unidades*

Mina	50 siclos	mina	*monetarias"*)
Siclo	2 bekas; 20 geras	siclo	
Beka	medio siclo; 10 geras		medio siclo
Gera	1/20 siclo	gera	
Litra	(*375 g.*)	libra	

***Capacidad** (áridos)*

UNIDAD	EQUIVALENTE	RVR	REFERENCIA
Kor	10 efas (228 l.)	coro	1 R. 4:22; Ez. 45:10-11
Lethech	1/2 coro (1/2 homer) (114 l.)	medio homer	Os. 3:2
Efa	1/10 coro (1/10 homer) (26 l.)	medida	Lv. 19:36
Omer	1/10 efa (2,3 l.)	omer	Éx. 16:16-36
Kab	1/18 efa (1,3 l)	kab	2 R. 6:25

***Capacidad** (líquidos)*

UNIDAD	EQUIVALENTE	RVR	REFERENCIA
Kor	10 batos (*228 l.*)	coro	Ez. 45:14;
Metrete	(*38 l.*)	cántaro	Jn. 2:6
Bato	1 efa (*22,8 l.*)	bato	Ez. 45:10-11
Hin	1/6 bato (*3,8 l.*)	hin	Ez. 45:24
Log	1/72 bato (*0,3 l.*)	log	Lv. 14:10

❖ÍNDICE GENERAL

Ana 168-170, 184-185, 193, 201, 635-636, 656, 918, 925

❖ÍNDICE DE "PERSONAS A RECORDAR"

❖ÍNDICE DE MAPAS

❖ÍNDICE DE ILUSTRACIONES